“十三五”国家重点出版物出版规划项目

经济科学译丛

公共部门经济学

（第四版）

约瑟夫·E. 斯蒂格利茨（Joseph E. Stiglitz）
杰伊·K. 罗森加德（Jay K. Rosengard）　著

郭庆旺　译

Economics of the Public Sector

（Fourth Edition）

中国人民大学出版社
·北京·

《经济科学译丛》

《经济科学译丛》总序

中国是一个文明古国，有着几千年的辉煌历史。近百年来，中国由盛而衰，一度成为世界上最贫穷、落后的国家之一。1949 年中国共产党领导的革命，把中国从饥饿、贫困、被欺侮、被奴役的境地中解放出来。1978 年以来的改革开放，使中国真正走上了通向繁荣富强的道路。

中国改革开放的目标是建立一个有效的社会主义市场经济体制，加速发展经济，提高人民生活水平。但是，要完成这一历史使命绝非易事，我们不仅需要从自己的实践中总结教训，也要从别人的实践中获取经验，还要用理论来指导我们的改革。市场经济虽然对我们这个共和国来说是全新的，但市场经济的运行在发达国家已有几百年的历史，市场经济的理论亦在不断发展完善，并形成了一个现代经济学理论体系。虽然许多经济学名著出自西方学者之手，研究的是西方国家的经济问题，但他们归纳出来的许多经济学理论反映的是人类社会的普遍行为，这些理论是全人类的共同财富。要想迅速稳定地改革和发展我国的经济，我们必须学习和借鉴世界各国包括西方国家在内的先进经济学的理论与知识。

本着这一目的，我们组织翻译了这套经济学教科书系列。这套译丛的特点是：第一，全面系统。除了经济学、宏观经济学、微观经济学等基本原理之外，这套译丛还包括了产业组织理论、国际经济学、发展经济学、货币金融学、公共财政、劳动经济学、计量经济学等重要领域。第二，简明通俗。与经济学的经典名著不同，这套丛书都是国外大学通用的经济学教科书，大部分都已发行了几版或十几版。作者尽可能地用简明通俗的语言来阐述深奥的经济学原理，并附有案例与习题，对于初学者来说，更容易理解与掌握。

经济学是一门社会科学，许多基本原理的应用受各种不同的社会、政治或经济体制的影响，许多经济学理论是建立在一定的假设条件上的，假设条件不同，结论也就不一定成立。因此，正确理解掌握经济分析的方法而不是生搬硬套某些不同条件下产生的结论，才是我们学习当代经济学的正确方法。

本套译丛于 1995 年春由中国人民大学出版社发起筹备并成立了由许多经济学专家学者组织的编辑委员会。中国留美经济学会的许多学者参与了原著的推荐工作。中国人民大学出版社向所有原著的出版社购买了翻译版权。北京大学、中国人民大学、复旦大学以及中国社会科学院的许多专家教授参与了翻译工作。前任策划编辑梁晶女士为本套译丛的出版做出了重要贡献，在此表示衷心的感谢。在中国经济体制转轨的历史时期，我们把这套译丛献给读者，希望为中国经济的深入改革与发展做出贡献。

《经济科学译丛》编辑委员会

前言

距离本教材上次修订，十年光阴倏然而过，期间可谓世事变幻——两次经济衰退（最近一次尚未完全恢复），两次战争，一次重大的医疗改革，大量的税制改革以及预算之争（其中一次实际上导致政府关门）。公共部门经济学也有许多发展变化。本版有机地融合了不断变化的经济现象和思想观点。幸运的是，本学科领域的长期实践者、哈佛大学肯尼迪政府学院教师杰伊·罗森加德（Jay Rosengard）参与了本版的写作。

在上一版付梓时，我曾说过，作为总统经济顾问委员会的成员和主席，我有幸参与了其中的许多变革，是以一位有机会参与美国和许多其他国家决策过程的公共部门经济学家的独特视角写就的。从白宫卸任之后，我担任了世界银行首席经济学家兼高级副总裁，负责向发展中国家提供公共部门政策建议。此后作为许多国家的政府顾问和若干国际委员会的成员或主席，我仍积极参与有关公共部门政策的辩论。我参与了世界各地关于本书所涉及的核心问题的辩论：政府应该扮演什么样的角色？从医疗卫生和教育到社会保障和福利，政府在这些领域应该如何设计方案？应如何设计既能提高经济效率又与基本的公平观保持一致的税收制度？

从某种程度上说，我的经验证实了我在本书以前版本中提出的诸多观点和方法。本书初版时，许多观点和视角似乎有些超前，而如今它们已融入美国以及全世界的政策思考之中。目睹这一切，我的确甚感欣慰。我越来越坚信，本书展示的分析方法能够且已经大大改善了公共部门的政策形成。

公共部门经济学是一个不断变化的学科。虽然有些一般性原则如今像 20 年前一样依旧适用，但新问题已跃升至政策议程的首位，老问题的重要性日趋式微。今天争论的问题常常与 10 年前不可同日而语，甚至连辩论所用的言辞都发生了变化。本版不仅融入了支出政策和税法的许多变化，而且反映了一些不断变化的方法和主题。例如，人们越来越重视理解政府为何往往效率低下，以及如何提高政府的效率——用克林顿政府推广的话来说即“政府再造”。世界上大多数国家特别是美国的不平等现象日益严重，理所当然地成为人们关注的话题，本书反映了这些关切，特别关注了不同政策的分配后果。

我们写作这一版本的主要目的与我写第一版时一样，相信理解本书所讨论的问题对于任何民主社会都是至关重要的。其中，最重要的是公共部门和私人部门之间的适当平衡、公共部门和私人部门互补的方式以及政府如何能更有效地实现其目标。公共部门经济学中的问题往往具有浓重的政治色彩，但我们尽力以公正的方式进行分析，划清对政策影响的分析与对评估政策可取性的价值判断之间的界线。我们试图弄清楚经济理论和实证研究在争论的各个方面都要说些什么，查明某些政策结果的不确定性经常出现在哪里及其原因，澄清为什么对不同政策的可取性存在分歧。在这一版，我们将继续致力于不偏不倚地向学生们介绍这些经常激烈辩论的问题。政治信仰不一的教师对前几版的好评表明，我们已经成功地做到了这一点。本书的外文版本在俄罗斯、中国、日本、德国、意大利、西班牙、拉脱维亚、土耳其、捷克等国家的出版表明，这种做法不仅在美国，就是在面临完全不同情况和问题的国家也同样受到了欢迎。

我在白宫、世界银行以及世界各地对话的经历，使我更加深信这一努力的重要性。只有对当下重要的公共政策问题展开富有意义的公开辩论，民主制度才能取得成功。在许多国家，由于对基本经济问题缺乏广泛的了解，好的政策也常常深陷困境。因此，写好一部本科教材，既是一个巨大的挑战，也是一个很好的机遇：挑战在于用经济学背景知识相对有限（充其量上过一年的经济学原理课程）的人容易理解的简单语言表达纷繁复杂的思想；机遇在于若能成功做到的话，则会影响公共政策辩论的方式方法。

公共部门问题是所有经济学中最令人兴奋的一些问题。卫生、国防、教育、社会保障、福利事业和税制改革等，无一不受到新闻媒体的广泛关注，而经济分析会让这些问题的辩论具有特殊的见解。教育应当由政府提供吗？我们的社会保障计划的远景如何？目前的税制改革建议与我们对税负的真正承担者的认识如何相一致？是什么决定了各种税收的效率和公平结果？这些问题给本课程注入了活力，也是我们特别关注它们的原因。

考察具体的税种和支出项目有额外好处——强调了设计特征的重要性。我们在过去10年得到的一个教训是，仅有良好的意愿是不够的。有很多例子表明，立法并没有成功地实现其目标，甚至还常常出现一些意想不到的后果。例如，2001年和2003年的税制改革，与其意图相反，实际上可能导致了投资减少。我们利用这样的例子，不仅使课程更加生动，还要使学生们养成一个重要习惯，即针对制定和实施公共部门决策的复杂环境来检验理论。

本书的组织具有一定的灵活性。我们的逻辑顺序是，第1篇和第2篇介绍基本问题、制度细节，回顾公共部门作用背后的微观经济理论。第3篇提出公共支出理论，包括公共产品、公共选择和官僚制度，第4篇则将这些理论应用于美国公共支出的五大领域，即医疗、国防、教育、社会保障和社会福利。第5篇和第6篇重复这一模式，先是提出税收理论，再进行分析。第7篇分析了另外两个主题：有关州和地方收支及财政联邦制问题；有关财政政策问题，特别强调了微观经济分析与宏观经济表现之间的关系。财政赤字的起起落落是我们面临的重大变化之一。在头两版中，财政赤字是人们关注的焦点，但到了第三版，赤字变成了盈余。正如我当时所说的那样，这种变化有可能是暂时的，结果的确如此，财政赤字再次成为经济辩论的一部分。在本版，我们试图解释美国财政赤字的这种显著波动。

在顺序上一个完全可行的选择方案是在支出之前先讲税收。第5篇和第6篇都是经过仔细推敲的，希望第1篇讲完之后接着讲税收的教师可以这样做而不失其连贯性。《教师手册》* 提供了如何组织课程的进一步提示、课堂讲稿、测试题以及教师希望讲授的一些高层次的主题。

我要感谢的人很多。我在阿默斯特学院（Amherst College）的老师詹姆斯·纳尔逊（James Nelson）和阿诺德·科勒里（Arnold Collery），不仅激发了我对经济学特别是对这门课程的兴趣，也为我后来的研究打下了基础。他们还让我懂得了什么是好的教学。我希望我从他们身上学到的一些东西能在本书中得到体现。在麻省理工学院，丹·霍兰德

* 本出版社未购买《教师手册》的版权。——出版者注

(Dan Holland）和 E. 卡瑞·布朗（E. Cary Brown）将我带入正式的公共经济学研究。我也希望把他们将政策、理论和制度细节融合在一起的一些研究成果体现在本书中。在我工作过的单位（麻省理工学院、耶鲁大学、斯坦福大学、普林斯顿大学、牛津大学、剑桥大学、美国国家经济研究局）以及我工作和担任顾问的政府机构（经济顾问委员会、财政部、劳工部、内政部、能源部、国际开发署、路易斯安那州、得克萨斯州）和国际组织（世界银行、美洲开发银行、经济合作与发展组织）的同事和合作者的见解也是非常宝贵的。还有一些令我不能忘怀的人，他们是：Henry Aaron（布鲁金斯学会），Alan J. Auerbach（伯克利），Greg Ballantine（主管税收政策的财政部前部长助理），William Baumol（普林斯顿大学），Charles T. Clotfelter（杜克大学），Partha Dasgupta（剑桥大学），Peter A. Diamond（麻省理工学院），Avinash Dixit（普林斯顿大学），Martin Feldstein（哈佛大学），Harvey Galper（布鲁金斯学会），Robert E. Hall（斯坦福大学），Jon Hamilton（佛罗里达大学），Arnold G. Harberger（芝加哥大学和加州大学洛杉矶分校），Charles E. McClure（胡佛研究所，财政部前副部长助理），James A. Mirrlees（剑桥大学），Alvin Rabushka（斯坦福大学），Michael Rothschild（普林斯顿大学），Agnar Sandmo（挪威经济和工商管理学院），Eytan Sheshinski（希伯来大学），Nick Stern（伦敦经济学院），Lawrence Summers（哈佛大学），特别是 Anthony B. Atkinson（牛津大学），Peter Mieskowski（莱斯大学），Kumar Sah（芝加哥大学）和 Steven L. Slutsky（佛罗里达大学）。

我收到的使用或阅读过本教材的人士的意见和建议，对于本书的写就有很大的帮助。这里我要特别感谢：Justin Barnette（肯特州立大学），Donald N. Baum（内布拉斯加大学），Jim Bergin（加拿大皇后大学），Michael Boskin（斯坦福大学），Lawrence Blume（康奈尔大学），已故的 David Bradford（普林斯顿大学），Bradley Braun（中佛罗里达大学），Douglas M. Brown（乔治敦大学），Donald Bruce（田纳西大学），Neil Bruce（华盛顿大学），John Burbidge（麦克马斯特大学），Paul M. Carrick（海军研究生院），Donald Cole（德鲁大学），Paul N. Courant（密歇根大学），Colonel Floyd Duncan（弗吉尼亚军事学院），Stephen Erfle（狄金森学院），J. Eric Fredland（美国海军学院），Victor R. Fuchs（斯坦福大学），Don Fullerton（伊利诺伊大学），Ted Gayer（布鲁金斯学会），Malcolm Getz（范德比尔特大学），Roger Gordon（加州大学圣地亚哥分校），Timothy Gronberg（得克萨斯 A&M 大学），William F. Hellmuth（弗吉尼亚联邦大学），Mervyn King（纽约大学），Laurence J. Kotlikoff（波士顿大学），Sally Kwak（约翰斯·霍普金斯大学），已故的 Robert Lampman（威斯康星大学），Jerry Miner（雪城大学），Yasuhide Okuyama（日本北九州市立大学），Umut Ozek（美国研究所），已故的 Joseph A. Pechman（布鲁金斯学会），Harold Pollack（芝加哥大学），Jim Poterba（麻省理工学院），已故的 Anora Robbins（北卡罗来纳州立大学格林斯堡分校），Balbir S. Sahni（康考迪亚大学，蒙特利尔），Catherine Schneider（波士顿学院），Robert Sherry（基恩州立学院），John Shoven（斯坦福大学），Joel Slemrod（密歇根大学），Anne Winkler（密苏里大学，圣路易斯），Sun-Tien Wu（中兴大学，台北）以及 Qiang Zeng（清华大学，北京）。

本书第二版受益于 Karla Hoff 的见解，他既是研究助理，也是评论者。在这一版的写作过程中，我得到了马里兰大学一群优秀的研究生助理的帮助，他们是：Amy Harris，Kosali Ilayperuma，Steven Karon 和 Diana Stech。我还要特别感谢 Janet McCubbin 对第三版初稿的贡献。她逐字逐句地通读了原稿，她反馈的宝贵意见使书稿从一开始就有了坚实的基础。

对于本书第四版，我也要感谢 Eamon Kircher-Allen，感谢他帮助我们完成了这一版。

最后，我们深深地感谢 W. W. 诺顿公司——一家真正优秀的出版公司的优秀员工，使本项工作开花结果。对于这一版，我特别要感谢 Jack Repcheck 的出色指导以及诺顿公司的其他优秀团队成员：Sujin Hong，Theresia Kowara，Vanessa Nuttry，Marina Rozova，Carson Russell 和 Stefani Wallace。我也永远感谢下列人员在以前版本工作中的出色表现：Ed Parsons，Claire Acher，Kate Barry，Joan Benham，Margaret Farley，Roseanne Fox 和 Mark Henderson。

约瑟夫·E. 斯蒂格利茨

2014 年秋

目 录

第1篇 公共部门的作用与规模

第2篇 福利经济学基本原理

第 3 篇 公共支出理论

第 4 篇 公共支出实践

第 5 篇 税收理论

第6篇 税收实践

第 7 篇　其他问题

第1篇　公共部门的作用与规模

任何国家政治生活的核心都离不开一些基本的经济问题：政府如何影响经济？政府的作用和规模何为适当？为何有些经济活动要由公共部门从事，而有些要由私人部门完成？政府做得应比现在更多还是更少？政府是否应该改变现在的所作所为以及是如何改变的？

要回答这些问题，我们必须首先了解政府现在所做的事情。随着时间的推移，政府发生了怎样的变化？如何比较各国之间的政府规模和活动范围？哪些因素可以解释其中的差异？

第 1 篇就是讲公共部门经济学的上述内容。第 1 章从总体上考察政府的经济作用，阐明公共部门经济学家所要解决的基本问题，解释他们在“恰当的政策”上存在分歧的一些原因。第 2 章讨论衡量公共部门规模所面临的挑战，给出了当今世界各国公共部门规模的可比数据。

第 1 章

公共部门职能的界定

重点问题

1. 公共部门经济学研究的核心问题是什么?

2. 关于政府的经济作用，有哪些观点？这些观点有怎样的变化？这些变化的起因是什么?

3. 经济学家是如何研究公共部门经济学的?

4. 经济学家在政府应当采取的恰当政策上存在分歧的主要原因是什么?

从降临世间到撒手人寰，政府活动以各种方式影响着我们的生活。例如，在美国：

- 我们都是在医院出生的，这些医院即使不是公立的，也是得到政府补贴的。我们的降生被记录在案（我们的出生证），从此我们作为美国公民便拥有了一系列权利和义务。
- 我们当中的大多数人（差不多90%）上的都是公立学校。
- 在生命旅程的某段时光，几乎我们所有人会通过诸多计划（项目）从政府手中获得资金，诸如学生贷款、失业或伤残救济金、扶贫项目、社会保障以及医疗保险。
- 我们都要向政府缴纳税款，包括：销售税；对诸如汽油、白酒、电话、航空旅行、香水、轮胎等商品课征的货物税；财产税；所得税；社会保障税（工薪税）。
- 超过1/6的劳动力直接由政府雇用，政府也明显影响其他部门的就业状况。
- 在许多生产领域，也许是汽车、运动鞋，或许是计算机，政府是否允许在没有关税或配额的情况下在美国的外国竞争对手销售这些商品，将极大地影响这些领域的利润和就业机会。
- 我们吃什么，喝什么，住在什么地方，能住什么样的房子，都受到政府机构的监管。
- 我们利用公路或有公共补贴的铁路去旅行。大部分社区的垃圾回收、污水处理都由公共机构负责；有些社区的饮用水由公共供水公司提供。
- 我们的法律制度提供了一个框架，在该框架内，无论是个人还是企业，彼此都可以签订合同。双方一旦出现纠纷，可以诉诸法院裁决。
- 如果没有环保法规，许多大城市会产生污染，河水、湖水不能饮用，甚至都不能在那里游泳和垂钓。
- 如果没有安全法规，如没有要求系安全带的法规，交通事故伤亡会更严重。

1.1 政府的经济作用

为什么政府只从事某些经济活动？在过去的百余年里，政府的活动范围为何发生改变？在不同的国家，政府的作用为何不同？政府是否做过头了？政府想做的事是否做好了？政府能否更有效地发挥其经济作用？这些都是公共部门经济学关注的核心问题。为解决这些问题，我们将首先考察政府在现代经济中的经济作用、政府作用理念的形成以及21世纪政府作用的变化。

□ 1.1.1 美国的混合经济

美国经济是所谓的**混合经济**（mixed economy）——众多经济活动都是由私人企业从事的，同时，政府也从事一部分经济活动。除此之外，政府还通过多种管制、税收和补贴来改变私人部门的行为。

相比之下，在苏联，中央政府从事大部分经济活动。如今，只有在朝鲜和古巴，政府才有这样的重要地位。在许多西欧国家，中央政府的经济作用比美国的要大。例如，法国政府一度涉足的经济活动范围包括汽车、电力和飞机生产。然而，自20世纪80年代以来，**私有化**（privatization）——将政府企业变为私人企业——在欧洲已是大势所趋，尽管政府的经济作用依旧超过美国。① 有些私有化远没有期待的那么成功。在美国，布什总统提出社会保障部分私有化，但在2008年金融危机之后，支持者销声匿迹，这是因为美国人意识到了这项提议一旦付诸实施他们所面临的损失和不安全感。的确，从全球来看，半个多世纪以来，危机导致政府的作用更加强化，政府或接管或为金融部门和其他众多行业提供大量补贴。

美国的混合经济起源于这个国家的形成。在美国宪法的形成过程中，共和国的缔造者必须旗帜鲜明地解决新政府的经济作用这一关键问题。宪法赋予联邦政府特定的职能，比如经营邮局、印制钞票等。宪法通过赋予政府授予专利权和版权的权力，鼓励创新和创造，奠定了我们现在所谓的“知识产权”的基础。宪法赋予联邦政府某些征税权，虽然政府不能对出口、所得或净财富课税。最为重要的是，对于国家的未来发展，宪法规定，联邦政府有权规范州际贸易。由于众多的经济活动都涉及商品在一个州生产而在另一个州销售，因此，这一规定的广义解释一直被用来证明联邦政府的许多管制具有正当性。

纵观美国历史，政府的经济作用发生了翻天覆地的变化。例如，100年前，所有铁路和部分公路都由私人所有，而今，主要公路不是私有的，大部分州际铁路客运属于美铁（Amtrak）——美国国家铁路客运公司，该公司是一家国有的、受补贴的企业。正是由于混合经济一直面临着政府活动与私人活动之间适当界限的界定问题，公共部门经济学的研究才如此重要和令人兴趣盎然。

□ 1.1.2 关于政府作用的不同观点

为了更好地理解有关政府经济作用的当代观点，有必要回顾一下不同观点的历史演变。② 十八九世纪的一些核心思想，不仅直接影响了20世纪的经济史，就是在当今也影响深远。

在18世纪，一种占统治地位的观点（尤其是在法国经济学家中有影响）认为，政府

---

① 要了解更多的法国情况，请参阅 H. Dumez and A. Jeunemaitre. “Privatization in France：1983－1993，” in *Industrial Privatization in Western Europe：Pressures，Problems，and Paradoxes*，ed. Vincent Wright（London and New York：Pinter Publishers，1994），pp. 83－105，194。

② A. O. Hirschman，*Shifting Involvements：Private Interest and Public Action*（Princeton，NJ：Princeton University Press，1982）. 赫希曼（Hirschman）提出了一个有趣的理论，试图解释关于政府适当作用的观点的不断变化。

应该积极推动贸易和工业的发展。这种观点的倡导者被称为**重商主义者**（mercantilist）。从一定程度上说，作为对重商主义者的回应，亚当·斯密（常被视为现代经济学的鼻祖）于1776年出版了《国民财富的性质和原因的研究》（简称《国富论》，*The Wealth of Nations*）。在这本书中，他主张限制政府的作用。亚当·斯密试图说明，竞争和利润动机如何导致个体在追逐私人利益的同时服务于公共利益。利润动机促使互相竞争的个体向有需要的他人提供商品。唯独生产所需之物及其价格尽可能低廉的企业才能生存。斯密认为，经济仿佛被一只“看不见的手”左右，尽可能以最好的方式生产所需之物。

亚当·斯密的思想对政府和经济学家产生了极大影响。19世纪许多最重要的经济学家，例如英国人约翰·斯图亚特·穆勒（John Stuart Mill）和纳索·西尼尔（Nassau Senior），都在传播**自由放任**（laissez faire）思想。在他们看来，政府对私人部门要敬而远之，更别总是想管控私人企业，无约束的竞争会使社会利益最大化。

亚当·斯密的推理并没有使19世纪的所有社会思想家折服。他们环顾四周，看到的是收入极不平等，大多数工人阶级贫困潦倒，工人们经常被失业所困扰。19世纪的作家如查尔斯·狄更斯（Charles Dickens）希冀通过小说描绘工人阶级的困境，而社会理论家如卡尔·马克思（Karl Marx）、让·沙尔·列奥纳尔·西蒙·德·西斯蒙第（Jean Charles Léonard Simonde de Sismondi）和罗伯特·欧文（Robert Owen），通过各自的理论不仅试图解释他们的所见所闻，而且提出了社会重构方式。许多人将社会罪恶归因于资本的私有制；亚当·斯密看到的是美德，他们看到的则是罪恶。马克思即便不是最深邃的社会思想家，也无疑是最有影响的思想家。他主张国家要在控制生产资料上发挥更大作用。其他人，例如欧文，认为问题的解决既不靠国家，也不靠私人企业，而靠小集团——组织起来的个体为了共同利益而协同行动。

一方面是资本的私有制和无拘无束的自由企业，另一方面是政府控制生产资料，这些相反的原则成为20世纪国际政治和经济的驱动力，具体体现为冷战。苏联和东欧国家经历了了不起的向市场体制的转型，政府的作用发生了彻底转变。为了应对20世纪的经济事件，美国政府的经济作用也发生了变化，只是变化比较渐进。现在普遍认为，市场和私人企业是经济成功的核心，但政府作为市场的补充同样举足轻重。

然而，政府作用的具体情况无一定之规定，因国而异，因时不同，主要取决于社会对政府的期望和社会成员为实现这些期望而愿意付出多少，有时可称之为“社会契约”。例如，北欧国家的公民普遍期望政府提供医疗、教育和社会服务（这在美国主要由私人部门提供），并愿意缴纳比较高的税收来为这些公共服务提供资金。其中，有些国家已经成功地建立了公共医疗卫生制度，而且比美国的私人医疗卫生制度成效好，成本低。就在2008年，有关政府适当作用的争论发生了急剧转变，因为我们清楚地看到，只有政府能够拯救主要由私人市场造成的经济危机。

□ 1.1.3 政府行为的动因：市场失灵

2008年危机之前，大萧条（1929年的失业率高达25%，当时的国民产出相对于高峰期下降了三分之一）是彻底改变看待政府的态度的事件。一个合理的普遍观点认为，市场在某一重要环节失效，政府就应该矫正这种市场失灵。伟大的英国经济学家凯恩斯在大萧条期间著书立说，面对经济衰退，极力主张政府要做一些事，而且也认为政府能够做。政府应该而且能够稳定经济活动这种信念，最终在美国的立法——**《1946年充分就业法案》**（Full Employment Act of 1946）中得以体现，同时美国成立了经济顾问委员会，负责向总统就如何最完美地实现这些目标提出建议。

美国经济似乎无力提供就业机会并不是唯一引起关注的问题。大萧条使得以前存在了很长时间的、不那么严重的问题都凸显出来了。当银行倒闭、股市崩盘之时，许多人实际上会一贫如洗；无数老年人变得贫困潦倒；众多农户发现其产品价格变得太低，无法偿还抵押贷款，违约已司空见惯。

为了应对大萧条，联邦政府不仅要发挥更积极的作用，努力稳定经济活动，而且要通过立法缓解许多具体问题，包括失业保险、社会保障、联邦存款保险、联邦农产品价格支持计划，以及其他许多旨在实现各种经济社会目标的计划。这些计划统称为新政（New Deal）。

第二次世界大战后，美国经历了前所未有的繁荣。然而，显而易见，并非人人都享用到了繁荣的果实。许多人一出世就注定生活贫困、命运悲惨；他们得不到足够的教育，工作前景黯淡。

20 世纪 60 年代实施的许多政府计划的推动力就源于这些不平等现象，当时的林登·B. 约翰逊（Lyndon B. Johnson）总统宣称“向贫困宣战”。有些计划为贫困者提供“安全网”，如向穷人提供食品和医疗服务的计划；有些计划，如就业再培训计划和为贫困家庭儿童提供学前教育的启智（Head Start）计划，旨在改善弱势群体的经济机会。

政府行动能缓解这些问题吗？如何判断成功与否？如果某个计划辜负了其最狂热的支持者，这当然并不意味着该计划失败。医疗救助制度（Medicaid）成功地缩小了贫富间医疗保健的差异，但并没有消除预期寿命的差距。医疗保险制度（Medicare）减轻了老年人及其家庭对医疗费用的许多忧虑，但全国不断快速增长的医疗支出问题接踵而至。社会保障计划给老年人提供了前所未有的经济保障水平，但也遇到了资金问题，况且一些批评人士还对后代是否也能获得同样的待遇提出质疑。

“向贫困宣战”计划走过半个世纪，美国的贫困并未根除。这些政府计划虽已显著减少了贫困，但批评者和支持者都认为，要消除贫困，仍任重道远，况且有时还事与愿违。许多旨在缓解市场经济不足的计划，其效果与支持者的预期相去甚远。在有些情况下，旨在改善市中心贫民区（inner city）生活质量的城区改造计划，导致高品质住房取代低品质住房，而穷人因买不起高品质住房，住房条件反而更差，使得无家可归问题备受关注。尽管许多旨在促进公立学校一体化的计划取得了成功，但由于住宅区隔离，一些地区的公立学校整合结果还不如私立学校。农业计划给大农场带来的好处过多，许多小农场无法生存。

政府应继续努力的支持者声称，批评者夸大了政府计划的失败。他们认为，要总结经验教训，政府不应该放弃解决国家面临的主要社会问题和经济问题的努力，反而要下功夫设计好政府计划。换言之，政府的局限性或“政府失灵”，不应妨碍政府尽力缓解市场失灵。

人们也关注另外两种市场失灵：一是经济过度波动，2008 年危机和自 1980 年开启放松管制时代以来世界各地发生百余次危机就是明证；二是不平等程度加剧，经济机会减少。这些问题在其他许多国家也存在，但在美国却成为众矢之的，因为现如今，在发达工业化国家中，美国的不平等程度最高，“机会”程度最低；也就是说，在美国，子女的生活前景更依赖父母的收入和受教育程度。更有甚者，最富有者（特别是借助金融市场）通过掠夺性和歧视性贷款、滥用信用卡以及利用市场势力，最终对最贫穷者产生了剥削。对市场的普遍关注表明，政府的作用不可或缺，但在某些方面，有人担心，政府不仅没有

"矫正"市场失灵，反而可能是在雪上加霜。

□ 1.1.4 实现公共部门与私人部门间的平衡

市场常常失灵，政府往往也不能充分矫正市场失灵。现如今，经济学家在确定政府的适当作用时，试图融合人们对政府和市场局限性的认识。人们的普遍看法是，市场解决不了的问题有很多；更一般地说，只有在相当严格的假设条件下，市场才完全有效（见第3章和第4章）。

既然认识到自身有局限性，那么，政府就应该只将精力用于市场失灵最显著且有证据表明政府干预可以发挥重要作用的领域。美国经济学家如今的主导观点是，有限的政府干预可缓解（但不是解决）最糟糕的问题。因此，政府应该积极促进充分就业，减轻最糟糕的贫困问题，但私人企业应该在经济中发挥核心作用。流行的观点试图找到政府和市场一起发挥作用的方式、方法，彼此促进。例如，政府更多地依赖市场机制和类市场机制。

可是，政府到底应该多有限或多积极，对此仍争论不休。由于人们对市场失灵的严重程度和对政府矫正市场失灵的有效程度的看法不一，不同的观点由此产生。一般来说，曾服务于民主党政府的经济学家认为政府要发挥更大的作用，而曾服务于共和党政府的经济学家则持怀疑态度。意见存在分歧的部分原因在于他们对市场失灵重要性的认识不同，部分原因是他们对不平等的重视程度不同；即使市场是有效率的，就连市场派经济学家也认为市场可能会导致难以接受的贫困程度。不过，大多数意见纷争都源于政治：他们对政府在自身不产生问题的情况下有效解决市场失灵问题的能力或可能性的评价。在认同市场产生"太多"不平等现象的人当中，一些人认为，即使是最有效的减贫措施，其成本也太大，而另一些人认为，在实践中政府的种种努力被证明是无效的。

混合经济

- 美国的经济是混合经济，公共部门和私人部门都发挥重要作用。
- 政府所起的作用以及关于政府应起怎样的作用的观点，因时而异。
- 政府从事特定活动的重要动因是现实存在的或所认识到的市场失灵。
- 除了市场失灵，人们越来越意识到政府也有局限性——"政府失灵"。

□ 1.1.5 正在形成的共识

重要的是，有关政府经济作用的争议比100年前少多了。当时，社会主义者倡导政府起主导作用，而自由放任主义经济学家则主张政府根本就不应该发挥作用。如今，两项措施并举——**放松管制**（deregulation）和私有化，反映出了对政府作用的反思。

首先，降低政府在管制经济中的作用，发端于美国卡特总统。例如，政府不再管制航空和长途货运业的价格。人们虽然知道管制会有成本，但更认识到没有管制代价可能会更大。管制有增无减，其部分原因是人们对市场失灵的认识不断深化，诸如与环境恶化和过去30年里银行体系两次几近崩溃有关的市场失灵。克林顿政府的"政府再造"（Reinventing Government）举措则寻求一种平衡：一方面认识到了管制的必要性，另一方面也认识到了许多管制是多余的，收益小于成本，况且也许有更有效的方式实现预期目标。银行、电信、电力等领域进行了重大改革；在有些领域（如电信），因新技术的出现，竞争的空间比以前想象的更大。类似的改革席卷了全球。

在有些情况下，包括美国在内，放松管制的狂热似乎过了头。例如，1997 年东亚经济危机（如同 20 世纪 80 年代的美国储贷危机）和 2008 年全球经济危机，令人们清醒地认识到金融市场监管的重要性。这些危机最终让劳动者、企业甚至纳税人付出沉重代价。因此，人们所期盼的电信竞争也的确没有出现。

像克林顿政府一样，奥巴马政府也宣称要努力找到一种合适的平衡。但批评者担心，奥巴马政府是否会像克林顿政府一样，在得益于放松管制的特殊利益集团或过度相信市场的意识形态的影响下走得太远。

其次，私有化力求将政府原先从事的活动移交给私人部门。欧洲的私有化运动来势更猛，电话、铁路、航空和公用事业全部实行私有化。由于美国政府经营的企业本来就少，故私有化的范围要小得多。最重要的、最有争议的也许是美国铀浓缩公司（United States Enrichment Corporation）的私有化，这是一家负责浓缩铀的政府机构（低浓缩铀用于核电站，高浓缩铀用于制造原子弹，两者所用的工序和厂房相同），于 1997 年批准私有化，1998 年完成私有化，对美国国家安全具有深远影响。比如，它使之后的核裁军讨论复杂化，因为私有化的企业和国家安全有利益冲突。对许多人来说，这次私有化似乎是私有化意识形态失控的一个案例——政府丧失了要使混合经济运行就必须使私人部门与公共部门保持平衡的意识。

不过，就在 2005 年，美国又进行了一次重大的私有化尝试——将公共养老计划的很大一部分（社会保障）私有化，这与智利、英国和其他国家的尝试类似。全球金融危机使这项举措的主要问题暴露出来，包括增加了老年人的不安全感。其他私有化尝试，如墨西哥的道路私有化和英国的铁路私有化，也同样遇到了很大问题。2008 年金融危机爆发，令许多国家的政府不得不在经济中发挥更为积极的作用，甚至在有些情况下，将私营企业（特别是银行）国有化或重新国有化。在许多资源丰富国，私营石油和采矿公司就遇到了不公平交易，政府要求订立新的合同，或者在有些情况下，甚至将油气田或矿山国有化或重新收归国有。

1.2　公共部门经济学家的思维

经济学家研究稀缺——社会对有限资源的使用如何做出选择。他们探讨四个核心的经济问题：

生产什么？

如何生产？

为谁生产？

如何决策？

像所有经济学家一样，公共部门经济学家也关注这些基本问题，但他们的重点在于公共部门内部的选择、政府的作用，以及政府影响私人部门决策的方式。

1. 生产什么？我们要用多少资源生产公共产品，如国防和公路？我们要用多少资源生产私人产品，如汽车、电视机和电子游戏？我们通常用**生产可能性曲线**（production possibility schedule）描述这种选择，该曲线描述了两种物品在技术和资源既定的情况下可以有效生产出来的各种数量。在我们的例子中，这两种物品是公共产品和私人产品。图 1.1 给出了社会能生产出来的公共产品和私人产品的各种可能组合。

社会可以在公共产品（像国防）生产上投入更多，但必须减少用于私人消费的投入。

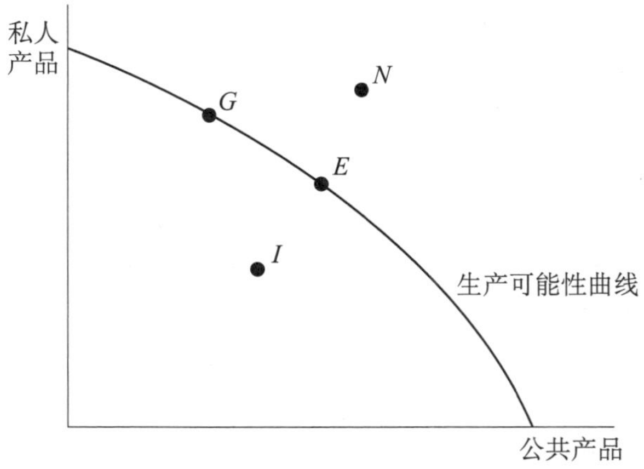

图 1.1　社会生产可能性曲线

该曲线描述了社会在每一公共产品数量下可享有的最大私人产品数量。假如社会愿意享有更多的公共产品，就必须放弃一些私人产品。

因此，在沿着生产可能性曲线从 G 点向 E 点移动的过程中，公共产品增加了，而私人产品减少了。在生产可能性曲线下方的任何一点，如 I 点，都是无效率的：社会本可以获得更多的公共产品和更多的私人产品。在生产可能性曲线上方的任何一点，如 N 点，则是办不到的：在现有资源和技术既定的情况下，公共产品和私人产品不可能同时达到这样的数量。

2. 如何生产？这一问题包含以下决策：是由私人生产，还是由公共生产？是多用资本、少用劳动，还是相反？是否采用节能技术？

诸如此类的问题比比皆是。政府政策也会影响企业如何生产：环境保护法限制企业污染；企业必须为雇员缴纳工薪税，可能导致劳动更加昂贵，从而阻碍企业采用需要更多劳动的生产技术。

3. 为谁生产（分配问题）？政府有关税收或福利计划的决策会影响不同的人要支出多少。同样地，政府必须决定生产什么公共产品。有些群体会从一种公共产品中受益，而有些群体则会从另一种公共产品中受益。

4. 如何决策？在公共部门，选择是集体做出的。集体选择（collective choices）是社会必须一起做出的选择，比如关于法律体系、军事设施规模、其他公共产品支出等的选择。其他领域的经济学教科书主要强调个人如何做出消费决策，企业如何做出生产决策，价格体系如何运作以确保企业生产消费者所需之物。

集体决策相当复杂，因为人们常常不能就何为可取达成一致。毕竟，就像有人喜欢巧克力冰激凌，有人喜欢香草冰激凌一样，有些人则更愿意逛公园。对于私人产品，喜欢巧克力冰激凌的人尽可购买巧克力冰激凌，喜欢香草冰激凌的人尽可购买香草冰激凌。而对于公共产品，我们需要一起决策。任何家庭成员都遇到过集体决策的困境（例如，是一起去看电影，还是一起去打保龄球？）。

公共决策更加复杂。我们越来越意识到，私人部门特别是大公司的决策，远比单一所有人企业的决策复杂得多。在公司内部，关于应该做什么的意见分歧很大，既有对不同行为后果的判断不同（产品的销路如何？），也有“价值观”上的差异，例如，企业应该强调短期还是长期？公共部门经济学的目标之一就是研究民主社会中集体选择（有时称为社会选择）是如何做出的。

认识到这种意见分歧本身很重要。我们要提防诸如此类的言辞：“这是为了公共利益”或“我们关心社会利益”。不同的政策可能给不同的人带来好处，我们要谨慎确定谁将从既定政策中受益，谁将受损。

重要的经济问题

- 生产什么？公共产品还是私人产品？
- 如何生产？在公共部门内生产还是在私人部门内生产？
- 为谁生产？税收会影响不同的人的支出数量；不同的政府计划有益于不同的群体。
- 如何决策？如何做出集体决策（比如，有关公共产品的提供和税收的决策）？

□ 1.2.1 公共部门分析

在处理每个基本的经济问题时，通常有四个分析阶段：描述政府所为，分析政府行为的后果，评估各种政策，解释政府决策背后的政治力量。

1. 了解公共部门从事的活动以及这些活动的组织方式。政府运作非常复杂，难以评估政府的支出总量及其用在了何处。单是美国联邦政府的预算案就长达千余页，而且预算中的各项活动不易区分，有些活动由几个不同的部门或机构执行。例如，研发资金的提供者有国防部、国家科学基金会、国家健康研究院以及国家航空航天局等。又如，像卫生部这样的部门还从事多种活动，有些活动与其他活动的关系全然不清。

再有，不同层级的政府都有税收和支出。在有些地方，人们不仅要缴纳联邦税和州税，而且要向学区、镇、县以及提供供水、排污和公共图书馆等服务的辖区单独纳税。

2. 理解并尽可能预测这些政府活动的全部后果。对公司课税后，谁承担税收负担？至少部分税收可以通过提价转嫁给消费者，或通过下调工资转嫁给雇员。在社会保障方面，政府改变退休年龄的后果是什么？大学学费的税收抵免或扣除会产生怎样的后果？大学会因此而提高学费以致高等教育费用比以前更难以负担吗？对美国公司的全球所得征税（取消把所得汇回美国之后再征税的规定），会削弱其外包激励、增加政府收入吗？还是仅仅驱使企业将总部迁至国外？

政府政策的后果通常极其复杂，难以准确预测，即使在政策出台后，人们也常常对其效果议论纷纷。本书不仅试图阐明一些主要争议的方方面面，还欲解释这类分歧为什么持续不断以及为什么难以解决。

3. 评估各种政策。要做到这一点，我们不仅需要了解各种政策的结果，而且要建立评估标准。首先，我们必须了解政府政策的目标；然后，我们必须确定具体建议在多大程度上符合（或可能符合）这些标准。

许多政府计划有多个目标。例如，美国清理有害废物倾倒场所的计划，在保护健康的同时，也会阻碍经济发展。有些政策能比较好地实现一个目标，有些政策在实现其他目标上更有优势。在这种情况下，我们需要一个决策框架：在评估各种政策时，我们如何系统地思考这种权衡取舍关系？

4. 解释政治程序。比如是补贴农民还是建造超级对撞机，或者在教育上要花多少钱等诸如此类的集体决策，都要通过政治程序。对于所选择的方案，我们能作出怎样的解释？经济学家区分了不同群体，有些群体从政府计划中受益，有些群体则从中受损；分析了这些群体所面临的激励，他们企图动用政治程序以促成对其有利的结果；探讨了政府组织结构亦即“游戏规则”（如国会运作规则、总统是否可以否决议案中的具体项目或整个议案等）对结果会产生怎样的影响。多方人士都担忧最高法院对“联合公民诉联邦选举委员会案”［*Citizens United v. Federal Election Commission*，558 U. S. 310（2010）］的判决，似乎使商业企业获得了可随心所欲提供竞选资金的机会，有可能造成商业企业左右政治角力场的局面。然后，他们试图探究深层次的问题：什么决定了游戏规则的选择？在回答这些问题的时候，经济学和政治学走到了一起。不过，经济学家具有独特的分析视角：他们强调经济激励在政治程序参与者行为中的重要性，从而强调经济自利在决定结果时的重要性。

公共部门分析

- 了解公共部门从事什么活动，这些活动是如何组织的。
- 理解和预测这些政府活动的全部后果。
- 评估各种政策。
- 解释政治程序。

□ 1.2.2　经济模型

公共部门经济学分析的核心内容是理解不同政策的结果。可是，经济学家有时对结果将是什么的看法不同。科学地检验各种理论的标准方法是做实验。运气好的话，实验结果将证明只有一种理论的断言是正确的，从而推翻其他理论。可是，经济学家通常不可能进行可控实验，只能对不同市场、不同时期的不可控实验进行观察。遗憾的是，历史证据常常无法让我们解决人们对经济表现的意见分歧。

经济学家可以运用**经济模型**（economic model）分析各种政策的后果。如同飞机模型试图复制飞机的基本特征一样，经济模型也试图描述经济的基本特征。现实经济显然是极其复杂的，既要看发生了什么，也要预测特定政策变化的后果，还要分清本质特征和非本质特征。在构建模型时，需要关注的重点特征取决于所要解决的问题。模型简化假设并省略许多细节，这是优点而非缺点。我们打个比方：你在长途旅行时可能需要好几种地图，州际公路地图提供概览，使你知道如何能从你所在的地区到达你所要去的地方。接着，你可以用比较详尽的地图，看看怎么从所在地点上高速公路，再从高速公路到达目的地。假如州际公路地图画出了该国的每一条街道和道路，它就会很大，以至于用途有限。额外的细节尽管从某些方面看似有用，最终反倒成了累赘。

所有分析都要用到模型和简单假设，涉及个人和企业对政府政策的各种变化将做出怎样的反应，这些反应将如何相互作用，从而确定对经济的总体影响。不管是政客还是经济学家，都在使用模型讨论各种政策的影响。不同的是，经济学家试图明确他们的假设，确信他们的假设彼此一致，并与现有证据相吻合。

专栏 1.1

马斯格雷夫的三职能论

理查德·马斯格雷夫（Richard Musgrave），20 世纪最伟大的财政学家之一，认为政府有三个经济职能。第一个是稳定职能，保证经济处于价格稳定的充分就业状态。具体怎么做，那是宏观经济学课程的主要内容。第二个职能是配置职能，政府干预经济如何配置资源。政府可以通过购买产品（如国防和教育），直接干预资源配置；通过税收和补贴（鼓励某些活动，抑制其他活动），间接干预资源配置。第三个职能是分配职能，关注社会生产的产品如何在其成员间进行分配。该职能关注公平、公平与效率的权衡取舍等问题。公共部门经济学主要讨论后两个职能，尽管其他经济学课程（如讨论管制的课程）也提到这些问题。

如今我们看到，在所有这三个职能上，政府的各种活动是交织在一起的，不可能像马斯格雷夫所设想的那样泾渭分明。尽管如此，他的“三职能论”仍然便于我们考察政府的各种活动。

□ 1.2.3 规范经济学与实证经济学

经济学家在分析中也会仔细找出价值观的切入点。当他们描述经济、构建模型预测经济将如何变化或不同政策的影响时，他们所做的是实证经济分析。当他们试图评价不同政策、权衡各种收益和成本时，他们所做的是规范经济分析。**实证经济学**（positive economics）关注“是”什么，描述经济的运行情况；**规范经济学**（normative economics）解决“应该是”什么，对各种行动措施的可取性做出判断。进行规范经济分析要借助于实证经济分析。要是没有明确的结果，我们就不能对某项政策是否可取做出判断。良好的规范经济分析也要尽量表明它所包含的价值观或目标，其表述方式应该是：“假如这是你的目标……那么这可能是最佳的政策。”

我们以对1箱啤酒课税1美元的议案为例，解释实证经济学和规范经济学。实证经济学描述的是这种税对啤酒价格的影响——价格会足额上涨1美元，还是生产者承担一部分税款？在此分析的基础上，经济学家继续预测啤酒消费量会下降多少，谁将受到这种税的影响。例如，他们或许发现，由于低收入者在啤酒上的花费占其收入的比例比较大，这些人受到的影响也就比较大。研究发现，啤酒消费量与交通事故量存在一种系统关系。利用这些信息，经济学家可以估计出对啤酒课税会对事故数量产生怎样的影响。这些步骤都是在描述对啤酒课税的各种可能后果，而不做判断。然而，问题在于，是否应当征收这种税？这是一个规范性问题。经济学家在回答这个问题时，要在税收收入这种收益与对啤酒课税造成的消费扭曲、较低收入者承担的税收比例过大所产生的不平等、减少交通事故伤亡之间进行权衡。此外，在评价这种税时，经济学家还希望将其与筹措等量收入的其他方法进行比较。

我们在经济政策分析中经常会遇到这种情况。通过进行实证经济分析，我们可以区分受益者（道路更安全）和受损者（支付更高价格的消费者，赚取较少利润的生产者，失去工作的工人）。规范经济学注重建立系统性程序，通过这种程序，我们可以比较境况变好的那些人的收益与境况变差的那些人的损失，从而对提议的可取性做出某种总体判断。

规范表述和实证表述的区别不仅表现在对特定政策变化的讨论上，而且表现在对政治程序的讨论上。例如，经济学家注重描述美国多数投票制的结果，即获得多数票的议案获得通过。诺贝尔经济学奖得主、乔治梅森大学的詹姆斯·布坎南（James Buchanan）领导的一批大牌经济学家，一直专注于描述政治程序对社会选择的影响（因此，这些经济学家通常被称为社会选择学派）。对于公共支出增加超过一定数额，要求获得三分之二多数票通过的结果（就税收或支出的结构或规模而言，或者就这些变化对变化了的环境做出反应的速度而言）会是什么？增加政客薪酬的结果会是什么？限制私人对竞选活动捐款的结果会是什么？规定竞选开支限额，或改革竞选筹资方式的其他提案的结果会是什么？公众支持竞选活动的结果会是什么？

不过，经济学家也关注对各种政治程序的评估。某些政治程序在某种意义上比其他政治程序好吗？它们是否更容易产生一致性选择？某些政治程序比其他政治程序更可能产生公平或效率结果吗？

1.3 经济学家的意见分歧

在政策辩论中，对核心问题达成一致意见实属罕见。有人说平权措施（affirmative action）或双语教育是可取的，有人则不以为然。有人说所得税应该更加累进（即富人应该缴纳较高比例的税，穷人应缴纳较低比例的税），有人则认为应该降低累进程度。有人同意针对大学学费提供税收抵免，有人认为应该以更好的方式花钱，包括更有效地为穷人提供教育。有人认为资本利得应该像其他收入形式一样征税，有人则认为资本利得应该享受优惠待遇。政策分析的核心问题之一是澄清这些意见分歧的根源。

意见分歧大体出现在两个方面：经济学家对有关政策结果的意见分歧（实证分析）；经济学家对有关价值判断的意见分歧（规范分析）。

1.3.1 对有关经济行为的意见分歧

正如我们所看到的，经济学家在政策分析中提出的第一个问题就是，政策的全部后果是什么？在回答这个问题前，他们必须首先预测家庭和企业会做出怎样的反应。例如，1696 年，根据《改善残缺铸币成色不足法案》（Act of Making Good the Deficiency of the Clipped Money），英格兰对窗户课税。当时，窗户是一种奢侈品，富人家房子的窗户比穷人家的多。窗户税大体可以认为是对政府无权课征的所得税的替代。政府本应先问一下人们对其房内的光线估价多少。人们可以想象国王的顾问们关于下列问题展开的一场政策辩论，即有多大比例的人口对光线的估价很低，以至于宁愿住在没有窗户的房子里，也不愿纳税。那时，国王没有可以依赖的统计研究。（事实上，许多人对光线的估价不高，政府筹集到的收入比预期的少，更多住房比预想的暗。）

如今，经济学家常常对描述经济的最佳模型意见不一，甚至即使对经济的定性问题存在共识，对定量问题也可能众说纷纭。例如，他们也许同意增加税收会抑制工作积极性这一观点，但对其影响的程度却各执一词。

许多经济学家所用的标准模型都假定完全信息和完全竞争——每个企业和个体如此之渺小，以至于价格根本不取决于其所作所为。虽然大多数经济学家认识到信息和竞争都不是完全的，但有些人认为，完全信息和完全竞争模型大体接近现实，是有用的；有些人则认为（至少出于某些目的，例如医疗市场）偏差很大，政策必须建立在明确包含不完全信息和不完全竞争的模型基础之上。

我们不能解决这些分歧，我们能做的是说明不同观点如何以及何时导致不同的结论。

经济学家即使就特定政策引发的某种反应意见一致，但对这种反应程度也可能各持己见，这正是对奥巴马总统的《2010 年平价医疗法案》（Affordable Care Act of 2010）实施后会产生怎样的后果议论纷纷的原因之一。大多数经济学家认为，向更多的人提供医疗保险会导致先前没有医疗保险的人消费更多的医疗服务，而该计划的动机之一就是要解决许多没有医疗保险的人医疗不足问题。但对于先前没有医疗保险的人将多消费多少，经济学家则有不同意见。问题的答案会影响任何计划的成本大小。

对于未参保者的医疗服务消费总量是否会减少，甚至也有某种不同意见：未参保者中的许多人以前虽然获得了医疗服务，但获得的方式方法效率低下（例如，高成本的急救），且只有在他们的疾病恶化后才获得，增加了治疗的总费用。对于扩大覆盖面的费用在多大程度上能被医疗服务提供的效率提高所抵消，也说法不一。这些问题的答案极大地影响这项新法案的预计成本。

尽管现代经济学的核心问题是确定反应程度，比如说，投资对投资税收抵免的反应程度、消费对所得税税率变化的反应程度、储蓄对利率上升的反应程度等，但遗憾的是，由于各种研究运用的是大量不同的数据组和不同的统计方法，因此得出了不同的结论。随着经济学家获得更多的数据并开发更好的技术来分析有限的可用数据，某些分歧有望得到解决。

□ 1.3.2 对有关价值判断的意见分歧

虽然意见分歧的两种来源——关于描述经济的最优模型和数量大小（如储蓄对利率的反应大小）出现在实证经济学中，但意见分歧的最终来源还是规范经济学。即使对于某种政策的全部结果达成了一致意见，但对于政策是否可取仍有不同看法。如前所述，我们常常必须进行权衡取舍：一项政策可能会增加国民产出，但也会加剧不平等；一项政策可能会增加就业，但也会加剧通货膨胀；一项政策可能使某一群体受益，但也可能使其他群体的境况恶化。换句话说，任何政策既产生某些可取的结果，也产生某些不良后果。人们会以不同的方式权衡这些结果，有人认为价格稳定比失业更重要，有人则认为增长比平等更重要。

在价值观问题上，和哲学家一样，经济学家也是见仁见智。本书将摆明主要观点，评价彼此指摘的某些批评。

专栏 1.2

公共部门经济学与全球经济危机

在世界各国力争从 2008 年的全球经济危机中复苏的过程中，有关经济运行（实证经济学）和我们所期望的经济运行（规范经济学）的意见分歧加剧。本次经济危机的影响深远且持久：美国经历了自 20 世纪 30 年代大萧条以来最严重的经济衰退；美国的失业率依然居高不下，且大大超过了充分就业状态下的失业水平；自国际货币基金组织（IMF）于 1970 年开始收集数据以来，2009 年首次出现全球经济萎缩。公共部门对这场危机的反应也是前所未有的：除了各国央行大量注入流动性以及世界上许多最大的金融机构普遍得到政府注资之外，各国还出台了大规模财政刺激措施，比如中国共计 4 万亿元人民币（占 2007 年 GDP 的 13.5%），美国布什政府的 2008 年经济刺激法案共计 1 680 亿美元和奥巴马政府的《2009 年美国复苏与再投资法案》(American Recovery and Reinvestment Act of 2009) 共计 7 870 亿美元（合计占 GDP 的 6.8%），日本共计 27 万亿日元（占 GDP 的 5.5%）。虽然这些刺激措施并没有使经济恢复到充分就业水平，但美国的失业率远远低于本来会有的水平，而且若没有政府的帮助，银行体系可能早就崩溃了，经济会陷入更严重的衰退。在欧洲，政府关注的是愈发严重的预算赤字，虽然预算赤字得到普遍削减，但经济表面上有所恢复后又陷入衰退，失业率达到空前水平。

本次全球危机唤起人们重新审视政府的作用。达成的广泛共识是，金融市场本身存在的风险太多，而且会让经济付出巨大代价，依靠市场自身恢复过于缓慢。20 世纪 30 年代为了应对大萧条制定的强有力的政府金融监管措施，在后来的几十年里都成功地防范了金融危机。可是，从 20 世纪 80 年代开始，这些监管措施都被陆续废除了。政府干预虽不尽人意，但仍然具有恢复经济的作用。

1.4 复习和练习

1.4.1 小结

1. 在像美国这样的混合经济体，私人企业和政府都从事经济活动。

2. 自亚当·斯密时代以来，经济学理论强调私人市场在产品有效供给中的作用。然而，经济学家等逐渐认识到，私人部门产生有效结果、满足特定基本社会需求的能力有限。矫正这些失灵的努力导致政府在市场经济中的作用扩大。

3. 政府为减轻市场失灵而进行干预也有其局限性。这些政府失灵有时会导致政府计划产生不良后果。

4. 美国采用的是联邦制政府组织结构，有些活动主要是州政府和地方政府的职责（如教育），有些活动主要是联邦政府的职责（如国防）。

5. 经济学研究稀缺，即如何在相互竞争的用途之间配置资源。公共部门经济学关注公共部门和私人部门间的选择和公共部门内部的选择，研究 4 个基本问题：生产什么、如何生产、为谁生产和如何决策的过程。

6. 研究公共部门时，实证经济学着眼于政府活动的范围以及各种政府政策的结果。规范经济学试图评价可能实施的各种可供选择的政策。

7. 有关政策可取性的意见分歧源于对描述经济的适当假设的争论（比如经济的现实竞争性如何）、有关经济对政策措施做出反应的强烈程度的分歧以及有关价值观的分歧。

1.4.2 重要概念

放松管制	经济模型	《1946 年充分就业法案》
自由放任	重商主义者	混合经济
规范经济学	实证经济学	私有化
生产可能性曲线		

1.4.3 练习题

1. 请思考下列有关农民价格支持计划的讨论：（1）我们的农业计划目的是确保所有农民达到一个合理的生活水平。为此，要保证农产品获得公平的价格。农民不该生产价格低于标准价格的产品，这与工人不该从事工资低于标准工资的工作一样。（2）我们的农业计划失败了。价格补贴的好处大部分由大农场主获得（因为他们生产得更多）。许多农民的收入仍然低于贫困线。高价导致生产增加，这也意味着政府付出高昂代价。由于农民把最好的土地用于生产，因此限制种植面积的成效不大。直接向农民发放补贴可能比价格支持计划更可取。

本讨论中哪种表述是规范的，哪种是实证的？（你不同意某种规范表述或你认为某种特定的实证表述是不准确的都不会改变表述的性质。）澄清分歧的来源：它们是由于价值观和目标上的差异？是由于对经济性质理解的差异？还是由于争论的一方（或另一方）没有考虑政府措施的全部结果？

2. 请指出下列每个计划的一种或多种“意想不到”的后果：（1）租金控制；（2）最低工资；（3）医疗保险（老年人住院治疗免费）；（4）改善公路交通，使从郊区到城市中心更便捷；（5）中心城区学校的强制整合；（6）农业价格支持；（7）车速限制降低到55英里/小时，以节省汽油；（8）向目前医疗保险不足的儿童提供医疗保险；（9）禁止香烟广告（提示：考虑寿命延长对社会保障制度的影响）；（10）入学的国家考试标准。

3. 美国社会保障（针对老年人和遗属的保险）计划资金不足一直备受关注：考虑到预期出生率、预期死亡率和工薪税的增加，目前的保障金水平只能靠提高税率来维持。有人认为，适当的对策是降低目前的保障金水平，有人则认为，在未来增加税收才是合理的应对措施。还有一些人担心进一步提高税率所产生的影响，同时认为降低目前享受社会保障的人的保障金是不公平的，而应该削减未来的保障金。

请区分上述讨论中的实证表述与规范表述。意见分歧在多大程度上是因对经济的不同看法所致？

第2章 公共部门规模的衡量

重点问题

1. 政府的主要活动是什么？

2. 政府把钱花在了什么地方？随着时间的推移，支出格局发生了怎样的变化以及如何进行国际比较？哪些支出是国家层面的支出、哪些支出是州层面和地方层面的支出？

3. 政府如何为其支出筹资？联邦政府与州政府和地方政府之间的税收收入来源有何不同？随着时间的推移它们发生了怎样的变化？

无论是在美国还是在其他混合经济体，公共部门的适当规模一直是争论的核心话题。有人说公共部门规模太大了。鉴于第1章讨论过的各种政府失灵（比如政府对私人市场反应的管控是有限的），他们怀疑政府解决社会和经济问题的能力。或者，他们站在哲学角度信奉有限政府，因为他们担心大政府会破坏经济和政治自由。① 有人则认为公共部门规模太小了。在他们看来，较大的政府开支可以解决市中心贫民区脏乱差和学校不足等问题。

无论你同意哪种观点，如今的美国政府无疑比第一次世界大战前大得多。2010年，各级政府的税收收入（以及其他非税收入）② 为3.6万亿美元，占美国生产总值的25%，政府支出占34%。③ 相比之下，在第一次世界大战前的1913年，税收收入和政府支出不到生产总值的10%。我们如何解释政府规模的这种巨大变化？政府用这些钱都干了些什么？

本章纵览美国公共部门的规模及其如何随着时间的推移而扩大，同时探讨政府行为影响私人市场的方式、方法。第4章将分析政府干预市场的经济理由。这些章节不能解决美国公共部门规模是太大还是太小的争论，但为关于这一问题形成合理的观点奠定了基础，并提供了与其他国家进行比较的背景。

2.1 什么或者谁是政府？

本章提到了"政府"，但究竟什么是政府？我们都对哪些机构包括在内有所了解：国

---

① 罗伯特·诺齐克（Robert Nozick）是这种观点（一种自由主义）的主要倡导者。他在《无政府主义、国家与乌托邦》（*Anarchy, State, and Utopia*, Oxford: Basil Blackwell, 1974）的序言中总结了他的思想。另参见 Milton Friedman, *Capitalism and Freedom*, Chicago: University of Chicago Press, 1962。

② 非税收入包括政府对其提供的各种服务的收费等。

③ Office of Management and Budget, *Budget of the U.S. Government*, *Fiscal Year 2012*, *Historical Tables*, Tables 15.1 and 1.2.

会与州议会和地方议会、总统与州长和市长、法院以及一系列“字母汤”机构，如联邦贸易委员会（Federal Trade Commission，FTC）和国内收入署（Internal Revenue Service，IRS）。美国实行联邦政府制度，也就是说，政府活动由不同层级的政府从事：联邦政府、州政府和地方政府。联邦政府负责国防、邮政、发行货币、监管州际和国际商贸，而州政府和地方政府历来负责教育、警察和消防，以及提供其他地方服务，如图书馆、污水处理和垃圾回收等。尽管宪法主张所有没有明确授予联邦政府的权力都归属于州和人民（通常被称为权力下放原则），但业已证明，宪法是一个灵活性很大的文件，难以确切划定边界。虽然教育主要是地方的责任，但联邦政府越来越多地涉足其中。宪法规定联邦政府有权管控州际商贸活动，这为联邦政府监管几乎所有的企业提供了依据，因为几乎所有企业都以不同方式参与州际商贸活动。

在地方层面，经常有若干不同的政府结构都有权征税和负责管理某些计划。除镇、县外，还有学区、污水处理区、图书馆区等。2007 年，美国有 90 000 个这样的政府实体，而 1942 年曾有 155 000 个。[①]

公共机构与非公共机构的界限通常模糊不清。当政府建立一家公司、一家公共企业时，该公司或企业是否是“政府”的组成部分？例如，国家铁路客运公司由联邦政府成立，经营全国州际铁路客运服务，从联邦政府处获得补贴，但其经营类似于民营企业。当政府是一家公司的大股东但不是唯一股东时，问题变得更加复杂。例如，1987 年之前，英国政府拥有英国石油公司（British Petroleum）50%的股份。

区分“政府”与私人机构的标准是什么？“政府”与私人机构有两个重要的区别。首先，在民主社会里，负责公共机构运转的人是选举产生的，或是由当选者任命的（或由当选者任命的人所任命的）。拥有控制地位的人的“合法性”直接或间接地源于选举程序。相反，通用汽车公司的管理者是由通用汽车公司的股东选择的，私人基金会（如洛克菲勒基金会和福特基金会）的管理者则是由一个自立的理事会选定的。

其次，政府具有一定的强制权力，私人机构则没有。政府有权强迫你交税（如果你不交，可以没收你的财产和/或把你送进监狱）。政府有权将你的财产充公，前提是给予你合理的补偿（这就是所谓的征用权）。

不仅私人机构和个人不具有这些权力，而且政府实际上还有其他类似的限制个人权利的强制权力。例如，政府不允许你把自己当奴隶卖掉。

相比之下，所有的私人交易都是自愿的。我可能需要在你的地产上建造一座办公楼，但我不能强迫你把它卖掉。我可能认为有些交易对我们双方都有利，但我不能强迫你做这笔交易。

因此，在我们的社会里，政府与其他机构有本质区别。政府有优点——有能力利用强制手段做一些私人机构不能做的事情，但政府也有缺点，我们将在以后的章节更详细地讨论。理解这些优缺点是评估政府在混合经济中应有的作用以及确定政府如何才能最有效地实现这一作用所不可或缺的。

2.2 政府活动的类型

政府的首要作用是提供涵盖所有经济交易的法律框架。除此之外，政府的活动分为四

① U. S. Census Bureau，*Statistical Abstract of the United States*，*2011*，Table 426.

类：(1) 生产产品和服务；(2) 管制和补贴私人生产或对私人生产征税；(3) 购买产品和服务，从购买导弹到街道清扫服务；(4) 再分配收入，即给特定的人群钱（如失业救济金），使他们能比之前支出更多。把钱从一个人手中转移到另一个人手中（但没有提供相应的产品或服务）的支出称为**转移性支出**（transfer payments）。

这四类政府活动（生产、管制、购买和再分配）只是对大量政府活动进行简便分组的结果，并不对应于联邦政府编制预算或在不同部门（商务部、卫生部、内政部等）间划分职责的方式。此外，不同层级政府都有相应的政府活动，而且，地方、州和联邦政府在各类活动上的支出也随着时间的推移而发生变化。

最后一个复杂的问题是，有些政府支出的性质不明确。例如，政府对农民的补贴既可以看作生产补贴，也可认为是再分配（转移性）支出。退伍军人养老金经常被当作转移性支出，但将其视为国防成本的一部分也未尝不可，就像私人企业的养老金成本被算作劳动成本一样。

因此，定量描述政府活动是一项艰巨的任务。

□ 2.2.1 提供法律制度

建立法律框架是政府的一项重要活动，但占政府支出比例非常小。在法律框架内，企业和个人进行经济交往。经济学家和哲学家常常想象，在完全没有政府的情况下生活会变成什么样。例如，没有法律界定产权，只有用武力才能防止人们不遭偷窃。如果没有能力保护财产，人们就缺乏积累财产的激励。毋庸说，经济活动将会严重受限。

美国的法律制度不仅仅保护产权，还要求个体履行合同，对法律强制执行的各种合同施加约束。美国破产法限制了投资者的责任；产品责任法对产品质量有重要的影响；反垄断法试图鼓励企业间的竞争——限制并购和不公平的商业惯例。

美国刑事司法制度的影响广泛，但运转支出比较少，约为政府总支出的 5%。①

□ 2.2.2 政府生产

美国政府直接从事一些生产，这与私人企业从事的生产活动有很大的相似性。例如，私人企业和政府企业都生产并销售电力，后者最有名的是田纳西河流域管理局（Tennessee Valley Authority）。此外，根据宪法，联邦政府还负责经营邮政服务和发行货币。②

在地方一级，许多社区负责提供饮用水、回收垃圾，而在有的社区，这些事由私人企业做。大部分中小学生上的是公立学校——政府经营的学校，但有的学生上的是私立学校，部分此类学校是由像教会这样的非营利性组织经营的，少数是要盈利的。

比较各国的公共部门和私人部门，我们看到，有些行业由公共部门经营时是萎缩的，但有些行业并没有萎缩。在公共部门的活动中，很少有农业和零售业。另外，在大多数国家，至少部分广播电视行业由公共部门经营。在很多国家，银行系统至少部分由政府所有

---

① 根据可获得的 2007 年数据。参见 Office of Management and Budget，*Budget of the U. S. Government*，*Fiscal Year 2012*，*Historical Tables*，Table 3.1；and Bureau of Justice Statistics，"Direct Expenditure by Level of Government，1982 - 2007，" in *Justice Expenditure and Employment Extracts*，*2011*。

② 尽管美国邮政署垄断某一类邮件的递送，但是私人邮递公司，例如联合包裹服务（United Parcel Service）、联邦快递（Federal Express）等公司，在包裹和快件递送方面发挥主要作用。

和经营；在美国，它由私人部门经营，但受到严格监管。①

随着时间的推移，公私生产的界限也发生变化。过去 20 年间，许多欧洲国家的公共企业变成了私人企业，这一过程被称为私有化；而把私人企业变为政府企业的过程被称为**国有化**（nationalization）。例如，英国政府把企业私有化的行业范围遍及电信、能源、汽车、航空航天和钢铁。法国的私有化浪潮始于 1986 年，就连在社会党执政初期刚刚国有化的企业也被私有化了。

公私生产的区别也变得越来越模糊。公共企业的公司化或商业化使得它们虽然还是国有的，但在经营管理上如同私人企业，新加坡的许多政府关联公司（government-linked companies，GLCs）就是如此。这也许是私有化进程的一个过渡阶段。另外，还有许多混合模式，其特点是公私部门合作，如公共产品和服务提供的公私合伙（public-private partnerships，PPP）和私人部门参与（private sector participation，PSP）。②

由于技术原因，衡量政府生产规模的最好方法是看就业。如图 2.1 所示，2009 年，公共雇员（包括公共教育和军队）占总就业人口的 16.9%，这几乎是 1929 年的 2 倍（当时公共雇员仅占劳动力的 8.9%）。图 2.1 显示，1929—1936 年公共就业比重明显上升（正值胡佛和罗斯福执政时期），第二次世界大战期间公共部门就业呈爆炸式增加，直到 1947 年才回落至战前水平。尽管艾森豪威尔时期增长速度稍微放缓，但直到尼克松和福特执政时期公共部门就业才开始下降。此外，这种下降趋势一直持续到 2008 年全球经济危机。实际上，到 2007 年，联邦政府的就业人数占总就业人数的比例已经下降到 3.2%，与新政前的 1932 年持平。

同样重要的是关注联邦、州和地方政府相对作用的变化，如图 2.1 所示。我们看到全部政府就业人口比重的变化与联邦政府就业人口比重的变化并非总是同步。20 世纪 70 年代初期，联邦政府就业人口占总就业人口比重有所下降，但被州和地方政府就业人口比重的上升所抵消。记住这一点很重要：联邦政府支出或就业人口比重下降不一定意味着政府支出或就业人口比重降低，也许州和地方政府承担得更多。

□ 2.2.3 政府对私人生产的影响

在有些行业，政府既不是生产者，也不是消费者，但可能对私人生产者的决策产生广泛影响。产生影响的手段有（直接的和间接的）补贴、税收和管制，其动机是多方面的：也许是因为政府对企业的特定行为（如污染）不满，或许是因为政府担心某些企业的垄断力量，抑或是因为特殊利益集团让国会相信它们特别值得帮助，还有可能是因为私人市场无法提供人们认为重要的特定产品和服务。

补贴与税收 政府以三大方式补贴私人生产：直接给生产者补贴、通过税制间接给企

① 负责管理银行系统的联邦储备银行是国有的，其大部分利润要上缴美国财政部。2009 年，其分配前的综合收益达到 534 亿美元（见联邦储备银行 2008 年、2009 年截至当年 12 月 31 日的财务报告及独立审计机构的审计报告）。

② 要了解更多关于私有化的情况，参见 William L. Megginson et al.,"The Financial and Operating Performance of Newly Privatized Firms: An International Empirical Analysis," *Journal of Finance* 49, no. 2 (1994), and Pierre Guislain, *The Privatization Challenge: A Strategic, Legal, and Institutional Analysis of International Experience* (Washington, DC: World Bank, 1997)。要了解更多关于各种私有化替代方案，参见 José A. Gómez-Ibáñez,"Alternatives to Infrastructure Privatization Revisited: Public Enterprise Reform from the 1960s to the 1980s," Policy Research Working Paper 4391 (Washington, DC: World Bank, 2007), and Darrin Grimsey and Mervyn K. Lewis, *Public Private Partnerships: The Worldwide Revolution in Infrastructure Provision and Project Finance* (Cheltenham, UK: Edward Elgar, 2004)。

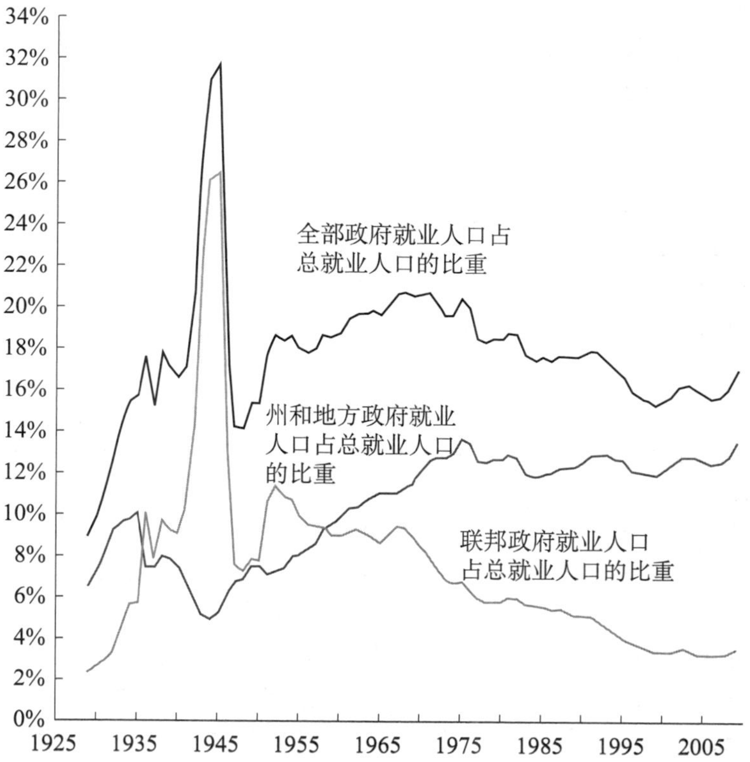

图 2.1　政府就业人口占总就业人口的比重（1929—2009 年）

政府就业人口占总就业人口的比重是考察政府作为生产者的作用的一个角度。这里的就业人口指的是全职雇员的人数。

资料来源：U. S. Department of Commerce，Bureau of Economic Analysis，*National Economic Accounts*，Tables 6. 5A-6. 5D.

业补贴以及其他隐性支出。美国政府耗资最大的补贴项目是农业补贴。在 20 世纪 80 年代，对农民的直接支出急剧上升，从 1980 年的 13 亿美元上升到 1987 年的峰值 167 亿美元，之后开始逐渐下降，到 1995 年达到 73 亿美元。1987 年，对农民的直接支出占小麦收入的 37%，占稻谷收入的 40%，占农作物总收入的 20%。在农业收入中，每 5 美元中至少有 1 美元来自政府。尽管 1996 年通过了《农业自由化法案》(Freedom to Farm Bill)，其目的是进一步减少美国农民对政府支出的依赖，但后来的立法和市场动荡导致农业补贴在过去的十年里显著波动，从 2007 年的 119 亿美元到 2012 年的 244 亿美元。[①]

税制有时也可以用来补贴生产。如果政府给某一生产者一笔拨款，帮助他购买一台机器，这是一笔支出。但是，如果政府允许他将这笔用于购买机器的开支进行税收抵免，比如说他买了一台价值 100 美元的机器，有 7%的税收抵免，那么，他会获得 7 美元的税收抵免，减少了他本应缴纳的 7 美元的税款。尽管它未被算在支出中，但从意图和目的来看，这种税收抵免与政府支出是等价的，故而被称为税收支出（tax expenditure）。近年

① United States Department of Agriculture，Economic Research Service，*Economic Indicators of the Farm Sector*：*National Financial Summary*，*1992*，Tables 14 and 22，January 1994；*Survey of Current Business*，Table B-10，June 1997，p. D-24；*Direct Government Payments by Program*，*United States*，*1933 –95*；and *Direct Government Payments by Program*，*United States*，*1996 –2009*.

来，联邦政府的税收支出变得非常大——相当于2010财政年度直接支出的30%。①

最后，许多政府补贴既不表现在政府支出的统计数字上，也不表现在税收支出的统计数字上。例如，当政府限制某些外国产品进口或对进口产品课征关税时，这类产品在美国的价格会上升，生产相互竞争产品的美国生产者就得到了帮助。这实际上等于对美国生产者的补贴，但政府并没花钱，而是由消费者直接支付。

政府贷款 一种特殊的补贴是政府提供利率低于市场利率的贷款，形式有低息贷款和贷款担保。政府补贴往往导致受补贴行业的扩张，因为补贴降低了这些行业的经营成本。贷款补贴和其他形式的补贴具有异曲同工之效。尽管这类补贴曾一度隐蔽，但1990年《信贷改革法》(Credit Reform Act) 要求政府把所支付的利率与所收取的利率之差视为支出（考虑到借款人可能无法偿还的概率)。

除了贷款补贴，其他政府计划也影响信贷配置，从而影响生产性资源的配置。在美国，补贴款常常被用于购买特定产品和服务。例如，政府资助型企业 (government-sponsored enterprise，GSEs) 鼓励贷款，使人们能够买房和上学。1993年，克林顿政府开始直接贷款给大学生。

监管企业 政府监管企业活动，旨在保护工人、消费者和环境，防止反竞争行为，阻止歧视。

职业安全和卫生管理局 (Occupational Safety and Health Administration) 试图保证工人的就业场所符合特定的最低标准；国家劳工关系委员会 (National Labor Relations Board) 旨在保证资方和工会彼此公平对待；联邦贸易委员会 (Federal Trade Commission) 除了处理其他的事务，还要保护消费者不受广告误导；环保署 (Environmental Protection Agency) 试图通过管制诸如汽车尾气排放和有毒废物处理等，保护我们的生存环境。

除了这些监管大类外，还有适用于特定行业的监管。联邦储备委员会 (Federal Reserve Board) 和货币监理署 (Comptroller of the Currency) 监管银行业；联邦公路管理局 (Federal Highway Administration) 监管货车运输业；联邦航空管理局 (Federal Aviation Administration) 监管航空业；联邦通信委员会 (Federal Communication Commission) 监管电信业；证券交易委员会 (Securities and Exchange Commission) 监管证券业。从20世纪70年代末开始，美国一直努力缩小联邦监管的范围。如前所述，减少或废除监管的过程称为放松监管。目前航空、天然气、电力、运输和电信等行业的管制已明显放松。

虽然减少监管是大势所趋，但是在某些情况下，监管得到了加强。20世纪80年代储蓄和贷款协会 (savings and loan association) 惨败的部分原因就是对银行业监管的放松，所以，1989年出台了加强监管的立法。同样，1999年废除了要求商业银行与投资银行业务分离的《格拉斯-斯蒂格尔法案》(Glass-Steagall Act)，造成2008年的全球经济危机，故于2010年通过《多德-弗兰克华尔街改革与消费者保护法案》(Dodd-Frank Wall Street Reform and Consumer Protection Act) 以加强金融业监管。在其他方面，重点在于改变监管方法，以反映环境变化。例如，一些食物中毒死亡的案件增强了人们对食物安全监管重要性的认识，越来越多的人意识到，需要更科学的方法取代20世纪初以来采用的视觉检测系统（例如，肉闻起来或看上去变质了吗?)。

---

① *Budget of the United States Government*, *Fiscal Year 2012*, *Analytical Perspectives*, Table 17-1, and *Historical Tables*, Table 1.1.

在走向“智能监管”的今天，要尽量平衡政府监管的必要性与其潜在的负担。这始于克林顿总统在1993年发布的一项行政命令，要求从成本-收益角度审视政府监管。该倡议被称为“政府再造”（Reinventing Government）或“国家绩效评估”（National Performance Review），强调让政府机构更加以客户为导向和利用更市场化的监管机制。该倡议被奥巴马总统2011年发布的行政命令重申和扩展。这两项行政命令强调的原则是，监管的所获与其所费相比必须值得和“给社会造成的负担最小，又达到监管目的”。[①]

同其他预算相比，联邦政府用于管理机构的开支极小，这些支出不能准确反映联邦管理机构的影响。事实上，这些机构对商业活动的各方面影响，绝不是用简单的政府支出就能衡量的。许多监管措施与税收和补贴具有相同的效果。例如，公用事业价格管制可能使某些用户支付的价格低于自由市场价格，但提高了其他用户支付的价格。

□ 2.2.4 政府购买产品与服务

美国政府每年购买大量的产品和服务，用于支持国防建设，维护公路网，提供教育、治安、消防和公园，这些产品和服务的购买占美国生产总值近五分之一。2010年，全部政府购买总值达3万亿美元，其中17%用于基础设施投资，诸如可提高未来生产率的道路和桥梁。[②]

政府购买的特征是把钱花费在公众使用的产品和服务上，例如国防、公立学校和公路。政府通过医疗保险（Medicare）计划支付的老年人住院费，或者通过食品券计划花在穷人身上的开支，被归为转移性支出，不是直接的政府购买。下一节的政府再分配收入将讨论这些内容。

□ 2.2.5 政府再分配收入

政府在收入再分配中发挥了积极作用，即从某些人那里拿钱给其他人。有两类显性再分配计划：公共援助计划和社会保险计划。前者向那些符合条件的穷人提供救济，后者向退休人员、残疾人、失业者和病人提供保险。

如上所述，用于显性再分配计划的支出称为转移性支出。这些支出从性质上看不同于政府用于道路或轰炸机的支出。转移性支出只是改变了谁有权利消费产品，相比之下，政府用于道路或轰炸机的开支则减少了社会可以享用的其他产品（如私人消费品）的数量。转移性支出影响社会总收入在社会成员间划分的方式，但不影响可以享用的私人产品总量（这里暂不考虑因转移性支出引发的扭曲性激励所造成的产出损失）。

政府援助计划 政府援助计划有两种形式——现金以及只为特定服务或商品付款。后者称为**实物福利**（in-kind benefit）。在现金计划中，最大一项是“贫困家庭临时救助”（Temporary Assistance to Needy Families，TANF），该计划于1997年取代了一直存在的“抚养未成年人家庭援助”（Aid to Families with Dependent Children，AFDC）和提供现金给老年人、盲人或残疾人等穷人的补充性保障收入（Supplemental Security Income，SSI）。规模最大的公共实物援助计划是医疗救助（Medicaid），包括穷人的医疗成本，大

① 有关改进管制和监管审查的具体说明，包括确认许多成本和收益的量化难度以及在审查政府监管措施时参与过程的重要性，请参阅克林顿总统于1993年9月30日发布的第12866号行政命令和奥巴马总统于2011年1月18日发布的第13563号行政命令。

② 该投资数字不包括人力资本的投资（无论是教育还是医疗），但包括军用飞机和其他用于提高未来国防能力的硬件投资、公路和机场等的交通基础设施投资、污染防治设施等自然资源计划投资。

约占政府援助总额的一半。

表 2.1 列出了主要政府援助计划的实施时间及开支（表中实物福利以政府成本计算，后面我们会看到这可能与受益者获得的数量有差别）。该表显示出大多数开支是实物福利，而不是现金支出，而且自 1990 年以来实物福利支出占比已从三分之二左右上升到四分之三左右。

表 2.1 **部分政府援助计划** 单位：2008 年百万美元

计划	实施时间	1990 年支出	2000 年支出	2008 年支出
现金福利				
抚养未成年人家庭援助/1998 年实施的贫困家庭临时救助	1935	32 109	22 950	18 874
补充性保障收入	1972	27 897	39 423	44 062
劳动所得税收抵免*	1975	9 877	40 196	50 669
合计		69 884	102 569	113 605
实物福利				
医疗救助	1965	130 828	255 169	352 170
食品券/1998 年实施的补充营养援助计划	1964	24 217	18 128	36 442
全国学校午餐计划	1946	5 379	6 837	8 265
合计		160 423	280 133	396 877
总计		230 307	382 702	510 482
实物福利支出占比（%）		69.7	73.2	77.7

* 只包括退税部分。

资料来源：Census Bureau，*Statistical Abstract of the United States*，*2011*，Tables 538 and 568，and *Statistical Abstract of the United States*，*1992*，Table 565；Internal Revenue Service，*Statistics of Income Bulletin*，*Historical Table*，Table 4.

政府活动

- 提供法律制度，这是市场经济运转所必需的。
- 生产产品和服务，比如国防、教育、邮政等。
- 通过补贴、税收、信贷和管制，影响私人部门生产。
- 向私人部门购买产品和服务，然后由政府提供给企业和家庭。
- 再分配收入。

社会保险计划 **社会保险**（social insurance）不同于政府援助，因为个人的权益在一定程度上取决于他的缴费，这可看作保险费。从个人得到的与其缴费相称这个意义上说，社会保险可以被视为一种政府的"生产活动"，而非再分配活动。但是，由于有些人得到的远远超过他们的缴费（用保险精算计算），因此，政府的社会保险计划有很大的再分配成分。

在这些计划中，规模最大的是老年人、遗属及残疾人保险计划（Old-Age，Survivors，and Disability Insurance Program，OASDI，社会保障的专有名称）。它为退休人员及其遗属（特别是寡妇和鳏夫），以及残疾人提供收入。其他主要社会保险计划包括失业保险（一个人失业后向其提供临时救济）、工伤补偿以及医疗保险。向老年人提供医疗服务的医疗保险计划（像医疗救助一样）自 1965 年实施以来迅速增长，现已成为第二大社会保险计划。图 2.2 给出了各种社会保险和政府援助计划的相对规模。

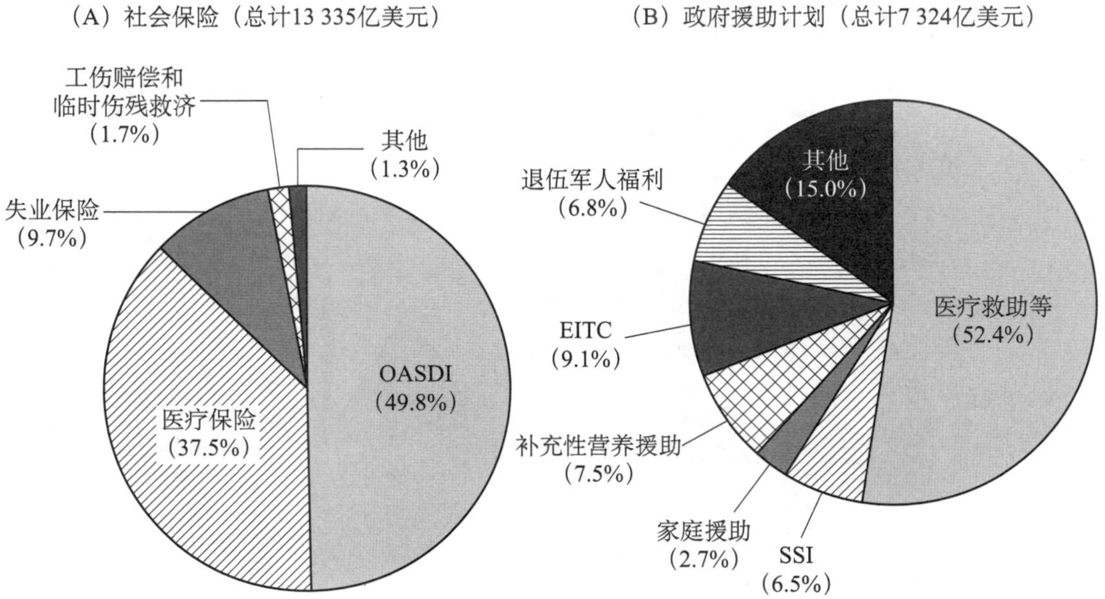

图 2.2 社会保险与政府援助计划的相对重要性（2009 年）

迄今为止，社会保障（OASDI）和医疗保险分别是第一大和第二大社会保险支出计划，合起来是第一大一般转移性支出计划。医疗救助是第一大公共援助支出计划和第三大一般转移性支出计划。

资料来源：U. S. Department of Commerce，Bureau of Economic Analysis，*National Income and Product Accounts*，Table 3. 12.

社会保障与医疗保险计划有时被称为**中产阶级权利计划**（middle-class entitlement programs），因为主要的受益人是中产阶级，这些福利并不是根据需要提供的，而是因为受益人符合其他某些资格标准（如年龄）。只要他们符合这些标准，他们就有权获得这些福利。

隐性再分配计划 政府不仅通过直接的转移性支出影响收入分配，而且通过税收制度和其他政府计划间接影响收入分配。人们可以设想，政府对所有人以相同的税率课税，但给收入低于一定水平的人提供补助金，这与对较低收入者课以低税率具有同样的效果。因此，区分通过支出计划的转移性支出和通过税收制度的隐性转移性支出有些武断。①

通过税收制度的转移性支出计划的主要例子是劳动所得税收抵免（earned income tax credit，EITC），这实际是向低收入者提供补充性收入。克林顿政府为了激励低技能工人不再坐享福利，扩大了劳动所得税收抵免的支出。

政府还以补贴和配额形式对收入进行再分配。美国的农业计划实际上是把收入再分配给农民，20 世纪 50 年代的石油进口配额是把收入再分配给石油储备拥有者。实行配额，名义上是要确保美国的能源独立性，但事实上，主要结果是再分配效应，而且立法的真实动机可能就在于此。

产品和服务的支出也有再分配效应：城市的公交补贴可能有助于穷人，而城郊铁路补贴可能有助于中产阶级。

① 有些税收支出可以明显地视为社会保险形式。事实上，失业保险和社会保障只是被部分课税，而根本不对残疾救济金课税，这意味着，用于这些目的的 1 美元直接支出要比课税时给的 1 美元多。

□ 2.2.6 政府支出概览

现在我们可以把购买性支出和转移性支出放在一起讨论，总体考察政府支出。图 2.3 给出了 2009 年的政府支出分布。图 2.3（A）综合了各级政府的全部支出，可以从中看到产品和服务（主要是国防和教育）的购买性支出几乎占总支出的一半，其余大部分是转移性支出。然而，我们从图 2.3（B）看到，联邦政府支出中，几乎有三分之二是对个人、州和地方政府的转移性支出。

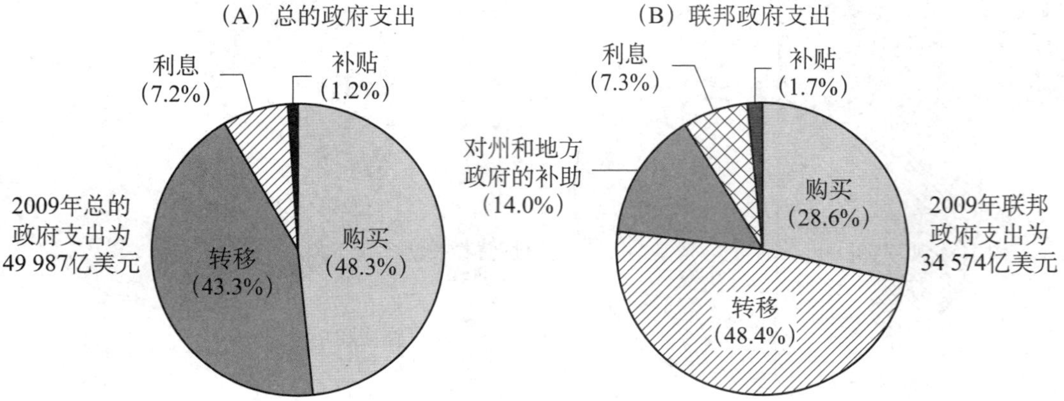

图 2.3　按类型划分的政府支出

图 2.3（A）表明，联邦、州和地方各级政府的全部支出中几乎有一半是转移性支出。图 2.3（B）显示，联邦政府支出中每 7 美元就有 1 美元是用于援助州和地方政府的补助金。

资料来源：*Economic Report of the President*，*2011*，Tables B-82，B-84，and B-85.

图 2.4 显示出联邦政府支出和全部政府支出按支出目的划分的支出类别。我们注意到，在联邦政府层面，社会保障（OASDI）和国防支出最主要。就所有各级政府的总支出来看，教育支出似乎是一个主要类别，因为它是州和地方政府最大的支出类型。①

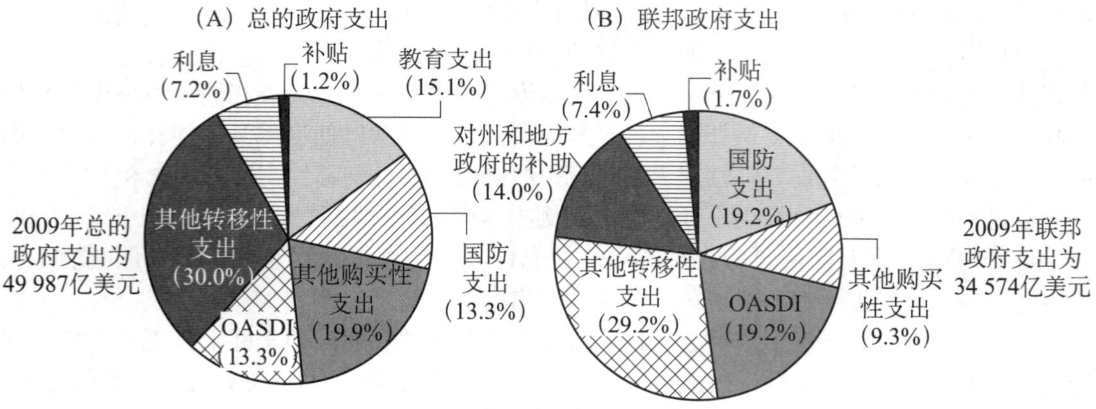

图 2.4　按目的划分的政府支出

在联邦政府层面，除了转移性支出外，最重要的是国防支出；在州和地方政府层面，最重要的支出是教育支出。

资料来源：U. S. Department of Commerce，Bureau of Economic Analysis，*National Income and Product Accounts*，Tables 3.1，3.12，3.9.5，and 3.15.5；*Economic Report of the President*，*2011*，Tables B-82，B-84，and B-85.

① 任何分类都会存在内在的不严密性。例如，通常不包括在国防支出中的退伍军人福利，可以看作提供国防服务的支出；某些太空支出也可认为是国防支出。

在过去的一个世纪里，各级政府支出的相对重要性发生了显著变化。例如，在非国防性政府支出中，联邦政府的支出占比从 1902 年的不到五分之一上升到 2009 年的三分之二。

2.3 公共部门规模的度量

政府对私人经济的影响，除了取决于支出，还取决于管制和税收政策。因此，简单的数字不是衡量政府对经济的影响的准确指标。不过，经济学家发现了一个特别便于使用的指标，那就是公共支出占经济总量的比率。衡量经济总量的一个标准指标是国内生产总值（GDP），这是一个经济体在一年内所生产的全部最终产品和服务的市场价值。

2.3.1 支出增长及构成变化

在过去 80 年里，公共支出占 GDP 的比率已经翻了两番。1929 年，公共支出占 GDP 的比率仅为 10%，而 2010 年达到 40%，如图 2.5 所示。[①]

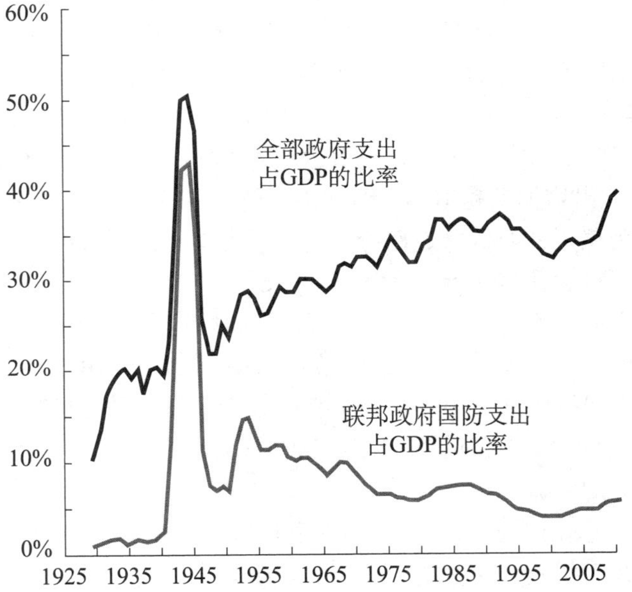

图 2.5 联邦政府国防支出和全部政府支出占 GDP 的比率（1929—2010 年）

自 1929 年以来，全部政府支出占 GDP 的比率显著上升。

资料来源：U. S. Department of Commerce，Bureau of Economic Analysis，*National Income and Product Accounts*，Tables 1. 1. 5，3. 1，and 3. 9. 5.

专栏 2.1

战争的全部预算成本和经济成本估计

年度国防拨款几乎没有包括战争的全部预算成本，而且可以肯定地说，没有包括直接

① 前面讨论过这种衡量方法的武断性。例如，倘若政府的教育补助从直接拨款变为税收支出，那么，统计数据中公共支出比率会下降。

财政支出之外的经济成本。例如，美国入侵伊拉克 5 年后的 2008 年，国会预算办公室(Congressional Budget Office) 估计，伊拉克战争的成本在 1 万亿美元到 2 万亿美元之间，这取决于驻军人数和冲突持续时间。该估计数字涵盖了正常的国防支出和退伍军人事务支出，包括战区作战和相关后勤支持、一些设备的维修和更换以及战斗人员受伤的部分医疗费用。然而，要是包括其他费用，诸如为参战退伍军人提供医疗和伤残补偿的长期成本、丧失生命和生活遭破坏的经济成本，以及考虑石油价格上涨的影响，那么，其他分析师估计的 2008 年成本将上升到 4 万亿美元。2011 年全部成本的比较保守的估计在 4 万亿美元到 6 万亿美元之间。

国防支出 图 2.5 还表明，1967—1979 年，国防支出占 GDP 的比率从 10%降至 5.7%。此后在里根执政年代又开始提高，1987 年最高达到过 7.4%。冷战结束后，国防支出再度下降到 2000 年的 3.7%。2010 年，国防支出占 GDP 的比率又回升至 5.6%，这主要是由于伊拉克冲突和阿富汗冲突。

为了避免因未考虑通货膨胀而导致的错觉，经济学家喜欢用不变价美元表示支出。因此，假如去年政府在某项目上花费 10 亿美元，今年政府花了 11 亿美元，但价格水平上涨了 10%，我们说（用上年价格计算的）经常性支出根本没有增加，还是 10 亿美元。这样，以 2005 年不变价美元计算，国防支出从 1968 年的 5 180 亿美元降至 1977 年的 3 110 亿美元；在后来的 10 年里又有所增加，1989 年达到 4 820 亿美元，1998 年又降到 3 460 亿美元。2010 年，国防支出增加到越南战争后的高点——6 120 亿美元。

转移性支出和利息 社会保障、医疗保险的支出增长是 1950 年以来公共支出增长的主要原因——这期间社会保险支出比重几乎增长了 5 倍（见图 2.6）。利息支出也大幅增加，原因在于里根政府入不敷出，开启了巨额赤字时代。直到 1993 年克林顿总统成功通过削减赤字法案，财政赤字才得以控制。虽然赤字在增加，但由于利率下降得更快，利息支出事实上下降了。尽管公共支出的增长常常归咎于政府援助的增加，但政府援助占总政府支出的比重仅从约翰逊总统的“向贫困宣战”(War on Poverty) 计划前的 1963 年的 6.1%上升到 2009 年的 14.6%。

在过去 20 年里，支出增长的主要原因在于医疗——医疗救助和医疗保险。我们真正担心的是，在未来几十年里，这些支出还会继续飙升。

图 2.5 和图 2.6 让我们看到了另一件有趣的事。从 20 世纪 60 年代中期到 70 年代中期，无论是民主党政府还是共和党政府，不含国防支出的一般性总支出和特定的社会保险支出增长迅速。支出增长率最明显的下降出现在卡特总统时期（1976—1980 年）。此外，尽管里根总统和两位布什总统都宣称要削减政府规模，但都未能如愿。

之所以会这样，原因之一是财政制度具有巨大的惯性。1965 年出台的医疗保险计划，其全部经济后果直到许多年以后才被察觉。不管是哪届政府，其相机抉择的余地（改变方向的余地）都会受到限制。

政府规模的衡量

- 如今，美国政府的规模比 100 年前大多了。
- 过去 80 年里，公共支出占 GDP 的比率迅速上升。1930 年，公共支出占 GDP 的比率为 9%，在 2010 年上升到 36%。

● 社会保障、医疗保险、医疗救助和利息的支出增长，是1950年以来公共支出增长的主要原因。

● 相对于经济规模，美国的政府规模比大多数欧洲国家的政府规模要小得多。

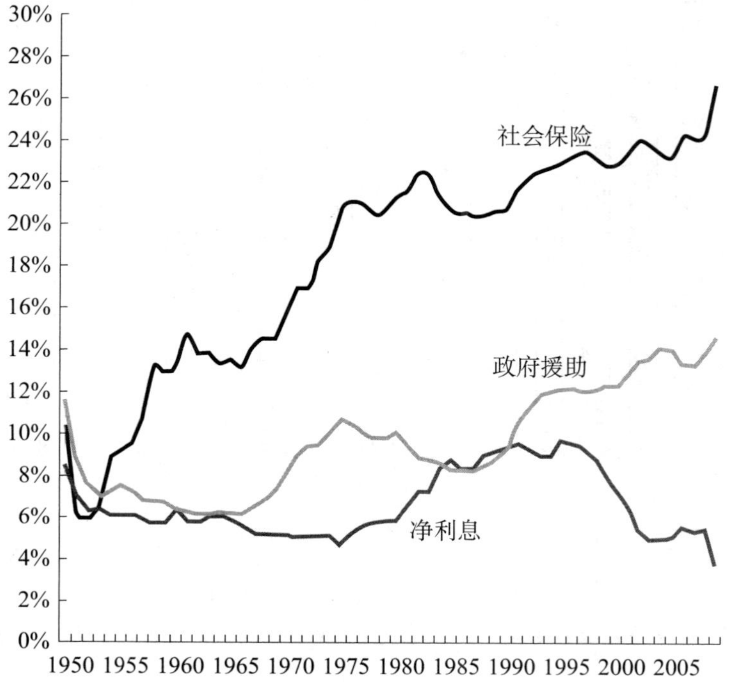

图 2.6　政府转移性支出和利息支出占总支出的比重（1950—2009年）

社会保险支出（主要是OASDI和医疗保险）从1952年占总支出的5.9%增长到2009年的26.7%，政府援助占总支出的比重从1963年的6.1%上升到2009年的14.6%，净利息支出比重从1975年的4.7%上升至1995年的9.7%。虽然在过去十年里国债增长巨大，但由于政府借债的利率接近零利率，2009年的利息支出比重下降到3.9%。

资料来源：U. S. Department of Commerce，Bureau of Economic Analysis，*National Income and Product Accounts*，Tables 3.1 and 3.12；and Office of Management and Budget，*Historical Tables*，Table 15.4.

□ 2.3.2　支出的国际比较

以全部政府支出占GDP比率来衡量，美国的政府支出比率要小于其他大多数高收入国家（见图2.7），而且其相对增长速度也慢于其他大多数发达国家。大多数中等收入国家和低收入国家的政府支出比率远远小于高收入国家。

由于美国的国防支出起着比较大的作用，故从国际角度来看，非国防支出的相对规模特别小（见图2.8）。①

① 国际比较总是要小心谨慎。在处理公共企业时，会出现特殊问题。同外国相比，美国的税收支出比较重要，因而可能会低估美国公共部门的“实际”相对规模。另外，与其他大多数发达国家相比，美国的管制可能不那么重要。

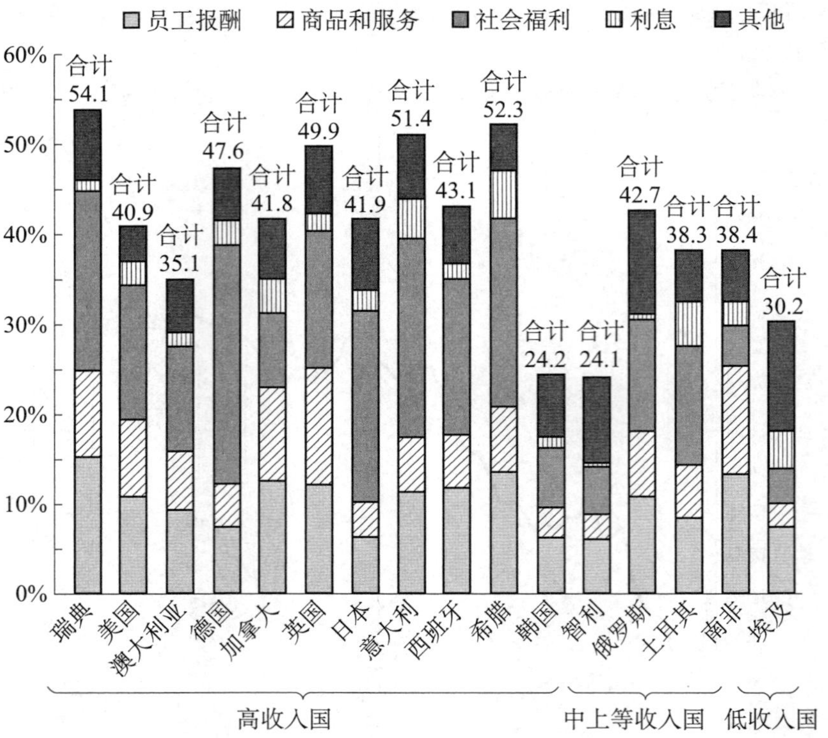

图 2.7　政府支出占 GDP 比率（2009 年）

美国的政府规模尽管在增长，但除了澳大利亚和韩国，仍是其余 9 个高收入国家中政府支出规模最小的。

资料来源：IMF，*Government Finance Statistics Yearbook 2010*，Tables W3 and W5；and World Bank，*World Development Indicators*.

2.4　政府收入

我们在考察了政府把钱花在什么地方之后，现在简要分析政府为这些支出筹措收入的方法。政府课征多种税。当政府获得的税收收入小于计划支出时，要么减少支出，要么举债来弥补这个差额。①

2.4.1　税收与宪法

美国的缔造者非常关心税收问题。实际上，美国革命始于波士顿茶党（Tea Party）的抗税，即抗议对茶叶课税，口号是“无代表，不纳税”。美国宪法规定：“国会有权课征税收，包括关税和货物税，以偿还国债，提供合众国的共同防务和公共福利”。

这里有三项限制：政府不能对出口征税；“所有关税和货物税”必须“全美统一”（称为统一条款）；“除非按宪法规定的人口普查或人口统计的比例，否则，不得征收人头税或其他直接税”（称为分摊条款）。[人头税（capitation，又称“head taxes”或“poll ta-

① 当许多国家收不抵支时，就印制钞票来弥补这一缺口。大陆会议（Continental Congress）就是这样为革命战争筹资的。[“一文不值”（not worth a continental）就是说货币的购买力很低。]

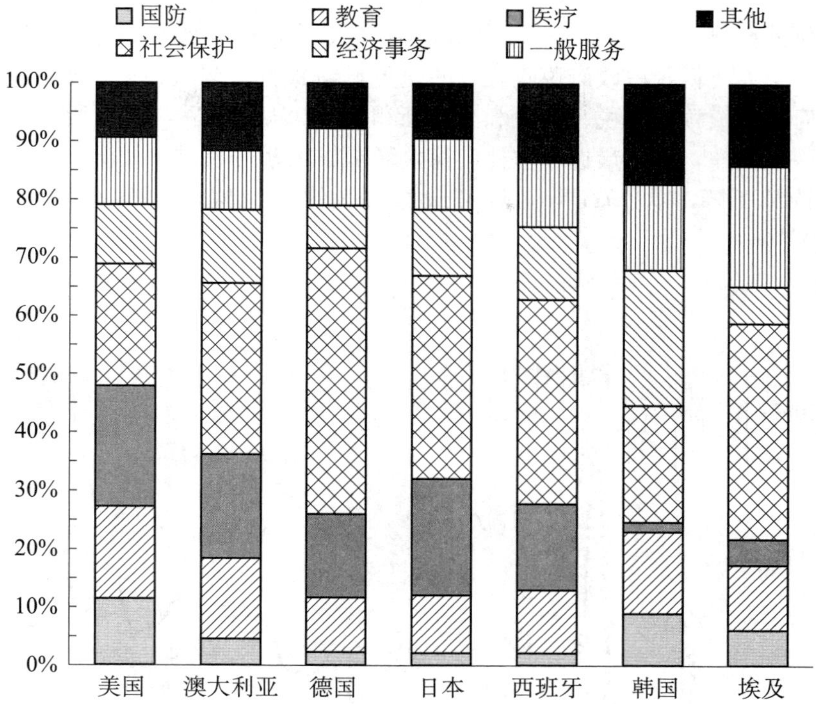

图 2.8　政府支出构成（2009 年）

各国间的各种政府支出重要性明显不同。例如，在美国是医疗支出和国防支出，在德国是社会保护支出，在韩国则是经济事务支出。

资料来源：IMF，*Government Finance Statistics Yearbook*，*2010*，Tables W3 and W6；and World Bank，*World Development Indicators*.

xes"）是对每个人课征的税，任何州都不再课征。]

限制直接税的宪法条款被证明是个问题。国会在内战期间开征了所得税，1894 年又重新开征，但只是对非常高的所得课征。然而，1895 年最高法院宣布其违宪。最高法院认为，个人所得税部分属于直接税，而宪法规定它必须按各州人口分摊。这条规定遭到了广泛批评，最终导致修宪。1913 年批准的第十六修正案宣布，"国会有权对任何来源的收入课征所得税，无须在各州按比例分摊，也无须考虑人口普查或人口统计"。

但是，分摊条款仍然可能限制国会开征某些税的能力。一些国家征收了全国性的财产税或财富税，但这些都可能被视为直接税，根据分摊条款，美国就不能征收这些税。

□ 2.4.2　现行的联邦税制

联邦政府目前主要有 5 大税种：(1) 个人**所得税**（income tax）；(2) **工薪税**（payroll tax，为社会保障和医疗保险筹资）；(3) **公司所得税**（corporate income tax）；(4) **货物税**（excise tax，对特定产品课征的税，如汽油、香烟、机票和酒）；(5) **关税**（customs tax，对部分进口产品课征的税）。个人所得税是第二次世界大战后美国联邦政府最大的税收收入来源，在 2001 年占政府收入的一半，近年来有所下降，现已被工薪税超过。2010 年，在联邦政府收入中，公司所得税占 12.8%，关税和货物税占 4.5%。①

① U. S. Department of Commerce，Bureau of Economic Analysis，*National Income and Product Accounts*，Table 3. 2.

正如过去 80 年里支出结构发生了显著变化，政府收入来源也有明显变化。除了上面提到的两种例外情况，1913 年之前联邦政府对个人不课征任何所得税。第二次世界大战之前的几年，个人所得税占政府税收收入的比重不到 20%，当时为战争筹资税率已翻了两番。联邦政府主要依赖货物税、关税和公司所得税。① 从此以后，个人所得税就变成联邦政府最大的一项收入，直到最近才被社会保险缴费或工薪税超过，如图 2.9 所示。公司所得税的作用持续下降，从 1927 年占联邦政府收入的 36%降至 1960 年的 23%，再降至 2010 年的 13%。

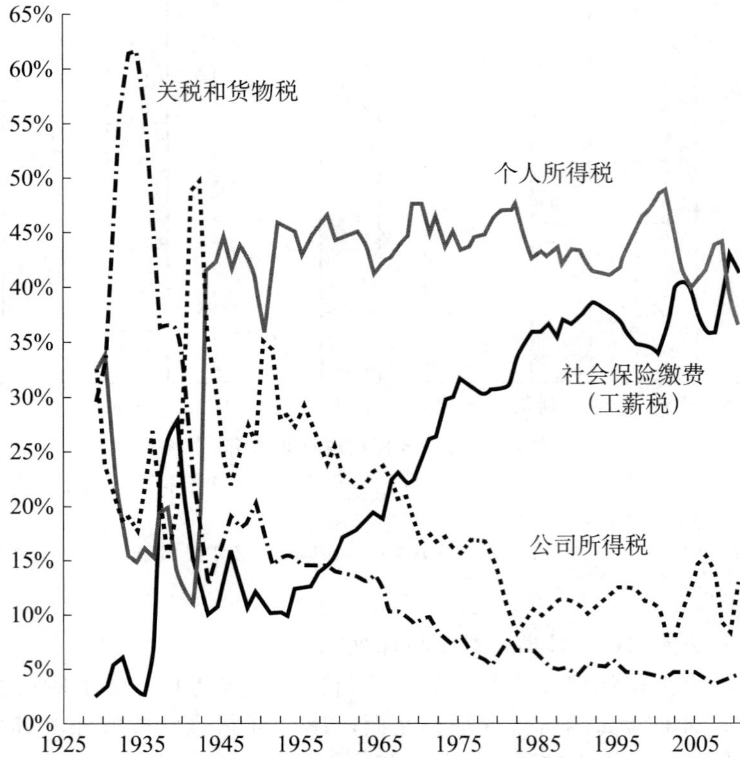

图 2.9　按来源划分的联邦政府收入（占联邦政府总收入比重，1929—2010 年）

个人所得税和社会保险缴费（主要是社会保障工薪税）目前是联邦政府最大的收入来源。过去 40 年里，公司所得税、关税和货物税的收入比重大幅下降。

资料来源：U. S. Department of Commerce，Bureau of Economic Analysis，*National Income and Product Accounts*，Table 3. 2.

1789—1909 年，联邦政府几乎所有的收入都来自货物税和关税。如今，这些税种相对不那么重要了。相反，《1935 年社会保障法》（Social Security Act of 1935）出台的工薪税，其收入占联邦政府收入的比重则从 1953 年的 10%升至 2010 年的 41%。

□ 2.4.3　州和地方政府收入

与联邦税制不同，州和地方税制主要依靠销售税和财产税。如图 2.10 所示，20 世纪 70 年代以前，财产税一直都是州和地方政府主要的收入来源。如今，财产税和销售税各

① 关于联邦政府主要税种的历史总结，请参阅 Joseph Pechman，*Federal Tax Policy*，5th ed.（Washington DC：Brookings Institution，1987），Appendix A。

占州和地方政府总收入的 20%左右。州和地方政府个人所得税占总收入的 15%左右，而公司所得税所占比例仅为 2%～3%。

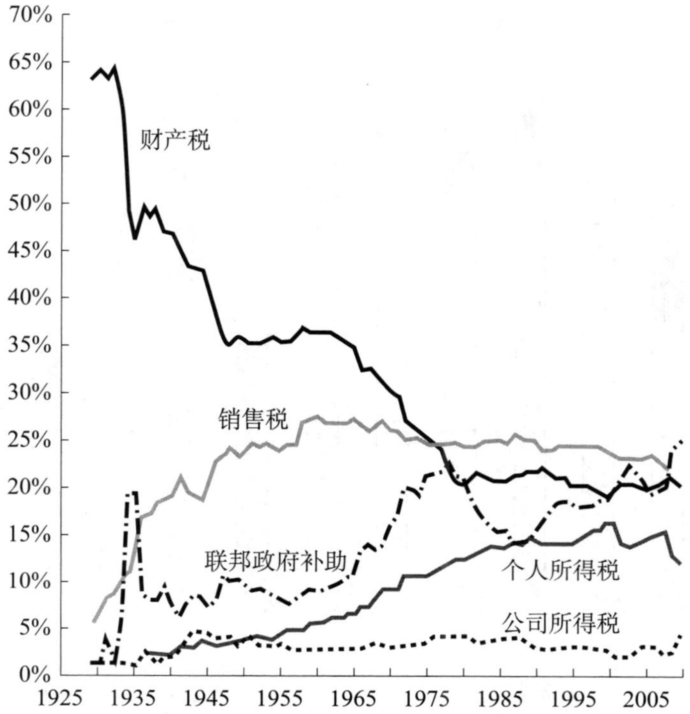

图 2.10　按来源划分的州和地方政府收入（占总收入的比重，1929—2010）

销售税和联邦政府拨款作为州和地方政府收入来源的重要性上升了，而财产税的重要性下降了。

资料来源：U. S. Department of Commerce，Bureau of Economic Analysis，*National Income and Product Accounts*，Table 3.3；and OECD，*Government at a Glance 2009*，Table 2.4.

各州之间的产业竞争阻碍了某些州和地方税的使用，特别是公司所得税。联邦政府向州和地方政府提供了大量补助，大部分补助直指特定项目，例如道路修建、公共交通、双语教育、职业教育和图书馆。在过去的十年里，联邦政府补助占州和地方政府收入的五分之一，在 2009 年和 2010 年该比重上升至四分之一，成为联邦政府对抗深度经济衰退的一项刺激措施。

□ 2.4.4　税制的国际比较

如图 2.11 所示，各国的税制模式不同。大多数欧洲国家的个人所得税不如美国的重要——2006 年，美国的个人所得税几乎占税收收入的一半，而在其他经济合作与发展组织（经合组织，Organisation for Economic Cooperation and Development，OECD）国家平均仅为 36%，但后者对产品和服务的课税比较重要——在其他经合组织国家平均几乎占税收收入的三分之一，而在美国仅占 17%。除了美国，**增值税**（value-added tax，对企业扣除从其他企业购进的产品和服务价值后的产值课征的税）都是各国的主要收入来源。在美国和其他经合组织国家，社会保障税占政府收入的比重大体相当。同高收入国家相比，低收入国家往往更依赖间接税，因为这些国家的正规经济（formal economies）规模小，难以征收以工薪为基础的所得税和社会保障税。[①]

---

① IMF，*Government Finance Statistics Yearbook 2010*，Tables W3 and W4.

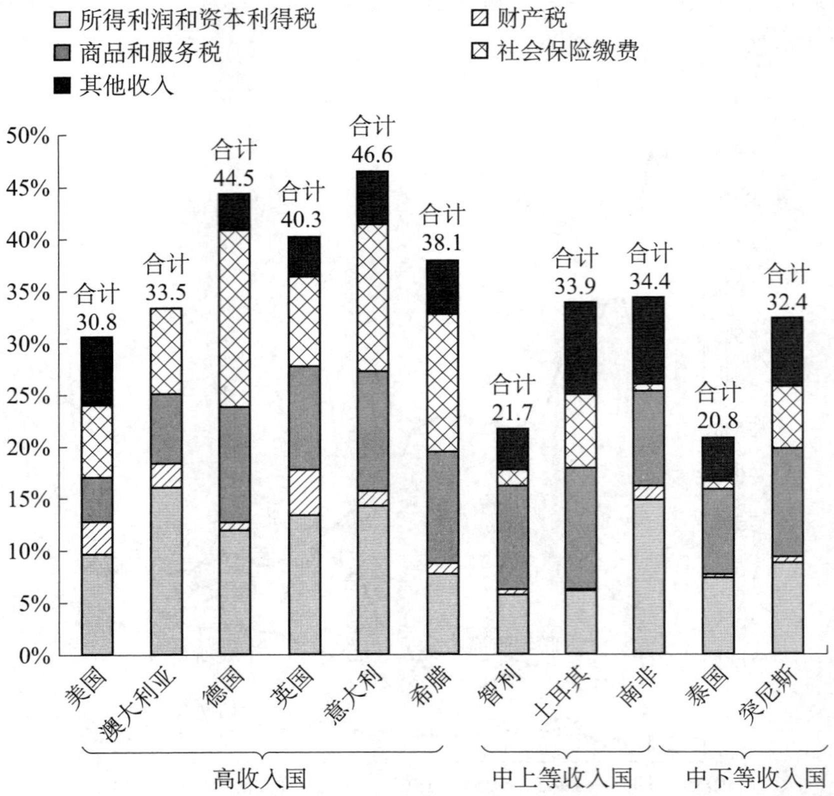

图 2.11　政府收入占 GDP 的比率（2009 年）

将各国政府收入汇总后可以看出，美国的收入来源比较分散，英国、意大利和突尼斯也是如此。

资料来源：IMF，*Government Finance Statistics Yearbook 2010*，Tables W3 and W4.

2.5　赤字融资

政府支出的主要资金来源是税收。但是，特别是近年来，许多政府发现税收收入不足以满足支出的需要。任何时期的**赤字**（deficit）都是支出超过收入的部分。赤字靠借款融资。无论是企业、家庭还是政府，累积的借款就是它的债务。

有赤字的企业或家庭不可能持续地无限借款，一旦债务太大就会破产。由于联邦政府有征税能力，而且有巨大的潜在收入来源可以挖掘，故联邦赤字不会给联邦政府带来类似于私人企业或个人的巨额债务问题。只要利率足够高，放款人就会愿意继续为联邦政府的债务提供资金。

20 世纪 80 年代初期，无论是按绝对额计，还是按更重要的占 GDP 的比率和占预算的比重计，联邦赤字的规模都达到了和平时期的历史最高水平，如图 2.12 所示。华盛顿内外都为 20 世纪 80 年代的赤字规模感到惊慌失措。为了给赤字融资，联邦政府在美国信贷市场上作为借款人的作用飙升。

债务的绝对额每年按当年联邦赤字的规模增加（联邦盈余将减少联邦债务），但债务的实际值在很大程度上也取决于通货膨胀。为了看清其本质，假定你承诺明年给某人 100 美元。如果所有产品和服务的价格上涨 10%，此人在今年原本用 91 美元就可以买到的产品，在明年要用 100 美元才能买到。你给他的 100 美元的“实际价值”减少了 9 美元。

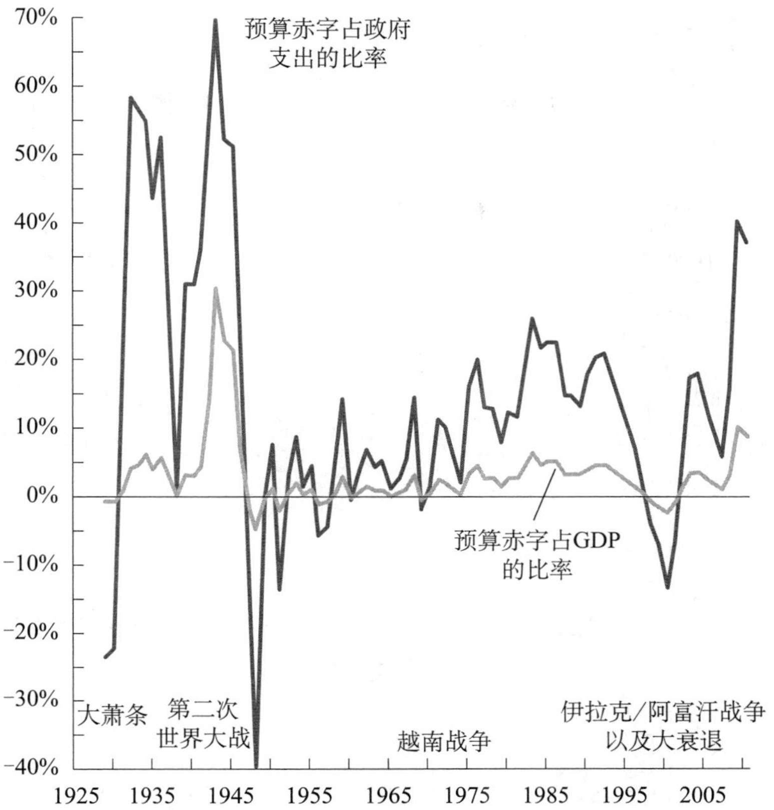

图 2.12　联邦预算赤字占政府支出和 GDP 的比率（1929—2010 年）

20 世纪 80 年代初期赤字显著增加，90 年代初期先降后升，1998—2001 年实现了预算盈余。可是，2002 年又开始出现赤字，到 2009 年预算赤字占 GDP 的比率达到 10%。

资料来源：Office of Management and Budget，*Historical Tables*，Tables 1.1 and 1.2；and U. S. Department of Commerce，Bureau of Economic Analysis，*National Income and Product Accounts*，Table 1.1.5.

图 2.13 描绘了 1940 年以来联邦政府欠美国公民和外国人的钱——公众持有的联邦债务——的实际价值变化。就实际价值而言，1980 年之后债务增加迅速。高赤字和通货膨胀率下降的结果是，1981—1989 年公众持有的实际债务翻了一番，从 1981 年的 1.65 万亿美元上升到 1989 年的 3.3 万亿美元（都以 2005 年价格计算）。换言之，里根政府时期，联邦政府实际债务的增加总额等于美国前 200 年累积的实际债务总额，包括美国因参加第二次世界大战所发行的全部债务。

由于 1998 年的经济扩张（自 1993 年以来强劲增长）、1993 年的增税以及 1990 年启动的对近 10 年的支出限制，终于实现了长期追求的目标——出现了 700 亿美元的盈余。克林顿政府任期届满前，预算盈余一直在增加，但随后的大幅减税以及伊拉克和阿富汗冲突所付出的代价导致了年度赤字重启，联邦债务迅速增加。之后的经济衰退使这些趋势更加恶化——2009 年，财政赤字占 GDP 的比率达到 10%，且公众持有的实际债务又翻了一番多，共计 6.8 万亿美元。

图 2.14 比较了美国与其他国家的情况。2009 年，英国中央政府赤字占 GDP 的比率为 10%，日本为 9%，与美国联邦政府赤字率 10.4%接近；而澳大利亚和德国的赤字率要低得多，分别为 1.9%和 2.1%。然而，只有澳大利亚的广义政府债务占 GDP 的比率

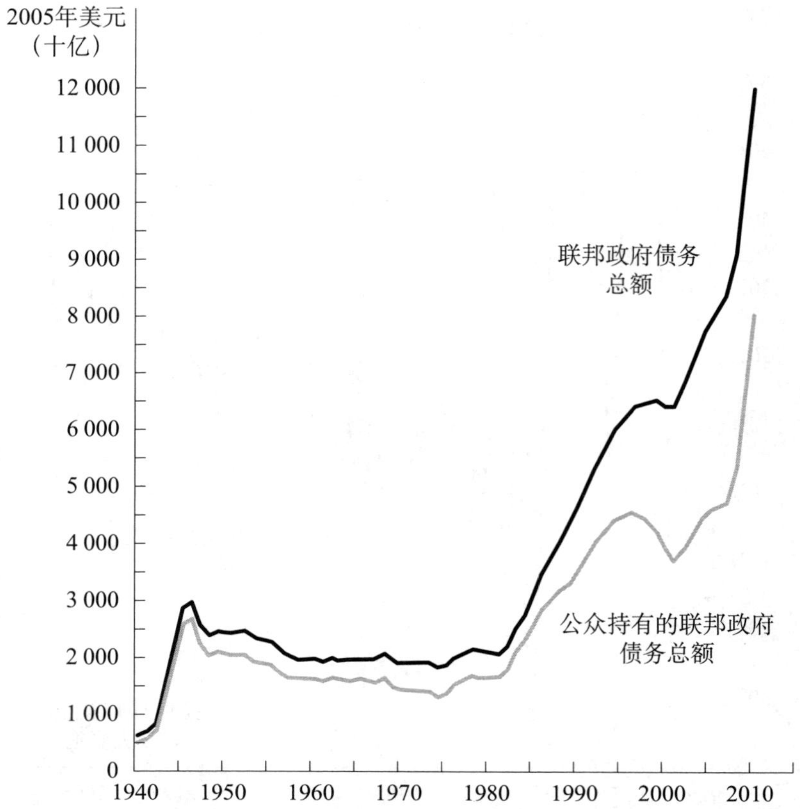

图 2.13　联邦债务总额（2005 年价格），1940—2010 年

从 1981 年到 1989 年，公众持有的联邦政府债务翻了一番，在后来的 20 年里又翻了一番多。

资料来源：Office of Management and Budget，*Historical Tables*，Tables 1.3 and 7.1.

（17.6%）显著低于美国（84.6%），英国为 68.3%，德国为 73.5%，而日本达到惊人的 216.3%。与这些高收入国家相比，智利作为一个中上等收入国家，政府赤字占 GDP 的比率为 2.5%，而广义政府债务占 GDP 的比率仅为 6.2%。

2.6　政府活动数据的猫腻

联邦、州和地方政府的预算安排各自的支出和收入。可是，如我们所见，预算只提供了政府规模和政府影响经济活动的部分视角。因此，人们对任何时间或者任何国家的公共部门规模的比较，都必须小心谨慎。

本章前面有关政府补贴和税收抵免的内容，讨论了税收支出如何可能导致误导性的结论。这不仅关系到公共部门的规模，也关系到支出的构成。假如联邦政府希望隐藏对企业的补贴规模，它就向企业提供税收抵免。联邦政府通过提供“税收支出”，也可以隐藏对州和地方政府的补贴程度，其形式有二：一是大部分州和地方税可对联邦个人所得税进行纳税扣除；二是对州和地方政府债券的利息免税。

另一种操纵预算的方法是：出售资产时，只记录取得的收入，而不记录成本——政府资产的减少。这种伎俩在里根总统减少财政赤字的努力中发挥了重要作用。例如，他加快了近海石油和天然气租约交易。

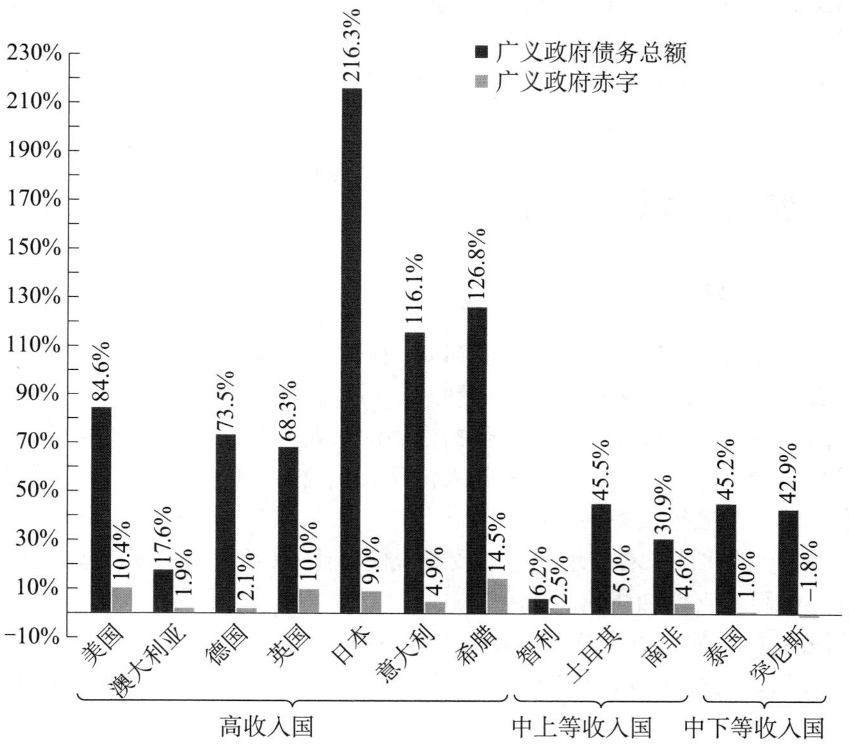

图 2.14　中央政府赤字和广义政府债务占 GDP 的比率（2009 年）

2009 年，美国的赤字率与英国和日本的赤字率比较接近，而澳大利亚的债务明显较低。日本的长期巨额年度赤字导致债务是其 GDP 的两倍多，而智利的赤字和债务非常低。

资料来源：IMF，*Government Finance Statistics Yearbook 2010*，Table W3；IMF，*World Economic Outlook Database*，April 2011；and World Bank，*World Development Indicators*.

通过增加预提税或加大对不按时纳税的惩罚力度，加快税收的征收，这是另一种减少赤字的方法。

公共部门的总规模（而不是赤字）可以通过建立独立机构和企业降低。无论邮局是美国政府的一个部门，还是像现如今一样，是从联邦财政部获取补贴的一个独立“公司”，本质上没什么区别。但是，如果邮局是政府的一个部门，那么，它的所有收支都将包括在政府预算之中；如果邮局是一个独立企业，那么只有赤字（它的支出和收入之差）才记录在预算中。类似地，把特别政府基金置于预算外，例如政府养老基金，也会降低公共部门的总体规模。不含中央银行的准财政活动，如对特别信贷计划或优惠汇率的补贴，也会低估政府规模。美国联邦政府于 1969 年改用统一（综合）预算解决了许多这类表象问题。①

尽管这些问题给政客们选择统计数字以支持他们的观点提供了相当大的空间，但是，自第二次世界大战以来，美国政府收支水平和结构的变化非常明显，本章提出的三个主要观点几乎没有问题：

第一，美国的公共部门对产品生产和收入分配具有重大影响。

第二，在过去 30 年里，社会保险是各类政府支出中增长最快的。1960 年以来，社会

① 关于美国预算报告所包含内容的详细讨论，请参阅 Office of Management and Budget，“Coverage of the Budget,” *Analytical Prespectives*，*Budget of the United States Government*，*Fiscal Year* 2012。

保障、政府退休计划、医疗保险和利息4类支出，是政府非国防支出快速增长的主要原因。

第三，个人所得税和社会保险工薪税成为联邦政府收入的主要来源，公司所得税作为收入来源的作用减弱了。

2.7 复习和练习

2.7.1 小结

1. 政府有许多作用：(1) 提供我们赖以生存的基本法律框架。(2) 管制经济活动。通过补贴，鼓励某些活动；通过征税，抑制某些活动。(3) 生产产品，提供信贷、贷款担保和社会保险。(4) 购买商品和服务，包括许多由私人企业（如军火制造商）生产的商品和服务。(5) 再分配收入，把一些人的收入转移给其他人。(6) 为退休者、失业者、残疾人提供社会保险，为老年人提供医疗保险。

2. 从占GDP的比率来看，现如今的政府规模要比40年前大得多。政府规模的这种扩张主要是社会保险开支增加所致。

3. 美国公共部门的相对规模比大多数西欧国家的都要小。

4. 政府支出的三大领域是国防、教育和转移性支出，三项合计占政府支出的72%(2009年)。

5. 联邦政府财政收入的主要来源是工薪税，其次是个人所得税、公司所得税、关税和货物税。

6. 州和地方政府财政收入的主要来源是销售税、财产税和所得税。

7. 宪法规定了美国政府的基本框架。宪法还对征税规定了一些限制，但对政府可以把钱花在什么地方没有实质性约束。

8. 赤字（政府支出与收入的差额）增加始于1981年，仅1981—1989年累积的实际债务总额就相当于美国建国后200年累积的实际债务总额。1990年美国开始采取措施削减赤字，并于1993年加大力度，再加上较快的经济增长，使得1998年实现了盈余。随后的减税、伊拉克和阿富汗冲突的耗资以及经济衰退，导致公众持有的实际债务翻番，2009年的赤字占GDP的比率达到10%。

2.7.2 重要概念

公司所得税	关税	赤字
货物税	所得税	实物福利
中产阶级权利计划	国有化	工薪税
社会保险	转移性支出	增值税

2.7.3 练习题

1. 要看清正在发生什么，经济学家经常“调整”数据以反映经济的变化。例如，在正文中，我们讨论了名义量的调整以便针对通货膨胀进行矫正。经常进行的另一种调整是考虑人口的增加。在分析教育支出时，你会做出哪些调整？分析社会保障支出时又该如何调整？

2. 在下列每一领域，举出一个或更多的例子（可能的话），说明政府是生产者、监管者，还是直接分配给个人或政府内部使用的最终产品和服务的购买者：(1) 教育；(2) 公用事业；(3) 交通运输；(4) 信贷市场；(5) 保险市场；(6) 食品；(7) 住房。

3. 在下列每一领域，分别举出一个税收支出例子和常规支出的例子。通过将税收支出转变成常规支出，解释如何取得相同的结果。(1) 药品；(2) 住房；(3) 教育。

4. 假设你是总统，你的计划支出超过了收入。描述你可能使用的减少预算赤字的一些技巧，同时保持现有的服务和转移性支出（补贴）水平。

另外，假设你在竞选时宣称要把政府总支出增长率压低到3%。可是，当选之后，你发现，你更喜欢支出上涨5%。你怎样才能做到这一点，而且看起来你又在信守你的竞选承诺？

第2篇　福利经济学基本原理

如今，大多数经济体都是混合经济体，其中既有私人部门，又有公共部门。经济的核心是在竞争性市场上与家庭互动的利润最大化企业。在某些理想化的条件下，竞争性经济是有效的。如果这些条件得到满足，政府的作用就极为有限。要了解公共部门的作用，就必须了解市场何时运行良好，何时又以何种方式运行得不好。这是本篇的目的。

第 3 章解释了效率所需要的条件以及为什么在理想化条件下竞争性经济是有效率的。第 4 章阐述了市场不能产生有效结果的各种原因与环境以及为什么即使经济是有效率的，政府也要发挥收入再分配的作用。第 5 章基于第 4 章有关市场失灵的概括，从实现效率和公平的角度出发，探讨公共产品的独特性、为什么私人市场公共产品供给不足以及公共提供私人产品的理论依据。第 6 章更加深入地考察了另一种市场失灵，即外部性。

公共部门面临的最艰难的选择是要在提高效率与更加公平地分配收入之间进行权衡取舍。第 7 章提供了一个思考这些权衡取舍关系的概念框架以及政府试图对其进行量化的一些工具，分析了更有效率和更加公平可能同时存在的情况。

第3章 市场效率

重点问题

1. 当经济学家说经济是有效率的时候，这是什么意思？
2. 如果市场是有效率的，必须满足哪些条件？
3. 竞争在确保效率中扮演什么角色？

在大多数现代工业化经济体中，产品的生产和分配主要依赖私人部门而非公共部门。经济学历来信奉的是私人部门这种经济组织形式可以实现有效的资源配置。但是，如果私人市场是有效率的，为什么政府还要具有经济作用呢？要回答这个问题，需要准确地理解经济效率的含义。本章的目的就在于此。下一章将考察为什么私人市场可能无法实现有效率的结果，以及政府如何应对这些市场失灵。

3.1 竞争性市场中看不见的手

1776年，亚当·斯密在现代经济学的第一部重要著作《国富论》中指出，竞争会使个人在追逐私人利益（利润）时，追求公共利益，就像被一只**看不见的手**（invisible hand）左右：

> 他所盘算的只是他自己的利益，且在这一点上，像在其他许多情况下一样，他受到一只看不见的手引导，并达到一个并非他本意想要达到的目的。虽非出于本意，但不一定就对社会有害。通过追求他自己的利益，往往比他真想促进社会利益时能更有效地促进社会利益。①

斯密的洞见与之前人们普遍持有的政府作用观相比，意义非常清楚。人们普遍相信，实现最大公共利益（这需要界定）需要积极的政府。这种观点与17世纪和18世纪的重商主义学派有关，认为政府应该促进工商业的发展。的确，许多欧洲国家的政府积极推动殖民地的建立，重商主义者为此提供了理论依据。

政府的积极作用使一些国家（或者这些国家的公民）受益匪浅，但在有些国家，政府要消极得多，可繁荣景象照样出现。一些具有强大的积极政府的国家，反而没有出现繁荣，这是因为它们在战争或众多不成功的公共企业上浪费了资源。

面对这些看似矛盾的经验，斯密着手解决以下问题：社会能够保证那些受托管理者真的追求公共利益吗？经验表明，虽然有时政府执行的政策看上去与公共利益一致，但有时

① Adam Smith, *The Wealth of Nations* (New York: Modern Library, 1937); originally published in 1776.

所执行的政策哪怕再经过合理的想象，也很难与公共利益相协调。更有甚者，执政者有时会以牺牲公共利益为代价来追求自己的私人利益。此外，即使是善意的领导者也经常把国家引入歧途。斯密认为，做得好不一定要依赖政府或任何道德情操。他认为，当每个人都在为其私利做事时，他们也在谋求公共利益；与行善相比，私利是更具有持续性的人性特征，从而为社会组织提供了更可靠的依据。此外，与让人们确定什么是公共利益相比，人们更容易准确定位自己的私利是什么。

支撑斯密洞见的直觉是简单的：如果某种商品或服务现在还没有被生产出来，但人们认为有价值，他们就愿意为此花钱。追逐利润的企业家总在寻找这样的机会。如果某种商品对于消费者来说的价值超过了生产成本，就存在着盈利机会，企业家就会生产这种商品。同样地，如果有比现在成本更低的方法生产商品，那么，发现这种方法的企业家将会抢走其他同行的生意，并获得利润。因此，企业寻求利润就是寻找更有效的生产方式，也是在寻求可更好地满足消费者需要的新商品。

如此看来，无须由政府决定某种商品是否应该生产。如果商品能通过市场检验，也就是说，如果人们愿意花的钱超过生产成本，就该生产这种商品。根本不需要任何政府监督委员会去检查某一企业是否在有效率地生产，竞争会淘汰无效率的生产者。

经济学家普遍认为，竞争力量可以带来高效率，竞争是激励创新的一个重要因素。然而，在过去的 200 年里，经济学家已经认识到，在某些重要的情况下，市场不像自由市场的狂热支持者所说的那样完美。各国都经历过大量失业和资源闲置时期；20 世纪 30 年代的大萧条使得许多想工作的人失业；污染使许多大城市窒息；城市的衰败逐渐显现。

3.2 福利经济学与帕累托效率

福利经济学（welfare economics）是经济学的一个分支，主要关注第 1 章所介绍的规范问题。福利经济学最基本的规范问题是经济的组织——应当生产什么、如何生产、为谁生产以及由谁做出这些决策。在第 1 章中，我们指出了美国和其他大多数经济体如今都是混合经济体，无数企业和家庭做出大部分决策，政府只做出部分决策。但是，有多种“混合”，我们如何评价各种可供选择的混合？大多数经济学家都接受的一个标准，称作**帕累托效率**（Pareto efficiency），这是以伟大的意大利经济学家和社会学家维尔弗雷多·帕累托（Vilfredo Pareto，1848—1923）的名字命名的。如果没有人的境况变差，就不会有人的境况变好，具备这种特征的资源配置就是帕累托效率或者帕累托最优（Pareto optimal）。经济学家通常所说的效率就是指帕累托效率。

例如，假定政府考虑建造一座桥，那些希望使用这座桥的人愿意支付的过桥费高于建造和维护的成本。这座桥的建造可能是**帕累托改进**（Pareto improvement），也就是说，建桥使某些人的境况改善，而没有使任何人的境况变差。我们之所以用“可能”一词，是因为总有一些人会受到建桥的不良影响。例如，如果这座桥改变了车流量，一些商店会发现生意减少了，境况变差了。或者，过桥车辆的噪声以及桥梁上层结构投下的阴影会影响附近地区。

通常，在夏天或在交通高峰期，收费公路和桥梁的收费站容易拥堵。如果这些时段的收费提高，用这些钱建更多的收费站或在高峰期雇用更多的收费员，大家的境况可能都会得到改善。人们宁愿多花点钱，支付高一点的价格，以减少等待。但是，这种变化也可能不是帕累托改进：排队等待的人当中可能有失业者，他们不怎么关心时间的浪费，反而更心疼多花了通行费。

经济学家总是在寻找帕累托改进。只要存在这种改进就不应放过，这一信条可称为**帕累托原则**（Pareto principle）。

就单独每一种变化而言，帕累托改进可能不会出现，而把这些变化“打包”，就有可能是帕累托改进。比如，降低钢材的关税可能不是帕累托改进（因为钢材生产者的境况会变差），但降低钢材关税的同时，稍稍提高所得税并用这笔钱补贴钢铁行业，这种变化的组合可能会使国内每个人的境况都得到改善，也会使外国人——外国钢材出口商的境况变好。

专栏 3.1

寻找帕累托改进

虽然难以发现帕累托改进，但经济学家还是不辞辛劳，苦苦寻找这种机会。两项建议说明了可能碰到的一些问题。

第一项建议是关于近海油井的。联邦政府将土地出租给石油公司并收取特许权使用费，通常为16%。石油公司以竞拍方式争取租赁权，出价最高者获得租赁权。随着油井的老化，开采成本上升，再考虑到使用费，开采成本达到某一点后，关闭油井更合算。如果油价为每桶20美元，特许权使用费为油价的16%，开采成本超过16.80美元时，关闭油井更合算（16.80美元加上3.20美元的特许权使用费等于20美元）。这看起来是低效率的，因为油价（20美元）超过了生产成本。因此，有建议说应该取消老油井的特许权使用费，并让石油公司支付固定的预付费（up-front fee）。政府的境况没有变差（因为如果油井关闭，政府就没有收入），而且，只要费用定得足够低，石油公司的境况就会变好（因为如果油井关闭，石油公司也一无所获）。但石油公司反对该建议，它们更喜欢政府只取消特许权使用费。尽管该建议就现状而言是帕累托改进的，但是，石油公司更希望自己从经济效率的提高中获得更多的潜在收益。

第二项建议是允许私人公司在水电站建设中改进涡轮机，以增加发电量，并允许按市场价出售电力。水电能源特别有吸引力，因为它没有任何污染，也不会对环境产生不良影响。这似乎也是帕累托改进：随着更便宜的水电替代化石燃料，效率会提高；效率提高的好处将为消费者、投资者和政府共享；后代的境况将因更有利的环境影响而得到改善。但这项建议遭到公用事业公司的反对，因为它们现在从水坝获得的电力的价格低于市场价格。尽管该建议并没有改变现有的优惠待遇水平，但公用事业公司担心一旦水电站的电力可按市场价出售的原则被确定下来，它们的优惠待遇会受到威胁。尽管所提出的建议是帕累托改进，但公用事业公司看到的该建议的长期后果是，效率的提高牺牲了它们的未来福利。

□ 3.2.1 帕累托效率与个人主义

帕累托效率标准有一个重要特性需要说明——个人主义（individualistic）。这包括两层意思。第一，它只关心每一个人的福利，不关心不同个人的相对福利，明显不关心不平等。因此，使富人的境况更好、穷人的境况不受影响的变化仍然是帕累托改进。但是，有些人认为，贫富差距扩大不可取，会导致大家不想看到的社会紧张局势。欠发达国家通常都要经历快速增长时期，在此期间，大部分社会成员的境况都会得到改善，但富人的收入比穷人的收入增长得更快。在评价这些变化时，可以简单地归结为一句话：每个人的境况都改善了吗？对这一问题的回答并不一致。

第二，每个人对自身福利的感觉最重要。这与**消费者主权**（consumer sovereignty）的一般原则一致。该原则认为，个人是自己需要什么、自己的最大利益是什么的最好裁判。

□ 3.2.2 福利经济学基本定理

福利经济学的两个最重要的定理描绘了竞争性市场和帕累托效率之间的关系，其结果称为**福利经济学基本定理**（fundamental theorems of welfare economics）。第一定理告诉我们，如果经济是竞争的（competitive）（并且满足某些其他条件），则它是帕累托效率。

第二定理提出了相反的问题。存在许多帕累托效率分配。例如，我们把财富从一个人手中转移到另一个人手中，第二个人的境况改善了，而第一个人的境况变差了。在财富的再分配之后，如果我们让竞争力量自由发挥，那么我们将获得资源的帕累托效率配置。这种新的配置在许多方面与旧的不同。例如，如果我们从喜欢巧克力冰激凌的人那里取走财富，并给那些喜欢香草冰激凌的人，那么，在新均衡中，香草冰激凌的产量将增加，而巧克力冰激凌的产量将减少。但是在新均衡中，如果没有人的境况变差，就不会有人的境况变好。

我们认为，存在我们想得到的特定分配。例如，假定我们特别关心老年人。福利经济学第二基本定理认为，政府只需要做一件事，就是重新分配初始财富。在初始财富再分配之后，通过竞争性市场程序就可实现帕累托效率的资源配置。因此，就算我们不喜欢竞争性市场产生的收入分配，我们也无须放弃竞争性市场机制的使用。我们需要做的就是再分配初始财富，然后把剩下的事情都交给竞争性市场。

福利经济学的基本定理

- 每一竞争性经济都是帕累托效率的。
- 给定适当的初始再分配，每一帕累托效率资源配置都可通过竞争性市场机制实现。

福利经济学第二定理有一个引人注目的含义：每一帕累托效率配置都可以利用分权式市场机制（decentralized market mechanism）来实现。在分权体制中，生产决策和消费决策（生产什么产品、如何生产、谁获得产品）是由无数个组成经济的企业和个人做出的。相反地，在**集权式配置机制**（centralized allocation mechanism）下，所有这些决策都集中于某一机构——中央计划机构，或作为中央计划者的某一个人手中。当然，没有哪个经济体是完全集权的，尽管前苏联地区和东欧国家在社会主义制度下，经济决策比美国和其他西方国家集权得多。如今，只有古巴和朝鲜较为强调中央计划。

福利经济学第二定理指出，在可取的收入分配下，要实现资源的有效配置，不必有一个集经济理论家和空想社会主义者之所有智慧于一身的中央计划者；以最大化利润为目标的竞争企业，可以做得和所有可能存在的中央计划者一样好。因此，该定理提供了依赖市场机制的主要理由。换句话说，如果第二定理假定的条件成立，财政学可以仅限于分析政府如何适当地再分配资源。

在理想条件下，竞争性市场为什么会导致资源的帕累托最优配置，是标准的微观经济学课程研究的一个主要内容。由于我们关注在有些条件下，竞争性市场为什么不会带来效率，所以我们首先要弄清为什么在理想条件下竞争会带来效率。但在此之前，重要的是强调这些结果就是定理，亦即结论（经济的帕累托效率）出自假设条件的逻辑命题。假设条件反映的是理想的竞争模型：比如，有为数众多的小企业和家庭，但每个都很小，不足以影响价格；所有企业和家庭都掌握了市场所提供的产品及其价格的完全信息；没有大气污染，也没有水污染。[1] 描述经济的这些假设的准确性和结果的稳健性——假设条件变化时结论改变的程度，是经济学家争论的两个主题。下一章，我们将考察一些市场不能提供有效结果的重要方式。也就是说，我们将澄清一些重要情形，在这些情形下，支撑福利经济学基本定理的理想条件得不到满足。

□ 3.2.3 从单个市场看效率[2]

我们利用传统的供求曲线来分析竞争为什么会导致经济效率。个人需求曲线给出的是每一价格水平个人愿意需求的商品数量。市场需求曲线就是把所有的个人需求曲线加总，给出的是在每一价格水平下经济体中的个人愿意购买的商品总量。如图 3.1 所示，需求曲线通常向下倾斜：随着价格上升，个人对产品的需求量下降。个人以多消费 1 单位产品获得的**边际（额外）收益**［marginal（additional）benefit］等于多购买 1 单位产品的**边际（额外）成本**［marginal（additional）cost］来决定需求多少。边际成本恰好是他必须支付的价格。

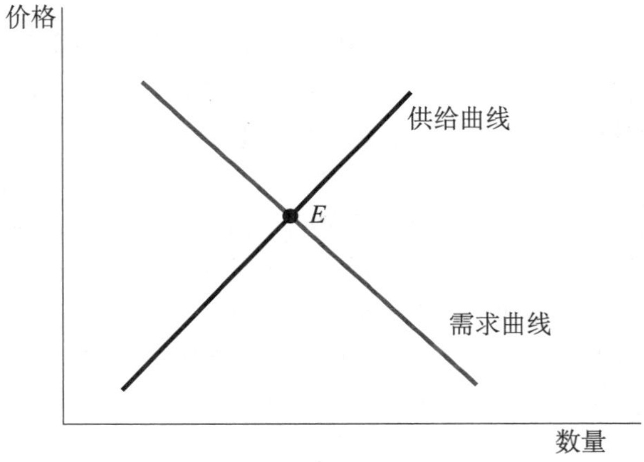

图 3.1 单个市场视角下的效率

个人以多消费 1 单位产品所获得的边际收益等于边际成本（他们必须支付的价格）来决定需求多少，企业以获得的边际收益（恰好是价格）等于边际成本来决定供给多少。在市场均衡状态下，供给等于需求；（消费者的）边际收益等于（企业的）边际成本，二者都等于价格。

企业的供给曲线给出了每一价格水平下企业愿意供给的商品数量。市场供给曲线就是把所有的企业供给曲线加总，给出的是每一价格水平下企业愿意供给的商品总量。如图 3.1 所示，供给曲线通常向上倾斜：随着价格上升，企业通常愿意供给更多的产品。竞争企业以多生产 1 单位产品获得的边际（额外）收益（恰好是它得到的价格）等于多生产 1 单位产品的边际（额外）成本来决定生产多少。

效率要求多生产 1 单位产品的边际收益等于边际成本。这是因为，如果边际收益大于边际成本，社会就会因多生产产品而获益；如果边际收益小于边际成本，社会就会因少生产产品而获益。

市场均衡发生在市场供给和需求相等的点，如图 3.1 中的 E 点。在该点，边际收益和边际成本都等于价格。这样，边际收益等于边际成本是经济效率所要求的确切条件。

---

① 还有许多技术性假设。

② 这通常称为局部均衡分析法，还有一种是同时考虑所有市场的一般均衡分析法，下一章将采用这种分析方法。

3.3 分析经济效率

为了超越上述基本供求框架进行深入的分析，经济学家考察了三个层面的效率，它们都是实现帕累托效率所必需的。第一，经济必须实现**交换效率**（exchange efficiency），即不管生产的是什么产品，产品都要到评价最高的人手里。如果我喜欢巧克力冰激凌，你喜欢香草冰激凌，我就应该得到巧克力冰激凌，你应得到香草冰激凌。第二，必须要有**生产效率**（production efficiency）。在社会资源既定的情况下，如果一种产品的生产不下降，另一种产品的生产就不可能增加。第三，经济必须实现**产品组合效率**（product mix efficiency），产品生产必须满足个人所需。假如人们对冰激凌的评价高于对苹果的评价，且生产冰激凌的成本低于生产苹果的成本，那么，就应该生产更多的冰激凌。下面将依次考察这几种效率。

3.3.1 效用可能性曲线

要领会三个层面的帕累托效率，首先需要了解**效用可能性曲线**（utility possibilities curve）这个概念。经济学家有时把个人从消费中获得的收益说成是他从所消费的产品组合中获得的效用。① 如果他可以得到更多的产品，他的效用就会增加。效用可能性曲线勾画出两个消费者所能达到的最大效用水平。图 3.2 给出了鲁滨逊和星期五的效用可能性边界，表明给定鲁滨逊的效用水平后，星期五的最大效用水平，反之亦然。回想一下帕累托效率的定义：如果没有人的境况变差，就没有人的境况会变好。也就是说，如果不减少鲁滨逊的效用，我们就不可能增加星期五的效用。因此，如果经济实现了帕累托效率，它一定是在效用可能性边界上运行。如果经济在效用可能性边界之下的某一点运行，例如图 3.2 中的 A 点，那么就有可能增加星期五或鲁滨逊的效用而不减少另一人的效用，或者同时增加两个人的效用。

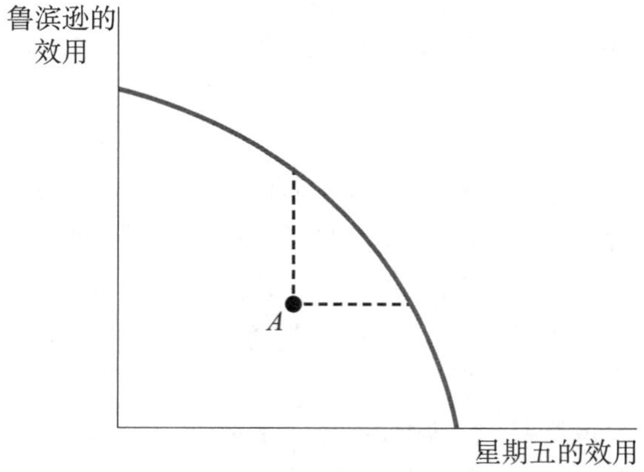

图 3.2 效用可能性曲线

效用可能性曲线给出的是在一个人（鲁滨逊）的效用水平既定的情况下，另一个人（星期五）所能达到的最大效用水平。在效用可能性边界上，除非星期五的消费减少，否则鲁滨逊的消费不可能增加。因此，效用可能性曲线向下倾斜：鲁滨逊的效用越高，星期五的最大效用水平就越低。

① 效用这个概念只是一种思考个人从消费中获得好处的有用方法。没有办法衡量效用（除非通过个人的支付意愿间接地观察），也没有机器可用于确定吃比萨饼或听 CD 的效用大小。

福利经济学第一定理是说，竞争性经济沿着效用可能性边界运行；福利经济学第二定理是说，只要我们适当地重新分配初始禀赋，我们就能利用竞争性市场达到效用可能性边界上的任何一点。

□ 3.3.2　交换效率

交换效率涉及产品分配。给定一组可得产品，交换效率表明了这组产品的这样一种分配状况，即如果没有人的境况变差，就没有人的境况会变好。因此，交换效率要求没有**交易**（trade）余地或使双方的境况都变好的交换。

假定鲁滨逊愿意放弃1个苹果，以换得1个橘子，或者放弃1个橘子，以得到1个苹果。又假定星期五如果多得1个橘子，就愿意放弃3个苹果。从边际角度说，星期五对橘子的评价比鲁滨逊高。显然，这里有交易空间：假如鲁滨逊给星期五1个橘子，而星期五给鲁滨逊2个苹果，两个人的境况都会变好。鲁滨逊本来只要1个苹果就可以使自己的境况变好，但他用1个橘子就换得了2个苹果。星期五本来愿意放弃3个苹果，但他仅放弃了2个，因此他的境况显然改善了。

一个人为了换取一单位其他商品而愿意放弃一种商品的数量，称为**边际替代率**（marginal rate of substitution）。只要鲁滨逊和星期五的边际替代率不一样，就有交换的空间。因此，交换效率要求所有人的边际替代率都相同。

我们现在分析一下，为什么竞争性经济满足这种交换效率条件。为此，我们需要回顾消费者如何做出决定。我们从预算约束（消费者能花在各种产品上的收入）开始。鲁滨逊有100美元，可以用来购买苹果和橘子。如果1个苹果花1美元，1个橘子花2美元，鲁滨逊可以买100个苹果或50个橘子，或介于两者之间的苹果和橘子的组合，如图3.3所示。如果鲁滨逊多买1个橘子，他必须放弃2个苹果，因此，预算约束线的斜率等于价格比率。

图3.3　鲁滨逊的预算约束线

给定收入为100美元，橘子价格为2美元/个，苹果价格为1美元/个，个人可以购买预算约束线上的或预算约束线左边的苹果和橘子的任何组合。预算约束线右边的任何组合都是买不起的。预算约束线的斜率是橘子和苹果的相对价格。

鲁滨逊选择预算约束线上他最喜欢的点。为了找到这一点，我们引进一个新概念——**无差异曲线**（indifference curve），它可以给出个人无差异或产生相同效用水平的产品组合。图3.4给出的是苹果和橘子的无差异曲线。例如，无差异曲线 I_0 给出了消费者发现的与80个苹果和18个橘子（无差异曲线上的 A 点）一样有吸引力的苹果和橘子的所有组合。若 A 点和 B 点在同一条无差异曲线上，则消费者认为这两点所代表的苹果和橘子的两种组合没有差异。无差异曲线还表明，消费者为了多获得 1 单位的另一种产品（橘子），所愿意放弃的一种产品（苹果）的数量。某人为了多获得 1 单位的另一种产品，所愿意放弃的一种产品的数量，正是我们早先定义过的边际替代率。这样，无差异曲线的斜率就等于边际替代率。图 3.4 中，从 A 点移动到 B 点，鲁滨逊放弃了 1 个橘子，但只要他能多获得 9 个苹果，他的境况就不变。注意，当他从 A 点移动到 B 点时，放弃 1 个橘子所需要的用于补偿他的苹果数量，要比从 C 点移动到 D 点多得多。当他有 60 个橘子时，他更愿意放弃 1 个橘子：他只需要 1 个苹果来补偿他。因此，边际替代率随着鲁滨逊所消费的橘子数量的增加而递减。这就解释了无差异曲线的形状为什么像描绘的那样。

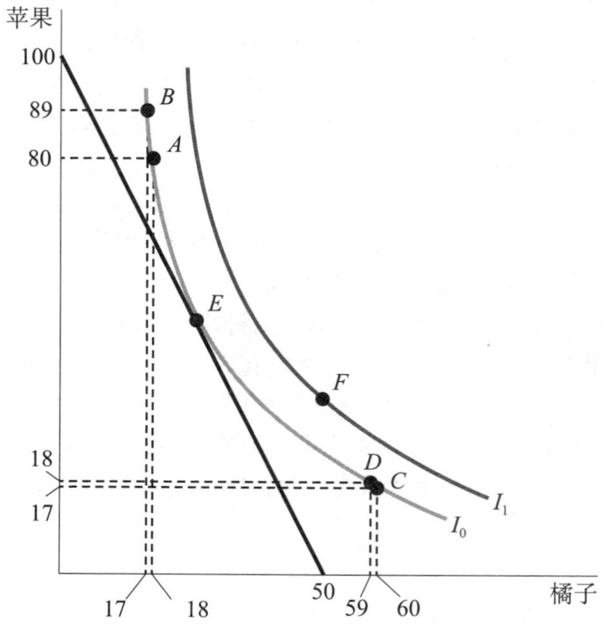

图 3.4　消费者的选择问题

在收入和苹果、橘子的价格既定的情况下，预算约束线给出的是鲁滨逊能购买的苹果和橘子的组合。无差异曲线给出的是对鲁滨逊来说没有任何差异的苹果和橘子的组合。A 点和 B 点在同一条无差异曲线上，鲁滨逊选择任何一点都没有差异。其他人喜欢在更高的无差异曲线上的苹果和橘子的组合。因此，F 点比 A 点或 B 点更可取。鲁滨逊可以在预算约束线上选择他最喜欢的点，即无差异曲线 I_0 与预算约束线的切点（E 点）。

显然，如果有更多的苹果和橘子，人们的境况会更好，这正是在更高的无差异曲线上的产品组合具有更高效用水平的原因。因此，在图 3.4 中，I_1 上的任何一点都比 I_0 上的点更有吸引力。根据定义，消费者并不在乎自己位于无差异曲线上的哪一点，但他想位于尽可能高的无差异曲线上。鲁滨逊喜欢无差异曲线 I_1 上的任何一点，但他无法达到：这些点都在预算约束线之外，因此是不可能达到的。鲁滨逊所能做出的最优选择是无差异曲线与预算约束线相切的 E 点。

在切点处，无差异曲线与预算约束线的斜率相等。但是，无差异曲线的斜率是边际替代率，而预算约束线的斜率是价格比率。因此，个人选择的是边际替代率等于价格比率的苹果和橘子的组合。

在竞争性经济中，所有消费者都面对相同的价格，而每个人都会让自己的边际替代率等于价格比率，故他们的边际替代率都相同。我们前面曾指出，交换效率条件是所有人的边际替代率都相同。因此，竞争性市场有交换效率。

说明交换效率的另一种方法如图 3.5 所示。为了简化起见，我们继续用鲁滨逊和星期五的例子。只要是鲁滨逊没有得到的，那就是星期五得到的。我们可以用一个方盒即埃奇沃思-鲍利方盒（Edgeworth-Bowley Box）（以两位 20 世纪初期的英国数理经济学家的名字命名）代表所有可能的配置，其中横轴代表橘子的总供给，纵轴代表苹果的总供给。图 3.5 中，鲁滨逊从左下角（O）开始消费，星期五从右上角（O'）开始。在 E 点所表示的配置上，鲁滨逊得到 OA 个橘子，OB 个苹果，而剩下的都归星期五（$O'A'$ 个橘子和 $O'B'$ 个苹果）。然后，我们画出鲁滨逊的无差异曲线，例如 U^C。我们也画出星期五的无差异曲线。如果你把书倒过来看，那么你会觉得星期五的无差异曲线完全正常。

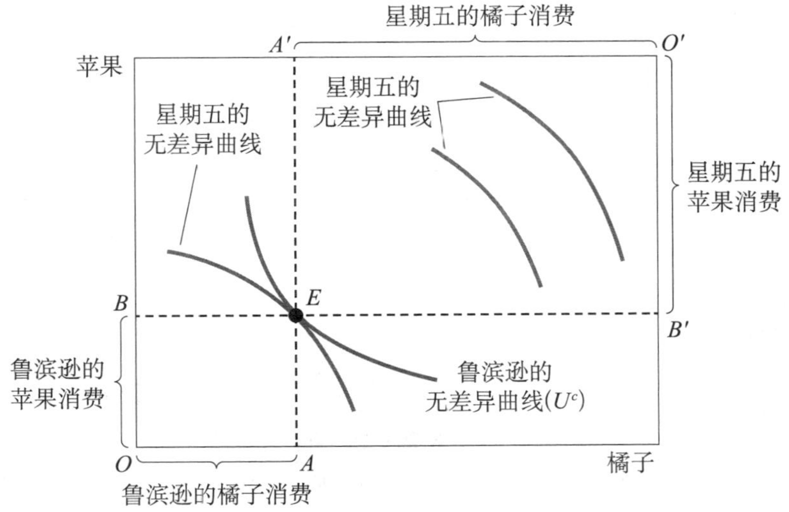

图 3.5　交换效率

埃奇沃思-鲍利方盒的各边给出的是可获得的苹果和橘子的供给。OA 和 OB 表示鲁滨逊所消费的两种商品数量。星期五获得鲁滨逊没有消费的商品，即 $O'A'$ 和 $O'B'$。帕累托效率要求鲁滨逊的无差异曲线和星期五的无差异曲线相切（如 E 点），此时，橘子对苹果的边际替代率相等。

现在我们固定鲁滨逊的效用。在鲁滨逊获得的效用水平既定的情况下，帕累托效率要求我们最大化星期五的效用。我们要问的问题是，既然鲁滨逊已在无差异曲线 U^C 上，那么，星期五所能达到的最高无差异曲线在哪？记住，随着我们向左下方移动星期五的无差异曲线（星期五得到更多的产品，鲁滨逊得到更少的产品），星期五的效用会增加。星期五在其无差异曲线与鲁滨逊的无差异曲线相切于 E 点时，获得的效用最大。在该点，无差异曲线的斜率相同，即各自的橘子对苹果的边际替代率相同。

□ 3.3.3　生产效率

如果经济体的生产无效率，那么在不减少另一种产品生产的前提下，一种产品的生产就可以增加。在一系列资源固定的情况下，该经济体在图 3.6 所示的生产可能性边界上，无法在不放弃另一种产品生产的前提下增加一种产品的生产。[①]

---

① 生产可能性曲线之所以是这样的形状，是因为边际收益递减规律。随着我们生产越来越多的橘子，多生产 1 个橘子的难度会越来越大。因此，随着我们对苹果的放弃，我们可以得到更多的橘子，但是，我们每多放弃 1 个苹果，额外得到的橘子会越来越少。

分析一个经济体是否具有生产效率，与分析交换效率一样。如图 3.7 所示，我们不用预算约束线而用**等成本线**（isocost line）——给出企业成本相同时不同投入品的组合。等成本线的斜率是两种要素的相对价格。此图还显示出两条**等产量线**（isoquant），它们描绘的是产量相同时不同投入品（这里是土地和劳动）的组合。所以，等产量线是用来分析生产的，无差异曲线是用来分析消费的。经济学家把等产量线的斜率称为**边际技术替代率**（marginal rate of technical substitution）。在图 3.7 中，边际技术替代率是补偿劳动投入减少 1 单位所需要的土地数量。当所用劳动比较少时，再节约劳动的使用是困难的，因此为保持产量不变，少用 1 个工人就必须大量增加土地投入。这就是为什么等产量线具有图中形状的原因。边际技术替代率是递减的。

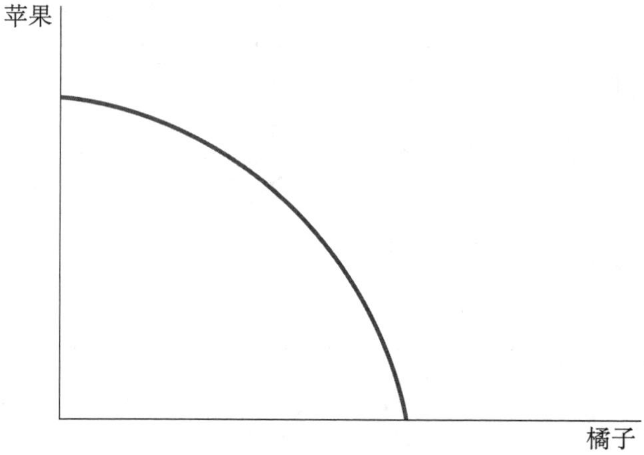

图 3.6 生产效率与生产可能性边界

边界内的点可以达到但没有效率。边界上的点是可行的，也是有效率的。边界外的点不可能达到，因为该经济体的资源是既定的。

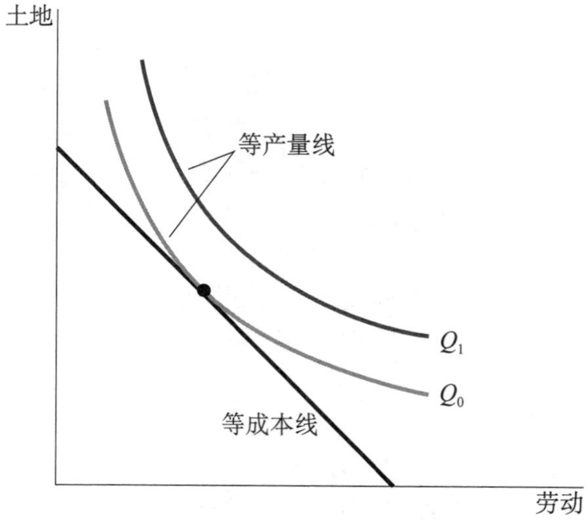

图 3.7 等产量线与等成本线

等产量线给出的是产量相同时投入品（土地和劳动）的组合。等产量线 Q_1 所代表的产量水平比 Q_0 所代表的产量水平高。等产量线的斜率是边际技术替代率。等成本线给出的是成本相同时投入品的组合。等成本线的斜率由两种投入品的相对价格给出。在某一投入品支出水平既定的情况下，企业在等产量线与等成本线相切的点上使其产量最大化。在该点，边际技术替代率等于相对价格。

与交换效率要求所有人的任何两种商品的边际替代率都相同一样，生产效率也要求所有企业的边际技术替代率都相同。假定生产苹果时，土地和劳动的边际技术替代率为 2；生产橘子时，边际技术替代率为 1。这意味着，在生产橘子时，如果减少 1 单位劳动，就需要增加 1 单位土地。在生产苹果时，如果减少 1 单位劳动，就需要增加 2 单位土地。反过来，在生产苹果时，如果增加 1 单位劳动，就需要减少 2 单位土地。这样，如果我们从生产橘子的工人当中抽走 1 个人，让他生产苹果，而且我们拿走 1 单位土地，从生产苹果转向生产橘子，那么，橘子产量不变，苹果产量增加。只要边际替代率不同，我们就可以用同样的方式转移资源，增加总产量。

在投入品支出水平既定的情况下，企业通过找到等产量线与等成本线相切的点，就可以使其产量最大化。在该切点，这两条曲线的斜率相同——边际技术替代率等于两种投入品的价格比率。在竞争性经济中，所有企业都面临相同的价格，因此，所有使用劳动和土地的企业都会使其边际技术替代率等于相同的价格比率。因此，所有企业将会有相同的边际技术替代率，这就是生产效率所需要的条件。

在图 3.8 中，我们用另一个埃奇沃思-鲍利方盒也可以看到同样的结果。我们希望知道如何配置固定的投入品供给，以保证生产效率。我们用方盒代表两种投入品的固定供给，纵轴表示土地的总供给，横轴表示劳动的总供给。从左下角开始衡量橘子生产的投入。E 点意味着，生产橘子投入的土地量是 OB，投入的劳动数量是 OA。反过来，意味着剩下的投入品都用于生产苹果。这样，我们就可以从右上角开始衡量生产苹果的投入。在 E 点，苹果生产投入的土地量为 $O'B'$，劳动数量为 $O'A'$。

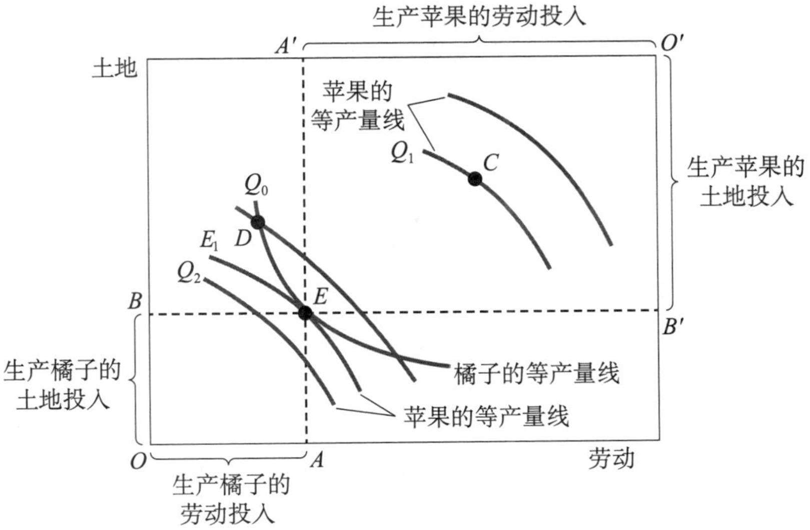

图 3.8　生产效率

埃奇沃思-鲍利方盒的各边给出的是可利用的资源（土地和劳动）的供给。用于橘子生产的资源用 OA 和 OB 表示；没有用于橘子生产的资源全被用于苹果的生产，分别用 $O'A'$ 和 $O'B'$ 表示。生产效率要求等产量线相切。在切点（如 E 点），在生产苹果和橘子的过程中，劳动对土地的边际替代率相同。

等产量线也在图中出现。Q_0 代表典型的橘子等产量线。记住，用于苹果生产的投入品数量从 O' 开始。这是苹果的等产量线有图中形状的原因，如果你把书倒过来看，它们完全正常。显然，生产效率要求，不管橘子的产量水平如何，苹果的产量都能最大化。向方盒的左下方移动，用于苹果生产的资源会不断增加，因此，通过图中那些点的等产量线代表较高的苹果产量水平。如果把橘子的产量固定在与等产量线 Q_0 所对应的水平上，显然，通过找到与等产量线 Q_0 相切的苹果等产量线，苹果产量可实现最大化。如果橘子产量为 Q_0，苹果产量为 Q_1（比如 C 点），就意味着一些资源没有被利用。如果橘子产量为 Q_0，但不是在 E 点（比如在 D 点），就意味着所有资源都被利用了，但没有效率；在 E 点，我们可以生产同样数量的橘子和更多的苹果。该经济体不可能在生产超过 E_1 的苹果时，仍然生产 Q_0 单位的橘子；生产 Q_2 单位的苹果，橘子的产量就要小于 Q_0。只有在 E 点，所有资源才得到有效利用，生产 Q_0 单位的橘子。在该切点上，等产量线的斜率相同，亦即生产苹果的劳动对土地的边际替代率与生产橘子的相同。

□ 3.3.4 产品组合效率

要选择苹果或橘子的最优生产组合，我们需要考虑技术的可行性与个人偏好。对应于苹果的每一产量水平，我们都可以从技术上决定橘子的最大可能产量水平，从而获得生产可能性曲线。在生产可能性曲线既定的情况下，我们希望获得可能的最大效用水平。为了简化起见，我们假定所有人的偏好都相同。在图 3.9 中，我们画出了苹果和橘子的生产可能性曲线和无差异曲线。在无差异曲线和生产可能性曲线的切点处，效用最大化。生产可能性曲线的斜率称为**边际转换率**（marginal rate of transformation），是指如果少生产 1 单位橘子，可以多生产多少单位苹果。在切点 E 点处，无差异曲线和生产可能性曲线的斜率相同，亦即橘子对苹果的边际替代率等于边际转换率。

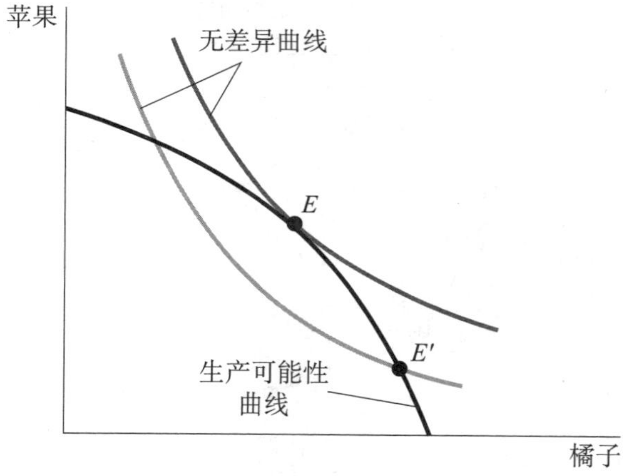

图 3.9 产品组合效率要求边际转换率等于边际替代率

为达到消费者效用的最高水平，无差异曲线和生产可能性曲线必须相切（E 点）。在任何其他点上，如 E' 点，消费者效用都比 E 点的低。

在竞争条件下，边际转换率将等于橘子和苹果的相对价格。如果通过减少 1 单位苹果产量，企业就能增加橘子的产量，比如增加 1 单位，而且橘子的售价高于苹果的售价，追求利润最大化的企业显然会扩大橘子的生产。我们已经证明了在竞争条件下，为什么消费者的边际替代率将等于价格比率。由于边际替代率和边际转换率都等于价格比率，所以，边际转换率必须等于消费者的边际替代率。因此，在理想的竞争性市场上，帕累托效率所要求的三个条件都能得到满足。

帕累托效率的基本条件

1. 交换效率：所有人的任何两种产品之间的边际替代率必须相同。

2. 生产效率：所有企业的任何两种投入品之间的边际技术替代率必须相同。

3. 产品组合效率：边际转换率必须等于边际替代率。

竞争性经济满足所有这三个条件。

3.4 复习和练习

3.4.1 小结

1. 如果没有人的境况变差，就不会有人的境况变好，具有这种特征的资源配置被称为帕累托效率配置。

2. 帕累托原则的基础是个人主义价值观。只要变化可以使一些人的境况更好，而别人的境况没有变差，就应该发生这样的变化。然而，大多数公共政策选择都涉及权衡取舍，有些人的境况会更好，而有些人的境况会更差。

3. 消费者主权原则认为，个人是其自身需要和快乐的最佳裁判。

4. 帕累托效率要求交换效率、生产效率和产品组合效率。

5. 福利经济学基本定理指出了竞争性经济是帕累托效率的条件，在该条件下，只要初始禀赋（收入）得到适当的再分配，每一帕累托效率配置都可以通过市场实现。

6. 交换效率是指在经济中的可得产品组合既定的情况下，如果没有人的境况会变差，就没有人的境况会变好。这就要求所有人的任何两种商品的边际替代率都相同。竞争性市场（人们都面对相同的价格）总是具有交换效率。

7. 生产效率要求在资源既定的情况下，如果一种产品的生产不减少，另一种产品的生产就不可能增加；该经济体必须在其生产可能性曲线上运行。生产效率还要求所有企业的任何两种投入之间的边际技术替代率相同。竞争性市场（企业都面对相同的价格）总是具有生产效率。

8. 产品组合效率要求边际转换率（生产可能性曲线的斜率）等于个人的边际替代率。竞争性市场具有产品组合效率。

3.4.2 重要概念

集权式配置机制	消费者主权	交换效率
福利经济学基本定理	无差异曲线	看不见的手
等成本线	等产量线	边际（额外）收益
边际（额外）成本	边际替代率	边际技术替代率
边际转换率	帕累托效率	帕累托改进
帕累托原则	生产效率	产品组合效率
交易	效用可能性曲线	

3.4.3 练习题

1. 请解释为什么航空公司对乘坐同一航班的不同乘客收取不同票价的经济不会有交

换效率。

2. 医生经常根据对病人支付能力的判断收取不同的费用。这对交换效率有什么影响?

3. 你能想出其他可能影响交换效率的做法和政策吗?

4. 请解释为什么只对公司使用的资本征税会影响经济的生产效率（比较公司制企业和非公司制企业之间的边际技术替代率）。

5. 小企业的支持者经常说，小企业应该享受特殊税收待遇。假设小企业支付的社会保障税只有大公司的一半，这对生产效率会有什么影响?

6. 假定某经济体只生产两种产品——汽车和衬衫。请解释为什么如果只对汽车消费征税而不对衬衫消费征税，该经济体就不会出现产品组合效率。

7. 假定一个人对下表中的公共产品和私人产品的组合没有差异。

组合	公共产品	私人产品
A	1	16
B	2	11
C	3	7
D	4	4
E	5	3
F	6	2

画出此人的无差异曲线。假设该经济体可以生产 1 单位公共产品和 10 单位私人产品，但可以减少 2 单位私人产品的生产，以多生产 1 单位的公共产品，请画出生产可能性曲线。私人产品的最大产量是多少? 公共产品的最大产量又是多少? 该经济体能生产出 5 单位公共产品和 1 单位私人产品的组合吗? 哪一种可行的组合能使效用最大化?

第 4 章

市场失灵

重点问题

1. 市场不能产生有效结果的主要原因是什么?

2. 政府在使市场顺利运转过程中起什么作用?

3. 如果市场的资源配置具有帕累托效率，为什么政府还要进行干预? 什么是有益产品? 政府在再分配中的作用是什么?

4. 什么是政府作用的"市场失灵"说? 思考政府作用的其他视角包括哪些?

上一章解释了为什么市场在我们的经济中能发挥如此核心的作用——在理想条件下，市场能确保经济具有帕累托效率。然而，对市场的不满也已司空见惯。有些不满属于"这山望着那山高"型：人们喜欢思考有无其他组织经济的方法使他们可以过得更好。但是，有些不满是真实的：有些东西，像空气和水污染，市场常常生产太多；有些东西，比如对艺术的支持、对事物本质或癌症起因的研究，市场又生产过少。此外，市场可能导致一些人收入过低，以至于无法度日。过去 50 年里，经济学家付出巨大的努力，以探究市场在哪些情况下能产生有效结果、在哪些情况下不能产生有效结果。

本章将探讨市场失灵，分析即使市场有效率，政府仍然要进行干预的理由。

4.1 产权与合同履行

第 3 章解释了为什么市场会导致帕累托效率结果。然而，市场要发挥作用，还需要政府界定产权和强制履行合同。在有些社会，土地是共有财产，任何人都可以在土地上放牧。由于没人拥有土地的产权，也就没人有动力保证不过度放牧。在前社会主义国家，产权没有得到很好的界定，所以人们没有足够的动力来维护或修缮他们的住房。然而，在市场经济中，这种修缮的好处反映在房产的市场价格中。

同样地，如果人们彼此间要进行交易，所签订的合同就必须执行。就拿一笔典型的贷款来说，一个人向别人借钱，签署了一份偿还合同。如果这份合同得不到履行，肯定没有人愿意把钱借出去。

从更简单的角度来讲，如果没有对私人财产的保护，人们就不会有足够的储蓄和投资动机，因为他们的储蓄可能被剥夺。

旨在保护公民生命及财产、强制履行合同和界定产权的政府活动，可以被视为所有市场经济赖以存在的基础。

专栏 4.1

产权与市场失灵：重新审视公地悲剧

公地悲剧（tragedy of the commons）这一术语概括了实现适当的产权水平有多困难。最常说的例子是公共草场因过度放牧而遭破坏，或公共湖泊因过度捕捞而枯竭。虽然每个人的行为都是理性的，都想增加自身的短期私利，但整个群体的集体行为不符合社会的长期最佳利益。这一窘境引发了一个令人困惑且争论激烈的政策问题：如何管理一种没有明文规定属于任何人的资源？

长期以来，一般的解决办法是，或将公共资源转化为私有财产，或对这些公共资源进行外部监管。如果某种资源被转变为私有财产，其所有者应该有利润动机并进行产权保护，负责任地管理这种资源。如果资源由政府监管，要从公共利益出发对个人用户约法三章。

然而，2009 年获得诺贝尔经济学奖的经济学家埃莉诺·奥斯特罗姆（Elinor Ostrom）重新审视了这些解决方案，因为它们有时让“公有物”（the commons）变得更糟糕。以前属于公共资源的私人控制可能会引发垄断企业行为通常出现的问题，而外部监管可能会引发不适当的、难以执行的法律法规。她通过借鉴世界各地的许多案例进行经验总结，提出解决公地悲剧问题的第三种方案：利用社区的社会资本设计出富有创造性和有效性的本地解决方案。

在这场辩论中出现了另一个术语——**反公地悲剧**（tragedy of the anticommons），这是哥伦比亚大学法学院迈克尔·海勒（Michael Heller）的自造词。与社区资源所有权模糊所引发的问题相比，反公地悲剧指的是相反的情形：社区资源的过度私人所有权，从社会角度来看达不到理想的结果。现在，反公地悲剧普遍应用于类似生物医学研究领域的过度产权，比如基因的专利申请（见第 12 章）。

4.2 市场失灵与政府作用

福利经济学第一定理认为，只有在特定的环境或条件下，经济才会达到帕累托效率。在 6 种重要情况下，市场无法实现帕累托效率，称为**市场失灵**（market failure），这为政府活动提供了理论依据。

4.2.1 不完全竞争

导致帕累托效率的市场一定是**完全竞争**（perfect competition）的，即必须有足够多的企业，每个企业都认为它不能影响价格。然而，在某些行业，比如超级计算机、电脑操作系统和芯片、铝、烟草、贺卡等行业，企业相对较少，或者其中的一两家企业占据了市场的较大份额。只存在一家企业供应市场时，经济学家称这种形式为**垄断**（monopoly）；有几家企业供应市场时，经济学家称这种形式为**寡头垄断**（oligopoly）。即使有许多家企业，每家企业也可能生产稍有差别的产品，因而可能会认为自己面临向下倾斜的需求曲线。经济学家称这种情形为**垄断竞争**（monopolistic competition）。以上所有这些情形都偏离了理想的完全竞争（每个企业都如此小，以至于认为自己不可能影响价格）。

重要的是要认识到，在这些情形下，企业似乎仍在积极地相互竞争，而且就所生产的产品被消费者喜欢而言，市场经济似乎在发挥“作用”。福利经济学第一定理——市场经济的结果是帕累托效率——要求的不仅仅是有一些竞争。正如在上一章所看到的，实现帕累托效率需要严格的条件，如交换效率、生产效率和产品组合效率，而且这些条件一般只有在每个企业和家庭相信自己对价格没有影响时才得到满足。

竞争可能受限，原因多种多样。企业增加产量时，平均生产成本会随之下降，[①] 大企业比小企业更有竞争优势，甚至可能存在**自然垄断**（natural monopoly），在这种情况下，全部产量由一家企业生产比由若干家企业生产时成本低。即使不存在自然垄断，只有几家企业经营也可能是有效率的。高运输成本意味着，企业在某地销售的产品不能完全替代在另一地销售的产品。不完全信息可能意味着，如果企业提价，并不会失去全部客户；它只面临向下倾斜的需求曲线。

企业也可能采取策略性行为来阻止竞争。如果潜在的对手要进入，它们可能威胁说要降价；这种威胁是可信的，有助于阻止潜在对手进入。

最后，政府活动也会导致一些不完全竞争。例如，政府授予创新者专利权（发明的专有权）。专利权为创新提供了重要的激励，但也使得产品市场的竞争达不到完全竞争。当然，即使没有专利权，创新者拥有可有偿提供给他人的某些信息（知识），这也可能使其在市场上占据主导地位。

我们很容易理解为什么不完全竞争会导致经济效率低下。我们在上一章看到，在竞争条件下，企业把产量定在帕累托效率水平上，把价格定为等于生产的边际成本。价格可被视为多消费 1 单位产品的边际收益。这样，在竞争条件下，边际收益等于边际成本。在不完全竞争条件下，企业多销售 1 单位产品的额外收入——**边际收入**（marginal revenue）——等于边际成本。由于需求曲线向下倾斜，边际收入有两个组成部分。当企业多卖 1 单位产品时，获得该单位产品的价格，但为了多卖 1 单位产品，企业必须降低该单位产品和以前所有单位产品的价格——需求曲线是向下倾斜的。多卖 1 单位产品实现的收入是其价格减去因销售扩大而降低所有单位产品的价格所失去的收入。因此，边际收入低于价格。图 4.1 显示了企业所面临的需求曲线和处于需求曲线下方的边际收入。竞争性均衡产量为 Q^c，不完全竞争均衡产量为 Q^i，后者的产出水平要低得多。产量的下降说明不完全竞争造成了低效率。

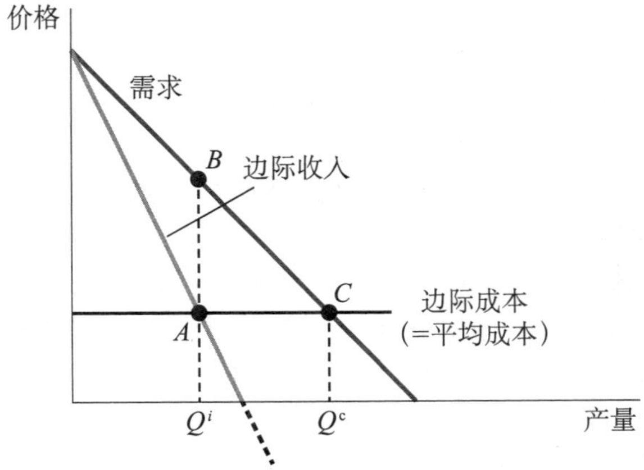

图 4.1　垄断定价

垄断产量低于竞争产量或利润为零的产量。垄断定价将导致福利损失。

① 平均成本递减，收益递增；投入加倍，产量增加一倍以上。

当然，如果存在自然垄断，平均成本递减，边际成本低于平均成本[①]，竞争是难以维持的；如果企业收取的价格等于边际成本（如同竞争情形），那么企业会亏损，因为边际成本低于平均成本。然而，私人垄断通常会索取比政府垄断更高的价格；私人垄断寻求利润最大化，而没有得到任何补贴的政府垄断只会寻求盈亏平衡。

□ 4.2.2 公共产品

有些产品，市场不提供，或者即使提供，数量也不足。规模大的例子如国防；规模小的例子如导航设施（如浮标）。这些都被称为**纯公共产品**（pure public goods）。纯公共产品有两个关键属性。第一，多一个人受益不会增加任何成本：正规地说，多一个人享用这种产品的边际成本为零。保卫一个人口为101万人的国家的成本不会比保卫一个100万人的国家高；灯塔的成本与经过的船只数量无关。第二，一般而言，难以或不可能把某些人排除在享用纯公共产品之外。假如我为了自己的航行安全在礁石丛生的航道上建了一座灯塔，我很难或不可能将通过航道并享受航行好处的船只排除在外。如果我们的国防政策成功地抵御了外敌入侵，那么每个人都会受益，没有办法让某个人不享有这些好处。

市场要么不提供纯公共产品，要么提供不足。以灯塔为例，一个拥有大量船只的大船东，可能认为灯塔给自己带来的利益超过了成本，但是在计算要建多少灯塔时，他考虑的只是自己获得的利益，而不考虑他人所获得的利益。这样，建灯塔的总收益（考虑所有利用灯塔的船只）虽然超过了成本，但对于任何单个船东来说收益都小于成本。这样的灯塔不会被修建，因为是低效率的。私人市场不会提供公共产品或提供得太少这一事实，构成了政府许多活动的理论依据。下一章将详细讨论公共产品。

□ 4.2.3 外部性

在许多情况下，一个人或一家企业的行为会影响其他人或其他企业，比如，一家企业给其他企业造成成本而没有予以补偿，或者一家企业给其他企业带来利益而没有获得相应的报酬。空气污染和水污染就是其中的例子。当我开的车没有减排装置时，我降低了空气质量，让其他人付出了代价。同样地，一家化工厂将化学物质排入附近的河流，给下游河水的用户造成了损失，因为后者要使用河水就得花大笔资金净化河水。

负外部性（negative externalities）是指一个人的行为给其他人带来成本的情形。不过，并非所有外部性都为负的，有些重要的情形属于**正外部性**（positive externalities）——一个人的行为给他人带来了好处。如果我在房前建了一个漂亮的花园，我的邻居可能因之悦目而受益；苹果园可能给附近的养蜂人带来正外部性；一个人整修其下沉的房子可能给邻居带来正外部性。

外部性的例子不胜枚举。拥挤的公路上多一辆汽车会加剧道路拥挤，可能会降低其他车辆安全行驶的速度，也可能会增大事故发生概率。鱼塘里多一个渔民可能会减少其他人能够捕到的鱼。如果同一块油田有好几口油井在开采，一口油井开采出的油越多，其他油井所能开采的油就越少。

2008年的经济危机清楚地表明，金融部门可能（的确）对其他经济部门造成巨大的外部性，而对这种外部性的许多描述实际上使用了类似于描述环境外部性的语言：金融部

---

① 当平均成本递减时，边际成本总是低于平均成本；而边际成本（生产最后1单位产品的成本）降低又会使平均成本下降。

门的有毒抵押贷款污染了全球经济。

只要存在这些外部性，市场配置资源就不会是有效率的。由于个人不承担他们自己所产生的负外部性的全部成本，他们从事的这类活动就会过多；相反，由于个人不享有正外部性活动的全部利益，他们从事的这类活动就会过少。因此，例如，如果没有某种政府干预，污染水平就会过高。

第 6 章将详细讨论外部性和环境政策。

□ 4.2.4 不完全市场

纯公共产品和服务并不是私人市场不能充分提供的唯一产品和服务。只要私人市场不能提供产品或服务，即使提供的成本低于个人的意愿支付，市场失灵就存在，我们称这种情形为**不完全市场**（incomplete market）（因为完全市场会提供所有的产品和服务，且提供的成本低于个人的意愿支付）。一些经济学家认为，私人市场在提供保险和贷款上的表现特别糟糕，这为政府在这些领域的活动提供了理论依据。

保险与资本市场 尽管与 90 年前相比现在的保险市场要好得多，但是私人市场对个人面临的许多重要风险仍不能提供保险。政府已经实施了一些保险计划，至少部分原因是因为存在这种市场失灵。1933 年，大萧条导致银行倒闭之后，政府建立了联邦存款保险公司（Federal Deposit Insurance Corporation）。银行每年向该公司支付保险费，为存款人提供保险，以防银行破产造成的储蓄损失。政府也一直积极提供洪灾保险。1967 年的夏天城市骚乱后，大多数私人保险公司拒绝向某些市中心贫民区提供火灾保险，政府只好再次介入。

同样地，政府也为农民提供农作物保险，部分原因也是在于市场失灵；政府还提供失业保险；在 20 世纪 60 年代政府推行医疗保险（政府为老年人建立的医疗保险计划）之前，许多老年人难以在市场上买到医疗保险。为了保护投资者免受通货膨胀的影响，自 1997 年起，政府发行了通货膨胀保值债券（Treasury inflation-protected securities, TIPS）。

近几十年来，政府不仅在弥补风险市场的不足方面发挥积极作用，而且在改善不完全资本市场的影响方面也发挥着积极作用。1965 年，政府通过立法对学生贷款提供政府担保，使得个人获得大学教育贷款不再那么困难。如今，当发现私人贷款机构对学生贷款收取的利率过高并赚取大量利润之后，政府已成为学生贷款的主要提供者。这只是政府贷款项目中的一个，此外还有政府通过进出口银行（Export-Import Bank）给从事国际贸易的企业提供贷款，通过小企业局（Small Business Administration）给小企业提供贷款，不一而足。在这些信贷市场中，有指责说在这些政府计划实施之前获得信贷的机会受到了限制。

在过去 40 年里，为什么资本市场和保险市场是不完全的，一直是广泛研究的主题。答案至少有三种，每一种都有一定道理。第一种答案强调创新。我们已习惯于新产品不断在市场上涌现，但经济运行也要有创新——创造新市场的创新，包括新证券和新保单，保险从业者和证券从业者将其视为新产品。然而，创新不足屡见不鲜，这正是为什么政府在研究领域里具有重要作用的原因。

许多新产品的出现与第二种答案有关：交易成本。市场运作、履行合同和新险种推广，代价高昂。如果保险公司不能确定人们是否会购买某种新险种，或者即使该产品是成功的，但拿不准因其他竞争对手进入市场而能否获得回报，那么，它们可能就不愿意自找麻烦设计新险种。

第三种答案是围绕信息不对称和实施成本展开的。关于某些风险的性质，保险公司知道的信息通常要比购买保险的人知道的少。当交易双方具有这种不同信息时，我们说存在信息不对称。因此，一家企业可能希望购买能抵御产品需求下降风险的保险。但是，保险公司有充分的理由这样推理：我要估计风险，并以此估计为基础收取保费；如果我高估了风险，保费会太高，企业会拒绝购买我的保单；如果我低估了风险，保费会过低，企业会购买我的保单，但平均来看，我会蒙受损失。保险公司陷入了进退维谷的境地。当这种信息不对称大量存在时，市场不会存在。

同样地，在资本市场中，放款人常常担心偿还问题。他们可能无法知道哪些借款人会偿还贷款。比如因为没有抵押品，学生贷款就特别有问题。（就住房抵押贷款来说，如果借款人违约，放款人至少可以卖房子，从而能收回大部分或全部贷款。）银行发现自己陷入两难境地：如果提高利率以反映许多贷款得不到偿还的事实，那么，它发现违约率实际上会上升；知道自己能还款的人不会借款，而那些本来就不打算还款的人不在乎放款人名义上的收费，因为他们反正都不想还款，这种现象被称为**逆向选择**（adverse selection）。结果也许是，银行（比如）对学生的贷款（没有政府补贴）可能收取不到与在其他投资上获得的预期收益率相当的利率。

这一基本原理（当存在信息不对称和实施问题时，市场可能不存在）说明了许多市场缺失的部分原因。[①] 我们将在第 13 章有关医疗保险的内容中对这些问题做更深入的分析。

市场不存在的原因对政府如何弥补市场失灵可能有所启发。不过，政府也要面对交易成本、实施问题和信息不对称，尽管在许多情况下与私人部门所面对的问题不同。因此，在设计贷款项目或干预资本市场时，政府也需要牢记：自己知道的往往没有借款人知道的多。

专栏 4.2

学生贷款：不完全市场的不彻底改革

政府担保打开了学生贷款的大门，但学生贷款市场的表现并非完美，其中的许多问题都产生于金融部门和私人教育部门对制订学生贷款计划的不当影响。很长一段时间以来，虽然贷款是由政府担保的，但私人部门把这种贷款当作很有风险的贷款，并收取相应的利率，给学生带来巨大的成本。通过用政府贷款取代由政府担保的贷款，学生和政府在 10 年里能够节省大约 800 亿美元。许多营利性的学校吸引不知情的学生，又不能向他们提供找工作所需要的技能。然而，这些学校已经成功地避开了对其进行有效管制的种种措施，甚至阻止学生获得赖以生活的政府贷款。更为糟糕的是，即使学校没有提供所承诺的教育和就业机会，有几项立法（其中一项是所谓的破产改革的立法）也使得免除学生债务变得异常困难。

人们也越来越担心私人部门想方设法“挑肥拣瘦”，提供风险最小的贷款，而让政府提供风险最大的贷款。

学生债务已超 1 万亿美元，甚至超过了信用卡债务，而且许多美国年轻人似乎背负着

① 这一领域的文献浩如烟海。基础性文章有：George Akerlof，“The Market for Lemons：Qualitative Uncertainty and the Market Mechanism，” *Quarterly Journal of Economics* 84（1970）：488－500；and Michael Rothschild and Joseph Stiglitz，“Equilibrium in Competitive Insurance Markets：An Essay on the Economics of Imperfect Information，” *Quarterly Journal of Economics* 90（1976）：629－650。

沉重的债务，这不得不让人们越来越意识到必须找到更好的方式为这些重要的投资融资。

澳大利亚已经探索出这样一种方法，即学生的还款数额取决于他们的收入。如今，有几个国家正在尝试这种按收入条件还款型贷款（income-contingent loan）计划。

互补市场 最后，我们转向某些互补市场缺失的问题。假设所有人只喜欢加糖咖啡，且假定没有咖啡就没有糖市场。在不生产糖的情况下，考虑是否生产咖啡的企业家不会生产咖啡，因为他知道咖啡卖不出去。同样地，在不生产咖啡的情况下，考虑是否生产糖的企业家不会生产糖，因为他知道糖也卖不出去。然而，如果这两个企业家联合生产，咖啡和糖都会有一个很好的市场。每个人单独行动不会获得公共利益，但是一起行动就可以做到。

这个特例故意设计得非常简单。在这种情形下，个体之间（潜在的糖生产商和潜在的咖啡生产商之间）靠它们自己很容易协调，而不需要政府干预。可是，在许多情况下，特别是在欠发达国家，需要大规模的协调，这可能需要政府规划。同样的理由也适用于公共城区重建计划。开发城市的大片区域要求工厂、零售商、土地所有者和其他企业进行广泛的协调，政府开发机构的一个目标就是进行协调（如果市场是完全的，市场提供的价格可以发挥这一“协调”作用）。

□ 4.2.5 不完全信息

许多政府活动的开展都是因为消费者掌握的信息不完全，并认为市场本身提供的信息太少。例如，《诚实借贷法案》（Truth-in-Lending Bill）要求放款人告知借款人贷款的真实利率。联邦贸易委员会（Federal Trade Commission，FTC）和联邦食品药品管理局（Food and Drug Administration，FDA）已经对标签、内容披露等采取了许多管制措施。联邦贸易委员会一度建议旧车经销商必须披露其是否测试了车的各个零部件，以及如果测试了，测试结果是什么。这些规定引起了很大的争议，最后在国会的压力下，联邦贸易委员会不得不放弃原来的主张。

信息披露规章制度的反对者认为，这样做既无必要（竞争性市场能够为企业提供披露相关信息的激励），也不相干（消费者很少关注法律要求企业披露信息），而且代价高昂，对管理企业的政府来说如此，对必须遵守规章制度的企业来说也是如此。支持这些规章制度的人声称，尽管这些规章制度有时难以有效执行，但对于受影响的市场而言，它们仍然至关重要。

但是，政府在弥补信息失灵中的作用并不单单是保护消费者和投资者。在许多方面，信息是一种公共产品。多向一个人提供信息不会减少其他人拥有的信息量。效率要求信息免费传递，或者更准确地说，只按信息传递的实际成本收费。私人市场通常不能充分提供信息，如同市场不能充分提供其他公共产品一样。在这个领域，政府活动的最著名的例子是美国国家气象局（National Weather Service），另一个例子是美国海岸警卫队（U.S. Coast Guard）为船只提供信息。

不完全信息造成的其他市场失灵也是多种多样的。在福利经济学基本定理的证明中，有一个假设是完全信息，或更准确地说，没有任何企业或家庭对信息有任何影响。事实上，雇主总是努力发现谁是好员工；放款人总是努力发现谁是好借款人；投资者总是努力发现什么投资是好投资；保险公司总是努力发现谁的风险属于良性风险（good risks），不一而足，所有这些经济活动都要获取信息。后面我们将看到，若干政府计划背后都隐藏着信息问题。例如，卫生部门特别是医疗保险市场的许多问题都可以追溯到信息问题。

专门用于生产新知识的资源——**研发**（research and development，R&D）支出，可以被认为是一种特别重要的信息支出。再有，构成我们关于市场经济效率信念基础的福利经济学基本定理，就是假定存在一种既定的有关技术的信息状态，回避了经济如何将资源配置于研发领域的问题。第 12 章将解释为什么市场本身不能进行充分研发，至少是某些类型的研发数量不足。[①]

□ 4.2.6 失业、通货膨胀与失衡

市场失灵最为人知的症状也许是工人和机器的周期性高失业，在过去的两个世纪里，一直困扰着资本主义经济。尽管在第二次世界大战到 2008 年期间，或许是因为政府政策，经济衰退和萧条已经变得相当温和，但失业率仍然在 1982 年攀升至 10%以上且在 2009 年再次达到 10%这一水平。虽然与大萧条（Great Depression）期间美国高达 24%的失业率相比这个数字并不高，但在大衰退（Great Recession）期间，失业率在政府刺激经济的干预措施下仍居高不下。全国平均失业率也明显掩盖了遭受沉重打击地区和极易受影响人群的较高失业率，曾经有一段时间，6 个想找全职工作的美国人当中就有超过 1 个人找不到工作。2008 年全球经济危机对一些欧洲国家的打击尤其严重，2013 年的平均失业率达到历史最高水平，在处于经济萧条的一些国家，平均失业率超过 25%，年轻人的失业率更是超过 50%。

大多数经济学家都把高失业率视为市场在有些事情上没有做好的初步证据。在有些经济学家看来，高失业率是最为引人注目的、最具有说服力的市场失灵证据。

失业和通货膨胀所引发的问题十分重要，也非常复杂，使得它们成为宏观经济学中的一门独立课程。不过，这些问题的某些方面在第 28 章还要讨论，涉及政府赤字的后果，探讨这些宏观经济因素影响税收政策设计的一些重要途径。

□ 4.2.7 各种市场失灵之间的关系

我们所讨论的市场失灵并不是相互排斥的。信息问题常常部分地解释了市场缺失问题，而外部性经常被认为是由市场缺失所致：如果能对使用渔场的渔民收费——存在捕鱼权市场，就不会出现过度捕捞。有时，公共产品被视为外部性的极端情况——其他人从我的公共产品生产中受益，我也从其他人的公共产品生产中受益。最近关于失业问题的许多研究已经试图将失业与其他某种市场失灵联系起来。

六种基本的市场失灵

1. 不完全竞争；
2. 公共产品；
3. 外部性；
4. 不完全市场；
5. 不完全信息；
6. 失业和其他宏观经济动荡。

---

① 有关不完全市场和不完全信息的市场失灵，下列文献进行了深入讨论。B. Greenwald and J. E. Stiglitz, "Externalities in Economies with Imperfect Information and Incomplete Markets," *Quarterly Journal of Economics* 105 (May 1986): 229 - 264.

专栏 4.3

市场失灵：解释还是借口？

借助市场失灵，更多的是为政府计划找借口，并非其理论依据，农产品价格补贴计划就是一个例子。农业存在着严重的市场失灵。价格和产量变化非常之大。农民通常无处购买保险，以保护自身免受价格或产量波动的影响。虽然他们可以通过期货和远期市场交易在一定程度上降低价格风险，但是，这些市场的投机性很强，农民担心自己在交易中处于明显不利的境地。例如，有 5 家非常大的小麦商，它们拥有的信息更多，农民认为在期货市场上与这些掌握信息的商人做买卖是不平等的。

当然，农民真正担心的并不是价格变化，而是收入变化。由于收入既取决于价格，又取决于产量，因此，稳定价格的计划并不能完全稳定收入。在有些情况下，稳定价格实际上加重了收入的不稳定性。一般来说，产量下降，价格上升。如果价格按比例上升，那么收入的变化可能很小，因为价格的上升抵消了产量的下降。在这种情况下，稳定价格会使收入的变化更大。

价格补贴计划也有道理，因为它帮助了贫穷的农民——反映出在提供适当收入分配上的市场失灵。但是，批评者要问，为什么是贫穷的农民而不是一般的穷人特别需要补助？此外，价格补贴计划是按农民的产量补助的，这样一来，大农场主得到的要比小农场主得到的多。

如果农业计划的目的是解决市场失灵，那么，农业计划的设计就会有明显不同的方式。实际上，农业计划的一个主要目的是转移资源——补贴农民（而且不仅仅是贫穷的农民），而不是矫正市场失灵。该计划旨在将其大部分成本隐藏起来，只有一部分成本反映在联邦预算中，其余部分由消费者以高价的形式支付。市场失灵说在某种程度上只支持该计划的一些说辞，并不是其理论依据。对此，我们必须要考虑政治和特殊利益集团的作用。

4.3 再分配与有益产品

在没有政府干预的情况下，上述讨论的各种市场失灵来源导致了经济低效率。但是，即使经济是帕累托效率的，政府进行干预还有两个更深层次的理由。第一个是收入分配。经济是帕累托效率的，但并没有涉及收入分配，而竞争市场可能带来非常不平等的分配，致使一些人没有足够的资金度日。政府最重要的活动之一是收入再分配，这是诸如食品券和医疗救助等福利活动的明确目标。我们如何系统地思考分配问题则是第 7 章的主题。

政府干预帕累托效率经济的第二个理由是，担心人们的行为可能不符合自身的最佳利益。人们常说，个人对其自身福利的认知可能不是做出福利判断的可靠标准，即使是具有完全信息的消费者，也可能做出“坏的”决策。例如，吸烟对健康有害，人们也知道这一点，但还是照吸不误。系安全带增加了事故中生还的机会，人们也知道系安全带的好处，但还是有人不系安全带。同样的事情也发生在摩托车头盔上。有人认为政府应该对这种情况进行干预，因为人们似乎不从其最佳利益角度行事；所需要的干预绝不能仅停留于简单地提供信息。政府强迫人们消费的产品，如安全带和基础教育，被称为**有益产品**（merit goods）。

政府应该进行干预，因为它比个人更了解什么是最佳利益，这种观点被称作**家长主义**

论（paternalism）。政府活动的家长主义论理由与上述讨论的外部性理由迥然不同。或许有人会说吸烟致癌，而且由于癌症患者可能在公立医院治疗或者得到公共资金的资助，吸烟者给不吸烟者带来了成本。但是，这可以通过让吸烟者支付全部成本来解决——例如，课征香烟税。另外，在拥挤的房间里吸烟确实给房内的不吸烟者强加了成本，但这也可以直接解决。持家长主义论观点的人可能认为，不应该允许个人吸烟，即使他们是在自己家里吸，即使考虑到给其他人造成的外部成本而对吸烟者征了税。对于吸烟，虽然很少人具有这样极端的家长主义论观点，但是这种家长主义的作用在许多领域无疑一直很重要，例如政府对毒品的政策（大麻的非法化）和对酒类的政策（20 世纪 30 年代的禁酒）。

与家长主义论的观点相反，许多经济学家和社会哲学家认为，政府应该尊重消费者的偏好。尽管偶有一些情形值得政府发挥家长主义的作用，但是，这些经济学家认为，要区分这些情形实际上不大可能。他们还担心，一旦政府扮演的是家长角色，特殊利益集团会竭力假借政府推广自己关于人们应如何行动或应消费什么的观点。政府不应该干预个人选择的观点有时被称为**自由意志论**（libertarianism）。

关于经济学家反对政府家长主义的一般推定，有两个重要的注意事项。第一个是关于儿童的。父母或者国家，必须代表儿童作出家长主义的决定，但是两者之间责任的合理划分一直都有争议。有人把小孩视为父母的财产，认为父母照顾小孩是责无旁贷的。然而，大多数人认为，国家有特定的基本职责，例如，保证每个儿童接受教育，保证父母不剥夺儿童需要的医疗照顾，保证儿童不被置于物质上或精神上的危险境地。

第二个需要注意的事项是，政府必须帮助做出错误决策的人。例如，不为退休储蓄的人会成为政府的负担，而且这是提供社会保障的部分理由。还有其他一些例子，比如，不能采取适当防范措施的人会成为社会负担，而同情心使得政府在面对危机时很难只是说："你们应该采取适当的防范措施。"政府可以强迫或鼓励大家采取预防措施。不买地震保险或所建住宅不能经受地震影响的人，在震后会成为政府的负担。政府发现自己总是被迫采取同情性行动，即使受害者的悲惨状况部分是由他们自己造成的。认识到这一点，政府可以强迫个人采取适当的预防措施以应对地震的发生，例如，提高建筑物的抗震标准，强制购买地震保险。

4.4 政府作用的两个视角

我们在第 1 章中看到了分析公共部门活动的两个视角，即规范方法（强调政府应该做什么）和实证方法（强调对政府实际做了什么以及结果是什么的描述与解释）。现在，我们把对市场失灵、再分配和有益产品的讨论与这两种方法联系起来。

4.4.1 规范分析

福利经济学基本定理是有用的，因为它们清楚地勾勒出了政府的作用。如果没有市场失灵和有益产品，那么，政府需要做的一切就是关注收入（资源）分配，私人企业制度会保证资源得到有效使用。

如果存在严重的市场失灵——不完全竞争、不完全信息、不完全市场、外部性、公共产品和失业，就会产生这样一个推定：市场将不会是帕累托效率的。这表明政府要发挥作用，但是有两个重要的约束条件。

第一，至少在原则上，业已证明存在某种形式的市场干预能使有些人的境况变好而不会使任何人境况变差，即能实现帕累托改进。第二，业已证明民主社会中的现实政治程序和官僚制度能够矫正市场失灵，实现帕累托改进。

当信息是不完全的且成本高昂时，分析市场是否是帕累托效率的必须考虑这些信息成本；信息对政府来说成本高昂，对私人企业来说也是如此。市场可能是不完全的，因为存在交易成本；政府在建立和运营公共保险计划时也有成本。在决定建立这种计划时，必须要考虑到这些成本。

近来的研究指出了各种条件，在这些条件下，尽管政府在信息或交易成本上并不比私人市场占优势，但原则上政府能带来帕累托改进。事实上，可带来帕累托改进的政府政策也许存在，但不一定就能产生政府干预是可取的推定。在美国政治程序性质既定的情况下，我们还必须考虑可能采取的政府干预的后果。如果我们要评价政府活动是否能弥补市场失灵，我们必须了解真实的政府是如何运作的。

在 20 世纪 60 年代，人们普遍感受到了市场失灵，表明政府计划能导致帕累托改进（有人的境况可能变好，而没有人的境况变差），并得出了需要政府干预的结论。某个计划实施后，如果没有实现预定目标，人们就会怪罪小官僚们或政治干预。但是，正如我们将在第 8 章和第 9 章看到的，即使官僚和政客的行为光明磊落，政府本身的性质也会有助于解释政府失灵。

在民主社会中，公共计划（甚至那些声称旨在消除某种市场失灵的计划）不是由理想的政府和仁慈的独裁者决定的，而是由复杂的政治程序确定的。

□ 4.4.2 实证分析

理解政府作用的市场失灵说在很大程度上是一种规范方法。市场失灵说提供了在什么情况下政府应当做什么事的理论基础，但考虑政府失灵后有所弱化。

市场失灵说的流行导致以弥补市场失灵为由出现了许多计划。然而，这可能只是一种说辞。一个计划的既定目标（弥补某种市场失灵）与其设计之间往往存在显著差异。政治上的说辞可能强调市场不能提供抵御价格波动的保险及其对小农户的影响，但在实践中，政府的农业计划可能把收入转移给大农场主。观察计划如何设计和实施比观察立法规定的目标可能更有助于看清政治力量的作用和计划的真正目的。

一些经济学家认为，经济学家应该注重实证分析——描绘政府计划的结果和政治程序的性质——而不是政府应该做什么这种规范分析。但是，经济学家（以及其他人）对政府应当发挥什么作用的讨论，构成了现代民主社会政治程序的重要部分。除此之外，对公共决策的制度安排的分析，可以提高公共决策反映更为广泛的公共利益而不仅仅是特殊利益的可能性。这些问题将在以后的章节中进行深入、详细的分析。

4.5 复习和练习

□ 4.5.1 小结

1. 在一定条件下，竞争性市场导致帕累托效率的资源配置。当这一结果所需要的条件没有得到满足时，政府就有理由干预市场。

2. 政府要界定产权以及强制履行合同，否则，市场本身就不能发挥作用。

3. 有 6 个原因表明为什么市场机制不能实现帕累托效率的资源配置：竞争失灵、公共产品、外部性、不完全市场、不完全信息，以及失业等。这些都被称为市场失灵。

4. 即使市场是帕累托效率的，政府行动还有两个更深层次的理由。第一，竞争性市场可能引发从社会角度看不可取的收入分配。第二，有人认为，人们即使拥有完全信息，也不能对他们所消费的商品做出很好的判断，这样，限制某些商品消费的规章制度以及由公共提供其他所谓的有益产品，也就有了充分的理由。

5. 即使市场失灵的存在意味着可能有政府活动的空间，但这并不意味着旨在矫正市场失灵的某一特定政府计划就一定是可取的。评估政府计划时，我们不仅要考虑这些计划的目标，还要考虑它们是如何实施的。

6. 政府作用的规范方法问：政府应如何解决市场失灵和其他观察到的市场资源配置不当？实证方法问：政府在做什么？其影响是什么？政治程序的性质（包括它对官僚和政客的激励）如何有助于解释政府做什么和怎么做？

□ 4.5.2 重要概念

逆向选择	不完全市场	自由意志论
边际收入	市场失灵	有益产品
垄断竞争	垄断	自然垄断
负外部性	寡头垄断	家长主义论
完全竞争	正外部性	纯公共产品
研发	反公地悲剧	公地悲剧

□ 4.5.3 练习题

1. 对于下列每一个计划，讨论哪种市场失灵是或可能是其实施的部分理由：(1) 汽车安全带要求；(2) 汽车污染管制；(3) 国防；(4) 失业救济金；(5) 医疗保险；(6) 医疗救助；(7) 美国联邦存款保险公司；(8) 联邦政府担保贷款；(9) 要求放款人披露其贷款真实利率的法律（《诚实借贷法案》）；(10) 国家气象局；(11) 城市改造；(12) 邮政署；(13) 政府禁止使用毒品；(14) 租金控制。

2. 在下列每一领域，如果政府计划的主要目标是消除某种市场失灵，那么如何设计它们会更好？(1) 农产品价格支持；(2)（20 世纪 50 年代的）石油进口配额；(3) 能源行业的特殊税收规定。

3. 许多政府计划既要再分配收入，又要矫正市场失灵。下列每一个计划与哪一种市场失灵有关？如果没有分配目标，它们能用别的什么办法来解决？(1) 学生贷款计划；(2) 公共基础教育；(3) 高校政府支持；(4) 社会保障。

4. 画出自然垄断的平均成本曲线和边际成本曲线、需求曲线和边际收入曲线。(1) 指出价格等于边际成本时的效率产量水平。解释为什么如果企业收取的价格等于边际成本，它就会亏损。用图形说明补贴是必要的。(2) 指出边际收入等于边际成本时的垄断产量水平。解释为什么垄断产量水平低于效率产量水平。(3) 指出正好处于盈亏平衡点的政府垄断产量水平。该产量水平与效率产量水平和私人垄断产量水平相比如何？（用图形说明。）

第 5 章 公共产品与公共提供的私人产品

重点问题

1. 公共产品（通常是由政府提供的产品）与由私人提供的产品有何不同？经济学家所说的纯公共产品是什么意思？

2. 为什么私人市场对纯公共产品供给不足？什么是搭便车问题？

3. 全球公共产品的特殊性和挑战是什么？

4. 为什么政府提供不属于纯公共产品的产品？

5. 是什么决定了纯公共产品的效率供给？重视收入分配会对纯公共产品的效率供给产生怎样的影响？公共产品需要通过税收来融资，而征税又会造成经济扭曲，这会对公共产品的效率供给产生怎样的影响？

6. 在何种意义上可以说有效率的政府是一种公共产品？

政府提供各种各样的产品，包括国防、教育、警察、消防等。部分产品，如教育，私人也提供；其他产品，如国防，完全由政府提供。这些产品有什么经济特性？它们与冰激凌、汽车以及其他主要由私人市场提供的各种产品如何区分？

前几章提到价格在市场经济中起核心作用。因为有价格体系，所以市场可以实现资源的有效配置。价格配给私人产品：愿意且能支付所要价格的消费者就可以得到相应的产品。本章要分析的是：一般由政府提供的产品有什么特色？在许多情况下，为什么不让私人提供这些产品？如果由私人提供这些产品，为什么私人供给可能会不足？

5.1 公共产品

经济学家为了区分公共产品和私人产品，常常提出以下两个基本问题。第一，该产品是否具有竞争性消费的特征？**竞争性消费**（rival consumption）意味着，如果一种产品被一个人消费了，就不能被另一个人消费。例如，如果林恩喝了一瓶苹果汁，弗兰就不可能再喝那瓶苹果汁。相反，**非竞争性消费**（non-rival consumption）指的是，一个人的消费不会减少或阻止他人消费的情形。

非竞争性消费的典型例子是国防。如果政府建立了一项军事设施，以防外侵，那么所有公民都得到保护。一个新生儿的诞生，一个新移民的入境，基本上不会影响国防费用。这与私人产品形成鲜明对比。若要让林恩和弗兰各有一瓶苹果汁，唯一的途径就是多使用资源，再提供一瓶苹果汁。对于像灯塔之类的非竞争性产品，尽管建更多的灯塔确实需要更多的花费，但多一艘船使用已有的灯塔基本上不会增加额外成本。

区分私人产品和公共产品涉及的第二个问题是**排他**（exclusion）特征。有无可能将任何一个人排除在公共产品的好处之外（而不产生巨大成本）？例如，一艘过往灯塔的船不能被排除在灯塔提供的好处之外。同样地，如果保卫国家免遭外敌入侵，那么所有公民都受到保护，很难把任何一个公民排除在外。很清楚，若不具有排他性，就无法用价格体系，因为消费者没有动力去支付。相比之下，私人产品总是具有排他性：谁付费，谁享用。

一般来说，私人产品具有竞争性消费和排他性特征，公共产品具有非竞争性消费和非排他性特征。消费上没有竞争性、排他又不可能的产品属于**纯公共产品**（pure public goods）。为了更完整地描述公共产品（和纯公共产品），我们将更详细地考察这两个属性——非竞争性和非排他性。我们会看到，这些属性可能导致市场失灵，从而为公共提供公共产品奠定理论依据。

□ 5.1.1　公共产品与市场失灵

为了分清消费的竞争性和排他性的作用，我们分析这样一种情况：一种产品只具有其中的一个特性。对于某些产品来说，消费是非竞争性的，但可能具有排他性。比如，多一个人打开电视机看节目的边际成本为零，我看《美国偶像》（*American Idol*）的次数不妨碍你看的次数。但是，有些频道通过收费的有线电视和卫星电视才能获取，排他就变成了可能。

当一种产品具有非竞争性时，即使排他是可能的，若从经济效率角度看，也没有动力去排他。对非竞争性产品收费会阻止一些人享用该产品，而他们对该产品的消费并没有边际成本，因此，对非竞争性产品收费反而因消费不足造成低效率。边际收益为正，（多一个人看这个节目的）边际成本为零。消费不足是低效率的一种形式。

但是，如果不对非竞争性产品收费，那对这种产品的供给没有了激励。在这种情况下，低效率表现为供给不足。

这样，与公共产品相关的市场失灵有两种基本形式：**消费不足**（underconsumption）和**供给不足**（undersupply）。对于非竞争性产品，排他不可取，因为这会导致消费不足；如果没有排他，又会出现供给不足问题。

□ 5.1.2　公共产品收费

即使消费是非竞争性的，但只要能排他，政府也经常向公共提供的产品或服务的受益人收费，称为**使用费**（user fees）。收费公路靠使用费融资；机票税可以视为一种使用费，收入可以为机场和空中交通管制系统融资。使用费通常被认为是一种公平的筹资方式，因为使用公共设施越多的人（从而假定从中受益越多）付费越多。但是，若消费是非竞争性的，使用费会造成低效率。我们可以用第 7 章介绍的分析方法来衡量这种低效率。

我们以一座桥为例，如图 5.1 所示。我们画出这座桥的需求曲线，并将过桥次数作为收取通行费的函数。降低通行费，过桥的需求会增加。假设这座桥的容量为 Q_c；任何低于 Q_c 的需求都不会导致拥挤，也不会有边际成本。只要这座桥的使用量低于容量，消费就是非竞争性的；一个人的额外消费不会影响他人使用。既然使用的边际成本为零，效率要求使用的价格也为零。显而易见，这座桥产生的收入亦为零。

这正是公共提供与私人提供有别的最明显之处：在只有这一座桥的情况下，垄断者

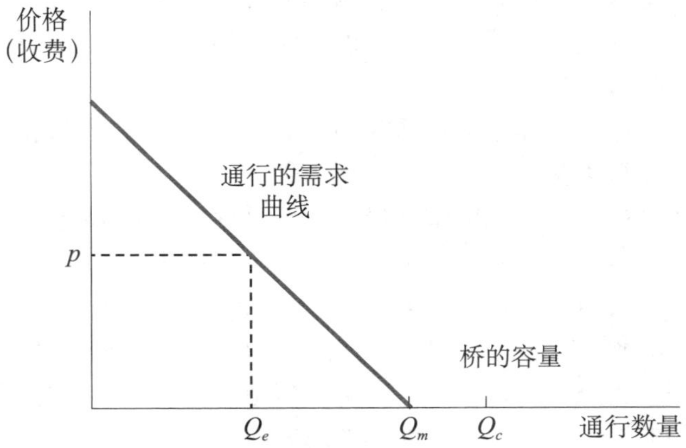

图 5.1　大桥通行费如何导致消费不足

如果容量足够大，这座桥就是一种非竞争性产品。虽然可以通过收取通行费（p）不让人们使用这座桥，但这会导致消费（Q_e）不足，低于不收通行费时的消费水平（Q_m）。

会选择收费，使其收入最大化，且只有在收入等于或超过建桥成本时才会建桥。可是，政府将面临一系列比较复杂的计算。政府为了实现收支平衡，可能要收取刚好可弥补建造成本的通行费。此时，政府会认识到，只要收通行费，桥的使用就会减少，就不会有其收益超过社会成本（这里为零）的那部分通行。因此，政府可能收取低于可实现收支平衡的通行费，甚至可能不收取任何通行费，以其他方式来融资。政府在决策时，会对公平（桥的受益者承担成本的原则）和效率进行权衡。将桥的使用不足引起的扭曲和该桥的其他筹资形式（例如税收）造成的扭曲进行比较。最后，即使通行费筹措到的资金低于桥的成本，政府还会修建这座桥，这是因为政府认识到桥的使用可以带来一些消费者剩余：一些人愿意为桥付费的数量，可能会大大超过收入最大化的通行费所筹措到的数量。

□ 5.1.3　搭便车问题

许多最重要的公共提供的产品，如具有非排他性的公共卫生计划和国防，不可能通过价格体系来配置。例如，预防天花的国际疫苗接种计划几乎消灭了这种疾病，人人受益，不论人们是否为该计划买单。国防具有非排他性且边际成本为零，但有一些产品至少有高成本排他的特性，甚至使用该产品的边际成本为正数。拥挤的城市街道就是一个例子：就现有技术而言，对使用街道收费的代价很高（在各个角落都可以有人来收取通行费，但成本极高）；可是，街道的通行量是有限的，假设多一个人使用，另一个人就出不了门——的确，在某些情况下，由于更多人想要通过街道，街道的总通过量甚至可能下降，因为街道被堵得水泄不通。

通过价格体系来配置的不可行性意味着竞争性市场不会产生公共产品的帕累托效率数量。假定每个人都认为国防很重要，但政府并没有提供国防。私人企业能否跟进做此事？倘若私人企业跟进，它要对所提供的服务收费。然而，所有人都会认为，不管是否为所提供的服务付费，他们都会受益于此，也就没有动机为这种服务自愿付费。这就是为什么必须通过税收强制人们为公共产品出资。人们不情愿为公共产品出资被称为**搭便车问题**（free rider problem）。

一个例子有助于说明这个问题的性质。在许多社区，人们自愿为消防部门出资。然而，在建筑物密集的地区，即使有些人拒绝为消防部门出资，消防部门通常也会扑灭不出资者建筑物的火灾，因为它对相邻的出资者的建筑物构成了威胁。得知即使他们不出资也会受到保护，一些人便成为搭便车者。

显然，如果不可能用价格体系来配置某种特定产品，这种产品就不可能由私人提供。如果必须提供，政府就责无旁贷。

非排他性公共产品由私人提供的情况极少。要是存在这种情况，通常也是因为只有一个巨型消费者，他所获得的直接利益之大，仿佛他在为提供给自己的公共产品付费。该消费者知道有搭便车者会受益于这些行为，但在决定供应多少时，他只看自己的直接利益，不管他人得到的好处。例如，一个大船东可能觉得建一座灯塔很值得，并安置了发光浮标，即使不能排除别人受益于此。但是，在决定建造多少灯塔和安置多少浮标时，该船东只看自己的船能得到的好处。多设一个浮标的总收益（包括该船东的和其他人的）可能相当大，但自己船只的直接收益小于额外成本。在这种情况下，该船东不会增设浮标。如此看来，虽然公共产品在一定程度上可由私人提供，但供给不足是常态。

专栏 5.1

经济学家和搭便车问题

搭便车问题反映了公共产品引发的一个重要激励问题：倘若这种产品反正都要提供，我为什么要付费？我出资与否无所谓，而且几乎不会改变总供给。无疑，如果每个人都这样想，这种产品就不会被提供。这正是政府提供这些产品的一种理由，因为政府有强制人们出资（通过税收）的权力。

但是，也有许多自愿提供公共产品的例子，比如志愿消防队、地方慈善机构、医院、公共电视节目等，不一而足。我们如何解释这些现象？难道是经济学家过分强调了人的“自私”本性？实验经济学最近的一些研究表明，情况可能如此。这些实验是想让人们面对这样的情境：人们只要想搭便车就能搭便车，或者他们在提供公共产品上进行合作。与经济学家对自私激励分析得到的结论相比，系统观察得到的结果是合作行为多、搭便车行为少。有趣的是，当经济学家参与这些实验时，他们的行为与他们的理论预测更接近。

□ 5.1.4 纯公共产品与非纯公共产品

纯公共产品是指向额外一个人提供的边际成本严格为零且不可能排除人们享用的公共产品。国防是为数不多的纯公共产品之一。从这个意义上说，政府提供的许多公共产品都不是纯公共产品。多一人使用不拥堵的州际公路的成本极小，但不为零，而且尽管代价高昂，还是可能做到不让人（或者向人们收费）使用公路。

图 5.2 对通常由公共提供的产品与严格定义的纯公共产品进行了比较。横轴表示该产品排他的容易程度，纵轴表示多一个人使用的（边际）成本。左下角代表纯公共产品。在主要的公共支出中，只有国防接近纯公共产品。右上角代表排他成本很低、多一个人使用的边际成本很高的产品（如普通医疗服务）。医生对每个病人享受的医疗服务收费很容易，且给两个人看病的成本是给一个人看病的两倍——多提供医疗服务有显著的边际成本。

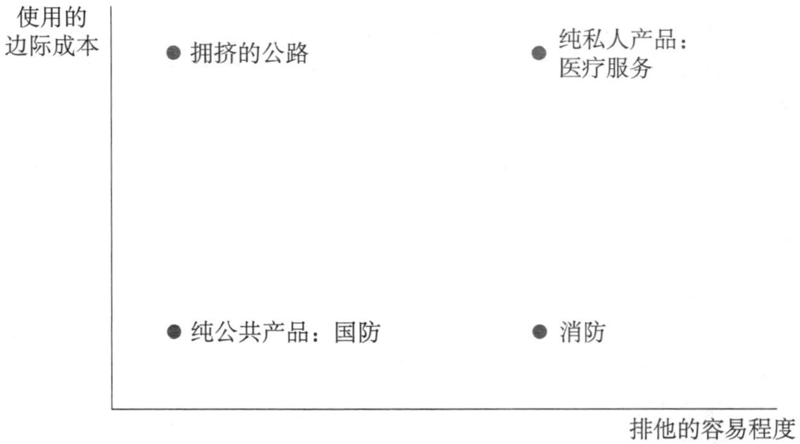

图 5.2 公共提供的产品

纯公共产品的特征是非竞争性消费（多一个人享用产品的边际成本为零）和非排他性（排除某一个人享用产品的成本非常高）。公共部门提供的产品视该产品所具有的这两种特征而有所区别。

公共产品

- 纯公共产品具有完全非竞争性消费和非排他性的特征。
- 非竞争性消费意味着把任何人排除在受益范围之外都是不可取的。在由私人提供的情况下，会出现消费不足和（或）供给不足。
- 非排他性意味着不可能把任何人排除在产品的受益范围之外，因此存在搭便车问题。这类产品一般不能由市场提供，而当它由私人提供时，便会出现供给不足。

专栏 5.2

产权、排他性与外部性

排他性的有些问题不是源自排他的可行性，而是法律制度的缺陷使得难以排他。一些经济学家，例如诺贝尔经济学奖得主罗纳德·科斯（Ronald Coase）认为，如果允许排他的产权得以确立，许多公共产品和外部性问题就会得到解决。

我们以一个拥挤的房间为例。房间里的空气是一种公共产品：房间里的所有人基本上呼吸同样的空气。任何人吸烟都会给其他人带来外部性。在没有产权的情况下，吸烟者在吸烟决策中就会无所顾忌。但是，如果分配了产权，问题就会得到解决。假定将空气的“所有权”赋予某个人（科斯认为，至于将所有权分配给谁是无关紧要的）。然后，此人会进行一场拍卖：他会问吸烟者愿意为允许吸烟付多少钱，同时问不吸烟者愿意为禁止吸烟付多少钱。最后，他会将空气卖给出价最高的人。这将是有效率的。*

但是，这种“解决方法”忽略了搭便车问题：个别吸烟者不想透露吸烟权利的全部价值（他们实际上不得不支付的那个数量）；同样，个别不吸烟者也不想透露清洁空气的全部价值。

虽然在有些情况下，分配产权会减少或消除外部性或公共产品问题，但在有些特殊情况下，分配产权或者不切实际，或者不能解决根本问题。这就需要其他政策措施，比如政府监管或富有创意的解决办法——利用本地的社会资本和传统的社区规范（见第 4 章）。

* 在将空气产权分配给某个人的情况下，资源配置可能是帕累托效率。不过，如果吸烟者出价高于不吸烟者，付费获得吸烟权的吸烟者相对于起初不花钱就可以吸烟而言，境况变差。虽然本例中吸烟者本应补偿不吸烟者，但可能并没有做出这种补偿。

许多产品都不是纯公共产品，但在一定程度上具有其中的一个特征（非竞争性或非排他性）。消防像私人产品，因为排他相对容易——不愿为消防队出资的人在发生火情时得不到帮助。但是消防又像公共产品，因为多覆盖一个人的边际成本很低。在大多数时间，消防队员不是在救火，而是在等待他人呼救。多保护一个人只有很小的成本。只有在极少数情况下，如两处同时发生火灾，多保护一个人的消防成本才会显著提高。此时，情况比较复杂：如果我们想保护隔壁为消防出资的建筑物，扑灭没有为消防出资的建筑物的火灾是必要的——这时候要排他简直不可行。同样地，尽管接种疫苗的主要受益人是疫苗接种者，且多一个人接种疫苗的边际成本会显著增加，但普遍接种疫苗的公共卫生利益（降低发病率甚至可能根除此疾病）可能会人人享有。

有时，使用一种容易得到的产品（具有非排他性的产品）的边际成本很高。当一条不拥挤的公路变得拥挤时，使用成本急剧上升，这不仅仅包括道路的磨损，而且包括司机在路上浪费的时间。通过收取道路使用费进行排他，成本很高——从现实来看，这只能通过收费公路实现，而且，具有讽刺意味的是，收费站处常常出现拥堵。对道路的经常使用者自动收费的新技术，大大降低了这些成本。

排他成本 对于许多产品而言，问题不在于配给的可行性，而在于成本。电视和电台通过无线电波提供节目，具备公共产品的两个特征之一——非竞争性消费。然而，现在完全可以做到排除一些消费者，如有线电视和卫星广播的使用，只不过这样做既有排他成本，又对社会没有任何好处。在有些情况下，例如稍显拥堵的高速公路，会有排他成本（收取通行费的成本），也有些收益（减少拥堵）。

当然，与公共产品一样，私人产品排他也有相关成本。经济学家称这些成本为**交易成本**（transaction cost）。例如，杂货店的收银员、收费公路和收费桥梁的收费员的工资是交易成本，属于与价格机制运作相关的管理成本。排他成本对于大多数私人产品来说相对较小，而对于某些公共提供的产品来说可能较大（高得令人望而却步）。

外部性作为非纯公共产品 纯公共产品具有下列属性，即如果一个人多购买了某种产品，那么所有人对该产品的消费将等量增加（当然，人们可能对增加的消费评价不同）。纯私人产品具有下列属性，即如果一个人多购买了某种产品，其他人不受影响，至少不直接受影响。具有消费外部性的产品表现出下列属性，即其他人会受到影响，但不一定是等量的。因此，外部性可视为非纯公共产品的一种形式（或许这种说法更好，即公共产品可以视为外部性的一种极端情形）。[①]

全球和地方公共产品 一些公共产品的好处只能由生活在一个特定社区的本地人享有，这些产品被称为地方公共产品，比如当地公安。然而，越来越多的公共产品是**全球公共产品**（global public goods），其好处惠及世界上的任何人。最为重要的全球公共产品包括全球环境（每个人都受全球变暖的影响，只是受影响的方式不同）、全球卫生（每个人

① 有时可以这样说，就私人产品而言，J 的个人效用仅取决于他自己的购买量，X^J；就纯公共产品而言，J 的效用取决于所有人的购买总量：$X^1+X^2+\cdots+X^J+\cdots$。有外部性时，J 的效用更多地取决于他自己的购买量，也少许取决于他人的购买量，比如，可能取决于 $aX^1+aX^2+\cdots+X^J+\cdots aX^n$，其中，$a$ 是一个很小的数。

都有可能受到一种流行病的影响，如禽流感或其他传染病都很容易跨境传播）、全球知识（每个人都可能得益于现代科学的发展）和全球安全。

交通和通信成本的急剧下降让世界变得谁都离不开谁。全球恐怖主义、网络战、渐增的核扩散等威胁全球经济安全（我们担心金融危机的蔓延）和生命安全，人人都会受到影响。

只要有公共产品，就需要**集体行动**（collective action），换言之，个人和企业私下行动会导致公共产品的供给不足。在一个国家里，中央政府提供全国公共产品，在地方一级，地方政府提供地方公共产品；可是，没有全球政府提供全球公共产品。特别是，没有在全球范围内课征的税种为全球公共产品筹资。决策权在很大程度上掌握在民族国家手中。

不过，国际社会已经携起手来，共同解决全球公共产品问题。例如，国际协定和国际条约限制核扩散，并试图在某些方面保护全球环境。在有些情况下，甚至有执行机制，只是常常力不从心。不遵守减少破坏大气臭氧层的气体排放协议的国家，有可能面临贸易制裁。不过，通常情况下，其他国家会施加压力，迫使一些国家遵守协议，采取合作行动。在某些情况下，比如加入世界卫生组织，大多数国家会看到合作的巨大利益，所以都愿意合作。

国际组织如世界卫生组织或更广泛的国际组织——联合国，在全球公共产品供给（和全球公害产品控制）的全球合作方面已经取得了重要进展，但任重道远。当今世界面临的主要挑战之一就是如何形成更有效的制度安排，包括加强执行力度、提高全球公共产品的筹资能力。[①]

5.2 公共提供的私人产品

公共提供的产品，若增加供给的边际成本很大，则为**公共提供的私人产品**（publicly provided private goods）。尽管市场运作的成本是公共提供某些产品的一个理由，但它不是唯一的，甚至不是最重要的理由。根据上述定义，教育是公共提供的私人产品——如果招生数量翻番，成本将大致翻番（假定质量大致相同，反映在班级规模、教师和课本等的支出上）。公共教育的一种通常解释是出于分配考虑。许多人认为，年轻人受教育的机会不

---

① 斯蒂格利茨（Stiglitz）发展了地方公共产品和全球公共产品概念。J. E. Stiglitz，"Theory of Local Public Goods，" in *The Economics of Public Services*，ed. M. S. Feldstein and R. P. Inman（New York：MacMillan，1977），pp. 274－333；"The Theory of International Public Goods and the Architecture of International Organizations，" Background Paper No. 7，Third Meeting，High Level Group on Development Strategy and Management of the Market Economy，UNU/WIDER，Helsinki，Finland，July 8－10，1995。

有关知识作为全球公共产品的深入讨论，参阅 J. E. Stiglitz，"Knowledge as a Global Public Good，" in *Global Public Goods：International Cooperation in the 21st Century*，ed. I. Kaul，I. Grunberg，and M. A. Stern，United Nations Development Programme（New York：Oxford University Press，1999），pp. 308－325。有关国际金融机构如世界银行和国际货币基金组织在国际公共产品提供中的作用的讨论，参阅 J. E. Stiglitz，"IFIs and the Provision of International Public Goods，" European Investment Bank，*Cahiers Papers* 3，no. 2（1998）：116－134。

有关全球公共产品面临的挑战的全面总结，参阅 Kaul et al. and W. Nordhaus，"Some Foundational and Transformative Grand Challenges for the Social and Behavioral Sciences：The Problem of Global Public Goods，" paper submitted to the National Science Foundation as part of its SBE 2020 planning activity，September 2010；有关这些一般概念在全球环境公共产品中的应用，参阅 R. Arriagada and C. Perrings，"Paying for International Environmental Public Goods，" Ecosystem Services Economics Working Paper No. 17，United Nations Environment Programme，October 2011。

应该仅取决于父母的财富。

有时，当政府向公众提供一种私人产品（如水）时，只允许人们消费不收费时想要消费的那么多。需要提醒的是，对于这些产品，所消费的每1单位都有边际成本——需要花钱净化水质，还需要花钱将水从水源地送到家中。倘若免费提供私人产品，就有可能消费过度。既然人们不必为这种产品付费，他们的需求量就会达到从该产品获得的边际收益等于零为止，而不管提供该产品的边际成本为正这一事实。在有些情况下，比如水，很快就会达到饱和状态，因此过度消费造成的扭曲可能不会太大［图5.3（A）］。但在有些情况下，比如对特定医疗服务的需求，扭曲可能非常大［图5.3（B）］。人们对产量从 Q_e（该处价格等于边际成本）增加到 Q_m（该处价格为零）愿意支付的价格与产量从 Q_e 增加到 Q_m 的成本之差便是福利损失，即图5.3的阴影三角形面积。

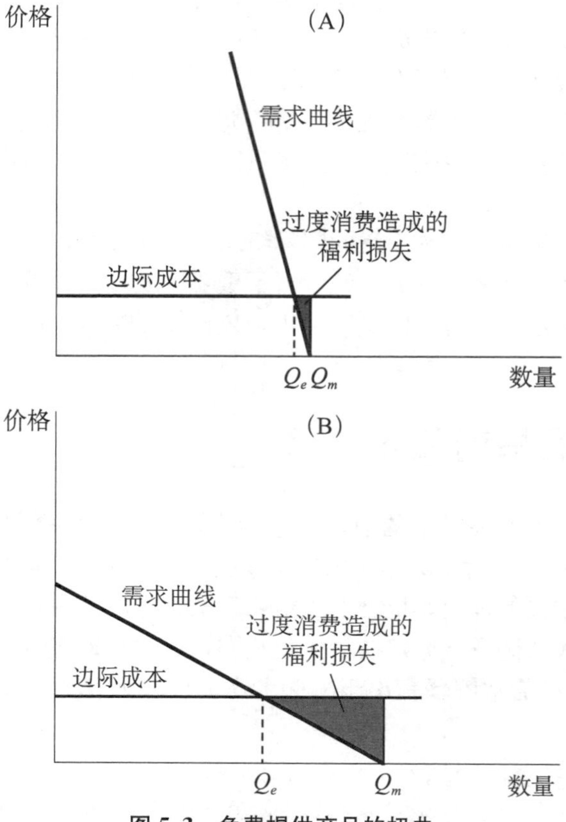

图5.3 免费提供产品的扭曲

图（A）：对于某些产品，比如水，若免费提供而不是按边际成本提供，消费会增加得比较少。图（B）：对于其他产品，比如特定医疗服务，若免费提供而不是按边际成本提供，就会发生严重的过度消费。

□ 5.2.1 公共提供的私人产品的配给机制

当每个人使用一种产品都有边际成本时，如果价格体系运作成本非常高，由公共提供这种产品且通过一般性税收来融资（即使公共提供该产品会带来扭曲）就会更有效。如图5.4所示，我们用固定的边际生产成本 c 来描述一种产品（企业生产每单位产品的成本为 c 美元）。[①] 可

① 此外，我们还假设需求曲线不会随税收增加而明显移动。

是，出售产品会产生交易成本，把价格抬高到 p^*。现假定政府免费提供这种产品。这会消除交易成本，节省的面积为 $ABCD$。由于个人的边际评价超过了边际生产成本，随着消费从 Q_e增加到Q_o，还会有收益，即阴影面积 ABE。相反，如果人们对这种产品的消费直到其边际价值等于零为止，那么，若再增加消费（从 Q_o增加到Q_m），边际支付意愿就会低于生产成本，这显然是无效率的。

要决定这种产品是否应该由公共提供，我们必须比较得失：收益包括节省的交易成本加上消费从 Q_e增加到Q_o的收益；损失包括产品过度消费造成的损失（如图 5.4 所示的阴影面积 EFQ_m）加上为公共提供产品融资的税收扭曲造成的损失。

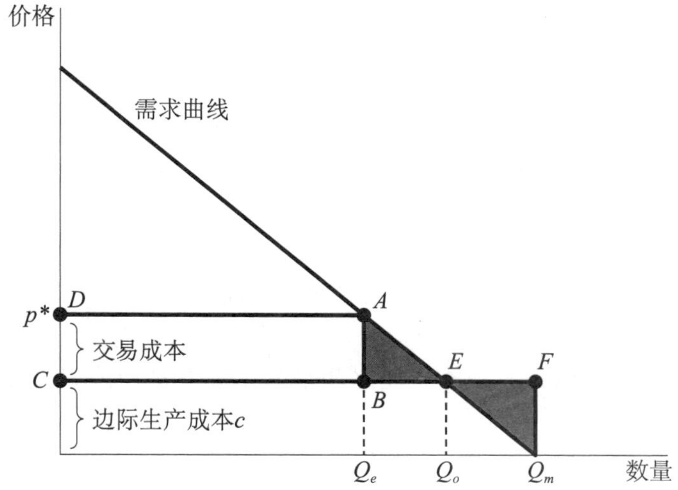

图 5.4　交易成本

交易成本很高时，这种产品由公共提供可能比由私人市场提供更有效率。

私人市场提供保险的成本很高，这已被视为由公共提供保险的一个理由。对于许多险种来说，私人提供保险的管理成本（包括销售成本）会超过所支付的保险金的 20%，而公共保险的管理成本（不考虑为社会保险计划管理成本融资而征税造成的扭曲）通常不到所支付的保险金的 10%。

鉴于公共提供的私人产品不收费会出现过度消费这种低效率，政府常常千方百计寻找某种方式来限制消费。限制产品消费的方法统称为**配给制度**（rationing system）。价格是一种配给制度，我们讨论过如何用使用费来限制需求。第二种常用的配给公共提供产品的方法是**统一提供**（uniform provision）——提供给每个人的产品数量相同。最常见的例子是提供给所有人的免费教育水平都相同，即使有人喜欢多一点，有人喜欢少一点（喜欢多一点的人或许能从私人市场购买补充性教育服务，如聘请家教）。这也正是公共提供产品的主要缺陷，不像私人市场那样可以满足人们不同的需求和愿望。

图 5.5 就说明了这种情况。我们画出两个不同人的需求曲线。如果产品是私人提供的，个人 1（高需求者）会消费比较大的数量 Q_1，而个人 2（低需求者）会消费比较小的数量 Q_2。政府选择提供给每个人的数量是介于两者之间的 Q^*。在该消费水平上，高需求者消费的数量低于他想消费的数量，其边际支付意愿大于边际生产成本。相反，低需求者消费的数量超过了有效水平，其边际支付意愿小于边际生产成本。（由于低需求者不必花一分钱，且对该产品的评价依然为正，他的消费数量当然会增加到 Q^*。）

对于特定类型的保险（例如养老社会保障），政府提供统一的基本水平。愿意多买的

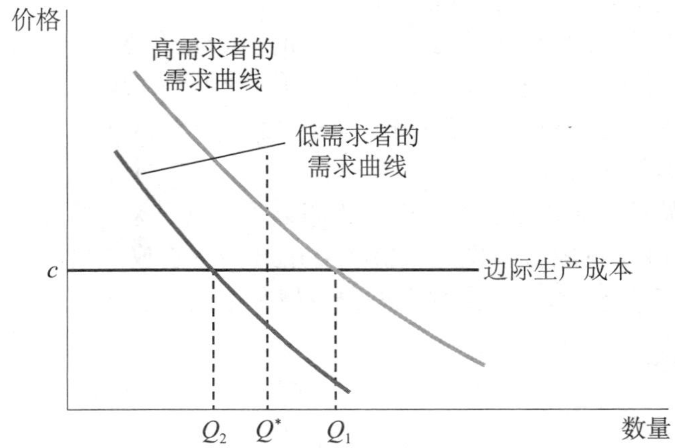

图 5.5　统一提供造成的扭曲

当由公共提供的私人产品等量提供给所有人时，有人获得的数量高于有效水平，有人获得的数量低于有效水平。

人可以多买，但想少买的人则无法如愿。不过，由此产生的扭曲可能不是很大；如果提供的统一水平足够高，就不会有多少人想消费得更多，而且我们先前说的管理成本的节省也许能完全抵消统一提供基本保险水平产生的轻微扭曲。另外，公共提供和私人提供相结合的制度可能增加总交易（管理）成本，使之超过只由公共部门或只由私人部门负责时的成本。

政府通常采用的第三种配给方法是**排队**（queuing）。人们获取由公共提供的产品或服务并不用交钱，但政府要求他们付出等待的时间成本。这在一定程度上可能使供给水平与个人需求相适应。那些医疗服务需求比较强烈的人愿意在医生办公室等待。可以说，金钱不是配给医疗服务的可取依据：为什么富人就应比穷人拥有更大的健康权利？有人认为，排队可能是区分真正需要（愿意排队的人）和不那么需要医疗服务的人的试金石。可是，排队绝不是确定谁应该得到医疗服务的完美方法。不怎么需要医疗服务的失业者和退休者与忙碌的企业高管或者干两份工作的低收入者相比，可能更愿意等待，这实际上把配置医疗服务的标准从支付意愿改变为在医生办公室的等待意愿。除此之外，排队作为配给机制还会存在真实的社会成本，即排队浪费的时间，倘若价格作为配给机制，就可以避免这种成本。

配给公共提供产品的三种方法

1. 使用费：

利：受益者承担成本。

弊：消费不足；管理价格体系增加交易成本。

2. 统一提供：

利：节省交易成本。

弊：有人消费不足，有人消费过多；高需求者可能会补充公共消费，增加总交易成本。

3. 排队：

利：产品（例如医疗服务）不一定按谁是最富者进行配置。

弊：其他配置依据（谁能有闲工夫）也许是不可取的；浪费时间。

5.3 公共产品的效率条件

应该供给多少公共产品是一个核心问题。政府供给的公共产品太少或太多是什么意思？我们可以根据第 3 章提供的标准来回答这个问题。该标准是，如果没有人境况变差，就不会有人境况变好，那么这种资源配置就具有帕累托效率。用另外一个标准来说，私人市场的帕累托效率要求个人的边际替代率等于边际转换率。

我们在本节概括出纯公共产品（特别是多一个人享用它们的边际成本为零的产品）供给的帕累托效率所需要的条件。当（所有人的）边际替代率之和等于边际转换率时，纯公共产品的供给是有效率的。公共产品对私人产品的边际替代率意味着，每个人为多获得 1 单位公共产品而愿意放弃多少单位私人产品。边际替代率之和意味着，所有社会成员为多获得 1 单位公共产品（所有人共同消费）而愿意一起放弃的私人产品的数量。边际转换率意味着，为多获得 1 单位公共产品而必须放弃多少单位私人产品。效率要求人们愿意放弃的总量（边际替代率之和）必须等于他们不得不放弃的数量（边际转换率）。

我们把这种效率条件应用于国防。假定增加 1 杆枪（国防）的生产必须减少 1 磅黄油（基本消费品）的生产（边际转换率为 1）；国防用枪是公共产品。我们以只有两个人（鲁滨逊和星期五）的简单经济为例。鲁滨逊为多获得 1 杆枪，愿意放弃 1/3 磅黄油，但仅用这 1/3 磅黄油买不到枪。星期五为多获得 1 杆枪，愿意放弃 2/3 磅黄油。假定政府要多买 1 杆枪，这个小社会愿意放弃的黄油总量是 1 磅（=1/3+2/3）。

他们为多获得 1 杆枪不得不放弃的黄油总量也是 1 磅。因此，边际替代率之和等于边际转换率；他们的政府提供了有效的国防水平。如果边际替代率之和大于 1，那么，从集体角度说，人们愿意放弃更多；我们可以要求每个人放弃的数量略少一些，这仍有可能增产 1 单位枪支。因此，通过增产 1 单位公共产品（枪支），他们的境况都会改善。

□ 5.3.1 公共产品的需求曲线

人们不用买公共产品。但是，如果人们必须为每一额外单位的公共产品支付一定数量，可再问他们需要多少。这不是一个完全假设的问题，因为如果公共产品的支出增加了，人们缴纳的税额也要增加。我们把一个人必须为每一额外单位公共产品的额外支付称为**税收价格**（tax price）。在下列讨论中，我们将假定政府有权向不同的人收取不同的税收价格。

假定个人的税收价格为 p，即对于每一单位公共产品，他必须支付 p。个人可以实现的开销总量（即预算约束）是：

$$C+pG=Y$$

式中，C 是个人的私人产品消费，G 是公共产品供给总量，Y 是个人收入。预算约束表明，在个人的收入和税收价格既定的情况下所能购买的产品组合（这里指公共产品和私人产品的组合）。该预算约束线如图 5.6（A）中的 BB 线所示。在该预算约束线上，如果政府支出下降，私人产品的消费显然会上升。只要预算约束允许，人人都希望获得最高效用水平。图 5.6（A）还显示出个人在公共产品和私人产品之间的无差异曲线——愿意放弃一些私人产品以获得更多的公共产品。为了多获得 1 单位公共产品，他愿意放弃的私人产品的数量是他的边际替代率。随着他能获得的公共产品数量越来越多（私人产品越来越少），他为多获得 1 单位公共产品所愿意放弃的私人产品的数量会越来越少，即他的边际替代率递减。从图形上看，边际替代率是无差异曲线的斜率。因此，随着个人消费的公共产品越来越多（私人产品越来越少），无差异曲线将变得越来越平缓。

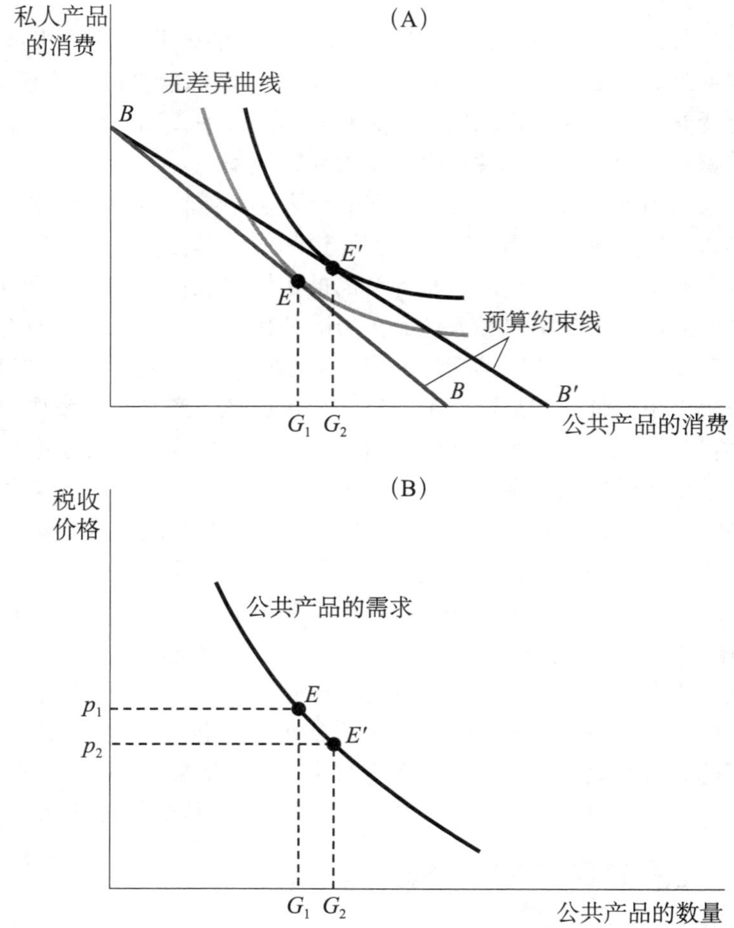

图 5.6　公共产品的个人需求曲线

图（A）：个人最偏好的支出水平是无差异曲线与预算约束线的切点所对应的水平。图（B）：随着税收价格下降（预算约束线从 *BB* 移到 *BB′*），个人最偏好的公共支出水平增加。

个人的最高效用水平位于无差异曲线与预算约束线的切点，即图 5.6（A）中的 *E* 点。在该点，预算约束线的斜率和无差异曲线的斜率相同。预算约束线的斜率是指，为多获得 1 单位公共产品，个人必须放弃的私人产品的数量，等于此人的税收价格。无差异曲线的斜率是指，为多获得 1 单位公共产品，个人愿意放弃的私人产品的数量。这样，在个人最偏好的点上，他为多获得 1 单位公共产品而愿意放弃的私人产品的数量正好等于为多获得 1 单位公共产品而必须放弃的私人产品的数量。当降低税收价格时，预算约束线将外移（从 *BB* 移到 *BB′*），个人最偏好的点将移到 *E′* 点，个人对公共产品的需求通常会增加。

通过提高和降低税收价格，我们就可以画出公共产品的需求曲线，这与私人产品的需求曲线的画法相同。图 5.6（B）画出的是与图 5.6（A）相对应的需求曲线。在图 5.6（A）中，*E* 点和 *E′* 点分别代表税收价格为 p_1 和 p_2 时的公共产品需求量。我们可以通过移动图 5.6（A）中的预算约束线来得到图 5.6（B）中的更多的点。

我们可以先用这种方法分别画出鲁滨逊和星期五的公共产品需求曲线，再把它们纵向相加，得到图 5.7 的**集体需求曲线**（collective demand curve）。纵向相加的理由是，提供给所有人的公共产品数量必须相同。配给不可行也不可取，因为一个人对公共产品的使用不影响他人享用。因此，在数量既定的情况下，我们可以把每个人的支付意愿加总，计算出总支付意愿。通过计算每一数量上的总支付意愿量，我们就可以画出集体需求曲线。[①]

可以将需求曲线看作“边际支付意愿”曲线。也就是说，在公共产品的每一产出水平上，个人为多获得 1 单位公共产品愿意支付多少。（记住，个人面对的公共产品的税收价格等于他的边际替代率——个人为多获得 1 单位公共产品所愿意放弃的私人产品的数量。）因此，需求曲线的纵向相加就是他们的边际支付意愿之和，即所有人为多获得 1 单位公共产品一起愿意支付的总量。同样，由于个人需求曲线上的每一点代表了他在该政府支出水平上的边际替代率，通过将需求曲线纵向相加，我们就可以得到边际替代率之和（多生产 1 单位的总边际收益）。结果为如图 5.7 所示的集体需求曲线。

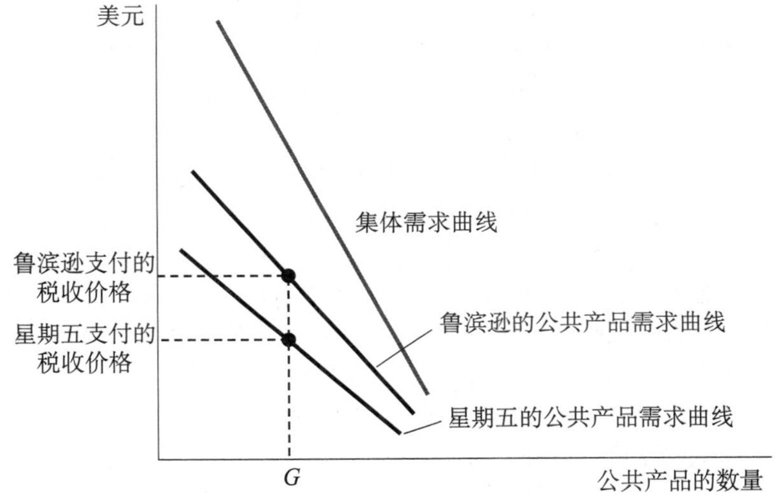

图 5.7　公共产品的集体需求

由于在需求曲线上的每一点，价格都等于边际替代率，通过将需求曲线的纵向相加，就可得到边际替代率之和，即人们为多获得 1 单位公共产品而愿意放弃的私人产品总量。因此，将所有人的需求曲线纵向相加可以得到公共产品的集体需求曲线。

我们可以像画私人产品的供给曲线一样画出公共产品的供给曲线——对于每一产出水平，价格代表为多生产 1 单位公共产品而必须放弃多少其他产品，即边际成本或边际转换率。在集体需求等于供给的产出水平上（见图 5.8），边际支付意愿之和（边际替代率之和）正好等于生产的边际成本或边际转换率。由于在该点多生产 1 单位公共产品的边际收益等于边际成本，或者边际替代率之和等于边际转换率，所以公共产品的集体需求曲线和供给曲线的交点给出的产出水平就是帕累托效率。

尽管我们按构建私人产品需求曲线的方式构建了每个人的公共产品需求曲线，但是，二者还是有一些重要的差异。特别是，虽然市场均衡出现在需求曲线和供给曲线的交点处，但我们没有对公共产品的均衡供给为什么应发生在我们所构建的需求曲线和供给曲线

① 集体需求曲线有时也称为总需求曲线（请不要与宏观经济学中的同一术语混淆），与私人产品的市场需求曲线类似。构建私人产品的市场需求曲线时，我们可以把价格既定情况下的需求量相加，因为所有人都面临相同的价格，而消费的数量可能不同。因此，将个人需求曲线横向相加可得到市场需求曲线。

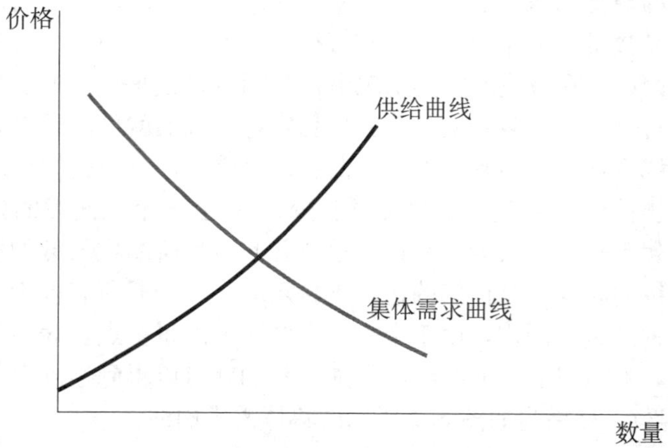

图 5.8 公共产品的效率生产

公共产品的有效供给发生在需求曲线和供给曲线的交点处。集体需求曲线给出了所有人为多获得 1 单位公共产品（如 1 杆枪）而愿意放弃的边际总量，而供给曲线给出了为多获得 1 单位公共产品而必须放弃的其他产品数量。

的交点处做出任何解释。我们只是说如果是这样的，公共产品的生产水平会是帕累托效率。公共产品供给水平的决策是由政府做出的，而不是由个人做出的，因此，生产是否发生在该点取决于政治程序的性质，第 9 章将讨论这一主题。

此外，虽然在私人产品的竞争性市场中所有人面对相同的价格，消费不同的数量（反映不同的偏好），但是，公共产品必须以相同的数量提供给所有人，而且我们已经假设政府可以对公共产品收取不同的税收价格。思考这些价格的一种方式是，假设预先告知每个人将要承担的公共支出比例。如果某人必须承担 1%的公共支出成本，那么政府为某一项目支付 1 美元，他就要支付 1 美分，而如果一个人必须承担 3%的公共支出成本，那么公共支出增加 1 美元，个人就要支付 3 美分。

最后，我们要强调的是，我们刻画的公共产品支出的帕累托效率水平对应特定的收入分配。正如我们在下一节所看到的，公共产品支出的效率水平一般取决于收入分配。

纯公共产品的效率条件

- 效率生产水平要求边际替代率之和等于边际转换率。
- 效率生产水平发生在集体需求曲线（将每个人的需求曲线纵向相加）和供给曲线的交点处。

□ 5.3.2 帕累托效率与收入分配

第 3 章和第 7 章都讨论到，有许多帕累托效率资源配置，效用可能性曲线上的任何一点都是帕累托效率的，没有市场失灵的市场均衡只是其中一点。同理，公共产品的帕累托最优供给也不是唯一的。图 5.8 中的集体需求曲线和供给曲线的交点就是帕累托效率供给水平中的一个点——还有其他点，只是具有不同的收入分配含义。

现在我们来看公共产品的效率水平如何取决于收入分配。假设政府把鲁滨逊的 1 美元收入转移给星期五，这通常会使鲁滨逊对公共产品的需求（在任何价格下）下降，星期五的需求上升。一般来说，我们不能武断地认为这些变化正好相互抵消，因此需求的总水平通常会变化。在这种新的收入分配情况下，就会有一种新的公共产品的效率水平。但是，效率的特征仍然是边际替代率之和等于边际转换率。换句话说，效用可能性曲线上的每一点都代表着不同的公共产品水平，但在每一点处，边际替代率之和等于边际转换率。

一般来说，公共产品的效率水平取决于收入分配具有一个重要的含义：不能把公共产品供给的效率考量与公平考量割裂开来。比如说，所得税制度变化导致的收入分配的任何改变，都将伴随着公共产品效率生产水平的相应变化。[①]

□ 5.3.3 收入再分配的局限性与公共产品的有效供给

政府在评估公共项目的收益时，似乎常常特别关心谁从项目中受益这一问题。与富人得到的利益相比，政府似乎更看重穷人得到的利益。然而，前面的分析表明，只应加总边际替代率，即每个人愿意为额外增加的公共产品支付的数量，对富人和穷人都一视同仁。用什么方法才能调和这种矛盾？

回忆一下之前讲的只有鲁滨逊和星期五的经济，在把鲁滨逊的橘子拿给星期五时，鲁滨逊失去了一些橘子。在美国，我们主要用税收制度和福利制度来重新分配资源。实施这些制度不仅管理成本大，而且有重要的激励效应，比如对个人储蓄和工作决策的激励效应。通过税收制度和福利制度再分配资源的成本大意味着政府可能会寻求其他途径来实现收入再分配的目标，其中一种方法就是把再分配因素纳入公共项目的评价体系中。

□ 5.3.4 扭曲性征税与公共产品有效供给

通过扭曲性税收（例如所得税）为公共产品融资时，会对公共产品的有效供给产生重要影响——人们为多获得 1 单位公共产品而必须放弃的私人产品数量，超过了政府以一种不会带来扭曲性激励效应且管理成本不大的方式筹措资金时的数量。

我们可以定义一条**可行性曲线**（feasibility curve）——在税制既定的情况下，给出对应于每一公共产品消费水平的最大私人产品消费水平。这种税制造成效率低下，因此这条可行性曲线位于生产可能性曲线之内，如图 5.9 所示。

在考虑了这些额外成本之后，为多获得 1 单位公共产品而必须放弃的私人产品数量称为**边际经济转换率**（marginal economic rate of transformation），而不是我们之前分析中所用的**边际物质转换率**（marginal physical rate of transformation）。后者完全是技术性定义，边际经济转换率则考虑了为增加公共支出融资的税收造成的成本。因此，我们用新条件——边际经济转换率必须等于边际替代率之和，取代以前的条件——边际物质转换率必须等于边际替代率之和。

当征税造成扭曲时，获得公共产品的成本将更加高昂，这通常意味着此时公共产品的效率水平低于无扭曲性税收时应有的水平。

的确，有关公共产品供给的理想水平的争论似乎都是围绕这个问题展开的。有人认为税制造成的扭曲不是很大，有人则争辩说试图为公共产品筹集额外资金的成本很高。他们在额外政府支出带来的社会收益大小这个问题上意见可能一致，但是在成本这个问题上意见不一。

---

① 有些经济学家认为，有关公共产品效率生产水平和收入分配可以分开决定。例如，有一种观点认为，有关收入分配的决定应该体现在税率表和福利计划中，有关公共产品供给的决策可以且应当不考虑这些因素。在有些情况下，这些决策可以分开决定，但的确是特例。参见 Atkinson and Stiglitz, *Lectures in Public Economics*, New York: McGraw-Hill, 1980; L. J. Lau, E. Sheshinski, and J. E. Stiglitz, "Efficiency in the Optimum Supply of Public Goods," *Econometrica* 46 (1978): 269-284。

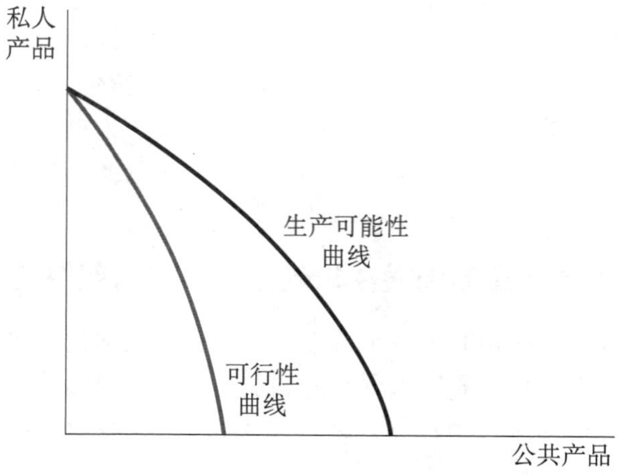

图 5.9　可行性曲线

可行性曲线在考虑为筹措必要资金而必须征税所造成的低效率情况下，给出了任何公共产品水平下的私人产品的最大产量（消费量）。可行性曲线低于生产可能性曲线。

5.4　有效政府作为一种公共产品

政府管理是最重要的公共产品之一：我们都受益于更好、更有效率、更负责任的政府。实际上，“好政府”具有早先我们指出的公共产品的两个特征：不让任何人得益于更好的政府，既难以办到，又不可取。

政府若能变得更有效率，且在不降低政府服务水平的前提下减少税收，人人都会受益。成功做到这一点的政客可能会得到一些回报，但这种回报只是其他人获得的利益的一部分。特别是，投票反对成功做到这一点的政客的人，获得的利益与为该政客当选做工作的人一样多，而且，没有投票的人能搭其他人的政治活动的便车，获得的利益也不比前两种人得到的少。

5.5　复习和练习

5.5.1　小结

1. 本章定义了一种重要产品，即纯公共产品。纯公共产品具有两个关键特征：(1) 不可能将人们排除在享受这种产品的好处之外（非排他性）。(2) 多一个人享用这种产品的边际成本为零（非竞争性消费）。不让人们享受这种产品的好处是不可取的，因为他们享用该产品无损于他人对该产品的享用。

2. 像国防这样的纯公共产品凤毛麟角，许多公共提供的产品可能具有排他性，但排他成本很高。收取使用费可能会导致公共设施利用不足。对于许多由公共提供的产品，享用这种产品的人会有一些边际成本。例如，人们使用完全不拥堵的道路的边际成本可以忽略不计，但如果出现拥堵，边际成本可能会很大。

3. 私人市场要么不提供纯公共产品，要么提供不足。

4. 自愿提供公共产品的制度安排会产生问题，原因在于有人想搭便车，享受别人出资带来的公共产品的好处。

5. 建立高效可靠的全球公共产品提供机制，是国际社会目前面临的最大挑战之一。

6. 就许多公共提供的产品而言，消费是竞争性的：一个人消费某种产品减少了他人的消费，或者多向一个人提供某种产品的边际成本可能很大，等于甚至大于平均成本。这些产品称为公共提供的私人产品。如果免费提供这些产品，将会出现过度消费。

7. 对于公共提供的私人产品，可以使用某种配给方法，而不用价格体系。有时使用排队这种方法，有时干脆向所有人提供固定的数量，这两种方法都会造成效率低下。

8. 帕累托效率要求，公共产品的供给要达到边际替代率之和等于边际转换率时的水平。公共产品消费的不同帕累托效率水平与不同的收入分配有关。

9. 当财政收入筹措与收入再分配存在成本（扭曲）时，公共产品供给效率水平的基本规则必须修正。

10. 有效的政府管理本身就是一种公共产品。

□ 5.5.2 重要概念

集体行动	集体需求曲线	排他
可行性曲线	搭便车问题	全球公共产品
剩余曲线	边际经济转换率	边际物质转换率
非竞争性消费	公共提供的私人产品	纯公共产品
排队	配给制度	竞争性消费
税收价格	交易成本	消费不足
供给不足	统一提供	使用费

□ 5.5.3 练习题

1. 下列产品应处于图 5.2 的哪一位置？解释每一种产品为什么是或不是纯公共产品。请指出由公共和私人两者提供的产品的例子：(1) 大学教育；(2) 当地公园；(3) 约塞米蒂国家公园；(4) 污水处理；(5) 水；(6) 电；(7) 电话服务；(8) 养老保险；(9) 医药；(10) 警察；(11) 电视；(12) 基础研究；(13) 应用研究。

2. 随着一国变得更加富足，公共产品和私人产品的有效配置将会发生什么变化？请你举一些有关这类公共产品的例子：其消费增加幅度大于（或小于）收入增加幅度。

3. 政府可以使用多种方式配给各种公共提供的私人产品和拥挤性非纯公共产品。请讨论下列每一种产品是如何配给的，并分析各种配给制度的影响。(1) 公立高等教育；(2) 英国的医疗卫生；(3) 黄石国家公园。

在没有采用直接配给制度的情况下，拥挤性公共提供的产品（如公路或烈日炎炎下的游泳池）会发生什么情况？

4. 有人支持增加公共产品支出，有人主张减少公共产品支出，你认为这种观点分歧在多大种程度上可以归因于对公共产品边际成本的不同评价（包括因为公共产品融资而需要增税所产生的额外扭曲）？这种意见分歧有何其他原因？

5. 有效的政府是一种公共产品，这会对政府的运转效率有何影响？

6. 从公共产品/外部性视角讨论疫苗接种问题。人们为什么不愿意接种疫苗？

7. 人们越来越担心大气中的温室气体（如二氧化碳）浓度增大，这很可能导致全球变暖。请对世界大气这种“国际”公共产品进行讨论。确保个人和国家采取行动减少温室气体排放会产生哪些问题？

8. 请讨论收入变化、技术变化或经济环境的其他变化，会导致公共提供和私人提供之间的平衡发生怎样的变化。比如，可以通过讨论公园的作用来说明。

5.6 附录：剩余曲线

本附录以图示法说明公共产品的基本效率条件：

边际替代率之和＝边际转换率

在图 5.10（A）中，我们在生产可能性曲线上添加鲁滨逊的无差异曲线。如果政府提供的公共产品水平为 G，且同时希望保证鲁滨逊达到无差异曲线 U_1 的效用水平，那么“剩给”星期五的私人产品数量就是生产可能性曲线与无差异曲线的垂直距离。我们将该（纵向）差额形式的曲线称为**剩余曲线**（leftover curve），如图 5.10（B）所示。现在，我们在图 5.10（B）中加上星期五的无差异曲线。他能达到的与生产可能性曲线、预先设定的鲁滨逊的效用水平相一致的最高效用水平，位于他的无差异曲线与剩余曲线的切点上。

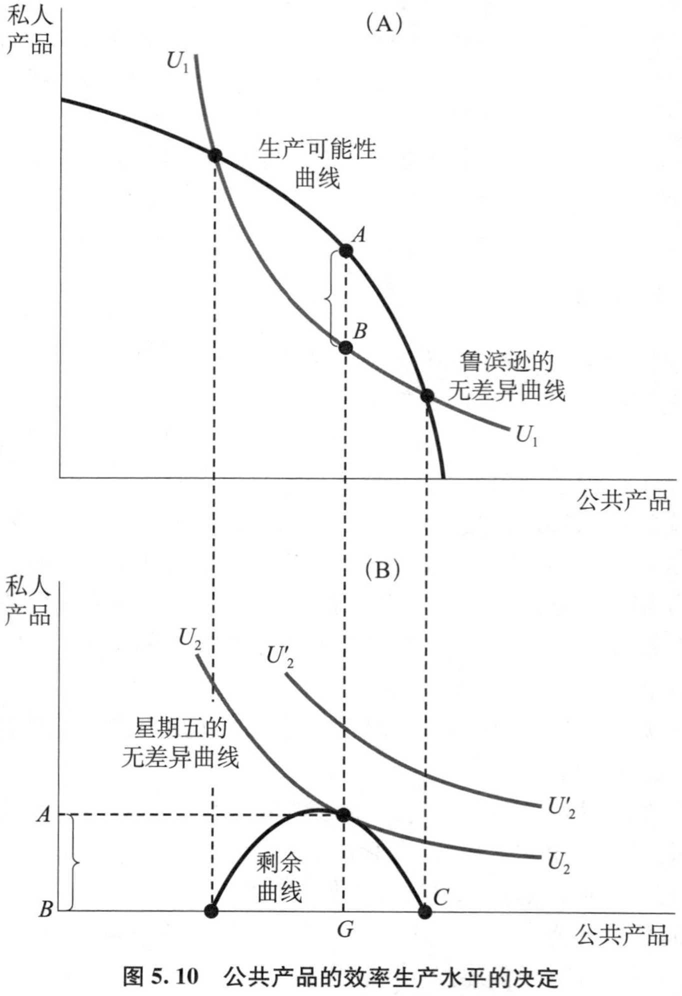

图 5.10 公共产品的效率生产水平的决定

图（A）：如果公共产品的水平是 G，而且鲁滨逊要达到效用水平 U_1，那么距离 AB 就代表剩给星期五的私人产品的数量。图（B）：星期五的福利在他的无差异曲线和剩余曲线的切点处达到最大化。

用一种简单的方法来表示这个相切条件。由于剩余曲线代表经济的生产可能性曲线和第一个人的无差异曲线之间的差额，所以，剩余曲线的斜率就是生产可能性曲线斜率与第一个人的无差异曲线斜率之差。生产可能性曲线的斜率是边际转换率，而第一个人的无差异曲线的斜率是他的边际替代率。如果 G 是公共产品的最优供给水平，剩余曲线必定与第二个人的无差异曲线相切。因此，该经济的帕累托效率要求剩余曲线斜率等于第二个人的无差异曲线斜率，即

$$MRT-MRS^1=MRS^2$$

或者

$$MRT=MRS^1+MRS^2$$

其中，MRT 代表边际转换率，MRS^1 和 MRS^2 分别代表第一个人和第二个人的边际替代率。边际转换率必须等于边际替代率之和。

显然，如果我们对鲁滨逊的初始效用水平做出不同的选择（比如较高），剩余曲线将（向下）移动，星期五的无差异曲线与新的剩余曲线将有新的切点。在新的切点，公共产品的支出水平可能更高、更低或者和最初的情形一样。这说明了正文中的观点：公共产品的“效率”支出水平不一定只有一个，可能存在许多帕累托效率公共支出水平，这取决于收入（福利）分配状况。一般来说，分配问题和配置问题不能割裂开来。

第6章 外部性与环境

重点问题

1. 什么是外部性?
2. 私人市场如何应对外部性?这些私人应对措施的局限性是什么?
3. 公共部门试图解决外部性问题的主要方法有哪些?这些方法的优缺点是什么?
4. 目前的主要环境政策问题是什么?哪些政策成功了?哪些政策失败了?当下关于环境政策的争论有哪些?经济分析对这些争论提供了哪些见解?

长期以来，联邦政府在环境政策方面从未懈怠。最早的联邦政府行动可追溯到1899年的旨在清除通航水域废弃物的《垃圾法》(Refuse Act)。现代联邦政府环境管制始于1948年的《水污染控制法》(Water Pollution Control Act)，该法成为保护饮用水、可供游泳和捕鱼的湖泊和河流的一系列法律法规的首部法律。

政府保护环境的行动效果显著。自《1963年清洁空气法案》(Clean Air Act of 1963)实施以来，加里、印第安纳、匹兹堡等主要工业城市的空气质量明显改善。一度被污染致许多水生生物濒临灭绝的伊利湖等湖泊，得以挽救。

虽然政府采取的保护环境的行动不断取得共识，但行动的范围和方式仍是一个饱受争议的话题。本章描述政府干预环境的经济理由，审视环境干预的主要政府计划和政策问题。

6.1 外部性问题

空气污染和水污染只是经济学家所谓的**外部性**(externality)这一更为普遍现象的两个例子，而外部性则是第4章讨论的市场失灵之一。只要某个人或企业的行为对另一个人或企业有影响，而后者并没有为此付费或收费，我们就说存在外部性。受外部性影响的市场导致了低效率的资源配置。生产水平以及用于控制外部性的支出水平不当。例如，企业本可以将一些资金用于降低其污染水平，但没有私人激励驱使企业花这个钱，尽管这样做的社会收益巨大。

在有些情况下，个人或企业的行为会给他人带来(得不到补偿的)收益，即所谓的正外部性。房主对其住宅的养护，如在房前种植花草，就产生了正外部性。对他人产生不利影响的现象称为负外部性。

产生负外部性的商品，其生产会过度。图6.1显示的是传统的需求曲线和供给曲线。我们知道，没有外部性时，由此产生的市场均衡产量Q_m是有效率的。需求曲线反映的是多生产1单位商品的个人边际收益，供给曲线反映的是多生产1单位商品的个人边际成本。在这两条曲线的交点处，个人边际收益恰好等于个人边际成本。现在，有了外部性，行业的供给曲线反映的不是边际社会成本，而是由生产者直接承担的边际私人成本。如果扩大钢铁生产提高了污染水平，那么，钢铁生产的成本除了铁矿石、劳动、焦炭、石灰石等的成本外，还多了一项实实在在的成本。然而，钢铁行业不会考虑污染成本。这样，图6.1也显示了**边际社会成本曲线**（marginal social cost curve），即多生产1单位钢铁的额外总成本（私人成本加社会成本）。边际社会成本曲线高于行业供给曲线。效率要求边际社会成本等于边际收益：产量应当对应于边际社会成本曲线与需求曲线的交点 Q_e——生产的效率水平低于市场均衡水平。

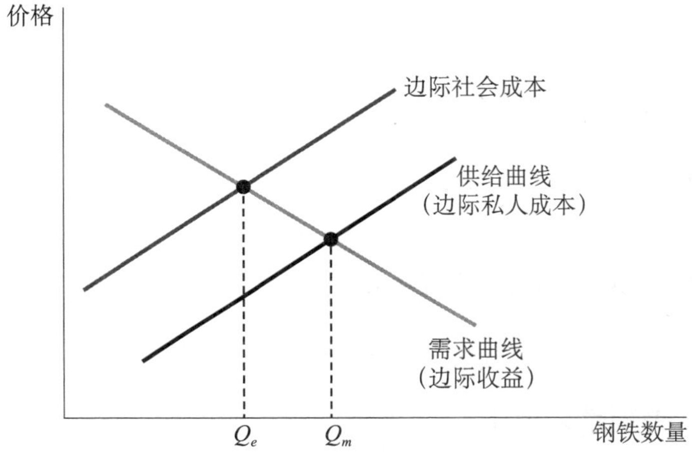

图6.1　产生负外部性的商品生产过度

负外部性的存在意味着边际社会成本高于边际私人成本，而且市场均衡会导致产品的生产过度。Q_m 是市场均衡产量，Q_e 代表产量的效率水平。

一种重要的外部性源于**公共资源问题**（common resource problem），该问题的主要特征是这类资源属于稀缺资源，但人们获取这类资源不受限制。比如有一个湖，捕鱼总量随着渔船的增加而增加，但增加幅度递减。因此，随着渔船数量的增加，每条船的捕捞量会下降。每增加一条渔船，就会减少其他渔船的捕捞量，这就是外部性。如图6.2所示，多一条渔船的边际社会收益会低于每条船的平均捕捞量，因为增加的渔船所捕的鱼有一些本来会被其他某条渔船所捕获。额外一个人决定是否购买一条渔船的私人收益都是远远超过了边际社会收益的平均收益（一旦加入捕捞行列，所有渔船的捕捞数量都相同）。这样，私人市场均衡要求平均收益等于一条渔船的成本（假定不变），但社会效率要求边际社会收益等于一条渔船的成本。

总之，只要存在外部性，市场均衡就没有效率。

外部性

只要某个人或企业的行为影响了另一个人或企业，而后者没有为此付费或收费，那么，就出现了外部性。

结果：

1. 产生负外部性的商品生产过度；
2. 产生正外部性的商品供给不足。

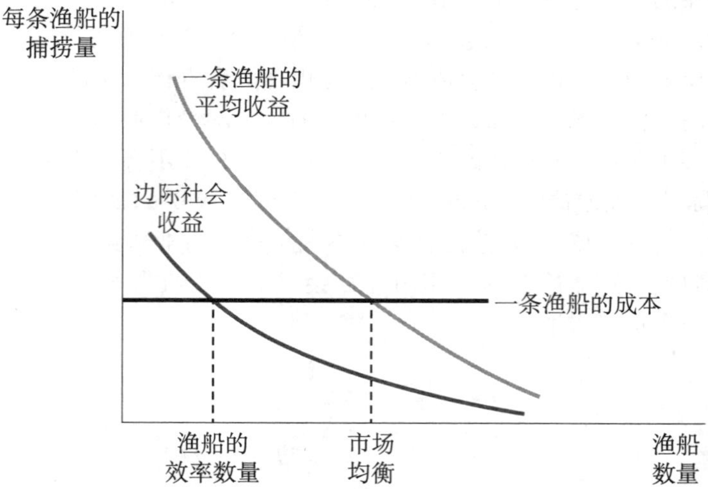

图 6.2 公共资源问题导致过度捕捞

增加一条渔船的额外捕捞量。渔船过量。

6.2 外部性的私人解决方案

在某些情况下，私人市场无须借助政府就可以解决外部性问题。

6.2.1 外部性内部化

实现**外部性内部化**（internalizing externality）的最简单的方法是通过形成规模足够大的经济单位，从而使任何行为的大部分后果都发生在该单位内部。例如，假设在一个社区里的相邻的一组房子：或是一栋楼里的若干套公寓，或是相邻建筑物。邻里的生活质量受到每一家庭如何养护住房的影响。如果有人种植花卉，那么他们带来的是正外部性；如果有人任其房子破旧不堪，那么他们带来的是负外部性。即使每个家庭对自己的住房都有所有权，这些家庭也可以集体决定共同维护影响所有人的设施（包括外观）。他们形成一个合作或共管协会。

当然，必须存在某种方式来实施业主共同签署的集体协议。共管协会的成员也许想搭便车，不分担任何公共设施维护成本；或许有成员拒绝按照集体同意的方式、方法维护其住房，这就会对相邻住房产生负面影响。这就需要诉诸法律以保证协议条款的执行——邻里之间可以通过这些条款来解决他们相互施加的某些外部性问题，并向整个群体提供“公共产品”。

6.2.2 科斯定理

如前所述，当人们不必为其行为的全部后果买单时，就会产生外部性。公共水塘之所以出现过度捕捞，是因为人们不必为捕捞权付费。通常，外部性可以通过适当的**产权**（property right）安排得以解决。产权赋予特定的人控制某些资产并获得资产使用费的权利。

我们讨论一下油藏问题。石油通常是在地下大油藏中发现的。要获得一处油藏，人们必须首先购买一块足以钻一口井的土地，并购买钻探设备。一口油井从该油藏抽取出的石油越多，其他油井能够抽取的石油就越少。[1] 因此，多一口油井所增加的石油总量（边际社会收益）就会小于该油井开采的数量。钻探的油井过多。

出现这种情况的原因在于，没人拥有整个油藏的产权。倘若该油藏由一个人控制，那么他就具有确保钻井数量适当的激励。只要由一个企业控制整个油藏，经济效率就会提高；任何企业都可以从现有所有者（他们本可以出售石油获得回报）那里购买油藏上的土地，并最终获得利润。根据这种观点，不需要外部干预，这种产权模式就可以保证有效率。

即使公共资源的产权未赋予某个人，市场也可以找到一种有效的方式来解决外部性问题。油井的所有者常常聚集在一起，实现**联合经营**（unitize）。这样，油井太多的可能性会变小。[2] 同理，渔民也可以联合起来，共同制定限制协议，防止过度捕捞。

只要有外部性，当事人就可以一起做出某种安排，使外部性得以内部化，效率也得以保障。这种论断被称为**科斯定理**（Coase theorem）。[3]

例如，同一房间里有吸烟者和不吸烟者。如果不吸烟者的损失超过了吸烟者的收益，那么，不吸烟者可能会一起"贿赂"（或者像经济学家所说的"补偿"）吸烟者，使其不吸烟。或者，在火车上的一个无烟车厢里，若限制吸烟（可视为不吸烟者给吸烟者带来的外部性）使吸烟者的福利损失多于不吸烟者的所得，那么，吸烟者为了获准吸烟，可能一起"补偿"不吸烟者。

当然，决定谁应该补偿谁所导致的外部性的分配效应完全不同。在允许吸烟的情况下，吸烟者的境况明显更好，因为他们只要不吸烟就会得到补偿；而在不准吸烟的情况下，不吸烟者的境况明显会更好，因为吸烟者要吸烟就得补偿不吸烟者。

□ 6.2.3 运用法律制度

即使产权没有完全界定清楚，法律制度也可以针对外部性提供保护。我们的普通法制度不允许一方伤害另一方，而对"伤害"的解释包括对他人造成的各种经济成本。法院已经隐含地赋予了个人一些产权，比如渔民在赖以捕鱼的水域进行捕捞的权利。受到伤害的人越来越多地诉诸法院来强制执行这些产权。

1989 年，当埃克森公司（Exxon）的油轮瓦尔迪兹号（Valdez）在阿拉斯加州的威廉王子湾发生漏油事件时，受害者——捕捞量下降的渔民以及以休闲渔业为主的旅游从业者——就成功地起诉了埃克森公司。许多美国人认为，石油泄漏破坏了美国相对原始的环境，也伤害了他们。他们珍视这些存在的自然资源，即使他们目前还没有去阿拉斯加州旅游，但瓦尔迪兹号的石油泄漏在一定程度上对他们也有外部性影响。法院认可这些**存在价值**（existence values）——就瓦尔迪兹号案件而言，阿拉斯加州作为受托人，收取了十多亿美元的赔偿金。

类似的案件是 2010 年 4 月在墨西哥湾发生的得到英国石油公司（BP）授权的瑞士越洋钻探公司（Transocean）租用的钻井平台"深水地平线"（Deepwater Horizon）爆炸起火案，这是美国历史上又一次最严重的漏油事件。虽然英国石油公司已经建立了一个独立

① 还有另一种外部性：随着石油不断被开采出来，抽取额外石油的成本上升，因为地下压力在降低。增加油井实际上会降低开采总量。

② 在联合经营的情况下，统一管理油藏的开发，按联合经营协议规定的公式分配收益。这种联合经营不会削弱竞争（在那些其行为影响不了石油价格的小石油公司之间仍存在竞争），反而会提高效率。

③ R. H. Coase, "The Problem of Social Cost," *Journal of Law and Economics* 3 (1960): 1-44.

管理200亿美元的托管基金，但美国政府认为，由于原油继续向海湾扩散，这笔钱只是向漏油事件受害者赔偿的预付款。2010年12月美国政府对英国石油公司及其多家合作伙伴违反安全规定提起诉讼，要求无限额的损害赔偿金，以作为石油清理费，以及对长期环境破坏和当地经济损失的补偿。

为了降低这些常见的不完全产权界定的不确定性，政府一直在努力明晰产权，更准确地确定损害性质和赔偿金额。因此，法律法规已认识到存在价值的重要性；政府作为国家自然资源的"受托人"有权要求赔偿，但按照现行法律，追偿款必须用于修复。

外部性的私人解决方案

1. 外部性内部化。
2. 产权安排（科斯定理）。
3. 运用法律制度。

专栏 6.1

埃克森公司瓦尔迪兹号石油泄漏

长期以来，油轮一直是海洋污染的主要来源。1989年3月埃克森公司的瓦尔迪兹号油轮在阿拉斯加州威廉王子湾触礁，令人强烈地感受到了潜在的危害——电视每晚都在播放大量野生动物的死亡，包括海獭、鲑鱼、鸟类和海豹。无法确切知道灾难会持续多久，也不知道大自然是否会完全恢复。

埃克森公司被迫支付了10多亿美元，其中大部分用于治理环境损害。该公司声称，在泄漏发生之后的几个月里，公司已经花费了20多亿美元，努力降低损害的程度。即便如此，关于埃克森公司支付的金额是否足够的争论仍在继续：美国人因泄漏损害应该得到多少赔偿？

为了回答这个问题，有人做了一项研究，问及人们为了保护生态环境，比如不受瓦尔迪兹号漏油事件那样的危害影响，他们愿意花多少钱。就像民意测验那样，抽取1 000个人，就可以对全部人口将如何投票进行准确预测，同样，样本中的个人也可以对全部人口赋予的存在价值进行准确估计。一些人赋予的存在价值较高，一些人赋予的存在价值较低，这些差异会在样本中得到反映。通过将样本中的存在价值分布推广到全部人口，就可以计算全国的总存在价值。就瓦尔迪兹号漏油事故来说，用这种方式估计出的存在价值大约为30亿美元。这种评估存在价值的方法称为或有估价（contingent valuation）。

更根本的问题是如何防止这些灾害，或者更准确地说，如何降低灾害发生的概率，并使后果不那么严重。只要运输石油，就存在泄漏风险，没人想过要全面禁止石油航运。但是，航运商可能没有足够的激励避免泄漏，因为他们不承担全部后果。这是一个特别严重的问题，由于许多航运公司资本不足，一旦发生事故，只能宣布破产。任何大油轮发生泄漏都有可能造成同样程度的损害，但只有像埃克森这样强大的公司才支付得起30亿美元。

为了矫正这个问题，国会通过了《1990年石油污染法案》(Oil Pollution Act of 1990)。这将激励制度和管制制度融为一体。例如，油船必须是双壳体，以降低泄漏的可能性。

经济学家的一种批评是，损害赔偿金一般必须用于清理，这种限制会导致效率低下。漏油船只的船东要支付的数额应具有避免漏油的矫正性激励作用，这需要支付高于清理所需的数额。比如，假设泄漏石油的后果在一年内大自然会自行修复，又假设要加快恢复进程就会耗资巨大。我们虽然想惩罚造成泄漏的公司，但可能又不想花钱加快恢复进程，因为这样做没有多大好处。

□ 6.2.4 私人解决方案的失败

如果私人市场可以使外部性内部化的论断是正确的，那么除了清晰界定产权外，还需要政府干预吗？此外，如果论断是正确的，为什么合作协议没能消除这么多的外部性？

需要政府干预的原因是多方面的。第一个原因与第5章讨论的公共产品问题有关。许多外部性都牵涉公共产品的提供，例如清洁空气或水，特别是，排除任何人享受这些产品的好处都要付出高昂的代价。倘若不吸烟者一起补偿不吸烟的吸烟者，那么，对声称不在乎他人是否吸烟的不吸烟者是有好处的，因为他会在其他不吸烟者促使吸烟者不吸烟时尽量搭便车。

在信息不完全的情况下，要自愿达成有效率的解决方案更是难上加难。吸烟者会千方百计地说服不吸烟者，宣称要让他们不吸烟就得拿出更多的补偿金。在诸如此类的讨价还价中，一方为了得到更多，很可能会冒不能达成互惠互利协议的风险。

即使在市场良好的情形下也会存在问题。就拿油藏来说，假定油藏上的土地由好几个人拥有，通过将覆盖油藏的所有土地置于统一管理和控制之下（称之为联合经营）就可实现效率。然而，假设这些土地所有者当中有一个人未参与联合经营，此人认为加入联合经营可能不划算。这个土地所有者知道，联合经营分配的产量会减少，不加入联合经营的话他能增加生产。因此，只有当他得到的收入大于按比例分配的收入时，他才会加入。于是，所有小所有者可能都认为，通过坚持到最后才加入联合经营协议（或者将土地出售给要购买油藏的大公司）会有利可图。因此，各州发现有必要通过立法来要求联合经营。

政府干预的另一个原因与交易成本有关。让人们自愿一起使外部性内部化的成本很大。提供这些组织化服务本质上是一种公共产品。实际上，政府可以看作是人们为了减少外部性造成的福利损失而建立起来的一种机制。

通过司法程序解决外部性问题的一个主要缺陷在于交易成本。许多外部性造成的损失可能太小，不值得提起诉讼。造成外部性的人知道，诉讼也要付出高昂的代价，故而往往会使所造成的外部性达不到受损方觉得诉讼划算的程度，这导致相当严重的低效率。部分解决这个问题的一种办法是，向给他人带来外部性的人索取数倍于损害赔偿估计值的费用。但是，当被告只为避免巨额诉讼费用而选择和解时，这种办法有可能会导致对无理诉讼的恶性补偿。

损害程度的不确定性往往使交易成本问题更加严重，而且关于大多数诉讼的结果如何也有些模棱两可。如果诉讼费用很高，这种不确定性会进一步遏制人们考虑通过司法系统解决外部性问题。

高诉讼成本和诉讼结果不确定性意味着，在借助法律措施方面实际上存在着差异——穷人可能无法或者不愿意承担诉讼风险，这种情况与民主社会普遍存在的正义观相冲突。由于解决外部性的法律制度和其他私人方法常常表现得如此之糟糕和不公正，故而越来越依赖公共措施。

外部性的私人解决方案的失败

- 公共产品（搭便车）问题。
- 不完全信息问题使情况雪上加霜。
  个人对外部性需要补偿多少？
  不袒露实情的激励。
- 交易成本。
- 诉讼的其他问题。
  结果的不确定性；
  借助差异。

6.3 外部性的公共部门解决方案

环境外部性的公共部门解决方案可分为两大类：市场导向解决方案和直接管制。市场导向解决方案试图通过影响激励来确保具有经济效率的结果。例如，对现有企业的污染行为进行处罚，以反映其行为的真实社会成本，这会削弱企业污染的动机。相比之下，政府利用直接管制来限制外部性，如规定强制性汽车排放标准。

在比较这些不同方法的优劣之前，我们首先应该消除一种常见谬误，即认为一个人或企业绝不应该给其他人或企业带来负外部性。例如，有时主张企业不能污染空气和水。在大多数经济学家看来，这种绝对观点毫无意义。尽管污染（或其他任何负外部性）的确有社会成本，但这种成本并不是无限的，而是有限的。生活在空气或水有点儿脏的社区里的人，可能愿意接受一定数量的金钱补偿。因此，我们需要权衡控制污染的成本与收益，如同我们需要权衡其他任何经济活动的成本与收益一样。市场的问题不在于它导致污染，实际上，的确存在着一个具有社会效率的污染水平。而问题在于企业没有把由其造成的外部性（此时是污染）的社会成本考虑进来，结果是污染水平可能过高。政府的任务是帮助私人部门把污染控制在社会效率水平上，使个人或企业在行为上考虑对其他人的影响。

下面讨论污染外部性，但有关论点可以直接推广到其他类别的外部性。

专栏 6.2

双重红利

有人说对污染征税（罚款）具有双重红利。它不仅抑制了污染，还增加了政府收入，因此，政府要依赖扭曲性税收。相信税制具有扭曲性（对资本课税会抑制储蓄，对劳动课税会抑制工作）的人，强调了这种双重红利。不仅用传统方式衡量的国民产出增加，而且由于征税或罚款阻止了污染，真实产出（考虑到环境污染和退化）也增加了，甚至比用传统方式衡量的产出增加得多。

6.3.1 市场导向解决方案

当存在外部性，市场本身无法导致有效率的资源配置时，类市场机制也经常被用来确保行为具有效率。环境外部性的市场导向解决方案有三种形式：罚款和征税、减排补贴以及可交易许可证。我们现在依次讨论每一种形式。

罚款和征税 最简单的市场导向解决方案是根据污染排放量按比例收费或课税。一般来说，只要存在外部性，社会成本与私人成本之间、社会收益与私人收益之间就会有一个差额。准确计算的罚款或征税可以反映出个人或企业行为的真实社会成本和收益。这种罚款或征税可以使边际私人成本等于边际社会成本、边际私人收益等于边际社会收益，一般称之为**矫正税**（corrective tax），有时又被称为**庇古税**（Pigouvian tax）——以 20 世纪上半叶一位伟大的英国经济学家 A. C. 庇古（A. C. Pigou）的名字命名。①

还以前面讲过的污染空气的钢铁企业为例。我们发现，由于企业只关心边际私人成本而不关心边际社会成本（两者的差异在于污染的边际成本），所以钢铁产量会过高。通过对每个企业收取等于边际污染成本的费用，可以使边际私人成本与边际社会成本相等。

在图 6.3 中，我们假设污染水平与产量水平成正比，且每单位污染的边际成本是固定的。因此，通过对每单位产量收取等于污染的边际社会成本的固定费用，促使每个企业的产量保持在社会效率水平上。图 6.3 中，距离 *EA* 代表每单位产量的污染税，面积 *EABC* 代表应付污染税总额。

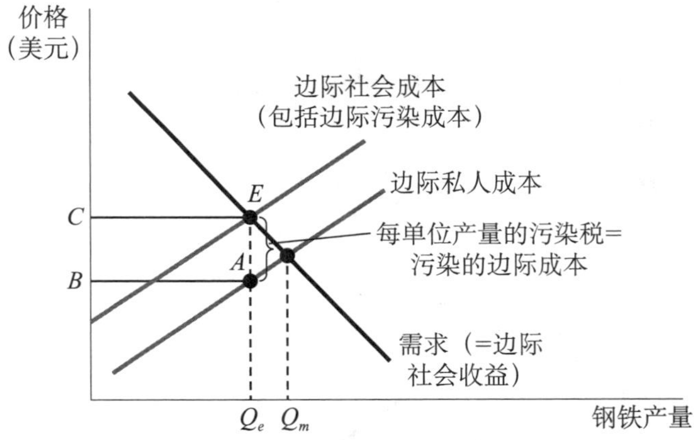

图 6.3 有无惩罚的市场均衡

若没有污染税，企业设定的价格等于边际私人成本，导致生产过度（Q_m）。若征税，让税额等于边际污染成本，可实现效率。

企业可以通过减少产量或改变生产方法来降低污染。改变生产方法可能会导致污染控制设备的直接支出，或者使生产过程中的投入组合等发生变化。罚款与污染量直接挂钩，可以保证企业尽可能以成本最低（最有效率）的方式降低污染。假设已知每单位污染（比如以每单位时间空气中增加的颗粒物数量来衡量）给他人造成的边际社会成本是既定的，并且减排的成本很高——在任何既定的生产水平上，减排越多，成本越高。换句话说，控制污染的边际成本是递增的。如图 6.4 所示，横轴代表的是减排量（从企业在治污上分文未花开始）。效率要求进一步减排所导致的支出带来的边际社会收益正好等于边际社会成本，如图 6.4 中 P^* 点所示。如果对企业的罚款 f^* 等于污染的边际社会成本，则该企业的减排支出水平是有效率的。

减排补贴 由于企业从减排中获得的直接收益很可能微不足道（大部分收益被居住在

---

① 庇古在他的著作《福利经济学》（*The Economics of Welfare*，London：Macmillan，1918）中对利用矫正税的论证很有说服力。

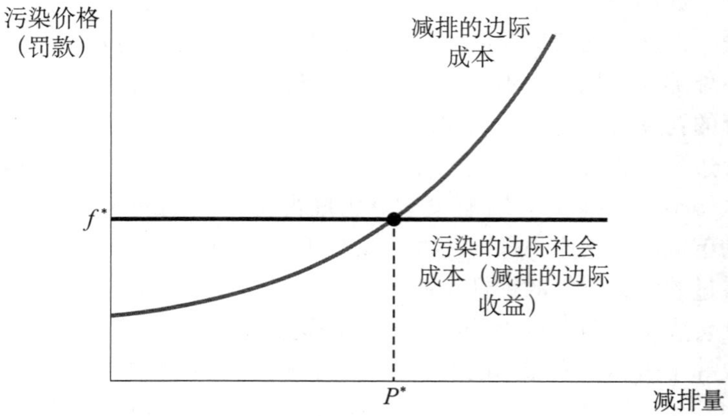

图 6.4　污染的有效控制

对企业每单位污染（比如以空气中增加的颗粒物数量来衡量）收取 f^* 的罚款，或者实行管制，令企业的减排水平为 P^*，就可以实现污染的效率水平。

工厂附近的人获得），因此，要是不对污染罚款，企业几乎没有激励花钱治理污染。从整个社会层面来说，减排支出就太少了。政府可以不对污染征税，代之以对减排支出提供补贴。若提供的补贴等于减排的边际社会收益与企业的边际私人收益之差，也可以达到减排支出的效率水平，如图 6.5 所示。

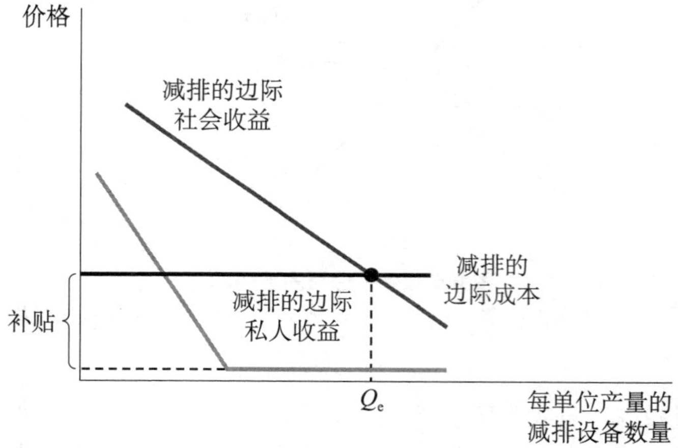

图 6.5　减排补贴

通过对购置减排设备进行补贴（等于减排的边际社会收益与边际私人收益之差），可以达到减排支出的效率水平。

图 6.4 所描述的污染的边际成本与图 6.5 所描述的减排的边际效益有直接关系。在图 6.4 中，我们假定污染的边际社会成本固定，因此减排的边际社会收益也固定；而在图 6.5 中，随着污染的减少，进一步减排的边际社会收益会下降。同样，在图 6.4 中，我们假定减排的边际成本递增，而在图 6.5 中，边际成本不变。两种情况在现实中都可能成立。

然而，从社会角度来看，这种治理措施不能实现资源的有效配置。理由很简单：生产钢铁的边际社会成本包括政府为激励企业减排的补贴成本，而企业在决定生产水平时不会考虑这一点。因此，如前所述，钢铁生产的边际社会成本超过了边际私人成本。减排补贴既降低了生产的边际社会成本（图 6.6 中从虚线到实黑线），也降低了边际私人成本。钢铁生产仍然过度，如图 6.6 中的 Q_s 点所示。① Q_m 是补贴前的产量，明显大于有补贴的效率产量水平 Q_o。精心设计的补贴会降低生产的边际社会成本——污染减少，尽管有减排补贴成本（包括政府为此融资而征税所导致的扭曲），但污染减少的收益超过了成本。因此，有补贴的最优产量水平高于企业没有减排激励时的最优产量水平，即 $Q_o > Q_e$。另外，如果减排设备可以给企业带来一些附加的收益，那么它就可能同时降低企业生产的边际私人成本，如最下方的斜线所示。这样，企业的产量水平可从 Q_m 增加到 Q_s。但是，由于减排设备的主要收益是减少污染，因此有理由认为扭曲程度（过度生产的数量）会降低。

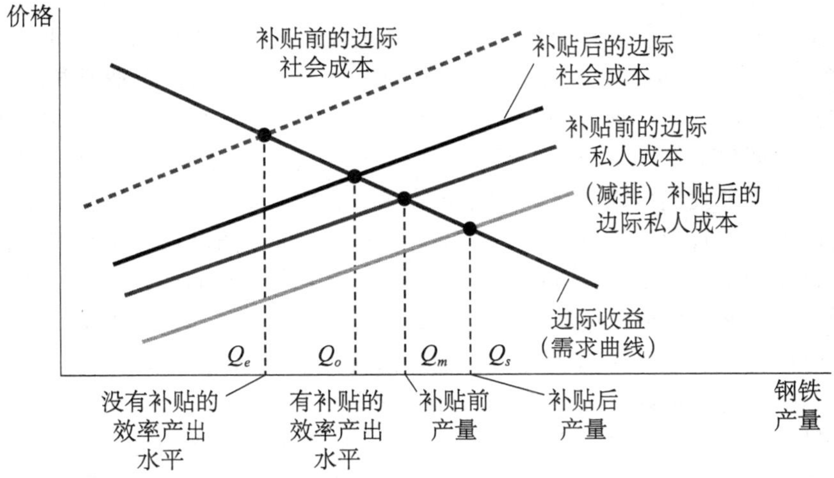

图 6.6　有减排补贴的市场均衡

即使在减排补贴之后，钢铁产量的均衡水平依然是无效率的；企业没有考虑钢铁产量增加所导致的减排补贴增加，也没有考虑所剩污染的边际社会成本。

污染者更喜欢减排补贴而非罚款，理由很明显：在前一种方式下利润更高。此外，不同方式所产生的分配效应不仅限于污染企业及其股东。在罚款方式下，一方面，产量下降，价格上升，污染企业产品消费者的境况也会变差。另一方面，那些原本要纳税以为减排补贴融资的人的境况显然会更好。但应该强调的是，补贴与罚款之间的选择不仅仅是一个分配问题。正如我们所看到的，在减排补贴方式下，生产者没有面对真实的社会成本，因而没有效率。相比之下，通过设计适当的罚款制度，生产者确实面对真实的社会成本。

可交易许可证　一种日益流行的市场化解决方案是**可交易许可证**（marketable permit），这是**限额交易**（cap and trade）制度的一种运作方式。限额或上限是指可排放的污染物总量，这一限额以排放许可证的形式分配或出售给企业，这就限制了任意一家企业可以排放的污染量。例如，每家企业可排放上年度排放量的 90%。这样，一家企业被授予可排放这么多单位污染物的许可证。由于政府关心的只是减排总量，所以企业可以进行许可证的交易。一家将其排放量减半的企业，可以将一些许可证卖给另一家想要扩大生产的企业（因此增加了污染物的排放量）。

在这种制度下，只要许可证的市场价格高于减排的边际成本，就有企业愿意出售许可

① 如果无法直接监控一个企业的污染水平，可采取的政策是既对减排支出进行补贴，又对产量征税。对产量征税（如果设定的税率适当）可以把产量水平降到社会效率水平。

证；只要减排的边际成本大于许可证的市场价格，就有企业愿意购买许可证。因此，在均衡中，每个企业都会将污染降低到某一水平，以使减排的边际成本等于许可证的市场价格。像罚款一样，可交易许可证运用市场机制确保了减排的经济效率，即每个企业减排的边际成本是相同的。

在没有不确定性的情况下，罚款和可交易许可证本质上是相同的：规定了价格（比如对排放）会导致一个特定的数量，而规定了数量会导致相应的价格。在存在不确定性的情况下，污染成本和减排成本两者不会完全相同。在规定价格的情况下，污染数量是可变的；在规定数量的情况下，污染者必须支付的价格是不确定的。

就以全球变暖问题来说，我们知道碳排放的社会成本很高，但不清楚该成本到底是多少，更不知道企业和消费者对排放规定的价格做出什么反应。那些对我们知道需要做什么（应当减排多少）有信心的人，力主实行可交易许可证制度，强迫企业承担出现不确定的排放价格的风险。碳税（一种价格制度）的倡导者认为，在实践中，随着时间的推移，对价格或数量进行调整是在所难免的。重要的是大气中的二氧化碳浓度，且由于我们知道累积的浓度及其后果，我们可以通过调整可交易许可证数量或碳价格来调整流量（排放量）。

可交易许可证具有三个问题。第一个问题是初始分配。虽然按当前污染量的一定比例将其分配给企业的制度似乎是合理的，但这会造成重大的公平问题：可交易许可证是一种可以买卖的资产，所以发放污染排放许可证就相当于给钱。过去那些造成污染的企业为什么有权从政府那里获得这样一份大礼包？这样做甚至毫无道理：斥巨资控制污染的“好”企业却得到比较少的许可证，况且要是它们已经采用了先进的技术，再进一步减少污染会难上加难。另一种可供选择的制度是按生产水平发放许可证。该制度主要是在控制酸雨时使用可交易许可证的一种制度。洛杉矶在 1994 年推出可交易许可证制度时，许可证的分配既考虑了产量和污染水平，也考虑了企业现有的技术状况。还有第三种选择，即拍卖排放许可证，这在预算吃紧时期特别有吸引力。那些污染企业的处境会不如从前，但问题是：为什么它们不伤害别人就应当得到钱？（请回忆一下污染给他人造成成本的原因。）如前所述，即使进行拍卖，可交易许可证与征税（罚款）之间仍然有一些差异。

这导致了第二个问题，但传统上却被视为可交易许可证的优点：企业可能被“收买”，以支持立法遏制排放，因为它们的损失不大（或很少）。的确，那些认为能够减排的企业会成为坚定的支持者，因为出售其排放许可证成了一种新的收入来源。可是，在欧洲，我们已经看到了其缺点：各国政府迫于压力发放更多的排放许可证（这就如同没有预算约束而白送钱）。结果是没怎么减少污染。

第三个问题更加微妙。只有当污染产生地没有差异时，可交易许可证才有效。然而，在许多情况下，情况并非如此。比如，在大城市附近，空气污染较为严重。又如，由于风常常从西边吹到东边，东海岸的污染可能不是大问题，因为大部分污染被吹到海里去了，但中西部地区的污染则可能对东部各州产生不利影响。为控制酸雨而实施的可交易许可证制度没有充分考虑这个问题。

□ 6.3.2 管制

经济学家通常认为，在控制环境外部性上，市场导向解决方案前景最好，但政府传统上一直依赖直接管制：制定汽车排放标准；颁布有关处置有毒化学物质的详细规定；禁止在飞机上吸烟；强制同一油床上的石油公司联合开采；对捕鱼和狩猎进行限制，以减轻过度利用这些共有资源带来的低效率。这些例子说明了管制的形式多种多样。

管制的倡导者认为，管制的确定性更大：如果禁止企业向水中排放超过一定水平的污染物，那么人们就知道最大的污染水平是多少；而若实行罚款，污染程度则取决于降低污染水平的成本。然而，罚款的提倡者认为，只要调整罚款就可以引导企业将污染降低到所要求的水平。此外，可交易许可证作为一种市场导向方法，可以有效地减少污染且结果确定。现实中，对管制的主要批评是，管制不能以最有效的方式减少污染：不同企业进一步减排所面临的边际成本可能不同。况且，在管制情况下，企业几乎没有动力把污染降低到所规定的标准以下，无论这样做的成本有多低。

就污染而言，我们要区分两种重要的管制。前面讨论的市场导向机制侧重于污染的数量，企业要多污染，就必须支付更多的罚款或购买更多的许可证。这是一种绩效导向制度，因为政府只关心最终结果，即产生了多少污染。有许多**绩效导向管制**（performance-based regulation），如对汽车排放的管制，关注的也是最终结果。但大部分污染管制都侧重于标准、做法和投入，而不是绩效。例如，政府可以禁止使用某些等级的煤炭，或者要求企业加装洗涤塔和其他减排设备，或者建造达到一定高度的烟囱。这些被称为**投入管制**（input regulation）。市场导向机制也可以针对投入和做法采用这种方式，比如对高硫煤征税，而不是对污染排放征税。

不论是管制还是市场导向机制，只要有可能，最好将重点放在绩效上。注重投入和做法的一个理由是监管比较容易。衡量从烟囱排放出来的污染数量可能困难重重，但如果使用洗涤塔（减少燃煤电厂的硫排放量的设备），排污量肯定会减少。

虽然实施这些政策可能有充分的理由，但在某些情况下，政治而不是政策在决策中起主导作用。就拿煤炭来说，倘若采用绩效标准，与西部煤炭企业相比，东部煤炭企业将陷入不利境地，因为东部的煤炭含硫更多。为了使含硫量达到同一水平，使用东部煤炭的企业不得不加装洗涤塔，而使用西部煤炭的企业则不用。于是，东部煤炭企业展开游说并取得了成功，强制都要使用洗涤塔。

□ 6.3.3 创新

使用绩效导向管制（而不是投入标准）和征收污染税（而不是对特定减排设备的补贴）的理由之一是，它们可以直接解决所关注的污染程度问题，并且它们可能推动创新，例如产生较少污染的新生产方式，或者以较低成本减少污染的新技术。技术进步提高了监测某些污染的能力；不断创新会进一步增强这种能力。

关于激发创新的最佳方式和创新的范围，存在相当大的争论。比起经济学家，一些环保人士不怎么相信常规经济力量的功效。许多人认为，必须迫使行业进行创新。因此，通过制定非常严格的标准（例如，汽车每百英里耗油不得超过 2.5 加仑），迫使行业开发能满足这些标准的产品。他们隐含地认为，创新的收益会超过成本，但价格体系所产生的激励（按污染数量的一定比例对汽车企业征税），不足以让企业在这一领域进行创新。

在实践中，这种策略的成效并不显著。在有些情况下，严格的管制并没有引发创新，而是引起了诉讼：在企业看来，千方百计说服法庭认为管制是不合理的比花钱满足管制所规定的标准似乎更划算。在有些情况下，企业玩老鹰捉小鸡的游戏，把宝押在即使它们不能满足标准，政府也不会把企业关掉，因为政府害怕失业工人挑起政治风波。然而，在某些情况下，创新型企业打破了这种行业抱团现象，表明这些标准确实能达到，甚至可以超越。例如，丰田普锐斯（Toyota Prius）的巨大商业成功促使其美国竞争对手开发自己的混合动力汽车，争夺这个快速增长的市场。

环保人士常常怀疑市场激励机制在促进创新方面的有效性，认为最佳做法（似乎往往是最节省成本的做法）与实际结果相去甚远。例如，他们指出，节能灯为了降低使用成本而要付出更高的成本。有时，政府措施有助于纠正协调失灵：如果灯泡烧毁时很难更换，就没有人想要安装使用节能灯泡的固定装置，如果没有需求，商店就不会购进这种灯泡；如果建筑商不把这种固定装置安装在房屋里，灯具制造商所生产的灯泡不能安装在该固定装置上，那就不会产生需求。采用高效节能技术有时候会面临信息障碍和其他类型的障碍，政府可以通过传播信息来促进这些技术的扩散。

行为经济学解释了为什么有时在改变习惯时会有惰性。不过，政府可以帮助改变习惯。例如，有关吸烟或使用塑料袋的习惯就发生了很大变化，部分原因就在于政府管制。当然，价格也有助于人们改变一些做法。节能灯在日本比在美国流行，其中的一个原因就是日本的电价比美国高。处于市场激励机制和管制这两大阵营之间的那些人认为，单靠提供信息和价格信号的微小变化不会导致所需行为发生很大变化；变化可能不会太大且比较缓慢。如今，许多电气产品的标签上标明了能耗和成本，有助于买家根据不同产品的终身成本做出更明智的决定。

因此，有可能存在双赢管制，即效率提高的同时环境成本（特别是与能源使用有关的环境成本）下降。建筑施工稍做修改（比如屋顶瓦的颜色或树木的种植）就会对能源消耗产生明显的影响。

注重投入而不是绩效方法的批评者认为，注重投入这种方法不仅效率低下，而且抑制创新，将其推向错误的方向。例如，研究的重点没有放在寻求燃煤电厂减排的最有效方式上，而是集中于如何使洗涤塔更便宜。此外，没有鼓励旨在提高准确监控产出的能力（从而降低对投入管制的依赖）的研究。

□ 6.3.4 信息披露

在某些领域，政府一直在尝试用另一种方法，即强调公众压力而非政府的强硬措施。例如，政府的作用仅限于要求企业披露排入水中或排放到空气中的潜在致癌化学物质，甚至不会就化学物质对人类影响的证据科学性做出评论。该方法的批评者常说这种信息披露的成本可能很高，但其实他们真正担心的是政府在鼓动一场恐慌性活动。大多数人会想当然地认为，如果某种化学物质被列为危险品，那么它一定是危险的，何必要冒险呢？邻近地区的人会施加巨大压力，要求企业清除化学物质，而不会评估这样做的成本或收益。这可能产生巨大的负面经济效应。特别令人不安的是，美国环保署（Environmental Protection Agency，EPA）的一项研究表明，公众对环境危害的严重性普遍存在着误解。当要求科学家和非科学家对各种潜在的环境健康危害进行排序时，这两组人的答案几乎不相同。在非科学家对其排名最高的危害当中，有几项危害是科学家将其排名最低的，反之亦然。

评估控制外部性的各种方法

绩效导向与投入导向：

- 当绩效可以衡量时，绩效导向方法更有效。
- 监控投入的成本可能较低。

管制与罚款：

- 与污染成本有关的罚款产生了适当的激励。
- 但实际污染水平会具有比较大的不确定性。
- 管制在达到监管标准上具有较大的确定性和较强的激励，但企业没有动力把污染降低到所规定的标准以下，无论这样做的成本有多低。

可交易许可证与罚款：

- 二者都可有效降低污染水平。
- 可交易许可证在污染水平上具有较大的确定性。
- 可交易许可证制度在分配初始许可证权利时面临难题。
- 如果污染成本取决于污染发生的地点，还会有其他问题。

减排补贴与污染罚款：

- 二者都能降低污染水平，甚至达到效率减排水平。但是，由于企业不会考虑全部成本，包括减排成本，所以，污染行业的生产水平将过高。企业偏向减排补贴。

□ 6.3.5 补偿与分配

到目前为止，我们关注的主要是各种控制污染（外部性）方法的效率。但是，大多数争论的焦点是分配，即谁负担了成本。控制污染的不同方法可能有明显不同的分配结果。减排设备补贴制度比污染罚款制度的资源配置效率低，但企业显然更喜欢补贴。更高的效率意味着，原则上，利用更有效的制度所产生的社会总体收益使得获益者可以补偿受损者。

那么，为什么政府还经常采取低效率的制度（如减排补贴）？原因在于，这种补偿通常无法实现。部分原因是难以衡量每个人的得失，也就无法取得进行补偿所需的信息；部分原因是得益于低效率制度的人可能比较有政治背景。罚款制度的受损者是明确的——污染企业的所有者及其产品的消费者，前者的利润下降了，后者支付的价格上升了。获益者则比较分散，即原本为支付补贴而承担税收负担的所有纳税人，以及消费其他产品的所有消费者——在补贴制度下，随着生产向补贴行业转移，其他产品的价格可能会略微上升。一般来说，受损者往往比获益者更容易识别。因此，受损者更容易团结起来，运用政治手段争取一种效率低下的制度，以便承担较少的减排成本。

政府采取管制而非前面所述的市场导向制度，原因之一可能是其对分配的影响比较小，比如，个人和企业对代价不大的排放许可证做出的反应很小。为了避免全球变暖（比如为了避免全球气温上升超过 2 摄氏度——国际环境学界的目标），就要使人们的行为发生巨大变化，这可能需要大幅提高排放价格，而这将转化为能源价格的大幅上涨，并产生明显的分配效应。而通过对发电厂和汽车厂实施管制，这种“强制”调整所产生的不利的分配效应比较小。

对环境政策的讨论也侧重于环境危害的分配效应。例如，穷人更有可能生活在有毒垃圾场附近，这种环境危害对大人及小孩的健康和预期寿命都会造成巨大的伤害。穷人的孩子出生时的体重可能会比较轻，这反过来又会影响孩子的一生，包括他们的一生平均收入会比较低。

6.4 保护环境：现实中政府的作用

现在让我们更加仔细地了解政府为保护环境所采取的现实政策。为了方便起见，我们把这些政策划分为三类：有关空气、水和土地的政策。当然，由于空气、水和土地之间相互影响，因此，好多政策会同时对它们产生影响。

6.4.1 空气

呼吸新鲜空气从来都被我们当作理所当然的事，但在 20 世纪中叶之前，这在许多大城市成为一种奢望。伦敦因污染产生的黄色浓雾而闻名，洛杉矶因威胁生命的浓雾而著称，加里和匹兹堡的天空覆盖着鲜红色的云层——这些城市的主要经济支柱都是钢铁产业。呼吸系统脆弱的人知道在这些城市生活的危险，但所有人都面临着更大的健康危险这一事实只是逐渐才被认识到。

国家对控制空气污染的努力结果表现在四个方面。其中在两个方面取得了相当大的成功，在一个方面仍存在激烈的争论，还有一个方面进展不大。

最显著的成功是在臭氧层破坏和氯氟烃方面。

臭氧层破坏 地球的大气层有一层薄薄的臭氧层，它可以保护我们免受有害的太阳辐射。在 20 世纪 80 年代末，南极上空的臭氧层出现了空洞，罪魁祸首是氯氟烃（CFCs）和其他破坏臭氧层的物质（ODSs）。1987 年世界各国在加拿大蒙特利尔签订了一个协议，即《蒙特利尔议定书》（Montreal Protocol），要求氯氟烃的生产和消费水平到 1999 年削减一半，而到了 1990 年变得更加严格，承诺到 2000 年（欠发达国家到 2010 年）完全逐步淘汰氯氟烃和哈龙。此后，其他破坏臭氧层的物质在大气中的浓度稳步下降，尽管南极臭氧层预计最早要等到 2050 年才能完全恢复。

酸雨 对形成酸雨的二氧化硫（SO_2）（特别是燃煤电厂的排放）的控制是另一个成功的案例。20 世纪 70 年代，人们发现许多树叶变黄，许多湖泊似乎看不到鱼。《1980 年酸沉降法案》（Acid Precipitation Act of 1980）和《1990 年清洁空气法修正案》（Clean Air Act Amendments of 1990）开启了控制二氧化硫排放的计划，并实施了可交易许可证的国家计划。据估计，这大大降低了减排水平的总成本。氮氧化物（NO_x）（另一种污染物）的区域性限额交易市场也已建立。

关于酸雨的一个特别棘手的问题是，二氧化硫和氮氧化物的排放会跨州。2011 年，美国环保署颁布了《跨州空气污染条例》（Cross-State Air Pollution Rule，CSAPR），以加强其受到法院挑战的监管跨州酸雨排放的法律权威。该条例针对的是美国东部的污染，目标是到 2014 年使受影响地区发电厂的二氧化硫和氮氧化物排放量在 2005 年的基础上分别削减 73%和 54%。①

颗粒物空气污染 空气中的微小颗粒物会对某些人造成严重的健康问题。在过去的半个世纪里，联邦政府参与解决颗粒物空气污染问题经历了三个阶段，即从单纯的研究［《1955 年空气污染控制法案》（Air Pollution Control Act of 1955）］到制定标准［《1970 年清洁空气法案》（Clean Air Act of 1970）］，再到提升污染控制的权威性（《1990 年清洁

---

① U. S. Environmental Protection Agency，*Cross-State Air Pollution Rule*（*CSAPR*），accessed July 20，2011，http：//www.epa.gov/crossstaterule.

空气法修正案》)。虽然环保署估计，到2020年，《1990年清洁空气法修正案》的直接收益按年度经济价值计算将达到近2万亿美元，而公私部门努力遵守本法规定的年度成本仅为650亿美元，但对这种成本收益分析所依据的假设仍有相当大的争论。[①] 争论还涉及如何计算降低颗粒物水平的成本和健康收益。要尽力量化这些收益，就需要具有收益量化的标准程序。通常，在评估建造更安全的公路、更安全的汽车或更安全的飞机需要花费多少时要进行这类计算。这些变化可能导致事故发生的概率稍低一些，据此可以计算出平均能挽救多少人的生命。政府必须有系统的方法来确定收益是否大于成本，据此来赋予生命的价值——在这里即降低细颗粒物导致过早死亡风险的价值。

全球变暖 全球变暖和温室气体是几乎没有取得进展的一个领域。瑞典化学家斯凡特·阿伦尼斯(Svante Arrhenius)早在1896年就解释说，煤炭燃烧产生的二氧化碳排放将增强地球的自然温室效应(保存地球大气层的太阳辐射)，从而导致全球变暖，但直到20世纪80年代，世界的注意力才转向这个问题。科学界能够证明，由于煤、天然气和石油等碳的燃烧，大气中二氧化碳浓度确实远高于工业革命开始时的二氧化碳浓度，而且在持续增大。科学家们还发现，绝大多数证据表明，二氧化碳浓度的大幅提高导致地球温度显著上升。自1990年以来，联合国政府间气候变化专门委员会(Intergovernmental Panel on Climate Change，IPCC)定期发布全球变暖状况评估报告，并与前副总统艾伯特·戈尔(Albert Gore)一起因对国际环保主义做出的贡献而荣获诺贝尔和平奖。

在许多人看来，随着我们不断向大气中排放二氧化碳和其他温室气体，世界似乎在拿我们的地球做危险的试验。这不仅导致地球变暖，还使海平面上升。地球变暖会造成严重的不良影响(特别是在热带地区)，而海平面上升则明显对低洼岛屿和国家不利，如孟加拉国、越南和荷兰等。其他预测出的影响还包括气候变化更加频繁。虽然有明显的证据表明温室气体在增加，且对其长期影响也达成一定的共识(但并非完全一致)，但对于这些影响是否已经显现仍有很大争议。例如，有证据表明，气候事件造成的损失增加远远大于非气候事件(诸如地震)造成的损失增加。尽管经济学家对总成本的规模有些分歧(气候寒冷的一些国家实际上是受益的)，但在哥本哈根达成的协议反映出的共识成本会很大。

随着过去20年来科学证据的不断增加，这一问题变得更加紧迫。在全球共同关注下，1997年通过了《京都议定书》(Kyoto Protocol)，工业化国家承诺减少温室气体排放。当时大多数国家都批准了《京都议定书》，只有美国例外。美国的一个主要反对理由是该议定书没有包括像中国和印度这样的发展中国家，而未来中国和印度将成为排放二氧化碳最多的国家。

发展中国家回应说，问题主要是发达国家的肆意妄为造成的，发展中国家到目前为止对温室气体的贡献比较小，预计未来对温室气体的人均贡献仍将远低于高收入国家。不仅如此，发展中国家太穷了，无法投入大量资源将其排放量降低到经济学所说的水平之下。

为了降低总成本，各国在京都达成共识，探索更加市场化的机制——可交易许可证及其变体，即“清洁发展机制”或**联合履约**(joint implementation)。如果一国用真金白银向另一国购买了温室气体减排量，它们就可被视为在“联合”履行温室气体减排。联合履约可被认为是一种有限形式的可交易许可证。一些批评者认为，美国倡导联合履约并不是出于对经济效率的承诺，而是因为它不愿或不会采取措施来降低本国的温室气体排放。

---

① 关于完整的成本收益分析，请参阅U.S. Environmental Protection Agency, Office of Air and Radiation, *The Benefits and Costs of the Clear Air Act from 1990 to 2020* (Washington, DC: U.S. EPA, March 2011)。

如今，关于温室气体有许多积极的限额交易制度。欧盟建立了欧盟碳排放交易制度（European Union Emission Trading Scheme，EU ETS），以推动在2012年年底协议到期时履行《京都议定书》的承诺，该制度目前已成为世界上最大的二氧化碳排放交易制度。

各国就新的全球温室气体排放协议进行谈判，但进展非常缓慢。在哥本哈根进行的谈判中，各国同意制订自己的减排计划。各国彼此间都面临着大幅度减排的压力，但谁都没有做出承诺。随后，《联合国气候变化框架公约》（United Nation's Framework Convention on Climate Change）缔约方于2012年12月初结束了在卡塔尔多哈召开的气候大会，同意就《京都议定书》进行后续磋商，当时希望在2015年的法国会议期间得到批准。

在美国，最简单和最有效的减排方式可能是征收碳税或能源税，但这一选项一直遭到强大的天然气、煤炭和石油利益集团的极力反对。目前，美国的汽油税明显低于欧洲和其他大多数工业化国家，如表6.1所示。

表6.1　　部分国家的汽油税

国家	每升税额（美元）
英国	1.32
德国	1.26
法国	1.19
意大利	1.14
西班牙	0.90
日本	0.77
加拿大	0.38
美国	0.11

资料来源：International Energy Agency，*End-Use Petroleum Product Prices and Average Crude Oil Import Costs*，Table 3（Average end-use prices）and Table 5（Average end-use taxes），March 2011.

任何国际协议的核心问题都是执行。防止全球变暖是一种全球公共产品，每个国家都想搭便车，也就是说，每个国家都想继续产生污染，又想享受因他国努力而不使全球变暖的好处。根据前面讨论的《蒙特利尔议定书》，不遵守议定书的国家可能要受到贸易制裁。有些人建议，为了应对全球变暖，类似的制裁也许是可取的，甚至是必要的。许多欧洲国家都在大力减排，认为美国在这方面无所作为等于给美国企业以不公平的竞争优势。例如，欧洲钢铁企业要为其碳排放付出代价，而美国的钢铁企业则不用。美国的钢铁企业就相当于得到了补贴，因为它们没有承担生产的全部成本。于是，有人建议，那些实行碳排放定价（通过碳税或可交易许可证）的国家就应当对从美国或任何其他没有这样做的国家的进口征税。

□ 6.4.2　水

关于清洁空气的争论，如今的核心问题已不再是是否应该控制污染，而是应该如何控制以及控制到何种程度。同样，对于水的问题，人们一致认为，对饮用水的控制是明智的，但关于试图减少河流污染的严格管制措施的收益与成本仍争论不休。如今的大部分水污染不是来自比较容易控制的工厂，而是来自难以控制的源头，如农场的径流。若控制这种污染，需要控制化肥和农药的使用。虽然价格机制（税收）可以阻止化肥和农药的使用，但实际上不可能把会造成污染的使用和不会造成污染的使用区分开来。此外，关于一些收益也存在争议。我们应该有多担心那些几乎肯定不会用于饮用、不大可能渗入井水或泉水的地下水污染？一些环保人士认为，我们绝不应该破坏任何自然遗产，不管是否使用地下水，都应该保持地下水清洁。其他人则采取了风险厌恶的态度：我们怎么能确保地下水永远不会用于饮用？对这些问题的争论阻碍了《清洁水法案》（Clean Water Act）的重新授权，尽管近年来制定了许多有针对性的清洁水法案。

□ 6.4.3 土地

有毒废物 报纸图文并茂地描述道，化工厂把河流和土地变成了有毒废物的填埋场，增加了与其经常接触的人患癌症的风险。美国人的噩梦是，发现自己的家园建在有毒废物的填埋场上。对此，国会于 1980 年通过了《综合环境反应、赔偿和责任法案》（Comprehensive Environmental Response，Compensation，and Liability Act，CERCLA），俗称**超级基金**（superfund）——通过对石化企业征税建立的信托基金，以帮助清理这些场地。

然而，法律设计得很糟糕。其设计原则是造成污染的人应该为清理工作付费，但它规定，任何对特定地点造成污染的人，都要承担全部清理费用。这需要政府追查大企业（“财大气粗”的企业），迫使其支付清理费用，让它们起诉其他污染者，分担它们的费用——这被称为**连带责任制度**（system of joint and several liability）。此外，法律还规定了永久责任：即使该场地得到了清理，但仍有可能发现其他产生不良影响的化学物质，因此过失方永远无法免除全部责任。更糟糕的是，污染者的保险公司认为，一般责任险不包括事故造成的污染。在有些州，法院支持保险公司，而在其他州，法院认为保险公司要承担责任。结果就是政府与污染者之间、不同污染者之间、污染者与其保险公司之间无尽的诉讼。律师像强盗一样捞钱，而有毒废物却没有得到清理。保险公司 70%以上的开支用于律师费，污染者也有四分之一以上的开销花在了律师身上。更糟糕的是，业主又增加了一种令其担惊受怕的新梦魇：在其土地上发现的有毒废物也许不会损害他们的健康，但肯定会让他们掏钱。他们要负责清理，但若按照环保署规定的标准，肯定得不偿失。在一些地方，结果是土地市场出现了“僵局”：没有人会购买可能受污染的土地，而这又会阻碍市中心贫民区的重新开发。银行也不会向这种土地提供贷款，担心违约会使其最终持有该地产（并负责清理）。美国大地上出现了许多这种“棕色地带”，企业不得不寻找绿色地带建立新工厂——旨在保护土地的法律却产生了相反的结果。

《综合环境反应、赔偿和责任法案》通过 13 年后，已经确认的 7 个主要场地中，只有一个得到了清理。又一个 4 年之后，管理当局声称三分之二的场地得到了清理或正在进行清理。2010 年的情况类似——在 239 个非联邦政府的国家优先项目清单（National Priorities List，NPL）所列项目的场地中，有超过 60%的场地清理工作的补救施工阶段完成不到一半。尽管“超级基金”实施以来的 30 多年里取得了一些进展，但仍然存在棕色地带和连带责任不公平等问题。虽然都认为需要进行改革，但环保人士、保险公司和污染者却存在分歧，使得问题难以解决，在清理标准和谁应付费等问题上都存在争议。虽然迫使污染者付费会强有力地刺激其不产生污染，但迫使人们为最初尚属合法且后果甚至不明确的行为付费，这是否正当合理也有争论。事实上，受干洗店所用的强力化学物质危害最深的，可能不是这些化学物质溢出的地方，而是那些不了解其对健康的危害、在干洗店工作的店主和工人，他们为此已经付出了高昂的代价。考虑到该行业的竞争性，他们使用这些化学物质的好处已被其消费者获得，要是要求他们以其他方式处理这些化学物质，他们会照做并将成本转嫁给消费者。无论如何，在许多情况下，实际付费的不是污染者，而是其保险公司，这就违背了污染者应当付费的道德观。然而，环保人士指出，企业最有能力判断其使用的化学物质所带来的风险，保险公司也有能力对企业施加压力，让它们仔细检查其产品的风险。争论仍在继续，尽管环保署声称，“在过去的 20 余年里，我们已经找到并分析了成千上万的危险废物场地，保护污染最严重地方的人和环境不受污染，并且让其他人参与清理”。①

濒危物种 不仅要保护环境免遭污染，还要保持原状。随着人口的膨胀，人类破坏了大自然。在世界各地，许多物种正面临灭绝。在全球层面上，各国已签署许多国际公约来应对这种威胁，1992 年不仅签署了防止全球变暖的公约，还签署了保护世界生物（动植物）多样性的公约。在争论中，人们愈发认识到，在这种多样化的生物遗产中，可能存在治疗无数疾病的活体疗法（live cures）。还有旨在防止鲸鱼灭绝、取消象牙贸易（这可能会使大象灭绝）和犀牛角贸易（在世界某些地区因据说能增强性功能而价格高昂）的其他国际公约。

1973 年，美国通过了《濒危物种法案》（Endangered Species Act）。该立法因其潜在的强大经济影响而备受争议。例如，因为担心会破坏斑点猫头鹰（一种濒临灭绝的物种）的栖息地，华盛顿州和俄勒冈州大部分地区的伐木业因此停业；在得克萨斯州，因为担心破坏一些濒危蜘蛛物种的栖息地，奥斯汀附近地区的开发被停止。

批评者认为，对这些物种的保护是一种公共产品，但这些特定土地的所有者要为此付费。如果公众想要保护这些物种，就应该购买这些土地。禁止所有者开发土地几乎无异于查封。实际上，许多人认为，对使用的任何限制都无异于对财产的“占有”，正如政府不能只是占有你的财产而不给予任何补偿一样，也不应该允许没有任何补偿就占有你可以使用的财产。阻止某个人给他人造成外部性的法律，与要求某个人给他人提供公共产品（保护濒危物种）的法律之间有本质区别。

濒危物种立法的支持者即使明白这些道理，但也认为根本没有足够的资金可用于补偿所有者，现实毕竟要做出选择：要么眼看着这些物种灭绝，要么将这些任务强加给财产所有者。此外，法律实施的时间越长，这些关于“占有”的论点就变得越不相干，因为购买财产的人知道使用这些财产会受到《濒危物种法案》的约束，因而在他们支付的购买价格中应当已有所体现。法律颁布时的土地所有者是成本的实际承担者，如果有人应该得到补偿，那也应是之前的所有者，而不是现在的所有者。

保护濒危物种只是保护自然环境的若干立法之一，还有其他一些重要的立法，比如保护湿地和沿海土地的立法。西奥多·罗斯福（Theodore Roosevelt）总统在 1901—1909 年间，通过建立 5 个国家公园、150 个国家森林公园、4 个国家禁猎区和 51 个联邦鸟类保护区，保护了 2.3 亿英亩的国家最珍贵的土地。

6.5 小结

虽然环境立法的具体细节（比如，如何最佳地改善环境以及标准设置多高等）可能还存在许多争议，但人们越来越认识到政府拥有广泛的手段，并且在下列一般原则上达成了越来越多的共识：环境至关重要；由于存在外部性，市场无法实现有效率的结果；需要采

① U.S. Environmental Protection Agency, *Superfund: Basic Information*, accessed July 20, 2011, http://www.epa.gov/superfund/about.htm.

取某种形式的政府行动；在可能的情况下，干预措施应以绩效为基础，以市场为导向；政府必须对环境退化和环境保护政策的分配后果体察入微；环境如此重要，我们不能使完美成为优秀的敌人。*

6.6 复习和练习

6.6.1 小结

1. 外部性是指某个人或企业的行为对另一个人或企业有影响，而后者并没有为此付费或收费。

2. 有时不需要政府干预也能实现经济效率。(1) 通过建立足够大的经济组织，外部性可以内部化。(2) 就像科斯所建议的那样，在明晰产权的基础上，当事人可通过讨价还价找到有效的解决办法。(3) 通过利用法律制度，可以强制外部性的制造者补偿受害者。

3. 每一种私人矫正措施都有很大的局限性。例如，公共产品问题和交易成本使得科斯所说的有效的讨价还价解决办法难以付诸实施。正因为如此，政府必须在矫正外部性问题上发挥更大的作用。

4. 政府有四种方法可试图让个人和企业以具有社会效率的方式采取行动：罚款和征税、减排补贴、可交易许可证以及管制。

5. 倘若关于外部性（如污染）的边际社会成本的信息充分，并且可以对罚款进行调整以反映这些成本，那么罚款制度就可以实现帕累托效率结果。减排补贴虽然也能实现减排的效率水平，但会导致污染产品的生产过剩。原则上，在罚款制度下，受益者完全可以补偿受损者，但在实践中很少予以补偿。因此，控制外部性的制度选择具有重要的分配效应。

6. 可交易许可证（限额交易制度）也可以有效地减少污染。

7. 强调投入或标准的管制措施可能会导致效率低下。

8.《清洁空气法案》大大降低了空气污染的程度。人们越来越关注可能导致全球变暖的温室气体排放。

9.《清洁水法案》大大减少了水污染。关于标准是否过于严格，从而边际成本是否超过了边际收益，仍有争议。

10. 旨在清理有毒废物场地的“超级基金”计划有很多问题，包括诉讼成本过高和清理进展缓慢。矫正措施包括法律制度和清理标准的改革，必须解决谁应承担清理费用的问题。

11. 人们对维护生物多样性和保护濒危物种的兴趣越来越浓厚。然而，有人担心，保护濒危物种所需的土地使用限制成了对财产的不公平“占有”。

12. 在全球性环境问题当中，最重要的是全球变暖。科学界普遍认为，大气中温室气体浓度的增加将导致气温升高，海平面上升，气候变化频繁，并造成显著的经济后果。迄今为止，国际社会未能达成有关遏制二氧化碳和其他温室气体排放的协议。

6.6.2 重要概念

限额交易　　　　科斯定理　　　　公共资源问题

* 伏尔泰曾说：“完美是优秀的敌人”。——译者注

矫正税（庇古税）	存在价值	外部性
投入管制	外部性内部化	联合履约
边际社会成本曲线	可交易许可证	绩效导向管制
产权	超级基金	连带责任制度
联合经营		

□ 6.6.3 练习题

1. 请列出由你产生的或影响你的正负外部性的清单。对于每一种外部性，请讨论本章讲到的各种矫正方法的利弊。

2. 有一种重要的外部性被称为“信息外部性”，引起人们的关注。一个人或企业生产的信息可以给他人带来好处。在某一块土地上成功地打了一口油井会增加相邻地块发现石油的可能性，从而提高了该地块的价值。你能想到其他信息外部性的例子吗？信息外部性对资源配置效率会产生怎样的影响？请讨论私人市场解决这些问题的可能性。

3. 请解释为什么减排设备补贴即使能导致减排的效率水平，也不会导致有效率的资源配置。

4. 假设污染控制的价值是不确定的，比如是污染成本的不确定性所致。画出两条不同的污染“需求曲线”（或收益曲线），表明减少1单位污染的边际收益随着污染减少水平的增加而下降。假设减排的边际成本随着减排水平的提高而增加。（1）假设政府知道收益后可以管控污染数量。请指出每种情况下的污染控制水平。（2）假设政府知道收益后可以对污染征税。请指出每种情况下的征税（或罚款）水平。在这些情况下，管制与征税（或罚款）有什么区别？（3）假设政府在知道收益前必须确定可允许的污染水平。如何确定可允许的污染水平？（提示：由于配置效率低下，社会将付出代价：如果事实证明减排的收益很高，说明允许的排污过多；如果事实证明减排的收益很低，说明限制过于严苛。）如何使这两种社会福利损失之和最小化？（4）假设政府在知道收益前必须确定罚款水平。如何设定罚款？罚款和管制有何区别？（5）假设减排的边际收益是未知的。又假设当边际收益高时，边际成本也高，同样，当边际收益低时，边际成本也低。在这种情况下，请对比分析罚款和管制这两种制度，其中，在已知成本前必须确定罚款或管制水平。

5. 假设美国有两种类型的社区，一种社区的污染控制收益高、成本也高，另一种社区的污染控制收益低、成本也低。假设政府必须制定统一的管制规定（统一的污染控制水平）或统一的污染罚款。请画图说明管制制度可能优于罚款制度。如果污染控制的边际成本高的社区恰好是污染控制的边际收益低的社区，或者污染控制的边际成本低的社区恰好是污染控制的边际收益高的社区，那么，你的答案会有什么变化？

6. 一些外部性的影响局限于某个地方，例如飞机起降时的噪音。这种外部性压低了机场周边房地产的价值，可谓外部性的成本在房地产价值中的资本化。假设穷人更愿意接受较高程度的噪音污染，以换取低得多的房屋租金。请问降低机场周边噪音水平的管制会使谁受益？（提示：土地价值将如何变化？租金呢？）

7. 限制人们如何使用其土地的各种“分区规划”（Zoning）法规有时被认为是控制外部性的手段。请对此进行解释并讨论针对这种外部性的其他解决方案。

8. 在拥挤的道路上多一个人驾车的外部性是什么？收费将如何缓解这种外部性？这种收费应如何设定？

9. 请解释减少温室气体排放的联合履约制度为什么比每个国家都必须减少某一固定

污染量的制度更有效率。

10. 许多经济学家担心，除非所有国家都必须减少温室气体排放量，否则一个国家的排放量减少可能会被另一个国家的排放量增加部分抵消。请解释这是怎么发生的。

11. 全球变暖与大气中温室气体的浓度有关。一旦进入大气，气体会长时间停留（几个世纪）。温室气体包括二氧化碳和甲烷。(1) 假设一定量的二氧化碳对全球变暖的影响是甲烷的 4 倍。对这两种气体排放的相对罚款（征税）应该是多少？(2) 征税应如何随时间的推移而变化？(3) 碳税是对因燃烧天然气、石油或煤炭而排放到大气中的二氧化碳量课征的税。对煤炭征收的碳税最重，对天然气征收的碳税相对较轻。英热单位（BTU）税是对燃烧天然气、石油或煤炭等所产生的能量课征的税。如果担心温室气体使全球变暖，那么，碳税优于英热单位税，这是为什么？

12. 关于减少温室气体排放的两种不同策略一直争论不休。一种是世界各国都应采取相同的措施，如征收碳税。另一种是世界各国都应采取相同的目标，如排放量都降低到 1990 年的水平。请解释这两种策略的分配和效率问题。

13. 企业平均燃油经济性（Corporate Average Fuel Economy，CAFE）标准规定了每个制造商生产的汽车的平均油耗（每加仑英里数）。也就是说，通用、福特、克莱斯勒、丰田等销售的汽车的平均油耗必须至少等于政府规定的标准。请解释为什么这种制度会引起不同汽车制造商的低效率和不平等。（提示：考虑专门生产小型汽车的公司和专门生产大型汽车的公司。）

14. 讨论企业平均燃油经济性标准存在的一些问题。如何设计一种“可交易的企业平均燃油经济性标准”制度？这种制度为什么会提高效率？

15. 为了解决“超级基金”污染场地险种的争议，有人建议，通过对保险业征税来创建一个基金，用以支付索赔。按 1980 年的保费征税或按目前的保费征税，会有何不同？哪些保险公司可能会喜欢哪种征税方式？（你可以利用供求图来说明答案。）每种征税方式对保险的供给曲线会产生怎样的影响？

16. 减少汽车尾气排放的一个建议是“加油时付保费”(pay at the pump insurance)（比如说每加仑汽油为 25 美分），收益将用于保险基金。该建议会对环境产生什么影响？你能想出该建议可能有吸引力的其他理由吗？

第7章 效率与公平

重点问题

1. 在存在权衡取舍的情况下，经济学家对如何做出社会选择会进行怎样的系统性思考？也就是说，在找到所有可能的帕累托改进之后，一个人的福利增加必须牺牲他人的福利吗？什么是社会福利函数？为什么经济学家认为这个概念很有用？

2. 经济学家如何系统地思考效率与不平等之间的权衡取舍？如何衡量贫困或不平等？如何衡量效率？

3. 政府如何从实际出发将一些一般性原则运用于现实决策？

4. 我们是否还能做出既提高效率又增进公平的改进？是否存在其收益主要归富人、其成本主要归穷人的市场扭曲？减轻这种市场扭曲会提高生产率和公平性吗？

第3章分析了不使他人的境况变差就没有人的境况会变好的帕累托效率条件，并表明如果没有市场失灵，自由市场会是帕累托效率的。然而，即使竞争性经济是有效率的，它所产生的收入分配也可能被认为是不可取的。政府活动的一个主要结果和主要目标是改变收入分配。

进行公共项目评估通常要权衡其对经济效率和收入分配的影响。福利经济学的一个核心目标就是提供一个可以进行系统性评估的框架。本章说明了经济学家对效率和公平权衡取舍关系的分析。

7.1 效率与分配的权衡取舍

我们仍考察一个简单的经济，该经济中只有两个人：鲁滨逊和星期五。假定起初鲁滨逊有10个橘子，星期五只有2个。这似乎不公平。因此，假定我们扮演政府的角色，尝试把鲁滨逊的4个橘子拿给星期五，但在这一过程中，丢失了1个橘子。因此，鲁滨逊最终有6个橘子，而星期五有5个。我们消除了大部分不公平现象，但在这一过程中，可用的橘子总数减少了——效率（可用的橘子总数）与公平之间存在着**权衡取舍**（trade-off）。

公平与效率之间的权衡取舍关系是许多公共政策讨论的核心问题。争论的问题有两个。第一，关于权衡取舍关系的性质存在分歧。为了减少不公平，我们要放弃多少效率？把鲁滨逊的橘子拿给星期五的过程中，丢失了1个橘子还是2个橘子？

第二，关于不公平程度减轻和效率下降的相对价值存在分歧。有人认为，不公平是社会的核心问题，社会应尽量使不公平程度最小化而不计对效率产生的后果。而有人则认为，效率才是核心问题。在他们看来，从长远来看，即使我们希望帮助穷人，但最好的办法并不是紧盯着蛋糕怎么分，而是把蛋糕做大，尽快做大，使得每个人拥有更多的东西。

这些分歧与公平和效率间的社会选择有关。下面我们详细分析这些选择。

7.2 分析社会选择

当经济学家分析消费者选择时，机会集由消费者的预算约束线界定，消费者的偏好可用无差异曲线表示（见第 3 章）。个人会选择预算约束线与无差异曲线相切的那一点——这可使其在预算约束既定的情况下处于最高的无差异曲线上。

经济学家试图用同样的框架来分析社会选择。第 3 章介绍的效用可能性曲线描述了机会集。它给出了在其他人所获得的效用水平既定的情况下，一个人所能获得的最高效用（福利）水平。当且仅当经济在效用可能性曲线上运行时，它才是帕累托效率的。根据福利经济学第一基本定理，竞争性经济总是在效用可能性曲线上运行。根据福利经济学第二基本定理，如果政府相应地再分配初始禀赋，通过竞争性市场过程就可达到效用可能性曲线上的每一点。

社会如何选择效用可能性曲线上的一点？如同个人的无差异曲线描绘了他们如何在不同的商品之间进行权衡一样，**社会无差异曲线**（social indifference curve）描绘了社会如何在不同个人的效用水平之间做出权衡取舍。社会无差异曲线给出了比如鲁滨逊和星期五的效用组合，社会对这些效用组合无差异。

福利经济学的两个核心问题现在可以用这种社会选择框架来重新表述。假定目前的竞争性市场均衡可以用图 7.1 的效用可能性曲线上的 A 点表示。假定社会决定，比如说，沿着效用可能性曲线从 A 点移动到 B 点。B 点表示星期五的效用上升，鲁滨逊的效用下降。

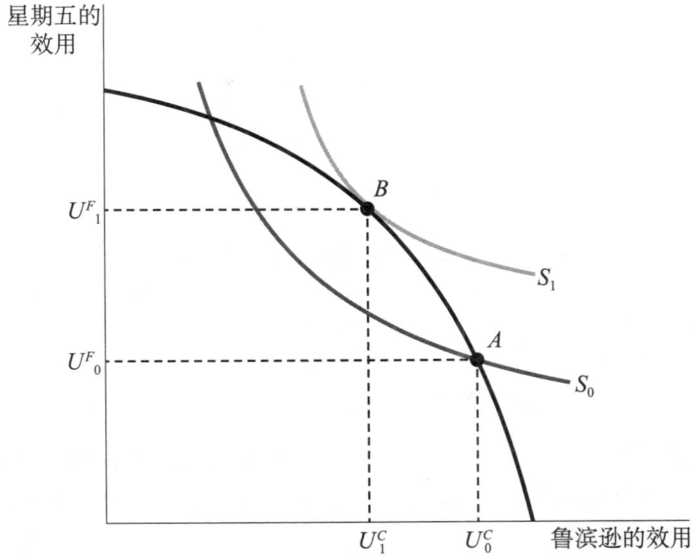

图 7.1 社会无差异曲线

社会无差异曲线描绘了社会如何评价星期五和鲁滨逊之间的权衡取舍，给出了社会无差异的各种效用组合。在更高的社会无差异曲线上，社会的境况更好，这和个人在更高的个人无差异曲线上境况更好一样。此外，正如个人在预算约束线上会选择与无差异曲线相切的点一样，社会在效用可能性线上首选的点是社会无差异曲线与效用可能性曲线相切的点。

第一个问题是：什么是权衡取舍？效用可能性曲线给出了答案，即星期五的效用从 U_0^F 上升到 U_1^F，鲁滨逊的效用从 U_0^C 下降到 U_1^C 。第二个问题是关于社会偏好的：社会如何评价这种权衡取舍？社会无差异曲线的斜率给出了社会无差异的权衡取舍。B 点位于与效用可能性曲线相切的社会无差异曲线 S_1 上，而 S_1 高于 S_0，因此，B 点是社会所偏好的。

下面两小节将深入研究权衡取舍问题和经济学家用于分析社会选择的框架。

□ 7.2.1 确定权衡取舍

在图 7.1 中，效用可能性曲线说明了效用从鲁滨逊手中转移到星期五手中的权衡取舍。效用可能性曲线的形状表明的不仅仅是这些权衡取舍关系。请看一下图 7.2 所示的效用可能性曲线。假定经济位于 A 点，此时，鲁滨逊比星期五享有更多的效用。沿该曲线向左上方移动，星期五的效用增加，鲁滨逊的效用下降。假设从鲁滨逊那里拿走橘子给星期五，分两步进行：从 A 点到 B 点，再从 B 点到 C 点。显然，这会使鲁滨逊的境况变差。如图 7.2 所示，与星期五增加的效用相比，鲁滨逊减少的效用比较少。

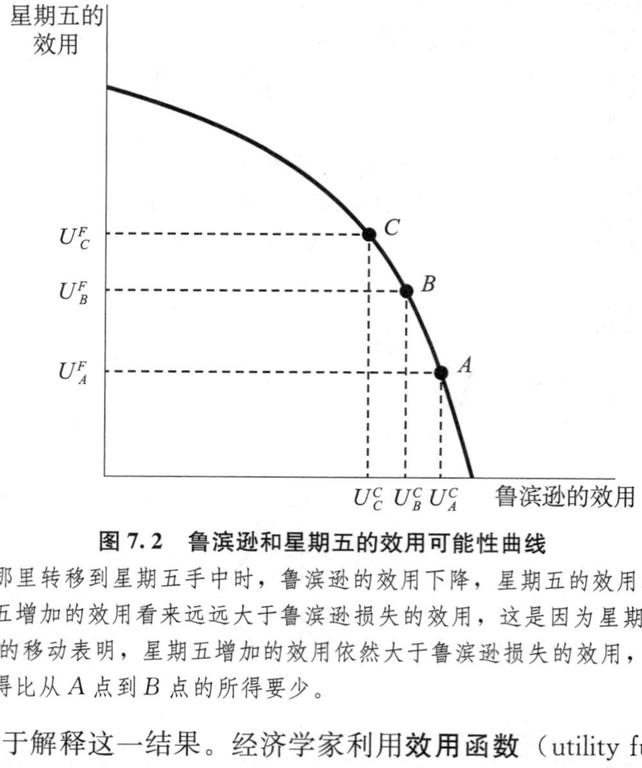

图 7.2 鲁滨逊和星期五的效用可能性曲线

当橘子从鲁滨逊那里转移到星期五手中时，鲁滨逊的效用下降，星期五的效用增加。从 A 点向 B 点移动的过程中，星期五增加的效用看来远远大于鲁滨逊损失的效用，这是因为星期五的境况比鲁滨逊差得多。从 B 点到 C 点的移动表明，星期五增加的效用依然大于鲁滨逊损失的效用，但权衡取舍关系发生了变化，星期五的所得比从 A 点到 B 点的所得要少。

效用理论有助于解释这一结果。经济学家利用**效用函数**（utility function）来描述橘子的数量与星期五的效用水平之间的关系，星期五多获得一个橘子所增加的效用称为他的**边际效用**（marginal utility），如图 7.3 所示。在每一点上，边际效用是效用函数的斜率——橘子消费变化 1 个单位所导致的效用变化。请注意，随着橘子消费数量的增加，效用增加得越来越慢，边际效用下降。（因此，C 点的效用函数的斜率小于 A 点或 B 点。）这是因为星期五非常喜欢第一个橘子，对第二个、第三个橘子的喜爱程度依次下降。最后，他吃够了，再多吃一个橘子给他带来的额外享受非常少。对于任何一种东西，个人消费的数量越多，从额外单位中获得的收益就越少。这种现象称为**边际效用递**

减（diminishing marginal utility）。[①]

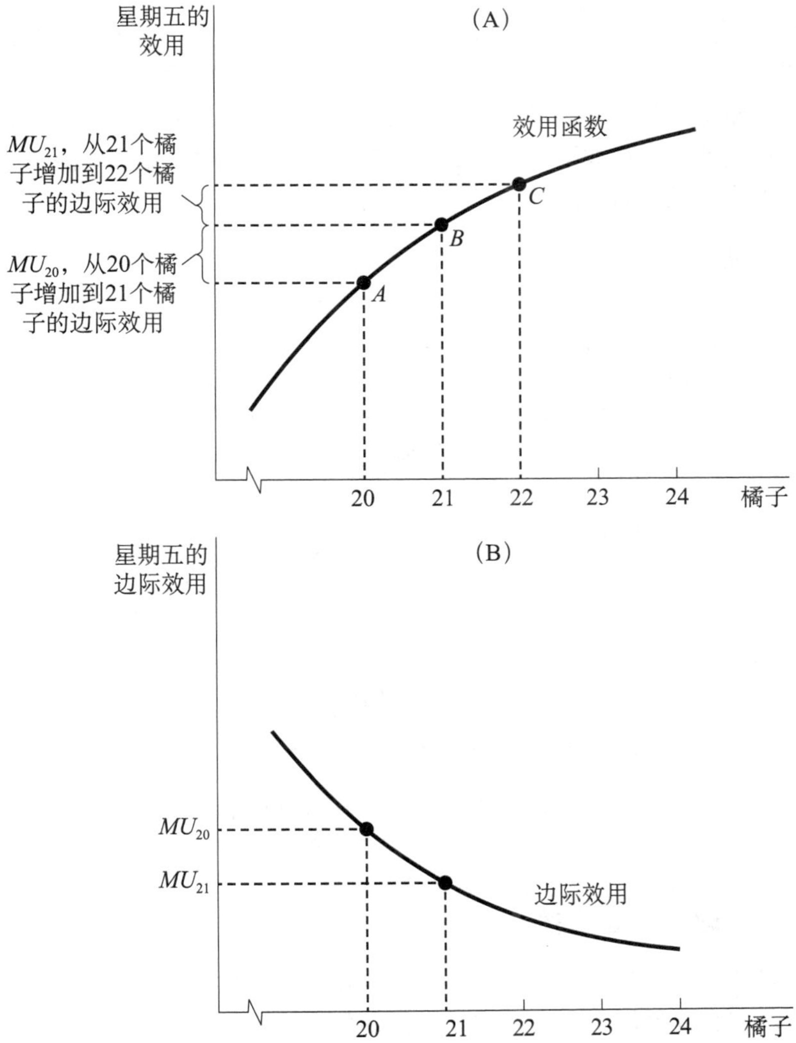

图 7.3　效用函数和边际效用

图（A）表示效用函数：星期五获得的橘子越多，他的效用水平越高，但每多一个橘子带给他的额外效用越来越少。图（B）表示边际效用：随着橘子数量的增加，星期五多获得一个橘子的额外效用下降，对应于效用函数的斜率下降。

同理，从鲁滨逊那里拿走橘子，他的效用会下降，而且拿走的橘子越多，每失去一个橘子的额外效用损失越多。这就是为什么在边际效用递减的情况下，效用可能性曲线呈现出图 7.1 和图 7.2 所示的形状。这种形状表明，当星期五的收入很低（橘子很少）时，我们可以让鲁滨逊的效用略微下降，以大大增加星期五的效用。但是，当星期五的境况变好时，我们即使大量减少鲁滨逊的效用，也可能只会使星期五的效用增加少许。

决定效用可能性曲线形状的第二个重要因素是效率，我们可以有效地把资源从一个人

---

① 我们把效用函数写作 $U=U(C_1, C_2, \cdots, C_n)$，其中 C_1，C_2，…，C_n 代表各种商品的消费量，比如 C_1 的边际效用就是 C_1 的消费增量所产生的 U（效用）的增量。边际效用递减意味着 C_1 不断增加，U 的增量越来越小。

转移到另一个人。在我们的社会中，把资源从一个群体（比如富人）转移给另一个群体（比如穷人）的做法是对富人课税，对穷人补贴。我们这样做通常会影响经济效率。在这种情况下，富人可能不太努力工作，因为他们的努力所获得的回报不大；与此同时，穷人也不太努力工作，因为努力工作有可能使他们失去福利。这些抑制作用的大小——一个颇具争议的主题，将影响整个效用可能性曲线的形状。在图 7.4 中，外线代表转移资源无成本时的效用可能性曲线，该线下方的内线代表转移成本很高时的效用可能性曲线，但 C 点除外，该点没有发生任何再分配活动。

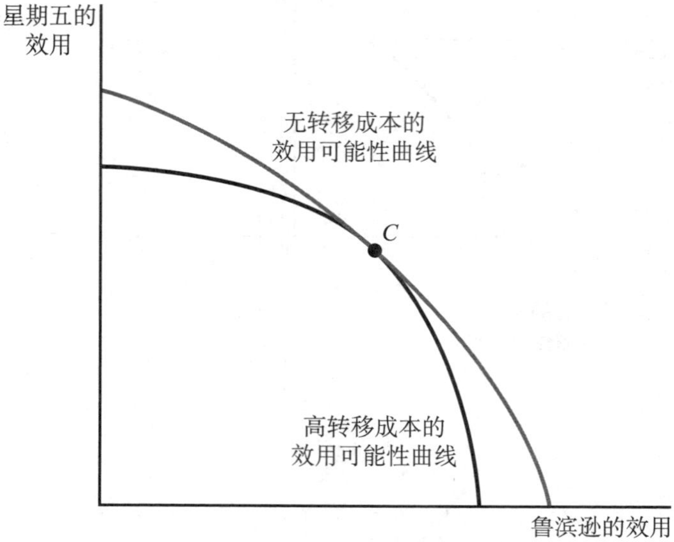

图 7.4　有转移成本的效用可能性曲线

当转移有成本时，通过再分配所能达到的点的集合，位于无转移成本的效用可能性曲线之内。

□ 7.2.2　评价权衡取舍

社会无差异曲线是分析社会选择的第二个基本概念。如第 3 章所述，无差异曲线给出了对个人来说具有相同效用水平的商品组合。就像个人可以从商品消费中获得效用一样，社会也可以从其成员获得的效用中得到福利。**社会福利函数**（social welfare functions）给出的是社会成员获得特定一组效用情况下的社会福利水平。社会无差异曲线的定义是：产生相同社会福利水平（或者说社会福利函数值相同）的不同人（或群体）的效用组合集。

社会福利函数提供了任何资源配置排序的基础：我们将选择能产生更高社会福利水平的资源配置。根据帕累托原则，我们应该选择那些至少可以使一些人的境况变好而没有人的境况变差的资源配置。该原则指出，如果一些人的效用增加，而其他人的效用没有下降，那么社会福利增加。在图 7.5 中，A 点东北方向上的组合可以使每个人的境况变好，因而满足帕累托原则。遗憾的是，大多数选择都会涉及权衡取舍——有人境况会变好，有人境况会变差。在 B 点，群体 2 要比在 A 点境况好，但群体 1 的境况会变差。因此，我们需要一个更有说服力的标准，这就是社会福利函数标准。社会无差异曲线是一个简便的图示方法，可用来思考社会在这些情况下所面临的各种权衡取舍。在图 7.5 中，位于社会无差异曲线 W_2 上的群体 1 和群体 2 的所有效用组合，都比位于 W_1 曲线上的所有效用组合所产生的社会福利水平高，这表明 B 点优于 A 点。

社会对不同的收入和福利分配的态度存在许多假设，社会福利函数可被视为经济学

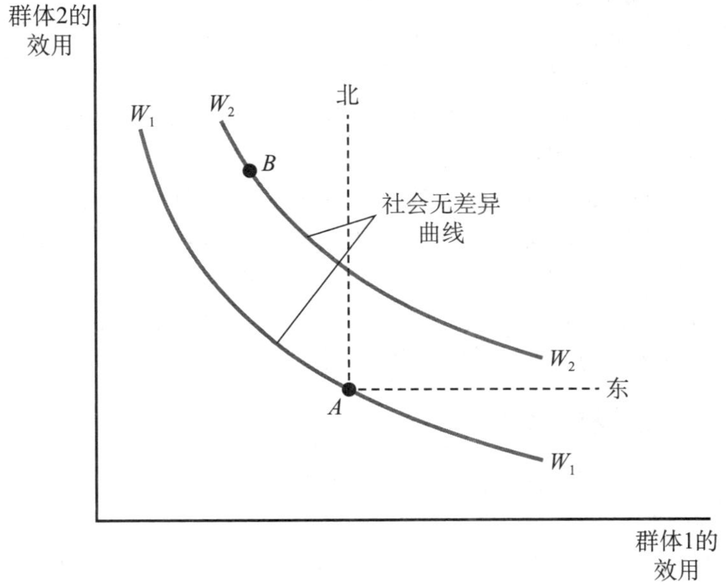

图 7.5　社会无差异曲线

社会愿意以一个群体的效用减少换取另一群体的效用增加。社会无差异曲线给出了群体 1 和群体 2 的社会无差异的效用组合。社会无差异曲线 W_2 上的点所产生的社会福利水平高于社会无差异曲线 W_1 上的点所产生的社会福利水平。

家用于归纳这些假设的工具。如果社会非常关注不平等现象，那么，哪怕鲁滨逊必须放弃 70 个橘子以使星期五获得 1 个橘子，也未尝不可，“因为鲁滨逊一开始就有很多橘子”。只要星期五比鲁滨逊穷，鲁滨逊所做出的能使星期五过得更好的任何牺牲都是正当的。相反，社会可能根本不关心不平等，即使星期五要穷得多，社会对星期五和鲁滨逊手中的橘子的评价也完全一样。在这种情况下，社会可能只是关心效率，即可用的橘子数量。在这一过程中，哪怕损失 1 个橘子，都说明不应该存在橘子从鲁滨逊到星期五的再分配。

功利主义　社会福利函数以及相关的无差异曲线可以有多种形状，图 7.6 说明了三种不同的情形。在图 7.6（A）中，社会无差异曲线是一条直线，意味着不管星期五和鲁滨逊的效用水平如何，社会都愿意以星期五的 1 单位效用换取鲁滨逊的 1 单位效用。这种社会无差异曲线所代表的观点具有悠久的历史传统。杰里米·边沁（Jeremy Bentham）是**功利主义**（utilitarian）的先驱。功利主义者认为，社会应当使其成员的效用总和最大化。在我们的只有两个人的简单例子中，社会福利函数是：

$$W=U_1+U_2$$

显然，在这种社会福利函数情况下，社会无差异曲线具有图 7.6（A）所示的形状。

必须强调的一点是，在功利主义社会福利函数情况下，社会对个人 1 增加 1 个橘子（或收入增加 1 美元）、个人 2 减少 1 个橘子（或收入减少 1 美元）并非无差异。如果个人 1 比个人 2 的收入水平低（橘子少），那么，个人 1 多获得 1 个橘子（多获得 1 美元）所增加的效用大于个人 2 所减少的效用。功利主义社会福利函数说的是，任何一个人的效用与任何其他一个人的效用应当被赋予相同的权重。

许多人可能认为，当一个人的境况比另一人的境况差时，社会不会对穷人（个人 1）效用的减少而富人（个人 2）效用的等量增加漠不关心。只有当富人的效用增加更多时，社会才愿意接受穷人的效用下降。图 7.6（B）所示的社会无差异曲线反映了这种价值观。该曲线不是一条直线，而是一条曲线：随着穷人的境况变得越来越差，使社会无差异的富人效用的增加必须越来越多（即社会无差异曲线越来越陡）。

罗尔斯主义 哈佛大学哲学教授约翰·罗尔斯（John Rawls）在辩论中采取了极端的立场。罗尔斯认为，社会福利只取决于境况最差的人的福利；如果增加了这个人的福利，社会就会变得更好，而增进其他人的福利，社会不会变得更好。在他看来，不存在权衡取舍。如果星期五比鲁滨逊的境况差，那么只要能增加星期五的福利，就会增加社会福利。橘子从鲁滨逊手中转移到星期五手中的过程中，损失多少（转移过程效率多低）都无关紧要，只要星期五有所收获。换句话说，境况好的人的福利增加不能补偿境况差的人的福利减少，如图 7.6（C）的 L 形社会无差异曲线所示。①

□ 7.2.3 两点注意事项

虽然许多公共部门经济学家都在普遍使用社会福利函数和效用可能性曲线的概念，但是这些概念也受到了广泛的批评。

人际比较 我们假定，随着个人消费的增多，其效用会上升。但是，我们无法衡量效用水平或效用的变化程度。社会福利函数似乎不仅假定了存在可以衡量个人效用的方法②，而且假定存在可用来比较不同个人的效用的方法。例如，在功利主义社会福利函数情况下，我们可以加总不同社会成员的效用。由于我们可以把鲁滨逊和星期五的效用加总，我们实际上是在假定我们可以一种有意义的数值方式比较他们的效用水平。但是，当我们从鲁滨逊那里把橘子转移给星期五时，我们如何以客观的方式比较星期五的收益和鲁滨逊的损失？

罗尔斯社会福利函数（Rawlsian social welfare function）也面临同样的问题，该函数要求使境况最差的社会成员的福利最大化。要判断谁的境况最差，我们必须能以某种方式进行效用比较。

许多经济学家认为，没有任何可靠的方法可用于这种**人际效用比较**（interpersonal utility comparisons）。我可能会说，尽管我的收入比我兄弟的高，但我并不快乐；不仅如此，我还可能会说，我知道如何更好地花钱，因而给我 1 美元使我增加的效用比给他 1 美元使他增加的效用要多得多。人们如何能证明我是错的还是对的？由于无法回答这个问题，故经济学家认为，进行福利比较没有科学依据。正因为进行这种福利比较没有“科学”依据，所以，许多经济学家认为应仅限于描述不同政策的结果——只指出谁是利得者，谁是受损者，而且这也应是分析的最终目的。他们认为，只有在政策变化是帕累托改进的情况下，经济学家才应做出福利判断。遗憾的是，正如我们所说的，属于帕累托改进的政策变化很少；因此，在不能进行人际福利比较的情况下，经济学家很难提出政策建议。

---

① 社会福利函数写作：

$$W=\min\{U_1, \cdots, U_n\}$$

社会福利反映的只是境况最差的社会成员的效用。

② 在某些情况下，可以用一个人愿意为某种东西支付的货币数量作为这种东西的效用测度，但这解决不了人际效用的比较问题。

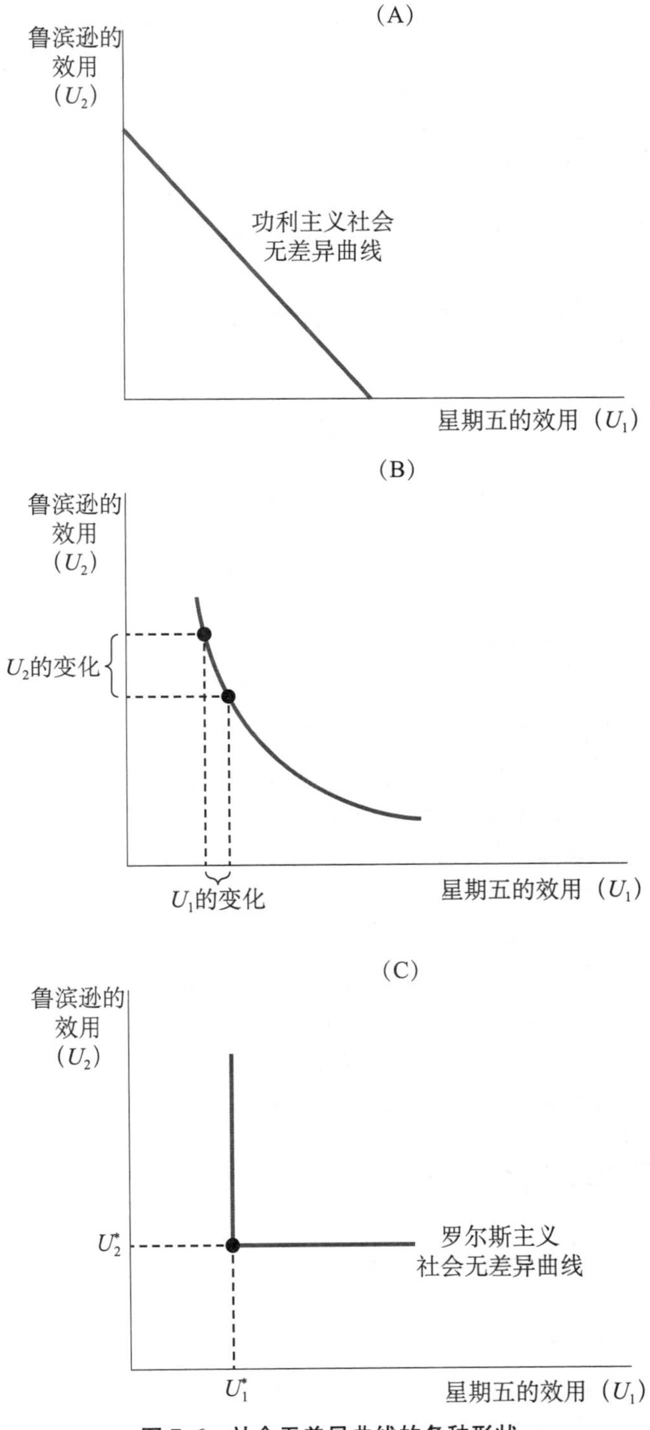

图 7.6　社会无差异曲线的各种形状

图(A):只要星期五至少获得等量的效用,功利主义者就愿意放弃鲁滨逊的一些效用。社会无差异曲线是直线。图(B):有人认为,社会要求富人增加的效用量(U_2)要超过穷人减少的效用量(U_1)。图(C):罗尔斯的观点是,富人福利的增加不能补偿穷人福利的下降,这意味着社会无差异曲线的形状是L形。

理论上的社会选择

1. 构建机会集。效用可能性曲线描述了当他人的效用增加时，一个人的效用必须减少的数量。

2. 定义偏好。社会无差异曲线描述的是：为了增加一个人的既定数量的效用，社会愿意减少另一个人多少效用。

3. 采取增加社会福利的方案。找到使社会处于最高社会无差异曲线的方案。

比较个人选择与社会选择

个人选择	社会选择
步骤一：定义机会集	
预算约束线	效用可能性曲线
步骤二：定义偏好	
个人无差异曲线	社会无差异曲线
步骤三：选择偏好点	
个人无差异曲线与预算约束线的切点	社会无差异曲线与效用可能性曲线的切点

社会福利函数从何而来？　第二种反对意见涉及社会福利函数的本质。人人都有偏好，他们可以决定其更偏好的那种苹果和橘子的组合。社会，众生芸芸，但是社会本身并没有偏好。我们可以描述每个人的偏好，但社会福利函数代表谁的偏好？如果有一个独裁者，问题很好回答：社会福利函数会反映独裁者的偏好。但是，在民主社会中，这个问题不易回答。一些人（特别是富人）可能不怎么关心再分配，而其他人（特别是穷人）可能认为应该高度重视再分配问题。

作为一个描述性问题（实证分析的一部分），社会几乎没有一致性。第 9 章描述的结果之一解释了为什么这并非意外。大多数经济学家把我们所描述的概念（规范分析的一部分）作为有助于我们系统思考社会必须不断面对的各种权衡取舍的工具。正如我们在前面所说，系统分析这些权衡取舍实际上是决策过程的重要组成部分。

7.3　现实中的社会选择

在实践中，政府官员既没有推导效用可能性曲线，也没有构建社会福利函数。但是，他们会决定是否从事某一特定项目的方法，确实反映了我们所说的概念。

首先，他们试图确定和衡量不同群体所获得的净收益（收益减去成本）。其次，他们确定该项目是否属于帕累托改进，即是否每个人的境况都得到改善。倘若如此，显然应从事这个项目（这是帕累托原则）。

如果该项目不属于帕累托改进项目，事情就变得难办了。有得必有失，政府需要做出全面判断。一个常用的方法是，看两个描述“效率”效应和“公平”效应的汇总统计量(summary statistics)。效率的衡量方法是，加总每个人的所得或所失（稍后描述一种计算方法)。公平的衡量方法是，观察衡量社会不平等的某种总体指标。如果一个项目有净所得（正的效率效应)，并降低了可衡量的不平等，那么，就应该从事该项目。如果一个项目有净损失，并加剧了可衡量的不平等，那么，就不应该从事该项目。如果效率指标显示有所得，而公平指标显示有损失（或者相反），那么，就存在权衡取舍。权衡取舍的评价要用到社会福利函数：社会愿意接受多少额外的不平等来提高效率？

在公平和效率之间必须做出选择的例子不胜枚举。例如，一般而言，税制的收入再分配作用越显著，对效率的不良影响越大，这时就存在公平和效率之间的权衡取舍。当然，也有设计不怎么样的税制，这种税制会使经济在效用可能性曲线之内运行。在这种情况下，促进公平并提高效率是可能的。

现在，我们仔细考察经济学家是如何衡量效率和不公平的。

□ 7.3.1 衡量收益

第一个问题是如何衡量某个项目或工程给特定人带来的收益。在前面的效用理论讨论中，我们描述了多给星期五橘子如何增加他的效用。但是，我们怎样对此进行衡量？

标准的做法是用支付意愿衡量。我们询问一个人在某种情形下愿意支付多少。例如，如果乔喜欢巧克力冰激凌胜过香草冰激凌，这是他为获得巧克力冰激凌愿意多付钱的理由。或者说，如果黛安更愿住在加利福尼亚州而不是新泽西州，这是她愿意为西海岸的住所付更多钱的理由。

请注意，一个人愿意支付多少不等于他必须支付多少。相对于香草冰激凌，乔愿意为巧克力冰激凌支付更多，但这并不意味着他将必须支付更多。他必须支付多少取决于市场价格，他愿意支付多少则反映了他的偏好。

我们利用支付意愿来衡量效用，可以构建一个如图 7.7（A）那样的图。该图显示出玛丽增加运动衫的购买量所获得的效用水平，具体情况见表 7.1。在此我们假定，玛丽愿意为 5 件运动衫支付 200 美元，为 6 件运动衫支付 228 美元，为 7 件运动衫支付 254 美元，等等。因此，5 件运动衫给她带来的效用是 200，6 件运动衫给她带来的效用是 228，7 件运动衫给她带来的效用是 254。玛丽的支付意愿随着运动衫数量的增加而增加，反映出额外的运动衫给她带来额外的效用。这里用她愿意支付的额外金额来衡量一件额外运动衫的效用，即边际效用。表 7.1 第 3 列给出了她从最后一件运动衫中获得的边际（或额外）效用。当玛丽有 5 件运动衫时，多 1 件给她带来的额外或边际效用是 28（＝228－200）；当她有 6 件运动衫时，多 1 件带来的边际效用只有 26（＝254－228）。图 7.7（B）描绘了每一次增加的边际效用。[①]

□ 7.3.2 普通需求曲线和补偿性需求曲线

我们可以用支付意愿概念构建需求曲线。我们询问了玛丽愿意为额外 1 件运动衫支付多少。如果运动衫的价格是 29 美元，那么她会购买 5 件。她本来愿意为第 5 件支付 30 美元，第 5 件的边际收益显然超过边际成本。但她只愿意为第 6 件支付 28 美元，故边际收益低于边际成本。因此，图 7.7（B）所画出的边际效用曲线也可看作需求曲线。

然而，这是一种特殊的需求曲线，称为**补偿性需求曲线**（compensated demand curve），与普通需求曲线（ordinary demand curve）有点不同。回想一下，我们通过询问玛丽愿意为额外每件运动衫支付多少来构建补偿性需求曲线。因此，当我们给她更多的运动衫时，我们总是让她保持完全相同的效用水平。

---

① 边际效用是从增加 1 单位消费中获得的额外效用，因此，在图 7.7（A）中，效用曲线的斜率反映了边际效用。

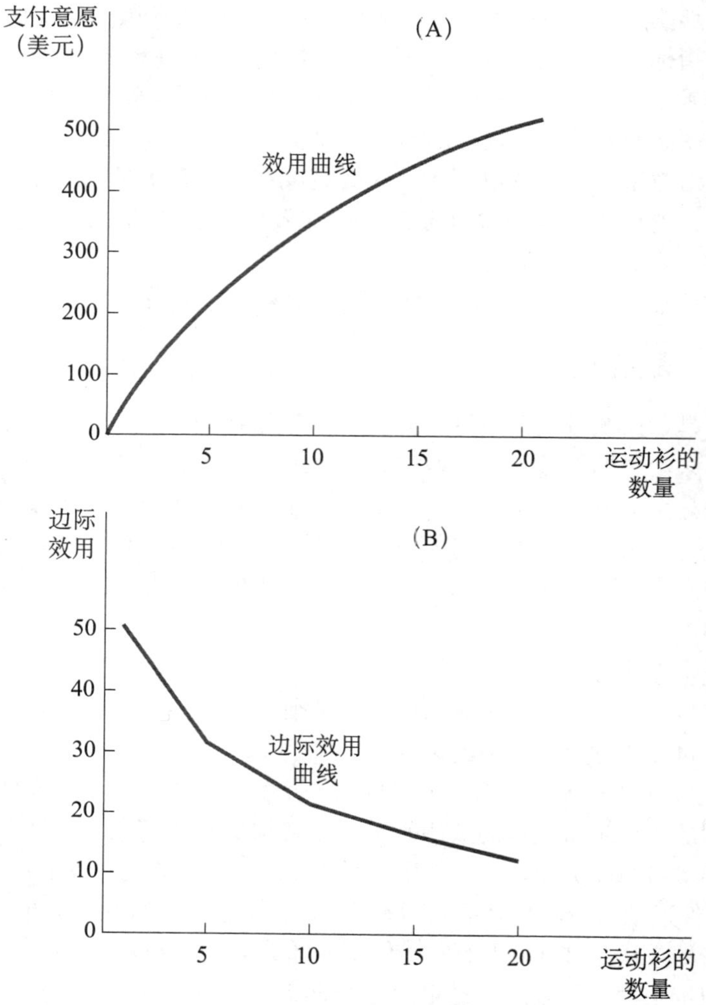

图 7.7　效用和边际效用

图（A）显示效用随着消费量的增加而不断增加，但当消费量达到较高水平时，效用水平趋于稳定。图（B）清楚地显示出边际效用，注意，它随消费量的增加而递减。

表 7.1　　效用和边际效用

运动衫的数量	玛丽的支付意愿（效用）	边际效用
0	0	0
1	50	50
2	95	45
3	135	40
4	170	35
5	200	30
6	228	28
7	254	26
8	278	24
9	301	23
10	323	22
11	344	21

续前表

运动衫的数量	玛丽的支付意愿（效用）	边际效用
12	364	20
13	383	19
14	401	18
15	418	17
16	434	16
17	449	15
18	463	14
19	476	13
20	488	12

为了构建普通需求曲线，我们需要知道玛丽在每一价格上要购买的商品数量。随着价格下降，玛丽的需求会更多，境况也会变得更好。随着价格下降，人们可以用更便宜的商品替代其他商品。如果运动衫价格下降，玛丽会用运动衫替代针织衫，这就是所谓的**替代效应**（substitution effect）。由于价格降低，玛丽的境况变得更好，因为如果她购买的商品量和以前相同，就会省出一些钱。她可以把这些钱花掉，用其中一部分钱购买运动衫。由于玛丽的境况变好，她对运动衫的需求增加，就好像她有了更多的收入，这就是所谓的**收入效应**（income effect）。如果我们把这笔多出来的钱拿走，就可获得补偿性需求曲线，消除了收入效应。因此，补偿性需求曲线反映的只是替代效应。在大多数情况下，两者之间的差异可以忽略不计。如果玛丽将收入的1‰用于购买运动衫，拿走多余的钱对她的运动衫或任何其他商品的需求几乎没有影响。因此，图7.8显示的普通需求曲线和补偿性需求曲线几乎相同，普通需求曲线略微平缓（价格从目前水平往下调导致需求量略有上升；价格从目前水平往上调导致需求量略有下降）。

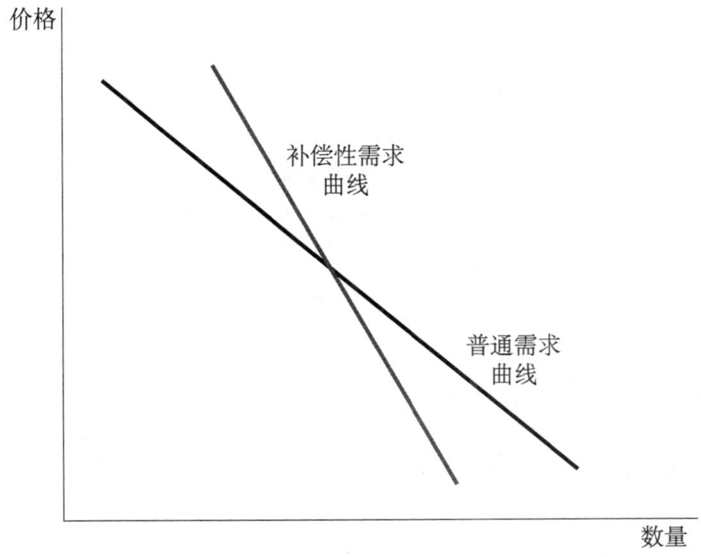

图7.8　补偿性需求曲线与普通需求曲线

补偿性需求曲线给出的是价格变化后个人的钱被拿走或给他钱以使其境况与价格变化前一样的商品需求。因此，它衡量的只是价格变化所产生的替代效应。由于随着价格下降，个人的境况会变好，因此（正常）商品的购买量只是稍有增加，故普通需求曲线比补偿性需求曲线略显平缓。

□ 7.3.3 消费者剩余

个人愿意支付的与其实际支付的之间的差额称为**消费者剩余**（consumer surplus）。玛丽本来愿意为第 1 件运动衫支付 50 美元，为第 2 件支付 45 美元，为第 3 件支付 40 美元，等等。但是，如果市场价格是 29 美元，那么她为每件运动衫支付的金额都是 29 美元。因此，在第 1 件运动衫上，她获得 21 美元的剩余（她愿意支付的 50 美元减去实际支付的 29 美元）；在第 2 件运动衫上，她获得 16 美元的剩余；在第 3 件运动衫上，她获得的剩余是 11 美元；等等。因此，当玛丽购买 5 件时，消费者剩余总额为：21 美元＋16 美元＋11 美元＋6 美元＋1 美元＝55 美元。

在图 7.9 中，消费者剩余是补偿性需求曲线之下、价格线之上的面积。当然，由于补偿性需求曲线和普通需求曲线几乎相同，我们通常是通过观察普通需求曲线之下、价格线之上的面积来计算消费者剩余。

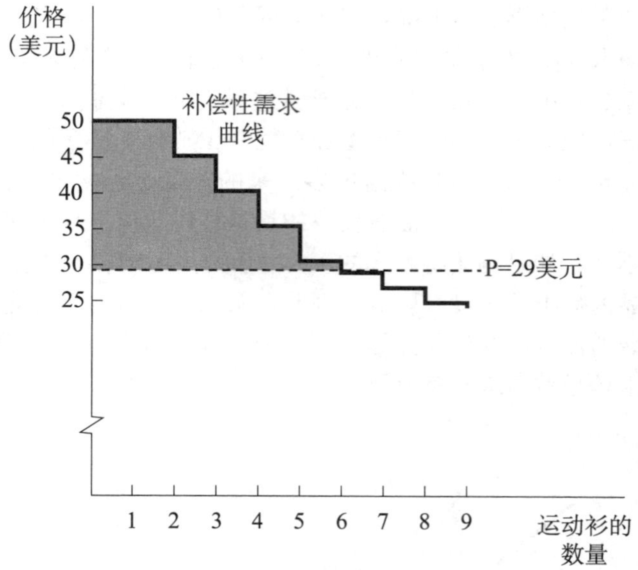

图 7.9 消费者剩余图解

一个人的消费者剩余是他愿意支付的（由需求曲线之下的面积表示）和其实际支付的（由价格线之上的面积表示）之间的差额。图中的阴影面积就是消费者剩余。

利用消费者剩余计算政府项目的收益。补偿性需求曲线可用于衡量政府项目的收益。例如，修建一座不收费的桥可视为价格从“无穷大”（如果没有这座桥，不管你花多少钱都买不到过桥通行）降到零。福利收益正好是消费者剩余总额，即图 7.10 中需求曲线之下的面积。这衡量的是人们能支付的最大值，且有桥和没有桥时的境况一样。显然，如果消费者剩余小于此桥的成本，那么，建桥不合算，而如果消费者剩余大于建桥的成本，建桥就合算。

经济学家尝试用于衡量消费者剩余和支付意愿的方法有若干种。许多产品都有数据，可供经济学家用来构建需求曲线（人们在每一价格下愿意购买的数量）和补偿性需求曲线。[①]

---

① 如前所述，对于大多数产品而言，补偿性需求曲线和普通需求曲线非常相似。如果需求收入弹性（当收入增加 1%时，产品需求增加的百分比）是已知的，那么，我们就可以根据普通需求曲线画出补偿性需求曲线。

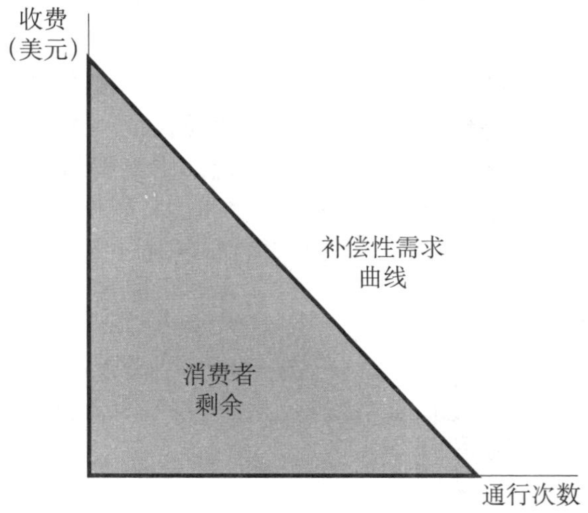

图 7.10　衡量政府项目的收益：建桥

不收费的桥的收益可以用需求曲线之下的全部面积（消费者剩余总额）来衡量。

在这种情况下，就可以用补偿性需求曲线之下的面积来计算支付意愿。有些产品，例如大峡谷，没有市场需求曲线，但政府仍然可能想知道为保持其原貌公民愿意支付多少。经济学家精心设计了调查方法，让人们切实说出其支付意愿。第 11 章将详细讨论这些方法。

消费者剩余

- 用（补偿性）需求曲线之下的面积来衡量。
- 用来衡量政府项目的价值或评估效率低下的程度。

□ 7.3.4　衡量总社会收益

我们已经描述了如何衡量一个人获得的收益。社会收益通常用所有人获得的收益总和来衡量，所得到的数字代表了社会上所有人的支付意愿总额。一个项目的总支付意愿与总成本之间的差额可视为该项目的净“效率”效应，即净收益的货币值。

□ 7.3.5　衡量无效率

经济学家在评估各种政策时特别强调经济效率。税收因抑制工作努力程度而遭责难，垄断因限制生产、抬高价格而遭批评。要衡量无效率的货币值，经济学家可以采用与衡量新项目的货币值完全相同的方法。在前面我们介绍了如何计算项目的消费者剩余，现在，我们计算消除无效率后的消费者剩余，即“为消除无效率，一个人愿意放弃多少?”我们以香烟税引起的无效率为例。我们问每个人，要废除香烟税，你愿意支付多少。假设你的答案是 100 美元。这样，废除香烟税，代之以课征 100 美元的**一次总付税**（lump-sum tax，即不管人们做什么都必须支付的一种税），你的福利保持不变。香烟税收入（比如 80 美元）和一次总付税之间的差额被称为这种税造成的**无谓损失**（deadweight loss）或**超额负担**（excess burden），可用来衡量税收无效率。除了一次总付税之外，其他税都会造成无谓损失，因为这些税会让人们为避免纳税而放弃自己比较喜欢的消费并转向自己不太喜欢的消费。因此，即使是没有筹措到任何收入的税种（因为人们都不购买应税商品），也可能存在相当大的超额负担。

我们可以用补偿性需求曲线来计算无谓损失。假定香烟的生产成本是 c_0，征税使价格从 c_0 提高到 c_0+t，其中 t 是每包烟的税额。我们假定在征税的情况下，人们消费 q_0 包香烟；在废除这种税的情况下（但用一次总付税取代，使人们的境况与征收香烟税时的一样），消费 q_1 包。我们可以在图 7.11 中画出由此产生的补偿性需求曲线。无谓损失用补偿性需求曲线之下、c_0 之上、有无税收的产量之间的面积 ABC 来衡量。

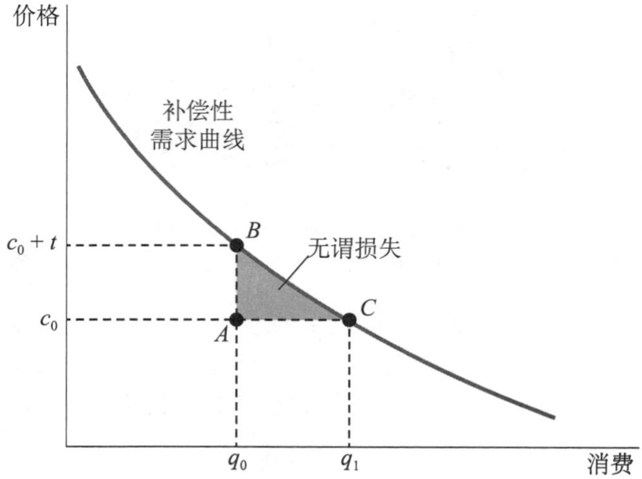

图 7.11　衡量无效率

面积 ABC 衡量的是无谓损失，即香烟税造成的效率损失。与香烟税对个人福利的影响相同的一次总付税可以多筹措收入 ABC。

三角形 ABC 有时被称为**哈伯格三角**（Harberger triangle）[①]，以此向曾在芝加哥大学和加州大学洛杉矶分校任教的经济学家阿诺德·哈伯格（Arnold Harberger）表示敬意。这个三角形不仅可以衡量扭曲性税收造成的无效率，还可以衡量其他的无效率，例如，垄断造成的无效率。为什么哈伯格三角能衡量无谓损失？价格告诉了我们消费最后一单位的价值，即在 q_0，个人愿意用 p_0（$=c_0+t$）单位的"收入"（他本来可以用这笔钱购买其他产品）来多换取一包香烟。当然，个人有 q_0+1 包香烟时，他对额外这一包香烟的评价低于他有 q_0 包香烟时的评价，因此他愿意支付的价格下降。

假定最初的消费是 100 包，废除香烟税后，消费增加 10 包；每包的税收为 10 美分，生产成本为 1 美元。（税收收入是 100 包×10 美分/包，即 10 美元。）个人愿意为多出来的第 1 包支付 1.1 美元，为第 2 包支付 1.09 美元，为第 3 包支付 1.08 美元，等等。如果取消征税，价格跌至 c_0，每包香烟的生产成本为 1 美元，个人意愿支付的总额是 10 美分/包×100 包=10 美元（即他已购买的头 100 包所节省的金额，等于税收收入），加上第 101 包的 10 美分（他对第 101 包的评价与必须支付的金额之间的差额）、第 102 包的 9 美分，等等。请记住，我们正在计算他在必须每包支付 1 美元之上愿意多支付多少。他的意愿支付总额是 10.5 美元。由于这种税筹措到的收入是 10 美元，无谓损失就是 50 美分。当然，

---

① 例如参阅 A. Harberger, "Taxation, Resource Allocation and Welfare," in *The Role of Direct and Indirect Taxes in the Federal Revenue System*, ed. J. Due (Princeton, NJ: Princeton University Press, 1964), reprinted in A. Harberger, *Taxation and Welfare* (Chicago: University of Chicago Press, 1974)。

这正好是补偿性需求曲线之下、c_0之上、q_0和q_1之间的面积。

□ 7.3.6 衡量分配效应

评估项目或税收的分配效应通常比评估效率效应复杂得多。一个社会有很多群体，每个群体都可能受到不同的影响。有些穷人可能会受到伤害，有些则会得到帮助；有些中等收入者可能会得到帮助，有些则会受到伤害；在某些情况下，富人得到的帮助可能最多，穷人得到的帮助可能不多，而中产阶级的境况可能有所恶化。

在实践中，政府主要用几个简要指标来测度不平等程度。由于穷人对此特别关心，故这些指标备受关注。**贫困指数**（poverty index）衡量的是其收入低于贫困线的人口比例，收入低于该贫困线的人被视为处于贫困状态。2010 年，四口之家的贫困线是 22 113 美元。[①]

另一种衡量指标是**贫困差距**（poverty gap）。贫困指数只计算收入低于贫困线的人数，不管他们的收入比贫困线低多少。贫困差距要问的是：我们要给穷人多少收入才能使他们超过贫困线？

本章附录简要讨论了另外两种衡量指标。

专栏 7.1

划定贫困线

官方贫困线决定了多少人被政府算作穷人。但是，贫困线本身是由什么决定的？

20 世纪 60 年代初，社会保障署（Social Security Administration）的一位官员莫莉·奥珊斯基（Mollie Orshansky）找到了一种根据家庭支出调查衡量贫困的方法。她发现，家庭通常将三分之一的收入用于购买食品。然后，她收集了各种规模家庭的最低食品预算的信息，通过将该数据乘以 3，可得到不同家庭规模的贫困线估计值。经过微调后，奥珊斯基的贫困线于 1969 年被官方正式采纳，并从此按全国的通货膨胀率调整。

关于贫困是如何衡量的，人们可能要问许多问题，这里列举了三个问题。

第一，奥珊斯基调查发现家庭将三分之一的收入用于食品是在 1955 年。从那以后，家庭支出已经发生了变化。现在的家庭用于食品的收入百分比要低得多，也许是四分之一或五分之一。如果将最低食品预算相应地乘以 4 或 5，贫困线就会高得多。

第二，贫困线没有考虑实物福利。实物福利包括任何不以现金形式获得的福利，例如医疗救助、食品券和学校午餐补贴。如果这些福利都算作额外收入，那么处于贫困线以下的人数会减少 20%左右。

第三，有些批评者提出，贫困应该被认为是一种相对的而非绝对的概念。他们认为，处于社会底层的人，比如说收入最低的 5%、10%或 20%的人，相对于其他人而言是穷人。贫困被视为不平等的极端情况也许更恰当。

对于许多人来说，最后一点批评太过分了。他们担心，相对贫困概念会降低反贫困的道德紧迫性。努力确保人们拥有基本的衣食住医水平是众望所归，即使对这些基本水平的界定尚有争议。

---

① U. S. Census Bureau, *Poverty Thresholds*, http://www.census.gov.

1995 年，美国国家科学院（National Academy of Sciences，NAS）的一项研究建议，应该对衡量贫困的方法做重大修改。虽然大家都同意将非现金收入纳入进来，但是，如何更好地包括医疗支出的难题没有得到完全解决。如果一个贫穷的病人收到 150 000 美元用于肾脏移植，应该将之算作收入吗？要是算作收入，他岂不是处于高收入阶层了吗？这项研究建议调整贫困线，而不仅仅是考虑通货膨胀，但没有提出按平均收入的增长比例提高贫困线，这将使贫困变成一个纯粹的相对现象。然而，即便是这种妥协，有的专家组成员仍然有很大意见。

美国人口普查局（U. S. Census Bureau）根据 1995 年国家科学院报告的建议，检验了一些实验性的贫困衡量方法，并于 2009 年组建了“开发补充性贫困衡量方法的跨部门技术工作组”。2011 年，人口普查局在劳工统计局（Bureau of Labor Statistics）的支持下发布了第一份报告，介绍了新开发的补充性贫困衡量方法（supplemental poverty measure，SPM），该方法融合了国家科学院的许多方法。根据人口普查局的说法，补充性贫困衡量方法不会取代官方的贫困衡量方法，也不会用来确定政府计划的资格条件。相反，它旨在提供衡量贫困的另一种视角，以更好地反映当代社会经济条件，包括明显改变家庭可用资源，从而改善其贫困状况的政府政策。与 2011 年的官方贫困衡量指标相比，补充性贫困衡量方法估计的总体贫困率略高（16.1%比 15.1%），但 18 岁以下的贫困率低很多（18.1%比 22.3%），而 65 岁以上的贫困率几乎高出一倍（15.1%比 8.7%）。

资料来源：Joyce E. Allen and Margaret C. Simms, “Is a New Yardstick Needed to Measure Poverty?” *Focus* (February 1990)：6－8；*Measuring Poverty：A New Approach* (Washington, DC：National Academy of Sciences, 1996)；Gordon M. Fisher, “The Development and History of the U. S. Poverty Thresholds—A Brief Overview,” *GSS/SSS Newsletter* (Winter 1997)：6－7；and Kathleen Short, “The Research Supplemental Poverty Measure：2011,” *Current Population Reports*, pp. 60－244, United States Census Bureau, November 2012.

专栏 7.2

了不起的盖茨比曲线

自 20 世纪 70 年代以来，美国的不平等现象日益凸显。例如，收入最高的 1%家庭与其他家庭的实际税后收入增长形成巨大反差，中产阶级逐渐萎缩，基尼系数大幅度上升。

然而，人们并没怎么关注不平等程度与代际收入流动性之间的关系。最近的研究发现，通过父辈的收入能很好地预测其子女以后的收入。

奥巴马总统的经济顾问委员会主席艾伦·克鲁格（Alan Krueger）创造了他所谓的“了不起的盖茨比曲线”（Great Gatsby Curve）一词，这是以菲茨杰拉德（F. Scott Fitzgerald）小说中的人物命名，盖茨比以他在“咆哮的 20 年代”（Roaring Twenties）的奢华生活而闻名。“了不起的盖茨比曲线”是以横轴代表**基尼系数**（Gini coefficient）（当前的收入分配）、纵轴代表代际收入弹性（intergenerational income elasticity）（父辈收入与子女收入之间的关系）而绘制的曲线，表明了在特定时点上代际收入弹性与收入不平等之间的令人不安的联系：不平等程度越高的国家，代际经济流动性往往越低。例如，20 世纪 80 年代，在家庭间不平等较突出的经合组织（OECD）国家，代际收入持续性也较强。

这项研究表明，美国的收入停滞不仅比大多数经合组织国家更加严重，而且令人担忧的是，美国不公平现象的加剧进一步降低了本已很低的代际收入流动性。克鲁格利用“了不起的盖茨比曲线”进行估计，发现美国下一代的代际收入弹性从0.47上升到0.56。换句话说，不平等威胁了美国的机会平等——父辈的命运对于决定子女的命运越来越重要。

7.4 社会选择的三种方法

当遇到项目不能实现帕累托改进这一难题时，我们有三种基本方法来描述社会选择，分别称为补偿原则法、指标权衡取舍法和加权净收益法。

7.4.1 补偿原则法

如果总支付意愿超过总成本，但有些人承担的成本超过了其支付意愿，会发生什么情况？这个项目还应当进行下去吗？**补偿原则**（compensation principle）认为，如果总支付意愿超过总成本，这个项目就应当进行下去。大多数经济学家批评这条原则，因为它忽略了分配问题。只有在补偿确实支付给了受到不利影响的人的情况下，我们才能肯定该项目是可取的，因为这时它实现了帕累托改进。

由于补偿原则没有充分关注分配问题，故经济学家已转向其他两种方法。

7.4.2 指标权衡取舍法

有了衡量效率（净收益）和不公平的指标，至少从理论上说进行公共决策应该比较容易：人们只要评估效率提高与不公平加剧相比是否值得即可，反之亦然。

前两节介绍了如何衡量总体效率和不公平程度。这些只是统计量，是有助于加总一个项目或工程的影响的指标。这种汇总统计量虽然有用，却常常会淹没一些公共决策所需的很重要的详细信息。从理想上说，我们会考察公共决策对每个人的影响，然后用社会福利函数加总这些影响。在实践中，政府并不想知道公共决策对每个人的影响，但的确想知道对每个主要群体的影响。例如，政府可能会考察对不同收入群体的影响，比如对收入低于10 000美元的家庭、收入处于10 000～20 000美元之间的家庭等的影响。

7.4.3 加权净收益法

加权净收益也许正是决策者做出决策时所需的信息。如果净收益总额（支付意愿之和减去总成本）为正，且穷人是净受益者，富人是净受损者，那么，该项目既能提高效率又能促进公平，就应该付诸实施。然而，情况通常更为复杂。例如，穷人和富人的境况都可能变差，而中等收入者的境况得到改善。我们如何评估这种变化？我们还可以使用社会福利函数，将各种影响加总。**加权净收益法**（weighted net benefits approach）对不同群体的净收益赋予不同的权重，最终将这些影响汇总为一个数字。社会福利函数告诉我们如何做到这一点。出于对公平的考虑，对高收入群体的影响所赋予的权重较小，而该权重小到何种程度可能决定了一个项目是否要付诸实施。例如，如果我们赋予穷人损失的权重比赋予中产阶级所得的权重大得多，那么帮助中产阶级但损害穷人和富人的项目可能不会得到实施。[①]

权重的使用可认为基于以下三个假设：第一，边际效用递减；第二，不同人的效用和收入之间的关系是相同的；第三，社会关心的是总效用——所有人的效用之和（功利主义社会福利函数）。虽然每个假设都有可能受到质疑，但我们仍然认为，这些程序是加总数据的简便方法，决策者常常发现它们是有帮助的。

现实中的社会选择

- 确认帕累托改进。
- 如果有些人的境况变好，而其他人的境况变差，则找出哪个群体的境况变好了、哪个群体的境况变差了（按收入、地区、年龄划分），以及每一主要群体的得与失：

确定净收益总额是否为正（补偿原则）。

看看效率衡量指标和不平等衡量指标的变化并评估这种权衡取舍。

根据社会福利函数，计算加权净收益（赋予穷人大于富人的得失权重）。

7.5 重新审视效率与公平之间的权衡取舍

效率和公平之间的权衡取舍建立在以下两个理念之上：一是经济是帕累托效率的，所以不使别人的境况变差就不会有人的境况变好；二是个人间的收入转移是有代价的。正如我们在第 3 章指出的那样，竞争性经济（没有其他市场失灵）是帕累托效率的。然而，所需的条件异常严格，一般来说，还有改进的余地。具有许多帕累托效率结果，每一种结果对应于不同的初始禀赋（比如财富）条件，但对富人征税以帮助穷人通常要付出代价，比如这种税可能会抑制人们努力工作或储蓄。

然而，在世界各地，特别是在美国，越来越清楚地看到，更加公平和更有效率有可能并存。一个明显的例子就是垄断（比如微软），垄断抬高了价格，有碍于实现经济效率，却为垄断者带来了巨额财富。更加有效地执行反垄断法将使经济更有效率，同时还能降低不平等程度。还有一个例子就是无处不在的寻租（rent seeking）活动，从事这些活动的人不是通过扩大经济蛋糕的规模而是通过提高自己在经济蛋糕中所占的比重来增加收入。其他例子包括利用公司治理（治理公司的规则）缺陷的首席执行官（CEO）给自己支付巨额奖金；金融部门那些从事掠夺性贷款（predatory lending）和其他不能改善经济绩效活动的人，很可能阻碍了经济效率的提高，但为银行家赚取了巨额收入；利用政治影响力获得政府合同的公司，抬高卖给政府的产品的价格；从政府那里获得自然资源的公司，以较低的成本买到这些资源。富人所追捧的、以低税率对资本利得征税的税法扭曲了经济，因为资本利得是富人的一种主要收入形式。这种税法鼓励更多的资金投入到可能会破坏经济稳定的投机活动中，而没有投入到提高经济增长和效率的活动中。改革这些税法将提高效率

① 鉴于这些权重在社会决策中的重要性，经济学家一直在为分配权重寻找合理基础。一种方法是，考虑边际效用以多快的速度随收入的增加而递减。可以通过观察处于危险境地的个人的行为进行推论：如果边际效用递减非常快，人们就很不愿意冒较大的风险，而愿意为自己规避风险支付大额保费。以此为证据，大多数经济学家认为，收入翻一番将使收入的边际效用降低 2～4 倍。所以，同样的收入变化，收入为 30 000 美元的中产阶级人士的收入变化权重只有收入为 15 000 美元的穷人的 1/4～1/2。

和公平。

还有其他方式可以同时提高效率和公平。相对于任何其他发达国家，在美国，孩子的生活前景更依赖于父母的收入和受教育程度，这意味着贫困家庭的大部分孩子都不能实现他们的潜能。更好的公立学校将创造更平等和更多的机会，改善整体经济表现。

总而言之，市场和政府失灵的结合产生了一种以广泛的寻租和其他扭曲行为为特征的经济，这些行为有益于极少数最富有的人而损害了其他人的利益。在这种情况下，我们既可以使经济更富有效率，又能促进公平。事实上，正是不公平降低了经济效率和生产率。①

7.6 复习和练习

7.6.1 小结

1. 福利经济学或规范经济学研究的是各种经济政策的评价标准，一般同时考虑效率和公平。

2. 社会福利函数提供了一个可用于分析政策分配效应的框架，明确说明了一个人的效用增加必须补偿另一个人的效用减少。

3. 根据功利主义社会福利函数，社会福利等于所有社会成员的效用总和。根据罗尔斯社会福利函数，社会福利等于社会中境况最差的人的效用。

4. 消费者剩余概念（人们对一个项目或计划除了必须支付的部分以外，还愿意支付多少）可用于衡量一个项目或计划的总收益。无谓损失概念可用于衡量税收的无效率；相比于所课征的税而言，在使人们的境况保持相同的情况下，一次总付税将会产生多少额外收入。

5. 从实践来看，在评估各种议案时，我们并没有详细说明每项议案对社会每个人的影响，而是通过描述其对一些不平等指标（或一些明确的群体）的影响并描述效率得失来加总其影响。各种议案通常存在效率和公平之间的权衡取舍；要获得更多的公平，必须放弃一些效率。有关权衡取舍的性质（要提高一定程度的公平性需要放弃多少效率）、价值观（从边际角度来说，要提高一定程度的公平性应当愿意放弃多少效率），存在意见分歧。

6. 当不存在帕累托改进时，可用于做出社会选择的三种方法是：(1) 补偿原则法；(2) 效率与公平指标的权衡取舍法；(3) 加权净收益法。

7. 贫困指数衡量的是收入低于某一阈值的人口比例。

7.6.2 重要概念

补偿性需求曲线	补偿原则	消费者剩余
道尔顿-阿特金森不公平度量	无谓损失（超额负担）	边际效用递减
基尼系数	哈伯格三角	收入效应

① 有关当今美国经济效率与社会公平之间关系的深入研究，请参阅 J. E. Stiglitz, *The Price of Inequality: How Today's Divided Society Endangers Our Future* (New York: W. W. Norton & Company, 2012)。

人际效用比较	洛伦兹曲线	一次总付税
边际效用	贫困差距	贫困指数
罗尔斯社会福利函数	社会无差异曲线	社会福利函数
替代效应	权衡取舍	功利主义
效用函数	加权净收益法	

□ 7.6.3　练习题

1. 假设鲁滨逊和星期五具有相同的效用函数，如下表所示。请画出效用函数。请在表中填写边际效用数据，并画出边际效用函数。

鲁滨逊和星期五的效用函数

橘子数量	效用	边际效用
1	11	
2	21	
3	30	
4	38	
5	45	
6	48	
7	50	
8	51	

2. 假设星期五和鲁滨逊要分 8 个橘子。按照功利主义观点，假设社会福利是两个人的效用之和。利用问题 1 的数据，请问：每种可能的分配所对应的社会福利是多少？怎样分配才能使社会福利最大化？请说明它具有下列性质：多给每个人 1 个橘子的边际效用是相同的。

3. 现采取罗尔斯的观点，假设社会福利函数反映的是效用最低的人的效用水平。利用问题 1 的数据，并依旧假设一共有 8 个橘子，请问：每种分配所对应的社会福利是多少？怎样分配才能使社会福利最大化？

4. 根据问题 1 的数据画出效用可能性曲线。根据问题 2 和问题 3 的两种标准，标明社会福利最大化的点。

5. 假设鲁滨逊和星期五的效用函数是问题 1 所描述的效用函数。现假设鲁滨逊最初有 6 个橘子，星期五有 2 个橘子。又假设每次从鲁滨逊那里拿走 2 个橘子，但星期五只得到 1 个橘子，在这一过程中丢失了 1 个橘子。现在的效用可能性曲线是什么样的？根据功利主义社会福利函数，哪种可能的分配能使社会福利最大化？根据罗尔斯社会福利函数，又是哪种可能的分配能使社会福利最大化？

6. 如果星期五和鲁滨逊的边际效用都不会递减，那么效用可能性曲线会是什么样的？

7. 假设一个人在一次事故中失去了一条腿。假设在每一收入水平下，事故都会降低此人的效用，但增加了其边际效用（在每一收入水平下），尽管只是稍有增加。请用图示说明事故发生前后的效用函数。请说明：倘若你是一个功利主义者，事故发生后，你会给他更多的收入，但即使在这种收入转移之后，发生事故的人的境况还是比以前的差。请说明罗尔斯主义者会提供多少补偿。相比于罗尔斯主义者而言，功利主义者会给发生事故的人更多的补偿吗？功利主义者在什么情况下会对发生事故的人一毛不拔？

8. 对于下列各项政策变化，请解释为什么这种变化可能是或可能不是帕累托改进：(1) 通过提高地方财产税税率来筹资建造一座公园。(2) 通过一位富有的慈善家捐款来筹资建造一座公园；城市通过行使征用权获得土地。[①] (3) 通过一般收入筹资来增加肺癌医疗设施。(4) 通过增加香烟税筹资来增加肺癌医疗设施。(5) 用贫困农民收入补贴制度取代农业价格支持制度。(6) 对进口汽车实行配额制度来保护汽车工业免遭便宜的外国进口车的冲击。(7) 通过增加工薪税筹资来增加社会保障福利金。(8) 用州政府征收所得税获得的收入取代地方政府对财产税的严重依赖。(9) 取消租金管制法。在以上每种情况下，请指出谁（如果有的话）可能是受损者。根据补偿原则，哪些变化可能得到批准？根据罗尔斯社会福利函数，哪些变化可能得到批准？

9. 假设你们遇到了沉船事故，你们十个人逃到了救生艇上。你们知道到达岸边需要十天时间，但十个人只有几天的口粮。（这些口粮是生存所需的最低限度。）功利主义者会如何分配口粮？罗尔斯主义者又会如何分配？有些人认为，即使是罗尔斯主义标准也不完全是平均主义的。极端平均主义者会做何主张？帕累托效率的要求是什么？在上述每一种情况下，说明你做出决定所需的假设。

7.7 附录：不公平的其他衡量方法

在正文中，我们介绍了两种最常用的不公平的衡量方法。然而，这些衡量方法受到了批评，因为它们只强调对非常穷的人的影响。本附录将讨论另外两种更具包容性的衡量方法。

□ 7.7.1 洛伦兹曲线

经济学家经常用**洛伦兹曲线**（Lorenz curve）来表示经济中的不公平程度，如图 7.12 所示。洛伦兹曲线给出了一国最穷的 5%、10%、15%……的人所挣的收入占总收入的累计份额。如果是完全公平，那么 20%的收入应属于收入最低的 20%人口，40%的收入应属于收入最低的 40%人口。洛伦兹曲线会是一条直线，如图 7.12（A）所示。相反，如果收入非常集中，那么收入最低的 80%人口可能几乎一贫如洗，而收入最高的 5%人口可能占有总收入的 80%。在这种情况下，洛伦兹曲线会弯曲，如图 7.12（B）所示。当不公平程度很严重时，图 7.12（B）中 45°线和洛伦兹曲线之间的阴影面积将很大。完全公平时，如图 7.12（A）所示，该面积为零。

用收入完全公平线与洛伦兹曲线之间的面积除以收入完全公平线以下的面积，得到的比值称为基尼系数（Gini coefficient），常用于衡量不公平程度。基尼系数越低，表示收入分配越公平：0 表示完全公平（每个人都获得相同的收入），1 表示完全不公平（一个人拥有所有的收入）。

---

① 征用权（right of eminent domain）赋予了政府部门有偿获取财产（土地）用于公共用途的权力。

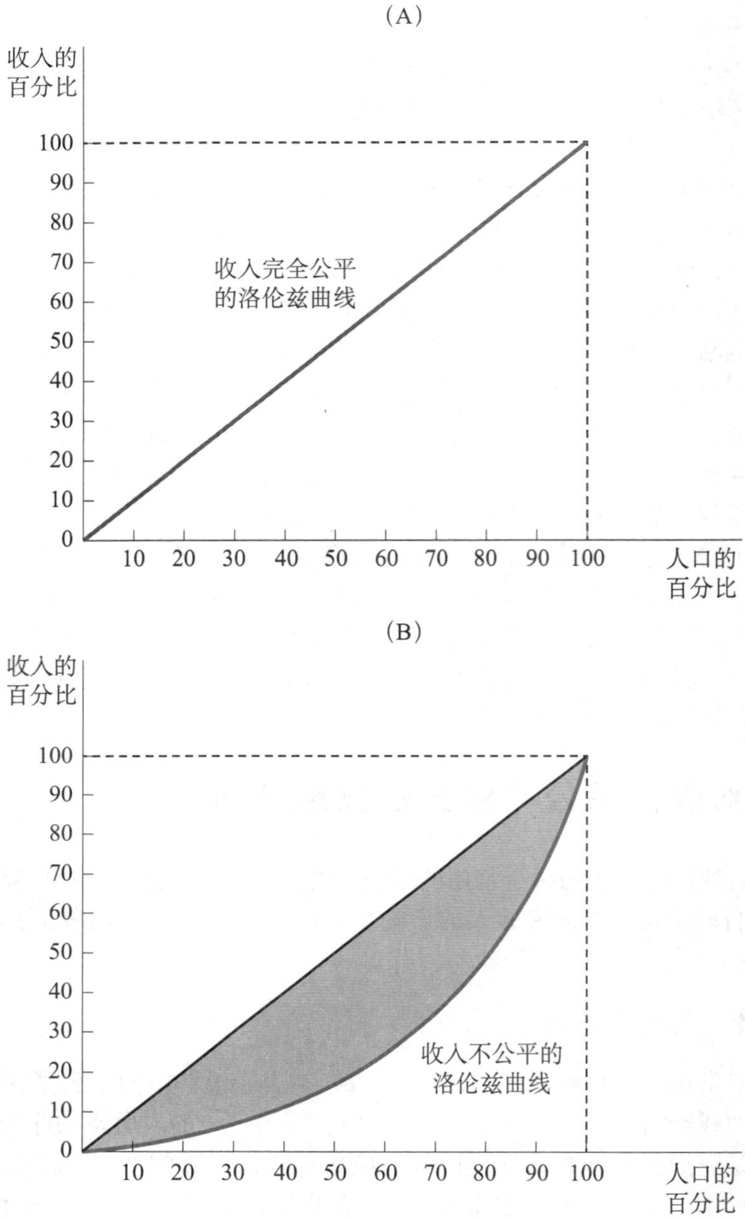

图 7.12　洛伦兹曲线

图（A）表示经济中收入公平分配的洛伦兹曲线。经济中收入最低的 20%的人拥有 20%的收入，收入最低的 40%的人拥有 40%的收入，等等。图（B）表示收入不公平分配的洛伦兹曲线。此线的曲率表明，现在收入最低的 20%的人拥有不到 20%的收入，收入最低的 40%的人拥有不到 40%的收入，等等。

图 7.13 显示了美国的洛伦兹曲线：一条线是政府征税和收入转移计划实施前的洛伦兹曲线，另一条线是政府征税和收入转移计划产生影响后的洛伦兹曲线。税后曲线高于税前曲线，表明政府再分配计划的综合效应使收入分配更加公平（同市场分配结果相比）。因此，虽然效率成本不太清楚，但再分配收益是不容置疑的。

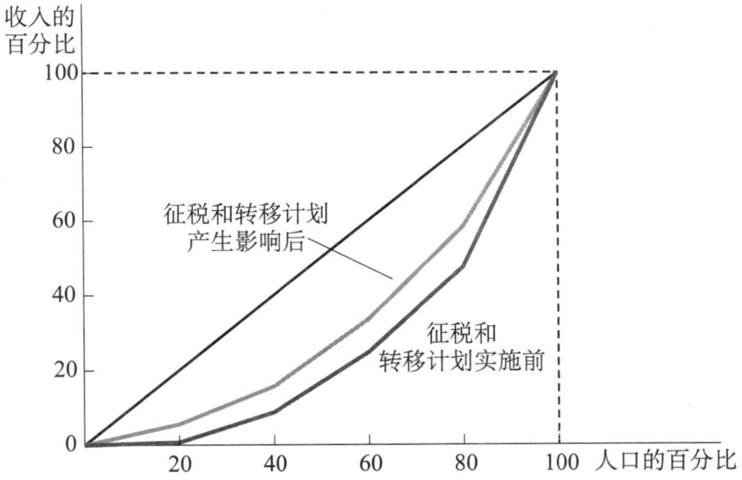

图 7.13　不公平的测度

税收和补贴会影响收入分配。本图显示了 1995 年美国的两条洛伦兹曲线，分别是征税和获得政府转移性收入前后的洛伦兹曲线。显然，这些机制的确导致了一定程度的再分配，它们使洛伦兹曲线向更加公平的方向移动。

资料来源：U. S. Census Bureau，*Current Population Survey*，Table E，March 1996.

□ 7.7.2　道尔顿-阿特金森度量

伦敦经济学院的财政学教授、后来担任英国财政大臣的休·道尔顿爵士（Sir Hugh Dalton），提出了另一种衡量方法。这种衡量方法基于这样的前提：社会偏向更加平均主义的分配。图 7.14 表明了两种收入分配。在分配 B 中，更多的收入集中在中间。对于重视公平的社会来说，这是首选的分配方式。我们可能要问，如果社会从当前的分配转变到收入完全平均分配的情形，该社会愿意放弃其总收入的多大比例？该比例就是所谓的**道尔顿-阿特金森不公平度量**（Dalton-Atkinson measure of inequality）。

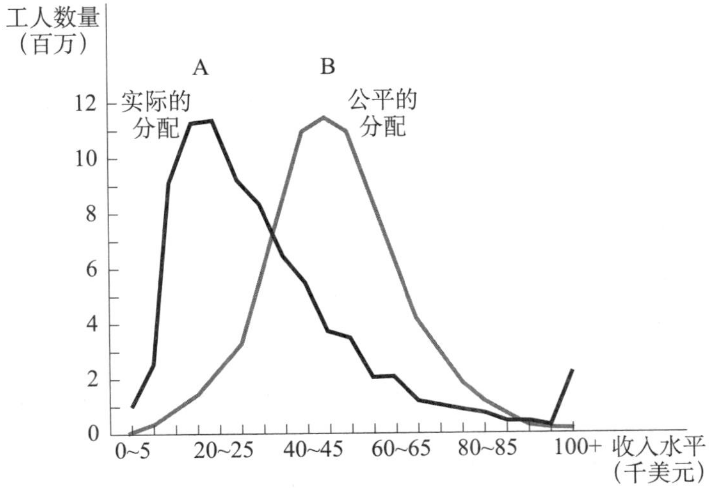

图 7.14　实现更平均的收入分配

A 线代表 1995 年美国长期全职工人的实际收入分配；B 线代表在更加平均主义背景下可能的收入分配。

资料来源：U. S. Bureau of Labor Statistics and Bureau of the Census，*Annual Demographic Survey*，*Supplement*，March 1997.

当然，不同的人对于社会应当愿意放弃的数量可能有不同看法（这并不表示他们必须放弃多少以实现再分配）。社会愿意放弃的数量取决于社会福利函数。相比于功利主义社会福利函数而言，在罗尔斯社会福利函数下，社会愿意放弃的数量要大得多。牛津大学纳菲尔德学院的安东尼·阿特金森（Anthony Atkinson）认为，该数量很大，往往是发达经济体总收入 1/4～1/3。道尔顿-阿特金森度量的变化可以用来评估任何拟议中的政府计划对不公平的影响。[①]

① 从规范角度来说，道尔顿-阿特金森度量可定义如下。假设功利主义社会福利函数为：

$$W=U(Y_1)+U(Y_2)+U(Y_3)+\cdots$$

式中，Y 为平均收入。道尔顿-阿特金森度量 D 可由下式给定：

$$U[(1-D)Y]=U(Y_1)+U(Y_2)+U(Y_3)+\cdots$$

该度量明显取决于效用函数。阿特金森在分析中强调固定弹性效用函数，该函数形式如下：

$$U=\frac{Y^{1-\alpha}}{1-\alpha}$$

他所用的 α 值介于 1 和 2 之间。

第3篇　公共支出理论

第 3 篇介绍公共支出的基本理论。第 8 章研究的是作为生产者的政府，比如探讨是否有理由认为政府在生产产品和提供服务方面的效率就比私人企业的低，分析在私有化过程中所要进行的权衡取舍以及公共产品生产的各种制度模式，如政府公司、绩效导向组织和公私合伙。第 9 章重点讨论公共选择理论，解释公共产品支出水平是如何决定的，特别强调多数投票的后果。

第 8 章

产品和服务的公共生产

重点问题

1. 政府在生产中的作用是什么？政府生产诸如水、电等产品和提供服务的理由是什么？为什么这些行业被称为自然垄断行业？哪些方法可以防止垄断权力的滥用？

2. 政府失灵的原因是什么？为什么公共部门的生产效率往往比私人部门的生产效率低？私有化的危险和局限性是什么？在产品和服务的生产（提供）上，除了传统的公共生产（提供）或纯粹私人生产（提供）之外，还有什么其他选择？

本章讨论政府在生产中的作用。第 4 章阐明了一些市场失灵现象。当市场失灵时，需要采取某种形式的政府干预。例如，第 5 章解释了为什么公共产品供给不足，阐述了公共产品供给的效率水平。但是，政府不一定非要生产这些产品，有许多公共产品是由私人生产的，政府只要对此付费即可。也有许多私人产品或服务是由公共生产或提供的，诸如邮政服务与公用事业。

市场失灵尽管为某种形式的政府干预提供了理由，但不能作为政府生产的理论依据。不过，政府生产在某些领域占据主导地位，在其他一些领域也很普遍。例如，除极少数情况外，政府不会依赖雇佣军。在大多数国家，学校系统都是由政府经营的；而几乎在所有国家，邮政系统都是由政府掌管的。直到几年前，大多数国家的政府还在经营电信业等公用事业。

贯穿于这些例子的共同看法有两点。其中之一是，在许多情况下，竞争不可行。应当牢记，只有当市场竞争激烈时，市场才会有效率。从历史上看，提供邮政服务的公司往往只有一家，提供电话服务的公司也只有一家。如果没有政府干预，一家或几家企业就能利用市场权力剥削消费者。政府有两种干预方式。过去，大多数政府选择直接掌管该行业，负责提供电话服务或电力。政府也可以不直接生产产品，而是通过管制私人企业（比如通过控制价格）来确保它们无法利用其垄断权力。在过去的几年里，已经出现了从公共生产转向有管制的私人生产。这种**私有化**（privatization）进程在日本和西欧市场经济国家以及在东欧和亚洲转型经济体尤为普遍，在这些国家和地区的公用事业（天然气、电力和电信）和交通运输业（如铁路和航空）领域表现得更加突出。虽然有些领域的私有化取得了成功，但许多领域的私有化结果远不如人意。

贯穿于许多政府生产例子中的另一共同看法是，公共利益是多维度的。追求利润最大化的企业，其行为会反映这些比较广泛的公共利益吗？政府通常找不到简单的干预方式以保证企业可做到这一点。这正是政府不将国防承包给私人企业的原因。政府确实会外包一些项目，诸如建造船只或飞机，但绝不会对私人企业说“请经营我们在欧洲的国防机构”。

同样地，有些人认为，学校具有多种社会功能，超越了传授知识和技能。学校传递着国家的价值观，有助于公民形成家国情怀。于是，有人担忧，私立学校制度尽管在传授技能上也许是有效的，但可能无法有效地推动这一比较广泛的公共目标的实现。还有些国家领导人，特别是拉丁美洲国家的一些领导人，认为国家可以通过直接控制主要经济部门就能很好地实现社会目标。这种观念导致了政府对之前都是私有的大量公司（在某些情况下甚至是整个行业）进行收购或**国有化**（nationalization）。例如，2006 年，玻利维亚总统埃沃·莫拉莱斯（Evo Morales）将石油和天然气、电信和电力等企业国有化；2007 年，委内瑞拉总统乌戈·查韦斯（Hugo Chávez）将石油、水泥、钢铁、大米加工和包装以及超市业务国有化。①

2008 年全球金融危机在世界范围内掀起了另一轮国有化浪潮，特别是在金融领域。显而易见，如果没有政府的帮助，企业将会倒闭，失业率将进一步上升。在美国，政府接管了主要的抵押贷款融资公司、全国最大的保险公司、最大的汽车金融公司和三大汽车公司中的两家。此外，政府还为许多银行提供了大量资金，虽然没有接管它们（但一些评论家认为应该接管）。相比之下，在许多其他国家，包括英国，政府接管了各大银行。这些国有化与早期国有化之间的一个重要区别是：在大多数情况下，这些国有化被明确地看作在紧急状况下采取的临时性措施，私人经济恢复正常后政府即退出。不过，在采取这些措施时，私人部门对公共部门的依赖程度是显而易见的。

虽然市场的局限性（例如竞争有限）和对更广泛目标的关注为公共生产提供了诱因，但是也有一种可令人信服的反对公共生产的观点：政府通常是（但并不总是）低效率的生产者。有例子表明，政府企业可以有效率：许多人认为智利的公有铜矿企业与私人企业的效率一样高，而缴纳的税收收入远远超过私人企业；韩国的公有钢铁公司是世界上效率最高的公司之一，比美国私营钢铁公司的效率高得多。然而，政府所有权的批评者认为，这些都属于例外情况。因此，何时应由政府生产、何时应由私人企业生产，这就需要把握好平衡点。为了更好地理解这种平衡的本质，我们首先探讨政府生产私人产品，因为这不怎么涉及“社会价值”问题。关注的焦点是，私人产品（电力、邮政或电话服务）如何以最有效的方式、尽可能低的成本提供给消费者。

8.1 自然垄断：政府生产私人产品

导致政府生产私人产品的最重要的市场失灵是非竞争市场。这至少可以部分解释邮政服务、电信、供水、港口、电力等方面的政府生产。正如我们在第 4 章所看到的，市场可能不具有竞争性的一个常见原因是存在规模收益递增现象。也就是说，随着生产水平的提高，平均生产成本下降了。在这种情况下，经济效率要求企业的数量不能太多。如果规模收益递增现象如此显著，以至于在任何地区只有一家企业在经营某一行业，这样的行业就被称为**自然垄断**（natural monopoly）行业。

供水就是一个很好的例子。管网是供水的主要成本。一旦管道安装好，多向一个用户

① 不应将作为政府发展战略一部分的有意识的国有化与在经济危机中经常发生的意外的事实上的国有化相混淆，例如，1992 年一些瑞典银行的国有化，2008 年美国几家陷入严重困境的金融机构的国有化，如美国联邦国民抵押贷款协会（Federal National Mortgage Association，也称房利美，Fannie Mae）和联邦住房贷款抵押公司（Federal Home Mortgage Corporation，也称房地美，Freddie Mac）。从接管的条款和形式来看，这些政府接管是暂时的。通常有公开出售政府股份的时间表，同时，利用托管模式或购买优先（无投票权）股表明了政府不参与企业日常业务的意愿。

供水所增加的额外成本相对而言是微不足道的。倘若并排铺设两条管网，一条向这家供水，另一条向其邻居家供水，这种做法显然是无效率的。同样的道理也适用于电力、有线电视和天然气。

□ 8.1.1 自然垄断的基本经济学

自然垄断的平均成本曲线和需求曲线如图 8.1 所示。随着生产水平的上升，平均生产成本下降，只有一家企业是有效率的。在这种情况下，企业一系列可行的产量水平都能获利。最大的可行产量（没有补贴）是需求曲线与平均成本曲线相交所决定的 Q_1。

在这种情况下，我们不能依靠先前讨论过的各种竞争力量来保证该行业达到效率产量水平。效率要求价格等于边际成本（产量为 Q_0）。然而，如果企业收取的价格等于边际成本，那么它就会亏损，因为在平均成本递减的行业，边际成本低于平均成本。

在这种情况下，一种常见的建议是，政府向该行业提供补贴，并坚决要求企业按边际成本定价。然而，这一建议忽略了如何筹措补贴所需的资金这一问题，特别是，该建议假设筹措这笔资金不会有任何成本。此外还假设政府知道能使企业维持下去的补贴规模。

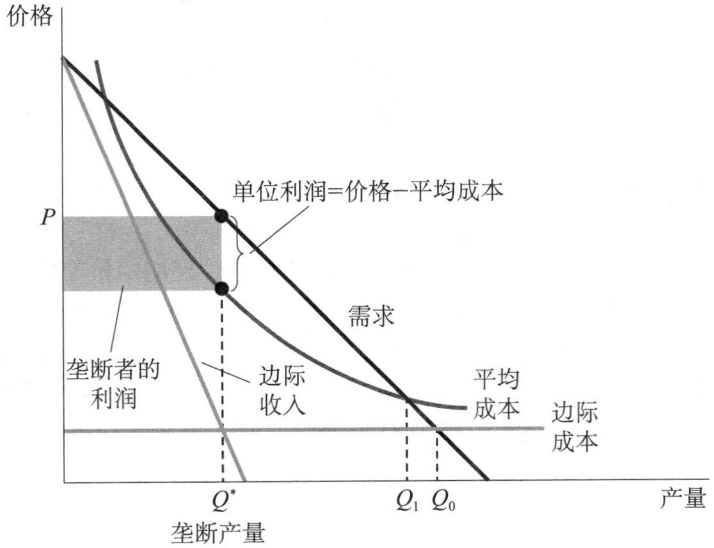

图 8.1 自然垄断

在没有沉没成本和潜在进入者的情况下，自然垄断者的产量可能为 Q_1，此时的价格最低，至少是不赔不赚。在有沉没成本的情况下，价格会上升。丝毫不担心进入者威胁的自然垄断者的产量为 Q^*，此时边际收入等于边际成本。

在实践中，大多数政府都试图让这些行业自负盈亏。这是因为，如果政府用一般纳税人缴纳的税收来补贴只是由一部分人享有或不同人享有不同程度的私人产品，恐怕会出现公平问题。因此，这就要求政府管理的自然垄断行业的产量水平必须位于需求曲线和平均成本曲线的交点处（图 8.1 中的 Q_1），这就是所谓的**零利润点**（zero profit point）。

如果存在有效的潜在竞争，零利润点正好是自然垄断行业可以维持运营的点。假定一个企业试图收取超过平均生产成本的价格。如果该行业很容易进入（退出），那么试图谋利的企业会立刻受到其他愿意以更低价格提供产品或服务的企业进入的威胁。新企业可能会进入并以有利可图的价格提供产品或服务，而不用过分担心原有企业的反应。[①] 所以，一个行业只存在一家企业这个现象本身并不意味着企业可以利用垄断权力。只要有潜在的进入者，这个企业就必须收取等于平均成本的价格。

沉没成本的影响　在存在沉没成本的情况下，所有这些都会发生变化。**沉没成本**（sunk costs）是企业退出后无法收回的成本。大多数研发支出都是沉没成本，而不产生任何费用就可以转用于其他用途的建筑物不是沉没成本，可以轻易地卖给另一家航空公司的飞机也不是沉没成本。

为什么沉没成本如此重要？沉没成本使一个行业内已存在的企业和还没有进入的企业之间完全不对称。潜在进入者与现有企业的处境不一样，因为现有企业已经花费了不能收回的资金。一家企业在决定是否进入时，考虑的不是眼前的价格和利润，而是进入之后的价格和利润水平。即使眼前的价格高出平均成本很多（因此利润相当大），但潜在进入者很可能认为现有企业的反应将是降低其价格，而不是退出该行业；而在这种较低的价位上，进入就不再是有利可图的了。此外，当沉没成本很大时，进入者还会担心其无法收回进入所需的全部支出。谁都不愿意去赌现有企业到底会退出还是会降价。因此，沉没成本成为一种进入障碍，使得现有企业具有一定程度的垄断权力。

由于几乎所有的自然垄断行业都存在巨额的沉没成本，所以政府不能只依靠潜在竞争的威胁。一家企业控制消费者用水或用电的事实引起了人们的关注：垄断者能够剥削消费者。丝毫不担心其他企业进入的垄断者会收取可实现利润最大化的价格，即多出售一个单位产品所获得的边际收益等于边际成本的价格（产量是图 8.1 中的 Q^*）；每单位产品的利润是所收取的价格与平均成本的差额。

多种产品的自然垄断　到目前为止，我们关注的是只生产一种产品的自然垄断。如果该行业没有获得补贴，那么它必然收取超过边际成本的价格。

当一家自然垄断企业生产好几种产品时，它应该采取怎样的定价原则？如果企业要实现盈亏平衡，那么平均来看，价格依然需要高于边际成本。现在的问题是，企业所有产品的价格与边际成本之比都应该一样吗？是否应当对某些服务高收费，并将之用于补贴其他服务？

例如，美国邮政署（U. S. Postal Service）对投递邮件规定了统一的收费标准，即使向北达科他州乡村家庭投递邮件的边际成本高出向芝加哥投递很多。如果邮政署要做到盈亏平衡，就必须进行**交叉补贴**（cross-subsidy），让一个用户（产品）补贴另一个用户（产品）。

这个问题显然具有鲜明的政治性，消除交叉补贴会对某些集团产生不利影响。当定价决策掺杂政治因素时，这些集团会试图劝说决策者降低它们需要支付的价格，这就意味着提高其他人需要支付的价格。

定价决策分析涉及效率和公平问题。经济学家一直特别关注政治决定定价政策的效率成本。当某些产品价格提高时，该产品的消费量下降，但相比于其他产品，价格上升 1%时，某些产品的需求下降得更多。需求对价格上升比较敏感的产品具有**价格弹性**（price elastic）。图 8.2（A）显示的是一条缺乏弹性的需求曲线，价格变化不会导致消费量有太大变化，而在图 8.2（B）中，需求是非常有弹性的，价格变化会导致消费量发生很大变化。

---

① 在产业组织学文献中，平均成本递减但没有沉没成本、价格维持在等于平均成本水平上的市场称为可竞争市场（contestable markets）。请参阅 W. J. Baumol，J. Panzar，and R. Willig，*Contestable Markets and the Theory of Industrial Organization*（New York：Harcourt Brace Jovanovich，1982）。有关可竞争市场理论的简要阐述，请参阅 W. J. Baumol，"Contestable Markets：An Uprising in the Theory of Industry Structure，" *American Economic Review* 72（1982）：1－15。

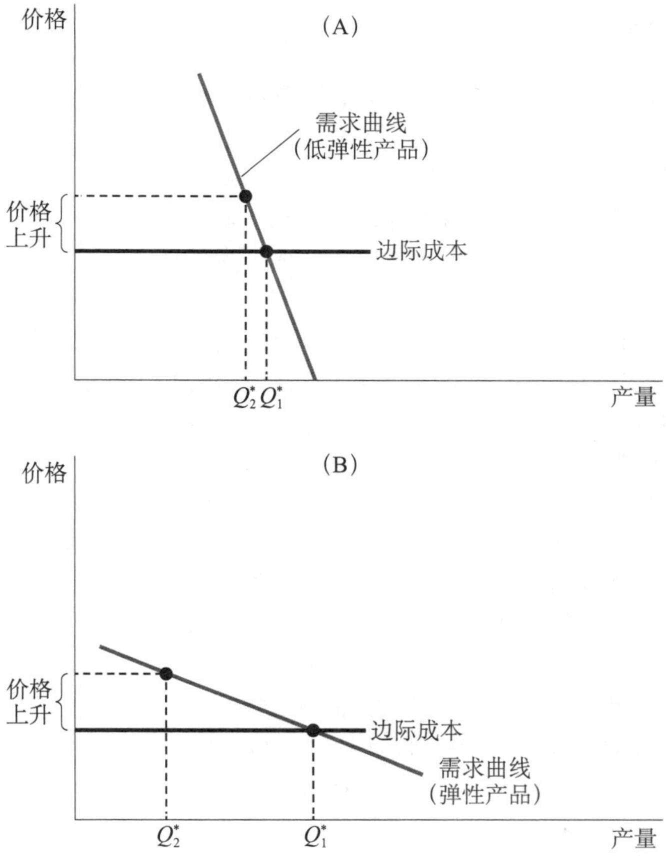

图 8.2 多种产品的自然垄断定价

图（A）：在需求缺乏弹性的情况下，高于边际成本的价格上升导致的产量下降幅度相对较小。图（B）：在需求富有弹性的情况下，高于边际成本的价格上升会导致产量大幅度下降。

如果自然垄断企业要实现盈亏平衡（没有政府补贴），显然就必须收取超过边际成本的价格。如果政府对所有产品都按相同的百分比将价格提高到边际成本之上，那么，同需求缺乏弹性的产品相比，需求富有弹性的产品的消费量显然下降得更多。可以看出，在某些情况下，收取能使每种产品的消费量以相同比例下降的价格是可取的。如果政府希望做到这一点，那么，与需求富有弹性的产品相比，政府应该将需求缺乏弹性的产品的（高于边际成本的）价格提高更多。①

① 这项政策会使价格超过边际成本所造成的无谓损失最小化。1956 年，时任法国电力公司（Electricité de France，法国负责发电的政府机构）负责人的马塞尔·博伊特（Marcel Boiteux）最先解决了多种产品的公共垄断如何定价问题。英译本参见“On the Management of Public Monopolies Subject to Budgetary Constraints,” *Journal of Economic Theory* 3（1971）：219－240。这个关于不同产品的定价问题等同于伟大的英国经济学家弗兰克·拉姆齐（Frank Ramsey）早些时候提出的相似问题：如果政府必须通过扭曲性税收取得既定数量的收入，那么应该如何筹措收入？比如，是否应该对所有产品征收统一税？这种税会使所有产品的价格-边际成本比都相同吗？这样就不会有相对扭曲吗？拉姆齐指出，尽管看起来很合理，但统一税不是正确的答案；最好对需求缺乏弹性的产品征收较高的税。拉姆齐和博伊特都忽略了大多数政治辩论的核心问题——分配问题。马丁·费尔德斯坦（M. Feldstein）分析了这些问题，请参阅 M. Feldstein，“Distributional Equity and the Optimal Structure of Public Prices,” *American Economic Review* 62（1973）：32－36。在征税背景下，请参阅 P. Diamond and J. Mirrlees，“Optimal Taxation and Public Production,” *American Economic Review* 61（1971）：261－278；A. B. Atkinson and J. E. Stiglitz，“The Structure of Indirect Taxation and Economic Efficiency,” *Journal of Public Economics*（1972）：97－119；“The Design of Tax Structure：Direct versus Indirect Taxation,” *Journal of Public Economics* 6（1976）：55－75。另见本书第 21 章有关最适课税的详细讨论。

□ 8.1.2 管制与税收（补贴）

当自然垄断行业存在沉没成本时，垄断者很有可能利用其地位收取高价。正如我们所看到的那样，解决这一问题的一种方法是由政府接管生产。然而，人们越来越注意到，政府不善于管理生产。政府与其自己生产产品，不如让私人部门生产，但要管制价格，以确保企业不会利用其垄断地位。此外，政府还可以利用补贴来鼓励企业提供那些在私人看来不是有利可图，但从社会角度看是可取的服务，诸如为乡村地区提供邮政服务。

那些主张用**管制**（regulation）和补贴（或税收）作为市场失灵的补救措施的人认为，与公共所有权相比，它们有三大优势。第一，可以使国家政策更加一致和有效率。假设在高失业地区兴办企业是可取的，也正因为如此，政府经营的企业往往被要求设立在这类地区。然而，更好的办法是，向企业提供一般性补贴，尽量使企业搬迁成本最小化，而不是简单地把负担强加给政府经营的企业。

第二，利用税收和补贴计划可以更清楚地估计实现既定目标的成本。降低污染水平可能是可取的，但它的价值是多少？在高失业地区建企业可能是可取的，但它的价值又是多少？一般来说，政府经营的企业追求各种目标的额外成本往往难以确定，但要是直接提供政府补贴，成本会变得更加公开，从而使成本-收益决策更为合理。

第三，人们普遍认为，即使有管制，私人企业追求效率的动力依然很大。

在自然垄断的情况下，美国一直依赖管制（尽管也存在一些政府生产，特别是水力发电和供水），相反，欧洲直到最近还依赖政府所有制。管制并不是没有问题：由于在管制法规既定的情况下，私人企业试图使其利润最大化，因此，管制的监管成本很大，谨慎实施管制需要政府有很强的能力，而且，几乎所有管制计划都会产生扭曲，也就是说，管制下的企业行为偏离了高效率的、竞争激烈的企业行为。所以，如果管制使资本产生了一种特别的收益率，就可能产生一种资本投资过多的激励；如果相比于其他资本，管制允许某种资本的折旧计提额更大，这也可能扭曲投资决策。尽管管制存在这样或那样的问题，但从 20 世纪 70 年代和 80 年代开始，仍然出现了席卷全球的私有化运动，即出售国有企业，并对它们进行管制。总的来说，效率提升之利似乎胜过了管制之弊。

然而，这些年来，人们对管制的认识发生了微妙变化，因为成功管制和私有化的困难已变得更加清晰了。特殊利益集团试图影响管制制度（市场利用管制缺陷的能力有明显的提升），损害了公众的利益；市场自身的发展往往会破坏竞争；私有化出现了明显的失败。

失败的一个典型例子是加利福尼亚州对电力行业放松管制。极力倡导放松管制的安然公司（Enron）设法操纵价格，在其破产前（这是迄今为止规模最大的企业破产）造成了大规模的电力短缺。一旦管制得到恢复，这种短缺（保守派将其归咎于过度管制）就会消失。

失败往往是由公共政策目标与私营部门优先考虑的事项之间不可调和的矛盾所致。例如，相比于如何改造好犯人，私人监狱更注重如何节约成本，因为如果被释放的人员很快又回到监狱，它们能赚更多的钱。在有些情况下，例如英国铁路公司（British Rail）的私有化，人们达成的广泛共识是，消费者并没有获得实惠——价格涨了，而服务质量下降了。一些完成私有化的机场似乎更注重出售商品，而不是提供高效、舒适的进出港设施。

就有些情况而言，例如阿根廷、哥伦比亚和智利的高速公路，私有化使政府的成本远远高于预期，因为不断就合同进行重新谈判，公共资金被多次用于救助特许经营者。还有的情况是，私有化的企业必须获得政府援助，有时还是偷偷摸摸的援助，比如从事铀浓缩的美国铀浓缩公司。

许多私有化没有成功，是因为没有认识到滥用垄断权力的潜在威力。电信业放松管制并没有产生许多人所希望的竞争性市场，尽管航空业放松管制导致了部分市场竞争激烈，但在其他市场上，独占和双寡头垄断抬高了价格。特别是在由共产主义向市场转型的经济体中，垄断租金完全从公共部门转移到私人部门，而很多时候都是转到了前国有企业管理者手里，他们现在摇身变成私人企业家了。垄断租金的转移也发生在市场经济体——墨西哥的电信业私有化创造了世界上最富有的人之一。多项研究表明，私有化对内部人与外部人的影响存在着差异：那些具有政治或经济联系的人（内部人）获益，而没有特殊渠道获取信息或接近决策者的人（外部人）受损。

为了加强竞争，在私有化进程中，一种常见的方法是区分不同的活动，例如电力的生产、配送和销售，轨道（铁路基础设施）的提供，服务的提供。方方面面的协调往往困难重重，而且如果某个部分属于自然垄断，如电力输送（电网），则可能对整个系统的运作产生不当影响。私有化过程的非竞争性和不透明性以及导致大量诉讼的不完善的私有化合同（比如确定绩效基准成果的指标不明确、无法有效解决纠纷的条款），会进一步削弱私有化的成效。例如，私人水务公司曾威胁说，如果它们收到的水费没有增加，它们就会退出。①

政府生产私人产品

例　　子：邮政服务，公用事业。
理　　由：市场失灵——自然垄断导致缺少竞争。
问　　题：政府生产的无效率；
交叉补贴问题；
政治因素的介入。
可供选择的方法：管制；
置之不理（所有已知的治疗方法比疾病更糟糕）。
当 前 趋 势：私有化；
政府干预聚焦于自然垄断的核心问题，只要可行就鼓励竞争；
公私合伙。

□ 8.1.3 没有政府干预

一些经济学家，包括加州大学洛杉矶分校的哈罗德·德姆塞茨（Harold Demsetz）和芝加哥大学的已故的乔治·斯蒂格勒（George Stigler）都在问：在大多数情况下，完全让私人企业生产，哪怕是在自然垄断行业，结果是不是会更好。垄断者是有效率的，它们唯

① 关于社会服务私有化的更详细的讨论，请参阅 R. M. Blank，“When Can Public Policy Makers Rely on Private Markets? The Effective Provision of Social Services，” *The Economic Journal* 110（2000）：34 - 49。有两项很好的研究探讨了私有化对内部人和外部人的影响，请参阅 S. Estrin，J. Hanousek，E. Kocenda，and J. Svejnar，“The Effects of Privatization and Ownership in Transition Economies，” *Journal of Economic Literature* 47（2009）：699 - 728；and R. Frydman，C. Gray，M. Hessel，and A. Rapaczynski，“When Does Privatization Work? The Impact of Private Ownership on Corporate Performance in the Transition Economies，” *The Quarterly Journal of Economics* 114（1999）：1153 - 1191。关于私有化的评估，有一篇很好的文献综述，请参阅 W. Megginson and J. Netter，“From State to Market：A Survey of Empirical Studies on Privatization，” *Journal of Economic Literature* 39（2001）：321 - 389。

一的问题是要价过高，相应地生产过少。然而，哈伯格在其著名的计算中估计，垄断定价造成的损失相对较小（不到产出价值的3%）。相对于效率水平，垄断者降低了产量，但没有被垄断者使用的资源流入了经济中的其他地方。损失是这两种用途的边际价值之差。这些经济学家认为，管制①或政府生产造成的累积效率损失可能非常大。

大多数经济学家仍然持怀疑态度。他们认为，自然垄断造成的损失更大，部分原因是没有竞争压力（且不受管制机构的监管）的行业的管理者有懈怠的倾向，部分原因是在缺乏竞争的情况下，创新的动力有限。无论是出于这些原因还是出于其他原因，民众对取消自然垄断管制的支持仍然有限。不过，人们对缩小管制的范围仍有相当大的兴趣。人们现在已经认识到，如今的竞争范围比以前大多了——例如，现在有好几家企业提供移动电话服务，发电厂也到处都是。但仍然存在一些自然垄断——只有一家企业给大部分家庭提供本地固话服务或电力。如今，管制的重点是确保能竞争就竞争，以及确保含有自然垄断成分的行业不会滥用其垄断权力（不管是通过利用其垄断权力来获得进一步的控制，还是通过提高价格获得高收益率）。1996年电信和电力行业管制的重大改革就反映了这些观点的变化。

自然垄断

- 高效率的生产只需要一家企业。
- 市场均衡的特点是缺乏竞争。
- 为政府生产或管制提供了依据。

□ 8.1.4 政府失灵

虽然市场失灵导致了20世纪30年代和60年代一些重大政府计划的推行，但到了20世纪70年代和80年代，许多这类计划的缺陷又导致经济学家和政治学家开始探究**政府失灵**（government failures）。政府计划在什么条件下不能奏效？政府失灵是偶发现象，还是出于政府活动的内在本质而可预测到的现象？在设计未来计划时，我们可以吸取哪些教训？

政府在实现其既定目标时出现系统性失灵，主要原因有四个：政府的信息有限、政府对私人市场反应的控制有限、政府对官僚机构的控制有限以及政治程序的局限性。

1. 有限的信息。许多行动的结果复杂且难以预测。政府没有预料到实行医疗保险（Medicare）制度会导致老年人医疗费用骤然增加。政府对自己想要做的事通常缺乏所需的信息。例如，政府应该帮助失去劳动能力的人，这可能已存在广泛的共识，但是，有能力工作的人不应该搭公共支出的便车。可是，当区分谁是真正丧失劳动能力的人，谁是假装的人时，政府所掌握的信息极其有限。

---

① 斯蒂格勒还认为，管制可能无效，因为受管制的集团会“俘获”管制者，部分原因是受管制各方是最了解管制的技术性问题的人，部分是因为管制者常常在离开管制机构后在受管制行业中谋得肥缺。尽管这些管制可能无法限制受管制实体的利润，但仍然可能具有高度扭曲性。近年来，出现了另外的问题：当选的管制者可能会采取亲民政策，把价格压得很低，企业几乎没有动力再投资于公用事业。George J. Stigler，“Free Riders and Collective Action：An Appendix to Theories of Economic Regulation，” *Bell Journal of Economics and Management Science* 5（Autumn 1974）：359－365；and “The Theory of Economic Regulation，” *Bell Journal of Economics and Management Science* 2（Spring 1971）：3－21.

2. 对私人市场反应的控制有限。政府对其行动结果的控制是有限的。例如，如上所述，政府没有预料到实行医疗保险制度后医疗费用快速增加，其中一个原因是政府无法直接控制总支出水平。即使政府对诸如医院护理和医生服务规定了价格，也无法控制利用率。在医疗费的按次收费制度（fee-for-service system）下，医疗服务的种类和数量是由医生和病人决定的。

3. 对官僚机构的控制有限。国会、州和地方立法机构设计立法，并委托政府机构执行。政府机构可能要花大量时间制定具体的规章制度，而如何起草这些规章制度是决定立法效果的关键。政府机构还要负责确保这些规章制度得到贯彻执行。例如，当国会通过《环境保护法》(Environmental Protection Act）后，其意图是明确的（确保各行业不污染环境)，但是技术细节（如确定不同行业污染物的可接受水平）由环保署负责制定。在小布什（George W. Bush）总统执政期间，关于环保署在宣传和执行规章制度上是否松懈从而破坏了国会意图，引发了许多争议。争议最大的两项环保署裁定是没能最终确定饮用水中有毒砷的允许浓度标准以及《清洁空气法案》执法不力，尤其是老化发电站违规。[①]

在许多情况下，没能贯彻国会意图并非出于故意，而是国会意图本身就模糊不清，有的时候可能是因为官僚机构没有足够的激励去贯彻国会的意图。比如，某一行业的监管负责人可能会为了自己的前程而让该行业会员满意，而不是追求消费者的利益。[②]

4. 政治程序的局限性。即使政府完全掌握了所有可能的行动结果，行动决策所要通过的政治程序也会存在其他问题。例如，只要能为竞选活动筹集资金，哪怕成本日益高昂，议员们仍有动力为特殊利益集团说话。选民通常倾向于寻找简单的方法来解决复杂的问题，例如，他们对贫困的复杂决定因素的理解可能是有限的。政客和官员借以实现从私人部门到公共部门无缝对接的旋转门（revolving door）造成了明显的利益冲突。在公职岗位上，他们常常为他们原来供职的或将要去供职的私人部门谋私利。

政府干预经济的批评者，例如在芝加哥大学工作期间以倡导自由市场而闻名的诺贝尔经济学奖获得者米尔顿·弗里德曼（Milton Friedman)，认为政府失灵的四个根源十分重要，应当限制政府试图矫正所称的或可证明的市场缺陷。不过，大多数国家已经制定了政治程序（民主管理的规章制度)，这能提高公共部门的绩效，至少可以解决“政府失灵”造成的部分问题。

专栏 8.1

租金管制与农业价格支持：政府失灵案例研究

需求过剩的产生

在大萧条和第二次世界大战之后，纽约市出现了住房短缺。经济学家们都预测，未能扩大供给以满足需求导致了价格的上涨。然而，政治反应却没有考虑这些基本因素。当立法机构通过租金管制立法时，它们没有预见其全部后果，忽略了这样一个事实：如果住房投资的收益率下降，那么公寓的提供者会转向其他领域寻找更好的投资机会。因此，租金

---

① 有关小布什政府执政期间环保署执法情况的详细回顾，请参阅 J. A. Mintz，“‘Treading Water’：A Preliminary Assessment of EPA Enforcement during the Bush II Administration,” *Environmental Law Institute News & Analysis* 34 (October 2004)：10933 - 10953。

② 斯蒂格勒特别提到了这一观点。例如，请参阅他的论文“Theory of Regulation,” *Bell Journal* (Spring 1971)：3 - 21。

管制的倡导者未能预料到出租房的供给量会下降，房东提供的服务质量会恶化。尽管政府企图通过对房东规定各种标准来控制这种恶化趋势，但这些尝试只获得了部分成功，而且的确加剧了出租房的供给下降。

市政府几乎没有办法阻止这种现象，最终只得废除新住房的租金管制法规，但许多老房子的出租仍面临租金管制。更多的出租房受制于“租金稳定”立法，该法律规定了租金的上涨幅度。

供给过剩的产生

第二次世界大战后，日本出现了稻米大量短缺现象。为了确保粮食安全，政府控制稻米生产和销售并持续到1995年。其结果被经济学家言中，但日本政治领导人却始料未及：在这些激励措施之下，农民的稻米供给出现大规模过剩，同时又由于稻米价格较高，以及饮食多样化，人均大米消费量大幅下降。

为了应对这种稻米过剩现象，政府决定减少稻米产量，维持稻米高价位，而不是削减价格支持（因为害怕这会动摇执政党的农民政治基础）。1970年，日本政府启动了“减少种植面积”的政策，通过给予种稻农民补贴，让稻田撂荒或转向种植小麦和大豆等作物（种稻面积减少了40%）。

稻米产量有所减少，但长期过剩依然存在，政府购进这些过剩的稻米来制作动物饲料和用于粮食援助。稻米价格依然居高不下，但牺牲了日本纳税人、消费者和潜在大米出口商的利益：种植面积减少造成的累计成本超过7万亿日元（超过800亿美元），还不包括额外的直接收入支持；日本的稻米价格远高于世界价格；通过征收778%的关税，进口竞争降到了最低。政府的激励措施在不让全职农民扩大种植面积以降低其高生产成本的同时，还鼓励了效率低下的兼职农民。之后，日本政府考虑放弃其生产调整计划，并对全职农民实行收入支持制度。

8.2 公共部门与私人部门的效率比较

但凡关注新闻的人都看到过一些有关政府效率低下的惊人报道，如采购价格为1 000美元的马桶座圈、400美元的锤子等等。私人部门也存在着类似的问题，比如烟草公司开发无烟的安全香烟。

在2008年金融危机爆发前的几年里，美国金融部门造成巨大的资源错配；而本次金融危机所造成的全部成本在数万亿美元以上，比公共部门的任何“浪费”都要大得多。

通常，难以比较公共企业和私人企业的效率，因为它们所处的经济活动领域往往是不同的，且面临的制约因素也各异。比如，公共邮局有义务为全国各地提供服务，而私人企业可以选择最有利可图的领域提供服务。当它们生产同样的商品或提供相同的服务（例如教育）时，又很难衡量投入和产出（学生质量，考试成绩只能表明学生成绩的某些方面，而两类学校都要努力提倡的创造力和公民价值观通常被忽略了）。结果是，很难找到确凿的证据表明政府效率是低下的。

虽然在美国和其他国家有证据表明政府企业的效率低于同类私人企业，但也有证据表明情况并非如此。法国的公共企业长期以来一直被视为效率的典范。例如，法国电力公司开发了一套核电厂设计方案，并复制到全国各地，使得成本大大低于设计方案各不相同的美国核电厂。在美国，国营的酒类专卖店收取的价格比私人零售商低 4%～11%。[①] 社会保障署（Social Security Administration）的管理成本不到支付的福利金的 1%，而私人保险公司的管理成本和销售成本则往往多达赔付额的 30%～40%。

不可否认，很难衡量许多从事行政活动的政府工作人员的生产率，也没有好的办法衡量他们的产出，但还是有一些间接指标。自 1992 年以来，美国政府公职人员的数量已大幅度下降，相当于 20 世纪 60 年代初的水平；公职人员占劳动力的百分比与 20 世纪 30 年代初的水平不相上下；与此同时，政府服务大幅增加，且所服务的人口也增加了，这意味着生产率提高了。[②]

在美国，邮政署是难以得出一般性结论的一个例子。在直接竞争领域，例如快件和包裹邮递，近几十年来邮政署都经营得不太好。但邮政署的主营业务在过去的 20 年里生产率显著提高，是商业部门生产率的 3 倍。

在所有的生产率比较研究中，加拿大的私人铁路与公共铁路是最有说服力的一个例子。研究得出的结论是，两个系统的效率没有明显的差异。显然，两者之间的竞争给彼此提供了提高效率的强大激励。[③]

专栏 8.2

国家绩效评估

政府效率低下问题，特别是采购和人事政策所引发的问题，是在艾伯特·戈尔副总统指导下进行的一个重大评估事项。1993 年 9 月发布了一份报告，其基本主题是在政府再造（reinventing government）过程中必须大幅度修订采购和人事政策。该报告强调，要更多地依赖绩效指标，更多地利用市场激励机制，更多地采用商业采购惯例：

> 我们的政府被形形色色的垄断势力所围困，使得管理人员和一般工作人员都缺乏激励。我们必须注入市场活力，迫使我们的政府把客户放在首位。对付垄断的最好办法就是引入竞争。

另外，该报告指出，“竞争是唯一能让公共机构别无选择而只有进行改善的力量”。

竞争足以迫使私人部门不断“再造”自己，寻找更好、更有效的方式做它所要做的事。然而，政府再造的动力则来自政治压力——包括庞大的政府赤字压力，而且常常是来自特殊利益集团的政治压力阻碍了再造过程的成功。这样的例子有很多。100 多年来，政府一直负责肉类检查，美国人想知道他们所吃的肉是否安全。在厄普顿·辛克莱（Upton Sinclair）生动描述了芝加哥的畜牧场之后*，美国建立了政府检查员制度，但所做的只是进行外观检查：肉看起来变质了吗？如今，我们知道，大多数问题是用肉眼看不见的细菌引起的，而且有先进的方法来检测和处理这些细菌。然而，尽管存在能以较低成本做得更

---

① 参阅 Sam Peltzman，“Pricing in Public and Private Enterprises：Electric Utilities in the United States，” *Journal of Law and Economics* 14，no. 1（1971）：109－147，该文讨论了公用电力公司和酒类商店的问题。

② 在 20 世纪 90 年代之前，政府生产率的增长可能一直高于私人部门。请参阅 Nancy Hayward and George Kuper's detailed study over the period of 1967 to 1978，“The National Economy and Productivity in Government，” *Public Administration Review* 38（1978）；and U. S. Office of Personnel Management，*Measuring Federal Productivity*，February 1980。

③ D. W. Daves and L. R. Christensen，“The Relative Efficiency of Public and Private Firms in a Competitive Environment：The Case of Canadian Railroads，” *Journal of Political Economy* 88（1980）：958－976.

好的制度（私人企业准备而且能够完成这些任务），但由于肉类检查员工会担心其工人会失去工作，政客则担心该工会将组织示威活动，因此，这种效率低下的外观检查制度最终竟得以存续。

* Upton Sinclair，*The Jungle*（New York：Doubleday，Page & Company，1906）.

8.3 公共部门效率低下的原因

我们预期，公共企业的效率整体不如私人企业，其原因有很多，且都与个人层面和组织层面的激励和约束机制有关。

8.3.1 组织差异

组织激励 由于公共企业不是由利润动机驱动的，所以它们没有什么动力来最大限度地提高生产率。实际上，政治考量往往是公共企业的驱动力，例如提供就业机会，特别是在失业问题比较严重的地区，而这通常不利于提高生产率。在一些国家，公共企业甚至不用担心亏损，因为它们不能破产，而且所有亏损都会由政府财政来弥补。换句话说，它们面临的是一种**软预算约束**（soft budget constraint），而且它们的经营活动所处的环境常常缺乏竞争。

人事约束 由于担心公职人员可能会滥用其地位和权力——如损害纳税人的利益，因为纳税人可能不得不为获得服务付出更大的代价，故许多约束制度由此建立。私人企业可以雇用所喜欢的人，支付其愿意支付的工资。如果一家企业支付给某人的工资超出其所值，那么所有者受损。但是，如果政府机构支付给某人的工资超出其所值，则纳税人受损。所以，当一名公职人员的行为不公时，我们会特别反感。公正是公信力（public trust）的重要组成部分。因此，我们实行了强有力的公务员（civil service）制度，以确保政府雇用和提拔最胜任的人，并支付适当的薪酬。虽然这些制度发挥了重要作用，但也造成了僵化：政府机构难以解雇不胜任的雇员，从而削弱了激励机制。政府很难与私人企业竞争最好的人才，因为私人企业支付给这些人的工资水平大大超过了条件相同的公职人员的标准。

采购约束 同样地，为了防止政府每年采购数十亿美元的商品和服务时出现滥用职权行为，政府已经制定了一些程序，以防上当受骗，但结果往往是增加了成本。例如，在购买喷气发动机时，据说这些程序导致成本增加了三分之一。在许多领域，政府坚持竞标。但是若要这样做，政府必须对采购细节做出详细说明。一件 T 恤衫可能需要 30 页的合同细则来详细说明线的质量、形状等等。由于政府要求的规格通常与生产 T 恤衫的公司投放私人市场的有所不同，企业不得不采用其他生产方法来满足政府的规定。只有极少数公司发现遵守所有的政府规定是值得的，竞争将因此而受到限制，出价将会反映遵守政府规定的高额成本。其结果是，相比于市场上已有的同类产品，政府可能要多支付。现货采购（基于市场规律和产品检验而充分了解市场的消费者）可以节省大量资金。按照这一思路所进行的 1994 年采购改革已经节省了数十亿美元。[①]

① 例如，国防部报告，在改革通过的两年之内，新的采购计划节省了 47 亿美元。（U. S. Department of Defense，"Defense Acquisition Pilot Programs Forecast Cost/Schedule Savings of Up to 50 Percent from Acquisition Reform，" News Release No. 138－96，March 14，1996.）

预算约束 政府机构不同于私人企业的另一个方面是预算编制，特别是编制长期投资预算。航空公司可能要耗费数年时间和数百万美元来开发机票预订系统，但很容易就能对一种重要的资本支出编制预算。避免飞机相撞的空中交通管制系统由联邦航空局（Federal Aviation Administration）管理。空中交通量的大幅增加和更新控制中心的过时电脑，需要投资数十亿美元。但是，国会只能按年度拨款，而且由于预算紧张，一直都没有足够的资金可用于全面快速的现代化建设。这与企业看待这件事的方式不同，企业要评估投资的收益率。

□ 8.3.2 个人差异

许多组织差异会对个人产生直接影响。由于个人不会被解雇，也不会因为表现良好而获得像私人企业发放的各类奖金那样的奖励，所以既没有“胡萝卜”也没有“大棒”这种强大的个人激励。由于公共机构在提高效率或致力于服务“客户”方面的激励较小，所以，它们有能力提供的那些激励也往往不是针对这些目标而更多的是针对政治目标。

官僚行为（bureaucratic behavior）通常有一系列完整的特征。官僚可能不会因为效率提高而获得更高的收入或更大的回报，但他们似乎很享受管理更大组织的权力和威望。因此，他们可能会努力使**官僚机构**（bureaucracy）的规模最大化。如果官僚机构服务的需求曲线弹性小于1，它们通过降低效率（提高所提供的每单位服务的价格）实际上就可以扩大机构的规模及总支出（见图8.3）。阻止官僚这样做的方法是竞争——两个官僚机构之间的竞争。里根政府的经济顾问委员会成员、保守派智库卡托研究所（Cato Institute）名誉所长W. A. 尼斯卡宁（W. A. Niskanen）认为，政府官僚机构越来越集权（旨在使两个政府机构履行的职能不重复），虽然是为了提高工作效率，却降低了竞争，从而使官僚更有可能追求自身利益，而牺牲了效率和公共利益。

尼斯卡宁呼吁需要引起关注的问题——政府官僚可能会为了自身利益行事而不一定符合他们应该服务的公民的利益，正是通常所谓的**委托-代理问题**（principal-agent problem）的一个例子。委托-代理问题是一个常见的问题，即我如何让你做我想要做的事。这里的问题是，公民（委托人）如何让他们的雇员——公职人员（代理人）按公民的利益行事？私人部门的类似问题是，股东（委托人）如何让他们的雇员——公司的管理层和一般员工（代理人）按股东的利益行事？

不论是公共部门还是私人部门，所有组织都存在委托-代理问题。管理层总是面临确保员工行为符合其愿望的问题；除非企业由管理层拥有，否则所有者总是面临如何保证管理层按其利益行事的问题。在大型组织中，控制员工的问题尤为突出，而没有大股东的大公司面临的控制管理层的问题可能与政府企业一样严重。当英国石油公司（British Petroleum）还是国有之时，其行为与其他所有权分散的大型石油公司，例如得克萨斯石油公司（Texaco），区别很小，但在某些方面，两者的行为与由一个家族控制的大型石油公司有所不同，例如盖蒂石油公司（Getty）。有私人股东和只有政府一个股东，会产生什么差别？有些人认为，公共企业的管理层的行为可能与大型私人企业的管理层的行为大致相同。在这两种情况下，管理层有很大的自由裁量权，使得他们能够追求自身利益，而往往会牺牲公共利益（在公共企业的情况下）或股东利益（在私人企业的情况下）。拿公司的钱支付给那些企图收购公司的人，即所谓的“绿色邮件”（green-mail），已经证实了这些观点；这种支付以及管理层试图使收购变得更加困难的公司章程，保住了管理层的特权，但牺牲了股东利益。

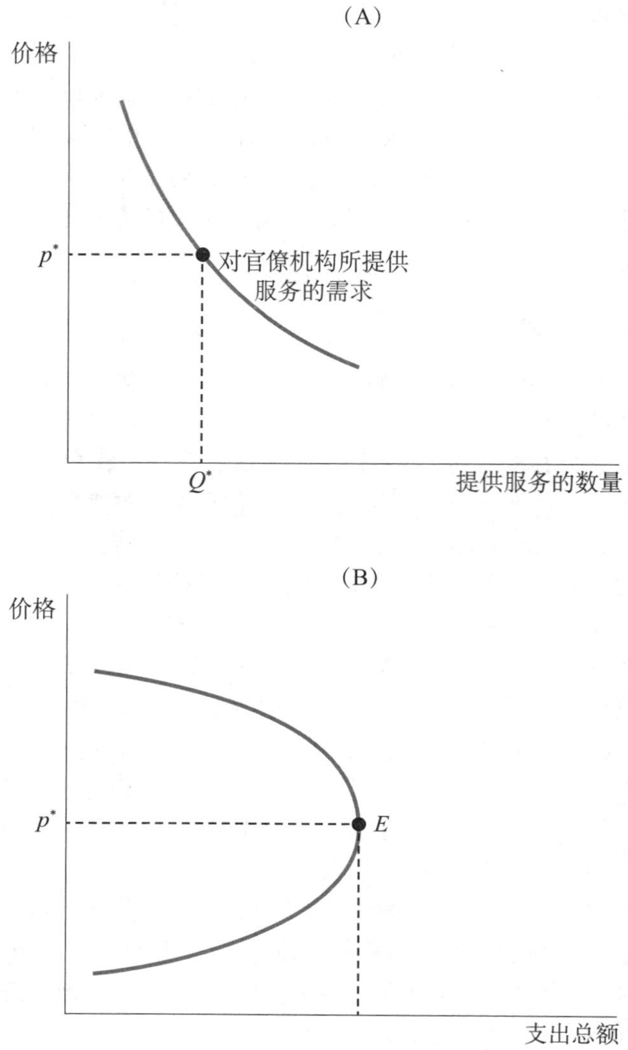

图 8.3　官僚机构规模最大化

图（A）显示了官僚机构服务的需求曲线。随着服务价格（单位成本）下降，服务需求量会增加。图（B）显示的是，官僚可以计算出每个价格水平下的支出总额——价格乘以数量。在没有竞争的情况下，官僚可以选择价格，而且会选择支出总额（官僚机构规模）最大化的价格，即 p^* 。

在大型组织中，委托-代理问题从未得到完全解决。激励结构——“良好”表现的回报（经常是经济奖励）和“不良”表现的惩罚（被解雇），是充分发挥激励机制作用的最有效方式。虽然公共部门和私人部门在设计充分解决委托-代理问题的激励机制方面都面临种种问题，但公共部门似乎更难以克服这些问题，部分原因是公共机构如何对员工进行补偿存在许多限制。

□ 8.3.3　官僚程序与风险厌恶

官僚想要增大预算规模的愿望似乎能解释官僚行为的诸多方面，而官僚行为的其他方面则可以用另一个重要因素——对官僚的激励——加以解释。尽管官僚获得的薪酬可能与他们的表现不直接密切相关，但从长期来看，他们的晋升至少部分地取决于可观察到的表现。

官僚可以通过遵循一定的官僚程序确保其所有行为都是经过他人审查过的，从而一旦出现错误就能开脱掉责任。虽然这种集体决策程序也降低了个人在取得任何成功时的功绩，但官僚好像愿意做出这种取舍。我们说他们是**风险厌恶**（risk averse）者。这在某种程度上是由官僚机构的本质引起的：一切都必须通过适当的渠道（繁文缛节）；强调的是程序的遵守而非结果的质量。

另外两个原因促成了官僚程序的盛行。第一，从事风险厌恶活动所产生的许多成本并不由官僚自己承担，而是由整个社会通过税收供养的更多的人员承担。还有一些成本以拖延、文书等形式强加到那些与官僚机构打交道的人身上。（的确，有些人认为官僚实际上很喜欢官僚程序。①）

第二，要求由若干人批复一项建议而规定的程序，也有积极的一面，并不仅仅是官僚追求自身利益的结果，这自然而然地源于政府官僚与其分配资金之间的受托关系。也就是说，政府官僚不是在花自己的钱，而是在花公共资金。一般认为，一个人花别人的钱应当比花自己的钱更加小心谨慎。而更加小心谨慎也意味着遵循一定的程序，这能保证资金不是按某个人的突发奇想支出的，也降低了腐败的可能性。由于必须经过许多人的批准，因此就没有哪一个人有权签订一份价格高于市场价格的合同而从中渔利。

然而，应当清楚地看到，政府企业和大型企业都依赖官僚程序。因此，小企业和大企业之间的差异可能大于国有企业和大型私人企业之间的差异。

公共部门常用的官僚程序有两个例证，一是成本-收益分析，二是环境影响报告（environmental impact statement）。这些程序背后的意图相当明确。然而，由于进行有效评估所需的数据几乎不可得，因此各种研究往往变成了答案可知的“备考练习”。有时，它们被项目的反对者用作试图拖延项目的工具，使得项目成本高到在经济上不可行的地步。这些拖延的做法造成了社会损失。

公共部门效率低下的解释

组织差异：

- 软预算约束（政府补贴，不会破产）。
- 政治考量的作用。
- 缺乏竞争。
- 其他约束：

  人事约束（公职人员——难以解雇和向其支付较高的工资）；

  采购约束；

  预算约束（很难编制大规模资本投资所需的长期预算）。

个人差异：

- 既没有激励性薪酬，又难以解雇，降低了激励（没有“胡萝卜”与“大棒”）。
- 委托-代理问题：

  追求官僚目标——最大化组织规模；

  风险厌恶程度过高——导致强调照章办事（繁文缛节）。

① 还有其他一些基于心理学和社会学的理论，解释了官僚为什么会有官僚主义行为。

8.4 公司化

上一节探讨了政府企业常常比私人企业效率低的一些原因。我们看到，在雇佣和晋升、采购、长期投资预算等方面存在着各种管制与约束，它们的存在也许有充分的理由，但抑制了效率。要解决这些难题，也不一定非要把企业交给私人部门（私有化）。美国和其他国家已经尝试了多种介于传统的公共机构与私人企业之间的组织形式，包括**政府公司**（government corporation）和**绩效导向组织**（performance-based organization，PBO）。

政府公司有许多例子。最广为人知的有美国邮政署、美国最大的电力公司田纳西河流域管理局、圣劳伦斯航道（Saint Lawrence Seaway）管理局以及 1998 年私有化之前的美国铀浓缩公司（它将天然铀转换成用于核反应堆和原子弹的浓缩铀）。这些机构或公司虽然由美国政府所有，其董事会和总裁通常由总统任命，但由于与总统的任期并不一致，故而与政治无关。和普通公司一样，它们通过出售产品和服务获得收入。最重要的是，它们摆脱了那些对政府机构的大部分约束——它们可以借款和贷款，在薪酬和采购上有相当大的自由裁量权。总的来说，它们的行为很像私人公司。

通常，在政府企业私有化之前，要经过**公司化**（corporatization）这一中间阶段。这通常需要促使企业依靠预算来提高透明度和强化问责制。企业的收支不能与一般部门的财务相混淆，企业要编制自己的财务报表，以更好地反映真实的财务状况。对政府企业亏损的补贴也更加透明，因为它们是明确的预算支出。效率的提高大多数都发生在这一阶段，但对于其中的原因尚有争议。有些人认为，所需要做的就是摆脱政府人事、采购与预算的约束；在公司化情况下，可以实行有效的激励计划。还有人认为，倘若没有私有制下的利润动机，效率的提高不可持续。政府企业的管理层往往在私有化后做得更好，成为新私人公司的高薪高管，或者在新私有化公司获得大量股份或期权，也正是这些经济回报驱使他们在公司化阶段提高效率。

绩效导向组织是在公共部门内偏企业化的政府机构，但这些机构的官员按绩效获得报酬。在英国，知识产权局已成立一个绩效导向组织，美国也有类似的提案。

许多国家都掀起了一场激烈的辩论：政府机构何时应私有化、公司化或转变成绩效导向组织？在所有这三种情况下，政府机构的产出都必须是可衡量的。在私有化或公司化情况下，该机构必须生产可以出售的产品，或者至少必须有收入来源为其活动融资：田纳西河流域管理局出售电力，美国邮政署出售邮票。许多国家已经把其空中交通控制系统私有化了，克林顿政府提出将其公司化，这很容易通过机票税或起降费进行筹资。

为什么不一刀切地搞私有化，或者至少把可以收费的都私有化？答案是，私人企业可能无法很好地实现公共目标，即使通过管制也做不到。人们可能不想要一家可以生产用于制造原子弹的浓缩铀的利润最大化的企业，但奇怪的是，布什政府恰恰提出这样做，而 1998 年克林顿政府真的这么做了。如果美国邮政署被私有化，人们就会担心它会试图利用垄断权力提高价格，也不再为乡村地区服务。（虽然政府可以要求美国邮政署为乡村地区服务，但要规定它应该怎么做，并监督其服务质量，可能困难重重。）

公共利益问题往往很复杂，也不易衡量，在设计绩效导向组织时也难以得到充分体现。人们希望美国专利商标局的工作不仅要快速，而且要准确；也就是说，人们不希望它否决应该被授予的专利，或授予会被法院推翻的专利。但遗憾的是，从申请到授予往往需要花费几年的时间，因此，要知道专利商标局所做的工作到底如何，可能需要数年时间。此外，还有与比如专利范围相关的一些基本的公共问题：一种新的转基因西红柿专利是应仅限于这种西红柿品种，还是所有的转基因西红柿，抑或是所有转基因植物？通常情况下，这要根据具体情况而定。有人担心，如果专利商标局变成一个绩效导向组织，它可能不会以最能反映国民利益的方式作出这些决定。

私有化在州和地方层级获得进一步的推进。一些州已经将监狱私有化（参见专栏 8.3 “监狱私有化”），得克萨斯州提出将福利计划的管理私有化。联邦政府表示，得克萨斯州不能这样做，理由是私人福利机构可能会拒绝让那些真正符合条件的人享受应得的福利。批评联邦政府做出这种决定的人认为，可以找到一种激励机制来解决这个问题，比如，对剥夺他人享受福利、经上诉而被推翻的私人福利机构处以足够高的罚款。得克萨斯州后来在 2005 年对该州的食品券资格计划进行了私有化，这导致美国农业部（U. S. Department of Agriculture）所称的五年来食品券申请量无端缩减，致使数千人失去了他们应享有的福利。

专栏 8.3

监狱私有化

监狱似乎是最不可能被私有化的对象。毕竟，以营利为目的的公司会全力以赴将服务质量（例如食品质量）降到最低，尽管“客户”可能会抱怨，但他们真的对此无可奈何。将监狱建设和管理移交给公司还存在着潜在的利益冲突，因为公司的经营模式依赖于收监人数不断增加，以确保现有和未来的私人监狱的高利用率。实际上，尽管私人监狱不是新事物（可以追溯到殖民地时代），但它们在历史上几经沉浮。在过去的 25 年里，美国监狱的私有化急剧增加，截至 2009 年年底，有超过 12 万名囚犯被关押在由私人拥有或经营的联邦或州监狱里。

这些私人监狱一直备受争议，这不足为奇。有些人声称，成本得到了控制，甚至像教育培训和戒毒计划等服务也得到了改善。很有名的美国管教公司（Corrections Corporation of America）就做到了这一点，其部分做法是“再造”监狱，如重新设计监狱，用较少的看守来看管更多的人。这些人还声称，监狱的气氛没那么紧张，不仅能改善囚犯境况，需要的看守也较少，而且缺勤率远低于传统监狱。然而，批评者则反驳说：成本实际上更高，暴力增加，重复犯罪率较高。

尤其值得关注的是，私人监狱产生了不当激励：它们在法律框架下对哪怕是轻微违法者也要长期强制监禁以获益。

尽管目前监狱过度拥挤以及预计囚犯会不断增加，但严重的财政拮据制约了新公共监狱的建设。虽然私人监狱存在争议，但可以预期，监狱的短缺在很大程度上还要由私人建造或管理来填补。

资料来源：Charles Thomas，Dianne Bolinger，and John Badalamenti，“Private Adult Correctional Facility Census，” Private Corrections Project，Center for Studies in Criminology and Law，University of Florida，March 1997，p. iv; Management & Training Corporation，“Privatization in Corrections：Increased Performance and Accountability Is Leading to Expansion，” MTC Institute，December 2009；Lauren E. Glaze，“Correctional Populations in the United States，2009，” *Bureau of Justice Statistics Bulletin* (December 2010)；and American Civil Liberties Union，“Banking on Bondage：Private Prisons and Mass Incarceration，” November 2，2011.

在过去的20年里，**公私合伙**（public-private partnerships，PPPs）* 已演变成纯公共提供、纯私人提供或公司化公共提供基础设施和服务（特别是在电力、水务、交通运输部门）的替代方式。公私合伙试图根据各方的任务和能力在公私部门之间分配风险和回报。例如，政府通常拥有土地或收储土地（当不同的地块由不同的人拥有时）的权力，但通常无力设计、融资、建设和经营规模超大且复杂的基础设施（通常称为大型项目）。相比之下，私人企业虽然没有像政府那样的法律权力或监管权力，但可以动员大量资金并具有专业化知识。

最常见的公私合伙形式既包括针对公共服务的相对简单的服务、管理和租赁合同，如公共运动和娱乐场所的运营，又包括针对大型公共基础设施的非常复杂的融资和运营安排，例如建设-经营-转让（build-operate-transfer，BOT）特许经营和公私合营（public-private joint ventures）。公私合伙模式在世界各地已经被广泛用于发电厂、收费公路和卫生设施的提供和经营，还被用于城市自来水、污水和固体废物处理系统的升级改造。

公私合伙的结果喜忧参半。在一些电力项目上，消费者支付的价格过高。在某些情况下，这种合伙关系似乎使政府承担的风险降低并使私人合作方获得的利润增加，但私人合作方的回报最终要是太小，它们就有可能威胁要退出。对滥用市场的监管越弱，招投标过程的透明度越低，公私合伙不成功的可能性就越大。①

8.5 关于政府在生产中的作用正逐渐达成共识

政府在生产中的作用仍是一个争论激烈的主题。如今，越来越多的人认为政府不应参与一般私人产品的生产，并一致认为政府不应该将国防私有化（尽管美国在独立战争时期确实使用了雇佣兵）。事实上，即使在这些领域，政府也可以从私人承包商处购买许多商品和服务。长期以来，政府购买飞机和坦克，但住房和其他后勤保障服务则越来越多地由私人企业提供。一些定义宽泛的安保服务（有时甚至模糊了战斗支援和非战斗支援之间的界限）现在也越来越依赖承包商提供（特别是在伊拉克和阿富汗冲突期间），比如黑水公司（Xe Services LLC）。

一些反对进一步私有化的论据具有政治性：反对田纳西河流域管理局和其他政府水电项目私有化的人担心价格会上涨到市场水平，隐性补贴会因此被取消。其他反对者则遵循这样的原则："东西没坏，就别去管它。"许多政府企业似乎相当具有效率，看不出来有什么明确的理由说只要私有化就会提高效率。反对私有化（甚至公司化）空中交通控制系统的人是公司专机的拥有者和通用航空业者，他们没有为目前获得的这些服务支付公平的成本，据估计，他们每年因此获得20亿美元的补贴。

然而，在其他情况下，确实存在对私有化后不追求更广泛的公共目标的担心，而这可能正是争论最活跃的一个领域：监狱、福利机构、学校或者用于制造核弹的材料生产应该被私有化吗？或者只要通过公司化、绩效奖励并鼓励公共机构为其所服务的客户着想，就能大大提高效率吗？

政府在多大程度上可以通过模仿私人部门（例如，更广泛地利用激励性薪酬）实现可

* 在中国的官方文件中，此概念被称为"政府与社会资本合作"。——译者注

① 有关公私合伙的评估分析，特别是公私合伙效率和效果评估的分析，请参阅G. Hodge and C. Greve, "PPPs: The Passage of Time Permits a Sober Reflection," *Economic Affairs* 29 (2009): 33–39。

比效率？所观察到的公共部门低效率在多大程度上是公共部门内在本质的固有结果？例如，很难衡量许多领域的管理工作绩效，当然，人们也不想用处理了多少文件来衡量绩效！在许多领域无法进行竞争，或者竞争虽可行但不可取。我们想要两支相互竞争的武装力量、两个相互竞争的司法系统吗？可以肯定的是，在某些情况下，可以引入竞争，特别是在政府一直保持国家垄断的广播、电话服务、卫生、教育等领域。不过，即使引入了竞争，依然会出现令人棘手的问题：我们如何确保政府经营没有隐性补贴，从而使公共企业和私人企业处于公平竞争的环境中？2008 年的金融危机甚至使私人部门也获得了隐性补贴：大型（“大到不能倒闭”）银行能以较低的利率获得资本，部分原因在于，资本提供者认为这些银行一旦陷入困境就可能获得救助。

除了效率之外，还存在其他问题。社会保障制度的交易成本比私人公司提供年金的交易成本低，还提供了一种私人部门不提供的产品——抵御通货膨胀。在许多金融领域，很难确保私人部门提供有助于普通家庭管理其所面临的风险的产品，也不能确保私人部门不欺骗那些缺乏理财经验的人。有些人呼吁要加大监管力度，另一些人则认为，政府企业可以提供满足普通民众需求的、较为安全和有效的金融产品。

因此，虽然可以假定一般商品的提供要依赖私人部门，然而，关于许多商品和服务到底如何实现最有效的提供仍争论不休：是应当更多地依赖私人提供（借助强有力的监管来防止滥用，并充分认识到监管不完善本身会造成扭曲），还是应当更多地依赖公共提供？抑或应该转向混合模式——公私合伙或公司化？每一种制度安排都会有成败。如今，挑战在于在既定的国家、既定的时点和既定的情况下找到最好的制度安排。

各种组织形式

私人企业。

政府公司。

绩效导向组织。

传统政府机构。

公私合伙。

- 私有化的标准：

收入来源（与其职能有关）；

可以通过监管，以令人满意的方式解决外部性、安全和垄断权力滥用等公共利益问题。

- 绩效导向组织的标准：

可以衡量绩效；

可以令人满意的方式解决公共利益问题。

8.6 复习和练习

8.6.1 小结

1. 在美国，政府在若干部门的生产中发挥着重要作用，尽管这种作用远不如其他国家政府发挥的作用。市场失灵为政府干预提供了一种解释，但不是政府生产的理由。

2. 自然垄断行业是只有一个生产者才可实现效率的行业，在这种情况下，有效竞争不可能存在于这种市场均衡中，缺乏竞争是政府生产私人产品的主要原因。替代公共生产的一种方式是政府管制。在美国，主要通过政府管制来解决自然垄断问题，而在欧洲，电话和其他自然垄断行业则一直由政府控制。最近，很多自然垄断行业已被私有化，但结果不一。

3. 一些有限的证据表明，在提供类似的服务方面，政府的效率总体上不如私人企业。但也有一些很明显的例外情况表明，政府企业的效率不一定就比私人企业低。

4. 然而，政府并不一定能解决私人部门的失灵。许多政府计划的失败可归因于 4 个因素：一是政府采取的任何行动，其后果是错综复杂和难以预见的；二是政府对这些后果的控制是有限的；三是立法设计者对政府计划实施的控制是有限的；四是政客的行为可能更有利于特殊利益集团，更一般地说，政治程序是复杂的，不一定产生有效率的结果。

5. 政府企业不同于私人企业表现在若干方面：私人企业追求利润最大化，而政府企业可能追求其他目标；政府企业往往面临软预算约束和有限的竞争；政府企业在人事政策（薪酬和解雇）、采购和预算方面面临更多的限制。虽然施加这些限制可能有很好的理由，但影响了经济效率。

6. 组织层面的差异导致了个人激励的差异。官僚常常设法使其组织规模最大化，并避免风险。与此同时，公共组织与私人企业都存在委托-代理问题，即确保员工为组织利益而行事的问题，或者更宽泛地说，是确保企业管理层和员工为股东利益而行事、公职人员为公民利益而行事的问题。

7. 还存在许多介于传统的公共机构和私人公司之间的组织形式，包括政府公司和绩效导向组织。它们可能既具有私人组织的许多效率优势，同时又比受管制的纯私人企业能更有效地追求公共利益。展望未来，这些组织形式的利用程度以及私人企业是否应进入以前被认为是政府核心职能的领域（比如监狱和社会服务等），将成为争论的主题。混合型公私合伙模式已成为既能利用政府和企业的比较优势、又能减弱各自劣势的一种方式。

□ 8.6.2　重要概念

官僚机构	公司化	交叉补贴
政府公司	政府失灵	国有化
自然垄断	绩效导向组织	价格弹性
委托-代理问题	私有化	公私合伙
管制	风险厌恶	软预算约束
沉没成本	零利润点	

□ 8.6.3　练习题

1. 近 30 年来，公共企业私有化很普遍。美国政府出售了联合铁路公司，法国政府卖掉了许多银行，英国政府出售了部分电话服务。根据这些情况，请概括出赞成私有化和反对私有化的主要论据。你认为这三种情况有什么不同吗？为什么？

2. 里根政府执政时期，内政部（Interior Department）大大提高了近海石油和天然气的出租率。这样做大幅降低了政府收取的租赁价格。（虽然租约是通过拍卖出售的，但有三分之二以上的区域只有一个投标者）。请讨论这项政策对分配和效率的影响。

3. 美国邮政署声称，之所以无法像私人企业那样提供廉价服务，其中一个原因是要向农村提供服务，但收费不能超过城市地区。私人公司“撇走了”低成本市场。（实际上，城市地区在补贴农村地区。）请讨论这种交叉补贴对效率和公平的影响。

有些人认为，如果补贴农村邮政的国家政策是可取的，补贴应用一般税收收入来支付，而不应由邮政系统的其他用户支付。请讨论这种补贴计划的优点和存在的问题。

4. 私人安保公司有很多，而且许多大型住宅开发项目都有这样的私人企业提供治安保护。但是，很少有城镇把警察部门外包出去。你认为为什么会是这样的？这样做的优点和缺点是什么？不过，很多社区将其监狱外包给私人公司经营。你认为这样做会有什么优点或问题？

5. 军方的大部分装备都是从私人承包商那里购买的，但不会由私人承包商来配备船员或飞行员。所提供服务的哪些不同性质可以解释这些差异？

6. 政府反复提出教育券计划议案。教育券是政府提供的一种凭证，可用于购买公共提供者（当地城镇）或私人提供者提供的教育服务。《退伍军人权利法案》（GI Bill）实际上为朝鲜战争和第二次世界大战的退伍军人提供了这样的凭证。在 1996 年的总统大选中，参议员罗伯特·多尔（Robert Dole）提议，联邦政府应当为这些为数不多的凭证出资。你认为教育券计划的优点和缺点是什么？在哪些情况（哪种教育服务）下，教育券看起来更具吸引力？

7. 请讨论哪种组织形式（如私人企业、政府公司或标准的政府生产）适合于下列哪种情况，在每种情况下，请讨论适当的激励机制和有效的监管制度的设计问题。(1) 公共住房；(2) 用于原子弹或核电站的浓缩铀的生产；(3) 有时被政府用于军事目的的氦的生产；(4) 空中交通管制系统；(5) 专利和版权局；(6) 监狱；(7) 就业安置服务；(8) 管理福利计划；(9) 管理食品券计划。

8. 最近已有若干提案要把社会保障制度私有化，有些国家实际上已经将其社会保障制度部分或全部私有化了。赞成或反对这样做的理由有哪些？

第 9 章

公共选择

重点问题

1. 集体决策，比如决定公共产品的水平，与标准的家庭决策有何不同？引发偏好的问题是什么？当人们想要的东西（比如说公共产品的支出水平）有所不同时，如何解决这些差异？什么是“聚合偏好”问题？

2. 当多数投票制被用来解决意见分歧时，为什么会出现不明确的结果？有没有在所有情况下都能产生一个明确结果的投票程序？当有一个明确的结果时，它一定是有效率的吗？

3. 有没有其他方法可用来决定公共产品的支出水平？有没有办法可确保公共产品支出的效率水平？

4. 政治通过哪些方法影响资源配置的公共决策结果？

与传统的私人产品支出通过价格体系决定不同，公共产品支出通过政治程序决定。本章考察部分政治程序模型，属于政治学和经济学的交叉领域。

9.1 配置资源的公共机制

第 3 章解释了市场经济如何依赖价格体系实现资源在私人产品生产中的有效配置。价格体系给企业提供了产品值得生产的激励，也提供了将生产出来的产品在消费者之间进行配置的依据。我们常说价格在信息传递中发挥重要的作用，比如从消费者到生产者对不同商品评价的信息传递，生产者之间以及从生产者到消费者有关生产成本和商品稀缺性的信息传递。

私人市场的均衡由需求曲线和供给曲线的交点决定。由于某种原因，当商品需求增加时，需求曲线将上移，价格上升，企业会增加生产。因此，价格体系把人们偏好变化的信息传递给了企业。同样地，由于某种原因，当商品生产成本降低时，供给曲线将下移，价格下跌，人们会转而消费现在更便宜的商品。此外，价格体系又把技术变化的信息从企业那里传递到消费者那里。实际上，正如第 3 章指出的那样，现代福利经济学的一个核心结论是，在竞争激烈的经济中，由此产生的资源配置是有效率的。

公共部门的资源配置决策与此迥然不同。人们投票选出代表，而后当选代表对公共预算进行表决，而钱本身是由各行政部门花出去的。因此，个人决定如何花自己的钱与国会决定如何花公款有很大的区别。国会议员的投票应反映选民的意见，而不只是他自己的观点。在决定如何投票时，国会议员会遇到两个问题：第一，他必须确定其选民的意见是什么；第二，由于这些意见有可能不一致，他必须决定对各种意见赋予多大的权重。

9.1.1 偏好表露问题

要想了解人们对某种私人产品是否合意，只要看他是否购买这种商品就知道了。但是，人们没有相对有效的方法来表达他们对某种公共产品合意性的看法。政府官员的选举所传递出来的选民对某种公共产品的态度的信息极其有限，充其量只是反映出选民偏向更多的政府支出还是更少的政府支出的一般看法。

如果直接问人们的偏好是什么，他们会实实在在地表露偏好吗？近年来，政客们越来越多地求助于民意测验，以确定选民的偏好；同时，尽管他们发现民意测验有用，但也极为谨慎地看待这些民意测验结果。例如，在政府赤字激增的情况下，民意测验的结果普遍反映出削减赤字这一强烈愿望。然而，在权衡取舍上没有取得一致意见：有些民意测验表明，选民愿意缴纳更高的税收或接受削减支出以减少赤字，但有些民意测验的结果（在一定程度上由投票模式决定）相反。在民意测验中，虽然选民们都说他们认为政府应该减少对外援助开支，但当被问及应该支出多少时，他们给出的数字大大超过了美国目前的支出水平。

除非人们面临具体的权衡取舍（要获得某种东西必须放弃另一种东西），否则很难让他们认真思考他们的选择。此外，引发人们真实地表露其对公共产品的偏好还存在一些特殊的问题。如果他们必须付出的不取决于他们的回答，那么就存在要求更多公共产品的倾向：一般来说，只要不必为此付费，人们就喜欢有更多的公共产品。然而，如果一个人所说的影响到他要支付的数量，那么，他就会有伪装动机，他会说需要的公共产品数量大大低于其真正想要的数量——他知道他的回答对供给总量不会有什么影响，他想成为一名搭便车者。①

在私人决策中，决策者知道自己的偏好。可是，在公共决策中，决策者必须确定他所代表的那些人的偏好。这是公共资源配置与私人资源配置的第一个重要区别。

9.1.2 公共产品的个人偏好

进行集体决策很难，因为不同的人对应该在公共产品上花多少钱有不同的看法。导致个人看法不同的原因有三个。第一个原因有时就是偏好不同。有人喜欢巧克力冰激凌，而有人喜欢香草冰激凌；有人喜欢公园和教育，而有人喜欢私人产品，如电子游戏和汽车。然而，本书不想过多地讨论偏好问题。

另外两个原因分别是收入和税收。富人收入较高，通常在所有商品上花的钱都比较多，包括公共产品和私人产品。但是，当政府在公共产品上增加开支时，富人通常要承担相对较大的额外成本。在私人产品的情况下，富人和穷人通常会支付相同的价格；在公共产品的情况下，富人实际上要支付较高的价格。**税收价格**（tax price）是当政府支出增加1美元时，个人必须支付的额外数量。税收价格乘以政府支出总额等于个人的纳税额。税收价格较高意味着富人希望公共产品支出水平降低。收入效应导致较高的意愿需求，而价格效应导致较低的意愿需求，净效应不明确。

要考察这些效应，首先考虑这样一种情况，即有 N 个人，每个人都必须缴纳相同的

① 经济学家设计出了一些巧妙的方法，原则上可以解决这些问题，但在实践中，还没有一个政府将这些方法付诸实际应用。请参阅本章附录。

税额，不管收入是多少。在这种**统一税制**（uniform taxation）下，税收价格为 $1/N$，个人纳税额为 G/N。[①] 在**比例税制**（proportional taxation）下，每个人都按相同的收入百分比纳税。税收价格可以很容易地计算出来。如果 $\bar{Y}$ 是平均收入，那么 $N\bar{Y}$ 就是总收入；如果税率为 t，那么 $tN\bar{Y}$ 就是政府总收入。它必须等于政府支出：

$$G=tN\bar{Y}$$

因此，税率是：

$$t=G/N\bar{Y}$$

收入为 Y_i 的人的纳税额是：

$$tY_i=\frac{GY_i}{N\bar{Y}}$$

如果政府支出增加 1 美元，个人增加的纳税额（税收价格）正好是 $Y_i/N\bar{Y}$ 。这样，具有平均收入的个人（$Y_i=\bar{Y}$）的税收价格为 $1/N$，收入高于平均收入的个人（$Y_i>\bar{Y}$）面临较高的税收价格，收入低于平均收入的个人面临较低的税收价格。

累进税制是纳税额增加的比例高于收入增加的比例的税制；累退税制是纳税额增加的比例低于收入增加的比例的税制。因此，在累进税制下，高收入者的税收价格一般大于 $Y_i/N\bar{Y}$ 。

在个人的税收价格既定的情况下，我们可以推导出他所偏好的公共产品支出水平，如图 9.1 所示。收入不同的人面临不同的预算约束；所偏好的公共产品支出水平位于无差异曲线与预算约束线的切点处。

不同的人偏好不同的支出水平。在比例税制下，穷人面临较低的税收价格，出于这个缘故，他们偏好较高的支出水平 G_P。可是，穷人收入较低，而由于收入低，他们对公共产品与私人产品的需求都小，净效应不明确。图 9.1（A）说明的是，替代效应（较低的税收价格）强于收入效应，因此穷人确实比富人更喜欢较高的公共产品水平。

在统一税制下，只有收入效应，故高收入者更喜欢较高的公共支出水平，如图 9.1（B）所示；在累进税制下，低收入者面临的税收价格低于比例税制下的税收价格，故他们所偏好的支出水平高于比例税制下的支出水平。

图 9.2 说明了效用如何取决于政府支出水平。个人最喜欢的支出水平为 G^*，但是最大效用位于预算约束线与无差异曲线的切点处。现实支出水平偏离个人最喜欢的支出水平 G^* 越多，效用水平越低。

图 9.3 说明了在假定的某种税制下，三个不同群体（穷人、中产阶级和富人）的效用水平与公共产品支出水平之间的关系。每个群体都有自己的偏好，支出高于或低于这一水平，效用都下降。若支出水平高了，增加公共支出的边际收益低于个人承担的额外税额所对应的边际成本，而若支出低于这一偏好水平，就会出现相反的情形。

□ 9.1.3 聚合偏好问题

在私人市场上，企业不必平衡不同群体之间的诉求和利益。如果一个人愿意为某种商品支付的价格超过边际生产成本，企业把该商品卖给这个人是划算的。个体做出决策。相反，在公共部门，集体做出决策。举例来说，当政客就增加某种公共产品的支出投票时，

① 现在没有哪个政府征收统一税（即税收不取决于收入）。但是，许多被视为自愿性集体组织的“俱乐部”确实收取统一费；还有一些专用税（dedicated tax），例如专门用于道路修建的汽油税，不直接取决于收入。

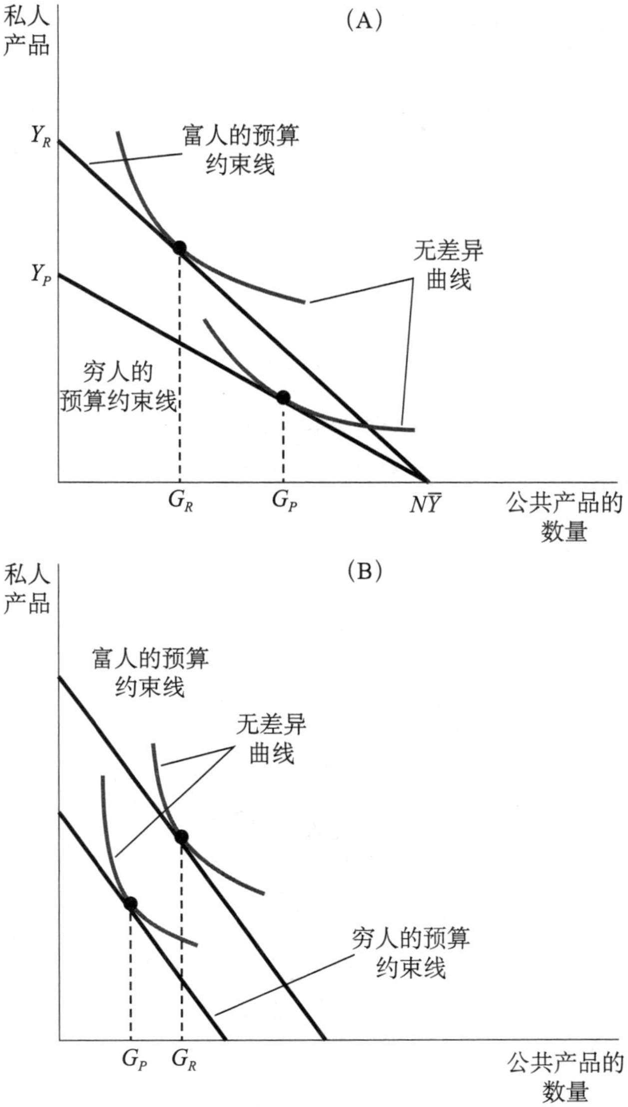

图 9.1 个人对"最喜欢"的政府支出水平的选择

个人最喜欢的政府支出水平位于预算约束线与无差异曲线的切点处。如图（A）所示，在比例税制下，低收入者面临较低的税收价格（预算约束线比较平缓）。收入效应和替代效应的作用方向相反，因此，低收入者最喜欢的政府支出水平是高还是低，并不明确。如图（B）所示，在统一税制下，所有人都面临相同的税收价格，因此，只有收入效应。富人喜欢更高的支出水平。[在本例中，假定富人和穷人的无差异曲线（偏好）相同，只是面临的预算约束有所不同。]

他自己似乎不必为这种物品付款。他的投票要代表选民的利益，但是选民的意见可能不尽一致。有人喜欢更多的军事支出，有人喜欢更少的军事支出；有人喜欢更多的福利支出，有人喜欢更少的福利支出。

只要是集体决策，就存在协调意见分歧的问题。政治讨论常常提及"人民"需要什么。但是，由于不同的人需要不同的东西，如何在具有意见分歧的情况下做出社会决策呢？在独裁统治下，答案很简单：独裁者的偏好主宰一切。但是，在民主社会中，问题就不会这么容易地得到解决。相关研究已提出一些不同的投票规则，其中包括全体一致投票、简单多数投票和三分之二多数投票。在这些规则中，最常用的民主决策规则是简单多数投票。

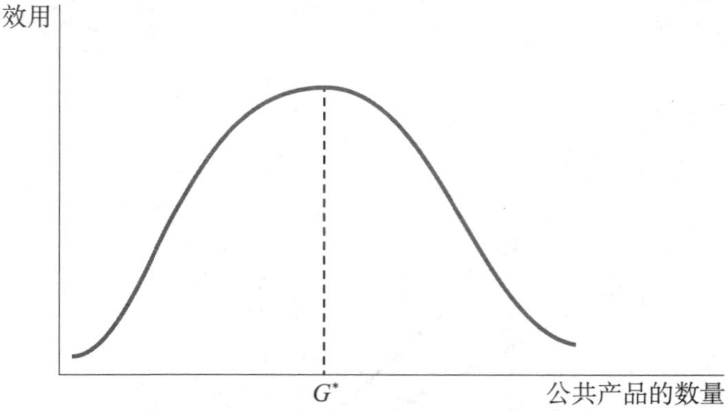

图 9.2　效用取决于政府支出水平

最大效用位于无差异曲线与预算约束线的切点处。现实支出水平偏离个人最喜欢的支出水平 G^* 越多，效用水平越低。

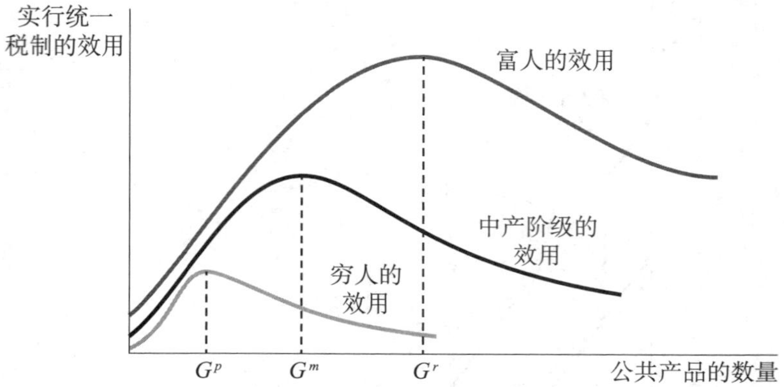

图 9.3　效用作为 G 的函数

本图反映出三个群体（穷人、中产阶级和富人）的偏好。在本例中，富人偏好的支出水平高于中产阶级的支出水平，中产阶级偏好的支出水平高于穷人的支出水平。

公共选择的核心问题

偏好表露（preference revelation）：

- 确定每个人期望的公共产品水平。

聚合偏好（aggregating preference）：

- 不同的人偏好不同的公共支出水平。
- 偏好水平取决于个人收入和税制。
- 在其他条件相同的情况下，富人通常偏好更高的公共支出水平。
- 不过，增加公共支出的成本对富人来说可能会更高。

□ 9.1.4　多数投票与投票悖论

我们都知道多数投票是怎么进行的。假定你和两个朋友正决定是去看电影还是去看篮球赛。你们进行投票：如果看电影得 2 票，你们就去看电影；如果看篮球赛得 2 票，你们就去看篮球赛。但是，当有两个以上备选方案时，进行多数投票有时不能得出如此明确的结果。多数投票均衡要求，有一个备选方案在和其他任何备选方案比较时都得到多数票。早在18世纪，法国著名哲学家尼古拉斯·德·孔多塞（Nicolas de Condorcet）就指出，可能不存在多数投票均衡。下面的一个简单例子可以说明这一问题：有三位选民和三种备选方案A、B、C。A是看电影，B是看篮球赛，C是去租影碟；或者A是想在儿童医疗保健上多花钱，B是想减少赤字，C是想减税。

选民1最偏好A，其次是B，最后是C。

选民2最偏好C，其次是A，最后是B。

选民3最偏好B，其次是C，最后是A。

假定我们对备选方案A和B进行投票。选民1和2投票选择了A，因此A获胜。现在我们对备选方案A和C进行投票。与备选方案A相比，选民2和3更喜欢C，因此C获胜。看来备选方案C应该是社会选择。备选方案C赢了A，A赢了B。但是，现在我们让备选方案C和B直接对决。选民1和3都选择了备选方案B，而不是C。这就是所谓的**投票悖论**（voting paradox）或者循环投票悖论（paradox of cyclical voting），没有明确的赢家。备选方案B战胜C，C战胜A，A战胜B。假定我们首先对备选方案B和C进行投票，并让胜出者与A对决。备选方案B战胜C，然后A战胜B。但是，为了检验我们所做出的正确决策（备选方案A），我们决定让A和C对决，C战胜A。因此，我们认为C是赢家。但接下来的检验是让备选方案C接受B的挑战，结果B战胜C——这是我们最初的投票结果，B似乎再次成为赢家。为了继续检验，我们又让备选方案B接受A的挑战。备选方案A再一次战胜B，这又是之前出现过的投票结果。这种投票过程会一直继续下去。

为了避免投票循环，民主社会通常按照顺序投票进行决策。例如，先对备选方案A和B进行投票，再对胜者和C进行投票，最后的决定取决于投票的结果，不再有进一步的投票。在这种情况下，控制议程即投票顺序可能非常重要。例如，正如刚才所描述的，我们知道备选方案A会战胜B，C会战胜A，因此C将是最后的决定。但是，如果我们在选举中先对备选方案B和C进行投票，再对胜者和A进行投票，A最终会获胜。最后，如果在选举中先对备选方案A和C进行投票，再对胜者和B进行投票，最后B肯定获胜。因此，每一次选举的胜者都是由成对投票的顺序决定的。

另外，请注意，如果人们意识到有某种特定的投票顺序，他们就会想进行策略性投票。也就是说，在第一轮投票中，选民1对于（比如）备选方案A与B可能不会按真实偏好进行投票，而会考虑最终的均衡结果。他可能投票支持备选方案B，即使他更偏好A，因为他知道C和B对决时，B会胜出，而A和C对决时，C会获胜。由于与备选方案C相比，他更偏好B，所以他一开始就投票支持B。

这个分析引出了两个问题。第一，是否有确保任何投票都能产生确定性结果的投票规则？第二，简单多数投票在任何情况下都能产生确定性结果吗？下面将继续讨论这两个问题。结果表明，投票悖论不能通过设定投票规则来解决，但的确有多数投票产生了确定性决定的情况。

□ 9.1.5 阿罗不可能定理

无休止的投票循环显然是一种令人不满的状态。那么，人们自然而然地就会问道，是否有其他政治机制（做出社会决策的其他规则）可以解决这个问题？理想的政治机制应该具有四个特征：

第一，传递性（transitivity）。如果规则表明备选方案A优于B，而B优于C，那么，

A 应该优于 C。正如我们所看到的，简单多数投票缺乏这个基本特征。如果没有这个特征，我们就可能陷入循环投票。

第二，非独裁选择（nondictatorial choice）。有一种简单的避免投票循环的办法，即把所有的决策权都交给一个独裁者。只要独裁者有一致性偏好，那么，投票循环就永远不会出现。然而，在民主社会中，富有意义的政治机制必须确保结果不仅仅反映一个人的偏好。

第三，独立于无关备选方案（independence of irrelevant alternatives）。结果应该独立于无关的备选方案，也就是说，如果我们非要在比如游泳池和网球场之间做出选择，那么，结果不应该取决于是否有第三个备选方案（例如新图书馆）。

第四，无限制域（unrestricted domain）。无论偏好集如何，也不管要选择的备选方案范围如何，该机制必须起作用。

在寻找一个能够满足所有四个特征的制度时，需要考察许多备选规则，但每个规则要么不能满足其中的一个特征，要么不能满足更多的特征。例如，排序投票，即人们对备选方案进行排序，把所有人的排序加总，总和最低的方案获胜，就不能满足“独立于无关备选方案”标准。

理想制度的探寻随着斯坦福大学的诺贝尔经济学奖获得者肯尼斯·阿罗（Kenneth Arrow）的发现而告终。他指出，不存在能够满足所有这些理想特征的规则。这一定理被称为**阿罗不可能定理**（Arrow's impossibility theorem）。[①]

阿罗不可能定理还有一个令人感兴趣的重要含义。我们经常听到诸如此类的说法：“政府的行为方式似乎不一致”，或者“政府为什么不确定其优先事项，然后付诸行动?”这种言辞将政府拟人化，把政府视为一个人。语言是很重要的：虽然我们都知道政府不是一个单独的个体，但把它说成一个人常常能使我们以容易理解的语言思考它。我们期望政府应该像一个理性人那样行为一致。但是，阿罗不可能定理表明，除非某个人被赋予独裁权力，否则我们不应该指望政府行事一致性和理性的程度与个人一样。

在前面不存在多数投票均衡的例子中，我们看到了议程操纵的重要性。我们也看到，人们进行策略性投票会受益，即不按其真实偏好进行投票，而是考虑现在的投票结果将如何影响最终结果。正如阿罗所说，不存在任何可以把不同人的偏好加总、满足一个拥有所有理想特征的选择机制的方法。业已证明，一般来说，没有一种投票制度能保证人们总是按其真实偏好进行投票。[②]

排序投票失败：独立于无关备选方案

- 约翰和吉姆最喜欢游泳池，其次是图书馆，最后是网球场。
- 汤姆最喜欢网球场，其次是游泳池，最后是图书馆。
- 露西和吉尔最喜欢网球场，其次是游泳池，最后是图书馆。

多数投票：和游泳池相比，有 3 个人更喜欢网球场；
和图书馆相比，有 3 个人更喜欢网球场；
和图书馆相比，有 5 个人更喜欢游泳池。

① Kenneth Arrow, *Social Choice and Individual Values*, 2nd ed. (New York: John Wiley & Sons, 1963).

② 投票制度是一组人试图做出决定所采取的任何一套投票规则。例如，去掉票数最低的备选方案，或者给人们多张选票，允许他们按照对每一个方案的喜好程度分配选票。

排序（排序之和最低者胜出）：网球场为 9；
游泳池为 8；
图书馆为 13。

结果：游泳池胜出。

网球场和游泳池之间的选择排序（图书馆不是选项）：网球场为 7；
游泳池为 8。

结果：网球场胜出。

加上“无关选项”（图书馆）改变了结果：游泳池胜出。

□ 9.1.6 单峰偏好与多数投票均衡之存在

尽管阿罗不可能定理表明不存在总能满足上述社会选择机制理想特征的投票规则，但在有些情况下，简单多数投票规则能够产生明确的结果。

图 9.3 表明了效用水平是公共产品支出水平的函数；每个人的偏好都有一个单峰形状。**单峰偏好**（single-peaked preferences）的这种特征足以保证多数投票均衡的存在。请注意，峰值不一定在“内部”，也可能位于“末端”，因此，图 9.4（A）所示的偏好也与单峰性相一致。

另外，图 9.4（C）所示的偏好与单峰性不一致。0 和 G_1 都对应（局部）峰值。不幸的是，这样的例子在考察许多公共选择问题时都会出现。

比如，我们以个人对公共教育支出的态度问题为例。如果公共教育的支出水平低于特定的最低水平，那么富人更愿意把孩子送到私立学校读书。倘若如此，公立学校的开支增加只会增加富人的税收，富人得不到直接的好处。因此，随着政府支出上升到富人决定把孩子送到公立学校读书的临界水平，他的效用下降。只有当政府支出增加到这个临界水平之上时，他才获得一些好处。当然，如果超过某一点，税收的增加会抵消这种好处。就此人来说，高水平的支出优于没有支出，但没有支出优于中等水平的支出。在这种情况下，可能不存在多数投票均衡。

虽然对一种公共产品的偏好（没有相应的私人产品选择，不像教育）通常是单峰的，但当我们要对多种公共产品的选择进行排序时，这些排序很少是单峰的。[①] 为了获得单峰，我们必须每一次只对一个问题进行投票。[②]

同样重要的是，对于大多数分配问题不会存在多数投票均衡。[③] 这通过考察所得课税制度就可以看得很清楚。假设我们对能筹措相同收入的三种税率安排进行投票。为了简单起见，我们假定有三组数量相同的人——穷人、中产阶级和富人，且在固定街区投票。这三种税率表如表 9.1 所示的 A、B 和 C。税率表 A 都按比例纳税——每个人按收入缴纳相同的比例。穷人和中产阶级团结起来，提出按税率表 B 纳税，这会降低他们的应纳税额，但对富人的课税会加重。显然，税率表 B 较 A 会获得多数支持。现在富人向穷人提出建议：“既然你们是更需要帮助的人，我们为什么不把你们的税率降得更多一些呢？同时，

---

① 请参阅 G. Kramer，“On a Class of Equilibrium Conditions for Majority Rule，” *Econometrica* 41（1973）：285－297。

② 请参阅 S. Slutsky，“A Voting Model for the Allocation of Public Goods：Existence of an Equilibrium，” *Journal of Economic Theory* 11（1975）：292－304。

③ 请参阅 D. K. Foley，“Resource Allocation and the Public Sector，” *Yale Economic Essays* 7（1967）：45－98。

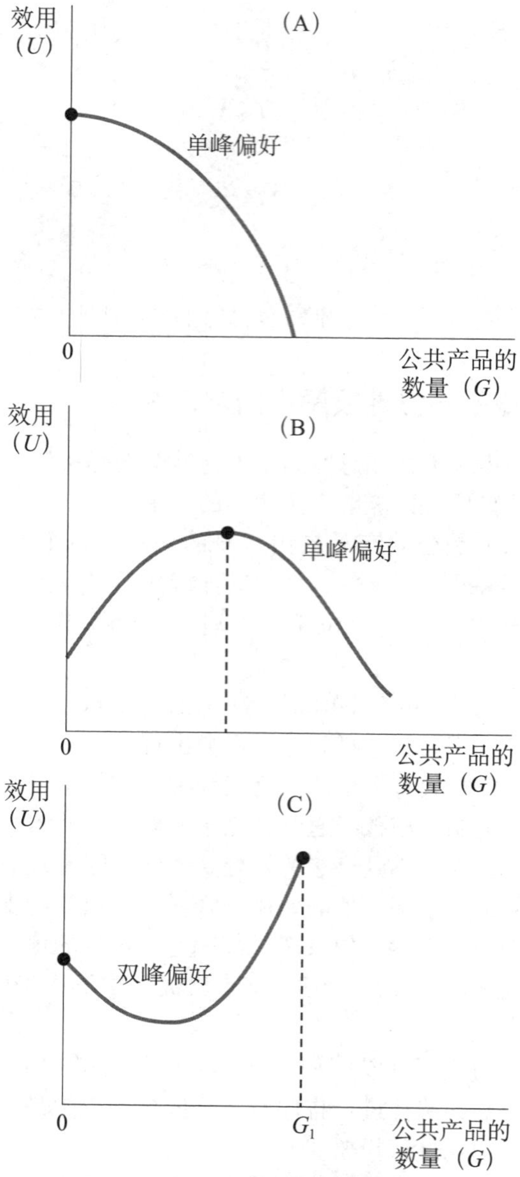

图 9.4　单峰偏好和双峰偏好

在存在单峰偏好情况下［如图（A）和图（B）所示］，总存在多数投票均衡。在不存在单峰偏好的情况下［如图（C）所示］，可能不存在多数投票均衡。

我们也要调整税率表的最高税率，以减轻过度课税的不公平。”这样，他们提出税率表 C；同税率表 B 相比，税率表 C 降低了低收入者和高收入者的税率，提高了中等收入者的税率，中等收入者和高收入者的税率高于穷人。显然，税率表 C 较税率表 B 赢得多数支持。然而，现在中产阶级提出回到税率相同的比例税。由于高收入者和中等收入者都更喜欢税率表 A，因此税率表 A 战胜税率表 C。我们又回到投票循环模式。[①]

① 如果我们对所要表决的税率表加以限定，例如，有一个免税额、一个固定边际税率的税率表——称之为单一税率表（flat-rate tax schedule），那么，可能会存在多数投票均衡。请参阅 T. Romer，“Individual Welfare，Majority Voting，and the Properties of a Linear Income Tax，” *Journal of Public Economics* 4（1975）：163－185。

表 9.1　备选税率表

纳税	占收入的比例		
	A	B	C
穷人	20%	18%	17%
中产阶级	20%	18%	21%
富人	20%	23%	22%

□ 9.1.7　中间选民

当偏好是单峰时，我们断言存在明确的多数投票均衡。它是什么样子的？它如何对应于我们在第 5 章描述的帕累托效率均衡？

当偏好是单峰时，我们可以按照人们对（比如）公共产品支出的偏好水平进行排序，按偏好水平最低到偏好水平最高进行排序。处于中间的人是有一半人的偏好水平比他低、另一半人的偏好水平比他高的人。表 9.2 中的吉姆就是**中间选民**（median voter）。多数投票的结果对应于中间选民的偏好。在这种情况下，正是吉姆的偏好水平 1 000 美元获胜。原因很简单：倘若任何低于 1 000 美元的支出水平和 1 000 美元对决，吉姆和所有想要超过1 000美元的人都会支持 1 000 美元。由于吉姆是中间选民，多数人会投票支持 1 000 美元。倘若任何超过 1 000 美元的支出水平和 1 000 美元对决，吉姆和所有想要低于 1 000 美元的人都会支持 1 000 美元，1 000 美元再次获胜。

表 9.2　公共产品支出的偏好水平

露西	汤姆	吉姆	约翰	吉尔
600 美元	800 美元	1 000 美元	1 200 美元	1 400 美元

吉姆是中间选民。

□ 9.1.8　多数投票均衡的低效率

由于中间选民可以决定公共产品的支出水平，要想确定支出是太多了还是太少了，我们只需要考察中间选民如何投票，并将其与第 5 章讨论的效率条件进行比较。假定中间选民只将其获得的收益和承担的成本进行比较。中间选民的收益将低于社会总收益（包括其他人获得的所有收益），他的成本也将低于社会总成本。因此，公共产品支出是太多了还是太少了，取决于中间选民在总（边际）成本的占比是小于还是大于其在总（边际）收益中的占比。

对于多种公共产品来说，若实行比例税制或累进税制，多数投票将导致公共产品供过于求。为了说明这一点，假定有 N 个人。在统一税制下，每个人的税收价格是 $1/N$；在比例税制下，税收价格是 $Y_m/(\bar{Y}N)$，其中 Y_m 是中间选民的收入，$\bar{Y}$ 是平均收入；在累进税制下，税收价格会更低。在收入分配对称的情况下，如图 9.5（A）所示，中间选民的收入等于平均收入，即 $Y_m=\bar{Y}$；但事实上，大多数收入分配是不对称的，如图 9.5（B）所示。非常富有的人虽然人数不多，但其收入使平均收入增加了。结果，平均收入超过了中间选民的收入，即 $Y_m<\bar{Y}$，因而在比例税制下，税收价格甚至低于 $1/N$。

接下来的问题是：在边际收益总额中，中间选民占多大比例？如果边际收益都是一样

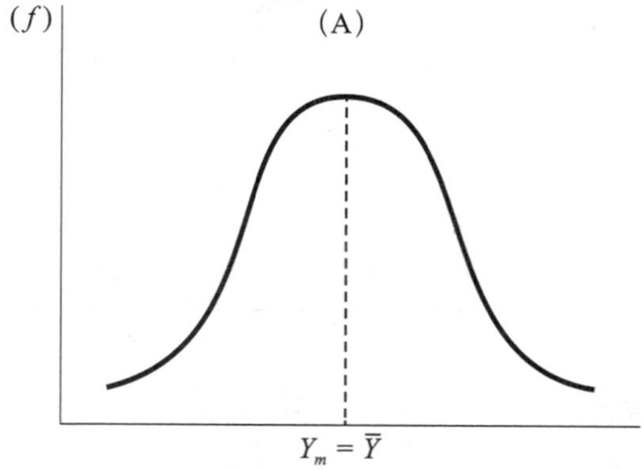

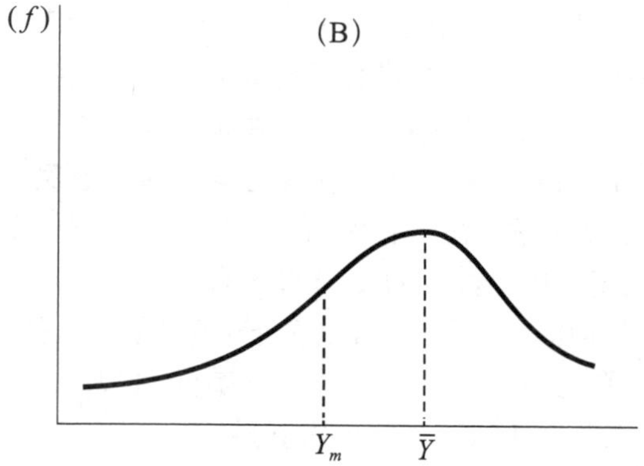

图 9.5　收入分配

图（A）表明的是对称的收入分配，中间选民的收入 Y_m 等于平均收入 $\bar{Y}$。图（B）表明的是美国更常见的偏态收入分配。由于一些人非常富有，平均收入超过中间选民的收入。

的，那么中间选民会得到边际收益总额的 $1/N$；因此，在统一税制下，中间选民将获得社会收益总额的 $1/N$，承担总成本的 $1/N$。所以，中间选民会投票支持效率支出水平。然而，在比例税制或累进税制下，中间选民的成本份额会比其收益份额小，他会投票支持过度支出，亦即边际收益之和小于边际社会成本总额的支出水平。

穷人实际享受到的某些类型的公共支出可能比较多：富人可能很少逛公园，因为他们自己有庭院。根据中间选民理论，这种物品的过度供给趋势特别大。在许多情况下，很难实现供求平衡：中间选民获得的收益份额比较小，承担的成本份额也比较小。

在到目前为止所讨论的例子中，中间选民对应于获得中位收入的选民。这是常见的情况，但不是必然的。在面临的价格都相同的情况下，高收入者对所有物品的需求通常更大，包括公共产品；可是，高收入者面临的税收价格通常比较高，因此，在某些情况下，收入非常高的人对某些物品的公共支出水平的偏好实际上可能比中等收入者更弱。

中间选民理论指出，要理解集体选择，我们应当把注意力放在中间选民上，关注特定政策如何影响中间选民。举例来说，在税制改革中经常提及的一个建议是，在计算联邦所得税时，取消州和地方所得税以及财产税的扣除，对此中间选民理论会有怎样的说法？大多数人不用分项扣除，也就是说，他们在计算应税所得时只需减去“标准扣除额”，而不是列举所有允许的扣除项，包括地方和州的税收。因此，大多数人不会受到直接影响，但由此增加的联邦收入可以用来减少赤字或税收，这是件好事，中间选民应该支持这项改革。可是，这项改革反复受挫，说明政治程序的结果还存在本章后面指出的其他决定因素。

州长们的一个忧虑是，如果州税不能扣除，州支出的“税收价格”会上升。现在，联邦政府实际上补贴了州政府。如果纽约的一位选民按收入的28%向联邦政府缴纳所得税，又缴纳了1 000美元的州税，他可以将这笔开支从收入中扣除，他的联邦应纳税额可减少280美元，他的净成本只有720美元。一般来说，在税收价格比较高的情况下，对州提供的产品和服务的需求通常会下降。中间选民理论说“不用担心”：由于该州的中间选民没有采取分项扣除，故税收扣除对州提供的产品和服务水平不会有影响。

多数投票

在所有议案中，获得多数票的议案胜出。

当存在多数投票均衡时，它反映的是中间选民的偏好。

- 两党制下，两党会收敛于中间选民的态度。
- 一般来说，多数投票均衡不具有帕累托效率。

多数投票均衡可能不存在。

- 议案A击败B，C击败A，但B击败C。
- 如果偏好是单峰的，存在多数投票均衡。

阿罗不可能定理：不存在能避免多数投票问题（并满足某些其他所需特征）的备选投票机制。

□ 9.1.9 两党制与中间选民

我们早前曾经指出，政府支出增加后，当选代表承担的成本份额和获得的收益份额都是微不足道的。经济理论对于他应该如何投票的说法是怎样的？一个自然的假设是，政客希望当权，因此，在其对手所持态度既定的情况下，他希望能够获得尽可能多的选票。选票最大化的投票策略可以很容易地定义如下：假定有两个政党，“R”和“D”，政党R视政党D的态度既定。聚焦于某一个问题，比如支出水平，政党R的态度用G_R表示（即该政党支持的公共支出水平），政党D的态度用G_D表示。针对G_D的每一个值，G_R都有一个最优（即选票最大化）态度。

假设每个政党都在对手的态度既定的情况下力求使其选票最大化，那么每个政党会做些什么？令G_m是中间选民偏好的支出水平，并假设政党D选择$G_D > G_m$。如果政党R所持的态度介于G_m和G_D之间，那么，该政党会赢得所有偏好支出水平低于或等于G_m的选民，以及一些偏好略高于G_m的选民的支持。因此，政党R将赢得50%以上的选票而获胜。对此，政党D会采取介于G_m和G_R之间的态度G'_D，从而会击败政党R而胜出。可是，政党R接着又会采取介于G_m和G'_D之间的态度G'_R。这一过程会一直持续下去，直到两党的态度相同——中间选民的态度（G_m），如图9.6所示。

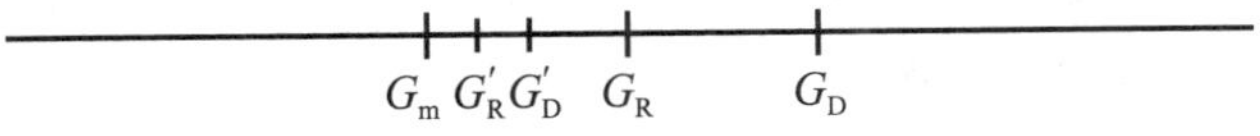

图9.6 两党制

在两党制情况下，如果两个政党都将对手的态度视为既定且试图使自己获得的选票最大化，那么，在均衡状态下，两党都会选择中间选民的态度。

这一结果与流行的说法一致，即两党制下，选民别无选择：两党都会选择“中间道路”的立场。这正是中间选民理论所预测到的。[①]

但是，我们需要牢记的是，该理论存在一些重要的缺陷。第一，我们曾经指出，一般来说，可能不存在多数投票均衡。如果人们具有单峰偏好，则存在多数投票均衡。就目前情况来看，这要求我们在一个维度上安排议题——例如，保守主义或自由主义。但是，如果存在多维——有些人在某些问题上是自由主义者，在其他问题上是保守主义者，那么就不好确定中间选民，可能也就不存在政治程序的均衡。

第二，我们忽略了政治程序的参与问题。例如，了解情况和投票都有成本。相对于可观察到的利益，这些成本可能很大——天气稍有变化，选民可能就不太愿意出去投票，对选民参与有显著影响。特别是其偏好接近中间选民偏好的选民就不会积极参与政治活动，尤其是当他们认为政治程序无论如何都会反映他们的偏好时。因此，比较极端的那些人为了自身利益试图使其党派偏离中间派。这种极端的政治激进主义倾向可能会部分抵消前面所提到的向中间派靠拢的倾向。中间选民模型的向心力和基础选民动员模型的离心力之间存在冲突。

专栏 9.1

社会选择理论

假设政府行为可解释为人们出于自身利益对政治“游戏规则”做出反应的理性行为结果，是社会选择理论的核心原则。2013 年去世前一直任教于乔治梅森大学的詹姆斯·布坎南，因其在这一领域的开创性工作于 1986 年获得诺贝尔经济学奖。按照这种观点，设计游戏规则（宪法）至关重要。游戏规则的一个重要组成部分是对政府施加限制（例如对赤字融资的限制）。倘若没有某种形式的限制，多数派就会有无法阻挡的强大激励，按有利于自己而不顾少数派的方式来再分配收入，或特殊利益集团就会有无法阻挡的强大激励，努力诱使当选代表为了他们的利益而非大众的利益行事。

从这个角度来看，貌似不利于特殊利益集团的国会法案，还会以不同的方式出现。我们以 1986 年税制改革为例，这次税制改革试图废除税法中因特殊利益集团成功游说而存在的许多优惠条款。布坎南教授认为，应该从国会的自身利益角度看待该法案：现行税制已有太多的特殊条款，若再给予特殊优惠，其成本将急剧上升。税制改革能使国会重新开始：有更多的机会出台新的特殊优惠。国会制定特殊优惠的机会越多，国会议员的利益就越大。*

诺贝尔经济学奖获得者、芝加哥大学和斯坦福大学的加里·贝克尔（Gary Becker）提出的一个问题是，如何解释某些小型利益集团看似不相称的影响。只占美国人口不足2%的农民，成功地获得了联邦政府的巨额补贴。贝克尔给出的答案认为，就这种小型群体而言，我们在第 5 章遇到的搭便车问题比较小。“贿赂”议员以支持他们的特殊利益是一种公共产品：所有种小麦的农民都可以从小麦补贴中受益；所有钢铁和汽车生产者都可以从阻碍进口较便宜的国外钢铁或汽车的贸易壁垒中受益。群体越小，越容易说服所有成

---

① 这个一般理论是哈罗德·霍特林（Harold Hotelling）提出的，他是数理经济学的先驱，曾在哥伦比亚大学和北卡罗来纳州立大学任教。请参阅 H. Hotelling，“Stability in Competition，” *Economic Journal* 39（March 1929）：41－57。关于从比较的角度对不同时期和不同国家的中间选民的描述，请参阅 J. E. De Neve，“The Median Voter Data Set：Voter Preferences across 50 Democracies，” *Electoral Studies* 30（December 2011）：865－887。

员为游说活动出资。每一项计划都有受损者，受损者不仅人数众多，而且，虽然每个受损者只是损失了一点点，但他们的总损失超过了特殊利益集团的利益。反对特殊利益集团也是一种公共产品，而且每个反对者都有成为搭便车者的激励。

* James M. Buchanan, "Tax Reform as Political Choice," *Journal of Economic Perspectives* 1 (Summer 1987): 29-35.

9.2 决定公共产品支出的另一种方法

我们已经澄清了做出集体决策最常用的方式——多数投票的几个主要问题：可能没有确定的结果；即使有，也可能不是有效率的；选民可能会策略性投票，不表露他们的真实偏好。尽管不存在理想的制度，但是否或许有解决某个问题的制度？经济学家已经找到这种替代制度。

9.2.1 林达尔均衡

最著名的替代制度被称为林达尔解（Lindahl solution），这是伟大的瑞典经济学家埃里克·林达尔（Erik Lindahl）于1919年首先提出的。[①] 他在寻找一种能提高效率的制度；他不怎么关注前面提到的其他问题。林达尔的制度试图尽可能地模仿市场提供私人产品的作用方式。我们知道，私人产品的市场均衡是由需求曲线和供给曲线的交点描述的；所有人都面临相同的价格；他们需求的数量之和等于企业供给的数量之和。

我们可用"集体"需求曲线（将每个人的需求曲线纵向相加而得）与供给曲线的交点来描述公共产品的效率水平。通过询问个人要是每单位公共产品花这么多钱，他需要多少公共产品，从而得到需求曲线；也就是说，在图9.7（A）中，如果第一个人面临的税收价格假设为 p_1，他的需求为 G^*。

图9.7（C）说明了**林达尔均衡**（Lindahl equilibrium）。我们把图9.7（A）和图9.7（B）所示的个人1和个人2的需求曲线纵向相加，得到集体需求曲线。林达尔均衡出现在这条曲线和供给曲线的交点上。在供给曲线上，价格衡量的是边际生产成本。p_1 衡量的是个人1的需求为 G^* 时的边际收益（额外一单位政府支出的边际支付意愿）以及他必须支付的金额；p_2 衡量的是个人2的同样情况。在 G^*，边际收益之和（边际支付意愿总额）正好等于边际成本。因此，林达尔均衡是一组税收价格（如果多生产一单位公共产品，每个人必须支付的数量）累计等于边际生产成本，从而在这些税收价格既定的情况下，每个人都偏好相同的支出水平 G^*。由于在林达尔均衡下，边际收益之和等于边际成本，故林达尔均衡是帕累托效率。

我们之前说过，实际上存在着一系列的帕累托效率资源配置，一个人在某些情况下境况得到了改善，另一个人在其他情况下境况得到了改善。根据定义，对于哪一点更佳，几

① E. Lindahl, "*Positive Lösung*, *Die Gerechtigkeit der Besteuerung*," 英译本为"Just Taxation—A Positive Solution" in *Classics in the Theory of Public Finance*, ed. R. A. Musgrave and A. T. Peacock (New York: St. Martin's Press, 1958). 林达尔均衡在公共产品支出决定中的应用至今还在争论不休，例如，请参阅J. Dávila, J. Eeckhout, and C. Martinelli, "Bargaining over Public Goods," *Journal of Public Economic Theory* 11 (December 2009): 927-945; and A. van den Nouweland and M. Wooders, "Share Equilibrium in Local Public Good Economies," *Journal of Mathematical Economics* 47 (May 2011): 376-381。

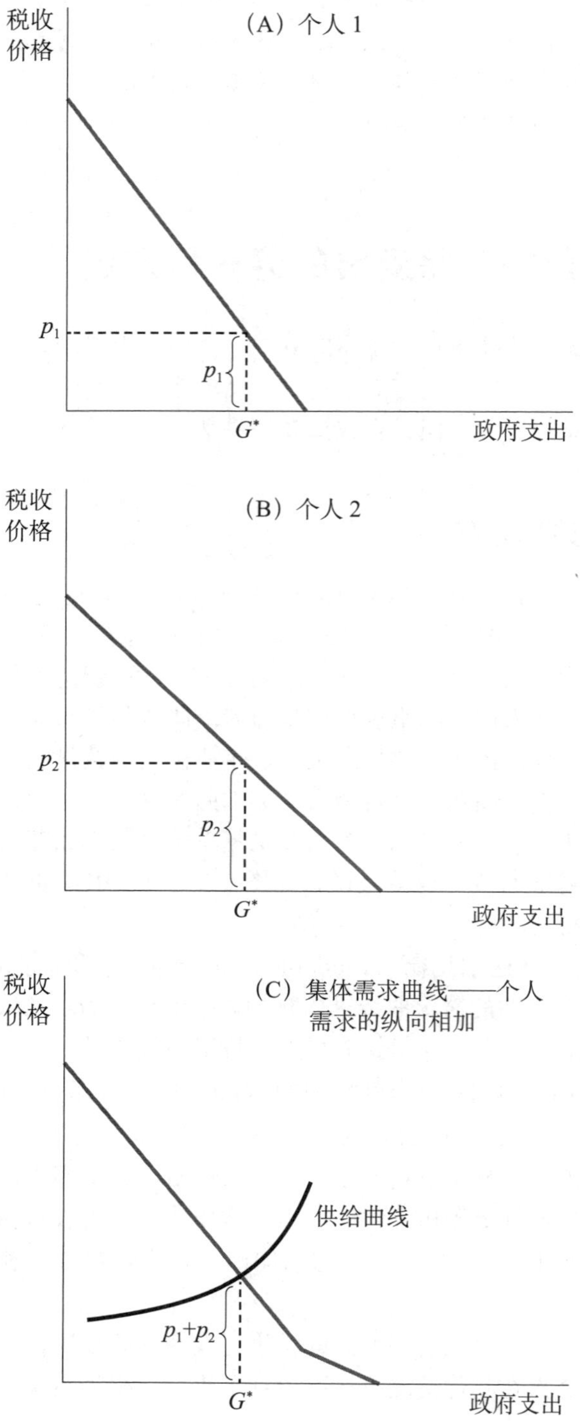

图 9.7　林达尔均衡

图（A）和图（B）显示的是公共产品的个人需求曲线；需求取决于个人所面临的税收价格。在图（C）中，将这两条需求曲线纵向相加，也就是说，在每一政府支出水平上，将个人 1 和个人 2 的税收价格相加。林达尔均衡是支出水平 G^*，此时集体需求曲线与供给曲线相交。在该交点，税收价格之和等于供给价格。

乎不可能有完全一致的意见。林达尔均衡挑出了一个帕累托效率点，但是，因这种特定的帕累托效率点而处于不利地位的人，不会同意使用这个机制来决定公共产品的配置；的确，只要他们获得的效用水平较高，他们宁愿选择帕累托低效率配置。

对林达尔解的最有力的批评是，人们没有说真话的激励，因为他们的税收价格会随着他们表露出来的需求的增加而上升；也就是说，他们说出来的需求越高（给定别人说出来的需求），公共产品的均衡支出越高。较高的公共产品支出当然需要较高的均衡税收价格。在林达尔的分析中，所用的需求曲线是在假设人们面临的税收价格既定的情况下画出来的；他们认为他们说什么都不会改变每单位公共开支所需支付的费用。但是，如果他们了解林达尔机制，他们就会意识到，他们所说的确实会改变每单位公共支出所需支付的费用，他们就不会真实地表露他们的需求。

我们简要回顾一下有关公共产品集体决策的两套程序，即多数投票和林达尔均衡。正如我们看到的，投票可能不会产生均衡；即使产生了均衡，一般也不是帕累托效率。我们前面已分析过，尚无一个民主机制能够完全解决不存在投票均衡的问题。林达尔均衡有效率，但是人们没有动力诚实地提供实现这种效率所需的信息。接下来的问题自然是，集体决策有没有更为一般可行的、能产生效率结果，而又不会产生在多数投票和林达尔均衡情况下所遇到的问题的组织方式？尽管经济学家已经设计了具有某些理想特征或在某些条件下行之有效的复杂方案，但是，似乎并没有完美的方案能够解决民主社会的集体决策问题。本章附录描述了一种方案，该方案虽然能促使人们诚实地表露其偏好，但也存在着其他问题，或许这正是其不常用的原因。

公共选择机制的比较

多数投票：
- 均衡可能不存在。
- 即使均衡存在，一般也不是帕累托效率。

林达尔均衡：
- 均衡总是存在。
- 均衡总是帕累托效率。
- 人们没有真实表露其偏好的激励。

9.3 政治与经济学

前面关于政治程序的讨论与人们在政治学课程上通常看到的分析明显不同。在政治学课程上，人们可以讨论特殊利益集团和政治制度的作用。全面讨论政治程序的经济学理论与其他理论之间的关系超出了本书的范围。接下来，我们稍微探讨特定政治现象的某些经济学解释。

9.3.1 人们为什么投票？

在许多选举中，选民参与率很低，而且对像天气变化这类偶发事件的反应很敏感。正如我们所指出的，其中的一个原因在于，对于个人来说，投票的收益微乎其微——一个人不大可能影响结果。备选方案可能差别不大，以至于结果无关紧要；而且，即使投票成本相对较低，但与收益相比并不低。要是经过充分的理性计算，的确没有人会去投票：一个人的选票改变结果的概率基本上为零（因为在大多数情况下，个人关心的只是他的候选人是否当选而不是输或赢多少）。不过，人们确实投了票。[①]

只要假定人们可以从投票中获得效用，或更一般地说，只要人们可以从参与政治程序中获得效用，就能解决这个悖论。更重要的是，要花大量的时间和精力向我们的子女反复灌输公民责任观念，让他们认识到成为一名知情选民是一种责任。

同样的考虑意味着，当个人投票时，他可能不会采取我们在之前的讨论中所假设的那种狭隘自利的行为方式。人们可能会支持建议修补所得税制某些漏洞的议员，因为这会使税收负担的分配更加公平，即使他们自己的应纳税款可能会因此而增加。

□ 9.3.2 选举与特殊利益集团

到目前为止，我们讨论的政治模型都假定所有人充分了解全部备选方案的结果，所有人都投票，而且他们都是根据每一备选方案对他们自身（私人）福利的影响来投票。

许多人认为，这些仍不能充分说明政治程序。虽然宪法规定每个人都有一票，但有些选票似乎比其他选票更有效。按照这种观点，政治程序的结果反映的是特殊利益集团的政治权力。

评价这些观点是否成立超过了本章的范围，我们只关注比较窄的一些问题：经济学理论对于那些可能产生实际影响的特殊利益集团的说法是什么？我们如何协调特殊利益集团的这种实际影响与每人只有一张选票这一事实之间的关系？

这些问题的答案与我们在第 5 章将公共利益作为公共产品的讨论有关。我们在那一章看到，公共部门的高效管理是一种公共产品。同样地，当别人选择的有能力且与我们的价值观一致的官员当选时，我们也会从中受益。这也许会降低我们成为知情选民的激励，反而鼓励我们去搭便车。

与此同时，我们应该注意到，小型特殊利益集团的搭便车问题可能没有大型特殊利益集团那么严重。比如，试图说服国会限制钢铁进口的少数钢铁生产商，比受这些限制负面影响的大量钢铁使用者更容易形成特殊利益集团。尽管钢铁生产商的总收益实际上可能小于消费者的总损失，但每个生产商的收益要多于每个消费者的损失。

工会认识到了搭便车问题的实质，所以长期以来一直在寻求只雇用工会会员的制度，要求所有工人必须支持工会认为符合其集体利益的活动。工会一旦拥有这种权力，作为一个特殊利益集团，它不仅会在谈判桌上，而且会在政治舞台上利用这种权力。

□ 9.3.3 特殊利益集团的权力

特殊利益集团似乎至少可以通过三个机制来行使权力。第一，如前所述，人们没有太大的激励去投票或了解有关情况，特殊利益集团则试图降低了解情况和投票的成本，尤其是降低有可能支持他们的选民的这些成本。比如，让这些选民随时都能得到（有利于他们自己观点的）信息，在投票日直接向选民提供帮助，如提供交通服务、照顾小孩等等。特殊利益集团通过有针对性的宣传活动，以及积极主动地“拉票”，动员其选区的选民。

---

① 在 1932 年以来的美国总统选举中，投票年龄人口中有 49%～63%的人参与了投票，而美国国会议员的选举参与率有点低（33%～59%）（U. S. Census Bureau，*The 2011 Statistical Abstract*，Table 418）。在地方学校董事会选举中，通常只有不到 10%的合格选民投票。

第二，我们注意到，政客在获取有关其选民偏好的信息上困难重重，因为不像私人产品，公共产品没有简单的需求表露机制，故特殊利益集团试图提供这些信息。政客可能缺乏做出明智的政治决策所需要的技术信息，例如，他们可能不知道继续进口外国廉价汽车或服装的后果。特殊利益集团是信息的主要来源，而且，他们常常通过提供信息对政客施加影响。

第三，直接和间接地贿赂政客。直接贿赂不常发生，至少在美国大部分辖区是如此（据推测，这可能不是因为政客们纯洁，而是因为被抓的成本太高）。但是，间接贿赂不容忽视：特殊利益集团可以给维护其利益的政客提供资金支持和其他形式的支持；这种支持被认为是成功运作政治竞选所必不可少的。

美国国会于1867年颁布了第一部联邦竞选资金立法，禁止联邦政府官员向海军造船厂的工人索取捐款，从此，竞选资金制度的改革已有多次尝试。20世纪的主要法律包括《1907年蒂尔曼法案》（Tillman Act of 1907）——禁止公司和国家特许银行向联邦竞选捐款，《1925年联邦腐败行为法案》（Federal Corrupt Practices Act of 1925）——加强了信息披露要求，增加了支出限制，以及《1971年联邦选举竞选法案》（Federal Election Campaign Act of 1971）［连同1971年的《收入法案》（Revenue Act）和随后的许多修正案］——对竞选筹资的限制更加严格并使其更加透明，确立了竞选资金管理法规和联邦总统大选筹资的制度框架。

尽管如此，在这些法规当中，由于立法漏洞、执法不力和法院通常基于言论自由而提出的质疑，有许多法规的影响力被不断削弱。例如，美国最高法院对“联合公民诉联邦选举委员会案”［Citizens United v. Federal Election Commission，558 U. S. 310（2010）］的裁决，判定《第一修正案》（First Amendment）的言论自由权适用于公司，允许它们在没有政府对公司竞选支出做出任何限制的情况下可以明确表示支持或反对候选人（见专栏9.2“竞选资金制度改革”）。①

专栏9.2

竞选资金制度改革

许多特殊利益集团的权力背后是金钱的力量，特别是支持其青睐的候选人的金钱力量。传统上，民主党筹资渠道较少，其成员尤为担心的是，金钱的力量造就了不公平的竞争环境。在这种环境中，富人和公司的发言权要比穷人和中产阶级的大得多。但是，任何政党一旦执政，都要比那些试图当选的政党更容易得到资金支持，因而不怎么热心于改革。这在一定程度上有助于解释为什么国会（至少在过去）进行强力改革的热情有限。

有些改革的重点是限制任何组织给予任何候选人的资金数额。这项改革通常会遭到破坏：如果一家公司不能直接给钱，它可以鼓励其雇员捐款。如果不能把钱捐给候选人，就把钱捐给候选人的政党。即使向候选人政党的捐款受到了限制，也可以把钱捐给认同候选人立场的某个团体。例如，如果全国步枪协会（National Rifle Association）捐给支持持有枪支的议员的资金数额受到限制，也可以做广告反对主张控制枪支的候选人。

批评竞选资金改革的一些人士担心，这会产生另一种不公平的竞争环境。能够动员成

---

① Federal Election Commission，*The FEC and the Federal Campaign Finance Law*，February 2004（updated February 2011），and *The Federal Election Campaign Laws：A Short History*，www.fec.gov；and National Public Radio，*A Century of U. S. Campaign Finance Law*，www.npr.org.

千上万名志愿者和发起大型"上书活动"(letter-writing campaigns)的团体，比如老年人保护团体或者工会，仍能施加政治影响。

还有人担心，任何对向政党或事业捐款的限制实际上是对《第一修正案》(言论自由)权利的限制：在民主社会中，人们说什么、怎么说或说谁，都不应该受到限制。竞选资金主要用于传播观点，尽管在电视上做30秒的广告不太可能使你做出明智的决定。

已经实施的一系列改革要求公开披露竞选捐款。人们希望那些从金融部门获得大笔资金的候选人，对于支持过分有利于该部门的立法会感到不好意思。然而，最近，随着为候选人提供支持的秘密"超级政治行动委员会"(SuperPacs)的建立，这种披露要求也遭到破坏。

第二项改革要求竞选筹款者私下募集的公共款项要有部分配套资金，以创造一个更加公平的竞争环境。这种措施并不是要限制任何人的言论权利，而是确保持不同观点的人也能表达自己的想法。

□ 9.3.4 政治程序的其他方面

政治程序的其他几个方面也会影响结果。在美国，两党中的每个政党都会举行初选，以确定代表它们的总统候选人。每个政党的选民投票率都比较集中于党内的"极端人物"：更保守的共和党人或更自由的民主党人。虽然各政党在提名一位争取获胜的候选人(因而该候选人属于"中间派")上利害攸关，但在初选中存在一种抵消性离心倾向，而改划选区(使某一政党占主导地位的国会选区划分)程序使问题更加严重。在这种选区赢得初选，几乎无异于赢得大选。

改划选区的一个后果是，一个政党可以控制(比如)众议院，即使其得到的票数远低于多数票。这种情况就发生在2012年的大选中——民主党赢得了100多万张选票，但众议院由共和党控制。其他国家担心这种结果不民主，故实行了比例代表制，即议员的数量与所获得的票数成正比，而不是"赢家通吃"(winner-takes-all)的制度。

我们还注意到选民投票率低的问题。一些国家试图通过要求每个人都要投票(或更准确地说去投票站投票)来解决这个问题。为了让选举结果更能反映公民的意见，哪怕只是小额罚款，选民投票率也会高出许多。

我们之前曾经指出，在美国的制度下，通过竞选捐款，政客们在一定程度上可能被"收买"。除此之外还有其他一些方式，扭曲了政客们的行为——他们的行为反映了特殊利益集团的利益。特别令人担忧的是"旋转门"，即政客们在离开公职岗位后到他们在职期间通过立法的行业里就职。这存在着明显的利益冲突，虽然有些规定在一定程度上限制了这种情况的发生，但事实证明这些规定不是太奏效。

最后，媒体在政治领袖和普通公民的舆论形成过程中发挥着重要作用。在一些国家，媒体由少数精英所控制，代表着特定的观点(比如，非常富有的人的观点)。在这种情况下，新闻和信息可能会被扭曲。尽管在大多数国家，政客们认为他们受到不公平的对待，但在许多国家，现实问题是媒体缺乏多样性。一些发展中国家的应对措施是政府向社区广播站提供资助；许多发达国家为各种形式的媒体提供广泛的支持。信息，尤其是准确的信息，是一种公共产品，正如我们一再强调的，私人市场对公共产品供给不足。

□ 9.3.5 利他主义的政客?

另外一种观点认为，许多政客的行为不像本章所假定的那样自私自利。就像平民百姓向慈善事业捐款这类利他行为一样，作为民选官员的公职人员也有这样的行为。在我们的社会中，政府官员和公务员享有很高的地位，受到极大的尊重。有效的政府取决于这些公职人员的素质。

然而，公正无私并不能确保政客们做出明智的决策。如前所述，即使是一位乐善好施的政府官员，也很难确定其选民的偏好。进一步说，即使选民想选择完全按原则投票的利他主义的代表，以确保公共产品的“有效”供给，他们也会遇到一个难题：只要参加竞选的人并不都是无私的，那么，选民就必须在无私的人与自私的人之间进行选择。如果选民认为“无私的”公职人员比自私的政客要好，那么自私的政客会试图效仿无私的公职人员。选民如何根据他们通常所掌握的有限信息对他们进行选择？

在许多情况下，政客们似乎在“按原则”行事，其投票方式不仅与他们狭隘的自身利益不一致，而且也违背选民的意愿。因此，他们有落选的风险（尽管选民常常尊重这种“独立性”和“原则”的表演）。

虽然政客的利他行为比腐败行为要好，甚至也好于不那么明显的自我膨胀行为，但经济学家长期以来一直担心，表面上追求共同利益的利他行为是否可靠。事实上，政治领导人的行为似乎反复无常（常常声称是为了公共利益），以至于亚当·斯密提出了一种更好的方式以实现公共利益，即让每个人都追求自己的私人利益。遗憾的是，尽管亚当·斯密的“看不见的手”对于大多数商品而言都能发挥很好的作用，但对于公共产品来说，它可能无法奏效。不过，至少在一定程度上，政客的私利（他们渴望获得连任）起到了重要的作用：这促使他们尽力准确地激发其（投票）选民的偏好，并投票支持反映这些偏好的措施。正是这种形式的私利，奠定了前面所说的两党制模式的分析基础。

□ 9.3.6 低效率均衡的持续性

近年来，由于贸易限制或受到贸易限制的威胁，商品价格（从汽车到玉米、从铝到铀再到西红柿）在不断上涨。当特殊利益集团设法设置贸易限制或者为自己谋求补贴时，由此导致的资源配置不仅违背了普遍接受的公平公正标准，而且往往效率低下。有其他配置方式可以让人们过得更好。面对这种情况，人们为什么不能共同提出一种具有帕累托效率的替代方案呢？对于这个难题，没有一个普遍认同的答案。有些“不全面”的答案可能具有启发性。

第一，如前所述，公共利益是一种公共产品。由于维持一个好的政府要依靠私人的努力，因此，这种私人提供的公共产品（和任何其他私人提供的公共产品一样）会出现供给不足。

第二，在特殊利益集团的要求下实施的政府计划的许多分配影响都比较模糊——这是故意如此。举例来说，美国选民不太可能故意投票把资源（作为公共礼物）转移给富裕的稻农。对于以牺牲公众利益为代价而获得转移支付的人来说，他们必须被纳入更广泛的计划中，在该计划中他们看起来就好像是意外的受益者。因此，富裕的稻农成为号召联邦政府向稻农提供援助的倡导者，他们在公开的言辞中专门说该计划会给贫穷的稻农带来好处。例如，帕累托改进可能需要给予每个稻农一个固定的金额，这将使他们可以自由地进入生产率可能更高的其他行业。尽管这种直接补助可以使每个人的境况都得到改善，但也会暴露出该计划的真实的分配影响，即大部分利益没有由贫穷的稻农获得，而是给了富裕的稻农。由于可能的结果是削弱对稻农补贴的政治支持，故这种帕累托改进不会得到富裕稻农的支持。

9.4 复习和练习

9.4.1 小结

1. 集体决策，诸如决定公共产品的支出水平，不同于标准的家庭决策，表现在两个重要方面。第一，诱发偏好问题。如果人们必须支付的数额取决于他们的说法，那么，他们可能会低报他们的真实偏好。如果人们必须支付的数额不取决于他们的说法，那么，他们可能会夸大其真实偏好。第二，解决偏好差异问题。比方说，如果不同的人希望政府提供公共产品的支出水平有所不同，那么，政府到底应该提供多少？

2. 多数投票是解决这种偏好差异的最简单的方式。遗憾的是，多数投票均衡可能不存在。

3. 阿罗不可能定理表明，不可能找到一种备选的、非独裁的政治机制以解决这种多数投票的问题，并且还能满足人们期望的政治机制应具备的其他某些特征，诸如独立于无关的备选方案。

4. 如果偏好是单峰的，就存在多数投票均衡。

5. 如果只有一种公共产品，对该公共产品的偏好通常是单峰的。如果是下列情况，偏好不会是单峰的：(1) 有不止一种公共产品，而且对一揽子方案进行投票，而不是一次只对一种公共产品进行投票。(2) 对某种公共提供的私人产品进行投票，同时私人也提供这种私人产品，如教育。(3) 对分配问题进行投票，比如所得税的税率结构。

6. 多数投票均衡存在时，它反映的是中间选民的偏好。

7. 在两党制情况下，两个政党的立场将与中间选民的立场趋同。

8. 一般来说，多数投票均衡并不会导致公共产品的有效供给；公共产品很可能不是供给不足就是供给过剩。

9. 林达尔均衡是税收价格之和等于边际生产成本时的公共产品供给水平。虽然林达尔均衡是帕累托效率的，但人们没有表露其真实偏好的激励。

10. 在许多选举中，选民的参与率很低。事实上，经济学家们对于人们为什么要费心投票感到很困惑，因为预期的私人收益（鉴于他们影响结果的概率很低）通常小于私人成本。

11. 特殊利益集团常常对政治程序的结果产生强大的影响。

9.4.2 重要概念

聚合偏好	阿罗不可能定理	林达尔均衡
中间选民	偏好表露	比例税制
单峰偏好	税收价格	统一税制
投票悖论		

9.4.3 练习题

1. 假设某个人对公共产品的边际评价提高了。这对公共支出的帕累托效率水平有什么影响？如果这个人不是中间选民，那么，在两党制下公共产品支出的均衡水平会是怎样的？如果该均衡水平最初是帕累托效率的，它还会如此吗？

2. 假设所有人都有相同的偏好，但有些人比其他人更富裕。假设只有一种公共产品和一种私人产品。(1) 以图示方式来说明你如何推导出公共产品的需求曲线（作为向个人收取的税收价格的函数）。(2) 假设需求函数的形式是：

$$G = \frac{kY}{p}$$

k 是常数（小于 1），Y 是收入，p 是税收价格。这就是说，当收入增加一倍时，对公共产品的需求也翻一番，但当税收价格翻一番时，需求就减少了一半。如果税收价格与个人的收入成正比（正如在比例税制下），那么，不同收入人群对公共产品的需求会有何不同？

3. 现在假设实行统一税制，所有人都面临相同的税收价格。回想一下，在每个人的需求曲线上，价格等于边际替代率。因此：

$$MRS = p = \frac{kY}{G}$$

即边际替代率与收入成正比。假设收入的分配是对称的，因此平均收入等于中位收入。请解释为什么多数投票均衡将是帕累托效率的。现在，假设收入的分配不是对称的，而是偏向更高的收入，如图 9.5 (B) 所示。多数投票均衡仍然是有效率的吗？公共产品的供给是不足还是过剩？

4. 如果产品需求增加的比例大于收入增加的比例，则需求曲线被认为具有收入弹性。例如，若需求曲线为

$$G = \frac{kY^2}{p}$$

即公共产品的需求按收入的平方而增加。在公共产品支出水平固定的情况下，得出边际替代率作为收入的函数。假设收入的分配是对称的。边际替代率的平均值与中位数个人的边际替代率之间的关系如何？在统一税制下，多数投票对公共产品的均衡供给意味着什么？

5. 在正文中，我们提出，在统一税制下，富裕的人对教育的偏好并不是单峰的。为什么对本地公园和城市公共交通系统（例如公共汽车和地铁）的偏好也可能不是单峰的？

6. 中间选民总是具有中位收入的选民吗？请举例说明。

7. 如何用多数投票模型来解释政府支出的增长？(1) 是中位收入的变化还是平均收入的变化能更好地解释政府服务需求的增加？(2) 政府效率低下造成的公共产品生产成本增加会产生什么影响？倘若这种成本增加是由政府支付的工资高于市场工资（高于私人部门同类工人的工资）所致，其影响是否会有所不同？（你对前一个问题的回答取决于中间选民是否是政府雇员吗？）(3) 倘若人均收入保持不变，但经济体中的人数增加，那么对公共产品的需求就会增加，你为什么会这样想呢？

8. 一种流行的投票方案是排序投票——将人们对各种可能的备选方案进行排序（1，2，3），然后将所排序号加总，总数最低的备选方案获胜。假设现有四种公共资金开支备选方案供选择：图书馆、滑雪场、游泳池和垃圾场。你能否构想出这样一个例子：如果在前三种备选方案之间做出表决，结果（最偏好的备选方案）比如说是图书馆；如果在所有四种备选方案之间做出表决，结果是滑雪场。因此，这种投票方案违反了所选结果应独立于无关备选方案的原则（在两种情况下都没有选择垃圾场）。

9. 中间选民理论认为，要预测集体决策的变化，就应关注中间选民。1973—1993 年，美国的平均收入增加了，而中位家庭的收入基本上停滞不前。（自那时起，中位收入略有增加，但还不足以消除之前 20 年扩大了的差距。）关注中位选民行为的经济学家和关注平均收入的经济学家，在对公共支出水平和结构变化的预测上会有何不同？

9.5 附录：新的偏好表露机制

本附录描述了一个简单的程序，说明只要个人之间没有合谋，就能促使个人如实地表露自己的需求。就像在林达尔均衡状态下一样，要求每个人都给出其对公共产品的需求曲线。如前所述，均衡将位于集体需求曲线（将每个人的需求曲线纵向相加而得）和供给曲线的交点处。为了简化起见，我们假定公共产品的边际生产成本不变，因此供给曲线是水平的。然而，现在确定个人应纳税额的规则有所不同。

我们首先（纵向）加总其他所有人的需求曲线。在图 9.8 中，其他所有人的集体需求曲线与供给曲线相交于 G_0 点。如果一个人说他没有从公共产品中获得任何价值，那么这就是该公共产品的水平。这个人被告知，对于政府生产的超过 G_0 的任何一个单位，他必须支付边际生产成本和其他所有人集体评价（需求）之间的差额。如果均衡所需要的产出是 G_0+1，那么，这个人必须支付边际成本曲线与其他人的集体需求曲线之间的差额 AB。

这个人只要通过宣布公共产品对其价值几何，就能决定该公共产品的水平。显然，此人会试图使公共产品数量增加到某一点，在该点上，增加公共产品数量的边际成本等于他的边际收益。这可以通过两种不同的方式来考察。首先，在图 9.8（B）中，给定其他人的需求，我们描绘了此人的边际成本——超过 G_0 之后每多生产 1 单位公共产品的成本。由于此人的边际成本是生产成本与其他人的需求之间的差额，故第 G_0+1 单位的边际成本等于 AB。在图 9.8（B）中，我们还画出了此人的需求曲线；此人希望选择 G^* 单位公共产品，此时，他的需求曲线与他的边际成本曲线相交。

现在，我们说明每个人都有诚实表露其公共产品需求的激励，而且均衡是帕累托效率的。为了说明这一点，我们看看个人的预算约束线。此人面临的预算约束线如图 9.9 所示。对于超过 G_0 之后公共产品每增加 1 单位，此人必须放弃的额外数量等于公共产品的边际成本减去其他人的集体需求（边际评价）。因此，此人设定的边际替代率等于公共产品的边际成本减去其他人的集体需求，即图 9.9 中的 E 点。很明显，此人没有歪曲其偏好的激励。如果他所要求的任何公共产品水平不是 G^*，那么，他的境况就会变差。

现在假设每个人都诚实地宣布其需求曲线。回想一下，在构建需求曲线时，每个人的税收价格（预算约束线的斜率）都被设定为等于个人的边际替代率。因此，当将需求曲线纵向相加时，边际替代率之和正好等于税收价格之和，且在帕累托效率配置情况下，等于边际成本（边际转换率）：

$$MRS_1+MRS_2+\cdots=MC$$

换句话说，每个人的边际替代率等于公共产品的边际成本减去其他人的边际替代率（他们的税收价格）之和。例如，对于第一个人，有：

$$MRS_1=MC-(MRS_2+MRS_3+\cdots)$$

这正是我们前面所描述的那一点，在该点，政府支出进一步增加的个人边际成本（等于公共产品的边际生产成本减去数量既定情况下其他人的需求价格之和）等于个人边际收益（他的边际替代率）。我们刚刚已表明，通过诚实地表露其需求曲线，此人使其效用最大化，且将资源配置给公共产品是帕累托效率的。

尽管我们刚刚描述的表露机制已得到经济学家的关注，但是，关于它们的重要性还存在相当大的争议。不仅如此，对于这些机制，还有一些反对意见，其中包括它们可能会有很高的管理成本，而且很容易达成合谋（两个人可以联合在一起都不说真话，且每个人的

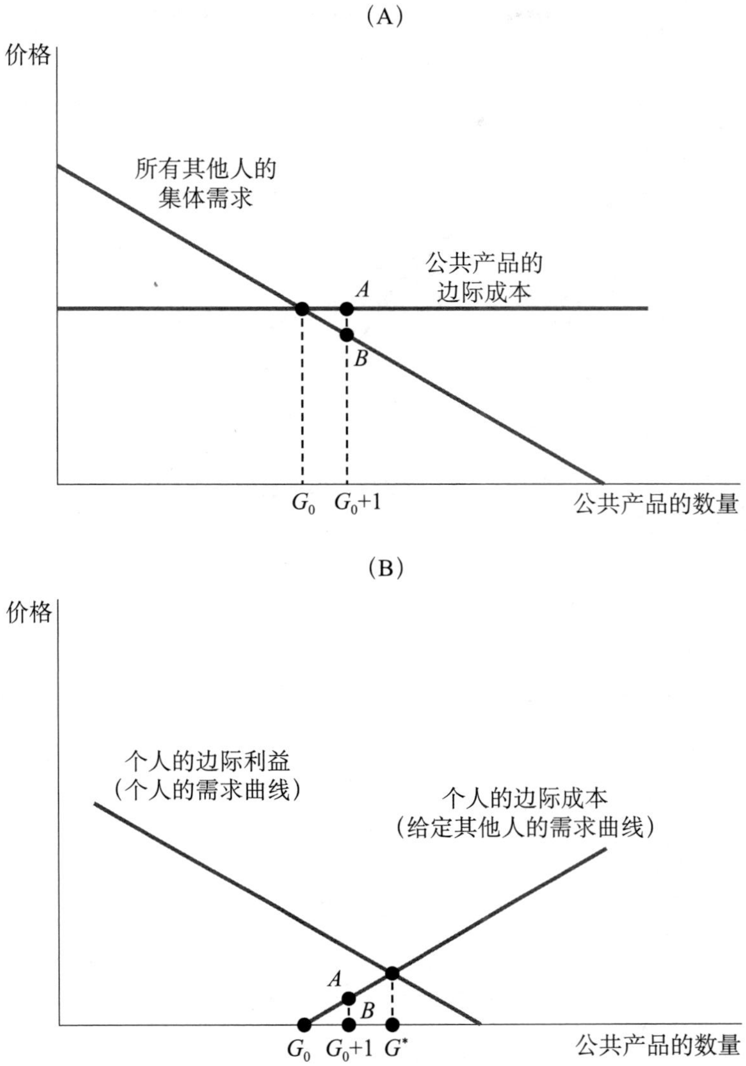

图 9.8　新的偏好表露机制

图（A）显示出除了某个人之外的其他所有人对公共产品的集体需求（他们的边际评价之和）与公共产品的边际生产成本。如果最后这个人认为公共产品没有任何价值，那么该公共产品的生产水平将为 G_0，此时，边际评价之和等于边际成本。当支出水平超过 G_0 时，最后这个人要为每一额外单位支付其他所有人的集体（边际）评价和边际成本之间的差额。因此，如果生产水平为 G_0+1，那么此人必须支付 AB 所示的数量。图（B）说明了在每一产出水平上，（最后）这个人必须为额外一单位产出支付的边际成本。因此，要使该经济体的公共产品生产水平从 G_0 增加到 G_0+1，就需要这个人支付 AB。图（B）还说明了最后这个人对该公共产品的边际评价（他的需求曲线）。此人最偏好的支出水平是 G^*，此时，他从增加的支出中得到的边际收益（由需求曲线给定）正好等于他的边际成本。如果政府确定的公共支出为 G^*，那么就会诱使这个人如实地表露其需求。

境况都会变好）。

就像我们之前所描述的林达尔均衡一样，这些机制确保了帕累托效率配置的条件得到满足——边际替代率之和等于边际转换率。然而，有些人可能会偏好给他们带来更高效用的帕累托低效率配置。因此，鉴于他们知道会因此而处于不利地位，故他们是否会同意采

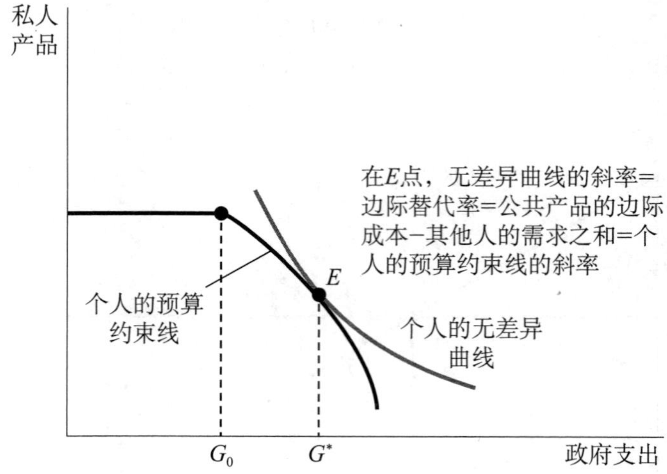

图 9.9　个人对最优政府支出的选择

如果个人必须支付公共产品的边际成本与其他人需求之间的差额，且其他人诚实地表露他们的需求，那么，公共产品的水平将是帕累托效率的。从图 9.8 中可以看出，个人对于每增加一单位公共产品支出所必须支付的价格在上升。这正是此人的预算约束线呈现出所描绘的那种形状的原因。

用这种机制并不明显。最后，一般来说，这些机制不能保证预算的平衡。尽管边际评价（边际替代率）之和确实等于边际成本，但支付总额可能与公共产品的总成本相差甚远。

第4篇　公共支出实践

在本篇，我们要用前几章所建立的理论模型，分析实践中的公共支出，重点放在国防、医疗、教育、福利和社会保险等领域。选择这些特定项目的原因有两个。首先，在包括美国在内的许多国家，它们都是最重要的项目。从货币开支来看，它们大约占美国联邦支出和全国支出的四分之三。其次，考察这些特定项目会引出支出分析中的大部分关键问题，而且我们所构建的基本框架和分析工具也可以用于分析其他项目。本篇前两章主要解释公共支出分析的基本方法，即第 10 章构建了一个一般框架，第 11 章阐述了不同政府项目的收益和成本在资金投入使用前后如何进行量化。第 12～16 章把这些概念应用于特定的部门。

第 10 章

支出政策分析框架

重点问题

1. 进行公共支出项目分析的主要步骤有哪些？

2. 政府项目的实际效果与预期的或乍看上去的效果不同的原因是什么？项目的归宿是什么意思？

3. 为什么有些项目被认为是低效率的？

4. 在实践中如何评估一个项目的分配影响？

5. 公平与效率之间的权衡取舍做何解释？总会存在这种权衡取舍吗？

6. 为什么了解政治程序对于理解政府项目的设计具有重要意义？

至少从 20 世纪 90 年代初开始，要求对美国经济主要部门进行改革的呼声就从未间断：要彻底改革医疗和教育制度、福利和社会保障制度，削减某些项目（如国防），扩大一些项目（如旨在开发新技术的项目）。本章提供了一个系统思考这些政策的框架——提出问题以及有助于回答这些问题的方法。

政策制定者需要这样一个框架来解决日益复杂的问题。事实上，大多数政府项目都如此复杂，以至于国会把大部分细节的设计责任（在国会制定的指导方针之内）委托给了行政部门。在规章制度的制定过程中，行政部门（例如环保署或交通运输部）拟订出细则，然后留出时间让公众发表评论。总统办公室内设的管理与预算办公室（Office of Management and Budget，OMB）对这些机构如何开展这项工作提供指导。目前，管理与预算办公室的指导意见基本上反映了本章所讨论的框架。

公共支出的这一分析框架为应用第 3 章和第 7 章提出的效率和公平标准提供了指南。这不是一个可以盲目地应用于所有问题的简单公式，而是一个提出需要考虑的事项清单。对于某些特定的政府项目来说，有些事项可能比其他事项更为重要。我们最终要解决的问题如下：

- 为什么要有政府项目？
- 为什么政府项目的形式比较特殊？
- 政府项目对私人部门将产生怎样的影响？
- 政府项目将使谁受益、谁受损？是收益更大还是损失更大？
- 是否有其他项目（帕累托）优于目前的政府项目（也就是说，一些人的境况在不影响其他人的情况下变得更好）？是否有分配结果不同但同时也能实现项目主要目标的其他项目？引入这些其他项目会有哪些障碍？

我们首先把公共支出分析分为 10 个步骤：(1) 政府项目的必要性；(2) 政府项目所

要解决的市场失灵；(3) 政府项目的各种方案；(4) 政府项目的细节设计；(5) 私人部门的反应；(6) 效率结果；(7) 分配结果；(8) 公平-效率的权衡取舍；(9) 公共政策目标；(10) 政治程序。

10.1 政府项目的必要性

从考察项目的历史和产生的背景开始，通常有助于分析公共项目。是哪些人或哪些群体迫切需要政府项目？项目所要解决的问题是什么？

例如，美国于1935年通过建立社会保障制度的法案时，正处于大萧条时期。那时，很少有雇主给雇员提供充足的养老金；私人年金市场（在从退休到去世这一期间，每年向个人提供固定收入的保单）还没有发展起来；许多人未能为退休生活积攒足够的钱，而许多有储蓄的人发现，1929年的股票市场崩盘使他们的储蓄化为乌有。没有足够的储蓄并不像我们现在看来那样非理性和缺乏远见，在那个年代，许多人一直工作到生命终结。他们需要的是在其离世后为家人提供生活保险，而他们自己却不需要养老金。然而，在大萧条时期，许多人失去了工作，没有失业保险。人们普遍认为，社会必须为他们做出某种安排，并且最好是系统性安排，而不仅仅是解决眼前的问题。

10.2 市场失灵

公共项目分析的第二步力图将需求来源和第4章所讨论的一种或多种市场失灵联系起来。这些市场失灵包括：不完全竞争、公共产品、外部性、不完全市场、不完全信息和宏观经济失衡。除此之外，我们在第4章看到，即使经济是帕累托效率的，政府进行干预还有两个更深层次的理由：第一，市场经济出现的收入分配从社会角度来看可能是不公平的；第二，个人对其自身福利的认知可能不是做出福利判断的适当或充分的标准。政府应该鼓励有益产品，抑制或禁止有害物品。

在某些情况下，市场失灵的性质是显而易见的：国防是一种纯公共产品，而且如前所述，倘若没有公共提供，这类产品总是供给不足。在其他情况下，答案并不明显，经济学家在市场失灵的性质上没有达成一致意见。例如，一些经济学家认为，教育是一种公共产品。然而，大多数经济学家认为，教育本质上是一种私人产品（从第5章定义的技术意义上来说）；他们为了给教育的公共提供找到一种解释，不得不从其他方面入手——例如，资本市场有缺陷、公共提供对收入分配有影响，或者教育是一种有益产品，对于民主社会的正常运行至关重要。

事实上，某些产品或服务需要由公共提供，这本身并不意味着存在市场失灵。之所以存在一些对公共提供的需求，是因为对市场的了解不充分和相信政府有能力把事情变得更好。确认是否存在市场失灵是确定适当的政府行动范围的关键步骤。

专栏 10.1

美国的高等教育

在美国，高等教育说明了政府参与的各种形式。公共生产形式是指每个州都有自己的大学、学院和专科院校系统。尽管在美国对私立大学的直接补助是有限的，但在其他国家

(例如加拿大)是普遍的,而且是以招生数量为基础进行拨款。在美国,联邦政府通过支持基础研究和应用研究的各种项目,向研究型大学提供了大量资助。

然而,联邦政府对高等教育的大多数资助,采取的主要形式是资助消费者——学生。虽然没有一般性资助项目,但有5种主要的选择性项目。

第一,自第二次世界大战以来,大量退伍军人由政府出资就读于高等院校。该资助项目主要依据的是最初的《退伍军人权利法案》(GI Bill)以及后来的《蒙哥马利退伍军人权利法案》(Montgomery GI Bill)和《"9·11"后退伍军人权利法案》(Post-9/11 GI Bill)。联邦政府还向旨在培养精英人才的陆海空预备军官训练团(Reserve Officers' Training Corps,ROTC)提供奖学金,并为其父母或监护人因在伊拉克和阿富汗服兵役而死亡的学生提供助学金。

第二,政府有针对性地提供助学金的项目,诸如专为低收入家庭的学生提供的"佩尔助学金"(Pell Grants),以及为师范类学生提供的"高等学校师范教育助学金"(Teacher Education Assistance for College and Higher Education,TEACH)。

第三,政府提供各种有补贴和无补贴的学生贷款,包括直接贷款项目(Direct Loan Program)——通过学校直接向联邦政府贷款,以及联邦家庭教育贷款项目(Federal Family Education Loan Program)——由联邦政府担保的私人贷款机构提供的贷款。

第四,联邦勤工俭学项目(Federal Work-Study Program)为在校生提供兼职工作,帮助他们支付教育费用。

第五,联邦政府为教育相关费用提供税收优惠。为获得本科学位或其他认可的教育证书的学生提供美国机会税收抵免(American opportunity tax credit),以及为那些接受高等教育或职业课程的学生提供终身学习税收抵免(lifetime learning tax credit)。

10.3 政府干预的各种形式

一旦发现市场失灵,政府可能就会采取多种措施来解决问题。政府的措施有4大类型:(1)公共生产;(2)用税收和补贴来鼓励或抑制某些私人生产;(3)通过政府管制确保企业以所期望的方式进行私人生产;(4)某种形式的公私合伙(public-private partnership,PPP)。

如果政府决定负责生产,那么就必须决定如何配置产出。政府可以按市场价格对产品进行收费;可以按近似生产成本对产品进行收费,常见的有对电力的收费;可以对产品进行收费,但收费远远低于生产成本,典型的例子如高等教育;可以统一免费地提供产品,例如中小学教育;也可以根据所感知到的需要以某种方式配置产品或服务。在像英国这样的国家,药品是免费的,但显然不是均等地提供给所有人,因为每个人的需要不同;至于谁得到多少单位现有的医疗服务,决定权在于医生(根据政府制定的指导原则,医患双方进行协商)。

同样地,如果产品是私人生产的,那么政府必须做出下列决定:(1)是否直接签订商品生产合同,但保留商品分配的责任;(2)是否向生产者提供补贴,希望通过降低价格使消费者得到一些好处;(3)是否向消费者提供补贴,如果需要某种形式的补贴,政府必须决定应当通过税收制度还是应当通过直接拨款来提供补贴。如果理所当然地要提供补贴,那么还要确定条件,例如,资格标准的限制性应当多大。目前,各国政府采取了所有这些可能的措施。

政府如果选择采用混合型公私合伙方式，那么就必须决定其与私人部门关系的性质，特别是在彼此的作用和责任以及风险分担方面。这种安排可以像与私人部门签订的服务、租赁和管理合同那样简单，即政府保留资产所有权，但把日常经营外包；也可以像建设-经营-转让（build-operate-transfer，BOT）合同那样复杂，例如，私人部门建设一条收费公路，经营很长一段时间（也许二三十年）并收回其初始投资加上所投资本的市场收益率后，将资产转移给政府。

人们越来越认识到发现各种项目的重要性。倘若新项目不断地设计出来，就能以更低的成本和更有效的方式实现旧项目的目标。"社会创新"与科技创新同等重要。如今，人们也越来越重视使用市场机制和类市场机制。

政府干预的各种形式

1. 政府生产：
   免费分配；
   按低于生产成本进行分配；
   按成本进行分配。
2. 私人生产：
   政府向生产者提供补贴（或征税）；
   政府向消费者提供补贴（或征税）；
   政府直接分配；
   政府管制。
3. 公私合伙：
   商品和服务外包采购；
   对经营和维护签订服务、租赁和管理合同；
   特许经营，诸如资本投资的 BOT 方式；
   （金融和实业）合资企业。

10.4 细节设计的重要性

项目的详细规定，例如关于资格标准的准确表述，在决定项目的效率与公平结果中往往是至关重要的。公平和效率需要做出一些区分，虽然原则上很明确，但难以应用于实践。区分谁是饥民、谁不是饥民是一个很重要的问题，但设计一个为饥民提供食品的项目，需要有某种简单的方法来区分谁是饥民。定义太狭窄会导致许多穷人无法得到救助，资格标准过于宽泛会导致许多不需要帮助的人获得救助，很可能会遭到为资助这些人不得不纳税的其他纳税人的反对。因此，由于无法确定哪些人真正应该得到救助，故在设计规章制度时，两种错误之间存在着权衡取舍：应该得到帮助的人没有得到救助和不应该得到帮助的人得到了救助（见图 10.1）。不同的人对这两种错误的重要性可能会做出不同的判断。

资格标准的设计还有深层次的影响，因为人们可能会改变其行为，以取得资格或获得更大的利益。例如，有人担心，仅向单身母亲提供资金的福利项目可能会阻碍结婚。向低

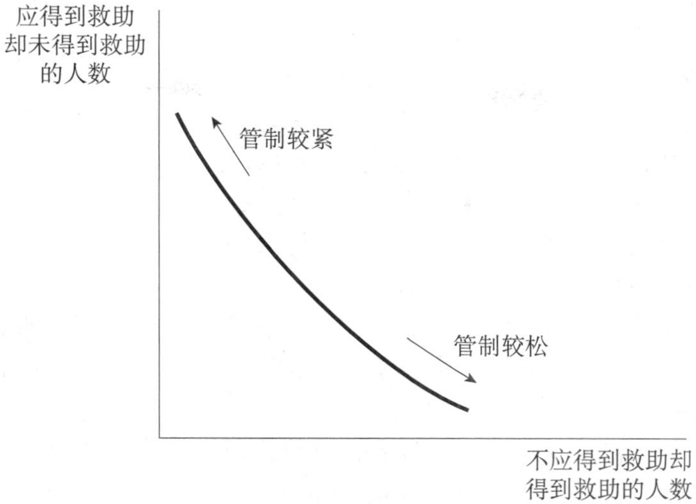

图 10.1　管制设计的权衡取舍

当资格标准宽松时，许多不应该得到救助的人却符合救助标准。当资格标准严格时，许多应该得到救助的人却不符合救助标准。

收入人群提供援助的补充营养援助计划（Supplemental Nutrition Assistance Program，SNAP），其前身是食品券计划（Food Stamp Program）[①]，是另一个改变激励的例子。为了计算出可用于食品支出的收入数额，住房支出要从个人的税后工资（take-home pay）中扣除，因而在住房上花费更多的人会得到更多的食品援助。这可能会改变人们的行为：鉴于该项目的这种特殊设计方式，旨在帮助穷人获得更好营养的补充营养援助计划，可能会鼓励更多的住房支出。然而，几乎没有确凿的证据表明，这两种担忧是必要的。

10.5　私人部门对政府项目的反应

像美国这样的混合市场经济，其核心特征之一就是政府对其控制的程度有限。例如，私人部门可能对任何政府项目做出反应，从而抵消掉项目所声称的许多好处。比如，当政府增加社会保障金时，老年人的福利从长远来看可能不会相应增加：人们可能因此会减少自己的退休储蓄，子女也可能会因此给他们年迈的父母提供更少的资助。因此，政府资助可能**“排挤”**（crowd out）私人资助，从而削弱该项目的影响力。然而，迄今为止的经验观察几乎没有证据表明这种情况显著存在。事实上，在实践中，也可能存在**拉动**（crowding in）效应，比如，政府的基础研究促进了私人部门的应用研究。

在考察政府项目的影响时，既要看该项目的直接影响，也要考虑其长期后果，毕竟生产者和消费者都调整了他们的行为。例如，房租控制的一个主要影响是新房源的供给量会下降，而这种影响逐渐才能显现出来。

测度整个私人部门的反应通常是政府项目分析中最困难和最富有争议的一个方面。例如，政府提供给低收入住房建筑商多少补贴会导致较高的利润，从而使整个建筑行业受益？行业竞争在多大程度上会使这些利润消失——降低价格，增加供给，从而使预期的受

① 该计划不仅改了名称，而且纸制优惠券（“食品券”）也被电子福利转账（EBT）系统（类似于借记卡系统）所取代。

益者受益？答案取决于有关住房和建筑市场的看法。建筑行业的竞争性如何？如果该行业竞争激烈，供给弹性是多少？需求弹性又是多少？①

正如我们已经指出的那样，政府项目的影响可能关键取决于看似无害的设计特征。经济学家寻找边际激励效应。两个项目即使提供的平均补贴相同，也可能会产生完全不同的边际激励效应。例如，补充营养援助计划每月最高补贴 200 美元，这对于食品支出超过 200 美元的人来说，可能没有任何边际效应。要分析私人部门的需求和供给的反应程度以及对价格和数量的影响，就必须特别关注这些边际激励。

最近的经济研究表明，经济学家的标准模型可能并不总是像传统思想那样有效。对于某些形式的激励，人们可能不像标准理论所预测的那样特别重视，或者以一种意想不到的方式做出反应。因此，许多经济学家试图通过行为经济学的视角来理解人们对激励机制做出的意想不到的反应（或者根本没有反应）。行为经济学是一个相对较新的学科，探讨家庭和企业对政府政策和计划做出反应的心理学基础。我们希望财政研究借助行为经济学能够更准确地预测私人部门对属于公共部门经济学领域的政府举措做出的反应，包括公共支出、税收、社会保险、退休储蓄保值增值、社会安全网和收入再分配。②

10.6 效率结果

支出政策分析的下一步是要确定每一种备选项目的效率结果和分配结果，评估备选项目能够实现公共政策目标的程度。

政府项目可能导致产品或服务的生产和消费的效率低下。我们在第 8 章讲过，政府可以亲自生产产品或提供服务，也可以向私人企业购买产品或服务但由自己分配，还可以让私人企业生产和销售但受制于政府管制。这些决定可能显著地影响生产和提供特定产品或服务的成本。

我们还讲过，当消费者有所选择时，供给者之间的竞争可能会提高产品或服务的提供效率，同时也会使所生产的产品或所提供的服务更符合消费者的需要和愿望。可是，如果消费者对于他们购买的产品（比如医疗保健）所拥有的信息有限，或者消费者对成本的重视程度由于政府支付全部或大部分成本（还以医疗保健为例）而降低，那么这些论据就会缺乏说服力。

10.6.1 收入效应、替代效应与引致的低效率

对于许多项目来说，区分**替代效应**（substitution effect）和**收入效应**（income effect）是有用的。当政府项目降低了某种商品的价格时，就会产生替代效应：人们会用更便宜的产品替代其他产品。例如，在对高等教育有学费补贴的情况下，人们就会把本来用于购买其他产品的钱花在教育上。而且，向人们提供补助会使他们过得更好，但并不改变不同商品的相对价格，这将产生收入效应：一个人的境况变好后会改变他的支出格局。在许多情

① 供给弹性的定义是：价格变化 1%，供给量变化的百分比；需求弹性的定义是：价格变化 1%，需求量变化的百分比。

② 例如，请参阅 J. King，S. Mullainathan，and W. Congdon，*Policy and Choice*：*Public Finance through the Lens of Behavioral Economics*（Washington，DC：Brookings Institution Press，2011）。

况下，收入效应和替代效应并存，都会改变个人的行为。不过，通常情况下，与低效率相关的只是替代效应。

举例来说，假设政府每周向一个人提供“补充营养援助计划”补助，能购买价值 10 美元的食品。在这之前，此人的预算约束线是图 10.2 中较低的那一条，它所显示的替代效应是：此人若放弃 1 美元的食品，可以多获得 1 美元的其他产品。“补充营养援助计划”使他的预算约束线右移，因而如果此人现在想要消费超过 10 美元的食品，那么多消费 1 美元食品仍然必须放弃 1 美元其他产品。由于此人现在多了 10 美元可以花，不存在替代效应，但存在收入效应。这对食品消费的影响与此人增加等量的收入是一样的（除非此人每周愿意消费的食品低于 10 美元）。“补充营养援助计划”改变了此人的行为，他此时消费的食品（B）比以前的（A）多。但是，请注意，他并没有把这 10 美元都用于增加食品消费，而是把这笔额外收入分别用于食品和其他产品，就像他多了 10 美元收入一样。由于没有替代效应，“补充营养援助计划”也就不存在低效率问题。

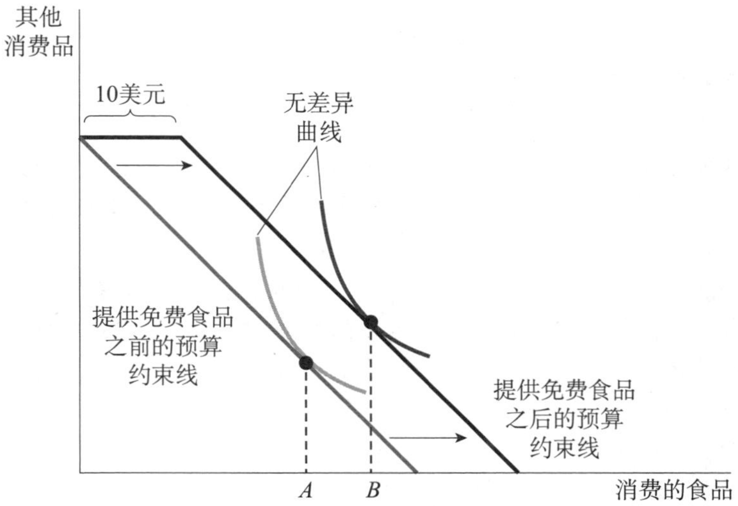

图 10.2 收入效应

提供免费食品有收入效应，但没有替代效应：其影响等同于个人获得一笔额外收入。

为了分析替代效应，假定政府同意支付所购食品成本的 30%。这降低了食品成本，新预算约束线如图 10.3 所示。现在有替代效应。相对于所有其他产品来说，食品更加便宜，因此预算约束线发生了如图 10.3 所示的转动。请注意，在图 10.2 中，因有“补充营养援助计划”而产生的新预算约束线与原先的预算约束线是平行的。（图 10.3 中也有收入效应，因为食品更加便宜了，人们不仅能消费更多的食品，而且能消费更多的其他产品。）

区分收入效应和替代效应很重要。在某些情况下，政府可能希望减轻市场扭曲，例如垄断权力，或者希望鼓励或抑制某些经济活动。在这种情况下，政府可能需要有很大的替代效应。例如，如果人们认为穷人对住房没有给予足够的重视，且政府愿意改善他们所购买的住房质量，那么政府支付一定比例住房支出的项目（其结果有替代效应）将比直接提供一笔住房补贴（只有收入效应）更有效，除非该收入效应非常大。同样的道理也适用于解决政府担忧的问题，即父母可能不太重视孩子的营养。

另外，如果政府主要关心的是，在没有市场失灵的情况下不同人的境况如何，那么不

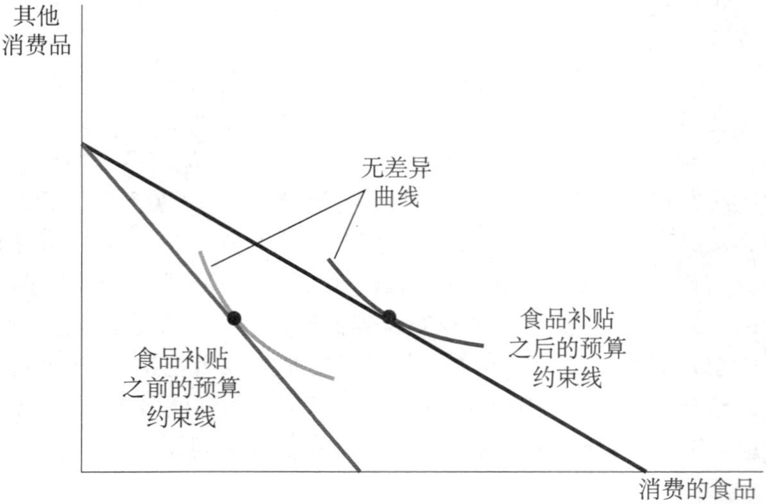

图 10.3　替代效应

当政府支付部分食品成本时，就会产生替代效应。预算约束线的斜率发生变化。图中，不管个人消费的数量是多少，政府都会支付固定份额的食品成本。

改变边际激励的项目是可取的，这样的项目不会产生替代效应所造成的低效率。

回到“补充营养援助计划”的例子，我们可以看到，项目设计的变化如何避免替代效应产生的低效率。1964 年，该项目实施伊始，参与者按其面值折价购买食品券，因此政府等于支付了一定比例的食品券成本：价值 100 美元的食品券，穷人可能只需要花 70 美元，而且他可以购买比如最多价值 2 000 美元的食品券。如果他购买价值 1 000 美元的食品券，那么总补贴将是 300 美元。如今，政府只给低收入者固定数额的补助［通过电子福利转账（electronic benefits transfer，EBT）形式支付，取代了纸制优惠券形式］；只要所提供的补贴数额等于或小于个人的食品支出额，那么这就相当于收入补助。

如同我们所看到的，这种食品补贴方式只有收入效应，而早期的食品补贴方式还有替代效应。替代效应会导致低效率：食品的真实成本——为了多得到一个单位的食品，社会必须放弃的其他产品的数量——保持不变。每多消费 1 美元食品，社会必须放弃 1 美元的其他产品。然而，在早期的食品券计划方式下，对于价值 1 美元的食品，个人只需支付 30 美分。

图 10.4 显示了新形式的项目如何降低政府的成本，同时让得到补贴的穷人的境况和以前一样好。曲线 BB 代表没有任何食品补贴时的预算约束线。曲线 BKB' 代表最初形式的食品券计划的预算约束线，政府支付一定比例的食品成本，直到某一限额为止。超过该限额（以 K 点表示），个人必须支付食品的全部价格。个人会选择 E 点，在该点，他的无差异曲线与预算约束线相切。补贴的数额是个人要支付的和社会要放弃的差额，它对应于食品消费均衡水平上补贴前预算约束线与补贴后预算约束线之间的垂直距离，即 AE。

图 10.4 还包括了一条以固定数额形式对食品支出予以补助后的预算约束线。我们如何知道个人的境况和以前一样好？由于收入补助确定之后所产生的预算约束线与无差异曲线相切于 E 点，而根据无差异曲线的定义，个人在 H 点和在 E 点的满意度一样。但是，收入补助降低了政府的成本。同样，项目的成本用补贴前后的预算约束线的垂直距离表

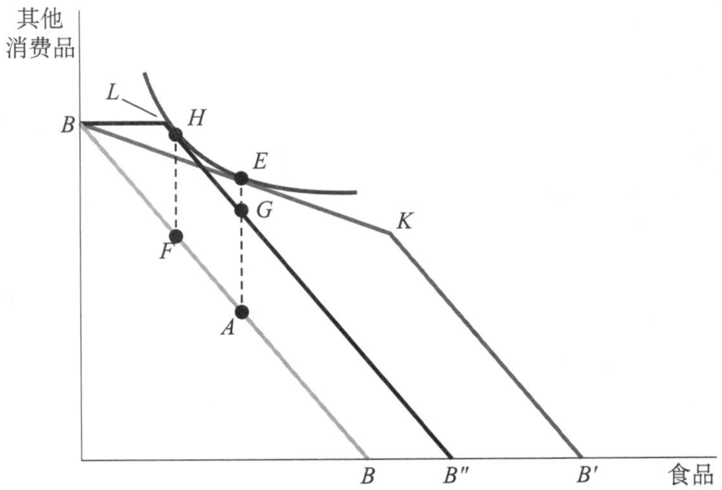

图 10.4 老式食品券计划的低效率

在最初的食品券形式下，政府支付固定比例的食品成本，直到某个限额为止，从而产生了预算约束线 BKB'。在新形式补贴计划下（BLB''），政府支付固定数额的食品成本，可以使个人的境况一样好，但成本更低。这种“节省”由距离 EG 表示。

示。补助规模 HF 小于 30%补贴的规模 AE。[①] 其原因非常简单：从边际角度来说，当人们必须支付食品的全部价格时（也就是说，当他们必须为增加 1 美元的食品支付 1 美元时），他们对所增加的食品消费的评价正好是他们不得不放弃的其他消费品。但是，当人们获得 30%的补贴时，他们所购买的食品数量直到他们对价值 1 美元食品的评价是 70 美分为止，这是他们对价值 1 美元食品所付出的成本。

然而，请注意，在新的补助形式下，人们消费的食品比以前少。如果项目的目的是鼓励食品消费（比如说，由于政府认为追求自身效用最大化的人对食品的消费不足），那么，老式食品券计划更有效，因为在此计划下政府实际上降低了穷人的食品价格。

10.7 分配结果

确定某个政府项目的真正受益者并不总是那么容易。就拿医疗保险（Medicare）来说，该计划是政府为老年人的大部分医疗费用提供资金。很明显，老年人是该计划的主要受益者，但是，从某种程度上说，联邦补助取代了老年人家庭的相关支出（从而公共支出排挤了私人支出），从这个意义上说，该计划的真正受益者不是老年人，而是他们的孩子。通过这种分析，经济学家们试图澄清他们所谓的政府支出项目或税收**归宿**（incidence）的性质，也就是说，他们试图回答谁最终从政府项目或税收中受益、受损（或承受负担）的问题。

政府项目往往会引起私人部门的各种反应，导致价格变动。因此，一个项目的影响可能远远超出了直接受影响的人，而且受益者常常与预期的不同。令人担忧的是，至少在短

① 为了理解这一点，请注意，预算约束线的 LB'' 段与预算约束线 BB 平行——个人必须支付食品的全部边际成本，因此，食品与其他产品之间的权衡取舍没有改变。这样，$AG=FH$（两条平行线之间的垂直距离在任何一点都一样）。因此，30%补贴造成的低效率用 EG 衡量——政府必须多花费这一数额，才能使个人与其获得收入补助时的境况一样。EG 便是低效率补贴产生的无谓损失。

期内，联邦政府对穷人的私人住房提供补贴会抬高住房价格，实际受益者是贫民区的房东，而不是穷人。

政府补贴的影响如图 10.5 所示，该图给出了住房的需求曲线和供给曲线。在短期[图 10.5（A）]，假定住房供给非常缺乏弹性，因为建造新住房需要一段时间。假定政府已批准对住房实施一般性补贴，其效应是增加住房的需求（需求曲线右移）。在图 10.5（A）中，几乎所有补贴都反映在住房价格的上涨上，而所提供的住房服务的实际水平增加得微乎其微。当然，从长期来看，住房供给的反应可能会比较大。因此，在图 10.5（B）中，长期供给曲线非常平缓，表明只要有足够的时间，价格的小幅上涨就会引起住房供给显著增加。从短期来看，住房补贴的受益者是现在的房东，租客发现，他们的全部补贴实际上都反映在更高的租金上（从 p 上升到 p'）。然而，从长期来看，租客的境况得到了改善，因为住房供给量的增加（从 Q 增加到 Q'）起到了限制房价上涨的作用。

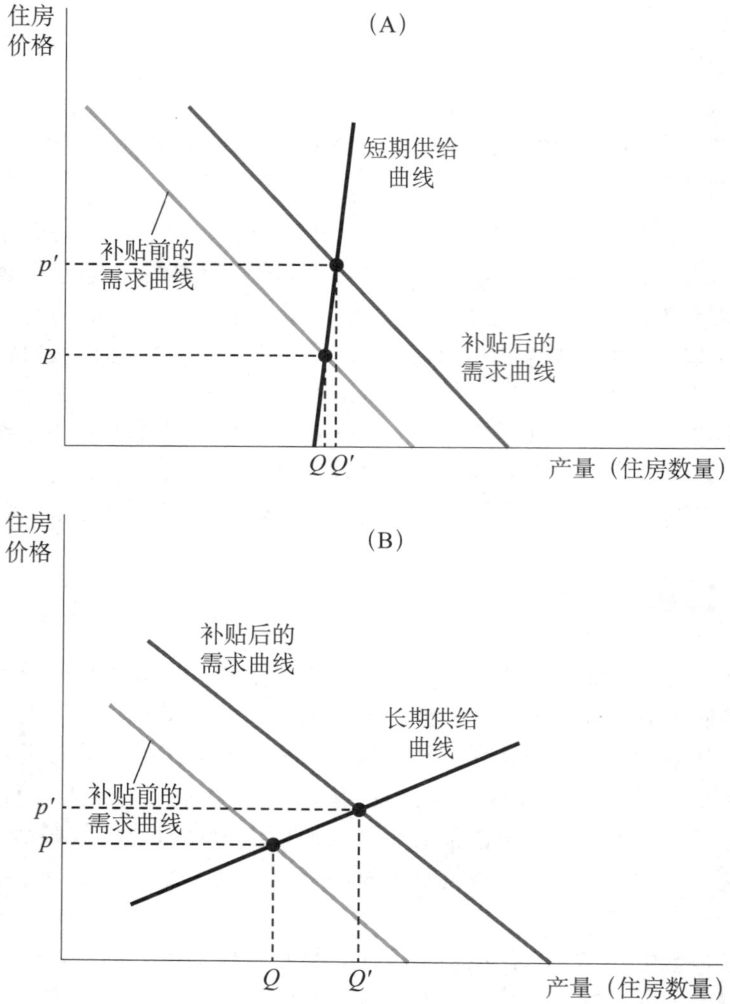

图 10.5　支出项目的短期归宿和长期归宿

图（A）：从短期来看，补贴可能使价格上涨的幅度大于住房数量增加的幅度。因此，旨在帮助穷人获得更好住房的住房补贴却可能使房东受益。图（B）：从长期来看，产出反应会比较大，价格反应则比较小。

我们再举另一个例子——公共交通补贴：谁会从新的地铁系统中受益？乍一看，答案似乎很明显：地铁乘客。然而，这可能是不准确的。那些在地铁站附近拥有房屋或公寓的人会发现，他们的房屋和公寓会更受追捧，对这些住房的需求增加会反映在房东收取的租金上（以及房屋和公寓的市场价值上）。没有房产的通勤者发现，由于地铁服务的改善，他们的境况变得更好，但由于房租更高，他们的境况变差了，这两种效应很可能相互抵消。真正的受益者是地铁站附近的房东。

地铁的例子说明了一个一般原理：政府项目的利益通常**资本化**（capitalized）于与获得这些利益相关的稀缺资产（靠近地铁站的土地）的价值当中。在这种情况下，真正的受益者是那些在政府项目宣布时（或者批准时，或者相信项目会批准时）拥有该资产的人。同理，项目的成本也常常被资本化，所以，对土地征税将反映在土地的价值中；在宣布征收这种税时（或者已通过时，或者相信这种税会被通过时），拥有该资产的人将承担真正的成本。当那些从政府项目中受益的人不是项目设计时所要帮助的人时，我们就说利益已经被**转移**（shifted），或者说实际归宿（实际得到利益的人）不同于预期归宿。近年来，有大量研究致力于确定政府项目的实际归宿。

专栏 10.2

教育税收抵免的归宿

在 1996 年的竞选活动中，克林顿总统提议，对平均成绩达到 B 的大学一二年级学生给予 1 500 美元学费税收抵免。平均成绩达到 B 这一要求旨在鼓励学生刻苦学习。有了学费税收抵免，为刚上大学的子女交纳 2 000 美元大学学费的中等收入家庭，就能够减免 1 500 美元的税款。这就像他们缴纳了全部税款，然后联邦政府又寄给他们一张 1 500 美元的支票。通过从应纳税额中直接扣除 1 500 美元，就避免了这种“来回折腾”（先把钱支付给政府，然后再返给相应家庭）。

虽然实行学费税收抵免的意图是帮助有子女上大学的中产阶级家庭提高入学率，鼓励学生好好学习，但是对于其真正的归宿有相当大的争论。

- 在许多州，社区学院的学费不到 1 500 美元。有一种担心，社区学院会（也许是渐渐地）提高学费——毕竟，这 1 500 美元的税收抵免是出自联邦政府的腰包，人们能支付更多的学费。
- 学院可以向其父母没有获得学费税收抵免的学生提供奖学金，以抵消增加的学费。不过，要是学校不这么做，学生们就会发现更付不起学费。由于大部分成绩为 A 和 B 的学生都已经上了大学，故该项目可能不会提高这部分人的入学率，而可能会降低成绩为 C 的学生的入学率。另外，教师可能会担心，要是给的成绩低（哪怕是 C），就会因没有学费税收抵免而使学生失去上大学的机会。这样，有可能出现分数虚高。在分数虚高的情况下，好学生也没有了刻苦学习的激励。
- 如果各州真的提高了学费，那么是州政府而不是纳税人至少会得到一些好处。这才是“真正”的归宿。如果州政府把大部分增加的学费收入用于教育，这仍然会对教育有帮助，但州政府可能会减少教育支出，并对其纳税人减税。那么真正的归宿总的来说是州的纳税人，不仅仅是有孩子上大学的人。如果州政府降低的是最高税率，那么利益转移的结果是，看似是对中产阶级的税收减免（tax break）就变成了对高收入者的税收减免。
- 同样地，私立学校可能跟风提高其学费，以便它们可以向教师支付更高的工资或支持更多的研究。该归宿又与预期的明显不同。

由于担心这些相反的激励效应以及实施的复杂性，当“希望和终身学习税收抵免”（Hope and Lifetime Learning tax credits）* 作为《1997 年纳税人减税法案》（1997 Taxpayer Relief Act）的一部分付诸实施时，平均成绩 B 这一要求被取消了。自 1998 年以来，这两种税收抵免的使用率稳步上升，其结果是：虽然入学率和学费都上升了，但没有证据表明这种上升是由税收抵免所致；并且在 2008 年，10%的税收抵免申请者的调整后毛所得（adjusted gross income，AGI）低于 25 000 美元或高于 100 000 美元，而其余 90%的税收优惠给了目标人群——其调整后毛所得在 25 000 美元和 100 000 美元之间的中等收入纳税人。

* 2009 年，“希望税收抵免”（Hope tax credit）扩展为“美国机会税收抵免”（American opportunity tax credit）。

资料来源：Department of Education，*Funding Education Beyond High School：The Guide to Federal Student Aid 2009-10*，www.FederalStudentAid.ed.gov；Internal Revenue Service，*IRS Publication 970—Tax Benefits for Higher Education*，www.irs.gov；and Benjamin Rue Silliman，“College Tuition Tax Credits：An Examination of the Impact of the American Opportunity，HOPE，and Lifetime Learning Tax Credits Since 1998，” *Proceedings of ASBBS* 18，no. 1（February 2011）：279-288.

□ 10.7.1 评估分配结果

正如我们所指出的，不同的人从某一政府项目中获得的收益不同。虽然很明显不可能分清楚每个人受益多少，但知道社会中不同群体如何受到不同的影响可能很重要。我们关注的群体可能因项目而异，特定收入群体内的受益情况也会有别。针对收入低于特定水平的人实施的采暖燃油支出退税项目，使穷人得到的好处明显大于富人，但某些穷人（居住在东北部的、消耗更多采暖燃油的人）的受益会比其他穷人（居住在南部“阳光地带”的人）更多。如果在穷人之间采暖燃油的消耗差异悬殊，那么该退税项目可能被视为以一种不公平的方式来帮助穷人，除非那些消耗大量采暖燃油的人被视为特别值得帮助。

在其他情况下，我们可以尝试确定生产者是如何受到不同影响的。这通常是对诸如农产品价格支持等这类旨在帮助特定行业的项目进行评估分析的重点。还有一些情况，例如我们可能会关注社会保障计划对现在的老年人与年轻人（未来的老年人）的不同影响。我们把这些影响称作该计划的**跨期分配效应**（intertemporal distribution effect）——随着时间的推移而产生的分配效应。也有这样的情况，我们可能希望确定区域影响，或对城市和郊区的影响，或对城市和乡村地区的影响。

当穷人从一个项目中得到的收益更多时（他们得到的超过了通过税收制度而分担的成本），那么我们就说该项目的分配效应具有**累进性**（progressive）。如果富人得到的收益更多，那么我们就说该项目的分配效应具有**累退性**（regressive）。

关于谁是一个项目的真正受益者，往往存在着争议，而且，一个人对其分配影响的看法在很大程度上取决于他所关注的群体。例如，政府对高等教育的支持往往被认为是能让穷人家的孩子上大学，从而被认为具有积极的再分配效应。然而，中高收入家庭的子女更有可能享受高等教育。这样一来，一般性补贴，诸如减少所有学生的学费，会使中高收入家庭的孩子受益更多。的确，通过一些计算发现，中高收入者的受益超过了他们的税收份额，因此，高等教育的教育补贴是累退的。这与有针对性的补贴，诸如针对低收入家庭儿童的奖学金，形成了鲜明的对比。但即便如此，我们也不清楚将家长的收入作为关注的焦点是否合适，因为教育的受益者毕竟不是父母，而是孩子——他们会因受教育程度的提高而获得更高的工资。① 持这种观点的人往往支持学生贷款项目。

我们来比较一下州政府对大学进行直接支持（使得高校可以收取低学费）的分配结果与学生贷款计划的分配结果。一般来说，相比于没有受过高等教育的人，那些受过高等教育的人的收入要高得多。因此，贷款计划可能比现行制度更加累进，在现行制度下，甚至低工资的高中辍学者也要为高等教育提供一些支持。1993 年出台的贷款计划允许根据学生的收入来还款，这可能会进一步增加了累进性。这是因为，赚取较高收入的学生的还款要比低收入学生的多。不过，在实践中，这种类型的学生贷款相对较少。这个例子清楚地表明，人们对政府项目的分配效应的看法，不仅取决于他们所关注的群体，还取决于某一既定项目的可用替代方案。相关的选择很少是有无项目之间的选择，而是项目类型之间的选择。因此，现行的州政府对高等教育的补助制度可能比完全私立的教育制度更加累进，但与高等教育的按收入条件还款型贷款（income-contingent loans）制度相比，其分配影响可能显得不那么有利。

□ 10.7.2 公平与分配

政治讨论通常侧重于各种提案的公平性，各方都声称其提案更公平。遗憾的是，公平的概念不总是很明确，不同的人对公平的看法可能有冲突。一对中产阶级夫妇喜欢小孩，但他们因为经济原因决定只养育两个孩子。让他们支持一个父母不愿使用现代节育方法、有 10 个子女并且没有政府补助就不能供孩子上大学的家庭，他们可能会觉得这是不公平的。当一对节省 40 000 美元供一个孩子上大学的夫妇看到他们的邻居，收入与他们一样，但没有为孩子的教育攒一分钱，而是每年冬天花钱享受奢侈的假期，并且享有政府补助（因为政府补助不仅取决于家庭收入，还取决于家庭资产）时，可能觉得他们没有资格获得政府资助或贷款是不公平的。

一个未婚的人和一个夫妻双方都工作的家庭可能都认为，他们来自社会保障的预期收益要比那些其配偶不外出工作的人低得多，这是不公平的。可是，那些其配偶不外出工作的人可能会觉得，他得到的更多是公平的，因为家里只有一个人有收入。

公共项目的结果

1. 政府项目可能会排挤私人行动；同样，私人行动也可能在很大程度上抵消公共行动，导致净效应很小。

2. 政府项目将产生收入效应和替代效应。替代效应与边际激励有关。

3. 公共项目的低效率与替代效应有关。

4. 一个项目的归宿描述了谁最终从该项目受益或者受损。实际归宿常常明显不同于预期的或表面上的归宿。

5. 一个项目的利益可能被资本化，在这种情况下，真正的受益者是在项目开始（或宣布）时拥有资本化资产的人。

---

① 中高收入的家长无论如何都会送他们的子女上大学，在这种情况下，真正的受益者可能是父母，他们节省了本来要花的钱。但是，从某种程度上说，父母用这笔节省下来的钱增加了留给子女的遗产，其子女是真正的受益者。

10.8 公平-效率的权衡取舍

由于“公平”这一术语在使用上有歧义，故经济学家试图避免在分析中使用，而是侧重于确定项目的影响。经济学家对任何项目的分析都从寻找帕累托改进或准帕累托改进开始——该项目的变化会使一些人或一些群体的境况变好，同时又不使或几乎不会使任何人的境况变差。一般认为，从长期来看，房租控制无法使租客受益，因为住房供给量会下降。有更好的办法帮助低收入者获得住房。如果纳税人在培训和教育方面投入更多资金，福利项目将更好地为受益者服务；从长期来看，资助福利人口所产生的税收负担实际上也可能会下降。在解决污染问题上，可能有各种市场导向的方法，例如罚款和可交易的许可证（参见第6章），这些方法与严格的管制制度相比，能以更低的成本达到较高的减排水平，从而既有利于环境，也有利于经济。

令人遗憾的是，虽然这类帕累托改进或准帕累托改进有很大的空间，但在许多支出项目中，效率和公平（收入或利益再分配给穷人）目标之间存在着权衡取舍。有可能设计出一种更加累进的支出项目，但必须付出一些代价。从某些分配目标的角度来看，社会保障金的增加是可取的，但可能会导致提前退休；而且，要为社会保障提供资金就要增加税收，这可能会降低工作激励。增加失业救济金可能会提高最穷的人的收入，但是失业保险可能会使一些人不想再找工作。

关于不同项目可取性的分歧通常不仅源于不同的价值观——公平与效率的相对重要性，而且涉及这种权衡取舍的性质——为了使其分配结果更具累进性而试图改变项目的利益结构，会造成多大程度的效率损失。

图10.6显示的是一个假想项目的公平-效率边界和两个人的无差异曲线。在图10.6（A）中，守财奴比他的兄弟败家子更不愿意放弃效率来换取公平。E_1点代表败家子认为最优的权衡取舍线上的点，而E_2点是守财奴所认为的最优点。毫不奇怪，相比于败家子，守财奴选择的点效率更高，但公平程度较低。因此，关于政策的意见分歧，根源在于两个人所持的价值观不同。

而图10.6（B）描述的一种情形是，政策差异来自对权衡取舍性质判断上的差异。守财奴认为，要使公平略有增加，就必须放弃大量的效率。相反，败家子认为，只要稍微放弃一点效率，就可以大幅增加公平。

例如，如果失业者找不到工作的主要原因是没有就业机会，那么失业保险的规模可能对他们寻找工作没有什么影响。如果失业保险对找工作影响不大，那么在效率和公平之间就没有太显著的权衡取舍，公平-效率边界将与败家子的看法一致。然而，如果找工作对失业救济金非常敏感，那么就会存在显著的权衡取舍，则公平-效率边界与守财奴的看法一致。

在对任何政府项目的详细规定进行评估时，都会经常碰到公平-效率的权衡取舍。对过桥收取通行费的决定，意味着得益于这座桥的人（即使用它的人）必须承担费用。对于许多人来说，出于公平的理由，这是可取的，让没有使用这座桥的人付出代价是不公平的。然而，在金钱和时间上都有效率成本：收费者的工资和司机的时间。此外，在这座桥的利用程度没有达到饱和状态的情况下，如果限制一些司机使用它，则利用不足会进一步导致效率损失。

当政府项目的效率低下且设计不佳时，我们就有机会获得更大的公平和更高的效率。

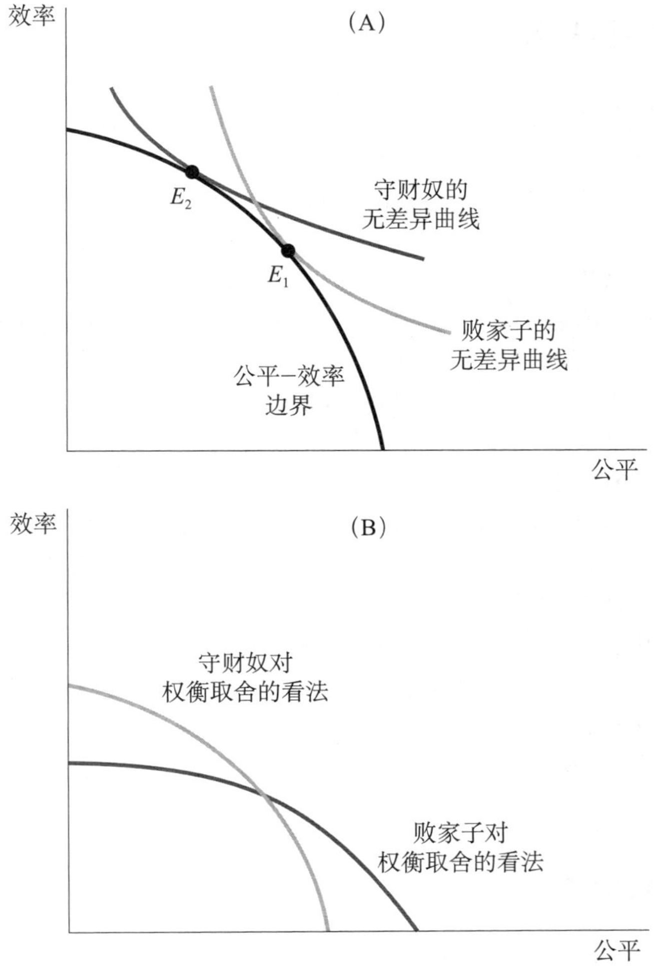

图 10.6　关于公共项目看法的差异根源

图（A）：守财奴与败家子对权衡取舍有同样的看法，但是价值观不同（不同的无差异曲线）。图（B）：守财奴与败家子对效率-公平权衡取舍性质的看法不同。

例如，在本书的后面，我们描述了通过提供税收抵免来帮助更多美国人上大学的种种尝试。然而，税收抵免通常不是实现这些目标的最佳方式。此外，税收抵免并没有使穷人得到好处，因为这些穷人几乎不纳税。因此，需要用其他方式来提供更公平和更有效率的援助。

上述例子也说明了另一个主题：没有哪一个衡量标准能涵盖公平的所有维度。有些项目可能更有助于中产阶级，而有些项目则更有助于社会底层。两种项目都可能会改善“公平”，但两者的意义截然不同，这些都是最艰难的政治选择。

公平-效率的权衡取舍

1. 有时，政府项目可以导致帕累托改进，使一些人的境况变得更好，而不会让任何人的境况变差。

2. 更为典型的是，公平与效率之间存在权衡取舍；更累进的税收制度会降低人们工作的边际激励。

10.9 公共政策目标

到目前为止，我们集中讨论了公共项目评估的两个基本问题，即政府项目对经济效率和分配的影响。然而，政府的政策可能涉及更广泛的目标。例如，政府可能关心不同的种族、民族和阶层背景的人同在一所学校的就读率；政府可能关心的不仅仅是穷人的收入，还包括他们所居住的住房的外观。当这些不同的目标确定后，政府还要利用各种手段来实现这些目标。例如，政府可以通过对私人企业进行管制，或者制定个人或企业有资格享受补贴的标准，来合理发挥私人生产者的作用。因此，政府规定，接受联邦政府补助的机构必须遵守某些平权措施管制。

然而，在某些情况下，政府可能难以预先明确地规定其所有目标，或很难用一套法规或标准来清晰表述这些目标。人们普遍认为，在缺乏明确和强有力的管制措施的情况下，私人生产者只会追求利润最大化，而不顾其也许认可的其他目标。在这种情况下，政府有理由对此类活动负起直接责任。然而，倘若如此，国会或行政部门也很难明确规定负责实施这些项目的官僚应当追求的目标。在这种情况下，官僚们将会有相当大的自主权，而他们对这种自主权的行使与国会的意图之间的差异可能十分显著。

同样地，有人担心，每当政府为一项活动融资时，就几乎不可避免地会制定一系列规章制度。其中，有一些规章制度可能会产生不利影响，尤其是对经济效率会产生负面影响，因而私人生产所具有的许多“效率优势”可能会丧失。例如，在讨论教育券计划时，这些问题就已经被提出来，该计划为学生提供可以在任何私立学校或公立学校使用的资金。

10.10 政治程序

在民主社会里，任何公共支出项目的设计和选定都牵涉许多人和许多群体，而他们对于经济的运行，抱有各种各样的目标，怀有不同的信念。最终被采纳的项目显示了他们各自看法的妥协：它可能不符合任何一个人的观点，似乎也与任何单一的目标不一致。就像两个厨师在往酱汁中添加哪种调味品更合适这一问题上产生分歧一样，一个人认为要加柠檬汁，另一个人则要加奶油，各加一点的折中方案可能是灾难性的，结果与任何烹饪目标都不一致。

研究某项支出计划得到通过的政治程序，可能具有深刻的意义。第一个原因是，我们也许可以理解为什么该项目看上去是这样的。我们以政府稳定农副产品价格的计划为例加以说明。该计划所要解决的一种市场失灵是：人们无法为他们所面临的许多重大风险获得保险，包括价格波动所带来的风险。[①] 然而，对价格稳定计划的进一步研究表明，如果这是唯一的目标，那么该计划可以完全不同的方式来设计。农民关心的是收入风险，是决定净收入的所有因素（包括产出和成本）的波动性，而不仅仅是价格的波动性。在某些情况下，价格稳定计划实际上可能会增加收入的波动性。事实上，降低风险可能不是真正的目标：真正的目标是将资源（收入）从其他人那里转移给农民。如果这是目标，那么还有其他更有效率的方式把资源转移给农民——直接拨款就比现在的计划更有效率。可是，如果

① 期货市场现在能使农民摆脱一些价格波动所带来的风险。

这一目标表达得十分明确，也就是说，如果让这种转移一目了然，它很可能就得不到批准。市区选民会强烈反对这样做，但他们不会反对目前的低效率补贴形式，只是因为他们没有完全明白这种转移的性质。

这个例子也突显了令我们左右为难的窘境——对于何谓公平，存在着许多不同的观点。有些人认为，凡是他们所挣得的，都是他们的，政府把它们拿走是不公平的。而有些人则可能更理性地认为，如果没有其他人的大量帮助，没有人可以想什么就能得到什么——我们都要依赖各种公共服务，包括法治，没有公共服务，企业就不能蓬勃发展。这些观点差异，以及每个群体不能理解其他群体的观点，是在各种问题上达成政治共识的主要障碍。

公共项目的特殊规定可能对特定群体产生强大的分配效应。如果一个群体能够适当地组织起来，它会努力推动政治程序采取对其有利的规定。在第 6 章中，我们讨论了对洗涤煤烟的管制。这些管制可能会对无烟（或西部）煤和烟煤的相对需求产生巨大影响，从而影响全国不同地区的矿工和煤炭企业的收入。环境立法和管制措施的形式可能会受到这些特定分配结果和总体效率考量的影响。

研究支出计划选定程序可能大有助益的第二个原因是，在民主社会中，各种支出项目至少在一定程度上反映了选民的愿望和看法。由于必须要向选民解释清楚项目并将其“推销”给选民，所以项目越简单越好。此外，项目的设计看上去往往不同于经济学家所构想的那样，因为选民常常不了解项目的真正归宿。例如，大多数选民认为，社会保障的一半费用是由雇主缴纳的，而大多数经济学家认为，这与社会保障缴费全部是由工人支付的真正归宿没什么两样。在这种情况下，对归宿的这种混淆没有产生什么后果，但是在许多其他项目中，这种混淆会产生重大影响，我们将在后面的章节中看到这一点。

然而，同样重要的是，政治程序也会受到特殊利益集团的左右，而选定的项目所内含的这些特殊利益，往往被为其辩护的花言巧语所掩盖。我们还以之前讨论过的美国农场项目为例。这种项目通常被认为是帮助贫困家庭的农民，但它的设计方式却把大部分补贴提供给了大型农场，其中许多是企业农场，根本不是家庭农场。重新设计项目的许多方法可以使更多的钱用于小型家庭农场，但是这样的改革不太可能得到政治支持。

的确，特殊利益集团通常试图让其他人参与其中，试图说服他们，让他们觉得自己是真正的受益者。最突出的例子是玉米乙醇补贴，主要受益者是乙醇生产商，包括阿彻-丹尼尔斯-米德兰公司（Archer Daniels Midland，ADM），这是一家大型农商企业。阿彻-丹尼尔斯-米德兰公司说服了玉米种植户，使得玉米种植户认为自己是受益者，并在这些种植户的支持下，这种耗资巨大的补贴于 1978 年获得通过。事实上，在乙醇生产的早期，玉米的使用量很小，对玉米价格和生产者产生的影响微不足道。阿彻-丹尼尔斯-米德兰公司还试图说服环保人士，让他们认为这对环境有好处，但这些人并没有轻易地上当受骗。这种补贴原本是暂时的，能够帮助该新行业起步即可，但实际上，这种补贴持续了 30 多年，直到 2011 年底才被废除。

最后，项目的设计可能会影响该项目受制于政治压力或腐败的程度。在许多国家，腐败是一个日益严重的问题。腐败的形式多种多样。在现代民主社会里，特殊利益集团常常对竞选活动捐款，往往试图“购买”有利于它们的立法。在许多国家，官僚们利用他们的自由裁量权广施恩惠，作为对其贿赂的回报。在纽约市，有大量关于贿赂建筑物审查员的报告，这些贿赂大部分不是要求批准不合标准的建筑物，而是确保他们及时检查某栋建筑（从而不会产生施工中断的昂贵成本）。官僚们的自由裁量权越大，政治影响力和腐败的可能性就越大。

因此，在评估各种政策时，需要考虑政治程序——立法在受到政治程序的影响之后会是什么样子，在明知管理某项目的官僚很可能与管理其他政府项目的官僚并无不同且具有同样的激励之后，该项目的后果会是什么。

10.11 复习和练习

10.11.1 小结

公共支出项目分析有十大要素：

1. 确定某种需要性，这是政府项目需求产生的源泉。

2. 确定市场失灵（如果存在的话），并确认所涉及的问题是与收入分配（后果）还是与有益产品提供有关。

3. 确定可以解决问题的各种备选项目。

4. 在确定和评估各种备选项目的影响时，要关注具体设计特征的重要性。

5. 确定私人部门的反应。

6. 确定备选项目的效率结果。

7. 确定备选项目的分配结果。

8. 确定公平与效率考量之间的权衡取舍。

9. 确定备选项目能在多大程度上实现公共政策目标。

10. 确定政治程序对公共项目的设计和实施产生的影响。

10.11.2 重要概念

资本化　　拉动　　排挤

归宿　　收入效应　　跨期分配效应

累进性　　累退性　　转移

替代效应

10.11.3 练习题

1. 请解释下列实际设计特征对政府项目的结果将产生怎样的重要影响：(1) 符合领取补充营养援助计划补贴资格的收入上限要减去住房支出。(2) 直到最近，年龄在 65 岁至 70 岁之间的个人是否有资格获得社会保障福利金，取决于其按月计算的收入。(3) 只有在婚姻持续至少十年的情况下，前配偶才有资格获得社会保障福利金。你能否想到其他一些情况，其特定设计特征似乎产生意想不到的结果？

2. 谁可能是下列政府项目或拟议项目的真正受益人？也就是说，考虑人们对政府项目的反应，该项目实际上会使谁的境况变好？ (1) 医疗保险；(2) 穷人的住房补贴；(3) 教育贷款。你能否想出其他一些其实际受益人可能与预期受益人不同的项目？

3. 在第 12～16 章，我们将利用本章讨论的框架来分析几个不同的政府项目。在阅读这些分析之前，看看你能否回答下列问题：(1) 项目需求的最初来源是什么？想要解决的问题是什么？(2) 哪种市场失灵催生了哪个项目？(3) 政府干预的可能形式有哪些？是否有些特定的设计特征对项目的成效产生了重要影响？私人部门的反应如何削弱或强化了项目的预期效果？项目的真实归宿是什么？（4）项目的主要效率结果是什么？（5）项目是否导致有效的收入再分配？（6）在项目设计中，是否存在公平与效率权衡取舍的重要实例？（7）有哪些备选方案能实现项目的目标？比如通过降低项目的扭曲性和提高项目的公平性，这些备选方案能在多大程度上做得更好？（8）政治程序对现有项目的性质产生了怎样的影响？

4. 有一个享受补充营养援助计划补贴的人，此人获得的食品援助数额取决于其扣除住房成本后的收入，请画出此人的住房与“其他消费”之间的预算约束线。这对此人消费的食品数量是等于、小于还是大于补充营养援助计划配额会有影响吗？

5. 州政府对州立大学和学院的学费给予了大量补贴。这会对人们获得的教育数量产生怎样的影响？是否有替代效应？该项目能解决市场失灵问题吗？有无其他办法可以解决这种市场失灵？

第 11 章

公共支出评估

重点问题

1. 什么是成本收益分析？这种分析为何是有用的？成本收益分析的基本步骤有哪些？
2. 私人成本收益分析与社会成本收益分析有何不同？
3. 什么是消费者剩余？它在成本收益分析中起什么作用？
4. 政府如何评估项目的非市场性收益（比如节约的时间或挽救的生命）？
5. 在社会成本收益分析中，应该用什么贴现率来评估未来的收益和成本？
6. 在成本收益分析中应如何处理风险？在分析中应如何考量分配问题？
7. 政府如何评估过去的支出效率和效益？后支出评估在哪些方面能够改善未来的公共部门绩效？

上一章建立了政府支出政策分析的基本框架。在许多情况下，政府需要进行的不只是定性分析，还需要进行定量分析。政府不仅需要了解采取行动的理由，还需要知道具体行动（项目、管制）的收益是否超过成本。例如，政府是否应该：

- 建造一座大桥？如果需要的话，规模应该多大？
- 建造一座大坝？如果需要的话，规模应该多大？
- 对床垫的易燃性制定更加严格的标准？
- 实行更加严格的药品许可管制？
- 扩建华盛顿特区的地铁系统？
- 将科德角（Cape Cod）海滨的某一部分划为国家公园？

在支出得到批准后，政府也需要知道公共资金是否被有效地花出去。这需要评估过去的政府支出，以提高未来的政府绩效。

本章描述了政府如何进行这些评估。不过，我们首先看看私人企业是如何进行项目决策的，这将具有指导意义。

11.1 私人成本收益分析

私人企业要不断决定是否进行投资。它们遵循的程序可以分为四个步骤：

1. 确定要考虑的一组可能的项目。如果一家钢铁企业要扩大产能，可能有很多方法可以做到这一点。冶炼铁矿石的技术可能不止一种，钢铁的生产方式也可能五花八门。因此，第一步就是要列出各种主要的备选方案。

2. 确定每种选择的全部结果。企业最关心的是其投入和产出。因此，它要决定每种生产方案所需的劳动、铁矿石、煤炭和其他材料；评估每种备选方案所生产的钢铁的质量；确定所产生的各种废料的数量。

3. 赋予每种投入与产出一定的价值。企业要估计工厂存续期内的（具有不同技能的）各种劳动力的成本；其他投入的成本，例如煤炭和铁矿石；可销售的钢铁价格（这取决于所生产的钢铁的质量）；以及处理废物的成本。

4. 加总成本和收益以估计项目的总利润。当然，在利润为正的情况下［适当考虑**机会成本**（opportunity costs），即企业的资源用于其他方面可以获得的回报］，企业会选择利润最高（收益与成本之差最大）的项目。如果所有考虑要进行的项目的利润都是负的，那么企业不会选择任何项目，而把资金投向别处。

□ 11.1.1 贴现值

以上描述的程序看起来简单明了，只有一部分内容需要细化。钢铁厂的收益与成本是在一段很长的时间内发生的。毫无疑问，同样的 1 美元，是今天获得还是 25 年后才得到，这对企业的选择显然有很大的影响。那么，如何评估和比较不同日期产生的收益与成本？

所使用的方法是基于这样一个前提，即今天的 1 美元比明天的 1 美元更值钱。假设年利率为 10%。如果企业今天得到 1 美元，那么它可以把钱存入银行，一年后获得 1.10 美元。这样，今天的 1 美元等于下一年的 1.10 美元。因此，企业今天收到 1 美元与下一年收到 1.10 美元的境况是一样的。如果企业投资 1.10 美元，那么下一年将会有 1.21 美元。所以，对企业来说，今天收到 1 美元和两年后收到 1.21 美元没什么两样。

为了评估项目未来数年的收入与支出，企业要将收入与支出乘以一个**贴现因子**（discount factor）。贴现因子是一个小于 1 的数，使未来的收支相当于现在的收支。贴现因子越小，未来获得的收益贴现值就越小。一年的支出贴现因子为 $1/(1+r)$，其中 r 是利率①（在我们的例子中 $r=0.10$，因此贴现因子是 $1/1.1=0.9$）；对于两年的支出，贴现因子为 $1/(1+r)^2$（在我们的例子中，它是 1/1.21）。对于未来两年后得到的 100 美元，其今天的价值是 100 美元/1.21=82.64 美元。然后，我们把项目每年的收入（或支出）的价值相加，得到的总额就是该项目的**贴现值**（present discounted value，PDV）。如果 R_t 是项目在第 t 期获得的净收入，r 是利率，且该项目持续 N 年，那么，其贴现值则由下式给定：

$$\text{PDV}=R_0+\frac{R_1}{1+r}+\frac{R_2}{(1+r)^2}+\cdots+\frac{R_t}{(1+r)^t}+\cdots+\frac{R_N}{(1+r)^N}$$

表 11.1 通过假设一个存续 5 年的钢铁厂例子，来说明是怎么做的。（大多数钢铁厂的存续时间要长得多，更长的时间只是使计算更复杂，但原理是一样的。）就每一年而言，我们将那一年的净收入乘以当年的贴现因子。请注意，没有贴现的利润（1 000 美元）与

---

① 为了理解这一点，我们比较一下企业今天收到的 $100\times\frac{1}{1+r}$ 美元在年末会变成多少。它将 $100\times\frac{1}{1+r}$ 美元用于投资，收益率为 r。因此，在年末有：

100 美元 $\times\frac{1}{1+r}$　　初始数量

$+r\times100$ 美元 $\times\frac{1}{1+r}$　　利息

$=(1+r)\times[100$ 美元 $\times\frac{1}{1+r}]=100$ 美元

因此，企业今天收到 $100\times\frac{1}{1+r}$ 美元和下一年收到 100 美元没有什么区别。

贴现后的利润（169 美元）之间相差很大。就长期项目而言，由于这些项目需要大量的初始投资，该差额可能会特别大；这类项目的成本发生在前，而收益发生在后，因而收益的价值更低。

表 11.1　一个假想的 5 年期钢铁厂的利润计算

年份	收益（收入）	成本	净利润	贴现因子	净贴现利润
1		3 000	−3 000	1	−3 000
2	1 200	200	1 000	$1/1.1=0.909$	909
3	1 200	200	1 000	$1/(1.1)^2=0.826$	826
4	1 200	200	1 000	$1/(1.1)^3=0.751$	751
5	1 200	200	1 000	$1/(1.1)^4=0.683$	683
总计	4 800	3 800	1 000		169

11.2　社会成本收益分析①

政府在评估项目时所采用的程序基本上与企业的相同。然而，社会成本收益分析与私人**成本收益分析**（cost-benefit analysis）有两个重要的区别。

第一，企业在选择一个项目时，只关注该项目的盈利能力，而政府可能会考虑更广泛的结果。例如，政府可能关心大坝的生态效应，以及大坝对河流游览用途的影响。

第二，企业用市场价格来评估投入的成本和产出的收益，但我们可以举两个例子说明政府或许不能用市场价格来评估项目。（1）当产出和投入不在市场上销售时，市场价格不存在。例如，净化空气、挽救生命或保护自然荒野等，就不存在市场价格。（2）当市场失灵时，市场价格并不代表项目的真实边际社会成本或边际社会收益。政府用来评估项目的价格必须反映市场失灵。（回顾一下第 3 章的内容，在没有市场失灵的情况下，市场价格确实反映了边际社会成本和边际社会收益；因此，在没有市场失灵的情况下，政府应该利用市场价格评估其项目。）

在市场价格没有反映社会成本和社会收益的情况下，进行社会成本收益分析需要开发系统分析成本和收益的方法。在接下来几节中，我们将分析政府如何评估通常没有货币化的收益（诸如环境的价值或生命的价值），以及当存在严重的市场失灵（例如大规模失业）导致市场价格不能反映社会收益和社会成本时，政府如何评估产品和服务的市场价值。

① 有关社会成本收益分析的文献汗牛充栋。该领域的两位主要权威将 1963 年至 1999 年发表的 32 篇重要文章编纂成论文集，请参阅 A. Harberger and G. Jenkins, eds., *Cost-Benefit Analysis*, vol. 152, *International Library of Critical Writings in Economics* (Cheltenham, UK, and Northampton, MA: Edward Elgar, 2002)。另外，还有 4 部经典著作，包括：E. Mishan, *Cost-Benefit Analysis: An Introduction* (New York: Praeger Publishers, 1971); I. Little and J. Mirrlees, *Project Appraisal and Planning for Developing Countries* (New York: Basic Books, 1974); L. Squire and H. van der Tak, *Economic Analysis of Projects* (Baltimore: Johns Hopkins University Press, 1975); and M. Roemer and J. Stern, *The Appraisal of Development Projects: A Practical Guide to Project Analysis with Case Studies and Solutions* (New York: Praeger Publishers, 1975)。最近的 3 部著作是：E. Gramlich, *A Guide to Benefit-Cost Analysis*, 2nd ed. (Long Grove, IL: Waveland Press, 1997); R. Zerbe and A. Bellas, *A Primer for Benefit-Cost Analysis* (Cheltenham, UK, and Northampton, MA: Edward Elgar, 2006); and A. Boardman et al., *Cost-Benefit Analysis: Concepts and Practice*, 4th ed. (Upper Saddle River, NJ: Pearson-Prentice Hall, 2010)。

社会成本收益分析与私人成本收益分析的主要差异

1. 社会成本收益分析考虑更广泛的影响，而不仅仅是利润。

2. 在社会成本收益分析中，对于许多收益和成本而言，市场价格可能不存在，并且因为市场失灵（从而市场价格不反映边际社会收益和边际社会成本），市场价格可能无法使用。

11.3 消费者剩余与项目决策

在讨论这些问题之前，还有另外一种情况，成本收益分析也发挥重要作用。即使价格体系运作良好，价格反映边际收益与边际成本，一个项目也有可能无法实现收支平衡，因此市场不会提供；但如果该项目的总收益确实超过总成本，该项目应该得到实施。一般来说，这些项目都有很大的固定成本，比如桥梁，或者更一般地说，这些项目大到足以影响价格。因此，只有当项目足够小，对价格的影响微不足道时，市场价格才能用于评估项目。就拿桥梁来说，虽然价格总体上可能保持不变，但在特定地点过河的“价格”可以被认为从无穷大（这种产品根本买不到）降低到零。

图 11.1 显示了一座桥的需求曲线。即使价格为零，通行数量也是一定的，以 E 点表示。假设规模最小的桥的容量是超过 E 点的 C 点，且使用这座桥的边际成本为零，那么这座桥的有效使用要求通行费（价格）为零；当使用的边际成本为零时，任何较高的价格都会限制对这座桥的使用。显然，在价格为零的情况下，不会有任何一家私人企业建造这座桥。

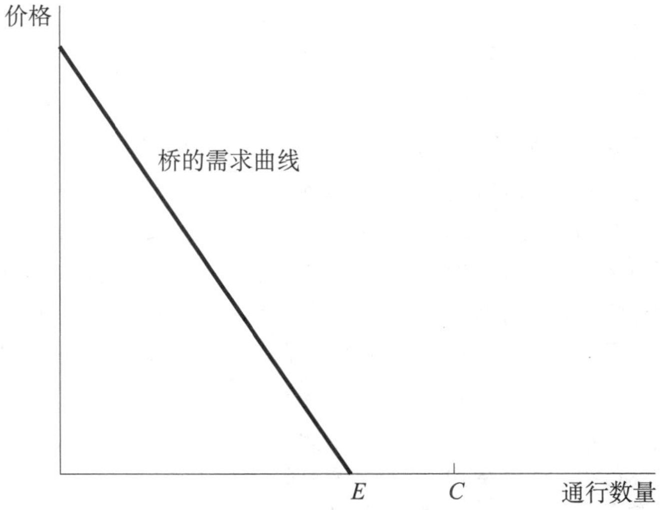

图 11.1 一座桥的有效使用

如果一座桥的最小容量 C 超过了价格为零时的需求 E，那么，效率要求不能收取任何通行费，但建造这座大桥仍然是值得的。

尽管过一次桥的边际价值为零，但这座桥的总价值显然是正的。问题是，总价值大到足以抵消大桥的成本了吗？为了找到这座桥的总价值，我们提出一个简单的问题：人们总共愿意花多少钱来建这座桥（比如说在通行费为零的情况下）？正如我们在第 7 章所看到的，人们愿意支付的总量超过必须支付的部分被称为**消费者剩余**（consumer surplus）。在第 7 章里，我们指出，消费者剩余用补偿性需求曲线之下的面积与消费者实际支付的面积之差额来衡量。[①]

图 11.2 显示了补偿性需求曲线，在该曲线上的每一点，每个人的福利与没有建桥时的一样。如果不收通行费，那么消费者剩余是需求曲线下的全部面积，即三角形 AFE 的面积。这衡量的是所有人愿意为这座桥支付的全部数额，也就是说，用这座桥而不是用下游一英里处的桥所节约的时间价值和行驶成本。如果收取通行费 P，那么人们愿意支付的总额仍然超过实际支付的数额，其差额就是三角形 AGB。

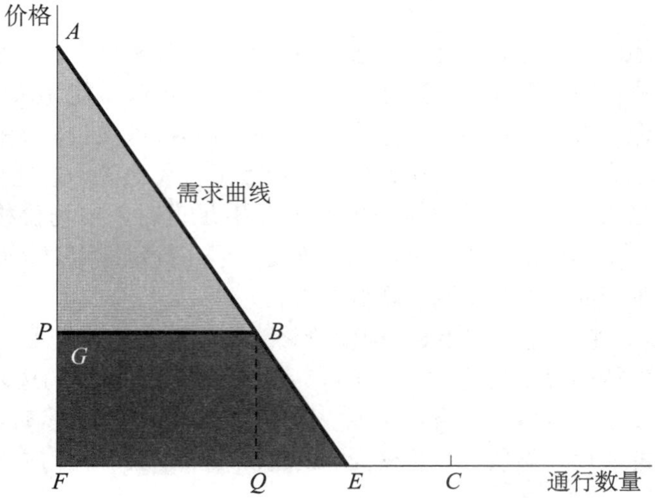

图 11.2　消费者剩余的计算

消费者剩余是（补偿性）需求曲线之下的面积。虽然通行费为零，但只要消费者剩余超过建桥成本，就应该建造这座大桥。[如果收取的通行费为 P，那么消费者剩余是 AGB 的面积。如果消费者剩余（现在仅为 AGB）加上所筹措的收入 $FGBQ$ 超过建桥的成本，那么就应该建造这座桥。]

因此，是否建桥是一个简单的决策问题：总收益（收入加上消费者剩余）是否超过总成本（包括为建造这座桥进行筹资所产生的成本）？[②]

经济学家通常观察益本比（ratio of benefits to costs）的情况。从事任何一个项目的标准是收益 B 超过成本 C，即：如果 $B>C$，则从事该项目。换言之，从事任何一个项目的标准是益本比大于 1，即：如果 $B/C>1$，则从事该项目。

政府往往要在好几个项目中选择应该从事哪一个项目。也许一个坝址只能建一座大

① 回想一下，在补偿性需求曲线上，个人的福利（效用）是不变的。补偿性需求曲线表明的是，随着价格下降，我们把收入拿走，以使个人的境况不因价格下降而变得更好，在这种情况下，此人在每一种价格下所需的商品数量。如果个人消费的产品相对较少，那么，我们要拿走的数量也相对较小。补偿性需求与普通需求之间的差额是“收入效应”所致，也就是说，使拿走少量收入所导致的需求（这里指通行需求）的变化。因此，像大桥这样的项目，其补偿性需求曲线与非补偿性需求曲线之间的差额通常较小。请参阅 R. Willig，“Consumer's Surplus without Apology,” *American Economic Review* 66（1976）：589 - 597。显然，在其他情况下，例如劳动供给（对休闲的需求），差额可能很大。请参阅 J. Hausman，“Exact Consumer's Surplus and Deadweight Loss,” *American Economic Review* 71（1981）：662 - 676。无论经济学家是否应该忽略收入效应，在现实中，他们都会经常这样做，因为要量化收入效应的规模十分困难。（就术语而言，普通需求曲线之下的面积通常被称为消费者剩余，但这不是确切的消费者剩余；确切的消费者剩余是补偿性需求曲线之下的面积，它才与项目评估密切相关。）

② 这里有一个细节需要注意：总成本不仅包括建桥的开支，还包括为建桥筹措所需税收收入而发生的额外成本。

坝，而不同的大坝会产生不同的收益和成本。在这种情况下，政府应该从事净收益总额（收益与成本之差）最大的项目。

选择收益与成本之差最大的项目与选择益本比最大的项目是不同的。一个非常小的项目，其收益可能很小，而其成本可能更小，益本比也许非常高，但所产生的净收益相对很小。①

成本收益分析：选择项目的标准

- 如果一个项目的总收益超过总成本，或者益本比大于1，那么就应该从事该项目。总收益包括消费者剩余，即人们愿意支付的金额和必须支付的金额之间的差额。
- 如果政府必须从一批项目中选择一个项目（例如，建设一座大坝有好几种备选设计方案），那么政府应该选择净收益最高的项目，而不是益本比最高的项目。

11.4 测算非货币化的成本与收益

许多政府项目和管制的成本与收益（例如挽救生命或保护环境）没有市场价格。为此，经济学家开发了系统评估这些成本与收益的程序。在某些情况下，例如时间价值，我们可以从市场数据和在其他情况下观察到的行为来推断个人的估价。而对于另外一些情况，例如美国大峡谷（Grand Canyon）的价值，采用的是调查技术（survey technique）进行评估，而其中的许多估值技术仍然存在争议。②

11.4.1 时间估价

常言道，"时间就是金钱"。这句格言描述了大多数经济学家是如何评价因交通系统改善（例如更好的地铁系统或者公路网）而节省的时间。典型的方法是，试图确定这些交通系统使用者的工资率。在某些理想条件下，工资可以衡量个人对其时间的评价。在简单的经济模型中，一个人被描绘成在休闲量和工作量之间做出选择。一个人每放弃1小时的休闲，他就可以增加价值等于其小时工资的消费。在均衡状态下，一个人是选择放弃1小时休闲、增加价值等于其小时工资的消费，还是选择减少工作（增加休闲）1小时、减少价值等于其小时工资的消费，都无关紧要。因此，个人的工资就是对其时间的货币估值。如果更快的地铁可以使通勤时间缩短20分钟，每小时的工资是9美元，那么节省的时间价值就是3美元。我们计算出每个人节省的时间价值，然后进行加总，就可以得到节省的时间的总价值。

一些人认为，这高估了时间价值：许多人愿意在其工资率下多工作，但无法在这种工资率下找到额外的就业机会；这份工作限制了他们可以工作的时间。因此，个人对休闲的

① 问题是，我们在测算成本时，没有包括坝址的机会成本。如果我们正确地计算了坝址的机会成本，那么将只有一个项目的总收益超过总成本。当然，这正是我们之前确定的、使该坝址的净收益最大化的项目。

② 要了解有关环境产品的收益决定的更多内容，请参阅 M. Cropper and W. Oates, "Environmental Economics: A Survey," *Journal of Economic Literature* 30 (June 1992): 675－740; "Symposium on Contingent Valuation," *Journal of Economic Perspectives* 8, no. 4 (Fall 1994): 3－64; "Economic Valuation of the Environment: A Special Issue," *Environmental Science & Technology* 34, no. 8 (April 2000): 1381－1461; and L. Wainger and M. Mazzotta, "Realizing the Potential of Ecosystem Services: A Framework for Relating Ecological Changes to Economic Benefits," *Environmental Management* 48 (October 2011): 710－733。

评价相当低；在这种观点看来，个人的休闲时间减少 1 小时所需要的补偿，要比在这 1 小时内工作所得到的工资低得多。

另一些人则认为，工资可能低估了一些人的休闲价值，高估了其他人的休闲价值。他们指出，比如教授，在他们可供选择的工作中选择了工资相对较低的工作，因为这项工作有巨大的非货币收益。他们的休闲价值超过了他们所获得的工资。另外，煤矿工人或垃圾清理工的工资，包含了对这些没人愿意干的工作的补偿，从而高估了休闲价值。

专栏 11.1

儿童、汽车安全与生命价值

尽管生命是无价的，但经济学家们还是开发出几种不同的方法，赋予了生命以货币价值（见本章的“生命估价”一小节）。不同的研究得出了不同的结果，在 100 万美元和 2 500 万美元之间；但大多数研究显示，一般处于更小范围，在 300 万美元和 900 万美元之间（以 2012 年美元计）。*

美国政府一直在讨论是否要在所有机构中采用一个数额进行成本收益分析。到目前为止，不同的机构仍然使用不同的数额（环保署使用的数额通常比大多数外部研究所使用的数额大得多）来估计生命价值（value of a statistical life，VSL）。

反对使用一个数额的人认为，还应将许多其他因素纳入分析，比如死亡是否是自愿行为造成的（比如开车）。

进行生命估价最难的一个问题是，一个儿童的生命估价是否应该不同于一个成年人或者 80 岁老人的生命估价。这个问题会反复出现：有两个癌症研究项目，一个项目针对儿童常患的一种癌症，另一个项目针对老年人常得的一种癌症，我们应如何在二者之间分配资金呢？

交通部（Department of Transportation，DOT）负责制定法规以确保汽车的安全；在制定这些法规时，还要考虑成本与收益。20 世纪 90 年代中期，交通部讨论了是否加强车身架构的标准，这将在很大程度上影响后排座位的人的死亡率。在那些获救的人当中，大部分都是儿童（因为孩子更经常坐在后排座位上）。这就提出了一个问题，即所使用的生命价值是否应不同于被挽救的通常是成年人时所用的生命价值？当一个孩子得救时，比起挽救一个 80 岁老人的生命来说，等于挽救了更多的“生命年”（life-years）。

交通部一直使用传统方法来对生命进行估价，这种方法对所有生命一视同仁。即使如此，联邦政府于 2003 年制定了新的指导原则，并通过管理和预算办公室（Office of Management and Budget，OMB）的 A-4 号通告“管制分析”（Regulatory Analysis）予以发布，其中批准了另一种方法，这种方法强调的是挽救的生命年而不是生命。管理和预算办公室允许使用每生命年价值（value per statistical life-year，VSLY）方法来调整生命价值的估计值，以反映剩余预期寿命的差异。这就需要计算寿命延长每一年的价值，并用来调整生命价值以反映年龄差异。

*关于生命价值的文献综述，请参阅 M. Cropper and W. Oates，“Environmental Economics：A Survey，” *Journal of Economic Literature* 30，no. 2（June 1992）：675 – 740；Peter Dorman，*Markets and Mortality*：*Economics*，*Dangerous Work*，*and the Value of Human Life*（Cambridge，UK：Cambridge University Press，1996）；and W. Kip Viscusi，“The Value of Life：Estimates with Risks by Occupation and Industry，” *Economic Inquiry* 42，no. 1（January 2004）：29 – 48。有关生命价值和每生命年价值的理论和应用的详细文献综述，请参阅 L. Robinson，“How US Government Agencies Value Mortality Risk Reductions，” *Review of Environmental Economics and Policy* 1（Summer 2007）：283 –299。

□ 11.4.2 生命估价

公共成本收益分析中可能没有什么主题能像经济学家试图赋予生命以货币价值那样，可激起人们富有强烈情感的讨论。尽管这种计算看起来令人反感，但在许多情况下，政府必须面对这个问题。对用于减少交通事故或降低某种疾病死亡率的支出，几乎没有任何限制。然而，到某种程度时，必须做出判断——进一步支出的收益太小，以至于再增加支出是不合理的。一个人可能会因为这个决定而死亡，但我们不能因此将国民收入的50%用于交通安全或医疗。

有两种方法可用来估计生命价值。第一种是推断法（constructive method），也就是说，我们估计一个人如果继续活着（直到“正常”死亡年龄），他能挣多少钱。为了做到这一点，我们要根据他的就业经历进行推断，并与同类岗位的人进行比较。

然而，这种方法没有区分生命的价值和生活的价值。因此，这种方法认为，一个人退休之后，因没有收入而其生命价值为零，这显然是错的。（它混淆了手段和目的：赚取收入是为了消费，而不是生命的目标，因此不能将其作为评估生命价值的基础。[①]）

还有一种方法是间接法，该方法认识到人们的本能愿望——渴望活得更长久。某些职业的死亡率高于其他职业。例如，煤矿工人的事故发生率高于大学教授，石棉厂工人和手提钻工人的死亡概率比文秘人员高得多。从事高风险职业的人通常要求对这些额外风险予以补偿。这些人选择风险较高的职业是在表明，他们为了在活着的时候获得更高的收入而愿意面对更高的死亡率。

第二种方法通过观察人们愿意花多少钱来避免潜在的致命风险，或者针对死亡的可能性增加而需要多少补偿来计算生命价值。这是联邦政府所使用的方法，被称为“生命价值”（value of a statistical life，VSL）法。例如，在不考虑年龄、收入或受影响人口的其他人口特征的情况下，环保署认为人们愿意为降低因环境污染导致的不良健康状况而致死的风险付出大概 740 万美元（这是 2006 年的估计值，该估计值因分析年度的不同而不同）。[②] 这与约瑟夫·斯蒂格利茨（Joseph Stiglitz）和琳达·比尔米斯（Linda Bilmes）在分析伊拉克战争的全部预算和经济成本时所使用的方法是一样的——他们对每个死亡的美国军人赋予的生命价值为720 万美元（2007 年），并按该数额的一定比例计算每个重伤员的生命价值。[③]

然而，像第一种方法一样，第二种方法也存在着相当大的争议。有人认为，这种方法严重低估了生命价值；这些人认为，人们对于自己面临的风险并不太了解。[④] 此外，出于众所周知的心理原因，人们也不愿意多考虑所从事工作的风险性。

---

① 关于这种方法的早期批评和最早提出第二种间接方法的成果之一，请参阅 T. Schelling，“The Life You Save May Be Your Own，” reprinted in T. Schelling，*Choices and Consequences*（Cambridge，MA：Harvard University Press，1984）。

② 有关环保署对死亡风险评估方法的详细说明，请参见 http：//yosemite. epa. gov/ee/epa/eed. nsf/pages/MortalityRiskValuation. html。

③ J. Stiglitz and L. Bilmes，*The Three Trillion Dollar War*：*The True Cost of the Iraq Conflict*（New York：W. W. Norton & Company，2008）.

④ 一些研究试图估计工人的误解程度，但结果表明这种误解程度可能不会太大。例如，参见 W. K. Viscusi，*Risk by Choice*：*Regulating Health and Safety in the Workplace*（Cambridge，MA：Harvard University Press，1983）。关于生命价值法的应用提出技术性问题的一般分析，请参阅 O. Ashenfelter，“Measuring the Value of a Statistical Life：Problems and Prospects，” Institute for the Study of Labor（IZA）Discussion Paper No. 1911，January 2006。

尽管对生命价值的估计是有争议的，但在评估影响死亡可能性的项目时，似乎还没有其他办法能够取而代之。

生命估价的各种方法

1. 推断法：如果这些人活着，他们能挣多少钱?

2. 偏好表露法（revealed preference method）：人们需要多少额外收入来补偿他们死亡的可能性增加，就像高风险工作的市场工资所反映的那样?

□ 11.4.3 自然资源估价

一个备受关注的问题是如何评估对环境的影响。1989 年埃克森公司瓦尔迪兹号油轮漏油事件引发了这个问题。新闻报道了发生在相对偏远地区的泄漏导致数以百万计的水獭、鲑鱼和鸟濒临死亡对每个美国家庭所产生的影响。如果人去世了，那么很明显，埃克森公司会给这些家庭大量赔偿，可是谁能为被伤害的动物站出来在法庭上要求赔偿? 不过，许多美国人认为，埃克森公司应该付出代价，以阻止他人采取可能破坏环境的行为，并对因环境损害而蒙受损失的人予以赔偿。通过一种相对较新的所谓**或有估价**（contingent valuation）的技术，法院估算了赔偿金，要求埃克森公司必须支付大约 10 亿美元。比如，对于那些失去生计的渔民来说，这是超出直接经济损害的赔偿。

按照或有估价法，人们会被问及一系列问题，目的是让他们说出对环境破坏或某些物种保护的估价。比如，为了保护鲸鱼、斑点猫头鹰或其他濒危物种，或者北极国家野生动物保护区（Arctic National Wildlife），许多人（但不是所有人）似乎愿意付出，即使他们自己不直接接触这些物种或不会去这些保护区。这些价值称为**存在价值**（existence value）。即使每个人只愿意支付一点点，比如说 5 美元或 10 美元，但把所有美国人的支付加总起来时，价值可能是巨大的——可能会超过 10 亿美元。这正是法院在瓦尔迪兹号案件中所发现的。2010 年英国石油公司在墨西哥湾的石油泄漏事件也引发了类似的诉讼。

然而，关于这个方法的准确性存在相当大的争议。美国国家海洋和大气管理局（National Oceanic and Atmospheric Administration）成立的一个专门小组，其中包括诺贝尔经济学奖得主、斯坦福大学的肯尼斯·阿罗（Kenneth Arrow）和麻省理工学院的罗伯特·索洛（Robert Solow），建议政府要谨慎使用该方法。1994 年，政府提出了实施或有估价法的新规定，但争论仍未停止。[①]

① M. Common, I. Reid, and R. Blaney, "Do Existence Values for Cost-Benefit Analysis Exist?" *Journal of Environmental and Resource Economics* 9, no. 2 (1997): 225 - 238; J. Duffield, "Nonmarket Valuation and the Courts: The Case of Exxon *Valdez*," *Contemporary Economic Policy* 15, no. 4 (October 1997): 98 - 110; K. Arrow et al., "Is There a Role for Benefit-Cost Analysis in Environmental, Health, and Safety Regulation?" *Environment and Development Economics* 2, no. 2 (May 1997): 196 - 201; P. Portney, "The Contingent Valuation Debate: Why Economists Should Care," *Journal of Economic Perspectives* 8, no. 4 (Fall 1994): 3 - 17; 以及 *Journal of Economic Perspectives* 26 (Fall 2012) 中的三篇文章，分别为：C. Kling et al., "From Exxon to BP: Has Some Number Become Better than No Number?" R. Carson, "Contingent Valuation: A Practical Alternative When Prices Aren't Available," and J. Hausman, "Contingent Valuation: From Dubious to Hopeless"。

11.5 影子价格与市场价格

当市场失灵时，市场价格可能无法反映真正的边际社会成本或边际社会收益。在这种情况下，经济学家试图计算比如多雇用一个工人或者多进口或出口产品的真正的边际社会成本或边际社会收益。这就是所谓的“社会价格”或者“影子价格”。**影子价格**（shadow price）这个词提醒我们，虽然市场上并不存在这些价格，但它们是没有完全反映在市场价格中的真正的社会成本和社会收益。

在没有市场失灵的情况下，某样东西的价格等于它放弃用于其他用途的机会成本。在一个存在大量失业的经济体中，市场工资会超过机会成本，因为放弃的是个人的休闲；但当工人们是非自愿失业时，市场工资往往比被放弃的休闲的价值要大得多。因此，当存在大量失业时，劳动的影子价格是很低的被放弃的休闲的价值，而不是市场工资。

同样，在一个资本市场很不健全的经济体中，企业不能以“市场利率”筹措到额外的资金，资本的影子成本，即资本因用于一种用途而非另一种用途所放弃的可能会大大超过市场利率。

市场价格与影子价格的差异

影子价格反映了真正的边际社会成本。当市场失灵时，市场价格可能无法充分反映社会成本。

示例如下表所示：

市场	市场价格与影子价格的差异	解释
劳动	当存在失业时，影子工资低于市场工资。	当失业者被雇用时，别处的产出不会减少；因此，雇用工人的边际成本低于工资。
资本	资本市场存在配给制时，影子利率超过市场利率。	企业的预期收益率超过利率（企业愿意以给定的利率多借款，但是借不到资金）。因此，资金的机会成本大于利率。
钢铁	生产的影子成本超过市场成本。	钢铁生产者没有评估生产增加所造成的污染的边际社会成本。

11.6 社会成本收益分析的贴现率

我们在讨论私人成本收益分析时曾指出，明年或后年的 1 美元不如今天的 1 美元值钱。因此，将来获得的收入或将来发生的支出要进行贴现。在决定是否从事某个项目时，我们要看贴现值。私人企业使用的贴现率是它必须支付的利率 r。政府应该使用什么贴现率呢？政府所用的贴现率有时被称为**社会贴现率**（social discount rate）。我们要关注的核心问题是，这个贴现率与消费者所面临的利率之间的关系、与生产者所面临的利率之间的关系。

对于评估诸如大坝等长期项目而言，贴现率的选择至关重要：一个使用 3%的利率看起来非常有利的项目，使用 10%的利率就可能非常缺乏吸引力。如果市场运作良好，市场利率会反映所用资源的机会成本和不同日期收入的相对评价。然而，人们普遍认为，资本市场运作不佳。此外，税收可能造成巨大的扭曲，税前收益率和税后收益率之间存在巨大的差异。因此，人们弄不清楚在各种市场利率中到底应该使用哪种利率，比如应该是政府能借到钱的利率，还是一般纳税人能借到钱的利率？

如果项目的受益者与成本的支付者相同，那么我们就可以简单地使用他们的边际替代率，即他们愿意减少多少当前消费来换取更多的未来消费。由于他们的边际替代率与他们借款和贷款的利率直接相关，在这种情况下，我们就可以利用这个市场利率来评估不同时期的成本与收益。然而，公共项目往往还会产生其他影响，比如说一个公共项目可能会取代一个私人项目，这时我们就必须考虑所有的后果，即消费的净变化。

如果一个公共项目取代了一个规模相同的私人项目，那么该项目造成的当前消费的净减少为零。如果公共项目和私人项目的所有收益都是在同一时期产生的，那么我们可以很容易地决定是否从事公共项目：如果公共项目的产出超过了私人项目的产出，换句话说，如果公共项目的收益率超过了私人项目的收益率，我们就应该从事这个公共项目。由于私人项目是公共项目的机会成本，这种观点被称为**机会成本观**（opportunity cost view）；按照这种观点，在项目评估中应当使用生产者的收益率。

在没有市场失灵的经济中，关注机会成本和关注消费者的边际替代率会产生完全相同的结果，因为这时边际替代率（等于消费者的利率）等于资本收益率或生产者的利率（机会成本）。当存在市场失灵或税收时，或者当项目的受益者不是成本承担者时，问题就出现了。[①] 如今，许多经济学家认为，适合作为政府项目贴现的利率可能都不是所观察到的市场利率。

更一般地说，人们已经认识到，选择适当的利率是一件极其复杂的事情，其后果非常重要，涉及对未来具有长期影响的决策时更是如此。大多数科学家认为，温室气体增加将导致全球变暖、海平面上升和气候变化，但这种影响在几十年内都不会完全体现出来。比如说7%的贴现率意味着100年后的1美元成本现在还不到1美分，我们基本上可以忽略它。我们对来自核反应堆的高放射性废物的处理可能需要几十年甚至几百年，这也将遇到同样的问题，但是如果我们使用7%的贴现率，我们基本上也可忽略这些未来成本。[②]

---

① 在一些特殊情况下，收益由不同代人获得并没有什么问题。如果政府从事最优代际收入再分配（optimal intergenerational redistribution of income），那么，对于每一代人而言，1美元的边际价值将等于市场利率，而且只要项目相对较小，我们就可以用市场利率来评估不同代人获得的边际收益，就像只有一个人感受到影响时我们所做的那样。

同样地，如果社会由一系列家族组成，每个家族都将在当代人和后代人之间进行最优的收入再分配，那么对于每一代人而言，1美元的边际价值应该等于消费者的利率。［请参阅 R. Barro，"Are Government Bonds Net Wealth?" *Journal of Political Economy* 82（1974）：1095－1117。］这一模型的有效性遭到强烈的质疑。例如，这意味着，当美国政府在20世纪80年代出现巨额赤字时，人们就会大幅增加储蓄。因此，这也就意味着，如果没有这些赤字，个人储蓄将是负的。关于这些问题的广泛讨论，请参阅《经济展望》（*Journal of Economic Perspectives* 3，no. 2，1989）专题研讨会文集，以及 K. Arrow et al.，"How Should Benefits and Costs Be Discounted in an Intergenerational Context? The Views of an Expert Panel，" Resources for the Future Discussion Paper No. 12－53，2012。

② 在一些特殊情况下，有一种简单明了的解决方案。例如，如果仅有的市场缺陷是最优选择的税种（在后面章节中，我们将详细描述最优税收所涉及的内容；但是现在，我们只是指出现实税收制度与最优税制结构相去甚远），那么生产者的收益率就应该用于项目评估。［请参阅 P. Diamond and J. Mirrlees，"Optimal Taxation and Public Production，" *American Economic Review* 61（1971）：261－278。］在假设条件下，哪怕是微小的变化，都有可能导致明显不同的结论，对此问题的讨论，请参阅 J. E. Stiglitz and P. Dasgupta，"Differential Taxation，Public Goods，and Economic Efficiency，" *Review of Economic Studies* 39（1971）：151－174。

专栏 11.2

气候变化与贴现率

正如第 6 章所述，在未来几十年里，世界面临的一个重要政策问题将是如何应对大气中二氧化碳等温室气体浓度增加所造成的全球变暖的威胁。这种影响不仅仅表现为温度的升高，人们还对海平面上升和天气变化更加频繁感到担忧。

尽管在减少温室气体排放方面已达成多项国际协议，但在美国国内，人们一直在争论应该花多少钱来减少温室气体排放。争论的部分原因在于贴现问题：全球气候变化的大部分影响在 100 年内可能都不会感受到，而在贴现率为 7%的情况下，100 年后的 100 美元大约只值 12 美分。显然，现在不值得花这么多钱来避免未来即使很大的成本。而在贴现率为 1%的情况下，100 年后的 100 美元所值超过 35 美元。

国际气候变化专门委员会（International Panel on Climate Change，IPCC）的经济学家特别工作组（包括诺贝尔经济学奖得主肯尼思·阿罗和约瑟夫·斯蒂格利茨）认为，适当的方法意味着利用低利率来贴现与气候变化相关的成本和收益。* 如果不采取行动减缓温室气体排放的速度，后代人将受到不利影响，而没有任何道德理由将后代人的福利估计成大大低于当代人的福利。

这种观点的批评者认为，后代人完全可以把今天的钱存起来，并按市场利率将其投资，将这些积累起来的资金用于解决气候变化问题。

然而，令人担忧的不仅仅是对未来的破坏修复成本的估计可能过低，更重要的是，有些破坏可能不管付出多大代价都无法补救，况且有些国家也没有留出资金。如果各国都不留出资金，那么恰当的方法就是国际气候变化专门委员会所分析的在当代人的消费与会受到气候变化不利影响的后代人的福利之间进行权衡取舍。

* J. Bruce，Hoesung Lee，and E. Haites，eds.，*Climate Change，1995：Economic and Social Dimensions of Climate Change*，Contribution of Working Group Ⅲ to the Second Assessment Report of the Intergovernmental Panel on Climate Change（Cambridge，UK，and New York：Cambridge University Press，1996）. 有关国际气候变化专门委员会的更多信息可在下列网址找到：http：//www.usgcrp.gov/ipcc/。

在更一般的情况下，不存在这样的假设，即一代人对消费增加的边际估价与另一代人对消费增加的边际估价的比值与任何利率有关。在这种情况下，一种方法是使用社会福利函数（social welfare functions）。我们首先将第 7 章介绍的社会福利函数概念作为比较不同个人的消费或收入的一种形式化方式。除了有一点差异之外，不同时期个人间的比较与同一时点上的个人间的比较适用完全相同的原则。在这两种情况下，边际效用都是递减的，因此如果后代人的收入高于当代人，那么对当代人来说，1 美元消费的边际估价是比较低的。但一些经济学家认为，在收入水平相同的情况下，后代人的福利加权值应该低于当代人的福利加权值，因为后代人的福利是未来的福利。应当用来贴现后代人福利的利率被称为**纯贴现率**（pure discount rate）。其他经济学家，例如杰出的剑桥经济学家弗兰克·拉姆齐（Frank Ramsey）认为，各代人都应当被赋予相同的权重。

为了理解这种方法的含义，假设人均收入以 1.5%的速度增长，边际效用弹性为 1。(边际效用弹性是指消费增加 1%，边际效用下降的百分比。正如我们在第 7 章所看到的，经济学家通常假定边际效用弹性介于 1 和 2 之间。）于是，如果纯贴现率为零，则社会贴现率为 1.5%，大致等于安全（政府）债券的实际利率，但大大低于资本的机会成本。

最近，人均收入增长速度还不到 1.5%。如果人均收入增长率为 1%，那么，贴现率也略小于 1%。[这种讨论假设我们可以忽略收入分配，但我们不应该这样做。近年来，中位数家庭（即一半家庭的收入高于它的收入、一半家庭的收入低于它的收入）的收入基本上停滞不前。如果我们根据其边际效用来估算未来收入，那么贴现率接近零。]

什么是适当的社会贴现率已经成为一个备受争议的政治问题。比如，那些关心环境并认为环境影响将持续好几十年的人，强烈主张低贴现率。例如，在他们看来，不能仅仅因为核废料的影响可能持续 50 年或者上百年，就完全忽略它们——10%的贴现率实际上告诉我们要这样做。

如今，联邦政府在成本收益分析中使用的实际贴现率为 7%，但在评估其影响预计会持续很长时间的项目时，如全球变暖，使用的贴现率则比较低。这部分反映了机会成本观——联邦政府使用 7%的贴现率，是因为它“接近于近年来私人部门平均投资的税前边际收益率”①。

贴现率很可能成为政治争论中的一个话题，这不足为奇。但是，经济学家们为什么不能达成共识呢？我们的讨论强调了对于经济和政府存在分歧的一些原因，表 11.2 对此进行了总结。

表 11.2　　贴现率存在分歧的原因

高贴现率（资本的机会成本）	低贴现率（社会贴现率）
1. 政府投资往往取代私人投资。	1. 评估净影响通常要比只是假定 1 美元公共投资替代 1 美元私人投资复杂得多。
2. 即使在有扭曲的情况下，如果效率得以保持（这意味着公共项目的收益率等于私人项目的收益率），每个人的境况都会变得更好。	2. 评估一个项目的可行性，除了考虑效率效应外，还要考虑代际分配效应。 (1) 项目的受益者常常不是成本的承担者。 (2) 即使政府原则上会让每个人的境况都变得更好，但是，所要求的赔偿（例如，对那些受到不利影响的人）很少兑现。此外，提供赔偿可能有很高的成本。
3. 即使没有政府的代际再分配，如果父母留给子女遗产，那么不同代人对消费的边际估价会均等化[王朝模型（dynastic model）]。	3. 在没有最优代际再分配的情况下，市场利率不反映不同代人对货币的边际社会估价。此外，王朝模型令人难以置信。
4. 当市场扭曲是由最优税收引起时，效率依然是可取的，因此政府应该使用资本的机会成本。	4. 在存在市场扭曲的情况下，边际替代率（个人如何评价不同年份的边际 1 美元）和边际转换率（企业面临的权衡抉择）可能明显不同。 在存在扭曲性税收的情况下，效率（比如将私人部门的资本的机会成本用于公共部门）只有在极其严格的条件下才是可取的。

社会贴现率的三种观点

1. 反映消费者的时间偏好率（消费者的借款利率）。
2. 反映资本的机会成本（生产者的借款利率）。

---

① 该贴现率来自管理和预算办公室通告第 A-94 号修订版（1992 年 10 月 29 日）。该通告修订版规定了联邦政府项目的成本收益分析的指导原则和贴现率，至今依然适用。随后，联邦政府在 1995 年发布的指导原则对于影响多代人的长期项目，允许使用较低的贴现率。

3. 在影响不同代人的长期项目中，当不同代人对消费的边际社会估价可能与所观察到的利率没有任何关系，且在没有最优代际再分配收入的情况下，社会贴现率既不反映消费者的时间偏好率，也不反映资本的机会成本。

11.7 风险估价

在试图处理项目收益与成本的不确定性时，最常见的错误就是认为，面对风险，政府应该采用较高的贴现率。回想一下，贴现率是将某个日期的美元价值与其以后的价值联系起来。要了解提高贴现率会如何导致荒唐的结果，我们以一个终止时还需要支出的项目（比如汽车要被拖到废车场）加以说明。假设终止成本具有一定的不确定性。我们通常会认为，这种不确定性会使项目的吸引力不如我们确切知道终止成本是多少时的吸引力。可是，如果我们使用较高的贴现率来抵消风险，想想会发生什么：贴现因子较低，这些成本的现值降低，使得这个项目看起来更有吸引力，而不是相反。采用较高的贴现率会混淆不同日期的收入估价与风险估价，而这是两个不同的问题。

为了评估风险，经济学家引入了**确定性等价**（certainty equivalent）概念。假设存在一个有一定风险的项目。下一年该项目的产出可能值 0 美元或 100 美元，每个结果出现的概率均为 50%。平均价值正好是 50 美元（$=1/2\times100$ 美元$+1/2\times0$ 美元）。不过，如果我们不喜欢风险，我们显然更倾向于一个稳获 50 美元收益的项目。事实上，只要风险较小，我们宁愿选择一个平均价值较小的项目。如果我们认为平均价值为 50 美元的风险项目与完全安全的价值为 45 美元的项目没有差异，我们就说 45 美元是平均价值为 50 美元的风险项目的确定性等价。为了评估风险项目，我们只取确定性等价的贴现值。[①]

因此，风险项目要想成为可接受的项目，就必须比具有相同确定性等价的安全项目获得更高的收益。一个风险项目必须赚取的用于风险补偿的额外金额便是该项目的**风险溢价**（risk premium）。

我们用表 11.3 来说明一个 5 年项目的程序。我们假设第 1 年的初始投资是确定的，第 2、3 和 4 年产生收益的不确定性越来越大，这反映在确定性等价中。在最后一年，该项目被淘汰；与项目终止相关的成本很大。（请想一想核电厂在使用寿命结束时该做些什么。）可是，这些成本是不确定的；因此，它的确定性等价超过 50 美元的预期成本。（相比之下，如果我们采用较高的时间贴现因子来考虑风险，那么这些不确定的报废成本在我们的成本收益计算中不会有太大的影响。）

表 11.3 **风险性投资的成本收益分析的例子**

年份	预期净收益（美元）	确定性等价净收益（美元）	时间贴现因子（利率 10%）	确定性等价净收益的贴现值（美元）
1	−100	−100	1	−100
2	100	90	0.91	81.90

① 这种方法不是完全通用的，它要求我们能把不同日期的风险分析区分开。不过，从最实用的角度来说，它的通用性绝没有问题。

续前表

年份	预期净收益（美元）	确定性等价净收益（美元）	时间贴现因子（利率10%）	确定性等价净收益的贴现值（美元）
3	100	80	0.83	66.40
4	100	75	0.75	56.25
5	−50	−75	0.68	−51
合计	150	70		53.55

为了获得任何日期的确定性等价净收益的贴现值，我们把确定性等价净收益乘以时间贴现因子。为了得到总贴现值，我们将该项目整个使用期内的确定性等价净收益的贴现值进行加总。

政府应如何评估各种项目的风险？在某些情况下，例如发电的风险，可以参考私人市场对风险的评估。可是，如果没有私人项目可比，那么风险评估就更变得比较困难。有些项目，例如防洪工程，可以降低个人面临的风险，而这些项目的风险溢价是负的。人们愿意为降低洪涝灾害的风险支付一些费用。由于政府能将风险分散于整个人口，故当项目既不起保险的作用（降低人们可能面临的风险），也没有其他收入回报时（比如在经济健康运行的情况下，项目的收益率既不特别高也不特别低），政府不应采用风险溢价。

有时，政府项目实际上提供了保险；也就是说，这些项目降低了社会可能面临的风险。大坝降低了洪涝灾害的风险；人们愿意为降低这种风险支付高额溢价。在这种情况下，风险溢价是负数；也就是说，即使预期的收益率低于完全安全的项目的收益率，也应该从事该项目。

用于降低全球变暖风险的支出是一个重要的例子。按理说，政府应当花这笔钱，哪怕其平均收益率低于安全项目的收益率——也就是说，政府使用的贴现率应该低于安全项目的贴现率。思考这个问题的一种方法是：当事实证明全球变暖的影响（和成本）很大时——当海平面上升超出了我们的预期，或温度的上升或气候的变化大于我们的预期时，这种投资会产生很高的收益率。在这些情况下，我们的生活水平将会下降，因为我们不得不花费大量资金来应对全球变暖的后果，并且还要进行投资，以帮助我们适应这些变化。可是，这意味着1美元的边际效用会更高。简而言之，当缓解全球变暖的努力取得成效时，我们对这些花出去的资金的估价特别高。

□ 11.7.1 风险评估

在风险分析中，一个越来越受到关注的也备受争议的领域，是诸如由危险废物、杀虫剂和杀菌剂等造成的健康风险、安全风险乃至生命风险。水和空气中的化学物质增加了患癌症和其他各种往往危及生命的疾病的可能性，人们对此几乎没有疑问。争论的焦点集中于**风险评估**（risk assessment）——如何评估这些风险的大小，以及应如何确定降低这些风险的优先事项。

例如，许多风险与暴露有关。垃圾中的化学物质被密封在厚厚的混凝土层下，不大可能产生重大风险；但如果儿童直接接触这样的垃圾，那么风险就会很高。在评估总体风险时，除了要考虑每种暴露程度所产生的风险之外，还必须考虑不同暴露程度的概率。

环保署在确定比如清理有害废物的优先事项和标准方面，一直饱受批评，原因是多方面的。与学生在现代统计学课程上通常所学的确定复合概率效应的方法不同，环保署使用的是“最坏情况情景分析”（worst case scenario analysis），即分析可能出现的最坏情况的风险。比如，如果用于密封垃圾的混凝土出现了裂缝，而一个小孩正好路过，这会有多大风险？有一个著名的小故事，讲的是环保署所坚持的清除标准，即让孩子们在6个星期里吃这些泥土，而不会明显增加健康风险。① 在确定优先事项方面，一直有人担心政府关注的不是最高风险，而是最能“吸引大众眼球”的风险。环保署所要解决的风险往往远低于人们在日常生活中所面临的风险，比如说适量饮酒的风险，更不用说吸烟的风险了。不过，有一个至关重要的区别：环保署所关注的风险，是人们无法选择的风险，例如空气和水污染，人们由此而面临风险是非自愿的，这与吸烟和饮酒产生的风险不同。人们似乎愿意承担某些风险的事实，显示了他们对这类风险的估价。政府在建立环境风险标准时，应该考虑这一事实。最近的一些政府法规更加注重相对风险的评估，不太热衷于采取代价很大的法规来降低人们在一般情况下愿意接受的风险。

有越来越多的人担心，由于穷人往往生活在污染较重的工业区，故这些人承担的环境风险非常大。这并不奇怪，因为这些地区的土地通常没那么值钱，所以低收入者能以较低的成本获得住房。1994年，克林顿总统签署了关于**“环境正义”**（environmental justice）的行政命令，指示有关部门确定它们所采取的各种环保措施的分配影响。在联邦政府持续推动环境正义的十余年之后，为了加强落实1994年的行政命令，奥巴马总统于2011年签发了由17个联邦机构负责人签署的谅解备忘录，让各机构明确表态要“查明和适当解决各种项目、政策和活动对少数民族和低收入群体所造成的过分的、不利的健康影响或环境影响。”②

11.8 分配考量

任何一个项目的收益都不是在全体居民中均匀地分配。有些项目，例如大坝，其受益者受地理位置所限；有些项目，例如双语教育计划和就业再培训计划，主要针对的是特定群体（例如移民和失业人员）。政府显然关注其项目对收入分配的影响。

在成本收益分析中，是否应该考虑这些分配效应？如果答案是肯定的，那么如何对这些分配效应进行量化？

政府是否应该考虑分配效应问题，类似于政府在选择社会贴现率时是否需要关注对不同代人的影响问题。如果1美元对于所有人的边际“社会”价值都是相同的，那么我们就可以简单地将不同个人的消费所受影响的货币价值加总。然而，人们普遍认为，1美元对穷人的边际社会价值要比富人的大。

在分配分析中，首先要尽可能准确地确定项目在不同情况下对人们会产生怎样的影响。一般来说，重点放在不同收入的个人身上，但也常常考虑对不同地区的影响。倘若社会关心分配，那么，在两个总体影响相似的项目中，给穷人带来更多收益和更少成本的那个项目应该更可取。

然而，通常除了简单地列举对不同群体的影响之外，还需要有更广泛的了解。这可以

① 请参阅 Stephen G. Breyer, *Breaking the Vicious Circle: Toward Effective Risk Regulation* (Cambridge, MA: Harvard University Press, 1993), p. 12。

② Memorandum of Understanding on Environmental Justice and Executive Order 12898.

通过两种不同的方法实现。第一种方法是早先提到的社会福利函数。该方法承认，相对于富人，1美元的边际价值对于穷人而言更大，并用边际效用弹性概念对此进行量化。例如，利用单位弹性（1），并且赋予中位收入者的权重为1，中位收入一半的人的影响权重为2，中位收入2倍的人的影响权重为1/2。利用这些权重，计算出总的"加权收益"，且在两个成本相同的项目中，选择加权收益最高的项目。

第二种方法是看对收入或财富总体分配的影响。[①] 然而，这种方法只适用于能产生显著分配效应的重大项目，诸如改变福利制度或税收制度。政府从事的大部分项目在规模上都达不到这种程度。

衡量项目收益的关键问题

1. 衡量消费者剩余。
2. 衡量非货币收益：
   时间估价；
   生命估价；
   环境估价。
3. 在市场失灵情况下对市场销售的商品进行估价：
   当市场价格不能准确衡量边际社会成本时，用影子价格来衡量。
4. 对不同日期的消费（产出）进行估价：
   选择合适的贴现率。
5. 风险估价。
6. 分配效应估价：
   如何比较对不同群体的影响？

11.9 成本效果

在某些情形中，很难比较成本和收益。收益可能是健康状况的改善；成本则是支出的货币。虽然我们已经强调了对生命和健康做出艰难的（货币）判断的必要性，但政治程序往往会尽可能地避免做出这样的判断。**成本效果**（cost effectiveness）分析提供了一种能做到这一点的方法，即通过观察具有相同（或者相似）收益的项目，选择其中成本最低的一个。

假设我们希望在帮助政府评估降低交通事故死亡人数的各种方式的同时，避免生命估价所遇到的问题。我们可以计算达到同样目的的几种方法中的每一种方法的成本，或者我们可以简单地表明在每种方法下进一步降低死亡率的边际成本，并让立法者决定应当选择曲线上的哪一点（从而应该选择哪种改善交通安全的方法）。

职业安全和健康管理局（Occupational Safety and Health Administration）在考虑噪声污染的标准时，进行了成本效果研究，计算各种标准能使多少额外工人免受听力损伤，然后计算每一种标准的成本。根据这些信息，再计算出不同保护程度的边际总成本和边际净成本（考虑听力损伤降低生产率这一事实），如图11.3所示。

① 这种方法依赖于第7章附录所讨论的类似于基尼系数的衡量方法。

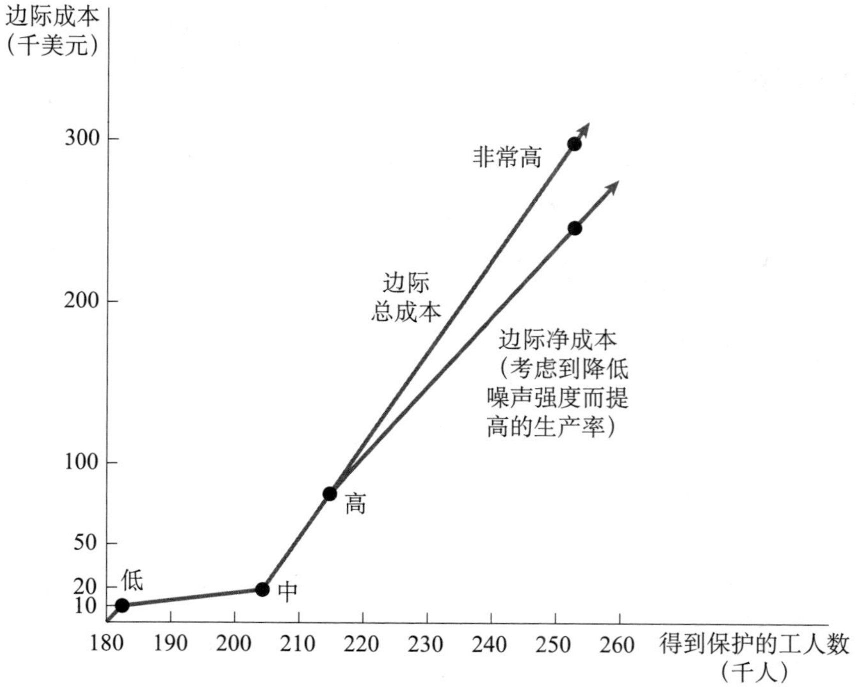

图 11.3　职业性噪声接触的各种标准比较

标准越高，花钱越多，免受听力损伤的工人就越多。

资料来源：J. R. Morrall Ⅲ，"Exposure to Occupational Noise，" in *Benefit-Cost Analyses of Social Regulation*，ed. James C. Miller Ⅲ and Bruce Yandle (Washington，DC：American Enterprise Institute for Public Policy Research，1979).

图 11.3 表明，试图更多地保护个人免受听力损伤的额外成本会很大。鉴于此，一项研究得出的结论是："与全行业工程噪声标准相比，有效管理的护耳器项目就可以基本上达到目的，而成本却低得多……85 分贝的护耳器标准的边际成本相对合理，每避免一个人听力受损的边际成本大约为 23 000 美元……"用通俗的语言来说，就是在实现听力保护程度相同的情况下，这项研究建议使用耳塞，而不是大动干戈地改造厂房和设备。

表 11.4 显示了成本效果研究的另一个例子，即比较各种医疗干预的成本效果。成本效果比的变化范围相当大，从小剂量洛伐他汀降低 55～64 岁易患冠心病男性的胆固醇所挽救的每生命年 2 158 美元，到 55～65 岁女性年度乳房检查和乳房 X 光检查的 41 008 美元，再到伴有中度心绞痛的单支病变患者的冠状动脉搭桥的 88 087 美元，最后到使用动态心电图筛查检测 40 岁女性心脏疾病的 335 217 美元。

表 11.4　　常用的医疗干预的成本效果估计

（所有干预措施皆与"常规治疗"相比，除非另有说明）

干预	成本/生命年（1993 年美元）
小剂量洛伐他汀预防冠心病[a]	
男性，55～64 岁，胆固醇水平≥250	2 158
男性，55～64 岁，胆固醇水平＜250	2 293
女性不吸烟者，35～44 岁	2 023 440

续前表

干预	成本/生命年（1993 年美元）
动态心电图筛查检测[b]	
40 岁男性	124 374
40 岁女性	335 217
高血压检测[c]	
40 岁男性	27 519
40 岁女性	42 222
乳腺癌筛查[d]	
年度乳房检查和乳房 X 光检查，55～65 岁女性	41 008
医生劝导戒烟[e]	
1% 放弃率，45～50 岁男性	3 777
从 20 岁开始持续到 74 岁的宫颈涂片检查[f]	
每三年一次，与未检查对比	24 011
冠状动脉搭桥[g]	
冠状动脉左主干病变	8 786
伴有中度心绞痛的单支病变	88 087
新生儿加护病房[h]	
1 000～1 500 克婴儿	10 927
500～999 克婴儿	77 161

a. L. Goldman et al.,"Cost-Effectiveness of HMG-GoA Reductase Inhibition for Primary and Secondary Prevention of Coronary Heart Disease,"*Journal of the American Medical Association* 265 (1991): 1145-1151.

b. H. C. Sox Jr. et al.,"The Role of Exercise Testing in Screening for Coronary Artery Disease,"*Annals of Internal Medicine* 110 (1989): 456-469.

c. B. Littenberg et al.,"Screening for Hypertension,"*Annals of Internal Medicine* 112 (1990): 192-202.

d. D. M. Eddy,"Screening for Cervical Cancer,"*Annals of Internal Medicine* 113 (1990): 214-226.

e. S. R. Cummings et al.,"The Cost-Effectiveness of Counseling Smokers to Quit,"*Journal of the American Medical Association* 261 (1989): 75-79.

f. D. M. Eddy,"Screening for Breast Cancer,"*Annals of Internal Medicine* 111 (1989): 389-399.

g. M. C. Weinstein,"Economic Assessment of Medical Practices and Technologies,"*Medical Decision Making* 1 (1981): 309-330.

h. M. H. Boyle, G. W. Torrance, J. C. Sinclair, and S. P. Horwood,"Economic Evaluation of Neonatal Intensive Care of Very-Low-Birth-Weight Infants,"*New England Journal of Medicine* 308 (1983): 1330-1337.

资料来源：Alan M. Garber and Charles Phelps,"Economic Foundations of Cost-Effectiveness Analysis,"*Journal of Health Economics* 16, no. 1 (1997): 1-31.

在过去十年里，欧洲国家利用成本效果分析指导医疗卫生领域的资源配置取得了长足进步，但是在美国的主要医疗保健计划（如医疗保险）的保险覆盖标准中明确考虑成本时遇到了相当大的阻力。不过，美国目前正在通过支持比较效果研究（comparative effectiveness research，CER）来更多地关注成本效果分析中的效果部分，《2009 年美国复苏与再投资法案》（American Recovery and Reinvestment Act of 2009，ARRA）向比较效果研究提供 11 亿美元就是一个例证。然而，比较效果研究的主要目的是通过提供哪些医疗干预措施在哪些情况下效果最好的信息来提高医疗质量，没有直接提及相对成本。①

① 关于表 11.4 所列研究的更新，请参阅 Alan M. Garber and Charles E. Phelps,"Future Costs and the Future of Cost-Effectiveness Analysis," *Journal of Health Economics* 27 no. 4 (2008): 819-821。

尽管成本效果分析比成本收益分析简单，因为它避免了衡量和评估收益时的所有问题，但在衡量和评估收益时所讨论的大多数问题在衡量和评估成本时仍然存在，只是相对少些。例如，投入的影子价格可能不同于市场价格；必须使用社会贴现率来对不同日期发生的成本进行估价；还有相当大的不确定性，例如，我们可能无法确定听力损伤对生产率的确切影响程度，或者要花多少钱才能制造一种新武器，或者企业遵守更严格的环境标准需要花多少钱。

成本收益分析与成本效果分析是全世界决策者普遍使用的重要工具，为决策过程提供了规范。虽然批评人士抱怨说这些工具把一切都简化为冷冰冰的计算，但它们不仅可以用来系统地分析经济成本和收益，而且还考虑到环境、健康和分配等问题。虽然不可能做到十全十美的精确，特别是在那些难以量化的领域，但要做出判断就需要权衡这些不同的因素，而量化可能是解决必须面对的复杂的权衡取舍的一个必要步骤。

11.10 支出后评价：评估和改善政府绩效

到目前为止，本章一直在介绍支出前的项目评估，即利用成本收益分析将未来预期收益与产生这些收益的预期成本进行比较，利用成本效果分析来估计各种未来潜在的干预措施的成本效果。

然而，进行支出后评价对于评估和改善政府绩效同样重要：政府的各项开支是否明智？公众的纳税是否值得？如何改善支出政策和实践？

除了评估公共支出的经济效率和分配效应外（见第 10 章），我们还可以从满足政策目标的角度来评估公共支出。这种评估的最广泛形式是通常由世界银行（World Bank）进行的国别**公共支出审查**（public expenditure review，PER）。公共支出审查报告概括了公共支出的规模、构成和结果，并且通常要考察：(1) 在一国宏观经济政策背景下的支出总水平；(2) 部门间、地区间和人口间的支出结构对减贫的影响；(3) 政府和私人部门在公共基础设施和服务的融资、生产和提供中的作用，强调公共部门在不排挤私人部门的前提下缓解市场失灵的必要性；(4) 增加未来产能的资本投资与运营和维护现有基础设施的经常性支出之间的平衡；(5) 从透明度和问责制角度来看的支出过程质量。公共支出审查是一项费时费力且复杂的工作，所以一般都是每 5 年进行一次。①

我们也可以评估提供特定产品和服务的公共支出。最常见的方法是**比较绩效评估**（comparative performance measurement，CPM），这是一种通过评估投入的总成本、单位成本或相对成本来确定支出效率，并通过评估短期产出的数量和质量（中间结果）与长期结果（实现政策目标）来衡量支出效果的工具。比较绩效评估法的关键在于要从比较的角度进行评估，也就是说要监测不同时间、不同部门、不同机构或辖区之间的这些评估指标。这使得一个政府单位可以通过与类似的机构或地方进行比较来了解它的表现；将过去的表现与其选民进行沟通交流，并征求这些选民的意见后确定未来支出需要的优先顺序；修改其政策、管理和做法，以改善未来绩效。②

---

① 有关公共支出审查的详细说明，请参阅 Sanjay Pradhan，“Evaluating Public Spending：A Framework for Public Expenditure Reviews，” World Bank Discussion Paper 323，Washington，DC，1996，以及世界银行公共支出网站 www.worldbank.org。

② 有关比较绩效评估法的详细说明及其应用实例，请参阅 Elaine Morley，Scott P. Bryant，and Harry P. Hatry，*Comparative Performance Measurement*（Washington，DC：The Urban Institute Press，2001）。

举例来说，如果一个城市想要评估其中等教育支出，就可以分析过去5年里在中等教育上总共花费了多少（总成本），每个老师或每个学生花费多少（单位成本），或者与初级教育或公共卫生支出相比花费多少（相对成本），与类似城市的这些支出进行比较。虽然这种分析并不表明这笔钱花得如何（是否物有所值），但可以揭示出生产成本是否符合既定的规范。①

一个城市还可以进一步衡量支出效果。再以中等教育为例，可以从比较时间序列角度衡量短期成果，诸如入学或毕业的学生人数（总产出）、师资力量或师生比（这些应该是教育质量的代理指标）。还可以通过使用绩效标准，诸如标准化考试成绩或大学入学率等，来确定学生是否真正受到良好的教育，这是中等教育支出的主要政策目标。然而，问题在于，即使是这些指标，也没有真正回答我们实际感兴趣的问题：学校能使学生更有本事——更高的收入、更富有创造力并成为更好的公民，来不断提高生活水平吗？我们要知道这些问题的答案，通常需要几十年时间，而且还有许多其他因素会影响结果。此外，注重基本技能是否会忽视在更重要的结果诸如认知发展（cognitive development）方面的投入，也颇有争议。不过，一个广泛的共识是，这些间接指标虽然不是很完善，但也能使我们深入了解学校成功完成其使命的程度。

比较绩效评估是公共机构生成和分析数据的一种简单而有力的工具，有助于公共机构从自身的经验和其他具有相似任务和挑战的公共机构的经验中吸取教训。

过去20年来，随着各国政府不断寻求“更好、更快、更便宜”② 的办事方法，按照“新公共管理”（new public management）一般准则所进行的公共部门绩效的量化测度在世界各地已取得了长足进步。例如，广泛采用绩效预算（performance-based budgeting，PBB），反映出期望根据记录的结果而不是以前的投入水平来分配资金；也就是说，绩效预算是根据具体的、可测度的短期产出和长期结果来分配资金。PerformanceStat 行动计划的开展深化了这一概念，因为它将绩效测度融入综合绩效管理中——领导层把有关人们工作情况的数据作为综合管理信息系统的一部分来提高整体机构的绩效（见专栏11.3“纽约咬住罪犯不放”）。希望基于利用客观透明的绩效评价方法的公共领导（public leadership）战略，能使政府对公众更负责任地用好税收收入，并激励公共部门在服务于公共利益方面能像私人部门那样富有效率和成效。

专栏 11.3

纽约咬住罪犯不放

传统的警务绩效指标（如响应时间和抓捕率）虽然衡量了工作效率，但并不表明警察部门真正使社区更加安全。因此，纽约市警察局长威廉·布拉顿（William Bratton）和副

---

① 在用比较绩效评估法来评估支出效率时，还有一种更复杂的方法，即数据包络分析（data envelope analysis，DEA）。这种方法被广泛地用于评估市政服务的提供效率，例如街道维护、建筑维修、车队管理、固体废物收集、供水和污水处理以及公共交通等。数据包络分析采用技术效率（定义为投入最少产出最多的生产）的非参数测度。有关数据包络分析的详细说明及其应用示例，请参阅 Adrian Moore，James Nolan，and Geoffrey F. Segal，“Putting Out the Trash：Measuring Municipal Service Efficiency in U. S. Cities，” *Urban Affairs Review* 41，no. 2（2005）：237－259。有关数据包络分析的国际应用情况，请参阅 António Afonso，Ludger Schuknecht，and Vito Tanzi，“Public Sector Efficiency：An International Comparison，” European Central Bank Working Paper No. 242，Frankfurt am Main，2003。

② 这是一个流行网站（http：//www. governing. com/blogs/bfc）的名称，为州和地方政府提供“政府提供公共价值和降低政府服务成本的创新理念”。

局长杰克·梅普尔（Jack Maple）在1994年创建了CompStat，这是一种用来衡量和提高减少犯罪绩效的管理工具。

CompStat的核心部分是各警区指挥官和纽约市警察局高层管理人员之间频繁召开犯罪控制策略会议，讨论最新的犯罪统计数据。关键是要创造性地编制和分析犯罪数据，然后及时将这些数据传递给一线警务人员，以便他们能够利用这些数据来实现纽约市警察局的政策目标。CompStat按时间和警区生成了大量信息，所有人都可以看到最新趋势，挖掘这些趋势背后的根本原因，评估对所发现问题的后续反应结果，并制定策略以解决绩效不佳的问题。CompStat还能生成"指挥官简要分析报告"，纽约市警察局高层管理人员可以据此评估领导层的内部管理绩效。

CompStat被广泛认为有助于大幅度减少纽约市的犯罪，并被美国各地和国外（如澳大利亚）的警察部门采纳。CompStat也适用于其他公共机构甚至整个辖区，从而产生了"PerformanceStat"一词，还有JobStat（纽约市）、EdStat（罗得岛州）、FEMAStat（联邦应急管理局）、CitiStat（巴尔的摩市、萨默维尔市、亚特兰大市）和StateStat（马里兰州）等。

资料来源：Eli Silverman，"CompStat's Innovation，" in *Police Innovation：Contrasting Perspectives*，ed. David Weisburd and Anthony Braga（Cambridge，UK：Cambridge University Press，2006）；and Robert D. Behn，"Designing PerformanceStat，" *Public Performance and Management Review* 32，no. 2（December 2008）：206－235.

11.11 复习和练习

11.11.1 小结

1. 成本收益分析是一套系统程序，企业或政府借此可以评估是否从事某个项目或计划，以及在互斥的项目或计划之间选择要从事哪一个项目或计划。

2. 私人成本收益分析需要确定一个项目的结果（投入和产出），利用市场价格计算每年的净利润来评估这些结果，最后对未来年度的利润进行贴现以计算出利润的贴现值。

3. 社会成本收益分析与私人成本收益分析的程序相同，但所考虑的结果更加广泛，而且用于评估投入和产出的价格可能不是市场价格。这是因为，由于存在市场失灵，投入和产出不能上市销售（故不存在市场价格），或者市场价格不能准确地反映边际社会成本和边际社会收益。

4. 当政府提供以前没有的产品或服务（例如建造一座跨河大桥）时，该项目的价值可由这座大桥所产生的消费者剩余来衡量，即（补偿性）需求曲线下的面积。

5. 政府必须根据市场数据或观察到的行为对没有市场交易的结果（例如拯救的生命和节省的时间或对环境的影响）的估价做出推断。

6. 政府评估项目所用的贴现率可能与私人企业所用的贴现率有所不同。

7. 为了评估风险项目，需要计算收益和成本的确定性等价。

8. 在评估时要考虑分配因素，或对不同群体所获得的收益赋予不同的权重，或者评估项目对某种不公平衡量指标的影响。

9. 进行支出后评估对于评价和改善政府绩效也很重要。

11.11.2 重要概念

确定性等价	比较绩效评估	消费者剩余

或有估价	成本收益分析	成本效果
贴现因子	环境正义	存在价值
机会成本	机会成本观	贴现值
公共支出审查	纯贴现率	风险评估
风险溢价	影子价格	社会贴现率

□ 11.11.3 练习题

1. 有一个项目，成本为10万美元，5年的收益为3万美元。在第5年年底，处理该项目的废物要花2万美元。如果贴现率为0、10%、15%，是否要从事该项目？项目净贴现值为零的利率被称为该项目的内部收益率（internal rate of return）。

2. 假设处理废物的成本具有不确定性：该成本为10 000美元或30 000美元的概率为五五开。如果政府是风险中性的（即不需要风险溢价来补偿其承担的风险）或非常厌恶风险的（即需要高额风险溢价来补偿其承担的风险），请讨论这种不确定性对成本收益的计算会产生怎样的影响。

3. 现假设整个人口分为两个群体。项目的成本在这两个群体之间平摊，但收益的三分之二由较为富裕的群体获得。请讨论这将如何改变成本收益的计算。在什么情况下从事该项目的决定会被改变？

4. 假设政府现在要在问题1所说的项目和一个更大的项目之间做出选择。如果再花费10万美元，每年的收益将增加2.5万美元，最后一年年底的处置成本将增加2万美元。如果贴现率为0、10%、15%，应该从事哪个项目？如果整个人口分为两个群体，如果该增量收益的三分之二由穷人获得（而增量成本如之前一样平摊），你的答案会受到怎样的影响？

5. 请讨论在下列每一种情况下，为什么社会成本收益分析与私人成本收益分析可能有所不同：(1) 失业率为10%；(2) 政府对进口纺织品征收关税；(3) 政府对进口石油实施配额；(4) 政府对利息所得征税；(5) 政府对天然气实施价格控制；(6) 政府对航空公司进行管制，因此价格超过竞争水平。

6. 对于下列每个项目，哪些收益或成本可能包括在社会成本收益分析中而可能被排除在私人成本收益分析之外：(1) 水电工程；(2) 钢铁厂；(3) 化工厂；(4) 改善汽车安全性的项目；(5) 提高企业少数民族工人技能的培训计划。立法变化（例如，制造商对汽车事故所负的责任、对污染者实行罚款的立法）对你的答案会产生怎样的影响？

7. 采用怎样的技术来考虑成本收益分析中的分配效应，以确保将对环境正义的担忧纳入分析中？

8. 如何将归宿分析和资本化（前一章已讨论）问题纳入成本收益分析？对于下列每一种情况，穷人是买房子还是租房子会使你的答案有所不同吗？特别是，如果你希望将下列政策和项目的分配结果纳入进来，你该怎么做？(1) 降低飞机噪声许可标准的政府规定。（假设住在机场附近的人比较贫穷。）(2) 旨在使低收入社区的居民去中心城区工作的成本更低的地铁线。(3) 超级基金（Superfund）计划旨在清理有毒废物场地。目前，过多的穷人生活在有毒废物场地附近。

9. 政府正在讨论是否要花费1 000亿美元来降低100年后全球变暖造成的损失。据估计，这可避免8 000亿美元的损失。对这笔支出的批评指出，还不如把这1 000亿美元投资于股票市场，每年获得6%的平均收益率，并利用这100年里的投资收益来补偿这种损失。是否应该进行该项目？

第 12 章

国防、研究与技术

重点问题

1. 我们该如何决定在国防上花多少钱？边际分析的作用是什么？
2. 目前国防战略的关键问题是什么？它们对国防支出的水平和配置有何影响？
3. 当前国防部试图提高效率的主要方法有哪些？
4. 政府采取措施促进研究和新技术的论据是什么？
5. 什么是知识产权？它能在多大程度上解决研究投入不足的问题？
6. 政府鼓励私人生产知识的其他方式是什么？政府为什么要对研究提供直接资助？

1991 年苏联解体，标志着冷战（Cold War）结束，其影响极其深远。那时，美国最大的公共支出项目一直是国防。1953 年，朝鲜战争的最后一年，美国国防开支达到国内生产总值（GDP）的 14.7%。越南战争之后，美国国防支出降至 GDP 的 6%以下，但在尚处于冷战时期的 20 世纪 80 年代，国防支出又开始增加，1986 年和 1987 年占 GDP 的 7.4%，达到峰值。

苏联解体后，美国因**“和平红利”**（peace dividend）而兴奋不已。从国防支出占 GDP 的比率来看，到 2000 年，该比率下降到 20 世纪 80 年代的一半，仅为 3.7%。这些支出的削减对于克林顿政府时期成功削减联邦预算赤字至关重要。

然而，冷战结束并没有带来全球和平。巴尔干地区和撒哈拉以南非洲地区发生冲突，核扩散也日益令人担忧。随着 2001 年 9 月 11 日世界贸易中心被袭击，美国开始卷入一种新型冲突，即所谓的全球反恐战争。虽然这场战争以伊拉克和阿富汗为中心，但这是一场没有明确国界、没有明确胜负的战争。到 2010 年，美国国防支出占国内生产总值的比率已上升到 5.6%，达到 7 170 亿美元（2005 年美元），以不变价美元计，这是第二次世界大战以来的最高点（见图 12.1）。

2010 年，在经合组织（OECD）国家中，美国的国防支出无论是占国内生产总值的比率还是占中央政府总支出的比重都是最高的，几乎是经合组织国家这两种公共支出衡量指标平均水平的两倍。尽管没有低收入国家 2010 年的类似支出数据，但从占国内生产总值比率和占中央政府支出比重来看，一些中等收入国家的国防费也大致相当（见表 12.1）。

美国的国防支出几乎占全球军费开支的一半，引发了关于这项支出是否过度的质疑。即使美国退出阿富汗和伊拉克战争，即便从 2013 年开始预算压力限制了这些支出的增长，但该支出仍保持高位。

冷战结束还影响到联邦政府的研发（research and development，R&D）支出。几十年来，国防开支和研发支出密切相关。事实上，2010 年，57%的联邦政府研发支出与国

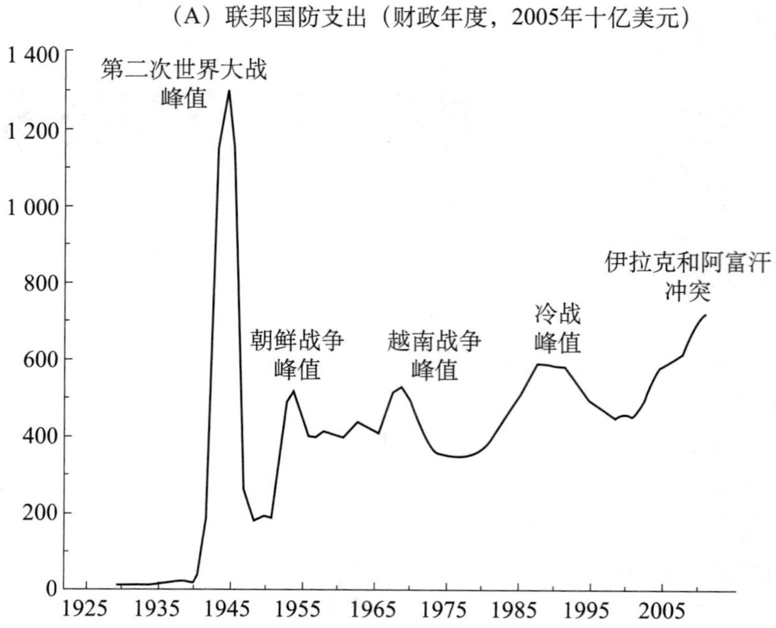

图 12.1　美国国防支出（1929—2010 年）

图（A）显示的是以 2005 年美元计的联邦国防支出。图（B）显示的是联邦国防支出占国内生产总值的比率。国防支出包括政府消费支出和总投资支出。

资料来源：Bureau of Economic Analysis，U. S. Department of Commerce，*National Income and Product Accounts*，Tables 1. 1. 5，1. 6. 4，and 3. 9. 5.

防有关。工商部门从中获得了巨大的间接好处（从计算机技术的进步到陶瓷工艺的发展），但几乎可以肯定的是，如果更多的政府研发支出直接用于商业用途，那么，美国工商部门从中获得的利益会更大。非国防研发支出落后于其他竞争国家，长此以往会对美国的竞争力产生严重的不利影响。因此，美国需要新的研究和技术政策。

本章将讨论政府支出的这两个重要领域。

表 12.1　　国防支出的国际比较

国家/国家组别	占 GDP 比率（%，2010 年）	占支出比重*（%，2009 年）
高收入国家		
澳大利亚	1.9**	7.3
加拿大	1.4	7.6
法国	2.3	5.3
德国	1.4	4.5
希腊	3.1	6.3
日本	1.0	na
韩国	2.7	13.4
沙特阿拉伯	10.4	na
英国	2.7	5.7
美国	4.8	18.0
OECD 高收入国	2.8	10.0
非 OECD 高收入国	5.5	na
中等收入国家		
巴西	1.6	6.3
智利	3.2	15.4
中国	2.0	16.1***
哥伦比亚	3.7	18.9
加纳	0.4	2.4
印度	2.4	16.4
印度尼西亚	1.0	5.5
巴基斯坦	3.2	19.3
俄罗斯	4.0	14.0
南非	1.2	4.1
泰国	1.5	9.5
土耳其	2.4	9.7
低收入国家		
孟加拉国	1.2	10.2
布基纳法索	1.5	10.4
肯尼亚	1.9	9.1
中等收入和低收入国家	**2.0**	**na**
下中等收入国家	**2.1**	**12.0**

* 占中央政府支出比重；** 2009 年；*** 2008 年。

资料来源：World Bank，*World Development Indicators*；and Stockholm International Peace Research Institute (SIPRI)，*Yearbook*：*Armaments，Disarmament and International Security*.

12.1 国防支出

尽管长期以来国防一直是联邦政府的主要支出项目，但传统上却很少得到经济学家的关注。相反，军事专家在决定如何实现国防目标上占据主导地位。然而，从根本上说，国防支出是一个资源配置问题——国家希望花出去的钱能实现最好的国防，因此取决于经济理由。

在编制国防预算时，基本问题是要花多少钱。传统的经济学分析（强调边际收益和边际成本）对于回答这个问题至关重要，但简单的经济学回答不了最难的问题。我们如何评估国防支出的收益规模？如何选择适当的军事战略？接下来的两节将讨论这些问题。后面的几节考察如何提高国防支出的效率以及如何解决与裁军有关的问题。

12.1.1 边际分析的价值

在分配既定的国防预算时，需要考虑支出对各种国防目标的影响。在评价是否应该在国防上支出更多时，我们同样需要知道我们从额外的 10 亿美元开支中获得多少额外的“保护”。

曾是肯尼迪-约翰逊政府国防部长助理的查尔斯·希契（Charles Hitch）提供了一个例子，我们借此说明边际分析的作用。[①] 假设每枚导弹击中目标的概率为 50%。我们有 100 个想摧毁的目标。向“目标发射 100 枚导弹预期命中 50 个目标，发射 200 枚导弹预期命中 75 个目标，发射 300 枚导弹预期命中 87 个目标”，如图 12.2 所示。很明显，边际收益递减趋势很明显。每个目标只需一次就能被摧毁，一些额外的导弹落在了已经被摧毁的目标上。虽然前 100 枚导弹摧毁了 50 个目标，但把导弹数量从 400 枚增加到 500 枚只能多摧毁 3 个目标。我们需要扪心自问的，并不是以 500 枚导弹的代价摧毁 97 个目标是否值得，而是要多用 100 枚导弹摧毁额外的 3 个目标是否值得。

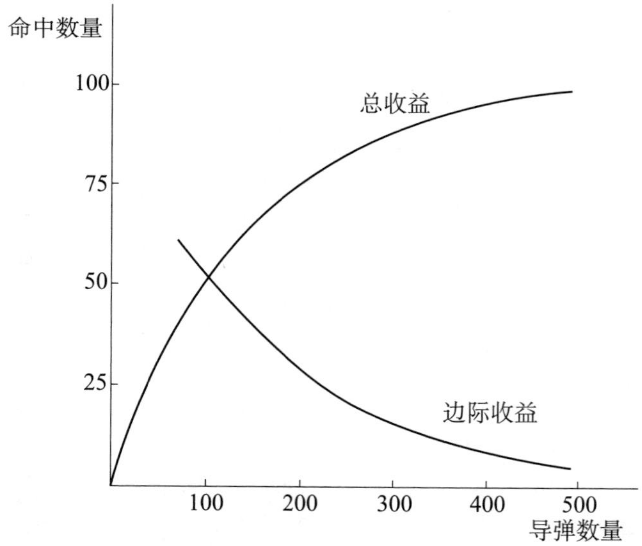

图 12.2 国防边际分析的作用

重要的问题不是我们是否应该有 500 枚导弹还是没有导弹，而是每一枚额外的导弹可以摧毁多少额外的目标。可能存在大幅度的边际收益递减。

① C. J. Hitch, *Decision Making for Defense* (Berkeley: University of California Press, 1966), pp. 50 - 51.

进行这种分析并不容易。不过，通过把支出与目标联系起来，并表明从额外支出中获得的数量，我们有望能更理性地决定多少是足够的。

但是，在进行这些评价时，有些因素特别难以评估，比如威慑。

□ 12.1.2 国防战略

在20世纪60—70年代，国防战略的重点是**威慑**（deterrence）——建立一支强大的军队，无人敢攻击。在罗纳德·里根（Ronald Reagan）总统领导下，另一种方法被提了出来，这就是**战略防御计划**（Strategic Defense Initiative，SDI），试图提供绝对安全的防御能力。如今，争论的焦点是其他几个问题：同时打赢两场战争的能力、核扩散、恐怖主义、生化战。

威慑 拥有强大的报复能力是为了阻止他人“行为不端”。这种思维是第二次世界大战之后美国和苏联防御战略的核心。人们相信，有了摧毁对手的足够能力，就不太可能遭受攻击。报复能力取决于遭受第一轮打击后所剩导弹数量，称为**二次打击能力**（second strike capability）。由于所剩导弹数量取决于第一轮打击的规模，所以双方都有强烈的动机建造更大的武器库，由此便展开了军备竞赛。

专栏 12.1

博弈论、军备竞赛和威慑理论

1994年诺贝尔经济学奖被授予了三位经济学家和数学家，他们是博弈论发展的先驱者：普林斯顿大学的约翰·纳什（John Nash）、加州大学伯克利分校的约翰·哈萨尼（John Harsanyi）和德国波恩大学的莱因哈德·泽尔腾（Reinhold Selten）。

博弈论大多基于理性假设。例如，布拉德利不仅想赢，而且认为他的对手鲍里斯也想赢；并且相信鲍里斯也认为他想赢，依此类推。这样，每个参与者在决定该做什么时都将从对手的角度来考虑：如果我选择做X，我的对手会做什么？但是，从鲍里斯的角度考虑，布拉德利认为，如果鲍里斯是理性的，鲍里斯将推测布拉德利他会做什么。博弈论的许多发展得到了国防部的支持，旨在更好地了解苏联对美国的所作所为做出怎样的反应。博弈论既是威慑理论（美国国防战略的依据）的基础，又解释了军备竞赛。

虽然有关博弈论作为威慑理论和军备竞赛理论基础的适当性存在一些争议，但随后人们发现博弈论在经济学中得到了广泛使用。例如，博弈论已被广泛应用于专利竞赛的分析，以了解专利何时以及是否真正刺激创新。例如，一些模型表明，在某些情况下，企业可能没有什么动力去搞研究，因为领先企业已远远超越其竞争对手而且开始吃老本。而领先企业的竞争对手知道，如果它们加速研究，该企业就会做出反应，故它们赢得专利竞赛的前景很渺茫。

然而，随着冷战的结束和俄罗斯大部分核武器的拆除，没有哪个国家具备可持续打击美国的能力。这导致许多人质疑威慑战略的重要性，即便仍有必要，美国威慑能力的规模是否可以小一些。美国虽然已经减少了其核武器库，但批评人士认为，核武器规模还有进一步大幅削减的余地。

两头作战能力 随着大规模核战争的威胁下降，注意力转移到了局部战争——波斯湾或朝鲜半岛冲突。军事专家中广泛流行的一种观点是，我们应该有能力至少同时应付两场局部战争。

这个问题类似于大型社区所拥有的消防部门应该有多大。假设需要 20 人来扑灭中度火灾。在大部分时间里没有火灾，只是偶尔会有火灾，有一个消防部门时刻做好应急准备无疑是值得的。为简单起见，我们假设要花 2 个小时来扑灭火灾。假设该社区有 10 000 幢建筑物，任何一幢建筑物间隔 2 个小时着火的概率是千分之一。任意 2 个小时内发生一场以上火灾的概率很小。问题是，针对这个小概率事件，准备第二支消防队、多雇用 20 个人是否值得？可能值得，也可能不值得。如果值得，我们接着要问，值得为发生概率更小的第三场火灾或更多火灾准备第三支消防队吗？每一支额外的消防队被利用的概率（从而预期收益）将明显下降。

这种火灾类比在某种程度上是不恰当的。通常情况下，我们不用担心纵火犯会等到消防队忙于在其他地方灭火的时候放火。但在国防领域，这是真真切切的：潜在的敌人或麻烦制造者可能正在等待着，当美国在一个地方忙于作战时，他们会在另一个地方制造麻烦。许多人担心，如果没有两头作战的能力，美国会遇到麻烦。从这个角度看，**两头作战能力**（two-theatre capability）的主要作用是威慑。

目前的主流观点是，美国应该有能力同时打赢两场中等规模的局部战争，2010 年的《四年防务评估报告》(*Quadrennial Defense Review Report*)① 再次重申了这种观点。削减国防预算危及的正是美国在第二场战争中的作战能力。

当然，事情没那么简单。作战中一个主要瓶颈是后勤，特别是把部队和装备运送到战场。在战争的早期阶段以及当部队和装备要迅速部署时，这些瓶颈可能会产生强大的约束。在给定几个月的时间里，民用船只可以转换为运送装备和部队的船只。当部队需要快速部署时，只要愿意强迫国内经济承担较大的短期成本也是可行的，比如，军方可以命令民用飞机运送部队。因此，如果增加防御准备支出，可能会降低危机发生时的成本。接下来的问题是：我们愿意支付多少“保费”？

于是，问题（正如有时所说的）不是美国能否同时在两条战线上作战，而是第二条战线的额外成本和风险是什么？过去的 50 年间，美国经历的所有严重的战事几乎都持续了数月，有的甚至数年。伊拉克和阿富汗战争实际上是美国历史上持续时间最长的战争。如果这是未来的可能模式，那么大概就没有必要将第二条战线所需的全部能力快速部署完毕。

可是，来自非常规战争的威胁日益增大，这些威胁无论是来自代表战败国或非国家行为体（nonstate entities）的武装力量，还是来自新型的大规模杀伤性武器和网络空间武器，都要求国防部在其他方面提高能力。新的优先事项包括用于情报、监视和侦察的无人机系统、快速部署特种作战部队、镇压叛乱和反恐。在这些“战场”上取得成功所需的军事技能和技术，与过去的军事技能和技术截然不同。目前的担忧是支出不平衡——用于应对“旧”威胁的支出太多，而用于应对新威胁的支出太少。

武器扩散 自苏联解体后，注意力集中到乌克兰和哈萨克斯坦（除俄罗斯外，这两个前苏联加盟共和国也继承了核武器）的无核化、减少俄罗斯的核弹头数量以及制止武器扩散上（见专栏 12.2“铸剑为犁”）。

专栏 12.2

铸剑为犁

苏联的解体提出了一个挑战：如何确保俄罗斯、乌克兰和哈萨克斯坦的导弹核弹头中

① U. S. Department of Defense, *Quadrennial Defense Review Report*, February 2010, p. vi.

的高浓缩铀不落入坏人之手。美国提出了一种创新型方法：美国购买这些核材料并将其运回美国，经过处理后将其用于核电厂。

然而，有一个障碍：美国正在把负责铀浓缩活动的政府机构私有化。这家被称为美国铀浓缩公司的企业，其绝大部分利润来自向发电厂出售浓缩铀，它并不希望有竞争。私有化的反对者认为，这只是不应该把该公司私有化的原因之一。用于制造核电站浓缩铀的相同工艺可以进一步将浓缩铀加工到核武器所需的水平。将制造浓缩铀的责任转交给一家私人企业似乎是鲁莽的，因为私人企业有动力将浓缩铀卖给出价最高者。

最终，私有化还是照常推进了。它减缓了浓缩铀进入美国的进程，但无法阻止。另外，私有化的所谓好处，即提高效率，从未实现。该企业仍然濒临破产，国会也偶尔有提案讨论将其重新收归国有。这是一个没有人认为真正成功的私有化案例。

资料来源：有关美国铀浓缩公司私有化斗争故事的早期讲述，请参阅 J. Stiglitz，"Unfair Trade Laws and Other Mischief，" in *Globalization and Its Discontents* (New York：W. W. Norton & Company，2002)，pp. 166－179。有关该事件的更新内容，请参阅 D. Koplow，"Subsidies to Uranium Enrichment，" in *Nuclear Power：Still Not Viable without Subsidies* (Cambridge，MA：Union of Concerned Scientists，February 2011)，pp. 62－72。

军工行业是有利可图的，也是俄罗斯具有全球竞争力的少数行业之一。由于许多小国家想购买武器，所以真正的危险在于武器源源不断地用于世界各地与日俱增的种族和政治斗争。由于美国本身就是世界其他地区武器的主要供应者，因此它难以批评其他国家也这么做，尽管它自称在武器销售方面更负责任。[①]

美国和其他 79 个国家于 1968 年签署了一项核不扩散条约，试图限制获得核武器及其运载方法。[②] 美国自 1974 年针对印度所谓的"和平核爆炸"通过其第一个核不扩散制裁法以来，一直通过经济制裁的威胁来执行该条约。核不扩散制裁法对从事核扩散活动的个人、私人实体和政府实施制裁。

例如，在 1993 年以及之后的 1996 年，美国为了报复向巴基斯坦出口导弹，中国面临失去其最惠国待遇的威胁——在享受最惠国待遇的情况下，中国向美国出口的商品适用美国对任何国家（加拿大和墨西哥除外）课征的最低关税。1998 年 5 月，印度和巴基斯坦都成功试验了核弹，加入了核俱乐部。对此，美国和其他国家对两国实施制裁，切断了非人道主义援助，限制对印度和巴基斯坦政府的贷款。

美国发动伊拉克战争的所谓理由，正是担心该国正在制造核武器。尽管联合国调查人员认为事实并非如此，但美国并不这么认为。美国入侵伊拉克之后发现，原来联合国调查人员是正确的。关于伊拉克核武器能力的报告是基于有缺陷的和捏造的证据，故美国情报部门的能力和公信力遭到质疑。

目前，援引最多的防止核扩散法律之一是《2006 年伊朗、朝鲜和叙利亚核不扩散法案》(Iran，North Korea，and Syria Nonproliferation Act of 2006)。在过去的 20 年间，朝鲜与美国之间的军事对抗得以避免，是因为签署了协议（尽管这些协议在相互指责对方违

① 从 2003 年到 2010 年，美国出口了价值 1 708 亿美元的武器（按 2010 年价格），高于任何其他国家，占世界总量的 39%。同期的第二大武器出口国是俄罗斯，其武器销售额为 811 亿美元，占世界总量的 18%。资料来源：Richard F. Grimmett，*Conventional Arms Transfers to Developing Nations*，*2003－2010*，Congressional Research Service，September 2011，Table 31.

② 截至 2010 年，共有 190 个国家成为核不扩散条约的成员国。资料来源：United Nations Office for Disarmament Affairs，"Treaty on the Non-Proliferation of Nuclear Weapons (NPT)，" http：//www.un.org/disarmament/WMD/Nuclear/NPT.shtml.

约的过程中时常破裂)，美国承诺提供援助以换取朝鲜消除核潜力，从而结束了两国之间的对峙状态。

随后，伊朗的核扩散问题备受关注。伊朗声称其希望建设的核浓缩设施是出于和平目的（核能)，但其他国家并不相信，这导致了伊朗与其他致力于限制核扩散的国家之间的对抗。

生化武器与恐怖主义 现在，核不扩散制裁扩大到防止生化武器的扩散上，而核武器、化学武器和生物武器统称为**大规模杀伤性武器**（weapons of mass destruction, WMD)。

1991 年海湾战争将注意力更多地集中于一些危险国家的威胁及其对生化武器的使用。一小瓶致命病毒就可能导致大规模死亡，这是一个恐怖的景象。而且，即使伊拉克没有发动生化战，但从海湾战争归来的人各种疾病缠身，使人时刻想到化学武器的威胁（尽管后来的事实证明，这些疾病可能与美国的许多军事武器所用的铀有关)。在布什总统和克林顿总统任内两党共同努力，促成了禁止化学武器的国际协定。

制定可强制执行的国际协定与合作打击生物武器、化学武器和恐怖主义，是美国应对这些威胁的战略的一部分。另一部分是研究，旨在比如建立迅速开发解毒剂和抗体的能力。考虑到这种危险的严重程度，有人担心美国对这类研究的支出太少。

12.2 提高国防部的效率

不管在国防上花多少钱，都应该花得恰当合理。近来的注意力集中于改善国防部的采购政策和结构调整。

12.2.1 国防采购

在冷战的高潮期，成千上万的企业专注于提供扩军所需的研究和武器。军事生产在许多方面不同于民用部门的生产。民用飞机有许多潜在买家。飞机制造商生产自己认为最能满足世界航空需求的飞机，然后努力说服各家航空公司购买自己的飞机。但是，如果飞机制造商生产了一种先进的军用飞机，那么通常只有一个客户，那就是国防部。通常情况下，国防部在某种特定的机型上只有一家供应商，两家或更多企业生产完全相同的飞机成本太高了。虽然以下描述的许多采购问题在所有政府部门都可能出现，但由于国防采购的独特性质，有些问题在国防部门表现得尤其严重。

标准程序 为了确保获得最优惠的价格，政府通常采取竞标的办法：不同的承包商告诉政府它们愿意以怎样的价格供货（例如，特定规格的 1 000 辆坦克)，政府则从标价最低者那里购买这些坦克。然而，常常出现显著的**成本超支**（cost overrun)，即成本超过生产者原先的估计。有时，合同要求这些成本由政府和私人承包商共同分摊，这种合同被称为**成本分摊合同**（cost-sharing contract)。即使合同没有明确要求分摊超支的成本，政府也可能会承担所有或大部分额外成本。承包商可能声称成本超支是设计规格改变的结果，这种改变几乎总是伴随着新武器的开发，特别是当开发需要好几年的时候，经常难以确定在多大程度上成本超支实际上是设计变更的结果。而在其他情况下，私人承包商只需要说，如果没有更多资金就无法完成合同，那么政府就不得不做出如下选择：是损失已经花掉的资金，还是和承包商谈判达成和解。即使政府起诉承包商违反合同，推迟开发和部署武器的代价也可能非常高。

成本超支的普遍存在意味着在承诺购买之时，公众很难准确知道诸如船只、防御系统、坦克等的成本。这也意味着政府也很少知道是否真的把合同给了成本最低的生产者[①]，政府知道的只是把合同给了出价最低的投标人。

成本超支的原因是什么？在新武器的情况下，对成本的估计错误是常见的，但为什么这些错误会有偏向性？也就是说，为什么会有低估成本的系统性倾向？部分原因与竞标程序有关：潜在的承包商知道，它们必须低价竞标才能获胜。成本分摊制度（隐性的或显性的）意味着，报价过低几乎不会受到惩罚，而报价太高则会遭到惩罚，特别是当其他企业报价低时（比如用它们最乐观的成本估计）——报价高的企业将得不到合同。

成本分摊制度除了降低报价过低的惩罚之外，还有一个更大的弊端，那就是赢得合同者几乎没有提高效率的激励。**成本加成合同**（cost-plus contract）进一步降低了提高效率的激励；例如，政府支付武器开发的所有成本再加10%加成率（比如说）的合同，实际上提供了低效率的激励——企业花费得越多，从政府那里得到的越多。

成本分摊有着如此明显的弊端，政府为什么还要这么做？成本分摊的部分原因是开发新武器系统所固有的不确定性。如同我们前面所说的，企业所能做的最多只是估计这些成本。如果使用**固定费用合同**（fixed-fee contract，一种支付给承包商固定数量的合同，不管最终的成本如何），承包商要承担相当大的风险。即便承包商是非常有效率的，它也有可能在新武器系统开发中遇到困难，这将会增加其成本，超出其所收到的固定费用。在这种情况下，企业将蒙受巨额损失。倘若企业（或其管理层）是厌恶风险的，承担风险一定要得到补偿，那么它们的报价将较高，代表它们对实际成本的估计加上承担风险的补偿。政府更有能力承担风险。通过成本分摊合同，政府承担了大部分风险，但同时也降低了提高效率的激励。

尽管这为成本分摊合同提供了一种重要的理论依据，但五角大楼的一些批评人士认为，当政府同意支付全部或部分超支的成本时，还有其他因素在起作用。大量军官从军队退役之后在私人企业尤其是在国防承包商那里谋取职位。批评人士说，这激励了这些军官满足国防承包商的要求。

现行制度的支持者虽然承认该制度远非完美，但指出国防承包商之间存在着较为充分的竞争，这种竞争至少在一定程度上限制了低效率。表现始终不如其他企业的承包商难以获得合同。

过度监管与采购改革 许多人认为，国防合同最重要的问题不是成本超支，而是制定保证政府不被欺骗的详细程序。这些都需要过度监管和保留记录，并降低企业以节省成本的方式进行生产所需的灵活性。实际上，当政府购买的设备与私人部门购买的设备完全一样时（例如喷气发动机），政府的采购程序导致政府最终要支付更多，因为它使企业的生产成本大大增加。1994 年，美国国防部改革了大大增加其采购成本的采购程序，试图使其程序更加贴近私人部门的标准程序。由于军队精简，能够专门为军方生产的企业减少了，愿意接受政府采购规则所带来的种种麻烦的企业也为数不多了。

采购改革涉及几个方面。一是促进**两用技术**（dual-use technology），即技术可以军民两用。这有两大好处：对于许多产品来说，更大的市场会降低生产成本，也会提高竞争程度。二是强调“现成”（off-the-shelf）产品，即在市场上可获得的产品。因此，国防部不

① 请注意，当发生成本超支时，合同签订之前的有限竞争已不复存在；此时政府若再寻找其他潜在的供应商，一般来说成本会非常高或根本是不可能的。

是购买定制的T恤衫，而是选择在市场上已有的T恤衫。没有令人信服的理由可证明国防T恤衫要设计得与其他地方使用的T恤衫不同。

虽然这项改革提高了国防采购的总体效率，但国防部的武器采购计划一直保留在美国政府问责办公室（Government Accountability Office，GAO，即以前的审计署）的清单上，该清单所列的都是政府自1990年以来支付过高费用的高风险领域。例如，政府问责办公室对部分武器采购计划的第七次年度评估（2008财年）发现，研发费用比原来预计的高出42%，采购总成本超出预算2 960亿美元（2009财年），推迟交付时间延长至22个月。① 对此，参众两院一致通过了《2009年武器系统采办改革法》（Weapon Systems Acquisition Reform Act of 2009）。该法案令国防部成立了一个新的部门——成本评估和项目评价办公室（Office of Cost Assessment and Program Evaluation，CAPE），直接向国防部长报告。它还要求在新武器投产前对其进行更广泛的测试，以确保新武器的生产按设计执行，并让现场指挥官在制定新武器的技术规范方面有更大的发言权。

12.3 国防转型

冷战的结束带来了军队精简和结构调整，这一过程被称为**国防转型**（defense conversion）。这么大规模的任何变化（哪怕只是GDP的几个百分点的调整）都会给经济带来压力，而经济压力会迅速转化为政治压力。虽然国防支出的主要理由是保护美国，但是国防部的政治支持也来自国防支出可以创造众多就业机会的事实。虽然稳健的宏观经济政策应该能够让经济处于或接近于充分就业，但正在从事与国防有关工作的人则担心国防削减会使他们失去工作，即使他们可以找到另一份工作，也不会和现在的工作一样好。

关于基地关闭的争论就表明了这些担忧。随着军队规模裁减，需要的基地减少了。但是，关闭基地就意味着失业，而国会议员则将维持本地区的就业视为他们的主要责任之一。

基地关闭的政治性很强，以至于1988年国会设立了基地调整与关闭委员会（Commission on Base Realignment and Closure），以推荐哪些基地应重新调整或关闭。该委员会将这一过程非政治化（并减轻了对国会的压力），因为虽然国会可以否决该委员会的全部建议名单，但是它不能从名单上单独去掉某个基地。在《1990年国防基地调整和关闭法案》（Defense Base Realignment and Closure Act of 1990）的支持下，该委员会分别于1991年、1993年和1995年持续开展了这项工作。前四届基地调整与关闭委员会建议关闭或调整了大约450个军事基地，占国防部1988年进行基地调整与关闭前总量的20%。其中包括关闭了97个美国国内主要军事基地（美国国内总共有495个主要军事基地）。所有这些建议均被国会采纳。到2001年，这四轮基地调整与关闭节省了大约167亿美元，其中包括环境清理成本，2001年后估计每年节省66亿美元。② 2005年，第五届基地调整与关闭委员会建议再关闭或调整182个基地，其中包括关闭22个基地和调整33个基地，估计在今后的20年里可以令纳税人节省150亿美元。同样，所有建议都被国会接受。③

---

① U. S. Government Accountability Office, *Defense Acquisitions: Assessments of Selected Weapon Programs*, Report to Congressional Committees, March 2009, p. 6.

② U. S. Army Base Realignment and Closure Division, "BRAC Frequently Asked Questions," http://www.hqda.army.mil/acsim/brac/faq.htm.

③ Defense Base Closure and Realignment Commission, *2005 Defense Base Closure and Realignment Commission Report*, pp. iii-viii.

在许多严重依赖国防支出的社区，裁军导致高失业和其他不良经济影响。有人认为，联邦政府对帮助这些社区负有特殊责任。这种援助的理论依据是市场失灵：无法获得对事件的保险。实际上，在面对巨大冲击时，通过提供过渡性帮助，社会提供了一种无法通过市场获得的保险。这种援助的批评者则认为，社区会受到各种需求变化的冲击正是资本主义的一部分，但为什么政府的国防服务需求变化所导致的需求变化就应该获得优惠待遇？

在实践中，政府通过放慢国防转型步伐、提前大力宣传等，试图减轻不利影响。从伊拉克和阿富汗冲突中抽身，再加上预算赤字巨大，公共债务急剧攀升，意味着美国需要进行几轮裁军。作为第一步，美国国防部长于 2009 年提出取消或大幅削减武器计划，预计费用至少为 1 260 亿美元。

裁　军

- 国防转型需要重新部署资源。重新部署的成本可能很大。
- 重要的是要有效地重新部署诸如军事基地等资源。
- 尽管从长期来看，社会将受益于重新部署，但是某些人和社区可能受到不利影响。由于市场不能提供抵御经济紊乱的保险，因此，政府援助就有存在的理由。

□ 12.3.1　核算与国防部

在美国的国防建设中，伊拉克和阿富汗战争提出了一系列新的问题：预算和拨款程序。当布什政府准备开战时，战争开销估计在 600 亿美元左右，结果政府花费了 2 万多亿美元。

长久以来，政府到底花费了多少钱甚至难以确定，部分原因在于其中的一些支出没有完全披露（实际上一部分开支被隐藏起来），部分原因在于军费是通过几乎成为常规的一系列小额“紧急”拨款而增加的。

问题的一部分原因也在于政府的核算方式与大多数私人企业所使用的核算方式不同。政府的核算方式是以现金收入和支出为基础，而不是权责发生制——也就是说，一家企业今天发生的、明天要支付的责任，要作为今天的责任进行会计处理。例如，许多企业以递延薪酬（即工资将在一段时间后支付）的形式支付一部分工资。然而，企业必须将这些未来的成本视为今天生产成本的一部分。对于政府来说并非如此，也就是说，在实际发生之前不必考虑这些未来的成本。

对于军方而言，这些成本可能是巨大的。例如，从阿富汗和伊拉克战争撤回的部队中有近一半人有某种残疾，许多人还有多种残疾。未来，政府在残疾人员福利金和医疗保健费用方面的支出保守估计也得上万亿美元。

更糟糕的是，误导性的会计核算制度可能会产生扭曲的激励。最重要的是，如果真实的总成本被低估，那么目前的支出水平可能会超出公民在知道真实成本后的选择。

12.4　研究与技术

长期以来，美国政府（和其他国家的政府一样）在基础研究、新技术的开发和推广等方面一直发挥着重要作用。

例如，20 世纪农业生产率明显提高的一个关键因素就是依据 1862 年和 1890 年的《莫雷尔法案》(Morrill Land-Grant Act)建立了"赠地学院"(land-grant college),以及随后根据 1914 年《史密斯-利弗法案》(Smith-Lever Act)成立了农业合作推广署(Cooperative Agricultural Extension Service)来传播赠地学院所教授的知识。核时代是主要在政府实验室中进行的政府研究的直接产物。20 世纪的其他奇迹,例如喷气式发动机和超级计算机,在很大程度上也是国防研发支出的副产品。互联网和生物技术革命也是以政府资助的研究为基础的。

联邦政府不断大力度地投资于研发,2010 年联邦政府在研发上花费了 1 410 亿美元。尽管政府现在不断增加非国防研发支出,但国防研发支出仍然占研发支出总额的 57%,相当于 1960—2010 年的平均水平,但低于 1954 年 89%的峰值(见图 12.3)。此外,尽管美国研发支出占全球研发支出的三分之一(见表 12.2),但从综合公共支出和私人支出占 GDP 的比率来看,美国在非国防研发上的开支(2.3%)要比日本(3.3%)、韩国(3.2%)和中国台湾(2.9%)少得多。[①] 所以美国在创新方面做得不够好也许就不足为奇了,专利申请就是一个例证。日本和韩国按人口调整的专利申请率远远高于美国。[②]

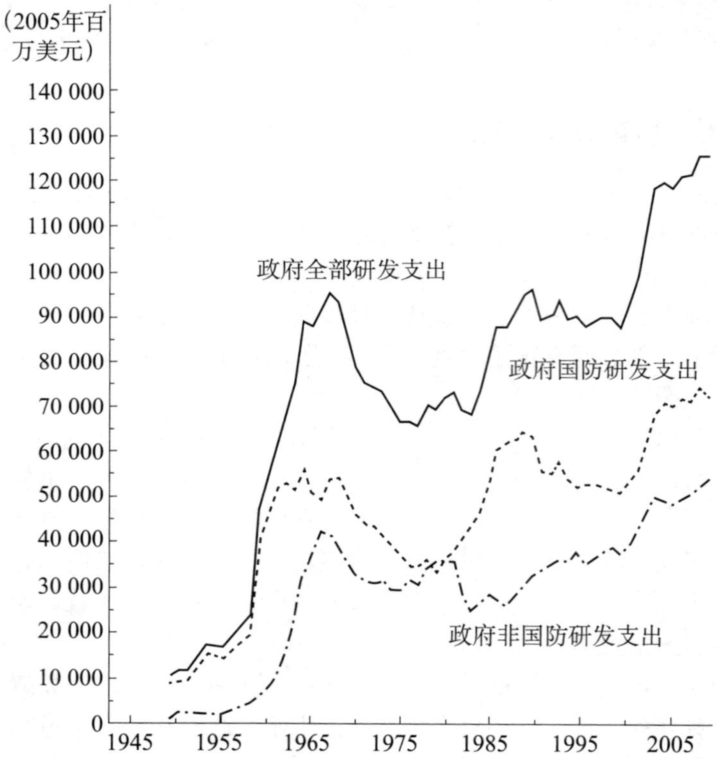

图 12.3 政府的研发支出(1949—2010 财政年度)

本图显示以 2005 年美元计算的国防、非国防以及联邦研发支出总额。在 2010 年,美国政府用于研发的支出为 1 250 亿美元,其中一半以上用于国防项目。

资料来源:Executive Office of the President, Office of Management and Budget, *Budget of the United States Government*, *Fiscal Year 2013*, *Historical Tables*, Tables 9.8 and 10.1.

---

① National Science Foundation, *Science and Engineering Indicators*, *2012*, Table 4-20.(这里给出的百分比数据均为 2009 年数据,而韩国数据为 2008 年数据。)

② World Intellectual Property Organization (WIPO), *World Intellectual Property Indicators*, *2011 edition*, Table P1.

表 12.2　　研发支出的国际比较（2010 年）

国家	占 GDP 的比率（%）	GERD*（购买力平价，十亿美元）	占全球研发支出的比重（%）
前十国家			
美国	2.8	415.1	33.2
中国	1.5	149.3	11.9
日本	3.4	148.3	11.8
德国	2.8	82.9	6.6
韩国	3.4	49.0	3.9
法国	2.2	47.4	3.8
英国	1.8	39.3	3.1
印度	0.8	32.5	2.6
加拿大	2.0	25.9	2.1
巴西	1.1	23.9	1.9
其他部分国家和地区			
俄罗斯	1.0	22.9	1.8
中国台湾	2.3	18.9	1.5
瑞典	3.6	12.9	1.0
以色列	4.3	9.4	0.8
新加坡	2.5	7.4	0.6
芬兰	3.9	7.2	0.6

* GERD 代表研发支出总额，其中包括政府研发支出和私人研发支出、经常性支出和资本性支出。

资料来源：Battelle，*2012 Global R&D Funding Forecast*，December 2011.

近年来，美国的生产增长率较低引起了相当大的关注。1973—1995 年，生产率的增长率平均不到 0.5%，虽然从 2000 年到 2007 年反弹至 1.4%，但随后从 2008 年到 2010 年又降至 0.7%。这与第二次世界大战结束之后的 20 年形成了鲜明的对比，那时平均略微低于 3%。

生产率增长有三个来源，即资本增加、通过教育和经验积累而形成的人力资本（劳动力素质）改善以及技术进步。1973 年以来美国生产率增长放缓的主要原因是技术进步的步伐放慢，因此，研发投入不足令人担忧。

□ 12.4.1　市场失灵

经济增长放缓本身可能不是政府干预的理由，至少从经济学家的角度来看是如此。问题是：听任市场自行其是会出现投入不足是否因为存在市场失灵？答案是肯定的：知识在许多方面就像一种公共产品，而正如我们在第 5 章看到的那样，私人部门在公共产品上投入不足。

我们在讨论公共产品的属性时已经知道它具有的两个关键属性：不应该排他（多为一

个人提供公共产品的边际成本为零)[①] 和不可能排他。研发（或者更准确地说知识，即研发的产物）具有第一个属性，并且也经常具有第二个属性。向更多的人提供信息不会减少可用知识的总量。[②] 但是，如果知识是免费提供的，那么生产知识的人就得不到任何报酬。因此，要么政府直接支持研发，提供知识的生产，要么政府确保生产知识的个人或企业得到补偿。

创新者在研发上的投入可通过多种方式获得回报。凭借“先发优势”（first mover advantage)，第一家在市场上出售某种新产品的企业通常可以获得忠实客户，且更有条件取得进一步发展。在许多领域，与创新相关的许多知识是“隐性的”，难以从一家企业传递到另一家企业。在像冶金等行业，很少依赖于知识产权。事实上，要获得专利，就必须披露相当多的信息，因此许多企业宁愿通过商业秘密的形式来保持自己的优势。例如，可口可乐的配方就没有申请专利：它的发明者选择将该配方放在银行保险柜里。

知识产权　然而，在某些领域，要使人们能够从创造知识的活动中获得回报，其他人则必须依法被排除在外——不能使用该知识，或者至少不能无偿使用该知识。政府通过确立知识的“产权”可以做到这一点，即政府授予**专利权**（patent)，使知识的发现者能够在一定时期内独家使用知识（包括许可他人使用的权利)。**版权**（copyright）赋予作品的作者独家使用和销售自己作品的权利。专利权和版权确立了**知识产权**（intellectual property right)，知识产权可确保发明者和作者对其劳动成果能获得适当的回报。美国宪法的制定者认识到了知识产权的重要性，他们赋予联邦政府授予版权和专利权的权力，以鼓励创新活动。

并不是所有的想法和发现都可以获得专利权。例如，数学定理就不能，而算法则有可能。即使某个发现获得了专利权，也常常有可能围绕该专利进行发明。因此，尽管某种药物可以获得专利权，但是只要稍加改动，就可以设计出药性相同的药物。

在决定专利权的期限时，政府面临着权衡取舍。延长专利权的使用期限为私人企业从事研发提供了更大的激励，但所生产的知识在更长的时间内无法得到有效使用。例如，假定一家企业发现了一种新的低成本制造产品的方法，这种方法的成本低到该企业可以把价格压得低于所有竞争对手。企业通过对某种发现获得专利权而处于垄断地位，其产量会比知识可免费传播时的少。

专利权造成的损失如图 12.4 所示，我们在图中画出了一种药物的市场需求曲线。该发明之前的生产成本是 C_0，竞争性均衡（P_0，Q_0）位于 D 点。拥有一项小发明的企业，其生产成本较低，为 C_1。该企业的索价只要低于 P_0，就会赢得整个市场；因此，它的利润是 $ABDE$，销售量是 Q_0。[③] 如果有关新发明的信息可免费获知，那么价格会跌至 C_1，数量将升到 Q_1。若赋予企业专利权，企业对其知识的垄断会导致产量低于应有的水平，无谓损失则为 BDF。当专利权到期时，价格将跌至 C_1，创新者的利润降至零。因此，专利权的期限越长，企业对信息使用垄断的低效率所造成的无谓损失越大，但创新者的回报就越多，对创新的激励也越大。

---

① 托马斯·杰斐逊（Thomas Jefferson）曾说：知识就像一支蜡烛，即使它点燃了另一支蜡烛，也不会让自己的光减弱。

② 不应将这一事实和另一事实相混淆，即一个人从特定知识获得的回报可能取决于有多少人知道该信息。一条信息的垄断者可以获得回报，但如果该信息是免费提供的，就不可能获得回报。

③ 当然，该企业不能随便开价和定产，因为只要价格位于或高于 C_0，企业都将失去其垄断地位。换句话说，该企业只能在 $P_1 \leqslant C_0$ 的约束条件下使其利润最大化。

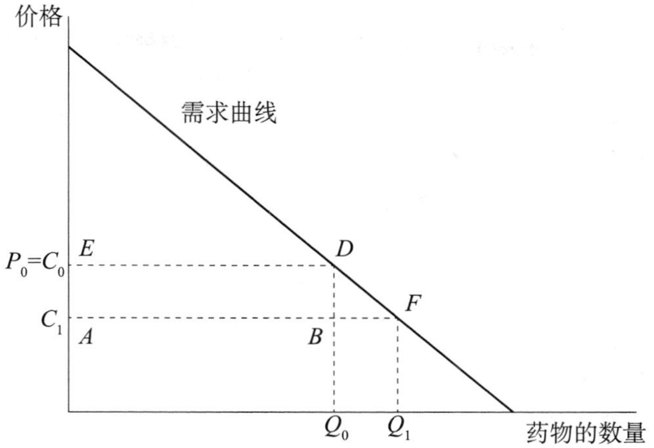

图 12.4　专利权的影响

与知识的免费传播相比，专利权制度导致了较低的产出。无谓损失是三角形 *BDF* 的面积。

专栏 12.3

专利权的范围：人体能申请专利吗？

知识产权能使发明者在其创新成果上获得一些回报。但是，如何界定知识产权，这是一个很重要的问题。例如，传统上，专利权的期限是 17 年。期限越长，发明者的回报越大，但是，发明者握有垄断权的时间越长，有关这项创新的生产受到限制的时间就越长。

在界定知识产权时，专利权的期限并不是唯一的问题。同等重要的问题还有专利权的范围：专利权的广度应该多大。我们以基因工程的最新进展为例。第一个开发转基因西红柿的人在下列情形中都应该被授予专利权吗？(a) 所有转基因植物和动物；(b) 所有转基因植物；(c) 所有转基因西红柿；(d) 这种特殊品种的西红柿。

最近，对人类基因的研究，掀起了有关专利权范围的热议。对人类数以百万计的基因进行解码是一项非常重要的任务。例如，它能使所开发的药物治疗无数疾病，改善健康状况。但是，就这些目的而言，没有必要解码整个基因，因为大多数相关“信息”只包含在一小部分基因之中。一些企业声称，如果它们可以解码这些信息，那么它们应该被授予该基因的专利权。其他人则认为，申请人类基因专利的整个想法令人反感。

大多数关于知识产权的重要裁决都是在法庭上逐案作出的。在戴蒙德诉查克拉巴提案（Diamond v. Chakrabarty，美国判例汇编第 447 卷第 303 页，1980 年）之前，生命形式被认为是自然的一部分，不可取得专利权。从那时起，转基因细菌被认为是可以申请专利的，因为它们不会自然产生。专利与商标局也发布了功能已知的全部基因的专利，并且制定了处理小于全基因的 DNA 序列（“片段”）的指南，因为它们没有已知的功能。

2009 年，美国公民自由联盟（American Civil Liberties Union，ACLU）代表医疗组织、医生和病人，在美国纽约南区联邦地区法院（U. S. District Court for the Southern District of New York）起诉美国分子诊断公司麦利亚德基因公司（Myriad Genetics），宣称其与乳腺癌相关的两个基因专利无效（分子病理学协会等诉美国专利与商标局案）。有这两种基因的女性患癌症的概率超过 50%；知道她们拥有这种基因对于保持密切监测以防疾病发展是极其重要的。在这种情况下，这种专利的社会价值尤其令人生疑，因为已有一个成功的全球计划来破解整个人类基因组；即使没有麦利亚德基因公司的研究，它们也会很快被发现。然而，这项专利的成本是巨大的，因为专利权人坚决保持其提供检测的垄断地位，即便他人能以更低的成本提供更好的检测。得到虚假保证（因检测不准而说他们没有这种基因）的患者，随后面临着本可以避免或延迟的死亡。2013 年，最高法院裁定，自然发生的基因不能申请专利。

知识是进一步生产知识的重要投入之一。扩大专利权的范围会增加后续研究的"知识"投入成本，这实际上会减缓创新的整体步伐。特别是，学术界一直担心过宽的专利权可能会扼杀创新性研究。*

*私人部门认为（根据第 6 章讨论的科斯思想），产权从来都没有过宽。企业允许后续发明人利用其创新成果，总是要得到回报。可是，正如我们所指出的，科斯的分析假定没有交易成本、信息充分完备、市场竞争激烈，而在实践中，如果这些假设得不到满足，过宽的专利权就可能抑制创新。

资料来源："Genetics and Patenting," *Human Genome Project Information*，http：//www. ornl. gov/sci/techresources/Human _ Genome/elsi/patents. shtml.

知识产权可能会增加知识的私人提供，但通常也会影响知识的有效利用。让一家企业垄断生产一种新产品，会导致生产水平过低，即便垄断是有道理的，结果也是如此。"动态效率"（给企业提供创新激励）与"静态效率"（要求企业的生产达到价格等于边际成本的点）之间存在权衡取舍。

最近，有人担心知识产权（特别是如果设计不当）实际上可能会阻碍创新。在任何研究中，最重要的投入是知识；如果获取先前的知识困难重重或者代价很大，后续研究就会化为泡影。此外，在某些行业，创新者面临着复杂的知识产权保护网——专利丛林（patent thicket）；创新者还面临着被起诉的威胁——任何一个人都有可能声称自己的知识产权遭到侵犯。

复杂的产品需要整合许多想法，而美国的知识产权制度对此设置了障碍。更糟糕的是，一些企业专门从事专利获取活动，用来"打劫"其他企业，对于使用哪怕很小的专利也要求巨额赔偿，同时它们知道围绕这项专利进行发明创造的成本和延迟可能代价很大。黑莓手机（BlackBerry）就遭遇了这种打劫，不得不支付超过 6 亿美元的赔偿，以免被关闭。一家小公司以类似的方式威胁要停止进口大部分英特尔先进微处理器以及使用该处理器的苹果和惠普电脑。最近，美国最高法院对美国的知识产权制度包括其实施方式表示担忧，认为有失公允，可能阻碍创新。

正如我们所指出的，许多发现都没有受到知识产权的保护，或者得不到完全的保护。这带给我们的最重要教训是：知识产权虽然重要，但只能部分解决与知识生产有关的市场失灵。其他政府干预措施也是必不可少的。

鼓励私人生产知识的其他机制 政府也鼓励私人生产知识，采用的方式如支持教育计划（见第 14 章）来补贴研发的关键性投入——科研人员，以及税收抵免——**增量研究和实验税收抵免**（incremental research and experimentation tax credit，R&E credit）。[①] 增加研究支出的企业可按增量支出的 20%从其缴纳的税款中扣除，这实际上等于政府支付了 20%的边际成本。实行增量支出税收抵免的目的是降低研究的边际成本（政府不想补贴本来就会做的研究），从而充分发挥其事半功倍的作用。与直接补贴相比，税收抵免的优点

① 这种税收抵免在税法中并不是永久性的。最初，它作为《1981 年经济复苏法案》（Economic Recovery Act of 1981）的组成部分而出台，在过去 30 年里几乎都在不断地更新。令人担忧的是，由于企业不能依靠这种税收抵免，其激励效应已经减弱——它在 2010 年 12 月第 14 次暂时延期（2009 年 12 月 31 日到期后），这也标志着连续第 9 次有追溯效力的延期。

是政府不用选择申请者：那些认为其项目值得做的人自己出钱，政府只是从边际（增量）角度来予以配套（1∶4）。税收抵免的缺点在于，它不区分具有较大外部性的研究项目和没有外部性的研究项目。的确，对于一些得到支持的项目是否属于真正的研究还存在着一些争议——日常开支和市场营销研究支出也可能被充作研发支出了。

□ 12.4.2 政府的直接支持

政府不仅间接支持研究，例如通过专利权制度和税收抵免，还直接支持研究。这种直接支持对于基础研究尤其重要。基础研究（basic research）增加了我们的基础知识储备，这与旨在更快地产生一种新产品或制造技术的应用研究（applied research）不同。基础研究的结果很有可能不适用，即使它们是适用的，限制利用这种知识的社会成本也可能特别高，因为基础研究是生产其他想法的重要投入。因此，一般认为，如果要有效地分配资源，就需要对基础研究采取某种形式的直接支持。

然而，更有争议的是政府对应用研究的支持。有时政府会选择特定行业，通过支持某些领域的研究来鼓励这些行业的发展。旨在促进特定行业发展的这些资金支持或其他政策（例如免遭国外进口商品冲击的保护措施），被称为**产业政策**（industrial policies）。这些政策的倡导者认为，基础研究和应用研究的界限并非泾渭分明；许多应用研究也具有巨大的溢出效应，即创新者给其他人带来的这种外部性没有得到补偿，因此会出现投资不足。比如，晶体管虽然是由贝尔实验室（Bell Labs）发明的，为研究出资的美国电话电报公司（AT&T）也直接受益了，但这对世界的好处显然远远超出了这个范围。

批评者认为，政府因缺乏“利润动机”，在挑选扶持对象方面有极其糟糕的记录，所以不应该涉足经济事务。引用老布什总统的经济顾问委员会主席迈克尔·博斯金（Michael Boskin）的话说：“经济是生产薯片还是生产计算机芯片用不着政府操心。”

力挺政府对技术予以支持的人士回应说，实际上，政府在挑选扶持对象方面有非常好的记录。[①] 更为重要的是，他们认为，政府支持的目的不是将经济推向特定的方向，而是确定似乎存在巨大溢出效应的领域，在这些领域，如果没有政府的支持，就会出现投资不足。我们可以列举几个例子。

例如，从1842年巴尔的摩与华盛顿之间的第一条电报线到互联网的发展，电信行业的发展壮大在很大程度上都要归功于联邦政府。在19世纪和20世纪，政府对农业研究及其传播的支持对农业部门（这曾经是经济的核心部门）生产率的大幅提高至关重要，而在20世纪，政府在从计算机到生物医学等的高科技行业中的作用举足轻重。

在最近的技术项目中，政府努力从过去的错误中吸取教训。为了改善激励机制，政府强调合作关系，私人部门在其中至少占一半成本；在资金支持上引入竞争机制，邀请外部专家进行评估，不同领域的项目要进行比较筛选；建立持续不断的审查制度，终止不成功的项目。（过去，不愿终止这类项目一直是一个严重的问题；项目所在地的国会议员总是认为成功就在眼前。）具有讽刺意味的是，虽然这些改革似乎已见成效，但它们也削弱了

① 美国政府在煤气化和其他合成燃料项目以及可再生能源项目上的种种努力，常常被认为是失败的例子。20世纪80年代，美国经济面临的问题与日本的经济成功形成了鲜明对比，故而对产业政策的兴趣也日渐浓厚。日本长期运用产业政策，例如鼓励计算机芯片产业的发展。美国政府对计算机芯片产业提供了支持：帮助建立了一个名为“Sematech”（半导体制造技术联盟，Semiconductor Manufacturing Technology）的美国生产商联盟，然后对它进行补贴。该行业在美国就此复兴，使得美国在世界市场上再次占据主导地位。现在，美国政府对半导体制造技术联盟的补贴已经停止。

对技术研究项目的支持：特殊利益集团不再将其视为“摇钱树”（cash cow），所以，为此进行游说所投入的资源也少了。

知识、公共产品和外部性

知识在很大程度上属于公共产品。通过专利权（或者其他形式的知识产权）保护，投资者可以获取其创造性活动的部分回报。不过，可能会存在外部性。此外，占有影响了知识的有效扩散和利用。这为政府支持提供了理论依据，尤其是对基础研究来说，更需要政府支持。

12.5 复习和练习

12.5.1 小结

1. 在确定国防支出“多少钱才算够”时，边际分析（看看从增加的支出中得到的增量收益）是必不可少的。

2. 有关总体国防战略的各种观点是国防需要的重要决定因素。在冷战期间，注意力都集中在威慑上；里根总统提出了战略防御计划；最近，争论又集中到了两头作战能力的可取性上。人们越来越担心核扩散和网络空间威胁以及一些危险国家和非国家行为体对生化武器的使用和恐怖主义。

3. 国防部试图通过改革采购政策来提高效率，更多地依赖绩效标准、采购现成产品以及开发两用技术。传统的采购制度，包括成本加成合同，因削弱激励或激励不当，可能会使成本大增。尽管对采购制度进行了改革，但大部分重要武器采购计划仍然远超预算，而且交货时期一拖再拖。

4. 军事基地关闭以及其他国防开支削减，导致一些地区的经济陷入困境。政府在帮助受影响地区方面应该做些什么和做到什么程度，存在着意见分歧。不存在抵御这些经济风险的保险市场，这为政府采取行动提供了理由。

5. 政府在支持研究和技术开发方面一直发挥着重要作用。知识具有公共产品的两种属性，所以，要是没有政府的干预，研究领域的投入就会不足。

6. 政府通过建立知识产权（专利权）制度鼓励创新。专利权虽然能使创新者从其创新中获得一部分回报，从而提供知识生产的激励，但也会影响其有效利用——专利制度实际上可能会阻碍创新。

7. 政府还直接支持研究（特别是基础研究），并通过税收抵免和教育资助（教育“生产”研发的关键性投入——科研人员）进行间接支持。政府的技术支持计划旨在确定存在大量溢出效应的领域。虽然关于这些产业政策一直存有争议，但政府在选择扶持对象方面有着可靠的记录。最近，政府的政策强调公私合伙，私人部门承担很大一部分成本。

12.5.2 重要概念

版权	成本超支	成本加成合同
成本分摊合同	国防转型	威慑
两用技术	固定费用合同	增量研究和实验税收抵免

产业政策	知识产权	专利权
和平红利	二次打击能力	战略防御计划
两头作战能力	大规模杀伤性武器	

□ 12.5.3 练习题

1. 假设政府决定安装一个导弹系统，有 100 枚导弹，具备二次打击能力。现在考虑是否把导弹数量增加到 110 枚。假设你是国会委员会的一名成员，该委员会必须批准这笔增加的支出。请列出你可能会问的一些问题，以证明这笔支出增加是否可取。

2. 军官和国防部官员在退役之后的几年里是否不应在私人国防承包商那里就职？

3. 军方购买锤子或劳务与购买 MX 导弹系统的方式有何不同？这将如何影响政府在这两个领域的采购政策？

4. 考虑下列招投标制度：合同授予仅次于报价最低的次低投标人。这种制度为什么会鼓励投标人诚实地报出其真实的生产成本？

5. 政府在做一些重复项目，特别是在发展的早期阶段。你认为这样做的优缺点是什么？

6. 考虑下列降低成本超支的建议。两家承包商将获得生产某种型号坦克的合同。厂家 A 将按厂家 B 的实际成本得到偿付，反之亦然。请解释为什么这种制度可能会促使每家企业提高生产效率。如果这两家企业基本相同，它们在合同投标中会需要多大的风险溢价？在什么情况下风险溢价会很大？这种制度还有哪些其他可能的缺陷？

7. 设想国会正在考虑一项法案，将目前的 17 年专利期限缩短为 8 年。这种变化对创新速度会产生怎样的负面影响？对经济会产生怎样的积极影响？

8. 假设很多年前，一位发明人获得了橙汁专利权，接着又有一位发明人提出申请柠檬汁的专利权。第一位发明人认为，橙汁的专利权应该解释为涵盖所有果汁，而第二位发明人认为，原创专利（original patent）只包含生产一种果汁的一种特定方法。在制定裁决这类案件的规则时，社会将面临哪些权衡取舍？

9. 为什么一家公司即使不相信其发现能够获得专利权还会投资于研发？

10. 一些公共产品是“地方的”，也就是说，它们只能为居住在特定地点的人提供服务。“全球”公共产品可能意味着什么？为什么知识被认为是一种全球公共产品？这对于一个小国的政府政策有什么影响？一个国家在基础研究中能搭便车吗？

11. 从何种意义上说，国际安全，包括阻止核扩散的种种努力，也是一种全球公共产品？

第 13 章

医 疗

重点问题

1. 当今的医疗制度所面临的根本问题是什么?

2. 政府如今在医疗部门中发挥什么作用?

3. 政府采取行动的原因是什么? 什么是市场失灵? 医疗市场与其他商品市场有何不同? 为什么有关分配的考量在医疗中发挥特别大的作用?

4. 保险承担大部分医疗费用这一事实产生了哪些问题? 保险公司遇到了哪些问题?

5. 现如今主要的公共政策问题是什么? 有哪些方法可以控制成本或扩大保险范围? 改革医疗保险制度和医疗救助制度的主要建议有哪些?

美国医疗制度的三个独立的且有些冲突的问题，不断引发关于医疗制度的争论。这三个问题是成本过高、保险范围较窄以及提供医疗给政府造成的财政压力。

美国医疗支出占 GDP 的比率比其他任何国家都要高，2010 年达到 2.6 万亿美元，约占 GDP 的 18%，即人均 8 400 美元。即便如此，根据某些指标如预期寿命和婴儿死亡率记录，美国健康状况事实上不如许多医疗支出较少的国家。此外，支出还在不断迅速增加，一部分是因为医疗服务数量的增加，另一部分则是因为价格上涨的幅度超过了一般物价水平，如图 13.1 所示。[①]

另外，至少在《2010 年患者保护与平价医疗法案》(Patient Protection and Affordable Care Act of 2010，PPACA) 出台之前，许多人没有医疗保险。在《2010 年患者保护与平价医疗法案》通过之前的若干年里，美国的医疗保险覆盖率是下降的。1987 年，8 个人当中略多于 1 个人没有保险，而在新的医疗保险法案通过之前，6 个人当中就有将近 1 个人没有保险。覆盖面窄已经成为一个重大的政治问题，因为这使人们特别是中产阶级工人忧心忡忡，焦虑不安。由于大多数医疗保险是由雇主提供的，故失业的工人也就失去了保险。穷人通常由公共计划所覆盖，例如医疗救助，这些人一般包括从事低薪工作的工人、没有固定工作的工人以及个体户。根据《1986 年紧急医疗救护和劳动法案》(Emergency Medical Treatment and Labor Act of 1986，EMTALA)，那些没有保险的人也可以得到紧急医疗救护，也就是说，医院必须进行紧急救护，无论他们的支付能力如何。可是，这些人在他们的病情符合紧急情况之前常常得不到充分的治疗，因而增加了治疗的总成本。由于那些没有保险的人最终会得到治疗，但他们可能不付钱，所以缺乏保险也会导致**成本转**

① 医疗服务质量的变化引发了严重的度量问题。大多数经济学家认为，尽管对于度量误差的大小几乎还没有达成共识，但传统的价格度量方法确实夸大了医疗成本的膨胀速度，因为它们并没有充分反映所提供的医疗服务的改善。

嫁（cost shifting），即某人没有支付的成本转嫁给了他人。

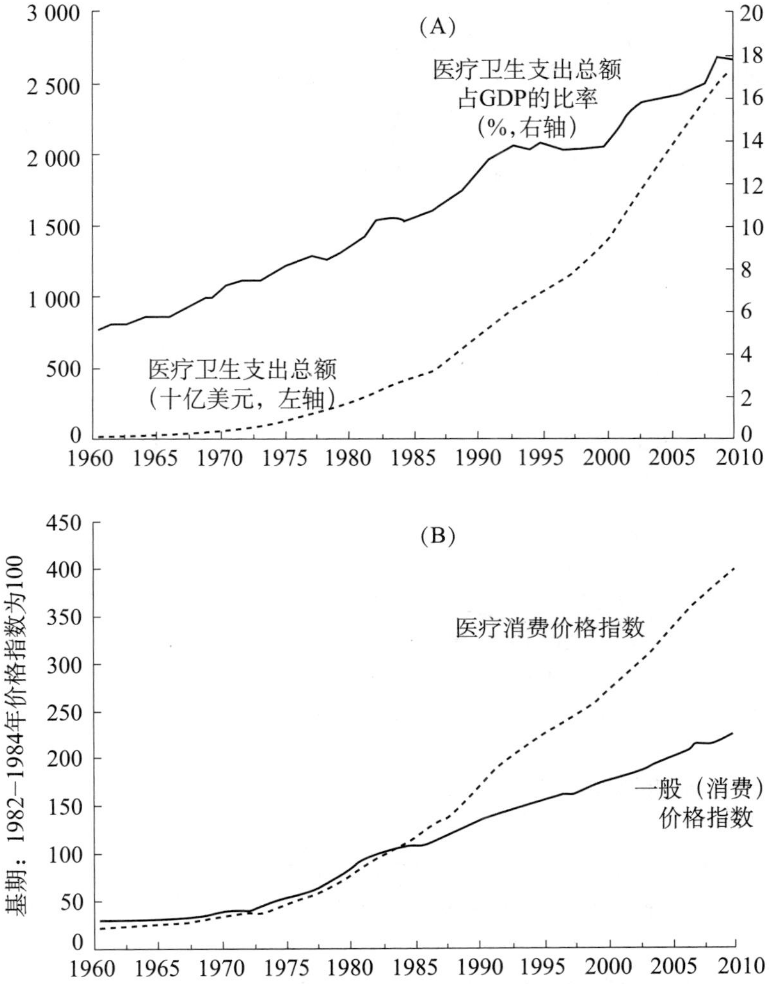

图 13.1 猛增的医疗成本和支出（1960—2010 年）

图（A）：医疗支出快速增长——快于 GDP 的增长。图（B）：一方面是因为医疗服务数量的增加，另一方面是因为医疗价格（用医疗消费价格指数即医疗 CPI 来衡量）比一般价格指数（用 CPI 衡量）上涨得更快。

资料来源：Centers for Medicare and Medicaid Services，Office of the Actuary，National Health Statistics Group，*National Health Expenditure Accounts*，*1960－2010*；and Bureau of Labor Statistics，Department of Labor，http：//www. bls. gov/data.

医疗成本飙升增加了政府预算的压力，推高了政府有关**医疗保险**（Medicare）和**医疗救助**（Medicaid）的支出。随着联邦预算赤字大幅增加，这些不断增加的医疗支出［如图 13.1 的图（A）所示］以及医疗保险和医疗救助这两个主要政府项目支出（如图 13.2 所示），已成为备受关注的问题。联邦政府用于医疗保险和医疗救助的支出，从占经济总量的比率来看，预计在未来几十年内将增加 3 倍：从 2010 年占 GDP 的 5.5%，上升到 2070 年的 14.9%。引起这种增长的原因是，老年人口数量不断增加，用于老年人的医疗服务数量不断增加，以及预期医疗价格上涨速度要快于通货膨胀率。如果再加上社会保障（Social Security），到 2085 年，这些项目的联邦支出总额占 GDP 的比率将上升到23.6%。[①]（作为参照，联邦政府总支出占GDP的比率过去在20%左右。）如果这类支出肆意增长，那么，要么必须增加税收，要么财政赤字大增，要么削减其他政府支出项目。不过，从2010年到2012年，医疗支出的实际人均年增长率仅为1.1%，这是近50年有此数据记载以来的最低水平，大大低于2000年至2006年的增长速度6%。医疗支出增长速度放缓，主要归功于2010年3月签署成为法律的《2010年患者保护与平价医疗法案》。这一令人鼓舞的趋势必将对美国的长期财政稳定产生巨大影响。

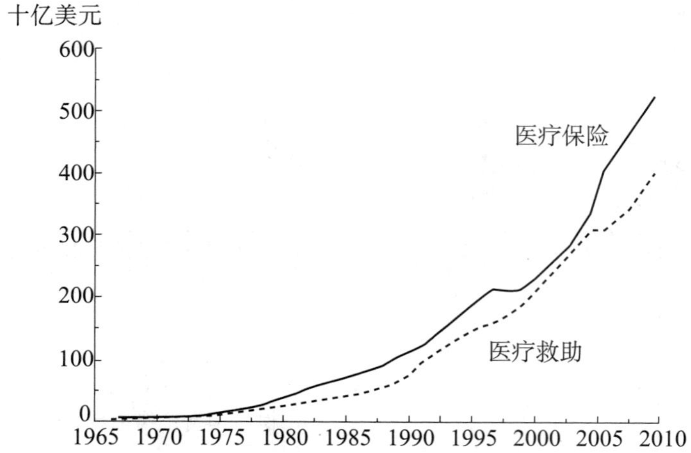

图13.2　医疗保险和医疗救助支出（1966—2010年）

政府的两大医疗支出项目——医疗保险和医疗救助，支出增长速度很快，造成巨大的财政压力；而且，在未来几十年里，这种财政压力还会有增无减。

资料来源：Centers for Medicare and Medicaid Services，Office of the Actuary，National Health Statistics Group，*National Health Expenditure Accounts*，*1960－2010*.

本章概述了美国的医疗制度：考察不同的市场失灵如何塑造了政府在该制度中的作用；探寻成本过大、保险范围较窄和财政压力的根源；讨论近年来制度改革的种种尝试。

13.1　美国的医疗制度

政府在医疗制度的建设上可采取多种形式：直接支付医疗费用、补贴个人购买医疗保险和健康保险、提供医疗服务、为医学研究提供资金和开展医学研究、防止传染病的传播、管制药品和医疗设备。在美国，政府介入所有这些领域，但在许多其他国家，政府的介入程度较低。例如，在英国，政府只负责主要的医疗服务系统。

美国的医疗制度——公共部门、私人部门和非营利组织都可提供医疗服务，是世界上最复杂的制度之一。美国大多数医疗消费者大致可分为以下四类：穷人，通过联邦政府的医疗救助计划获得医疗服务；老年人，通过联邦政府的另一个计划——医疗保险来支付自身的基本医疗费用；在职人员，由雇主提供医疗保险；未参保人员，他们有时直接购买医疗服务，但往往得到**无偿医疗**（uncompensated care），即医疗提供者没有得到补偿，费用

① 请参阅 Congressional Budget Office，*Historical Budget Data—January 2012 Baseline*，Publication 42911，and *CBO's 2011 Long-Term Budget Outlook*，Publication 41486。2010年后的医疗支出数据包括医疗保险（Medicare）、医疗救助（Medicaid）、儿童医疗保险计划（Children's Health Insurance Program，CHIP）以及医保补贴（exchange subsidies）。

转嫁给了别人。此外，少数没有雇主提供保险的人自己购买保险。

对于几乎所有人来说，大部分医疗费用不是由患者个人支付的，而是由第三方——政府或医疗保险机构支付的。如图 13.3 所示，2010 年消费者以私人保险费的形式（直接或通过其雇主）预付了 34.1%的医疗费用，另外 47.9%的医疗费用由政府支付，只有 13.7%的医疗费用直接由消费者支付。[①] 在过去的半个世纪里，个人承担的总支出比例稳步下降。1960 年，政府和私人保险的**第三方支付**（third-party payments）总额占个人医疗支出总额的 42.5%；到 2010 年，这个数字达到 82%。[②]

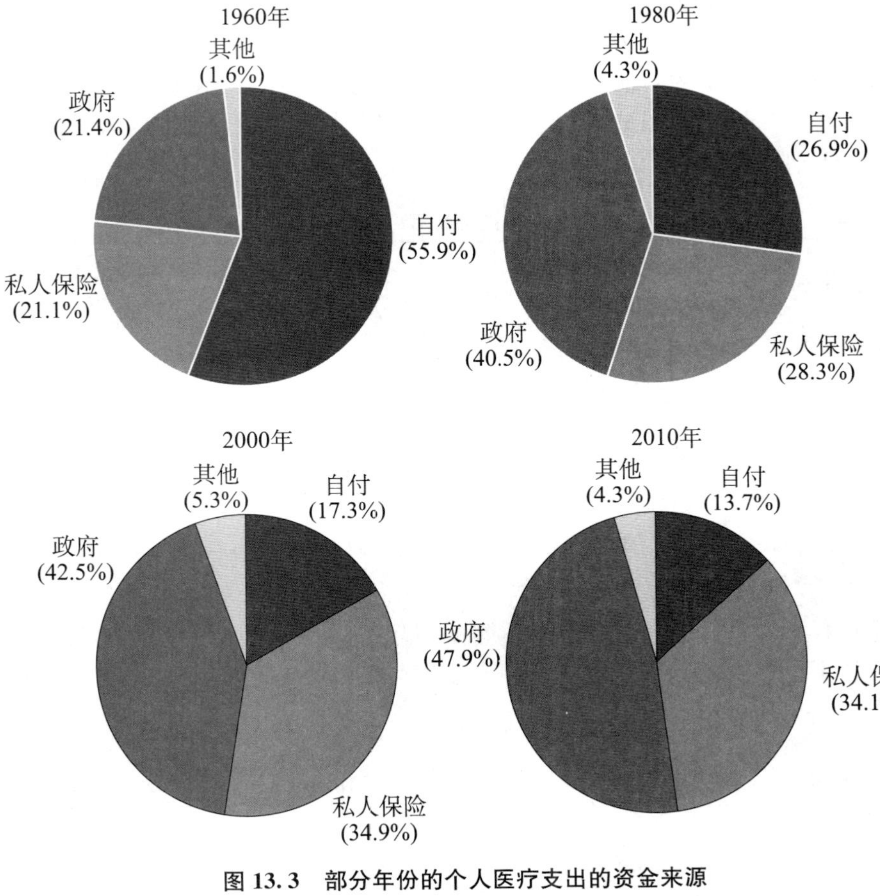

图 13.3　部分年份的个人医疗支出的资金来源

美国人自付的医疗费用比例比较小，而且近几十年来，这种自付比例一直在下降。"其他"包括慈善组织和行业现场的医疗服务支出。

资料来源：Centers for Medicare and Medicaid Services, Office of the Actuary, National Health Statistics Group, *National Health Expenditure Accounts*, *1960-2010*.

---

① 有关整个资金来源的这些数据掩盖了一个事实，那就是不同消费者之间（取决于他们的保险计划）和不同医疗支出类型之间，自付费用（out-of-pocket costs）的比例差异很大。例如，2010 年，只有 3%的住院费用由消费者直接支付，相比之下，医生和临床费用的 9.6%、养老院和持续护理退休社区（continuing care retirement community）费用的 28.3%要由消费者支付。

当然，重要的不仅仅是消费者支付的平均数，还有他们的边际成本。从边际角度来看，消费者承担增量成本的比例有多大？平均来说，个人承担的边际成本的比例可能会低于这些数字。请参阅 Centers for Medicare and Medicaid Services, Office of the Actuary, National Health Statistics Group, *National Health Expenditure Accounts*, *1960-2010*。

② Centers for Medicare and Medicaid Services, Office of the Actuary, National Health Statistics Group, *National Health Expenditure Accounts*, *1960-2010*.

如表13.1所示，美国医疗支出占GDP的比率比经合组织（OECD）国家的平均水平高出三分之一，占全部政府支出的比重在经合组织国家中属最高；相比之下，美国的自费支出占医疗支出总额的比重是经合组织国家中最低的。从医疗支出占GDP的比率来看，中等收入国家和低收入国家平均分别仅约为经合组织国家一半和三分之一；在下中等收入国家和低收入国家，自费支出约占医疗支出总额的一半。美国的医疗支出（不管是从占GDP的比率来看，还是从人均水平来看）不仅比其他任何发达的工业化国家都高，而且数量一直在不断增加。然而，人们抱怨的并不是花费了多少，而是结果有多么糟糕，也就是说，医疗制度的成效如何。随着人口的老龄化和技术的进步，美国必然会增加医药支出，但令人担忧的是，结果（例如以预期寿命或婴儿死亡率等来衡量）远不如那些医疗支出只是美国一小部分花费的其他发达国家。在某些方面，美国的结果与那些贫穷的发展中国家的结果相当，特别是按照地理位置（高收入与低收入社区）和人口特征（年龄、种族、民族）分开进行比较时。①

表13.1　　医疗支出的国际比较（2009年）

国家/国家组别	公共和私人医疗支出占GDP的比率（%）	公共医疗支出占政府支出的比重*（%）	自费支出占医疗支出总额的比重（%）
高收入国家			
澳大利亚	8.5	17.1	18.6
巴林	4.5	10.9	18.1
加拿大	10.9	17.0	15.5
法国	11.7	16.0	7.2
德国	11.3	18.0	11.4
希腊	10.6	13.0	35.3
日本	8.3	17.9	14.9
韩国	6.5	12.3	34.8
英国	9.3	15.1	10.4
美国	16.2	18.7	12.4
OECD高收入国	**12.1**	**16.6**	**13.7**
中等收入国家			
巴西	9.0	6.1	31.0
智利	8.2	15.6	34.4
中国	4.6	10.3	41.2
哥伦比亚	6.4	17.9	7.9
加纳	6.9	9.2	43.2
印度	4.2	4.1	50.0
印度尼西亚	2.4	6.9	35.2
巴基斯坦	2.6	3.6	56.8

① National Center for Health Statistics, Centers for Disease Control and Prevention, U. S. Department of Health and Human Services, *Health, United States, 2011 with Special Feature on Socioeconomic Status and Health*, May 2011; and *Summary Health Statistics for the U. S. Population: National Health Interview Survey, 2011*, December 2012.

续前表

国家/国家组别	公共和私人医疗支出占 GDP 的比率（%）	公共医疗支出占政府支出的比重*（%）	自费支出占医疗支出总额的比重（%）
俄罗斯	5.4	8.5	28.8
南非	8.5	9.3	17.7
泰国	4.3	14.0	16.5
土耳其	6.7	12.8	16.0
中等收入国家	**5.6**	**na**	**36.5**
下中等收入国家	**4.3**	**5.8**	**49.6**
低收入国家			
孟加拉国	3.4	7.5	65.9
布基纳法索	6.4	16.3	35.6
肯尼亚	4.3	5.4	51.2
低收入国家	**5.1**	**na**	**50.1**

* 占中央和地方政府支出比重。

资料来源：World Bank，*World Development Indicators*；and World Health Organization，*National Health Account Database*.

这其中的一些缘由可归因于生活方式，例如，肥胖症的发病率高或一些地区存在“食品沙漠”（food deserts）（即很难获得新鲜的水果和蔬菜）。还有一些可归因于这样一个事实，即美国的不平等程度比其他国家更高，且没有为那些无力负担医疗费用的人提供医疗服务。

上述这些观察有两个含义。第一，美国医疗部门的效率和效果还有很大的改善空间。第二，鉴于对健康的重视，不仅要注重医疗服务的提供，还要关注影响健康的其他经济社会方面，例如吸烟和饮酒、一般饮食习惯和锻炼方式。

□ 13.1.1 私人部门

在美国的医疗制度中，私人保险机构发挥着主要作用。私人保险有两种主要形式。

一种形式称为**按次收费计划**（fee-for-service plans），即医生根据所提供的医疗服务得到偿付，这是传统的保险计划。一般来说，保险偿付医疗费用总额中的一个固定数额，上有封顶。通常，保险公司只支付超过一定数额［称为**免赔额**（deductible）］的金额；在该免赔额之上个人所支付的份额被称为**共付额**（co-payment）。保险公司还规定了其对特定医疗服务偿付的上限。

私人保险的另一种形式称为**管理型医疗**（managed care），第三方支付机构（如保险公司、公司或政府）在医生和病人之间进行协调，指定所涵盖的治疗方式，协商这些医疗服务的费用。最常见的管理型医疗机构称为**健康维护组织**（health maintenance organization，HMO），负责监管这样一种制度，即病人支付固定的年费，称为**按人头收费**（capitation fee），用于支付医疗费用。健康维护组织的成员必须去找该组织的医生。此外，若要看专家门诊，则必须经由他们的健康维护组织家庭医生提出转诊。[1] 在过去的几年里，健康维护组织的发展迅速，特别是在雇主提供的医疗计划所覆盖的人群中深受欢迎，主要

① 也有将传统的按次收费制度和管理型的健康维护组织制度相结合的制度。一个例子是优先提供者计划（preferred provider plans），支付去首选提供者处求医的所有医疗费用。如果成员到另一个提供者那里看病，那么该计划只支付一部分费用。同样地，许多健康维护组织允许病人找其他医生看病，但只偿付一部分费用。

是因为它们将提高支出效率与强调疾病的预防和早期发现相结合，有助于控制成本增加。

□ 13.1.2 政府的作用

我们已经指出，政府在美国医疗制度中具有巨大作用，并且在过去20年里，两个最重要的政府项目（医疗保险和医疗救助）支出剧增。这两个项目在很大程度上是源于关心人口中的两大人群——穷人和老人而建立的，因为健康保险没有覆盖到这些人（在许多情况下，他们无法得到保险，或者至少一般认为付不起保险费）。两个项目中较大的是医疗保险，为65岁以上的所有老年人和特定的残疾人提供医疗保健。医疗保险包括三部分，即住院保险（hospital insurance）（A部分）、支付医生服务的补充医疗保险（supplementary medical insurance）（B部分）和处方药（prescription drugs）（D部分）。[①] 领受人必须为补充医疗保险缴费，但他们的缴费只占这部分医疗保险成本的四分之一左右，剩下的部分来自一般税收收入。住院费用的资金来源是2.9%的工薪税。这种税作为社会保障税的一部分，由在职职工缴纳，但名义上一半由雇主缴纳。来自2.9%工薪税的资金被放入一个信托基金，该基金已有多次接近耗尽，但每一次的快速解决方案都使得该基金得以存续。

医疗救助为某些抚养子女的低收入家庭以及大部分贫困的老人、盲人和残疾人提供医疗保健。与医疗保险不同，医疗救助由各州管理。各州在联邦政府的指导原则之下确定资格标准，并要求各州根据本州的人均收入支付该救济金的17%～50%。联邦政府承担的部分，其资金来源于一般税收收入。各州还要支付50%的管理成本。

在医疗救助制度下，各州面临着成本的快速增长，使各州不堪重负，这与医疗保险和医疗救助制度下医疗保健服务的成本快速增长成为联邦政府最严重的财政问题之一并无二致。值得注意的是，只是把负担转嫁给个人的种种改革方案不会改善人们的生活水平：它们只是改变了医疗服务的付费方式。相比之下，提高医疗保健服务系统的效率可能会导致成本降低（不管由谁支付），而不会对健康产生不利影响。据估计，如果美国的医疗保健系统像欧洲一些结果较好的国家那样有效率，那么政府的财政赤字将被完全消除。

□ 13.1.3 其他支出项目

还应该提到三种其他的直接支出项目，即公共卫生署（Public Health Service）支出、退伍军人医院（VA hospital）支出、医疗研究与教学支出。公共卫生署可以追溯到1798年建立的海军健康署（Marine Health Service），部分是为了解决与传染性疾病有关的重要外部性问题。（如果人们得了传染病，他们会增加疾病传播的可能性，从而给其他人带来外部性。）公共卫生署在降低或消除诸如天花和麻疹等传染病方面，发挥了关键性作用。

另一个主要的政府医疗项目是由退伍军人管理局（Veterans Administration，VA）管理运营的退伍军人医院。1930年退伍军人管理局成立之后，退伍军人医院开始给那些服役期间的伤病员以及其他退伍军人提供医疗保健服务。随着参加过第二次世界大战的老兵进入暮年，他们需要更多的医疗保健，故对该系统的需求日益增加。2010年，退伍军人的医疗费用达到460亿美元，几乎是退伍军人总支出的一半。

医疗研究与教学支出是另一个重要的支出类别。政府运营了一些非常成功的研究实验室，例如国家卫生研究所（National Institutes of Health），而且广泛地支持了大学和医学

---

① 还有一个C部分，即A部分和B部分的组合，它是由得到医疗保险计划批准的私人保险公司提供的。

院的医学研究。2010 年，医疗研究支出达到 493 亿美元。①

□ 13.1.4 税收支出

40 多年来，人们一直对没有医疗保险的人忧心忡忡。若没有医疗保险，严重的疾病或事故会对个人造成巨大的经济负担。为此，政府通过向雇员提供可观的税收优惠，以鼓励雇主提供医疗保险：员工不必因其雇主提供的医疗保险福利（employer-provided health benefits）纳税。1997 年，税收减免（tax break）估计为 700 亿美元。2011 年，这种税收优惠的价值估计为 1 630 亿美元。

政府为医疗支出提供的第二种大额税收优惠是：超过收入 10%的医疗费用可从应纳税所得中扣除。2011 年，这项税收减免的估计值为 83 亿美元。② 这项规定的理由是，税收应以一定程度的纳税能力为基础，而大量的医疗费用（从某种程度上说谁都不愿意发生这种情况）降低了个人的纳税能力。

这些**税收支出**（tax expenditure）既鼓励了人们对医疗保险的购买，也促进了医疗支出的增加。它们有效地降低了个人购买医疗保险所要支付的价格，而医疗保险也降低了个人要支付的医疗服务的价格。

人们不仅关心税收支出的效率结果，也就是说，可能会引起医疗服务的过度消费，还关心税收支出的公平。对于处于较高边际税率的人来说，即对较富的人来说，税收优惠明显较大。对于失业者和福利很少或没有福利的低薪员工来说，他们显然享受不到与雇主提供医疗保险有关的税收支出。

1981 年之前，这些税收支出是累退的，以致高收入群体的人均联邦总支出（包括税收支出）实际上超过了中等收入群体，即使通过医疗保险和医疗救助的直接支出大大降低了高收入群体的人均支出。事实上，中等收入群体的人均支出低于其他群体。20 世纪 80 年代税法的修改降低了边际税率，提高了医疗费用可扣除的最低支出额。这些变化降低了医疗支出的累退性。③

13.2 政府在医疗部门中的作用：理论基础

本章开头就曾指出，成本不断上涨是美国医疗制度的一个主要问题。通常情况下，某些商品的价格上涨本身并不是政府干预的理由。市场价格因供求关系的变化而改变，导致稀缺性的变化。④ 同样，美国人在医疗上比其他国家的人花费更多（从占 GDP 的比率来

---

① Centers for Medicare and Medicaid Services, Office of the Actuary, National Health Statistics Group, *National Health Expenditure Accounts*, *1960 – 2010*; and National Center for Veterans Analysis and Statistics, Department of Veterans Affairs.

② Office of Management and Budget, *Analytical Perspectives*, *Fiscal Year 2013 Budget*, Table 17 – 1.

③ 请参阅 G. Wilensky, "Government and the Financing of Health Care," *American Economic Review* 72, no. 2 (May 1982): 205; J. Gruber, "The Tax Exclusion for Employer-Sponsored Health Insurance," Working Paper 15766, National Bureau of Economic Research, February 2010; and M. Pauly, T. McGuire, and P. Barros, eds., *Handbook of Health Economics*, vol. 2 (Waltham, MA: North Holland, 2012)。

④ 在竞争激烈的市场中，支出的增加可能是由于供给曲线既定情况下需求曲线的移动和（或）由于需求曲线无弹性情况下供给曲线向上移动所致。这两种情况都有可能发生，需求曲线移动是因为美国人的健康意识增强，而供给曲线移动是由于医疗费用的增长一直快于一般商品和服务成本的增长。然而，正如下文将要说明的，令人担忧的是，医疗支出的增长并不是竞争性市场正常运作的反映。

看）可能只是反映了偏好。（我们不能因为美国人喜欢大轿车的事实，就推断美国汽车市场有问题，需要政府干预。）然而，医疗市场充满了缺陷，其中的一些缺陷确实导致了过多的支出。在本节，我们从一般理论入手，然后重点关注美国医疗市场的两个特殊方面。

我们首先讨论四种市场失灵。前两种市场失灵是第 4 章讨论过的一般性术语，即不完全信息和有限竞争。另外两种市场失灵与非营利机构和保险行业在医疗部门的重要作用有关。

即使没有市场失灵，政府也要发挥作用：有些人的收入可能非常低，他们也许负担不起医疗费，或者得不到充分的医治。最后讨论向穷人提供医疗服务的种种问题。

□ 13.2.1　不完全信息

当患者去找医生看病时，在很大程度上他们是在购买医生的知识和（或）信息。作为一个病人，患者必须依赖医生的判断，以决定需要使用哪种药物，是否需要动手术，或者其他治疗方法是否更可取。由于患者缺乏医学专业知识，一般无法有效地评判医生的建议，他们可能甚至都不知道医生是否合格。这就解释了为什么政府长期以来在医师资格认证和病人用药监管上发挥作用。[①]

这些信息问题远比消费者在其他领域面临的信息问题严重得多。在重复购买的情况下，像日用杂货，消费者要么可以自己判断产品的质量，要么依靠杂货店（比如因为它的蔬菜新鲜）。但是，人们通常不会重复购买医疗方法，例如肾脏移植、心脏搭桥手术或者溃疡治疗。对于像汽车这样的产品，有独立的评级机构，如美国消费者联盟［出版《消费者报告》（*Consumer Reports*）］，来检测产品，描述其优缺点。但是，在医疗部门，医生和医院太多，可行的疗法也太多，一家医院可能擅长某一种疗法，而不擅长另一种疗法。治疗成功可能取决于一些主观因素，比如医生的个人态度，他可能对某些人的态度很好，对另一些人则不然。即使是“报告卡”（report cards），比如心脏搭桥手术患者存活一年的比例，也不可能显示完全的信息，因为一个地区的医院接收的患者比另一个地区的医院接收的患者病情可能更为严重。

保险公司也常碰到与医生和患者有关的信息问题。像患者一样，保险公司在很大程度上也必须依赖医生来确定哪些治疗方法是必要的和有用的。关于患者的不完全信息造成的保险市场的问题，将在下文中讨论（参见“逆向选择”部分）。

□ 13.2.2　有限的竞争

不完全信息降低了竞争的有效程度。[②] 一家出售标准商品（例如索尼电视）的企业知道，只要它降低价格，就能把顾客从其他企业那里吸引过来；顾客也可容易地确定在哪里能够买到物美价廉的商品。

相比之下，找比竞争对手收费更低的医生看病的潜在患者可能会推测，对这名医生的需求不是很大，因此这名医生想吸引更多的患者；但对这名医生的服务明显缺乏需求，也可能表明该医生不是一位好医生。

---

① 肯尼斯·阿罗强调了不完全信息在医疗市场中的重要性。请参阅 K. J. Arrow，“Uncertainty and Welfare Economics of Medical Care，” *American Economic Review* 53（1963）：941－973。

② 例如，请参阅 S. Salop，“Information and Monopolistic Competition，” *American Economic Review*（May 1976）：240－245。

同样地，医疗服务的异质性使得价格和质量的比较困难重重，因此抑制了信息的有效传播。我的邻居可能对其医生的医疗服务感到满意，但是如果他的医疗问题与我的不同，他满意就不能确保如果我去找这位医生我就会满意。如果我听说某位医生的收费比别人高，要判断究竟是否应向该医生购买服务，我必须准确知道我要购买的是什么服务。

医疗行业的惯例可能加剧了不完全信息所导致的竞争的有限性。过去，医生不被允许做广告。在其他情况下，业已证明，限制做广告会提高价格（因为它会抑制竞争）。因此，例如，有几个州现在允许做眼镜广告，而这些州的眼镜价格迅速下降。在许多州，医生和医院已经可以做广告，但这对竞争的影响尚不清楚。特别是，大多数广告并没有提供多少信息。在医疗质量千差万别的情况下，只知道价格的情况意义不大。

政府对医院的评估或许更有价值，评估指标可用具体治疗方案的数量和结果、可获得的某种治疗方案与治疗结果之间关系的信息等。业已证明，一些昂贵的治疗方案与治疗结果之间几乎没有统计学关系。《2010年患者保护与平价医疗法案》的目标之一，就是要对各种治疗方法的收益和成本进行更多的评估，以提高医疗保健系统的效率。

医生也可通过其他方式来限制价格竞争。例如，有人提出，“某位医生降低收费可能会使得同行群起而攻之，甚至设法败坏他的声誉”①。

最后，在许多小型社区，人们可供选择的医生很少。医生们组成的健康维护组织和优先提供者计划实际上可能会显著削弱这些领域的竞争。

此外，医院之间的竞争也很有限。大多数小型社区最多只有几家医院。一旦出现紧急状况，人们很少会在多家医院之间进行选择。而且，即使有时间选择，也不是由个人做出选择，而是由他的医生做出选择。

□ 13.2.3 缺乏利润动机

医疗服务市场和标准的竞争性市场之间的另一重要差异是，非营利组织在医疗服务提供中具有重要作用。长期以来，非营利性医院的数量大大超过营利性医院，而且即使在今天，美国的大多数医院都是非营利性机构。这些机构没有把它们的目标简单定位为提供医疗服务的成本最小化或利润最大化。

相比之下，从理论上说，营利性医院对提高效率的激励更加明显。有时候，一些大型营利性连锁医院，似乎既有效率又有创新性。② 最近，人们的担忧转向降低质量的不当激励上（特别是在质量难以判断的情况下），以及营利性机构收取的大部分资金都用在支付管理人员的高薪和股息上而没有用于提供更好的医疗服务上。例如，营利性血液提供者因从吸毒者和其他血液很可能携带病毒者身上采集血液而被诟病。因此，该市场一直以非营利性企业为主。

营利性提供者和非营利性提供者所遇到的激励问题，在很大程度上源自不完全信息。如果消费者可以很容易地确定所购买的产品或服务的质量，那么这两类提供者都会有更大的激励来提高效率和质量。

---

① 有关这些问题的详细分析，请参阅 M. Gaynor and R. Town，“Competition in Health Care Markets，” Chapter 9 in *Handbook of Health Economics*，vol. 2，ed.，M. Pauly，T. McGuire，and P. Barros（Waltham，MA：North Holland，2012），pp. 499 - 638。

② 1986年，大型私人医疗连锁企业胡马纳（Humana）在肯塔基州路易斯维尔医院成功植入人造心脏，受到极大关注。

13.2.4 美国市场的特点

美国医疗部门有两个特点，即第三方支付和按次收费制度盛行，从而使得迄今为止发现的问题更加严重了。

第三方支付 对于一种普通商品来说，消费者会直接支付其全价，我们则可以理所当然地认为，消费者相信这种商品的收益至少与其成本一样大。而医疗保健与普通商品不同：医疗服务部分通过私人保险来提供，部分通过政府项目来提供，消费者在消费时绝对不考虑成本因素。如前所述，2010 年个人支付的医疗费用不到其全部医疗费用的 14%，所支付的医生费用的比例甚至更小，而所支付的住院费用比例更是微不足道（大约 3%）。由于第三方支付了大量的医疗费用，消费者几乎没有成本意识。价格体系的力量被大大削弱了。

按次收费 美国流行的按次收费制度也加剧了不完全知情的患者所面临的问题。患者向医生咨询哪些医疗服务是必要的和适当的，但医生就像任何服务的提供者一样，出售更多的服务对医生有利：医生提供的服务越多，其收入就越高。**医疗事故诉讼**（malpractice suits）的威胁（见专栏 13.1“医疗事故”）也让医生谨小慎微。此外，患者倾向于厌恶风险，要求做可能保护其健康的任何检查或治疗。结果是，医生往往推荐更高水平的医疗服务，患者也愿意接受这些服务。这些问题因第三方（保险公司或政府）支付费用而恶化。

健康维护组织可以通过改变医生和患者的激励来解决其中的一些问题。有证据表明，在按次收费和健康维护组织制度下，医疗服务的提供和利用有很大差异。一般来说，当医生的报酬采取工资制或按人头收费制时，医疗服务的利用减少了，这在健康维护组织中很常见。[①]

然而，健康维护组织的一个担忧是，它们的激励措施可能导致医疗服务供给不足。随着健康维护组织之间的竞争和利润率的降低，这种担忧与日俱增。

专栏 13.1

医疗事故

消费者经常对所购买的东西感到失望。在医疗保健方面，认为自己得到的医疗救治很糟糕的人，往往会对医护人员和医疗服务提供者提起医疗事故诉讼。

过去 20 年来，各种趋势交织在一起，引起了人们对这个有争议问题的极大关注：在 1992 年至 2001 年间，判决赔偿额中位数增加了 70%，但医疗事故陪审团审判的案件数量保持稳定；此外，医疗事故保险的费用从 1991 年的 54 亿美元增加到 2008 年的 112 亿美元，但从 2003 年到 2008 年，医疗事故的总损失下降了 45%，而且大多数医疗事故索赔都是在没有任何赔偿的情况下结案的。

有些人担心，医疗事故索赔导致医疗事故保险的保费过高，这反过来又推高了医疗费用，并导致医生离开高危科室，如产科。“防御性医疗”（defensive medicine）的出现也给我们敲响了警钟，即医生安排不必要的诊断检查，开出无效的药物，以避免医疗过失。医生之所以有防御性医疗行为，是因为他如果不做某种检查，就有可能被起诉，尽管这样做花钱不少而用处不大；或者，他如果没有开某种药物，也有可能被起诉，尽管这种药物产

---

① 请参阅 L. DeBrock and R. J. Arnould, “Utilization Control in HMOs,” *Quarterly Review of Economics and Finance* 32, no. 3 (Autumn 1992): 31 - 53。另见 Laurence Baker, “HMOs and Fee-for-Service Health Care Expenditures: Evidence from Medicare,” NBER Working Paper 5360, November 1995, p. 27; and David M. Cutler, “A Guide to Health Care Reform,” *Journal of Economic Perspectives* 8, no. 3 (Summer 1994): 13 - 29。

生有益效果的概率极低。由于第三方承担了这些药物和检查的大部分费用，所以医生及其患者都有动机这么干。随着防御性医疗越来越普遍，且成为评判治疗不当行为的标准，问题变得越来越严重。

限制医疗事故诉讼会产生怎样的权衡取舍？一方面，通过减少不必要的支出，经济效率可能会提高。过多的法律方面的开支（现在在这类案件中等于原告所收到的金额）可能会减少，旨在防止医疗事故诉讼的过度支出也会减少。限制医疗事故责任成本还可以缓解高需求医疗专业的医生短缺；这些专业从法律角度来看被认为是高风险的，许多医生特别不愿进入医疗事故诉讼发生概率高的领域。

另一方面，限制医疗事故诉讼（或者赔偿金额）的制度，可能导致一些人的伤害没有得到充分的补偿。据医学研究所（Institute of Medicine）估计：由于本可以避免的医疗失误，每年死于医院的人数在4.4万至9.8万之间；由于可预防的医疗事故导致额外护理，再加上患者损失的收入和工作能力，医院每年的花费在170亿美元到290亿美元之间。因此，限制也未必能大幅降低医疗支出。

不过，对于那些因不恰当的医疗（无论是因诚实的错误还是因医生或医院的疏忽）但不是医疗事故而遭受伤害的人，有一些方法可对他们予以补偿。例如，新西兰就已制定了这样一种制度。

有证据表明，尽管医疗事故诉讼的威胁导致诊断检查支出增加，但是，医疗事故赔付的增加并不是驱动保费或者整体医疗支出增加的主要因素。此外，虽然许多州修改了法律来阻止责任诉讼，但是，实施侵权法改革的州的医疗事故保险费或防御性医疗并不比没有这种改革的州低。

资料来源：National Association of Insurance Commissioners，*Countrywide Summary of Medical Malpractice Insurance*，*Calendar Years 1991－2008* and *Statistical Compilation of Annual Statement Information for Health Insurance Companies in 2009*；T. H. Cohen and K. A. Hughes，*Medical Malpractice Insurance Claims in Seven States*，*2000－2004*，NCJ Report 216339，Bureau of Justice Statistics，Department of Justice，March 2007；Daniel Kessler and Mark McClellan，"Do Doctors Practice Defensive Medicine?" *Quarterly Journal of Economics* 111，no. 2（1996）；Institute of Medicine，*To Err Is Human*：*Building a Safer Health System*，November 1999；U. S. Government Accountability Office，*Medical Malpractice Insurance*：*Multiple Factors Have Contributed to Increased Premium Rates*，GAO-03-702，June 2003；and K. Baicker and A. Chandra，"Defensive Medicine and Disappearing Doctors，" *Regulation*（Fall 2005）.

□ 13.2.5 医疗保险行业的作用

人人厌恶风险，这是人们购买保险的原因。他们宁愿每年向医疗保险公司支付一定数额的保险费，也不愿意在某年因为幸运（没有得病或没有发生事故）支出很少，而在另一年运气不佳时支出很高。特别是，那些有健康问题的人，当这种支出很高时，收入又可能特别低，因为他们可能无法工作。实际上，如果人们预期平均支付4 000美元的医疗费用，那么为了规避风险，大多数人甚至愿意付给保险公司更多——“风险溢价”。因此，即便存在大量的交易成本（保险索赔的申请和处理），保险也是必要的。

对于市场提供的保险，已经有相当多的不满，其中包括：（1）有些人购买的保险太多，而保险又导致医疗费用过高；（2）许多人不能获得保险（保险覆盖面太窄）或者只能以过高的成本获得保险；（3）交易成本（包括利润）太高；（4）医疗保险提供者之间的竞争太有限；（5）保险公司限制了消费者的选择（例如在医生的选择方面），并且为了降低成本，保险公司不仅压榨医生，还经常不允许人们得到所需要的、其医生也认为合适的治疗。各种问题相互交织在一起：缺乏竞争导致利润增加，而高额利润又使保险公司拥有了资源和激励去游说国会反对能够提高医疗体系整体效率的许多改革。

□ 13.2.6 医疗保险与医疗过度支出

人们购买了医疗保险后，就不用再支付医疗的全部费用。如果得病不受个人行为的影响，而且医生在治病的花费上也没有选择，那么就不会有什么问题。可是，人们经常会通过采取预防措施来影响他们需要医疗的可能性。（有了医疗保险，他们这样做的激励降低了，尽管这种影响可能不太明显，因为生病的大部分“成本”可能是患者的不舒服和所承担的风险，而不是医生和医院的医疗费用。）

然而，更重要的是，在治疗上存在着一定程度的自由。在医院多待一天可能会有一些好处，但这种收益可能远远低于成本。与一种非常便宜的药相比，一种非常昂贵的药其治疗效果可能只是稍有改善。患者不愿意自己支付费用，但是如果不用花一分钱或者只花很少的钱就可以用更昂贵的药，他是不会拒绝的。

医疗服务的需求曲线与任何其他商品的需求曲线一样，是向下倾斜的；正因为它是向下倾斜的，故降低患者所支付的边际成本会增加使用量。在许多医疗计划中，患者仅支付真实边际成本的 20%，而在有些医疗计划中，患者基本上不用支付任何费用。（需求仍然有限，因为住院或者看医生都有时间成本和不舒服的成本。）图 13.4 显示了一条向下倾斜的需求曲线，并表明如果患者支付了全部边际成本，消费是如何增加的。增加的幅度取决于需求弹性。有人估计医疗需求价格弹性为 0.14，因此，在共付额为 20%（即个人支付边际成本的 20%）的情况下，需求增加 11.2%（价格下降 80%，因此需求增加 0.14×80%）。①

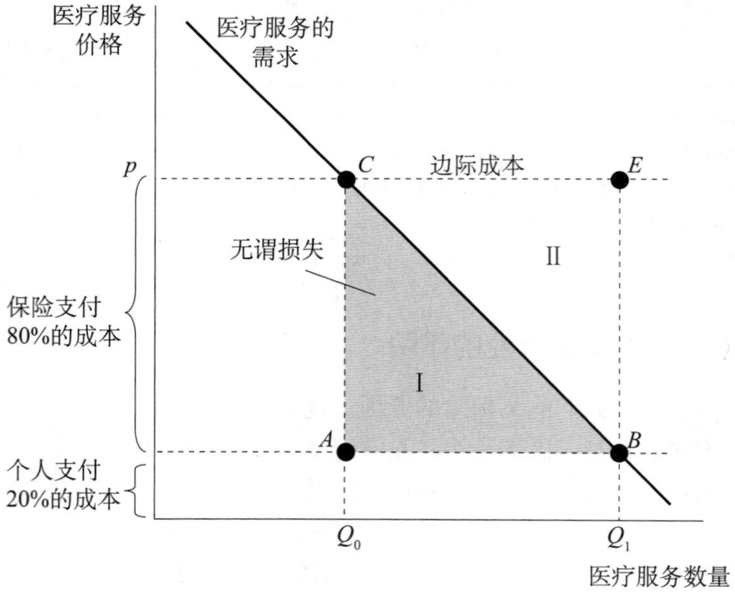

图 13.4 医疗保险和医疗服务的使用

保险降低了个人支付的价格，因而增加了医疗服务的消费数量，即从 Q_0 到增加 Q_1。对于这些额外支出，边际成本（表现为市场价格 p）超过了个人的边际收益（表现为个人需求曲线所反映的支付意愿）。*ABC* 的面积度量了过度消费造成的无谓损失。

① Joseph P. Newhouse, *Free for All? Lessons from the RAND Health Insurance Experiment* (Cambridge and London: Harvard University Press, 1993), p. 120.

问题不在于医疗支出增加太多，而在于从边际角度来看，额外支出的社会收益低于社会成本。实际上，从边际角度来说，边际收益（在20%的共付额情况下）只等于边际成本的20%。

在有医疗保险的情况下，人们在医疗上花费过多这一情况被称为**道德风险**（moral hazard）问题。长期以来，保险业一直担心，保险会增加人们只要投保了就什么都不在乎的可能性；它们认为这是一个道德问题——就拿过度的火灾保险来说，这甚至可能会诱使财产所有者烧掉自己的房子。然而，经济学家认为这只是一个激励问题——保险削弱了保持健康、控制医疗支出的激励。这里存在一种权衡取舍关系：保险越多，个人面临的风险越小，但激励也越弱，因而总体成本就越大。最优保险对这些权衡取舍进行了平衡。①

当然，道德风险效应的大小取决于所要解决的具体问题。人们不太可能因为有了保险，手术费用较低，就选择做四次心脏搭桥手术，他们会听医生的建议。此外，由于医疗支出总额中的很大一部分用在了所谓的“灾难性”事件上，包括治疗癌症、意外事故、心脏病和各种老年疾病，故许多人质疑道德风险与这些支出到底有多大的关联度。

有人担心，政府政策导致了保险过度，而由于保险过度，医疗支出过高。税收制度对保险提供了补贴。雇主支付的保费本质上是一种免税的补偿形式。因此，通过雇主保险而提供的医疗，其边际成本明显低于个人直接购买医疗服务（或者直接购买保险）的边际成本。雇主通常允许员工选择保险计划，这就进一步加剧了过度保险的倾向。雇主会支付成本更高的计划（一般会提供更多服务）的一小部分额外成本。因此，尽管提供给个人的额外保险，其边际收益可能低于边际成本，但个人仍会选择成本更高的计划。随着许多企业担心其医疗计划的成本飙升，企业已经开始要求如果人们选择比企业提供的基本医疗计划花费更多的计划（通常提供更广泛的覆盖面），他们必须支付全部边际成本。

逆向选择　许多保险市场出现的另一个问题是**逆向选择**（adverse selection）。以一种简单的情况为例：保险公司除了知道某人愿意按规定的保费购买保险外，对他一无所知。在保费比较高的情况下，那些最不可能需要医疗的人（比如说健康的年轻人）认为不值得支付这笔保费，或者，他们可能决定购买只覆盖大额医疗费用的保险。因此，随着保费增加，出现一种逆向选择效应：那些风险最低（best risks）的人不会购买保险，如图13.5（A）所示。然而，随着风险最低的人退出保险市场，每份保单的平均成本将增加。图13.5（B）说明了竞争性市场均衡：当保费等于每份保单的预期赔付额时出现的市场均衡。由于很少有高度厌恶风险的人愿意支付超过预期成本的一大笔钱，所以，只有一小部分人获得保险。这些人因没有保险而付出了高昂的代价。人们购买保险，是因为他们厌恶风险；也就是说，他们不喜欢一旦面临大额医疗费用就会造成其他方面花费的波动。在市场经济中，人们觉得保费太高买不起保险，其结果是这些人必须自己承担风险的成本。

当然，保险公司不会坐视不管什么人都来投保，它们会积极努力地提升它们所承保的那些人的“质量”。它们有几种方法做到这一点，每种方法都会对保险的有效性产生不利影响。两种最常见的策略现在被《2010年患者保护与平价医疗法案》禁止。第一，它们常常不给“有过往病史”（pre-existing conditions）的人提供保险。在某些情况下，保险公司拒绝为健康状况不佳的人提供保险。这些条款对于个人换工作的能力有特别不利的影响。如果一个工人家里有人得病，那么，该工人就不敢“跳槽”，因为如果他跳槽，新公

① 也就是说，在最优保险情况下，人们在医疗上的花费要比没有保险时更多，但这是降低他们所面临的风险而必须承担的“价格”。

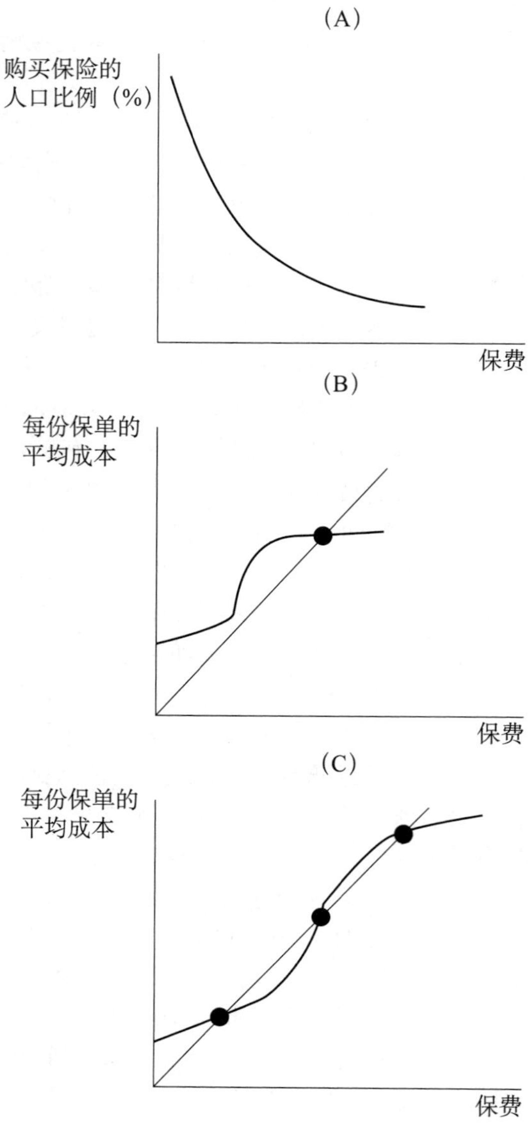

图 13.5 逆向选择

图（A）：随着保费上涨，购买保险的人口比例会下降，风险最低的人（即需要保险的可能性最小的人）首先从市场中退出。结果是，随着保费增加，平均支出增加。图（B）显示的是市场均衡——保费等于平均支出。在均衡状态下，未被覆盖的人可能不是太多就是太少。图（C）表明，实际上可能存在多重均衡：在高价格均衡中，相对较少的人被覆盖；在低价格情况下，大多数人都被覆盖。

司提供的保险通常不会覆盖该疾病的医疗费用。第二，保险公司对保险覆盖程度规定了上限。虽然保险应当赔付大额损失（即个人难以承担的损失），但事实上保险市场根本没有赔付这些损失。即便是旨在赔付重大医疗损失的保险，赔付额常常也有上限，例如 100 万美元。然而，即使有了《2010 年患者保护与平价医疗法案》，保险公司也可能重点向低风险社区销售保险。不同社区的健康状况差异很大；在有些社会经济群体当中，营养不良、暴力、吸毒和酗酒等的发生率要高得多，而所有这些现象都会导致高昂的医疗费用。

保险公司改善这些投保人组合的努力有时被称为摘樱桃行为（cherry picking）或者撇脂行为（cream skimming）。重要的是，保险公司通过从事这些活动，比通过提高所提供的保险服务的效率，更有可能增加利润。通过降低成本来增加利润的行为无疑对社会有益，而通过撇脂行为来增加利润显然问题比较大：一家企业的获利是以牺牲另一家企业的利益为代价的，后者发现其投保人组合比较糟糕。①

对某些高风险人群（特别是老年人）缺少保险的担忧，已经成为加强政府在医疗保健中的作用的最大动机之一。

保险公司为努力确保其向风险最低者提供保险而承担的成本，导致美国私人医疗保险行业效率低下。此外，这还是一个道德问题：要是有人一出生就不幸患有会缩短其生命的心脏病，他也要支付更多的保险费用？其他大多数发达工业国家对此已经做出了否定的回答，并提供了某种形式的全民医疗保险制度（system of universal health insurance），有时由政府管理，有时由私人实体或非营利实体运营。

交易成本 买卖产品的成本，包括市场运作的成本，被称为交易成本（transaction cost）。这些成本是使经济体系运转起来所产生的成本。

保险体系的运行成本似乎很高。在没有交易成本的竞争激烈的情况下，所有以保费的形式进入保险公司的钱都将以保险赔付金的形式支付。但是，卖保险和支付赔付金也有成本。例如，保险公司花费大笔资金来鉴别良性风险（good risks）和恶性风险（bad risks）。这些交易成本对于大企业提供的保单来说相对较低（管理费用大约占理赔额的5.5%），但是小企业面对的负担要重得多（管理费用占理赔额的40%）。2010年，私人医疗保险公司在管理费用上的开支平均占12%左右。②

然而，这些都只是直接的交易成本，不是整个保险体系的全部交易成本。医生和医院有大量表格要填写。据估计，医院开支当中，有20%实际上是管理成本。投保人承担的费用可能更多，因为他们要领取保险金。现行制度的批评者认为，表格的标准化和医疗制度的其他改革可以大大降低这些成本。

但是，即使表格标准化了，交易成本可能还会很大。保险公司需要监控医生和医院，以确保索赔合情合理。政府保险计划的批评者认为，虽然它们的交易成本很高，但监控工作没有成效。在公共和私人医疗支出中，欺诈和滥用造成的费用估计每年超过1 000亿美元。③

鉴于保险通常产生的这些激励效应和大量交易成本问题，大多数经济学家认为，保险市场应该关注那些个人难以承受的巨额损失。遗憾的是，许多人觉得他们买保险的钱花得不值，除非他们能经常得到一些回报；因此，保险公司发现，顾客愿意投保小额损失，例如，汽车保险中的拖车成本。

现代行为经济学有助于解释为什么人们以这种看似非理性的方式行事，以及保险公司学会了如何利用这种非理性，诱使人们以高于按精算赔付率（actuarial odds）核算的价格来购买针对低概率事件的保险产品。

---

① 这个问题有点复杂，因为根据风险状况对个人进行分类可能会提高效率。例如，为了阻止一些不良司机开车，首先确定哪些人属于不良司机可能是有用的。对那些吸烟者或嗜酒者收取较高的医疗保险费，可能同样具有有益的激励效应。可是，在医疗保险市场上，大多数分类并不是这样的。

② Centers for Medicare and Medicaid Services，Office of the Actuary，National Health Statistics Group，"National Health Expenditure Accounts，1960 - 2010."

③ 有关这类估计的讨论，请参阅 M. K. Sparrow，Testimony at "Criminal Prosecution as Deterrent to Health Care Fraud" before Senate Committee on Judiciary，Subcomittee on Crime and Drugs，May 20，2009；and W. J. Rudman et al.，"Healthcare Fraud and Abuse，" *Perspectives in Health Information Management* 6（Fall 2009）。

市场提供医疗保险的问题

- 道德风险——降低了避免投保事件发生的激励。

  风险与激励之间的权衡取舍。

  保险公司试图通过利用共付额和免赔额来限制道德风险。
- 逆向选择——选择特定保单的人可能有与整体人口不同的风险特征。

  随着保费的上涨，风险最低的人可能决定不买保险。

  保险公司具有只为低风险的人提供保险的激励——摘樱桃或撇脂行为。
- 交易成本。

□ 13.2.7 医疗服务市场低效率的后果

医疗服务市场的失灵会导致效率低下，推动成本上升，这些已经引起了最近的公共政策争论。这种低效率的两个重要例子是医疗服务的过度提供和不恰当医疗服务的提供。

供给创造其自身需求 传统的竞争理论预测，医生供给量的增加会降低医疗服务的价格。然而，在 20 世纪 70 年代，医生数量几乎翻了一番，医生数量的扩张速度远远高于人口或收入的增速，但医疗服务的价格却没有下降。对此的一种解释之前已经讨论过：患者由于信息有限，因而在一定程度上“按价论质”，所以医生不愿意降低价格，以免被冠以“二流医生”之名。

对于普通商品来说，如果供给增加，价格不下降，就会出现过度供给。医疗行业就有这样的情况发生。针对纽约郊区的一个社区所做的一项详细研究表明，外科医生的工作量只有专家认为的全部工作量的三分之一。这些结果与基于外科医生和手术数量汇总统计数据的分析结果基本一致。

在医疗领域，可能还有另一种反应：医生能增加对其服务的需求，因为患者并不知道什么样的医疗是必要的和恰当的，而且他们只需支付很少一部分医疗费用。供给创造其自身需求。事实上，有一些证据表明，即使价格根本没有变化，增加外科医生的数量也会导致手术数量的增加。①

实际上，甚至有证据表明，供给曲线可被视为向后弯曲。在加拿大，政府试图削减医疗费用，下调了医生每次提供医疗服务的收费，而医生对此做出的反应是增加医疗服务的次数。(从某种程度上说，医生本来用不着增加医疗服务，但为了收费而提供了更多的医疗服务。比如，一名医生本来可以在一次门诊中为一个病人同时看两种疾病并只收取一次费用，但可能要病人再来一次以仔细看第二种疾病。)

手术是否可取或必要的问题当然是有争议的。大多数医生不会只为了增加自己的收入而建议做手术。但是，在对手术是否可取进行专业判断时，时间约束和其他患者的需求也具有重要影响，而且，如果外科医生提出建议，那么信息有限的患者很可能同意接受

① 请参阅 V. Fuchs, *Who Shall Live*?; W. McClure, “Buying Right: The Consequences of Glut,” *Business and Health* (September 1985): 43 - 46; V. R. Fuchs, “The Supply of Surgeons and the Demand for Operations,” in *The Health Economy* (Cambridge, MA: Harvard University Press, 1986), pp. 126 - 147; and M. Gaynor and R. Town, “Competition in Health Care Markets,” Chapter 9 in *Handbook of Health Economics*, vol. 2, ed. M. Pauly, T. McGuire, and P. Barros (Waltham, MA: North Holland, 2012), pp. 499 - 638。

手术。[①]

不恰当的医疗 有相当多的证据表明，许多医疗支出实际上可能是不恰当的。也许最能说明问题的是比较各地的实践数据。例如，南达科他州的社区医院平均住院时间是俄勒冈州的2倍多，这么大的差异不能归咎于人口差异。[②] 巨大的差异不仅出现在各州之间，也出现在不同国家之间。例如，与其他经合组织国家相比，虽然在美国住院不常发生且平均住院时间也相对较短，但每位出院患者的住院费用远远高于其他经合组织国家，几乎是经合组织国家中位数的3倍。[③]

这些差异导致了巨大的成本差异。马萨诸塞州的人均个人医疗总支出几乎是犹他州的2倍。[④] 在成本的长期趋势上也存在很大差异。例如，1992年，在波士顿、旧金山和长岛东部（纽约）等地，医疗保险的人均支出几乎相同，但在此后的14年里，它们的年度支出增长率出现较大差异，分别为2.4%、3.0%和4.0%。到2006年，长岛东部的人均支出比旧金山多2 500美元，相当于医疗保险支出每年增加约10亿美元。人们普遍认为，年龄和其他人口特征的差异无法解释大部分实践差异。[⑤]

《2010年患者保护与平价医疗法案》的目的之一，就是通过系统地研究这些实践差异，确保各地利用最优做法，提高医疗系统的整体绩效。

□ 13.2.8 贫穷、不完全覆盖和政府的作用

到目前为止，我们主要讨论了市场失灵，例如不完全的信息和竞争所导致的市场效率低下。可是，政府在医疗领域采取行动的一个主要原因其实与效率毫不相干；即使市场是完全有效率的，人们也会担心那些非常贫穷的人得不到足够的医疗保健。

许多人认为，任何个人，无论其收入如何，都不应该被剥夺获得足够医疗保健的权利。如果必须做出选择，那么选择也不应该根据财富，而应基于其他属性，例如年龄、手术成功的可能性，抑或随机选择。这种观点认为，医疗服务不同于服装、电影、汽车以及其他大多数商品。就像投票权不应受制于市场（人们不得买卖选票）、征兵时人们不许通过花钱来逃避服兵役（尽管美国南北战争时期出现过）一样，生存权（获得医疗服务）不应由市场控制。像医疗保健等这类产品和服务，不同的人能获得多少，不应仅仅取决于他们的收入，这种观点被称为**特定平等主义**（specific egalitarianism）。[⑥]

对于医疗服务是否要与其他服务区别对待，并不是所有经济学家的意见都一致。许多人认为，医疗服务不应该被区别对待：那些有更多的钱且想把钱花在医疗保健上的人，应该允许他们这样做。持有这种观点的人经常指出，医疗保健和生命（死亡）之间的关系是非常脆弱的，其他因素，例如吸烟、饮酒和饮食习惯（比如食用蔬菜和水果）对寿命的影

---

① 虽然在手术前寻求第二种意见可能会好些，但这远不是一个解决办法。在一个外科医生供给量增加的社区中，诊断标准可能会改变，因此第二种意见只会反映出更多建议做手术的一般倾向。

② National Center for Health Statistics，Centers for Disease Control and Prevention，U. S. Department of Health and Human Services，*Summary Health Statistics for the U. S. Population：National Health Interview Survey，2011*，December 2012，Table 3. 2.

③ D. Squires，"The U. S. Health System in Perspective：A Comparison of Twelve Industrialized Nations，" The Commonwealth Fund Pub. 1532，*Issues in International Health Policy* 16（July 2011）.

④ S. Cliff，"Our Health Care Spending，In One Map，" *Washington Post Wonkblog*，December 8，2011.

⑤ E. Fisher et al.，"Slowing the Growth of Health Care Costs—Lessons from Regional Variation，" *New England Journal of Medicine* 360（February 2009）：849－852.

⑥ J. Tobin，"On Limiting the Domain of Inequality，" *Journal of Law and Economics* 13（1970）：263－277.

响更大。如果想要改善穷人的健康状况，可以用更划算的方式，例如，通过开展禁烟限酒运动，提高烟酒税，鼓励蔬菜和水果消费等。

还有其他观点，即每个人都应有权享有某种最低程度的医疗。许多西方民主国家似乎日渐偏向于这种观点，也许医疗救助的提供就可以看作这种观点的反映。

13.3 医疗改革

近年来，医疗改革的目标紧紧锁定在本章开头提到的重大问题上：高成本、医疗保险覆盖面过窄和日益沉重的财政压力。本节将描述解决这些问题的一些最重要的措施，包括《2010年患者保护与平价医疗法案》，通常被称为“平价医疗法案”（Affordable Care Act），或简称“奥巴马医改”（见专栏13.2“全面医疗改革”）。

专栏 13.2

全面医疗改革

医疗保险和医疗救助制度作为约翰逊总统的“伟大社会”（Great Society）的一个组成部分，自1965年创建以来，直到《2010年患者保护与平价医疗法案》——经常被称为“奥巴马医改”（Obamacare）——于2010年3月颁布的45年里，医疗部门全面改革的所有尝试均惨遭失败。

《2010年患者保护与平价医疗法案》是一部长达974页的非常复杂的法律，将在几年内分步实施。该法案的主要目标是扩大医保覆盖范围，降低医疗保险成本，并更广泛地提高获得医保的机会。

通过扩大医疗救助的适用资格和增加儿童医疗保险计划的资金，对符合条件的低收入者的私人保费提供补贴，以及建立个人和小型企业医疗保险市场（individual and small-business health insurance exchanges）等，补充现有的雇主提供的保险，以扩大医保覆盖范围和提高获得医保的机会。此外，各种医保计划不得拒绝为大多数有过往病史的人（不分年龄）提供保险，也不得因为健康状况的改变而取消保险，或不得对基本医疗保险赔付金设置年度限额和终身限额。

《2010年患者保护与平价医疗法案》的成本将通过增加收入（税收、收费和罚款）和旨在提高医疗制度的效率和效果的改革来弥补，其中包括打击医疗保险和医疗救助计划中的欺诈和滥用措施；简化行政管理，制定统一的电子化标准和操作规则，加快电子医疗档案的普及；加强对慢性病患者的协调；成立“以病人为中心的成果研究所”（Patient-Centered Outcomes Research Institute），向医师和患者提供有关医疗技术和干预措施效果的信息；在“医疗保险和医疗救助服务中心”（Centers for Medicare and Medicaid Services）建立一个附属“创新中心”（Innovation Center），制定、监测和评估新的政策和计划，提高医疗服务质量；成立一个由医疗专家小组组成的“独立支付咨询委员会”（Independent Payment Advisory Board），负责改进医疗保险支付制度。

美国国会预算办公室（Congressional Budget Office）和税收联合委员会（Joint Committee on Taxation）估计，《2010年患者保护与平价医疗法案》在未来10年间（2010—2019年），将使联邦赤字减少1 430亿美元，并且到2019年，将使目前合法的美国人口当中94%的非老年人拥有某种形式的保险。然而，《2010年患者保护与平价医疗法案》的通过是非常有争议的，所有共和党人在国会两院都投票反对。随后，该法案面临许多法律上的挑战，最终于2012年6月最高法院授权国会根据其征税权力，要求从2014年开始，大多数人都要有医疗保险，否则就要缴纳罚款（即个人强制保险）。然而，最高法院还裁定，在医疗部门中的联邦权力与各州权力有抵触的这个复杂领域里，要求各州遵守医疗救助的新资格标准，否则有可能失去其资金的规定（只要各州损失的只是因不遵守而丧失的新资金而不是所有资金）合乎宪法。其结果是，一些州，包括人口众多、低收入居民比例很高、医疗救助范围有限的州，可能仍将有大量无保险的人。

资料来源：Office of the Legislative Counsel, U. S. House of Representatives, *Compilation of Patient Protection and Affordable Care Act*, May 2010; H. Chaikind, C. W. Copeland, C. S. Redhead, and J. Staman, *PPACA: A Brief Overview of the Law, Implementation, and Legal Challenges*, Congressional Research Service, March 2011; and Henry J. Kaiser Family Foundation, *Timeline: History of Health Reform in the U. S.*, www. kff. org.

□ 13.3.1 成本控制

经济学家将改善激励机制作为控制成本的主要途径。

消除税收扭曲 消除有关雇主提供保险的各项税收优惠，遭到了工会的强烈反对。这在很大程度上是因为，在过去的几十年里，工会已经把更广泛的医疗保健作为劳资谈判的一大重点，接受以更好的医疗保健福利代替较高的工资。（虽然包括医疗保健福利在内的薪酬总额随着生产率的提高而增加了，但实际工资增长比较缓慢。在某些情况下，尤其是非熟练工人的实际工资实质上下降了。）也有人担心，如果没有这样的税收优惠，未参保者的数量会增加，从而加剧了医疗体系的其他问题。一种折中方案是，对税收扣除额进行封顶，因而从边际角度来说，个人和企业将面临正确的激励，并使其成为符合税收扣除资格的一个条件——如果员工可以选择保险计划，那么他们必须面对成本更高保险计划的全部边际成本。有些人甚至认为应该对"凯迪拉克计划"（Cadillac plans）征税，因为这样的计划过度地增加了医疗保健的使用。然而，大多数经济学家认为，如果人们选择购买这样的计划（或者他们的工会选择放弃增加工资来获得这样的计划），那么，就应该允许他们这样做。当然，政府不应该通过税收优惠待遇来补贴这些计划。

更广泛地使用管理型医疗 正如我们所指出的那样，管理型医疗已经得到长足的发展，绝大多数由雇主提供保险的人都在健康维护组织之中。具有讽刺意味的是，关于管理型医疗的争论已经发生了变化。最初，人们关注的是它们能否把成本降下来（例如降低15%），或能否使成本增长率保持不变，或能否降低成本增长率。从20世纪90年代的实践来看，虽然这个更为长远的问题没有得到彻底解决，但已经清楚地表明，健康维护组织能够明显地降低成本。[①] 但是，当它们降低了成本后，人们又担心它们是否有过于强烈的成本控制动机，致使所承诺的医疗质量下降。这个问题在关于"分娩后快速出院"（drive-through deliveries）的争论中有具体体现：健康维护组织只允许产妇在婴儿出生后住院24小时。其他做法，例如不愿意为高成本新实验性医疗方法付费，也引起了媒体的广泛关注。"分娩后快速出院"已被禁止，而且许多州提出，政府在管制健康维护组织中要发挥更强有力的作用。

① 批评人士指出，事实上，节省的部分成本来自拥有自己医院的健康维护组织设法减少了它们提供的无偿医疗的数量。

健康储蓄账户 2003 年通过的立法建立了**健康储蓄账户**（health savings accounts，HSAs）。[①] 它们旨在鼓励个人购买免赔额和共付额比较大的保险，从而降低对道德风险的激励，即它们对购买高免赔额医疗保险计划的人为支付医疗费用而存钱提供税收优惠待遇。存入这些账户的资金可进行税收扣除，但每年存入的金额有上限，超额部分不能进行税收扣除。健康储蓄账户消除了现行制度的一种扭曲：在现行制度下，通过保险公司来支付医疗费用实际上是免税的，但由患者直接支付则不能进行税收扣除。健康储蓄账户及其前身医疗储蓄账户一直都很流行：2011 年，健康储蓄账户和医疗储蓄账户的税收扣除所形成的税收支出估计为 19 亿美元。[②]

对健康储蓄账户的一种批评是，与逆向选择效应相比，降低道德风险的激励效应较强。显然，对于那些认为自己不太可能需要大量医疗服务的人、更有能力承担支付大额免赔额或共付额风险的富人，以及税收优惠对他们来说尤其重要的人，健康储蓄账户更具有吸引力。如果健康良好的人都涌向健康储蓄账户，那么没有健康储蓄账户的人会面临更高的保费。

因此，对于一些人而言，健康储蓄账户可能会很有吸引力，他们的全部医疗费用（保费加上自付费用）可能会下降。可是，尚待解答的问题是，这些成本的降低在多大程度上反映的是效率的提高（降低道德风险所造成的扭曲）以及在多大程度上反映的是撇脂行为？

□ 13.3.2 扩大保险覆盖面

正如我们在本章开头指出的那样，许多美国人没有医疗保险。一系列改革举措试图解决人们没有保险的问题。

强制性医疗保险 扩大医疗保险覆盖范围是《2010 年患者保护与平价医疗法案》的核心。如今，大多数雇主都给员工提供医疗保险。从 2014 年起，《2010 年患者保护与平价医疗法案》规定了**个人强制保险**（individual mandate），即大多数人都要有医疗保险，否则就要缴纳罚款。

许多全民医疗保险的倡导者支持**单一支付人制度**（single payer system），就像加拿大那样，其做法很像医疗保险制度，由政府支付医疗费用。但是，这种制度的资金来源可能需要新的税收，目前这在政治上是行不通的。相反，个人强制保险等于是一种隐性税收，因为这种强制保险最终会把保险费用强加到企业和消费者身上。

有过往病史 如前所述，许多保险公司拒绝为投保之前有过往病史的人提供保险。因此，有肾脏疾病的工人会发现不能换工作了，因为新保单不负担继续治疗的费用。1996 年 8 月通过的立法——以参与起草的两位参议员的名字命名的《肯尼迪-卡斯鲍姆法案》（Kennedy-Kassebaum bill），旨在防止保险公司对有过往病史者拒保。在该立法通过之后，许多问题随即浮出水面：为应对保险覆盖面扩大，保险公司会提高多少保费？担心招聘一

---

① 健康储蓄账户的前身是医疗储蓄账户（medical savings accounts，MSAs），后者作为《1996 年健康保险可携带和责任法案》（Health Insurance Portability and Accountability Act of 1996，HIPAA）的一部分，是以个体户和符合资格的小企业雇主的雇员为试点建立的。财政部将医疗储蓄账户试点计划定期延长到 2007 年，之后不再扩大新的医疗储蓄账户试点计划，因为它已被作为《2003 年医疗保险处方药改进与现代化法案》（Medicare Prescription Drug，Improvement，and Modernization Act of 2003）一部分的健康储蓄账户所取代。请参阅 Internal Revenue Service，Department of the Treasury，*Health Savings Accounts and Other Tax-Favored Health Plans*，Publication 969。

② Office of Management and Budget，*Analytical Perspectives*，*Fiscal Year 2013 Budget*，Table 17 - 1.

个有过往病史的工人可能导致保费飙升的雇主，会歧视他们怀疑有这种情况的求职者吗?到目前为止，该法案对保险市场或劳动市场的影响似乎还很有限。因此，《2010 年患者保护与平价医疗法案》强化了相关规定，禁止对有过往病史者拒保。

填补空白 《2010 年患者保护与平价医疗法案》出台时，大约有 5 000 万美国人没有医疗保险。这部新法律颁布后，预计有 3 000 万人在医疗保险范围内，其中一半的人将通过扩大医疗救助而被覆盖。(从 2014 年开始，州医疗救助计划必须向收入低于联邦贫困线 133%的所有符合条件的非孕妇、非老年合法居民提供医疗保险。)《2010 年患者保护与平价医疗法案》填补的其他重要空白包括：通过建立由联邦政府补贴的医疗保险市场 (health insurance exchanges)，向小企业员工提供医疗保险；通过提前退休人员再保险计划 (Early Retiree Reinsurance Program)，向尚无资格获得医疗保险的退休人员 (55 岁和 64 岁之间) 提供医疗保险；通过将父辈的医疗保险计划覆盖面扩大到包含 26 岁以下的子女，向青年人提供医疗保险。其他的保险空白已由先前的立法所填补，例如向不符合医疗救助条件但又负担不起私人保险的低收入家庭儿童提供医疗保险①，又如向被解雇的、换工作的或离婚的雇员提供医疗保险②。

□ 13.3.3 医疗保险制度改革：缓解长期财政压力

医疗保健系统产生的长期财政压力在很大程度上是由医疗保险制度支出不断增长所致。改革医疗保险制度的举措侧重于三个方面，即改善激励机制、更好地管理医疗服务提供以及加强竞争。

改善激励机制 医疗保险制度本身有较高的共付额和免赔额，所以大多数老年人还以相当小的成本购买了**补充医疗保险** (Medigap insurance)，即覆盖大部分自付费用的保险。对于有补充医疗保险的人来说，几乎没有节约使用医疗服务的激励。那些购买了补充医疗保险的人不用支付医疗保险的全部增量成本，而且由于这会降低节约使用医疗服务的激励，因此有补充医疗保险的人对医疗保险制度本身也提出了更多的要求。补充医疗保险保费覆盖了保险公司所产生的直接费用，但没有覆盖由于医疗服务使用增加而给政府造成的额外费用。因此，改革方案不是限制这些保单的覆盖范围，就是强制这些保单支付全部增量成本。

医疗保险制度中增长最快的一部分是家庭医疗保健护理 (home health care)。有许多人不需要住在医院或长期护理机构，他们只要在家里得到一定程度的帮助即可。家庭医疗保健护理提供这种帮助。然而，家庭医疗保健护理被广泛滥用。与那些有严格标准要求的医生、护士和其他传统的医疗保健提供者不同，家庭医疗保健护理提供者的技能要求不高，且进入这个行业似乎很容易。此外，虽然心脏手术的需求可能对价格不怎么敏感 (即使价格变为零，这种需求也是有限的)，但提供免费帮助的人几乎都觉得这很有用。可是，具有讽刺意味的是，虽然医疗保险制度对大多数医疗都有免赔额和共付额规定，但自 1972 年以来对家庭医疗保健护理却没有任何共付额要求。2011 年，医疗保险支付咨询委员会

---

① 儿童医疗保险计划(Children's Health Insurance Program, CHIP) 是由《1997 年平衡预算法案》(Balanced Budget Act of 1997) 第 21 条"社会保障法"(Social Security Act) 创建的，并根据《2009 年儿童医疗保险计划再授权法案》(CHIP Reauthorization Act of 2009) 而得以延长。

② 《1986 年统一综合预算协调法案》(Consolidated Omnibus Budget Reconciliation Act of 1986, COBRA) 中的医疗福利条款，要求大多数雇主团体医疗计划在停职期间仍然向员工提供短期延续的团体医疗保险；《1996 年健康保险可携带和责任法案》规定员工可同时参加另一团体医疗计划。

(Medicare Payment Advisory Commission，MEDPAC)① 建议家庭医疗保健护理也要有共付额，但据称这样做因效率低下且具有累退性而遭到强烈反对。批评人士说，共付额将抑制家庭医疗保健护理而有利于收费比较高昂的护理机构，且负担最重的是最贫穷的、最年迈的医疗保险的受益人。

改善管理　医疗保险制度实施后不久，成本就开始飙升。于是，对于医疗服务提供者，如何设计更好的激励机制成为关注的焦点。最初，医疗保险制度完全报销医院所发生的任何费用。这样的制度明显提供了不正确的激励。1983 年，老年人医疗保健制度发生转变——医院只能报销某种疾病治疗费用的一个固定数额。

总的来说，这种被称为**诊断相关组**（diagnosis-related groups，DRGs）的制度运转良好。最初，有人担心，医院可能会在报销率太低的领域拒绝提供治疗，或者会在诊断上作弊或在所提供的医疗服务上偷工减料，从而对医疗质量产生不利影响。（当然，该制度的意图是削减不必要的成本，比如住院时间超过所需的时间。问题在于，哪些属于偷工减料，哪些属于削减不必要的开支，这往往很难区分。）不过，这些担心都没有成真。

然而，一直令人担心的是，发生在医院之外的费用不断膨胀。医院设法让患者尽快出院。因此，虽然医院的成本得到了控制，但整体医疗费用并没有得到控制。这促使一些人建议将该制度延伸，称之为**捆绑**（bundling），即把所有与某种疾病有关的医院内和医院外治疗都包括在内。

保守派人士一直认为，私人保险公司比政府能更好地管理医疗保险制度。事实上，自 20 世纪 70 年代以来，医疗保险的受益人本可以选择用私人医疗保险计划——主要是通过健康维护组织，替代传统的联邦医疗保险计划来获取医疗保险金。布什政府通过建立医疗保险优惠（Medicare Advantage）计划，大大扩展了这一选择余地：到 2012 年，27%的医疗保险受益人参加了医疗保险优惠计划。不过，事实证明，要提供与传统的医疗保险计划相当的医疗服务，成本实际上要增加 20%。对此，《2010 年患者保护与平价医疗法案》要求联邦政府逐步减少对医疗保险优惠计划的支付，使其比较接近传统医疗保险计划下的平均医疗费用水平。同时，该法案还基于质量评级向医疗保险优惠计划提供奖金，并限制了这些计划可用于行政费用和产生利润的保费比例。②

加强竞争　虽然全国有很多医生和医院，但在某一特定地区，竞争可能非常有限。医疗服务提供者一直寻求免受（或者至少少受）反垄断条款的约束，而这将进一步削弱竞争。到目前为止，这些压力一直受到抵制。例如，这可能使某一地区所有 X 光室一起定价，或者使某一个医疗服务提供者——健康维护组织或者优先提供者组织（preferred provider organization，PPO）与一个社区的所有骨科专家签约。

有人认为，政府对于医疗保险的医疗服务提供，应当采取竞标的办法来加强竞争。实际上，中标者将成为**优先提供者**（preferred provider），政府支付 100%的报价，其他提供者可能会按某一固定数额（该定额不能超过中标价的某一固定比例）得到偿付。这些计划的批评者担心能否保证质量以及会不会形成双轨制：穷人会选择优先提供者，而富人则选择高价位的提供者。

上述所讨论的这些措施并不是现有节省成本的全部措施。例如，对于医疗保险中的处

① 医疗保险支付咨询委员会是美国国会根据《1997 年平衡预算法案》设立的一个独立机构，就医疗保险融资和相关问题向国会提供咨询意见。

② The Henry J. Kaiser Family Foundation, *Medicare Advantage Fact Sheet*, November 30, 2012.

方药保险（医疗保险 B 部分），有一项法律条款限制了政府与医药公司进行谈判的能力，该条款估计在 10 年内会使政府开支增加高达 5 000 亿美元。因此，废除该条款并制定确保人们选择性价比高的药品的标准，将会节省大笔资金。

财政改革 刚刚描述的各种改革举措，都旨在提高医疗保险制度的医疗服务效率。还有一系列改革关注面比较窄，就是要降低政府的财政负担：要么降低待遇（例如将资格年龄从 65 岁提高到 67 岁，就像社会保障的正常退休年龄一直在提高一样），要么让受益人承担更多的费用。例如，医疗保险补贴覆盖了所有参保者，而不论他们的收入多少，这意味着一位百万富翁退休人员得到一个年收入只有 20 000 美元的工人的补贴。近年来，至少对于高收入受益者来说，应该增加支付的呼声日益高涨，特别是近期的一些研究表明，医疗保险制度整体上呈现累退性。在税收与收入成正比、所有人都享有相同权利的情况下，人们曾一度认为，医疗保险制度具有高度累进性。而一旦考虑到富人的寿命往往更长，他们更有能力利用医疗保险制度的医疗服务，结果则是富人得到的更多，超过了他们向医疗保险制度缴纳的税收。

□ 13.3.4 医疗救助制度改革

医疗救助是向穷人和残疾人提供医疗救助、向老年人提供长期护理的一种制度。这些项目呈现三足鼎立的局面，其中长期护理项目尤其令人担忧。虽然医疗救助制度起初是一个帮助贫困者的计划，但如今大约有三分之一的护理院（nursing home）和家庭医疗保健护理支出由医疗救助支付。一些老年人为了满足资格并获得这些好处而将财富转移给子女。虽然政府试图限制这些转移（通常，资金转移三年内进入护理院的老年人被视为有能力支付护理院的护理费用），但成效不大。随着美国耄耋老人（85 岁以上）数量的增加，护理院支出预计会迅速攀升。进一步而言，虽然住在护理院的老人只占 65 岁以上人口的 5%，但 65 岁以上人口中超过 85 岁的老人占四分之一，而护理院的半数老人在 85 岁以上。

长期护理的私人保险市场发展缓慢。2010 年，私人保险只支付了护理院和持续照料养老社区（continuing care retirement community）支出总额的 9%（略高于 1994 年的 7%）。

现有三大建议来降低政府的成本，而它们都是基于这样一个前提，即大多数人都应该为自己的未来做打算，但如果他们不这样做，政府就不能不提供帮助。第一种建议是强制保险，即每个人都必须通过私人或政府购买长期护理保险。如果通过政府来提供，这实际上会扩大社会保障计划。为了给长期护理融资，政府可能需要增加社会保障税大约 1～1.5 个百分点。第二种建议是增加激励措施（“胡萝卜”加“大棒”），即通过提供税收优惠和资产保护[①]，以及降低政府对护理的支持程度，来增加购买保险的激励。第三种建议是帮助私人部门提供富有意义的长期护理保险，主要方式是对大额损失（与长期住院有关）或难以预测的长期趋势（长寿或护理院护理费用总额）提供再保险。

① 根据“资产保护”规定，购买最低限度护理院保险的个人，可以保留一定数量的资产，即可转移给其继承人，也可用于支付其他费用，但不会在他的保险到期时丧失获得医疗救助的资格。

13.4 复习和练习

13.4.1 小结

1. 虽然谁都难以决定健康状况，但必须要做出资源配置决定（资金在不同用途之间的选择）。经济分析有助于以系统的和一致的方式做出这些决定。

2. 从占 GDP 的比率来看，美国的医疗支出比经合组织（OECD）国家平均水平高出三分之一；从占全部政府支出总额的比重来看，是经合组织国家中最高的；在所有个人医疗费用支出中，政府现在支付了将近一半，而美国的自费支出占医疗支出总额的比例是经合组织国家中最低的。尽管医疗支出水平很高，但医疗保健的成效不如其他经合组织国家。美国的四大公共项目是医疗保险、医疗救助、退伍军人医疗保险和政府对研发活动的支持。此外，还有两大类税收支出，即由雇主出资的医疗保险和超过一定水平的医疗费用的税收扣除。

3. 在《2010 年患者保护与平价医疗法案》通过之前的几十年里，美国的医疗保险制度存在三个根本性问题，即：(1) 没有保险的人口数量庞大且不断增加；(2) 医疗保健费用高昂且日益膨胀；(3) 联邦政府的医疗支出与日俱增。

4. 在医疗保健行业里，市场之所以不能有效地配置资源，其中的主要原因有：(1) 消费者和保险公司的信息有限；(2) 竞争受到限制；(3) 只有一小部分医疗费用由消费者直接承担。

5. 医疗保险存在着逆向选择和道德风险问题。保险会降低人们自我照顾和节约使用医疗保健服务的激励，而保险公司则通过确保其覆盖最健康的人而不是通过提高效率来增加利润。

6. 税收制度鼓励人们过度购买保险和过度消费医疗保健服务。医疗保健方面的税收支出达数十亿美元。大多数经济学家认为，这些税收优惠应该受到限制，让个人更多地支付医疗服务的全部边际成本。

7. 针对按次收费制度导致医疗保健服务过度消费的担忧，推动了健康维护组织（HMO）的快速发展。最近，人们一直担心，健康维护组织过分热衷于控制成本，而牺牲了质量和服务。

8. 在 2010 年全面医疗改革法案出台之前，包括个人强制医疗保险，注意力都集中在增量改革上，例如将保险覆盖面扩大到失业人员和儿童，取消对有过往病史的人提供保险的限制，提供医疗储蓄账户以鼓励人们购买有较大免赔额和共付额的保险。

9. 医疗保险的改革建议，重点在于改善激励机制，完善对医疗保健提供者的管理，确保更有效的竞争，增加受益人的经济负担。

10. 如今，对于医疗救助计划的主要担忧在于护理院养老护理的负担日益增加。

13.4.2 重要概念

逆向选择	捆绑	按人头收费
共付额	成本转嫁	免赔额
诊断相关组	按次收费计划	健康维护组织
健康储蓄账户	个人强制保险	医疗事故诉讼

管理型医疗	医疗救助	医疗保险
补充医疗保险	道德风险	优先提供者
单一支付人制度	特定平等主义	税收支出
第三方支付	无偿医疗	

□ 13.4.3 练习题

1. 请列举出医疗部门出现的各种激励扭曲。（一定要包括那些影响购买保险和直接购买医疗服务的激励扭曲。）

2. 购买医疗服务与购买汽车在哪些方面有相似之处？不同之处又表现在哪些方面？

3. 我们注意到，在美国，对于应当如何提供医疗服务存在着广泛的分歧。这种分歧在多大程度上是由对市场在医疗服务领域如何发挥作用的判断差异所致？请具体明确回答。这种分歧又是在多大程度上源于价值观的不同？

4. 结合医疗市场出现的“市场失灵”，以及目前改变美国提供医疗服务方式的建议，请讨论每项建议在多大程度上是为了弥补特定的市场失灵。

5. 在过去50年里，社区医院的数量减少了，而私人（营利性）医院则有所增加。医院特别应由或不应由公办的原因是什么？你认为出现这些趋势的原因是什么？

6. 批评医疗事故诉讼的人士称，它们明显助长了医疗费用的上涨，并希望通过立法限制赔偿金额和律师费，或者以其他方式抑制这种诉讼。许多律师担心，任何此类立法都将损害医疗事故受害者的权利，受害者对于所遭受的伤害得不到公正的赔偿。请讨论公平与效率的权衡取舍。你觉得应该怎样做？

7. 假设医疗费用完全可以扣税，请作图说明这对医疗服务需求的影响。如果需求的价格弹性为0.7，并假设某人所处的边际税率档次有三种情况，即15%、28%和40%，请问：这种税收扣除对此人的影响如何？

8. 有些州提出社会统一费率要求，也就是说，保险公司不能因为健康状况、年龄或性别而向人们收取不同的保费；社区里的每个人都要支付相同的保费。请讨论社会统一费率的可能后果，并从公平和效率的角度评价这种建议。

9. 许多雇主向员工提供了可供选择的医疗保险计划，按固定比例支付每种计划的成本。这会产生怎样的低效率？而有些雇主，如斯坦福大学，不管所选择的计划如何，都提供一笔固定的支付额，并坚持所有保险计划的覆盖面都相同。在三年时间里，提供这种标准覆盖面的成本按实际值计算下降了20%。请解释为什么会发生这种情况。

10. 经济学家批评了医疗保险的税收待遇。为什么工会抵制改变这种税收待遇？税收扣除限定为某一数额，比如5 000美元（该数额代表有工会组织的企业医疗福利计划的平均成本），会对公平和效率产生怎样的影响？

第 14 章

教　育

重点问题

1. 政府在教育中的作用如此之大的原因是什么?
2. 当今美国的教育有哪些主要问题?
3. 主要的解决方案是什么?
4. 教育支出与教育成果之间的关系是什么?
5. 什么是教育券?支持和反对它的论据是什么?
6. 改变学校治理还有哪些其他举措?
7. 为什么在学校标准方面存在争议?

在美国，长期以来，兴办教育一直被认为是政府的责任。早在美国宪法颁布之前，《1785 年土地法令》(Land Ordinance of 1785) 就已经规定，在新设立的西部地区留出土地用于公立学校建设。虽然兴办教育的责任主要在州和地方政府，教育开支是这些层级政府的一项最大支出，但如今联邦政府所提供的资金大约占到全部公共教育支出（包括公共经常性支出和资本性支出）的 15%。联邦政府的这些资金用于特定目的，例如为弱势群体提供教育，鼓励建立教育标准，推动科学教育，提供资金帮助以使更多的人可以上大学。

在美国的国家政治中，两党对于教育的重要性历来都存在着共识。然而，对于如何最佳实现提供机会平等的优质教育制度（即使是对穷人来说），却存在着重大分歧。

在美国，两个主要的经济问题，即生产率下降和不平等现象日益加剧，近来已引起人们对教育的担忧。从第二次世界大战到 20 世纪 70 年代初期的数十年间，劳均产出 (output per worker) 以每年 2.8%的速度增长；从 1973 年到 1979 年，年增长率下降到 1.1%；从 2000 年到 2007 年，年增长率缓慢回升至 2.5%。虽然对于这种中间漫长的生产率下滑和随后 20 年的大幅增长仍无法找到明确的解释，但许多经济学家和政策制定者都认为，人力资本（工人的技能和经验）的改善可能在提高生产率方面起到了至关重要的作用，而强大的教育则被认为是改善人力资本的关键。①

20 世纪 70 年代初，美国的收入分配格局也发生了重大转变。从人们对经济增长果实

① U. S. Bureau of Labor Statistics, "Productivity Change in the Nonfarm Business Sector, 1947 - 2011," *Labor and Productivity Costs*, http://data.bls.gov.

的分享上看，最近几十年不如1973年之前的20年那么公平。[①] 这种不平等程度加剧大部分与教育有关。在20世纪80年代，大学毕业生和高中毕业生的收入差距迅速拉大[②]，因为市场给予熟练（受过教育）工人的报酬更高。因此，提供更好的教育，确保更多的人口上大学，被看作增加机会、降低不平等的途径。不仅那些接受大学教育的人享有更高的收入，而且由于非熟练劳动力的数量下降，非熟练劳动力市场的工资也会上升。

出于这些以及其他一些原因，经济学家和政策制定者高度重视强化教育，但美国的教育体系有多强？在20世纪的后半叶，大学就读率上升是美国教育体系最令人印象深刻的成就之一。《退伍军人权利法案》为第二次世界大战退伍军人上大学提供了机会，将高等教育从精英阶层的特权转变为广大中产阶级的希望。这种希望一直延续到下一代人：20世纪70年代和80年代，大学入学率飙升[③]，而高中辍学率下降。

尽管如此，在近几十年里，美国教育体系的质量遭到了质疑。国际比较说明了其中的一些问题。到2010年，美国25岁至64岁的人口中，尽管有89%的人高中毕业，32%的人大学毕业，在经合组织国家中属最高，但在世界各地的标准化数学和科学考试中却没有取得好成绩。[④] 例如，1995年，美国八年级学生在数学考试排名名列第28，落后于新加坡、韩国、保加利亚、俄罗斯和大多数发达国家，在科学上排名第17。尽管美国学生的表现在2011年有了很大的进步，但在数学上排名第9，在科学上排名第10，仍然落后于许多东亚国家和一些欧洲国家。美国的不平等现象可能有助于解释这种结果。美国贫穷城市学校之外的学生取得了与其他发达国家同龄人相当的成绩，而且尽管美国学生的数学和科学成绩中值排名有时低于其他高收入国家，但美国最好学生（百里挑一）的排名高于许多高收入国家的同类学生。[⑤]

这把我们引向了近来政策争论中的一个主要问题：经济弱势群体的教育，特别是在美国的市中心贫民区和贫困的农村地区。贫困的学生得不到充分的中小学教育，更无望上大学。没有足够的技能，这些人只能拿低工资，从而不得不继续生活在贫困地区，贫穷循环如此反复。

经济中的某些其他趋势使这个问题变得更加严重了。在20世纪80年代，虽然最贫穷者的实际工资下降了，但两年和四年的公立高等教育机构的实际学费明显上升，因此那些有资格接受高等教育的贫困学生，面临着越来越难以承受的经济负担。因此，虽然早先提

---

① 一种分析方法是将整个国家按照收入五等分，即从最穷的人口到最富的人口划分为5组。1980年以前，所有5组人口的收入都在增加，而最穷的五分之一人口的收入增长最快，所以他们的收入占总收入的比重上升了。从1980年到2000年，最穷的五分之一人口的收入增长率落后于最富的五分之一人口，所以，按2009年不变价计算，最穷的五分之一人口的收入在过去10年里实际上下降了，而最富的五分之一人口继续享受着收入增长。因此，自1980年以来，最穷的五分之一人口的收入在总收入中所占的比重从4.2%下降到3.4%，而最富的五分之一人口的收入比重从44%上升到50%。倘若我们观察过去的30年里美国最富有家庭的相对收入增长情况，这种不平等程度的加剧就更加引人注目：自1980年以来，收入最高的5%的家庭，其收入比重从17%提高到22%。（资料来源：U. S. Census Bureau, *The 2012 Statistical Abstract*, Table 694.）

② *Economic Report of the President*, *1997* (Washington, DC: Government Printing Office, 1997), Chart 5-4, p. 169.

③ *Economic Report of the President*, *1996*, Chart 7-1, p. 193.

④ Organization for Economic Cooperation and Development, *Education at a Glance*, *2012*.

⑤ International Association for the Evaluation of Educational Achievement (IEA), *Trends in International Mathematics and Science Study* (TIMSS), *1995* and *2011*，可从美国教育部国家教育统计中心（National Center for Education Statistics, NCES）网站获取：http://nces.ed.gov.，经合组织所做的研究揭示的比较结果对美国而言更为糟糕，请参阅OECD, *Program for International Student Assessment* (PISA), *2009*。

到的教育收益的增加确实导致了大学入学率的上升，但更富裕家庭的孩子能够更好地响应这些市场信号，而弱势群体与其他美国人之间的大学入学率差距实际上是扩大了。

所有这些问题使得教育成为美国公共部门最为关心的问题。本章将描述美国教育体系的结构，探讨美国政府出资兴办教育的理论依据，分析美国当前教育政策的一些问题。

14.1 美国的教育制度

传统上，中小学教育一直是地方社区的责任。地方社区不仅为中小学教育筹资（通常用财产税），而且雇用教师、确定课程。图 14.1 表明了地方、州和联邦中小学教育支出的走势。1945—1972 年，州教育资金所占的比重一直稳定在 39%。20 世纪 70 年代中期，州政府的教育支出开始相比于地方政府教育支出的增长速度加快，因此到了 70 年代末，州政府教育支出占教育经费总额的比重实际上提高了。如今，州政府的教育资金占公立中小学教育经费的比重几乎达到一半。联邦政府对教育的支持主要是针对特殊项目，比如对有大量弱势儿童（disadvantaged children）的学校提供援助。这些援助经过 20 世纪 60 年代和 70 年代的增加，到 1980 年几乎占公立中小学经费总额的 10%。虽然从 20 世纪 80 年代中期到 90 年代中期，联邦的资金支持水平下降到 7%以下，但在过去十年里，该比例又回升到 8%至 9%之间。

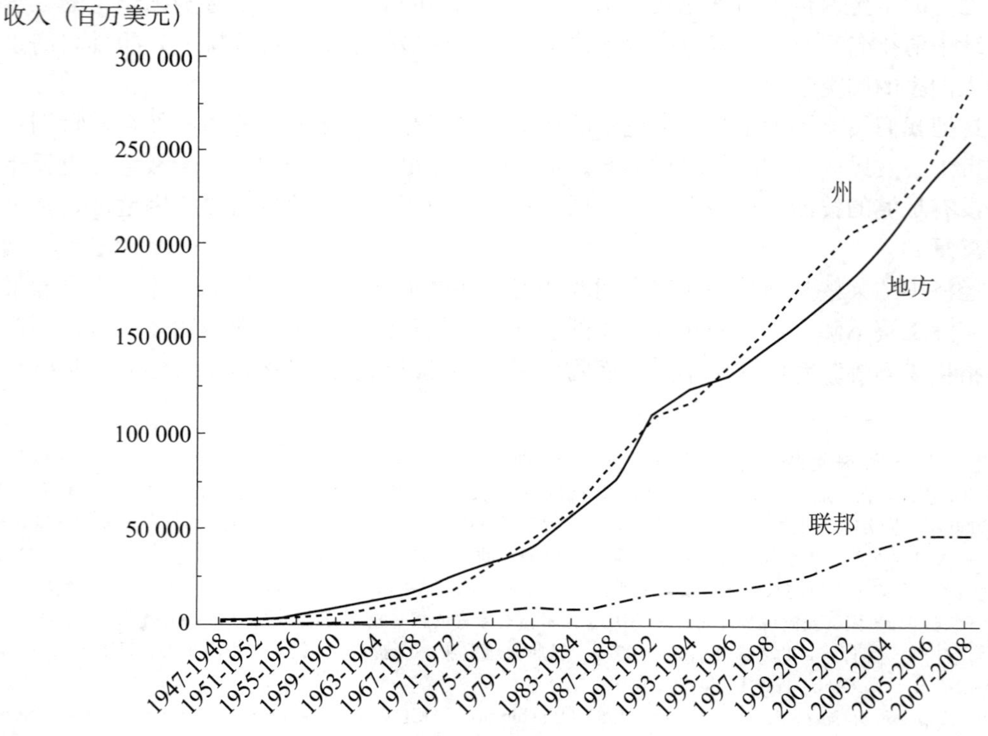

图 14.1 公立中小学的收入来源

近年来，所有资金来源都明显增加了。

资料来源：U. S. Department of Education，National Center for Education Statistics，*Digest of Education Statistics 2010*，Table 180.

不过，联邦政府和州政府的作用存在很大差异。例如，近年来，联邦政府为路易斯安那州和密西西比州的中小学提供了大约六分之一的资金，但只为康涅狄格州和新泽西州提供了不到5%的资金。平均来看，各州提供的资金占非联邦资金的比重略高于一半，但因地而异，比如夏威夷州和佛蒙特州超过90%（夏威夷州没有地方学区，佛蒙特州公立教育的资金主要来源于州政府决定的房产税份额），而伊利诺伊州和内华达州只有30%。私人资金虽然占公立中小学校资金总额的比例很小，但其重要性正在迅速上升，比如在田纳西州，私人资金占非联邦资金总额的6%，在俄克拉何马州该比重也达到5%。①

与此同时，各州在制定某些最低标准方面发挥了越来越积极的作用。各州规定学生每年必须上学的天数；学生可以辍学的最低年龄；公立学校教师的最低教育要求（通常是指教师不仅拥有大学学位，而且还修过一定数量的教育课程）。各州在课程的确定上也发挥作用。例如，许多州要求在11年级开设美国历史课程，且教科书清单要经过审批，地方社区必须从中选用教科书。当出现“学术破产”（academic bankruptcy）时，也就是说，当地方学区不能达到某些最低标准时，一些州已经对州接管地方学区做出了规定。

地方控制的一个结果是，许多富裕社区的教育开支远远超过大多数贫困社区。生均教育支出有天壤之别，即使在一个州之内，富裕地区的支出也往往是贫困地区的两三倍甚至更多。

大约90%的中小学生就读于公立学校。在上私立学校的学生中，约有40%就读于天主教学校，另外的40%去了其他教会学校，剩下的20%就读于非教会学校。私立学校在高等教育中发挥着更为重要的作用。大约40%的学士学位、硕士学位和博士学位几乎是在非营利性的私立学校获得的，60%左右的第一专业学位（first professional degrees）也都是在私立学校获得的。②

由于一直恪守教育决策应由州和地方政府负责这一原则，故联邦政府只能依靠各种间接方式来试图影响各州和地方。1957年，苏联发射了第一颗人造地球卫星（Sputnik），这似乎表明苏联在科学方面已超过了美国，从而促使美国联邦政府努力改进中小学的科学课程。早在20世纪90年代初，许多没有上大学的高中毕业生很明显难以进入劳动市场，于是，联邦政府提出了一个“从学校到工作”（school-to-work，就业导向教育）的倡议，鼓励各州设计类似于学徒的训练项目（在其他国家如德国取得了很大成功），从而有助于从学校到工作的转变。还是在20世纪90年代初，联邦政府想鼓励中小学采用较高的标准，但没有规定国家标准，而是提供资金帮助各州建立各自的标准，并成立了几个委员会，帮助建立不同学科的国家标准。

□ 14.1.1 联邦政府对私立学校和公立学校的税收补贴

个人所得税可能对公立教育和私立教育的需求产生重要影响。州和地方社区的教育支出（以及其他支出）都得到了联邦政府的隐性补贴，因为州和地方税在联邦所得税纳税申报表中是可扣除的，州和地方债券的利息也免征联邦税。这意味着，如果我所在的社区对我课征1 000美元的税收来支持公立学校，那么，我的成本远低于1 000美元。倘若我处于31%的边际税率档次（亦即每增加1美元的应税所得，要向联邦政府缴纳31美分），那

---

① U. S. Department of Education，National Center for Education Statistics，*Digest of Education Statistics 2010*，Table 181.

② 第一专业学位包括医学、牙科学、药剂学、兽医学、法学和神学等专业。请参阅 U. S. Department of Education，National Center for Education Statistics，*Digest of Education Statistics 2010*，Tables 35，62，and 287。

么通过扣除 1 000 美元，我应缴纳的联邦税额减少了 310 美元。因此，我为公立教育缴纳的 1 000 美元，其净成本只有 690 美元。相比之下，如果我在私立教育上开支 1 000 美元，那么它要花去我本来可以花在其他地方的 1 000 美元。①

如表 14.1 所示，2011 年专门用于教育的税收支出总额估计约为 480 亿美元。这些支出大部分来自因各种扣除项（额）、排除项（额）和免除项（额）导致的应税所得减少。由于这些所得调整的价值对于高收入者来说最大，所以这种形式的教育支持实际上是累退的，也就是说，它对高收入群体和高收入社区的好处要大于低收入群体和低收入社区。

表 14.1　　教育的联邦税收支出估计额（2011 财政年度）　　单位：百万美元

	收入损失	
	公司	个人
美国机会税收抵免		13 060
终身学习税收抵免		2 800
奖学金收入免税		3 060
学生贷款债券和私人非营利教育机构债券的利息免税	750	1 830
19 岁及以上学生的父母个人免税		5 600
合格学费计划		1 610
教育慈善捐款扣除	650	2 870
学生贷款利息扣除		1 400
非经营性州和地方税扣除（总额为 410.6 亿美元）		11 907
其他	260	1 850
合计	1 660	45 987

资料来源：根据下列报告计算而得：Executive Office of the President，Office of Management and Budget，*Budget of the United States Government*，*Fiscal Year 2013*，*Analytical Perspectives*，Table 17－2。在估算州和地方各种税的扣除所产生的税收支出时，假定州和地方辖区在教育上花掉其收入的 29%。（计算所依据的是 "State and Local Governments—Revenue and Expenditures by Function：2007 and 2008，" *Statistical Abstract of the United States*，*2012*，Table 436。）

与此同时，税收制度抑制了私人教育支出。② 如果我花 1 000 美元学费，把我的孩子送到私立学校上学，那么，我不仅没有利用已经付了款的公立教育，而且这笔开支还不能享受税收扣除。而以后以更高工资的形式所体现的教育回报则是要被征税的。因此，税收制度抑制了私人教育支出。

14.2　教育为什么要由政府提供和出资？

在美国，政府的作用在教育提供上无处不在，以至于人们普遍认为这是政府理所当然要做的事情。然而，在其他一些国家，虽然政府可能会向教育机构提供资金，但教育本身大部分是由私立学校特别是宗教学校提供的。

① 这个例子假设我选择的是分项扣除而非标准扣除。只有那些有大额扣除费用的人（例如抵押贷款利息）才选择分项扣除。请参阅第 22 章更为详细的讨论。

② 不过，向私立学校捐款（被视为慈善机构）的税收扣除，大力支持了私立教育。

□ 14.2.1 存在市场失灵吗?

教育不是纯公共产品。多一个孩子接受教育的边际成本绝不是零；边际成本和平均成本（至少对大型学区来说）的确近乎相同。此外，对使用教育服务的人收费不存在技术上的困难。

那些试图从市场失灵角度来证明公共教育有理的人，强调的是外部效应的重要性。例如，有人常常说，受过良好教育的公民具有重要的外部性。人人都有文化的社会比有文化的人很少的社会运转更加顺畅，有文化还能带来巨大的私人回报，而且即使在没有政府支持的情况下，许多人也会学习这样那样的基本技能。实际上，大部分人都远不止于此。问题是，倘若没有政府补贴，人们会自己选择接受一定程度的教育，那么教育的进一步增加会产生显著的外部性吗？人们对此问题的回答莫衷一是，但以这种外部性为由力挺政府办教育，至少对于像美国这样的发达工业经济体来说，似乎还有待验证。①

教育还会产生其他方面的重要外部性。公共教育在将新移民群体融入美国文化过程中可能发挥着重要作用。公共教育在使“文化大熔炉”运转过程中发挥着极其重要的作用。这不仅仅对个人有好处，对整个国家也有好处。

在科学和技术教育方面的投资还有一种间接外部性：具有这种稀缺技能的人是技术进步的关键，而且，创新者通常只获得他们对生产率提高贡献的一小部分。

然而，人们在教育方面的投资为什么不像他们想要的那么多，哪怕是达到私人收益等于资本成本的程度？其中可能有这样一个原因，即他们可能缺乏资金，上不起学。私人贷款机构在很大程度上不愿意给教育提供贷款；银行担心贷款的偿还问题，这是可以理解的。因此，如果没有政府的一些帮助，那些自己没钱（或家里也没钱）的人就得不到教育机会。

还有一种市场失灵，那就是教育投资风险很大。人们并不真正知道将来会有多大回报，但无法摆脱这种风险。即使平均收益超过资本成本，很多人也不愿意在自己的教育上投资，只因为风险太大。近年来，事态变得更糟。从前，收入过低的人可以通过破产来免除债务，而且除了学生债务外还可免除其他债务。但是，从 2005 年开始，学生也很难免除其债务。因此，即使他们上了学，没得到高薪工作，他们也要背负贷款。

教育投资为什么会不足，还可能有一个原因。在中小学阶段，家长替孩子做出决定。尽管大多数家长会无私地把钱花在孩子身上，只要回报足够高，在孩子身上就舍得投资，但有些家长可能不会这么做。在资金来源于私人的教育制度下，这类父母的子女可能得不到足够的教育。因此，公办中小学教育的理由则出于分配考量：人们普遍认为，儿童接受教育不应取决于父母的经济能力或无私奉献（利他主义）精神。事实上，这种分配考量极大地激发了政府在教育中发挥更广泛的作用——为中小学教育提供资金，也为高等教育提供大量的资金支持。

虽然这些理由表明了政府为教育提供资金是有依据的，但并没有为政府的生产提供论据。为什么在中小学阶段，政府生产（公立学校）占主导地位，而在大学阶段，私立非营利性教育发挥着更为重要的作用？同美国相比，在其他许多国家，私立中小学的主导地位

① 例如，请参阅 D. M. Windham，“Economic Analysis and the Public Support of Higher Education：The Divergence of Theory and Policy，” in *Economic Dimensions of Education*，A Report of a Committee of the National Academy of Education，May 1979。

比较突出。本章后面将考察有关私立学校的争议。

□ 14.2.2 联邦政府的作用

以上讨论的论点解释了为什么一些政府机构应该为教育提供资金，但没有解释到底应该由哪一层级政府（是地方政府、州政府还是联邦政府）提供资金。关于政府在教育领域里作用的争论，越来越多的是针对联邦政府的作用的争论。这在很大程度上是因为，在全国范围内发生大规模居民迁移的情况下，存在着一定程度的外部性，而这些外部性需要在联邦层面加以解决。教育不足与各种社会问题和危害社会的行为有关。在一个受教育不足的州长大的人，很有可能会在另一个州发生危害社会的行为。

此外，考虑到各州之间的人均收入（以及相应的生均教育支出）存在巨大差距，分配问题只能在全国层面上得到充分解决。[①] 生均教育支出较低的州，学生毕业后的收入能力也往往较低。[②]

14.3 教育政策的问题与争论

长期以来，教育一直是政界和学界争论的一个热点。教育对学生的基本影响、教育应如何生产和融资以及现行制度是否导致了过分的不平等等，对于诸如此类的问题都有不同的看法。接下来的内容将对其中的一些问题和争论进行讨论。

□ 14.3.1 教育成果

有关教育过程的成果有不同的看法。在前面的讨论中，有一种观点认为，教育提高了人们的技能，从而会增加他们的工资。这就是所谓的**人力资本**（human capital）观，这种观点认为对人的投资类似于资本投资。这种投资越多，生产率越高。[③] 但是，对于这是为什么以及在何等程度上熟练工人的高工资反映了教育所导致的生产率提高，众说纷纭。

马萨诸塞大学的塞缪尔·鲍尔斯（Samuel Bowles）和赫布·金提斯（Herb Gintis）强调了人力资本观的一种变体，侧重于教育的社会化作用。教育通过教导人们如何服从命令、听从指挥以及团队合作，教会人们如何在工作中表现良好。这种社会化一旦成功实现，会使人们守时和守信。在这种教育观看来，上学时间越长的人，学到的这些社交技能（social skills）就越多，或者，他们无论如何都表现出有更大的能力或意愿达到学校制度的要求。这些社交能力或驱动力使这些人在工作中更有价值。[④]

另一种教育观，称为**筛选**（screening）观，认为教育的一个重要功能是识别不同个人的能力。上学时间越长的人会得到更高的工资，并被视为具有更高的生产力。这不是因为

---

① 例如，2008年，人均收入最高的州（康涅狄格州），其人均收入几乎是最低的州（密西西比州）的两倍；康涅狄格州中小学生均总教育支出也几乎是密西西比州的两倍。

② D. Card and A. B. Krueger, *Wages, School Quality, and Employment Demand* (New York: Oxford University Press, 2011).

③ 请参阅 G. Becker, *Human Capital: A Theoretical and Empirical Analysis with Special References to Education*, 2d ed. (New York: National Bureau of Economic Research, Columbia University Press, 1975)。

④ A. Weiss, "Human Capital versus Signaling Explanations of Wages," *Journal of Economic Perspectives* 9, no. 4 (Fall 1995): 133-154. 韦斯（Weiss）仔细研究了一家制造厂的低技能工人。长期成功并不取决于任何特定的技能，而是取决于诸如可靠性（缺勤率低）和准时性等这类社交特征。

学校提高了他们的生产力，而是因为学校已经区分出了最具生产力的人或具有必要的驱动力和远大志向的人。学校系统被视为一种筛选机制，把能力出众且干劲十足的人与能力不济且缺乏进取心的人区分开来。①

在筛选观看来，教育的社会收益率远远低于私人收益率。私人收益率可能很高：那些上大学的人的收入要比没有上大学的人高得多。可是，如果学校所做的一切只是区分谁的能力更强、谁的能力更差，那么社会的总产出不会受到影响，也就是说，社会收益率可能是零。实际上，教育也能区分技能差异，使人与工作匹配得更好，这也的确能提高整体生产力——筛选的社会收益率也可能很大。如今，人们普遍认为，在教育的收益率当中，一部分是技能提高的结果，一部分是筛选的结果，仍有争议的是它们彼此的相对重要性。②

□ 14.3.2 支出重要吗?

教育不同于其他商品的地方，可通过有关增加教育支出是否会提高教育绩效的争论上看得最为明显。在一种普通商品的生产中，投入的增加必然会导致产量的增加。早前我们就曾说过，如果从某些考试成绩来看，美国学生的表现不如国外学生。图 14.2 清楚地表明，这并不是因为美国的教育支出少，而实际上，美国的生均支出几乎比其他任何国家都要多。同样，在过去的 15 年里，生均支出明显增加，但对考试成绩的影响微乎其微。芝加哥大学的詹姆斯·科尔曼（James Coleman）及其合作者的一项经典研究，证实了支出与成绩之间只有微弱的联系。③ 科尔曼的研究催生了大量文献，有关他的研究结论仍存在争议。④

许多经济学家认为，增加支出确实有作用，而且要比科尔曼之前的研究结果大得多。有一组研究考察了双胞胎的表现（从而自然差异得到充分考虑），结果表明，教育水平会导致收入的系统性差异。另一项研究比较了对学生何时可以退学做出不同规定的各州，结果表明，按规定在校时间更长的学生（控制其他变量）似乎收入更高。

对教育支出水平差异所产生的影响进行解释，存在着一个难题，那就是，在美国，教育支出很大一部分（而且比例还在不断上升）去向与教学没有直接关系（例如行政管理费用），

① 提出这一观点的有 J. E. Stiglitz, "The Theory of Screening Education and the Distribution of Income," *American Economic Review* 65 (1975): 283-300; A. Michael Spence, "Job Market Signaling," *Quarterly Journal of Economics* 87 (1973): 355-374; and K. J. Arrow, "Higher Education as a Filter," *Journal of Public Economics* 2 (1973): 193-216。

② 例如，研究表明，工资并不完全取决于所学课程，这说明课程内容（技能形成）无关紧要。此外，如果技能形成是关键，那么可以想象，收益的增加将是一个相对稳定的过程，每年的工资增长会是相同的；但实际上，完成大学四年学业的人工资增幅远远大于完成前三年学业的人工资增幅。

③ J. S. Coleman et al., *Equality of Educational Opportunity* (Washington, DC: Department of Health, Education, and Welfare, 1966).

④ 请参阅哈努谢克（Hanushek）的综述：Eric A. Hanushek, "School Resources and Student Performance," in *Does Money Matter? The Effect of School Resources on Student Achievement and Adult Success*, ed. G. Burtless (Washington, DC: Brookings Institution, 1996), pp. 43-73；以及哈努谢克的早期文章："The Economics of Schooling: Production and Efficiency in Public Schools," *Journal of Economic Literature* 24, no. 3 (September 1986): 1141-1177。另见 H. Wenglinsky, *When Money Matters: How Educational Expenditures Improve Student Performance and How They Don't* (Princeton, NJ: Educational Testing Service, Policy Information Center, 1997); A. B. Krueger, "Experimental Estimates of Educational Production Functions," *Quarterly Journal of Economics* 113 (May 1999): 497-532; and E. N. Wolff, W. Baumol, and A. N. Saini, "A Comparative Analysis of Education Costs and Outcomes: The United States vs. Other OECD Countries," Working Paper, June 2013。

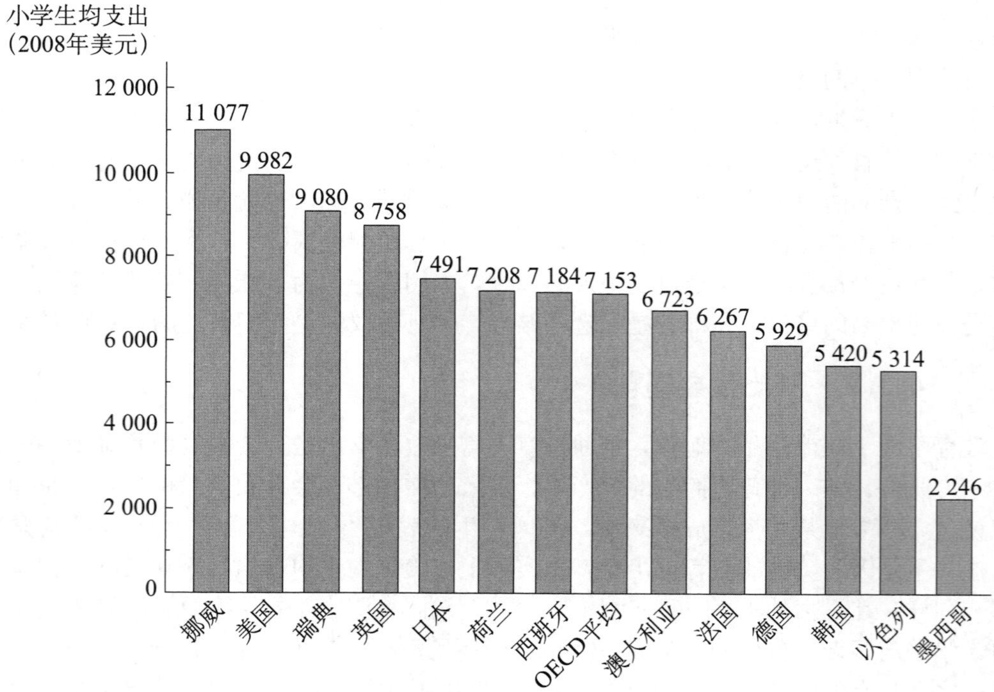

图 14.2　各国间的教育支出差异

美国小学的生均支出几乎比其他任何国家都要多，比经合组织国家的平均水平高出约 40%。

资料来源：Organization for Economic Cooperation and Development，*Education at a Glance 2011*：*OECD Indicators*，Table B1. 1a.

以及用于满足那些有特殊需要的人。用来研究比如小班级授课的结果的数据十分有限。最著名的是田纳西州进行的实验：学生们被随机分配到不同规模的班级，实验的结果虽然并非毫无疑问，但支持了这样的观点，即小班级授课（需要更多的支出）确实能提高学生的成绩。①

另一项对科尔曼研究结果的批评认为，教育支出的实际产出不应是较高的考试分数，而应是带来更高工资的更高生产力。最近的好几项研究已经确立了支出与收入之间的明确联系。②

有些人认为学校对收入的影响比较小，在他们看来，家庭背景至关重要。即使在这种观点下，通过增加对弱势群体的支出，公立学校仍有可能帮助抵消家庭背景的不足。这就

① 请参阅 E. Word et al.，"Student/Teacher Achievement Ratio（STAR）—Tennessee's K-3 Class Size Study，" Tennessee Department of Education，1994。这项研究证实了其他研究结果。吉恩·格拉斯（Gene Glass）对许多研究进行了分析，得到如下结论："小班比大班好得多，而大班几乎不会比非常大的班更好。"请参阅 G. V. Glass，*School Class Size*：*Research and Policy*（Beverly Hills，CA：Sage Publications，1982），p. 47。在对 11 项研究的回顾中，罗伯特·斯莱文（Robert Slavin）发现，班级人数减少最多的班（从 23 人减少到 15 人），班级规模对考试成绩的影响最大（但仍然比较小）。请参阅 R. E. Slavin，"School and Classroom Organization in Beginning Reading，" in *Preventing Early School Failure*：*Research*，*Policy*，*and Practice*，ed. R. E. Slavin et al.（Boston：Allyn and Bacon，1994），pp. 122 - 130；又见 K. Akerhielm，"Does Class Size Matter?" *Economics of Education Review* 13，no. 3（September 1995）：229 - 241；D. Card and A. Krueger，"School Resources and Student Outcomes，" *Annals of the American Academy of Political and Social Science* 559（September 1998）：39 - 53；and G. J. Whitehurst and M. M. Chingos，*Class Size*：*What Research Says and What It Means for State Policy*（Washington，DC：Brookings Institution，May 2011）。

② 例如，请参阅 C. R. Belfield and H. M. Levin，eds.，*The Price We Pay*：*Economic and Social Consequences of Inadequate Education*（Washington，DC：Brookings Institution，2007）。

提出了一个关于学校内部资源配置的基本问题：若以学习天赋为标准，学生可分为好中差三类，资源在他们中间应如何分配？一方面，一国的技术领先地位取决于拥有世界上最好的科学家，这就要求把资源分配给有科学天赋的人。但另一方面，如果没有足够的技能，那些学习天赋差的人会发现他们的工资远远低于他人，就像过去的 20 年里所发生的那样（见图 14.3）。在未来的几十年里，不断加剧的不平等可能会造成日益严重的社会问题。教育倡导者认为，我们应该在这两者身上都加大投入，但考虑到目前的总支出限制，问题是：我们应该把更多钱投向最好的学生还是最差的学生？还是说我们现在已经做到了适当平衡？本章的附录提供了一个思考这个问题的框架。

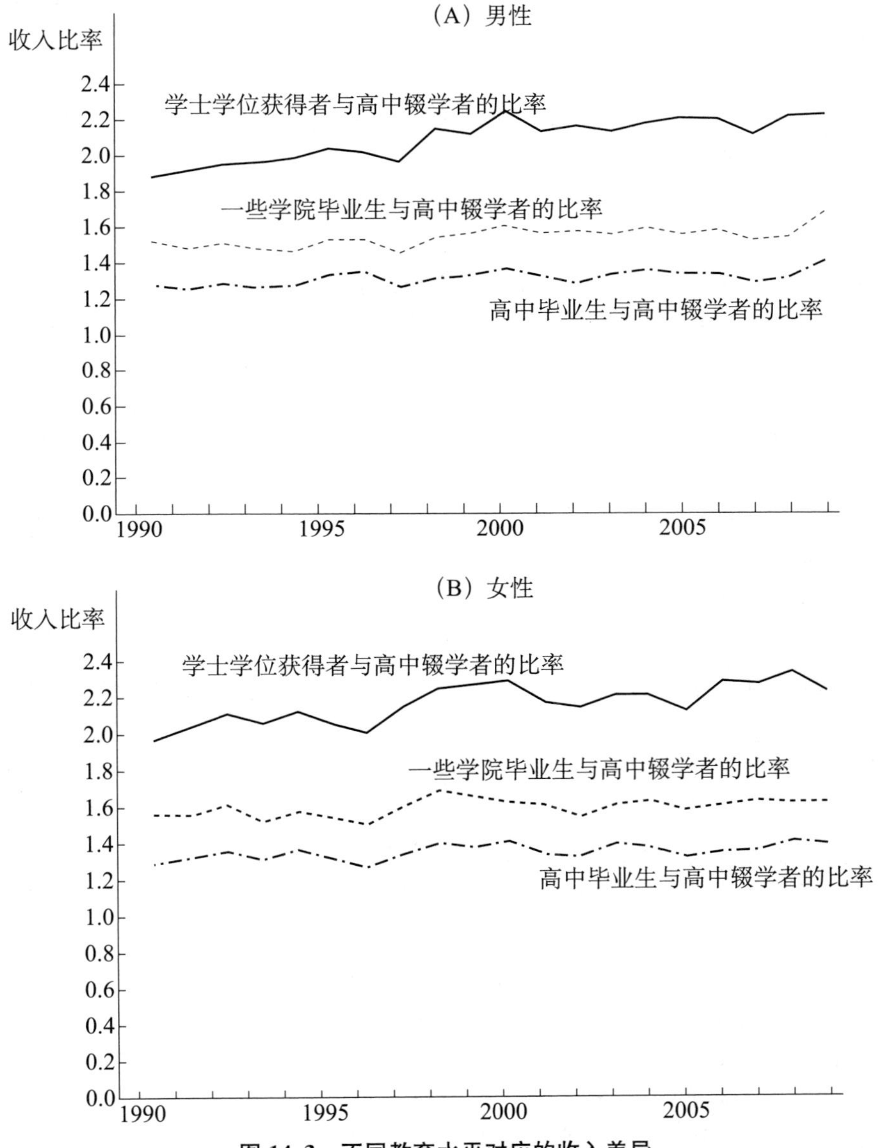

图 14.3　不同教育水平对应的收入差异

这些图显示出受教育程度更高者相对于高中辍学者（分男性和女性）的中值收入。自 1990 年以来，学历最低的男性和女性的收入低于受过良好教育的同龄人。

资料来源：T. D. Synder and S. A. Dillow，*Digest of Education Statistics 2010*，Table 391. 该比率是根据 25 岁及以上全职员工的中值收入（以 2009 年不变价美元）计算的。

□ 14.3.3 教育券：择校与竞争

择校问题可能是近年来政治领域里争论最激烈的问题。父母是否应该有更多的选择权来决定孩子上哪所学校？实现择校的最简单的建议是使用**教育券**（school vouchers）：每个孩子都能得到一张代金券（比方说价值 5 000 美元），用于家长所选择的学校。根据这项建议，公立学校将会直面私立学校展开竞争；公立学校也必须像私立学校一样，劝说学生来本校上学，以增加收入。如果家长对公立学校提供的各种项目评价高，那么公立学校就会进入良性循环。

在支持教育券的讨论中，大多隐含着对政府在教育中的作用的批评：现如今，政府既为教育提供资金，又生产教育。许多人认为，正如我们在第 8 章所看到的那样，出于各种原因，政府不是一个有效率的生产者，在学校之间的竞争中，私立学校会胜出。而且他们还说，当家长为孩子选择学校时，他们会更加关注孩子所就读的学校，更多地参与孩子的教育，这有助于学校提高办学质量。

有趣的是，与批评者的说法相反，择校的支持者认为，私立学校不仅能以较低的成本生产较高质量的教育，而且实际上还促进了平等。詹姆斯·科尔曼及其合作者在另一项著名的研究中认为，美国的公立学校在种族隔离和社会经济隔离方面，实际上比私立学校更加严重。之所以造成这种隔离，是因为公立学校制度（特别是小学）建立在邻里学校（就近入学，neighborhood school）的基础之上，而邻里之间实际上是隔离的。他们还认为，私立学校在教育弱势群体的学生方面更有效（比如用考试成绩来衡量）。[①]

最后，教育券的支持者认为，美国已经有了一种择校制度，但择校受到了限制。有足够资源的人可以选择搬到郊区，或者把孩子送到私立学校。目前的制度剥夺了穷人的选择。虽然有竞争，但这只是对富人家的孩子而言，而非穷人家的孩子。美国人相信竞争。任何行业的人都认为自己所在行业的竞争不那么理想，而完全竞争的假设条件又得不到满足。不过，就整个国家而言，我们仍然认为竞争的好处大于坏处。为什么教育要与众不同呢？

教育券计划受到了多方面的攻击。在传统市场中使竞争发挥作用的条件并不存在于教育领域。家长，特别是没有受过良好教育的家长，往往不太了解情况，他们没有能力评判学校在提供主要技能方面的成效。实际上，这种信息问题正是建立国家标准的主要理由。

这个问题对于职业学校和学院来说也是如此。许多家庭背景较差的学生被学校所剥削，这些学校不能提供良好的教育，还做欺骗性广告——这些学校的毕业率、就业率都很低。政府试图管制这些实则以营利为目的的学校，甚至限制这些学校享受政府贷款计划，但成效甚微。这些学校的利润非常丰厚，有实力从事大量的游说活动，提供大笔竞选捐款。这些营利性学校以及它们为了自身利益（甚至不惜牺牲本该为其服务的那些人的利益）而操纵政治的能力，已成为一个全国性的重大丑闻。

此外，在许多地区，学校的数量是有限的。许多家长往往以是否便利而非教育质量为标准来选择学校。一旦孩子入了学，再想转学可能会十分困难；课程标准化程度越低，调整的困难就越大。这些都进一步限制了竞争。

择校的批评者还认为，私立学校所谓的业绩出众是一种海市蜃楼。这种看似出众的业

① J. Coleman, T. Hoffer, and S. Kilgore, *Public and Private Schools: An Analysis of High School and Beyond* (Washington, DC: U. S. Department of Education, National Center for Educational Statistics, November 1981).

绩，首先部分来自选择效应（selection effect）：那些选择送孩子上私立学校的家长更加重视教育。正是这种重视，而非学校所为，解释了以任何指标衡量的业绩差异。其次，还有一种惩罚效应（discipline effect）：私立学校可以拒绝或开除那些有破坏性行为的学生或者在其他方面表现极差的学生，公立学校则不能这样做。即使在学生背景看似相同的情况下，如今私立学校的业绩超过公立学校是事实，但倘若私立学校大幅度扩张，特别是如果要求它们接收所有学生，包括那些“问题学生”，那么情况可能就会大不相同。

此外，许多批评教育券的人士表示，该计划会导致社会和经济层面上的社会分层，家长比较富裕、受过良好教育的，其子女上一类学校，而家长比较贫穷、没有受过良好教育的，其子女上另一类学校。尽管防止种族歧视的管制可能很容易得到实施，但确保不出现社会经济分层的管制将难以落实。

教育券计划在政治议程上依然占有重要地位，这在一定程度上反映出人们对美国中小学教育的不满。但令我们好奇的是，虽然大多数家长对教育的整体状况持批评态度，但他们相信自己的孩子正在接受良好的教育。在美国的市中心贫民区，辍学率很高，人们对教育质量的担忧尤其强烈。

教育券的争论

支持方	批评方
竞争提高效率。	竞争发挥作用的条件不具备。
择校促进承诺。	导致更严重的社会和经济分层。
有经济分层的风险。	提高效率的证据值得怀疑：问题孩子会怎样？

专栏 14.1

教育券：圣何塞和密尔沃基实验

教育券似乎是一个理想的实验对象：社区可以提供教育券，看看会发生什么情况。事实上，一些社区已经这样做了。最早的一项实验，仅在公立学校中进行择校，那是在加利福尼亚州的圣何塞市（San Jose）进行的。一项研究在考察了这项实验的结果之后，得出如下结论：

> 教育券在美国中小学校中几乎不可能成功。[家长最终] 会了解可供选择的学校以及有关择校的规定。但是，有关家长或学生择校的社会后果还存在一些疑问。具体来说，有些人担心，家长选择的都是强化本阶层社会价值观的学校，因此贫困家庭的孩子几乎没有机会获得成为中产阶级所必备的信念、态度和社会能力。*

1990 年，密尔沃基市（Milwaukee）开始了一项实验，即教育券既可以用于公立学校，也可以用于私立学校。奇怪的是，随着实验的展开，教育券的支持者和批评者都声称，密尔沃基市的实验证实了他们对教育券有效性的看法。

密尔沃基市提供的家长可用来送孩子上他们所选学校的教育券数量有限。1990 年，教育券计划实行的第一年，教育券数量限定为公立学校招生数的 1%（大约 950 名学生）；1994 年，该计划扩大到 1.5%。

批评人士指出，很少有家长利用这个机会。1990 年至 1993 年，每年提出申请的家长不足 600 人，实际择校的平均不到 400 人，而最后入学的为 350 人。为了正确地理解这个数字，要知道，密尔沃基市公立学校的入学人数是95 000，其中42%来自贫困线以下的家庭；任何收入在贫困线的1.75倍以下的家庭，都有资格提出申请。更能说明问题的是，那些选择上私立学校的学生，在一年左右的时间里，大部分人又转回公立学校。到1994年，在1990年择校入学的354名学生中，只有92人还留在该计划中。公立学校似乎并没有遇到什么有效的竞争（因而并没有促进公立学校的发展），也没有促使私立学校的扩张或新校的建立。

支持者指出，与那些在公立学校就读的同龄人相比，那些选择私立学校就读的学生学习成绩确实较好。至于这些差异在多大程度上可归因于选择在私立学校就读的孩子的天资，统计学家在这一问题上意见相左。[†]

* G. Bridge，"Citizen Choice in Public Services；Voucher System，" in *Alternatives for Delivering Public Services*，ed. E. S. Savas（Boulder，CO：Westview Press，1977）.

† C. E. Rouse，"Private School Vouchers and Student Achievement：An Evaluation of the Milwaukee Parental Choice Program，" *Quarterly Journal of Economics* 113，no. 2（May 1998）：553 - 602；and J. Greene et al.，*Expanding Choice in Elementary and Secondary Education：A Report on Rethinking the Federal Role in Education*（Washington，DC：Brown Center on Education Policy at Brookings，February 2010）.

那些寻求在公立学校内部加强创新和竞争的人，一直在寻找教育券的替代方法。其中一个举措便是**"外包"**（contracting out）：学区与外部经理人签订合同来管理学校。倡导者声称，管理团队之间的竞争会导致更高的绩效。同关心学校的许多家长相比，学区在管理团队的挑选方面能做出更明智的决定。一些学区已经尝试了这样的安排。尽管明显节约成本或提高学生成绩的证据还非常模糊，但外包做法仍在继续增加。①

另一个举措是**"特许学校"**（charter school），即自我管理的或者直接由孩子家长管理的学校，而不是由一个较大学区管理的学校。在英国，类似的学校叫"学院制学校"（academies），公立学校摆脱地方议会的管理，在人员配备和教学方法上有更大的自主权。美国现在有大量特许学校，得到家长们的普遍支持。特许学校的支持者希望学校的创新能在其他地方被效仿，从而促进教育质量的全面提升。然而，批评人士则持怀疑态度。目前，特许学校和私立学校一样，迎合了那些最重视教育、最渴望改变现行公立学校制度的人。可是，在择校余地不大的情况下，它们如何能对公共教育产生比较广泛的影响？有关特许学校的研究表明，虽然最好的学校做得很好，但总的来看，它们的业绩没有明显改观。②

其他改革更加强调激励机制的作用，例如教师的绩效工资制。这种激励机制的有效性在很大程度上取决于如何衡量教师的绩效。第一个问题是，很难评估教师的"增值额"（value added）：也就是说，如果一位老师的班级里来了学习不好的学生，那么到年底的时候，即使这位老师做得很好，但教学成绩可能仍然上不去。第二个问题是教师的工资通常

① 关于外包原则和做法的深入讨论，请参阅 P. Hill，L. Pierce，and J. Guthrie，*Reinventing Public Education：How Contracting Can Transform America's Schools*（Chicago：University of Chicago Press，1997）。关于外包效果的分析，请参阅 P. Burch，"After the Fall：Educational Contracting in the USA and the Global Financial Crisis，" *Journal of Education Policy* 25（November 2010）：757 - 766。

② 有关特许学校表现的评估，请参阅 M. Berends and H. Walberg，*Charter School Outcomes*（Hillsdale，NJ：Lawrence Erlbaum Associates，2008）；R. Zimmer et al.，*Charter Schools in Eight States：Effects on Achievement，Attainment，Integration，and Competition*（Santa Monica，CA：Rand Corporation，2009）；and S. Imberman，"Achievement and Behavior in Charter Schools：Drawing a More Complete Picture，" *The Review of Economics and Statistics* 93（May 2011）：416 - 435。

很低。许多人，或许是大多数人，从事这一职业不是为了钱，而是因为他们就喜欢教书。发一点点奖金作为一种激励措施，等于在提醒他们自己的工资有多低。这反而会导致他们的表现更差，而那些有机会找到报酬更高工作的人会另谋高就。在许多情况下，有证据表明，激励薪酬制度适得其反。①

许多批评美国教育制度的人士喜欢指责工会，但工会的作用比人们常说的实际上要模糊得多。工会力量强大的一些州比工会力量薄弱的州，结果要好得多。工会一直在努力维护政府对公共教育的支持，并确保有足够的资金，这其中毫无疑问也包括足额支付教师的资金。如果没有工会，教师的工资和工作条件可能会变得更糟，学校也就无法招到好老师，教育成果也会受到影响。不过，在某些地方和某些地区，教师工会一直抵制可能产生良好效果的改变和改革。而每个人都十分清楚，如果没有站在教学第一线的教师的支持，很难想象如何能进行教育改革，从而使学校业绩大有改观。这就是为什么有人提出，最好的方法是做一笔“交易”：工会拥有更大的灵活性，以换取对公共教育更好的支持。

□ 14.3.4 学校分权

学校分权是一种被广泛讨论的学校改革，旨在解决庞大的教育官僚机构控制学校所产生的种种问题。② 在大城市的学区，学校分权一直是一个问题，那些官僚机构常常被认为对家长的诉求置若罔闻。学校分权就是要把权力下放到各个学校及其校长，让家长拥有更大的影响力。支持者认为，学校分权会更加激励家长去监督教师和学校，从而有助于改善学校业绩。有观点认为，教师也会努力表现得更好，因为他们在学校的教育过程中有了更大的影响力。

对学校分权的批评比对教育券计划的批评要温和得多；一些重要的分权举措已经付诸实施，包括纽约和芝加哥这两个最大城市的分权措施。但是，有人担心，除非工会的规章和态度有所改变，否则不太可能发生根本性的改革。另一个担心是，如果在学校层面有太多的自主权，就会造成过分不平等：有些学校会比其他学校好得多，这似乎不公平。学校分权的支持者则指出，这已然是不争的事实。因此，在较差的学校被提升到较好的学校层次之前，任何提高质量的尝试都将带来一定程度的暂时不平等，但为避免出现差距而压制最好的学校肯定是不明智的。

□ 14.3.5 业绩标准：有教无类和力争上游

许多人认为，在学校分权、择校或者任何其他改革举措付诸实施之前，必须建立明确的学校业绩的衡量标准。如果没有这些衡量标准，家长、教师和教育改革者，都无法判定

---

① 有大量且不断增长的文献讨论这些改革以及检验不同激励机制的许多现场实验（field experiments）。例如，请参阅 E. Hanushek and D. Jorgenson，eds.，*Improving America's Schools*，*The Role of Incentives*（Washington，DC：National Research Council，1996）；D. Neal，“The Design of Performance Pay in Education，” Chapter 6 in *Handbook of the Economics of Education*，vol. 4，ed. E. Hanushek，S. Machin，and L. Woessmann（Waltham，MA：North-Holland，2011）；M. Springer et al.，*Teacher Pay for Performance*：*Experimental Evidence from the Project on Incentives in Teaching*（*POINT*）（Evanston，IL：Society for Research on Educational Effectiveness，2011）；and E. Hanushek and L. Woessmann，“Symposium on Performance Pay for Teachers，” *Economics of Education Review* 30（2011）。

② 有关教育分权的详细讨论，请参阅 J. Hannaway and M. Carnoy，eds.，*Decentralization and School Improvement*（San Francisco：Jossey-Bass，1993）。

学校业绩的好坏，也就缺乏教育改革的基础。

建立明确的学校业绩目标是《2001年有教无类法案》(No Child Left Behind Act of 2001，NCLB)的主要目的。* 该法案全面修改了《1965年中小学教育法案》(Elementary and Secondary Education Act of 1965)，并取代了《1994年美国2000年教育目标法案》(Goals 2000：Educate America Act of 1994)。根据这项法律，各州要根据本州的标准进行年度学生评估，4年级和8年级学生要参加“全国教育进展评估”(National Assessment of Educational Progress)的语文和数学考试，制定适当年度进步(adequate yearly progress，AYP)标准，当未达到适当年度进步标准时采取具体的措施，确保教师是“高素质”(highly qualified)教师等。《2001年有教无类法案》还对制定和实施标准化评估、优先学科领域和针对弱势学生的课程开发、促进教育创新等提供资金。

虽然人们普遍支持建立业绩目标，但由于种种原因，该立法遭到了强烈反对。一些人担心，有些技能比其他技能更容易测试，而这些测试是否会使教师将注意力转移到教授基本技能而不是鼓励创造力和思维能力上？例如，有很好的方法来测试基本技能（比如自然发音），但测试创造力以及所谓的“高阶”认知（思维）技能则非常困难。美国教育的优点之一就是如何鼓励创造力。一些批评人士还声称，教师可能会根据考试来调整教学，即所谓的“应试教学”(teaching to the test)，而高利害攸关测试(high-stakes testing)导致一些学校故意操纵学生的考试成绩。(一些丑闻表明，这种情况确实发生了。)

另外，支持者声称，我们的学校没有向许多年轻人传授基本技能，让学校传授基本技能将是一个重要的进步。

提高学校的效率

1. 择校与竞争：教育券、外包、特许学校。
2. 激励：绩效工资。
3. 重组：分权。
4. 业绩标准：有教无类和力争上游。

还有一些人担心潜在的不平等。有弱势儿童的学校担心，它们会因业绩不佳而遭到批评，而且它们不相信在被评判时会考虑其学生的背景。还有人担心，在这些标准化考试中，弱势儿童可能会表现相对较差，而雇主在决定雇用谁时，会把这些考试作为一个简单而又可接受的筛选标准，从而将已经处于不利地位的群体置于更加糟糕的境地。

最重要的是，《2001年有教无类法案》的批评者认为，家长们已经知道学校的表现并不像他们想的那样好。他们认为，如果学校没有更多的根本性变化，信息本身起不到任何作用，只会增加他们的无助感。

批评人士还说，实现有教无类（“不让一个孩子掉队”）目标所需的资金一直没有着落，况且，在当前预算吃紧的情况下更不可能有资金保障。

目前，美国国会正在讨论《2001年有教无类法案》是否要“不废则改”(end or mend)。这项立法确实迫使各州设计和实施学校问责制，并采取具体措施以提高年度学生评估的成绩。然而，到目前为止，学生成绩的结果喜忧参半。《2001年有教无类法案》在数学上已经取得了实质性和几乎普遍的进步，但对语文技能几乎没有任何积极的影响，并

* 《2001年有教无类法案》通常也翻译成《2001年不让一个孩子掉队法案》——译者注。

且对弱势儿童的数学技能影响也很小，因此在缩小学习成绩差距方面几乎没有取得什么进展。还有人担心，尽管《2001 年有教无类法案》强调的是衡量和提高所有学生的教育绩效，但其有关成功的狭隘和僵化的指标参数，造成了不正当的激励，例如压缩课程、人为降低标准、排挤不按这种严格评估指标教学的好老师等。①

为了解决《2001 年有教无类法案》的缺陷，奥巴马政府根据《2009 年美国复苏与再投资法案》推出了“力争上游”计划（Race to the Top program）。“力争上游”是一项耗资达 43.5 亿美元的鼓励竞争的拨款计划，旨在资助各州在 4 个方面实施创新教育改革：提高标准和升级评估、改进数据收集和利用、提高教师工作成效和教师收入分配的公平性以及重振表现最差的学校。

□ 14.3.6 不平等

政府提供教育资金和办教育的一个基本目的是促进机会平等。但是，现如今，值得关注的是，公立学校制度并没有实现这一理想。最近的统计数据表明，在发达工业化国家中，美国已沦为机会平等最差的国家（或者至少是最糟糕的国家之一）。也就是说，同其他类似的国家相比，在美国，一个孩子的一生前景更多地依赖于其父母的收入和教育状况。②

造成这种缺陷的主要原因并不难找到。教育一直主要是地方政府的责任。一些社区，例如富裕的郊区社区或有大型工厂的城镇，可利用的资金是其他社区的许多倍。在某些社区，公共服务的需求比其他社区要大得多：城镇社区用于维护公共安全的支出通常比农村社区要高得多。最后，不同社区对教育表现出来的“偏好”不同，故而资金相同的社区在教育上的花费数量可能不同。

不管是什么原因造成的，只要公共教育经费存在巨大差距，都会产生严重后果。那些生活在提供优质学校的社区的很幸运（或有钱）的人，比那些生活在没有优质学校的社区的人，会有更好的前景，而且，在美国，富人生活在一起、穷人居住在一起的这种隔离现象正变得越来越明显，这意味着教育成果以及一生前景越来越分化。

地方融资制度经受了最高法院的考验。一些州的最高法院发现，依靠地方财产税为教育筹资，违反了州宪法确保平等获得公共教育的规定。在联邦层面，美国最高法院在圣·安东尼奥独立学区诉罗德里格斯（San Antonio Independent School District v. Rodriguez, 411 U.S. 1，1973）一案中裁定，得克萨斯州的地方筹资没有违反美国宪法（第十四修正案）的“平等保护条款”（equal protection clause），尽管它造成了支出的巨大差异。

这项判决提出了几个重要问题。在一个州里，每个社区的支出都应该相同吗？还是应该只要求每个社区提供最低限度的教育？强制平等似乎阻碍了社区在孩子身上花更多的钱。实际上，有几个州已经设定了支出水平的上限，因而不仅通过提高最低支出水平，而且通过降低最高支出水平来实现平等。倘若只需要达到最低标准，那么这一标准是如何确

① 有关《2001 年有教无类法案》对教学影响的严格分析，请参阅 T. Dee and B. Jacob，“The Impact of No Child Left Behind on Student Achievement,” National Bureau of Economic Research Working Paper 15531，November 2009。有关《2001 年有教无类法案》再授权政策辩论的总结，请参阅 R. R. Skinner，“The No Child Left Behind Act: An Overview of Reauthorization Issues for the 111th Congress,” Congressional Research Service Report RL33749，May 2009。

② 请参阅 J. E. Stiglitz，*The Price of Inequality: How Our Divided Society Endangers Our Future*（New York: W. W. Norton & Company，2012）。

定的？很明显，如果标准设定得太低，那么它根本就没有什么效果。如果标准设置得过高，那么贫困社区将如何找到资金？更高的标准要求州政府在教育筹资中发挥更大的作用。如果坚持平等，那么针对不同社区的教育成本差异、学生的自然属性差异应做出哪些调整？仅有支出平等就足矣了？有的社区可能会把更多的资金用于建设更好的体育设施，有的社区可能把更多的资金用于开发基本技能，还有的社区可能把更多的资金用于特殊教育项目。结果是，居住在不同社区的相似的个人，得到的待遇却不相同。要确保完全平等，就需要消除社区控制，每个州建立集权式的教育体制。

问题不仅仅是平等与效率这种基本的权衡取舍。大多数人在某种程度上都认为，所有家长都应该有权对子女的教育做出决定。在地方政府控制教育的情况下，家长们至少觉得他们可以对结果有一定影响。因此，对许多人来说，学校地方自治是一个自身固有的原则；即使可以证明中央控制会更加平等、更加有效率，一些人也仍然会支持地方控制。在另一些人看来，需要权衡取舍的问题是家长的权利（决定子女的教育）与孩子的权利（机会平等，与其父母无关）。

州政府和联邦政府都对这些担忧做出了回应，试图在增加平等的同时，至少保留一定程度的地方自治权，特别是向低收入人群和弱势儿童较多的社区提供资金。例如，新泽西州已经加强了它在教育筹资中的作用，较贫困地区得到的援助比富裕地区多；规定了所有地区必须达到的最低教育标准；在某些情况下，对高支出学区的开支数额设置了上限。

家长择校对平等造成的束缚。努力实现更加平等的一些尝试，例如对比较富裕学区的支出规定上限等，被批评是导向错误和弄巧成拙，因为根本的问题不只是公立学校间的不平等程度，还有我们社会的总体不平等程度。只要政府不想禁止人们上私立学校，那么任何试图在公共教育体系中引入过多平等的做法，终将导致人们转入私立学校。

在英国，总有建议让政府积极压制私立学校，理由是私立教育会导致社会分层（只有上层和中上层阶级把他们的孩子送到私立学校）。然而，在美国，限制私立学校可能是违宪的。不管怎样，虽然对政府是否应该资助私立学校一直存在争议，但没有人认为应该主动压制私立学校。

增进平等的方法

- 向所有地区提供最低水平的经费。
- 限制高支出地区的开支。
- 联邦政府和州政府向低收入社区和有大量弱势儿童的社区提供财政援助。
- 主要问题：如何在提供机会平等的同时，保持地方责任和自治？

14.4 高等教育资助

有趣的是，困扰中小学教育的许多争论已经在高等教育层面上得到了解决，甚至也有一个教育券计划：《退伍军人权利法案》实际上是向退伍军人提供教育券，可在任何公立或者私立大学使用，这刺激了第二次世界大战后美国高等教育的发展。正如我们已经指出的那样，私立学院和私立大学发挥了重要作用，而它们的分权程度很高。

联邦政府的作用可以追溯到1785年为大学留出土地的《1785年土地法令》，到1862

年赠地大学（land grant universities）的建立，再到第二次世界大战后通过拨款和合同对研究型大学的广泛支持。

高等教育和中小学教育的根本区别在于，学生已经到了可以自主决定的年龄。学生应该能根据继续接受教育的回报来判断是否值得进一步投资。如果个人拥有良好的信息，并且具有评估任何信息所需的技能，则至少情况会是这样。然而，许多私立营利性学校并没有提供个人做出明智决定所需的信息，而正是评估这种信息的技能需要通过大学教育来开发。我们知道，在许多其他领域，需要有消费者保护，而鉴于市场剥削这种不争的事实，这种需求似乎尤其强烈。

除此之外，政府还有一个关键的作用，就是确保学生有足够的财力上大学。目前，这是通过5种方式来实现的。第一，州政府对高等教育提供了大量补贴，虽然高等教育机构通常收取学费，但只占总成本的一小部分。第二，联邦政府为符合经济困难资格标准的学生提供助学金，比如“佩尔助学金”（Pell Grants）和“高等学校师范教育助学金”（Teacher Education Assistance for College and Higher Education Grants）。第三，联邦政府为高等教育提供贷款计划，例如，联邦帕金斯贷款（Federal Perkins loans）和威廉·D. 福特联邦直接贷款（William D. Ford Federal Direct loans）。第四，支持有限数量的勤工俭学项目，称为联邦勤工俭学项目（Federal Work-Study Program）。第五，提供学费税收扣除和税收抵免。①

州政府的补贴被认为没有目标或目标错误而受到广泛批评。事实上，平均而言，由于富裕阶层的孩子入学率通常较高，所以是那些较富裕的人享受到了这些补贴。此外，由于这些补贴可以被认为是针对孩子本身而不是父母，因此，即使是来自贫困家庭的子女，其一生收入也将高于整个人口的平均收入。所以，批评人士说，政府应该把贷款或资助的重点放在贫困家庭的孩子身上。

1997年开始实行联邦学费税收抵免（1998年生效）。现在有两种联邦税收抵免来帮助支付高等教育费用：一种是美国机会税收抵免（American Opportunity Credit），每名合格学生在大学本科头4年，每年税收抵免额最高可达2 500美元；另一种是终身学习税收抵免（Lifetime Learning Credit），每名合格学生接受高等教育（包括没有学位和提高技能的课程）的所有年份，每年税收抵免额最高可达2 000美元。这些税收抵免也被批评为没有针对性：非常贫穷的人得不到这笔钱（不过，美国机会税收抵免可退税40%，所以即使那些不纳税的人也能得到1 000美元）。批评人士担心，学费税收抵免可能会导致大学提高学费，尤其是在那些社区学院学费很低的州。② 他们担心，非常贫穷的人的入学率甚至可能下降，因为那些不能利用学费税收抵免政策的穷人会发现上不起大学，除非州政府增加奖学金以抵消任何学费上涨。（支持者认为，虽然学费增加，但可利用的教育资金增加仍会有所帮助。）

税收扣除和税收抵免计划的批评者认为，如果政府在贷款、奖助学金和工作等方面出台更广泛的政策组合措施，以确保所有美国人接受高等教育，那么花费可能会少得多，尤其是弱势群体的入学率可能会得到更大的提高。

---

① 有关联邦政府的学生资助计划概要，请参阅 U. S. Department of Education，*Funding Your Education：The Guide to Federal Student Aid*，*2012－13*.

② 税收抵免额是学费第一个1 000美元的100%，第二个1 000美元的50%。因此，学费从500美元提高到1 000美元不会花学生一分钱——学生的花费将保持不变，但联邦政府支付的费用大大增加。

作为《1965年高等教育法案》(Higher Education Act of 1965)的一部分，联邦担保贷款首次得到授权。尽管如今有关学生贷款的重要性几乎没有什么异议，但最近就如何最佳地提供学生贷款展开了争论。联邦政府现在有两种主要贷款计划：一种是联邦帕金斯贷款，私人机构贷款给学生，政府承担违约风险；另一种是威廉·D. 福特联邦直接贷款，联邦政府直接贷款给学生。后者始于1994年克林顿政府，声称联邦政府能比私人部门机构更有效地、成本更低地管理该计划，这在后来实施的几年里得到了证实。该计划的部分理由是，现有计划的风险承担和管理分开，使得私人机构筛选和债务执行（收回贷款）的激励不足。同样麻烦的是，私人金融部门向学生收取费用，就好像它们承担了风险似的。这成为了一种利润丰厚的金融业务——利润实在丰厚，以至于出现了向学院行贿以专用特定贷款方的丑闻。此外，政府还可以采取更灵活的贷款工具（也的确付诸实施了），包括还款计划，比如渐增还款计划（graduated repayment plan）（在贷款期限内还款额逐步增加）、延期还款计划（extended repayment plan）（还款期限长达25年而不是标准的10年）、按收入比例还款计划（income-based repayment plan）（每月最高还款额为可支配收入的15%）、毕业生按收入比例还款计划（pay as you earn repayment plan）（每月最高还款额为可支配收入的10%）、按收入条件还款计划（income contingent repayment plan）（根据偿还能力公式计算还款额）、按收入变化还款计划（income sensitive repayment plan）（根据年度收入状况还款）等。在公共部门工作10年的借款人，在完成120次足额准时还款后，也有资格享受公共服务贷款免除计划（Public Service Loan Forgiveness Program）。① 自1994年以来，联邦政府业已成为主要的贷款人，在2011—2012学年的全部学生贷款中占到93%。

随着高等教育成本不断攀升，而州政府对教育的资助和中位家庭收入持续下降，学生贷款债务则大幅增长。尽管其他类型的消费者债务大减，但这一趋势在整个大衰退(Great Recession)期间依然如故；截至2012年底，学生贷款债务大约为1万亿美元，远远超过家庭信用卡债务总额。学生贷款债务不仅严重程度令人担忧，而且拖欠率也在上升——超过10%，同时学生贷款余额超过90天的拖欠率首次超过信用卡债务的“严重拖欠”率。美国破产法加剧了这些问题。与其他大多数类型的消费者债务不同，学生贷款很难偿还。

随着大多数美国人的收入停滞不前，再加上学费飙升，美国面临着一个困境：如果目前的趋势继续下去，美国年轻人（及其家庭）为了筹措教育资金而不得不负债累累。这可能会产生严重的宏观经济后果，就像在全球金融危机爆发时，家庭的其他债务所产生的宏观经济后果那样。这也意味着，许多美国人会认为这太危险了，因而不去接受能使其在21世纪具备竞争力所需的教育。显然，这不仅会损害其自身的经济前景，如果（似乎有可能）足够多的人都做出这样的决定，还会影响到美国的国家经济前景。

走出困境的一种办法是进一步加大政府对高等教育的支持力度，这将使学费降低，或者至少给更多的人提供资助，以便减少他们的负债。然而，在联邦和州两级政府预算削减的情况下，前景暗淡。

自20世纪80年代末以来，有几个国家采用**收入条件还款型贷款**（income-contingent loans，ICLs）作为一种可能的解决办法，美国始于1994年。按收入条件还款型贷款的主要特征是债务的偿还取决于借款人的偿债能力。例如，1989年，澳大利亚推出了一种风

---

① 有关这些联邦学生贷款产品的详细说明，请参阅 http://studentaid.ed.gov/repay-loans/understand/plans。

险分担的按收入条件还款型贷款，即高等教育学生分担学费贷款计划（Higher Education Contribution Scheme，HECS）。根据该计划，学生债务的偿还借助税收制度，偿还数额取决于个人收入：收入在某一起点以下，没有还款义务，收入超过该起点后，还款额随着超过该起点的收入的增加而增加。[①] 该计划不仅降低了教育投资的风险，而且大大降低了交易成本。这是澳大利亚努力扩大接受大学教育人群的计划取得成功的一个重要因素：25 岁至 64 岁大学毕业的人口占澳大利亚人口的比例从 1999 年的 18%上升到 2010 年的 27%，已接近于美国的毕业率。虽然美国在 1999 年处于优势，毕业率为 28%，但毕业率并没有快速增长，到 2010 年才达到 32%。[②]

14.5 复习和练习

14.5.1 小结

1. 在过去 50 年里，美国的教育制度发生了变化，其中包括州政府和联邦政府提供的资金占比上升了。虽然联邦政府的直接教育支出不如州和地方政府教育支出那么大，但联邦税收支出提供了大量的隐性补贴。此外，联邦政府在教育政策的指导上参与得越来越多。

2. 教育不是一种纯公共产品。教育的外部性很突出，但这些外部性并不能为政府的作用提供完全有说服力的理由。政府支持中小学教育的主要理由是，认为教育质量不能仅靠孩子家长的资源。市场失灵也很明显，包括资本市场和风险市场的缺陷。

3. 美国教育制度的效率和公平堪忧。提高教育制度效率的建议包括：(1) 教育券计划，增加选择和促进竞争；(2) 分权化改革，使教师和家长能够对学校施加更多的控制；(3) 特许学校，为创新提供更多的空间；(4) 外包，加强学校管理的竞争，而且避免了教育券计划所产生的社会分层；(5) 国家标准，对学校和教师规定更明确的目标和业绩指标。这些“实验”的结果大多利弊参半。

4. 学校对地方财政的严重依赖导致支出不平等现象非常突出。改革举措包括州政府提供更多的援助。

5. 虽然教育不是个人未来工资的唯一决定因素，但教育水平与工资之间存在着系统性相关关系。然而，关于这种相关性的解释存在争议。有人声称，这主要是由于孩子们在学校获得的技能增加（人力资本观）；而另一些人则声称，这是由于学校识别出能力出众的孩子并将其与能力不济的孩子区分开来（筛选观）。

6. 在美国，尽管教育支出很大，但学生在标准化国际考试中表现不佳，这在一定程

① 想要了解有关“力争上游”(Race to the Top) 的更多信息，请查阅美国教育部网站（www. ed. gov）。有关学生贷款债务的更多数据，请查阅纽约联邦储备银行（Federal Reserve Bank of New York）的家庭债务和信贷季度报告。有关按收入条件还款型贷款的详细解释，请参阅 B. Chapman，“Income Contingent Loans for Higher Education：International Reforms，” Chapter 25 in *Handbook of the Economics of Education*，vol. 2，ed. E. Hanushek and F. Welch (Amsterdam：Elsevier，2006)，pp. 1435 - 1503。高等教育贷款计划（Higher Education Loan Programme，HELP）是澳大利亚的政府贷款计划，帮助学生交纳学费（FEE-HELP 或 VET FEE-HELP）、支付学生应分摊的学费（HECS-HELP）和海外学习费用（OS-HELP）。在 2012—2013 年，高等教育贷款计划的还款起点为 49 096 澳大利亚元，超过该起点以上部分，还款率为年分档收入的 4%到 8%，每档递增 0.5%。有关高等教育贷款计划的更多信息，可查询 http：//studyassist. gov. au 和 www. ato. gov. au。

② Organization for Economic Cooperation and Development，*Education at a Glance*，2012.

度上与严重的不平等有关。此外，大量支出都用在了行政管理和特殊项目上。支出与业绩之间的总体关系引起了热议。

7. 长期以来，政府一直在高等教育中发挥着积极的作用，但不像在中小学教育中居主导地位。有些人认为，政府对高等教育的资助，其影响是累退的，因为得益于大学教育的人可能具有较高的收入。他们认为，直接补贴应由贷款计划取而代之。然而，随着学费飙升，以及大多数美国人的收入停滞不前，学生债务负担过重。澳大利亚开创了一种具有低交易成本的替代方案，称为“按收入条件还款型贷款”。

8. 长期以来，联邦政府在支持高等教育方面发挥了重要作用。学生贷款和联邦拨款项目使更多的人接受高等教育，而现在中产阶级的收入停滞不前，再加上学费上涨，可能会减少上大学的机会。有关学费税收抵免能在多大程度上提高入学率，存在着相当大的争议。不过，大多数人都认为，这种税收抵免政策并不是很有针对性。

□ 14.5.2 重要概念

特许学校	补偿性教育	外包
人力资本	按收入条件还款型贷款	教育券
筛选		

□ 14.5.3 练习题

1.（1）讨论州立大学提高学费的公平和效率依据。你的答案在多大程度上取决于是否有一个良好的大学贷款计划？（2）讨论提供利率补贴的大学贷款的公平和效率依据。

2. 列举教育机构的一些特征或教育制度的一些结果，表明似乎更符合教育的筛选观而非人力资本观。

3. 工业中心区与郊区的生均财产税基通常一样大。为什么你依然会预期工业中心区的生均支出比郊区的低？

4. 讨论在决定教育分权（集权）的适当程度和形式中所涉及的权衡取舍。请记住，不同方面（融资、课程设置、人员招聘等）的分权程度不同；集权和分权问题不仅涉及联邦政府、州政府和地方政府之间的责任分工，而且还涉及学区内部中心办公室主管、校长和教师之间的责任分工。

5. 讨论家长选择与机会平等之间的权衡取舍。消费者主权原则应在多大程度上延伸到父母为子女选择教育数量和形式的权利上？

6. 请对分班（把能力相似的学生分在同一班级）问题进行经济分析。你想要什么样的证据来决定分班是否可取？其利弊是什么？（你的答案如何取决于教师是否觉得教学生能力比较相近的班级更容易以及在班级里能力较差的学生向能力较强的学生学习的程度？）

7. 一个社区正在考虑如何在教育和其他商品之间分配支出。请画出预算约束线，横轴表示“教育”，纵轴表示“其他商品”。（1）请比较贫困社区与富裕社区的预算约束线。利用无差异曲线，解释为什么贫困社区很可能比富裕社区的教育支出少。（2）请说明财产税（作为公共教育的资金来源）的扣除对这两个社区的预算约束线会产生怎样的影响。这对择校会产生怎样的影响？如果教育的需求价格弹性是单位弹性，那么在一个中间选民处于33%或者15%的边际税率档次的社区里，这对教育需求的影响分别是什么？（3）现假设贫困社区得到补贴（富裕社区被征税），因而从1%的税收中获得的额外教育支出与富裕社区的相同。画出预算约束线。贫困社区的教育支出还会比富裕社区的少吗？你的答案取决于什么？（4）谁的无差异曲线与这种分析有关？（回想一下第 9 章有关中间选民的讨论。）

8. 请列举对美国教育制度不足的各种担忧。根据所能解决问题的程度来评估各种改革举措。（1）如果你认为主要问题是对弱势群体的教育，你会强调哪些改革？（2）如果你认为主要问题是缺乏足够的训练有素的科学家和工程师，你会强调哪些改革？（3）如果你认为主要问题是中小学表现不佳，你会强调哪些改革？（4）如果你认为主要问题是高校招生不足，你会强调哪些改革？

9. 假设增加一个学生的教育支出会提高他的生产力。画出生产力-工资之间的关系（假设工资与生产力同步增长，且收益率递减）。假设无论在哪一教育层次，能力强的学生都具有更高的生产力。（1）假设人们希望在支出水平既定的情况下实现总产出最大化。你将如何分配教育支出？你肯定会在能力强的学生身上花更多的钱吗？（2）假设你想降低收入不平等程度。这将对教育支出的格局产生怎样的影响？

14.6 附录：如何配置公共教育资金？

每个学区都面临着分配教育预算的问题。可以拨付更多的资金用于特殊教育，为弱势学生提供补习课程，或者为有天赋的学生增加课程。分配给任何一个人更多的资金，生产力都会得到部分提高。这正是教育的收益。

如果我们希望最大限度地增加国民产出，如果效率是我们唯一的目标，那么我们在分配资金时就应该做到在每个人身上多花 1 美元所提高的生产力都相同。如果能力出众的人不仅在每个教育层次上的生产力都比其他人高，而且从教育中受益也更多，即边际教育收益率较高，那么，可以实施这样的政策，即花费在能力出众者身上的教育支出多于花费在能力不济者身上的教育支出。有人会说这是不公平的，政府应该确保公共教育支出的平等。但是，当教育支出均等化时，那些能力出众者，或者有能使其出众的家庭背景的人，境况仍然会更好。因此，有人认为，政府应该从事**补偿性教育**（compensatory education）：政府努力均等化的不应是投入（支出），而应是产出（成果）。政府应该努力弥补社会中某些群体所面临的背景劣势。联邦政府的重大项目之一就是专门鼓励地方社区提供这种补偿性教育。

随着越来越多的（固定预算）资金被分配给能力不济的人，越来越少的资金被分配给能力出众的人，总产出必将下降，因为（根据我们的假设）能力不济者的边际教育收益率低于能力出众者的边际教育收益率。在这些假设情况下，效率和公平之间就存在着权衡取舍，如图 14.4（A）所示。至于在这条曲线上选择哪一点，取决于选择者的价值观，也就是取决于他如何权衡效率与公平。

然而，有人认为，权衡取舍曲线的形状不像图 14.4（A），而像图 14.4（B），也就是说，补偿性教育的一些举措实际上会增加国民产出。根据这种观点，在每个教育层次上，优势群体的产出高于弱势群体的产出，但能力出众者进一步接受教育的边际收益率实际上低于能力不济者进一步接受教育的边际收益率。这意味着通过一定程度的补偿性教育，我们可以同时获得更高的效率（更高的产出）和更大的公平。

人与人之间的教育-生产力关系的差异，既可能来自先天能力的差异，也可能来自环境（家庭背景）的差异。这两种因素在解释表现方面孰轻孰重，一直争论不休。在两个人

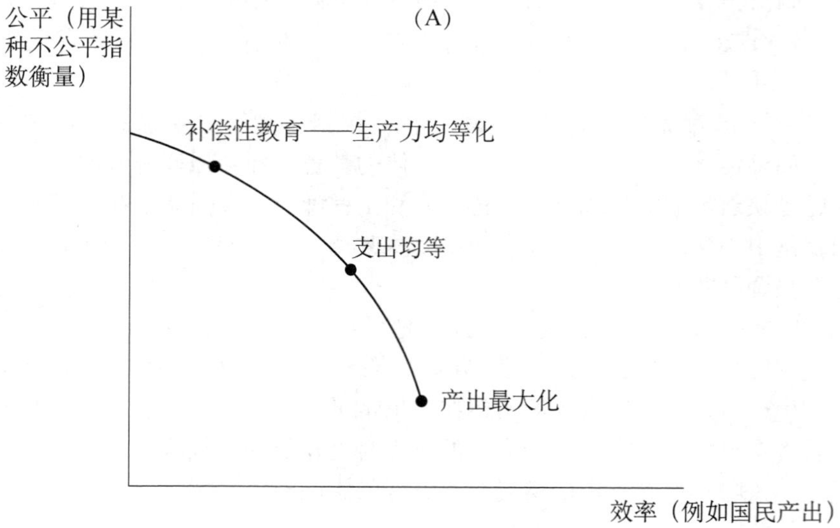

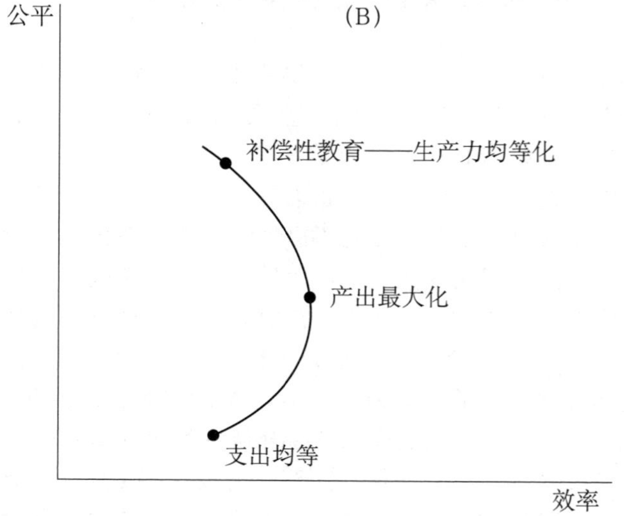

图 14.4　教育支出的公平-效率的权衡取舍

图（A)：家庭背景较差的穷人，在教育支出的任何水平上，边际教育收益率都比较低。因此，产出最大化要求在富人身上花更多钱。如果在穷人和富人身上花费数量相同，产出会减少，但公平程度会提高。补偿性教育（生产力均等化）要求在穷人身上花更多的钱，虽然会降低产出，但将提高公平程度。图（B)：在任何既定的教育支出水平上，穷人的收入水平都可能比较低，但是边际收益率比较高。因此，产出最大化（边际收益率均等化）要求在穷人身上花更多的钱。在每个人身上花费数量相同，将会降低公平和效率。

先天能力相同但家庭背景不同的情况下，教育-生产力关系的性质，可能取决于家庭教育（家庭背景）是学校教育的替代品还是互补品。如果家庭教育是学校教育的互补品，这意味着家庭教育提高了教育的收益率；如果家庭教育是替代品，那么，家庭教育越多，正规教育的收益率就越低。

第 15 章

福利计划与收入再分配

重点问题

1. 主要福利计划有哪些？它们的增长情况如何？福利计划的增长在多大程度上解释了 20 世纪 80 年代财政赤字的增加？它们如今消耗了多少预算？

2. 美国的贫困问题有多严重？随着时间的推移，情况有何变化？

3. 福利计划对劳动供给有何影响？福利计划还有什么其他扭曲？

4. 福利待遇的形式有哪些？分类援助和普遍援助之间的区别是什么？每种援助形式会有怎样的效率和公平问题？

5. 福利改革的动力是什么？主要的改革建议是什么？1996 年福利改革法案的主要内容是什么？结果如何？

所有社会都会为一贫如洗的穷人提供某些帮助。把现金和消费品转移给穷人的计划，我们称之为**政府（公共）赈济**（public assistance）或**福利**（welfare）计划。随着时间的推移，照顾穷人的方式已经发生了巨大变化。在中世纪的欧洲，教会承担这种责任，通常是建立济贫院。在现代社会，政府发挥主要作用。在 20 世纪，政府履行这一职责的方式发生了两大变化。第一次变化发生在 1935 年，当时联邦政府根据**"抚养未成年人家庭援助"**（Aid to Families with Dependent Children，AFDC）计划第一次承担了一项重大福利责任。第二次变化发生在 1996 年 8 月 22 日，当时克林顿总统签署了一项历史性的法案，即《1996 年个人责任与工作机会协调法案》（Personal Responsibility and Work Opportunity Reconciliation Act of 1996），该法案甚至把赈济计划的名称从"抚养未成年人家庭援助"改成了**"贫困家庭临时救助"**（Temporary Assistance for Needy Families，TANF）。这项法案使万众瞩目的福利制度改革运动达到了高潮。

在之前的总统竞选中，克林顿曾承诺要"结束我们所熟知的福利"，口号是"动手做事而非伸手讨要"（a hand up，not a hand out）以及"劳有所得"（making work pay）。人们感觉到，福利已经造成了一种依赖性；人们普遍认为，福利制度必须重构，以帮助那些依赖福利的人摆脱福利，并成为劳动力大军中的一员。这就需要经济激励——必须靠工作挣钱，而不是靠福利。但是，人们也感觉到，增加收入的"胡萝卜"是不够的，还必须有"大棒"，即在一段固定时期后（2～5 年）就终止发放福利金。然而，"胡萝卜"加"大棒"可能还是不够；如果人们要从靠福利转向去工作，还需要有相应的制度和培训。

人们对福利制度的反感，部分原因似乎是福利制度本身的失败，但在很大程度上也是误解所致。20 世纪 90 年代，联邦赤字成为人们关注的一个主要问题。有一种普遍的印象是，福利是造成这一问题的罪魁祸首，而且许多领取福利的人都在利用该制度搭便车。然而，事实上，福利总支出占政府总支出的比例从来都不是很大。1996 年，福利总支出不到联邦总支出的 10%，而不包括医疗救助的福利支出只占联邦总支出的 4%。即使完全取消福利支出——比任何人提出的措施要严厉得多，也不会消除赤字。实际上，根据新法案制定的支出削减幅度并没有显著改变联邦赤字的状况。

具有讽刺意味的是，该法案通过不久，不仅财政赤字不再是一个紧迫的问题（30 年来联邦政府首次出现了大量盈余），而且领取福利的人数也急剧减少，其中的部分原因是蓬勃发展的经济使得总体失业率下降到 4.3%，这一水平也是 30 年来前所未有的。

但是，这些改革的批评者担心，如果美国陷入经济衰退，就业机会减少，情况又将如何？新型福利制度（特别是在保护儿童方面）能否奏效？起始于 2008 年的“大衰退”（Great Recession）提供了一些证据，说明该制度存在缺陷，特别是儿童贫困增加——贫困家庭的 18 岁以下儿童从 2006 年的 18%上升到 2010 年的 22%。虽然衡量贫困的另一种方法（即包括所评估的实物福利的价值）显示总体贫困程度的上升没那么大，但儿童贫困程度仍然很高。

本章简要回顾了美国福利政策和计划的历史，比较分析美国的福利制度，总结了需要分析的主要问题，讨论了 1996 年的福利法案，解释该法案为什么这么有争议，并描述了进一步改革的种种努力。

15.1 美国主要福利计划的简要描述

在美国，虽然州和地方政府长期以来一直向贫困者提供某种形式的一般性赈济，还有教会和其他自愿性项目，但自 20 世纪 30 年代的“新政”（New Deal）以来，联邦政府肩负起了主要责任。《1935 年社会保障法》（Social Security Act of 1935）建立了“抚养未成年人家庭援助”计划，赈济没有主要劳动力的家庭，同时建立了**补充性保障收入**（Supplemental Security Income，SSI）计划，向低收入老年人和残疾人提供资金（补充社会保障金）。

联邦福利计划的又一次重大扩张发生在 20 世纪 60 年代，当时约翰逊总统宣布“向贫困宣战”（War on Poverty）。作为这场“战争”的一部分，许多计划出台了，其中包括提供医疗资助的医疗救助制度，该制度后来成为资金规模最大的赈济计划。下面几节简要描述这些主要计划。

15.1.1 抚养未成年人家庭援助与贫困家庭临时救助

自 1935 年以来，抚养未成年人家庭援助一直是美国福利制度的一个主要现金计划。该计划是联邦计划和州计划的组合。州政府不仅管理抚养未成年人家庭援助，而且规定福利待遇水平，并且对制定规章制度有一定的自主权。联邦政府提供一部分资金，根据各州的人均收入水平，提供的资金比例从 50%到 75%不等。联邦支出取决于州支出的计划被称为**配套计划**（matching program）。联邦政府的配套补贴可能导致各州提供的福利水平比它们自己承担的全部（边际）费用要高。

从 1997 年开始，贫困家庭临时救助取代了抚养未成年人家庭援助。贫困家庭临时救助与原来的制度有两个方面的明显不同。第一，它以**分类拨款**（block grant）取代了旧制度的配套拨款（matching grant）。分类拨款是拨给各州一笔固定数额的资金，在决定资金如何使用上，赋予各州相当大的自主权，包括自主决定贫困家庭的资格以及这些家庭获得的福利和服务。第二，贫困家庭临时救助强调人们要从靠福利转向靠工作。各州在设计和运作自己的“从福利到工作计划”（welfare-to-work program）方面具有很大的灵活性，但利用贫困家庭临时救助资金必须与严格的工作要求、接受救助的时间限制、福利依赖程度的降低以及鼓励双亲家庭等这些联邦优先考虑的事项相一致。实施贫困家庭临时救助计划后，福利支出虽略有上升，但的确成功地大幅减少了福利人口的数量。不过，贫困家庭临时救助计划并没有对降低贫困程度产生重大影响，而且在2008年经济衰退期间，也没有发挥其在经济困难时期作为安全网的反周期作用。食品券（补充营养援助计划）（见下文）仅部分填补了这个缺口，约有七分之一的美国人获得了这些福利，但随着联邦赤字越来越受到关注，许多国会议员都希望大幅缩减该计划。

无论是抚养未成年人家庭援助计划还是贫困家庭临时救助计划，各州所提供的福利待遇水平有很大差异。例如，在2009年，居民人均福利待遇最高的是纽约州，最低的是爱达荷州，前者是后者的十倍以上。随着时间的推移，支出也发生了巨大变化。总支出（按2009年不变价美元计）从1987年的350亿美元增加到1995年的440亿美元，在克林顿福利改革后的2006年下降到300亿美元，然后在2009年为应对经济危机又回升到340亿美元。受益人总数也有很大的波动，现金援助受益人数翻了一番多，从1969年的670万人增加到1993年的1 420万人，然后在2008年下降了72%，降到约400万人，2010年回升到500万人。[①]

随着时间的推移，联邦计划的具体内容也发生了变化。任何**根据经济状况调查结果确定**（means-tested）的赈济计划，亦即任何针对低收入者的福利计划，都必须随着收入的增加而减少福利金。1979年以前，福利受益人的福利金在超过某一最低数额之后，劳动所得每增加100美元，福利金削减67美元，边际有效税率为67%。1979年之后，边际有效税率提高到100%，但对育儿费用有一定扣除，而且劳动所得税收抵免（见下节）也在一定程度上减轻了其不利影响。

□ 15.1.2 劳动所得税收抵免

劳动所得税收抵免（earned income tax credit，EITC）计划是对有儿童的低收入家庭的收入补充[②]，其数额取决于这些家庭的收入和孩子数量。虽然在20世纪80年代其数额很小，而且旨在抵消社会保障缴费（Social Security contributions），但在1993年，劳动所得税收抵免大大扩展，确保人们的税后劳动收入大于来自福利计划的免税收入，以鼓励人们工作。到2011年，一个有三个子女需要抚养的工人，可以获得高达45%的补充收入。这样，一个小时工资5美元的工人，其小时工资实际上增加到7.25美元。随着收入增加，劳动所得税收抵免也逐渐增加，达到最高抵免额为止（2011年为5 751美元），然后随着收入的继续增加而逐步取消。

---

① U. S. Census Bureau，*Statistical Abstract of the United States*，*2010*，Table 12；and U. S. House of Representatives，Committee on Ways and Means，*Background Material and Data on Programs within the Jurisdiction of the Committee on Ways and Means*：*2011 Green Book*. 后一份报告是由众议院筹款委员会（House Ways and Means Committee）每隔几年发布一份报告，该报告汇集了最完整的福利计划，通常简称为“绿皮书”（Green Book）（因为其封面是绿色的）。本章的大部分数据均来自2011年报告，在下文提及时，将其简称为《2011年绿皮书》（*2011 Green Book*）。

② 1993年的法律为没有孩子的工人增加了一笔小额抵免。2011年的最高限额为464美元，但所有劳动所得税收抵免数额都与通货膨胀挂钩，因此目前的最高抵免额稍大。

在原来的抚养未成年人家庭援助计划下，劳动所得税收抵免收益不作为确定福利水平的收入，所以有工作的人境况会更好。例如，如果一个工人在获得最大福利水平时又额外挣得 100 美元的收入，虽然他的抚养未成年人家庭援助福利要减少约 100 美元，但劳动所得税收抵免额将增加 40 美元，所以他面临的边际有效税率“只有”60%。而贫困家庭临时救助没有规定劳动所得和非劳动所得的待遇。各州自行设定收入限额，并自行制定各种收入的处理方法，所以贫困家庭临时救助与劳动所得税收抵免之间的相互作用可能因州而异。

获得劳动所得税收抵免福利的家庭数量已从 1975 年初创时的 620 万户增加到 2009 年的 2 650 万户；每户家庭的平均抵免额从 200 美元增加到 2 200 美元，支出总额从 12.5 亿美元增加到 588 亿美元。

□ 15.1.3　食品券（补充营养援助计划）

贫困家庭临时救助是主要的**现金福利计划**（cash welfare program）。对穷人的大部分赈济主要是提供**实物福利**（in-kind benefits），比如医疗，或者为特殊支出提供资金，诸如食品和能源。

食品券作为约翰逊总统“向贫困宣战”的一部分，于 1964 年首次在全国范围内推行，旨在帮助穷人购买食物。联邦政府基本上承担了所有成本，并确定统一的福利水平。福利金额取决于收入的度量，它允许多项调整，其中最重要的是住房支出可以扣除。

食品券计划（Food Stamps Program，FSP）在过去 50 年里有了很大修改，主要涉及资格要求、福利水平以及管理办法。最新一轮的改革是根据 2008 年农业法案［正式名称为《2008 年食品、保护和能源法案》（Food，Conservation，and Energy Act of 2008）］出台的。改革的内容包括将名称改为**“补充营养援助计划”**（Supplemental Nutrition Assistance Program，SNAP），试图消除**食品券**（food stamps）的瑕疵。经过 20 年的试点和分阶段实施，2008 年农业法案还将电子福利转账（electronic benefit transfer，EBT）作为该计划福利金的标准发放工具，以提高效率，减少欺诈。纸质优惠券被福利卡（benefit cards）替代，即补充营养援助计划的福利金每月以电子方式存入领受人账户；领受人在购买食物付款时，可以使用此账户，用的是像银行借记卡一样的福利卡。

1994 年，参加食品券计划（补充营养援助计划）的人数最多时每月超过 2 700 万，而在 1996 年福利改革法案限制了没有孩子的劳动年龄成年人的福利之后，到 2000 年人数逐渐下降到约 1 700 万。如果这些人没有每周工作 20 个小时，完成一项工作培训计划，或者参加一项**工作福利制**（workfare program），那么他们在 36 个月之内获得补充营养援助计划福利不能超过 3 个月。（工作福利计划是以工作换取资助。）然而，从那时起，由于该计划的推广力度加大，再加上经济状况不佳，该计划的参与率和整个成本一直稳步上升，到 2011 年，受助人每月接近 4 500 万，资助金额达 720 亿美元。①

虽然补充营养援助计划是最重要的“食品”计划，但还有另外两种计划需要注意。3 200 万儿童获得免费或补贴午餐，1 200 万儿童获得免费或补贴早餐。之所以实施这些计划，是因为在第二次世界大战的全国征兵过程中，首次普遍认识到了贫困家庭儿童的营养

① 补充营养援助计划的月总收入资格限额为贫困线的 130%，贫困线是衡量一个四口之家的最低生活水平的标准。2011 年，一个四口之家的贫困线为每月 2 422 美元。请到美国农业部食品与营养局网站（http：//www.fns.usda.gov/snap）了解补充营养援助计划的详细历史、所有资格要求以及相关数据。

不良程度，而且教育家们也一直认为营养不良会对学习产生不利影响。

另外，还有 900 万孕妇、婴儿和 5 岁以下的儿童面临营养不足的危险，这些人可根据**“妇婴幼特别补充营养计划”**（Special Supplemental Nutrition Program for Women，Infants，and Children，WIC）获得食品资助。在这些阶段造成的营养不良，可能对人的一生特别是对儿童的学习能力产生影响。迄今为止描述的其他计划都属于公民**权利性计划**（entitlement program），也就是说，任何符合条件的人都有权利获得福利；因此，联邦政府总支出完全取决于符合条件且决定申请的人数——联邦政府提供固定数额的资金来支持“妇婴幼特别补充营养计划”。

□ 15.1.4 医疗救助

该计划始于 1966 年，为穷人特别是贫困家庭儿童提供医疗资助，向残疾人提供医疗服务，向大部分老年人提供护理院护理。医疗救助制度是一个联邦-州政府配套计划，联邦政府根据各州的人均收入，支付 50%～83%的费用。在决定**资格条件**（eligibility requirements）和覆盖范围方面，各州被赋予了相当大的自主权。医疗救助计划再加上**儿童医疗保险计划**（Children's Health Insurance Program，CHIP），为大约 5 400 万低收入人群提供了医疗保险，其中包括 4 300 多万名儿童，占美国全部低收入儿童的一半。[①]

历史上，根据抚养未成年人家庭援助计划获得福利的家庭，有资格获得医疗救助。虽然获得“贫困家庭临时救助”的家庭并不能自动具备资格，但各州仍然需要按照该计划条款从 1996 年 7 月 16 日起，向符合抚养未成年人家庭援助计划条件的儿童和家庭成员提供医疗救助（要进行通货膨胀调整）。因此，医疗救助的资格标准要经过**阈值（门槛）检验**（threshold test）：收入高于阈值（门槛）（基本上为抚养未成年人家庭援助计划的临界水平）的人不符合资格条件。由于许多雇主不给低收入工人提供医疗福利，故许多依靠福利的人发现自己陷入了困境：虽然他们愿意工作，但如果他们接受一份工作，他们就会失去医疗救助福利的享受资格。这对于那些孩子需要医疗护理的人来说特别重要。结果，他们不愿意放弃福利。这种情况被称为**福利锁定**（welfare lock）。如果成年人不遵从贫困家庭临时救助计划的工作要求，各州可以将他们从医疗救助计划的名单中删除。

奥巴马总统试图让更多的人获得医疗保健服务的一项重要举措，就是将医疗救助计划的资格扩大到收入达到联邦贫困线（federal poverty level，FPL）138%的成年人，到 2022 年使享受这项福利的人增加 2 130 万。由于医疗救助计划是联邦政府和州政府的一个联合计划，故这对各州的参与具有强烈的财政激励。2012 年，最高法院裁定，根据《2010 年患者保护与平价医疗法案》，“个人强制医保”合乎宪法；同时还裁定，该法案的条款要求各州遵守医疗救助的新资格标准，否则就有可能失去资金的规定是符合宪法的，只要各州失去的只是因不遵守所丧失的新资金而不是所有资金（参见第 13 章）。正当本书付梓之际，大约有 30 个州已决定根据《2010 年患者保护与平价医疗法案》扩大医疗救助计划，其余的州目前正在逐步扩大医疗救助的覆盖面，但今后也有可能扩大医疗救助计划。

---

① 儿童医疗保险计划是作为《1997 年平衡预算法案》的一部分而建立起来的，是 30 多年来针对儿童医疗保险覆盖面最大的一次扩张。与医疗救助计划一样，儿童医疗保险计划由联邦政府和州政府共同出资，但联邦政府对州儿童医疗保险计划的配套率通常比医疗救助计划的配套率高出 15 个百分点。儿童医疗保险计划的目的是为那些因收入太高而不符合医疗救助计划资格条件，但又因收入太低而买不起私人医疗保险的家庭的儿童提供医疗保险。

□ 15.1.5 住房

2008 年，美国房屋和城市发展部（Department of Housing and Urban Development，HUD）的多种计划提供的 510 万套住房（为 960 万人提供住房），获得了总额达 358 亿美元的补贴。在这些人当中，有 44%的受助者得益于“住房选择券计划”（Housing Choice Voucher Program），他们可以在私人市场上使用这种住房选择券来租房。像食品券一样，住房券给受助者一笔金额固定的资金，用于计划参与者所选择的住房。多住户资助（multifamily assistance），即补贴私人房东向低收入者出租的住房，占现有出租房的三分之一。公共住房资助（public housing assistance），即地方住房当局从住房和城市发展部获得资金，用于建设、运营或改善地方当局拥有的住房，占其余出租房的四分之一。美国国内收入署管理的低收入住房税收抵免（Low-Income Housing Tax Credit，LIHTC），对出租给低收入家庭的房屋的购置、建造或修缮进行补贴，资助了 170 万套住房，所产生的税收支出估计为 54 亿美元。①

这种强调出租导向的多住户资助（对私人部门提供出租住房进行补贴），与政府原先直接为穷人提供住房的做法形成鲜明对比。公共住房受到多方面的批评。在许多情况下，政府为保证所提供住房的质量而付出了很高的代价——政府似乎是一个效率低下的住房生产者和管理者。更糟的是，政府的住房项目把穷人孤立起来，这类住房变成了“穷人的仓库”（warehouses of the poor）。政府没有能力对它们进行充分的维护，犯罪猖獗，毒品泛滥，老鼠横行。

到 20 世纪 90 年代中期，问题已经变得非常明显，以至于联邦政府决定废除这些项目中最糟糕的项目，结束了“我们所熟知的公共住房”。人们都知道有这样一件事，即圣路易斯市用炸药夷平了它的普鲁特-艾戈项目（Pruit-Igoe project），而不是设法维护该设施。因此，许多公共住房援助已被其他项目所取代，这些项目旨在改善激励机制，提高社会融合度。值得注意的是，政府对富人和中产阶级住房的资助——抵押贷款利息的税收扣除，远远超过了政府对穷人的资助。

□ 15.1.6 其他计划

还有许多其他根据经济状况调查结果确定的资助项目。**低收入家庭能源资助计划**（Low-Income Home Energy Assistance Program，LIHEAP）就是其中之一。另有各种各样的教育项目，例如为低收入家庭儿童提供学前教育的启智计划（Head Start），帮助低收入家庭儿童支付大学教育的佩尔助学金（Pell Grants）。还有一些项目为低技能和经济困难的个人提供职业培训。

图 15.1 显示了根据经济状况调查结果确定资助项目的全部支出。这类支出的增加有相当大一部分是由医疗救助所致，医疗救助支出占福利支出的比重从 1975 年的 27%上升到 2009 年的 52%，几乎翻了一番。图 15.2 比较了美国根据经济状况调查结果确定的项目支出与其他经合组织国家的同类支出。与社会保险制度较为完善的澳大利亚、英国和加拿

① 有些享受低收入住房税收抵免的住房也得到了住房和城市发展部的补贴。资料来源：Office of Policy Development and Research，Department of Housing and Urban Development，*A Picture of Subsidized Households 2008*；and Joint Committee on Taxation，*Estimates of Federal Tax Expenditures for Fiscal Years 2008 - 2012*，October 2008，Table 3。

大等国家（见第 16 章）相比，美国根据经济状况调查结果确定的项目支出占政府社会性支出总额的比重相对较小。①

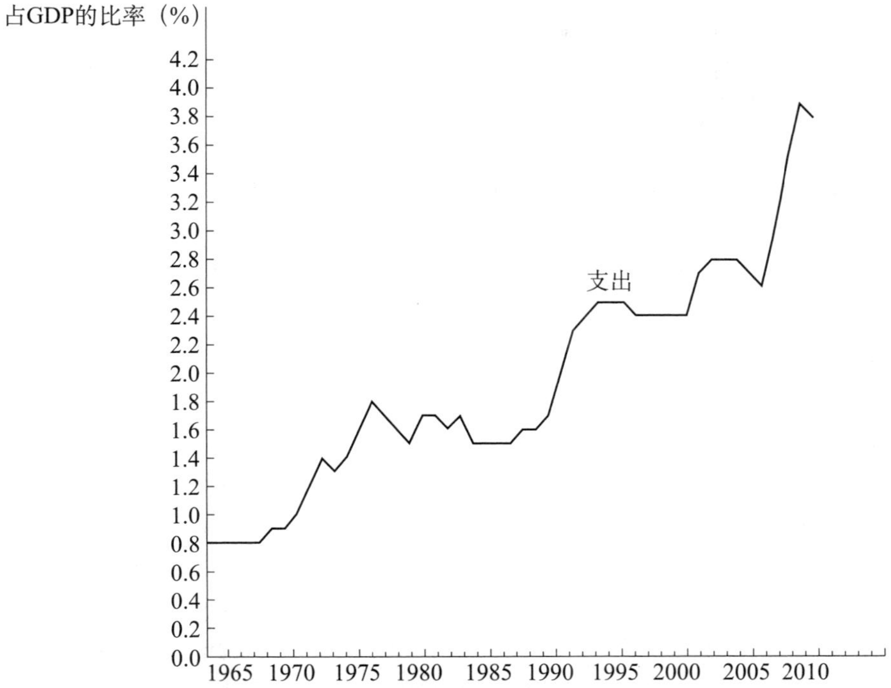

图 15.1　美国根据经济状况调查结果确定的项目支出

自 1965 年以来，根据经济状况调查结果确定的项目总支出占 GDP 的比率提高了 500%。

资料来源：Office of Management and Budget，*Budget of the U. S. Government*，*Fiscal Year 2013*，*Historical Tables*，Table 8. 4.

15. 2　政府福利计划的理论依据

第 3 章至第 7 章阐述了政府计划（项目）的基本理论依据：市场可能产生有效率的结果（忽略市场失灵），但并不一定能产生社会可接受的收入分配。福利计划（项目）则聚焦于收入分配的一个方面：处于收入分配最底层的人。

政府计划经常被视为**安全网**（safety net）计划。例如，有一种观点认为，文明社会不能容忍人们饥寒交迫或因缺乏医疗而身亡。这些计划也常常被认为是一种**社会保险**（social insurance）。由于知道任何人都有可能会遭遇不幸，人们可能就想："多亏上帝保佑，否则我也会是这般田地。"而知道存在一个安全网，人们就增加了经济安全感，从而提高了他们的整体福利。福利计划不是社会保险制度的正式组成部分，因为在社会保险制度

① 在与经合组织国家进行比较时，这类支出包括一般性根据经济状况调查结果确定的项目支出，例如用于收入维持和社会援助的现金补贴与实物补贴、用于老年人和残疾人的根据经济状况调查结果确定的补贴以及用于失业人员的根据经济状况调查结果确定的支出；不包括特定的住房补贴、改善就业或收入前景（"积极的劳动市场计划"）的支出或根据经济状况调查结果确定的医疗支出。有关这种比较指标计算的详细说明，请参阅 W. Adema，P. Fron，and M. Ladaique，*Is the European Welfare State Really More Expensive? Indicators on Social Spending*，*1980－2012*；and "Manual to the OECD Social Expenditure Database（SOCX），" OECD Social，Employment and Migration Working Papers No. 124，Paris，2011。

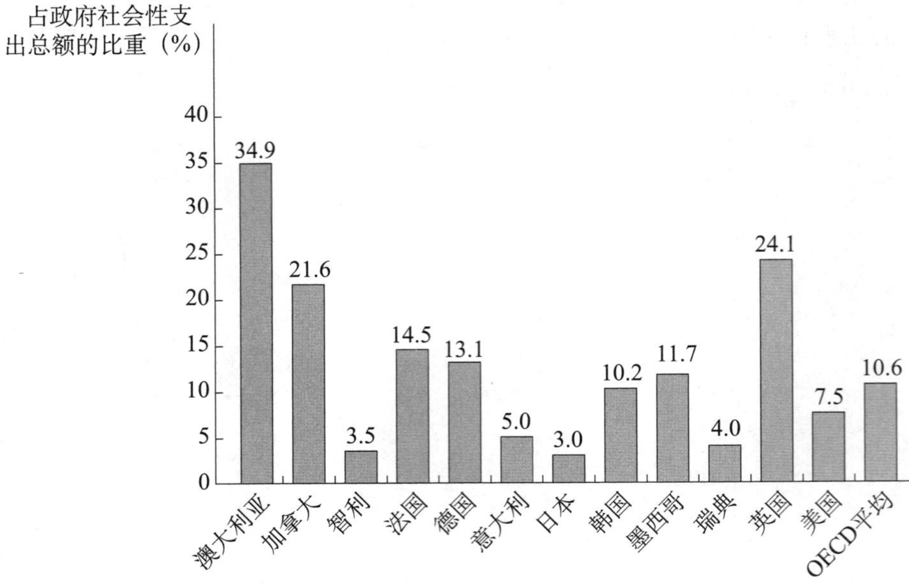

图 15.2　经合组织国家 2007 年根据经济状况调查结果确定的项目支出

美国根据经济状况调查结果确定的项目支出不及经合组织国家同类支出的平均值，更比不上其他国家，如澳大利亚、英国和加拿大。

资料来源：OECD Social Expenditure Database（SOCX），www. oecd. org/els/social/expenditure.

下，人们要获得保险（比方说抵御失去工作风险的失业保险），就必须明确支付保费，但福利计划也发挥这种保险功能——它们旨在提供资金，帮助人们渡过难关。安全网和社会保险计划越来越归属于**社会保护**（social protection）这一大类中。

同样，针对儿童的计划被认为既是基本价值观的反映，也是对未来的投资。作为一种基本价值观，所有孩子都应该尽可能有机会发挥其全部潜能。营养不良和医疗不足的儿童不能做到这一点。此外，在贫困中成长起来的孩子不太可能完成高中学业，更有可能最终走上犯罪的道路：在 2009 财年，在所有被定罪的联邦罪犯中，超过半数的罪犯没有高中毕业，相比之下，只有 5%的罪犯大学毕业。① 因此，减少儿童贫困的总体社会收益率似乎很大。

□ 15.2.1　问题的严重程度

贫困率（poverty rate）是指收入低于贫困线的人口占总人口的比例。贫困线是指维持生存所需的最低收入水平，贫困线每年都需要调整，以反映物价上涨（通货膨胀）。虽然对于这一衡量指标有一些争议（这是否真的意味着贫困?），但贫困线的变化确实能够追踪收入分配底部发生了什么。1960 年总体贫困率超过 22%，到 20 世纪 70 年代下降至 12%左右。自此之后，贫困率平均为 13.4%，最低为 2000 年的 11%，最高为 1983 年、1993 年和 2010 年的 15%以上。自 20 世纪 70 年代以来，贫困率上升的主要原因是，从那时起处于收入分配底部人群的实际工资减少了，即使是中等收入阶层的人情况也没有好转。然而，美国的贫困率是基于家庭基本需求评估的绝对数，而许多欧洲国家的贫困线则以相对

① M. Motivans，Bureau of Justice Statistics，U. S. Department of Justice，*Federal Justice Statistics 2009 -Statistical Tables*，Table 4. 4.

贫困（relative deprivation）为基础，比如中位收入（median income）的一半。当贫困被视为一个相对概念时，随着不平等程度的增加，贫困通常也会更加严重。鉴于美国自1980年以来的不平等程度大幅增加，这意味着在使用这一衡量指标后，我们将会看到美国的贫困人口几乎是稳步增加，而非像上面描述的只是略有波动的稳定平均水平。

到底是什么因素造成了底层人群的境况每况愈下，存在相当大的争议。工会力量薄弱可能是其中的一个因素，全球化也是一个因素——来自非熟练低薪国外工人的竞争。处于底层的人大多数是少数族裔，在减少对这些群体的歧视方面进展不大。技术又是一个因素：新技术似乎偏向于技能高的人群，而底层人群的教育质量和数量并没有跟上。这就是为什么大多数专家认为，消除贫穷需要"组合拳"，其中诸如"贫困家庭临时救助"和"补充营养援助"等福利计划是不可或缺的一部分，但也需要包括"劳动所得税收抵免"，提高最低工资，实施反歧视措施，以及提供更好的、低收入家庭能够获得的高质量教育和医疗等。

尤其令人不安的是贫困儿童数量的迅速增加。儿童贫困率从1970年的15%上升到2010年的22%。这其中很大一部分原因是单亲家庭抚养的儿童数量增加了：2010年，超过一半的贫困儿童生活在单身女性家庭。

在美国，黑人的贫困问题最为严重。2010年，27.4%的黑人生活在贫困线以下，几乎是非西班牙裔白人9.9%贫困率的3倍。[①] 与白人相比，黑人的高贫困率，再加上得不到适当的医疗，导致了黑人的婴儿死亡率较高和预期寿命较短。2007年，白人的婴儿死亡率为5.6‰，而黑人的婴儿死亡率为13.2‰；白人的预期寿命为78.4岁，而黑人的预期寿命仅为73.6年。[②]

15.3 需要分析的问题

多年来，围绕福利计划的政策争论集中在一系列激励和公平问题上：福利计划是否抑制了工作？如何才能最有效地让人们从靠福利转向去工作？非现金计划是否有其他不利的激励效应？拿什么来证明？福利计划是否因导致依赖性和鼓励非婚生育而造成长期的福利问题？

□ 15.3.1 劳动供给

福利计划以收入作为决定资格的基本标准。随着收入增加，福利待遇会降低。如果收入超过某一既定的门槛，那么一个家庭可能就没有资格享受医疗救助福利。所以，人们关心的是他们的全部收入——他们所挣的收入加上他们从政府那里获得的收入。因此，穷人的净收入总额比补贴前收入的增加要慢得多，就好比穷人面临很高的边际税率（回想一下，边际税率是个人多挣1美元收入而多支付的税收）。因此，在1996年改革之前，领取福利的收入非常低的人，多挣100美元会使"抚养未成年人家庭援助"的福利金减少100美元，但因劳动所得税收抵免而增加40美元。不过，他获得了该劳动所得税收抵免额之后，食品券又减少了大约10美元。这样，他的净收入只增加了30美元——这实际上是对他所挣的收入课征了70%的税率。这么高的税率抑制了工作，或者至少不鼓励申报自己的

① U. S. Census Bureau，*Historical Poverty Tables*，Tables 2，3，and 10.

② U. S. Census Bureau，*Statistical Abstract of the United States*：*2012*，Tables 104 and 116.

工作收入。

由于边际收益（多工作1小时所获得的额外收入）减少了，领取福利的人就没有那么大的动力去工作了。一项研究显示，抚养未成年人家庭援助和食品券领取者工作减少的中间估计值有30%归因于抚养未成年人家庭援助，10%归因于食品券。[①②] 主要影响似乎是劳动参与率的降低（无论领取者是否工作），而就那些工作的人来说，对工作时数似乎没有什么影响。[③]

劳动所得税收抵免的目的是对人们参与劳动提供更大的激励——它增加了工作的总体收益。（同时，对于许多人而言，福利金随着收入的增加而减少，这就降低了多工作1小时的边际收益；但早前引用的研究表明，这种影响并不显著。）抚养未成年人家庭援助的目的之一是补充劳动所得税收抵免提供给有孩子的劳动参与者的"胡萝卜"。领取福利的资格有严格的时间限制和工作要求。

设置门槛的福利计划，例如医疗救助计划，可能对工作的不利影响更大。多挣1美元很可能就会使一个家庭超过门槛，这显然非常不利。失去医疗福利资格被认为是阻碍人们从靠福利转向工作的一个主要障碍，特别是许多低薪工人的雇主不向雇员提供医疗保健福利。

虽然许多工人因为怕失去福利而不工作，然而也有许多人工作，但不申报他们的收入。例如，一个福利领取者可能被雇用为家政服务人员，从事诸如打扫卫生或看护儿童等服务工作，但不申报收入。由于缺乏数据，经济学家无法确定这种行为的普遍性，因此，有关福利计划对劳动供给的全面影响也是不确定的。

图解 我们可以在标准的经济学模型中，用标准的预算约束线和无差异曲线来说明福利对工作的不利影响。在图15.3（A）中，*BB*是税前预算约束线，表明了工人阿尔弗雷德的消费（税后收入）如何随着工作的增加（休闲减少）而增加。预算约束线的斜率是工资率：如果阿尔弗雷德的工资率是每小时6美元，则多工作1小时可以增加消费6美元，无差异曲线的形状如图所示，因为阿尔弗雷德不喜欢工作（或者至少不喜欢他的工作）——他更喜欢休闲。阿尔弗雷德要求用更多的消费来补偿他工作更多，而且由于他工作越多，他的休闲时间就越少，所以从边际角度来说，休闲对他而言价值越大。此外，由于他工作越多，他的消费也越多，边际消费增加的价值就越低。因此，工作越多，他所要求的用来补偿多工作1小时的额外消费（边际替代率）也会增加。这就是为什么无差异曲线不仅仅是向上倾斜的，而且随着他工作越多而变

---

① R. Moffit，"Incentive Effects of the U. S. Welfare System：A Review，" *Journal of Economic Literature*（March 1992）：1－61. 有许多不同的估计值，例如，请参阅J. Hausman，"Labor Supply，" in *How Taxes Affect Economic Behavior*，ed. H. Aaron and J. Pechman（Washington，DC：Brookings Institution，1981），pp. 27－72；豪斯曼（Hausman）得到的估计值是莫菲特（Moffit）的估计值的37倍。R. Moffit，"An Economic Model of Welfare Stigma，" Rutgers University mimeo，1980. 有关最近的一些研究，请参阅B. L. Wolfe，"Incentives，Challenges，and Dilemmas of TANF，" Institute for Research on Poverty Discussion Paper No. 1209－00，University of Wisconsin-Madison，May 2000；J. Liebman，"The Optimal Design of the Earned Income Tax Credit，" in *Making Work Pay：The Earned Income Tax Credit and Its Impact on American Families*，ed. B. D. Meyer and D. Holtz-Eakin（New York：Russell Sage Foundation，2002），pp. 196－234；and N. Eissa and H. W. Hoynes，"Behavioral Responses to Taxes：Lessons from the EITC and Labor Supply，" in *Tax Policy and the Economy*，vol. 20，ed. J. M. Poterba（Cambridge，MA：MIT Press，2006），pp. 73－110。

② 这些数字可能夸大了影响，因为申报的收入和工作的减少可能比实际收入和工作的减少要大得多。

③ R. Moffit and A. Rangarajan，"The Work Incentives of AFDC Tax Rates：Reconciling Different Estimates，" *Journal of Human Resources*（Winter 1991）：165－179.

得更加陡峭。初始均衡在 E 点，在该点，预算约束线的斜率等于无差异曲线的斜率：工资率等于边际替代率。

$B'DB$ 是在这样一种福利制度下的一条新的预算约束线，即在该福利制度下，阿尔弗雷德得到一笔固定的福利金，比如说每月 500 美元，这笔福利金随着他的收入增加而减少。在 D 点，福利金全无。我们假设（就像 1979 年之前的情况那样），阿尔弗雷德的收入每增加 3 美元，他就会损失 1 美元的福利。这样，新的预算约束线变得比较平缓，他的税后工资不是每小时 6 美元，而是 4 美元。新的均衡点是 E'，阿尔弗雷德工作比以前少了。工作减少的原因有二。第一，由于阿尔弗雷德的境况更好了，他选择了更多的休闲，这是收入效应。在通常情况下，随着收入的增加，人们对任何商品的消费会增加。第二，由于多工作 1 小时的收益下降，阿尔弗雷德的工作激励会下降，这是替代效应。这两种效应都有减少工作的效果。

图 15.3（B）显示的则是在如下福利制度下的预算约束线，在该福利制度下，阿尔弗雷德赚取超过某种特定的最低收入数额之后，他多赚 1 美元就失去 1 美元福利。不出意料，阿尔弗雷德只会选择工作到产生这种收入为止。他要是再增加工作，那就太愚蠢了，因为他没有获得边际收益。

图 15.3（C）显示的是包含了贫困家庭临时救助、劳动所得税收抵免和食品券等现行制度的简化形式。在这种程式化形式中，阿尔弗雷德的预算约束线有七段。OB' 是一笔特定的基本福利金。它提供一笔特定的最低收入，而不会失去福利金。因此，$B'D$ 段预算约束线的斜率正好是工资率（每小时 6 美元），劳动所得税收抵免会使之增加，但社会保障税会使之降低。超过 D 点，随着阿尔弗雷德多工作，福利金将被削减；但是劳动所得税收抵免将使其工资增加 40%，因此他的净税率大约为 70%——每小时工作的收益是 1.8 美元。因此，在 DF 段，预算约束线比较平缓。在 F 点，贫困家庭临时救助福利没有了，但是阿尔弗雷德仍然可以获得食品券，缴纳社会保障税，并获得劳动所得税收抵免。因此，FG 段预算约束线比 DF 段要陡得多。虽然收入只是稍有增加，但阿尔弗雷德要缴纳所得税了，GH 段预算约束线反映了这一点。在收入稍有增加时，劳动所得税收抵免福利开始被削减（HJ 段），这大大降低了工作的边际收益。领取食品券的资格很快也不复存在了。因此，JK 段预算约束线略陡。最终，劳动所得税收抵免福利也没有了，阿尔弗雷德必须缴纳社会保障税和所得税（KL 段）。

根据预算约束线可以看出，福利计划对劳动供给产生各种各样的影响，取决于个人所处的预算约束线的位置。一般来说，边际工作收益率低于工资率，而且在某些情况下要低得多。这是替代效应；替代效应很大意味着扭曲程度很大，劳动供给会减少。除此之外，对于大多数穷人来说，其税后和转移支付后的收入比没有税收和补贴时的收入还要高；收入效应也会导致他们工作减少。因此，收入效应和替代效应彼此强化。

标准的经济模型通常表明，劳动供给效应比观察到的要大，这在一定程度上是因为忽略了经济和非经济两方面的重要因素。人们都知道，如果失业很长一段时间，就会危及未来的就业前景。因此，人们在寻找一段时间后，可能会屈就某一份工作。此外，有相当多的研究表明，经济学家的劳动供给模型往好里说也是不完整的。在经济学家的模型中，如果甲给乙一笔钱，而且这笔钱与乙工作所挣的钱相同，但不让乙工作，那么，乙的境况会更好，因为乙的消费不会改变，而休闲增加了。然而，在实践中，人们很重视富有意义的就业。就业让人们认识到自我的价值，也是社会联系的重要渠道。特别是长时期失业造成的福利损失，要比收入损失大得多。

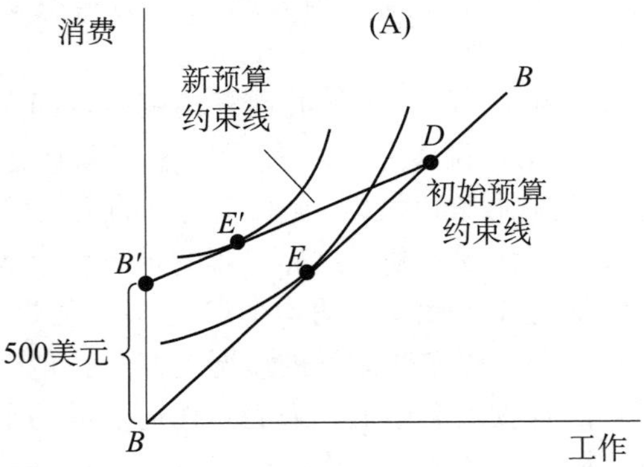

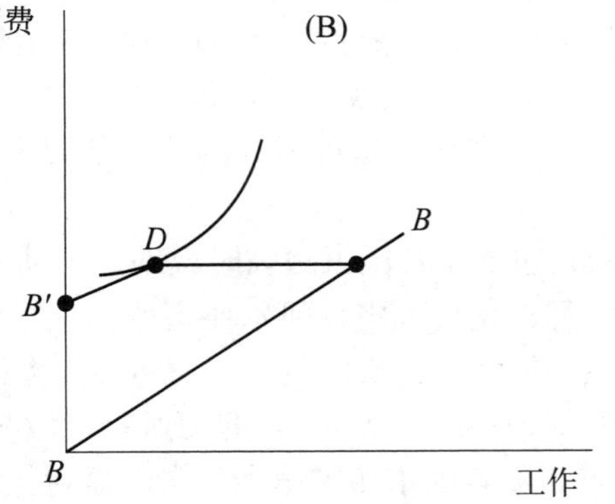

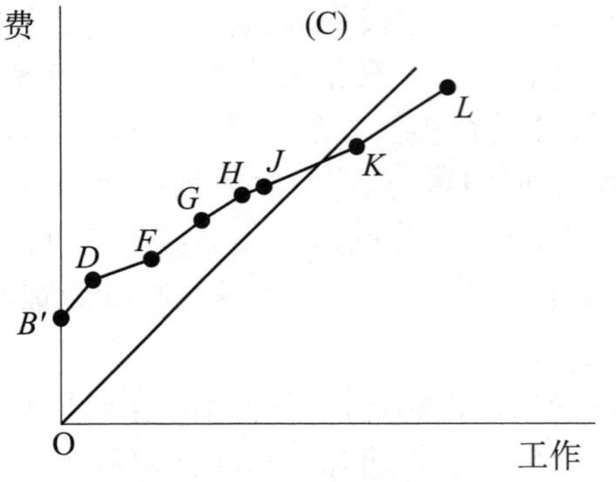

图 15.3 福利计划的劳动供给效应

福利计划可能对劳动供给产生不利影响。图（A）：1979 年之前福利计划的程式化形式，当时福利金随着个人收入的增加而减少。收入效应和替代效应都导致工作减少。图（B）：1979 年之后福利计划的程式化形式，当时在超过了一定的最低收入额后，个人收入每增加一美元，福利金相应减少一美元。没有一个人的工作超过这一水平。图（C）：现行制度（贫困家庭临时救助、劳动所得税收抵免和食品券）的简化形式。

限制失业保险或其他收入保障形式的经济影响，也比这种标准分析所描述的更为模糊。寻找工作的一个重要方面是找到合适的工作，即找到尽可能充分利用个人技能的工作。如果人们被迫过早地终止寻找，则会出现不那么完美的“匹配”，劳动生产率最终将受到影响。

福利计划的激励效应

1. 劳动所得税收抵免鼓励人们积极参与劳动。

2. 福利计划抑制了人们更多工作的积极性；事实上，多工作的边际税率很高。

3. 设置门槛的福利计划（当收入超过一定水平时福利突然消失），在临界水平附近产生了特别不利的激励效应。

□ 15.3.2 现金再分配与实物再分配

70%以上的福利金不是无限制的现金，而是直接用于购买食品、住房、能源或医疗。如今，医疗救助和其他医疗保健费用占全部福利支出的一半以上，有五分之一的福利支出用于食品、住房和能源等的补贴上。现行制度受到批评的原因有三：

1. 当存在替代效应时，现行制度造成了资源配置的效率低下；而没有替代效应时，其结果与直接的收入转移没有什么不同。

2. 政府试图扭曲个人的消费决定是不合适的，也就是说，实物福利有些家长做派。

3. 现行制度的管理成本高昂：每项计划都必须独立运行，"各自为战"；几个不同的机构都要确定每个人符合每项计划的资格。（确定每项计划谁能获得援助的资格标准主要是基于收入，但一般也根据家庭规模和其他情况进行调整，而且在各计划之间可能明显不同。）

接下来的几节将较详细地讨论前两种批评。第三种批评广泛适用于大多数备受关注的福利计划，无论是针对特定的人群——**分类计划**（categorical program），还是特定形式的赈济——实物福利（in-kind benefits）。各种计划的资格标准显然可以协调和简化，但这些计划的行政管理成本一直很高。以下各节要讨论的更为广泛的问题是，这些非现金和分类计划的收益是否能证明这些额外成本具有合理性。

□ 15.3.3 实物福利的低效率

实物福利计划往往会扭曲个人的选择，这一般是因为它们降低了获取某种商品的成本，从而导致人们对该类商品的消费比他们原本想要的更多。在某些情况下，这些计划把某种商品的边际成本降至零——达到了政府提供的极限。显然，如果政府免费发放一种商品，人们就会消费它（只要它具有正的收益），不管对他们来说价值是否小于生产成本。当然，提供实物福利的一个理由就是促进某种商品的消费。政府是否应该这么做是另一回事，我们稍后再分析。

补充营养援助计划 补充营养援助计划中的食品赈济计划很好地说明了实物福利是如何扭曲行为的，就像我们在本章前面所看到的那样。对行为的影响表现在三个方面：

1. 由于（在现行制度下）具有一定收入的人可以获得一笔数额固定的补充营养援助计划赈济，故原则上，补充营养援助计划应该与可比的收入转移计划具有相同的行为效应，前提是此人消费的食品至少和补充营养援助计划赈济所提供的一样多——85%～90%的参与家庭情况大致如此。[①] 对于这些家庭来说，补充营养援助计划对消费的影响似乎比

① J. Currie, "Welfare and the Well-Being of Children: The Relative Effectiveness of Cash and In-Kind Transfers," in *Tax Policy and the Economy*, vol. 8, ed. J. M. Poterba (Cambridge, MA: MIT Press for the National Bureau of Economic Research, 1994), pp. 1-43.

人们预期的要大一些，100 美元的赈济导致食品支出增加 20～45 美元。食品券的一个意图就是要改善穷人的营养，食品券的倡导者认为在这方面取得了显著成效。①

2. 由于随着个人收入增加，补充营养援助计划赈济的价值会下降，补充营养援助计划对劳动供给产生不利影响。

3. 由于个人的收入在扣减住房支出后变小了，补充营养援助计划赈济的价值将增加，所以补充营养援助计划鼓励住房消费。具有讽刺意味的是，补充营养援助计划旨在鼓励食品消费，但其主要影响可能是鼓励了住房消费，抑制了工作。

虽然这些在理论上都具有可能性，但几乎没有经验证据表明这种影响是显著的。不过，现代行为经济学认为，标以"食品"或"住房"的赈济将会导致人们对食品或住房的消费比原本想要的更多；证据与假设比较一致。

医疗救助和门槛 正如我们所指出的，所有根据经济状况调查结果确定的福利计划都可能对劳动供给产生不利影响，而某些实物福利的影响可能特别大。在这些计划下，政府向符合条件的人（即收入低于特定门槛的人）提供一定数量的免费福利，而收入高于该门槛的人什么也得不到。具有这一特征的最重要的计划就是医疗救助。这种规定有一个明显的行政管理上的理由，即它使得确定一个人是否符合一个计划的资格条件变得比较容易。另一种办法是个人面临一个费率表，所适用的费率取决于他或她的收入。现在，医生只需知道一个人是否符合医疗救助计划的资格条件。根据这种办法，医生或者政府要根据所提供的每项服务向穷人发送账单，该账单取决于个人的收入。

图 15.4 显示了大卫的预算约束线，假设他消费固定数量的医疗服务。横轴表示劳动，纵轴表示消费总量（包括医疗救助福利）。随着大卫工作超过特定水平，他的收入会超过医疗救助的门槛，所以他的消费总量实际上下降了。显然，大卫的工作数量要么正好低于 L^*，要么大大高于 L^*。

住房 公共住房计划引发了一系列与实物计划相关的复杂问题。一方面，不管价格如何，直接提供都会增加住房的供给量，从而不仅使那些获得公共住房的人受益，而且由于这会降低均衡租金，其他人也会受益。另一方面，政府已经证明了自己是一个低效率的住房提供者——每平方英尺的成本大大高于类似的私人提供的住房。这也正是代金券和税收抵免政策的动机之一。

税收抵免也能直接对供给侧产生作用。那些"生产"低收入住房的人，可以通过税收制度获得补贴。在每个价格水平下所提供的住房都更多了，这降低了均衡价格，对于住在有补贴的住房里的人和其他人都是如此。要求获得这种特殊税收待遇的住房是不同收入阶层混合居住（mixed-income，即公寓楼不仅有低收入单元）的计划，减轻了对穷人的隔

---

① B. Devaney and T. M. Fraker, "The Effect of Food Stamps on Food Expenditures," *American Journal of Agricultural Economics* (February 1989): 99－104. 这些结果和托马斯 · M. 弗雷克（Thomas M. Fraker）所报告的估计值——增加 1 美元现金导致食品支出增加 5～13 美分形成了鲜明对照（请参阅 Thomas M. Fraker, *The Effects of Food Stamps on Food Consumption: A Review of the Literature*, Alexandria, VA: U. S. Department of Agriculture, Office of Analysis and Evaluation, Food and Nutrition Service, 1990），而与实验结果比较一致——实验结果表明，当人们收到的不是食品券而是等值现金时，食品券每变现 1 美元，食品消费量就会下降 18～28 美分。请参阅 T. M. Fraker, A. P. Martini, and J. C. Ols, "The Effect of Food Stamp Cashout on Food Expenditures: An Assessment of the Findings from Four Demonstrations," *Journal of Human Resources* 30, no. 4 (Fall 1995): 633－649; and M. K. Fox, W. Hamilton, and B. Lin, eds., "Literature Review," *Effects of Food Assistance and Nutrition Programs on Nutrition and Health*, vol. 3 (Washington, DC: U. S. Department of Agriculture, Economic Research Service, Food and Nutrition Research Program, 2004)。

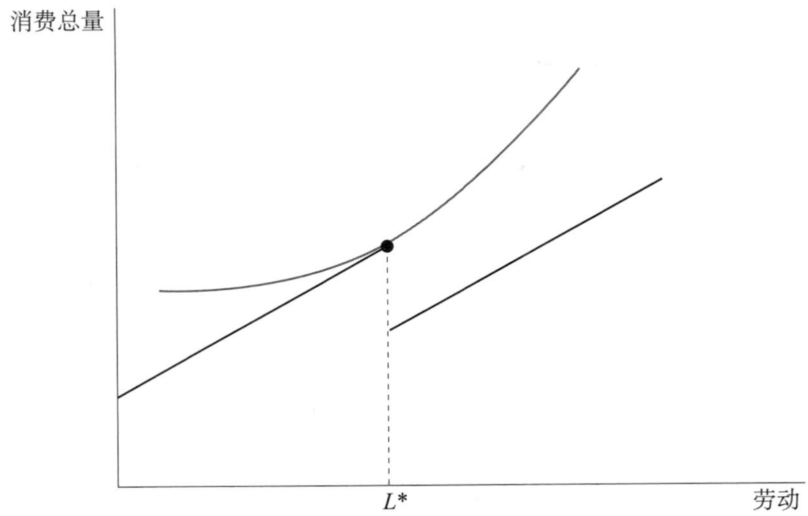

图 15.4 劳动供给的门槛效应

像医疗救助这类计划，收入规定了一个门槛，收入超过这个水平的人就会失去资格，因此抑制工作。

离。不过，这些计划也遭到了批评：税收优惠的大部分好处被一揽子交易的经纪人拿走了，而应该得到实惠的人获得的好处可能比较少。

因此，公共住房的倡导者认为，钱应该直接给穷人，而不是给房地产开发商。这正是住房券所做的——补贴个人支付的租金。图 15.5 说明了住房券使住房需求曲线向右移动。在短期内，住房供给相对无弹性［图 15.5（A）］，主要影响的是均衡租金——那些没有获得住房券的人境况实际上变得更差了。从长期来看，住房供给相对有弹性［图 15.5（B）］，住房供给会做出反应——就像政府直接提供住房一样。不过，除非长期供给曲线是水平的，否则那些没有得到补贴的人会受到伤害。

美国住房计划的设计有一个特别棘手的特点，那就是帮助穷人获得住房的预算有限。政府面临着一个两难选择：是给所有穷人提供少许补贴，还是给少数人提供大额补贴。政府选择了后一种策略。具体来说，要求公共住房满足最低标准；政府不想被指责为恶房东（slumlord）。但是，它选定的最低标准相当高。结果，只有大约四分之一的有资格获得住房援助的人才能得到补贴。令人担忧的是，这一结果比随机抽奖还糟糕，因为大多数穷人与此毫不相干，而那些幸运的人得到了一大笔意外之财。它比随机抽奖还糟糕的原因是，它使得那些获得补贴的幸运者不想脱离福利并参加工作。因此，公共住房代表了另一种形式的福利锁定。美国是一个流动性很强的国家，为了找到一份工作，或者找到一份更好的工作，每年大约有 16%的美国人从一个社区搬到另一个社区。然而，对于居住在公共住房里的穷人来说，搬家变得毫无吸引力。从一个社区搬到另一个社区的人，会在申请住房援助的队伍中排在最后面。在大多数情况下，一个人会因为搬家而失去他所能享受到的福利。如果住房补贴的价值比方说是每月 300 美元，那么这个损失相当于一个赚取最低工资工人收入的 40%。如果再加上搬家的其他成本（以及其他隐性和显性税收），为了工作而搬家到另一个社区就变得毫无吸引力了。

□ 15.3.4 实物福利是家长做派？

我们已经注意到，实物福利通常具有扭曲性，也就是说，实物福利会产生替代效应。

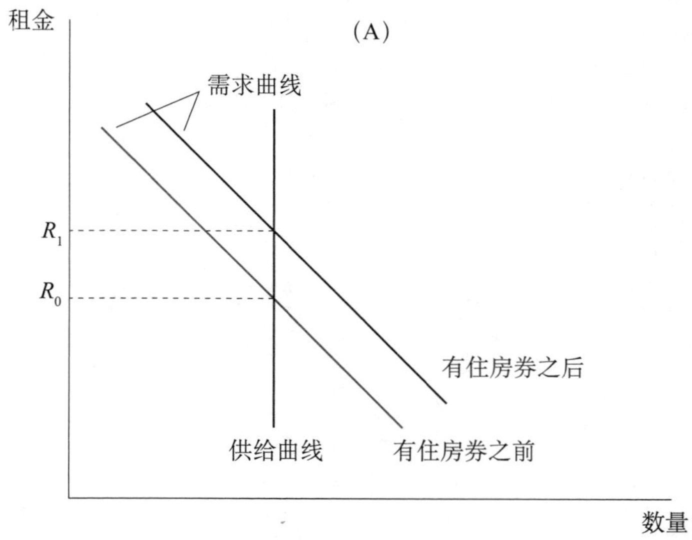

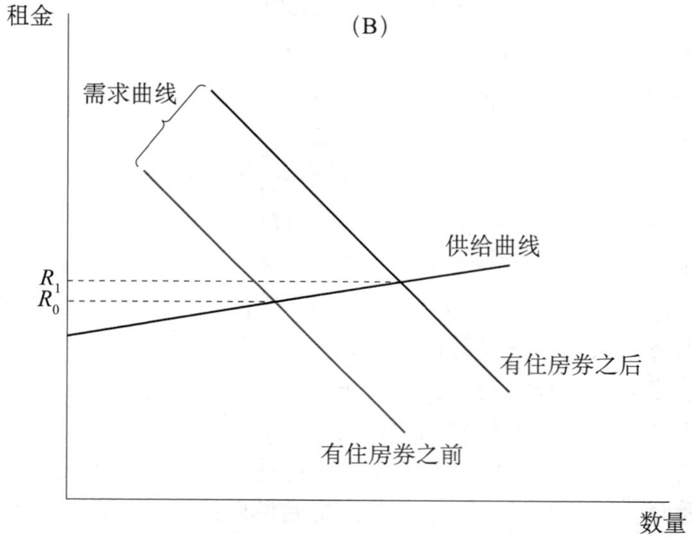

图 15.5　有住房券的住房市场均衡

住房券使需求曲线向右移动。图（A）：在短期内，住房供给无弹性。主要影响的是价格。没有获得住房券的人境况变得更差，因为租金上升了。图（B）：从长期来看，住房供给富有弹性。不过，除非长期供给曲线完全是水平的，否则租金将会上涨。

如果人们得到数额相同的现金，那么他们的境况会更好；或者，政府可以使他们的境况同样好，而减少其总支出。具有讽刺意味的是，实物福利不存在扭曲性的唯一情况是，它们没有替代效应，只有收入效应；它们只是增加了行政管理成本，而对食品消费（或所提供的任何福利）的影响与现金福利一样。

对于大多数支持实物福利的人来说，困扰他们的与其说是实物福利的扭曲性，还不如说是实物福利的无效性。在他们看来，政府提供实物福利的理由，就是希望确保转移的资金花在“善行”上——住房、食品和医药。从这个角度看，社会关心的不仅仅是受助者的幸福感，还有贫困的外在表现——贫民窟、营养不良等等。一些经济学家发现，这种家长做派的政府观令人反感；他们认为，这违反了消费者主权原则。

然而，行为经济学和信息经济学的研究表明，许多人，特别是收入和受教育程度有限的人，或许没有充分认识到营养不足或缺乏预防性卫生保健对自己及子女的影响，而且很容易受到没有被严格监管的银行和商家的盘剥。正如我们所指出的，这些实物福利计划可能会带来比现金资助更好的营养和健康。

此外，在第13章中，我们提到了一种所谓特定平等主义（specific egalitarianism）的观点，即社会不仅应该关注一般购买力的分配，还要关注特定商品、服务和权利的获得。从这个视角看，享有最低限度的医疗、食品和住房的权利，应该被视为一项基本权利。

支持实物福利还有另一个理由：政府不仅要关注消费了什么，还应关注谁在消费。一些实物赈济旨在帮助特定的受助者，特别是儿童和需要医疗护理的人。在完全信息的世界里，政府能够找到这些群体，在这种情况下，现金支付显然是首选。但是，在不完全信息的世界里，附有条件的实物援助提高了目标群体所获资金的比例。

针对美国的一项研究发现，实物援助对儿童福祉的影响比现金援助更大，而且目标较窄的计划，例如医疗救助和启智计划，比目标较宽的计划（例如补充营养援助计划）的影响更大。不过，有人对墨西哥农村地区实施与实物型食品支持计划等值的现金援助的影响进行了研究，结果发现，这两种形式的援助对食品消费和消费总量都有很大的积极影响，而且导致贫困大幅度减少，但两者的影响程度是相同的。[①]

最后，支持实物福利还有政治上的理由。不同的国会委员会监管不同的计划。例如，补充营养援助计划属于国会农业委员会的管辖范围。该委员会支持扩大补充营养援助计划中食品援助项目的理由之一是，他们认为该计划有利于其特殊利益部门（农业部门），就如同住房行业是住房计划的一个最强有力的倡导者一样。从这个角度来看，如果这些福利援助转变为现金支付，那么对福利计划的总体支持会被削弱。前面讨论的经济家长主义也含有政治方面的因素：政客们更容易说服选民支持实物福利，因为人们普遍担心现金援助会被滥用，比如用来购买烟酒而不是营养食品。

实物福利

支持的理由：

- 援助目标直指最需要者；
- 特定平等主义；
- 政治上的权宜之计；

反对的理由：

- 行政管理成本高；
- 无效率（扭曲性）：能以更低的成本实现受助者相同的福祉；
- 规章制度加剧了扭曲：补充营养援助计划鼓励住房消费；
- 无效果（常常不能显著增加所期望的商品支出，例如食品支出）；
- 家长做派。

---

① J. Currie, "Welfare and the Well-Being of Children: The Relative Effectiveness of Cash and In-Kind Transfers," in *Tax Policy and the Economy*, vol. 8, ed. J. M. Poterba (Cambridge, MA: MIT Press, 1994), pp. 1-44; and E. Skoufias, M. Unar, and T. Gonzalez-Cossio, "The Impacts of Cash and In-Kind Transfers on Consumption and Labor Supply: Experimental Evidence from Rural Mexico," Policy Research Working Paper No. 4778, Washington, DC, World Bank, 2008. C. Blackorby and David Donaldson, "Cash versus In-Kind, Self-Selection and Efficient Transfers," *American Economic Review* 78, no. 4 (September 1988): 691-700.

□ 15.3.5 分类援助与普遍援助

应该援助所有的穷人还是只援助属于某些类别的穷人？许多计划都存在这个问题。例如，补充性保障收入计划只将收入转移给老年人或者残疾的穷人。

对分类援助计划（无论是实物还是现金）最基本的批评是其行政管理成本相对较高，正如在实物福利讨论中所指出的那样。这些计划的比较高的费用主要是确定资格的成本。例如，补充性保障收入计划与老年遗属保险计划（Old-Age and Survivors Insurance Program）相比，每个受助者的管理成本是后者的 3 倍，每 1 美元福利金的管理成本是后者的 6 倍。[①]

效率和公平问题 除了行政管理成本外，在比较分类援助（categorical aid）和普遍援助（broad-based aid）时还会遇到效率和公平问题。分类援助可能会促使人们变成受益类别，因而可能有扭曲效应。社会保障（Social Security）不存在这个问题，因为人们不可能只是为了利用这个计划而更快地变老，尽管人们可以选择提早退休以领取养老金。然而，有人指责说，抚养未成年人家庭援助计划造成了家庭破裂，因为在许多州，家庭中出现一个成年人可能会影响受助资格。

与普遍援助相比，分类援助的一个主要优点是，在某些情况下，它能产生更有效的再分配，而造成的效率损失比较小。它能使目标对准最需要帮助的人，同时又不会对这些人造成负面的激励。在再分配计划的设计中，我们再三强调公平和效率的权衡取舍。通过转移性支付提供的基本收入，会随人们来自工资或者其他来源的收入的增加而减少，这可能会抑制工作。这通常意味着，同那些对工资激励的反应较小的人（比如 70 岁以上的人）相比，对于那些对激励措施的反应比较大的人来说，较低程度的再分配更为可取。

有些人从公平的角度提出反对分类援助计划的理由，认为政府不应该支持或者反对任何特定的群体。同样贫穷的两个人，不管是年轻人还是老年人，都应该从政府那里获得等量的援助。不应该有“受偏爱”的类别，比如单亲家庭或老年人。诚然，老年人可能有更多的医疗费用，需要将这个因素考虑在内以调整转移性支付，但这已经通过医疗保险有效地解决了。

分类援助

支持的理由：

- 援助目标直指最需要者，降低整体扭曲效应和成本。

反对的理由：

- 区别对待不同的穷人不公平；
- 满足资格标准的扭曲效应（抚养未成年人家庭援助计划对家庭破裂的影响）；
- 行政管理成本高。

□ 15.3.6 “根据经济状况调查结果确定”本身就令人反感？

“根据经济状况调查结果确定”提出了一个更为基本的问题。福利是否应该只针对穷

① 请参阅 S. Szymendera，“Social Security Administration (SSA)：Budget Issues，” Congressional Research Service Report R41716，August 2011。

人？任何像医疗保险这样的向所有人（不管他们的收入如何）提供福利的计划，都对穷人产生了很大影响。帮助穷人的一种方法是向社会中的每个人提供平等的福利。这类计划具有几个明显的优势。第一，它们降低了根据经济状况调查结果确定的福利逐步递减而产生的扭曲。第二，根据经济状况调查结果确定的计划通常让人觉得有点“丢脸”。这也是社会保障和医疗保险制度不根据经济状况调查结果确定的一个原因。不是所有有资格获得政府援助的人都愿意参加。管理的复杂性可能提供了部分解释，但另一个原因可能是一些符合条件的人把“根据经济状况调查结果确定”计划视为不是很光彩的事。最后，还有一种政治观点，有时也会这样说：“根据经济状况调查结果确定的计划是刻薄的”，也就是说，由于它们缺乏政治支持，它们往往是吝啬的。

近年来，由于政府听到的都是财政吃紧（financial stringency）愈演愈烈的说法，因此这些争论已经被“把有限资金瞄准那些最需要的人”的愿望所淹没了。因此，越来越多的人支持让更富有的人对其医疗保险成本支付更高的比例。（请注意，是否存在“财政吃紧”问题，更多地属于观念和政治问题。比美国穷得多的国家提供了广泛的社会福利，而并没有“根据经济状况调查结果确定”。）

□ 15.3.7 其他扭曲

到目前为止，我们已经讨论了福利计划如何对劳动供给产生不利影响，以及实物福利如何扭曲消费决策。福利计划的批评者认为，它们对行为甚至产生了更为深远的影响，诸如，它们造成了家庭破裂、少女怀孕率上升以及在那些福利最高的州福利依赖者的集中度高（因为穷人移居到这些州）。

很显然，福利计划具有或已经具有可能导致这些行为影响的特征。例如，由于福利金通常取决于家庭收入，而低薪父亲的离开可能会使家庭有资格获得援助，从而增加“家庭”的总收入。[①] 同样的情况是，绝大部分福利领取者生活在单亲家庭或无父母家庭。[②] 但一直有人质疑其中的因果联系。在20世纪70年代和80年代，在那些不领取福利的人当中，未婚生育率也大幅上升（尽管在20世纪90年代，这两个群体的未婚生育率都有所下降），而在那些提供较多福利的州，未婚生育率似乎并不高。事实上，在许多这种生育率明显上升的州，福利金远远不够支付孩子的额外费用。虽然可能会有一些影响，但福利金根本无法从量上解释这种变化的程度。[③] 实际上，各种研究并没有发现福利对未婚生育的影响大到足以解释所观察到的女性单亲家庭（female-headed families）的

① 根据一项研究，一个“抚养未成年人家庭援助计划”的家庭，其抚养未成年人家庭援助福利金加上食品券福利金，高于62%的年龄为20～24岁的黑人男性的申报收入，也高于29%的年龄为25～34岁的黑人男性的申报收入。请参阅 F. Levy and R. Michel，“Work for Welfare：How Much Good Will It Do?” *American Economic Review* 76（May 1986）：399－404。

② 2010年，在“贫困家庭临时救助计划”的现金援助中，有53%流向了单亲家庭，有42%流向了无父母家庭，只有5%流向了双亲家庭。资料来源：House Ways and Means Committee，*2011 Green Book*，Table 7－10.

③ 一种有趣的理论认为，未婚生育率上升的原因是堕胎更加方便。在此之前，相当大一部分人都是因为怀孕而被迫结婚，比如，许多头胎孩子在婚后7个月或更短的时间出生就是佐证。这个数字已急剧下降；堕胎的便利性意味着男人不再有结婚的道德义务感，因为女人有选择的权利。请参阅 G. A. Akerlof，J. L. Yellen，and M. L. Katz，“An Analysis of Out-of-Wedlock Childbearing in the United States，” *Quarterly Journal of Economics* 111，no. 2（May 1996）：277－317。

增加。[1] 可以肯定的是，贫困本身也会导致家庭破裂和福利依赖。[2]

自大萧条时期首创抚养未成年人家庭援助计划以来，虽然出现了大量移民，特别是从南方到北方的城市地区，但这种移民在很大程度上是由北方各州的抚养未成年人家庭援助计划所致，对此还在争论不休。其他因素可能更重要——就业机会比较多，工资比较高，种族和阶级歧视比较少等。

尽管从经济学家的视角来看，如果一个人失业了就能得到一张支票，那么最明智的做法是去能获得最大金额支票的地方，但是，移民似乎对福利金的变化并不特别敏感。这也许是因为大多数福利领取者打算重返工作岗位；就业机会和其他因素（例如靠近朋友）占主导地位。所有这些再加上搬迁成本，抵消了各州之间的福利金差异。

专栏 15.1

有条件现金转让计划

在过去十年里，福利计划最重要的一项创新是**有条件现金转让**（conditional cash transfers，CCTs），有时也称之为或有福利计划（contingent welfare programs）。有条件现金转让的目的是为低收入家庭提供基本的收入支持，同时促进人力资本投资，以减少长期贫困和不平等。有条件现金转让属于激励型社会福利计划（incentive-based social welfare programs），即直接向贫困家庭提供现金，但其前提条件是必须有改善下一代发展前景的行为变化，比如送孩子上学，带孩子去保健中心等。

巴西的家庭津贴是世界上规模最大的有条件现金转让。截至2010年，受助家庭达到1 270万户（受助人超过4 900万人），年度预算为50亿美元。巴西的家庭津贴计划始建于2003年，整合并重新设计了以前的教育、食品营养以及家用燃气现金转让计划。该计划的核心内容是每个儿童或怀孕/哺乳期母亲按月获得现金转让，条件是7岁至15岁儿童的入学率至少为85%，0岁至6岁的儿童接种疫苗，孕妇要进行孕期保健检查。

到目前为止，巴西的家庭津贴对教育和健康已经产生了显著的影响。14岁以下儿童的入学率、年级升学率、留校率等明显提高，孕期保健检查次数、6个月儿童接种所有7种疫苗的概率以及儿童健康体重指数（body mass index，BMI）等也大大上升。

巴西家庭津贴计划的成功并不是独一无二的。其他一些国家实施的有条件现金转让计划，也有助于减少目前的贫困现象，增加低收入家庭的未来机会，比如比巴西家庭津贴计划还早的墨西哥“教育、健康和营养计划”（Progresa/Oportunidades）。现在大约30个国家都实施了有条件现金转让计划。到目前为止，大规模有条件现金转让计划主要存在于拉丁美洲国家，这会放大有条件现金转让计划的潜在影响，因为该地区的收入不平等程度是世界上最高的。

---

① 请参阅 R. Moffit，“Incentive Effects of the U. S. Welfare System”；哈佛大学肯尼迪政府学院的戴维·埃尔伍德（David Ellwood）和劳伦斯·萨默斯（Lawrence Summers）发现，各州福利水平的差异与离婚率、未婚生育率或单亲家庭子女比例的差异无关。请参阅 D. Ellwood and L. Summers，“Poverty in America：Is Welfare the Answer or the Problem，” in *Fighting Poverty*：*What Works and What Doesn't*，ed. S. Danziger and D. Weinberg（Cambridge，MA：Harvard University Press，1986），pp. 78 - 105。

② 请参阅 J. Currie，“Welfare and the Well-Being of Children”；父母的福利收入与女儿以后的行为之间存在很强的相关性。福利家庭的女儿以后更有可能参加福利制度，而且很有可能生育率较高，特别是婚前生育。请参阅“Incentive Effects of the U. S. Welfare System，” p. 36。

有条件现金转让计划的三个显著特征是其成功和在世界范围内蔓延的基石。第一，有条件现金转让计划不仅注重短期减贫和收入再分配，还强调通过增加人力资本投资来促进长期经济增长，从而创造性地减轻了人道主义救济与经济效率之间的权衡取舍。这也摆脱了对无条件现金转让的诟病——比如它们产生了减少劳动供给、挤出私人转让、鼓励福利依赖等不当激励。第二，有条件现金转让计划利用激励机制鼓励利用公共服务，特别是卫生和教育服务，旨在提供一种摆脱贫困的途径。第三，与传统的安全网计划相比，有条件现金转让计划是在"循证公共政策"（evidence-based public policy）的背景下设计和实施的；特别是在发展中国家，有条件现金转让计划得到了仔细研究、详尽记录和严格评估。

然而，我们还是要提醒一句。在既有强有力的行政部门，又有比较普遍的地方学校和保健中心网络的中等收入国家，有条件现金转让计划最为成功。倘若由于公共部门管理能力薄弱和公共基础设施不足，低收入家庭无法轻易满足特定条件，那么有条件现金转让计划就很难落地。

资料来源：L. Aber and B. Rawlings, "North-South Knowledge Sharing on Incentive-Based Conditional Cash Transfer Programs," Special Protection & Labor Discussion Paper No. 1101, Washington, DC, World Bank, January 2011; L. Brenzel, "Brazil-Bolsa Familia Project: Results-Based Financing (RBF) for Health-Country Snapshot," Washington, DC, World Bank, November 2009; A. de Brauw et al., "The Impact of Bolsa Família on Education and Health Outcomes in Brazil," paper by the International Food Policy Research Institute presented at the Second Generation of CCTs Evaluations Conference, World Bank, October 2011; and F. Veras Soares, R. Perez Ribas, and R. Guerreiro Osório, "Evaluating the Impact of Brazil's Bolsa Família: Cash Transfer Programs in Comparative Perspective," *Latin American Research Review* 45 (2010): 173 - 190.

15.4 福利改革：各种计划的整合

本章一开始就指出，一些对福利计划的不满是因为存在着误解；虽然它们被指责为导致赤字增加，但实际上它们真的与此无关。然而，在上一节的讨论中，我们还看到了其他一些抱怨，主要涉及福利制度所引起的现实的或感知的行为扭曲。近年来，已经有了一些重大改革举措：一方面旨在简化和整合福利计划，另一方面旨在让人们尝试"劳动取酬"。

如同我们所看到的，现行的福利制度由一系列计划组成。一些计划，例如"贫困家庭临时救助"，最初是为了解决特定的问题，而有些计划则部分是应特殊利益集团的要求而增加的，例如，食品券计划就是给了农业一个机会，使农产品的需求增加，从而增加农民的收入。

无论福利制度的各种计划的起源如何，缺乏整合会产生两个负面影响。第一个负面影响是，大大增加了行政管理成本和负担。例如，每种计划都有不同的资格标准。繁文缛节造成的复杂性把一些真正应该受益于这些计划的人挡在了外面。据估计，仅有约三分之二的有资格领取"抚养未成年人家庭援助"的人得到了该援助，只有60%的有资格领取食品券的人得到了食品券，也只有83%的符合劳动所得税收抵免条件的人实际收到了这些抵免。①

缺乏整合的第二个负面影响是，这些计划的相互作用加剧了扭曲程度。每一种"根据经济状况调查结果确定"的计划都有一个逐步递减的阶段，收入在这一区间福利金下降。福利金下降相当于一种税收。虽然立法者也可能意识到这一点，但由于他们都是孤立地看

① J. K. Scholz, "Tax Policy and the Working Poor: The Earned Income Tax Credit," *Focus* (Winter 1993 - 1994): 1 - 12.

待每种计划，所以很少能想到所有这些税收的综合效应。如我们所看到的，这种综合效应可能导致总边际税率大大超过 60%。如果所有这些计划都被整合成一个简单的现金计划，那么不仅整体行政管理成本会下降，还会引起人们对整合成效的关注。

时常有人支持将所有的福利计划整合在一起，并将其“兑现”，允许领取福利的人随心所欲地花这笔钱。这样的提议无异于扩大了的劳动所得税收抵免，有时这被称为**负所得税**（negative income tax）建议。

在这种制度下，所有人都要提交纳税申报表，但只有所得超过一定门槛的人才缴纳个人所得税，低于这一门槛的人将会收到政府的支票。在这种税制下，每个人都从政府那里收到支票，比如每年 1 000 美元，然后也要向政府纳税，比方说每挣 1 美元要向政府缴纳三分之一。于是，收入低于 3 000 美元的人将从政府那里获得净收入，收入超过 3 000 美元的人向政府缴纳的则多于从政府那里得到的。支持这一制度的人认为，这不仅仅管理简单，而且比现行制度体面，现行制度要求人们向好几个机构提供证据来证明他们是低收入者。

然而，负所得税的倡导者不仅仅主张整顿现行福利计划，转向现金福利，还主张改变整个福利制度。主要原因有两个：第一，穷人面临的边际税率很高，抑制了那些本来就不怎么想工作的人的工作积极性；第二，现行制度的福利总水平不足以让穷人摆脱贫困。

可是，这会使福利政策陷入一个两难境地。如果我们想让福利金大到足以保证最低（或者说贫困）收入水平——即使是对那些不工作的人也是如此，而且如果我们想让福利逐步递减的速度放慢从而使隐含的边际税率比较低，那么福利就会扩张，影响到收入分配。例如，如果一个三口之家的最低福利金是 12 000 美元，边际税率（包括大约 15%的全部社会保障缴费）保持在 30%（不考虑州的税收），那么福利会扩展到 80 000 美元收入的家庭；如果边际税率提高到 55%（一个人每挣 2 美元要向政府缴纳不止 1 美元），那么福利仍然会扩展到 40 000 美元收入的家庭。这种制度安排的成本太高，在政治上无法接受。因此，要么初始福利金必须低于贫困线，要么边际有效税率必须非常高。

负所得税设计中的基本权衡取舍

提供给非常贫困的人以更高的福利，不是造成财政支出大大增加（意味着要提高税率，削弱对高收入人群的激励），就是加快福利逐步递减的速度（意味着使低收入者面临较高的边际税率）。

15.5　1996 年福利改革法案

正如我们所指出的那样，《1996 年个人责任与工作机会协调法案》在两个重要方面标志着与过去大不相同。第一，用“贫困家庭临时救助”（TANF）的分类拨款取代了“抚养未成年人家庭援助”（AFDC）制度（在该制度下，联邦政府支付了部分费用，具体数额取决于各州的人均收入）。第二，规定了一系列严格的要求，旨在鼓励人们从靠福利转向靠工作。有两种认识推动了这一改革：一是现有福利计划的成本太高（部分原因在于前面提到的有关福利计划的规模和增长及人们对其在赤字不断增加中的作用的误解）；二是现有福利计划没有达到主要目的，对很多人来说，福利计划不是一个安全网，享受福利已经变成了一种生活方式。

□ 15.5.1 分类拨款

虽然“抚养未成年人家庭援助”（AFDC）计划由各州管理，但其许多基本特征都是由联邦政府决定的。1996年福利改革最重要的一个特征就是终结了联邦政府的福利授权。从州配套拨款（比如说，州政府每花1美元，联邦政府也出资1美元）转变为分类拨款（资金额固定），使得各州在决定如何管理资金方面拥有了更大的自主权。然而，批评者担心，变成分类拨款后，可能会导致支出减少。50%的配套率实际上降低了福利的“价格”：州政府只花1美元，当地居民就可以得到2美元的福利金。有人认为，福利就像其他商品一样——价格降低时，需求量会增加；价格上涨时，需求量会减少。

批评人士还担心会出现“避高就低”（race to the bottom）现象。一个州把福利待遇降低到低于相邻州的水平，会使福利领取者产生搬家的念头，而每个州都想让搭福利制度便车的人搬走。批评者认为，其结果是各州将竞相驱离靠福利度日的人。

分类拨款的支持者认为，没有强有力的证据表明需求价格弹性很大（即对价格变化的反应很大），因此对福利削减的担忧被夸大了。而且，旧制度也存在驱离福利领取者的激励——各州毕竟支付了一半的福利成本，但可以肯定的是，如果从边际角度来说，100%的福利金都由州政府来支付，那么这种激励还会得到加强。尽管如此，我们也很难找到“避高就低”的证据；即使各州的福利水平存在差异，这些差异也主要是与各州的人均收入和人口结构有关。此外，分类拨款的倡导者认为，州政府管理和联邦政府繁文缛节的消除所带来的效率提高，增加了每花1美元所获得的福利金，至少可以弥补一部分因联邦政府不再承担50%的费用所减少的福利金。

为了消除人们对福利资助过度减少的担忧，分类拨款的支持者同意保留“努力保持条款”（maintenance-of-effort provision）*，根据该条款，获得分类拨款的州必须同意在福利上的支出水平至少是以前的75%。支持者认为，由于将责任下放到各州，提高了效率，福利待遇的实际水平根本不会被削减。但批评者提出了两条反对意见：第一，分类拨款的支持者夸大了联邦管制和繁文缛节的负面影响，从而感觉到会大幅度削减支出。第二，随着时间的推移，分类拨款的负面影响会加剧，特别是在由于某种原因（例如由于经济衰退）而使福利负担显著增加的州。如果在旧制度下，福利本来会增加15%，而75%的“努力保持要求”等于削减了福利，比原本应得的减少三分之一以上。

此外，《1996年个人责任与工作机会协调法案》还隐含着一项规定，即针对穷人的其他社会计划所花费的资金也可以计入“努力保持要求”中，这大大降低了实际的“努力保持要求”。

□ 15.5.2 州对分类拨款的反应分析

我们可以用一些简单的图形，说明为什么经济学家担心从福利配套制度变为分类拨款制度会减少对福利的整体支持。

图15.6显示了州政府可能会做出怎样的反应。BB是在没有联邦政府计划情况下，州政府在福利支出和其他支出之间的预算约束线，并显示了一条假设的州无差异曲线，描绘的是福利支出与其他支出之间的权衡取舍。该州根据其预算约束线，选择E点，使其（经

* 从一般意义上讲，州政府必须“努力保持”每年有一定规模的相对稳定的资金用于特定计划（项目），这样才能取得联邦政府所提供的财政奖励。——译者注

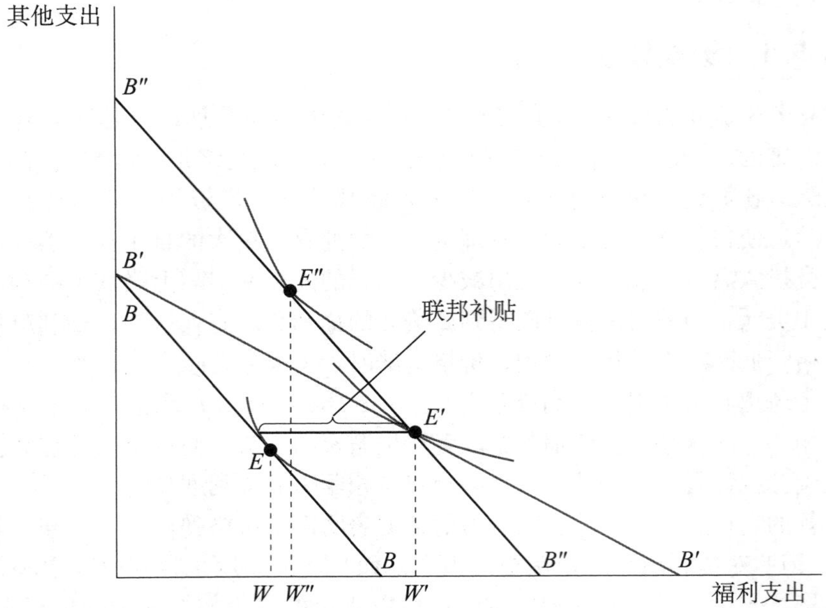

图 15.6　分类拨款的影响

在花费一样多的情况下，从配套拨款制度变为分类拨款制度，很可能会减少福利支出。

济）福利最大化。

$B'B'$是在以前联邦政府提供配套资金的制度下，州政府的预算约束线。联邦配套资金诱发了州政府在福利上增加支出，这既是因为有收入效应（联邦政府的补助使州政府的境况变好），也是因为有替代效应（福利支出每增加 1 美元，州政府只需放弃非福利支出 50 美分）。该州现在选择 E'点。福利资金增加和价格下降，导致福利支出增加，这是收入效应和替代效应共同作用的结果。

当联邦补贴转变为一次总付方式（它不取决于支出数额）后，州政府的预算约束线变成了 $B''B''$。州政府的境况变好了，但除非收入效应很大，否则福利支出将下降；尽管如此，由于有收入效应，福利支出仍然高于没有联邦补贴的情形。图 15.6 说明了分类拨款的批评者所担忧的事情：福利支出大幅度下降。（不过，请注意，图中所描绘的新均衡状态下的无差异曲线位置比较高，这反映了一个普遍的观点，即没有扭曲的补贴更有效率。）

□ 15.5.3　时间限制

1996 年福利改革在福利计划中规定了时间限制。联邦法规规定，已经有一个成年人以前曾接受过 60 个月的“贫困家庭临时救助”（TANF）的家庭，不能再获得联邦“贫困家庭临时救助”资金。不过，州政府可以根据贫困程度，免除部分家庭（最多为福利申请总量的 20%）的 5 年之限。各州也可以继续援助受援助时间已超过 5 年的所有家庭（如果它们想这么做的话），而且这些资金将被计入各州的“努力保持要求”之内。许多州都采用了比较短的 2 年期。这些时间限制的倡导者不仅仅希望这能让人们离开福利领取者名单，还希望能阻止人们加入这个名单。5 年时间限制等于说过了 5 年就必须重返劳动市场，这会促使可能成为福利领取者的人留在劳动市场，他们可以在劳动市场保持并提高其工作技能。而且，由于雇主更愿意雇用有工作经验的员工，故留在劳动市场的员工会有更好的长期就业前景。

这项福利改革法案通过后的数月，就有了支持这一理论的证据。在此期间，福利领取者名单大幅度下降到 1998 年 6 月的 840 万人，不仅摆脱了 20 世纪 90 年代初期发生的大幅增加的局面，而且大大低于 1990 年的 1 146 万人。[①] 虽然总体下降的很大一部分是因为经济状况的改善（失业率持续下降到 30 年来的最低点，仅稍高于 4%），但剩下的似乎至少部分归因于 1996 年的福利改革。[②]

□ 15.5.4 强制工作

除了时间限制之外，1996 年福利改革还要求各州规定工作要求。成年人在领取最多两年的“贫困家庭临时救助”福利后必须从事某种形式的工作，并且在两个月后要从事社区服务，除非该州决定退出。这项工作要求不适用于那些子女不满 6 岁且无人看护的单亲家长。工作可以是无补贴的私人就业、有补贴的私人就业、公共就业、在职培训、社区服务、职业教育或中等教育。工作时间上也有要求：1997—1998 年每周至少平均工作 20 小时，2000 年之后增加到 30 小时。

□ 15.5.5 1996 年福利改革的争论

关于 1996 年福利改革的争论，涉及面很广泛，包括价值观、政治判断和经济假设等问题。

福利领取者和劳动市场 在没有进一步的培训和教育的情况下，福利领取者是否能够认识到留在劳动市场最符合他们的利益？缺乏这样的远见会削弱时间限制的预期激励效应。

福利领取者是否具备成为真正劳动力所需的技能？或者，许多人就是不适合成为劳动力？福利支持者认为，需要有更多的培训资金。实际上，在他们看来，在短期内，富有成效的改革要比只是继续沿袭旧制度花费得更多，但所通过的法案只规定了最低限度的培训。改革法案的支持者反击说，“软技能”（soft skills）最为重要，例如每天早晨按时起床上班的基本能力，而且在劳动市场中最需要这些软技能。

在政策争论中，一些人担心，许多福利领取者在劳动市场上干不了什么。这些人认为，工作要求应允许有大量例外情况。更热心于福利改革的人则反对说，这些大量例外会破坏整个改革的努力。那些在劳动市场上实在干不了什么的人应该被视为残疾人，并且适用和其他人一样的残疾标准。

是不愿意工作还是缺乏工作导致人们依赖福利？劳动市场是否提供了足够数量的低技能工作？大多数经济学家认为，劳动市场有能力创造就业岗位，毕竟在 1993—1996 年创造了 1 100 万个就业岗位，并创造出符合现有技能的就业机会。他们还认为，至少在许多地方，劳动参与率低并不是由于工作岗位短缺——那些缺乏技能的移民设法找到了低技能的工作，从快餐店服务员到出租车司机等诸如此类的工作。问题既不是没有工作岗位，也不是缺乏培训，而是缺少上面提到的软技能。

但是，到了 21 世纪的头十年，私人部门创造就业的步伐大大放缓，在可全职工作的美国人当中，有六分之一的人找不到一份全职工作，而且那些技能低的人通常排在等候工

---

① House Ways and Means Committee, *1998 Green Book*.

② 经济顾问委员会得到的结论是：在 1993—1996 年，福利申请数量下降了 20%，可归因于强劲的经济形势（占 40%）、福利改革政策（占 30%）以及像劳动所得税收抵免等其他因素（占 30%）。Council of Economic Advisers, *Explaining the Decline in Welfare Receipt, 1993 to 1996* (Washington, DC: Government Printing Office, May 1998).

作大军的后面。付酬工作的比例不断提高使家庭陷入贫困。

时间限制 当时间限制到期时会发生什么？孩子们应该因为他们的父母不能或不愿意工作而受苦吗？一种选择被称为工作福利制（workfare），即人们从事政府提供的工作，以换得福利。但是，这引发了一系列问题：工作福利制工作岗位的工资应是多少？是否会减少其他劳动力的就业机会？工作福利制的工作是否会使福利领取者不想去寻找正常的工作？

福利制度中的社会福利工作者 在没有激励措施的情况下，那些管理旧福利制度的工作人员（批评者说，他们更多是发放支票，而不是让福利领取者们去工作）就能转变为就业安置人员吗？或者，如果要让福利领取者去工作，是否要更加依赖私人安置机构？

那些关注现行制度失败的人，对福利制度的自我转型能力并不乐观。他们认为，如果没有足够的激励措施，目前的社会福利工作者或许假借其他名义而简单地延续现行制度。毫不奇怪，那些看不到改革必要性的人会坚决反对将社会服务转交给营利性机构。他们不太关心现行制度的缺陷，而强调营利性机构很可能会剥削穷人。

儿童看护 如果一位领取福利的母亲在工作，那么谁来照顾孩子？福利改革法案对儿童看护服务做出了一些规定，但远远不能弥补儿童看护的费用。另外，工作家庭的低收入母亲也在努力寻求适当的儿童看护制度安排。对于以前的福利领取者的儿童看护有制度安排，但对于从未领取过福利的低收入母亲没有这种制度安排，道理何在？在当下预算极度吃紧的情况下，几乎没有人相信可以向所有低收入母亲提供儿童看护费用。的确，在许多情况下，政府会承担超出福利领取者工资的儿童看护费用。正是这种进退两难的困境导致了一种折中办法，即领取福利的母亲得到了一些但有限的儿童看护费用。

最后，关于后果和价值观的政策争论都包含在了政治争论中：许多美国人都强烈希望看到重大改革，各州州长也希望对本州的福利制度有更大的控制权。1996 年改革法案通过后的几年里，领取福利的人数减少，为支持改革的一些论点提供了佐证。但是，还存在两个问题：如果经济陷入长期衰退，会发生什么情况？那些"核心"福利领取者会发生什么情况？这些"核心"福利领取者占全部福利领取者的四分之一以上，他们没有什么技能，也没有兴趣或能力获得技能。未来可能出现两种截然不同的景象：一种是领取福利的母亲乞讨于街头——这可以说是 19 世纪的美国以及欠发达国家的情况；另一种是福利制度回归其本意——对陷入困境的人提供临时帮助。

尽管评估目前的"大衰退"对穷人的长期影响以及社会安全网在减轻这一影响中的作用还为时尚早，但初步数据表明，赈济最脆弱群体的成效让人喜忧参半。例如，从 2000 年到 2010 年，所有种族的贫困率从 11.3%上升到 15.1%，黑人的贫困率从 22.5%上升到 27.4%，西班牙裔的贫困率从 21.5%上升到 26.6%，儿童的贫困率从 16.2%上升到 22.0%。从 2000 年到 2009 年，补充营养援助也在不断增加，参与人数从 1 720 万人增加到 4 030 万人，按 2009 年不变价美元计，福利金从 188 亿美元增加到 504 亿美元。然而，同期福利领取者人数实际上在下降：现金援助的领取者从 610 万人下降到 440 万人，而按 2009 年不变价美元计，联邦政府和州政府的"抚养未成年人家庭援助"和"贫困家庭临时救助"计划的现金援助支出则从 140 亿美元下降到 93 亿美元。这造成了一个越来越大的"在职穷人"群体（"穷忙族"），这些人的收入不菲，不符合"贫困家庭临时救助"资格，但又不足以养家糊口。[①] 显然，贫困家庭临时救助计划没有发挥其应有的作用——为

① U. S. Census Bureau, *Historical Poverty Tables*, Tables 2 and 3; Food and Nutrition Service, United States Department of Agriculture, *SNAP Annual Summary*; and *2011 Green Book*, Tables 7 - 3 and 7 - 9.

那些有孩子的家庭提供安全网。幸运的是，“补充营养援助计划”起到了拾遗补阙的作用。然而，事实是，为数众多的美国儿童处于贫困之中，并非是他们自己的过错，这让许多人深感不安，而且美国与其他大多数在减少儿童贫困方面取得很大成功的发达国家相比实在是相形见绌。

专栏 15.2

是着眼于人还是地点？

本章考察了着眼于人的减贫策略——重点是把现金福利和实物福利转移给低收入家庭。然而，美国的贫困集中在某些地方，因此还有以地点为基础的策略，以改善那些地区的生活条件和就业前景。

贫困不断自我加剧。高犯罪率、药物滥用、脆弱的家庭结构、糟糕的学校以及有限的就业机会等综合在一起，使贫困固化，长期存在。从 1993 年到 2000 年，国会资助了**授权区**（Empowerment Zone，EZ）、企业社区（Enterprise Community，EC）和重建社区（Renewal Community，RC）计划*，以促进贫困人口地区的社区发展和经济活动。在三轮拨款中展开了全国性竞争，指定大约 200 个城市和农村社区作为授权区、企业社区或重建社区。除了规模（人口和面积）之外，还需要确定哪些社区有资格参与竞争的指标。这些指标包括贫困程度、失业率以及其他“具有贫困一般特征”的指标，比如高犯罪率或麻醉品使用率、废弃住房的数量、领取福利的人数、平均完成学业年数以及辍学率等。指定的社区要制定促进就业和经济增长的长期战略规划，并统筹利用拨款、贷款、技术援助和税收优惠等，将这些规划付诸实施。整合各部门在社会基础设施和服务领域的公共投资，再辅之以工资税收抵免和各种投资优惠措施，带动私人部门投资，促进公私合伙。

住房和城市发展部（Department of Housing and Urban Development）负责监管城市地区，农业部（Department of Agriculture）负责监管农村地区，并且联邦政府各部门都要制定方案，以满足这些特殊社区的需要。例如，司法部（Department of Justice）提出加强执法方案，交通部（Department of Transportation）负责确保公共交通系统能够使那些居住在指定地区的人前往有工作的地方。联邦政府、州政府和地方政府都要采取一些办法来改变规章制度，以促进新企业的创办。政府批准建立了一批社区开发金融机构（community development financial institutions，CDFIs），将私人资金引导到这些新企业。税收抵免将鼓励在这些指定地区内创造就业机会，并鼓励居住在这些地区的人在社区内和相邻社区工作。这些工作激励或许是该提案中最具争议性的部分。有人担心，指定地区以外的雇主不会因此从这些社区雇用更多的工人；他们可能只是扫一眼现有员工的名单，看看谁符合条件。有些人认为，重点应该放在指定地区内的就业岗位创造，而另一些人则指出，大多数美国人并不生活在其工作的地方，不知授权区、企业社区、重建社区为何要有所不同。

授权区、企业社区、重建社区等这些“指定地区”计划是基于这样一种理念，即建设社区不仅需要经济发展，而且需要在社区内部和各级政府的广泛支持下，实现最有效的经济发展。

截至 2011 年底，所有授权区、企业社区、重建社区计划都已到期，正在考虑制定一个类似于商务部（Department of Commerce）管理的增长区（Growth Zones）计划。虽然授权区、企业社区、重建社区的一些地方，在贫困、失业和经济增长等指标上已大有改观，但大多数研究发现，花钱多不一定产生很大的影响，而且很难确定这些改观是由这些计划引起的还是由外部因素造成的。

*与授权区相比，企业社区位于比较小的城市和农村地区；重建社区的贫困指数比授权区或企业社区更高，包括一些之前已指定为授权区或企业社区后仍然很贫困的地区。

资料来源：Office of Community Renewal，Department of Housing and Urban Development，www. hud. gov；Joint Committee on Taxation，*Incentives for Distressed Communities*：*Empowerment Zones and Renewal Communities*，Report No. JCX-38-09，October 2009；Government Accountability Office，*Revitalization Programs*：*Empowerment Zones*，*Enterprise Communities*，*and Renewal Communities*，March 2010；D. Bondonio and R. T. Greenbaum，"Do Local Tax Incentives Affect Economic Growth? What Mean Impacts Miss in the Analysis of Enterprise Zone Policies，" *Regional Science and Urban Economics* 37（2007）：121－136；M. Busso and P. Kline，"Do Local Economic Development Programs Work? Evidence from the Federal Empowerment Zone Program，" Cowles Foundation Discussion Paper No. 1638，February 2008；E. L. Glaeser and J. D. Gottlieb，"The Economics of Place-Making Policies，" *Brookings Papers on Economic Activity*（2008）：155－239；and J. A. Elvery，"The Impact of Enterprise Zones on Resident Employment，" *Economic Development Quarterly* 23（February 2009）：44－59.

15.6 结语

几乎可以肯定，本章描述的政府赈济计划有助于减少美国的贫困。虽然在某些情况下，由于它们取消了福利领取者积极加入劳动力大军的激励措施，可能会导致贫困的恶性循环，但从广义上说，它们一直在与不平等上升趋势做斗争，其影响不仅限于美国，也包括其他许多国家。这一长期趋势（现在已有 20 多年的证据）在很大程度上与劳动市场中的技能溢价不断上升有关。从约翰逊总统开始，一直强调通过改善教育和增加就业机会来消除贫困的根源（见第 14 章），最初是重点帮助学前儿童的启智计划，接着是改善中小学教育、职业培训计划，然后是推动"从学校到工作"的转变和提高高等教育入学率的计划。

15.7 复习和练习

15.7.1 小结

1. 政府赈济向穷人提供现金福利和实物福利。近年来，实物转移支出迅速增长，但现金援助（占政府支出的百分比）已经下降。福利计划的增加对联邦政府赤字总额的增加没有起到多大作用。

2. 1993 年大大扩展的劳动所得税收抵免，加强了工作（参与劳动）的激励，但对于收入高于一定水平的人，降低了其工作更长时间的激励。

3. 随着收入的增加，福利金减少；福利金减少与边际税率有同样的效果，即抑制了工作。向穷人提供更优厚福利金的计划，要么花费更多，要么福利金逐步递减加快。福利金逐步递减加快与较高的边际税率有关，因此对工作的抑制作用更大。资格门槛有特别不利的激励效应。

4. 实物再分配计划有几个缺点：（1）它们的行政管理成本比较大。（2）在某些情况下，它们只有收入效应（即与现金转让的效果相同）；在其他情况下，它们具有替代效应，而且在这些情况下，政府可以通过现金补贴，以较低的成本使穷人的境况更好。（3）许多资格标准的影响是抑制工作，而当加上工薪税和州所得税时，可能导致很高的边际税率。(4) 资格标准的结构导致了意想不到的结果；例如，食品券计划却补贴了住房消费。(5) 这些计划有点家长做派。不过，尽管存在这些问题，这些计划仍然发挥着重要作用，部分原因是它们可能以被社会认为可取的方式（例如充足的住房和营养）成功地增加了支出。这种赈济还有政治上的支持。此外，行为经济学家认为，这些计划的效果与标准的经济学模型所预测的不同。

5. 分类计划有类似的缺点：(1) 它们的行政管理成本也很高。(2) 它们被一些人认为是不公平的，因为具有相同收入的人可能受到不同的待遇。(3) 它们有时是扭曲性的，因为人们试图获得补贴资格。然而，当不同群体对于政府计划在劳动供给上的反应（或其他反应）有所不同时，政府可以通过提供分类援助，以同样的低效率这种损失，获得更高程度的再分配。

6. 1996 年福利改革结束了联邦政府的福利制度，将配套拨款制度转变为对州的分类拨款制度，并对福利设置时间限制。虽然广泛掀起从福利到工作的运动，但是“贫困家庭临时救助”似乎为有孩子的贫困家庭提供了安全网。“补充营养援助计划”的作用越来越重要，但仍有很大一部分儿童处于贫困之中。1996 年法案的批评者认为，该法案没有对培训提供足够的援助，而支持者则认为，人们真正需要的并不是昂贵的培训，而是获得“软技能”——良好的工作习惯，这最适合在工作中获得。

7. 各种福利计划缺乏一体化而导致高边际税率，产生了强烈的负面激励效应。虽然有人提议将福利“兑现”，并对各种计划进行整顿，但在财政拮据的情况下，要么收入很低的人的福利金远远低于贫困线，要么慷慨的初始福利金将很快逐步递减，导致高边际税率。

□ 15.7.2　重要概念

抚养未成年人家庭援助	分类拨款	现金福利计划
分类计划	儿童医疗保险计划	有条件现金转让
劳动所得税收抵免	资格条件	授权区
权利性计划	食品券	实物福利
低收入家庭能源资助计划	配套计划	根据经济状况调查结果确定
负所得税	贫困率	政府（公共）赈济
安全网	社会保险	社会保护
妇婴幼特别补充营养计划	补充营养援助计划	补充性保障收入
贫困家庭临时救助	阈值（门槛）检验	福利
福利锁定	工作福利制	

□ 15.7.3　练习题

1. 时常有人建议，政府应该限制利用补充营养援助计划对“健康”食品进行援助。请讨论这个建议的优点。假设人们很容易区分“健康”食品和“不健康”食品，就可以描述这种限制对个人消费这两种食品的影响。

2. 考虑一个设有资格标准的福利计划（如住房），即要求个人的收入低于某个阈值（门槛）水平。在有补贴和没有补贴的情况下，画出个人的预算约束线（一个轴表示劳动，另一个轴表示消费）。

3. 考虑一个福利金随着个人收入的增加而减少的福利计划（如补充营养援助计划）。在有补贴和没有补贴的情况下，画出个人的预算约束线。（横轴表示工作时间，纵轴表示收入。）利用此图来说明工作激励是如何降低的，以及固定金额的补贴如何能以较低的成本使个人达到相同的效用水平。

4. 有人建议更广泛地利用政府补贴来帮助穷人购买私人住房（就像政府的补充营养援助计划援助他们购买食品一样）。请讨论私人提供住房与公共提供住房的优点。

5. 关于如何提供住房补贴，已经提出了几个不同的建议。请讨论如下建议的优点：(1) 政府支付家庭住房支出的一部分，政府支付的部分有上限，政府支付部分的大小取决于家庭的收入。(2) 政府支付固定金额的住房补贴，该金额取决于家庭的收入。在这两种情况下，讨论对家庭医疗支出、食品支出的影响。

6. 假设你特别关心儿童福利。这将如何影响你可能支持的福利计划或你如何设计福利计划？

7. (1) 假设一个人在不工作（且没有其他收入来源）的情况下获得 1 000 美元，请画出此人面临负所得税（其边际税率不变，比如为 30%）时的预算约束线。假设基本“补助金”增加到 2 000 美元，边际税率提高到 45%，请画出新的预算约束线。请解释为什么非常贫穷的人在第二种制度下可能更少工作？中、高收入者可能更多还是更少工作？如果政府特别关注穷人缺乏工作激励，但仍然想要提供高水平的基本收入支持，那么可能对 30 000美元以下的收入课征比如 30%的边际税率，而对更高的收入课征比如 55%的税率。请比较这两种制度下的工作努力程度。谁可能更多地工作？谁可能更少地工作？与低收入者工作增加相比，你为什么会更加关心高收入者工作减少？(2) 劳动所得税收抵免的大小取决于家庭规模。第三个孩子的福利金可能比第二个孩子的福利金增加得少（没有孩子的家庭没有这笔福利金），请解释其中的道理。这种制度对于家庭破裂会产生怎样的激励？(3) 即使考虑到社会保障税，如果两个穷人相互雇佣照看孩子，那么他们的境况也会变得更好，请解释这是为什么。他们相互雇佣而什么都不做会有好处吗？

8. 有些建议鼓励雇主雇用以前的福利领取者，但有人担心这些补贴会导致福利领取者取代其他非熟练工人。(1) 利用标准的需求和供给图，假设以前的福利领取者与其他非熟练劳动力相同，并假设工作要求只是使非熟练劳动力的供给曲线发生移动。非熟练工人的就业和工资会发生怎样的变化？(2) 现假设最低工资水平高于非熟练工人的均衡工资水平。非熟练工人的就业和工资会发生怎样的变化？失业率会如何变化？(3) 现假设政府向雇用前福利领取者的雇主提供税收补贴。这是否会影响受雇非熟练工人的总数？是否会影响那些非熟练工人被聘用？(4) 现假设政府对所有非熟练工人的就业都提供税收补贴。就业、工资和失业率会发生怎样的变化？(5) 现假设福利领取者比其他非熟练工人的生产力略低，比如说是因为他们已经脱离了劳动市场；如果他们在短时间内（比如说 6 个月）又回到劳动市场，那么他们的生产力与其他非熟练工人并无二致。如果有最低工资，但没有针对福利领取者的特殊税收待遇，那么福利领取者的就业会发生怎样的变化？对前福利领取者提供短期补贴将会产生怎样的影响？

9. 计算图 15.3 (C) 中程式化预算约束线不同段的斜率。该预算约束线还可能有其他什么形状？

第 16 章

社会保险

重点问题

1. 什么是社会保险？政府为什么要提供社会保险？哪些市场失灵特别为社会保障提供了理论依据？

2. 社会保障计划面临的筹资问题是什么？这些问题为什么看起来很难解决？各种筹资改革方案的优点是什么？

3. 社会保障制度设计中的主要不公平和低效率有哪些？如何加以解决？

4. 与其他国家的政府养老金计划相比，美国的社会保障制度如何？

现代政府一直都对救济穷人以及向老年人、失业者和残疾人提供社会保障负有一定的责任，但在过去的 50 多年里，这被认为是政府的主要职能之一。就以美国 2009 年为例，社会保险和政府赈济支出占全部政府支出的 40%以上。然而，社会保障与大多数政府计划不同，主要表现在它有自己专款专用的工薪税（payroll tax）。这种税收收入形成专门用于支付福利金的信托基金。社会保障最初的设计是自筹资金，也就是说，工薪税收入是用来支付社会保障开支的。

到目前为止，在主要的社会保险计划中，第一大计划是 1935 建立的老年人、遗属及残疾人保险计划（Old-Age，Survivors，and Disability Insurance Program，OASDI）。这通常被称为**社会保障**（social security），旨在为老年人、遗属及残疾人提供基本生活水平。如表 16.1 所示，在过去的 40 年里，该计划的实际规模（以 2005 年不变价美元计）已经翻了两番多，从 1970 年的 1 386 亿美元增加到 2009 年的 6 208 亿美元。残疾人保险计划（从技术上说也包括在社会保障之中）向那些无法工作的人提供资金。第二大计划是医疗保险，为老年人提供医疗服务，在第 13 章中已有详细讨论。同样是 1935 年建立的失业保险，顾名思义，旨在向短期失业的人提供收入。其他社会保险计划包括向工伤者提供资金的工人赔偿，退伍军人的残疾津贴，铁路工人的退休津贴，以及向患有黑肺病的煤矿工人提供资金。①

表 16.1　主要社会保险项目的支出（2005 年不变价美元）　单位：10 亿美元

	1970 年	1990 年	2009 年
社会保障（OASDI）	138.6	349.2	620.8

① 像许多私人雇主一样，联邦政府和州政府向其文职雇员和军人提供额外的退休金，应该被视为薪酬递延，而非社会保险计划。

续前表

	1970 年	1990 年	2009 年
老年人和遗属保险*	124.8	313.9	510.8
残疾人保险	13.8	35.3	110.0
失业保险	13.1	23.7	108.6
医疗保险	24.2	129.7	388.9

*老年人和遗属保险的大部分开支是退休金，但其中也有给遗孀和儿童的福利金。

资料来源：Executive Office of the President，Office of Management and Budget，*Budget of the United States Government*，*Fiscal Year 2013*，*Historical Tables*，Table 8.6；and *2010 Annual Report of the Board of Trustees of the Federal Old-Age and Survivors Insurance and Disability Insurance Trust Funds*，August 9，2010，Tables VI. A2，VI. A3，and VI. A4.

从许多方面来说，社会保险计划是为个人防范所面临的特定风险而提供的保险，就像私人保险一样。因此，医疗保险（Medicare）支付老年人的医疗费用，就如同私人医疗保险一样。社会保障旨在弥补因退休或残疾而失去的部分收入，也存在满足同样需求的私人保险。

不过，社会保险与私人保险之间存在一个重要的差异：私人保险中个人的付费、所面临的风险和所获得的赔付之间密切相关。因此，私人医疗保险的保费取决于影响个人健康状况的因素，比如年龄。平均来说，一个人从**年金**（annuity）[①] 中获得的金额，实际上就是他的投入加上累积的利息。社会保险并非如此。社会保险计划不仅提供保险，而且还对收入进行再分配。这两种作用的混淆一直是社会保险计划评价和改革的主要障碍。

社会保障制度在自实施以来的 75 年里，一直不断扩展。最初，它只覆盖就业人口的一小部分，包括农业工人、个体户、政府雇员，非营利机构的雇员被排除在外。如今，只有 1984 年之前被雇用的联邦雇员以及少数几类州和地方政府的雇员没有被包括在内。2009 年老年人、遗属及残疾人保险计划（OASDI）的受益者人数是 1965 年的 2.5 倍，从 1965 年的 2 020 万人增加到 2009 年的 5 190 万人。从社会保障金的实际规模（按 2005 年不变价美元计）来看，2009 年是 1965 年的 7 倍多，从 1965 年的 860 亿美元增加到 2009 年的 6 208 亿美元。[②] 请注意，美国社会保险制度（包括医疗保险）的很大一部分针对的是老年人，而社会保障计划本身在联邦政府用于老年人的支出总额中只占约 45%（见图 16.1）。

本章讨论社会保障（OASDI）计划所面临的主要问题，但侧重于本计划的退休（而不是残疾）部分。

16.1 社会保障制度

老年人、遗属及残疾人保险计划通过雇主和雇员各缴一部分的工薪税来融资。2009 年，106 800 美元及以下收入的综合税率是 12.4%。此外，对全部收入课征 2.9%的税为医疗保险筹资（对全部收入征税是 1993 年的改革举措之一）。随着时间的推移，最大计税基数和税率都已大增。从 1937 年开始，计税基数为 3 000 美元，雇主和雇员的综合税率为 2%，到 1966 年，计税基数增加了一倍多，达到 6 600 美元，综合税率为 8.4%。到 1974

① 年金是一种每年向达到比如 65 岁的人提供一定收入的私人保单。

② 请参阅 *2010 Annual Report of the Board of Trustees of the Federal Old-Age and Survivors Insurance and Disability Insurance Trust Funds*，August 9，2010，Table IV. B2；and Executive Office of the President，Office of Management and Budget，*Budget of the United States Government*，*Fiscal Year 2013*，*Historical Tables*，Table 8.6。

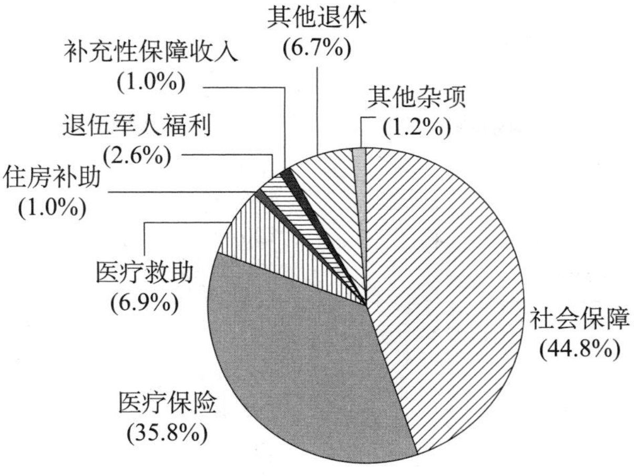

图 16.1　2010 年老年人受益的联邦支出（总额预计为 1.1 万亿美元）

社会保障金和医疗保险金占联邦政府用于老年人支出的五分之四。

资料来源：Congressional Budget Office，*Federal Spending on the Elderly and Children*，July 2000.

年，计税基数又翻了一番，达到 13 200 美元，综合税率为 11.7%；接下来的 7 年里，计税基数再次翻番，达到 29 700 美元，综合税率为 13.3%。

根据法律规定，这种税收由雇主和雇员各缴纳一半，但大多数经济学家认为，这只是一种法律虚构。这种税的结果本质上与个人缴纳全部税款的结果相同。由谁把税款的支票寄给政府有什么区别?①

每个年龄组的养老金都由自己的缴费来筹资的养老金制度被称为称为**完全基金制**（fully funded system）。私人养老金制度通常就是完全基金制的，也就是说，个人向养老基金缴费，退休时则从该基金领取自己的养老金。相比之下，社会保障制度实行的则是**改进型现收现付制**（modified pay-as-you-go basis）。纯粹的现收现付制是现在正在工作的人缴纳工薪税，用于支付现在已退休的人应得的养老金。美国的制度之所以被称为改进型现收现付制，是因为收入和支出不是每年都要平衡，而是以 75 年为期限。收支差额体现于社会保障信托基金的增减。

一个人领取的养老金与其缴费挂钩，其计算公式比较复杂。一个人的缴费越多，他得到的养老金就越多，这与私人保险没什么两样。不过，在私人保险的情况下，花费 10 000 美元购买年金（这是每年支付比如某一固定金额的一种退休保单）的人所得到的养老金，是花费 1 000 美元购买年金的人所得到的养老金的 10 倍。社会保障则不是这样。社会保障不仅仅是一种养老金计划，还是一种再分配计划。较穷的人（或者缴费较少的人）拿到的养老金相对较多，只有一方工作的已婚夫妇，比双方都工作且收入差不多的夫妻拿到的养老金要多一些。此外，由于一般女性比男性寿命更长，对于每 1 美元的缴款，女性拿到的养老金要多于男性。私人退休计划也是如此。

随着时间的推移，该制度发生了巨大变化。图 16.2 显示了缴费贴现值与收入贴现值

① 雇主只关心其全部劳动成本，包括与雇佣有关的所有税收；雇员则只关心税后净收入。政府的收入只不过是这两者之间的差额，而对政府来说，谁在纳税无所谓。然而，对于领取最低工资的收入水平很低的工人来说，雇主承担的社会保障缴费的份额确实有增加劳动成本的作用；如果工人承担了所有成本，影响将是不同的。有关这一问题更广泛的讨论，请参阅第 18 章。

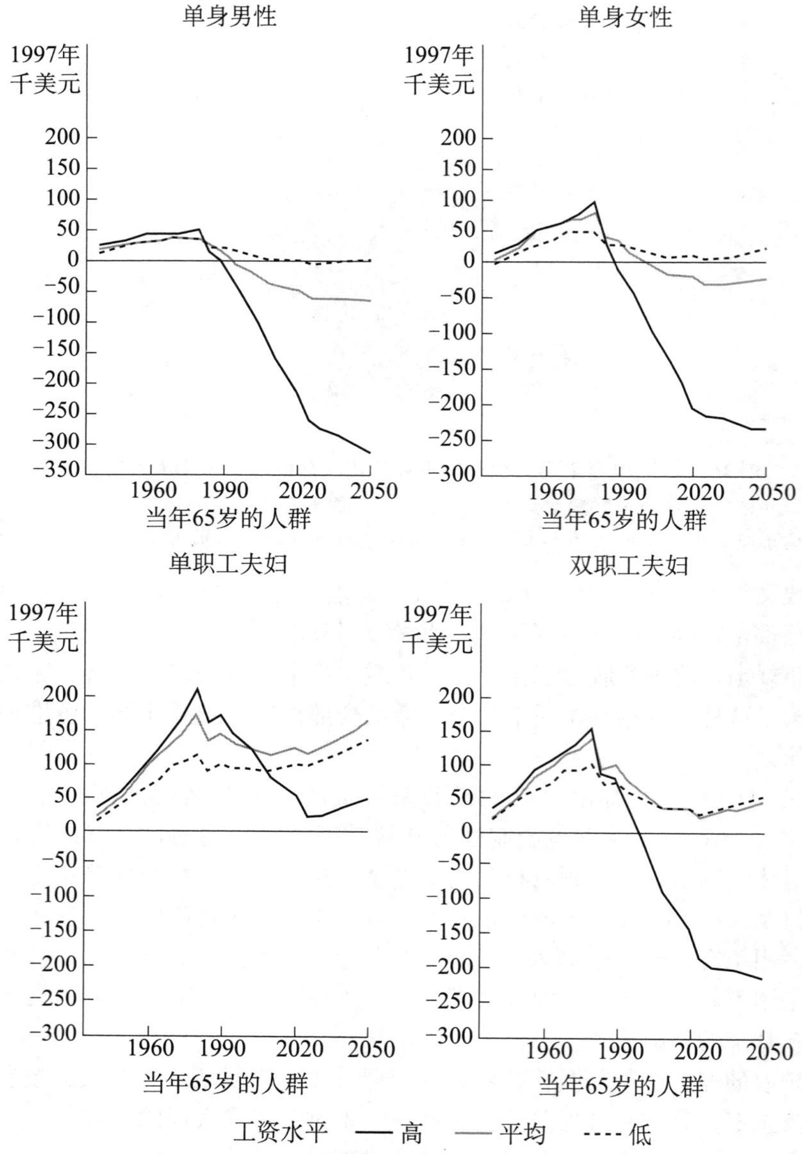

图 16.2　一生社会保障转移支付净额

在社会保障制度实施的最初几年，净转移支付额（养老金与缴费之间的差额）大幅增加，但近年来已明显下降，而且预计这一趋势还将继续下去。单职工夫妇的净转移支付额一直是最高的；高薪工人的净转移支付额曾经是最高的，但这已成为过去。

资料来源：C. E. Steuerle and J. M. Bakija，*Retooling Social Security for the 21st Century*：*Right and Wrong Approaches to Reform*（Washington，DC：The Urban Institute Press，1994），pp. 109，287.

之差额的变化情况及其未来的走势。① 到 1983 年，基本上所有群体得到的养老金都超过了他们的缴费，这正是年轻人向老年人的一种转移支付。有趣的是，高薪工人曾经比低薪工

① 图 16.2 描述了对 65 岁退休的人的转移支付净额，即用 2%的实际利率计算的养老金贴现值减去缴费贴现值，其中考虑了死亡概率和“典型”家庭结构。随着 2008 年大衰退的爆发，实际利率降至 2%以下，用该利率计算的养老金贴现值显然要高得多。正如我们在下面要讨论的那样，社会保障制度使老年人免受市场利率波动的影响。

人得到更多的转移支付：虽然他们的养老金与缴费的比值较小，但得到的这种转移支付的绝对数额较大。对于单职工家庭来说，情况也是如此；但是，对于高薪单身人士和高薪双职工家庭来说，其养老金小于缴费。对于双职工家庭来说，需要几十年的时间才能使对低薪工人的转移支付等于对中等收入工人的转移支付。

过去，如果一个人提前退休，养老金的贴现值也常常增加。而如今，提前退休的人的养老金被大大削减了，这些人也就没有了提前退休的激励。[①]

因此，社会保障制度把收入再分配给穷人和单职工家庭，而平均来说，就是把收入从现在工作的一代人再分配给现在退休的一代人。

16.2 社会保障、私人保险和市场失灵

1935 年之前，私人市场提供人寿保险，但不提供养老保险。很少有企业提供数额较大的养老金。

大萧条（Great Depression）造成了一场危机：许多老年人失去了工作，并且几乎无望再找到工作，也没有任何生活来源。社会保障制度旨在确保所有老年人至少维持最低的生活水平。

然而，在随后的几年里，私人市场有所改善。20 世纪 50 年代，大型制造企业建立了养老金计划，养老金覆盖面迅速扩大。1950 年，私人部门中只有 25%的非农业工人被私人养老金所覆盖，到 1979 年，已有 55%的人被覆盖。20 世纪 80 年代初期，由于制造业就业岗位数量下降，再加上覆盖面较低的服务部门的增长，养老保险覆盖率下降到 50%，而且覆盖率一直在低水平徘徊。如今，51%的员工参加了雇主提供的退休计划，覆盖率从白领职业的 68%到服务行业的 25%。[②] 政府也采取了一些措施，以确保私人养老金计划的财务状况良好。[③] 然而，这些私人保险在许多方面存在缺陷。

□ 16.2.1 交易成本高

为了退休后生活有保障，人们可能从私人企业那里购买年金。年金是从一定年龄（通常为 65 岁或 70 岁）开始，每月支付固定金额，直至此人去世为止。不过，大多数私人年金计划的预期收益率似乎要比市场利率低得多。这在一定程度上是由高昂的管理费用所致，其中包括在许多情况下销售人员所获得的相当可观的佣金。社会保障的行政管理费占所付养老金的比例不足 1%，而私人养老金的这一比例则接近 6%。[④]

---

① 事情稍微复杂一点：穷人的预期寿命比富人的短，因此穷人的预期养老金必须予以调整，以反映这种差异。同理，预知预期寿命较短的人会想早点退休，而预知预期寿命较长的人则想晚点退休。

② U. S. Bureau of Labor Statistics，*Employee Benefits in Private Industry in the United States*，March 2008.

③ 政府不仅要监管私人养老金，而且要提供保险以确保工人得到所承诺的养老金。私人养老金计划大量违约，已经威胁到联邦保险计划的财政维持能力（financial viability）。1992 年，美国养老金担保公司（U. S. Pension Guaranty Corporation）管理的计划亏空了 27 亿美元。对此，国会通过了《1994 年退休保护法案》（Retirement Protection Act of 1994）。2009 年，该计划覆盖了 4 400 万工人和退休人员，亏损达 225 亿美元。请参阅 House Committee on Ways and Means，"The Pension Benefit Guaranty Corporation，" Chapter 12 in *2011 Green Book*。

④ 请参阅 Department of Labor，*Pension and Health Benefits of American Workers*，Table A15；and *2012 OASDI Trustees Report*，Table III. A6。有趣的是，当将社会保障与私人保险公司（包括年金）进行比较时，政府似乎更具有优势。私人保险公司每支付 2 美元的养老金，就要在管理成本、股息（利润）和税收上开支 1 美元。请参阅 Charles T. Goodsell，*The Case for Bureaucracy*（Chatham，NJ：Chatham House Publishers，1983），p. 52。

交易成本高的原因之一在于，保险公司总想“撇脂”（skim the cream）——挑选风险最小的，并甄别出恶性风险，要么不予保险，要么出高保费才予以保险。这种费用太高了。

此外，许多保险公司在营销方面大把花钱，部分原因是为了“寻找傻瓜”（fish for fools），找到那些不懂风险且为得到保险而愿意多付钱的人。保险公司已经发现，许多人会为很小的、能够轻松应对的风险支付一大笔钱——远远超出了损失的精算值。

□ 16.2.2 降低风险

保险的目的是降低风险，但私人市场在减轻风险方面往往做得并不好。为退休而储蓄的人面临一个重要的风险，那就是在未来的二三十年里生活费用将几何，而私人保险目前尚不存在能化解这一风险的险种。在过去的30年里，退休计划的变化在很多方面都加剧了这个问题。以前，大多数私人退休计划的养老金属于固定收益型：个人按其工资和工作年限获得一定数额的养老金，一般根据通货膨胀率进行调整。然而，在过去的25年里，逐步走向固定缴费计划（defined contribution programs），即雇主为雇员在退休账户中存入数额固定的一笔钱（有时是对雇员缴费予以配套）。个人可以决定这笔钱如何投资（比如是买股票还是买债券），但退休人员的收入完全取决于投资的好坏。

在2008年股市崩盘时，那些把钱投入股市的人，眼睁睁地看着他们的退休账户几乎被“洗劫一空”。2008年之后，由于美联储把利率降至零，那些把钱投在美国国库券上的人，也眼看着他们的收入大幅缩水。本来是为暮年提供保障的退休计划，却没有起到应有的作用。对许多人来说，社会保障才是他们唯一的依靠。

□ 16.2.3 缺乏指数化：私人市场无法抵御社会风险

私人保险和社会保险计划的一个主要区别在于，社会保障金被**指数化**（indexed），即社会保障金随着通货膨胀率的上升而增加。最近，最接近于收益指数化的私人保单是其收益与股票市场表现挂钩的年金。当这种保单出现时，有人认为它们可以对冲通货膨胀的风险，因为一般来说，随着价格水平的上升，股市会看涨。可是，很长一段时期以来，股票价格并没有随着通货膨胀的上升而上涨。如今，人们已普遍认识到，股票对冲不了通货膨胀风险。

社会风险（social risk）是很重要的一类风险，通货膨胀风险就是其中的一种。社会风险是整个社会所面临的风险，任何私人保险公司都难以承受这类风险。除了战争等特殊情况外，不同个人的死亡是“独立”事件。给大量个人提供保险的保险公司，可以相当准确地预测每年的死亡人数。但是，如果爆发战争，那么死亡人数可能会多得多。因此，大多数保单不覆盖战争导致的死亡。同样地，如果一家保险公司开发通货膨胀险，该公司会发现，如果通货膨胀率的提高比预期的快得多，那么，它的所有保单都会遭受损失；该公司还会发现，它无法同时履行所有这些承诺。这或许是为什么没有通货膨胀保险市场的部分原因。事实上，人们无法购买私人证券或组合证券来对冲通货膨胀风险。

虽然市场不能或至少没有提供通货膨胀险，但是政府可以采取措施来抵御通货膨胀。政府可以出售（实际上从1997年1月开始已经出售）债券，以确保债券的实际收益不受损。因此，社会保障的一大优点是为退休人员防范通货膨胀提供了一定的保障。

在防范社会风险方面，政府比私人企业具有明显的优势。政府能够通过增加税收来履行义务（当然，如果对应该获得福利的人也征税，那不会有多大帮助），而且政府还可以跨代分摊风险。例如，战争的成本可以由当代人及其子孙后代分担：通过减少战争期间的投资，并通过随后对年轻人征税来支付老年人的养老金，战争的成本实际上可以由战争期间工作的一代人和随后的几代人分担。如果经济在某个十年间经历了特别严重的通货膨胀，就可以将部分负担转移给年轻的、正在工作的一代人。

□ 16.2.4 逆向选择、风险差异和保险成本

私人保险的又一个主要问题，源于不同的人有不同的预期寿命。就拿人寿保险来说，这种保险在投保人去世后向投保人的遗属提供一笔固定的赔付额。（因此，人寿保险实际上是死亡保险和遗属保险。）出售寿险保单的企业不愿意给可能死亡的人保险；如果该企业知道这些人很可能会死亡，就会坚持索取高额保费。对于 65 岁以上或患有心脏病的人，保费可能就特别高。另外，出售年金的私人保险公司则恰恰相反，它们就是想给那些不健康的、可能很快去世的人保险。由于女性的寿命比男性长，保险公司过去向女性收取的寿险保费较低，但收取的年金保费较高。

在个人预期寿命的差异很容易确定的情况下，经济效率要求私人保险公司收取的保费要反映这种差异。有人认为这是不公平的：身体不好的人已经够倒霉的了，若再向其收取高额寿险保费，无异于雪上加霜。

在实践中，甄别良性风险的成本很大，保险公司为此投入了大量资源。实际上，保险公司可以通过提高整体服务的效率和质量来增加利润，同样，也可以通过更好的方法识别良性风险和恶性风险来增加利润。如果私人保险公司不能区分人们的风险程度，那么就会出现另一个问题。在竞争性均衡中，保费必须反映购买保险的人的平均风险（对于寿险或年金来说，这相当于平均预期寿命）。然而，这意味着，良性风险实际上在补贴恶性风险。就年金而言，那些早逝的人补贴了那些长寿的人；就寿险而言，那些长寿的人补贴了早逝的人。反过来说，这意味着，平均而言，良性风险的投保人从保险公司得到的回报要比他们投入的少。对他们来说，购买保险等于下错了赌注。但是，如果有人知道自己的风险低，但又无法向保险公司证明这一点，那么，倘若他们不十分厌恶风险，他们就不会购买保险。当风险最小的人不再购买保险时，保费必然会增加。这种只有风险最大的人才会购买私人保险的过程被称为逆向选择（adverse selection）。[①] 逆向选择可能是年金收取高额保费的部分原因。然而，政府可以强制所有人购买保险，从而避免了逆向选择问题。政府这样做，其实就是在进行一定程度的再分配。良性风险的投保人支付的保费比他们“应该”支付的多，而恶性风险的投保人支付的保费比他们“应该”支付的少，但所有（或几乎所有）人都能因社会保险降低了风险而获益。

□ 16.2.5 道德风险与社会保障

私人保险公司通常只提供有限的保险，这还有另一个原因：保险会降低人们避免所保事件发生的激励，我们在第 13 章称之为“道德风险”（moral hazard）。

就拿为最终退休做准备的人来说，这些人面临着两个重要的风险来源。首先是他们不知道退休后能活多久。没有购买年金的人将不得不谨慎地使用他们的资源，因为他们必须要考虑到他们可能活得比平均寿命长。对这种风险提供保险，不会出现重大的道德风险问

① 有关保险市场中逆向选择效应的更为广泛的分析，请参阅 M. Rothschild and J. E. Stiglitz, “Equilibrium in Competitive Insurance Markets,” *Quarterly Journal of Economics* 90 (1976): 629－650。

题。然而，另一种风险的确存在道德风险问题，社会保障要对此提供保险：人们不知道他们在 62 岁或 65 岁或 70 岁时的工作能力如何。有些人身体健康，他们的技能也没有过时，所以他们在 70 岁以后还能继续工作。有些人则不能工作，他们已经丧失了劳动能力。可是，许多人到了 62 岁或 65 岁后处于中间状态，他们虽未患医学意义上的残疾，但是他们发现工作起来愈加困难，工作乐趣越来越少，或者工作效率比较低。人们年轻时想购买保险，以防他们落入这个灰色地带——丧失劳动能力的严重程度还达不到医学意义上的残疾标准，但已不能轻松地继续工作。社会保障提供了这种保险，它使希望在 62 岁退休的人能够退休。然而，这种"保险"越好，即社会保障替代的工作收入的比例越高，工作的激励（动力）就越弱。要是做到了完全替代，即使是身体健康、生产力高的人，也都想退休。社会保障存在的一个核心问题正是这种道德风险问题。

市场不能提供完全保险（complete insurance），这不应被视为贪婪的保险公司欺压不幸的消费者的任意妄为的结果，而是对一个至关重要的经济问题的理性反应，即至少要给投保人一些激励。倘若这在某种程度上解释了私人市场提供保险的局限性，那么没有理由相信政府可以做得更好：私人市场与政府在降低风险与激励之间的权衡取舍上是相同的。换句话说，对道德风险问题的担忧限制了无论是私人还是政府能够或者应该提供保险的程度。①

□ 16.2.6 作为有益产品的养老保险

即使有良好的保险市场，政府仍然有理由采取行动：如果社会认为不能容忍老年人因没有为退休做好充分准备而遭受苦难，如果也确实有许多人没能为自己的退休生活做充足的准备，那么就有理由强迫人们购买保险。为退休生活做了准备的人可能会觉得，他们承担了那些本可以为自己的退休生活做好充分准备但因缺乏远见而没有做准备的人的负担，这是不公平的。从这个角度看，养老保险（和人寿保险）是家长主义的政府为大家好而强加给人们的有益产品（merit goods）。不过，这种有益产品与其他许多有益产品不同，主要在于没有购买这种产品的人的大部分成本是由其他人承担的。倘若这在一定程度上为社会保险提供了基本理论依据，那也只能表明政府应该要求人们获得保险，而不是政府应该要求人们向政府本身购买保险。此外，这也只是为社会保障的"基本水平"提供了理论依据，政府认为这一基本水平已足够了，人们要想进一步增加消费，就必须增加储蓄。正是较高的交易成本、逆向选择问题以及私人保险不能抵御通货膨胀和其他社会风险等，为政府提供保险奠定了理论基础。

市场失灵

- 交易成本高。
- 不完全保险：
  私人市场无法抵御社会风险：缺乏指数化；
  逆向选择：年金市场不完善的可能解释；
  道德风险。
- 养老保险是一种有益产品：在帮助那些不能养活自己的人时产生道德风险问题。

① 这里做了简化处理。其实，如何看待这种权衡取舍关系，私人保险公司明显不同于政府。比如，政府应该意识到提前退休可能会导致税收收入的损失，而这不是私人保险公司关心的问题。

□ 16.2.7 社会保障、强制储蓄和个人选择

社会保障之所以交易成本很低且能避免逆向选择问题，其中的一个主要原因是人人都参与其中。于是，人们提出了两个问题：第一，社会保障是否“强制”了人们过度储蓄？第二，社会保障的保守投资是否限制了人们自愿承担风险的程度？降低成本和增加个人选择权之间的权衡取舍是清清楚楚的：与大量相互竞争的、人们可以选择的计划相比，为所有人提供统一的退休计划，其行政管理费用要低得多。可是，只要退休金比较低，就很少有人愿意为养老被迫储蓄得更多；因此，提供合理的低水平退休金不会有显著的福利损失。此外，如果人们想要承担更多的风险，他们可以在社会保障之外，在自己选择的退休计划中这样做。

16.3 社会保障需要改革吗？

前面的讨论已经阐明了社会保障所发挥的各种作用。社会保障是一种强制性储蓄计划，确保人们积攒足够的钱，这样就不会在暮年时成为社会负担；社会保障还是一种“社会统一费率的”（community-rated）、通货膨胀指数化的年金计划，即所有人（不管健康状况和预期寿命如何）缴费都相同，得到的养老金（根据通货膨胀率变化进行调整）也相同；社会保障还是一种再分配计划。①

在支持者看来，这种多面性是社会保障的优点之一：社会保障在老年人的减贫方面所做的，可能比一个明显的再分配计划在政治上所能接受的更多。如今，老年人贫困率比上世纪 50 年代末开始收集数据以来的任何时候都要低。

在批评者看来，这种多面性是社会保障的缺点之一：这导致缺乏透明度，而透明度应该是民主政府的一个标志。就像对“诚信广告”（truth in advertising）（消费者应该拥有让他们知道自己在购买什么的信息）的要求越来越高一样，对公共部门也是如此。例如，纳税人应该知道，他们缴纳的税收或社会保障款项在多大程度上被用于从一个群体到另一个群体的收入再分配。缺乏透明度可能会造成社会保障改革举步维艰，因为神话和现实难辨，令人困惑。例如，老年人反对削减养老金，认为他们通过社会保障缴费已经为这些养老金付了钱，但实际上养老金的价值大大超过了他们缴费的价值。

社会保障改革之所以困难重重，既是因为它所履行的职能的多样性，也是因为它所解决的市场失灵的多样性。例如，如果社会保障只是一种“强制储蓄计划”，那么就不一定非要人们通过政府来储蓄，直接强制私人进行储蓄即可。在讨论这些改革问题之前，我们首先分析对社会保障的不满，即为什么要改革。

从许多方面来看，社会保障已经取得了成功：过去，老年人贫困被认为是一个现实的社会问题；如今，不仅老年人的贫困率相当低，而且他们的贫困率低于整体人口。受益者不仅仅是受助者，还有他们的孩子，不然，孩子们就要帮助他们，或因没有提供帮助而感到内疚。过去，老年人常常别无选择，只能和孩子们生活在一起；现在他们有了选择的余

① 社会保障过去等于为“早退”提供保险：提前退休的人（不管是因为健康问题还是因为工作技能跟不上劳动市场的要求），实际上因获得的养老金的贴现值比较高而得到补偿（尽管年度养老金较低）。将来，情况不会如此，因为提前退休人员每月得到的养老金会相应减少。

地，而且越来越多地选择单过。[①]

对社会保障的不满主要有五个方面。第一，它造成了美国长期财政危机。大约从 2021 年开始该基金将出现入不敷出，原本为满足老龄化人口需要而设立的信托基金将被动用，但该基金也只能用到 2037 年（见图 16.3）。[②] 因此，人们对社会保障制度的信心已经下降。例如，一项针对 18 岁到 34 岁年轻人的调查显示，相信存在不明飞行物（UFOs）的人（46%）比相信到他们退休时社会保障仍存在的人（28%）还多。[③]

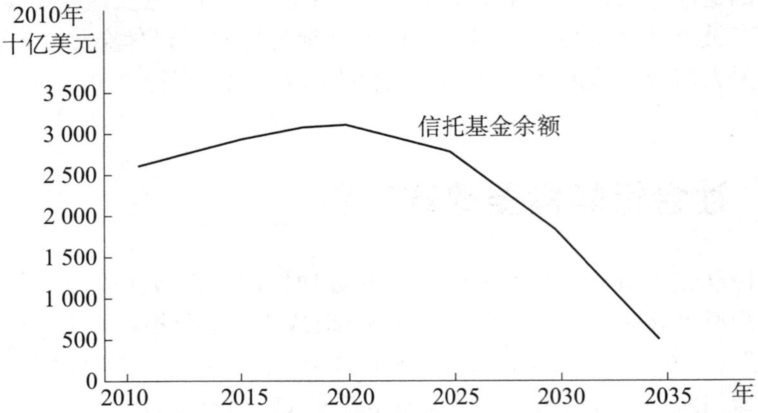

图 16.3　社会保障信托基金

预计 2020 年后社会保障信托基金开始减少，到 2037 年将完全耗尽。

资料来源：Department of Health and Human Services，Social Security Administration，*2010 Annual Report of the Board of Trustees of the Federal Old-Age and Survivors Insurance and Disability Insurance Trust Funds*，August 9，2010，Table IV. F7（intermediate projections）.

第二，批评人士称，社会保障抑制储蓄，从而导致经济增长速度放缓。第三，批评者认为，社会保障抑制工作。第四，他们抱怨说社会保障的收益率很低，是一种糟糕的投资。第五，社会保障的设计存在一些不公平现象。

值得注意的是，无论是对于社会保障署（Social Security Administration）的效率，还是对于社会保障署对"顾客"的服务，都没有太大的抱怨。不可思议的是，社会保障署似乎是成功实现电脑化管理的一个主要政府部门。与从事类似活动的公共机构或者私人机构相比，其整体行政管理成本较低。此外，电话消费者满意度调查把社会保障署列为前四大"公司"之一。

□ 16.3.1　财政危机的实质

改进型现收现付制的社会保障制度所面临的基本财政问题是，该制度的财政维持能力（financial viability），取决于工人人数与退休人员人数之比。如图 16.4 所示，该数字明显

① 实际上，家庭贫困数据可能低估了老年人经济状况的改善。当他们单过时，其家庭收入可能低于贫困线，而当他们和子女一起过时，收入可能会高于贫困线。倘若他们选择单过，那就意味着他们的境况还不错，尽管贫困统计数据显示生活在贫困线以下家庭的老年人数量有所增加。

② 精确估计值每年都有变化。这些数字来自 *The 2010 Annual Report of the Board of Trustees of the Federal Old-Age and Survivors Insurance and Federal Disability Insurance Trust Funds*，August 9，2010，Table IV. F7（intermediate projections）。

③ P. G. Peterson，*Will America Grow Up before It Grows Old?*（New York：Random House，1996）.

下降，从1950年的16∶1到今天略微低于3∶1，预计在未来25年将进一步下降到2∶1。造成这种变化的原因有三：提前退休①、寿命延长、② 以及人口增长放缓。③ 前两个原因会使退休群体规模变大，而人口增长率降低意味着年轻人与老年人之比例比过去更低。过去30年来，女性劳动参与率的提高在一定程度上抵消了这种人口降低趋势，但是在未来几十年里，人口下降这种基本趋势不会改变。

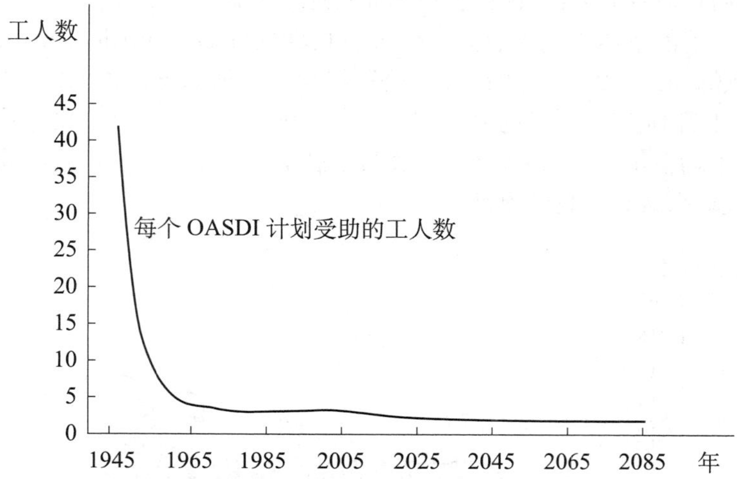

图16.4 被覆盖的工人占老年人、遗属及残疾人保险计划受助者的比例

自老年人、遗属及残疾人保险计划实施以来，受助的工人数明显下降。该比例预计还会继续下降。

资料来源：Department of Health and Human Services，Social Security Administration，*2010 Annual Report of the Board of Trustees of the Federal Old-Age and Survivors Insurance and Disability Insurance Trust Funds*，August 9，2010，Table IV. B2 (intermediate projections).

决定该制度财政维持能力的第二个因素是生产率增长率。重要的是，与退休者的养老金相比，在职职工的收入如何。如果在职职工的收入因生产率提高而快速增加，那么就会有更多的收入为退休者提供保障。但是，自1973年以来，生产率增长率明显下降（下降了一半多），而收入增长率甚至下降得更多，因此工资收入并没有与生产率保持同步增长④，加剧了财政问题。⑤ 即使生产率增长率有所好转，很可能也不足以恢复财政维持

① 1940年，开始领取社会保障金的平均年龄，男性为68.8岁，女性为68.1岁。到1991年，该平均年龄下降到63.7岁，男女都一样。1950年，65岁及以上的男性中有46%还在工作；1991年，只有16%还在工作。C. E. Steuerle and J. M. Bakija，*Retooling Social Security for the 21st Century* (Washington，DC：Urban Institute Press，1994)，p. 43. 关于退休年龄的更多信息，请参阅 House Committee on Ways and Means，*2011 Green Book*。

② 1940年，65岁以上的人平均剩余预期寿命，男性为12.7年，女性为14.7年。到1990年，平均剩余预期寿命，男性增加到15.3年，女性增加到19.6年。到2050年，预计男性增加到18.0年，女性增加到22.4年。请参阅Steuerle and Bakija (note 15)，p. 41。

③ 总生育率（total fertility rates），即女性一生中生育子女的平均数，1957年达到了3.7的峰值，现在已下降到2左右。在这种低生育率的情况下，人口数量（移民除外）开始下降。请参阅 U. S. Department of Health and Human Services，Centers for Disease Control and Prevention，National Center for Health Statistics，"Births：Final Data for 2009，" *National Vital Statistics Reports* 60，no. 1 (November 3，2011)：Table 4。

④ 1973年之前的几十年里，生产率的年均增长率为2.9%；从1973年到1993年，年均增长率为1.1%。此后，不同的统计数字显示要么是略有上升，要么是略有下降。请参阅 *Economic Report of the President*，*2012*。

⑤ 由于收入不平等加剧，这一问题变得更加严重。因此，即使平均生产率和工资都有所提高，但实际工资的中位数（与社会保障计划的关系更加密切）没有同步增长。倘若社会保障缴费的上限大幅度提高，这一问题可能会有所缓解。

能力。

社会保障只是针对老年人的几个计划之一，其他计划（医疗保险以及医疗救助的长期护理部分）已在第 13 章讨论过了。它们也存在我们刚才讨论的问题：为日益老龄化的人口提供的这些计划，将对在职人口造成越来越大的负担。在美国，随着 21 世纪初“婴儿潮”一代人陆续退休，这个问题开始显现。大多数发达工业化国家面临的问题甚至更加严峻，其中，包括日本在内的许多国家会更早面对这个问题。

从 2012 年之前的整体情况来看，这些公民权利性计划（entitlement programs）似乎出现了巨大的预算问题。2000—2035 年，公民权利性计划的支出占 GDP 的比率预计将翻一番，从 7.5%上升到 15.9%（见图 16.5）。从历史角度来看，由于联邦政府的税收收入占 GDP 的比率平均在 19%和 20%之间，故为了满足这些支出需要，就必须大幅增加税收和（或）必须大幅削减其他政府项目。

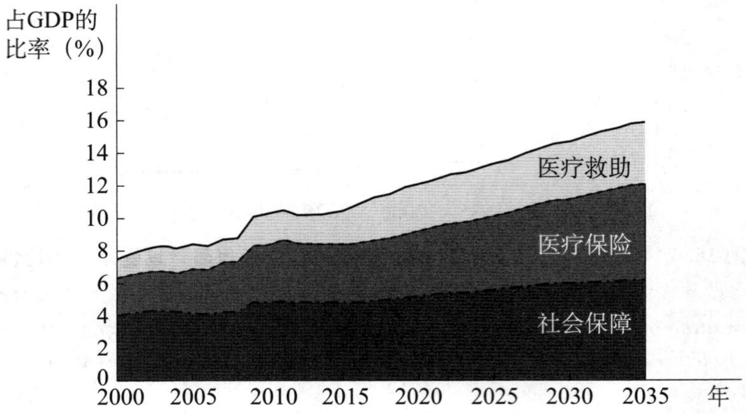

图 16.5 权利性支出的增长

社会保障、医疗保险和医疗救助支出预计将增加到占 GDP 的 16%以上，排挤其他政府支出或不得不大大增加税收。

资料来源：*Supplemental Data for the Congressional Budget Office's Long-Term Budget Outlook*，June 2010，Figures 2-2 and 3-1.

正如我们在第 13 章指出的那样，这些猛增的支出主要是医疗支出（医疗保险和医疗救助）所致。如此巨大的成本都是美国成本高昂的医疗体系之错：要是美国的医疗体系与欧洲一些国家一样高效、经济实惠，那么这些计划就不会出现严重的财政问题。随着《2010 年患者保护与平价医疗法案》的通过，美国的医疗成本曲线开始向下弯曲——巨额预算赤字似乎突然变得可控了。

社会保障本身只是问题的一小部分，其支出预计将从占 GDP 的 4.1%上升到 6.2%。同医疗保险和医疗救助相比，社会保障的问题相对较小，也比较容易解决。它的问题只是资金问题：要么增加收入（缴费），要么减少养老金。其缺口可以通过税收增加 3 个百分点左右来弥补，或减少相应规模的养老金（比如通过适当延长退休年龄）。①

然而，该缺口的大小也存在一些争议，它取决于难以预测的变量。比如，预测赤字的关键在于预测相对于劳动力而言的移民是否放缓。要是移民的速度加快，这本身就会对社

① 这些数字有一些不确定性。社会保障受托人对各种情形进行了估算，涉及不同的生产增长率、人口增长率等。在悲观的情形下，该缺口将增大一倍；而在乐观的情形下，按照现行制度安排甚至会有盈余。

会保障的资金状况产生重大影响。

特别令人担忧的是，针对老年人的这些计划正在挤占对儿童的支出——国家未来的投资。事实上，目前，联邦政府在每个老年人身上的花费是在每个儿童身上花费的 11 倍之多[①]，可是，儿童比老年人更容易陷入贫困。

财政失衡的原因

- 人口增长率下降。
- 生产率增长率下降。
- 退休年龄降低。
- 寿命延长。

□ 16.3.2 储蓄

社会保障制度的建立降低了人们为养老而储蓄的需要。有人担心，这会导致总储蓄减少，从而降低投资和生产率增长率。社会保障对储蓄的影响程度及其对经济增长和政策的影响，一直是争论的焦点。

哈佛大学教授、里根总统经济顾问委员会主席马丁·费尔德斯坦（Martin Feldstein）声称，社会保障可能导致美国私人储蓄减少多达 60%[②]，另一些人则认为，这种影响要小得多，而且社会保障制度实际上还可能鼓励储蓄[③]。社会保障可能促使人们提前退休，而当他们考虑提前退休时，他们会认识到社会保障满足不了他们的需要。

这种观点与社会保障开始后发生的私人养老金计划的增长是一致的。2010 年，尽管 65 岁以上老年人的总收入中有 46%来自社会保障或其他公共养老金，但四分之一以上的老年人以私人养老金或年金收入来补充他们的退休收入，占这个年龄段总收入的 9%。[④]

在开放经济中，国家可以从国外借款，因此，国内储蓄减少不一定直接转化为投资减少，生产率也就不一定降低。[⑤] 但话又说回来，如果储蓄减少 100 美元，似乎会导致投资减少 40～60 美元。因此，对储蓄的负面影响仍然值得关注。

然而，社会保障对美国家庭储蓄率较低的“贡献”几何，仍然是一个争论不休的话

---

① 该统计数字虽然被广泛引用，但可能有些误导，因为它所包含的联邦社会保障金是个人缴过费的，就像他购买退休保单一样，因此该数字只应包括转移支付部分。

② 这些观点最初源于 Martin Feldstein，“Social Security，Induced Retirement，and Aggregate Capital Accumulation，” *Journal of Political Economy* 82，no. 5（1974）：905－926。后来，费尔德斯坦对他的批评者予以了回应，表明他的研究结果很有说服力。请参阅“Social Security and Saving：New Time Series Evidence，” *National Tax Journal* 49，no. 2（June 1996）：151－164。

③ 关于费尔德斯坦的结论有相当大的争议，牵涉许多技术问题。丹齐格（Danziger）、哈夫曼（Haveman）和普洛特尼克（Plotnick）在他们的研究中得出这样的结论，即社会保障的影响居主导地位的转移支付计划，“使年度私人储蓄与没有这些计划的情况相比减少了 0%～20%，最可能的估计值靠近这个范围的下限”。请参阅 S. Danziger，R. Haveman，and R. Plotnick，“How Income Transfers Affect Work，Savings，and Income Distribution，” *Journal of Economic Literature*（September 1981）。罗伯特·巴罗（Robert Barro）采取了更为极端的观点，并从理论上认为社会保障计划的赤字对储蓄应该没有任何影响，因为父母只是在调整他们留给子女的遗产（比如，提供更多的遗产，以应对更大的社会保障计划赤字）。他还试图进行实证检验以支持这一主张，但大多数经济学家仍持怀疑态度。

④ Social Security Administration，*Income of the Population 55 or Older，2010*，March 2012，Tables 2. A1 and 10. 1.

⑤ 然而，即便如此，这也会导致对外国人的负债增加，从而降低未来的生活水平。

题。在大衰退（Great Recession）之前的几年里，美国的储蓄率急剧下降——几乎接近于零，这与社会保障制度的变化几乎没有任何关系。

近期的税制变化，即对高收入退休者85%的社会保障金课税，具有降低储蓄净收益率的作用，因而会降低一些人的储蓄水平。然而，对于低收入者来说，该税率非常低，况且他们还可以利用免税或税收递延退休账户。此外，几乎没有证据表明储蓄的利率弹性很高，也就是说，在某些情况下，储蓄对利率的变化没有太大的反应，因此降低储蓄的净收益率也许会导致更多的储蓄。

可能增加国民储蓄的一种改革，也许是实行完全基金制的社会保障制度，使每一代人都为自己的养老金留出资金。更富有争议的一种改革，是将社会保障私有化，有人认为这会增加储蓄。本章后面将讨论这个主题。

□ 16.3.3 劳动供给

有人认为，社会保障也影响劳动供给：它促使人们提前退休。如前所述，近几十年来，65岁以上的人劳动参与率大幅下降，这与每个领取者的社会保障金大幅增加（实际养老金增加了39%）的时间（1968—1976年）正好吻合。纽约州立大学石溪分校的迈克尔·赫德（Michael Hurd）和斯坦福大学的迈克尔·博斯金（Michael Boskin）认为，1968—1996年劳动参与率的下降，在很大程度上的确是社会保障金实际增加所致。

政府计划既有收入效应，又有替代效应。低效率与替代效应有关。社会保障同时具有这两种效应。向老年人大量转移资源具有收入效应：老年人把由此增加的部分收入用于增加休闲（提前退休）。除此之外还有替代效应，因为社会保障改变了工作收益率。

然而，替代效应的大小甚至方向存在相当大的争议。随着人们工作时间延长，他们对社会保障的缴费总额增加了，因为他们要对其额外收入纳税，但他们每年的养老金也增加了。问题是，养老金的增加额是否大于缴费的增加额？这一调整过程是渐进的，但由于1983年的改革法案，到2008年，平均来看实现了总体平衡。此外，近年来，产生了鼓励工人继续工作的效果：社会保障金的大小取决于个人以前年份的缴费。1937年，他们的缴费仅限于其收入的前3 000美元；2010年，缴费的收入基数最高可达106 800美元。因此，社会保障金的这种计算方式意味着，比如一个年收入40 000美元的人，通过多工作一两年，其养老金就可大大增加。

然而，对于大多数人来说，社会保障制度终究与税收不完全一样。他们增加的缴费“购买”了相应更高的退休收入。只有当人们被迫比原本打算的储蓄得更多，或者收益率低于他们原本能获得的收益率时，该制度才起到征税的作用。由于大多数人在社会保障之外也进行储蓄，因此该制度不会强迫人们储蓄更多。就穷人而言，养老金公式计算出来的缴费的收益率，高于在其他情形下可以获得的收益率，因而存在正的替代效应；而对于富人来说，情况正好相反。

请注意，无论人们是得到补贴还是被课税，都会对劳动-休闲的选择造成扭曲。有些人得到了补贴，有些人被征税，并不会导致净扭曲的消失：总扭曲不仅仅与边际补贴或税收的平均值有关。

社会保障的影响

社会保障可能对储蓄产生不利影响：

- 降低私人对养老储蓄的需求。

● 储蓄减少可能导致投资减少，生产率增长率下降。

社会保障可能对劳动供给产生不利影响：

● 这种影响一般来说可能很小。

● 对老年工人的影响可能比较大。

虽然对于大多数人来说，替代效应可能很小，但是对老年人群体来说，替代效应可能很大，原因有二。第一，对于社会保障覆盖的 65～69 岁的人来说，收入超过一定数量之后，他们每挣 3 美元，就会失去 1 美元的养老金，这实际上等于他们除了要对其额外收入缴纳个人所得税之外，还要对该收入缴纳 33.33%的税收。结果，一位有高投资收入的 66 岁老年人，其工资收入的边际有效税率可能高于 60%，而且这还不包括州和地方所得税。[①] 此外，社会保障金是以一个人的最高劳动年限 35 年为基础计算的，因此对于许多老年人，特别是那些有兼职工作的老年人而言，养老金完全不受其额外收入的影响；对于他们来说，社会保障缴费就是税收。

□ 16.3.4 收益率

前文提及的第四个抱怨是，社会保障没有提供与私人退休账户相当的收益率。在社会保障制度建立的早年间，人们并没有听到这种抱怨，因为正如我们所指出的那样，那时的养老金远远超过了缴费。不过，自 1983 年的改革以来，随着表面上不断加强财政责任，这种不满时有耳闻。

从某种意义上说，这种抱怨并不十分准确。这种收益率应该与具有相似风险特征的证券（比如与通货膨胀挂钩的美国政府债券）相比较。尽管这些债券的发行时间还没有长到足以确定它们的长期收益，特别是如果美国遇到不稳定的高通货膨胀时期，但其收益率似乎与把这些资金投资于此类证券所获得的收益率不相上下（或许会略高）。当股票市场繁荣时（就像从 1995 年开始的那样），该收益率大大低于股票市场的收益率，但当股票市场走向萧条时（这具有一定的周期性，比如 1929 年、1987 年和 2008 年的股票市场崩盘），该收益率又大大高于股票市场的收益率。因此，虽然股票投资的收益率高，但风险也大。社会保障是要为退休提供保障的，所以稳妥管理这笔资金是恰当的。[②]

不过，这个问题真的问错了。美国实行的是现收现付制，在这种制度下，（均衡状态的）长期收益率与经济增长率有关，通常低于资本收益率，尽管经济增长率实际上始终高于政府证券的收益率。[③] 收益率低不是由于投资失败或交易成本高（实际上交易成本非常低），而是实行现收现付制的结果。收益率不是不能提高，但要通过制度转变来实现。正如我们将在后面看到的那样，制度转变会使几代人的消费减少。即便如此，如果这些资金

---

① 假设一位 66 岁的老人多挣了 100 美元，并处于 40%的边际税率档次；税后，他只剩下 60 美元，同时还损失了 33 美元的养老金。在 85%的社会保障金是应税所得的情况下，这种损失的"净"成本只有 22 美元。然而，从 60 美元中扣除该成本，此人就只剩下 38 美元；实际上，他面临着 62%的边际税率。

② 这个问题实际上存在着一些争议：从 1930 年开始，在任何一年投资的、持有时间超过 25 年的多元化股票投资组合，其收益率要比可比的政府证券投资的收益率高得多。不过，不能保证将来也会如此。事实上，投资者已经意识到这种收益率的差异，他们抬高了股票的价格，因而降低了收益率。

③ 这可以从程式化的迭代模型中看出来。在该模型中，每一代人都分为两个时期，在第一个时期工作。在没有增长的情况下，对年轻人征税，获得的收入用来支付老年人的退休金，"收益率"为零：每一代人得到的正好是他们的缴费。如果人口增长率为 n，工资增长率为 p，那么，年轻时的每 1 美元缴费，年老时将收到 $(1+n)(1+p)$ 美元。

进行安全投资，其收益率可能仍比较低。

□ 16.3.5 不公平

任何政府计划，只要带有保险性质，总是有人得到的比所缴纳的“保费”要多，而有人得到的则较少。例如，购买火险却没有发生火灾的人有“损失”，而那些房子失火的人有“所得”。在社会保障中，寿命长的人得到的远远超过其缴费，而在退休前去世的人得到的较少。这本身并非不公平。

然而，在社会保障中，平均来看，缴费相同的人得到的回报数额不同。也就是说，他们的预期回报因家庭状况不同而不同。在有些人看来，这种差异是不公平的：为什么有人只因为选择了结婚就应该得到更多?[①]

当然，因为社会保障有再分配的一面，因而对于有些人来说，其养老金要大于其缴费。在大多数观察者看来，这并不是不公平的，只要那些得到再分配的人在某种意义上是“值得帮助”。不过，在确定再分配的程度时，社会保障只考虑个人的社会保障缴费，而没有考虑他的财富或非工资收入。

改革的原因

- 财政失衡。
- 对储蓄的不良影响。
- 对劳动供给的不良影响。
- (所认为的）收益率低。
- 不公平——缴费相同的人得到的精算养老金不同；再分配不是基于对需要的全面评估。

16.4 社会保障改革

社会保障改革有两种建议。一种是比较温和的建议，即进行适度的结构性改革，减少开支，增加收入，实现该计划的收支平衡。一种是比较激进的改革建议，即进行重大的结构性改革，其中包括社会保障私有化。

□ 16.4.1 减少支出

许多建议提出，在不削弱该计划总体效果的前提下减少开支。

调整养老金计算公式 调整决定养老金的公式，可以略微降低支出，甚至还可能增进效率和公平。例如，如前所述，目前的养老金是按缴费年限最高35年计算的。对于工作时间较长，但在工作年限后期收入不是其最高水平的人来说，增加缴费也不会得到更多的养老金。可以通过多种方式调整公式，既不影响大多数一生从事全职工作的人的养老金，又能使因目前计算养老金的特定方法而想要提前退休的人有更大的工作积极性。

---

① 由于已婚男性往往寿命更长，即使配偶没有养老金，已婚男性的养老金精算值也超过缴费相同的单身男性的养老金精算值。还有其他可能“不公平”的例子：即使缴费相同，女性得到的也比男性多，因为女性的寿命比男性长；即使缴费相同，不抽烟的人得到的更多，因为他们比吸烟者长寿。私人保险公司会通过调整赔付来反映预期寿命的差异（在允许它们这样做的情况下）。类似的“不公平”也存在于医疗保险计划中。

调整正常退休年龄 1983年的改革将正常退休年龄逐步提高，到2022年提高到67岁。提高退休年龄的理由是，总体健康状况的改善延长了寿命，也造成了社会保障制度的资金问题。一般来说，人们应该能够工作更长时间。（具有讽刺意味的是，与此同时，实际退休年龄一直在下降。）然而，人们的健康状况参差不齐，有相当多老年人的健康状况非常差，他们必须在65岁退休，甚至在62岁就得退休。还要进一步提高"正常"退休年龄，比如提高到68岁，这将使这些人的养老金减少10%甚至更多。这可能会使这些人陷入困境，因为一般来说，这些人通常没有资产或其他收入来源。提高退休年龄的提倡者给出了两个答案：如果真的这些人不得不退休，那么他们应该被残疾人计划所覆盖；如果减少养老金真的让这些人陷入困境，那么他们应当有资格获得补充收入福利。改变退休年龄可能需要同时调整残疾人和补充收入计划，但没有理由不根据当前的情况对退休年龄做出调整。

调整生活成本指数 一个人一旦退休，其养老金就会随着通货膨胀率的上升而增加；通货膨胀率以居民消费价格指数（consumer price index，CPI）来衡量。但一个普遍共识是，由于多种技术上的原因，居民消费价格指数夸大了生活成本的提高。参议院财政委员会任命的、斯坦福大学迈克尔·博斯金（曾担任布什总统的经济顾问委员会主席）领导的一个调查委员会，于1996年12月报告说，居民消费价格指数将通货膨胀率每年高估1.1%。居民消费价格指数哪怕修正0.5个百分点，也会大大降低长期社会保障赤字，甚至能使其减少三分之一。在随后的几年里，居民消费价格指数进行了一些调整，大大减轻了问题的严重程度。尽管如此，有人仍然认为，通货膨胀还继续被夸大，于是，2013年奥巴马总统提议进一步调整。

有人担心，平均来看，基于生活成本计算出来的居民消费价格指数，低估了老年人的实际生活成本，特别是因为老年人的医疗费用较高。不过，近年来医疗费用的上涨似乎得到了控制，而且，那些仔细观察过医疗质量改善的人认为，人们夸大了医疗费用上涨的程度——考虑到质量的改善，医疗费用可能比一般物价水平上涨得更慢，甚至有可能下降。

就像在改变退休年龄时一样，在调整居民消费价格指数的同时，还可能需要同时调整残疾人和补充收入计划。然而，倘若居民消费价格指数调整能准确反映生活成本的变化，居民消费价格指数调整也只是为了确保通货膨胀本身不会对老年人造成额外困难；通货膨胀也不应成为实际养老金非预期增加的依据。如果想增加实际养老金，就应该有明确的决定。

根据经济状况调查结果确定（means testing） 社会保障是一个不同寻常的计划：它再分配收入，但再分配收入时，不看领取者的总体生活状况，而只看他的（社会保障）工资收入。一位继承了财产的亿万富翁，一生工作很少，因此工资很低，但他所得到的社会保障收入（数额与非熟练工人相同）远远超过其社会保障缴费。因此，至少要根据经济状况调查结果确定社会保障的再分配部分，这会增进公平，减少支出。

然而，反对根据经济状况调查结果确定的意见很强烈，因为这将明确地表明社会保障要具有再分配作用。如今，即使不是大多数人也是许多人认为，社会保障更多是政府管理的一个退休计划，人们为此缴费（支付保费），获得与缴费相称的养老金。倘若社会保障要根据经济状况调查结果确定，这将会把社会保障转变成一种福利计划，而社会保障的倡导者则担心，长此以往，这会削弱对该计划的支持。

□ 16.4.2 增加收入

增加收入的主要建议就是要对社会保障金征税。我们早前已经提到社会保障具有再分配作用的反常性质。在社会保障的税收待遇方面也存在类似的反常现象。税收的一般原则是应当根据“纳税能力”（ability to pay）来征税；收入高的人应该多缴税。一个重要的例外（后面几章会更详细地讨论）是大部分退休储蓄是免税的，这在一定程度上是为了鼓励个人为退休储蓄更多，或至少不抑制他们的储蓄积极性。

个人自己缴纳的社会保障费是其收入的一部分，需要纳税；但雇主为其雇员缴纳的社会保障缴费不包括在个人的收入中，因此不纳税。同时，过去，对社会保障金不予征税；但如今，对于大多数人来说，高达50%的养老金是应税所得，而对于高收入者来说，高达85%的养老金是应税所得。不过，只基于收入而不管来源如何进行征税，具有坚实的理论基础。有两个老年人，收入完全相同，只是其中一个人的收入都来自社会保障，另一个人的收入主要来自其他来源，但他们所缴纳的税收不同。从这个角度来看，让社会保障收入与其他形式的退休储蓄的税收待遇相同，不仅会增加收入，还能促进公平。

小结　这些改革可能对社会保障的财政状况产生重大影响。通过计算可知，只要提高社会保障的退休年龄，调整生活成本的增长，采取根据经济状况调查结果确定社会保障金，以及将更多的社会保障金纳入应税所得，至少到2030年就可以恢复财政平衡。

□ 16.4.3　结构性改革

我们已经指出了一些小型结构性改革，其中包括：改变养老金计算公式以使养老金随着缴费的增加而增加；至少对社会保障的再分配部分采取根据经济状况调查结果确定；对社会保障的课税至少与对其他形式的退休储蓄的课税相同。这些改革在一定程度上促进了公平，提高了效率，改善了社会保障的财政状况。

社会保障金（与缴费之比）取决于家庭状况，也受到强烈批评。现在，非工作配偶获得了大量养老金，因此配偶不外出工作的已婚工人的养老金精算值，远远高于缴费相同的单身工人的养老金精算值。提倡这种优惠待遇的人有时会说，那些留在家里养育孩子的配偶也在工作，因此理应得到养老金。但问题不在于此，问题是养老金相对于社会保障缴费的大小。可以给配偶提供养老金，但月度养老金要进行调整，以确保那些社会保障缴费相同的人能得到相同的精算养老金。过去，我们忽略了其中的不公平现象，因为当时的主要家庭结构是，男性工作，女性待在家中。鉴于当今家庭结构和工作模式的变化，人们越来越关注这些不公平现象。

在这些结构性改革之外，还有两项重大的变革建议：一是社会保障信托基金投资于股票，二是社会保障私有化。

信托基金投资于股票　至少在过去的75年里，任何投资于股票并将其持有20年或更长时间的人，都比他等量投资于政府债券所得到的回报要高。这些长期持有的股票获得了较高的预期收益率，有人估计，每年的平均收益率差额为4%或更高，同时没有额外的风险。如果一小部分社会保障信托基金投资于股票，那么社会保障的资金状况将会相应改善。基于过去75年股权收益率分布情况的模拟分析表明，即使没有进行其他改革，该信托基金的存续期也会大大延长。这种建议的倡导者进一步表明，对股票需求的增加会提高股票的价格，从而导致投资增加。

然而，批评人士提出了三种反对意见。第一，他们担心风险。股票市场再次崩盘（比如1929年或2008年的股市崩盘）的可能性总是存在的。（这种异议在反对私有化建议上更有力度；有了信托基金，至少有可能平滑在长时间内发生的任何损失。）

第二，批评者担心，由于当前的大部分赤字都是通过向社会保障借款“筹资”的（目前社会保障信托基金只能投资于政府债券），政府的借债成本会增加。因此，虽然社会保障的财政状况得到改善，但政府其他部门的财政状况会变得更糟。对于利率将会上升多少，以及由此产生的对预算的不利影响，目前还没有可靠的估计。不过，许多经济学家认为，全球对美国政府债券的需求十分强劲，社会保障将其信托基金（比如30%）投资于股票的利率效应不会很大，且大大小于社会保障署可能增加的收入。此外，美联储降低利率可能会减轻任何不利的宏观经济效应。

第三，有人担心，由此产生的政府股权会影响私人股票市场。一些人对于这些股份的表决权表示担忧。尽管信托基金将其资金的30%投资于股票，但研究表明，政府持股比例仍不到市场的5%。如果这些股份被认为实际上是无表决权股，那么对股票市场运行的影响将是微不足道的。

私有化　最大胆的一种改革建议是私有化。布什总统主张部分私有化没有取得成功，但在2008年危机之后，对私有化的热情已经减弱，因为大多数美国人意识到，如果社会保障被私有化，许多老年人就会发现自己将失去养老金。只有社会保障才能帮助人们摆脱贫困。

越来越清楚的是，社会保障私有化在很大程度上是由金融部门推动的，它们看到了来自退休账户的大量收费是其一项新的重要收入来源。可是，这些高昂的交易成本会相应地降低退休人员的收入。社会保障咨询委员会（Advisory Council on Social Security）在其1996年12月的报告中指出，交易成本每年将大幅上升100个基点，也就是说，每10万美元的投资，将有1 000美元流入华尔街经纪人和其他投资代理人的口袋里，这大大高于社会保障署投资股市的成本。每年有1%的额外费用，意味着退休收入将降低40%以上。

推动私有化的一个主要动机是，私人投资将提供更高的回报。然而，如前所述，社会保障的收益率之所以低，并不是因为交易成本高或投资策略差，主要是因为现收现付制。通过转向完全基金制，后代人可能会获得更高的回报（尽管不一定是高的风险调整后收益率），但暂时（75年!）征税以为这种转轨融资会降低中间几代人的福利（回报）。如果愿意缴纳这么高的税收，那么社会保障就不会面临严重的资金问题，也不需要考虑私有化这种极端的补救措施。

我们还注意到，信托基金要是投资于股票，可以产生更高的收益率，并且由于能在比较长的时间里平滑收益率，因此相关风险可能远低于私人投资于股市的风险——2008年危机期间这种风险就非常明显。

有人认为，私有化是可取的，因为这会提高国民储蓄率。然而，我们必须认识到，是现收现付制转向完全基金制导致的储蓄增加，并不是这种制度私有化本身导致的储蓄增加。倘若不过渡到私有化制度，而是征收2%的税收，并用这笔资金建立一个更大的信托基金（政府储蓄），那么从短期来看，国民储蓄就会相应增加。

从长期来看，完全基金制社会保障或退休制度下的储蓄率将高于现收现付制下的储蓄率，但它们之间的差额往往被夸大。这是因为，在完全基金制社会保障或退休制度下，老年人在动用储蓄，而年轻人在储蓄。国民储蓄净额正是两者之间的差额。如果经济增长非常缓慢，那么差额可能很小，所以退休储蓄对国民储蓄净额的贡献将会很小。

私有化还面临着一个问题：私人保险市场受到前面讨论的以及第13章所讲的医疗保险问题的制约，特别是对撇脂行为有很强的激励作用。相比之下，公共社会保险制度增加了代际内和代际间有限再分配的机会。

鉴于金融部门具有盘剥金融知识匮乏的人的倾向，又鉴于金融部门缺乏管理风险的能力（它们在2008年危机中的表现就足以说明这一点），以及鉴于社会保障的交易成本低得多，因此，哪怕是社会保障部分私有化，人们现在也没什么兴趣了。

社会保障私有化

优点	缺点
增加储蓄	转向完全基金制社会保障制度也能产生同样的影响。
加强硬预算约束	限制了代际内和代际间进行再分配和风险分担的能力。
提高收益率	交易成本高实际上会降低收益率，而且可能还很明显。 只有高风险才能获得高回报，这会使养老保障陷入危险境地。 转轨需要通过征税来为无资金准备的负债提供资金，降低了转轨期各代人的福利（回报）。 如果人们从事风险过高的投资，他们在老年时可能会成为社会的负担。避免出现这种情况是建立社会保障制度的首要原因之一。

专栏 16.1

国外的社会保障

许多国家的社会保障制度也都问题很多。例如，在许多欧洲国家，社会保障支出不仅比美国高得多，而且增长更快（见下图）。结果，工薪税（就像美国一样，专用于社会保障）很高，例如，荷兰为31%，意大利为33%。在这些国家，这种高税率（特别是考虑到很高的所得税税率）的激励效应备受关注，尽管养老金与缴费同步增加，但激励效应可能非常有限。

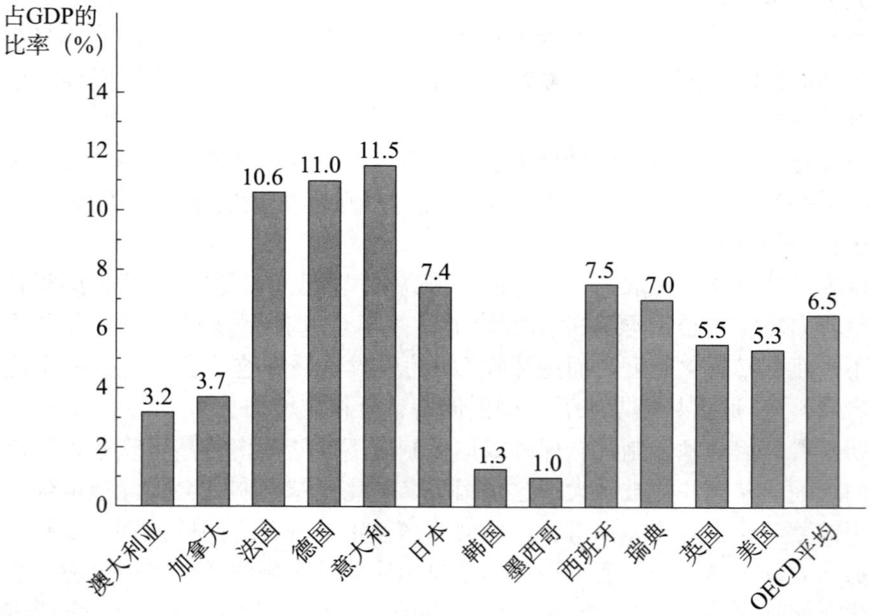

2005 年经合组织国家公共养老金支出

经合组织国家公共养老金支出差异很大。经合组织国家公共养老金支出占 GDP 的比率平均值为 6.5%，美国略低于此。

资料来源："Public and Private Expenditure on Pension," *OECD Factbook 2010: Economic, Environmental and Social Statistics*.

在有些国家，设计不佳的社会保障制度（至少在改革之前），造成了更大的扭曲和预算问题。在乌拉圭，养老金特别与一个人工作的最后几年有关；这些年份申报的收入都很高就不足为奇了。

少数国家已将其社会保障制度私有化。例如，智利于 1981 年实行了私人管理个人账户制度，且自 1990 年以来，其他 10 个拉美国家采用了智利模式。智利早期的私有化制度似乎取得了成功，因为正好赶上了股票高收益期。但当该收益下降时，投资者的热情大大降低，因为投资者开始对高交易成本和高风险有了更充分的理解。人们对大量人员没有被这种新制度所覆盖也感到担忧。多年来，为了解决这些问题，智利对该制度进行了多次完善，最终在 2008 年出台了一项全面改革方案，实行雇主全额负担养老金制度（noncontributory pension），最初针对的是 40%的最穷的养老金领取者，后逐步上升到 60%；纠正性别不平等；鼓励养老基金管理公司之间的竞争；推动养老基金管理公司加强财务风险管理；提高理财素养计划。

尽管智利的私有化改革甚至被认为是成功的，但由于种种原因，智利的经验不可能推广到美国。像美国一样，智利也实行现收现付制；私有化需要为无资金准备的负债（unfunded liability）提供资金。在美国，这些无资金准备的负债总额超过 8 万亿美元。智利可以利用其主要行业之一的铜矿私有化取得的资金，而美国没有这样的意外之财，必须通过征税才能为这种转轨筹措资金。

在 1997 年和 1998 年危及欠发达国家的金融危机期间，人们对社会保障制度私有化的担忧加剧，因为在这期间，这些国家的股票价格暴跌了 30%、50%，甚至更多。要是工人们把大部分退休储蓄都投入股市，他们无疑会变得穷困潦倒。政府的救助可能会随之而来，因此期望私有化至少能部分改善财政状况终成泡影。私有化的倡导者说，有一个简单的答案：欠发达国家的人应该投资于发达国家的股票市场。可是，我们也不断地看到，例如在 2008—2009 年大衰退期间，高收入国家的股票市场也会崩盘。此外，除非有来自其他国家的资金流入，否则私有化的另一个主要优势——增加生产性投资的资金，也将被证明是海市蜃楼。何况，这种政府计划实际上是穷国提供资金来帮助富国，这对于大多数欠发达国家来说无论如何都说不通。

资料来源：N. Barr，P. Diamond，and E. Engel，“Reforming Pensions：Lessons from Economic Theory and Some Policy Directions，with Comment，” *Economía* 11（Fall 2010）：1 - 23；B. E. Kritzer，“Note：Chile's Next Generation Pension Reform，” *Social Security Bulletin* 68（2008）：1 - 22；and S. Borzutzky，“Reforming the Reform：Attempting Social Solidarity and Equity in Chile's Privatized Social Security System，” *Journal of Policy Practice* 11（2012）：77 - 91.

16.5 复习和练习

16.5.1 小结

1. 政府提供社会保险的原因在于，市场不能为人们面临的许多重大风险提供保险。私人保险市场面临许多问题，诸如逆向选择、道德风险、高交易成本以及无法防范社会风险等。

2. 社会保障的另一个重要动机是道德风险问题：如果政府向那些没有为自己的老年生活做准备而陷入贫困的老年人提供大量援助，那么人们就没有足够的动力来为自己的老年生活做准备。

3. 社会保障计划既是一种强制储蓄计划，也是一种保险计划，或是一种转移支付计划。

4. 社会保障计划影响劳动供给（尤其是通过对提前退休的影响）和资本形成（通过对储蓄的影响）。有关这些影响的大小存在争议。

5. 人口出生率和预期寿命、老年人劳动参与率以及生产率增长率等的变化，都导致了社会保障制度的财政困难。

6. 尽管最近几年社会保障计划的一些不公平现象以及导致效率低下的一些因素已得到纠正，但仍存在一些不公平现象，包括在不同情况下对家庭的差别待遇。

7. 要恢复财政维持能力，要么改革养老金制度，比如修正针对生活成本增加的调整、调整养老金计算公式或根据经济状况调查结果确定养老金；要么增加收入，比如对社会保障金征税。其中，许多改革措施都将增进公平和（或）效率。

8. 更为激进的改革包括将一部分社会保障信托基金投资于股票。不过，自 2008 年金融危机以来，私有化建议已经失去了支持。

□ 16.5.2 重要概念

年金	完全基金制	指数化
改进型现收现付制	社会风险	社会保障

□ 16.5.3 练习题

1. 社会保障计划的每一个主要方面（养老保险、遗属保险、残疾人保险），都阐明了市场失灵是导致该计划产生或存在的理由。假设请你设计一个只解决一种市场失灵的计划。如果要求解决尽可能多的市场失灵，请你描述一个取代现行制度的计划，并解释其优缺点。

2. 请列举出社会保障计划提供保险所能防范的风险。在哪些情况下，你认为提供保险会影响投保事件发生的可能性？

3. 社会保障可能会减少储蓄的理论原因是什么？社会保障可能会增加储蓄有什么理论上的原因吗？对利息所得征税为什么会导致延迟退休？在什么情况下这种税是可取的？

4. 请讨论下列最近实施和提出的社会保障制度改革对公平和效率的影响，并酌情从增进公平和效率目标出发，提出替代的改革建议：(1) 改变社会保障金的计算公式，以反映全部缴费，而不仅仅是一定年限的缴费。(2) 残疾保障金的资格标准更加严格。(3) 提高领取社会保障金的资格年龄。(4) 增加延迟退休者的养老金，使他们无论何时退休都能得到预期现值相同的养老金。(5) 65 岁以上的人免缴社会保障税。(6) 降低社会保障金的生活成本调整。

5. 一项要求个人向私人企业购买养老保险的法律，在多大程度上能达到社会保障计划的目的？请讨论这种建议可能遇到的困难，以及需要怎样的法规来避免这些困难。

6. 你认为社会保障金、失业救济金或残疾保障金应像一般所得一样课征所得税吗？

7. 吸烟者不如不吸烟者那样长寿。这意味着吸烟者的社会保障金的预期贴现值远远小于不吸烟者。这不公平吗？社会保障计划应当区分个人或家庭情况的差异吗？

8. 如果人们是风险厌恶者，为什么他们会更关心大额损失？或者说，为什么他们愿意支付的金额大大超过保险损失精算值？这对社会保险的设计意味着什么？

9. 假设有一个叫约翰的人，现年 68 岁，适用的边际税率为 39.6%，没有工资收入。假设如果他赚了 1 美元，他就会损失 50 美分的社会保障金；又假设社会保障金的 85%要纳入其应税所得。(1) 请计算他的总边际税率。(2) 如果他住在加利福尼亚州，州所得税税率为 11%，他的边际税率是多少？(3) 假设他是个体户，必须额外缴纳 15%的个体户税（社会保障税），但他的社会保障金不会增加。这种个体户税的一半可以在计算其所得税的应税所得时扣除。他现在的边际税率是多少？

10. 在一个简单的生命周期模型中，人们的生活可以分为两个时期；人们在第一期工作，为第二期进行储蓄。C_1表示第一期的消费，C_2表示第二期的消费；r 代表利率，w 代表工资。于是有：

$$C_2 = (w - C_1)(1 + r) \tag{1}$$

假设经济没有增长，储蓄用于购买持续一年的资本品，因此有：

$$K = w - C_1 \tag{2}$$

其中，K 为资本存量。经济总量 Q 随着资本存量的增加而增加：

$$Q = F(K) \tag{3}$$

利率是边际资本产量（marginal product of capital）：

$$1 + r = F'(K) \tag{4}$$

工人得到剩余部分：

$$wL = F - KF'(K) \tag{5}$$

其中，L 是劳动供给，为方便起见，我们设定为 1。

人们的劳动供给无弹性，但可以根据等式（1），通过使两期效用函数 $U(C_1, C_2)$ 最大化来决定消费量。

请描述市场均衡。你可能会发现图解很有用。纵轴代表 C_2，横轴代表 C_1。利用等式（1）～（5），画出一个可行的组合。每一个 K 值都对应一个工资值；两个时期的每一个消费值也都对应一个边际替代率，即人们为了换取退休时更多的消费而愿意放弃的工作时的消费量。在均衡状态下，边际替代率等于利率。在可行轨迹上的任何一点上，都可以画出一条斜率等于 $1+r$（这仅取决于 K）的直线，并能画出一条无差异曲线。该可行轨迹的均衡点正是这两条线相切的点。

现在，探讨一下现收现付社会保障制度如何改变这种均衡状态。令 T 代表从年轻人到老年人的转移。现在有：

$$C_2 = (w - T - C_1)(1 + r) + T$$

请说明均衡状态会受到怎样的影响，以及为什么资本存量可能会变小。

第5篇　税收理论

此后两篇内容讲税收。第 5 篇讨论税收的一般理论。第 6 篇比较详细地介绍了美国税制的设计和实施，并从国际比较角度分析了美国税制。

第 17 章阐述了税收的一般原则，第 18 章讨论了谁承担了税收负担，第 19 章探讨了税收对经济效率的影响。第 20 章阐明了如何兼顾公平与效率，第 21 章考察了税制设计中最为重要的一个问题，即如何对资本收益征税。

第 17 章

税收导论

重点问题

1. 良好的税收制度应该具备哪5个关键特征？
2. 税收制度影响经济效率的方式有哪些？
3. 评判什么是“公平的”税收制度有哪些困难？

钱从一个人手中转移到另一个人手中，大多数都是自愿的，而税收则不然，税收具有强制性。第5章中曾表明，由于搭便车问题，公共服务的资金筹措必须具有强制性：如果公共产品的资金筹措不具有强制性，就没有人愿意出资。这一章的讨论还阐明了如何通过强迫为公共产品出资而使所有人的境况都可能会变得更好。

然而，政府强迫人们为公共产品出资的能力，也能迫使人们为特殊利益集团出资：可能迫使一个群体放弃其资源而转移给另一个群体。这种强制转移被比作偷窃，其中的一个主要区别是：政府的转移通过政治程序，披着合法和尊重的外衣。当一个国家的政治程序脱离了群众，并被用于向掌权集团转移资源时，税收和偷窃之间的区别也就变得模糊不清了。

对于美国的缔造者来说，这些问题至关重要。酿成独立战争的反抗通常可追溯到波士顿茶党（Tea Party），而这一事件的根源是人们认为对殖民地征收了不公正的税收。“无代表的征税是暴政”这一口号，是这次革命的中心主题之一。区分税收权的合法使用和非法使用一直都是一个有争议的问题。

17.1 背景

税收与有组织的政府一样古老。《圣经》说，为了再分配和供养神职人员，必须留出十分之一的收成。我们尚不清楚当时的实施机制是什么，《圣经》中也没有说明逃税的程度。公元前300年，中国皇帝就已通过对盐征税获取了相当高的收入。在中世纪，人们直接向其封建领主提供服务，这些服务实际上就是税收，但没有货币化。事实上，奴仆被迫提供这些服务，意味着他们在某种程度上就是奴隶。有人认为，现代税收被**货币化**（monetized）——除了兵役这种特殊情况外，人们被迫提供的不是服务而是货币，不应掩盖这种本质关系。比如，一个人必须将其收入的四分之一交给政府，实际上等于为政府工作了四分之一的时间。

不过，封建捐税与现代税收之间有两个重要的区别。第一，在前一种情况下，没有封建领主的同意，人们不能离开领地；如今，人们则可以选择希望居住的地方，因而可以选择对他们征税的辖区。第二，在领地制度下，人们被迫参加工作；而在现代税制下，人们只是被迫和政府分享他们的劳动所得（或者投资所得）。只要他们愿意少工作，自己也少收获，他们就可以选择少缴税。

在美国，由于担心税收权力被滥用，政府对可能课征的税种施以某些宪法限制。例如，由于南方农业区（美国当时的主要出口地区）担心人口众多的北部地区会征收出口税，迫使南方人承担过多的政府开支，故宪法明令禁止征收这种税。宪法的其他条款试图确保不以歧视的方式征税。例如，统一性条款规定，税收必须统一征收；而分摊条款规定，直接税必须按各州人口进行分配。这种宪法限制被解释为，这意味着政府不能征收所得税，直到 1913 年宪法修正案通过后，联邦政府才开始课征这种税。

对征税的限制反映了美国殖民地在英国政府征歧视性税收情况下的经历。宪法的起草者没有预料到（也不可能预料到）所有形式的歧视性税收。因此，尽管合众国的缔造者试图通过宪法提供保障，但是税收问题成为美国面临的最大的分歧。例如，在 19 世纪初期，关税的争议颇大。[①] 虽然关税增加了收入，但工业品的关税也保护了北方工业区，而南方却不得不为受到保护的商品支付更高的价格。

□ 17.1.1 税种

政府课征的税种非常多。在不同的时期，有对窗户的征税，对豪华游艇的征税，对证券销售的征税，对股息的征税，对资本利得的征税，不一而足。这些税种可分为两大类，即对个人和公司课征的直接税（direct taxes）、对各种商品和服务课征的间接税（indirect taxes）。

在美国，联邦政府有 3 种主要的直接税，分别是个人所得税、为社会保障融资的工薪税（按工资额的固定比例征收）以及对公司净所得额课征的公司所得税。另外一种重要的直接税，即遗产与赠与税，这主要是对一代人给下一代人留下的遗产征收的一种税。由于个人所得税既对工资所得征税，也对资本所得征税，所以，这种税不仅影响劳动供给决策、退休决策、教育决策等，也影响储蓄决策和投资决策。在州和地方层面，还有一种重要的直接税，那就是财产税。

联邦政府的主要间接税是关税（对从国外进口的货物征收的税种）和货物税（对诸如电话服务、航空旅行和奢侈品等商品和服务征收的税种）。许多州和地方政府也征收销售税，这是对几乎所有零售商品的零售总额按单一比例课征的税种。有些州对食品免征销售税，而有些州的免税范围则比较大。有许多国家不是在零售环节征收销售税，而是在每个生产阶段征收增值税——增值额是销售额与购进额（劳动除外）之差。

图 17.1 和图 17.2 显示了 2010 年联邦、州和地方各级政府的收入来源。在联邦政府层面，社会保障缴费和个人所得税合计几乎占收入的五分之四（78.1%），公司所得税占 12.7%。相比之下，所有其他税种都很小。在州和地方政府层面，个人所得税和工薪税合计只占收入的大约七分之一（14.8%），来自联邦政府的转移支付占收入的大约四分之一，财产税和销售税则各占五分之一。

□ 17.1.2 美国税制模式的演变

随着 1913 年宪法第十六修正案的通过，个人所得税得以确立，标志着美国税制结构

① 关税是对进口商品课征的税种。通过提高进口商品的价格，同类商品的国内生产者也能提高价格。这样，关税“保护”了国内生产者。

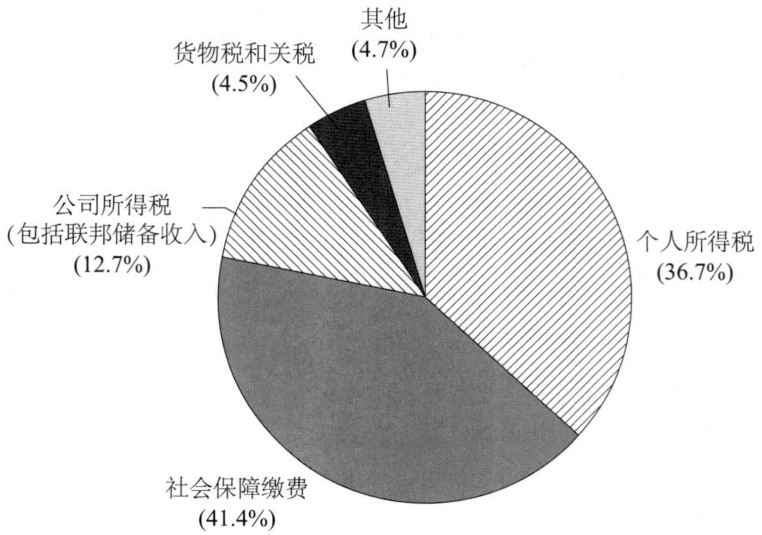

图 17.1　联邦政府收入来源（2010 年，经常收入总额为 23 866 亿美元）

个人所得税和用于社会保险的工薪税占联邦收入的最大一部分。

资料来源：U. S. Department of Commerce，Bureau of Economic Analysis，*National Income and Product Accounts*，Table 3. 2.

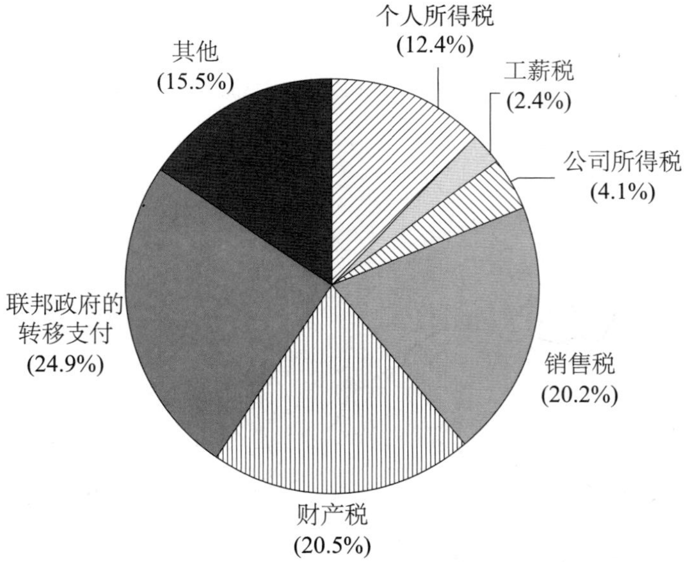

图 17.2　州和地方政府收入来源（2010 年，收入总额为 21 281 亿美元）

销售税、财产税和联邦政府的转移支付在州和地方政府收入中所占比重不相上下，所得税所占比重比较小。

资料来源：U. S. Department of Commerce，Bureau of Economic Analysis，*National Income and Product Accounts*，Table 3. 3.

的一个转折点。在此之前，联邦政府收入的主要来源是货物税和关税。在 20 世纪，这两种税的重要性日益减弱。

图 17.3 显示了各种税的相对重要性的变化。特别是，我们看到：（1）直接对个人课征的税的相对重要性明显上升，间接税的重要性急剧下降；（2）在直接税当中，自 1950

年以来，公司所得税的作用明显下降，而工薪税的作用明显上升。

州和地方政府的税制结构也发生了明显的变化，如图 17.4 所示：对个人所得税和联邦政府转移支付的依赖上升，对财产税的依赖下降。

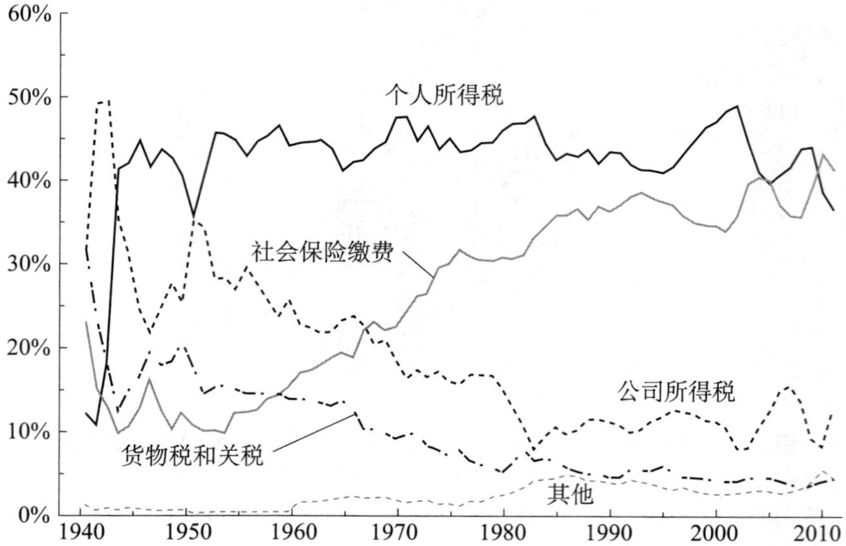

图 17.3 联邦政府收入来源（1940—2010 年）

随着时间的推移，关税、货物税以及公司所得税的重要性降低，而对用于社会保险的工薪税的依赖在上升。

资料来源：U. S. Department of Commerce，Bureau of Economic Analysis，*National Income and Product Accounts*，Table 3. 2.

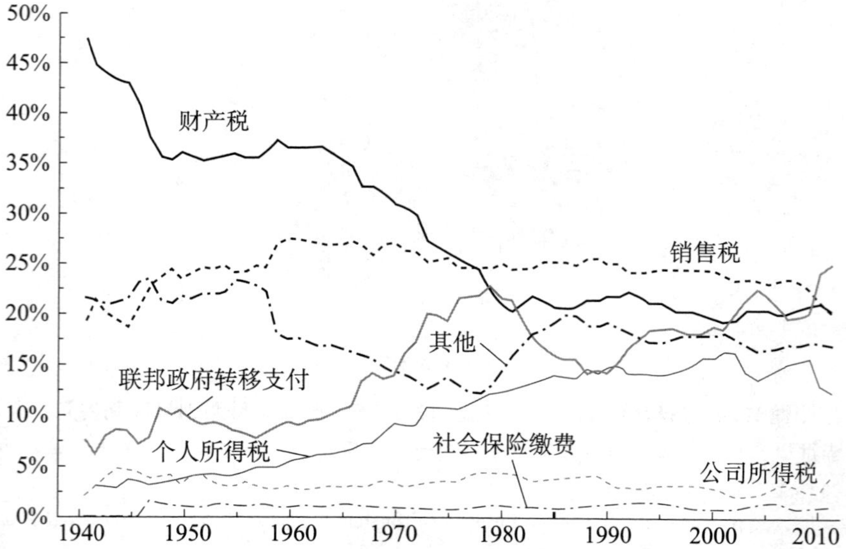

图 17.4 州和地方政府收入来源（1940—2010 年）

在过去的 70 年里，财产税对州和地方政府收入的贡献大幅下降，而所有其他来源的收入（尤其是个人所得税和联邦政府转移支付）的重要性在上升。

资料来源：U. S. Department of Commerce，Bureau of Economic Analysis，*National Income and Product Accounts*，Table 3. 3.

□ 17.1.3 与其他国家的比较

近几十年来，大多数国家都已转向更加依赖增值税。如图 17.5 所示，与其他大多数国家相比，美国和其他国家更加依赖个人所得税，而像智利、墨西哥和土耳其等这些中等收入国家尤其依赖增值税。

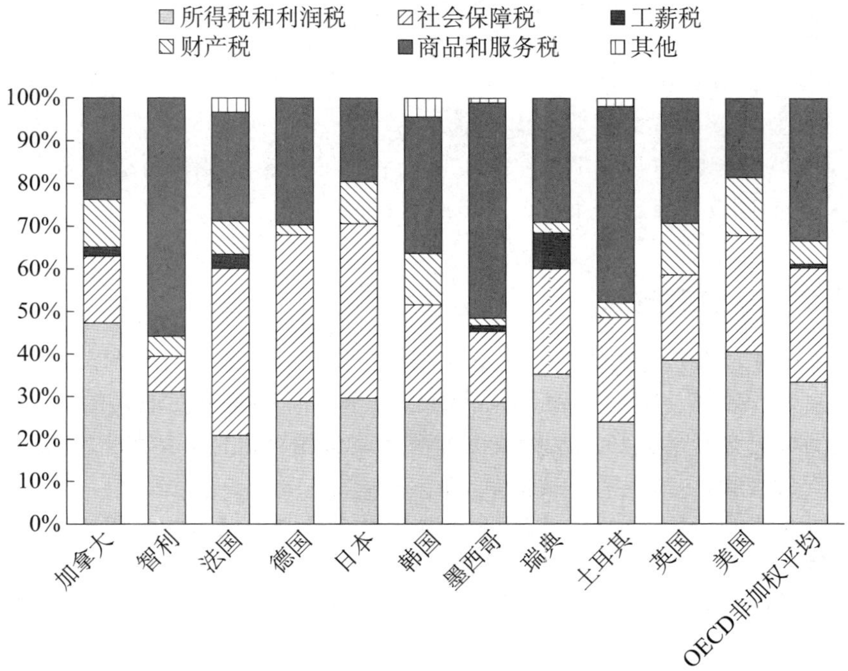

图 17.5 部分国家的收入来源（2009 年）

美国与其他大多数国家相比，前者的所得税和利润税比较重要，后者的商品和服务税占总收入的比例较大。

资料来源：Organization for Economic Cooperation and Development，Centre for Tax Policy and Administration，*Revenue Statistics 1965－2010*（Paris：OECD，2011），Table 6.

17.2 税收制度的五个理想特征

税收不可避免地令人痛苦。毫不奇怪，税制设计一直是一个争议颇大的话题。简单地说，大多数人都希望自己少纳税，而想出很巧妙的论据来解释为什么其他人应该多纳税。政府在决定如何完美地筹措所需收入时，已经找到了一般性原则。“好”税制具备下列五个公认的特征：

1. 经济效率：税制不应影响资源的有效配置。

2. 管理简便：税制应当易于管理，管理成本相对较低。好税制依赖于自觉遵从（self-compliance），因此税制的设计应做到使人们便于遵从、自愿遵从。

3. 灵活性：税制应能够对经济环境的变化迅速做出反应，在某些情况下应能自动做出反应。

4. 透明的政治责任：税制设计应能使人们确切知道他们付出了多少，并能评估税制在多大程度上准确反映了他们的偏好。

5. 公平性：税制应该公平对待不同的人。

在许多发展中国家（甚至一些发达国家），还有一个重要的第六特征，即税制应该具有**“防腐性”**（corruption resistant）（请参阅专栏 17.2“防腐税制”，其中描述了其含义）。

税收原则

- 经济效率：税制不应是扭曲的；如果可能，它应该被用来提高经济效率。
- 管理简便：税制的管理成本和遵从成本都应该比较低。
- 灵活性：税制应能迅速适应变化了的环境。
- 透明的政治责任：税制应当是透明的。
- 公平性：税制应当是也应该被看作是公平的——条件相同的人应该得到相同的待遇，对那些更有能力承担税收负担的人征收更高的税。

□ 17.2.1　经济效率

回想一下，在没有市场失灵的情况下，经济会自动有效地配置资源。市场价格传递出的信息将带来生产效率、交换效率和产品组合效率，而且在不使他人的境况变差的情况下，没有人的境况会变得更好。大多数税种都会改变相对价格。结果，价格信号被扭曲，并且资源配置被改变。

人们始终关注的一个问题是，税制在多大程度上抑制了储蓄和工作、扭曲了消费和生产的决策。例如，美国之所以有大量的阿拉伯马以及其他非常名贵马的品种，是因为税收制度上的一个特殊漏洞。天然气和石油的特殊待遇可能导致过度钻探。铁路货运车厢曾一度成为避税手段，造成其供过于求。

在税收历史上，不时会出现这种扭曲效应的例子。17 世纪的英国征收窗户税，其结果是建造的房子没有窗户。现代英国还有其他一些例子。三轮车虽然可能不太安全，而且比四轮车也便宜不了多少，但课税比后者轻得多。因此，许多人选择三轮车，而非传统的四轮车。由于没有窗户的客货两用车的税收远比有窗户的客货两用车轻，许多人就都想买这种车，尽管他们也不喜欢车后部的黑暗。在美国，活动墙[①]的优惠折旧待遇，鼓励了人们建造具有活动墙的商业办公楼，尽管从没想过要移动它们。虽然活动墙确实具有更大的灵活性，但其隔音效果通常较差。因此，虽然现在没有窗户税，但现代税法仍然影响着建筑结构。

税收的行为效应（behavioral effects）　税收的大多数效率效应都十分微妙，难以评估。所得税通过影响教育的税后收益率，可能会影响到人们接受学校教育的时间长短；由于有些工作的收益有很大一部分来自免税的“福利金”，故所得税可能会影响到工作的选择；所得税可能会影响到一个人是加入劳动力行列，还是留在家里看护孩子；所得税可能会影响到纳税人工作的小时数（如果他对此有决定权）；所得税可能会影响到一个人是否找第二职业以及工作的投入程度；所得税可能会影响到个人储蓄的数量以及储蓄形式（是存入银行账户还是投入股票市场）；所得税可能会影响到一个人的退休年龄以及在 65 岁后他是否还要从事兼职工作。

---

① 纳税人可以从其所得中扣除一定数额，以反映厂房或设备的损耗（或者折旧）。活动墙被视为设备，故可以比固定墙更快折旧，从而使折旧额的贴现值高了很多。

税收的影响不只限于工作、储蓄、教育和消费等决策。虽然关于税收制度对个人决定结婚或离婚的影响程度说法不一，但毫无疑问，这会影响到这些决定的时间安排。例如，美国税法规定，即便婚礼是在12月31日举行的，但整个年度（日历年度）都被视为已婚夫妇。因此，两个都有工作、收入相近的人，在选择是12月份还是1月份结婚时，所得税明显鼓励选择1月份。离婚日期的选择则正好相反。[①] 税收影响风险承担、研发的资源配置以及长期经济增长率。税收不仅影响企业的投资水平，也影响投资的形式，包括机器的耐用性。税收影响国民储蓄用于住房、其他建筑和设备的比例。税收影响自然资源消耗的速度。在我们的经济中，几乎所有重要的资源配置决策都在不同程度上受到税收的影响。

在目前的税率水平下，税收方面的考虑往往是首要考虑的问题；一个人把精力投入于设计更好的项目或更多的生产，似乎还不如用于减少纳税更有利。

税收的财务效应（financial effects） 有时，税收更多影响的是交易形式，而不是交易内容。例如，若不是税收方面的考虑，雇主是给员工钱去让他们自己购买医疗保险，还是替雇员购买医疗保险，可能没有什么实质的区别。但如果考虑到税收，其差别就大了。在前一种情况下，一个人收到的是要纳税的“收入”；在后一种情况下，一个人得到的则是不需要纳税的“福利”。同样，我是直接为退休进行储蓄，还是由我的雇主拿走一些薪水，并投资于（完全基金制）养老金计划，这实际上几乎没有什么区别。然而，税收的影响截然不同，结果促使人们通过养老金计划来储蓄，而不是直接进行储蓄。当然，这些财务效应反过来可能会对经济产生进一步的实际影响：由于对养老金计划有各种限制，雇主的基金投资方式可能与个人的退休储蓄投资方式不同。比如，一般来说，雇主不能投资于高风险的“低于投资级”（below investment grade）的证券。此外，有些人通过其养老金计划而“被迫”进行的储蓄，可能要比他们自己自愿储蓄得多。

同样地，由于股息、资本利得（资产价格上涨）以及利息的税收待遇不同，税制可能会对美国公司的融资结构产生显著影响。例如，企业是通过举债还是发行新股来为额外投资融资，这一决策无疑会受到税制的影响。反过来，这些融资决策也会产生实际影响。与通过发行股票筹集大部分资金的企业相比，债务负担沉重的企业可能不太愿意从事风险较大的项目，更何况在目前经济低迷的情况下，这些企业都有可能破产。

税收的组织效应（organizational effects） 税收影响经济的组织方式。这些组织效应大多都对资源配置产生实际影响，比如对于承担多大风险就有影响。我们的税法在负有限责任的公司与负无限责任的个人和合伙企业之间做了区分。由于负无限责任，投资者投资100美元所遭受的损失可能远远超过他或她所投资的这100美元，因此，在负无限责任的情况下，企业往往很难筹集资金，无限责任企业的管理者可能会以更加厌恶风险的方式行事。通过设计有利于或不利于企业的税收制度，可以鼓励或阻碍企业内部的经济活动，从而改变风险承担的程度和性质。

财务效应和组织效应常常交织在一起。相对于其他金融机构或安排，税收制度可能鼓励或者抑制银行，这可能会导致企业通过银行（而不是通过股票市场或债券市场）筹集更多或更少的资金。这会有很大的差别。例如，最近的研究表明，通过银行筹集更多资金的企业，其投资波动性较小，部分原因是银行能更好地监控企业为什么会发生资金短缺，比

① 已婚夫妇按其合并所得纳税。由于所得税是累进的，所以，低收入配偶的所得适用的税率可能比他（她）单独纳税所适用的税率要高（请参阅第22章）。

如，是因为短期的周期性影响，还是因为管理不善。由于银行能更好地识别问题的本质，当出现周期性经济衰退时，银行能够有效应对，为那些暂时缺少资金的好企业提供资金，并从那些存在根本性弱点的企业抽回资金。相比之下，依靠资本市场筹集资金（发行债券或新股票）的企业，在经济衰退时期更难以生存；它们发现，在这种时候，筹集资金几乎是不可能的或成本是极其高昂的。

在我们的社会中，另一个主要经济组织是家庭。税法既影响家庭的组成，也影响家庭内部的福利分配。例如，税法通常只对公司向家庭（即员工）支付的款项课税，而不对公司内部的消费征税。这样，税法鼓励了“在公司内的”消费——大量的公司配车、昂贵的公司配餐等等。第二次世界大战前，在像美国这样的许多国家，通常是男性外出工作，女性则在家中工作，这样的税收政策明显有歧视效应，有利于外出工作的配偶。

一般均衡效应 对诸如工资或资本收益等征税，会改变经济的均衡状态。对利息征税可能会降低储蓄供给，最终会降低资本存量；这反过来又可能会降低工人的生产率和工资。我们把税收的这些间接影响称为税收的**一般均衡效应**（general equilibrium effect）。

一般均衡效应对收入分配具有重要影响，有时正好与立法的意图背道而驰。对资本课税会减少资本供给，而由此可能会增加资本收益；在某些情况下，这种税收实际上可能会提高不平等程度。

通告效应和资本化 经济不会立即对一种新税做出调整。通常，长期扭曲性要比短期扭曲性大得多，因为经济对新形势的反应更为充分。

但是，税收的一些影响可能在征税之前、发布通告之后就能被感觉到。关于资产的未来税收待遇的通告，会即刻对资产的价值产生影响。例如，如果人们认为某种资产（比如住房）就要被课征较高的税收（比如即将取消住房抵押贷款的利息扣除），那么这种资产的价格可能会明显下降。在通告发布之时，这些资产的所有者就（也许是不公平地）承担了这种税的大部分负担。

正是这些可能相当显著的**通告效应**（announcement effect）或冲击效应（impact effect），产生了“旧税即是好税”的说法。通告效应不仅会带来严重的公平问题，而且对它的预期还会影响资产的供给。例如，关于取消住房抵押贷款利息扣除的讨论，可能会导致人们预期投资于住房等的资本损失会很大，从而对新住房的需求大大减少。

税收的经济影响

行为效应：
- 工作、教育、退休；
- 储蓄、投资、风险承担；
- 精力用于避税而不是创造财富；
- 结婚和离婚。

财务效应：
- 附加福利；
- 企业的财务结构。

组织效应：
- 公司与非公司企业；
- 与财务效应交织在一起（银行、保险与其他金融形式）。

一般均衡效应：

- 通常有重要的间接影响，特别是税基宽的税种，如对工资或利息的征税。

通告效应和资本化：

- 未来对某种资产征税反映在（“资本化于”）通告征税时的资产价格中。

扭曲性税收和非扭曲性税收 任何税收制度都会影响行为。毕竟，政府是从人们的口袋里把钱拿走，我们预期人们会以某种方式对这种收入减少做出反应。当我们说我们希望税收制度没有扭曲性时，显然不意味着我们希望人们一点反应都没有。

当且仅当任何个人或企业无论如何都无法改变应纳税额时，税收才是**非扭曲性的**（nondistortionary）。经济学家把这种非扭曲性税收称为**一次总付税**（lump-sum tax）。个人或企业试图降低应纳税额时通常会产生扭曲。从这个意义上说，美国征收的所有税实际上都是扭曲性的。人头税（head tax），即不论收入或财富多少都要缴纳的一种税，就是一次总付税。取决于不可改变特征（如年龄或性别）的税收，也是一次总付税。由于个人和企业无法规避，一次总付税除了具有减少税后收入的收入效应之外，不会导致行为变化或资源重新配置。

任何对商品课征的税收都是**扭曲性的**（distortionary）：人们只要减少所购商品，就可以改变其应纳税额。任何对收入课征的税收也是扭曲性的：人们只要少工作或少储蓄，就可以减少其应纳税额。

我们在第 19 章将看到，扭曲性税收是无效率的，因为如果政府能用一次总付税取代它们，就可以筹措更多的收入，而不影响人们的福利；或者，政府可以筹集同样多的收入，而增加了人们的福利。

矫正税 到目前为止，我们的讨论一直在强调税收的消极一面：税收制度的设计要避免影响经济效率。然而，回想一下，在市场失灵的情况下，资源的配置一般不会有效率。税收有时能以一种积极的方式来矫正某种市场失灵。正如第 6 章的讨论表明，税收有时可用于矫正外部性。**矫正税**（corrective tax）既能筹集收入，又能提高资源配置效率。美国已经有限地使用了矫正税。对化学工业征收的用于支付清除和处理有毒废物费用的税，可以被视为矫正税。那些认为美国的能源消费过度（因为会造成污染）的人，主张征收能源税，这既能增加收入，又能减少挥霍性能源消费。随着大量使用能源而造成大气中温室气体（例如二氧化碳）的不断累积，人们意识到由此导致的全球变暖的危害并忧心忡忡。

税收与经济效率

- 所有税种都会对行为产生影响（降低支出能力）；人们为避税而采取的行动会产生扭曲，比如一个人少工作就可以减少其应纳税额。
- 一次总付税是一种固定的且不能被个人采取任何行动所改变的税。
- 矫正税通过对污染等负外部性活动征税，既筹集了收入，又提高了经济效率。

专栏 17.1

矫正税和双重红利

矫正税在两个领域赢得了越来越多的支持。第一个是吸烟。认识到吸烟者对其他人造成的成本，包括较高的医疗成本，为下列这种想法奠定了基础，即对香烟课税应该有助于为医疗改革（比如为贫困儿童提供医疗保险）筹措资金。

第二个与空气污染有关。燃烧化石燃料产生的温室气体，会导致全球变暖。碳税能“矫正”这种外部性。克林顿总统在1993年的预算中提出修改碳税，并改称为英热单位税(BTU tax)，因为这是按燃料中的能量来征税。(澳大利亚在2011年通过了这种税，但正当本书付梓之际，澳大利亚保守的自由党和国家党联合政府正在努力废除它。）有些能源，比如燃煤，会产生大量的温室气体，而水力发电不会产生任何温室气体。因此，英热单位税取代碳税并不完美。然而，高能耗行业以及石油、煤炭、天然气等行业，成功地发动了一场反对该税的运动，国会转而通过了将汽油税增加4.3美分。这也被看作一种矫正税——它有助于矫正汽车污染和交通堵塞等造成的外部性。

美国现在仍然没有全国性的碳税，但有些地方政府，比如旧金山湾区空气质量管理区(Bay Area Air Quality Management District)所辖的9个县，已开征了碳税。欧盟在全面开征碳税方面也有类似的问题，但有几个国家已按碳含量征收能源税。

矫正税具有吸引力，因为它们在增加财政收入的同时，还能矫正市场失灵。这样就可以减少通过其他具有扭曲性的方法所筹措的收入。这种税因此而产生了“双重红利”(double dividend)——经济受益于污染的减少以及对扭曲生产的税种的依赖降低。支持矫正税的论点有时可用另一种说法表示：为什么社会要对像储蓄和辛勤工作这样的生产性(“好的”)经济活动课税，而不对像污染这样“坏的”经济活动课税?

□ 17.2.2 管理成本

管理税收制度需要付出巨大成本，包括美国国内收入署运行的直接成本和纳税人承担的间接成本。其中，间接成本又称为遵从成本(compliance costs)，其形式多种多样，包括填纳税申报表所花费的时间成本、记账成本以及聘请会计师和税务师的成本等。密歇根大学的乔尔·斯莱姆罗德(Joel Slemrod)估计，间接成本至少是直接成本的5倍。

税制运行的管理成本取决于若干因素。第一，管理成本取决于不征税的情况下还会有哪些记账。企业为了进行内部管理需要记账：高速计算机的出现大大降低了大型企业的记账成本。因此，税制要求大型企业报告其员工工资收入时所造成的额外负担比较小。在另一种极端情况下，对于许多小企业和雇用家政服务人员的大多数家庭来说，所得税所要求的额外记账和申报负担简直难以承受。1993年，政府允许雇用家政服务人员的人在申报个人所得税时，连同家政服务人员的个人所得税一并申报，但他们仍然要分别向社会保障署申报（为了领取失业保险），还要分别申报州所得税，有时还有地方所得税。

资本利得税所要求的记账特别繁重，因为账本往往需要保存很长时间。实际上，与自有住房课税有关的记账很麻烦，以至于很少有人完全遵守法律。最终在1997年，税法不得不做出修改，几乎对自有住房的所有资本利得免税。

决定税制管理成本的第二个因素是其复杂性。所得税制的大部分管理成本都来自特殊规定。例如，某些类别的支出（比如医疗、慈善、利息等支出）是可以扣除的，但必须要对这些支出进行记账。

不同个人之间的税率差异（有些人适用的税率比较高，而有些人适用的税率比较低）以及不同收入之间的税率差异，导致人们试图将收入“转移”给适用较低税率的家庭成员或“转移”到课税较轻的收入类别。限制这种转移的种种尝试，也说明了当前税收制度的复杂性。

第三，有些收入类别的征税成本比较高。人们普遍认为，资本课税的管理成本比劳动课税的管理成本高得多，部分原因是很难区分收入与资本收益。例如，资本所有者得到的付款可能是“收入”（股息），也可能是“本金”（以前投资资金的偿还），但看上去都是一笔钱。如果税法对这笔付款区别对待，纳税人就会把这笔钱归于不纳税或少纳税的那一类。政府只得做出详细规定，但也只能部分解决这个问题。

同样，对小企业征税（征收每1美元）的管理成本可能远远超过大企业。因此，增值税（增值税的大部分来自大企业，因为大企业的增值额占整个经济的增值额比重很大）的管理成本低于只在无数零售店的最终销售环节课征的销售税的管理成本。

□ 17.2.3 灵活性

经济环境变化需要税率变化。对于某些税制结构来说，做出这些调整很容易；有些税制下的税率调整需要经过广泛的政治争论，而在有些税制结构下，税率自动调整。

自动稳定作用 例如，当经济陷入衰退时，为经济提供必要的刺激，减少税收可能是非常可取的。当价格稳定时，累进的税制结构会起到“自动”的稳定作用。当经济衰退导致收入下降时，平均税率降低，因为人们的收入下降，他们所适用的税率也降低。相反，当收入增加时，平均税率上升。然而，在1981年税率档次指数化（即针对通货膨胀进行调整）之前，在经济陷入衰退但仍存在通货膨胀的滞胀（stagflation）时期，尽管需要较低的税率来推动经济走出衰退，但平均税率上升了。因此，当价格在经济衰退期间上涨时，指数化有助于稳定；在经济扩张和通货膨胀时期，指数化降低了所得税的内在稳定效应。

调整税率的政治难度 当改变税率被认为是可取的时，调整美国所得税的尝试经常会引发激烈的政治争论。在税法极其复杂的情况下，应该调整哪种税率？是所有税率都应该同步提高，还是已承担了过重税收负担的富人或穷人，其适用税率的提高幅度相对小一些？实际上，目前甚至还不清楚如何评估改革议案的公平性。在收入水平不同的情况下，是按等额还是按等比例降低人们的税负更为公平？应当重点关注个人适用的平均税率还是边际税率？如果税制改革降低了单职工家庭的平均税率，但提高了双职工家庭的平均税率，那么，这项改革是否公平？对资本课征的税率是应该降低（以鼓励更多的储蓄）还是应该提高（因为资本所有者更有能力承担此税）？

所得税税率调整的政治难度与财产税调整的政治难度形成了鲜明对比。财产税会受到许多管理问题的困扰，其中最重要的是难以评估各种财产的价值。尽管如此，财产税仍然有一个优势，即税率的年度调整方式很简单——根据提供地方公共服务的收入需要进行调整。

调整速度 最后，为了稳定经济，税制“灵活性”的一个重要方面是时机选择：税法变动（一旦颁布）的实施速度以及资金征收的时滞。如果经济波动很快，时滞可能会限制所得税的经济稳定效果。时滞太长总是存在着这样的危险：正当经济需要减税时，税收却增加了；反之亦然。

□ 17.2.4 透明的政治责任

一种被广泛接受的政治价值观是，政府不应企图蒙骗不知情的公民。就税收而言，这种观点是说，各税种的税收负担应该是清楚、明确的。这些税种被称为**透明税**（transparent tax），而透明度（transparency）越来越被公认为是好政府的一个重要特征。当政府的政策是公开的时，或者说当谁在受益、谁在支付一目了然时，政府的政策才是透明的。[①]根据这种观点，个人所得税是一种良税。

有时，政府好像故意隐瞒其所提供服务的真实成本或成本的真正承担者。例如，人们普遍认为，社会保障税区分为雇主缴纳部分和雇员缴纳部分毫无意义（根据法律，双方各付一半）。雇主只关心员工的总成本，而员工则只关心其税后工资。如果宣布全部税收都由员工承担，而雇主相应地给员工加薪以抵消增加的税收，那么任何人的经济行为都不会受到影响。如果员工们认为他们要承担全部成本，他们对社会保障的态度会改变吗?

在某些情况下，政府几乎故意试图说服人们相信政府的成本低于实际成本。就像企业所发现的那样，相对于"在大约三年半的时间里支付 13 600 美元"这种说法，把成本说成"只要在短短的 40 个月里，每月支付 340 美元"，更容易把车卖出去。政府也是如此，有时也表现出偏爱那些人们无法完全了解政府成本的税制。提倡销售税的一个理由是，与所得税等其他税种相比，人们对销售税的关注度较低。人们从不计算支付给政府的总额——不过，在美国，销售税至少在收据上单独列出来，而欧洲的增值税传统上包含在购进价格中，这使得税收负担更不透明。

路易十四的财政大臣让-巴普蒂斯特·柯尔贝尔（Jean-Baptiste Colbert）写道："征税的艺术就像拔鹅毛，获得最大数量的羽毛而听到最小的叫声。"从这个角度来看，公司所得税可以被认为是一个不错的税种，因为政客们可以声称这是由公司缴纳的。然而，从透明度的角度来看，公司所得税是最糟糕的一种税，因为谁是真正的付税者并不明显。付税者是人而不是机构——最终承担税收负担的人是股东、员工和顾客。

不过，征收公司所得税有一个很好的理由：倘若没有这种税，公司的利润在分配之前就不会被征税。结果，公司就变成了像个人退休账户（individual retirement account，IRA）一样，成为鼓励储蓄的一种免税方式。这是不公平的，并且往往导致经济效率低下，即引发资金保留在公司内，而公司管理层的投资决策也不一定尽如人意。在某些情况下，这个问题可以通过整合公司所得税和个人所得税来解决：将公司的所得归属于股东，要求股东对这笔公司所得就像已分配到手的那样（不管是否真的分配了）缴纳税款。

在实践中，随着全球化的发展，企业在避税上很有一套，比如，声称其利润是在低税辖区取得的。其结果是，公司所得税的税额不断减少（见图 17.3）。例如，从 2009 年到 2012 年，在爱尔兰科克注册的苹果国际运营公司（Apple Operations International），获得了 300 亿美元的海外利润，却没有向爱尔兰、美国或任何其他国家的政府缴纳任何公司所得税。

在政治上负责的税收制度也是税种的变动要通过立法的税收制度，并且政府要直面民众，接受民众对其支出是过多还是过少的评价。在通货膨胀时期，急剧累进的税率（税率随收入增加而上升）与没有经过通货膨胀进行调整的税制相结合，导致政府的实际税收收入（比如占国民收入的比例）增加，就像 1975—1980 年所发生的情形。这种增税根本不是直接立法的结果：实际上，很多人认为，国会不可能同意比如在 1980 年直接增加 10%的税收，而通货膨胀确实有这种效果。

□ 17.2.5 公平性

大多数人对税收制度的批评始于税收制度的不公平。然而，正如我们将要看到的那

① 在最近的一些讨论中，这个词具有特殊含义。非政府组织（nongovernmental organization，NGO）透明国际（Transparency International）专门识别腐败行为和腐败政府。它的观点是，缺乏透明度会导致很多政治腐败。

样，很难精确地定义什么是公平，什么是不公平。公平有两种截然不同的概念，即横向公平和纵向公平。

横向公平　如果在所有相关方面都相同的人受到同等待遇，那么这种税制就是横向公平的。**横向公平**（horizontal equity）原则如此重要，以至于美国将其作为第十四修正案（“平等保护条款”）而写入宪法。因此，在美国，以种族、肤色或者宗教信仰来实行区别对待的税制通常被视为横向不公平（而且违宪）。虽然基本理念非常清楚，但在我们的定义中还有两个含糊的概念：两个人在所有相关方面都相同的意思是什么？两个人受到同等待遇的意思又是什么？

考虑一对在各方面都相同的双胞胎，只是一个喜欢巧克力冰激凌并且只选择巧克力冰激凌，而另一个喜欢香草冰激凌并且只选择香草冰激凌。为了简单起见，我们假定巧克力冰激凌和香草冰激凌的成本完全相同。如果以不同的税率对香草冰激凌和巧克力冰激凌征税，那么，这种税制是以横向公平的方式对待这对双胞胎吗？其中的一个人最终要比另一个人缴纳更多的税，从这个意义上说，这种税收制度似乎是不公平的。但是，这对双胞胎面临着同样的“机会集”（opportunity set）。巧克力冰激凌爱好者可以购买香草冰激凌，如果他想要的话；反之亦然。税制没有歧视，它没有区别对待这两个人。本例这样设计，是为了让我们可以有两种“基本上”相同的商品。然而，在实践中，有很多例子，税制使得具有不同偏好的人受到的待遇不同。比如对烈性酒课征的税较高，相对于那些喜欢喝葡萄酒或啤酒的人来说，这歧视了那些喜欢喝苏格兰威士忌的人；比起那些喜欢在假期出游的人，喜欢在自己的度假屋度假的人得到了优待。

如果说偏好差异是税收制度需要考虑的一个重要的经济差异，那么我们可以说横向公平原则在此并不适用。这对双胞胎并不是在所有相关方面都一样。即使在这种极端情况下，横向公平原则也很快就变得毫无意义，因为没有两个人是完全相同的。那么，什么是可以接受的差异？遗憾的是，在如何回答这个问题上，横向公平原则并没有给我们提供指导。

人们的第一直觉可能是，所有区别都是不可接受的：年龄、性别和婚姻状况都应该是无关紧要的。但事实上，目前我们正是基于年龄（65 岁以上的人可获得额外免税）和婚姻状况（收入相同的两个人，结婚后比结婚前的纳税额要多）进行区分的。国会一直认为，这些区分是必要的。

区分年龄和婚姻状况也许是必要的，因为它们影响人们的纳税能力。然而，如果这些都可作为进行区分的基础，那么还有其他的基础吗？例如，对不同群体征税导致的经济成本变化是区分的合理依据吗？在后面的章节中，我们将看到税制造成的低效率取决于对这种税的反应程度。在有两个职工的家庭中，低工资工人对工资率的敏感度要比高收入工人大得多：所得税可能对次要劳动力有很大的影响，尽管对主要劳动力的劳动供给量几乎没有影响。因此，假如政府希望使税制造成的低效率最小化，那么政府应该对次要劳动力征收较低的税。这公平吗？医疗支出是说明这类困难的另一个例子。收入相同但医疗支出不同的两个人，应该得到相同的待遇吗？医疗支出是出于“自愿的”（例如，做整形手术）还是“必要的”（例如，做心脏搭桥手术）有区别吗？政府对此能分辨出来吗？

下面的例子说明，甚至在定义相同待遇的含义上也存在着困难。假设我们可以认为，职业生涯中获得相同收入的男性和女性在社会保障方面应该获得相同待遇。男性和女性的预期社会保障金总额应该相同还是年度社会保障金应该相同？平均来说，女性的寿命明显比男性长，因此这两项规定会产生不同的结果。如果女性和男性得到的年度社会保障金相同（现实正是如此），那么女性获得的预期社会保障金总额将远远大于男性。许多人认为这是不公平的。

纵向公平 横向公平原则说的是，基本相同的人应该受到相同的待遇，**纵向公平**（vertical equity）原则说的是，纳税能力强的人应该缴纳更多的税。这里有三个问题：（1）确定原则上谁应该支付较高的税率；（2）贯彻这一原则，即按照这一原则制定税法；（3）如果有人有能力支付更高的税率，则决定此人应该比他人多缴纳多少。

收入作为税基 收入是最广泛使用的税基；政府和政策制定者普遍认为，收入是衡量纳税能力的良好指标。收入高的人，纳税能力强，因此就应该缴纳更多的税。正如我们已经说过的那样，要确定多缴纳多少，这是一个相当难的问题。人们普遍认为，收入高的人，不仅应该缴纳更多的税，而且应该以更高的比例纳税，也就是说，税收应该是累进的。然而，值得注意的是，富人虽然缴纳的绝对税额比较多，但其纳税额占收入的比例可能比较低（即税收可能是累退的）。

在 20 世纪之前，政府主要依靠间接税（关税和对特定奢侈品征收的税）取得收入。只有当政府发挥更广泛的作用、需要更多的收入时，政府才诉诸宽税基，特别是所得税。除此之外，所得税似乎能实现高度累进性，且能避免对不同商品课征多种税而造成的扭曲。如今，在世界的许多地方，所得税已经变成一个不那么重要的收入来源，增值税或取而代之或作为其补充。增值税只对消费课税，不对储蓄或投资征税，且一般不是累进的。①

此外，即使可以征收累进性消费税，但只对消费征税也有一种担忧：要是在国外消费，那么大部分消费，尤其是那些非常富有的人的消费，可能会逃避税收。

消费作为税基 反对以收入作为公平课税基础的最有力的论据之一是，收入相当于一个人对社会的贡献，即一个人的经济产出的价值。基于人们从社会中获得的而不是对社会的贡献（也就是说基于消费而不是收入）来征税，不是更公平吗？

收入和消费的差额即为储蓄。② 也就是说，收入（Y）或者用于消费（C），或者用于储蓄（S），即：

$$C+S=Y \text{ 或者 } C=Y-S$$

因此，一个主要问题是，储蓄是否应该免税。可以证明，这等同于下列问题，即储蓄的收益（利息、股息和资本利得）是否应该免税。下面的例子再次说明了相互冲突的公平观。

考虑另一对相同的孪生姐妹，我们分别把她们称为“谨慎”和“轻率”。她们一生的工资相同。但是，“谨慎”在一生中储蓄了 20%的工资，到她退休时积累了可观的养老储蓄。相反，“轻率”总是把她的收入花光，当她退休时就申请福利。在现行的税收制度下，“谨慎”比“轻率”缴纳的税收多得多（因为“谨慎”必须对她赚取的储蓄利息纳税），但得到的政府福利很少。

“谨慎”认为，现行税制是不公平的，因为她们的经济机会实际上是相同的。正因为她们的机会是相同的，所以她认为她们的纳税能力实际上是相同的，应该缴纳同样多的税。她问道：“如果我姐姐不选择自己帮自己，政府难道要我成为姐姐的守护者吗？”以额外征税惩罚“谨慎”，却奖励她拥有高生活水平的姐姐，这公平吗？她的姐姐回答说，过

① 有时，各国也通过对在穷人的支出中占较大比例的食品和其他商品予以免税或课征低税率，从而使其具有某种程度的累进性；与此同时，一些像国际旅游这样的支出，在富人的支出中占较大比例，也可以逃避税收。

② 我们可以把遗产和赠与视为消费与所得的特殊形式。

去两个人是一样的，随着退休的临近，她们的收入有所不同。事实上，“谨慎”的收入大大超过了“轻率”，因此“谨慎”更有纳税能力来支持政府（和她的姐姐）。

一生收入作为税基 消费和收入作为税基的区别可能不像有时所描述的那么明显。真正的问题可能是作为税基的适当时间单位。有一种观点得到越来越多的支持，即适当的税基应该是一生的收入，而不是一年的收入。一生收入被定义为个人工资收入的贴现值。

回顾一下第 11 章的内容，在那里讨论了发生在不同时期的项目的收益（和成本）加总问题。我们认为，下一期的 1 美元不如本期的 1 美元值钱。如果我们本期收到 1 美元，把它放在银行，下一期可以得到 $(1+r)$ 美元，其中 r 是利率。如果 r 为 10%，那么下一期我们就会有 1.10 美元。这样，本期的 1 美元和下一期的 1.10 美元没有区别。因此，我们说，下一期的 1.10 美元的贴现值是 1 美元。也就是说，我们给未来的收入打折扣，因为它们更不值钱。如果一个人存活两期，第一期收到的工资是 w_0，第二期是 w_1，他的收入的贴现值 Y^* 是：

$$Y^* = w_0 + \frac{w_1}{1+r}$$

当然，一个人一生消费的贴现值一定等于其收入的贴现值（不考虑遗产）。也就是说，如果 c_0 是他第一期的消费，而 c_1 是第二期的消费①，则：

$$Y^* = c_0 + \frac{c_1}{1+r}$$

由此可见，如果我们认为正确的税基是一个人一生的收入，就等于相信正确的税基是一个人一生的消费。②

认为应当基于一生收入或一生消费来征税，就意味着如果两个人的一生收入或消费相同，那么他们应该缴纳相同的税（贴现值），而不管他们一生的收入或消费的格局如何。至于他们什么时候纳税，则取决于税制的设计。③

请注意，以一生收入作为税基有一种强烈的暗示，那就是利息收入应当免税。消费税相当于一生所得税，反过来这相当于只对工资课税。尽管许多人认为前两种税基很有道理，但他们觉得第三种税基难以接受，即使他们知道与其他税基是等价的。为什么赚取利

① 为了证实这一点，假设一个人在第一期的消费金额小于他的工资收入，那么他的储蓄就是 (w_0-c_0)。在下一期，他的工资收入加上储蓄可用于消费，即：

$$c_1 = w_1 + (w_0 - c_0)(1+r)$$

我们可以将各项重新整理，得到：

$$c_1 + c_0(1+r) = w_1 + w_0(1+r)$$

两边除以 $(1+r)$，就可以得到想要的结果。

② 这个分析受到许多条件的限制。首先，在有遗产的情况下，个人消费的贴现值可能大于或者小于一生收入。虽然对于大多数人来说遗产相对较少（从而完全可以忽略），但对于非常富有的人来说，它们显得十分突出。“应该”如何处理它们将在第 21 章讨论。

这个分析也忽略了不确定性。虽然根据定义（忽略遗产），一生收入等于一生消费，但面临较大的未投保风险（例如，与工资变动有关的风险）的人，可能比一个预期收入相同但没有风险的人的境况要糟；可是，在消费（或一生收入）税下，他们都向政府缴纳相同的税款。这公平吗？在税制设计中，是否有“公平”的方式来反映这些风险？到目前为止，这个问题还没有得到足够的重视。

③ 在按比例征税的情况下，最容易看出这一点。这种税可以对工资课征，在这种情况下，当人们赚取工资收入时纳税；这种税也可以对消费课征，在这种情况下，当人们消费商品时纳税。

该分析忽略了资本市场不完善所带来的问题，比如不存在人们可以借贷的单一利率。

息收入的人应该免税呢？[1]

对收入作为税基的批评 有人批评把收入作为税基，认为不论是收入（一生收入或一年收入）还是消费都不是公平的税基。他们的推理如下例所示。假设乔·史密斯和他的孪生兄弟吉姆具有相同的能力，得到相同的教育。乔决定找一份高中经济学教师的工作。他每天授课 6 小时，其余时间都用于钓鱼、游泳和帆船运动。他非常快乐。毫不奇怪，他的薪水很低。吉姆成为一名经济顾问。他每周工作 70 小时，没有时间去钓鱼、游泳或参加帆船运动。他们的经济机会集（他们本来能做的）是完全相同的（即吉姆和乔有相同的赚钱能力），但是他们做出了不同的选择。一个人收入高，一个人收入低。吉姆应该比乔缴纳高得多的税，这公平吗？乔认为，作为公平税基的不是经济机会，而是人们利用社会所提供的任何机会的程度——简而言之，实际收入是适当的税基。但吉姆认为，重要的不是实际收入，而是赚钱的能力。

问题在于，即使人们接受了吉姆的观点，政府也无法准确评估个人的机会集。工资率也许是一个比收入更好的指标，但即便如此，工资也会受到个人选择的影响（例如，工作的努力程度，或是否接受高风险工作）。此外，在许多工作中，工资不仅难以测算，而且更难以核实。我们可能知道一个人得到了多少收入，但通常很难知晓他工作了多少个小时，特别是那些不需要打考勤卡的工作。

在实践中，政府一般都以收入或消费作为税基，尽管它们无论是作为衡量纳税能力的指标还是作为衡量个人境况的指标都是有缺陷的。

受益说 我们之前就曾指出，以消费作为税基是适当的，其理由之一是，根据人们从经济体系中所拿走的征税，似乎更公平。一些经济学家进一步认为，人们从公共服务中得到的利益应当与向政府的纳税成正比。公共服务的收费原则应该类似于私人服务的收费原则，而税收则可视为对提供公共服务的“收费”。

在某些情况下，明显采用了**受益说**（benefit approach），比如对使用桥梁和收费公路的收费（征税）。用燃油税为道路筹资，就可以视作把受益（用燃油消费来衡量对道路的使用程度）与税收联系起来的一种简单机制。

在大多数情况下，经济学家之所以对税收的受益说不太感兴趣，在很大程度上是因为无法确定不同个体所获得的利益的大小。我们都或多或少地得益于国防支出，但如何在我们之间按比例分配这种利益？就许多类别的支出来说，利益的评估基本上是不可能的。另一个反对受益税的意见是，当受益税与使用有关时，它们具有扭曲性。对公共设施（例如桥梁）的使用征税，可能会抑制对这种公共设施的使用，从而导致资源配置的效率低下。

在可能的情况下征收受益税，常常会出现公平与效率的权衡取舍。在没有受益税的情况下，不可能让那些受益于公共设施（例如桥梁）的人承担费用；如果这座桥梁是通过一般收入筹资的，那么没有使用这座桥梁（但通过税收做出了贡献）的人的境况变得更糟。对他们来说，他们要补贴使用这座桥梁的人，这似乎不公平。

其他税基 纵向公平原则是说，境况好的或者纳税能力强的人，应该向政府缴纳更多的税。而横向公平原则是说，境况相同（具有相同的纳税能力）的人，应该向政府缴纳相同的税。我们对这两个原则的讨论一直都集中在下列难点上，即难以确定一个人是否比另

---

① 我们说过，只有在没有遗产的情况下，这种等价关系才成立。有人可能会说，从继承的资产所获得的利息应该得到不同的待遇。事实上，根据美国现行法律，个人一生的大部分储蓄（退休储蓄、住房投资）所产生的收益都不用纳税。

一个人的境况更好，或一个人是否比另一个人的纳税能力更强。针对不同人的情况千差万别，我们应该如何进行调整？

下面列举三个例子，在每一个例子中，现行税法都针对不同的情况做了一些调整，但这些调整是否适当，存在着一些争议。

第一个例子与健康有关。显然，有 10 000 美元收入的病人不同于有同样收入的健康人。大部分人都会说，在其他条件都相同的情况下，生病的人境况不如健康的人。然而，生病或健康并不总是容易观察到。因此，税法很难针对健康状况做出调整。不过，有一种替代办法，即医疗支出。一般来说，医疗费用较多的人，其境况不如没有医疗费用的人。现行税法的确有规定，超过个人收入 10%的医疗费用可以扣除。

第二个例子与婚姻有关。结婚的人境况不同于没有结婚的人。例如，社会学家的调查表明，已婚男性比未婚男性更幸福。不管这样的证据有多大的可信度，但事实是，已婚男性的寿命确实更长，而且平均来说，他们的健康状况更佳。这意味着，拥有一定收入的已婚男性比拥有同样收入的未婚男性的境况要好。纵向公平原则是否意味着已婚男性应该缴纳更高的税？当夫妇的收入相同时，现行税制确实歧视已婚人士（尽管可能不是因为刚刚给出的理由），而婚姻可能会降低收入迥异的男性和女性的税收。

第三个例子与儿童的税收待遇有关。以两对收入相同的夫妇为例。这两对夫妇都想要两个孩子，其中一对不能生育，另一对有两个孩子。很明显，有两个孩子的夫妇比没有生育的夫妇的境况要好。即使考虑到抚养孩子的额外成本，有子女的夫妇也不会和另一对调换位置。境况好的人应该缴纳更多的税这一原则表明，有孩子的夫妇应该缴纳更多的税，而事实上，税法的事实结果是，有孩子的夫妇缴纳了较低的税。税法似乎并没有考虑他们的这种“幸福”，只是看到了他们的纳税能力，并且税法认为因为有了孩子，他们就会面临额外的费用，因此他们的纳税能力下降。

到目前为止的分析表明，虽然纵向公平原则和横向公平原则乍一看似乎为设计公平的税制提供了“合理”基础，但实际上，它们的作用很有限。有待回答的难题包括：我们如何判断哪一个人的境况更好，或者哪一个人的纳税能力更强？我们所说的平等对待是什么意思？此外，纵向公平原则也没有告诉我们境况更好的人应该向政府多缴纳多少税，它只是告诉我们他应该多交税。

鉴于这些困难，经济学家们一直在寻找其他原则，根据这些原则来选择不同的税制。

公平

横向公平：相同（或经济状况基本相似）的人应该得到相同的待遇，缴纳相同的税收。

关键问题：哪些差异是重要的？

纵向公平：纳税能力更强的人、境况更好的人、从政府服务中受益更多的人，应该缴纳更多的税。

关键问题：税基是什么？

如何衡量“纳税能力”、“受益”或“经济福利”？

那些被认为境况更好的人，应该多缴纳多少税？

- 收入是最为常用的税基，但该指标在衡量纳税能力和经济福利方面都是间接的和不完美的。

● 消费可能“较为公平”——它衡量的是一个人从社会中拿走了多少而不是对社会贡献了多少。

● 一生消费相当于一生收入。相比于一年收入，一生收入作为税基更为公平（能更好地衡量总体纳税能力或福利）。

● 一生消费（或收入）作为衡量纳税能力的指标具有缺陷：它伤害的是努力工作的人而非享受休闲的人，这是不公平的，而且它也不是衡量一个人的机会集的真正指标。

● 受益税因利益难以衡量而受阻（特别是对于纯公共产品）。

● 考虑到健康、婚姻状况和有无孩子等方面的差异，对于收入作为税基应做出哪些公平的调整？

专栏 17.2

防腐税制

关于各种税收制度的评估，我们已经描述了一些关键标准。在许多试图建立有效税收制度的发展中国家，还有一件事值得关注，即腐败。

腐败的形式多种多样。例如，贿赂政府官员，将进口商品归类为低税商品，或对某些收入视而不见。税务部门可能利用其职权向纳税人勒索钱财——要是得不到好处，就说纳税人的收入高（甚至超过了他们的实际收入）。在美国，腐败通常不会表现为收受现金，而是在立法过程中，议员们收到大量竞选捐款，以换取特殊的立法——越野车可以当作卡车而不是轿车来对待；赛车场可能获得特殊利益。

近年来，经济学家们提出了这样的问题：有没有更能防止腐败的税制？有没有更容易引发腐败的税制？

商品种类不同（比如轿车与卡车）税收待遇不同的税收制度比较容易引发腐败现象，而征税对象比较容易被第三方核查的税制则可以很好地防止腐败发生。对每辆汽车从量征税比从价征税具有更强的防腐性，因为很容易计算出汽车的数量，但很难核实汽车的价值。由于大多数汽车都是用贷款购买的，所以汽车公司能以较便宜的价格出售汽车，但用贷款的高额利润来弥补这一损失。税务部门必须对是否存在欺诈行为做出判断，这也打开了腐败之门；而腐败可以采取竞选捐款的形式，以所谓的正当方式得到明文规定。税率也很重要：50%的所得税或25%的销售税可能会增加人们的逃税动机——这可能值得冒险。

这些例子表明，权衡取舍无时不在。让税务人员拥有相当大的自由裁量权且复杂的、不透明的税率很高的税收制度是腐败的温床。简单的、透明的并建立在规则之上的较低税率的税收制度更具有防腐性，但可能不足以实现正文中所列的其他目标。

此外，税法的执行也会影响腐败的程度。税务人员的工作岗位和工作地点的不断轮换，使得特定纳税人和特定政府官员之间难以形成密切联系，业已证明这是减少腐败的一种有效方法。利用计算机系统和相关信息技术，更容易监控纳税人和税务人员的行为，及时发现不法行为。要求纳税人利用银行系统进行纳税，是使税制具有防腐性的另一种方法，因为这使得税务人员不用经手纳税人的现金纳税。税务人员的薪酬足够高是解决腐败问题的第三种方法——这有助于防止系统性贪腐，因为税务人员不必用这种办法取得收入来贴补家用。不过，使税收制度具有防腐性的最强有力的税务管理良策是，在构建便于纳税人纳税且易于管理的简单税制的同时，要让纳税人深信，如果不遵从税法就会受到严厉制裁。

17.3 税制选择的一般框架

我们针对不同税基提出的公平和效率问题，可以整合到一个一般框架之中，这基本上是标准的福利经济学的一个应用。我们首先考虑效率（考虑到征收一种税所造成的扭曲和所用的资源、管理成本和遵从成本）。我们首先明确**帕累托效率税制**（Pareto efficient tax system），即在政府拥有既定工具和信息的情况下，没有人能在不使他人境况变差的前提下改善其自身境况的税制。然后，我们利用社会福利函数（即社会对不同个人福利的态度加总），在各种可能的帕累托效率税制中做出选择。

这种方法的优点在于，它将效率考量与价值判断分开。几乎所有人都会同意，能让每个人的境况都变好（或者有些人变好但没有人变差）的税制就应该被采用。但是通常没有一个可供选择的税制比其他税制更好。在某种税制下，穷人的境况可能变好，而富人的境况可能变差；但是，穷人的收益大到足以弥补富人的损失就是合理的吗？答案取决于价值判断，而理性的人对此的回答可能各不相同。

我们在第 7 章讲到，经济学家利用了两种特殊的社会福利函数，即功利主义社会福利函数（社会福利等于所有人的效用总和）和罗尔斯社会福利函数（社会福利等于境况最差的人的效用）。有了这些社会福利函数，我们不仅可以说随着收入的增加税收应增加多少，而且可以说（比如）是否以及在什么情况下应允许扣除医疗费用。[①] 我们现在就简要探讨一下这两种社会福利函数对税制设计的含义。

17.3.1 功利主义

传统上，功利主义被认为是累进课税（对富人课征的税率高于穷人）的理由。根据功利主义，税收应当使所有人的边际收入效用（从一个人身上拿走 1 美元的效用损失）都相同。[②] 如果吉姆的边际收入效用大于乔，那么吉姆的税收减少 1 美元，乔的税收增加 1 美元，总效用（社会福利）就会增加，因为吉姆增加的效用大于乔损失的效用。由于拿走富人的 1 美元比拿走穷人的 1 美元造成的福利损失小，故功利主义似乎为累进课税提供了依据。

可是，这一论点没有考虑到人们的收入取决于他们的工作（努力），而对那些收入越多的人征税越多，这可能会导致他们减少工作（努力）。因此，提高税率实际上可能会减少政府的税收收入，或政府每征收 1 美元给个人造成的边际效用损失可能很大。换句话说，早先的论点假设收入不会受征税的影响，而现在则普遍认为收入一般会受征税的影响。当收入受征税影响时，功利主义要求我们对税收增加造成的效用损失与增加的税收收入进行比较。我们要求效用的变化除以税收收入的变化对于所有人来说都是相同的。如果某个群体的劳动供给非常富有弹性（也就是说，他们会由于税率提高而大大降低劳动供给），那么提高对该群体课征的所得税税率，不会增加多少税收收入，所以他们不应该被课以重税。

---

① 为了应用功利主义（或者罗尔斯主义），我们必须像第 7 章所指出的那样，要做出一些额外假设。通常假设所有人都有相同的效用函数（在每种收入水平上，所有人从额外 1 美元中得到的收益相等），而且他们的收益呈现递减趋势（在收入水平不断提高的情况下，额外 1 美元的价值会越来越低）。

② 因此，根据功利主义，税收与一个人从税收融资的支出中得到的利益或经济福利没有直接关系，而是与额外 1 美元收入的边际收益直接相关。

功利主义也曾被认为是横向公平原则的基础。如果每个人都有相同的效用函数，那么，收入相同的人应该被课以相同的税。假设某个人适用的税率高于另一个收入相同的人适用的税率。由于边际效用递减，此人的边际收入效用会比另一个人高。增加对适用低税率的人征税对此人造成的效用损失小于降低对适用高税率的人征税所增加的效用。如果收入不受影响，这个论点是正确的；如果收入受影响，这个论点可能不成立。[①]

功利主义可能意味着横向不公平。借用失事船船员发生的故事，这种观点也许能得到充分说明。只要不管其中一人，船上的食品就可保障其他船员生存下来。因此，公平将意味着所有人都得饿死——从功利主义的角度来看，这种情况显然比只饿死一人更糟糕。

□ 17.3.2　罗尔斯社会福利函数

一些经济学家和哲学家认为，功利主义观够不上平等主义，它对不平等的关注不够。在第 7 章中我们讨论了约翰·罗尔斯的观点，即社会应该只关心境况最差的人的福利，税收制度（以及其他社会政策）的设计应当能使这种人的福利最大化。罗尔斯社会福利函数（能使境况最差的人的福利最大化）具有一些直截了当的税收政策含义，即把除了境况最差者之外的所有人适用的税率提高到能使税收收入最大化的程度。这不一定意味着非常富有的人要被课征其收入 80%或 90%的税收，甚至也不意味着边际税率应当总是随着收入的增加而提高。可以说，高收入者的劳动供给比中等收入者的劳动供给对税率更加敏感。（从实证上看，情况似乎并非如此，而且罗尔斯社会福利函数的确表明最高税率很高。）

有人认为，即使是罗尔斯标准也不是完全的平等主义。假设有这样一种政策变化，它使境况最差的人稍微变好，而使最富有的 5%的人口变得更好。根据罗尔斯的观点，这是可取的变化——罗尔斯只关注境况最差的人。然而，有人会说，不公平本身就是社会弊端，或者会造成社会弊端。例如，财富水平的差异可能会造成社会矛盾。在许多政治环境中，商品的不平等导致了政治权力的不平等，最终常常以牺牲穷人的利益为代价来增加富人的利益。

思考税制的一般框架

帕累托效率税制：在税收收入目标既定的情况下，不使别人的境况变差就没有人的境况能够变好的税制结构。帕累托效率税制结构的选择，取决于反映在社会福利函数中的价值观。

功利主义福利函数：选择能使人们的效用之和最大化的帕累托效率税制结构；对于所有人而言，征收每 1 美元税收收入的边际效用损失都必须是相同的。

罗尔斯社会福利函数：选择能使境况最差者的效用最大化的帕累托效率税制结构。

社会福利函数方法的局限性　尽管经济学家们发现，社会福利函数对于思考税制设计的权衡取舍非常有用，但纳税能力等有关原则的基本问题依然存在（虽然从表面上往往看不出来）。除了某些特征之外，比如他们的工资或获得的遗产，如果每个人都是一样的，那么他们得到相同待遇似乎是合理的；根据功利主义观点，我们可以简单地加总他们的

---

① 可以证明，在合理的条件下，功利主义要求扭曲性税收对看上去基本相同的人予以不同的待遇。有关这种观点的数学论证，请参阅 J. E. Stiglitz，“Utilitarianism and Horizontal Equity: The Case for Random Taxation,” *Journal of Public Economics* 21 (1982): 257 - 294。另见 D. L. Brito et al.，“Randomization in Optimal Tax Schedules,” *Journal of Public Economics* 56, no. 2 (February 1995): 189 - 223。

"效用"。但是，人与人之间确实千差万别；有些人需要即刻得到满足，而有些人则喜欢"放长线钓大鱼"。社会福利函数方法告诉我们，在选择税制结构时，我们应当能使所有人的效用变化与税收收入变化之比相等。然而，它并没有告诉我们如何比较"败家子"与"吝啬鬼"之间的效用①，而实际上设计税制结构需要做出这样的判断。

经济学家能为公平讨论做出什么贡献 虽然经济学家（或者哲学家）尚未解决判断公平的基础是什么这一基本问题，但仍然有很多可以说。例如，重要的是要能够描述任何税收的全部后果，而这几乎不可能用每个人直接缴纳的税额来描述。我们可以尝试描述不同的税制设计对不同的群体产生怎样的影响。在任何税制下，不管怎样合理的公平概念，总有某些群体缴纳的税收似乎比其应承担的公平份额要低。于是，我们要问，他们的待遇为何不同？若要公平地对待他们，也许就需要在税法中引入其他的甚至更加不公平的东西。税制必须基于可观测变量，诸如收入或支出。正如我们前面提到的，在我们更为一般性的哲学讨论中涉及的许多概念，诸如福利，往往不能直接衡量，甚至收入也没有乍看起来那么明确。因此，在我们的税收制度中，许多明显的不公平之处只是难以把看似明确的概念转化为税法所要求的精准语言所致。

在其他情况下，通过仔细考察税法的不同条款以及这些条款的变化对不同群体产生怎样的影响，我们就可以了解为什么一个群体可能声称有些条款是不公平的，而另一个群体则说改变这些条款才是不公平的。我们可以尝试区分为两种情况：一种情况是，"公平"仅仅被用来掩盖一个群体对自身利益的追求；另一种情况是，一些合理的道德观或哲学观是人们诉求的基础。

17.4 复习和练习

17.4.1 小结

1. 良好的税收制度应该具备以下五个特征：经济效率；管理简便；灵活性；透明的政治责任性；公平性。税收制度也应具有防腐性。

2. 为了避免或减少纳税而改变行为，便产生了税收扭曲。除了一次总付税外，所有税收都会造成扭曲。税收影响所有市场决策，包括劳动供给和储蓄决策，并且影响融资结构和组织结构。对资产未来收益课征的税收，通常在宣布征税时资本化为该资产的价值。

3. 公平的两个主要方面是横向公平和纵向公平。

4. 横向公平原则（要求相同的人缴纳相同的税）的一个核心问题是，要确定将人们归为相同的人的标准。

5. 纵向公平原则是指，那些更有能力纳税或拥有更高福利的人应该缴纳更多的税。收入是衡量人们纳税能力或经济福利的最常用指标，但该指标有缺陷。有人认为，消费是更好的税基。对一生消费征税相当于对一生收入征税，而且两者都被普遍视为优于对年度收入征税。针对比如健康、婚姻状况或儿童等方面的差异应如何进行调整，则是一些难以解决的问题。

6. 帕累托效率税制是在政府拥有既定工具和信息的情况下，没有人能在不使他人境况变差的前提下改善其自身境况的税制。

---

① 请回忆一下第 7 章关于人际效用比较问题的讨论。

7. 功利主义观点认为，所选择的税收制度应当使效用总和最大化。罗尔斯的观点认为，所选择的税收制度应当使境况最差的人的福利最大化。

□ 17.4.2 重要概念

通告效应	受益说	矫正税
防腐性	扭曲性税收	一般均衡效应
横向公平	一次总付税	货币化税收
非扭曲性税收	帕累托效率税制	透明税
纵向公平		

□ 17.4.3 练习题

1. 请讨论下列情况对你关于儿童税收待遇的看法会产生怎样的影响：(1) 是住在人口稠密的国家还是住在人口稀少的国家；(2) 把儿童看作一种消费品（对其父母来说），就像其他消费品一样。请从效率和公平角度进行讨论。

2. 在累进税收制度下，夫妻的收入是合并在一起纳税还是单独纳税，会有很大差异。请从公平和效率角度讨论家庭的税收待遇。

3. 功利主义是否一定意味着税收制度应该是累进的？

4. 假设一个人失去一条腿，但安装了假肢，赚钱的能力和以前一样。根据下列情况判断他与没有失去一条腿的类似的人在纳税上有何不同：(1) 功利主义；(2) 罗尔斯社会福利函数；(3) 假设你认为纳税能力作为征税依据是适当的。

5. 政府通过了一系列立法，旨在确保企业不会因消费者信息有限而欺骗消费者。"诚信征税"(truth in taxation) 法意味着什么？这样的法律有什么优点和问题？

6. "由于除了医疗之外，老年人的需求通常没有有小孩的年轻人那么大，如果政府向老年人提供了免费医疗服务，那么就应该同时对老年人课征较高的所得税税率。"请从公平和效率角度讨论这样做的后果（考虑各种公平观）。

7. 假设已婚女性的劳动供给对税后工资非常敏感（即很有弹性），而男性的劳动供给则不然。政府建议将已婚女性的所得税税率降低 5%，并将已婚男性的所得税税率提高 15%。这一税收变化会对税收收入总额产生怎样的影响？这对收入分配将产生怎样的影响？

8. 假设某个州正在对为修缮应急道路和桥梁如何融资展开辩论。各种可能的融资方式包括提高驾照费、机动车个人财产税、汽车零部件（包括轮胎）税以及烟酒税。在这些税费中，哪种是受益税？哪种是矫正税？哪种既是受益税又是矫正税？哪种税的扭曲程度最小？

9. 效率和公平问题常常交织在一起，非常复杂。利用正文中所讲的税收原则来讨论下列情况是否合适：(1) 对汽油征税；(2) 对公共交通补贴；(3) 污染者付费原则，即造成污染的人必须支付清理费用（例如干洗店必须清理所用化学品而产生的有毒废物）。

第18章 税收归宿

重点问题

1. 什么是税收归宿？为什么最终承担税收负担的人与法律上的纳税人明显不同？

2. 谁承担税收负担的决定因素是什么？如何取决于需求弹性和供给弹性？如何取决于市场的竞争性？为何在短期和长期之间会有所不同？

3. 为什么有些税种看似不同但实际上是等价的？

4. 在美国，谁承担了税收负担？

当国会或州立法机构要开征一种新税时，通常会对一些相关话题展开争论，其中包括谁应为政府的运行或特定的计划买单。例如，当国会通过以社会保障税来为社会保障制度筹资时，社会保障税就由雇主和雇员各分担一半。人们认为，双方都应分担社会保障制度的成本。

然而，经济现实（无论好坏）并不总是遵循立法机关通过的法律。因此，经济学家区分了承担税收负担的人和被征税的人。**税收负担**（tax burden）是税收的真正经济负担，是个人税前与税后实际收入的差额（充分考虑了工资和价格的调整）。经济学家采用一个更中性的词来描述税收效应——他们问：什么是**税收归宿**（tax incidence）？从实际收入降低的意义上说税收实际上是由谁支付的？本章研究了各种税的归宿。

税收的实际归宿可能与预期归宿明显不一致。假设对企业征收两种税，即社会保障税（雇主缴纳的部分）和公司所得税。不管是哪种税，其结果是：工资可能下降，或者价格可能上升。如果工资下降，那么我们就说税收**向后转嫁**（shifted backward）（转嫁给生产要素——劳动）。如果工资的下降幅度等于全部税额，那么我们说税收实现了全部转嫁（fully shifted）；如果工资下降幅度低于税额，那么我们说税收实现了部分转嫁（partially shifted）。如果价格上升，那么我们就说税收**向前转嫁**（shifted forward）（转嫁给消费者）。大多数经济学家认为，雇主缴纳的社会保障税大部分都向后转嫁了，因而对雇主课征的这种税的效应与对工人征税的效应实质上并无二致。因此，虽然政府只对雇员征收一半税，但雇员以工资降低的形式承担了全部（或几乎全部）的税收负担。

关于公司所得税的归宿，有相当大的争议。虽然该税种广受欢迎的一个原因是它表面上是由企业及其股东缴纳的，但大多数经济学家认为，这种税的大部分都被转嫁了。如果企业因公司所得税而提高了产品价格，此税就是由消费者承担的。如果这种税导致了劳动需求下降和工资降低，则此税的一部分是由工人而不是投资者承担的。如果此税降低了对公司部门投资的吸引力，那么资本就会撤出该部门，造成非公司部门的资本收益率下降。因此，公司所得税的部分负担落在了全部资本上而不仅仅是公司部门的资本上。

税收归宿研究是公共部门经济学中最重要和最困难的课题之一。在上一章我们看到，理想税制的原则之一是公平。然而，公平不取决于对谁征税，而取决于谁实际支付了税收，即取决于税收归宿。例如，若是按照公平原则的要求，资本所有者应该缴纳更高的税，但在这种税的征收过程中，资本所有者可能把税收转嫁给了消费者或工人，所以这种税就没有达到其目的。经济学而不是国会，往往决定了谁实际承担了税收负担，尽管国会在设计税制上可能会经常影响结果，比如，同样对公司课征的两种税，由于税制设计不同，可能会产生明显不同的结果。

两个看似相同的税种（比如说都对公司课征），可能具有明显不同的效果，而两个看似不同的税种（比如说课征方式十分不同），可能具有相同的效果。这类税种可以说是**等价的**（equivalent）。

在第 17 章我们看到，除了公平之外，理想税制的另一原则是透明。它有两种含义：第一，尽可能课征税收归宿明确的税种。第二，由于大多数人不懂得归宿分析，故最好课征其表面归宿与实际归宿相吻合的税种。因此，对雇主征收一半的社会保障税导致了不透明，因为这让员工觉得雇主真的承担了一半的税收负担。

税收归宿取决于许多因素，其中最重要的是经济是否竞争激烈；如果经济是竞争激烈的，则税收归宿取决于需求曲线和供给曲线的形状。本章分为 5 节。第 1 节和第 2 节分析完全竞争市场和不完全竞争市场或无竞争市场中的税收归宿。第 3 节分析一些重要的等价税制结构。第 4 节讨论税收归宿的其他一些重要决定因素，考察对公司部门的资本征税。第 5 节根据前面的分析简要讨论美国的总体税收归宿情况。

虽然本章的重点是税收归宿，但应当清楚地看到，以前章节讨论政府支出时，有关补贴和其他福利的讨论也出现了同样的问题。例如，倘若玉米得到了补贴，真正受益的人可能不是玉米种植者：如果玉米价格下跌，好处可能向前转移给了消费者；如果用于种植玉米的土地价格上涨，好处可能向后转移给了土地所有者。这里所阐述的原理，同样适用于政府福利计划的分析。

18.1 竞争市场中的税收归宿

本节将要阐明，商品税在法律上是对商品的消费者课征还是对商品的生产者课征没有任何区别——是啤酒生产者“缴税”还是啤酒消费者“缴税”都没什么区别：真正起作用的是需求曲线和供给曲线的形状。

□ 18.1.1 企业层面的税收效应

假设企业缴纳的一种商品税，按每单位商品固定税率课征（比如每罐啤酒多少美分）。图 18.1 说明了这种税对企业生产决策的影响。在竞争市场中，价格与边际成本相等的点决定了企业的生产水平。[①] 如果企业必须纳税，那么其实际生产成本就会增加，增加的幅度便是该税额。因此，企业在价格 p_0 下愿意供给的数量就会减少。

企业的供给曲线给出了不同价格下企业愿意供给的数量。如图 18.1（A）所示，该企业的供给曲线发生了移动；当然，无论哪家企业都是如此。市场供给曲线给出了所有企业

① 当产量水平较低时，增加产量所增加的收入超过增加的成本，因此利润增加。当产量水平较高时，将会出现相反的情形。

在每一价格下愿意供给的总量，这只不过是每家企业的供给曲线之“总和”。同样，市场供给曲线告诉我们，企业愿意提供某一既定产量水平的市场价格。就像单个企业的供给曲线一样，市场供给曲线也会发生移动，如图 18.1（B）所示，移动的程度很容易确定。如果 t 是税率，那么，税后价格为 p_0+t 时企业所得到的净收入，与税前价格为 p_0 时得到的收入相同；因此，每家企业在税后价格为 p_0+t 时愿意供给的数量，与在税前价格为 p_0 时愿意供给的数量相同。实际上，供给曲线向上移动的程度等于税额。

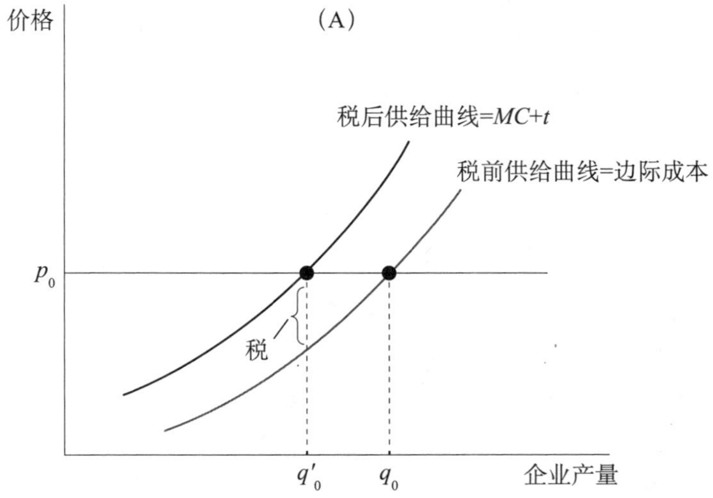

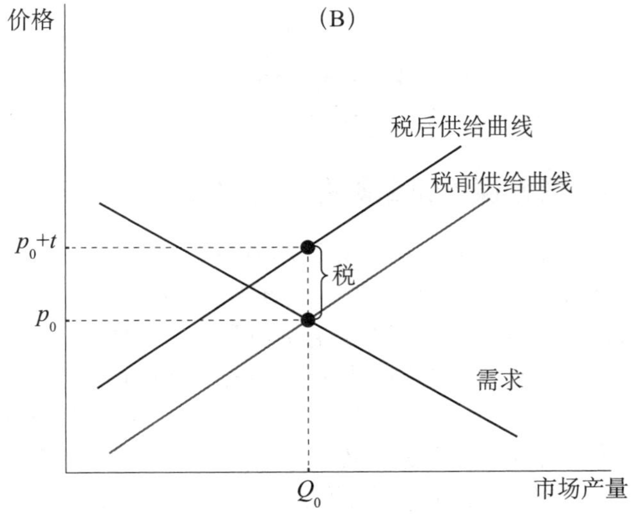

图 18.1　商品税对供给的影响

图（A）描述了商品税对企业供给量的影响。在任意价格（p_0）下，企业的供给量较低。此税可以视为增加了边际生产成本；供给量从 q_0 减至 q'_0。图（B）描述了商品税对市场供给曲线和均衡的影响。在每一价格下，市场愿意供给的数量减少了（供给曲线向左移动）；或者说，让市场供给保持不变的价格要提高，提高的幅度恰好等于该税额。

□ 18.1.2　对市场均衡的影响

现在，我们可以很容易地看出税收对价格和产量的影响。图 18.2 描述了税前均衡，即需求曲线和供给曲线的交点，此时的均衡产量是 Q_0 瓶啤酒，均衡价格是每瓶 1 美元。

假设对每个生产者按每瓶啤酒 10 美分征税。供给曲线按该税额向上移动，价格上升。尽管此税名义上是对生产者征收的，但消费者因价格上涨而被迫支付了部分增加的成本。不过，请注意，在本例中，每瓶啤酒价格上涨到 1.05 美元，上涨幅度不到 10 美分。生产者不可能把全部税收成本都转嫁给消费者，因为随着价格的上涨，需求量会下降。

现在，每家企业的售价上涨到 1.05 美元，成本每瓶增加 10 美分。在图 18.2 中，企业的产量低于税前，但高于消费者不承担部分额外成本的产量。

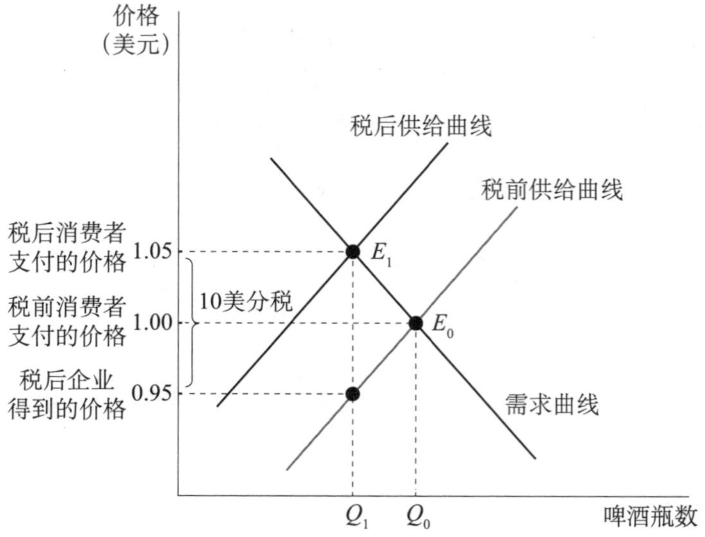

图 18.2　税收对价格和产量的影响

税收使供给曲线按税额上移。这降低了消费者的消费量，提高了消费者支付的价格。

□ 18.1.3　是对消费者课税还是对生产者课税，这重要吗？

现假设国会批准开征啤酒税，只是这次要由消费者缴纳，这将会发生什么情况？消费者每购买 1 瓶啤酒，就必须缴纳 10 美分的税。当然，消费者关心的不是谁得到了他们所支付的钱，只关心啤酒的总成本，就像生产者只关心它们收到了多少钱一样。我们回到图 18.2，它描述了对生产者征收 10 美分税收的影响。税后，新的均衡产量为 Q_1，生产者得到的是 0.95 美元，消费者支付的是 1.05 美元。在这种情况下，生产者要就每瓶啤酒向政府缴纳 10 美分。然而，要是消费者或者零售商必须缴纳同样的税额，则一切都不会改变。此时，生产者不会直接关注税收。它们会以 95 美分的价格将啤酒卖给消费者，而且在这个价格下，它们愿意生产 Q_1。消费者将向生产者支付 95 美分，并向政府支付 10 美分，总价为 1.05 美元。在总价为 1.05 美元的情况下，消费者愿意购买 Q_1，因此在 Q_1，消费者支付的价格为 1.05 美元，生产者得利的价格为 0.95 美元，需求等于供给。

图 18.3 说明了这种情形。如果我们现在把纵轴上的价格解释为生产者收到的价格(而不是消费者支付的价格)，那么对消费者课征的税收，就可以通过需求曲线的向下平移来表示，移动的幅度等于税额。也就是说，如果生产者收到 p_1，则消费者必须支付 p_1+t，需求量为 Q_1，这与生产者收取 p_1+t 的情形一样。显然，国会无论是对啤酒生产者还是对啤酒消费者课税，并没有任何区别。

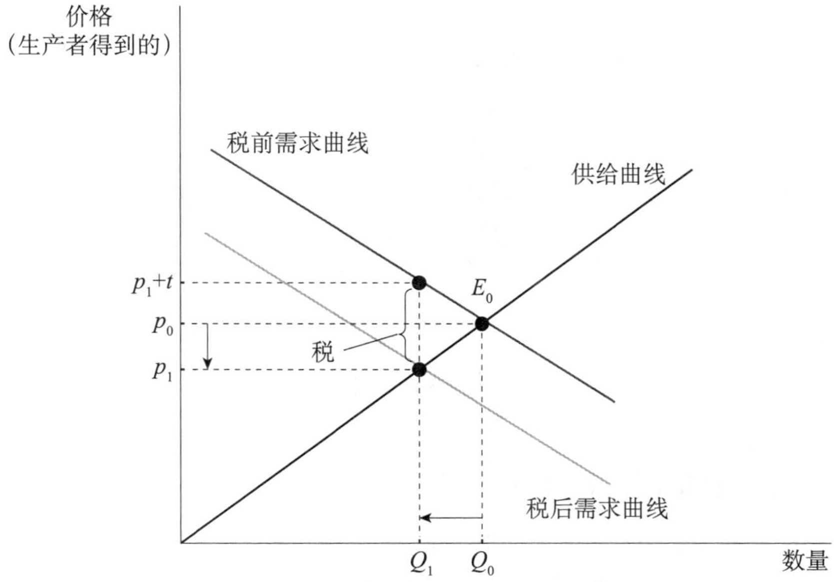

图 18.3　分析一种税的另一视角

税收的影响可以看作需求曲线的向下平移，也可以看作供给曲线的向上平移（与图 18.2 相比）。

专栏 18.1

政府福利的归宿

我们建立起来的这种分析税收归宿的框架，也可以用于分析政府福利计划或补贴的归宿。以牛肉补贴为例。为简单起见，假设政府对每磅牛肉补贴 1 美元。从短期来看，供给曲线相对无弹性，如下图所示。这意味着数量反应小，但价格反应大：从短期来看，农民得到了大部分好处。

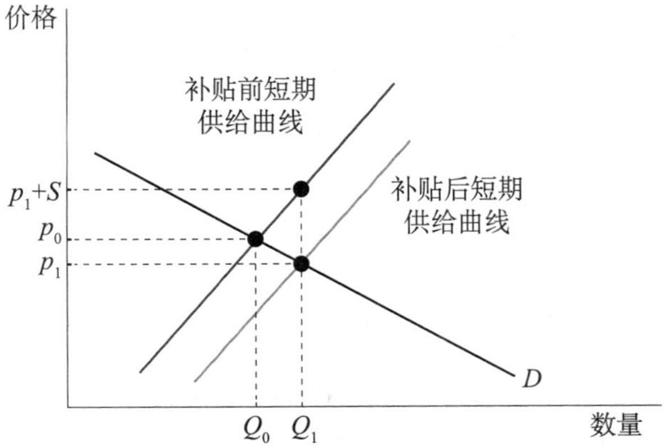

短期牛肉市场

但是，从长期来看，由于其他生产者的进入以及生产者可以扩大生产设施，牛肉的供给曲线变得相对平坦；有大面积土地可用作牧场，而且尽管牛的饲养需要时间，但牛可以繁殖，且饲养成本大致是固定的。下图描述了长期牛肉市场，供给曲线是水平的，需求曲线是向下倾斜的，补贴前的均衡数量为 Q_0。补贴可以被认为使供给曲线移动，如图所示。尽管新的均衡使牛肉产量增大，但农民收到的价格并没有改变。从长期来看，这种补贴的所有好处都被牛肉的消费者获得了，而农民却什么也没有得到。

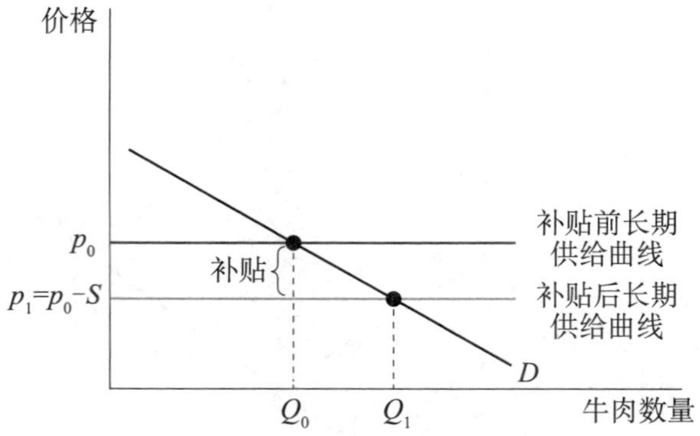

长期牛肉市场

□ 18.1.4　从价税与从量税

不仅是对谁课税无关紧要，而且是按价格的一定比例课税还是按每单位产量的固定金额课税也无所谓。前者称为**从价税**（ad valorem tax），后者称为**从量税**（specific tax）。

从价税可看作使需求曲线下移，下移的程度取决于价格，如图 18.4 所示。当价格为零时，需求曲线与横轴相交，没有税收。倘若从价税率为 5%，生产者则收到消费者所付价格的一个固定比例——95%。E_1点表示税后均衡，此时，税后需求曲线 D_1D_1 与供给曲线相交。在图中，也可以在均衡点 E_1 画出课征相同规模从量税时的税后需求曲线。在该均衡点课税水平相同的情况下，需求曲线下移程度与产量水平减少程度相同，因此，均衡产量、税收收入、消费者支付的价格以及生产者收到的价格都是一样的。

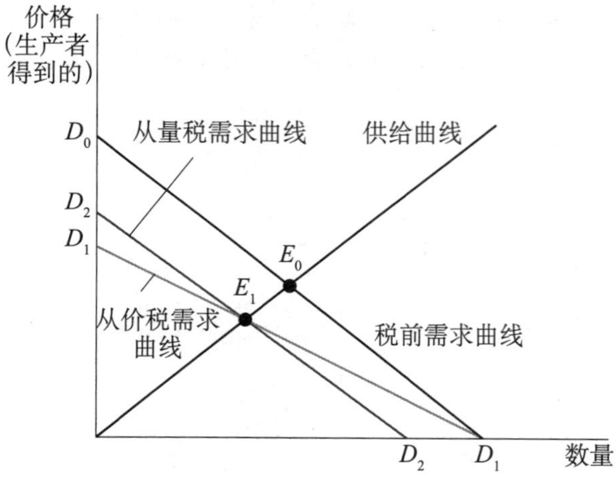

图 18.4　从价商品税和从量商品税

在竞争市场中，筹措相同收入的从价税（按价格的某一固定比例课征的税）和从量税（按单位购买量课征某一固定金额的税）对产量的影响是相同的。

在实践中，这两种税常常有所不同，因为税务部门无法针对商品的品质差异做出适当的调整。当政府征收一种从量税时，比如说每包香烟多少美分，不管这种产品的品质如何，税额都是一样的。因此，相较于高质商品，低质商品的税收占价格的比例要高，这实际上等于从量税歧视低质商品。虽然原则上政府可以调整从量税税率，以抵消这种偏差，但事实上政府很少这样做。

另外，监控商品的销量往往比监控商品的价格更容易，当企业销售多种商品时更是如此。这些商品要是按不同的从价税税率征税，那么在商品交易过程中，可能就会出现高税商品开具低价发票的现象，而税务人员可能无法发现这一点。这种征管问题一直是征税方式的主要决定因素。

税收归宿

- 税收归宿描述了谁实际承担税收，这并不取决于谁向政府纳税。
- 商品税是对生产者课征还是对消费者课征并无二致。
- 社会保障税（工薪税）是由雇主和雇员各缴纳一半还是完全由其中的一方缴纳，并没有什么区别。
- 在竞争市场中，从价税和等额从量税的归宿是相同的。

□ 18.1.5 弹性的影响

价格上涨的幅度，或者说消费者承担税收的程度，取决于需求曲线和供给曲线的形状，而不取决于对谁征税。在下列两种极端情况下，如果价格因征税而上涨 10 美分，消费者将承担全部税负：第一种情况即供给曲线是完全水平的，如图 18.5（A）所示，第二种情况即需求曲线是完全垂直的（不管价格如何，人们坚持消费固定量的啤酒），如图 18.5（B）所示。

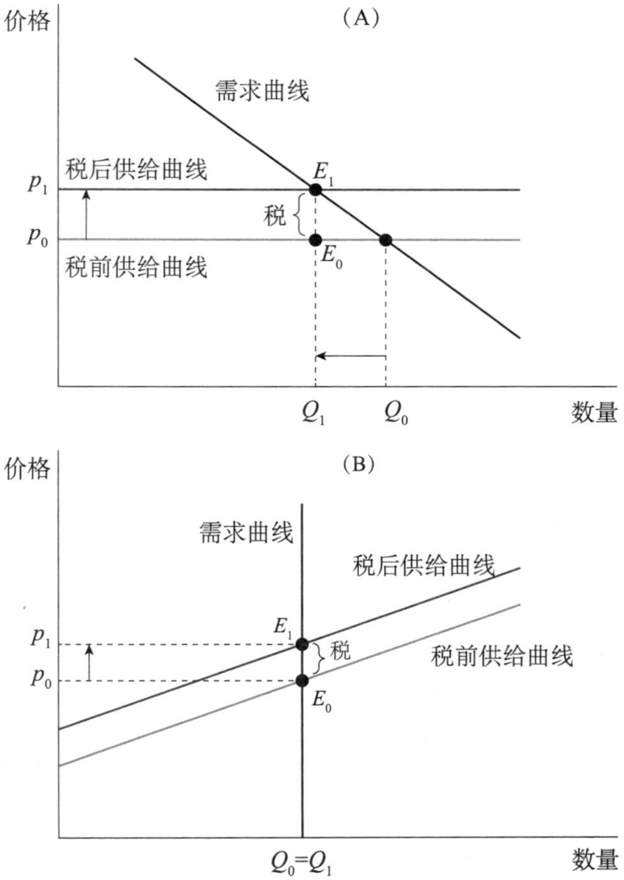

图 18.5 供给弹性和需求弹性：税收由消费者承担

图（A）：在完全弹性供给曲线（水平的供给曲线）情况下，价格上涨幅度等于全部税额，消费者承担全部税负。图（B）：在完全无弹性需求曲线情况下，价格上涨幅度等于全部税额，消费者承担全部税负。

在下列两种情况下，消费者支付的价格根本不上涨，也就是说，生产者承担全部税负（如图 18.6 所示）：第一种情况即供给曲线是完全垂直的（供给量根本不取决于价格），第二种情况即需求曲线是完全水平的。

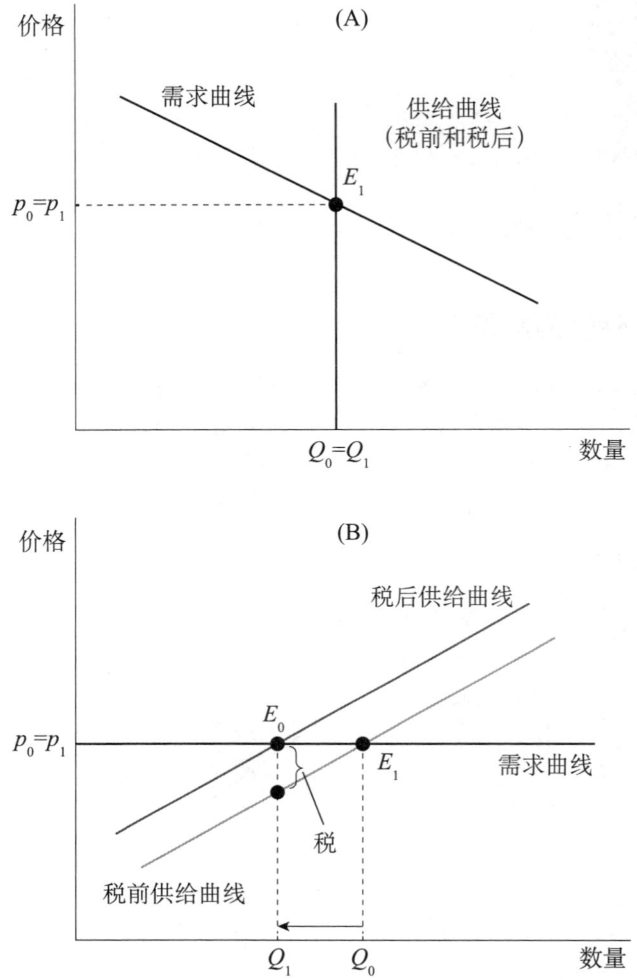

图 18.6　需求弹性和供给弹性：税收由生产者承担

图（A）：在完全无弹性供给曲线情况下，价格根本不会上涨，全部税负由生产者承担。图（B）：在完全弹性需求曲线（水平的需求曲线）情况下，价格根本不会上涨，全部税负由生产者承担。

更一般地说，需求曲线越陡峭，或供给曲线越平坦，消费者承担的税收就越多；需求曲线越平坦，或者供给曲线越陡峭，生产者承担的税收就越多。我们用**需求弹性**（elasticity of demand）来衡量需求曲线的陡度；需求弹性是商品价格变动的百分比所引起的商品消费量变动的百分比。因此，我们可以说，水平的需求曲线是无限弹性的，即价格小幅下降会导致需求的巨大增加；垂直的需求曲线是零弹性的，即价格下降不会导致需求有任何变化。

同样，我们用**供给弹性**（elasticity of supply）来衡量供给曲线的陡度；供给弹性是商品价格变动的百分比所引起的商品供给量变动的百分比。因此，我们可以说，垂直的供给曲线是零弹性的，即价格变化不会导致供给变化；水平的供给曲线是无限弹性的。

需求曲线的弹性越大，供给曲线的弹性越小，生产者承担的税收就越多；需求曲线的弹性越小，供给曲线的弹性越大，消费者承担的税收就越多。

竞争市场中的税收归宿

- 在竞争市场中，税收归宿取决于需求弹性和供给弹性。
- 如果需求曲线是完全弹性的，消费者不会承担任何商品税；如果供给曲线是完全弹性的，生产者不会承担任何商品税。如果需求曲线是完全无弹性的，消费者将承担全部商品税；如果供给曲线是完全无弹性的，生产者将承担全部商品税。

□ 18.1.6 要素课税

我们刚刚推导出的基本原理，适用于竞争市场中的所有税收，包括对生产要素的课税。

税收归宿和劳动供求 图 18.7（A）描述了劳动的市场需求曲线和供给曲线。对劳动的课税，无论是课征于消费者（在这种情况下是因使用劳动而付酬的企业）还是课征于生产者（在这种情况下是出卖劳务的个人）都无所谓，税收归宿都是一样的。国会所做的区分，即社会保障税由雇主和雇员各付一半，丝毫不会改变税收的影响。倘若国会规定企业必须缴纳全部税收或个人必须缴纳全部税收，其结果都是一样的。[①]

谁是真正的纳税者，取决于劳动的需求弹性和供给弹性。正如通常所说的那样，如果劳动供给相对无弹性，亦即劳动供给曲线几乎是垂直的，则不管税法上规定对谁征税，大部分税负将落在劳动力身上。

一些经济学家认为，劳动供给曲线实际上是向后弯曲的，如图 18.7（B）所示。随着工资上涨到一定水平，劳动供给实际上会下降。高工资能够提高人们的生活水平，在这种情况下，人们可能更愿意少工作。因此，高工资可能会减少劳动供给，而不是相反。在这种情况下，对劳动课税可能导致工资率下降的幅度超过了税收本身，因为工资下降会导致更多的劳动供给，这反过来又会进一步压低工资。

对无弹性要素征税 正如我们所指出的那样，如果劳动或者商品的供给弹性为零，那么税收全部由供给者负担。零供给弹性商品的典型例子是未开发的土地。土地的供给是固定的。因此，如果对未开发的土地课税，税收的全部负担将落在土地所有者身上。

遗憾的是，很难将土地价值与土地开发价值区分开来。在美国的许多地方，例如，没有道路、没有下水道或水源的荒地，几乎没有商业价值。在城市，土地的价值有多少是土地本身所固有的、有多少价值是源于开发的，实在难以分清。由于土地开发的供给弹性很大，故土地税在很大程度上会被转嫁。

另一个例子是石油，它也是一种供给长期无弹性的要素，故对石油征税主要由油井所有者负担。由于世界上大部分石油都不是由主要消费国所拥有，因此消费国对石油征税有着强烈的动机。当然，在美国，油井的所有者是一个非常强大的游说集团，对于这些税收予以强烈抵制并取得了显著成效。在美国，对石油的征税远低于大多数西欧国家。

---

① 也许存在短期差异。如果国会规定对企业征收全部社会保障税，工资不可能立即下降。从短期来看，劳动市场不会处于均衡状态，企业恐怕要负担大部分社会保障税。

所得税也有一些差异。雇员的社会保障缴费属于其收入的一部分（他必须缴纳所得税），雇主的社会保障缴费则不属于雇员的收入。此外，如果一个人供职于多个雇主，且缴纳的社会保障税超过了最高限额，他可要求对超额部分退税，但雇主不能要求退税。

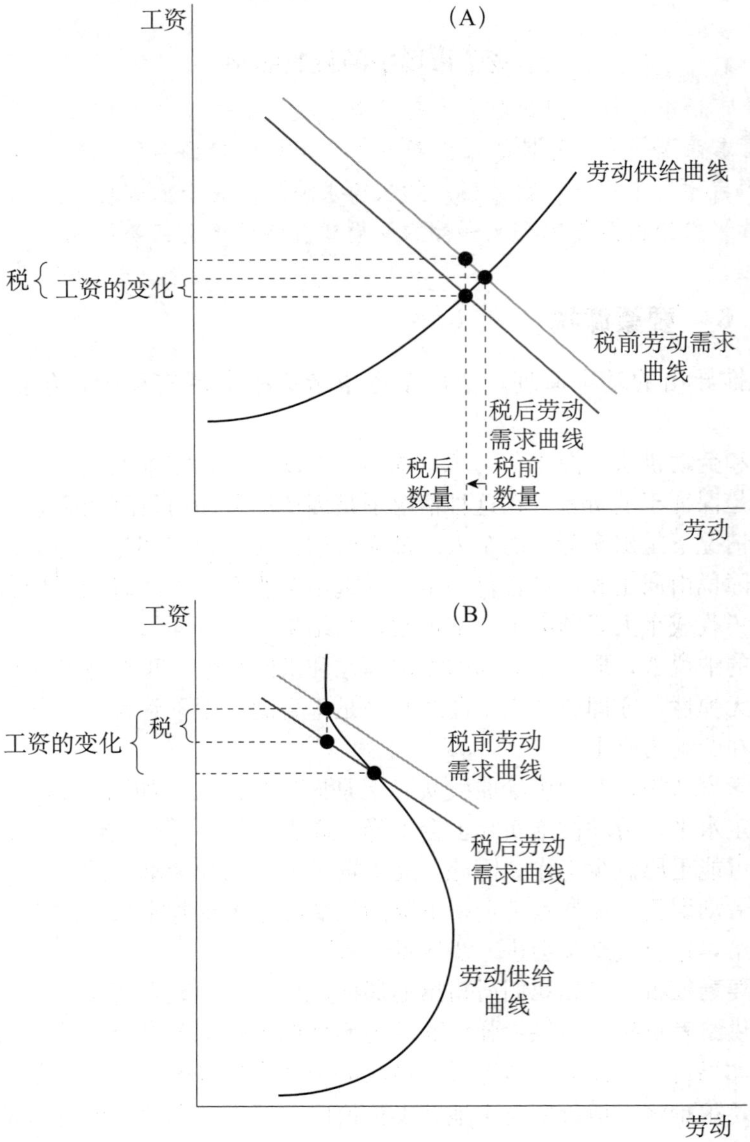

图 18.7　比较税收对劳动需求的影响

图（A）：对劳动课税的影响在于使劳动需求曲线下移。对劳动课税会导致工资降低和就业水平下降。图（B）：在供给曲线向后弯曲的情况下，工资下降的幅度可能会超过税额。

专栏 18.2

费城的工资税

美国的许多城市，包括费城，都征收工资税。在费城，通过对税收归宿的仔细分析就会发现，税收负担大部分落在了土地所有者身上。从长期来看，其他要素特别是劳动和资本的供给曲线比较平坦。工人们可以选择在费城工作，也可以选择在其他地方工作。如果他们的税后工资收入与在其他地方获得的收入不相当（考虑到费城的特殊便利设施），他们就会离开费城到其他地方就业，企业将招不到新员工。因此，如果像费城这样的城市征收工资税，从长期来看，工资必须涨到足以抵消这种税收才行。同样，资本所有者可以选择在费城或其他地方投资。如果他们的收益与在其他地方得到的不相当，他们就不会在费城投资。因此，税后工资和税后资本收益不受这种税影响。那么，是谁负担了这种税？只能是不流动的要素首当其冲；特别是土地，不仅不能流动，而且供给还是无弹性的。

匹兹堡采取了有别于费城的做法，即直接对未开发的土地征税，而且税率比已开发土地的税率高很多。匹兹堡是美国唯一开征分级财产税（graded property tax）的大城市，即土地和建筑物适用不同税率。1979 年和 1980 年，匹兹堡重新调整了财产税制度，土地的适用税率是建筑物（或改良物）的 5 倍多。*

* 有关匹兹堡的财产税以及这种财产税实验的经济效应的更多讨论，请参阅 W. E. Oates and R. M. Schwab, "The Impact of Urban Land Taxation: The Pittsburgh Experience," *National Tax Journal* 50, no. 1 (March 1997): 1-21。

对完全弹性要素征税 对完全无弹性生产要素课征的税收完全由该要素承担，同样，对完全弹性要素课征的税收则完全不由该要素承担，都被转嫁出去了。这种简单的观察具有重要的税收政策含义。对于一个小国而言，资本供给通常被认为具有很高的弹性，就像一个小企业必须接受既定的资本价格一样，在一个开放的全球性市场中，一个小国亦是如此。如果该国支付的利率低于市场利率，那么就不会有资本流入，但如果支付的是市场利率，就能获得可以吸收的所有资本。图 18.8 描述了资本的供求取决于利率的情形。利息税是所付利息与所收利息之间的差额。不过，资本所有者必须获得市场利率，否则就不会提供任何资本。资本使用者必须弥补这一差额，支付 $i+t$。在图 18.8 中，纵轴表示收到的利率，因此供给曲线保持不变。税收使得资本需求曲线下移。在新的均衡状态下，收到的利率保持不变。在这种情况下，利息税将由资本所有者完全转嫁给资本使用者。

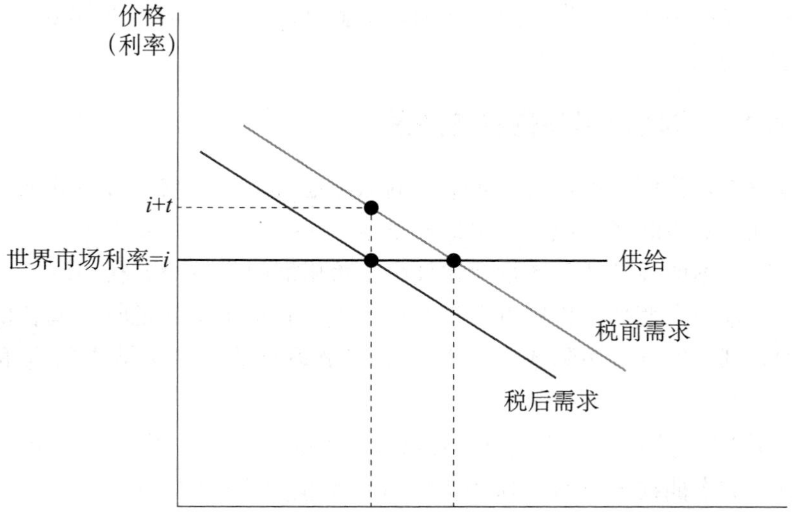

图 18.8 完全弹性供给要素

对完全弹性供给要素征税的归宿总能被全部转嫁出去。需求曲线下移，下移的程度等于税额，要素供给者收到的价格保持不变。

要素课税

- 在竞争市场中，要素税的归宿取决于该要素的供给弹性和需求弹性。
- 在要素供给完全无弹性的情况下，要素税的归宿完全由该要素承担。
- 在要素供给完全弹性的情况下，要素税的归宿会被全部转嫁出去。

18.2 非完全竞争环境中的税收归宿

征税的影响在很大程度上取决于市场的性质。前一节的分析假定市场是激烈竞争的。但是，如果市场不是完全竞争的，例如，假设某行业由一个垄断者构成，或者由采取合谋行为的企业构成（这样一来，它们的合谋行为无异于一个垄断者的行为），那么税收的影响可能会明显不同。

在没有税收的情况下，垄断者会选择这样一种产量水平，即生产任何额外产量的成本（边际成本）恰好等于所获得的额外销售收入（边际收入）时的产量水平。为了实现利润最大化，垄断者会让其**边际成本**（marginal cost）等于**边际收入**（marginal revenue）。

图 18.9 描述了铝的需求曲线、边际收入曲线和边际生产成本。边际收入曲线低于需求曲线，表示企业多销售一单位产品所得到的额外收入。边际收入是企业销售额外一单位产品所收到的价格，减去它所销售的其他单位所遭受的损失，因为要想卖出更多的产品，就必须降价。[①] 垄断者选择 Q_0 作为其产量水平，即边际成本曲线和边际收入曲线相交时的数量。要找到垄断者收取的价格，我们从该交点向上延伸到需求曲线，找到价格 p_0。

对铝征税可以简单地视为生产成本增加，也就是说边际成本曲线上移。这将使产量降至 Q_1，价格升至 p_1。

18.2.1 价格变化与税收的关系

在竞争行业中，我们发现，消费者价格的涨幅通常小于税收，价格的涨幅取决于需求弹性和供给弹性。对垄断者来说，结果比较复杂。

首先，边际成本曲线越陡，产量变化越小，价格涨幅就越小。在边际成本曲线完全垂直的情况下，产量没有变化，价格也没有变化；生产者负担全部税收。倘若价格上涨没有引起供给增加，则供给（或边际成本）曲线是完全垂直的。这一结果与竞争市场的结果类似。

其次，如图 18.9 所示，在边际成本曲线是水平的情况下，生产者或者消费者承担税收的程度取决于需求曲线的形状（这与消费者将承担全部税收的竞争市场形成对比）。图 18.9 描述了两种可能性。在需求曲线是线性的情况下，如图 18.9（A）所示，价格涨幅恰

① 回想一下，相比之下，一个完全竞争的企业必须接受业已固定的市场价格，但可以按该价格出售任何数量的产品。其边际收入就是市场价格。

好等于税收的一半。[1] 在需求曲线具有不变弹性的情况下（例如，不管价格水平如何，价格上涨1%，就会导致需求下降2%），边际收入是价格的某一固定比例[2]，即：

$$MR=p\left(1-\frac{1}{\eta^d}\right)$$

其中，η^d为需求弹性（是一个常数）。

由于垄断者会让边际收入等于边际成本，即：

$$MR=MC$$

或

$$MR=p\left(1-\frac{1}{\eta^d}\right)=MC$$

或

$$p=\frac{MC}{1-1/\eta^d}$$

则税收与边际生产成本增加具有相同的影响，亦即：

$$p=\frac{MC+t}{1-1/\eta^d}$$

因此，价格的涨幅是税收的$1/(1-1/\eta^d)$倍。假如η^d为2，那么价格的涨幅就是税收的2倍。

---

① 在需求曲线是线性的情况下，有：

$$p=a-bQ$$

价格和产量线性相关。收入pQ由下式给定：

$$pQ=aQ-bQ^2$$

因此，边际收入为：

$$a-2bQ$$

这等于边际成本加上税收：

$$a-2bQ=MC+t$$

或

$$2a-2bQ=2p=a+MC+t$$

或

$$p=\frac{a+MC+t}{c}$$

因此，如果t增加了比如2美元，则p就上涨1美元。

② 这个公式是通用的。在需求曲线具有不变弹性的情况下，η^d是一个常数。为了推导该公式，我们回忆一下，边际收入是多生产1单位产品所得到的额外收入。收入只是每单位产品收到的价格p乘以产品销售量Q。因此，当企业多销售1单位产品时，得到p，但如果还要再多销售产品，它就必须将以前的价格水平降下来。用Δp表示价格的变化。对于所有销量Q，企业每销售1单位产品，都要损失Δp。因而，净收益是：

$$MR=p+\Delta p\cdot Q=\left(1+\frac{\Delta p}{p}\cdot Q\right)p$$

回忆一下：

$$-\frac{\Delta Q/Q}{\Delta p/p}=-\frac{Q\text{的变化}/Q}{p\text{的变化}/p}$$

正好是价格的百分比变化引起的销量的百分比变化，即需求弹性。

这里，数量的变化恰好为1，即$\Delta Q=1$，从而我们可将上式重新写为：

$$-\frac{\Delta p}{p}\cdot Q=-\frac{\Delta p}{p}\cdot\frac{Q}{\Delta Q}=-\frac{\Delta p/p}{\Delta Q/Q}=\text{需求弹性}=\eta^d$$

因此，有：

$$MR=p\left(1-\frac{1}{\eta^d}\right)$$

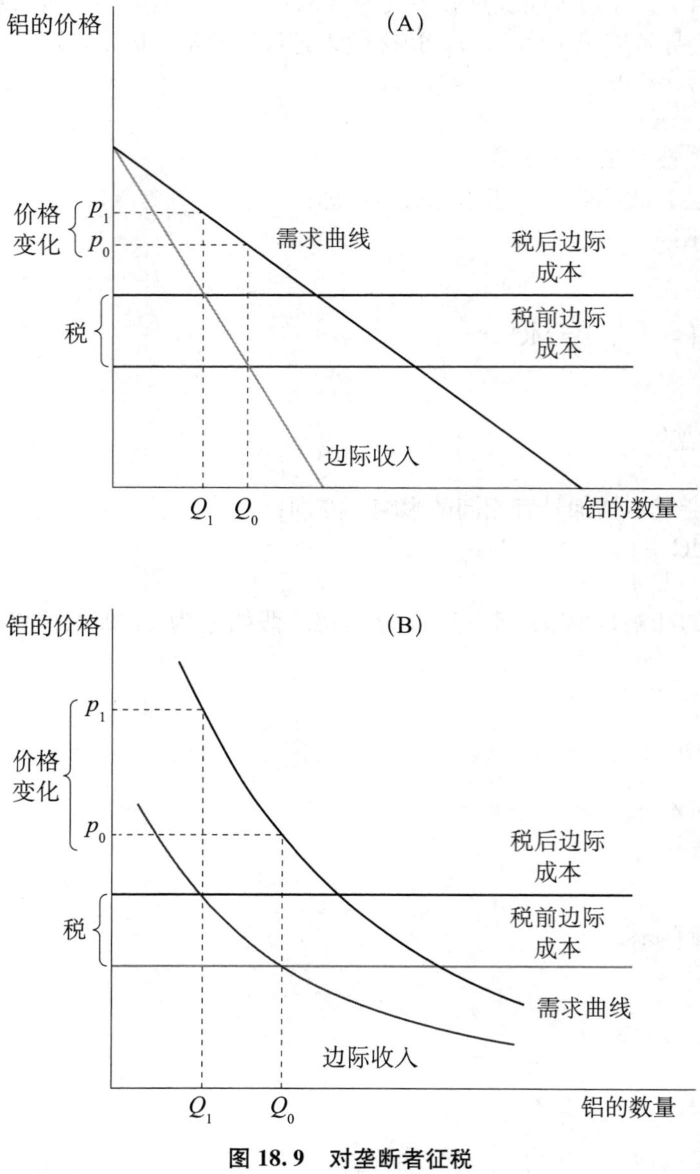

图 18.9 对垄断者征税

图（A）：在需求曲线为线性和边际成本曲线为水平的情况下，消费者支付的价格涨幅恰好是税收的一半；消费者和生产者共同分担税收。图（B）：在需求曲线具有不变弹性的情况下，价格涨幅超过税收。

□ 18.2.2 从价税与从量税

对竞争行业征税和对垄断行业征税还有一个重要差异。在竞争行业情况下，征税形式无关紧要。我们可以选择课征从量税，即按每单位产量征收固定金额，也可以选择课征从价税，即按产品价值征收一定比例。决定税收影响的关键在于，在均衡状态下，生产者得到的价格与消费者支付的价格之间的差额（我们称之为两者之间的楔子）。

然而，在垄断行业中，是课征从价税还是课征从量税，其影响截然不同。我们将在本章附录中说明，在政府筹措既定收入的情况下，与课征从量税相比，若课征从价税，垄断者的产量会更高。

□ 18.2.3 寡头垄断情况下的税收归宿

介于完全竞争和垄断这两种极端情形之间，是寡头垄断市场结构。在**寡头垄断**（oligopoly）情况下，诸如航空市场和汽车租赁市场，每个生产者之间存在策略性互动行为。如果一个生产者改变了价格或者产量，其他生产者也可能改变价格或产量，但这些反应可能很难预测。

在寡头垄断的情况下，还没有一种被广泛接受的企业行为理论，因此不太可能对这种情形中的税收归宿做出明确的预计。一些经济学家认为，当税收变化时，寡头垄断者不太可能提高它们向消费者收取的价格。每个寡头垄断者都可能认为，如果它提价，其他企业就会乘机抢走它的市场份额。假如每个寡头垄断者都预期其竞争对手在征税后会相应提价，则会产生相反的结论。在这种情况下，所有企业都会提价，从而将税收负担转嫁给消费者。

尽管经济学家在不同的特定行为假设下探讨了寡头垄断的税收归宿，但只有深入了解了寡头垄断行为，才可能有寡头垄断市场的一般税收归宿理论。

垄断或不完全竞争市场中的税收归宿

- 在垄断或不完全竞争市场中，税收归宿取决于需求曲线和供给曲线的形状；可能会有超过100%的转嫁。
- 在垄断情况下，边际成本不变，需求曲线具有不变弹性，从量商品税的转嫁总是超过100%。鉴于需求曲线为线性，价格涨幅是税额的一半。

18.3 等价税

在上述讨论的几个例子中，税收似乎是不同的，比如为社会保障筹资而对雇主和雇员的征税，对啤酒生产者和啤酒消费者的征税，但实际上它们都是等价的。还有许多其他例子，表面上看这些税收差异极大（从征管角度来看也极不相同），但从经济学的角度来看，这些税收是等价的。

□ 18.3.1 所得税与增值税

一个明显的例子可根据国民收入（社会中所有人的收入总和）与国民产出（社会中所有人的生产总值）之间的基本恒等式推知。由于收入的价值和产出的价值必定相同，因此，对收入课征的统一税（对所有来源的收入课以相同税率的一种税）与对产出课征的统一税（对所有产出课以相同税率的一种税）一定是等价的。综合统一销售税就是对产出课征的一种统一税，因而与统一所得税是等价的。

任何商品的生产都要有许多环节，最终产品的价值是每个生产环节的增加值之和。我们既可以在生产过程的最后环节征税，也可以在每个环节征税。在生产过程的最后环节课征的税称为销售税（sales tax），在生产过程的每个环节课征的税称为增值税（value-added tax）。因此，统一增值税与综合统一销售税是等价的，两者也都与统一所得税是等价的。

大多数欧洲国家都实行增值税，美国关于是否开征这种税也有过一些讨论。由于统一增值税等价于统一（比例）所得税，因而用增值税取代我们现行的所得税制，就等于用比例所得税制取而代之。

欧洲的增值税一般对投资品免税，只对消费征税。因此，欧式增值税相当于对消费征税。由于消费等于收入减去储蓄，所以消费税就相当于储蓄免税的所得税。

□ 18.3.2　消费税与工资税的等价性

假设人们没有继承遗产，也没有留下遗产。那么，统一工资税与统一消费税是等价的，换句话说，消费税相当于利息和其他资本收益免税的所得税。（我们现行的税收制度对部分资本收益免税，可以被视为介于消费税和所得税之间的税制。）

通过观察一个人的一生预算约束（没有继承遗产，也没有留下遗产），我们可以很清楚地看到这种等价性。为简化起见，我们将一个人的一生分为两期。第一期的工资收入为 w_1，第二期为 w_2。此人必须决定在第一期年轻时和第二期年老时分别要消费多少。如果此人将今天的消费减少 1 美元，并将其投资，那么下一期将有 $1+r$ 美元，其中 r 是利率。如果利率为 10%，他将有 1.10 美元。预算约束线是一条直线，如图 18.10 所示。

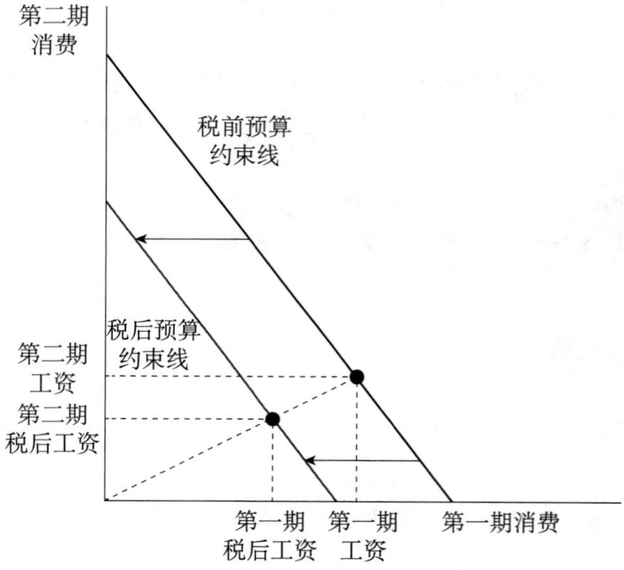

图 18.10　比较消费税和工资税的影响

消费税和工资税对个人预算约束的影响完全相同。

试想一下，当征收 20%的工资税时，个人的预算约束线会有什么变化。他的消费额会下降，但预算约束线的斜率仍保持不变：情况仍然是在第一期放弃 1 美元消费而在下一期可得到 1.10 美元。

现在试想当征收 20%的消费税时，个人的预算约束线会发生什么变化。就像之前一样，他的消费额下降，而预算约束线的斜率保持不变。如果此人今天花了 1 美元，他因为此税而得到的商品减少了 20%；但当他明天花 1 美元时，他因为此税而得到的商品也减少了 20%。他是今天花 1 美元还是明天花 1 美元的权衡取舍没有改变，故工资税和消费税是等价的。[①] 这两种税的差异只在于政府获得收入的时点不同；倘若资本市场不完美，这也

---

① 如果有继承和遗产，则对工资加继承征税就相当于对消费加遗产征税。这些等价关系要求资本市场是完美的，但即使有风险，这些等价关系也成立。请参阅 A. B. Atkinson and J. E. Stiglitz, *Lectures on Public Economics* (New York: McGraw-Hill, 1980), Lecture 3。

许很重要。

此外，课征等价税的方式有若干。我们可以对每期的工资收入征税，并对所有利息、股息和其他资本收益免税；或者我们可以对每期的消费征税，可以通过让个人报告他的总收入减去总储蓄来计算需要缴纳的税收。

等价税

- 如果两种税的归宿完全相同，那么它们就是等价的。
- 所得税和增值税（投资不免税）是等价的。
- 消费税和投资免税的增值税是等价的。
- 消费税和工资税是等价的。
- 一生所得税和消费税（在没有继承遗产和留下遗产的情况下）是等价的。

□ 18.3.3 一生消费税和一生所得税的等价性

这种分析还有另一种重要的解释。我们仍将一个人的一生分为两期，预算约束[①]可以写作：

$$C_1+\frac{C_2}{1+r}=w_1+\frac{w_2}{1+r}$$

等式左边是个人消费的贴现值，右边是工资收入的贴现值。在没有继承遗产和留下遗产的情况下，消费的贴现值一定等于（工资）收入的贴现值。因此，正如我们在第 17 章所看到的那样，一生消费税与基于一生所得课征的税是等价的。

□ 18.3.4 有关等价性的一个告诫

两种税等价并不意味着当一种税转变为另一种税（或者从第三种税转变为两种等价税中的任意一种）时没有影响。等价只是意味着，从长期来看，这两种税有完全相同的影响；从短期来看，包括开征这种税的过渡期，影响可能会有明显的差异。以从一生所得税转变为一生消费税为例来说明。暂且不考虑过渡问题，结果是老年人将面临双重征税：年轻时，他们缴纳工资税；退休后，他们缴纳消费税。又如课征增值税。从短期来看，消费者面临的价格会上涨，故与筹措相同收入的所得税相比，税收负担可能会更多地转嫁到消费者身上。

18.4 影响税收归宿的其他因素

到目前为止，我们已经说明，谁来承担税收负担不是国会说了算，而是取决于需求曲

① 这也可以从稍有不同的方式看出来。一个人的储蓄（借款）是第一期工资与消费的差额：

$$w_1-C_1$$

这样，第二期消费就是第二期的工资收入加上储蓄及其利息：

$$C_2=w_2+(1+r)(w_1-C_1)$$

整理各项，可得：

$$C_1(1+r)+C_2=(1+r)w_1+w_2$$

两边同时除以（$1+r$），就可以得到正文中给出的预算约束形式。

线和供给曲线的某些特征以及市场的性质——市场是竞争的、垄断的还是寡头垄断的。

□ 18.4.1 局部均衡和一般均衡下的税收归宿

在税收归宿的分析中，还需要考虑其他几个重要因素。第一，单一行业的税收与影响许多行业的税收之间有重要区别。我们前面分析了对一个小行业（啤酒）的征税。假设这种税不会对（比如）工资率产生显著影响。虽然啤酒需求下降将会减少啤酒行业对劳动的需求，但假设该行业的规模很小，由此失去工作的工人可以在其他地方找到工作，而对工资率没有明显的影响。我们把这种分析，即我们假设所有价格和工资（明确关注的那些价格和工资除外）都保持不变的分析，称为**局部均衡分析**（partial equilibrium analysis）。

可是，许多税收都同时影响很多行业。公司所得税影响所有公司制企业。假如因公司所得税导致公司制企业减少了对资本的需求，闲置资本不可能在不降低资本收益的情况下被其他经济部门（非公司部门）所吸收。因此，我们不能想当然地认为，公司部门为获得资本而必须付出的与对该部门课征的税收无关。为了分析公司所得税的影响，需要分析它对整个经济均衡的影响，而不仅仅是对被征税企业的影响。这种分析称为**一般均衡分析**（general equilibrium analysis）。在许多情况下，税收的一般均衡效应可能与局部均衡效应明显不同。例如，倘若资本可以比较容易地从经济中的公司部门转移到非公司部门，公司资本的税收必须由这两个部门的资本平摊；它们必须有相同的税后收益。

公司所得税的整体归宿，就像对任何生产要素的课税一样，取决于需求曲线和供给曲线的弹性。虽然我们将在第 23 章对公司所得税的归宿进行更全面的讨论，但通过对资本供给曲线完全有弹性这种极端情况的分析，我们可以看出为什么一般均衡效应与表面效应明显不同。

储蓄者坚持要获得收益率 r^*，如图 18.11 所示。若低于 r^*，他们就不会提供资本；若收益率为 r^*，他们则愿意提供任意数量的资本。这意味着，税后资本收益率（不管是在公司部门还是在非公司部门）必须是 r^*，所以公司部门的税前收益率必须是 r^*+t。税收只是提高了公司部门的税前资本成本。这将产生两种影响：首先，它提高了公司部门生产的产品的价格，从而降低了对这些产品的需求；这些需求将转移到非公司部门。其次，

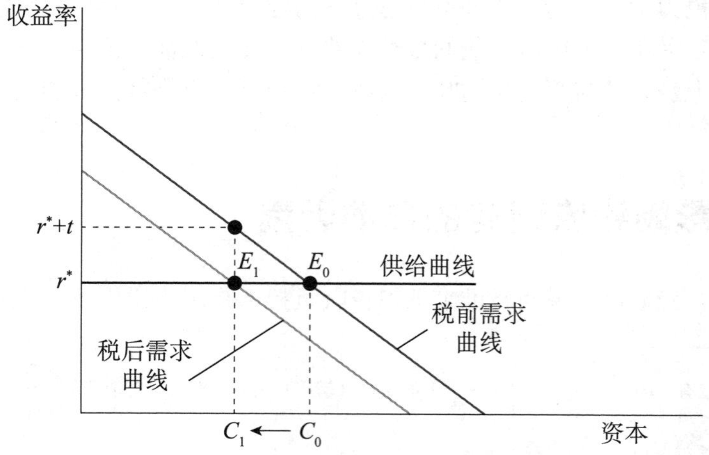

图 18.11 公司部门的资本收益税归宿

在资本供给具有无限弹性的情况下，资本提供者在税前和税后必须获得相同的收益率。税收完全转嫁了。

在公司部门内部，企业会多用劳动，少用资本。一般来说，部分税收会转嫁给工人，部分税收向前转嫁给公司部门的产品消费者。然而，这对比如工人的影响程度，不仅取决于公司部门的企业用劳动取代资本的难易程度，而且取决于非公司部门和公司部门产品的相对劳动密集程度。如果公司部门的企业可以轻而易举地用劳动取代更昂贵的资本，且如果非公司部门的产品属于相对劳动密集型产品，那么一般均衡效应可能会导致对劳动的需求总体增加，在劳动供给无弹性的情况下，这实际上会使工资增加。在这种情况下，公司所得税的负担会落在公司部门的产品消费者身上。工人和资本所有者可能都会受到价格上涨的负面影响，但相对影响可能取决于消费结构和其他因素。假如资本所有者主要消费非公司部门生产的服务，而工人消费更多的制成品，那么工人可能承担更多的税收负担。

从上述分析中可以看出以下三点：

1. 公司不承担税收，承担税收的是人——股东、工人和消费者。

2. 由于一般均衡反应，公司所得税的影响遍及整个经济，不局限于公司部门。

3. 这些影响可能因分析期不同和经济结构假设有别而有所不同。我们能否假设资本存量总额固定不变？或者能否假设资本可以很容易地（或很难）从一种用途转为另一种用途？劳动能很容易地取代资本吗？劳动和资本能从经济中的一个部门流动到另一个部门吗？这些问题的答案对于确定税收的影响至关重要。

专栏 18.3

行为经济学、经理人资本主义和税收归宿

我们在本章已经看到，税收归宿（谁最终付税以及付税的全部后果）取决于市场的性质，比如市场是高度竞争的还是更为垄断。近年来，经济学家注意到，标准模型不能很好地刻画经济行为方式；倘若如此，税收归宿的分析就要相应修改。

一个重要的思想流派，称为**行为经济学**（behavioral economics），关注的是那些通常与标准模型不一致的行为或标准模型没有做出很好解释的行为。这里所谓的标准模型，是我们在前面章节已使用过的理性人使其一生效用最大化的模型。在某些情况下，行为反应实际上可能比标准理论所预测的要大，有时也可能要小（请参阅第 10 章“私人部门对政府项目的反应”一节）。

例如，政府通过特殊计划（比如个人退休账户）来鼓励储蓄（第 21 章将予以详细描述），可能比标准理论预测的更有效，因为人人都喜欢“占便宜”（在此是因为有特殊的税收待遇），尽管从边际角度来说没有好处（而且标准理论说，真正重要的是税收制度如何影响边际收益率）。这种特殊计划唤起人们对储蓄重要性的关注，人们会做出反应。

说到税收归宿，人们对税收负担的分配公平与否（平均而言，高收入纳税人是否比低收入纳税人纳税更多）及其对纳税遵从的影响的看法，可能更多地受到大众传媒而非统计数据的影响。例如，尽管所得税具有累进性，来自高收入纳税人的税收收入占税收收入总额的比例也很大，但某些人或公司利用高薪税务师的高超技能来减轻税收负担不断见诸报端，造成民怨四起，人们可能都不愿意纳税。行为经济学研究了这种公平观念是如何形成的。

现代经济学的另一个主要研究方向是公司行为。**经理人资本主义**（managerial capitalism）的支持者认为，公司实际上并不像**股东资本主义**（shareholder capitalism）理论所说的那样由所有者控制，而是由其经理人控制。如果我们要了解公司对税收归宿做何反应，

我们必须更多地关注经理人的决策以及他们所面临的激励。

例如，相对于劳动所得，资本利得的税收优惠待遇如何影响高层管理人员薪酬的形式和数量？这是否有助于解释为什么高层管理人员如今以公司股票的形式获得大部分薪酬以及为什么他们的薪酬总额增加如此之多？这反过来又会对管理层的决策产生怎样的影响——在短期内高抬股价但会损害企业长期竞争力的各种措施之间如何权衡取舍？

□ 18.4.2 短期效应与长期效应

税收归宿还必须区分长期与短期。许多事情在短期是固定的，而在长期可能是变化的。虽然一个行业（如钢铁）目前在用的资本不能轻易地转移到另一个行业，但从长期来看，新投资可以转移到其他行业。因此，钢铁行业资本收益税的长短期影响可能明显不同。

如果对储蓄征税，其短期影响可能微乎其微。但是，从长期来看，这种税可能抑制储蓄，减少资本存量。资本存量减少会降低劳动需求（和劳动生产率），这反过来又会导致工资下降。因此，对储蓄（或资本）征税的长期归宿可能会落在工人身上，即便短期归宿并非如此。

长短期有别也许是因为动态调整的缘故。例如，即使在竞争相当激烈的市场中，企业也常常会按某种经验法则来设定初始价格，即在可变成本之上再加一个加成。这些行业的长期均衡则根据竞争程度来调整该加成。在短期，市场可能没有处于均衡状态。

长短期效应之间的区别很重要，因为政府和政客往往是短视的。他们只看到了税收的直接影响，没有认识到全部后果，而这些后果也许并不是他们想要的。

有许多因素影响短期效应与长期效应之间的差异、局部均衡效应与一般均衡效应之间的差异。

□ 18.4.3 开放经济与封闭经济

最重要的一个因素是，经济是封闭的（与其他国家没有贸易往来）还是开放的。如果像瑞士这样一个小型开放国家对资本征税，税前收益率就必须进行充分调整以抵消这种税，否则投资者会从瑞士撤资，到其他国家投资；这种税将由土地和劳动负担。实际上，资本的供给曲线是无限弹性的。当然，同样的分析也适用于美国境内的任何一个州。

□ 18.4.4 相关政策的变化

这里需要讨论税收归宿分析的最后一个方面，即政府几乎不可能一次只改变一项政策。政府有其基本的预算约束，亦即税收收入加上赤字增加额（借款增加额）必定等于政府支出。如果政府提高某种税率，就必须降低另一种税率，或减少借款，或增加支出。不同的政策组合将产生不同的影响。我们不能简单地问：如果政府增加所得税会怎样？我们需要详细说明：增加所得税是与减少其他某种税或减少政府借款同时进行，还是伴随着政府支出增加。（这种伴随而来的变化通常是不言而喻的，但到底会发生怎样的变化并非一目了然；例如，如果增加税收，赤字可能会减少。）

如果一种税的增加伴随着另一种税的减少，我们就把这种税收归宿分析称为**差别税收归宿分析**（differential tax incidence analysis）；如果一种税的增加伴随着政府支出的增加，我们就把这种税收归宿分析称为**平衡预算税收归宿分析**（balanced budget tax incidence analysis)。近年来，随着美国为了控制财政赤字而对预算程序进行改革，这种分析变得尤为重要。在所谓的"收支平衡"（pay-as-you-go，PAYGO）规则下*，任何支出的增加都必须有其他支出的减少或新税收收入来源相匹配。①

有时，我们有兴趣分析让一些重要经济变量保持不变的政策组合。例如，增税可能导致产出下降。我们想要把税收计划对产出水平的影响（以及可能对其分配的影响）与该税本身的直接影响区分开来；因此，我们可以考虑使国民产出水平不受影响的政策组合。

同样，许多税收对资本积累水平也有影响。资本存量的减少反过来会导致工资下降。人们可能也想把税收对资本积累的影响区分为直接效应和间接效应，如果认为有其他政策工具可以用来抵消这些间接效应就更是如此。例如，如果遗产税减少了资本积累，就有可能通过提供投资税收抵免来抵消这些效应。我们可以考察一套其作用是使资本积累不受影响的政策，这种归宿分析被称为**平衡增长归宿分析**（balanced growth incidence analysis）。

影响税收归宿的因素

时间跨度：短期与长期。

- 需求曲线和供给曲线在长期可能比在短期更有弹性。

开放经济与封闭经济。

- 要素供给曲线在开放经济中更有弹性。

政策变化的搭配。

- 差别税收分析：在保持税收收入不变的情况下一种税取代另一种税。
- 平衡预算分析：支出随着税收收入的变化而改变。
- 平衡增长分析：不影响资本积累的政策搭配。

专栏 18.4

特殊税收规定的税收归宿

就像我们可以分析工薪税或其他任何特定税种的归宿一样，我们也可以分析税法的某一特殊规定的税收归宿，这种归宿往往并非像表面上看起来的那样或应该的那样。

我们以允许州政府和地方政府发行免税债券的规定为例。该项规定应该能让它们因借款成本降低而受益。如果最高边际税率约为40%，则适用最高税率的个人是购买风险相同的收益率为10%的应税债券还是收益率为6%的免税债券，并没有什么差别。在借债数额巨大的情况下，这一规定可能对各州和地方政府有很大的好处。

然而，实际情况并非完全如此。由于有税收优惠，市政债的收益率会略有降低。例如，

---

* pay-as-you-go（PAYGO）在这里作为一种财政规则，我们姑且将其翻译为"收支平衡"，是指新的支出或税收变化绝不能增加联邦政府债务或必须是"预算中性的"。请不要与英文表述相同的社会保障的筹资方式"现收现付制"（pay-as-you-go）相混淆。——译者注

① 对平衡预算归宿的关注，主要是考虑到其对宏观经济的影响。降低税收或者增加支出会导致总需求水平上升，除非采取紧缩的货币政策来对冲。当今，大多数税收和支出归宿分析都假设货币当局会采取对冲措施来维持经济处于充分就业状态。当然，这些对冲措施也会有分配效应和其他一般均衡效应。因此，对任何一组税收或支出政策的归宿进行全面分析，都需要考虑货币当局对冲措施的影响。

假设利率下降到 8%。这意味着富人通过投资市政债将获得比较高的税后收入。这项税收规定的一半好处是帮助了州和地方政府，但另一半好处是增加了适用最高税率的富人的财富。

18.5 美国的税收归宿

我们在本章已经解释了为什么税收的实际负担不一定会落在被征税的人身上。像大多数发达国家一样，美国也有**累进税制**（progressive tax system），在这种制度下，富人的纳税额占其收入的比例要比穷人的高。所得税对富人课以 35%的税率，而贫困家庭则通过劳动所得税收抵免获得了多达 45%的补贴。不过，人们普遍认为，总体而言，美国的税收制度远不如正式税法所说的那么累进。[如果穷人纳税额占其收入的比例高于富人，该税制就被认为是**累退的**（regressive）。[①]]

这种观点有三个理由。第一，所得税本身并不像看起来那么累进，原因在于它的一些特定的设计特征——允许特定类型的所得或者特定类别的个人至少可以部分地不纳税。例如，资本利得就比其他形式所得适用的税率低，再加上各种各样的特殊规定（将在后面讨论），进一步降低了**有效税率**（effective tax rate）。人人都可以把储蓄存入免税账户，但富人往往比穷人更能利用这种机会。正如我们所看到的那样，尽管税法的各种规定都有其充足的理由，但它们的净效应是降低了税制的累进性。

第二，所得税本身只是众多税种中的一种；许多其他税种，诸如州和地方销售税[②]以及工薪税，都不怎么具有累进性，甚至是累退的。[③]

第三，许多税种的归宿与立法规定的归宿不一致；"旨在"对别人课征的税收，最终往往由工人承担。如前所述，经济学家普遍认为，是工人而不是雇主承担了本应由雇主承担的那部分社会保障税。还有一个共识是，大部分公司所得税被转嫁了，尽管对于转嫁的程度和转嫁给谁还存在着分歧。随着世界资本市场越来越一体化，税收更不可能由资本来承担。公司所得税无论是向前转嫁给消费者，还是向后转嫁给工人，都不那么明显，但无论是哪种情况，其影响都没有由公司所有者承担那么大。

对于联邦税制总体负担的准确估计，显然取决于由谁承担各种税收（诸如社会保障工薪税和公司所得税）负担的假设。图 18.12 描绘了联邦个人所得税的有效税率，而图 18.13 描绘了包括所有联邦税在内的有效税率，其中假设工人承担了全部工薪税负担（包括假定由雇主缴纳的那部分），而公司所得税则按家庭的资本所得份额来分担。值得注意的是，虽然总体税率明显较高，但基本格局惊人地相似：从五等分情况来看，税率差异大致相当。

---

① 下面的讨论以年度税额占年度收入的比例来衡量累进性；以一生税额占一生收入或一生消费的比例来衡量累进性可能更合适。这个区别很重要。有些税收政策的变化，若以年度标准来衡量似乎具有累退性，但若以更根本的标准来衡量可能并非如此，我们将在后面的章节中看到这一点。

② 州和地方销售税的税率通常是固定的，但它们只是对某些商品的购买征税。富人花费在这些商品上的收入比例往往比穷人的低，而在食品免税的州，中等收入人群的这一比例最高。

③ 工薪税是按工资收入的固定比例征税，且应税工资收入上有封顶。因此，高薪人群只是就其工资收入的一部分纳税，而且，平均来看，由于富人的收入只有一小部分来自其工资，所以他们缴纳的工薪税在其总收入中只占很小的比例。解释社会保障制度是否因此而具有累退性则是一个争议颇大的问题，因为我们不仅需要考虑社会保障缴费情况，还需要考虑社会保障金情况。从历史上看，正如我们在第 16 章所看到的那样，相对于穷人而言，富人得到的远远超过了他们所缴纳的，但如今，社会保障缴费与社会保障金之间存在着密切的对应关系，只是穷人除外，穷人得到的超过了其所缴纳的。

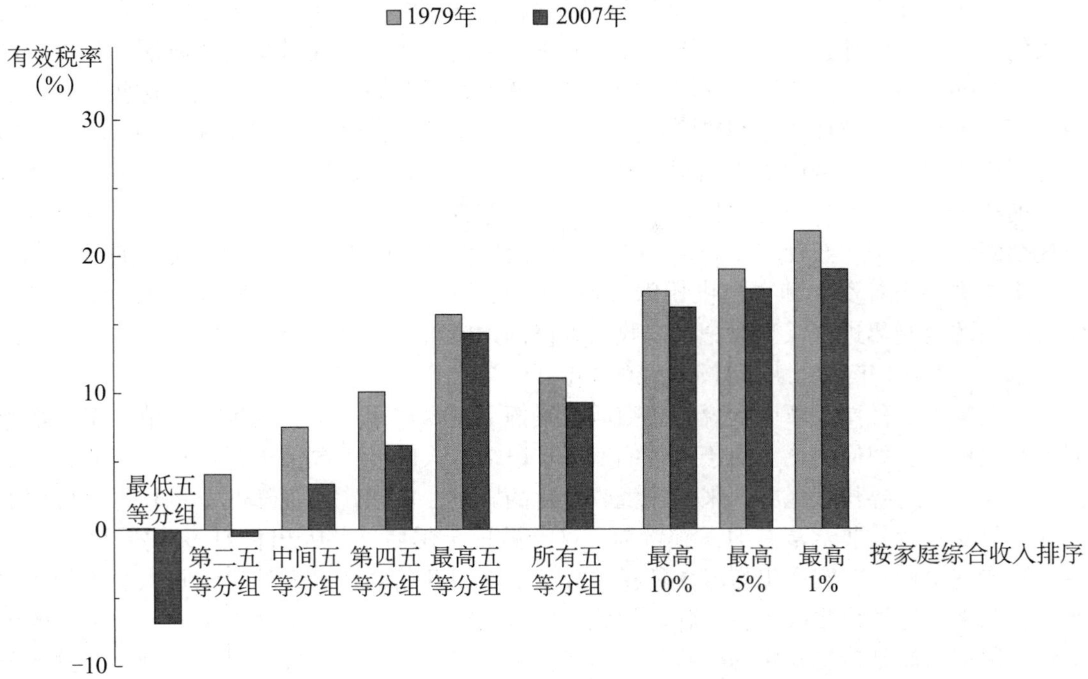

图 18.12　联邦个人所得税的累进性

由于存在各种特殊规定，个人所得税的有效税率（纳税额占所得的比例）大大低于法定税率。不过，税率表还是表现出相当大的累进性。

资料来源：Urban Institute and Brookings Institution Tax Policy Center，and the Congressional Budget Office.

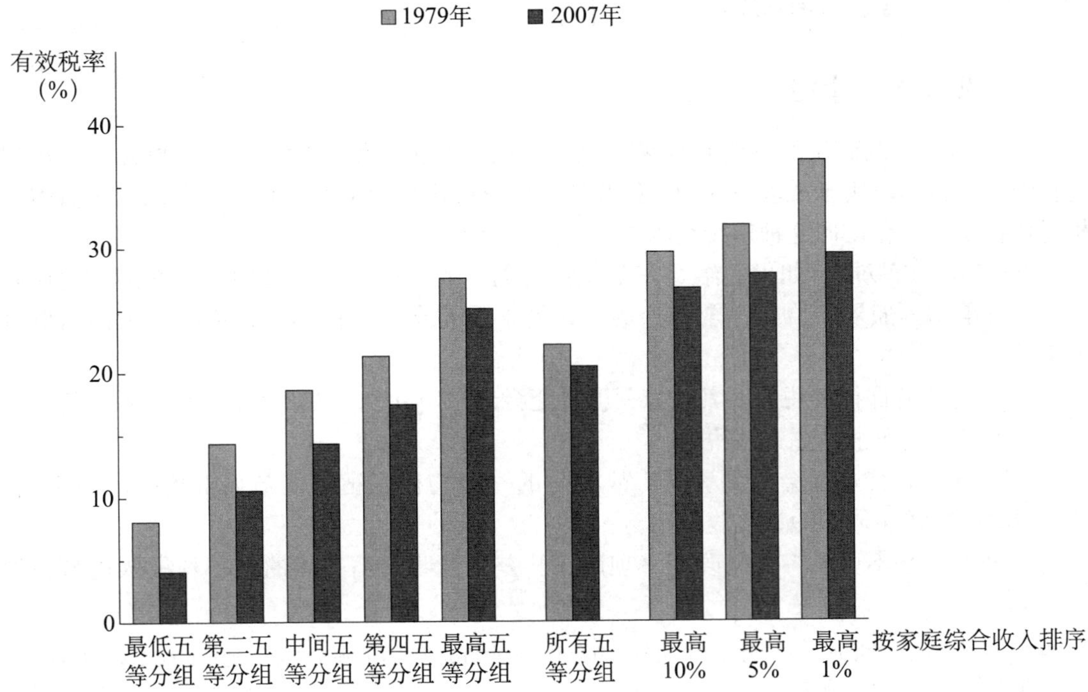

图 18.13　联邦税制的累进性

当所有联邦税都包括在内时，有效税率更高了，并保持了累进性。

资料来源：Urban Institute and Brookings Institution Tax Policy Center，and the Congressional Budget Office.

2007年，底层人口的累进程度比较高，最贫穷的20%人口缴纳的税额占其收入的比例大约为4%，不到下一个五等分组的该比例11%的一半。而在最富有的阶层，累进程度有限，与前10%的人口相比，前1%的人口所缴的税只是高出几个百分点。这些数据可能夸大了美国税制的整体累进程度，因为如前所述，州和地方税的累进性往往不如联邦税；此外还由于只有已实现的资本利得包括在所得中，而未实现的资本利得（2008年金融危机之前资本利得巨大）没有包括在内。要是将这些都包括在内，美国最富有人口的有效税率还会降低。乔治·布什（George W. Bush）政府2001年和2003年的减税，通过降低边际税率并进一步对资本利得提供特殊待遇，降低了税收制度的累进性，部分抵消了1993年所提高的税制累进性（当时把最高收入人群的边际税率从28%提高到近40%）。布什减税原本定于2010年底到期，但延至2012年。[①]

在近年来的税制改革中，税收归宿问题发挥了重要作用。每一项税制改革议案，都列明了有效税率会如何变化。由于政客们发现难以为富人的减税政策进行辩护，因此大量工作都用在了努力寻找其他方式来描述税收变化的影响。例如，主张降低资本利得税税率的人（主要受益者是非常富有的人）认为，这种减税会诱使这些人出售更多的资产；而且，由于资本利得税只在资产出售时才征税，故至少在一开始来自富人的税收收入会增加，即使从长期来看这种税收收入会下降。因此，主张削减高收入者资本利得税的人，关注的不是降低税率，而是最初几年的税收收入增加。更一般地说，关于税收归宿的争论（例如公司所得税，谁在真正纳税），在有关具体改革方案是增强了还是削弱了税制累进性的争论中发挥了关键作用。现在的问题是既要有理论分析，也要有实证分析，而且其影响往往取决于税法的具体规定。接下来的几章将阐明这些争论中的许多关键问题。

18.6 复习和练习

□ 18.6.1 小结

1. 是对要素或商品的供给者征税还是对消费者征税，没有什么区别。可是，谁承担税收的负担，则取决于需求弹性和供给弹性，以及市场是竞争的还是非竞争的。税收引起相对价格发生变化，而这种市场反应决定了谁来承担税收。

2. 在竞争市场中，如果供给是完全无弹性的，或者如果需求是完全弹性的，则税收由生产者承担。如果供给是完全弹性的，或需求是完全无弹性的，则税收完全由消费者承担。

3. 对垄断者课征的税收，其转嫁程度可能会超过100%；也就是说，消费者支付的价格，其上升幅度可能会超过该税额。

4. 鉴于所有行业都会受到影响，故税收的一般均衡归宿可能与局部均衡归宿不同。长期税收归宿也不同于短期税收归宿。

5. 政府几乎不可能一次只改变一项政策。差别税收归宿关注的是一种税取代另一种

① 国际资本流动的增加表明，公司所得税的负担会更多地由消费者承担，而资本承担的负担会更少。在这种情况下，总体累进程度要比所描绘的低。

由于社会保障金与社会保障缴费大体相当，所以社会保障制度所征收的净税额只与其再分配有关。低收入者所得到的稍多于他们所缴纳的，高收入者所得到的就会稍少一些。图18.13只描绘了工薪税的情况，而没有描绘社会保障金的情况。

税将对税收负担的分配产生怎样的影响。

6. 产量税（统一销售税）、比例所得税和统一增值税都是等价的。统一工资税和统一消费税是等价的。

7. 有关谁承担了美国的税收负担的实证研究表明，税收制度的累进程度取决于对公司所得税和工薪税归宿的假设。美国的现行税收制度具有一定的累进性，尽管不如“写在纸上”的那么强。

□ 18.6.2 重要概念

从价税	平衡预算税收归宿分析	平衡增长归宿分析
行为经济学	差别税收归宿分析	有效税率
需求弹性	供给弹性	等价税
一般均衡分析	经理人资本主义	边际成本
边际收入	寡头垄断	局部均衡分析
累进性	累退性	股东资本主义
向前转嫁	向后转嫁	从量税
税收负担	税收归宿	

□ 18.6.3 练习题

1. 假定有一种矿产，其供给是固定的，$Q^S=4$。这种矿产的需求由下式给定：$Q^D=10-2p$，其中 p 是每磅的价格，Q^D 是需求量。政府对消费者征收每磅 2 美元的税款。(1) 在税前和税后均衡状态下，消费者支付的价格各是多少？(2) 生产者收到的价格是多少？(3) 筹措到的税收收入是多少？

2. 假设有一个小镇，工人的流动性很高（也就是说，如果其他地方的机会稍好，他们就会离开这个小镇）。相对于工人不流动的城镇的工资税归宿，你认为该镇的工资税归宿将如何？

3. 人们常说，对香烟和啤酒的征税是累退的，因为穷人在这些东西上的花费占其收入的比例要比富人高得多。如果你认为这些商品是由下列生产者生产出来的，那么，你对这种累进程度的估计会受到怎样的影响？(1) 具有无弹性供给曲线的竞争行业；(2) 具有线性需求曲线的垄断行业；(3) 面临不变弹性需求曲线的垄断行业。

4. 人们常说，为公路建设和维护筹措资金的燃油税是公平的，因为这种税让道路使用者来买单。你认为谁会承担这种税的负担？

5. 如果你认为比例消费税是最好的税种，那么你会用哪种方式来征税？若以不同的方式来征税，其征管成本会有所不同吗？

6. 政府支出计划的实际归宿与立法意图会在哪些方面有所不同？为什么短期效应与长期效应会有所不同？请借用本书第 4 篇的例子或针对政府农业计划的讨论来说明。同样，请讨论管制计划（如租金管制）的短期效应和长期效应会有何不同。

18.7 附录：对垄断者课征从价税和从量税的效应比较

假设政府对垄断者的产量征税。我们在正文中说，在政府筹措的税收收入既定的情况下，从价税（按销售额的固定比例征税）使产量的减少程度小于从量税（按每单位销量课征固定税额）。

原因在于，因从价税而减少的边际收入低于税额，因从量税而减少的边际收入恰好等于税额。由于垄断者让边际收入等于边际成本，所以，如果边际收入减少得较少，产量减少也就较少。

我们可以通过图 18.14 对此进行说明。图 18.14（A）描述了从量商品税的影响。先前，我们用边际成本的增加来表示这种税的影响。或者，我们可以把这种税的影响表示为企业在任意给定销量下所收到的价格的下降，也就是说需求曲线向下移动。需求曲线和边际收入曲线向下移动的程度等于税额 t。

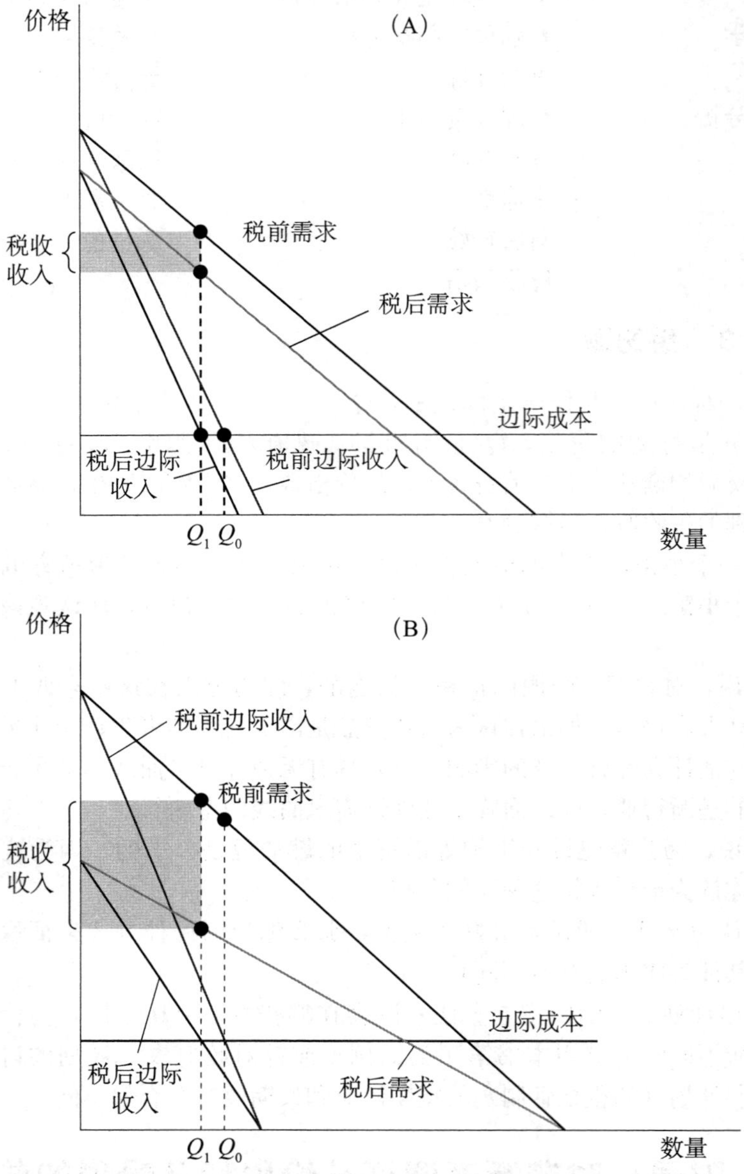

图 18.14　对垄断者课征从价税和从量税的效应比较

图（A）：对垄断者课征从量商品税的影响可以视为边际成本线上移，或者像现在这样，需求曲线和边际收入线下移。图（B）：分析对垄断者课征从价税的影响。对于任意给定的产量水平 Q_1，课征从价税比课征从量税的税收收入高。

在课征从价税的情况下，如果一个人对某种商品支付的价格是 p，生产者收到的价格就是 $p(1-\hat{t})$，$\hat{t}$ 表示从价税率。因此，纳税额就是市场价格的函数。如果价格为零，税收即为零，如同我们在正文所看到的。税收的影响是使需求曲线发生转动，如图 18.14（B）所示，而不是像图 18.14（A）那样平移。税率为 $\hat{t}$ 的从价税按固定比例可以将收入降至（$1-\hat{t}$）pQ，从而以同样的比例将边际收入降至（$1-\hat{t}$）MR_{bt}，也就是降至税前水平的 $1-\hat{t}$ 倍。边际收入线也以其与横轴的交点为原点发生了转动。

重要的一点是，边际收入减少了 $\hat{t}\times MR$，而且由于边际收入低于价格，故它的下降幅度小于 $\hat{t}\times p$——销售单位产品的税收收入。相比之下，在课征从量税的情况下，边际收入的下降幅度恰好等于从量税税额。因此，对于任意给定的均衡产量水平（对于任意给定的边际收入下降额），从价税筹措了更多的税收收入，如图 18.14 所示；或者说，对于任意给定的单位产量税收收入（$t=\hat{t}\times p$），课征从价税的产量会更高，所以价格会降低，政府的收入总额会更大。

第 19 章 税收与经济效率

重点问题

1. 如何衡量征税所造成的效率损失？它的大小取决于什么？

2. 何谓税收的收入效应和替代效应？为什么它们在商品税上通常会相互强化，而在工资和利息税上它们的作用是相反的？

3. 对劳动和储蓄征税造成的效率损失有多大？

所有税收都影响经济行为。税收把资源从个人手中转移到政府手中，因此，人们不得不以某种方式改变其行为。如果他们不调整工作量，就必须减少消费。他们也许更多地工作，享受更少的休闲；而通过更多地工作，就可以少减少一些消费。

无论人们如何调整，税收的增加必然会使他们的境况变差。① 不过，就所征收的每 1 美元收入而言，有些税种使人们的福利减少得比较少。税收政策涉及税收制度的设计，即在筹措既定税收收入的情况下，在使福利损失最小化的同时，还能实现第 17 章所讨论的其他税收政策目标。本章分析福利损失的决定因素；第 20 章将用这些分析结果来描述最适课税的基本原理。

本章分为 6 节。第 1 节分析对消费品（如啤酒）征税的影响。在定性分析了这些影响之后，第 2 节对这些扭曲进行定量分析。第 3 节分析对生产者课税造成的无效率。第 4 节和第 5 节把同样的原理应用于对储蓄收益和工资的征税上。第 6 节定量分析税收对劳动供给的影响。

19.1 消费者承担税收的影响

我们从最简单的情况开始分析：消费者承担全部税收。例如，假设鲁滨逊的收入是固定的，且他可以选择购买两种商品——苏打水和啤酒。他的预算约束线是图 19.1 中的 SB，这给出了他可以购买的苏打水和啤酒的各种组合。如果他把所有的收入都用于购买苏打水，他能买到的数量是 S；如果他把所有的收入都用于购买啤酒，他能买到的数量是 B。

假设政府对啤酒课税。这会有什么影响？（本节都将假设消费者价格的上涨幅度等于

① 当然，这忽略了因税收增加导致政府支出增加而可能带来的好处。从某种意义上说，本章着眼于政府项目（计划）的“成本”——为这些项目筹资的税收收入，而本书的前几章关注的是这些政府项目的“收益”。政府项目的全面评估不能顾此失彼。我们在本章还忽略了一般均衡效应：假设税前工资和价格不受征税的影响。

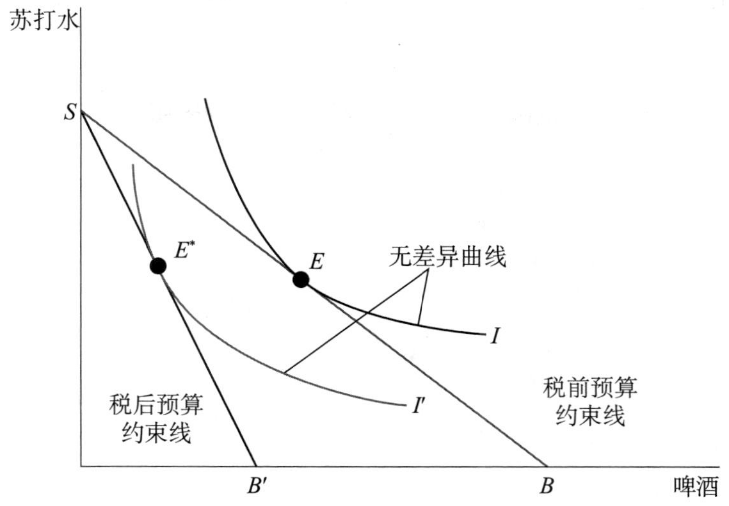

图 19.1　对啤酒课税后的均衡

税收的影响就是使预算约束线下移，从而均衡从 E 点变为 E^* 点。

全部税额，即消费者承担了全部税收负担。如果啤酒和苏打水的供给曲线是无限弹性的，就会发生这种情况，正如我们在第 18 章所说的那样。）对啤酒征税使预算约束线移到 SB'。如果鲁滨逊愿意的话，他仍可以把所有收入都用于购买苏打水，得到 S 单位的苏打水。可是，啤酒现在变得更贵了，所以他现在的收入能买到的啤酒会减少。

最初，鲁滨逊通过在预算约束线上选择 E 点来分配他的收入，该点是预算约束线和无差异曲线的切点。在征税之后，出现了一个新的均衡，位于 E^* 点。相对于 E 点，鲁滨逊在 E^* 点的啤酒消费量减少了。

□ 19.1.1　替代效应和收入效应

税收减少了个人的啤酒消费量，原因有二。第一，这种税像任何税收或收入损失一样，会使个人的境况变差，因为他能花的钱减少了。通常情况下，当一个人的境况变差时，他就会减少所有商品的消费。个人因境况变差而减少的课税商品消费量称为税收的**收入效应**（income effect）。第二，征税使啤酒相对其他商品变得更贵。当一种商品变得相对更贵时，人们就会找替代品。个人因相对价格上涨而减少的课税商品消费量则是**替代效应**（substitution effect）。

图 19.2 说明了如何将从 E 点到 E^* 点的移动（即啤酒消费减少）分解为收入效应和替代效应。我们首先要问的是，如果我们拿走一个人的收入，使他处于新的更低的无差异曲线上，但同时没有改变相对价格，那么啤酒消费量会减少多少？预算约束线 $\hat{S}\hat{B}$ 反映了这种变化，它与原始预算约束线保持平行（这意味着相对价格相同），但与无差异曲线 I' 相切于 $\hat{E}$ 点，啤酒消费量的相应减少就是收入效应。

从 $\hat{E}$ 点到 E^* 点的移动以及啤酒消费量的相应减少就是替代效应。它表示只是由于相对价格的变化而导致的消费减少。

在这种啤酒税的情况下，收入效应和替代效应的作用方向一致：随着从 E 点到 $\hat{E}$ 点再到 E^* 的移动，啤酒消费不断下降。

确定替代效应的大小　替代效应的大小取决于用其他商品替代课税商品的难易程度。这反映在无差异曲线的形状上。如果无差异曲线相对平坦，那么替代就很容易，替代效应也就比较大。[1] 图 19.2（B）说明了一种极端情况，在这种情况下，无差异曲线为 L 形，没有替代效应。

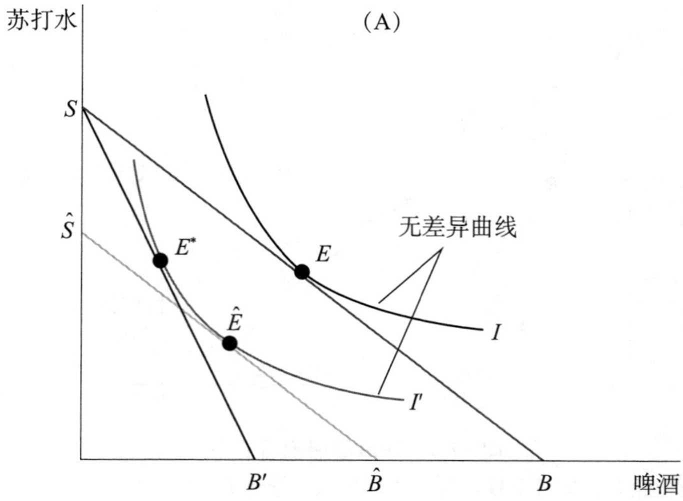

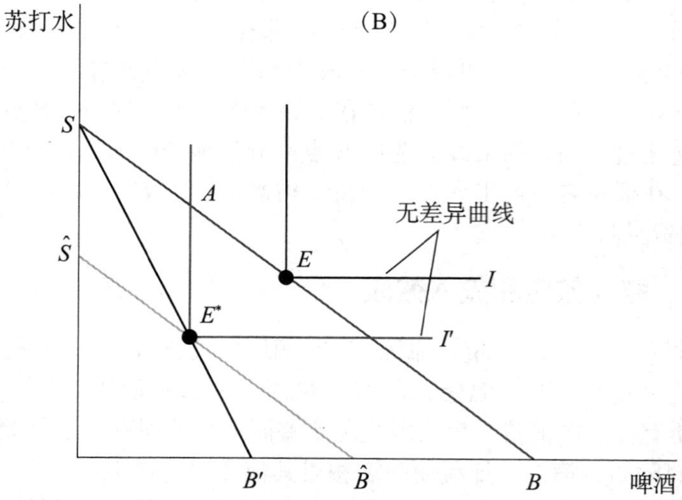

图 19.2　对啤酒消费课税的收入效应和替代效应

图（A）：把从 E 点到 E^* 点的移动分解为收入效应和替代效应。从 E 点到 $\hat{E}$ 点的移动是收入效应，从 $\hat{E}$ 点到 E^* 点的移动是替代效应。图（B）：无差异曲线呈 L 形，表示没有替代效应的情形。

19.2　扭曲的定量分析

任何税收都必定影响消费。毕竟，税收的目的是把购买力从个人手中转移到政府手中，人们必定减少某些东西的消费。有效率的税收要使所筹措的每单位收入的福利损失最小化。第 17 章介绍了一次总付税概念，这是不管人们做什么都必须缴纳的一种税。

① 更确切地说，这取决于替代弹性——相对价格的百分比变化所引起的相对消费量的百分比变化。图 19.2（B）中的 L 形无差异曲线的替代弹性为零。另一种极端情况是，无差异曲线是一条直线，替代弹性被认为是无限的。

这种税只是使预算约束线平移，如图 19.3 所示。图中，我们用横轴表示啤酒支出，用纵轴表示所有其他商品支出。这样，在 Y 点，此人没有消费啤酒，衡量的是其税前收入；在 Y' 点，衡量的是此人的税后收入；垂直距离 YY' 衡量的是一次总付税。预算约束是：

啤酒支出+所有其他商品支出=收入－一次总付税

其中，啤酒支出$=p_B B$，即啤酒价格乘以啤酒购买数量。

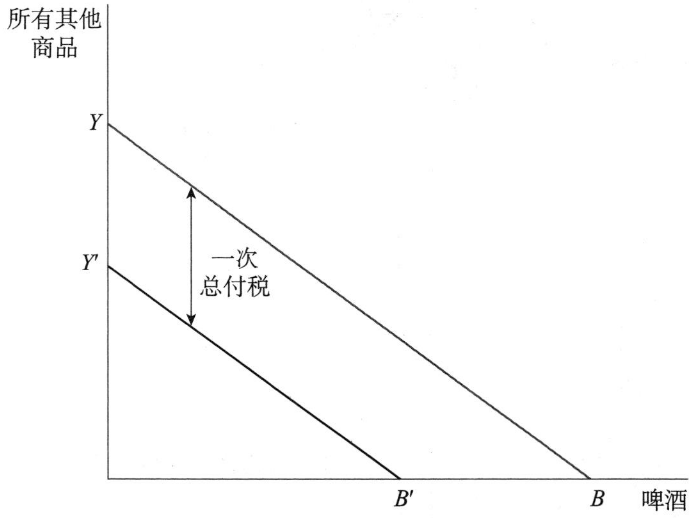

图 19.3　一次总付税

两条预算约束线之间的垂直距离衡量了一次总付税的大小。

我们通过问下列问题来比较任何税种（如啤酒税）与一次总付税的影响：在税收收入相同的情况下，相较于一次总付税，课征啤酒税时人们的境况变差了多少？这种额外的福利损失称为无谓损失（deadweight loss）。同样地，我们也可以问：在对个人福利的影响相同的情况下，一次总付税会多征收多少税收收入？啤酒税会少征收多少税收收入？这种税收收入差额便是这种税造成的无谓损失。

□ 19.2.1　用无差异曲线衡量无谓损失

图 19.4 比较了啤酒税与一次总付税的影响。啤酒税使个人预算约束线发生转动，从 YB 转动到 YB'。该税筹措的税收收入是税前预算约束线与税后预算约束线之间的垂直距离。显然，当没有啤酒消费时（Y 点），也就没有任何税收收入。啤酒消费越多，税收收入就越多。筹措的税收收入是 AE^*。

对效用产生相同影响的一次总付税使预算约束线从 YB 移动到 $Y'\hat{B}$，现在的均衡点是 $\hat{E}$ 点。征收的税收收入还是新旧预算约束线之间的垂直距离——这表示为了让此人位于相同的无差异曲线而要拿走的收入额。鉴于新旧预算约束线是平行的，故垂直距离 $\hat{A}\hat{E}$ 正好等于 AF。（平行线之间的垂直距离在任何位置都是相同的。）因此，在对效用的影响相同的情况下，一次总付税多征收的税收收入额是 E^*F。E^*F 就是这种税造成的无谓损失。

无谓损失的大小取决于替代效应。如图 19.4(B) 所示，该图除了无差异曲线呈 L 形之外与图 19.4(A) 都相同，由于不存在替代效应，也就没有无谓损失。

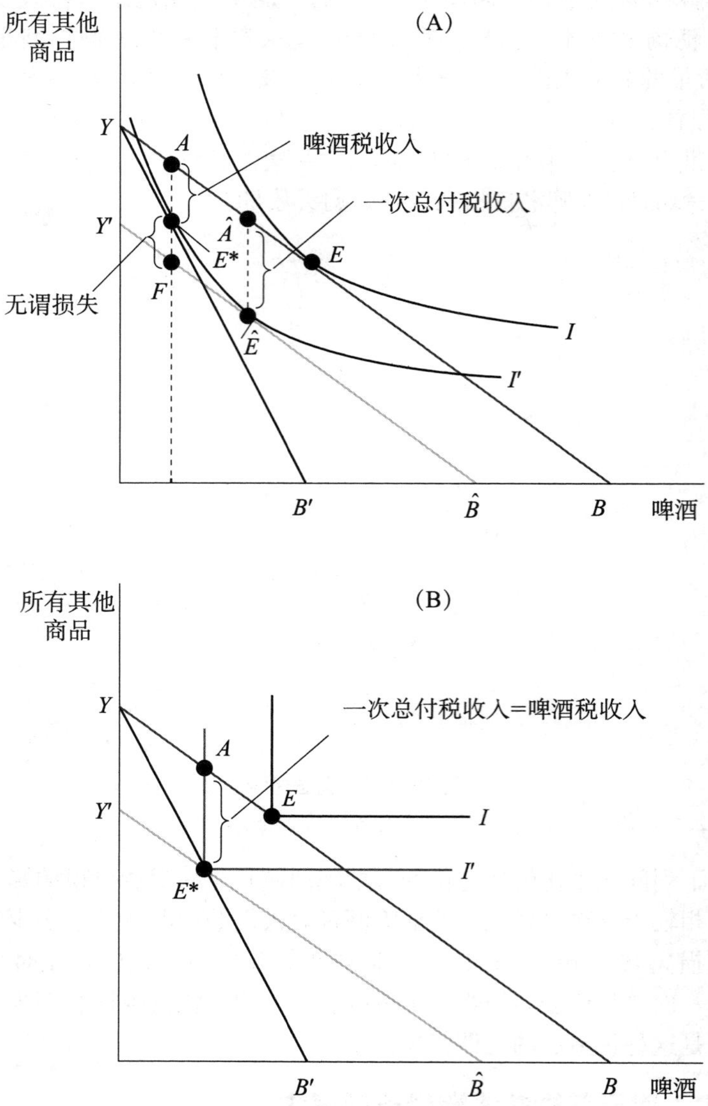

图 19.4　用无差异曲线衡量无谓损失

人们选择的啤酒消费量取决于其无差异曲线与预算约束线的切点。啤酒税使预算约束线发生转动，一次总付税使预算约束线平行下移。在图（A）中，一次总付税多征收的税收收入是 E^*F。在图（B）中，当不存在替代效应时，啤酒税没有无谓损失；一次总付税和啤酒税征收的税收收入相同。

□ 19.2.2　用补偿性需求曲线衡量无谓损失

衡量无谓损失的另一种方法是用第 7 章介绍的消费者剩余和补偿性需求曲线概念。假设我们对每瓶啤酒课税 30 美分，在课征这种税的情况下，鲁滨逊每周消费 10 瓶啤酒。我们问他，如果取消这种税，他愿意上交政府多少钱？换句话说，一次总付税为多少时能使他的效用水平与被课征 30 美分啤酒税时相同？显然，鲁滨逊愿意每周至少缴纳 30 美分×10 的税。这种税多筹措的收入就是利用这种扭曲性税制所造成的无谓损失。

我们现在说明如何利用消费者的补偿性需求曲线（compensated demand curve）计算无谓损失。补偿性需求曲线给出了鲁滨逊对啤酒的需求，假设随着价格的降低，拿走他一部分收入，以使他处于相同的无差异曲线上。我们利用补偿性无差异曲线，原因是我们希望知道，在让鲁滨逊的境况与课征扭曲性税收时一样的情况下，课征非扭曲性税收能多筹措多少收入。

假设一瓶啤酒的最初价格是 1.50 美元，其中包括 30 美分的税额，鲁滨逊每周消费 10 瓶啤酒。然后，我们问他，他每周愿意多花多少钱来消费 11 瓶啤酒。他只愿意支付每瓶 1.40 美元。如果我们把税额从 30 美分降为 20 美分（且啤酒价格从每瓶 1.50 美元降至每瓶 1.40 美元），那么他愿意支付的一次总付税总额便是 10 美分/瓶×10 瓶（他先前购买的数量），或者 1.00 美元［图 19.5（A）中的面积 *FGCD*］。

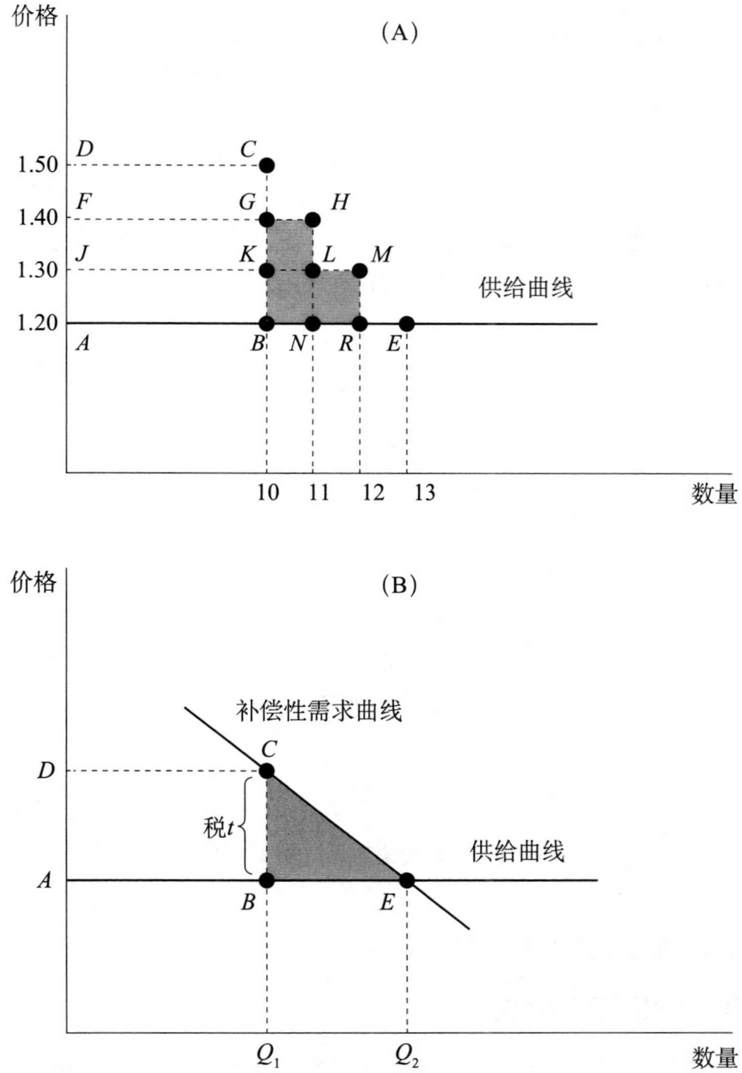

图 19.5　用补偿性需求曲线衡量无谓损失

政府的税收收入是 *ABCD* 的面积。图（A）说明了在使其效用水平保持不变的情况下，啤酒价格从每瓶 1.50 美元降到每瓶 1.20 美元，他愿意支付多少。这与税收收入（面积 *ABCD*）之间的差额就是无谓损失（阴影面积）。图（B）说明了消费水平的增量变化很小的情形。

现在我们问鲁滨逊，假设我们对他征收 1 美元的一次总付税，且 11 瓶啤酒每瓶定价 1.40 美元，他愿意为这额外 1 瓶啤酒多付多少？假定是 1.30 美元。现在，如果价格从每瓶 1.50 美元降到每瓶 1.30 美元，我们计算一下他愿意支付的一次总付税总额。他愿意对前 10 瓶每瓶支付 20 美分（面积 $JKCD$），对多出来的 1 瓶愿意支付 10 美分（面积 $GKLH$），总额为 2.10 美元。

最后，我们问他，假设我们对他征收 2.10 美元的一次总付税，且 12 瓶啤酒每瓶定价 1.30 美元，他愿意为这额外 1 瓶啤酒多付多少？假设是 1.20 美元。我们现在计算一下取消 30 美分的税他愿意支付的一次总付税总额。他愿意对前 10 瓶支付 30 美分（面积 AB-CD），对第 11 瓶支付 20 美分（面积 $BNHG$），对第 12 瓶支付 10 美分（面积 $NRML$），总额为 3.30 美元。这种税的税收收入是 3 美元（面积 $ABCD$），无谓损失则是 30 美分（阴影面积）。

更一般地说，如果价格下降 1 美分，个人愿意支付的数额恰好等于 1 美分乘以消费量。价格降低，消费量就会增加。在图 19.5（B）中，如果价格从 D 下降到 A，个人愿意支付的总额是面积 $AECD$，这考虑到了税后消费量因价格降低而发生的变化。然而，其中的 $ABCD$ 是税收收入，即税额 AD（等于 BC）乘以消费量 AB。因此，无谓损失，即二者之差，正好是三角形 BCE。图 19.6 表明，如果税率翻一番，无谓损失将增加不止一倍。

图 19.7 表明，在税率既定的情况下，需求曲线越平坦（或更准确地说弹性越大），无谓损失越大。（请记住，需求曲线的弹性是指价格变化 1%导致需求变化的百分比。）

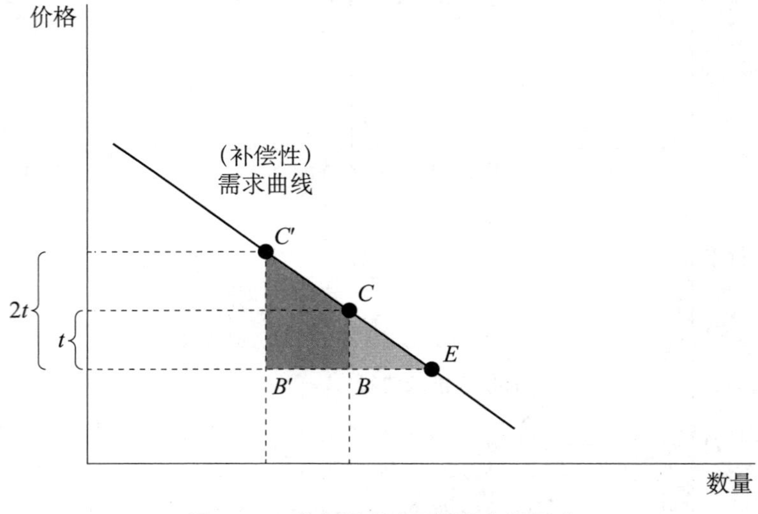

图 19.6　税率提高对无谓损失的影响

如果税率翻一番，无谓损失将增加不止一倍。（面积 $B'C'E$ 是面积 BCE 的 4 倍。）

接下来，我们将更加精准地解释这些见解。

□ 19.2.3　计算无谓损失

回到图 19.5（B），我们用补偿性需求曲线来衡量无谓损失。三角形的高 BC 等于税额 t。BE 是因征税而导致的数量变化。回想一下，需求弹性是指价格变化 1%导致的数量变化的百分比，亦即：

$$\eta=\frac{\Delta Q/Q}{\Delta p/p}$$

式中，符号 ΔQ 表示数量的变化，符号 Δp 表示价格的变化。符号 Δ 是（大写的）希腊字母“Delta”，习惯上用于表示变化；符号 η 是希腊字母“eta”，通常用于表示需求弹性。

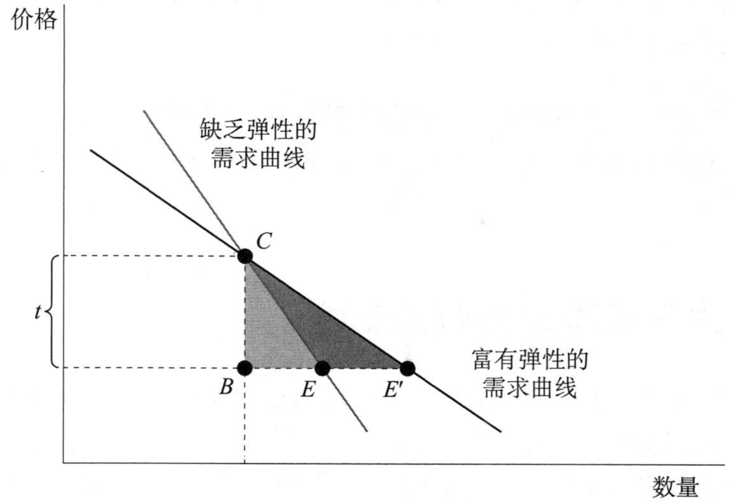

图 19.7　（补偿性）需求弹性增加对无谓损失的影响

（补偿性）需求曲线的弹性增大，会使无谓损失增加。（*BEC* 是需求曲线的弹性比较小时的无谓损失，*BE′C* 是需求曲线的弹性比较大时的无谓损失。）

重新整理，我们可以将数量变化写成：

$$\Delta Q=\frac{\Delta p}{p}Q\eta$$

该等式可以自然地解释为，价格变化越大，需求弹性越大，数量变化就会越大。不过，价格的变化正好等于单位税额 t。因此，通过代换，我们可以得到：

$$BE=\frac{t}{p}Q\eta$$

现在，三角形 BCE 的面积等于：

$$\frac{t\cdot BE}{2}=\frac{1}{2}\frac{t^2}{p}Q\eta=\frac{1}{2}\left(\frac{t}{p}\right)\left(\frac{t}{p}\right)pQ\eta=\frac{1}{2}\hat{t}^2pQ\eta$$

式中，$\hat{t}\equiv t/p$ 是税率，即税额与价格之比。

无谓损失的决定因素　上述公式给出了无谓损失的两个主要决定因素。无谓损失与税率的平方成正比；相较于低税率，高税率造成的扭曲要严重得多。

无谓损失与补偿性需求曲线的弹性成正比。① 后者正是先前确定的作为无谓损失重要决定因素的替代效应。当无差异曲线非常平坦时，补偿性需求曲线的弹性很大，也就是说，即使价格变化的百分比十分微小，也会导致消费的大幅变化。（请记住，补偿性需求曲线只是描述了在一条无差异曲线上的移动，因为根据定义，人们只有得到补偿才能保持在同一条无差异曲线上。）被征收消费税的许多商品都具有相对低的需求弹性，因而无谓损失相对较小。例如，据估计，10%的机票税导致的无谓损失等于所筹措收入的 2.5%（根据需求价格弹性估计值 0.5 计算）；8%的啤酒税导致的无谓损失等于所筹措收入的

① 回忆第 5 章，补偿性需求曲线与普通需求曲线密切相关。当价格上升时，比如是征税所致，个人的境况变差。如果一个人以前每年购买 100 瓶啤酒，价格上涨 10 美分就会使其境况变差；如果我们给此人 10 美元，他会得到充分补偿。补偿性价格上涨的影响正是普通的直接效应加上给予此人额外 10 美元的影响。如果他只是将其收入的 0.1%用于购买啤酒，那么这 10 美元的额外收入就会增加 10 美分的啤酒消费：在补偿性变化的影响和非补偿性变化的影响之间几乎没有差异。

1.2%（根据需求价格弹性估计值 0.3 计算）；15%的香烟税导致的无谓损失等于所筹措收入的 3%（根据需求价格弹性估计值 0.4 计算）。

税收的无谓损失

税收的无谓损失与替代效应（或补偿性需求曲线的弹性）的大小、税率的平方成正比。

19.3 生产者承担税收的影响

到目前为止，本章着重讨论了对消费品征税的扭曲效应。我们假设供给曲线是水平的，所以税收的全部负担都落在消费者身上。

可是，至少在短期，大多数供给曲线都是向上倾斜的。这意味着，对消费品征税的部分负担将落在生产者身上。那么，除了税收收入这种直接负担外，还会对生产者造成超额负担吗？答案是肯定的，除非在特殊情况下，供给曲线是垂直的，也就是说，供给弹性为零。

回想一下供给曲线是如何构建的。在任何价格下，企业的生产都将达到价格等于边际成本时的产量。如果供给曲线是向上倾斜的，边际成本会随着产量的增加而上升。供给曲线和价格之间的面积衡量的是**生产者剩余**（producer surplus），这正好是收入与总可变成本之间的差额。因此，该面积的变化衡量的是利润的变化。

以图 19.8（A）所示的情况为例。当价格从 1 美元上升到 4 美元，产量从 1 单位增加到 4 单位时，利润会如何变化？第一个单位产量的成本为 1 美元；第二个单位产量的成本为 2 美元；第三个单位产量的成本为 3 美元；第四个单位产量的成本为 4 美元。如果我们支付给企业每单位 4 美元，它将生产 4 单位；企业得到的是比生产第一个单位的边际成本多出的 3 美元、比生产第二个单位的边际成本多出的 2 美元、比生产第三个单位的边际成本多出的 1 美元，总利润是 6 美元(=3 美元+2 美元+1 美元)。假设课征一种税，此税使生产者收到的价格降至 3 美元，则使其利润降为 3 美元(=2 美元+1 美元)。可是，如果每单位征税 1 美元，税收收入将为 2 美元，无谓损失则为 1 美元。

图 19.8（B）更加概括地说明了这个问题。假设生产者最初收到的价格是 p，然后征收一种税，使其收到的价格降为 $p-t$。最初，生产者的总利润是面积 DBC。[①] 现在，生产者的利润减至 DGE。利润变化的面积是 $EGBC$，其中，有一部分（矩形 $EGHC$）作为税收收入交给了政府。对生产者征税导致生产者减少的利润超过了政府增加的税收收入，两者之间的差额就是这种税造成的无谓损失，简单地说就是阴影面积 BGH。换句话说，政府本可以对该企业课征一次总付税，使价格仍为 p，企业的利润水平与价格为 $p-t$ 时的一样。这种一次总付税会比对企业产量征税所产生的税收收入高出 BGH。

显然，供给曲线越陡（越无弹性），无谓损失就越小。特别是，像之前一样，我们可以证明，无谓损失与税率的平方、供给弹性成正比。

类似的分析也适用于对生产中使用的产品课税。例如，假定我们对某个行业（汽车）

① 更准确地说，阴影面积衡量的是收入与总可变成本之间的差额。为了计算利润，我们需要减去固定成本。（固定成本是企业只要运营就会发生的成本，与生产规模无关。）

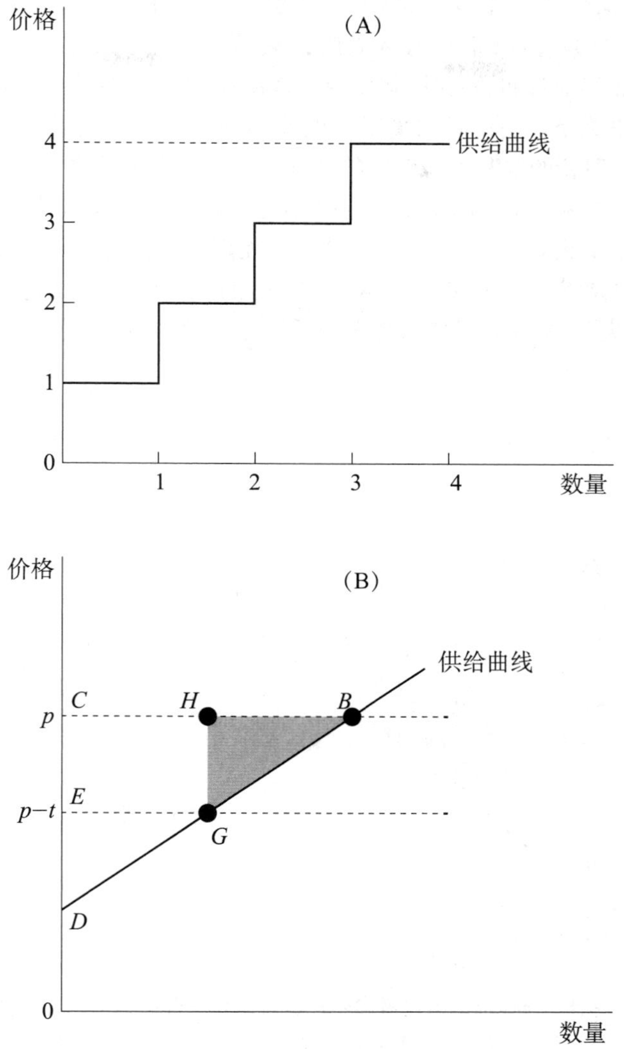

图 19.8　生产课税造成的无谓损失

BGH 衡量的是对生产征税造成的无谓损失。

的一些投入品（如钢铁）课税。我们可以问一下，我们对该行业课征怎样的一次总付税会与对钢铁课税对利润的影响相同?① 一次总付税的税收收入与钢铁课税的税收收入之间的差额就是该税造成的无谓损失，无谓损失的大小将取决于替代的可能性。如果企业不能用任何其他投入品替代（哪怕是部分替代）钢铁，那么对钢铁课税与对产量课税就没有区别。对投入品组合没有任何扭曲影响，投入品组合的变化也就不会产生无谓损失。

□ 19.3.1　消费者和生产者各承担部分税收的影响

我们很容易把对生产者无谓损失的分析与对消费者无谓损失的分析结合起来。图 19.9 说明了一种税部分由生产者承担（生产者收到的价格从 p 下降至 p_s）、部分由消费者承担

① 当然，这不是这种投入品税造成的唯一无谓损失。由于这种投入品税增加了生产的边际成本，因此这会导致消费者支付的价格上升，消费者也会有无谓损失。

（消费者支付的价格从 p 上升至 p_c）的情形。就像之前一样，市场需求的变化可以分解为两部分。从 Q 到 $\hat{Q}$ 的变化是税收的收入效应；从 $\hat{Q}$ 到 Q^* 的变化是税收的替代效应，消费者沿着补偿性需求曲线对课税商品需求减少。也就是说，在新的均衡状态下，价格为 p_c，相对于初始均衡价格为 p，消费者的境况显然变得更差了。倘若我们追问，在初始（没有税收扭曲的）价格 p 但新的福利水平较低的情况下，他们会消费多少，答案是 $\hat{Q}$，这是在价格为 p 时由通过 A 点的补偿性需求曲线上的点决定的。无谓损失与沿补偿性需求曲线的移动有关，在消费从 $\hat{Q}$ 减少到 Q^* 的情况下，消费者的无谓损失就是三角形 ABD。

然而，对于生产者来说，重要的是从 Q 到 Q^* 的总变化，因此它们的无谓损失是三角形 BCE。总无谓损失是这两个三角形面积之和，并且和之前一样，取决于需求弹性和供给弹性。

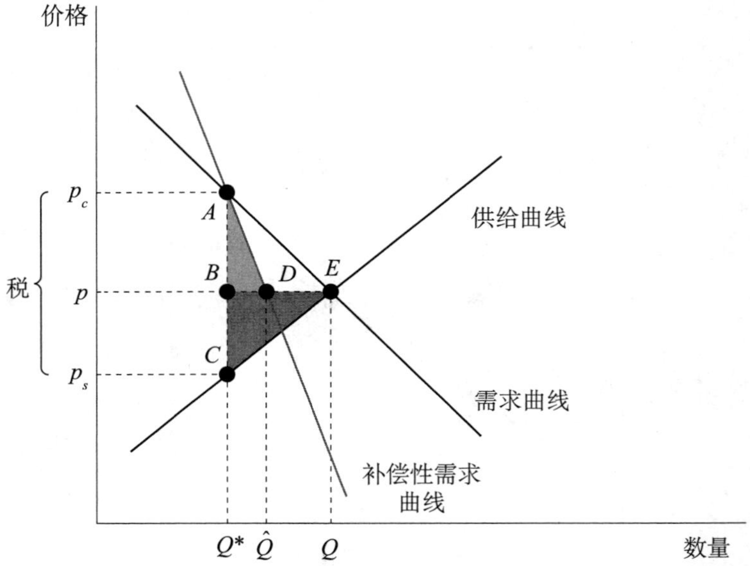

图 19.9　一种税由消费者和生产者各承担一部分造成的无谓损失

消费者的无谓损失是三角形 ABD；生产者的无谓损失是三角形 BCE。如果补偿性需求曲线和非补偿性需求曲线一致（如果需求曲线对收入的微小变化不敏感就会如此），那么总无谓损失就是大三角形 ACE。

19.4　储蓄课税

个人将收入在当期消费和未来消费之间的分配决策，与其在两种不同商品之间的分配决策非常相似。

一个人通过放弃当期 1 美元消费，就可在下一期多消费 $1+r$ 美元，其中 r 为利率。也就是说，如果他把钱存入银行，期末就会收到本金及利息。因此，相对于今天的消费，$1/(1+r)$ 则是明天的消费价格。

如果一个人既不借钱，也不存钱，那么他在这两期里只能是挣多少花多少。我们用 w_0 表示当期的工资，用 w_1 表示下一期的工资。假设 w_0 和 w_1 对应于图 19.10 中的 W 点。通过借钱，他可以在当期消费更多，但代价是要减少下一期的消费。通过储蓄，他可以在下一期消费更多，但代价是要减少当期的消费。

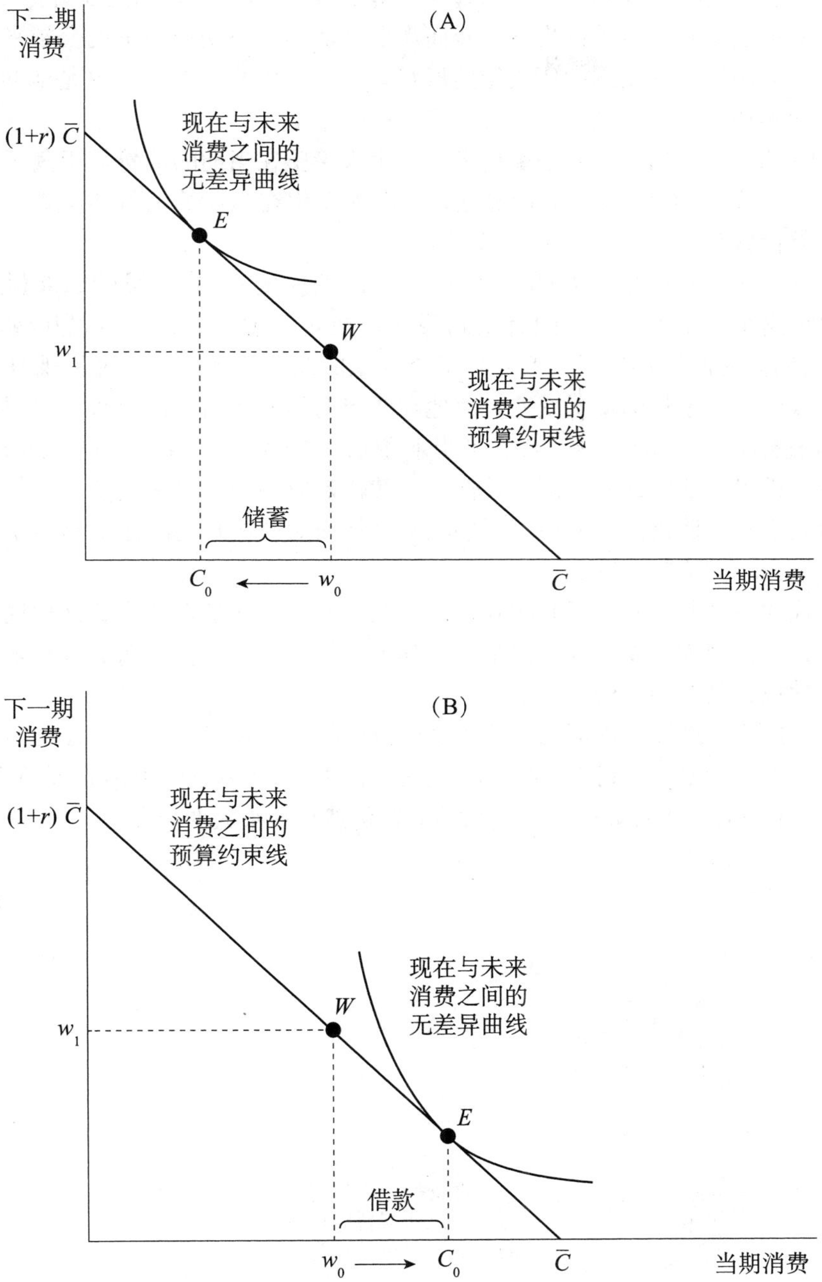

图 19.10　消费、储蓄与借款

一个人把收入在当期消费和下一期消费之间进行分配。图（A）描述了他储蓄的情形，图（B）描述了他借款的情形。

因此，这个人面临预算约束。他要么今天消费 $\bar{C}$ 单位，要么明天消费（$1+r$）$\bar{C}$ 单位，或者将消费的数量定为 $\bar{C}$ 和（$1+r$）$\bar{C}$ 两点连线上的任意一点，如图 19.10 所示。他在当期消费和未来消费之间有一组无差异曲线，就像在啤酒和苏打水之间的消费一样；每条无差异曲线给出了使其效用水平相同的当期消费和未来消费的组合。他愿意减少当期消费，以换取更多的未来消费。随着他的当期消费越来越少，他变得不愿意再放弃更多的当期消费；随着他的未来消费越来越多，他从额外每单位未来消费中得到的额外好处越来越少。这样一来，为补偿他减少 1 单位当期消费而需要增加的下一期消费量就会越来越大。这就是为什么无差异曲线呈现出图中所描绘的形状。个人选择的是 E 点，这是他的预算约束线与无差异曲线相切的点。

图 19.10(A) 说明的是这样一种情形：一个人希望在当期的消费低于其工资收入，把余钱存起来；图 19.10(B) 说明的情况是，一个人希望在当期的消费多于其工资收入，入不敷出部分靠借钱解决。

我们现在看一下对利息所得征税（税率为 t）的影响。（我们假设如果利息所得是负数，也就是说这个人是借款人，则有负的税收；换句话说，借款人可以从政府那里得到钱。）对于当期消费低于其当期（税后）工资收入的储蓄者来说，这种税既具有收入效应又具有替代效应。由于他的境况变差，故他在两当期的消费通常都会减少。因此，收入效应导致当期消费减少。（请记住，储蓄是当期税后工资收入与当期消费之间的差额。）但是，由于他从推迟消费中得到的回报较低，故替代效应抑制了未来消费，而鼓励了当期消费；这导致人们减少储蓄。这种税对当期消费（从而对储蓄）的净效应是不明确的。如果替代效应足够大，储蓄就会减少。

如果替代效应和收入效应正好相互抵消，储蓄不变，这是否意味着这种税是非扭曲性的？不能这么说，因为只要这种税使个人在其无差异曲线上存在当期消费和未来消费之间的替代，这种税就是扭曲性的。

图 19.11 描述了这样一种情况，即利息所得税的收入效应（从 E 点移动到 $\hat{E}$ 点）正好被替代效应（从 $\hat{E}$ 点移动到 E^* 点）所抵消。因此，无论是在税前还是在税后，储蓄（w_0-C_0）是相同的。尽管如此，下一期的消费仍然存在很大的扭曲。

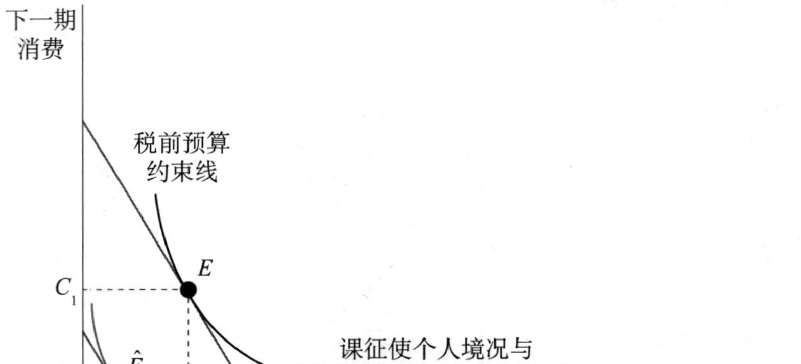

图 19.11　利息所得税的影响

在当期，利息所得税的收入效应正好被替代效应所抵消，但仍然存在无谓损失 E^*F。

我们可以比较一下利息所得税和一次总付税（这种税使预算约束线向下平移）的影响。我们仍然很容易证明，在税收对个人效用的影响既定的情况下，这种税将筹措更多的收入（无谓损失是 $E^{*}F$），或者在税收收入水平既定的情况下，相较于利息所得税，征收一次总付税会使人们的境况更好。扭曲的大小取决于替代效应的大小，而替代效应又取决于当期消费和未来消费的替代性。

□ 19.4.1 利息所得税效应的定量分析

大多数实证估计表明，替代效应略大于收入效应，因此利息所得税对储蓄略有负面影响。从某个角度来说，这是一个好消息——税制可能不会使储蓄减少太多，但从另一个角度说，这又是一个坏消息：政府不大可能通过税收优惠而使储蓄大大增加。

当然，净效应小这一事实并不意味着扭曲效应小，这取决于替代效应的大小。然而，由于大多数美国人只是将其增量收入的一小部分用于储蓄，故收入效应相对较小，这意味着替代效应也比较小（因为两者互相抵消）。

如同我们已指出的，扭曲效应与税率的平方成正比。由于大部分储蓄都是富人所为，而他们适用的税率又很高，因而即使替代弹性很小，无谓损失也会很大。

无谓损失的准确程度仍然是一个悬而未决的问题，有些经济学家认为，无谓损失实际上相当大。

19.5 劳动所得课税

同样的分析也完全适用于劳动供给决策。当然，劳动供给有许多方面，诸如工作时间、工作努力程度、受教育年限（成为劳动力的年龄），以及退休年龄。同样的原理适用于每一方面。这里，我们以工作时间的决策为例进行分析。

与分析储蓄决策一样，我们可以根据两种商品之间的选择来建立劳动供给决策模型。这里，这两种商品分为休闲和其他所有商品及服务的消费。图 19.12 描述了一个人的预算约束线，横轴表示休闲时间，纵轴表示消费（收入）。① 和啤酒税一样，工资税会使预算约束线发生转动。如果这个人根本就不工作，他也就不用纳税——他一天除了 8 小时睡觉之外还有 16 个小时的休闲时间。在工资税的税率为 50%的情况下，只要工作（休闲）时间既定，此人的消费就会减半。这又会出现收入效应和替代效应。如前所述，替代效应会使他减少工作（享受更多休闲），但收入效应会使他多工作：当这个人比较穷时，他就会减少对所有“商品”（包括休闲）的“消费”。收入效应和替代效应的作用方向相反。图 19.12 显示了这两种效应基本抵消的情形；对工作时间没有影响。

劳动供给曲线相对无弹性（收入效应和替代效应相互抵消），并不意味着所得税不具有扭曲性；只要有替代效应，就会有扭曲。图 19.13 说明了这样一种情况，即收入效应大于替代效应，因而劳动供给曲线向后弯曲（工资比较低时，人们实际上会增加劳动）。在这种情况下，税收实际上会增加劳动供给。尽管如此，由于存在替代效应，税收还是具有扭曲性，也就是说，这种税会造成无谓损失。

---

① 鉴于本节的分析目的，我们假设没有储蓄，故消费等于收入。

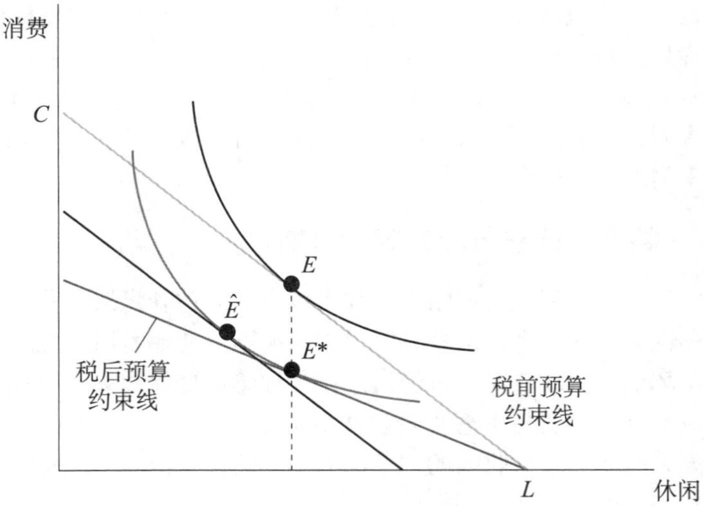

图 19.12　工资税

对劳动所得征税降低了工作收益。替代效应导致人们减少工作（享受更多休闲），而收入效应则导致人们多工作。这两种效应相互抵消。

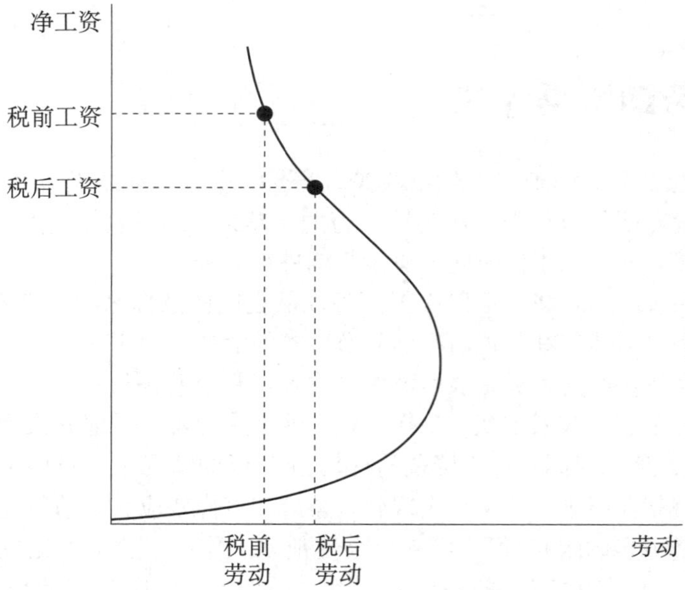

图 19.13　向后弯曲的劳动供给曲线

如果收入效应大于替代效应，则劳动供给曲线将向后弯曲；增加工资会导致劳动供给减少。于是，降低（税后）工资的税收实际上可能会增加劳动供给。这种税仍然有无谓损失。

□ 19.5.1　累进税的影响

本章到目前为止，我们分析的一直是比例税（proportional tax）。啤酒税是按单位计征的从量税，随着啤酒消费量的增加，应纳税额也相应增加。利息所得税亦如此。有些工资税，如社会保障工薪税（超过上限不用纳税）是比例税，但有些税种，比如个人所得税，就不是比例税。

劳动所得税收抵免　图 19.14 描述了税收对低收入者的预算约束的影响；当低收入者

的收入低于某一水平时，在劳动所得税收抵免情况下他将获得工资补贴，但超过某一（较高）水平时，他要纳税。[1] 在 LA 段，新预算约束线实际上比税前预算约束线 LL 更陡；在 AB 段，新旧预算约束线是平行的；在 BC 段，税后预算约束线比较平坦。对于一个工作很少（在 LA 段上选择一点）的人来说，收入效应和替代效应的作用方向相反，收入效应导致少工作（因为个人的境况变好了），替代效应则导致多工作（因为工作收益增加了）。对于一个工作适量且在 AB 段上选择一点的人来说，只有收入效应：此人显然比补贴前工作得少。对于工作勤奋（位于 BC 段）的人来说，收入效应和替代效应都在增强：此人的境况在变好，但工作收益在降低，因此工作量减少得更多。最后，在 CD 段，此人的劳动所得税收抵免好处完全消失，他现在要缴纳所得税。因此，此人的境况比他不纳税或没有补贴计划时更差。现在，收入效应和替代效应的作用方向相反。（劳动所得税收抵免完全消失的 C 点可能出现在税前预算约束线的左边或者右边。）

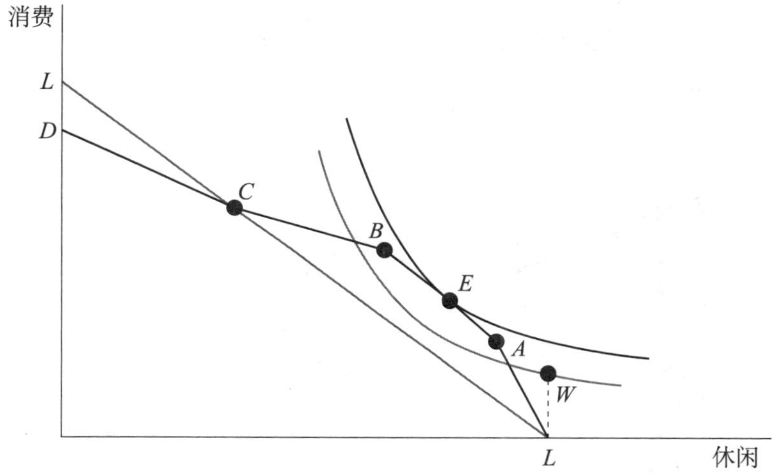

图 19.14　低收入者的预算约束线：劳动所得税收抵免的影响

工作很少的低收入者面临来自劳动所得税收抵免的正向工作激励。这种税收抵免既影响工作时间，也影响劳动参与率。

劳动参与决策与工作时间决策　对于许多人（位于 BC 段上的人）来说，尽管劳动所得税收抵免降低了边际工作激励，但增加了劳动参与激励。假设如果人们选择不工作，可以得到一笔数额固定的福利金，用图中的 W 点表示（他们完全享受休闲）。我们画出一条经过 W 点的无差异曲线。[2] 很明显，在有劳动所得税收抵免的情况下，原本只满足于领取福利的人现在更愿意工作。

大多数经济学家认为，劳动参与决策要比工作时间决策重要得多。第一，要成为劳动力，就需要接受教育、有技能和社会归属感，这些都有助于社会稳定。第二，就许多工作而言，工作时间的自行决定权要比我们之前讨论所说的有限得多。[3] 一周工作时

① 为了简化税法的复杂性，该分析忽略了州税和社会保障税。

② 在实践中，按照现行福利制度，人们如果工作并不会失去所有福利金，只是要面临较高的边际税率。有一条经过 W 点的平坦的预算约束线：我们假设它非常平坦，因此人们会选择 W 点所对应的消费和休闲组合。

③ 这一观察结果与有关英国高收入医生的研究结果一致。该研究发现，个体从业医生对边际税率相当敏感，但那些受雇于他人的医生则看不出来有什么敏感性。请参阅 M. H. Showalter and N. K. Thurston, "Taxes and Labor Supply of High-Income Physicians," *Journal of Public Economics* 66 (1997): 73-97。

间，有的是每天 8 小时工作 5 天，有的是每天 7 小时工作 5 天。的确，随着时间的推移，在经济力量的作用下，工作时间也在调整。20 世纪上半叶，平均工作时间明显减少了，而最近，由于工资特别是处于收入分配低端的人的工资，一直没有增长甚至下降了，所以工作时间增加了；决定参加工作的个人，通常没有资格就其应该工作 35 个小时还是 37 个小时进行讨价还价。

高收入者　图 19.15 分析了对处于 36%税率档次的高收入者征税的影响。处于 36%税率档次的人面临着四段预算约束线，分别代表 0、15%、28%和 36%税率档次。假设最初最高税率档次是 28%。最高税率档次的提高用预算约束线在 *B* 点向下旋转表示。由于预算约束线的这种弯折，许多人（在休闲和工作之间具有不同偏好）可能会集中在此弯折处所对应的收入水平。

对于接近弯折点的人来说，相对于替代效应，收入效应比较小，因此，如图 19.15 所示，他们的劳动供给预期会下降。（如果所有收入适用的税率都按相同的百分点提高，则收入效应就会很大；但对于收入刚好超过适用更高税率的人来说，收入效应实际上可以忽略不计。）

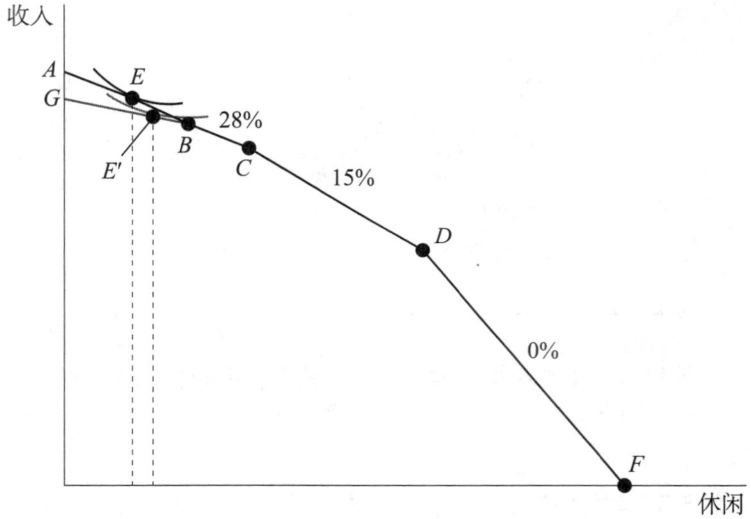

图 19.15　1993 年税制变化的影响

1993 年，较高收入者的税率提高了。曲线 *ABCDF* 描述了初始的预算约束线，有 3 个边际税率，分别为 0、15%和 28%。税制变化后，预算约束线有了第四段 *BG*，税率为 36%。起初，高收入者选择 *E* 点。之后，他选择了 *E′* 点。收入效应很小，因为他只就这一极高档次的超额收入缴纳较高的税收。相对于收入效应，替代效应比较大，因此此人减少了工作（享受更多的休闲）。

专栏 19.1

1993 年、2001 年和 2003 年的税制改革

1993 年，由于政府面临着不断增加的赤字，增加税收似乎势在必行。克林顿政府提议，那些从经济扩张和 20 世纪 80 年代减税政策中受益最多的人，应该首当其冲地承受这些增税。只有收入最高的 1.2%的纳税人适用的税率提高了。例如，收入超过 14 万美元的已婚夫妇所适用的所得税税率提高了，边际税率从 28%提高到 36%或 39.6%。*

批评者，例如曾任里根政府经济顾问委员会主席的哈佛大学马丁·费尔德斯坦教授预测，鉴于劳动供给的反应很大，增税带来的税收收入比国会和政府估计的要少。如图19.15所示，许多面临增税的人都集中在B点附近，这是要增税的收入水平。正如我们所指出的，对于这些人来说，这种税的收入效应微乎其微，但替代效应颇大；因此，费尔德斯坦认为，劳动供给的反应会很大。为了支持他的理论观点，他援引了1986年税制改革之后的证据——这次改革降低了高收入者的边际税率，而来自高收入者的所得税收入明显增加。

然而，看证据往往也不是容易之事。1986年的税制改革还堵住了高收入者借以避税的许多漏洞，从而扩大了税基；始于1983年的经济扩张使经济从第二次世界大战以来最严重的衰退中恢复过来，但不平等的趋势明显加剧了，最高收入者的收入增长速度远快于中等收入者。几乎没有直接证据表明，由于边际税率下降，高收入者的工作时间更长了，抑或工作更勤奋了。

事实证明，1993年后的几年里，来自高收入者的税收收入远远高于预期，而且这些增加的税收收入为消除20世纪90年代末期的赤字做出了很大贡献。此外，几乎没有证据表明，高收入者像费尔德斯坦所说的那样减少劳动供给。

2001年和2003年，乔治·布什（George W. Bush）总统降低了边际税率，对股息和资本利得等投资所得减税，并通过逐步取消对高收入纳税人的分项扣除和个人免税额的限制，缩小了税基。这些措施的综合效应是，既降低了税收收入占国内生产总值的比率，又降低了税收累进程度：联邦政府收入占GDP的比率从1993年的17.5%上升到2000年的20.6%，到2007年降至18.5%（到2009年，大衰退使该比率进一步降至15.1%）；布什减税延期至2011年，预计将使20%最低收入阶层的纳税人平均减税额达到45美元，但使1%最高收入阶层的纳税人平均减税额高达63 000美元。

* 这忽略了税率也上调了的医疗保险税（Medicare tax）。

□ 19.5.2 次要劳动力

从历史上看，在双职工家庭中，其中一个是主要收入者，另一个是次要收入者，次要收入者（通常是妻子）的劳动供给反应与主要收入者的劳动供给反应明显不同。这其中的原因显而易见，特别是在家里有小孩需要看护的那几年。扣除儿童看护费用（如果她不工作则无此项费用）、通勤费用等后的净收入，可能大大低于毛收入。

假如在2011年，一名女性年收入为2.5万美元，而儿童看护费用为1万美元，那么她的净收入仅为1.5万美元。她所适用的税率取决于家庭收入，包括她丈夫的收入。如果她丈夫的年收入超过6.9万美元，她的所有收入就要缴纳25%（或更高）的所得税。（这忽略了工薪税和州税。）然而，对她的总收入征收25%的税，就相当于对其净收入征收42%的税，故她参加工作的积极性就会大打折扣。因此，次要收入者是否参加工作对税率变化的敏感性会更大。

19.6 衡量税收对劳动供给的影响

从理论上讲，工资税的影响是不确定的，这使得我们从实证角度确定其影响变得非常重要。该领域已有大量研究，并取得了重要的（但有争议的）结果。研究这些问题所采用的方法主要有两种，即利用市场数据的统计分析法和实验法。①

□ 19.6.1 利用市场数据的统计方法

第一种方法是采用统计技术，分析过去人们对税后工资变化做出什么反应。一般来说，我们没有关于特定的个人对工资变化做出什么反应的数据，但我们有不同工资的人工作多少时间的数据。高薪者的工作时间似乎更长。我们由此可以计算出工资对工作时间的"平均"影响。

到目前为止，我们只是描述了一种相关性，即两个经济变量之间被观察到的关系。现在我们希望以此做出推断，即预测或说明比如征税导致的税后工资降低的影响。要做出这样的推断，我们必须要做出假设；比如，假设观察到高薪者工作更多的原因是，他们因工资高而选择工作更多；换句话说，假设高薪者本质上与低薪者一样，唯一重要的差别是报酬不同，也正是这种差别导致工作时间的不同。当然，还有其他重要的差别，例如年龄、职业或性别，更为复杂的统计分析试图尽可能多地考虑这些差异，试图发现在相同年龄、职业或者性别（或有其他共同特征）的人中，工资越高的人是否工作得越多。

有关劳动供给的大量文献表明，劳动供给弹性的估计值，取决于所使用的准确统计方法以及所采用的数据。② 在以下方面似乎达成了广泛共识（但并非完全一致）：

- 已婚男性的劳动供给对工资率的变化几乎毫无反应。③
- 补偿性劳动供给弹性似乎也很小，尽管对这一发现的意见分歧好像更大。（非补偿性劳动供给弹性可能较小，这要么是因为替代效应与收入效应相互抵消得少，要么是因为替代效应和收入效应相互抵消得多。④）
- 已婚女性的劳动供给弹性较大，但在估计上问题较多。⑤

---

① 以前，有关这一问题的一些研究利用的是定性方法，即只是询问人们税收是导致他们增加了工作还是减少了工作。不同的回答反映了是存在收入效应（导致增加工作）还是替代效应（导致减少工作）。请参阅 D. M. Holland, "The Effect of Taxation on Effort: Some Results for Business Executives," *National Tax Association Proceedings of the Sixty-Second Annual Conference* (1969); and G. Break, "Income Taxes and Incentives to Work: An Empirical Study," *American Economic Review* 47 (1957): 529 - 549。

② 例如，芝加哥大学的吉姆·赫克曼（Jim Heckman）认为，报告误差可能掩盖了男性工作时间的大幅减少，这也可能是所观察到的实际工资下降的主要原因。这种测量误差也可能使劳动供给弹性向零偏误。请参阅 J. J. Heckman, "What Has Been Learned about Labor Supply in the Past Twenty Years?" *American Economic Association Papers and Proceedings* (1993): 116 - 121。

③ 例如，一项研究估计，（1983 年的）税收制度只导致已婚男性工作时间减少 2.6%。请参阅 R. K. Triest, "The Effect of Income Taxation on Labor Supply in the United States," *Journal of Human Resources* (Summer 1990): 491 - 516。而使用类似数据和模型的一项早期研究表明，这种影响有些大。请参阅 J. Hausman, "Labor Supply," in *How Taxes Affect Economic Behavior*, ed. H. J. Aaron and J. Pechman (Washington, DC: Brookings Institution, 1981), pp. 27 - 72。

④ 麻省理工学院的杰里·豪斯曼（Jerry Hausman）利用一种旨在获取前面所述的预算约束线下的非线性效应的方法，得到的估计值比他人大得多。请参阅 J. Hausman, "Labor Supply," in *How Taxes Affect Economic Behavior*, ed. H. J. Aaron and J. Pechman (Washington, DC: Brookings Institution, 1981), pp. 27 - 72。他的方法遭到斯坦福大学的汤姆·麦柯迪（Tom MaCurdy）的批评，声称豪斯曼的方法"与其他方法相比，要么使替代效应的估计值较高，要么使收入效应的估计值较低。这……提出了一个严重的问题，即被大量文献引用的、支持旨在降低边际税率的税制改革的证据是否可靠"。请参阅 T. MaCurdy, "Work Disincentive Effects of Taxes: A Reexamination of Some Evidence," *American Economic Association Papers and Proceedings* (May 1992): 243 - 249。

⑤ 请参阅托马斯·A. 姆罗茨（Thomas A. Mroz）的一项被广泛引用的研究，"The Sensitivity of an Empirical Model of Married Women's Hours of Work to Economic and Statistical Assumptions," *Econometrica* (July 1987): 765 - 799。姆罗茨在指出弹性估计值对模型设定很敏感后得出结论：当使用正确的模型设定时，"诸如工资率、税收和非劳动收入等因素，对已婚职业女性的劳动供给行为影响很小"（p. 795）。他的分析只关注职业女性，忽略了劳动参与决策。

● 女性户主的劳动供给弹性介于已婚男性和已婚女性之间。

● 相较于边际工作时间，劳动参与决策对工资率更加敏感。[①]

● 根据市场数据估计的劳动供给参数值往往大于根据实验数据估计的劳动供给参数值（在下一节讨论）。

1981 年、1986 年、1993 年、2001 年和 2003 年发生的税率大幅度变化，为税收对劳动供给的影响提供了自然实验。

每一次变化都是复杂多样的；不同的人面临不同的税率变化，各种税收漏洞被堵住了，或者在某些情况下也增加了一些税收漏洞。例如，虽然有证据表明，1986 年税法导致应税所得的增长速度快于基于所得固定假设所做的预测[②]，但其原因仍存在争议。又如，1986 年税制改革之后发生的变化，是主要反映了税收漏洞被堵住还是主要反映了基本的经济趋势？日益加剧的不平等使得适用较高税率的人群占有的国民收入份额越来越大。

布鲁金斯学会的巴里·博斯沃思（Barry Bosworth）和加里·伯特利斯（Gary Burtless）认为，所观察到的变化与税制变化几乎没有什么关系，主要反映了基本的经济趋势。[③] 虽然减税之后，劳动供给似乎高于过去的趋势若延续下去的情形（到 1989 年，男性的工作量比 1967—1980 年的趋势若延续下去的情形高出 6%，女性高出 5.4%），但对发生了什么的解释并不那么清楚。如果税制改革推动了劳动供给的增长，那么我们就会预期，高收入工人（他们适用的边际税率变化较大）会比低收入工人（他们受税制改革的影响较小）增加更多的劳动供给。然而，低收入人群的劳动供给似乎增加最多。[④] 1993 年之后，尽管边际税率大幅提高，非常富有之人缴纳的所得税收入仍继续强劲增长，这一事实与以下假设相符，即正是长期经济趋势和堵住税收漏洞而不是劳动供给的激励效应，解释了 1986 年税制改革后税收收入的增长。

□ 19.6.2 实验方法

定量估计劳动供给对税收变化反应大小的第二种方法是实验法。我们对这个问题很感兴趣：假如我们提高或降低税率（或以其他某种方式改变税制结构），劳动供给会发生什么变化？另一种说法是："让我们改变税制结构，看看会发生什么变化。"这可能是一种代价很大的方法：这种改变可能对劳动供给产生非常不利的影响，但在认识到这种影响和再次改变税制之前，这可能会造成相当大的损害（福利损失）。

然而，我们可以通过改变一小部分人的税制来了解一些东西。就像民意调查只是通过询问一小部分样本人口（常常少于 1 000 人）就能相当准确地估计出选民在选举中将如何投票一样，小样本的反应也可以相当可靠地说明其他相似之人在面临另一种税制时会有怎样的反应。民意调查在获取代表性样本的观点时要谨慎，要确保年轻人和老年人、富人和

---

① 这可能是因为雇主设置的限制，也可能是因为工作的固定成本。罗伯特·特里斯特（Robert Triest）估计，尽管工作时间的敏感度很小，但劳动参与的敏感度很大，以至于美国税制（包括州和联邦税制）使妻子的总工作时间减少了 30%，当然这取决于采用的模型设定。请参阅 R. K. Triest，"The Effect of Income Taxation on Labor Supply in the United States，" *Journal of Human Resources*（Summer 1990）：491 - 516。

② 请参阅 M. Feldstein，"The Effect of Marginal Tax Rates on Table Income：A Panel Study of the 1986 Tax Reform Act，" *Journal of Political Economy* 103，no. 3（1995）：551 - 572。

③ B. Bosworth and G. Burtless，"Effects of Tax Reform on Labor Supply，Investment，and Saving，" *Journal of Economic Perspectives*（Winter 1992）：3 - 25.

④ 最低五分位组的男性工作时间增加了 31%，而最高五分位组的男性工作时间只增加了 3.2%；相应地，女性分别是 16.7%和 11.8%。（资料来源：Bosworth and Burtless，"Effects of Tax Reform，" note 17.）

穷人、熟练工人和非熟练工人、已婚人士和未婚人士等等的观点都具有代表性；在对全部人口的投票情况做出估计时，要对各种群体在人口中的相对重要性进行加权处理。（当试图预测选举结果时，要对不同群体成员投票的已知可能性赋予相应的权重。）

1968—1982 年，一系列这样的实验都试图确定税收制度和福利制度的变化对穷人劳动供给的影响。不同的人面临着不同水平的保障收入和税制结构，原则上不仅可以估计税制变化的总体影响，还可以区分收入效应和替代效应。这些实验结果与下列观点是一致的，即税收对劳动供给的总体效应比较小。在新泽西州进行了首次这样的实验，该实验报告指出，面临其他税收（福利）制度的人与面临现行税收（福利）制度的人之间的“绝对劳动供给差异通常很小”。“只有在平均劳动供给一开始就相当小的妻子之间，这种差异才相对较大。”①（在随后的几年里，妻子的劳动参与率大幅上升，所以这种逆向激励的总效应现在更加显著。）有关税收（福利）制度变化的可能影响，实验研究得到了一些进一步的结果。向穷人提供更多的收入，将导致他们失业后找工作的时间更长。

虽然早期的实验集中于各种税收-补助金计划对劳动供给以及相关变量（如寻找工作）的影响，但后来的研究试图确定是否还有其他影响。例如，在印第安纳州加里市进行的一项实验发现，在收入增加的家庭里，婴儿的出生体重（衡量儿童健康的一个指标）增加了。美国卫生、教育和福利部（U. S. Department of Health，Education，and Welfare）在西雅图和丹佛进行的一项大规模实验发现，向女性提供保障收入，如负所得税，可能会导致家庭破裂。不过，在西雅图-丹佛实验中，最慷慨的负所得税计划对离婚率的影响最小。有人认为，收入保障对离婚率有两种相反的影响：一方面，通过提高家庭购买基本商品和服务的能力，婚姻得以稳定；另一方面，通过提高非婚人员的经济生存能力，婚姻的稳定又被破坏。根据这一理论，实验结果表明，在保障收入水平比较低的情况下，第二种效应（“独立效应”）占主导地位。

这些实验代表了社会科学家可利用的工具取得了重要进展。同时，在评估结果时，需要牢记实验方法的一些重要的局限性。

第一，**霍索恩效应**（Hawthorne effect）这一众所周知的现象，困扰着所有与个体有关的实验工作：当一个人被包括在实验中并且知道其行为正在被观察时通常会改变行为。

第二，在确保样本具有代表性方面存在一些问题。由于参与实验是自愿的，所以拒绝参与实验的人的类型可能会造成系统性偏差。

第三，人们对短期变化的反应与对长期变化的反应可能不尽相同。一方面，导致人们境况改善的暂时性税制结构变化对一生收入的影响比永久性税制结构变化的影响小，因此，收入效应可能被低估。另一方面，由于前面讨论的实验往往涉及人们在实验过程中面临较高或较低的边际税率，所以税后工资被暂时减少或增加，而工资的暂时性减少与永久性减少的影响可能有所不同。在没有调整成本的情况下，假设人们减少工作（增加休闲）的程度会比永久性工资减少情形下减少工作的程度更高。因此，打算离职一段时间的人（比方说一个想在不久的将来生孩子的女性），在高边际税率情况下或许会临时获得高额补助金。另外，调整成本可能很高；一个人可能不愿意放弃目前的工作，因为他知道三年后实验结束时难以重新得到此工作。如果这些影响是重要的，实验可能不仅低估了收入效应，而且低估了替代效应。最近的一些实验试图确定在保证个人在一个更长的时期（长达

---

① U. S. Department of Health，Education，and Welfare，*Summary Report*：*New Jersey Graduated Work Incentive Experiments*（Washington，DC：Government Printing Office，1973).

20 年）适用相同的税收制度或福利制度的情况下，税制结构或福利金只是暂时变化所导致的估计偏差程度。

在解释实验如何准确描述劳动供给受税法或福利计划变化的影响程度时面临的最后一个重要局限性，涉及制度在决定周工作时间中的作用。我们之前说过，从短期来看，制度规定在限制人们选择工作时间方面起着重要作用。但是，从长期来看，这些制度规定本身也在变化，部分原因在于经济环境发生了变化。因此，实验中的许多人在其工作时间上的自由裁量权可能很有限；可是，如果社会中的每个人都面临着新的税收制度或福利制度，那么就可能逐渐形成各种压力，迫使这些制度规定发生改变，使其更符合人们的偏好。

这些实验成本高而结果却模棱两可，故在早期研究中，很少有规模大、范围广的实验。另外，更加注重试点性计划的设计，对于什么是可行的、什么是行不通的可以做出更强有力的推论。例如，关于职业培训计划和旨在促使人们“从福利到工作”的计划，已有大量研究，但还是必须主要依靠“自然实验”，比如不同的州尝试不同的计划而产生的实验。举例来说，在 1996 年福利改革之前，有几个州试行了有时限的福利计划和有工作要求的福利计划。这些实验表明，福利改革可能会导致福利依赖程度大幅度下降，这一预测在该立法通过后的几个月里得到了证实——失业率的下降远不能解释福利依赖程度的大幅度降低。①

19.7 复习和练习

19.7.1 小结

1. 征收不是一次总付税的税收会导致低效率。低效率的大小用无谓损失来衡量，即在对消费者福利水平的影响相同的情况下，一次总付税筹措的收入与扭曲性税收筹措的收入之间的差额。

2. 任何税收的影响都可以分解为收入效应和替代效应。一次总付税具有收入效应，但没有替代效应。替代效应越大，无谓损失就越大。

3. 征税导致生产者收到的价格下降，也造成了无谓损失。生产者减少的利润超过它们实际上缴给政府的税收收入。

4. 就商品税而言，收入效应和替代效应通常都会减少课税商品的消费水平。就利息所得税而言，收入效应通常会导致储蓄增加，而替代效应则导致储蓄减少，净效应不明确。即使净效应是使储蓄保持不变，利息所得税仍然存在扭曲。对于工人而言，工资增加的收入效应和替代效应的作用相反；因此，高工资或许导致劳动供给增加，或许导致劳动供给减少。

---

① 关于负所得税的实验，请参阅 P. K. Robins, “A Comparison of the Labor Supply Findings from the Four Negative Income Tax Experiments,” *Journal of Human Resources* 20, no. 4 (Fall 1985): 567 - 582; D. Greenberg and H. Halsey, “Systematic Misreporting and Effects of Income Maintenance Experiments on Work Effort: Evidence from the Seattle-Denver Experiments,” *Journal of Labor Economics* 1, no. 4 (October 1983): 380 - 407; and R. G. Spiegelman and K. E. Yaeger, “The Seattle and Denver Income Maintenance Experiments: Overview,” *Journal of Human Resources* 15, no. 4 (Fall 1980): 463 - 479。关于税收变化的自然实验，请参阅 N. Eissa, “Labor Supply and the Economic Recovery Tax Act of 1981” (pp. 5 - 32); and J. J. Heckman, “Comment on Labour Supply and the Economic Recovery Tax Act of 1981” (pp. 32 - 38) in *Empirical Foundations of Household Taxation*, ed. M. Feldstein and J. Porteba (Chicago and London: University of Chicago Press, 1996)。

5. 经验证据表明，对于男性来说，工资税的替代效应和收入效应实际上相互抵消了，所以这种税对男性劳动供给的总体影响可能并不大。对于女性来说，这种税可能会对劳动参与率有明显的影响。另外，尽管对男性的总体影响可能很小，但这种税的替代效应造成的无谓损失可能比较明显。

□ 19.7.2 重要概念

霍索恩效应　　收入效应　　生产者剩余

替代效应

□ 19.7.3 练习题

1. 倘若储蓄对利率变化没有任何反应，这是否意味着对利息征税不会造成无谓损失？

2. 第 18 章问题 1 的矿产税造成的无谓损失是多少？无谓损失与供给曲线之间的关系是什么？请将此问题与一次总付税的讨论联系起来。

3. 税收和政府支出计划影响家庭行为的方方面面。例如，一些经济学家认为它们影响出生率。税收制度的哪些规定以及哪些政府支出计划可能会影响人们生孩子的决定？

4. 个人的决策不用消费与休闲之间的选择来表示，而是用消费与工作之间的选择来表示。请画出无差异曲线，并确定对劳动课征的税率变化所产生的收入效应和替代效应。

5. 在筹措的税收收入相同的情况下，请比较工资税和一次总付税的影响。特别是，请说明征收一次总付税比征收所得税的个人效用要高。

6. 请比较比例所得税和固定税率累进所得税（此税系政府规定一笔免征额，比如 3 000 美元，然后对所有收入按某一不变的边际税率征税）的影响。特别是，请说明如果这两种税筹措的税收收入相同，且所有人的收入都相同，则在征收比例所得税的情况下效用较高。

7. 在 1981 年之前，政府对获得“抚养未成年人家庭援助”的母亲的劳动所得只课征 67%（而不是 100%）的边际税率。请画出 1981 年之前和 1981 年之后的预算约束线。请画出在这两种制度下不愿工作的人的无差异曲线。请画出 1981 年以前工作但在 1981 年后选择不工作的人的无差异曲线。就此人而言，请说明降低税率将如何增加效用、降低福利制度的成本、增加劳动供给。最后，请画出 1981 年前后都工作的人的无差异曲线。就此人而言，请说明降低税率将如何影响“抚养未成年人家庭援助”的成本和劳动供给。如果有些人属于第一种类型，有些人属于第二种类型，还有些人属于第三种类型，那么你对政府政策会有何建议？

8. 如果对个人的征税转向按个人自己的收入（而不是家庭收入）来课征，这对妻子的劳动参与率会产生什么影响？

9. 对于借款人，请描述利率上升的收入效应和替代效应。这对取消利息扣除的影响意味着什么？

19.8 附录：衡量使用费的福利成本

我们以使用一座桥为例，用第 7 章介绍的方法来衡量使用费的福利成本。

图 19.16 中阴影三角形给出的福利损失，称为无谓损失（deadweight loss）。为了理解这一点，我们回顾一下，需求曲线上的点衡量的是一个人多通行一次的边际支付意愿。假

设过桥收取的价格为 p，通行数量为 Q_e。不通行的福利损失是此人的支付意愿（边际收益）和边际成本之间的差额。通行数量为 Q_e时的支付意愿是 p，而多提供一次通行的成本为零，故福利损失正好为 p。当使用水平稍高时，福利损失仍然是边际支付意愿，只是现在比较小。为了找到总福利损失，我们只要把每次因收费而不通行的福利损失相加即可。当价格为零时，通行次数为 Q_m；当价格为 p 时，通行次数为 Q_e。因此，通行费导致不通行的次数为 Q_m-Q_e。第一次不通行的福利损失是 p，最后一次不通行的福利损失是零（当通行次数为 Q_m时，额外一次通行的支付意愿为零）。因此，每次不通行的平均福利损失是 $p/2$，总福利损失是 $p(Q_m-Q_e)/2$，即图 19.16 中的阴影三角形面积。[①]

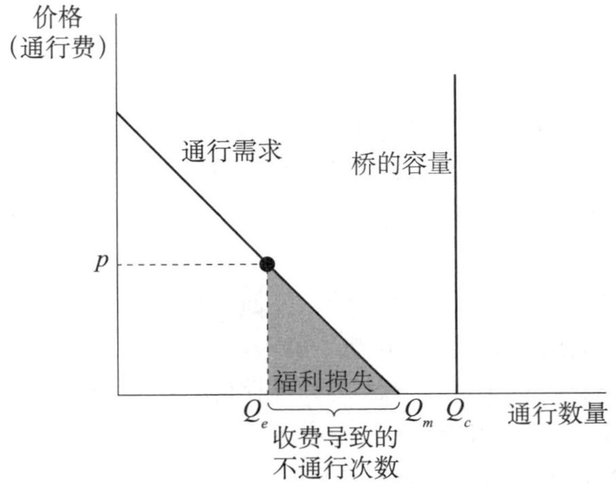

图 19.16　桥梁：使用费如何导致福利损失

由于收取通行费 p，过桥的次数就会减少，尽管它们对整个社会有益。阴影面积代表通行费造成的总福利损失。

① 正如第 7 章所述，这只是无谓损失的近似值。正确的计算需要使用补偿性需求曲线，而不是普通需求曲线。不过，如果花费在过桥上的收入比例很小，那么这两条需求曲线也就没有多大差异。

第 20 章 最适课税

重点问题

1. 在设计累进所得税制时，需要权衡哪些因素？
2. 商品（如奢侈品）课税和储蓄课税在实现更大的税收公平上应发挥什么作用？
3. 如果政府对不同的商品征税，应如何设定税率以使总无谓损失最小化？

在前一章我们看到，除了一次总付税外，任何一种税都会造成显著的福利损失（无谓损失）。倘若如此，即刻就会出现两个问题：第一，我们为什么不只征一次总付税？第二，如果我们要课征扭曲性税收，有没有办法将其设计得能使无谓损失最小化？这些问题一直是税收理论研究的核心。这方面的研究已经产生了一些非常简单而又很有见地的答案，这些答案可能有助于我们将来设计出更好的税制。

本章分为 4 节。第 1 节澄清了长期困扰着讨论税制设计的两种谬误。第 2 节描述了最适课税的基本原理，并将其应用于分析所得税制的设计。最后两节分析商品课税，第 3 节重点分析对消费者购买的不同商品课以不同税率在实现再分配目标中的作用，第 4 节重点分析对生产者课税的作用。

20.1 有关最适课税的谬误

在详细分析之前，我们首先需要澄清误导讨论税制设计的两种谬误：一种谬误在于方法过于简单，另一种谬误认为世界如此复杂，从而陷入不可知论。

20.1.1 计算扭曲的谬误

第一种谬误是，我们只应对工资所得征税。如果再有税种——对诸如烟酒等商品征税或对储蓄征税，那只会增加扭曲，从而导致经济效率低下。一种扭曲总比若干扭曲要好。

如果工资所得税没有造成扭曲，那么这种税就是最适的，相当于一次总付税。可是，我们在上一章指出，所得税会扭曲个人的工作决策，而且一种程度很大的扭曲也未必就好于若干程度较小的扭曲。第 19 章讲过，一种税的无谓损失与税率的平方成正比。这表明，有许多小税种可能比只有一个大税种要好。

20.1.2 次优理论的曲解

在前面的章节中，我们讲过帕累托效率资源配置，但难以满足其所有必要条件。经济中存在一些无法消除的重要扭曲，而**次优理论**（theory of the second best）正是在这种情况下研究政府政策的设计。[①] 这与“最优”（first-best）经济形成了鲜明的对比，在“最优”经济中，帕累托效率的所有条件都能得到满足。次优理论认为，即便在扭曲能被消除的部门，消除扭曲也未必可取。次优理论常常被错误地解释为，只要存在一些扭曲，经济理论就无计可施了。这是不正确的，我们很快就会对此加以说明。经济理论能告诉我们，在什么情况下两种小的扭曲比一种大的扭曲更可取，是最好在消费和生产的效率都低下的时候，还是最好不要在生产效率低下的时候。次优理论告诉我们，我们不能盲目地运用最优经济学的经验。当存在某些扭曲时，找出我们应该做什么往往是一项艰巨的任务，但这并非不可能。

20.2 最适课税与帕累托效率课税

第 3 章介绍了帕累托效率的概念。回想一下，如果没有人的境况变差，就不会有人的境况变好，此时资源配置就具有帕累托效率。同样地，在评判税制结构时，我们可以再次使用帕累托效率概念：**帕累托效率税制**（Pareto efficient tax structure）是指不存在其他可供选择的能使一些人的境况变好而不使其他人的境况变差的税制。[②] 倘若存在这样一种可供选择的税制，那么现行税制显然是无效率的。

有许多帕累托效率税制，正如无税情况下有许多帕累托效率资源配置一样。在每种情况下，如果没有人的境况变差就不会有人的境况变好。他们在分配上有所不同。在只有鲁滨逊和星期五的两人经济中，鲁滨逊在某些帕累托效率配置中的境况会更好，而星期五在其他一些帕累托效率配置中的境况会更好。

在第 7 章中，我们学习了如何利用社会福利函数来选择帕累托效率资源配置。在选择帕累托效率税制时亦是如此：**最适税制**（optimal tax system）是一套能使社会福利最大化的税种。显然，不同的社会福利函数将产生不同的最适税制。例如，从实践层面上看，更加注重平等的社会福利函数（例如罗尔斯社会福利函数）可能意味着最适税制更具累进性，即富人为公共产品出资的比例较大。最适课税理论的目标之一是，确定所有帕累托效率税制是否存在某些一般属性，即这些属性不管社会福利函数如何都会存在。

20.2.1 一次总付税

如果所有人都是相同的，且税收待遇也都相同，那么一次总付税将是唯一有效率的税种：政府能够筹措等量的税收收入，并使每个人的境况变好，而任何其他税种都会造成扭曲。此外，如果每个人都是相同的，也就没有理由重新分配收入。因此，公平和效率都要求通过对所有人课征一次总付税来筹措政府所需要的税收收入。

在现实生活中，事情要复杂得多。人与人是不同的，政府也希望重新分配收入，况

① 早期系统阐述次优理论的学者有 J. Meade, *Trade and Welfare: Mathematical Supplement* (Oxford: Oxford University Press, 1955), and R. G. Lipsey and K. Lancaster, “The General Theory of Second Best,” *Review of Economic Studies* 24 (1956－1957): 11－32。

② 有关帕累托效率税制的更为详细的描述，请参阅 J. E. Stiglitz, “Self-Selection and Pareto-Efficient Taxation,” *Journal of Public Economics* 17 (1982): 213－240; and J. E. Stiglitz, “Pareto Efficient and Optimal Taxation and the New New Welfare Economics,” in *Handbook of Public Economics*, ed. A. J. Auerbach and M. Feldstein (Amsterdam and New York: North Holland; distributed in Canada and United States by Elsevier Science Publishers, 1987), pp. 991－1042。

且人们还坚信，能轻松纳税的人应该比纳税不那么容易的人缴纳更多的税。即使政府希望让不同的人缴纳不同的税，但也不能因此就断定要课征扭曲性税收，诸如所得税或消费税。

帕累托效率课税与最适课税

- 帕累托效率税制是指不存在其他能使一些人的境况变好而不使其他人的境况变差的税制。
- 最适税制是在给定一种特定的社会福利函数情况下，能使该社会福利最大化的帕累托效率税制。

□ 20.2.2　为什么课征扭曲性税？

的确可以说，如果政府完全掌握了我们每个人的特征信息，就不会课征扭曲性税。如果政府能够确定谁有更强的能力，从而谁更有能力纳税，它就可以只对这些人课征较高的一次总付税。

那么，如何衡量能力？以一个家庭为例。父母常常认为他们对自己孩子的能力有充分的了解。某一对夫妇有两个儿子，一个儿子能力强，但选择当拾荒者，另一个儿子能力有限，但他充分利用能力，该父母更有可能资助后者，而非前者；这种资助依据的不是收入的多少——实际上，拾荒者的收入可能不如勤劳但能力低的兄弟。

然而，政府并不像父母那样能够观察到孩子们的能力和干劲。政府只能根据可观测变量（observable variables）来征税，诸如收入和支出（我们将看到，即便是这些变量也不容易观察）。政府面临的选择是，要么课征统一的一次总付税（这是一种不管人们做什么，也不管人们的能力如何都要缴纳的税），要么对容易测量的变量（诸如支出或收入）征税，这种税无疑具有扭曲性。所得税并不总是能对那些我们认为应该被征税的人征税：能力较低但工作极其努力的人与能力强但工作轻松的人，只要他们的收入一样，就会受到相同的税收待遇。然而，大多数人认为，那些收入较高的人应该承担较高份额的政府成本，因为平均来说，收入较高的人更有能力或者运气好于一般人。此外，社会可能有理由认为富人收入损失（比如少了一艘游艇）的价值要低于低收入者收入损失的价值。

因此，在政府只能部分观察到个人特征的世界里，课征扭曲性税收是我们希望再分配收入的必然结果。尽管如此，有些税制的扭曲程度要低于其他税制。

专栏 20.1

估计最适税率

最适税率的确定取决于对提高税率的反应的估计以及对增进平等的价值（最高收入阶层的人增加 1 美元的价值与最低收入阶层的人增加 1 美元的价值）的判断。

那些认为“最适”税率应该低的人通常认为供给弹性很大。这种观点的极端翻版——里根总统之前盛行的将最高税率从 70%降下来实际上会增加税收收入，这被减税后发生的情况证明是错误的。

诺贝尔经济学奖得主彼得·戴蒙德（Peter Diamond）和加州大学伯克利分校的伊曼纽尔·塞斯（Emmanuel Saez）作为美国不平等问题研究的权威，认为“最适”最高边际税率大大高于现行税率——应当超过 50%，可以高达 70%（考虑到人们缴纳的其他税收）。

资料来源：P. Diamond and E. Saez，“The Case for a Progressive Tax：From Basic Research to Policy Recommendations，” *Journal of Economic Perspectives* 25（Fall 2011）：165－190.

专栏 20.2

寻租、不平等和最适课税

由于全国前 1％的人获得了超过了 20％的国民收入（这是 80 年前大萧条之前从未见过的），故人们又重新关注不平等及其成因。

越来越多的经济学家认为，在最高收入阶层，这种不平等的形成至少部分原因在于，他们成功的寻租行为攫取了份额比较大的国家经济蛋糕。倘若如此，他们的收入与他们对做大国家经济蛋糕的贡献不相称。事实上，他们的所作所为可能会有相反的作用。在最高收入阶层中，有些人通过行使垄断权力来获取收入和财富，有些人利用公司治理规则的缺陷而占有相当大份额的公司收入；而在金融领域，有些人通过掠夺性贷款、滥用信用卡和市场操纵来获取收入。最高收入阶层适用低税率，无疑会提高这种寻租行为的回报率。倘若如此，最高收入阶层适用高税率实际上会促进增长，提高效率，同时还会增进平等。

更为糟糕的是，像对资本利得（包括来自投机行为的资本利得）的优惠待遇等的税收规定，会加剧不平等（这些税收规定的绝大多数好处都归最高收入阶层），扭曲经济，将资源从生产性活动转移到投机活动上。

最高收入阶层的大部分收入归因于寻租这一假设与下列证据相符：那些增加最高收入阶层税收的国家，其经济增长率并没有下降。

当然，最好还是直接针对寻租活动，但这也许不容易或不可能做到。应当清楚地认识到，鉴于美国所达到的这种不平等程度及其根源，假设不平等与效率之间存在权衡取舍的简单模型也许没有触及问题的实质；需要通过税收和支出政策，在促进平等的同时提高效率。

□ 20.2.3 所得税制设计

帕累托效率税制使扭曲程度最小化。例如，有人可能会问：为了再分配收入，最好只是课征累进所得税还是除了累进所得税之外再辅之以对富人消费的奢侈品征税？不过，在回答这个问题之前，我们先问一个比较简单的问题：假设没有储蓄，收入的唯一来源就是工资，而且唯一的税收是所得税，那么税收制度的累进程度应该多高？也就是说，富人缴纳的税额占其收入的比例应当多大？

经济学家通常关注的是权衡取舍关系。在这里，税收的累进程度越高，无谓损失越大，税收就越无效率，但不平等程度越低。我们可以认为，许多关于税制累进程度应当多高的政治争论都与价值观的差异有关，即在降低既定的不平等程度情况下，人们愿意接受多少无谓损失。

不仅仅在价值观上可能有分歧，而且在权衡取舍什么这种经验问题上也有分歧。主张增强税制累进性的人倾向于认为，降低不平等程度的成本（用无谓损失来衡量）相对较小。我们在第 19 章已经证明，税收的无谓损失大小与替代效应有关。如果休闲与消费品很容易相互替代，那么补偿性劳动供给曲线会非常有弹性，对消费或劳动所得征税就会产生巨大的无谓损失。如果当期消费与下一期消费很容易相互替代，那么储蓄曲线会非常有弹性，利息所得税产生的无谓损失就会很大。那些认为无谓损失很小的人通常被称为弹性乐观主义者（elasticity optimists），比如他们认为，（补偿性）劳动供给弹性和储蓄弹性都很小，所以高税率造成的扭曲程度很低；而那些认为扭曲程度很高的人通常被称为弹性悲观主义者（elasticity pessimists），因为他们认为劳动供给弹性和储蓄弹性都很大。

□ 20.2.4 为什么累进程度越高意味着无谓损失越大？

上一节指出，当我们利用税收制度来实现更大的平等时，无谓损失就会增加。图 20.1 通过对比两种税率安排，说明了这个一般命题。图 20.1（A）是一种比例所得税，所有人的应纳税额占其收入的比例都是一样的，与他们的收入多少无关。图 20.1（B）是一种简单的累进所得税，即对个人收入与某一临界水平的收入 $\hat{Y}$ 之间的差额按单一税率征税。收入低于该临界水平的人得到政府的补助金，该补助金等于税率乘以收入和临界水平之间的差额。从图 20.1（B）中可以看到，这两种税制的边际税率（即个人对额外 1 美元收入所缴纳的额外税额或获得的补助金）都是不变的。因此，这两种税都被称为**单一税率税**（flat-rate taxes）。然而，在累进所得税情况下，平均税率（即个人应纳税总额与其收入的比例）会随着收入的增加而提高，这就是为什么我们称之为累进所得税的原因。[①]

正如我们所描述的那样，由于累进单一税率税要向收入低于临界水平的人付款，故我们有时将收入低于 $\hat{Y}$ 的那部分税收安排称为**负所得税**（negative income tax）。[②]

累进单一税率税可以被认为是一种对所有人的统一一次总付补助与比例所得税的组合。因此，在图 20.1（A）中，只要收入低于 $\hat{Y}$ 的人得到的退税等于 t_2 乘以 $\hat{Y}$ 与其收入之间的差额，那么按税率 t_2 课征的比例所得税，加上 OG 的补助金，就等于对高于 $\hat{Y}$（$\hat{Y}$ 为免税额）的收入按税率 t_2 课征的所得税。如果政府既要为公共产品和其他公共支出提供资金，又要为每个人提供统一一次总付补助，那么需要筹措的收入必定要比只为公共产品筹资时高，因此边际税率必然比只课征比例税时的高。

我们从上一章了解到，随着边际税率的提高，无谓损失增加：无谓损失的大小与替代效应有关，而替代效应的大小与边际税率有关。累进程度较高的税制具有较高的边际税率，因而无谓损失也更大。

此外，税制的累进程度越高，税率可能越高，由此而减少劳动供给和国民产出的可能性就越大。所有低收入者的境况都变好，故无论是替代效应还是收入效应，都导致劳动供给减少。对于高收入者来说，收入效应和替代效应是相互抵消的，除非他们的劳动供给曲线非常明显地向后弯曲，否则总体劳动供给将会减少。

□ 20.2.5 累进税的无谓损失图解

假设对某人征税，通过比较政府用两种让个人的境况保持不变的税所取得的收入，就可以发现越累进的税导致的无谓损失越大。越累进的税，其边际税率越高。

---

① 这种说法不太标准。有些人更愿意用边际税率提高来表明税收制度的累进性。这些语义问题无关紧要。请注意，与一次总付税相结合的单一税率税是累退的，因为平均税率随着收入的增加而下降。关于累进税制和累退税制的定义，更为全面的讨论请参阅 A. B. Atkinson and J. E. Stiglitz，*Lectures on Public Economics*（New York：McGraw-Hill，1980），Chapter 2。

② 在有些税制下，收入高于 $\hat{Y}$ 的人按其收入与该免税额之间的差额征税，但收入低于该临界水平的人，既不用纳税，也得不到退税。

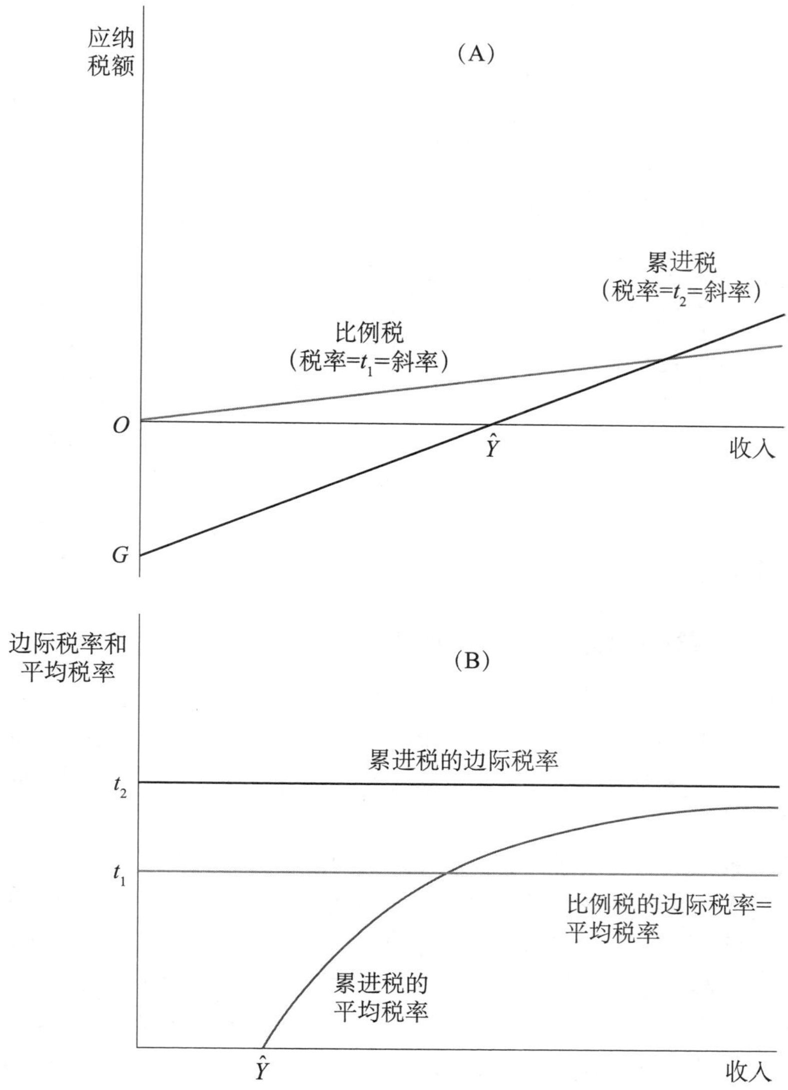

图 20.1　单一税率所得税

图（A）比较了比例单一税率所得税与累进单一税率所得税。图（B）比较了这两种税的平均税率和边际税率。

图 20.2 显示出征收比例税的预算约束线和征收累进税的预算约束线（即使某人不工作也给此人一笔固定收入）。虽然累进税的边际税率较高，但设定的税率会使此人处于相同的无差异曲线上。我们比较税收收入总额；税收收入总额用税前和税后预算约束线之间的距离表示。由于纵轴代表个人收入（横轴代表时间），故税收收入总额用两条预算约束线之间的垂直距离来衡量：比例税征收的税收收入总额用距离 $E'A'$ 衡量，累进税征收的税收收入总额用距离 EA 衡量。显然，$E'A'$ 比 EA 大得多——在对效用的影响既定的情况下，累进税的税收收入比较少①，所以不如比例税有效率。

① 在无差异曲线的斜率与税前预算约束线的斜率相同的那一点，无差异曲线与税前预算约束线之间的垂直距离最大。这就是为什么在对效用的影响既定的情况下，不改变斜率的一次总付税会使税收收入最大的原因。由于在 E' 点和 E 点，无差异曲线的斜率都小于预算约束线的斜率，故沿无差异曲线“向上”移动，垂直距离会更大。

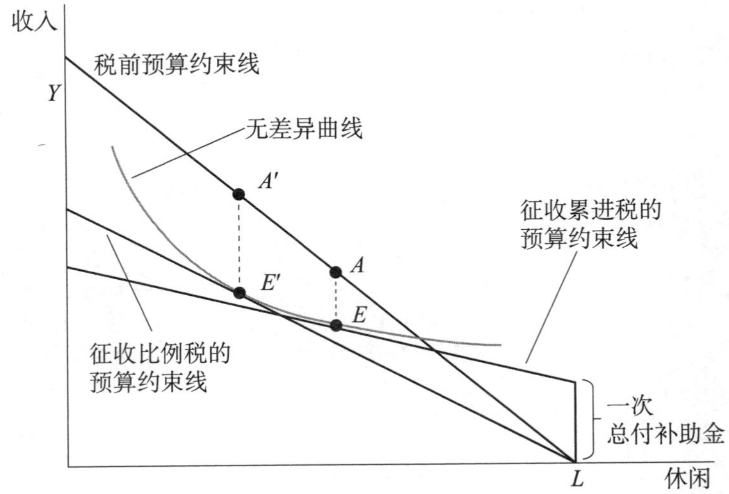

图 20.2　对效用的影响相同的累进税和比例税比较

比例税的税收收入更高。

□ 20.2.6　单一税率税的税率选择

上述分析澄清了提高累进程度时所面临的权衡取舍：穷人受益，富人受损。就像一只漏桶，穷人获得的货币收益小于富人的“货币等价物”损失，因为税收造成了无谓损失。但是，穷人受益的社会价值可能远远超过富人受损的社会价值。当然，是否如此，取决于社会福利函数。

我们在第 7 章介绍了罗尔斯社会福利函数的概念，按照这种社会福利函数，社会关心的是境况最差的人的福利。境况最差的人是那些处于收入分配最底层的人，他们的福利通常与一次总付补助金的规模直接相关。按照罗尔斯主义的观点，最适税制就是使一次总付补助金最大化的税制；也就是说，能最大限度地从纳税人那里取得税收收入的税制。这种税制的税率可能相当高，有人估计该税率高达 80%①，但其他人估计的税率较低。如果税率为 80%，高收入者的无谓损失可能相当高，具体要看弹性大小。其他社会福利函数赋予了中高收入者更大的权重，因而暗含的最适税率比较低。有人根据功利主义福利函数（所有人的权重都一样）估计的最适税率为 19%。②

□ 20.2.7　一般均衡效应

到目前为止，我们假设所得税对税前收入没有影响，换句话说，所得税没有发生转嫁。可是，有些经济学家认为，所得税可能有相当大的转嫁。特别是，有人一直认为，所得税制加重了税前不平等的程度。

---

① N. H. Stern, “On the Specification of Models of Optimum Income Taxation,” *Journal of Public Economics* 6 (1976): 123 - 162. 斯特恩假设公共产品支出占国民收入的 20%。计算结果对所做的所有假设都非常敏感，特别是对补偿性和非补偿性劳动供给弹性的假设。正如我们在第 19 章所指出的那样，关于这些弹性的大小，有相当大的争议。那些认为非补偿性劳动供给弹性相当高的人认为，对富人课以相当低的税率并向穷人支付一次总付补助金就可以获得最大的收入。那些认为补偿性劳动供给弹性相当高的人则认为，累进税造成的无谓损失非常大。

② N. H. Stern, “On the Specification of Models of Optimum Income Taxation,” *Journal of Public Economics* 6 (1976): 123 - 162.

在有些人看来，首先，管理人员和专业人员的工资和费用会针对税收进行调整，使其税后收入相对不变。其次，如果由于所得税，熟练工人的劳动供给减少，投资受到抑制，非熟练工人的生产率进而他们的工资都会下降。目前，遗憾的是，我们尚不清楚这些影响的程度。如果这些影响比较大，表明累进性的好处没有忽略这些影响时看上去的那么大。[①]

增加穷人的救济金 分析还要弄清楚增加穷人的救济金为何如此困难。要为这些救济金筹措资金，就需要增加税收，这是不“公正的”。真正的问题在于“逐步递减”（即规定随着收入的增加救济金如何减少的规则）的设计。快速的逐步递减意味着，在符合“逐步递减”的收入范围内，边际税率比较高（因为多赚取 1 美元收入，救济金会大大减少），从而削弱了工作激励。缓慢的逐步递减降低了这种抑制效应的程度，但（如果最穷的人要获得同样的福利）增加了包括中低收入人群在内的其他人的救济金，从而必然要进一步增税。选定的目标与良好的激励之间不可避免地存在冲突。

税制设计中的基本权衡取舍

更加累进的税制会造成更大的无谓损失；“平等主义”的社会福利函数（更加重视平等）将选择更为累进的税制。

我们以旨在补充有儿童贫困家庭工资收入的劳动所得税收抵免（earned income tax credit，EITC）为例。劳动所得税收抵免的想法很简单：奖励工作的穷人，以鼓励他们更多地工作，掌握更多的技能。1993 年，劳动所得税收抵免大大扩展并实行了指数化，因此在 1997 年，有两个或更多符合条件子女的家庭的最高救济金为 3 656 美元，逐步递减的收入范围是 11 950～29 290 美元，这意味着经劳动所得税收抵免后的边际税率为 21%。当克林顿政府上台时，曾希望扩大劳动所得税收抵免，让所有全职工作人员摆脱贫困。然而，实现这一目标所需要的最高救济金因减少赤字成为压倒一切的愿望反而被降低了。财政拮据迫使逐步递减的收入范围缩小，从而导致边际抑制程度更大。2011 年，尽管最高救济金已升至 5 112 美元，逐步递减的收入范围扩大至 21 800～46 000 美元，但有两个孩子的已婚户主并合并申报纳税家庭的隐性边际税率仍为 21%。

到目前为止的讨论都关注的是最适单一税率税。事实上，长期以来，美国的税率表一直都是高度非线性的，边际税率从 0 到近 40%不等。非线性税制增加了复杂性，而且增加了避税的激励和机会，其原因将在第 24 章予以更全面地解释。同时，它们可以降低实现任何一组收入和分配目标所产生的总无谓损失。

此前我们看到，无谓损失与边际税率和（补偿性）劳动供给弹性有关。有效累进所得税的基本原则源于下列观点：

---

① 马丁·费尔德斯坦（Martin Feldstein）利用模拟模型指出了一般均衡效应在最适税收设计中的重要性。请参阅 Martin Feldstein，“On the Optimal Progressivity of the Income Tax，” *Journal of Public Economics* 2（1973）：357－376。后续的理论研究证实并拓展了费尔德斯坦的研究结果。请参阅 N. Stern，“Optimum Taxation with Errors in Administration，” *Journal of Public Economics* 17（1982）：181－211；F. Allen，“Optimal Linear Income Taxation with General Equilibrium Effects on Wages，” *Journal of Public Economics* 17（1982）：135－143；and J. E. Stiglitz，“Self-Selection and Pareto-Efficient Taxation”（note 2）。另见 L. J. Kotlikoff and L. H. Summers，“Tax Incidence，” Chapter 16 in *Handbook of Public Economics*，vol. 2，pp. 1043－1092（note 2）。

(1) 课以高平均税率、低边际税率。

(2) 让尽可能少的人适用高边际税率。

(3) 对那些税收扭曲程度最小的人课以高边际税率。

图 20.3 比较了两种税制：一种是累进单一税率税制，另一种是低收入适用高边际税率、极高收入适用很低边际税率的税制。*OB* 是提供给没有工作也没有其他收入来源的人的一次总付补助金，这种补助金随着收入的增加而逐步递减。*BC* 区间所对应的边际税率高（逐步递减速度快）意味着，收入超过 *C* 点之后，平均税率可能较高，而边际税率较低。对于中高收入者来说，这意味着政府以较小的扭曲程度征收更多的税收。对于收入处于 *BC* 区间的人来说，代价是扭曲程度很大。但是，如果处于这一区间的人比较少，或处于这一区间的人劳动供给弹性比较低，那么总无谓损失将很小。不过，即使他们大大减少劳动供给，但如果他们生产的相对较少，总经济损失也会比较小。

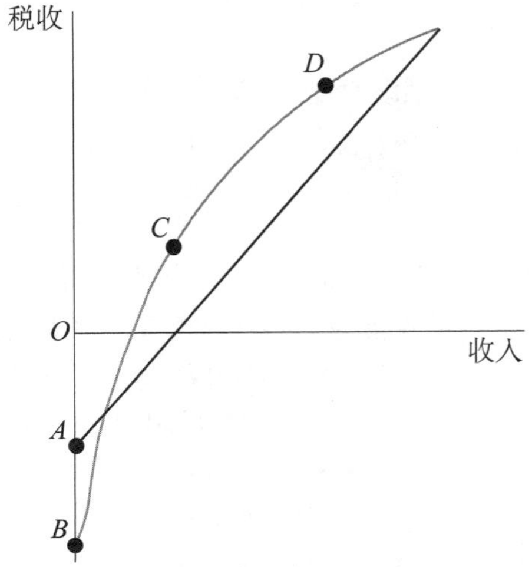

图 20.3　线性税制与非线性税制

非线性税制也许能够提高再分配程度，而不会增加这种税所造成的无谓损失。非线性税率表 *ABCD* 表明，穷人的边际税率较高，高收入区间的边际税率低。另外，高收入者面临较高的平均税率。

降低富人的税率　图 20.4 说明了为什么降低最高收入群体的边际税率是可取的。该图描述了最高收入群体的预算约束线，这一群体的人选择 *E* 点，所征收的税收收入是 *EA*。如果我们现在把收入高于 Y_A 的那些人的边际税率降到零，政府仍能征收到相同的税收收入，但随着边际税率的降低，这些人会更努力地工作，境况也会变好。（新预算约束线是虚线 $EE'C$，他们会选择较高的无差异曲线上的 E' 点。）因此，这种税制改革是帕累托改进：富人的境况会更好，同时没有人的境况变差。现在，如果不对收入高于 Y_A 的人课以零边际税率，而是课以低边际税率，高收入者的境况依然变好，但税收收入会增加，这些额外税收收入可以用来降低中产阶级的税收和（或）增加对穷人的补贴。所有人的境况都能变得更好。

这种推理为 1986 年、2001 年和 2003 年降低最高收入阶层的税率提供了部分理由。希望通过降低边际税率来增加劳动供给，从而增加产出和税收收入。正如我们在其他地方所指出的那样，有证据表明，在最高收入阶层，降低边际税率对劳动供给的影响并不显著。虽然降低资本利得税可能会导致一些人出售其资产（他们担心，如果等待，税率可能会再次上升），但现在税收收入的增加是以降低未来税收收入为代价的。最高收入阶层的大部

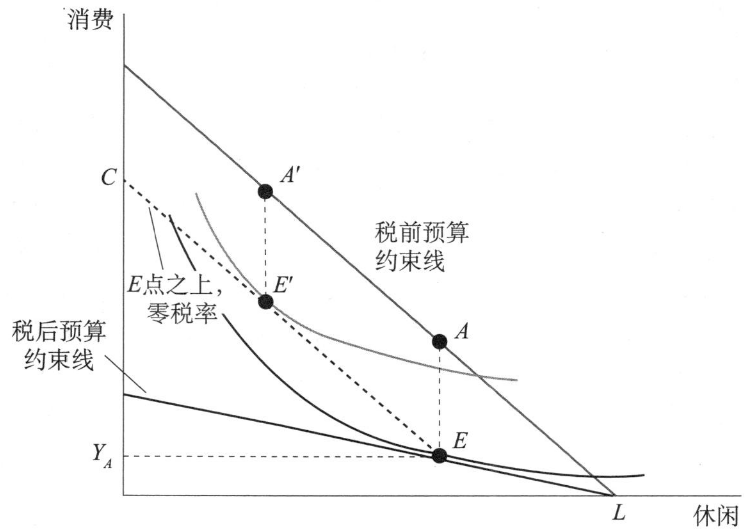

图 20.4　降低高收入者边际税率的影响

降低高收入者的边际税率可以在不减少政府收入的情况下增进这一群体的福利。在这里，超过 E 点的边际税率降到零，这会使个人的境况变好而对税收收入没有影响。

分收入与经济学家所说的租金（比如垄断利润）有关。最近的一项研究表明①，提高最高收入阶层的税率似乎对经济表现没有不利影响；也就是说，这没有像标准模型所预测的那样对“供给”侧产生不利影响（请参阅专栏 20.2“寻租、不平等和最适课税”）。

专栏 20.3

1993 年高收入人群增税：帕累托无效率税？

1993 年，国会提高了对高收入人群的征税。增税明显使他们的境况变差。批评者声称，这是一种帕累托无效率的税制改革（尽管大众媒体并没有用这样的字眼）。他们声称，这些人会减少工作量——替代效应大于收入效应，因此税收收入会减少，可用于再分配给穷人的资金实际上减少了。但这种情况并没有发生。相反，相较于其他人群，来自富人的税收收入增加得更快，也远远快于国民收入的增加。此时高收入人群的境况肯定不如低税率时的境况，但他们所缴纳的税收增加了。（当然，如果没有提高税率，富人的收入可能会增加得更多，从而税收收入也会增加。不过，这可能需要他们的收入增加得令人难以置信，这与历史经验不符。）因此，这次税制改革是否可取，取决于社会福利函数，但似乎并非帕累托无效率。

专栏 20.4

登上政治舞台的单一税率税

单一税率税制的简单性一直吸引着学院派经济学家。早在 20 世纪 80 年代初，斯坦福大学的罗伯特·霍尔（Robert Hall）和阿尔文·拉布什卡（Alvin Rabuschka）撰写了一

① T. Piketty，E. Saez，and S. Stantcheva，“Taxing the 1%：Why the Top Tax Rate Could Be Over 80%，” *Vox* 8 (December 2011)，http：//www.voxeu.org/article/taxing-1-why-top-tax-rate-could-be-over-80.

本广为传阅的书，倡导单一税率税。1996 年和 2000 年，史蒂夫·福布斯（Steve Forbes）就以单一税率税为核心参与了总统大选的初选活动，提出高免税额和低税率。就像 20 世纪 80 年代的供给学派一样，他认为，供给对低税率的反应将是国民收入的巨大增长。然而，大多数经济学家认为，供给反应可能相当小，从而造成巨额赤字，估计每年达数千亿美元。提高单一税率以消除赤字，这使得该提案听起来不那么有吸引力，但即便如此，这将使税收负担的承担者发生巨大变化：富人的税收负担明显降低，中产阶级的税收负担更重。当人们更加仔细地审视单一税率税这个想法之后，他们对此的热情减退了，福布斯的竞选活动也受到影响。除了分配方面的考量之外，还越来越清楚地表明，单一税率税并不一定意味着低税率、大税基或简税制。不过，在未来数年里，单一税率税想法很可能会成为政治舞台上的一种活跃思想，而且已经在 7 个州的州所得税中得到采纳。包括俄罗斯在内的前苏联集团的若干成员，也以不同形式采用了单一税率税，并在不同程度上取得了成功。

20.3 差别课税

从机票、轮胎、汽油到香水，政府对各种商品课征了大量税收。对不同商品按不同税率课征的税称为**差别税**（differential tax）。在这些税种当中，有些税种，比如机票税，被设计为受益税（benefit tax），也就是说，让那些受益于航空旅行的人负担空中交通管制系统和机场的成本。其他一些税种，诸如汽油税、烟草税和酒税，被部分设计为矫正税（corrective tax），以减轻其产生的一些负外部性，如汽车造成的交通拥堵和空气污染。最后，有些税种，诸如香水税，属于奢侈品税（luxury tax），旨在提高税收制度的再分配性。

我们在本节中将讨论两个关键问题。第一，如果政府不能征收所得税来再分配收入，就像许多欠发达国家那样，那么对不同商品应当课以怎样的税率？第二，如果政府能够征收所得税来再分配收入，那么还应当以不同的税率对不同的商品征税吗？这两个问题的答案截然不同。

□ 20.3.1 拉姆齐税

我们的分析从剑桥大学的一位伟大的经济学家弗兰克·拉姆齐（Frank Ramsey）提出的一个更为简单的问题开始。拉姆齐并不关心再分配，只关注效率。不过，他认为，政府不能征收一次总付税①，必须通过商品税来筹措收入。他提出的问题是：扭曲性最小的课税模式是什么？例如，每种商品都应按相同的税率征税吗（在这种情况下这种税只是一种所得税）？（请回忆一下第 18 章对等价税的讨论。）这正是那些只想计算扭曲程度的人所给出的答案，因为这种税只有一种扭曲。拉姆齐不仅说明这是错误的，而且还给出了一个简单的最适税率公式。

使无谓损失最小化的商品税被称作**拉姆齐税**（Ramsey tax）。在某些简化条件下，拉

① F. Ramsey，“A Contribution to the Theory of Taxation，” *Economic Journal* 37（1927）：47－61. 这个问题是他的老师庇古（A. C. Pigou）向他提出来的。请参阅 A. C. Pigou，*A Study in Public Finance*，3rd ed.（London：Macmillan，1947）。

姆齐税与供求弹性的倒数之和成正比：

$$\frac{t}{p}=k(1/\eta_u^d+1/\eta^s)$$

式中，k 是一个比例因子，取决于政府试图筹集的税收收入总额；t 是单位税额；p 是（税后）价格；η_u^d 是补偿性需求弹性；η^s 是供给弹性。倘若供给弹性无穷大（水平的供给曲线），那么，税收就应与补偿性需求弹性成反比。拉姆齐的结论不应该让人感到意外。我们在第 19 章发现，税收产生的无谓损失随着补偿性需求弹性和供给弹性的增大而增加（请回忆一下第 18 章的图 18.8）。[①]

图 20.5 解答了最适商品税问题。图 20.5（A）把无谓损失描述为对商品 i 征收的税率的函数，图 20.5（B）则把税收收入描述为对商品 i 征收的税率的函数。我们根据这两个图示可以计算出每个税率下无谓损失增量与税收收入增量的比例，也就是说，对商品 i 每增加 1 美元的税收收入所造成的边际无谓损失。请注意，这条曲线之所以这样画，不仅仅是因为超额负担随着税收收入的增加而增加，而且因为额外税收收入所造成的额外无谓损失随着税率的提高（从而随着税收收入的增加）而增加，这是无谓损失与税率的平方成正比所致。

对于商品 j，也能推导出类似的曲线，如图 20.5（C）所示。税率应设定成使每多征收 1 美元税收所增加的无谓损失对于每种商品都相同。如果一种商品多征收 1 美元税所增加的超额负担大于另一种商品，那么通过调整税率，第一种商品少征收 1 美元，第二种商品多征收 1 美元，总无谓损失就会下降。

在图 20.5（C）中，在任何给定的税率下，商品 i 多征收 1 美元税的无谓损失都大于商品 j。为了使每多征收 1 美元税的边际无谓损失相等，我们对商品 i 课征的税率必须低于商品 j。拉姆齐的基本见解是观察到需求弹性低（或供给弹性低）的商品，每多征收 1 美元税的边际无谓损失较低，故应当课以较高的边际税率。

需求相互依存下的最适商品课税[②] 我们刚得出的结果要求每种商品的补偿性需求曲线是相互独立的；也就是说，对一种商品的需求不取决于另一种商品的价格。当供给曲线具有无限弹性时，无论需求曲线是否互相依存，拉姆齐结果的另一种解释也成立，即最适税制是使每种商品的补偿性需求减少的比例都相同的税制。[③]

另一种解释：需求相互依存下的最适商品税制 所得税具有扭曲性，因为它会导致人们对其希望提供的劳动量做出“不正确”的决定。商品税可能有助于矫正这种扭曲。假如我们对休闲互补品征税，而对工作互补品补贴，就可以鼓励人们工作，从而就会减少统一商品税（相当于工资税）所造成的扭曲。例如，通过对滑雪设备征税并补贴通勤费用，就会促使人们更多地工作并减少休闲消费。[④]

---

① 如果公司利润税的税率为 t，拉姆齐公式可改写为：

$$\frac{t}{p}=k\left(\frac{1}{\eta_u^d}+\frac{1-t}{\eta^s}\right)$$

因此，如果公司利润按 100%征税，那么税率就只与（补偿性）需求弹性成反比。

② 本小节余下内容涉及一些更高级的主题，可以省略。

③ 请注意，如果 $\eta^s=\infty$，则 $t/p=k/\eta_u^d$；在供给曲线是水平的情况下，比例税与补偿性需求弹性成反比。产量变化的百分比＝价格上涨的百分比×价格变化导致的需求变化的百分比＝$(k/\eta_u^d)\times\eta_u^d=k$，也就是说，它对所有商品都是相同的。

④ 这种解释源于 W. J. Corlett and D. C. Hague，“Complementarity and the Excess Burden of Taxation，” *Review of Economic Studies* 21 (1953)：21－30。

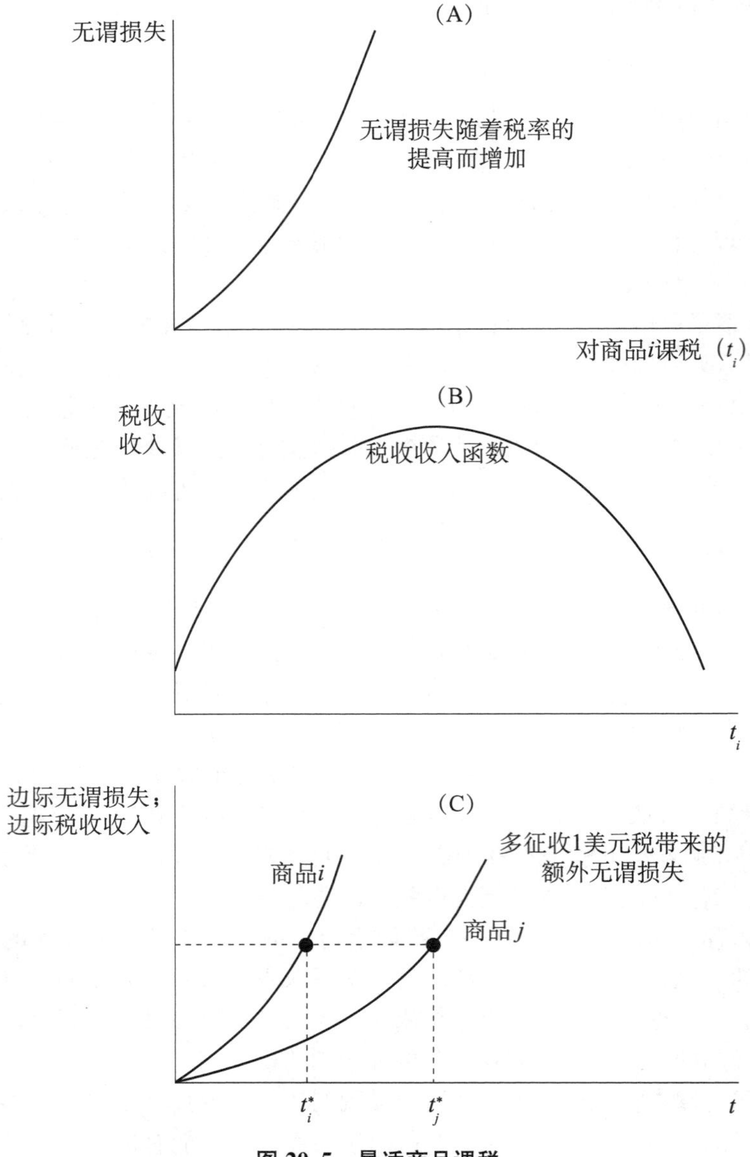

图 20.5　最适商品课税

对于所有商品，每多征收 1 美元税的边际超额负担（无谓损失）都必须相同。

拉姆齐税

在没有任何所得税或利润税且所有人都相同的情况下，为了使无谓损失最小化，所课征的税收要与需求弹性和供给弹性成反比。

再分配与拉姆齐税：欠发达国家的商品税　拉姆齐的分析有一个令人极为不安的特征。政府采用扭曲性税收而非统一的一次总付税的主要原因在于，政府的一些再分配目标如果不这么做就无法实现。可是，最适课税的早期讨论假定所有人都是相同的，在这种情况下，政府会采用统一的一次总付税便是自然而然的假设。

这是一个特别棘手的问题，因为前面所述的结果表明，应该对价格弹性低的商品（如食品）征收较高的税率。这些商品的收入弹性往往很低，这样一来，如果对它们课以重税，穷人的负担就要比富人重。不过，采用商品税的初衷是，与富人在征收统一的一次总付税情况下的负担相比，想把更多的负担转嫁给富人。因此，拉姆齐的分析对于任何严肃的政策分析似乎并没有多大指导意义，因而基本上被忽略了。

随后的研究扩展了拉姆齐的初始分析，包含了再分配目标。[①] 人们希望对具有收入弹性和价格弹性的商品（例如香水）课征的税率是高于还是低于收入无弹性和价格无弹性的商品（例如食品），这在一定程度上无疑取决于人们对收入分配的关心程度。

欠发达国家一般不怎么依赖所得税，因为收入难以监控。实际上，在许多情况下，它们甚至都不能对所有商品征税，而只能对进口或出口商品征税（因为它们能对过境商品形成一定控制）和对城市部门生产的商品征税。大多数欠发达国家也都很重视再分配，对奢侈品课征的税率高于基本必需品。

□ 20.3.2 有累进所得税的发达国家的差别商品税

然而，所有发达的工业化国家都有累进所得税，拉姆齐提出的问题在这些国家明显不同。这些国家的问题是：假如存在一种设计良好的所得税，额外再分配的边际收益（比如说对奢侈品征税产生的）是否超过边际成本（用超额无谓损失度量）？这个问题的简单答案在本章一开始就被否定了。我们之前的讨论表明，较多的扭曲现象不好，因此，差别商品税是不可取的，但是这种谬误已被摒弃：我们根本无法计算扭曲的数量。然而，值得一提的是，这些早期讨论的结论是正确的：如果所得税设计得好，增加差别商品税几乎提高不了再分配收入的能力。征税的目的是再分配收入，或者说是把税收负担强加给那些最能负担得起的人，那么，事实证明，最好的办法就是将税收重点放在我们真正感兴趣的收入上。[②]

□ 20.3.3 利息所得税与商品税

在我们之前的讨论中，我们说明了利息所得税如何抑制未来的消费。此税与只对未来消费征税以同样的方式改变预算约束线的斜率。

因此，对利息课征的所得税可以视为差别商品税，在这种情况下，未来消费比当期消费被课以更重的税。于是，对利息所得征税是否可取的问题，就等同于对未来消费比对当期消费征收更高的税率是否可取的问题。

就像设计良好的所得税再辅以差别商品税的好处不大一样，对不同期的消费课以不同税率的好处也很小。这实际上意味着，利息所得应当免税。利息所得免税的所得税自然等于工资税，而我们在第 18 章中已经说明，工资税等同于消费税（在没有遗产的情况下）。这表明，消费税可能是最适的。我们将在第 25 章进一步讨论这个问题。

---

① 特别是要参阅 P. Diamond and J. Mirrlees，“Optimal Taxation and Public Production，I：Production Efficiency and Ⅱ：Tax Rules，” *American Economic Review* 61（1971）：8－27，261－278；P. Diamond，“A Many-Person Ramsey Tax Rule，” *Journal of Public Economics* 4（1975）：335－342；A. B. Atkinson and J. E. Stiglitz，“The Structure of Indirect Taxation and Economic Efficiency，” *Journal of Public Economics* 1（1972）：97－119；and A. B. Atkinson and J. E. Stiglitz，“The Design of Tax Structure：Direct versus Indirect Taxation，” *Journal of Public Economics* 6（1976）：55－75；reprinted in A. B. Atkinson，ed.，*Modern Public Finance*，vol. 2，in *International Library of Critical Writings in Economics*（Aldershot，UK，and Brookfield，VT：Elgar，1991），pp. 82－102。

② 实际上，根据标准假设，帕累托效率税收要求不存在差别商品税。请参阅 A. B. Atkinson and J. E. Stiglitz，“The Design of Tax Structure：Direct versus Indirect Taxation，” *Journal of Public Economics* 6（1976）：55－75。

然而，这一结论也说明，我们必须注意确保进行任何分析的假设是适当的。这种分析所隐含的假设是：(1) 我们要用最适累进所得税对所有工资所得征税。(2) 我们并不直接关心不平等，包括这种不平等是否因财产继承而持续存在，从而形成自我延续的富豪阶层。例如，特别是在金融领域，管理层能够以资本所得（资本利得）的形式获得报酬，比如获得他们所重组的公司的股份。如果不对资本所得征税，他们就完全不用纳税。

当一个人的投资收益率高于正常水平时，可以将其看作是他自身“努力”的结果，也就是他的劳动收益，尽管它似乎是资本收益。刚才描述的模型忽略了这些非常重要的差异。

所以，大量资金也从上一代转移到下一代，而无须缴纳遗产税。那些获得遗产的人比没有这种遗产的同类人更有能力纳税，对他们不征税是没有效率的：对他们的资本所得征税，可以减轻其他人的税收负担，从而降低税收制度的扭曲性。几乎没有证据表明，对继承人的资本所得征税（按其他所得形式适用的税率征税）会对提供遗产的人的努力产生重大影响。

20.4 对生产者征税

到目前为止，本章重点讨论的是对家庭征税：对工资、利息所得和消费的征税。许多人认为，企业也要纳税才是公平的。这样的推理是错误的：企业从来都不是税收归宿的落脚点，正如我们所看到的那样，个人诸如股东、工人或者消费者才是税收归宿的落脚点。弄清楚对公司征税的归宿是一件复杂的事情。

不过，我们可以提出一个更为一般的问题：帕累托效率课税是否意味着应该对生产过程征税？到目前为止，我们所描述的税收与第 3 章讨论的帕累托效率三条件之一——产品组合效率相冲突：边际转换率不同于边际替代率。[①②] 即使我们不能保持产品组合效率，我们是否也要保持生产效率？

我们的许多税种也影响经济的生产效率，也就是说它们会导致经济没有在其生产可能性曲线上。生产效率要求，所有企业的任意两种投入之间的边际技术替代率都相同，所有企业的任意两种产出之间（或者投入与产出之间）的边际转换率都相同。当所有企业都面临着相同的投入价格和产出价格时，就实现了生产效率。因此，只要对所有企业课征的投入税不统一，或者只要对所有企业课征的产出税不统一，就不会实现生产效率。例如，公司所得税被广泛认为是对公司制企业的资本投入征税，因为它使公司的税后资本成本高于非公司制企业。此外，大多数商用汽油都被征税，但农用汽油不被征税。这些都只是最明显的例子。

许多生产活动既存在于市场部门也存在于非市场部门，但只有市场部门的生产活动被征税。比如，一个自己开车上班的人和一个送他人上班的出租司机，提供同样的服务，但只对后者征税，对前者不征税。又如，在家里烤面包的人正在提供与面包师一样的服务，但并没有像面包师那样被征税。这样，市场部门和非市场部门之间存在着扭曲，该经济不

---

① 在对工资所得征税的情况下，边际转换率（工资）大于边际替代率（税后工资）；在差别商品税的情况下，相对生产者价格（等于边际转换率）不同于相对消费者价格。

② 我们也可以问，是否有可能对具有不同收入的人征收不同的消费税，以及是否需要这样做。换句话说，保持交换效率是否可取？假设没有差别商品税是可取的，在此条件下，所有商品的消费都有交换效率；但是，如果差别课税是可取的，一般来说相对税率取决于收入也是可取的。

具有生产效率。同样的道理也适用于发展中国家对正规市场征税而对非正规市场不征税，这也是有关抑制小微企业正规化的争论的核心。

对中间产品（用于生产其他商品的产品）征税具有扭曲性。为了清楚地理解这一点，以一家自产自用电脑的企业为例，电脑成本就是生产要素的成本，包括生产中所用资本的收益。在竞争激烈的经济中，这家企业不得不按生产成本出售电脑，所以使用电脑的其他企业与制造企业的电脑使用成本是相同的。可是现在，如果征收销售税，自产自用电脑的企业的成本就会低于生产过程中使用电脑的另一家企业的成本。因此，这将造成很大的扭曲，该经济不再具有生产效率。

如果政府要使税制的无谓损失最小化，是否应该征收这种扭曲税？对于这个问题，一个简单的答案当然就是不应该，政府不应该再招致任何不必要的额外扭曲。这种论点类似于我们之前讨论的有关差别商品税的论点。只计算扭曲的数量毫无意义。然而，事实证明，在有些情况下，这种简单论点的结论是正确的。

如果政府能把私人部门的所有纯利润都征走，如果政府征税的能力（除了征收一次总付税的能力）没有其他限制，就可以证明生产效率是可取的。因此，政府不应该对企业课征扭曲税。尽管政府可以对生产者课征扭曲税，但为了能让经济保持在生产可能性曲线上，最好还是对消费者课征直接税。①

这一分析有极强的政策含义。特别是它表明，进口税以及对公司课税与对非公司制企业课税不一样都是不可取的。

然而，在许多情况下，政府在征税时面临许多困难。例如，政府无法区分商品是由最终消费者使用的还是由企业使用的，因此，如果政府要对消费者征税，也一定会对企业征税。只要政府不能确定私人部门的全部纯利润并全部征走，而且只要还存在着对政府征税能力的其他限制，对生产者课征扭曲税也许就是可取的。②

尽管人们不太赞同课征会影响生产效率的税收，但这一基本观点仍然有价值。例如，对进口商品征税会造成经济严重无效率；至少在比较发达的国家，政府可以对这些进口商品的消费征税，而不只是在进口环节课税；而且，一般来说，这种消费型税收更可取。③

□ 20.4.1　最适税制对可用税种的依赖

在本章中，我们注意到最适课税结果依赖于有关可用税种的假设，对于商品税来说尤其如此。是否应该征收差别商品税？如果征收差别商品税，如何选择差别税率？这些都取决于是否有所得税，如果有所得税，则取决于所得税制如何。

拉姆齐指出，在没有任何所得税的情况下（并假设不考虑再分配目标），不同商品应只根据需求弹性和供给弹性按不同税率征税。当存在一种最佳选择的所得税时，课征差别商品

---

① 这一结论最初形成于戴蒙德（P. Diamond）和米里斯（J. Mirrlees）的一篇重要论文，请参阅 P. Diamond and J. Mirrlees，"Optimal Taxation and Public Production，Ⅰ：Production Efficiency and Ⅱ：Tax Rules，" *American Economic Review* 61（1971）：8－27，261－278。另见 Alan J. Auerbach，"The Theory of Excess Burden and Optimal Taxation，" Chapter 2 in *Handbook of Public Economics*，vol. 1，pp. 100－101。

② 这个结论形成于下列论文：J. E. Stiglitz and P. Dasgupta，"Differential Taxation，Public Goods and Economic Efficiency，" *Review of Economic Studies* 39（1971）：151－174。

③ 关于贸易税和商品税关系的更广泛的讨论，请参阅 P. Dasgupta and J. E. Stiglitz，"Benefit-Cost Analysis and Trade Policies，" *Journal of Political Economy* 82（January-February 1974）：1－33。

税可能是不可取的。在课征差别商品税是可取的情况下，它们就不仅仅取决于需求弹性。①

不过，应该强调的是，哪些是可用的税种本身就应该是一个分析对象，尤其是要看哪些变量易于观察和可验证。在发展中国家，易货交易（不是现金交易）盛行，会计记录的水平很低，薪酬管理正规的企业很少，故难以推行所得税，必须依靠商品税来再分配收入和确保税收负担的公平。然而，在美国等高收入国家，用商品课税来再分配的理由很不充分。

20.5 复习和练习

20.5.1 小结

1. 帕累托效率税制是指不存在其他可供选择的能使一些人的境况变好而不使其他人的境况变差的税制。帕累托效率税制的性质取决于政府可获得的信息。

2. 在税收制度设计中，分配目标与效率之间存在着很重要的权衡取舍关系。最优税制平衡了额外再分配的收益与效率损失的成本。

3. 替代效应导致的无谓损失表明，一方面，对人数众多的收入阶层（比如中等收入阶层）课征低边际税率是可取的；另一方面，政府对该收入阶层课以高边际税率，对高收入者课以低边际税率，能够获得同样或更多的收入。这降低了从高收入者获得每 1 美元收入的无谓损失。

4. 拉姆齐税能使只用商品税征收既定收入所造成的无谓损失最小化。在独立的需求曲线和供给曲线的简单情况下，一种商品的供给弹性和补偿性需求弹性越大，对这种商品课征的税率就越低。

5. 不同商品是否应按不同的税率征税，取决于政府可利用的税种。如果政府课征了最适所得税，那么课征差别商品税可能没有多大好处。

6. 如果私人部门没有纯利润（经济是完全竞争的，或者政府可以征收 100%的利润税），如果对政府征税的能力没有其他限制，那么政府就不应该课征任何影响生产效率的税收。当取消这些严格的假设时，可能就需要课征影响生产效率的税收。

20.5.2 重要概念

差别税	单一税率税	负所得税
最适税制	帕累托效率税制	拉姆齐税
次优理论		

20.5.3 练习题

1. “如果人口中不同群体的劳动供给弹性不同，就应该按不同的税率征税。”请依据

① 核心问题是，课征差别商品税可能实现的额外再分配与其所造成的额外无谓损失相比是否值得。

当存在单一税率所得税（该税率是最佳选择税率）时，对商品课征的最适税率只与需求弹性成反比，与衡量富人相对多地消费哪种商品的程度的参数成正比（故对该商品的课税具有累进性）。在一些简单的情况下，分配参数本身就与需求弹性成正比；需求弹性低的商品（如食品），其无谓损失很小，但对它们的课税是累退的。这两种影响（效率或无谓损失与分配）相互抵消，要么不应对不同商品实行差别课税，要么应取决于需求弹性之外的其他参数。

在更为一般的情况下，即可以课征税率不必是单一税率的最适所得税（也就是说边际税率可以随收入变化）的情况下，商品税制的关键决定因素是休闲如何决定两种商品之间的边际替代率；在商品之间的边际替代率根本不取决于休闲的情况下，就不应有差别商品税。

最适课税理论来证明这一点，并讨论其对在职配偶征税的影响。

2. 此前我们曾指出，不同时期的消费可以解释为就像同一时期对不同商品的消费。根据最适课税理论的结果，对利息所得征税是否可取？［提示：回想一下，相对于今天的消费价格，明天的消费价格仅为 $1/(1+r)$，其中 r 是利率。］

3. 请解释：在考虑到税收的一般均衡效应时，即使社会福利函数是功利主义的，为什么累退税收制度也许是可取的。对收入非常高的人课征负边际税率是否可取？

4. 如果你认为收入高（挣钱能力强）的人，其边际收入效用也比较大（他们的消费效率更高），这对税制的设计意味着什么？请讨论其他假设的合理性。

5. 在什么情况下，税率表的累进程度提高会加剧税前不平等程度？

6. 你认为有关税制累进性的观点差异在多大程度上反映了价值观的差异，又在多大程度上反映了有关累进性的经济影响（无谓损失、转嫁）的判断差异？

7. 有一种观点有时支持使用商品税而不是所得税，因为人们不能准确地看到他们缴纳的商品税数额。相对于 30%的所得税，他们不太反对 20%的所得税外加 10%的销售税。你认为这是真的吗？如果是这样，你认为这对税收政策的设计意味着什么？

8. 请解释为什么即使穷人的劳动参与率提高，劳动所得税收抵免实际上也会降低穷人的总工作量。（提示：分别看处于最高福利金水平以下和以上的人。）

20.6 附录

20.6.1 附录 A 拉姆齐商品税的推导

在供给曲线呈水平状的情况下，拉姆齐税的公式可以用微积分和微观经济学理论的某些标准结果来推导。我们用间接效用函数表示个人效用，个人的效用水平是消费者价格（p_1，p_2，p_3，…）和收入（I）的函数：$V=V(p_1, p_2, p_3, \cdots, I)$。标准结果[①]是，价格变化所导致的效用变化正好等于（负的）消费量乘以边际收入效用 $\frac{\partial V}{\partial I}$：

$$\frac{\partial V}{\partial p_i}=-Q_i\frac{\partial V}{\partial I}$$

现在，让我们提高第一种商品的单位税（t_1），降低第二种商品的单位税（t_2），以使效用保持不变。由于供给曲线是水平的，生产者价格是固定的，所以消费者价格的变化正好等于税收的变化，于是：$dp_1=dt_1>0$，$dp_2=dt_2<0$。显然，为了保持效用不变，第二种商品税收的变化必须满足 $dV=\frac{\partial V}{\partial p_1}dt_1+\frac{\partial V}{\partial p_2}dt_2=0$。我们可以代入$\partial V/\partial p_1$的值，得到：

$$\frac{dt_2}{dt_1}=-\frac{Q_1}{Q_2}$$

因此，如果第一种商品的消费量很大（因而增税的福利损失也很大），第二种商品税收的下降也要很大。

如果每种商品的需求只取决于其自身的价格，那么增加第一种商品税收所导致的税收

---

① 这个结果就是所谓的罗伊（Roy）恒等式。有关证明请参阅 H. Varian，*Microeconomic Analysis*，3rd ed.（New York：W. W. Norton & Company，1982），pp. 106 - 107；或者 A. Deaton and J. Muellbauer，*Economics and Consumer Behavior*（London：Cambridge University Press，1980），pp. 37 - 41。

收入变化就是：

$$\frac{\partial(t_1Q_1)}{\partial t_1}=Q_1+\frac{t_1dQ}{dp_1}=Q_1\left(1+\frac{t_1dQ_1p_1}{p_1dp_1Q_1}\right)=Q_1\left(1-\frac{t_1}{p_1}\eta_u^1\right)$$

式中，η_u^1 是第一种商品的补偿性需求弹性；$t_1\dfrac{dQ_1}{dp_1}$项表示价格变化导致销售下降所造成的税收收入损失。补偿性需求弹性至关重要的原因在于，我们同时考虑两种税率的变化，以使个人保持相同的效用水平。

同样，对于第二种商品税收的变化，税收收入的变化由下式给定：

$$Q_2\left(1-\frac{t_2}{p_2}\eta_u^2\right)$$

因此，税收收入的总变化是：

$$\frac{dR}{dt_1}=Q_1\left(1-\frac{t_1}{p_1}\eta_u^1\right)+\frac{dt_2}{dt_1}Q_2\left(1-\frac{t_2}{p_2}\eta_u^2\right)$$

$$=Q_1\left[\left(1-\frac{t_1}{p_1}\eta_u^1\right)-\left(1-\frac{t_2}{p_2}\eta_u^2\right)\right]=Q_1\left[\frac{t_2}{p_2}\eta_u^2-\frac{t_1}{p_1}\eta_u^1\right]$$

在最适税制情况下，它必定为零；也就是说，鉴于我们要让个人效用水平保持不变，税收收入必须要最大化。但是，这要求：

$$\frac{t_2}{p_2}\eta_u^2-\frac{t_1}{p_1}\eta_u^1=0$$

将此条件推广到所有商品税（t_1，t_2，…，t_i，…），我们得知 $\dfrac{t_i}{p_i}\eta_u^i$ 对于所有商品必须都是一样的。令该值为 k，因此有：

$$\frac{t_i}{p_i}=\frac{k}{\eta_u^i}$$

这意味着，税率必与补偿性需求弹性成反比，这就是拉姆齐法则（Ramsey rule）。

□ 20.6.2 附录 B 线性需求曲线的拉姆齐公式推导

图 20.6 显示出一条线性补偿性需求曲线，$Q=a-b(p+t)$，生产者价格是固定的（无限弹性供给曲线），税收为 t。需求曲线的斜率为 b。无谓损失为：

$$\text{DWL}=\frac{1}{2}bt^2$$

因此，增加税收的边际无谓损失是：

$$\text{MDWL}=bt$$

政府征收的税收收入是：

$$R=tQ=at-b(pt+t^2)$$

增加税收的边际税收收入是：

$$\text{MR}=a-b(p+2t)$$

边际税收收入与边际无谓损失之比是：

$$\frac{\text{MR}}{\text{MDWL}}=\frac{a-b(p+2t)}{bt}$$

$$=\frac{Q}{bt}-1$$

$$=k'\text{（对所有商品都相同）}$$

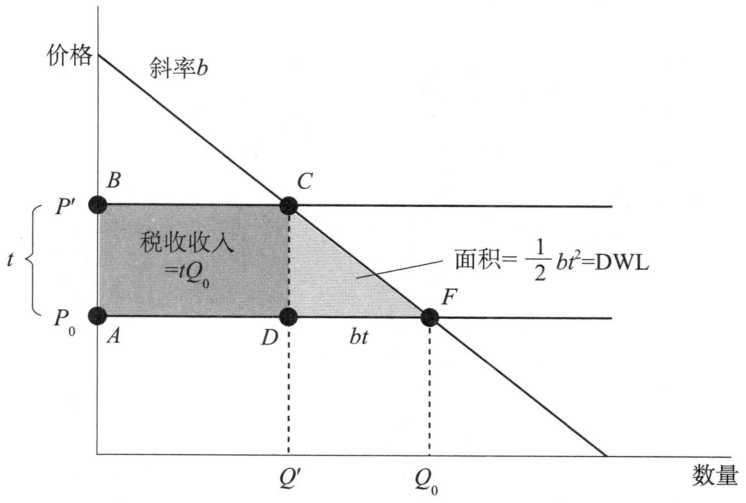

图 20.6　基于线性需求曲线的拉姆齐定价计算

在线性需求曲线下，税率为 t，课征的税收收入是阴影面积 $ABCD$（等于 tQ_0，其中 t 是税率，tQ_0 是税后产量）。无谓损失是三角形 DCF，其中 DC 等于每单位产品征收的税收 t，DF 等于产量的变化，正好是 bt，其中 b 是需求曲线的斜率。总无谓损失正好是 $\frac{1}{2}bt^2$。拉姆齐分析了课征额外 1 美元税而产生的额外无谓损失。

或

$$\frac{Q}{bt}=1+k'\equiv\frac{1}{k}$$

或

$$t=\frac{kQ}{b}$$

但需求弹性正好是：

$$\eta_u^d=-\frac{\Delta Q/Q}{\Delta p/p}=\frac{bp}{Q}$$

因此，有：

$$\frac{t}{p}=\frac{kQ}{bp}=\frac{k}{\eta_u^d}$$

即税收与需求弹性成反比。

第 21 章

资本课税

重点问题

1. 许多人认为资本所得应当免税的原因是什么?

2. 资本税对储蓄和投资有何影响?如何抵消这些影响?在有全球资本市场的情况下这些影响为何不同?

3. 税收对风险承担有什么影响?

4. 为什么折旧、资本利得和通货膨胀会给资本课税带来问题?在现行税制下,这些问题如何解决以及由此会产生哪些问题?

上一章分析了税制设计中的几个核心问题,包括再分配与效率之间的权衡取舍,它们对税制累进程度的影响,以及商品课税在设计效率税制中的作用。但是,我们只提到了税制设计中最核心的问题之一:如何对资本收益征税。资本所得,包括债券和储蓄账户的利息、股息以及以高于原始成本的价格出售资产所获得的收益等,应当比工资所得的税率高还是低?

在这个问题上,两种观点针锋相对。一种观点认为,“资本家比工人更富有”。因此,基于纳税能力原则,资本应被征收更多的税。

相反,另一种观点认为,“资本所得课税意味着双重征税,人们在最初获得本金(最初的投资额)时就已经被征税了。”“我们的经济取决于资本投资,如果没有激励措施,储蓄和投资就会不足。”“资本课税是扭曲性的;通过取消资本课税,我们就又消除一种政府所造成的扭曲。”

税收制度反映了许多这些相左的观点。1981 年之前,工资所得的最高税率是 50%,而资本所得的最高税率为 70%,同时,某些形式的资本所得的税率比较低。

两派都有许多流行的观点,其中有些观点即便不是谬误,至少也具有误导性。我们已经解释过只计算扭曲数量的观点错误。即使资本家平均说来更为富有,也不一定应对资本所得课以更重的税,甚至根本就不应该征税。问题是,征税的适当依据是什么?

本章分为 4 节。第 1 节列出了支持和反对资本所得课税的基本理由。第 2 节和第 3 节讨论了主要的效率和征管问题:在开放经济和封闭经济中对储蓄、投资以及风险承担的影响。最后一节重点讨论了通货膨胀、资本利得(资产价值随着时间的推移而增加)和折旧(资产价值因资产损耗或过时而下降)所导致的资本课税的复杂性。

从实践层面来看,公司使得资本所得课税变得非常复杂。公司在支付了工资之后的所得在很大程度上可以被认为是资本收益。这些收益可以分配给债券持有人或股东,也可以留在企业。当然,最终,公司的所有者或以更高的股息形式,或以出售公司股票时股票升值形式，获得这些留存收益（retained earnings）的好处。原则上，我们可以无视公司的存在，也就是说，我们可以假装公司将其全部利润都分配给股东，然后股东再把这笔钱退还给公司（等于留存收益）用于再投资。美国除了对某些公司（比如仅由一个人持有的封闭式公司）之外，与大多数国家一样都不这样做。各国不仅对公司所得课税，也对个人所得（在他们获得股息或资本利得时）征税。

在本章，我们试图忽略这些复杂的问题，把注意力集中在一个简单的经济上，即个人拥有自己的公司，将其储蓄投资于资本，对储蓄和投资多少以及投资于什么做出决策。税收对资本的影响取决于税法的许多具体规定，例如，政府如何对待资产的损耗。我们在第22章和第23章还会深入讨论其中的一些主要问题，到时将从美国的个人和公司所得税法角度予以更详细的分析。本章提出的问题具有更广泛的适用性，所有国家在考虑其税制设计时都会遇到。

21.1 资本应该征税吗?

关于资本是否应该征税，争论的焦点主要集中在三个问题上，即公平、效率和征管的复杂性。在开始详细讨论之前，我们有必要回顾一下有关税收等价的一些基本研究结果。

21.1.1 消费税、工资税和资本所得免税之间的关系

在第18章中，我们说明了下列四种税制之间的等价关系，即比例消费税、比例工资税、资本所得免税的所得税以及对投资品免税的增值税。[①] 这种等价关系很重要，因为这意味着，认为资本不应征税等同于主张征收消费税或工资税。虽然不同税种是等价的，但税种的描述方式不同，其吸引力看上去会有很大差异。

这种等价关系的重要性还表现在它提供了可以实现相同税收结果的几种不同方法。消费税的批评者通常认为消费难以衡量。但是，消费无须直接衡量，一个典型的例子就是对投资免税的增值税，这在大多数国家都是一个非常重要的税种。

21.1.2 公平问题

无论是认为资本应该征税的人还是认为资本不应该征税的人，都从公平的角度寻找支撑论据。

美国最杰出的经济学家之一欧文·费雪（Irving Fisher）在100多年前就提出了以消费而非所得为税基的最有力的论据之一。他认为，根据人们从社会拿走的（他们的消费）来征税比根据他们对社会的贡献（用他们的收入衡量）来征税更为合适。

超越这种宽泛的哲学观之外的论点是，（在忽略遗产的情况下）对消费征税等同于对一生所得征税，正如我们在第18章看到的那样。因此，在征收消费税的情况下，一生所得相同的两个人，他们的总税收负担相同。相反，在所得税的情况下，不为将来攒任何钱的“轻率”，与她的孪生姊妹“谨慎”相比，其税收负担贴现值比较低，尽管她们的一生所得贴现值一样。（如果遗产逃税，就会造成不平等。[②]）这一论点支持资本所得免税，这等同于支持对消费征税。

---

① 回忆一下，只有当人们既没有继承也没有留下遗产时，这种等价关系才成立。

② 尽管对巨额遗产课征的税率很高，但由于税法有漏洞，许多遗产逃税了。

另外，消费税通常等同于销售税，而销售税被普遍视为具有累退性。其中的一个原因是，销售税只对部分消费征税，而这部分消费在高收入者总消费中所占的比例要比低收入者的低。这里所讨论的消费税是对全部消费征税；而且实际上，它们可以按累进税率课征，因而纳税额的增加幅度可能会超过消费的增加幅度。因此，累进消费税也明显不同于按比例课征的增值税。

综合消费税的批评者认为，由于富人的储蓄率大大高于穷人，故比例消费税实际上是累退的，因为富人的税收占其收入的比例较低。但是，这忽略了适当税基的基本问题。如果“正确”的税基是消费，那么把纳税额与收入进行比较是没有意义的；至于累进还是累退，应通过计算纳税额与适当税基的比例进行判断。

□ 21.1.3 效率论

效率论有三种。第一种强调的是无谓损失，利用的是第 20 章的那种分析，即不同时期的消费可以视为不同商品的消费。实现再分配目标的最有效途径是征收累进工资所得税（没有差别商品税）这一基本论点，意味着不应对不同时期的消费差别征税，这反过来又意味着不应对资本所得征税。①

第二种效率论强调的是一个事实，即我们实行的是混合税制——消费税和所得税的混合体。有些形式的资本所得，诸如自用住房和退休收入，实际上是免税的。其他形式的资本所得，诸如资本利得，按优惠税率征税。这种混合税制与真正的所得税或真正的消费税相比，也许不太公平，扭曲性更大，征管更复杂。

流行的讨论没有关注经济学家的这些技术性论点，第三种强调的则是这样的论点，即税制抑制了储蓄、投资和风险承担，而这些对于市场经济来说至关重要。这些潜在的影响近年来特别令人瞩目，因为美国的储蓄率远低于其他一些高收入国家。本章后面几节将讨论这些担忧的合理性。

□ 21.1.4 征管问题

美国税法的征管复杂性为税基转向消费（利息所得免税）提供了一个最有力的理由。税法的大部分复杂性来自试图减少逃避资本税的机会。另外，对消费本身可能难以衡量的担忧，也曾一度成为反对消费税的论据。不过，要对消费征税，也不必真要监控个人的商品购买，只要观察个人的现金流即可。这是因为，

收入＝消费＋储蓄

只要能计算出收入（总收入，包括赠与）和储蓄，就可以推断出消费水平。（所得税或消费税的收入衡量方法是一样的。）对个人储蓄进行衡量不是特别困难：一种简单的计

---

① 正式分析做了许多假定，例如，个人所得的差异只源于能力的差异；相对工资是固定的；个人早年消费与晚年消费之间的边际替代率不取决于工作多少。如果这些假设只是大致得到了满足，那么对利息所得征税仍然没有什么好处。在有些情况下，实施利息所得补贴而非课征利息所得税是可取的。在两种情况下有理由征收利息所得税。第一种情况是，这种税能以适当的方式改变税前分配。例如，税后资本收益率递减抑制了储蓄；非熟练劳动力和资本是替代品，较低的资本供给会提高非熟练劳动力的相对工资。由于再分配收入会造成无谓损失，因而改变税前收入分配总会造成一些无谓损失。第二种情况是，人们的投资能力不同，相对于一些人而言，有些人获得的投资收益率相当高，于是，单靠工资税或消费税就不能有效地再分配收入。（标准模型假设所有人获得的资本收益率都相同。）正式地说，如果我们把额外的资本收益率都归因于个人的投资能力，那么这种额外收益就可以被视为劳动收益。不过，从征管角度来看，这种区分是不可能的。

算方法是，一年里有价证券和所有其他资产的销售总额减去同期的购买总额。[①] 两者之间的差额加上个人的工资收入就是他的现金流，等于他的消费。因此，征收消费税与征收所得税的实际问题差别不大。

支持消费型税收的理由

公平。

- 应对人们取之于社会的征税，而不是对贡献于社会的征税。
- 对一生所得（不考虑财产的遗赠和继承）征税等同于对消费征税：所得税歧视那些喜欢在晚年消费的人。
- 消费型税收可以设计为具有累进性。

效率：消费税降低无谓损失。

- 消除了对晚年消费的歧视。
- 消除了混合税制因对不同储蓄征税有别而造成的扭曲。

征管简便。

- 税制的复杂性主要来自既要对资本所得征税又要减少人们对资本所得税的逃避。

21.2 对储蓄和投资的影响

我们在第 18 章讨论了利息所得税对储蓄的影响，有关证据模棱两可。在本章，我们假设利息所得税对总储蓄有负面影响，并追问：利息所得税对经济有何影响？特别是，利息所得税对投资水平并最终对资本存量有何影响？倘若储蓄水平下降转化为资本存量下降，那么，劳均产出（output per worker）就会下降，最终生活水平会降低。

□ 21.2.1 封闭经济中储蓄减少的影响

图 21.1 说明了这个基本问题。图中，我们画出投资需求（是利率的函数）和储蓄供给曲线。[②] 这两条曲线的交点显示出利率的初始均衡水平 r_1 和投资的初始均衡水平 I_1。现在，我们课征利息所得税。该税在投资收益率和储蓄收益率之间加进了一个楔子，使投资的均衡水平下降到 I_2。随着投资水平的逐年下降，经济中的资本存量最终会下降到足以对生活水平产生不利影响的程度。

□ 21.2.2 储蓄与投资的区别

在封闭经济中，均衡意味着储蓄必须等于投资。因此，在均衡状态下，促进储蓄的政策必须促进投资，反之亦然。

---

① 这低估了如下问题：并非所有资产的买卖都被记录了下来，况且资产支出和消费支出之间可能有些模糊不清。转变过程中出现一些特殊问题——由于没有当前资产持有的记录，所以人们可以通过出售现有的资产进行消费。一个人可能声称所购买的一幅画或一个农庄是一种资产而非消费品。尽管现在就存在这些问题，但若征收消费税，这些问题可能会加剧。（现在的问题是，一个人可能出售了一幅画而没有申报资本利得；在征收消费税的情况下，此人会把他所购买的实际上用于消费的画作说成是作为投资购买的。）

② 这个分析做了一个极为重要的简化，即可用储蓄购买的资产（资本品）只有一种，而实际上还有其他资产，包括土地和政府债券。政府的税收政策会影响土地价值。导致利率上升的税收政策会造成土地价值下降；因此，相较于不含土地的经济，资本减少的程度要小。如果土地价值下降，那么会有更多的储蓄用于资本积累。

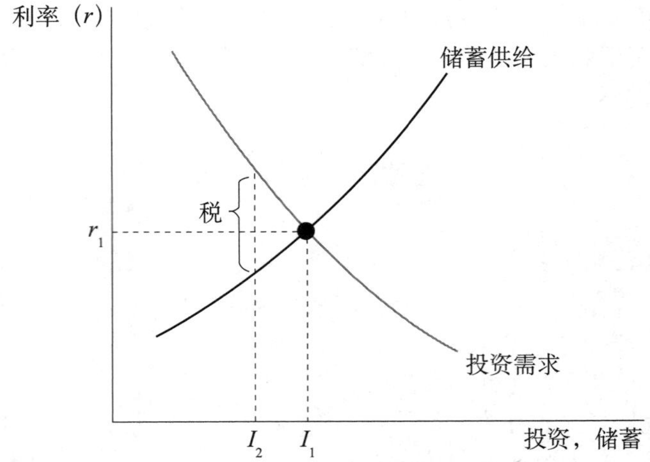

图 21.1　封闭经济下利息所得税对均衡投资的影响

对资本收益征税降低了投资的均衡水平，从而在长期会降低均衡资本存量。

有些政策会使储蓄供给曲线发生移动，有些政策会使投资需求曲线发生移动。例如，投资税收抵免（investment tax credit），这等于政府实际上支付了部分资本品的价格，会使投资需求曲线向右移动，如图 21.2（A）所示。这本身就会导致利率和投资水平都上升。

图 21.2（B）说明了如何利用这类政策来（部分或者全部地）抵消利息所得税的影响。在新的均衡中，投资是一样的。

人们也许会问，为什么要对储蓄征税，然后又通过对投资补贴来抵消前者的影响？答案是，即使投资可能不受这两种政策的影响，也可能存在其他重要的影响。例如，并非所有储蓄收益都来自本国的工厂和设备投资；投资者还可以从海外投资和房地产投资中获得收益。此外，投资补贴只影响新投资，而对资本收益征税影响的是旧资本。因此，资本收益征税与新投资补贴相结合能产生很大的再分配效应（因为旧资本的价格相对于新投资而言下降了），并且还能增加大量的税收收入。

□ 21.2.3　国民储蓄与预算中性

当然，对于国民投资而言，重要的不仅仅是家庭或企业储蓄（私人储蓄）水平，还有国民储蓄水平，它包括了政府储蓄——政府的预算盈余或赤字。降低资本收益课税通常会减少政府收入，从而增加赤字，除非增加其他税收。在貌似合理的条件下，增加的赤字全部抵消掉了增加的私人储蓄，所以国民储蓄进而投资实际上减少了。如果储蓄相对无弹性，那么私人储蓄将不会增加太多，但对赤字的影响可能相当大。例如，假设资本所得占 GDP 的 20%，资本税的税率为 20%；那么，资本所得课税减半的短期效应（不考虑对利率的影响）将是使政府减少相当于 GDP 的 2%的税收收入，因此政府赤字的增加额等于 GDP 的 2%。如果目前的私人储蓄等于 GDP 的 5%，利率弹性为 0.1，那么，该税减半会使资本收益率提高 12.5%，并使储蓄增加 1%或 GDP 的 0.05%。[①] 因此，国民储蓄（私

① 如果我们忽略利率的变化，税后收益率会从 $0.8r$ 上升到 $0.9r$，即 1/8。这会导致私人储蓄增加 1.25%或 GDP 的 0.062 5%。私人储蓄的实际增加更多一些：随着赤字增加，利率上升，由此导致的储蓄增加额取决于储蓄的利率弹性。标准估计表明，预算赤字增量中大约有三分之一可能会被利率上升引致的额外储蓄所抵消，因此国民储蓄总体减少仅为 GDP 的 1.33%左右，这仍然是一个可观的数字。（当从国外吸引来的资金也包含在分析之中时，对投资的净影响会进一步下降，降到仅为 GDP 的 0.667%左右。）另外，如果储蓄的利率弹性非常大，那么增加的私人储蓄会完全抵消掉增加的财政赤字。

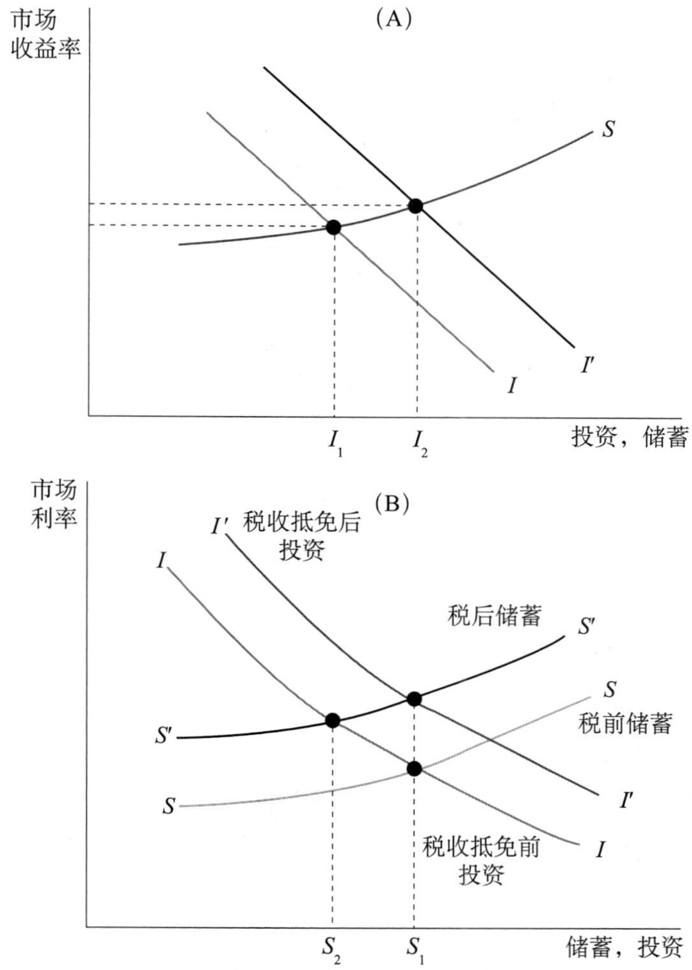

图 21.2 投资税收抵免

图（A）：投资税收抵免使投资需求曲线移动，从而提高了投资的均衡水平。图（B）：在适当选择的利率下，投资税收抵免可以抵消对资本收益征税的影响，从而使投资保持不变。

人储蓄减政府赤字）实际上大大降低了。

另外，在让个人的境况和以前一样的前提下，如果政府用增加工资税来弥补资本所得税的减少，那么毫无疑问，储蓄就会增加。这可以从图 21.3 中看出来，在图中，我们使用了一个简化模型，即一个人的生活分为两期，分别用 c_1 和 c_2 表示，在第一期工作，并为第二期退休储蓄。BB 是此人在征收利息所得税前的预算约束线，$B'B$ 是此人在征收利息所得税后的预算约束线。E 点是所选择的点，EF 是利息所得税收入（在第二期实现）；DD 则是当课征使此人的境况保持不变的工资税（或消费税）时的预算约束线。现在只有替代效应，个人消费明显减少；储蓄的激励增加了，故私人储蓄增加。此外，按现值计算，政府税收收入也增加了：新的税收收入是 $E'F'$，它明显大于 EF[①]，因此赤字减少了。但是，储蓄的增加程度可能比较小，这取决于无差异曲线的形状。图 21.3（B）显示了无差异曲线呈 L 形的极端情形，在这种情况下，私人储蓄和政府税收收入都不受影响。

① DD 与 BB 平行，因为没有利息所得税。这两条平行线之间的垂直距离在任何一处都相同。因此，FG 等于 $E'F'$。

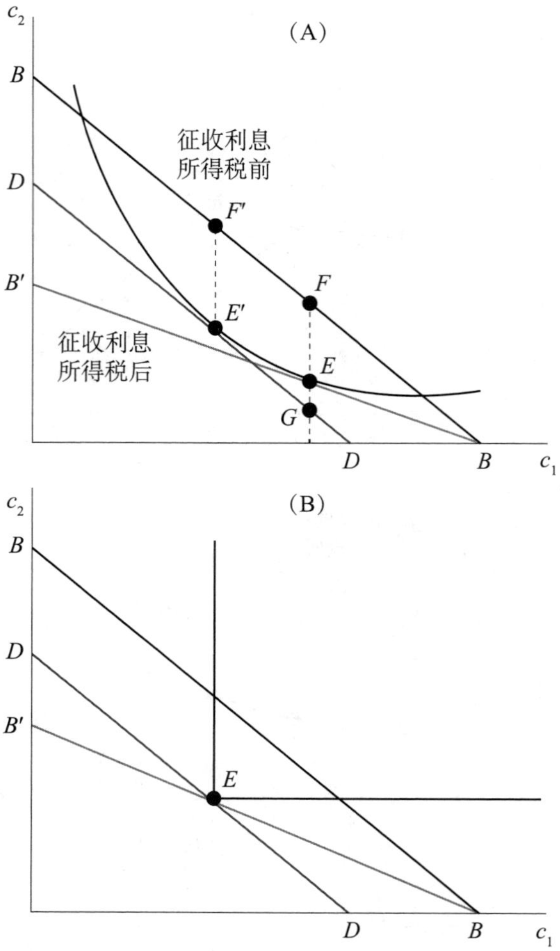

图 21.3 税收的补偿性变化

图（A）表明，在使个人的境况保持不变的前提下，通过增加工资税或消费税来抵消利息所得税的减少，会导致私人储蓄增加和政府赤字减少。图（B）表明，在无差异曲线呈 L 形的极端情况下，储蓄和政府税收收入都不受影响。

这些截然不同的结果突出了在明确保持什么不变的情况下提出正确问题的重要性。通常，政府都在不断考虑能够征收既定税收收入的各种方法。在这种情况下，前面两种表述都不是很正确，但第二种表述提供了一种获得预期答案的分析框架。

由于消费税能在使效用保持不变的情况下产生更多的税收收入，所以政府可以降低税率。因此，消费税在与所得税征收同样多税收收入的情况下，会产生更高的效用和国民储蓄水平。①

但是，这忽视了资本课税的分配效应。有资本收入的人是收入很高的人。有些人通过逃避遗产税获得了财富，有些人通过利用大量的税收漏洞获得了财富。此外，有些报酬貌似是资本报酬，而实质是劳动报酬，要是劳动和资本的税收待遇差异很大，这种情况会更加严重。例如，通过所谓的私募股权公司管理他人资金的人，通常通过获得其投资的公司

① 政府税收收入的时间安排在不同税制之间会有所不同。这种分析比较了产生相同税收收入（用税前利率计算的贴现值）的税种。

的股份来取得报酬。他们经常赚取大量的资本利得，而这种收入实际上是他们的劳动报酬，应该被征税，但目前（本书付梓之际）还没有征。

□ 21.2.4 开放经济中储蓄减少的影响

然而，在开放经济中，由于国外储蓄可以替代国内储蓄，故资本课税对投资的这些影响可能会大打折扣。在过去的50年里，国际资本市场蓬勃发展，国际资金流动规模巨大。近年来，美国从欧洲和日本借了数千亿美元。[①] 美国的利率稍有上升，就能吸引大量资金流入美国。因此，许多经济学家认为，美国的资金供给曲线接近于水平状态（见图21.4）。

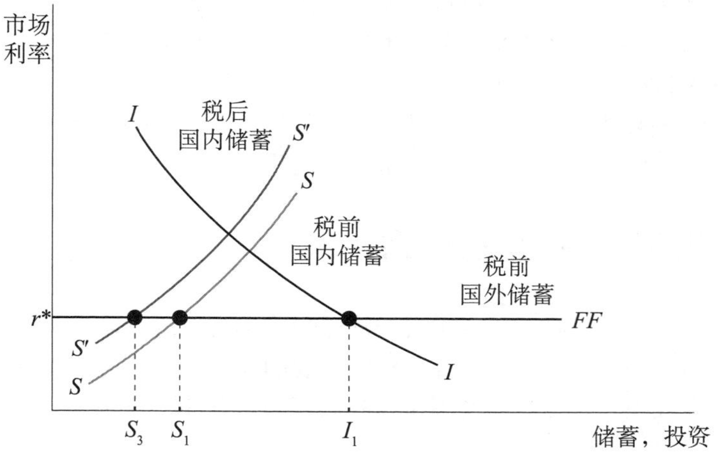

图21.4 开放经济中的投资和储蓄

随着国际资本市场的高度发达，国内投资与国内储蓄的差额可以通过国外借款来弥补。如果只对美国人的收益征税，那么投资不会受到影响，但国内储蓄将受到抑制，国外借款会增加。

假设没有税收，考虑外国人愿意以利率 r^* 提供资金的极端情形；也就是说，资金的供给具有无限弹性。于是，r^* 是均衡利率，S_1 是国内储蓄，I_1 是国内投资，两者的差额，I_1-S_1，通过国外借款来融资。

现在，对美国人的储蓄收益征税，实际上只是使国内储蓄供给曲线向左上方移动，如图21.4所示。虽然投资水平保持不变，但是，现在更多的投资是由国外储蓄融资的。虽然这对投资进而对美国的生产力水平没有影响，但从长期看，会对生活水平产生不利影响。因为就长期而言，美国人将欠外国人更多的钱；美国生产的东西必须更多地卖到国外以偿债。

现实世界介于刚才所描述的完美全球资本市场与上一节所讨论的封闭资本市场之间。外国资本并不是国内储蓄的完全替代品。实际上，实证研究表明，国内储蓄与投资之间高度相关。[②]

① 从1980年到1992年，美国从国外大量举债，已从世界上最大的债权国沦为最大的债务国。美国的国际投资净额，即美国的银行业、跨国公司和个人持有的国外资产与外国人持有的美国资产的差额，1980年达到3 600亿美元，而1992年为－4 110亿美元。（这种变化的主要原因是第2章讨论的联邦政府巨额财政赤字。）到2010年，美国的外债净额为24 710亿美元。请参阅 U. S. Department of Commerce，Bureau of Economic Analysis，"International Investment Position of the United States at Yearend，1976－2010，" *International Economic Accounts*，Table 2。

② 例如，请参阅 E. L. Grinols，"The Link between Domestic Investment and Domestic Savings in Open Economies：Evidence from Balanced Stochastic Growth，" *Review of International Economics* 4，no. 2（June 1996）：119－140。导致这种相关性的部分原因可能是，促进储蓄的国内环境也往往会促进投资；或许也可能是因为大部分投资都是由企业自身融资的，所以当投资收益率很高时，它们会增加储蓄，或者当它们的利润很高时，它们也会增加储蓄，故投资也会更多。

因此，影响国内储蓄的税收政策变化，的确会影响到国内投资。我们前面曾举过一个例子，即资本所得是 GDP 的 20%，资本所得税率为 20%，储蓄的利率弹性为 0.1。我们表明，在这些假设条件下，资本所得税减半会使国民储蓄减少约等于 GDP 的 2%（税前利率固定）。然而，国民储蓄"曲线"本身的这种移动会导致利率上升，而利率上升又会导致国内储蓄和国外资本流入增加。标准估计表明，国内储蓄增加额将达到 GDP 的 0.7%左右，资本流入增加额也将达到 GDP 的 0.7%左右。由于

投资资金＝私人储蓄－政府赤字＋国外资本流入＝投资

因此，这意味着投资减少 0.7%，远低于没有国外资本流入的情况。

增加资本收益课税对投资之所以可能没有多大影响，还有其他原因。其中的一个原因是，在开放的全球经济中，特别是富人（他们拥有大部分财富）有多种方式可以避免缴纳这类税收；也正因为如此，这类税征收上来的税收收入比较少。

此外，许多储蓄可能没有流向国内投资，而是流向了海外投资。即使储蓄留在了国内，也只是抬高了土地价格，而没有增加资本品的投资。

21.3 对风险承担的影响

倘若没有企业家承担风险，资本主义经济恐怕就不会像过去两个世纪那样增长，也就不会有生活水平的大幅提高，难怪要提防税收制度的任何组成部分可能对企业家冒险精神产生抑制作用。有人担心，资本课税不仅抑制储蓄和投资的总体水平，尤其会抑制风险承担程度。

尽管有些人时常喜欢冒险，并且几乎所有人都喜欢偶尔冒点险（州彩票以及拉斯维加斯和大西洋城赌场的受欢迎程度就是例证），但当涉及管理财富时，大多数人都比较保守。人们只有在得到的预期收益比安全投资所能获得的收益足够高时，才愿意承担风险。人们普遍担心的是，资本收益课税实际上是对风险承担的收益（人们承担额外风险所获得的风险溢价）征税，从而抑制了风险承担。

企业家承担风险的成果在我们身边随处可见：诸如汽车、飞机和电脑等这类重大发明，在一定程度上是投资者和企业决定把财富押在新想法上的结果。这些都成功了，那些赌一把的人获得了巨大的回报。不过，每一次成功的背后都有数十次的失败。虽然政府拿走了许多成功的果实，但在帮助企业承担失败成本方面往往不那么慷慨，这加剧了已经存在的市场失灵：缺乏保险市场。[①] 通常，企业家只能部分规避其创业活动的风险。因此，人们担心，即使没有税制的干扰，从社会角度来看，对冒险活动的投资也会太少。

□ 21.3.1 为什么扣除全部损失的资本课税可能会增加风险承担?

关于现行税制在多大程度上降低了风险承担存在着一些争议。实际上，税制有可能增

---

① 对于这种市场失灵，有几种解释。例如，投资者通常对投资项目的潜在风险和收益所掌握的信息有限，而且要获得更多信息的成本相当高；愿意把钱投入不切实际计划的"外行"太多；那些最愿意出售其股份的人是认为市场高估了股票的人。例如，请参阅 B. Greenwald，J. E. Stiglitz，and A. Weiss，"Informational Imperfections in the Capital Market and Macroeconomic Fluctuations，" *American Economic Review* 74，no. 2（1984）：194－199；and S. C. Myers and N. S. Majluf，"Corporate Financing and Investment Decisions When Firms Have Information That Investors Do Not Have，" *Journal of Financial Economics* 13，no. 2（June 1984）：187－221。

加了风险承担。

通过分析一个极端的例子，可以很容易地理解所得税可能增加了风险承担。假设有一个人必须在两种资产中做出抉择：一种是没有收益的安全资产；另一种是有50%的概率可能获得巨大收益、有50%的概率可能是负收益的风险资产。平均收益为正，是对此人承担风险的补偿。这个人是保守的，所以，他把一部分财富配置于安全资产，其余部分配置于风险资产。

现在，我们对资本收益征税，但允许损失可从其他所得中全额扣除。安全资产不受影响。要是风险资产的收益减半，损失也减半，个人对此有何反应？假如他将以前的风险资产投资额翻倍，当收益为正时税后所得不变，当收益为负时税后所得也不变。此税让他完全不受影响。实际上，政府正在分担风险。鉴于政府愿意分担风险——损失和收益，因此政府成为一个"隐匿合伙者"（silent partner），而且由于政府愿意分担风险，所以此人也愿意增加风险承担。①

政府分担风险的重要性取决于私人市场的表现。就股票市场上交易活跃的证券而言，风险广泛分散在整个经济中。不过，对于小企业来说，政府也许能够提供市场无法提供的风险分担机会。②

这种情况还有另一种有趣的特性：平均而言，这种税给政府带来了回报，但对个人的福利没有影响。个人不受影响，是因为他的税后境况和税前境况一样，不管风险资产最终是有正的收益还是负的收益。这种税似乎做到了其他税种无法做到的事情：它在不降低福利的情况下增加了税收收入（平均而言）。

专栏 21.1

鼓励风险承担的税收优惠

联邦《国内收入法典》（Internal Revenue Code）通过两项特殊规定来鼓励新创业者承担风险，即对符合条件的新企业的全部或部分投资收益予以免税或不予计列。

投资者持有5年以上小企业（总资产在5 000万美元及以下的C公司）的股票出售收益或交易收益的50%不予计列*，授权区†企业的股票出售收益的60%可不予计列。符合不予计列的收益总额，不能超过纳税人该资产购置额的10倍或1 000万美元两者中的较大者。

投资者还可以通过购买类似的置换股票从出售持有时间超过6个月的合格小企业股票的资本利得免税中获益；对于授权区的企业股票，必须持有该资产1年以上，收益必须投资于同一授权区。

这些规定旨在通过形成"耐心资本"（patient capital）来鼓励新企业承担风险。有了这些税收规定，投资者应该有更大的动力承诺资金投入至少5年，从而使企业享有一个有利于风险较高的长期项目的环境。许多支持这些规定的人认为，华尔街一味追求短期收

---

① 有关税收对风险承担的影响，比较早期的讨论请参阅 E. D. Domar and R. A. Musgrave, "Proportional Income Taxation and Risk-Taking," *Quarterly Journal of Economics* 58 (1944): 388-422。目前流行的标准观点请参阅 J. E. Stiglitz, "The Effects of Income, Wealth and Capital Gains Taxation on Risk Taking," *Quarterly Journal of Economics* 83 (1969): 262-283。另见 A. B. Atkinson and J. E. Stiglitz, *Lectures on Public Economics* (New York: McGraw-Hill, 1980), Chapter 4; and A. Sandmo, "The Effects of Taxation on Savings and Risk-Taking," in *Handbook of Public Economics*, vol. 1, ed. A. Auerbach and M. Feldstein (Amsterdam: North Holland, 1985), pp. 293-309。

② 信息不对称理论解释了为什么市场在分担（分散）风险方面做得不好。

益，而这些税收优惠可能是解决这一问题的一种方法。

* 对于 2009 年 2 月 17 日之后 2010 年 9 月 27 日之前收购的股票，不予计列上限提高到 75%；对于 2010 年 9 月 27 日之后 2012 年 1 月 1 日之前收购的股票，不予计列上限提高到 100%。

†授权区是政府指定的享有税收优惠政策的高贫困、高失业地区，政府鼓励企业在这些地区进行投资。

□ 21.3.2 为什么资本课税会降低风险承担？

可是，在我们对增加税收收入而不降低福利的前景感到兴奋之前，必须牢记以下几点。第一，在累进税收制度下，对投资成功的收益征税多，而对投资失败的损失补贴少。因此，存在一种固有的不利于风险承担的倾向。

第二，现行税收制度对可以抵消的损失数额进行了限制。这样，政府分享了收益，但只分担部分损失，仍存在不利于风险承担的倾向。1986 年的税制改革法案使得这种限制更加严格，规定人们在计算应税所得时不能从其工资所得中扣减来自某些投资活动的损失。这种限制是为了减少通过税收庇护（tax shelter）进行避税的机会。尽管这项规定达到了目的，但它大大增加了税法的复杂性，加剧了税法不利于风险承担的倾向。

最后一个难题是，我们已经假设安全收益率为零。倘若安全资产有显著的正收益，且该收益被课税，那么资本所得税将会产生财富效应。换句话说，由于个人的境况变差（从某种意义上说他“不太富裕”了），他只愿意承担更少的风险；因此，财富效应可能导致风险资产需求下降。不过，这种财富效应在一次总付税的情况下也会发生。这并不是一种扭曲，只是反映了财富水平较低时承担风险的意愿较低。

虽然政府实际上分担了投资的财务成本（financial cost），但没有分担企业家的努力成本（effort cost）。像苹果公司创始人史蒂夫·乔布斯（Steven Jobs）等对计算机行业做出了巨大贡献的创新者，他们的长时间投入如今已成为传奇。他们从其努力中获得的大部分回报体现为出售他们开办的公司所获得的收益。人们真正担心的是，资本利得税的高税率会抑制这种风险承担和创业。对税收的这些不利激励效应的担忧，是 1997 年、2001 年和 2003 年大幅降低资本利得税税率的动机之一。不过，另一些人则认为，创新者是受金钱诱惑之外的其他因素驱动的，资本利得税的影响微不足道。按照这种观点，降低资本利得税几乎没有什么激励作用。降低资本利得税的真正意义在于降低了税制的整体累进程度，因为大部分资本利得都归非常富有的人。

资本课税与风险承担

如果安全资产的收益率为零，且政府对资本利得课征的税率与对损失进行补贴的补贴率相同，那么资本课税会鼓励风险承担：政府实际上是一个隐匿合伙者。在实践中，损失扣除规定是有限的，因此净效应是阻碍风险承担。此外，资本课税的财富效应——使人们变得较穷，可能会导致更少的风险承担，因为较穷的人不太愿意承担风险。

21.4 资产价值变化的衡量

资本收益有两种主要形式，即股息和资本利得。当个人的资产升值时，他的境况就变好，就像他获得股息时境况会变好一样。如果资本利得能够得到完美的衡量，那么资本利得的待遇恐怕就没有理由与其他资本收益不同。实际上，对于一些资产，比如持有黄金，唯一的收益就是资本利得。因此，假如要对资本收益课税，那么明智的做法是对任何形式的收益（包括资本利得）都征税。同样，资产价值的下降意味着负收益，这种损失要从其他收益（例如股息）中扣减掉，以便确定净收益。问题是，资产价值的增加或减少往往很难衡量。实际上，全世界的税法都是以有利于纳税人的原则来处理这个问题：就资本利得而言，人们通常要等到获得的收益得到确认即资产实际售出之时才会纳税。对于市场交易频繁的资产，比如交易广泛的股票和债券，事实上很容易按年度对资本利得课税，即只要比较股票的年末价值与年初价值即可，两者之间的差额就是资本利得。这种制度称为以市值计价(marking-to-market)。可是，对于许多资产，例如房地产，除非交易完成，否则不可能说出它们的准确价值；而且人们担心，以不同的方式处理不同的资产，不仅会带来混乱，而且在资产选择上会造成偏倚。有一种方法（当然很不完善）可处理非上市资产的资本利得：视资产收益为在资产持有期间平稳发生，并计算资本利得实现时应纳税额的贴现值。

就折旧而言，纳税人可以扣除因老化或过时而造成的价值损失的估计值。估计规则很简单，而且通常还很慷慨——允许资产早期的价值损失较大，因而折旧计提额（depreciation allowances）的贴现值大于"真实"折旧额（即若存在完全竞争的二手资本市场则会发生的价值减少额）的贴现值。

通货膨胀给资本课税带来了一系列问题。我们用货币来衡量利得和损失，但由于通货膨胀，货币的价值会随着时间的推移而变化（稍后讨论）。

□ 21.4.1 资本利得

由于资本利得只有在实现时才课税，因此，持有已增值证券的人可能不愿意卖掉它。他知道，如果卖掉该证券，他就得交税。如果继续持有该资产，他就可以延期纳税；由于延期纳税，其应纳税额的贴现值降低了。于是，人们持有而非卖掉证券，这种扭曲被称为**锁定效应**（locked-in effect）。

很容易理解这种后果。假设一个人上个月以 1 美元购买了一种证券，它突然上涨到 101 美元。他现在预计，该证券的收益率将低于在其他地方所能获得的收益率。比如，假设他认为有另一个投资机会，可以获得 10%的收益率。在无税的情况下，他就会出售证券，购买新的投资品。

现在考虑一下如果他出售证券会发生什么。他必须立即缴纳资本利得税。[①] 假设他必须缴纳 20%的资本利得税，这样，他现在只有 81 美元可用于再投资。

假设他认为一年后会需要钱。一方面，假设他的新投资能获得资本利得，其税后收益率为：(1－0.20)×10%＝8%。这样，在一年的时间里，他会有 81 美元×1.08＝87.48 美元。另一方面，如果他持有 101 美元的旧投资一年，而且只按 8%增值，他将有 101 美元×1.08＝109.08 美元。他必须就其所获利得缴纳 20%的资本利得税，亦即税额为 0.20×109.08 美元＝21.82 美元。因此，纳税后，他有 87.26 美元。可见，他持有只能产生 8%收益率现有资产的境况与其若出售该资产并购买能产生 10%更高收益率资产的境况实际上差不多，若收益率高于 8%，他的境况会更好。

锁定效应的后果和重要性 关于这种锁定效应的后果和重要性存在着相当大的争论。里根总统经济顾问委员会前主席马丁·费尔德斯坦声称，这种效应如此之大，以至于降低

① 他的短期利得（少于 12 个月）所适用的资本利得税税率等同于其个人所得税的税率档次，而长期资本利得的税率为 20%。

资本利得税将导致人们出售他们以前不想出售的证券，从而在一定程度上会增加政府收入。[①] 不过，最近的估计表明[②]，资本利得税税率的永久性降低对政府收入几乎没有什么影响，这与暂时性降低相反。显然，如果人们认为此税的税率在最近两年将大大低于以后的水平，那么他们就会在此期间出售资产，这就好像政府在搞促销似的。如果这种减税已被人们预期到，这种影响就会特别明显，因为在低税率生效之前想出售资产的人可能会在短期内推迟出售。

专栏 21.2

公平与 1997 年资本利得税减税

1997 年，美国的长期资本利得税税率大幅降低：高收入者适用的税率从 28%降至 20%；适用低税率档次的人的税率从 15%降至 10%。2003 年税率进一步降低，高收入者的税率降至 15%，低税率适用者的税率降至为零。

争论的一个主要问题是公平：资产占有程度比收入更集中，故降低资本利得税税率的主要受益者是那些最富有的人。

为了限制资本利得税减税所产生的不公平，各种建议纷纷亮相。例如，有人建议，任何一年 10 万美元以下或个人一生 100 万美元以下的资本利得，才有资格享受特殊待遇。然而，这些建议被拒绝了，结果，所得税的整体累进性大幅下降。

然而，即使锁定效应显著，税收收入的增加也只是短期的：人们现在缴纳的税收以后不用再缴纳了，所以政府的长期税收收入可能几乎没有变化。此外，由于减税使人们的境况得到改善，所以，此税可能会导致当期消费增加和总储蓄减少，进而使当期政府税收收入增加。

有趣的是，1997 年的税制改革实际上是旨在鼓励人们更长时间地持有资产。税法规定，持有时间超过 12 个月的资产，适用 20%的税率（那些处于 15%所得税税率档次的人适用 10%）；持有时间不到 12 个月的资产，适用 28%的税率。长期资本利得和短期资本利得一直适用差别税率，但在 2001 年和 2003 年布什减税之后都降低了：大多数纳税人的长期资本利得税税率最高为 15%（适用的普通税率低于 25%的人资本利得税税率为零，特殊类型的资本利得的税率为 25%或 28%）；短期资本利得与普通所得适用相同的税率。

即使那些认为有明显锁定效应的人也普遍承认，这在很大程度上是美国税制中的一项特殊规定所导致的结果，该特殊规定使得持有资产的人在去世前都能逃避资本利得税。因此，尽管年轻人只能通过推迟资产变现来选择纳税时间进行节税——当利率比较低时，由此产生的节税贴现值相当低，但对于老年人来说，推迟资产变现所产生的节税可能非常高，因为他们可以完全避税。解决这个问题的办法当然不是降低资本利得的税率，而是取消这一特殊规定。[③]

---

① M. S. Feldstein，J. Slemrod，and S. Yitzhaki，"The Effects of Taxing on Selling and Switching of Common Stock and the Realization of Capital Gains，" *Quarterly Journal of Economics* 94（1980）：777 - 791.

② 请参阅 L. Burman and W. Randolph，"Measuring Permanent Responses to Capital Gains Tax Changes in Panel Data，" *American Economic Review* 84，no. 4（September 1994）：794 - 809。

③ 从技术上讲，这项规定指的是"按赠与人去世时的资产市值计"。一个人继承了一种证券，然后把它卖掉，其应税资本利得是从他继承之日起增加的价值。相比之下，如果某人将证券作为礼物送给他人，而受赠人随后将其出售，受赠人的应税资本利得则从资产最初购买之时算起。据估计，美国财政部因"按赠与人去世时的资产市值计"而损失的收入每年有数十亿美元。

公平 那些主张给资本利得以特殊待遇的人经常指出，鉴于通货膨胀的影响，资本利得税不是对实际资本利得征税，而是对名义资本利得征税。因此，有人认为这是不公平的。然而，与其他形式的资本所得不同，资本利得税只是在资产变现时征收，其好处很明显。有人可能会问，如果对实际资本利得征税，而不是按照现行制度征税，投资者的境况是否会更好？答案取决于资产持有期：对于许多投资者来说，延期的好处远远抵消了按名义所得纳税所付出的代价，对于那些主要靠借款来投资（尤其是在低通货膨胀时期）的投资者来说更是如此。

还有关于锁定效应的福利后果的争论。相当多的讨论都集中在个人购买证券上。经济效率要求，每一种证券都由认为最值得拥有即觉得会产生最大收益的人持有。[①] 锁定效应意味着一个人可能会保有一种证券，即使其他人觉得自己更值得持有它。这导致了所谓的**交换无效率**（exchange inefficiency）。然而，有些经济学家认为，无须对此造成的经济后果看得太重。他们认为，股票市场本质上就是富人的赌场，尽管锁定效应可能会损害这种赌场的效率，但对经济的进一步影响不大。在他们看来，资本利得税对股票市场表现的影响与企业经营者和所有者的决策（比如有关投资和生产的决策）之间并没有非常直接或牢固的关系。

资本利得税可能对经济的生产效率产生显著影响的一个领域是所有者自行管理的规模较小的企业。这类企业发展到一定程度之后，最初的所有者-经营者的技能和才干会变得不能适应企业的发展。在没有资本利得税的情况下，最初的所有者-经营者可能想把企业卖给其他一些企业家，但资本利得税导致的高成本可能会阻碍所有者这么做。

□ 21.4.2 折旧

不是所有资产都会随着时间的推移而增值。通常情况下，机器越旧越不值钱。这种价值上的减少称为**折旧**（depreciation），这将导致机器所有者蒙受资本损失。再者，从概念上讲，折旧的税务处理不存在问题：如同应把资本利得加到收入中一样，资本损失也应从收入中扣除。问题是如何进行操作：我们如何衡量资本损失？税法规定了**折旧计提额**（depreciation allowances）是对价值减少的估计值。

专栏 21.3

折旧产生的扭曲

经济学家们最喜欢的一项消遣是寻找那些看似无害的税收规定所产生的意想不到的扭曲。一个这样的例子就是在美国很流行的活动墙。建筑和设备的折旧率明显不同：现今，非住宅建筑的折旧期在39年以上，设备在5～10年以上。两者之间的界限往往不太明确。显然，墙是建筑物的一部分，应该和建筑物的其他部分一样折旧。但是，什么时候墙不是墙？如果墙是可以移动的，它可能被称为设备——毕竟，它可以从一个建筑物上移动到另一个建筑物上；作为建筑物的一部分，它就必须与建筑物连在一起。当然，还有其他原因让墙和建筑物分离，比如，为应对不断变化的环境而更灵活地利用空间。但毫无疑问，改用活动墙的决定因素之一是巨大的税收优惠。

---

① 我们用帕累托效率的通常含义来界定经济效率。然而，在有风险的情况下，关于衡量每个人的福利的适当方法尚存在一些问题。我们在此使用的这个术语，其含义是从个人对结果的自身期望角度来讲的，而不管这些期望的客观现实性。

下面的例子说明了对折旧做出一些规定如此重要的原因。假设一台机器的使用寿命为5年，也就是说5年后这台机器报废。这台机器每年可产生100美元的收入。净收入显然不是每年100美元（5年是500美元）。必须考虑这样一个事实，即每年机器都在变旧，最终会报废。

真实经济折旧（true economic depreciation）是指机器市场价值的实际下降。然而，由于大多数二手机器市场并不发达，政府很难确定市场价值真正下降了多少。因此，政府不是利用真实经济折旧值，而是采用有利于投资者的简单方法来估计实际折旧。该方法需要首先估计机器的平均使用寿命，比如汽车的使用寿命通常为6年，商用建筑是30年以上，办公室设备为5年或10年；然后，在机器的使用寿命期内分摊折旧计提额。最简单的方法称为**直线折旧法**（straight-line depreciation），对于使用寿命为10年的机器，投资者每年可按机器购买价的1/10扣除折旧计提额，对于使用寿命为5年的机器，投资者每年可按机器购买价的1/5扣除折旧计提额（见图21.5）。

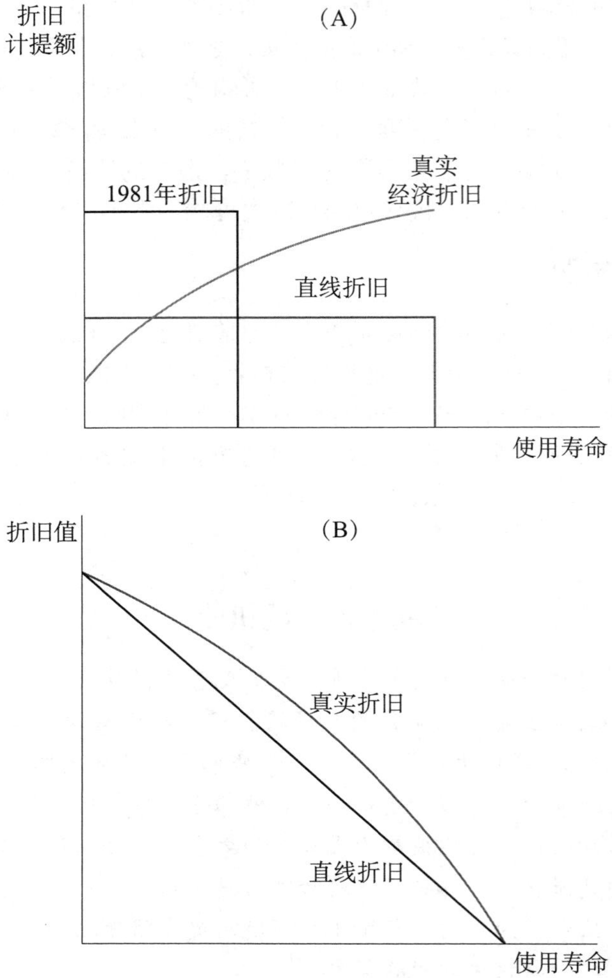

图21.5　折旧安排

图（A）显示，直线折旧法要求每年的折旧计提额都一样。对于在固定使用寿命内收益流不变的资产，真实经济折旧法要求较早年份的折旧计提额低于较晚年份的折旧计提额。根据1981—1986年实行的税法，企业可以采用比实际使用寿命短得多的资产使用寿命。图（B）显示了资产的折旧值，即资产的成本减去折旧计提额之和，也使“直线”折旧冠以此名的原因一目了然。

□ 21.4.3　中性课税

为了在投资项目的选择中保持中性，政府有两种方法。我们已描述的一种方法，即允许按真实经济折旧计提（或至少设法制定更接近于真实经济折旧的规则）。

第二种方法是政府允许投资成本100%扣除。政府使项目的成本减少额完全等于收益（投资者获得的回报）的减少额，政府实际上成为企业的一个隐匿合伙者。收益贴现值超过成本的项目（在无税情况下会做）仍然可采用。

第一种方法对应于中性资本所得税（不扭曲投资项目的选择），而第二种方法对应于中性纯利润税：投资项目的收益贴现值与其成本之间的差额可以被认为是纯利润。[①]

在实践中，许多国家的政府不追求实现中性课税，而是利用税收制度，通过**加速折旧**（accelerated depreciation）即允许折旧比直线折旧更快来鼓励资本投资。加速折旧对于长期资产具有特殊价值，因此，允许加速折旧的税收规定改变了投资格局，鼓励了使用长期资产的行业和技术的投资。我们在第23章将考察美国的一些做法。

□ 21.4.4　通货膨胀

通货膨胀使资本所得的界定遇到了一些困难。人们希望对资本的实际收益而非名义收益征税。如果一个人拥有一项资产，其价值增加了10%，但物价也普遍上涨了10%，那么这个人的境况并没有得到改善。他的**实际资本利得**（real capital gain）是零，即便他的**名义资本利得**（nominal capital gain）为正。同样，假如一个人在储蓄账户存入1 000美元，并得到100美元的利息。如果通货膨胀率为10%，实际收益率为零。这100美元的利息刚好能弥补其储蓄额实际价值的减少。

同理，通货膨胀也降低了折旧计提额的实际价值，这与个人或企业购买资产所支付的名义价格有关，而且对使用寿命长的资产的影响要远远大于使用寿命短的资产。在20世纪70年代末和80年代初，美国经历了一段高通货膨胀时期，每年的物价上涨率超过了10%。（同其他国家相比，这还算是低的，在那些国家的特殊时期，月度通货膨胀率超过了100%。）显而易见，当通货膨胀率很高时，我们的税收制度没能以公平或有效的方式对待资本收益。

税收制度对名义收益而非实际收益征税。因此，存在通货膨胀的第一个后果是，那些税前资本收益率为正但很小的人发现，他们的税后实际收益率是负的。

假设一个人处于33%的税率档次，获得12%的收益（比如利息），通货膨胀率为10%。在高通货膨胀时期，大部分收益要针对货币购买力下降做出调整。在此，实际收益率只有2%（资产的实际收益率是名义收益率减去通货膨胀率）。然而，现行税法并没有考虑到这一点。此人必须向政府缴纳名义收益的33%（州和地方所得税忽略不计），其税后净收益率大约为8%。在有通货膨胀的情况下，实际收益率是8%－10%＝－2%。他仅推迟消费一年就丧失了2%的消费能力。人们当然会认为，这对储蓄有强烈的抑制作用。

1974—1982年，股票价格只不过与通货膨胀保持了同步（在许多情况下甚至还赶不上通货膨胀）。可是，由于物价水平翻倍，人们发现在出售股票时缴纳了大量的资本利得税，这似乎是不公平的。

---

① 部分收益可归因于管理工作，在这种情况下，收益贴现值与直接成本（不包括管理成本）之间的差额，既包括纯利润，也包括管理和企业家精神的回报。

人们一直大力支持税率档次**指数化**（indexing），即调整税率档次以抵消通货膨胀的影响；自1986年起，税率档次、标准扣除额和个人免税额都实行了指数化，使得纳税人适用较高税率的收入水平会随着物价水平的上升而上调。不过，比税率档次指数化要复杂得多的是将税制设计成只对资本的实际收益征税。不仅资本利得要指数化，利息支出、利息收入和折旧等也都要指数化。这样，借钱投资的投资者就只能扣除实际利息支出，而不能扣除名义利息支出。假如资本利得被指数化而利息支出未被指数化，人们就会发现，在通货膨胀时期借钱购买其价值的增长速度与通货膨胀率相同的资本资产是有利可图的。

事实上，资本利得的大部分都是虚幻的，也就是说，它们并不意味着实际价值增加，这正是对长期资本利得实行特殊待遇的动机之一，比如1997年颁布的低税率。不过，正如我们前面所指出的，推迟征税的好处（资本利得只在实现时而不是在发生时征税），至少在过去，大大抵消了对通货膨胀收益的“不公平”征税。更一般地说，对资本利得课以低税率并不是指数化的一个完美替代品，特别是如今通货膨胀率很低，只是短期持有的资产几乎不受通货膨胀影响，因此，仅凭通货膨胀不足以证明税率这么低的合理性。此外，若资本利得指数化而其他形式的收益或借款没有指数化，会造成大量扭曲。

其实，在20世纪70年代末的通货膨胀时期，关于税收制度是鼓励还是抑制了投资存在一些争议。一方面，名义利息支出是可完全扣除的，而60%的资本利得是免税的，在某些情况下，这实际上是对资本的补贴。另一方面，折旧计提额没有指数化，具有抑制投资的作用。

很明显，美国的现行税收制度并非通货膨胀中性税制（inflation-neutral tax system）；由于通货膨胀，在一些情况下，税前收益为正的资产其实税后收益为负，这抑制了投资，而在其他一些情况下，税制又鼓励了投资。

通货膨胀中性税制要求全面指数化。资本所得的部分指数化（例如资本利得指数化而债务没有指数化）会加剧有些扭曲，而使其他扭曲保持不变。[①]

在1997年导致资本利得税减税的争论中，主张减税的人强调了对名义收益征税造成的不公平。可是，他们没有注意到资本利得只在实现时才征税这种优惠待遇，也没有人提出全面指数化（特别是只允许扣除实际利息支出），尽管只对实际资本利得征税的提案实际上已经获得了众议院的通过。所颁布的低税率充其量只是稍微缓和了通货膨胀的影响，因为通货膨胀对持有20年的资产价值的侵蚀远远大于对持有5年的资产价值的侵蚀。

资本课税的几个关键问题

- 衡量资本利得：价值的增加。
- 衡量折旧：因机器磨损或过时而导致价值的下降。
- 通货膨胀：从通货膨胀收益中分离出实际收益。

资本利得、折旧与通货膨胀

- 资本利得通常只在资产出售时征税，这就产生了锁定效应。然而，锁定效应的重要性是值得商榷的。

① 税收制度中还存在其他一些扭曲，可能部分抵消了对通货膨胀处理不当所造成的扭曲。例如，折旧没有指数化尤其会对使用寿命长的资产造成过高税负，但这因折旧方法（甚至是直线折旧法）通常比真实经济折旧的折旧速度快而被抵消（在高通货膨胀情况下只能部分抵消，在极低通货膨胀情况下完全抵消）。

● 大多数税制规定的折旧计提都过于慷慨。这些规定不仅鼓励了投资，也扭曲了投资格局，例如有利于长期投资。

● 税收制度是对名义收益而非实际收益征税。尽管美国税制现在比过去实现了更多的指数化，但资本收益，包括资本利得在内，还没有指数化。部分指数化——资本利得指数化而债务没有指数化，也许比现行税制更具扭曲性。按照20世纪90年代的通货膨胀率，不实行指数化征税造成的扭曲很小。

20世纪90年代的通货膨胀率下降使得对这个问题的讨论降温了不少。此外，人们越来越认识到，通货膨胀的衡量方法很可能夸大了通货膨胀率，而且高估的程度可能相当可观（每年为1～2个百分点）。不过，假如通货膨胀率再次上升到20世纪70年代的水平，人们会再度关注名义资本收益课税所造成的扭曲和不公平。

21.5 复习和练习

21.5.1 小结

1. 无论从公平还是从效率角度来说，资本所得都不应征税。有些人反对资本课税的理由是，这种税的征管成本太大；税法的复杂性有很大一部分源于资本课税。不过，从公平的角度来看，也有充分的理由支持资本课税，因为如果没有这种税，社会上最富有的人的大部分收入将逃避税收。

2. 资本收益课税往往会减少储蓄和投资。在一个小型开放经济体中，只对国内投资者的收益征税，虽然投资没有改变，但国外借款增加了。在今天的美国这种大型开放经济中，储蓄课税确实会导致一些投资减少，但如果美国不能从国外借钱，投资减少的程度会更大。

3. 在安全资产的收益率为零的情况下，有全部损失可扣除规定的资本税（政府实际上按对资本利得征税的税率来补贴）通常会增加风险承担；政府成为一个“隐匿合伙者”。一般来说，损失扣除规定的作用非常有限，故资本课税可能会降低风险承担。

4. 资本利得——资产价值随着时间的推移而增加，只是人们获得资本收益的另一种形式，应与其他收益一样被征税。然而，在衡量资本利得和损失方面存在严重问题。

5. 资本利得只有在资产出售时才被征税，这将产生锁定效应；如果不征税，人们会保有本来要卖掉的资产。然而，在美国，锁定效应的产生主要是因为资产持有至持有人去世之前可以完全逃避资本利得税。如果资本利得按照权责发生制（即发生时）而不是仅在实现（资产出售）时征税，则锁定效应将会大大降低。

6. 由于美国是发达国家中不平等程度最高的，故导致不平等的税收规定受到特别关注。有关资本的特殊规定（资本利得和股息适用低税率以及“按赠与人去世时的资产市值计”），其好处主要被处于收入分配最顶层的人所获得。

7. 由于资产的损耗或过时导致其自身价值的实际减少不易衡量，故政府使用简单的规则来估计折旧（称为折旧计提）。即使是最简单的规则，比如使用寿命为10年的资产，每年按资产价值的1/10折旧，也往往过于慷慨；也就是说，这种方法的早期计提额超过了真实经济折旧（在完全竞争的资本市场中资产的价值下降）。结果，这会造成扭曲，一般来说有利于使用寿命长的资产。税收中性要求，要么折旧计提额与真实经济折旧额相一致，要么按购置年度的资产总价值折旧，无论在哪种情况下，这种税都是对纯利润征税，而不是对资本收益征税。

8. 在理想状态下，税收制度对实际收益征税，而不是对名义收益征税；针对通货膨胀进行全面指数化，但通货膨胀很难衡量。部分指数化——资本利得指数化而债务没有指数化，可能比没有指数化导致更大的扭曲。

□ 21.5.2 重要概念

加速折旧	折旧	折旧计提额
交换无效率	指数化	锁定效应
名义资本利得	实际资本利得	直线折旧法
真实经济折旧		

□ 21.5.3 练习题

1. 大多数资产在老化过程中，其价值的下降很难准确地确定。汽车是一个例外。假设一辆新车花费 5 000 美元；第一年末的价值为 4 000 美元，第二年末的价值为 3 000 美元，第三年末的价值为 2 000 美元；在接下来的 8 年里，每年的价值损失为 250 美元。真实经济折旧是多少？假设税后利率为 5%，真实经济折旧的贴现值是多少？现行税制下的折旧计提额是多少？这些折旧计提额的贴现值是多少？（汽车被视为 5 年期资产。）

2. 1981 年加速折旧的支持者虽然承认这有利于重工业——“烟囱美国”（smokestack America），但仍认为这是可取的。为什么经济学家往往对这种论点不以为然？你能否找出主要的市场失灵？如果要对这些行业予以补贴，可以采取哪些其他方式？

3. 政府试图通过对人们的一定数额退休储蓄的利息免税来鼓励储蓄。假设人们每年可以在退休账户（称为个人退休账户，IRA）中存入 2 000 美元，其利息不征税。请画出有个人退休账户和没有个人退休账户时的（当期消费与退休期消费之间）个人预算约束线。请描述：(1) 打算存一点钱的人的收入效应和替代效应；(2) 打算存很多钱的人的收入效应和替代效应。在每种情况下，如果个人还有其他资产（如储蓄账户）会有什么不同？倘若改变规则，只对每年 2 000 美元以上的部分给予特殊税收待遇，请讨论这会对公平和效率产生怎样的影响。

4. 在有关废除允许对于继承而来的资产的资本利得不纳税这一规定的争论中，有人认为死亡不是自愿的，所以不应该在死亡时对资本利得征税。请做出评价。

5. 假设有两种“世间状态”：在良好状态下，风险资产的收益率高，而在不良状态下，风险资产会有损失；安全资产的收益率在这两种状态下皆为零。令 C_g 代表良好状态下的消费，C_b 代表不良状态下的消费。请画出一个图，纵轴表示良好状态下的消费，横轴表示不良状态下的消费，然后画一条 45°线。在图中，S 代表一个人只投资于安全资产时在这两种状态下的消费（在这两种状态下的消费相同），R 代表此人只投资于风险资产时在这两种状态下的消费（在良好状态下的消费高，在不良状态下的消费低）。请解释为什么 SR 线表明了个人的消费可能性——两种状态下的消费取决于他的资产投资于安全资产或风险资产的比例。现在，请画出一条无差异曲线，表示两种状态下的各种消费组合对于此人而言没有差异。用 E 表示无差异曲线与消费可能性曲线的切点。(1) 如果 E 点位于 S 点和 R 点的中间，这对于此人的投资组合配置意味着什么？(2) 现假设征税 50%，损失完全扣除。S 点会发生什么变化？R 点又会发生什么变化？请画出新的消费可能性曲线，

并描述 E 点会发生什么变化以及投资组合配置会发生什么变化。(3) 现假设损失不能扣除。R 点会发生什么变化？请画出新的消费可能性曲线，并解释投资组合配置会发生什么变化。(4) 现假设没有税收，但安全资产有正的收益。S 点会发生什么变化？现假设有税收。新的 S 点在哪里？利用本图分析有损失扣除和无损失扣除情况下税收对投资组合配置的影响。

6. 在正文中，我们解释了当对美国人获得的资本收益征税时，开放资本市场中的均衡投资所发生的情况。请分析不管是美国人还是外国人获得的资本收益都征税时所发生的情况。

7. 正文讨论了通货膨胀产生的问题和扭曲。20 世纪 90 年代末，通货紧缩的可能性越来越大；有些国家实际上已经出现了物价不断下跌的现象。请描述通货紧缩情况下税制指数化造成的扭曲和不公平。

第6篇　税收实践

本篇运用第 5 篇介绍的税收一般原理，从国际比较的视角来分析美国税制。第 22 章和第 23 章解释了个人所得税和公司所得税的主要规定及其对资本和劳动的影响，并讨论了过去 30 年来美国和其他国家面临的一些重大政策问题。第 24 章重点分析避税，第 25 章回顾了 20 世纪 80 年代以来的改革，并展望了未来的改革。

第 22 章 个人所得税

重点问题

1. 美国个人所得税的基本原则是什么？
2. 对个人征税和对家庭征税有何区别？
3. 课征所得税的基本问题是什么？
4. 允许扣除利息、州和地方税、医疗费用以及儿童看护费用等会产生哪些公平和效率问题？
5. 资本所得课税有哪些特殊规定？

个人所得税不仅是联邦政府最重要的收入来源，也是对我们的生活影响最大的税种。个人所得税如此重要，以至于作为政治议程头等大事的税制改革至少有 6 次之多，即 1981 年、1986 年、1993 年、1997 年、2001 年和 2003 年的税制改革。然而，在评价这些税制改革之前，我们必须了解美国个人所得税的基本制度、基本原则和主要征管问题。

22.1 美国所得税概要

计算个人的应纳税额共有四个步骤。第一步是计算毛所得（gross income），等于下列各项之和：工资和薪金、股息和利息、净经营所得、财产租赁的净租金（扣除费用）以及资产出售的净利得。失业救济金现在全部纳税，养老金（若领取的养老金超过已纳过税的缴费）和离婚或分居生活费也包括在所得之中。赌博收入（减去赌博损失）属于应税所得。非法所得（如毒品交易所得）不管其来源如何都是应税所得，但一般都没有申报。不过，有几种来源的所得，其中包括儿童看护费、赠与和继承、州和地方债券利息、社会保障金、人寿保险利息、福利金以及退伍军人福利金等，不在应税之列，都不计入毛所得中。雇员从雇主那里得到的福利，诸如医疗保险和向养老基金的缴费，是大多数人最重要的不予计列的所得。要是要求申报这些所得，其数额会相当大。例如，要是要求人们将雇主提供的医疗保险作为所得来申报，2011 财年的税收收入会多出 1 630 亿美元或 7.1%。养老金缴费和领取的养老金排除在外所导致的节税额为 1 190 亿美元。近年来，许多其他福利例如人寿保险等所导致的节税额已经减少了。

从毛所得中减去某些免税储蓄计划的缴款、支付的离婚或分居生活费以及其他一些项目（见表 22.1），即可得到**调整后毛所得**（adjusted gross income，AGI）。

要从调整后毛所得中得到**应税所得**（taxable income），有两种选择。第一种选择是分项扣除（itemized deductions），即从调整后毛所得中减去个人的各种扣除项目，其中包括大额医疗费用和意外伤害损失、抵押贷款利息、州和地方税、慈善捐款以及与工作有关的搬家和其他费用。第二种选择是所谓的**标准扣除**（standard deduction），不同类别的纳税人适用不同的扣除额。[①] 标准扣除的意义在于简化了大多数纳税人（这些纳税人的扣除额有限）的纳税申报。因此，分项扣除额小于标准扣除额的人会选用标准扣除。

表 22.1　计算应纳税额

工资和薪金	
利息和股息	
净经营所得	
净租金所得	
＋其他所得	
毛所得	
－个人退休账户（IRA）缴款和个体户的养老金计划缴费	
－离婚或分居生活费	
－个体户税的 1/2	
－个体户为自己和家庭支付的部分医疗保险费	
调整后毛所得	
选择 1	选择 2：分项扣除
－标准扣除	－抵押贷款利息
	－州和地方所得税与财产税
	－超过调整后毛所得 10%的医疗费用
	－慈善捐款
	－搬家费用（因工作而搬迁）
	－雇员费用（超过所得的 2%）
	－意外伤害损失
－免征额	－免征额
应税所得	
×税率	
应纳税额	
－以前扣缴的税额	
－税收抵免（儿童看护费、已缴纳的国外税款、劳动所得税收抵免、大学学费）	
纳税额	

无论采用分项扣除的人还是采用标准扣除的人，都有权扣除一项或多项个人免征额。纳税人的个人免征额包括他（她）自己（和配偶，如果是合并申报）的免征额和他（她）（或合并申报的夫妻）所供养的家人的免征额。[②③] 对高收入者而言，个人免征额是逐步递

① 2011 年，夫妻二人合并申报的标准扣除额是 11 600 美元，户主是 8 500 美元，若单身或夫妻分别申报，标准扣除额则是 5 800 美元。这些额度随着通货膨胀而增加（即指数化），所以，虽然它们的名义金额年年有变，但它们的实际价值保持不变。

② 2011 年，每笔免征额为 3 700 美元。

③ 当有人（如离婚父母的子女）不止由一个纳税人供养或自己赚取部分生活费时，很难决定谁应该享有免征额。为解决这一问题而制定的规则使得税法变得冗长和复杂。

减的。然而，2001 年的税收法案规定，从 2006 年开始逐步取消“逐步递减”，到 2010 年彻底废除，之后于 2011 年（当 2001 年税收法案到期之后）又恢复了这种“逐步递减”。①

当然，免征额并不代表供养额外一个人的额外成本，这种额外成本通常相当大。实行免征额的目的在于，与标准扣除相结合，确保对非常穷的人不征税。从历史上看，不予征税的最低收入大致就是贫困线收入。

从调整后毛所得中减去分项扣除额或标准扣除额，再减去个人免征额，就可得到应税所得（见表 22.1），然后便可计算出基本的应纳税额。像标准扣除额一样，税额取决于纳税人是单身、合并申报的夫妻、单独申报的夫妻，还是户主。

个人因多赚取 1 美元所得而必须多缴纳的税额被称为**边际税率**（marginal tax rate）。如表 22.2 所示，就普通收入而言，2011 年的所得税有 6 种边际税率，适用于不同的收入水平。例如，应税所得为 50 000 美元的单身者，头 8 500 美元按 10%纳税，接下来的 26 000 美元按 15%纳税，剩下的 15 500 美元按 25%纳税。所赚取的最后 1 美元适用的税率——边际税率，就是 25%。

表 22.2　　2011 年的联邦税率　　单位：美元

税率	单身		合并申报的夫妻		户主	
	从	到	从	到	从	到
10%	0	8 500	0	17 000	0	12 150
15%	8 500	34 500	17 000	69 000	12 150	46 250
25%	34 500	83 600	69 000	139 350	46 250	119 400
28%	83 600	174 400	139 350	212 300	119 400	193 350
33%	174 400	379 150	212 300	379 150	193 350	379 150
35%		379 150 以上		379 150 以上		379 150 以上

真正的边际税率要比表 22.2 所示的复杂得多，因为正如我们指出的那样，随着调整后毛所得的增加，个人免征额和部分分项扣除额通常会逐步递减。如果 2001 年的税收法案到 2010 年底如期届满，那么从 2011 年起，夫妻双方的调整后毛所得超过 254 350 美元、单身个人的调整后毛所得超过 169 550 美元之后，调整后毛所得每增加 2 500 美元，个人免征额就减少 2%。由于免征额逐步递减，故最高真实边际税率大约为 39%（而不是 35%），而表 22.2 中 33%税率档次的真实边际税率为 37%。② 请注意，一旦免征额不复存在，边际税率又回调至表 22.2 所示的水平。因此，高收入者的边际税率可能低于低收入者。

此外，对于高收入纳税人来说，分项扣除额通常按调整后毛所得超过规定限额部分的 3%减少，最多可达到分项扣除额的 80%。该分项扣除限制通常被称为“皮斯条款”，是以帮助制定法规的国会议员皮斯（Pease）的名字命名的。如果 2001 年税收法案在 2010 年底如期届满，那么 2011 年的规定限额即为 169 550 美元，该限额对于单身申报者、户主和

① 到 2011 年，如果 2001 年的税收法案没有暂时延期，那么调整后毛所得超过 376 850 美元的合并申报的夫妻和调整后毛所得超过 292 050 美元的单身者，个人免征额将为零。《2012 年美国纳税人减税法案》（American Taxpayer Relief Act of 2012）如期恢复了个人免征额“逐步递减”规定，但将以前法律规定的免征额提高了。

② 四口之家的免征额合计为 14 800 美元。纳税人每挣 2 500 美元，免征额就会减少 296 美元。如果纳税人处于 33%的税率档次，这就意味着他要多缴 98 美元的税款，这相当于 4%的边际税率，故该边际税率档次是 37%。

夫妻合并申报都是一样的。因此，应税所得为300 000美元、扣除额为30 000美元的申报者，其边际税率约为36%。[①]

为了确定纳税额的最终数额，还要进行一些调整。这些调整包括**税收抵免**（tax credit），这是从缴纳给政府的应纳税额中直接扣除的。倘若一个人的应纳税额是10 000美元，但同时享有900美元的税收抵免，那么他向政府实际缴纳9 100美元。《1997年纳税人减税法案》（1997 Taxpayer Relief Act）增加了**儿童税收抵免**（child tax credit），1998年每个儿童的抵免额为400美元，2011年增加到1 000美元（对于收入超过110 000美元的夫妻合并申报者来说，该抵免额是逐步递减的）。1997年的税法还规定了大学学费税收抵免，这种税收抵免已演变成两种税收抵免，以补偿高等教育的费用：一种是美国机会税收抵免（American opportunity tax credit），每名合格学生在接受高等教育（获得学位或其他认可的教育证书）头4年，每年的税收抵免额最高可达2 500美元；另一种是终身学习税收抵免（lifetime learning tax credit），在接受高等教育和职业技能培训（业余时间学习）的所有年份，每年每份纳税申报表的税收抵免额最高可达2 000美元。[②] 另外还有两种很重要的税收抵免，即劳动所得税收抵免（第15章讨论过）——低收入家庭的抵免额可高达劳动所得的45%，以及**儿童及受抚养人看护税收抵免**（child and dependent care tax credit）——为了能让纳税人去工作（或积极寻找工作），低收入家庭的抵免额可高达儿童及受抚养人看护费用的35%，但该看护费用有总额限制，即一个需要看护的人每年总额上限为3 000美元，两个或两个以上需要看护的人总额上限为6 000美元。

资本利得使纳税额的计算更加复杂。资本利得是资产购置时的价值与出售时的价值之间的增值，按特殊税率来征税。2011年，对于持有时间超过12个月的资产的利得，高收入者（夫妻合并申报者的收入在69 000美元以上，单身申报者的收入在34 500美元以上）的资本利得税税率为15%，低收入者为0。从2012年开始，年收入超过400 000美元的人的税率为20%，外加3.8%的医疗保险附加税。年收入在200 000美元至400 000美元之间的人，综合税率为18.8%。

□ 22.1.1　法定税率与实际税率

由于有扣除、抵免和特殊规定等，所有这些使得个人缴纳的实际税率明显低于法定税率。**有效税率**（effective tax rate）是指纳税额与收入的比率。有效税率会随着收入的增加而提高，但由于富人通常有更多的机会利用特殊规定，所以他们的“官方”税率与有效税率之间的差异很大。其结果是，所得税的实际累进程度（税额与收入的比率随着收入的增加而提高的程度）小于税率表所显示的程度。表22.3显示了平均有效税率过去的变化情况。1986年的重大税制改革增强了累进性，降低了底层四个五分位组的税率，提高了最高五分位组的税率。然而，2001年和2003年的减税政策降低了累进程度。

当一个人多赚1美元时，他的税额就会增加。税收增加的数额——边际有效税率，当然取决于所有的扣除额、免征额和抵免额，而这反过来又部分取决于个人是如何获得这些钱和如何花掉这些钱的。

---

① 扣除额的损失使边际有效税率提高了1.05（=0.03×35）个百分点。

② 在夫妻合并申报的情况下，获得美国机会税收抵免的修正型调整后毛所得（modified adjusted gross income，MAGI）上限为180 000美元，获得终身学习税收抵免的修正型调整后毛所得上限为122 000美元；如果申报者是单身或户主，则修正型调整后毛所得上限分别下调至90 000美元和61 000美元。

表 22.3　　按收入阶层和纳税年度计算的个人所得税平均有效税率

（收入阶层按五分位划分再加上最高1%收入阶层；税率单位为%）

收入阶层五分位组	1985年	1987年	1996年	1998年	2000年	2004年	2011年预计
最低	0.5	−0.6	−5.1	−5.4	−4.6	−6.2	−5.8
第二	4.0	3.2	1.8	1.5	1.5	−0.9	−2.9
第三	6.6	5.8	5.4	5.0	5.0	3.0	3.2
第四	8.8	8.1	7.9	7.9	8.1	5.9	7.0
最高	14.0	14.9	16.1	16.5	17.5	13.9	14.9
全部家庭	10.2	10.3	10.7	11.0	11.8	8.7	9.3
最高1%	18.9	21.5	24.2	23.4	24.2	19.7	20.3

注：收入阶层五分位组的划分基于家庭综合收入，即所有税前现金收入，包括企业和雇员向401(k)退休金计划缴纳的税款，加上所有实物福利。2011年的估计值不包括实物福利。

资料来源：Congressional Budget Office，*Historical Effective Federal Tax Rates*，*1979 to 2005*（December 2007）；and Urban-Brookings Tax Policy Center Microsimulation Model，*Average Effective Federal Tax Rates By Cash Income Percentiles*，*2011*（February 2012）.

□ 22.1.2　其他税种

本章虽然重点讲联邦个人所得税，但我们不应忘记还有其他税种，而且影响纳税人行为的是所有税种的净效应。许多州课征州所得税。一个人所面临的边际税率既包括他向联邦政府缴纳的额外税收，也包括他向州政府缴纳的额外税收。我们在第16章讨论了社会保障税。由于对许多人来说社会保障金随着所缴纳的税收的增加而增加，所以并不是所有的社会保障缴费都要视为税收。不过，由于医疗保险金并不取决于缴费，因而医疗保险"缴费"是税收。此外，正如我们在第18章所看到的那样，谁实际上向政府缴费几乎没有什么区别；雇主和雇员的缴费都应同样看待。因此，2.9%的医疗保险税（雇主负担一半）将高收入者的边际税率提高到高达42%，若再加上州税，则提高到49%。[①]

就个人行为来说，重要的是所有税种和补贴及其全部特殊规定加在一起的影响。例如，对于劳动供给来说，最重要的是净边际税率——如果一个纳税人多赚1美元，他的消费会增加多少。即使只看主要税种——具有劳动所得税收抵免的基本所得税和社会保障税，其边际税率也会随着收入的变化而明显变化。虽然图22.1勾画出了普通收入的法定边际所得税税率和平均所得税税率，但调整后毛所得的边际有效所得税税率和平均有效所得税税率呈现出比较复杂的情形（见图22.2）。例如，劳动所得税收抵免导致收入低于12 750美元的纳税人的边际税率为−45%，而收入在21 800美元和49 078美元之间、抵免额逐步递减的纳税人（有三个孩子的夫妻合并申报）的边际税率为21%。图22.3更为复杂，它描述了同年（2003年）所有联邦税种的平均有效税率，包括社会保险（工薪）税，并用更广泛的家庭综合收入而非调整后毛所得来计算这些税率。

① 如果一个人生活在像加利福尼亚或者纽约这样课征州所得税的州，边际税率可能达到10%或更高，但州所得税可以从联邦所得税中扣除。考虑到所有这些因素，一个生活在州所得税税率为10%、收入为300 000美元的家庭，其边际有效税率大约是49%，即39.5%+10%×(1−0.35)+2.9%。

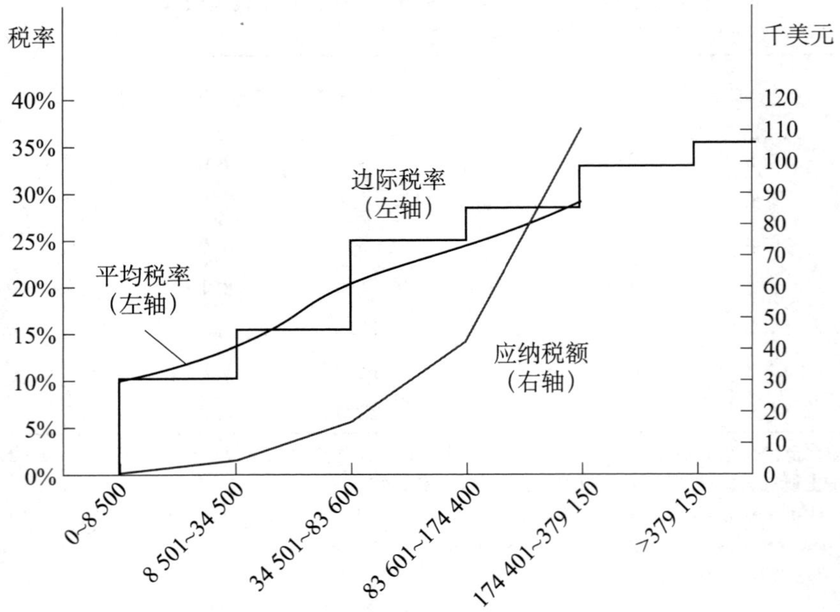

图 22.1　法定边际税率和平均税率

如表 22.2 所示，边际税率跳跃式变化，而平均税率则逐渐上升。

注：单身申报。

资料来源：Internal Revenue Service，Form 1040（2011）.

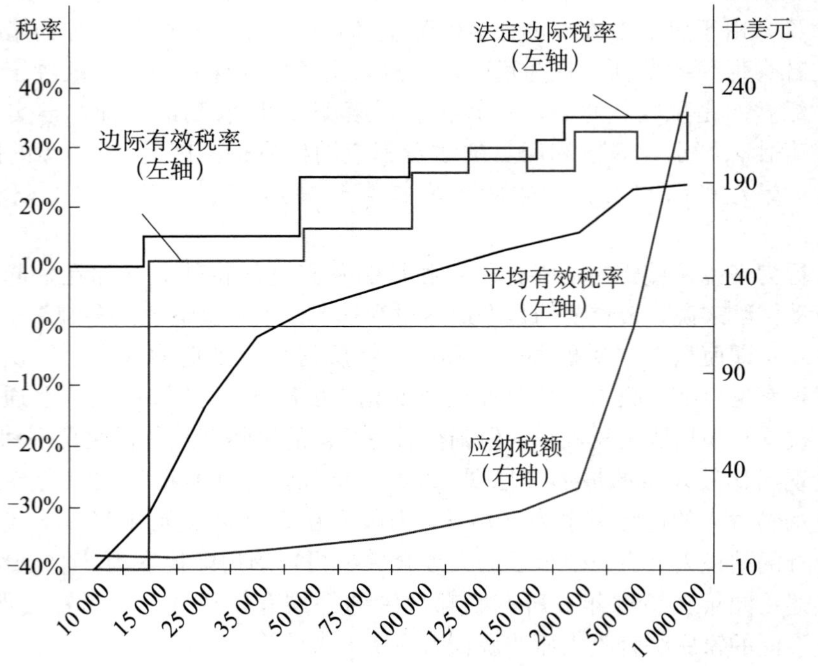

图 22.2　平均有效税率和边际有效税率

实际所得税率通常与法定税率大相径庭。

注：有两个孩子的夫妻合并申报。

资料来源：Internal Revenue Service，Form 1040（2003）；and Urban-Brookings Tax Policy Center Microsimulation Model（version 0503 - 1）.

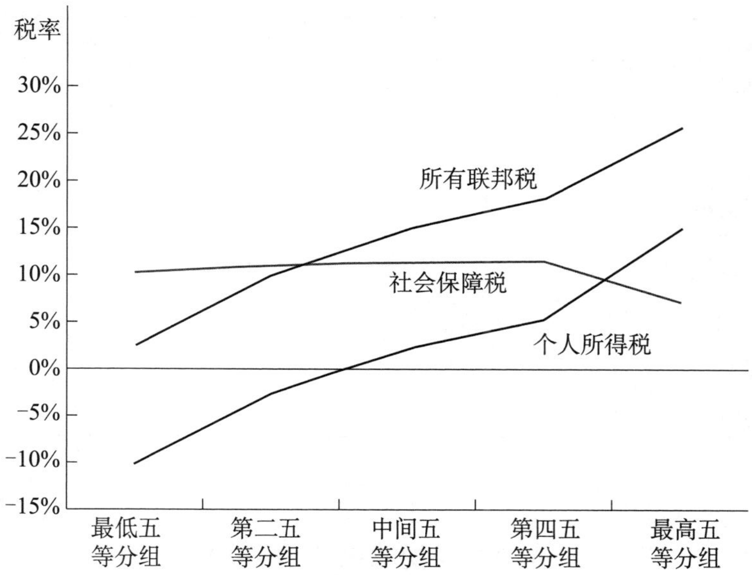

图 22.3 联邦平均有效税率

个人所得税只是人们缴纳的税种之一。随着收入的增加，工薪税、所得税和劳动所得税收抵免都会发生变化，导致边际税率的格局很复杂。

注：有孩子家庭的数据。

资料来源：Internal Revenue Service，Form 1040（2003）；and Congressional Budget Office.

特殊规定在提高边际有效税率的同时降低平均有效税率。表 22.4 说明了这是如何发生的。一个人（2011 年）有两个孩子，初始收入为 31 000 美元，处于 10%的税率档次，有抵押贷款利息以及医疗、工作、儿童看护等费用。由于各项扣除，最初的平均税率为 −7.2%。加薪 3 001 美元后，平均税率仍然较低，为 −3.6%，但边际有效税率高达 34%——大大高于 10%的法定边际税率。

表 22.4 税法使平均有效税率较低而使法定边际税率较高

计算税额	最初			加薪 3 001 美元后		
调整后毛所得（AGI）			31 000			34 001
医疗费用	5 000			5 000		
减去 AGI 的 7.5%	2 325			2 550		
等于医疗费用扣除额		2 675			2 450	
工作费用	750			750		
减去 AGI 的 2%	620			680		
等于工作费用扣除额		130			70	
利息扣除额		3 500			3 500	
扣除总额			6 305			6 020
个人免征额	3 700×3		11 100	3 700×3		11 100
应税所得额			13 595			16 881
应纳税额（10%）			1 360			1 688

续前表

计算税额	最初	加薪 3 001 美元后
儿童看护税收抵免		
5 800 美元的 26%	1 508	
5 800 美元的 25%		1 450
劳动所得税收抵免额	2 093	1 461
最终纳税额	−2 242	−1 223
平均有效税率	**−7.2%**	**−3.6%**
法定边际税率	**10%**	**10%**
应纳税额的变化		1 019
应纳税额变化与收入变化之比		34%

专栏 22.1

劳动所得税收抵免有漏洞?

劳动所得税收抵免的扩大是 1993 年税法的一大成就，惠及了 1 900 多万户低收入家庭。要实现劳有所得，确保所有参加全职工作的人（哪怕挣的是最低工资）都能通过工作摆脱贫困这一目标，还有很长的一段路要走。

劳动所得税收抵免的扩大，虽然看上去没有产生什么问题，但有一点引起了一些经济学家的担忧。收入很低的人获得的抵免额可达其收入的 45%。因此，如果他们的收入是 12 750 美元，他们得到的抵免额（收到政府寄来的一张支票）为 5 751 美元。考虑一下这对两个失业者的激励。他们彼此雇佣来打扫房子，相互支付 12 750 美元。他们是诚实之人，都缴纳了 15%的社会保险费，即每人向政府缴纳了 1 913 美元。作为回报，他们每人从政府那里得到了一张价值 5 751 美元的支票，净赚 3 838 美元。在这种情况下，如果有 45%的补贴率，人们无疑会申报能使他们有资格获得最高劳动所得税抵免额的收入。尽管这种交易看上去像是欺诈行为，但这种制度实际上鼓励他们打扫彼此的房子，把原本的家庭内部活动变成了“市场”活动。

22.2 美国所得税的原则

美国个人所得税制有几条基本原则。不过，由于个人所得税税法非常复杂，再加上此税开征以来的数十年里有相当大的变化，因此，并不是每一项规定都完全符合这些原则。

22.2.1 所得原则和黑格-西蒙斯定义

美国的现行税法基于这样一个前提，即评估应纳税额的适当依据是家庭所得（扣除个人的工作费用）。

大多数经济学家认为，应该采用综合所得的定义，即不仅包括现金收入（扣除赚取收入所需的费用），还包括资本利得（不管利得是已实现了还是只是已发生）。要将“现金”收入转换为原则上应构成计税依据的“综合”所得，还必须进行一些调整。这种综合所得早在 20 世纪初由两位经济学家主张使用之后被称为**黑格-西蒙斯概念**（Haig-Simons concept)。他们认为，这种综合所得最准确地反映了“纳税能力”。

美国现行税制规定的所得与黑格-西蒙斯的“综合”所得概念有三个主要区别。

1. 收付实现制市场交易。在大数情况下，只有**收付实现制**（cash-basis）市场交易才被征税。因此，这种应税所得概念比大多数经济学家理想的所得概念要窄。一些非市场（非收付实现）经济活动被排除在外，而看起来完全一样的市场交易活动却被征税。例如，雇一个家政服务人员打扫房间，他（她）的报酬要被征税，而配偶在家里做同样的事（外出工作的配偶赚取的生活费至少可以部分视为做家务的报酬）则不征税。如果一个人将自己拥有的住房出租，则净租金所得要纳税；如果自住，就不用纳税。造成这一现象的主要原因是，在缺乏市场交易的情况下难以确定适当的价值；当有市场交易时，就存在一个可观测的变量，即交易价格，可以用来对这种服务进行估价。①

尽管税法列出了一些非收付实现交易，但难以付诸实施。**实物交易**（barter arrangements）（比如萨利·豪斯朋特给乔·卡彭特装修房子，以此回报卡彭特给豪斯朋特建车库）要纳税。同样地，当雇主给雇员提供实物报酬时（例如将汽车归个人使用），原则上雇员要对这些报酬进行估价并在其 1040 表中进行申报。不过，事实上，人们通常没有申报非收付实现的报酬。

现行税制没有覆盖到的一类主要收入是未实现的资本利得。资本利得（资产价值的增加）只有在资产出售时才征税。换言之，资本利得只按收付实现制而非**权责发生制**（accrual basis）来征税。

以下列两个人为例来解释为什么经济学家认为收入应该包括资本利得：一个人把 100 美元存入银行，赚取 10%的利息，有 10 美元的收入；另一个人购买了价值 100 美元的黄金，一年中黄金价格上涨了 10%，年底卖出黄金就能得到 110 美元，这笔资本利得增加了他的财富，如同获得利息收入一样。从经济学的观点来看，这两个人似乎有相同的纳税能力。可是，他们的应纳税额却不同：买黄金的人只有在出售资产时才就所获得的资本利得纳税。

2. 基于公平的调整。美国税制规定的所得与真正的“综合”所得之间的第二个区别是，现行税制允许有大额医疗费用或意外伤害损失的人从其所得中扣除一部分费用，其中的理由就是公平：这些人的纳税能力不如那些有同样收入但没有这些费用的人。

3. 基于激励的调整。最后，税法通过税收抵免或扣除等来鼓励某些活动，比如慈善捐款。税法还允许雇主为雇员支付的大部分医疗保险费和人寿保险费不计列在所得中，这大概是为了鼓励雇主提供这些福利。

因此，有些资本所得（例如业主自用住房）因缺乏收付实现的市场交易而得到了优惠待遇，而其他资本所得（例如在合格的退休计划中存钱）因希望鼓励养老储蓄也得到了优惠待遇。

倡导应以消费而非收入作为税基的人认为，我们应放弃黑格-西蒙斯的综合所得，代之以综合消费。在消费税的倡导者看来，现行税制的失败与其说许多资本所得逃避了课税，倒不如说过多的资本所得被征税。

□ 22.2.2 累进原则

美国的所得税制基于这样一个前提，即高收入者不仅应多纳税，而且纳税额占其收入

① 一些国家，如瑞典，试图对业主自用住房的估算“租金”征税，就好像此人把房子租给自己一样。

的比例也应更高。我们已经看到，综合所得与应税所得之间的差异，大大降低了实际累进程度。为了限制人们利用这些漏洞，美国国会通过了一种**最低税**（minimum tax），旨在确保高收入者缴纳的税收至少相当于其收入（扣除基本免征额）的 26%。

尽管 1986 年税制改革取消了许多特殊规定，但 1997 年的改革又恢复了一些旧规定，并制定了一些新规定。1997 年的税法为几乎所有人提供了一些特殊规定：为有小孩的人提供了儿童税收抵免；为有孩子上大学的人提供了学费税收抵免；降低了资本利得税（该规定特别有益于非常富有的人）。其结果是，每一收入类别的有效税率都下降了 0.9～1.7 个百分点。然而，虽然与处于 100 000～200 000 美元纳税档次的人相比，处于 50 000～75 000 美元纳税档次的人的有效税率下降得更多，但前者的节税额显然要大得多。一个百万富翁的纳税额可能减少了 15 000 美元，而收入为 25 000 美元的人的纳税额才减少了 350 美元。

有趣的是，1997 年的税法使 1986 年税制改革的一项主要成果（即基本上取消了资本利得的优惠税率）荡然无存。的确，在 1986 年之前，富人利用这些优惠及其他税收漏洞占了很大便宜，以至于收入超过 100 万美元的人的有效税率实际上低于收入为 50 万～100 万美元的人。

□ 22.2.3　家庭原则

在美国，基本纳税单位不是个人而是家庭。决定要结婚的两个人（从而改变了他们的家庭状况）会发现，他们的应纳税额发生了变化。税法试图对情况不同的家庭做出一些有限的调整。只有一个成年人的家庭适用的税率处于个人适用的税率与有两个成年人的家庭适用的税率的中间。如前所述，有孩子的家庭，每个孩子都有免征额。父母都在外工作的家庭可获得儿童看护抵免。根据现行的税法，婚后个人仍然可以选择像单身时一样申报纳税（“已婚单独申报”），所以结婚不会让他们变得更糟（见下一节的例子）。

尽管税制本质上以家庭为基础，但也并非完全如此：孩子们可以自行申报纳税，这样他们的收入（无论是劳动所得还是投资所得）所适用的税率比与父母合并申报所适用的税率要低。美国现在是仍以家庭为基础来征税的少数几个国家之一。其他国家，如加拿大，是采用以个人为基础的税制，在这种税制下，每个人对自己的收入纳税。

离婚给以家庭为基础的税制带来了一些问题：当父母双方都为孩子提供了一些抚养费时，哪一方可以扣除儿童抚养费？离婚父母一方付给另一方的生活费应如何处理？（如果双方仍处于婚姻状态，一方付给另一方生活费则对纳税没有影响。）根据现行规定，离婚或分居生活费（不是儿童抚养费）由支付该费用的一方扣除，并向接受方征税。[①]

纳税单位　在累进税制下，纳税单位很重要。实际上，美国税制曾经对收入相近夫妇的婚姻征税，对收入差异较大夫妇的婚姻进行补贴。结婚导致税额增加有时被称为**婚姻惩罚**（marriage penalty）或**婚姻税**（marriage tax）；相反，结婚导致税额减少可以被认为是**婚姻红利**（marriage bonus）或者**婚姻补贴**（marriage subsidy）。现行税法消除了对收入相近夫妇的这种“婚姻惩罚”，但继续为收入差异较大的夫妇提供“婚姻红利”。为了说明这一点，我们对比了婚姻对两对夫妇的影响，结果见表 22.5。

---

① 因此，在累进税制下，如果离异双方所处的税率档次差别很大，那么把儿童抚养费说成离婚或分居生活费很划算。就像现代生活中的其他事情一样，能使纳税义务最小化的离婚方式也需要经过深思熟虑。

表 22.5　婚姻的税收效应：是“婚姻惩罚”还是“婚姻红利”?　单位：美元

申报人身份		收入	个人纳税额		两人的纳税总额	
			1997 年税法	2011 年税法	1997 年税法	2011 年税法
单身	阿比盖尔	30 000	3 480	4 075	6 960	8 150
	比利	30 000	3 480	4 075		
单身	布拉德福德	12 000	780	1 375	9 112	9 500
	埃米	48 000	8 332	8 125		
结婚	两人	60 000			8 028	8 150

注：两人是指阿比盖尔和比利或埃米和布拉德福德。

阿比盖尔和比利目前住在一起，但没有结婚；每人的收入都是 30 000 美元，在 1997 年，两人缴纳的所得税总额是 6 960 美元。如果他们在 1997 年结婚，他们的合并纳税额会增加 1 068 美元，达到 8 028 美元。如果他们预计婚姻能持续 50 年，并预计在此期间工资不会发生任何变化（扣除通货膨胀因素后），那么结婚的贴现成本就会超过 20 000 美元（实际利率为 5%）。如果阿比盖尔和比利对于是否结婚有些拿不准，那么这笔账算下来可以帮他们拿主意。因结婚而产生的纳税增加额有时就被称为婚姻惩罚或婚姻税。

与此相反，当埃米嫁给了低薪男友布拉德福德时，发现两人的纳税总额减少了 1 084 美元。对这对夫妇来说，税制起到了鼓励婚姻的作用。假设婚姻持续 50 年，且他们两人之间的收入比保持不变，政府给这对夫妇的婚姻补贴就会超过 20 000 美元。

在制定税法时，国会的意图是鼓励收入悬殊的两个人结婚并抑制像阿比盖尔和比利这样的人结婚吗？可能不是。因此，现行税法试图做到“婚姻中性”。

现在来考虑若我们改变税法以便让所有人根据他们自身的收入纳税会发生什么情形。现在，每个人既不会因婚姻而受益，也不会因此而受罚。

现在考虑一下，若我们修改了税法，仍保留了单独申报或合并申报的选择，但现在试图确保人们既不会因婚姻而受益也不会因婚姻而受惩罚，情况会怎样。这的确消除了对那些收入相近夫妻选择婚姻关系共同生活的人的歧视，但对于收入差别很大的、合并申报的夫妻来说，仍然是有利的。

现在，阿比盖尔和比利无论是否结婚，他们的应纳税额都是 8 150 美元。可是，埃米和布拉德福德若不结婚，现在要多缴纳 1 350 美元，因为当单独申报时，埃米的收入使其处于 25%的税率档次，而当合并申报时，他们的合并收入则处于 15%的税率档次。

毫不奇怪，虽然埃米和布拉德福德结婚比不结婚的境况要好，但他们认为现行税制是不公平的。难道家庭的总体税收负担应只取决于家庭收入而不取决于每个家庭成员的收入吗？为什么埃米和布拉德福德要比阿比盖尔和比利交更多的税？埃米和布拉德福德的朋友马克和艾伦一直住在一起，但所在的州不允许他们结婚，也感到愤愤不平。他们的收入分别与埃米和布拉德福德的收入相同，但是他们必须缴纳更多的税。

没有一种税制安排在任何情况下都是“公平”的。第 17 章讨论的一般公平理论有无指导意义？纳税能力观表明，收入相同的两个家庭（孩子数量相同，父母双方都工作）应缴纳相同的税。由于两个人生活在一起的成本比两个人单独生活的成本要低得多，故根据纳税能力观，只要两个人生活在一起，他们就应该比单独生活时缴纳更多的税。

遗憾的是，税务机关不容易监测同居情况；只要绝大多数同居者结婚了，而且只要大多数已婚者生活在一起，根据人们是否结婚（这比较容易查明）而不是根据人们是否同居

（这不容易确定）来征税，就不会产生太大的不公平。所得税法首次出台时，就已考虑到了绝大多数情况。此外，当大多数美国家庭的结构相似时（都只有一个工薪族），不公平可能不会太严重。然而，如今，大多数妇女都外出工作，而且家庭结构也很多样化。

功利主义观试图确定人们的家庭情况如何影响他们的边际收入效用。

无论是功利主义观还是纳税能力观，可能都想把有两个工薪族的家庭和有一个工薪族的家庭区分开来。假设这些家庭的总收入相同。现行税制对它们一视同仁。然而，双方都有工作的家庭可能不得不购买若一方不工作可免费提供的许多服务。相信纳税能力观的人和相信功利主义观的人可能都会认为，有两个人工作的家庭应该比有一个人工作的家庭少纳税。

由于婚姻惩罚似乎与"美国价值观"明显不符，所以一直遭受强烈批评；减税倡导者一再提议消除或减轻这种婚姻惩罚。尽管没有实质性进展，但《2001 年减税法案》（Tax Relief Act of 2001）通过调整夫妇的标准扣除额，10%、15%和 25%的税率档次以及儿童和劳动所得税收抵免额，还是减轻了婚姻惩罚的许多影响。

单一税率表的优点 要避免纳税单位的选择所造成的不公平，只有一种也是唯一的办法，那就是实行**单一税率表**（flat-rate tax schedule）。如果所有人都对超过基本免征额的收入按比例纳税（且如果收入低于该免征额的人可从政府那里得到现金支付），那么就不存在婚姻惩罚和婚姻红利，也不存在离婚奖励。不过，这样做的代价很高，因为单一税率表降低了税制的累进性。

□ 22.2.4 年度收入原则

美国所得税的税基是年度收入，而非一生收入。因此，一生收入相同的两个人，在他们的一生中纳税额会有很大差异。例如，决定退休后才多消费的人，要比那些不那么节俭的人缴纳更多的税。又如，收入的（税前）贴现值相同的两个人，其中一个人大器晚成，其大部分收入都是在后半生获得的，那么此人的纳税额贴现值会比较低。

由于税收制度具有累进性，故使用年度收入也会对收入稳定的人和收入波动的人产生不同的影响。收入不稳定的中等收入家庭会受到不利影响。以一个四口之家为例，其平均调整后毛所得为 28 600 美元，但有一半年份的收入是 38 600 美元，而另一半年份的收入只有 18 600 美元。按照 2011 年税法，在年景好的时候，该家庭将被课征 15%的边际税率；在年景不好的时候，该家庭将被课征 10%的边际税率。该家庭的应纳税总额将超过有 28 600 美元稳定收入的家庭，因为后者的边际税率总是 10%；收入波动的这个家庭的年纳税额平均增加 250 美元。[①]

《1986 年税制改革法案》实施之前，纳税人可以在收入变化很大的时期平均收入。这次税制改革取消了平均收入这种优惠，加剧了按年征税所产生的扭曲。废除这种平均条款的主要原因是，它们的确让财政部破费不少；由于政府试图保持预算中性（这也是这次税制改革想在一定程度上赢得人心的一种方法），所以就牺牲了像平均收入这种在税收政策上虽为明智但得不到大量政治团体支持的规定。

---

① 我们假设该家庭没有收入调整项且采取标准扣除。于是，在年景好的时候，纳税额增加 0.15×10 000 美元；在年景不好的时候，纳税额减少 0.10×10 000 美元。因此，这两年的纳税总额增加了 500 美元；除以 2 之后，我们就得到了年纳税额的平均增加额。

美国税制的原则

- 所得原则。
- 累进原则。
- 家庭原则。
- 年度收入（而非一生收入）原则。

22.3 所得税制实施中的实际问题

在将所得税的基本原则转化为可行的税法过程中，有三个非常难以解决的问题，即确定何为“所得”；确定某人何时获得了所得；决定可以从收入中扣除什么。

22.3.1 所得确定

对于大多数工薪族来说，确定税收上的所得是一件很简单的事情，即只要将他们的工资、利息、股息等加总即可。然而，对于自身从事经营活动的纳税人来说，情况并非如此。这里有两个核心问题：第一个问题是确定折旧（机器和建筑物变旧的价值损失）和调整存货成本（因通货膨胀）。第二个问题是区分消费支出和合理业务费。

税法规定，谋生所需的合理费用应从个人的所得中扣除。这一原则似乎很清楚。的确，糖果店老板不应该对其销售总额纳税；在计算该店主的毛所得时，他的开支——店铺的租金、从糖果生产商那里购买糖果的支出、付给雇员的工资等等，都应该从销售额中扣除。店主一边工作一边消费的糖果怎么处理？店主可能声称，这种糖果消费是一种广告形式；当顾客看到他在吃糖果时，他们会增加购买量。可是，当附近没有人时，店主消费的糖果又该怎么处理？店主可能会声称他正在“测试”各种样品，以确保他所销售的糖果的质量。人们可能怀疑这些解释都不是店主吃糖果的真实动机，并认为他只是喜欢糖果而已。

类似地，在许多经营活动中，广告费与招待费的差别非常小。一方面，请客户吃饭是说服他们购买产品的一种方法，就像在报纸上刊登广告是为了说服顾客购买产品一样。另一方面，有些“业务招待”纯粹是在用部分山姆大叔的钱大吃大喝。

这些例子说明了两个核心问题：

1. 在许多情况下，难以确定什么是合理的业务费、什么不是合理的业务费。

2. 即使合理的业务费与不合理的业务费之间的区别在概念上是明确的，但必要的监控通常也难以付诸实施。回到我们上述例子，很难想象要求店主把自己的糖果消费单独记录下来（如果我们认定这种消费不是合理的业务费）。

各种业务费规定的影响 在区分合理开支和不合理开支上，我们不可能设计出一种人人都认为公平的制度。不管是什么规定，总有人不公平地受损或不公平地受益。

一方面，政府对一些开支的处理可以相当慷慨，比如差旅费，实际上是去旅游的人不公平地获得了税收优惠。另一方面，政府也可以采取相当严格的限制，比如不允许坐头等舱或不允许超过一定数额的餐费扣除，这样一来，没有消遣动机的人可能不公平地受损。对于这两种人，税法可能无法做到公平。此外，任何规定都会导致经济扭曲。如果限制差旅费的扣除，需要出差的业务就会受到抑制；如果差旅费不受限制，就会鼓励变相旅游的业务。扣除是一种免税所得。此外，如果差旅费的扣除受到限制，那么商家可能就会用不太有效率的沟通方式取代出差。这是因为，如果差旅费不能扣除，差旅的相对税后价格就会上升，而其他沟通方式（如电话、传真等）的开支仍可扣除［见图 22.4（A）］。

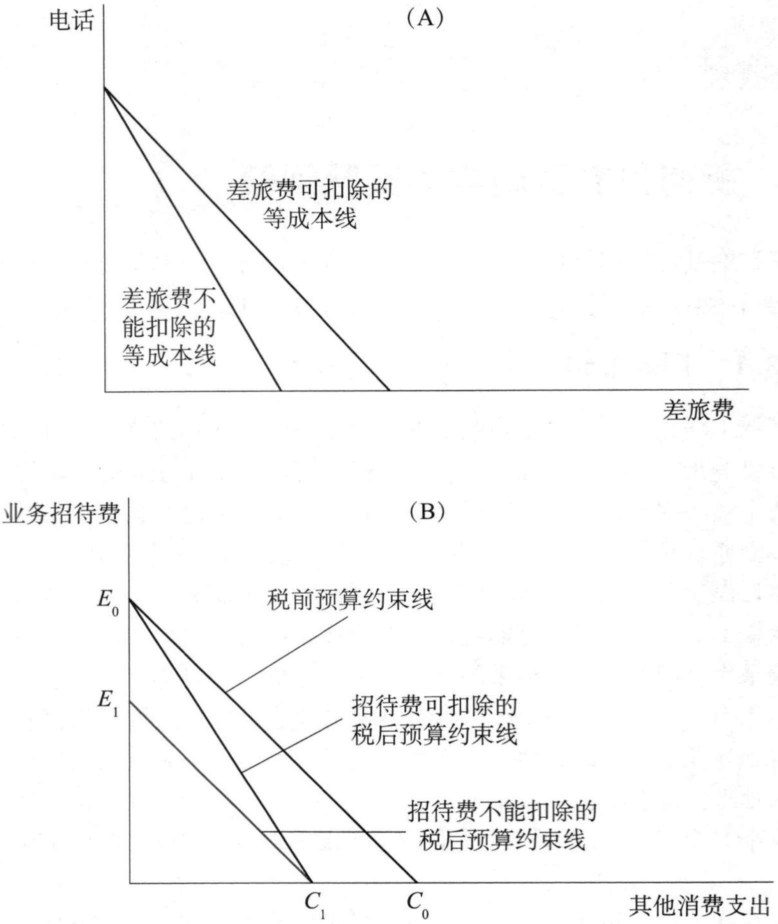

图 22.4　差旅费、招待费等税收扣除的困惑

图（A）：如果商家不能从所得中将属于合理业务费的差旅费扣除，那么与其他沟通方式（诸如电话）相比，差旅就变成一种相对昂贵的沟通方式。这样一来，生产决策将被扭曲。（等成本线类似于预算约束线。等成本线表示投入总成本既定情况下的各种投入品组合。）图（B）：对于一个可以扣除“业务招待费”的个体户来说，与其他消费形式相比，税制降低了这种消费形式的成本。因此，存在着扭曲（从而造成了无谓损失）。

在图 22.4（B）中，我们以一个个体户为例，他可以扣除业务招待费。这些业务招待费的扣除改变了他的预算约束线（他可以购买的“业务招待”和“其他消费品”的各种组合）。他的税前预算约束线是 E_0C_0；在招待费不能扣除的情况下，税后预算约束线是 E_1C_1。当招待费可以扣除时，税后预算约束线是 E_0C_1。“业务招待”变得相对便宜；如果他处于 35%的税率档次，他要获得价值 1 美元的“业务招待”，只需放弃价值 65 美分的其他商品。他的消费决策显然被扭曲了。在《1986 年税制改革法案》中，国会采取了中间立场：减少豪华轿车的税收扣除，招待费和餐费只能扣除 80%。1993 年，该比例进一步下降到 50%，截至 2011 年仍然适用。

何为业务？　不仅难以确定什么是合理的业务费，在某些情况下，甚至连什么是业务都很难确定。举例来说，养马的人可以把养马作为一种业务（生意）。另外，他们养马可能完全是为了自己消遣。如果某人买了一匹马，饲养了好几年后卖掉，亏本了，这种损失实际上并不是业务（商业）活动或资产的损失，而只是普通消遣活动的损失。有人可能会说，养马人在缴纳所得税时没有理由扣除这种资本损失。然而，有些人确实以养马谋生，他们低价购进马匹，进行饲养，然后高价卖出。若不允许这些从事养马赚钱的人扣除他们的损失，似乎很不公平。可是，事实上，要将以养马为乐和以养马谋生这两种情况区分开来几乎是不可能的。

政府试图通过坚持真正的业务（生意）要盈利这一原则来打击避税行为。根据经验，一个人在五年当中至少有三年获利；在养马一例中，该规定放宽到七年当中至少有两年获利。这些规定显然成功地降低了避税数量。当然，与此同时，也有一些人虽苦心经营，但每年都在亏损。创业者通常需要三四年时间才能建立起声誉，然后才有可能盈利。

员工业务费扣除 原则上，工作的“必要成本”应该扣除，问题是何为必要成本。鉴于不可能逐案确定这种“必要成本”，所以政府制定了一些基本规则：比如，某些教育费用可以扣除，但大部分费用不能扣除；因工作变动而发生的搬家费可以扣除，但通勤费不能扣除。

在起草《1986 年税制改革法案》时，国会实际上认定，旧法导致人们将实为普通消费支出说成是员工业务费的情况太多。因此，国会决定，只有那些有大量员工业务费未能报销的纳税人（超过调整后毛所得的 2%）才能扣除这些费用。

倘若因工作而发生的费用不能扣除，不仅造成了不公平，而且也削弱了工作激励。比如，如果一份工作需要一个人置办服装，而其他工作不需要这笔开支，那么，这份工作的净收益就会减少。比方说，比尔的年收入为 15 000 美元，工作相关费用 5 000 美元不能扣除，净收入为 10 000 美元。由于他继承了一笔不大不小的财产而处于 28%的边际税率档次，政府要求他纳税 4 200 美元，即 15 000 美元的 28%。这相当于他净劳动所得 10 000 美元的 42%；他得到的这 5 800 美元低于最低工资水平，不足以激励他去工作。

儿童看护费 儿童看护费也存在类似问题。从某种意义上说，这笔费用是家庭决定生育孩子而产生的自愿性开支。然而，对于已经有了孩子的家庭来说，要避免这笔开支，只能让父母一方留在家里。

现行税法允许抵免儿童看护费用（一个儿童最高为 3 000 美元，两个及以上儿童最高为 6 000 美元），这是对纳税人（和配偶，如果他们合并申报）去工作或找工作的补偿。抵免额从调整后毛所得低于 15 000 美元在职父母的儿童看护费的 35%，到调整后毛所得超过 43 000 美元在职父母的儿童看护费的 20%不等。因此，最大抵免额是：0.35×6 000 美元=2 100 美元。如果一位有一个小孩的女性是上班族，且她不得不雇人照看她的小孩，那么家庭净收入就是她的收支差额。如果她的收入是 15 000 美元，而必须支付的儿童看护费是 5 000 美元，那么家庭净收入就只有 10 000 美元。不允许扣除这些费用就会造成严重的扭曲。假设该妇女结婚了，由于她丈夫的收入，她要将收入的 33%交给国内收入署，而且她的抵免额只能达到 20%。如果她支付 5 000 美元的儿童看护费，那么家庭可用于其他方面的开支（税后）仅为 5 050 美元。[①] 她很可能不愿接受这份工作。若可抵免 600 美元（=0.2×3 000 美元），也只是稍稍缓解了扭曲或不公平程度。另外，儿童看护税收抵免本身也会造成扭曲——通过降低儿童看护的价格，鼓励了更多的儿童看护消费。

---

① 如果再考虑到缴纳社会保障税（或许还有州和地方所得税），可用于其他方面的开支还会进一步减少。

这只是所得税仅以市场交易为基础所产生的更为普遍问题的一个例子。在家庭内部发生的活动，虽然本质上与在市场上的购买活动基本相同，但不被征税。[①]

无论是不公平还是扭曲，都是无法衡量家庭内部提供的家庭服务（因而也就无法征税）所致。因为不能对家庭服务的“估算”价值征税，对在市场上购买这些服务就形成了歧视，鼓励了家庭内部的生产。

有关儿童看护开支的税收待遇的决定，不仅具有经济影响，而且反映并影响了社会价值观和家庭结构。父母都工作的家庭生活与父母一方（通常是母亲）留在家里的家庭生活不同。惩罚妇女就业的税制可以说反映了或延续了有关妇女地位的一些特定态度。

员工福利 对于很多人来说，他们的很大一部分报酬是以直接现金支付以外的形式获得的，特别是员工福利，其中，最重要的是医疗保险。一些工人得到了价值数千美元的免税医疗和牙科福利。大多数经济学家认为，这些福利应计入应税所得之中。国会和政府虽然就如何减缓医疗成本的上升展开了讨论，而且尽管也都已认识到这些特殊规定具有鼓励医疗支出的作用，但政治压力（既有来自为获得这些福利而进行了艰苦斗争的工会，也有来自医疗行业）让这个问题无法进入议事日程。这是一个恶性循环：由于医疗费用高昂，拥有良好的医疗保险被认为是生存的必要条件。

一些结论 我们可以从界定税收上的“所得”所遇到的实际问题中得到三点经验教训。第一，税法的细节可能会产生重要影响。第二，许多（但绝非全部）看似不公平和扭曲的税法规定，并不是政客们代表特殊利益集团或官僚无能的结果。在确定何为所得和何为合理业务费时，的确有实际困难。第三，无论选择什么规则，都会有一些不公平和效率低下问题。税法的设计就是要在一种不公平与另一种不公平之间、一种扭曲与另一种扭曲之间进行权衡。我们讨论的目的就是要澄清这些权衡取舍，帮助解释一些司空见惯的情况，即立法者发现，在矫正一种不公平或扭曲的过程中，往往又产生了一种新的与原来一样糟糕甚至比原来更糟糕的不公平或扭曲。

□ 22.3.2 时间选择

征收所得税遇到的第二个重要实际问题是确定人们何时才算取得所得。对于大多数工资所得来说，这不成问题。然而，讨论一下一位作者写了一本书的情况。作者通常是以版税的形式得到报酬，版税是一本书销售收入的一定比例。一般情况下，出版商在图书出版之前，会按预计的未来版税情况先支付一笔预付款。原则上，如果书卖不出去，就必须返还预付款。作者在收到预付款时就应算作所得吗？还是应该把它当作一笔将用这本书的收益来偿还的贷款更合适？在后一种情况下，作者在这本书卖出去后要纳税。

实际上，有很多交易采取了这种形式或可能采取这种形式。以一个建筑承包商为例，只有建筑物竣工，合同才算履行完毕，但承包商在建筑施工过程中会收到付款。在这种情况下，建筑商只在建筑物完工时才将这些付款记作收入，这些付款被视为贷款吗？任何长期项目都会出现类似的问题，例如开发新型飞机的国防合同。

人们关心时间选择，是因为今天的 1 美元比明天的 1 美元更值钱。应纳税额的**贴现值**（present discounted value）会因延期征税而下降。

另外，对于那些认为消费而非收入是适当的税基的人来说，时间选择问题并不那么重

① 尽管如此，以前在家庭内部生产的东西现在变为由市场生产，这种趋势很强劲。这种扭曲似乎并不大的原因是市场生产的经济性足以克服税收扭曲。

要。时间选择之所以重要，是因为这实际上允许人们逃避利息所得税，但从消费税的角度来看，利息所得根本就不应征税。

□ 22.3.3 个人扣除

征收所得税遇到的第三个实际问题是确定哪些项目可从收入中扣除。政府为了使税收制度更加公平和鼓励某些社会需要的活动，允许从调整后毛所得中扣除一些项目，得到应税所得。有五种重要的开支可以扣除：医疗费用、抵押贷款利息、州和地方税、慈善捐赠以及意外伤害损失。

医疗费用 医疗费用可从所得中扣除的动机似乎很明显：疾病会导致昂贵的医疗费用，通常也会降低个人的收入。一个人为了活着而将所有收入花在医疗费用上，他的纳税能力显然要比一个收入相同但没有医疗费用的人低。纳税能力最好不是用总收入来衡量，而是用可自由支配的收入（超过生存所需的数额）来衡量。

这一论点遭到批评，理由有二。第一，还有其他种类的支出（诸如食品），至少在某种程度上说是同等必要的。但是，食品支出必需量的差异可能比医疗支出必需量的差异要小。第二，相当大一部分医疗费用是个人自行决定的（例如，住单人病房而非多人病房，为保持年轻貌美做的整容手术等等），而法律区分不了“必需”的支出和“自行决定”的支出。然而，这又是可以理解的，因为这种区分虽然在原则上是明确的，但在实践中几乎不可能做到。现行税法规定，超过调整后毛所得10%的医疗费用可以扣除。这似乎反映了这样一种判断，即纳税能力的显著不公平只是源于大量的医疗费用，而这些大额医疗费用很可能不是自行决定的。

扣除医疗费用的规定实际上降低了医疗服务的价格。对于医疗费用超过调整后毛所得10%、处于28%边际税率档次的人来说，额外100美元医疗服务的私人成本只有72美元。这造成的扭曲是显而易见的：倘若医疗支出是可自行决定的，那么个人就有动机在医疗服务上花费过多（相对于其他商品）。医疗服务实际价格下降的程度取决于个人所处的边际税率档次。对于处在15%边际税率档的人来说，额外100美元医疗服务的成本是85美元。当商品相同而价格不同时，就会出现效率低下的情况。[①]另外，大多数人不会只因为价格较低而增加对心脏瓣膜置换手术的需求。

除了医疗费用扣除造成效率低下之外，这种扣除还因不公平而遭质疑。比如说，同样是1 000美元的医疗费，这笔费用扣除使高收入者减少的应纳税额大于低收入者。如果一个处于28%税率档次的人有1 000美元的医疗费用（暂不考虑扣除限额规定），则他的应纳税额就减少了280美元；而一个处于15%税率档次的人，其应纳税额只能减少150美元。因此，对于处在高税率档次的人来说，费用扣除规定的价值要大得多。

反对医疗费用扣除的效率和公平理由（也适用于其他类别的扣除）让许多经济学家得出这样的结论，即抵免比扣除更可取。在税收抵免的情况下，一个有1 000美元医疗费用的人，无论收入多少，都会减少相同的税额。如果税收抵免率为20%，那么政府实际上支付了20%的医疗费用。对许多人来说，这不仅更加公平，而且似乎也更有效率。回想一下，帕累托效率的一个必要条件是，所有人在不同商品之间的边际替代率相同（这就是所

① 医疗支出还有更进一步的扭曲。雇主提供的医疗保险不征税，个体户也可以扣除医疗保险费。这将鼓励购买医疗保险，而这种保险通过降低获得医疗服务的成本，导致对某些医疗服务的过度消费（正如我们在第13章所看到的）。

谓的交换效率原则)，或者说，对于每一种商品，所有人都面对相同的价格。在税收抵免的情况下，由于政府实际上支付了部分医疗费用，故人们对于所获得的医疗服务并未支付净（税后）真实边际成本，但所有人都面临相同的实际价格。在扣除的情况下，正如我们已经看到的那样，高收入者面临的价格低于低收入者。

上述论点并不完全有说服力。回想一下，允许扣除的动机是要按纳税能力来征税。人们认为，医疗费用降低了个人的纳税能力。倘若果真如此，毛所得不足以作为判断纳税能力的适当依据。毛所得扣除“非自愿的”医疗费用后才是更好的衡量指标。虽然我们知道，我们无法将“非自愿的”医疗费用和“自愿的”医疗费用区分开来，但我们认为，考虑医疗费用总比不考虑医疗费用要好；也就是说，我们认为，相较于单纯的毛所得，扣除所有医疗费用的所得是一个更好的衡量指标（尽管也有缺陷）。

当然，医疗费用扣除会造成扭曲，特别是对于处在28%～35%的边际税率档次的人而言。正如我们前面所讨论的，这涉及一个重要的问题，即公平与效率的权衡取舍。医疗费用可扣除的比例大致取决于医疗服务的需求弹性。我们前面曾经讲过，如果需求弹性低，扭曲程度就小，仅部分扣除医疗费用不会使效率提高多少。可是，如果医疗服务的需求弹性很高，效率可能大大提高，那么我们可能希望只有一小部分医疗费用可以扣除。

利息 利息可以扣除的动机也很简单：通常定义的收入包括工资加上净利息所得（即收到的利息与支付的利息之间的差额)。如果我们认为，有正的净利息所得的人比没有利息所得的人有更高的纳税能力，而有负的净利息所得的人的纳税能力较低，那么支付的利息应该可以扣除。

那些认为消费是适当税基的人认为，利息不应该被征税，而利息支出也不应该扣除。那些认为收入是适当税基的人，则一直在担心利息扣除所带来的不公平和低效率。第一，由于有些类型的资本所得获得了优惠税收待遇，因此通过借款为享受优惠的投资融资成为一种主要的避税手段。第二，利息支出扣除鼓励了借款，从而抑制了储蓄。在金融危机之后，人们还有一种担心，那就是过度负债会导致经济脆弱。利息支出扣除鼓励负债，从而会造成经济不稳定。

《1986年税制改革法案》(1986 Tax Reform Act) 采取了一种折中的立场，至今仍然有效。该法案继续允许抵押贷款利息扣除（最多两套住宅)，但取消了所有消费信贷利息的扣除。可是，钱的使用是可以变通的；以某种名义借来的钱可以用于另一个目的。打算买一套房子和一辆汽车的人，计划借钱来支付购房和购车各80%的成本。这个人显然可以为买房子多借一些钱，然后用多借的钱买车。银行也提供房屋净值贷款（home equity loans)，这种贷款使个人能以其房屋现行市值（通常比买价高得多）来借款。这种贷款被视为抵押贷款，贷款利息可扣除。因此，限制消费信贷利息扣除可能会鼓励这类贷款。

国会意识到了这些问题，通过将可扣除利息的抵押贷款规模限制在房屋的原始买价加上医疗和教育借款而部分地解决了这些问题。还有其他一些限制，包括如果贷款用于购房，且纳税人已婚并合并报税，贷款额最高可达100万美元，房屋净值贷款最高可达10万美元。然而，这些有关限制利息扣除的规定，其有效性值得怀疑。①

州和地方税 州和地方税可以扣除。这项规定的主要动机是担心如果没有这项规定，

① 将抵押贷款规模限制在房屋的原始买价加上医疗和教育借款这一规定，产生了另外一种潜在的扭曲：其房子价值上涨了的人会有动机卖掉房子，再买一套价值相当的房子。鉴于现行的税法规定，资本利得（一对夫妇的最高资本利得可达50万美元）不缴税，很有可能发生这种情况。

征收联邦税会严重损害各州筹措收入的能力。的确，第二次世界大战期间没有这项规定，当时联邦边际税率高达94%，一些人所面临的总边际税率（联邦税和州税加在一起）超过了100%。一些人还担心，如果没有这项规定，实际上就会对同一笔所得双重征税。不过，至于这种双重征税是否不公平，另当别论。倘若州和地方税被认为与居住在特定地方的受益有关，那么，这笔开支就应与其他商品和服务的支出被同等对待。

实际上，地方税的扣除可能是造成扭曲和不公平的重要来源。地方社区提供的许多服务，比如垃圾收集、污水处理、教育、网球场等，与可从私人那里购买的服务相差无几。地方社区提供的这类服务通常称作“地方公共产品”（local publicly provided goods）：该社区的所有成员都能从这些产品中受益，但社区之外的人不能。因此，地方税的扣除鼓励了这些服务的公共提供（不管这些服务由私人提供是否更有效率），并鼓励了地方社区提供的这些服务的消费。

并非所有经济学家都认同这些扭曲或不公平的重要性。虽然地方社区提供的诸多产品很像私人提供的产品，但许多产品基本上都是公共产品，与可扣除的私人慈善产品几乎没有什么区别；例如，老年人没有直接从教育支出中受益（尽管在某些情况下他们可能因房屋升值而间接受益）。在第9章讨论的投票模型中，政治程序的结果主要取决于中间选民，即一半选民想要更多的公共支出，另一半选民想要更少的公共支出。在这种情况下，关键在于税制如何影响中间选民。在大多数州和社区（但不是全部），中间选民没有选择分项扣除；也就是说，根据中间选民模型，扣除实质上是无关紧要的。尽管如此，许多经济学家和几乎所有的政客还是担心，取消州和地方税的扣除会减少对州和地方产品的需求。[①]

慈善捐赠 出于慈善目的针对教育、宗教、医疗和福利等领域捐赠的扣除，是税法中比较有争议的条款之一。允许扣除这些支出的动机是显而易见的。正如我们在第5章中详细讨论的那样，没有足够的私人激励让人们把钱花在造福他人的产品上。花在开发脊髓灰质炎疫苗上的钱可能对捐赠者没有直接的好处，但可能会给人类带来巨大的利益。类似地，对教育和其他文化机构的捐赠可能会大大促进社会福利，但捐助者并没有直接得到多大好处。

反对慈善捐赠扣除的人认为：

1. 许多支出并没有真正用于公共产品。
2. 政府应直接决定如何配置公共产品支出。
3. 慈善捐赠扣除的规定主要使富人受益，从而降低了美国税收制度的再分配作用。
4. 取消慈善捐赠扣除的规定对慈善捐赠几乎没有影响。

很难评估这些说法的正确性。医学上的许多最重要的进步都是私人基金会支持的研究的成果。洛克菲勒基金会（Rockefeller Foundation）开发的“奇迹种子”在发展中国家引发了一场“绿色革命”，大大增加了这些国家的粮食供应。也有一些证据表明，取消慈善捐赠扣除会对慈善捐赠产生相当大的影响。[②]

---

① 现在的问题是，要对扣除哪种州和地方税进行选择，这意味着各州要么征收销售税，要么征收所得税，但不应同时征收这两种税。事实上，许多州都同时征收这两种税。

② 例如请参阅 C. T. Clotfelter and R. L. Schmalbeck, “The Impact of Fundamental Tax Reform on Nonprofit Organizations,” in *Economic Effects of Fundamental Tax Reform*, ed. H. J. Aaron and W. G. Gale（Washington, DC: Brookings Institution Press, 1996）, pp. 211 - 243；G. E. Auten, J. M. Cilke, and W. C. Randolph, “The Effects of Tax Reform on Charitable Contributions,” *National Tax Journal* 45, no. 3（September 1992）：267 - 290；and Y. S. Choe and J. Jeong, “Charitable Contributions by Low-and Middle-Income Taxpayers: Further Evidence with a New Method,” *National Tax Journal* 46, no. 1（March 1993）：33 - 39。

扣除规定是否导致税制不公平也尚不清楚。倘若富人创设的基金会向其高级职员支付高薪，而花在真正的公共产品上的钱却很少，那么慈善捐赠扣除的规定很可能被认为是不公平的；同样，倘若钱都花在了主要使富人受益的产品上，慈善捐赠扣除的规定也会被认为是不公平的。然而，倘若钱真的花在了公共产品上，那么捐赠人从这笔开支中所得到的好处并不比其他社会成员多。因此，将这些开支列入捐赠人的所得就像将此开支列入任何其他人（他们同等受益）的所得一样，理由都不充分。

如果适当的税基是“可用于私人产品支出的收入”（可自由支配的收入），那么适当的税收待遇就是允许全额扣除（就像我们之前所说的，医疗费用的适当的税收待遇是扣除而不是抵免）。可是，这样做的结果是，处于28%或更高税率档次的人，其慈善捐赠的边际成本小于处于15%税率档次的人。

慈善捐赠有时也被滥用，有人把赠与的财产（例如绘画）的价值定得远高于其实际价值。最近立法机关对那些被抓住的人进行了严厉的惩罚。

一方面，慈善捐赠扣除提出了应以什么方式决定公共产品的提供这一基本问题。批评人士称，在决定应提供哪些公共产品上，慈善捐赠的扣除实际上赋予了富人不应有的权力。然而，有人认为，政治程序不能提供一个很好的机制来表达普通人对不同公共产品的态度。人们只是投票选出代表，并没有机会对比如说教育支出和医疗支出的相对分配发表意见。

另一方面，慈善捐赠扣除规定鼓励了由多种机构提供公共产品的制度。人们可以通过多种方式表达他们对不同类别公共产品重要性的看法。如果（比如说）政府是医疗卫生研究的唯一资金来源，那么政府的观点将完全左右医疗卫生的研究方向；而实际上，这些决定可以由各种机构独立做出。公共产品分散决策的理由与其他领域分散决策的理由非常相似：让相互竞争的（或至少是替代性的）组织提供相似的服务能提高效率，而且决策主体多样化不易出错。①

意外伤害损失 人们可扣除失窃、火灾、事故等造成的超过调整后毛所得10%的损失。这些规定的动机也是很清楚的。这些损失降低了个人的纳税能力；它们代表的是非自愿的且从中得不到享受的“支出”。

然而，这一规定也有一些重要影响。特别是，这意味着政府实际上为这些意外伤害提供了一种保险。这种保险的金额取决于个人的边际税率（正如我们在讨论医疗扣除时所指出的那样）。一旦个人遭受损失，他的境况显然比政府没有提供这种保险时要好得多。另外，这些规定可能严重歪曲个人的行为。一般而言，保险降低了个人避免遭受损失的激励。因此，如果政府负担33%的失窃损失，个人可能就不会尽力避免被盗。

教育费用 有两种重要的税收抵免来帮助人们支付教育费用，即针对大学本科头4年所发生的学费、注册费和教材费等的美国机会税收抵免以及针对接受高等教育（包括非学历和职业课程）期间所支付的学杂费的终身学习税收抵免。每名合格学生的美国机会税收抵免额每年最高可达2 500美元，最初的目的是让大多数州的学生几乎不用花钱就能上社区大学（随着学费的上涨，情况已经发生了变化）。每份纳税申报表的终身学习税收抵免

① 有关宗教慈善开支的扣除规定还有另一个动机：一些人认为，宪法禁止立法干预宗教活动的自由，禁止对宗教组织征税。尽管这可能成为对宗教机构直接免税的理由，但似乎不能成为在征收所得税时可扣除对它们的捐赠的理由。

额每年最高可达 2 000 美元[①]，旨在鼓励人们上大学和鼓励那些需要获得新工作技能或提升现有技能的员工进行职业“充电”。这反映出人们对受过中等教育者和受过高等教育者之间工资不平等现象日益严重的担忧，因为在过去 50 年里，受教育年限与家庭收入之间一直具有很高的相关性。在美国，贫困家庭子女的大学入学率明显低于高收入家庭子女的入学率。如果没有接受高等教育，就会出现一种持续不平等的恶性循环，这似乎与美国的理想背道而驰。贫困家庭的子女没钱上大学，因此将来这些孩子的收入会很低。学费税收抵免就是为了促进教育机会的平等。

学费税收抵免也遭到一些质疑。第一，批评人士认为，大学毕业生的高收入已经为上大学提供了足够的私人激励。此外，他们还声称，1993 年出台的学生贷款计划的扩大，再加上佩尔助学金（针对低收入家庭子女的学费补贴）的增加，已经基本上消除了上大学的资金问题。如果说还有资金问题的话，那也主要限于低收入家庭子女；对于这些孩子来说，学费税收抵免的好处微乎其微——扩大佩尔助学金计划，如果有必要的话再扩大学生贷款计划，可能会更好。鉴于学生债务已经增加到 1 万亿美元以上，且学费的增长速度快于通货膨胀，很明显，学费税收抵免没有解决高等教育所面临的巨大障碍。第二，人们一直担心高校可能会趁机增加学费，尽管这将有利于高校，减轻州财政的压力，但学费税收抵免不会使学生入学率有太大提高。

□ 22.3.4　扣除与抵免

税收上的所得调整，既可以采取扣除形式，也可以采取抵免形式。20%的税收抵免与处于 20%税率档次的人的扣除是一样的。总的来说，大多数经济学家认为，如果要进行调整，最好用抵免而不是扣除。扣除给那些处于高税率档次的人带来更大的好处，从这个意义上讲，这是不公平的；此外，由于扣除会使不同的人面临不同的价格，所以它们是扭曲的。不过，正如我们在医疗费用的例子中所看到的，在某些情况下，从公平的角度来看扣除是有道理的。如果人们认为应当按纳税能力来征税，如果纳税能力最好用扣除医疗费用开支后的收入来衡量，那么，医疗费用的扣除似乎是合适的。如果人们认为应当按私人消费（即人们从经济中拿走的）来征税，那么公共产品（慈善）开支就应被扣除。

实施问题

- 所得确定。
- 时间选择。
- 扣除与抵免。

专栏 22.2

暂时性税制变化

2001 年和 2003 年，乔治·W. 布什（George W. Bush）总统面临着一个挑战：他想要大幅减税，但又不希望看到税收减少超出国家的承受能力。国会以 10 年“窗口期”来

① 这两种税收抵免的获得资格都是由修正型调整后毛所得决定的。修正型调整后毛所得与调整后毛所得的细微差别在于，前者不扣除个人退休账户缴款，后者扣除个人退休账户缴款。美国机会税收抵免的修正型调整后毛所得的限额是：已婚且合并申报者的限额为 180 000 美元，其他申报者的限额为 90 000 美元。终身学习税收抵免的修正型调整后毛所得的限额是：已婚且合并申报者的限额为 122 000 美元，其他申报者的限额为 61 000 美元。

做预算，也就是说，在未来的10年里，新税法的成本会有多少。当然，这些成本远远不止存在于10年。一个以看似很小的成本实现大幅度减税的方法是暂时改变税制（比如未来5年），希望在5年过后有更大的压力来延长减税；而以后的政府如何为减税买单，那是别人要解决的问题。因此，2001年和2003年的减税只是暂时性的。

其中有一项特殊规定，那就是废除遗产税，但仅限于2011年。当年去世的富人的后代将会得到一笔意外之财——有些人担心这可能会产生反常的动机。

暂时性税制变化可能会产生特别大的扭曲效应，而这些效应往往与初衷相左。例如，在股息适用的税率本来就很低的情况下再暂时降低其税率，这会激励企业分红（这实际上已经发生了），而原本希望减税会导致更高的储蓄和投资并没有发生。有些人认为，事实上，对投资的影响可能走向了另一个方向：随着企业派发更多的股息，当出现了良好的投资项目时，手头却没有多少现金了。

22.4 资本所得的特殊待遇

税法中最复杂的规定是那些与储蓄和资本所得有关的规定。有些问题是源于想鼓励储蓄特别是退休储蓄而产生的。不过，任何一类所得获得优惠待遇都会产生问题，因为人们都想把所得转变为能获得优惠待遇的形式。税务机关的应对措施是制定法规，阻止这种转变。因此，税法的许多复杂性就来自试图减少这些避税活动的机会。不过，有些问题是试图对某些资产的收益征税所固有的，最明显的就是住房。

22.4.1 住房

对大多数人来说，最重要的投资是住房。在美国，不对这种资产的收益（它所提供的住房服务）征税。

尽管住房收益（住房服务或估算租金）不征税，但人们借款购房产生的利息（抵押贷款利息）可以扣除。实际上，自1986年以来，这一直是消费信贷利息可扣除的唯一形式。

业主自住房的估算租金不征税，是因为很难确定合适的“租金”应该是多少。不过，这并不是一个不可解决的问题：我们可以从征收财产税的角度来“估算”住房的市场价值。一旦已知房产价值，就很容易估算出合适的租金。也许还有另外一个原因，那就是税法反映了美国社会的价值观，坚信个人拥有自己的住房是件好事（这或许是美国应成为小地主之国这种杰斐逊式理想的延伸）。拥有自己住房的人更有可能觉得自己是社区的一员，并作为建设性公民参与其中。诸如此类的考虑以及新住宅建筑行业的游说，是住房优惠待遇得以保留的主要原因。

如今，合并报税的家庭每两年可有500 000美元的利得不用纳税。产生这项规定的一个原因是，业主自住房的资本利得税征收上来的税收收入并不多（由于没有得到有效的执行），却需要家庭背负繁重的簿记之责。[①]

---

① 家庭的资本利得（=卖房收入－买房支出－房屋修缮支出）需要纳税。因此，原则上，人们需要长期保持详细的记录。长期以来，业主自住房投资得益于另一项特殊规定，即资本利得可以“滚存”（rolled over）。也就是说，如果一个人卖了房子并获得资本利得，但又将该收益投资于更大的房子，那么该资本利得就会被推迟征税。一个人在去世前可一直适用这项滚存规定，而在去世时才对资本利得征税的这一特殊规定，等于说资本利得完全逃避了税收。

业主自住房的优惠待遇明显具有公平效应和效率效应。这导致住房相对于其他资产而言投资过度。此外，还有一种普遍的假设，即相对于租房者而言，这种优惠待遇会给房主带来好处。但是，这些效应（甚至这些效应是否真的存在）会随着税率和各种好处的变化而变化。其原因在于，税法通过下列方式也间接地给租房者提供了相当可观的好处：加速折旧、利息扣除、只对实现的资本利得按优惠税率征税，以及税法提供优惠措施来鼓励房主投资于租赁住房；由于这个市场竞争相对激烈，所以从长远来看，这些好处都会转移到租房者身上。因此，1981—1986 年，因租赁住房得到的好处似乎比业主自住房得到的好处更多，尽管从那以后刚才说的传统假设似乎又复活了。① 1997 年的税法实际上对住房的资本利得免税，加剧了业主自住房的过度投资。

□ 22.4.2 退休储蓄

涉及退休储蓄的特殊规定有多种，包括对养老金和个人退休账户（IRAs）的特殊待遇。

旧式个人退休账户 分析起来最简单的是旧式个人退休账户。尽管它们在 1986 年被终止了，但有关重新恢复它们的讨论从未间断。在计算调整后毛所得时，个人每年可以对这些账户的缴款扣除最高 2 000 美元（或配偶无工作的个人为 2 500 美元），而且，无论是这些缴款还是其利息所得，只要不提款就不征税。

我们看看一个人拿出 100 美元作为退休储蓄会发生什么情况，通过以下例子就可以看出对储蓄的影响。如果阿比盖尔储蓄 100 美元，她当期的纳税额减少 $100\times t$ 美元，她的消费下降 $(1-t)\times100$。退休后，她的消费会增加。假定利息收益率是 r，比如 20%。当她的投资变现时，她必须就总额——即 $t\times(1+r)\times100$——纳税。因此，她的下一期消费增加了 $(1-t)\times(1+r)\times100$。下一期的消费变化与本期的消费变化的比值为 $1+r$。允许个人从其所得中扣除储蓄（但在退休后要对本金加利息后的总额征税）等同于利息免税。对于那些储蓄很少的人来说，这种税收优惠待遇的效果模棱两可：收入效应会减少储蓄（增加消费），替代效应会增加储蓄。不过，对于那些储蓄很多的人来说，这种税收优惠待遇无疑会减少储蓄，因为只有收入效应；而对那些储蓄超过 2 000 美元的人来说，没有边际激励。

还有一种批评，那就是已经拥有资产的人不必为了得到税收优惠而储蓄，他们需要做的就是把储蓄从其他账户转移到个人退休账户。对于这些人来说，除了储蓄的形式之外，显然没有其他的边际激励效应（见图 22.5）。

新式个人退休账户 1986 年的税法将个人退休账户缴款的扣除限定于低收入者和没有由雇主资助的退休储蓄计划的人。后来的立法扩大了个人退休账户，并对提款给予了更大的灵活性。如今，只要个人退休账户缴款在 5 000 美元（年满 50 岁的人为 6 000 美元）以下，则对个人收入状况没有限制，且仍推迟对其利息所得征税。不过，我们刚才看到，旧式个人退休账户完全等同于利息免税，只是有一点重要区别，即向政府纳税的时间不同。在新式个人退休账户下，个人现在纳税多，将来纳税少，尽管贴现值相同。由于政府面临着严重的预算约束，难免会通过“诡计”提前获取税收收入。请注意，这样做并不会

---

① 请参阅 M. King and D. Fullerton, *The Taxation of Income from Capital* (Chicago: University of Chicago Press, 1984)。

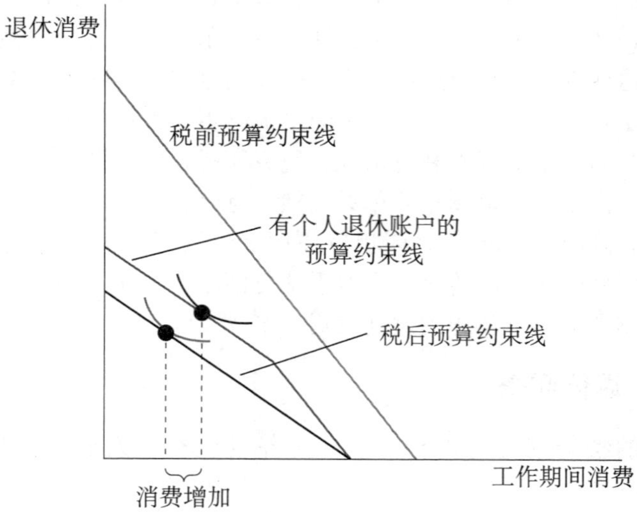

图 22.5　个人退休账户对储蓄的影响

对于储蓄超过限额的人来说，个人退休账户只有收入效应，没有替代效应；收入效应实际上会减少储蓄。

对政府的长期预算状况产生影响，因为以后的税收收入会减少。①

1997 年的税法通过 1998 年出台的罗斯个人退休账户（Roth IRA），大大扩展了不可扣除的个人退休账户的灵活性。只要持有期超过 5 年，罗斯个人退休账户分派的资金对于那些年龄超过 59 岁半的人和用这笔资金购房的首次购房者都是免税的。② 即使是普通的个人退休账户，根据现行规定，对于首次购房者以及为支付高等教育费用和不能报销的医疗费用而提前取款在 10 000 美元以内的，不予处罚。③

此外，个体户和小企业可以利用简易雇员养老金（Simplified Employee Pension，SEP）个人退休账户、雇员储蓄激励配比计划（Savings Incentive Match Plan for Employees，SIMPLE）个人退休账户和基奥账户（Keogh accounts），所有这些实际上都是税收递延的养老金计划。

养老金　企业用于个人退休的储蓄，在个人收到这笔钱之前，通常不征税。与此同时，企业可以扣除这笔储蓄额，就像它直接把钱付给个人一样。显然这是一种税收优惠。这种优惠的原因有二。第一，在雇主规定了退休金的固定收益养老金计划（defined benefit scheme）下，个人（或者税务机关）很难知道如何评估这种养老金。通常，这种养老金取决于雇员在企业工作的时间及其在企业工作最后几年的工资。在固定缴费养老金计划

① 如果政府和投资者使用的贴现率不同，贴现值可能会有所不同。由于政府通常能以低于私人部门的利率借款，所以政府推迟征税的成本低于私人部门推迟纳税的价值。

然而，近年来，政府着急在短期内减少赤字，因此，“优惠后置型”个人退休账户（back-loaded IRAs）得到了支持。甚至有人以提款具有更大灵活性为“诱饵”，鼓励人们将旧式个人退休账户（把钱存入该账户时不纳税，但把钱从该账户中取出时纳税）转换为新式个人退休账户。当个人转换到新式个人退休账户时，他要提前纳税，所以政府的当期收入增加了。

② 个人每年可向罗斯个人退休账户缴款最高 5 000 美元；缴款额开始逐步递减的调整后毛所得区间是：个人为 95 000～110 000 美元，已婚夫妇为 150 000～160 000 美元。

③ 1997 年的税法还提高了可扣除个人退休账户的限额：单身个人申报者的逐步递减范围是 30 000～40 000 美元；已婚合并申报者的逐步递减范围是 50 000～60 000 美元。

(defined contribution scheme）下就不存在这个问题：企业只是将固定一笔钱以个人名义存入账户，就好像个人已经收到了这笔钱并将其存入个人退休账户。第二，这个原因可能更重要：政府想鼓励雇主为雇员退休而存钱，以减少老年贫困人口——更少的人在老年时成为国家的负担。

□ 22.4.3　州和市政债券的利息

州和市政债券的利息是免税的。这些债券包括：市政当局用以为学校筹资的债券和州用以为道路筹资的债券；募集的资金转借给当地企业的产业收益债券（industrial revenue bonds)；募集的资金转借给中低收入者为抵押贷款再融资的社区发行的债券。一些州设立了专门机构，负责借款来为建设私立和州立大学的学生宿舍、体育场馆和医院等筹资。

利息免税的最初动机是担心对州和地方债券的利息征税是否合宪。不过，这项规定扩大到包括市政当局为了筹资转借给个人而发行的债券，显然可以视为联邦政府对地方的一种补贴形式。许多市政当局对这种联邦补贴表现出了极大热情，以至于联邦政府对这种免税债券的发行实行了严格的限制。

免税债券是援助州和地方的一种效率低下的方式——美国财政部的成本超过了州和地方获得的收益。原因在于，这些债券的利率不断调整，使得债券的边际购买者对购买应税债券还是免税债券变得无所谓。目前，处于39.6%税率档次的人太少了，因此边际购买者主要是处于低税率档次的人。如果边际购买者处于25%的税率档次，且如果应税债券的收益率是10%，那么（具有同样风险的）免税债券的收益率可为7.5%。正是这种较低的资本成本使得这种免税待遇有益于州和地方政府。可是，许多债券都是由处于39.6%税率的人购买的。如果这些人从应税债券转向免税债券，他们的纳税额就会减少39.6%。如果某人拿100万美元投资于应税债券，他可获得100 000美元的利息，并缴纳39 600美元的税款，剩下60 400美元。现在他购买100万美元的免税债券，获得75 000美元的利息，他多获得了14 600美元的收益。发行免税债券的社区节省了25 000美元的利息费用，其境况要好于发行应税债券的境况。可是，财政部的境况变差了，少收入39 600美元，并且其中的37%被高收入纳税人而非该社区拿走了。①

□ 22.4.4　资本利得

我们在第21章看到，资本收益会以资本利得（资产价值增加）的形式累积，而且这些资本收益通常与其他收益的税收待遇不同。正如我们所指出的，这种优惠待遇在一定程度上是因为难以按权责发生制衡量价值的增加。因此，资本利得通常只在实现时（即资产出售时）才征税，而不是按“以市值计价”（marking to market）即年度市场价值的增加值来征税。当然，有一些资产，诸如公开交易的股票，很容易确定其市场价值；但对有些资产，诸如房地产，征税本身就会产生扭曲。我们在第21章描述了一种方法，即将资本利得视为在资产持有期内平稳发生并对其进行估算，从而可以在很大程度上消除这种扭曲。

虽然对资本利得按实现原则来征税是难以衡量资本利得的一种自然结果，但其他形式

① 解决这个问题的一个建议是创设“税收抵免”债券，纳税人对于从州和地方债券获得的利息可按一定比例进行抵免。这些债券可以按州和地方支付的利息与目前的免税债券相同来设计，而高收入者不会像现在这样获得意外收益。

的优惠待遇在很大程度上是富人施加政治压力的结果，在他们的收入当中，有相当大一部分是资本利得。毫无疑问，他们常常争辩说这种优惠待遇是公平的（要不然他们就得对通货膨胀造成的虚增的价值纳税），或者说这种优惠待遇通过鼓励风险承担和创业而提高了效率。

主张优惠待遇的两个主要论点，即对名义收益而非实际收益征税是不公平的和鼓励风险承担是重要的，都是对所有资本收益或风险投资收益予以特殊待遇的理由，并不是单独对不管投资于什么资产的资本利得予以优惠待遇的理由。此外，我们在第 21 章看到，一旦考虑到按已实现原则征税的好处，并注意到借款的名义（非实际）利息支付是可扣除的，公平论点本身就是可疑的。

资本利得的优惠待遇能否导致风险更大的投资，仍是一个有争议的话题。1993 年的税法试图对新企业（这些企业面临的风险通常相当大）实施资本利得税减免；相比之下，1997 年、2001 年和 2003 年的资本利得税减免则是全面的，既适用于高风险新技术企业获得的资本利得，也适用于像黄金这类非生产性投资的资本利得。

还有一个理由反对资本利得优惠待遇，即由于纳税人想方设法将普通所得转化为资本利得，这导致了大量的避税计划，这也是 1986 年取消这项优惠待遇的原因之一。尽管这些避税计划在 1986 年大大减少了，但随着大量税收优惠的重新出台，这些避税计划又有抬头之势（见第 21 章）。

有关降低资本利得税率的争论非常激烈。批评人士指出，大部分收益都是来自已经进行的投资，正是由于这些投资已经发生了，所以对投资的激励作用不大。降低税率只是产生一笔意外之财，给投资者带来远远高于他们在投资时所期望的收益率。的确，在布什政府期间，资本利得和股息税率的降低导致了储蓄和投资减少。此外，由于财富的集中度更甚于收入，所以减税的好处主要归富人所有。最后，资本利得减税之所以如此有吸引力，其原因在于短期预算成本很低。虽然资本利得税率降低了，但许多人在前些年“捂住”不卖的资产一旦现在出售了，就要缴纳资本利得税；倘若这些人担心资本利得税率以后会上升，更会如此。不过，虽然短期预算成本可能很低（或在有些估计中，税收收入实际上可能会增加），但从长期来看会产生不利影响。当资产在任何情况下都能卖掉时，当前的税收收入会减少一部分未来本可以实现的税收收入。

资本所得的特殊待遇

美国税制对大部分资本总收益予以了特殊待遇——低税率或延迟征税。在住房、退休储蓄、养老金、资本利得等方面都有特殊规定。

优惠待遇扭曲了资源配置，常常造成严重的不平等。

22.5 结束语

我们对所得税的要求很多：它应是简单的、公平的、容易征收的，而且应提高经济效率。这种税饱受诟病；它没有完全实现任何目标。它是妥协的产物：各种相互冲突的目标之间的经济妥协以及政治妥协。要是不怎么考虑公平，就可以很容易设计出一种简单得多的、也不那么扭曲的税制。不过，与许多其他国家的税制相比，美国税制导致的避税现象比较少，税收遵从程度比较高，甚至扭曲程度也不大。但是，税制仍需要改革，第 25 章讨论了这些改革的可能方向。我们下一章看一下另一个主要税种——公司所得税，并分析人们在现行税制下进行合法避税的一些方法。

22.6 复习和练习

22.6.1 小结

1. 美国所得税制的原则是应对家庭现金（市场交易）年所得课征累进税。税法有利于非市场交易，不利于收入波动的人。

2. 所得税制的实施存在着一些问题，包括所得的确定和征税时间的选择等。所得界定遇到的一个主要问题是，如何把业务所需活动和普通消费活动区分开来。

3. 设计可行的所得税制度所遇到的许多问题，都源于主要变量的不可观测性（或观测成本），例如，无法知道一些医疗程序是否真的“必要”。

4. 税法基于公平和激励考量，允许对所得和个人扣除进行一些调整。然而，不管背后的动机是什么，这些扣除都具有激励效应和公平效应，都必须予以考虑。例如，医疗费用扣除实际上降低了医疗价格，而且使高收入人群的医疗费用降低得更多。

5. 美国的基本纳税单位是家庭（不同于大多数其他国家）。税收制度有许多规定，旨在确保家庭状况不同的人面临公平的税收，比如儿童看护费用的限额税收抵免、已婚人士和单身人士的税率有所不同等。不过，尽管现行税制不再对收入相近的人造成婚姻惩罚，但仍然向收入差别很大的人提供婚姻红利。

6. 1986 年、1993 年、1997 年、2001 年和 2003 年的税收法案都对联邦税法的累进程度产生了影响。1986 年的法案降低了累进性，但取消了许多对富人特别有利的特殊条款。然而，州与地方的所得税、销售税和财产税以及抵押贷款利息仍然可以扣除。员工福利，包括医疗福利，不征税。1993 年的法案通过大幅度提高高收入人群的税率（从 28%提高到近 40%），大大提高了税制的累进性。随后的税制改革通过对资本利得大幅度减税使富人受益颇多，但同时也增加了儿童税收抵免。这些变化的最终结果是，高收入工薪族的境况变差，高收入食利族的境况变好，有孩子的中等收入者的境况变好。此外，由于许多特殊规定（比如有关教育和资本利得方面的特殊规定）的出台，原本作为 1986 年法案的一项巨大成就的税法简化又被逆转了。

22.6.2 重要概念

权责发生制	调整后毛所得	实物交易
收付实现制	儿童及受抚养人看护税收抵免	儿童税收抵免
有效税率	单一税率表	黑格-西蒙斯概念
边际税率	婚姻补贴	婚姻税
最低税	贴现值	标准扣除
应税所得	税收抵免	

22.6.3 练习题

1. 下面列举的每一项税法规定，是激励、横向公平、纵向公平、管理还是特殊利益集团能予以最佳解释？（1）抵押贷款利息扣除；（2）意外伤害损失扣除；（3）医疗费用扣除；（4）慈善捐赠扣除；（5）儿童看护税收抵免；（6）缴纳给外国政府的税收抵免；（7）学费税收抵免/扣除。哪些规定是为了应对市场失灵？请比较这种应对措施（利用税收制度）和其他应对措施（比如政府直接支出）。

2. 请讨论对于医疗费用、慈善捐赠和儿童看护费用采取税收抵免而非扣除的正反理由。

3. 如果请你起草关于业务费用扣除的规定，你将如何处理下列项目？为什么？请讨论其他可能的规定所造成的不公平和低效率。（1）保住现有工作所需的教育费用；（2）为获得一份更好的工作而发生的教育费用；（3）因雇主调整工作而产生的搬家费用；（4）因找到一份新工作而产生的搬家费用；（5）参加商务活动才穿的正装；（6）商务午餐费用超过 25 美元；（7）昂贵的轿车；（8）通勤费用；（9）销售代表的出差车费；（10）食堂午餐补贴。

4. 根据旧税法，科学家获得诺贝尔奖（或类似奖项）的奖金不纳税。然而，现在该奖金要纳税。你认为哪种待遇是适当的？根据新旧税法，彩票中奖者得到的奖金（以及赌博收入）要纳税，但损失不得扣除。这公平吗？这会造成怎样的扭曲？

5. 以一位离婚人士为例，他的年收入是 26 000 美元，有两个孩子，要支付 4 800 美元的儿童看护费用、2 000 美元的抵押贷款利息和 4 500 美元的医疗费用。有超过收入 7.5%的医疗费用可以扣除。当收入是 26 000 美元时，他得到 22%的儿童看护费用抵免；当收入是 28 001 美元时，这项抵免只有 20%。此人的基本边际税率是 15%。请问他的实际边际税率是多少？

6. 请解释为什么联邦学费税收抵免可能会导致各州提高学费。目前，许多州的州立社区大学的学费都在 2 500 美元（这正是联邦抵免额）以下。请问在这些州可能会发生什么情况？

7. 在关于学费税收抵免的争论中，一名政府经济学家指出，在已为学生提供了奖学金的佐治亚州，有了这种抵免后学费并没有增加。同样都是针对州立大学，为什么联邦学费税收抵免/扣除与州学费税收抵免/扣除会有不同的影响？

第 23 章

公司所得税

重点问题

1. 公司税到底对什么征税？谁来承担税收？是股东、工人还是消费者？
2. 公司税如何影响经济效率？
3. 公司税如何影响财务决策——债务、股息和兼并？
4. 是否应该对公司征税？

公司所得税一直备受争议，有些人（例如巴拉克·奥巴马在 2008 年总统竞选期间）辩称，公司正在逃避其公平的税收份额，而另一些人［如约翰·麦凯恩（John McCain）在同台竞选总统期间］则呼吁削减公司税。甚至还有关于谁实际支付了公司所得税（公司所得税的归宿）的争议；正如我们将要看到的，许多经济学家都认为，这种税实际上大部分是由消费者和工人承担的，而不是由公司的所有者承担的。事实上，这种税之所以如此备受争议，其原因之一就在于对有关谁承担了这种税一直争执不下。经济学家在一件事上达成了共识（其他人也不太理解），那就是公司没有承担公司所得税。人——股东、消费者、工人和管理者可能承担了此税。问题是，到底是哪些人？

近 30 年来，公司所得税作为联邦政府收入的来源之一，其重要性在下降，其平均有效税率和占联邦政府收入总额的比重在 1983 年后短暂上升。尽管在此后的大部分时间里，公司所得税的收入比重一直稳定在 10%和 12%之间，但其有效税率从 1986 年的 34%持续大幅下降到 2010 年的 18%（见图 23.1）。

但这些数字并不能完全说明发生了什么。有效税率是税额与报告利润（reported profits）的比率。公司在冲抵报告利润方面很有一套。公司税收入总额的变化在有关公司税的经济影响变化方面可能传递不出多少信息。公司税对投资的配置和总水平造成严重扭曲。这种扭曲的性质和大小在某种程度上与公司税的具体规定有关，诸如对利息支付和股息的不同税收待遇以及折旧计提等。

本章首先描述美国的公司所得税，然后分析这种税的各种解释——这种税由不同群体负担的各种理论。这里的分析不仅包括公司所得税如何影响经济效率，还包括如何影响财务决策。本章最后讨论了一个最根本的问题：是否应该对公司征税？

23.1 公司所得税的基本特征

公司所得税只适用于公司制企业（incorporated businesses）。公司制企业与非公司制企业的本质区别在于投资者对公司债务的责任。公司的责任有限，也就是说，投资者只会

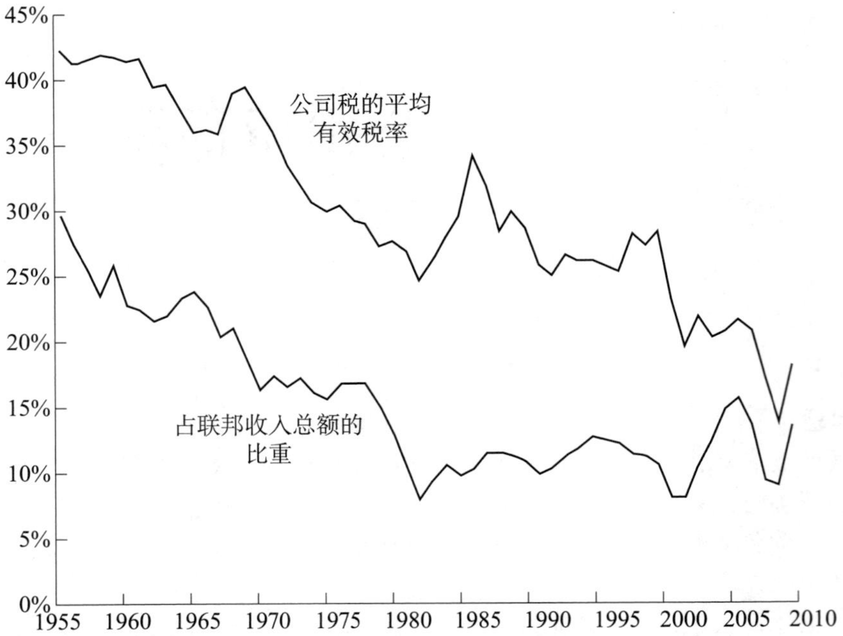

图 23.1　联邦公司所得税：有效税率和占联邦收入总额的比重

从 1955 年到 1982 年，公司所得税的平均有效税率和占联邦收入总额的比重稳步下降。尽管从此以后比重稳定下来，但平均有效税率仍在急剧下降，而且这两个数字仍大大低于 1955 年至 1970 年间的水平。

资料来源：U. S. Department of Commerce，Bureau of Economic Analysis，*National Income and Product Accounts*，*1929－2011*，Tables 3.2，6.17B，6.17C，6.17D.

损失他们投进企业的钱。相反，如果非公司制企业有无法偿还的债务，债权人可以设法从所有者那里追回损失。由于公司组织形式向投资者提供了保护，故美国几乎所有的大企业都是公司制的。最近，有限责任合伙制（limited liability partnerships）使一些组织得益于有限责任，这些组织除了不用缴纳公司所得税外，基本上就像公司一样。在合伙制情况下，利润无论是否分配，都按其合伙“股份”归属于所有者。

公司税实质上是一种单一税率税，目前大多数公司的税率为 35%。不过，如表 23.1 所示，应税所得低于 1 830 万美元的公司，平均税率略低，这是对小公司的一种优惠。公司税的**税基**（tax base）是公司的应税所得。一般来说，应税所得在税法中被定义为毛收入减去工资支出、材料支出、利息支付以及折旧计提，但不能扣除股息支付。因此，当美国国会像 1981 年那样通过立法允许更慷慨的折旧计提时，公司应税所得减少了，公司税也就减少了。

表 23.1　公司应税所得的边际税率和平均税率

应税所得（美元）	边际税率（%）	平均税率（%）
0～50 000	15	15
50 000～75 000	25	15～18.3
75 000～100 000	34	18.3～22.25
100 000～335 000	39	22.25～34
335 000～10 000 000	34	34
10 000 000～15 000 000	35	34～34.3
15 000 000～18 333 333	38	34.3～35
18 333 333 以上	35	35

与个人所得税一样，在计算出应纳税额后，企业上缴的税额因税收抵免而减少。在1986年取消税收抵免之前，最重要的公司税收抵免是对新投资的抵免。企业仍然可以对其一部分研发费用和向外国政府缴纳的大部分税款进行抵免。

表23.1给出了美国国内收入署正式税率表所列的公司法定税率。不过，公司实际缴纳的税要少得多。尽管美国的名义公司所得税率比其他许多国家都要高，但有效税率（即纳税额与公司利润的比率）比较低，因为企业掌握了避税技巧。美国的法定边际税率为39.2%，远高于经合组织其他成员的平均水平25.5%，但有效税率的差距要小得多，其中美国为27.1%，经合组织其他成员平均为23.3%。同样，与全球15个最大国家相比，这些国家的法定税率为29.8%，比美国的法定税率低10个百分点左右，但有效税率仅比美国低2个百分点左右，为25.3%。① 事实上，由于税收漏洞和海外利润转移，美国的公司税收入占GDP的比率还不到发达工业国家平均水平的一半。

这在一定程度上是因为美国的公司，特别是跨国公司，在避税方面表现出色。例如，通用电气（General Electric，GE）常常因其良好的管理和创新而赢得赞誉，但一直被质疑的一个“创新领域”是其避税技巧——多年来，该公司已经成功地缴纳了零税款。在2008年至2012年间，每年盈利的288家《财富》500强企业中，通用电气和其他25家公司在5年间没有缴纳联邦所得税，111家公司在这5年中至少有一年没有缴纳联邦所得税。②这为一系列重要的改革提供了基础：要是消除了税法漏洞和特殊条款，就可以在降低税率的同时筹措更多的资金。

在接下来的讨论中，我们将看到公司所得税的影响取决于税法的几个特征——利息支付可扣除，而股息支付不能扣除；折旧计提通常比真实经济折旧更慷慨；政府对利润征税，但对亏损没有相应的对称待遇③，而且对个人所得和公司所得课征不同的税率。我们还将看到，公司税的影响超出了投资于公司企业是否比投资于非公司企业更有利这一问题，已经扩展到了生产的组织方式、投资的种类以及投资的融资方式。

23.2 公司所得税的归宿及其对效率的影响

关于公司所得税的影响，有几种不同的观点。这种税之所以很流行，部分原因在于其归宿不清楚。政客们喜欢给选民留下这样的印象，即公司税是由别人缴纳的。然而，现实是，家庭、工人、消费者、管理者和投资者都要付税，就像他们付任何其他税一样。问题是这种税负是如何在这些群体中分配的。例如，在一些看似合理的情况下，公司所得税实际上是由工人、消费者和管理者承担的，根本不是由投资者承担的；在其他情况下，公司所得税不仅由公司的投资者承担，也由所有投资者承担。

---

① J. G. Gravelle，*International Corporate Tax Rate Comparisons and Policy Implications*，Congressional Research Service Report R41743，December 28，2012.

② Robert S. McIntyre，Matthew Garner，and Richard Phillips，*The Sorry State of Corporate Taxes*：*What Fortune 500 Firms Pay*（*or Don't Pay*）*in the USA and What They Pay Abroad—2008 to 2012*（Washington，DC：Citizens for Tax Justice and Institute on Taxation and Economic Policy，February 2014）.

③ 也就是说，政府就像一个分享利润但不分担亏损的隐匿合伙者。政府确实允许企业在一定年限内结转亏损。然而，由于这些好处在未来某个时间才能获得，所以意义不大。比如，今年亏损的100美元可抵消明年的利润，如果企业支付的利率为15%，那么这100美元只值85美元，如果该企业不得不等上两年，那么这100美元只值70美元。

□ 23.2.1 对公司部门的资本所得课征的公司所得税

公司所得税的最早观点之一，也是最普遍的一种观点，就是对公司部门的资本收益征税。由于工资支付和其他投入的购买支出可扣除，剩下的就是利润和资本收益。在完全竞争的经济中，可能不会有纯利润，所以公司所得税就是对资本收益征税。

例如，假设企业没有通过借款为其投资筹资（或者利息不能扣除）。公司所得税降低了公司部门的税后资本收益率。这是短期效应。不过，通常情况下，正如我们在第 18 章中所看到的那样，事情并未就此止步。当时任教于芝加哥大学、现任教于加州大学洛杉矶分校的阿诺德·哈伯格（Arnold Harberger），设计了一个巧妙的模型——假设资本的总供给是固定的，但资本在公司部门和非公司部门之间是完全流动的——描述了长期效应。随着公司部门的资本收益率降低，资本从该部门转移到非公司部门。公司部门的企业用劳动替代资本，因此劳动力从非公司部门转移到公司部门。公司部门的产品变得更加昂贵（因此，公司所得税如同增加了生产成本）。在完全达到了均衡状态后，公司部门和非公司部门的税后资本收益率是相同的：因此，要是资本承担了成本，所有部门的人都要相应承担一些成本。消费者因价格上升而承担一些成本，工人也要承担一些成本：例如，如果公司部门比非公司部门的劳动密集度高得多，那么对公司部门产出的需求减少就会减少对劳动的总体需求；如果非公司部门的资本很容易替代劳动，那么这种效应就会得到强化，因为随着资本成本的下降，该部门的企业会用资本替代劳动。尽管消费者、资本所有者和工人分担这种税负的确切方式非常复杂地取决于需求弹性、替代弹性（衡量了资本替代劳动的难易程度）以及两部门的劳动密集程度，但基本点不变，那就是长期效应与短期效应可能明显不同。

斯坦福大学的约翰·肖文（John Shoven）通过对目前的均衡状况与没有对资本收益课征扭曲性公司税的情况进行比较，明确解释了公司税的中期效应。他估计，公司所得税造成的无谓损失大约是公司所得税收入的 12%。

肖文还估计了公司税的负担从资本所有者转移到消费者和工人的程度。资本所有者承担的份额用资本所得的变化占公司税收入总额比重来衡量。如果超过 100%，那么资本所得的减少程度就不止公司税那么多。相对而言，公司部门是资本密集型的（也就是说，劳均资本要比非公司部门高得多）。因此，需求向非公司部门转移间接地减少了资本需求，从而降低了资本收益率。非公司部门的替代弹性越小，资本收益率的降低幅度就越大，以吸收因需求构成变化而释放出来的所有资本。这就解释了为什么肖文在非公司部门的替代弹性相对于公司部门的替代弹性很低且消费者需求弹性较低的情况下计算出资本承担了 162%的公司税负担。

如果不知道需求弹性和替代弹性的确切值，我们甚至无法判断资本承担的公司税负担是高于 100%还是低于 100%。难怪关于公司税到底是对资本征税还是对消费者征税一直达不成共识。不过，税法的细节很重要，像有关折旧计提和利息扣除的规定就意味着公司激励措施产生的结果可能与计算结果有很大出入。

□ 23.2.2 从长期来看的公司税转嫁

哈伯格模型在分析税收的一般均衡效应方面一直很重要，该模型强调：对某一部门的资本征税会对整个经济产生影响；在资本完全流动的情况下，这种税的负担必须由两个部门的资本平摊；在资本承担的税收负担份额超过100%的情况下，一般均衡归宿可能与直接影响迥然不同。

可是，哈伯格模型在两个方面遭到了广泛批评。第一，该模型的假设——资本存量是固定的但资本在部门间可完全转移，似乎很怪异。相反，如果假设资本存量本身是可变的，则会出现完全不同的（有时是更简单的）结果。以一个小国为例，在国际利率为 r^* 的情况下面临具有完全弹性的资本供给[①]，税后收益率不受这种税的影响。因此：（1）这种税增加了公司部门的生产成本；（2）因而生产转移到非公司部门；（3）在这种情况下，劳动需求是减少还是增加，部分取决于非公司部门的劳动密集程度比公司部门低还是高。因此，资本所有者不承担任何税收，公司部门所生产产品的消费者总是承担部分税收，工人可能会也可能不会受到不利影响。

第二种批评更难以处理。这在于公司税本身不完全是对资本收益征税。利息是可以扣除的，而且通常还有加速折旧计提。显然，更加优惠的税收规定，诸如加速折旧，降低了资本的使用成本，从而鼓励了资本的使用。下面的内容推导出了一些税后资本使用成本[可顺理成章地称为资本使用者成本（user cost of capital）]的详细公式，说明了各种税收规定如何影响资本的使用成本。不仅有效税率往往明显低于官方税率，而且在一些看似合理的假设条件下，从边际角度来说，资本实际上还得到了补贴。

资本使用者成本 在公司部门，资本的有效税率的大小取决于税法的若干规定，比如有关投资税收抵免、折旧计提和债务融资（可扣除）的投资比例等规定。

假设一台机器的成本是 p。如果一家企业租用这台机器，租期一年，在竞争性市场中，这台机器的所有者会收取利息 rp（r 是利率）和折旧费 δp（δ 是这台机器因老化而价值减少的百分比）。（回想一下第21章有关折旧的讨论：随着机器的老化，机器因磨损和过时而变得不那么有价值；δ 就包含了这两种效应。）[②] 如果 R 是这台机器的收益，只要

$$R > (r+\delta)p$$

这家企业就会租用这台机器。按税率 t 对该公司征税的影响，取决于什么是可扣除的。如果该公司真的租了这台机器，那么全部租赁价格就可以扣除。如果租金和折旧费 $(r+\delta)p$ 保持不变，那么上述不等式两边可同时乘以 $(1-t)$。税收不会造成任何扭曲，因为如果 $R>(r+\delta)p$，该企业仍然会租用这台机器，就像没有税收一样。

现在，假设该企业自己购买机器，通常情况都是如此。企业借款购买机器的利息是可扣除的。假定借款融资的比例是 α（就建筑而言，企业的借款常常占建筑成本的80%以上；就机器而言，企业的借款常常只占机器成本的三分之一），那么利息扣除额是 αrp。

真实经济折旧额是 δp。不过，我们在第21章指出，通常情况下，企业可享有更加慷慨的折旧计提。1981年的税法规定了大幅度的加速折旧，尽管这些规定在1986年有所缩减，但折旧率仍然高于真实经济折旧率。令 β 为加速程度，即折旧的税收扣除额是 $\beta\delta p$（$\beta>1$）。

最后，假设政府不时会提供投资税收抵免。如果一台机器花费1亿美元，5%的投资税收抵免意味着企业的纳税额减少了500万美元。这如同政府支付了5%的成本，或价格下降了5%。令 c 表示税收抵免率，它实际上降低了价格。这样一来，年度税后资本成本现在是：

---

① 如果国内的储蓄供给弹性很高，也会得到类似的结果。

② 价格的变化有时会使机器产生资本利得，在这种情况下，这也会反映在租赁价格上。

$$(r+\delta)p(1-c)-t(\alpha r+\beta\delta)p(1-c)=(r+\delta)p(1-t)-p\{c[r(1-\alpha t)+\delta(c-\beta t)]$$
$$-t[(1-\alpha)r+(1-\beta)\delta]\}$$

第一项是考虑了投资税收抵免之后的年度成本，第二项是各种扣除的价值。

回想一下，征税之后，这台机器的收益为 $R(1-t)$。如果成本乘以同一因子，那么税收对企业决定是否购买机器没有影响。可是，上述表达式大于还是小于总成本乘以 $1-t$，则取决于大括号中的项是负的还是正的。如果投资全部通过债务融资（$\alpha=1$），没有加速折旧（$\beta=1$），没有投资税收抵免（$c=0$），则资本成本与资本收益的减少量完全相同，不存在扭曲。如今没有投资税收抵免。对于企业决策来说，重要的是边际资本使用者成本，因为如果不是大多数企业也有许多企业通过债务为边际投资融资（$\alpha=1$）。因此，从边际角度来说，税法鼓励了投资。对于长期资产来说，加速折旧的好处通常更大。公司所得税可能导致长期资产投资过度，同时导致短期资产投资不足。

资本使用者成本

- 税收制度影响企业使用资本的成本。
- 在加速折旧和利息支付可全额扣除的情况下，相对于无税情况，投资实际上可能会受到鼓励。
- 股权融资的资产投资和加速折旧好处有限的资产（例如短期资产）投资可能会受到抑制。

□ 23.2.3 无信贷约束企业的公司税

前面的分析把企业的债务股本比（debt-to-equity ratio）看作固定的，也就是说，它只能有一定比例（α）的投资用债务来融资。事实上，企业面临的重要决策之一就是如何为其所期望的新投资筹措资金；对于大多数企业来说，借款是一种选择。那么，利息支付可扣除对这类决策会产生什么影响？为了回答这个问题，我们假设折旧计提正确反映了老化厂房和设备的价值下降，从而分离出利息支付可扣除的影响。

如果没有加速折旧，也没有投资税收抵免，而且一家企业的全部投资都用债务来融资，那么就没有扭曲。收益减少了 $1-t$，但资本成本也相应减少。在经济决策中，重要的是从边际角度来看收益和成本如何受到影响。从边际角度看，在运转良好的资本市场中，企业可以选择通过借款为额外投资筹措资金。如果这些企业这么做，那么它们的边际成本和收益都会减少 $1-t$。因此，投资决策不受公司税的影响。以一种最简单的情况为例，即资产的寿命无限（没有折旧）。如果企业借款购买一种资产，花费 p 美元，其税前成本是 rp，但税后成本是 $r(1-t)p$。当企业自问，从边际角度看，多借一点钱以便多投资一点，这是否值得，它的答案在征税前后都是一样的。[①] 因此，根据标准的企业理论（有时称为新古典理论），从边际角度说，当企业没有面临信贷约束时，可以认为它靠借款为投资融资，而在边际投资由债务融资且债务可扣除的情况下，公司所得税不会对投资造成扭曲。

在实践中，从边际角度讲，投资的大部分（即便不是绝大部分）都是由债务融资的。实际上，许多新增投资是通过债务筹资的。通常情况下，企业首先用留存收益（利润减去

① 同样，一家有未偿债务的企业目前没有在市场上借款，但正在进行一些投资，它可能会问自己：减少投资并用省下来的资金偿还一部分未偿债务是否值得。

分配的股息）为投资提供资金，剩余的投资才通过债务融资。

□ 23.2.4 有信贷约束企业的公司所得税归宿

正如我们所指出的那样，本章前面提出的模型假设，从边际角度来看，投资的融资方式与平常一样。我们刚刚看到，如果企业没有信贷约束，从边际角度来看，投资可以被认为是通过借款融资的，在这种情况下没有扭曲。

然而，许多企业，尤其是规模较小的企业，都面临信贷约束。在这种情况下，公司税的影响可能明显不同。如果企业既不能借款也不能发行股票，且把其所有留存收益都用于投资，那么税收就会减少可用于投资的资金，从而减少了投资。请注意，在这种情况下，公司所得税的影响取决于可用于投资的资金总量的减少程度，也就是说，这完全取决于平均税率而非边际税率，就像之前的分析那样。

企业通常有生命周期。新建企业通过出售股份筹集资金；这常常是这些企业能够获得资金的唯一来源——银行觉得发放长期贷款风险太大，而且这些企业的规模太小，无法发行长期债券。企业不愿意依靠短期贷款来进行长期投资。企业初创者通常以股权形式（不是工资支付形式）获得回报。因此，对利息支付免税的公司所得税，实际上可以看作对这些新的、面临信贷约束的、创业型企业的征税；这会对无法通过借额外资金来融资的新企业的投资产生不利影响。①

如果这种观点是正确的，那么，公司所得税的长期影响就不主要体现于公司部门和非公司部门之间的资源重新配置，而是与公司部门的创新程度和技术进步率有关。这些影响的大小取决于创业和风险承担的供给弹性。正是这些担忧导致了克林顿总统在 1993 年的税收法案规定对新企业的长期资本利得予以优惠待遇，至今仍然有效。

这一分析②表明，公司所得税的影响关键取决于该税种的一些具体特征（诸如利息的可扣除性）和公司的状况（公司是否面临信贷约束）。③ 有关公司所得税影响的许多实证研究简单地假设公司所得税增加了企业的边际资本成本（企业多投资 1 美元所付出的成本），增加的成本等于每单位资本的平均纳税额。也就是说，这些实证研究假设资本的边际成本和平均成本是一样的。我们已经看到，如果企业可以通过借款为其边际投资融资（且如果折旧计提等于真实经济折旧），那么公司所得税可能不会造成边际扭曲，资本的边际成本与平均成本可能会明显不同。不管人们是否认为资本的边际成本等于（或者小于）借贷资金的边际成本，都没有理由假设资本的边际成本和平均成本是相同的。

---

① 此外，我们在第 21 章曾指出，不完全的风险分担（亏损抵消的限制规定）抑制了风险承担，这对于这些新企业尤为重要。

② 关于公司所得税的影响，斯蒂格利茨（Stiglitz）提出了不同观点：J. E. Stiglitz，“Taxation，Corporate Financial Policy，and the Cost of Capital，” *Journal of Public Economics* 2（February 1973）：1－34；and “The Corporation Income Tax，” *Journal of Public Economics* 5（April-May 1976）：303－311。

③ 从这个角度来看，企业是真的无法借款还是不得不支付过高的边际利率，几乎没有什么区别。最近有大量文献表明信贷配给（credit rationing）盛行，并为其存在提供了理论依据。请参阅 J. E. Stiglitz and A. Weiss，“Credit Rationing in Markets with Imperfect Information，” *American Economic Review* 71，no. 3（June 1981）：393－410；另见 T. Hellman and J. Stiglitz，“A Unifying Theory of Credit and Equity Rationing in Markets with Adverse Selection，” *European Economic Review* 44，no. 2（February 2000）：281－304；G. Hubbard，ed.，*Asymmetric Information，Corporate Finance，and Investment*，A National Bureau of Economic Research Project Report（Chicago and London：University of Chicago Press，1990）；and J. Edwards et al.，eds.，*Recent Developments in Corporate Finance*（New York and Melbourne：Cambridge University Press，1986）。

有无信贷约束的公司所得税

- 从边际角度来看，如果企业可以靠借款来为投资融资，那么在真实经济折旧情况下，公司所得税不会扭曲投资。
- 实际上，公司税可以视为对面临信贷约束的企业（诸如不能轻易借到资金的新企业）征税。
- 在这些情况下，扭曲可能与平均税率而非边际税率的关系更为密切。

□ 23.2.5 对垄断利润课征的公司税

只要有垄断，就会有垄断利润。纯利润，有时被称为超额利润，是用总收入减去总成本，包括资本的正常收益。（在长期均衡状态下，有竞争，且规模收益不变，不存在纯利润。）对纯垄断利润征税产生的那部分公司所得税，实际上是对垄断者课征的一次总付税。其原因很简单。垄断者使其利润（π）最大化。如果对其利润按税率 t 征税，那么其税后利润为 $(1-t)\pi$。但不管垄断者怎样做，使 π 最大化的行为与使 $(1-t)\pi$ 最大化的行为完全一样。

在垄断或竞争情况下，公司所得税（每筹措 1 美元）的扭曲效应是否很大尚不确定。一方面，倘若这种税部分是纯利润税，它不会产生扭曲。另一方面，倘若这种税是一种消费税（对公司部门生产的产品征税），且由于垄断，公司部门的生产已经低于社会最优水平，那么这种税就会造成比较大的扭曲。[①]

如果某种产品是由垄断者生产的，那么其价格的上涨幅度可能高于单位税额。正如我们在第 18 章所看到的那样，在垄断情况下，需求曲线具有不变弹性（也就是说，不管产量水平如何，价格变化 1%，需求也变化 1%），价格就是边际生产成本的固定加成（包括税收）。如果加成率是 20%，那么，如果边际成本因课征公司税而增加 1 美元，价格就会上涨 1.20 美元。

因此，如果公司部门由许多行业组成，且每个行业都由垄断者控制，那么大部分公司税都会转嫁给消费者，而且价格上涨幅度大于缴纳给政府的税额。

□ 23.2.6 管理层企业：另一种视角

为了预测公司所得税会对企业产生怎样的影响以及企业会做出怎样的反应，我们需要构建一个企业行为模型。也就是说，我们需要对企业的行为及其想要实现的目标做出假设。到目前为止的分析一直假设企业要实现税后收益最大化。企业行为的许多方面似乎难以与这种观点一致。例如，稍后我们将说明企业不应支付股息；（从税收的角度来看）还有更好的方式把资金从公司部门分配给家庭部门。企业不断地尽可能分配其收益，这一现象被称为“股息悖论”（dividend paradox）。企业的股息政策并不是企业行为中唯一令人费解的方面。

---

① 我们在第 19 章曾指出，税收造成的无谓损失与税率的平方成正比。垄断的影响类似于税收的影响。的确，如果需求曲线的弹性不变，比如说为 2，则垄断对产量和消费价格的影响与对竞争行业的产量课征 50% 的税有同样的影响。因此，对垄断产量课征 10% 的税所增加的无谓损失，与对竞争行业征税从 50% 提高到 70% 所增加的无谓损失相当（考虑到当不变弹性需求曲线的弹性为 2 时，垄断价格的上涨幅度是单位税额的 2 倍）。这远远大于对竞争行业的产量征税从 0% 提高到 10% 所增加的无谓损失。

加速折旧则是另一种“税收悖论”（tax paradox）。政府时常让企业和个人以更快的速度对其资产进行折旧。同样，名义折旧计提总额（等于机器成本减去其残值，如果有残值的话）并不受影响。但是，在资产的早期，更快的折旧减少了报告收入，从而减少了纳税额。所有企业都应该抓住这个机会，但企业迟迟不这么做，即使企业向其股东表明采用加速折旧会降低报告收入也无济于事；的确，人们可能会想到，股东会把没有减少报告收入的报表看作良好管理的积极信号，而把报告收入减少的报表看作负面信号。

企业可以选择如何处理其存货。假设一家卖钢材的企业，以每吨 40 美元的价格购买了一批钢材，几个月后，又以每吨 100 美元的价格（因该行业的价格上涨很快）购买了一批钢材。这两批钢材都是它的备货。当企业以每吨 110 美元的价格卖掉一些钢材时，它把采购成本说成 40 美元还是 100 美元？美国国内收入署让企业自己选择，只要前后一致即可。企业可以选择总是销售最近购进的货物，称为后进先出法（last-in，first-out，LIFO），或者总是销售最先购进的货物，称为先进先出法（first-in，first-out，FIFO）。在通货膨胀时期，后进先出法明显优于先进先出法。当期的应纳税额减少了（尽管未来的应纳税额会等量增加）。但是，今天的 1 美元比明天的 1 美元更值钱，这个一般原则意味着，由于当期应纳税额减少，企业的境况会更好。然而，令人惊讶的是，企业转向后进先出法的进展非常缓慢，即使在今天，许多企业仍然采用先进先出法。

税收悖论的解释 对于这种看似非理性的现象，有两种解释。第一种解释是，企业的管理层在管理企业方面有相当大的自由裁量权，有时会以牺牲股东利益为代价追求自身利益，特别是他们可能不会采取价值最大化策略。例如，他们可能希望使企业的成长速度最大化。他们之所以这样做，或许是因为他们认为，企业规模越大，成长速度越快，他们的薪酬就越高；抑或只是因为他们喜欢企业扩张带来的刺激以及随之而来的个人名誉。按照这种观点，单靠市场规范不足以确保管理层追求利润最大化或价值最大化。追求管理层的利益而非追求利润最大化的企业被称为**管理层企业**（managerial firms）。第二种解释是，企业（或其管理层）是理性的，而股东是非理性的。股东不了解税制（或公司）的运作方式。他们可能不太关注企业转向后进先出法，但他们会看到企业当期的报告利润下降了，因而他们会认为企业的业绩不像以前那么好了。结果，企业股票的价格会下跌。由于管理层的薪酬往往部分取决于企业的市场价值，因此他们宁愿采取不能使企业应纳税额最小化的策略，也要让股东“高兴”。这两种解释可能都有一定道理。

这些企业（管理层）行为理论很重要，原因是多方面的。例如，它们对于公司税的变化对企业行为和政府收入的影响，做出了截然不同的预测。我们以一种简单的变化为例，比如允许更快地加速折旧。标准的理论可能预测投资会做出强烈反应，而财政收入会减少。可是，如果管理层担心加速折旧会使本年度的利润报表不好看，那么许多企业可能就不会利用这种税收优惠——政府收入的损失减少了，但投资刺激也降低了。

人们越来越认识到，管理者和投资者（以及企业的其他利益相关者）在利益取向上存在着差异，因此呼吁政府采取旨在更好地调整这些利益的税收政策。例如，管理者成功地让董事会（经他们操纵而当选）投票赞成其高得离谱的薪酬，这个现象导致克林顿政府提议并经国会通过，对公众持股公司高层管理人员超过 100 万美元（不是基于绩效标准）的薪酬征税。这出现了一些意想不到的后果。公司的应对措施是，向高层管理人员派发股市红利，这似乎使薪酬是以绩效为基础的。然而，这在很大程度上并不是真的以绩效为基础，因为股票市场价格的一个主要决定因素是总体宏观经济状况，比如利率以及经济是否处于繁荣期。因此，管理层因股票价格的上涨而获得奖励，而股票价格上涨根本不是他们的功劳。更糟糕的是，这会鼓励首席执行官们操纵他们向市场发布的信息，这样股市就会在短期内上涨，他们的薪酬也会上升。不到十年，基于“创造性会计”（creative accounting）的公司丑闻层出不穷。在金融部门的过度行为和随之而来的崩溃之后，这场争论又被点燃，并且扩展到讨论公司最高管理层的薪酬高低和绩效标准的性质。（据报道，美国最高管理层与普通员工的薪酬比是日本的5倍多，而且几乎比所有其他发达国家都高得多。）

公司面纱 更一般地说，基于人们能理解企业内部发生了什么这样一个假设，我们对企业行为的分析是有前提的：在选择持有股份时，比如一家企业有1 000股，持有10股，或另一家家企业有900股，持有9股，他们对此都无所谓；如果某企业减少负债1 000美元，市场就会认为企业的净资产现在增加1 000美元，其股价也会相应上涨；如果该企业用100万美元的留存收益投资，而股东持有1%的股份，就好像股东自己直接投资了10 000美元。换句话说，我们假设人们可以透过**公司面纱**（corporate veil）明白实际发生的事情。

重要的是要认识到，不需要所有投资者都对企业的储蓄和投资情况了如指掌，因为公司面纱将被刺破。我们需要的是有足够的投资者意识到，企业储蓄并投资了100万美元，其市值因股票价格如期上涨而应比以前增加100万美元。不知情的股东也许不知道企业股价上涨的原因，他们只知道股价的确上涨了。有一种理论叫作有效市场理论（efficient markets theory），认为所有信息都是有效的，并迅速地反映在股票市场价格上。这个理论一直备受争议。格罗斯曼和斯蒂格利茨（Grossman and Stiglitz，1980）指出，如果该理论是正确的，那么人们就没有任何动机去花钱获取信息，因为别人也能瞬间获得该信息；所以，市场实际上只反映不需要花钱的信息。[①] 2013年，诺贝尔经济学奖被授予了该理论的最坚定的倡导者、芝加哥大学的尤金·法玛（Eugene Fama）和该理论的最强烈的批评者之一、提出强有力的经验证据证明该理论不正确的耶鲁大学的罗伯特·希勒（Robert Shiller）。

股东是否看透公司面纱对企业行为和经济行为都有重要影响。在企业层面上，股东看透公司面纱意味着，在没有税收的情况下，他们完全不在乎企业如何融资。[②] 如果企业借入更多的钱，股东会把这些债务视为企业代表他们借的债。如果股东不喜欢这么多的债务，他们只要降低自己账户上的债务水平即可（或者他们可以购买公司债券来抵消）。如果企业用留存收益来投资，那么股东就会把这笔投资视为自己直接对企业的投资。那么，根据这种观点，在没有税收的情况下，企业是派发股息还是留存收益没有什么区别。因此，如果税收对留存收益和债务融资给予优惠待遇（正如我们马上要说明的那样），那么，这些税收因素就决定了企业的融资方式。

在经济层面上，公司面纱的性质很重要，因为这对总储蓄有影响。目前在美国，大部分私人储蓄不是直接来自个人，而是来自公司。[③] 问题是，公司储蓄增加是否会导致家庭

① Sanford J. Grossman and Joseph E. Stiglitz, “On the Impossibility of Informationally Efficient Markets,” *The American Economic Review* 70, no. 3 (June 1980): 393-408.

② 请参阅 F. Modigliani and M. H. Miller, “The Cost of Capital, Corporation Finance, and the Theory of Investment,” *American Economic Review* 48 (1958): 261-297; and J. E. Stiglitz, “On the Irrelevance of Corporation Financial Policy,” *American Economic Review* 64 (1974): 851-866。

③ 2011年，家庭储蓄（8 419亿美元）约占私人储蓄总额（28 492亿美元）的30%，而企业储蓄（20 074亿美元）则是家庭储蓄的2倍多。（资料来源：U. S. Department of Commerce, Bureau of Economic Analysis, *National Income and Product Accounts*, *1929-2011*, Table 5.1.）

储蓄下降？如果人们看透公司面纱，他们就会把公司的储蓄完全当作自己的储蓄。只要有足够的知情投资者推高股价来反映新的投资，即使不知情的投资者也表现得好像看透了公司面纱，因为他们对股价上涨带来的财富增加所做出的反应是增加当前的消费（减少储蓄）。从这个角度来看，把储蓄分为家庭储蓄和公司储蓄纯粹是我国现行税法的一种人为产物，鼓励了公司储蓄。就好像公司把所有利润都分配给了股东，然后由股东决定储蓄多少。如果公司面纱完全被刺破，那么公司税对总储蓄水平的影响要小于它的配置效应：一些现金流高但边际投资收益率低的企业，可能愿意保留资金并在企业内部投资，而如果将这些资金返还给股东，他们可能会找到收益率更高的投资机会。然而，在完全信息或近乎完全信息的情况下（在这种情况下很容易刺破公司面纱），即使这些扭曲不存在，现金流很高的企业也会寻找边际收益率最高的投资机会；它不会局限于投资于自身。

宏观证据和微观证据（即在经济层面和企业层面都有证据）表明，人们不能完全看透公司面纱。我们已经提到了公司行为中一些令人困惑的方面，似乎与人们能看透公司面纱这一假设不一致。

此外，股票价格极不稳定。许多经济学家认为，只是因为它们没有完全反映真实资本价值。更重要的是，至少从短期来看，家庭不太关注其证券市场价值的日常变化；他们并不认为这些波动会使其财富有多大变化而需要他们在消费水平上做出适当的反应。不过，从长期来看，系统性地导致公司储蓄增加的任何政策，最终都会对家庭储蓄产生一定的影响，因为这样的政策会对公司价值产生系统性影响，进而影响到股东的净资产观。

管理层企业

- 企业的经营目标可能是追求管理层的利益而非利润或价值最大化。
- 一些税收悖论（难以与利润或价值最大化相一致的行为）与管理层理论（managerial theory）相一致。这些税收悖论包括：

  股息悖论——当有其他能以低税形式把利润从公司部门分配给家庭部门的方法时，企业还支付股息。

  企业常常不利用加速折旧或其他税收优惠。
- 股东可能无法完全看透公司面纱；因此，与对企业的长期影响所做出的反应相比，他们可能对当期报告利润（当企业利用某种税收优惠时利润可能会下降）做出更大的反应。

23.3 折旧

我们在本章已经看到，税法的具体规定直接关系到税法的影响。例如，如果利息可以扣除，且企业可以通过借款为其新增投资融资，那么公司所得税的扭曲效应就可以完全消除。

有关折旧的税收规定同样重要。我们在第 21 章看到了资产的折旧计提为什么是必要的；由于资产的耗损或过时，它变得不那么有价值；这种价值的减少需要从收入中扣减。真实经济折旧代表了资产价值的真正降低。然而，由于通常很难找到这种价值下降的准确估计方法，所以政府一般允许比较慷慨的估计（也就是说，折旧计提额的贴现值高于真实经济折旧的贴现值）。标准的方法是估计资产的使用年限，例如 10 年，并允许每年扣减资产价值的 1/10。正如我们之前所指出的，这叫作直线折旧法（straight-line depreciation）。

许多国家采用更为慷慨的折旧计提方法以鼓励更多投资。实行**加速折旧**（accelerated depreciation），企业和个人可以在资产使用年限的早期计提更多的折旧。最简单的方法就是缩短使用年限，比如实际使用年限为 5 年的资产缩短为 3 年。如果一种资产价值为 100 美元，这就意味着头 3 年每年约计提折旧 33 美元（此后就没有什么可计提的了），而若采用直线折旧法，采用实际使用年限，每年的折旧计提额才为 20 美元。

加速折旧的价值可能是巨大的，如表 23.2 所示。表中，该资产的使用年限为 5 年，成本为 100 美元，而政府允许在 3 年内提完折旧。假设该资产每年有固定收益（24 美元），5 年后没有残值。假定利率为 10%。按此利率，年收益的贴现值等于其成本。表中第 1 列是真实经济折旧，第 2 列是这些折旧计提额的贴现值。第 3 列和第 4 列列示了直线折旧，而第 5 列和第 6 列列示了加速折旧的一种形式。很明显，与真实经济折旧相比，加速折旧产生的补贴相当高，超过了 10%。贴现率越高，资产的使用年限越长，加速折旧的好处就越大。在这个例子中，（资产实际使用年限下的）真实经济折旧和直线折旧之间的差额比较小，但直线折旧法的折旧计提额贴现值仍大于真实经济折旧的贴现值。

表 23.2　　真实经济折旧、直线折旧和加速折旧的比较

年限	贴现因子（10%的利率）	1 真实经济折旧	2 现值	3 直线折旧	4 现值	5 加速折旧	6 现值
1	1	16	16.00	20	20.00	33.3	33.3
2	$1/(1.10)=0.909$	18	16.36	20	18.18	33.3	30.3
3	$1/(1.10)^2=0.826$	20	16.52	20	16.52	33.3	27.6
4	$1/(1.10)^3=0.751$	22	16.52	20	15.02		
5	$1/(1.10)^4=0.683$	24	16.39	20	13.65		
			81.79		83.37		91.2

然而，令人不安的是，这种补贴量在不同资产之间差异很大。加速折旧规定通常给使用年限长的资产提供了大量补贴。其结果是，不仅某些资产比其他资产更受优待，而且使用这些受优待资产的行业以牺牲那些使用不太受优待资产的行业为代价获得好处。

缩短资产的使用年限只是政府提供的几种加速折旧方法之一。例如，美国政府还提供了另一种加速折旧法，称为双倍余额递减法（double declining balance）。以 1 月 1 日购进的使用年限为 5 年的资产为例。不是每年可计提折旧 20%，而是每年计提折旧 40%。然后，第二年按"递减的余额"（等于原值的 60%）的 40%计提折旧。因此，第二年的折旧计提是 24%。第三年按原值的 36%计提折旧 40%，即 14.4%。在剩下的两年里，采用直线折旧法计提剩余的 21.6%的价值，即每年计提折旧 10.8%。

1981 年的税法首次采用了故意与实际使用年限无关的使用年限。例如，商业建筑可以在 15 年内提完折旧。这种节税对商业建筑大有益处，导致了近 20 年的供过于求。

对设备的大幅加速折旧计提旨在重振"烟囱美国"——美国的重工业。大多数经济学家认为，没有什么特别的理由优先考虑重工业而不是其他经济部门。尽管加速折旧对这些行业来说是一笔巨大的意外之财，但事实上几乎没有证据表明这一税收规定对加速该行业的投资起了重要作用。由于担心加速折旧计提会产生高度扭曲，所以这些规定在实施了短短的 5 年之后就被废除了。

要看公司税的总体影响，就需要看将利息扣除与加速折旧放在一起的综合效应。从边际角度来看，如果企业可以通过借款为投资融资，且采用真实经济折旧法，那么我们就会看到，公司所得税是非扭曲性的。但是，如果采用加速折旧法（情况确实如此），那么就会出现过度投资。另一方面，对于受信贷约束严重的企业来说，驱动投资的不是优惠措施而是资金，而平均税率很高会导致投资不足。所以，公司所得税的最终影响是使投资从新创业的、信贷约束型企业转向老的、可轻易从信贷市场融资的企业。

23.4 个人所得税和公司所得税的综合效应

为了全面评估公司所得税的影响，我们必须了解它与个人所得税的相互作用。这反过来又要求我们更仔细地考察公司部门和家庭部门之间的关系。

23.4.1 分配资金：基本原则

我们绘制了公司部门和家庭部门之间关系的示意图，如图 23.2 所示。以股息、利息和股份回购等形式，资金从公司部门流向家庭部门；以新发债券和增发新股形式，资金从家庭部门流向公司部门。当个人相互购买股票和债券时，资金在家庭部门内部流动；当公司相互收购和兼并时，资金在公司部门内部流动。

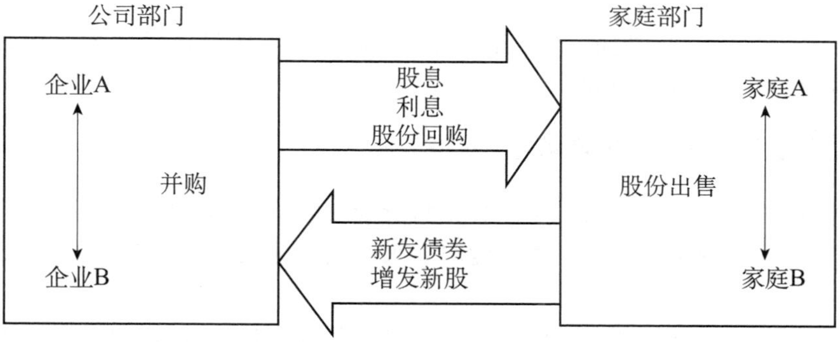

图 23.2 家庭部门与公司部门之间的资金流动和部门内部的资金流动

资金从公司部门流向家庭部门、从家庭部门流向公司部门以及在两个部门内部的流动。

税务部门对利息、股息和资本利得区别对待。在个人层面，利息和股息的课税曾经相同，但自布什总统 2003 年减税以来，合格的股息得到了优惠待遇——不是按照普通所得税率征税，而是以较低的长期资本利得税率征税。公司支付给个人的部分若是“利息”，就可以从公司所得中扣除，而若是“股息”则不能扣除。因此，以股息形式转移给个人的公司所得被征税两次：一次被征收公司税，另一次被征收个人所得税。以利息形式转移的收益只被征一次税。如果企业回购股份，则个人股东仅按其购买股票的价格与公司回购股票的价格之间的差额纳税。虽然法律上有限制，即禁止企业定期从其股东手中按比例回购股票来代替支付股息，但企业完全可以在公开市场上回购股票。[①]

---

① 请注意，如果企业从每个人手中回购 5%的股份，那么每个人持有的该企业份额将保持不变。这种交易实质上等同于现金分红。

同时还要注意，如果企业在公开市场上回购股份，股份回购的好处甚至更大。每个人都可以回售 5%的股份；个人也可以选择回售不同的数量，这意味着他的境况要好于他“被迫”回售 5%股份的境况。以较高价格购买股份的人可能更愿意出售其股份，因为这样他们的应纳税额比那些以较低价格购买股份的人要小。因此，资金从公司部门转移到家庭部门将使应纳税额比企业从每个股东手中回购 5%的股份的应纳税额要小。

美国税法并非按相同税率对所有交易征税，对从公司部门转移到家庭部门的股息（不像利息那样可以从公司所得中扣除）征税有两个基本含义：

1. 尽可能避免收入（支付利息后）从公司部门转移到家庭部门。①

2. 当收入必须转移时，以能享受资本利得待遇的形式转移。

企业留存收益（不把收入从公司部门转移到家庭部门）的动机值得关注，原因是多方面的。企业管理层必定要说服潜在投资者，让投资者相信他们具有优秀的管理才能，有良好的投资项目；在有大量资金留存在企业内部（这些资金再分配给家庭会产生很大的税收楔子）的情况下，对管理层的要求就会降低，而在对管理层的要求降低的情况下，他们无论是在资金管理方面还是在收益再投资方面都可能没那么富有成效。

□ 23.4.2 股息悖论

公司的财务处理似乎经常与上述原则不符。股息就是一个重要的例证。正如我们所指出的那样，如果可以通过减轻税负的方式（诸如股份回购）把资金从公司部门分配给家庭部门，企业为何还要支付股息（分红），这一困惑被称为**股息悖论**（dividend paradox）。②

虽然出现了各种可能的解释，但大多数解释都不是很有说服力。一种解释是，股息是企业净资产的一个"信号"。即使这可能是一个信号，但回购股份也应该是一个同样有效的信号。③

尽管许多股东是不用纳税的（因而不在乎企业是派发股息还是回购股份），但要纳税的个人股东应该更喜欢股份回购。④

□ 23.4.3 兼并、收购和股份回购

公司部门通过股份回购（而不是派息）将资金分配给家庭部门能以其他方式获得税收优惠。当一家企业用现金购买另一家企业时，被收购企业的所有者获得的收入要缴纳资本利得税。

尽管许多企业一直坚持似乎并没有使应纳税总额最小化的政策，但近几十年来，它们对税收问题的敏感度日益提高。

在《1986 年税制改革法案》之前的 10 年里，兼并、收购以及股份回购大幅增加。早

---

① 后面还会比较全面地讨论一种重要的例外情况：由于利息支付是可扣除的，企业先把钱借回来再向股东付钱可能更划算。这种财务重组虽然有些直接成本，即派发的股息要纳税，但好处是未来的公司所得税会减少。

② 斯蒂格利茨最先讨论了股息悖论：J. E. Stiglitz，"Taxation，Corporate Financial Policy，and the Cost of Capital，" *Journal of Public Economics* 2（February 1973）：1－34。随后的研究包括：J. Poterba and L. H. Summers，"Dividend Taxes，Corporate Investment，and 'Q'，" *Journal of Public Economics*（1983）：135－167；and Raj Chetty and Emmanuel Saez，"Dividend and Corporate Taxation in an Agency Model of the Firm，" *American Economic Journal*：*Economic Policy*（August 2010）：1－31。

③ 例如，有相当多的证据表明股份回购确实是一个信号；回购股份的企业发现其市值显著提高。例如，请参阅 P. Asquith and D. Mullins，"Equity Issues and Offering Dilution，" *Journal of Financial Economics* 15，no. 1－2（January/February 1986）：61－89；B. Greenwald，J. E. Stiglitz，and A. Weiss，"Informational Imperfections in the Capital Market and Macroeconomic Fluctuations，" *American Economic Review* 74，no. 2（May 1984）：194－199；S. Myer and N. Majluf，"Corporate Financing and Investment Decisions When Firms Have Information That Investors Do Not Have，" *Journal of Financial Economics* 13，no. 2（June 1984）：187－221。

④ 有些财务处理甚至比只支付股息更令人困惑。例如，当一家企业同时支付股息和发行新股时，不必要地增加了税收。如果这些资金留在公司部门，公司就可以避免股息税。即使一些股东想把股息变现，只要卖掉其股份（卖给那些愿意购买新股的人），他们的境况也会变得更好。

在20世纪70年代初，兼并、收购和股份回购的付款大约只为股息的15%，但到了1984年，这类付款就超过了股息，1985年，它们几乎比股息总额还高出50%。1985年，财政部因此而放弃的税收收入超过了250亿美元。[①] 许多经济学家认为，这些活动都是由税收引起的；公司已渐渐认识到以缴纳资本利得税的方式将资金分配给家庭部门的好处。[②]

《1986年税制改革法案》不仅通过按足额税率对资本利得征税而使资本利得的税收优惠减少，而且还废除了一些规定，以避免企业被清算时（或者被卖给另一家企业时，或者其资产被出售、收益被分配给股东时）逃避资本利得税。这些税制改革的效果似乎很明显：1980年，股份回购仅占股息的10%，到1985年就上升到57%，但是到了1990年又回落到34%。[③] 由于1993年和1997年的税法显著增加了资本利得的优惠待遇，我们又看到了股份回购的增加。不过，经过2003年税制改革之后，企业的做法又改变了，以股息取代股份回购，因为股息的税率降低超过了资本利得的税率降低。[④]

□ 23.4.4 公司税是否使企业偏向债务融资?

我们已经看到，债务是可扣除的。在没有税收以及不存在资本市场和信息不完全的情况下，企业并不计较是通过债务融资还是通过股权融资。诺贝尔经济学奖得主默顿·米勒（Merton Miller）和弗兰科·莫迪利安尼（Franco Modigliani）提出的这个基本思想，有时可用牛奶做类比进行解释：牛奶的市场价值包括奶油的价值和"脱脂"奶的价值。人们可以重新包装产品，撇去一些奶油，做成含脂2%的牛奶，但是总价值保持不变。**债务**（debt）和股权代表了包装投资收益的不同方式。股权所有者得到的是债权人的追索权得到满足之后的剩余。随着债务增加，留给股权所有者的剩余减少了，而这种剩余的变化可能很大，但公司分配给家庭的总量是一样的，因此企业的市场价值将是相同的。

税收改变了这种情况，因为以利息支付形式派发给家庭的金额可以从公司税中扣除，但是以股息形式派发给家庭的金额不能扣除。然而，与债务的这种优势相比，股权也有自己的优势：企业留存的金额（增加了企业的市场价值）得到了优惠待遇——只有当个人出售股份时才对留存收益征税且税率优惠。如果个人持股直到去世，该人就完全逃避了税收。而且，用留存收益为新投资融资，公司避免了对先向股东分配资金而可能出现的"来回"征税（即便公司设法以一种能获得有利的资本利得待遇的方式）。显然，企业少留利、多借款是否能使境况变得更好，取决于利息扣除和资本利得谁在税收上获得的好处更大。随着对公司利润、股息和资本利得课征的税率发生变化，最终结果还很难确定；总的来

① 资料来源：J. Shoven, "The Tax Consequences of Share Repurchases and Other Non-Dividend Cash Payments to Equity Owners," in *Tax Policy and the Economy*, ed. L. Summers (Cambridge and London: MIT Press, 1987): pp. 29 - 54。

② 不过，许多经济学家认为，尽管可能有税收优惠，但这些兼并和收购活动还有其他动机。请参阅 M. Jensen, "Takeovers: Their Causes and Consequences," *Journal of Economic Perspectives* 2, no. 1 (Winter 1988): 21 - 48。

③ 资料来源：U. S. Department of the Treasury, *Report of the Department of the Treasury on Integration of the Individual and the Corporate Tax Systems: Taxing Business Income Once*, January 1992。肖文和巴格韦尔报告说，在始于1977年的10年间，通过收购或股份回购，现金分配比例大幅提高，从略高于20%上升到超过58%。请参阅 L. S. Bagwell and J. B. Shoven, "Cash Distributions to Shareholders," *Journal of Economic Perspectives* (Summer 1989): 129 - 140。

④ 请参阅 J. Blouin, J. Raedy, and D. Shackelford, "Did Firms Substitute Dividends for Share Repurchases After the 2003 Reductions in Shareholder Tax Rates?" National Bureau of Economic Research Working Paper 13601, November 2007。

看，到底偏向哪种融资方式似乎并不十分明显。企业还是稍稍偏向尽可能用留存收益为大部分投资融资。事实上，这是典型的模式，只要债务股本比不太大，而且企业没有信贷约束，投资超过留存收益融资的部分才通过借款来融资。风险较高的新企业往往不得不通过发行新股来筹集所需的资金。

然而，若股权偏好非常弱，企业不值得调整融资结构（即借钱回购股份或者发放股息）。这样做会提高债务股本比，从而提高其以税收扣除方式分配总收入的比例。但是，这种融资结构调整也有税收成本：在回购股份或发放股息的过程中，会产生本来不会产生的个人所得税纳税义务；这种纳税义务通常大于利息支付扣除所节省的纳税义务（现值）。[①]

不过，处于不同个人所得税税率档次的人可能主张不同的政策。低收入者和免税组织更希望企业采取高债务策略，因为这些主体在融资结构调整时不用（或很少）多纳税，但公司节省了资金。不同的人希望企业采取不同的策略，这表明不同的企业应该有不同的客户。目前尚不清楚它们实际上到底有多大作用，或许是因为这些税收效应没有其他因素那么重要。

如果莫迪利安尼和米勒是正确的，那么企业融资方式的扭曲微不足道，但事实上，由于种种原因，企业融资方式本身确实有影响。例如，在经济衰退的情况下，高债务融资的企业可能特别容易受到破产威胁。通过鼓励高债务融资，税法会加剧经济波动。

□ 23.4.5 因某些企业没有应税所得而导致的组织形式扭曲

我们已经看到，以能得到优惠待遇的形式分配收益的愿望，可能部分地解释了股份回购、兼并和收购。税制的另一个方面——盈亏相抵的限制，可能对组织设计产生更大的影响。许多企业的利润很少，无法充分利用折旧计提，甚至一些企业还有亏损。

债务融资或过去投资的经济损失可能会使应税所得降至公司无法利用其全部折旧扣除和税收抵免的地步。

以一家有大量折旧计提（比如因为一些新资产的加速折旧）且在其他许多业务上还有亏损的企业为例。如果它的应税所得是负的，则折旧计提没有意义；当公司税已经为零时，再也无税可减了。

假定当有投资收益时，这家企业仍表现不佳。由于该收益不会被征税（企业在其他方面有亏损，冲抵了该投资的收益），税制可能不会造成任何扭曲。然而，目前经营不佳且还继续投资的大多数企业预期在未来会做得更好；这意味着，虽然企业现今不能利用折旧计提，但将来要像其他企业一样对投资收益纳税。因此，税制对目前经营不佳的企业的投资造成了很大的扭曲，强化了企业的这种弱势地位。

税收引起的兼并 对于税制造成的无效率，市场总是试图找到解决之道。一种方式是亏损企业与盈利企业合并。这被称为**税收引起的兼并**（tax-induced merger）。许多经济学家对这种兼并的长期后果感到担忧。这种兼并可能限制了经济中的竞争。更重要的是，兼并可能不是基于经济层面的考虑，诸如规模经济或企业兼并后可互为补充。管理人才可能有限，整体表现可能会下降。而且，据认为，资本主义经济的生命力就取决于有大量各种各样的企业，每个企业都有自己的优势，从而能够适应不同的情况。有些人把企业比作各种动物。就像保留一个丰富的、在各种情况下都能利用的基因库可能是有益的情形一样，经济中有多样化的企业也是可取的。从这个角度来说，应该修改鼓励兼并的税法规定（非

① 最终结果显然取决于税率。例如，如果公司所得税率远高于资本利得税率，那么通过股份回购进行的融资结构调整可能是可取的。

税收原因引起的兼并除外)。

个人所得税和公司所得税的综合效应

● 税收的影响取决于个人所得税制和公司所得税税制的相互作用。

● 债务筹资可获得公司所得税的优惠待遇，资本利得可获得个人所得税的优惠待遇。从整体上看，债务或者股权是否得到税收优惠待遇，取决于个人所处的税率档次。

● 以股息形式而非股份回购或并购形式（这种情况的资金分配会按资本利得对待）将资金从公司部门分配给家庭部门会降低总体税收。

● 即使企业因留存收益不能满足新投资的资金需要而部分靠借款来融资是划算的，但企业要调整融资结构（比如通过借款回购股份）提高其债务股本比，也不一定划算。

● 公司在整体上是否获得税收优惠待遇，取决于个人所处的税率档次以及资本利得获得优惠待遇的程度。

□ 23.4.6 公司是否得到了税收优惠待遇?

个人将拥有的企业变成公司划算吗？如果这个人成立了公司，他就可以将其所有的“利润”以工资形式支付出去，从而避免了公司所得税；或可以选择保留收益，对于留存收益，个人必须缴纳公司所得税；如果他将这些资金用于再投资，他必须要对这些投资的收益缴纳公司所得税。当他最后希望得到资金时，他要对这些分配资金纳税；如果他筹划得好，可能会成功地使这些分配资金按有利的资本利得税率纳税（如果把公司留给孩子，然后孩子把公司卖掉，就可以完全不纳税）。显然，成立公司是否划算取决于公司和个人适用的相对税率。如果一个人处于最高的35%税率档次，公司税率为35%，且如果资金留在企业内部的时间足够长，当最终被分配时获得有利的资本利得待遇，那么他可能会稍微偏向成立公司。

更一般地说，公司赚取的收入实际上面临双重征税——公司层面的征税和分配给家庭时的征税。不过，几乎没有证据表明这会对企业公司化产生明显的抑制作用。

□ 23.4.7 计算有效税率

我们已经看到，对某种资产、某个行业的投资征税的全面影响，取决于个人所得税和公司所得税的诸多特征，包括资本利得、亏损、股息和利息的税收待遇，企业是否受到信贷约束，以及企业在决策时追求的是利润最大化还是管理层的自身利益。还有一些问题我们在此没有讨论，比如财产税和州所得税，以及这些税的纳税额在个人所得税和公司所得税中如何处理。不用说，计算额外一单位投资的边际税率很不容易。不过，显而易见的是，边际有效税率通常明显不同于平均税率，也不同于法律规定的边际税率。

已有一些尝试试图将因新投资而缴纳的公司税、财产税和个人所得税的所有边际税率都考虑在内以全面计算边际有效税率。有关投资的总体边际有效税率的最深入的研究，也许是唐·富勒顿（Don Fullerton）和约兰德·亨德森（Yolanda Henderson）的研究。[①] 他

① D. Fullerton and Y. K. Henderson, “Incentive Effects of Taxes on Income from Capital: Alternative Policies in the 1980s,” in *The Legacy of Reaganomics: Prospects for Long-Term Growth*, ed. C. R. Hulten and I. V. Sawhill, (Washington, DC: The Urban Institute Press, 1984), pp. 45 - 80.

们问道：如果一个人对一种税前收益率（比如说）为10%的资产多投资1美元，在缴纳了财产税、资本利得税、公司税、股息税、利息税等之后，他的税后收益率是多少？或者说，如果这个人要获得（比如说）10%的税后收益率，所需要的税前收益率是多少？他们得出的令人惊讶的研究结果是：对于通过债务为其边际投资融资的企业，其（设备、建筑物、公用设施、存货和土地的）边际有效税率都是很大的负值，倘若按照1981年的税法，公司设备的税前收益率为－10%，而其税后收益率竟为10%。如果出于某种原因，企业无法通过债务为其边际投资融资，那么就会面临正的边际有效税率。尽管如此，资本的总体边际有效税率似乎还是低于大多数工资收入的总体边际有效税率。他们的分析还得出了另一个令人惊讶的结果：业主自住房（因"估算租金"不用缴税而常被认为受到"税收优待"）实际上比其他住房被课征的税更重。富勒顿-亨德森的研究是基于具有高度扭曲性的1981年税法；后来的税制改革，特别是1986年的税制改革，大大提高了公司部门和非业主自住房的边际有效税率。然而，这些改革并没有成功地创造一个真正公平的竞争环境。

公司税造成的扭曲

公司税扭曲了投资水平。

- 可能会导致投资不足，对于受信贷约束的企业尤其如此。
- 在实行加速折旧的情况下，通过借款为其边际投资融资的企业可能会投资过度。

公司税扭曲了投资类型。

- 鼓励长期资本品，抑制短期资本品。
- 与那些不能抵押的资产（如研发）相比，鼓励投资于能抵押的资产（债务融资更多）。
- 鼓励投资于债务股本比较高的行业（如房地产）或资产使用年限较长的行业。

公司税可能会改变融资方式。

- 最终影响取决于公司所得税和个人所得税的综合效应。
- 利息支付扣除鼓励债务融资。
- 资本利得的优惠待遇鼓励通过留存收益来融资。

公司税可能影响生产的组织形式。

- 可能不鼓励成立（责任有限）公司。
- 在目前情况下，最终影响可能很小。

与那些受信贷约束的企业相比，容易获得信贷资金的企业可能会受到优待（面临较低的资本成本）。

与没有利润的企业相比，有利润的企业可能会受到优待。

- 可能会导致租赁和税收引起的兼并。

垄断企业受到的影响可能不同于竞争市场中的企业。

23.5 作为经济政策的公司税

本章讨论的扭曲主要是公司税的非预期后果。不过，公司税也被用作一种经济政策工具。对资本征税的目的之一是促进经济稳定：在经济低迷时期鼓励投资，在经济过热时期减缓投资。这是实行投资税收抵免的最初动机。（请参见专栏23.1"1993年的增量投资税收抵免提案：一个过时的想法?”)。

虽然税率和税收抵免的变化有时被用来稳定经济，但如果它们没有得到及时调整，公司所得税可能会加剧经济波动。经济波动在很大程度上是源于中小企业投资的多变性[①]，这些企业通常难以进入资本市场，尤其是在经济低迷时期。在经济衰退时期，中小企业资金短缺，只能削减投资。公司利润税减少了中小企业可用于再投资的资金，从而加剧了投资的下滑。有些人认为，如果政府在风险分担方面更加公平——不仅在经济繁荣时期分享利润，也在经济萧条时期分担亏损，就会有助于稳定投资。根据现行税法，企业可以结转亏损（也就是说，它们可以从 2012 年的利润中扣除 2011 年的亏损)，但不能结转所支付的利息，未来的减税承诺几乎无助于它们克服当前所面临的现金流问题。

除了稳定经济之外，公司税最常见的政策运用是促进一些行业的投资（这意味着，在充分就业经济中，以牺牲其他行业的投资为代价)。例如，1981 年实行的折旧计提优惠，旨在重振美国重工业。另一个例子是对石油和天然气行业提供的特殊税收优惠。大多数经济学家认为，这些特殊规定没有经济上的理由，是特殊利益集团施加政治压力的结果。

无论是在公司制企业还是在非公司制企业，资本课税实际上都有许多特殊规定，有人估计竟有 80%的资本所得会得到某种优惠待遇。[②] 虽然这些特殊规定的倡导者声称，这些特殊规定通过鼓励特别有价值的活动有助于改善经济的表现，但在许多情况下（即使不是大多数情况下)，它们只是反映了特殊利益集团的影响。虽然考虑到全球变暖的外部性，鼓励可再生能源是有理由的，但该论点不能作为为化石燃料投资提供特殊待遇这种规定的支撑——恰恰相反，它们应该被征税；可是，它们也享受到了特殊待遇。

专栏 23.1

1993 年的增量投资税收抵免提案：一个过时的想法?

1961 年，肯尼迪总统首次提出投资税收抵免，目的是刺激当时似乎低迷的经济（失业率高达 6.7%)。直到 1981 年，它主要用作一种宏观经济工具，提供经济所需的刺激，以使经济从衰退中复苏；但在 1981 年，政府将它作为税法的一个“永久”特征推行，以鼓励投资，对长期投资实行 10%的抵免，对短期资产实行 6%的抵免。此后不久，由于对不同资产的不同待遇导致这种税收抵免的扭曲性影响变得明显起来（尽管经济学家在税收抵免实施之前就认识到了这一点)，1986 年，甚至连里根总统都主张废除这一政策。

1993 年，经济增长速度再次放缓，新当选的克林顿总统寻求低成本的经济刺激方式。一种想法就是投资税收抵免，但不是基于总投资而是基于增量投资，即企业高于过去几年投资的额外投资。长期以来，经济学家一直声称，对于投资决策（和其他决策一样）而言，重要的是边际成本，而非平均成本。通过降低投资的边际成本，增量投资税收抵免也许仅以全额投资税收抵免很小一部分的成本（因为增量投资只占总投资的一小部分)，就能对经济产生强有力的刺激。

如果企业知道要实行这种税收抵免，它可能会产生扭曲效应，因为企业为了能获得更

---

① S. Fazzari, G. Hubbard, and B. Peterson, “Investment Financing Decisions, and Tax Policy,” *American Economic Review* 78, no. 2 (May 1988): 200 - 205.

② 请参阅 E. Steuerle, “Is Income from Capital Subject to Individual Income Taxation?” *Public Finance Quarterly* (July 1982): 283 - 303; and J. Gravelle, *The Economic Effects of Taxing Capital Income* (Cambridge and London: MIT Press, 1994).

多的投资税收抵免，会在这种抵免实施之前降低投资水平。不过，由于这种抵免明显是权宜之计，而且以往年的投资为基础来衡量增量投资，因此，企业没有必要在投资策略上“赌一把”。

遗憾的是，大多数企业几乎看不到该提案有什么实惠；它们更关心的是获得金钱而不是获得激励，而整个提案的目的是在提供有力激励的同时，尽量减少转移给公司部门的资金。由于没有强有力的企业支持，这个提案在国会没有获得通过。

23.6 跨国公司课税

如今，大多数大公司都在许多国家运营。其中有一些是美国公司，如福特和通用汽车，它们在世界各地都设有子公司。对美国而言，其他公司，如丰田、雀巢和飞利浦，都是外国公司，它们不仅将产品运到美国销售，还在美国生产。此外，外国公司有很多美国股东，就像很多美国公司有许多外国股东一样。美国最大银行的最大股东是沙特阿拉伯人。一些美国公司超过50%的股份为外国人所持有。这样，所谓的“美国”公司是该公司在美国注册成立公司。这并不意味着该公司是由美国人所拥有，或甚至不意味着大部分产品都在美国生产。

实际上，生产越来越全球化，生产用的零部件来自世界各地。计算机或者汽车上标有的“美国制造”或“韩国制造”字样，可能仅仅意味着在那里组装完成罢了。在创造的“增加值”或发生的劳动总成本中，组装国当地占的比例可能相当小。

这给税务部门带来了实际问题。什么是应当征收公司税的“所得”？有一种天真的答案是：应该对属于本国经济活动的那部分所得征税。但问题是如何确定这部分所得？假定美国计算机公司（USAComputer）在美国组装计算机，所用的零部件是由它在中国香港、新加坡、中国台湾、马来西亚和韩国的工厂生产的。如果美国计算机公司从无关联的供应商那里购买这些零部件，那么计算美国的所得就容易了。我们只要从销售总额中减去本地的工资和其他生产成本以及从国外购买的所有零部件成本即可。然而，美国计算机公司拥有自己的工厂，且不出售零部件给任何其他公司，也就没有市场价格。为了计算该公司的应纳税额，就必须构建一个价格，称为转让价格（transfer price）；这是市场价格的一个估计值，该市场价格是美国计算机公司与第三方按正常（公平）交易原则（arm's-length transaction）购买零部件的价格。如果美国的公司税率高于生产零部件的国家（通常是这种情况），那么美国计算机公司就有强烈的动机设法借助高转让价格来增加海外的利润而减少国内的利润。转让价格越高，国内的利润越低。该公司可能声称，高转让价格是因为高质量，是其制造工厂工人高技能的结果。美国国内收入署可能会说，这些零部件与其他生产者生产的在公开市场上出售的廉价零部件没有什么区别。或者可能说，这些零部件的大部分价值都是美国计算机公司在美国的实验室进行研究的结果，因此，国外零部件制造商创造的增加值很小。苹果公司（Apple）或许是这种避税行为的一个令人震惊的例子，它在避税筹划方面似乎就像设计消费者看重的产品那样富有（或更富有）创意。在一种被称为“双重爱尔兰”（double Irish）的筹划中，苹果公司将大量利润转移到了爱尔兰，然后再利用爱尔兰税法中的一项规定，甚至连爱尔兰的很低的公司所得税都逃避了。应该清楚的是，即使在国内收入署比较严格的审查下，制造商也有相当大的自由裁量权，通过转让定价将利润从一个国家转移到另一个国家，而防止更多的利润转移需要国内收入署付出巨大的努力和代价。

此外，在有些情况下，公司似乎会碰到一种令其无可奈何的情况，比如日本的税务机构希望更多的收入归属于在它们国家的经济活动，认为企业使用的转让价格过低，而美国则声称该企业使用的转让价格太高。

转让定价所产生的巨大的成本和潜在的争议，导致有人主张采用一种统一税制（unitary tax system），即按一定比例对企业的全球所得征税。该比例由公式确定，而公式考虑到了在一国内的员工、资产和销售的比例。美国各州采用类似的制度征收州所得税；事实上，鉴于跨州的生产相互交织在一起，试图在美国境内采取转让定价近乎不可能。随着越来越多的生产发生在跨国企业内部，转让定价行为可能会使公司所得税的征收问题变得更加突出。

对于全球性公司来说，税收会影响它们在哪里生产、在哪里筹资以及如何筹资。美国在设计税收制度时，必须考虑其税制与其他国家税制的相互作用。例如，如果税率定得太高，企业可能会将其生产转移到国外。事实上，美国税法当中有一项特殊规定可能鼓励了海外投资，即企业在海外赚取的利润只要没有汇回国内就不用纳税。因此，如果这些企业投资于像爱尔兰这样的低税国家或地区，那么它们将利润再投资于当地就很合算，这几乎和免税的个人退休账户一样好。

专栏 23.2

外国所得和公司所得税

如何处理美国公司的海外所得问题，这个看似神秘的话题已经登上了政治议程的首位。原因在于，目前的税收规定正在鼓励就业机会转移到海外，令人担忧。

公司的所得只要没有汇回美国就不必纳税。然而，这意味着如果公司在国外获得收入，只要将其再投资到国外，就可以推迟缴税。这就像拥有一个个人退休账户，只有在这笔钱取出来时才需要纳税，在这种情况下就是公司只有将这笔钱从国外带回国时才要交税。在这种税收制度下，企业在海外（尤其是在低税地区）创造就业机会可能比在美国创造就业机会更好，即使没有税收扭曲，企业在海外创造就业机会也合算。

有三种可能的应对方法。第一种方法是对公司的全球所得征税（当然要对缴纳给其他税收管辖权的税款予以全额抵免）。尽管这很难做到，但如果能得到有效实施，就会消除在美国境外保留资金的动机。

第二种方法是征收一种“全球最低税”（global minimum tax），即公司必须根据其全球所得缴纳最低税。公司的全球最低税在全额抵免缴纳给其他税收管辖权的所得税后的差额要缴纳给美国政府。这一策略减轻了第一种方法在征管上的许多困难。

第三种方法得到大多数公司的青睐，那就是只对在美国取得的收入征税。这是许多其他国家的做法。然而，这种观点的批评者认为，美国企业希望政府能提高它们在其他国家的利益，比如保护它们的财产，利用外交手段为它们的货物打开外国市场，等等。它们既想要这些好处，但又不想为此买单。

此外，我们在正文中描述了企业如何转移资金。尽管它们的利润真的来源于（比如说）在美国进行的研究，但它们可能试图声称利润来自其他地方。在现行制度下，已经有动机把收入转移到低税地区，而在第三种方法下，情况会更糟。

23.7 是否应该有公司所得税?

人们一直都没有搞清楚公司所得税存在的理由。有些人认为，公司和个人一样，都应该纳税。然而，大多数经济学家认为这个论点不具有说服力，因为纳税的不是公司，而是人：那些为公司工作的人，那些为公司提供资金的人，以及那些购买公司产品的人。

尽管政客们经常以公司所得税具有累进效应来证明它的合理性，但这种税可能不具有显著的再分配效应。这种再分配效应很难确定，因为很难确定谁是公司所得税负担的真正承担者。这种税可以被看作对公司组织形式（有限责任）课征的一种税。难道理由是政府想要限制这种组织形式或惩罚从中获得收入的人?

□ 23.7.1 公司所得税与个人所得税的一体化

事实上，由于成立公司（法人实体）的好处太大，公司所得税不大可能成为成立公司的主要障碍。不过，对于公司所得税和个人所得税之间的相互作用所导致的公平问题和融资方式的广泛扭曲问题，人们还是有些担忧。这导致有人建议将公司所得税和个人所得税进行制度整合。一种简单的整合方式是把公司的收益归属于股东；（出于税收目的）把公司看作合伙企业一样对待，即把公司的利润记入每个股东的“账户”。这种建议充其量只是得到了公司高管和股东的冷淡反应。股东担心即使没有收到公司的支票，也会面临纳税义务。（当然，他们完全可以卖掉一些股票。）公司高管则担心他们将面临分配更多公司利润的压力，从而降低了他们的自由裁量权。事实上，公司管理层一直十分关注这些压力，甚至不支持派发的股息免税的建议。[①]

同样重要的是，多数形式的一体化会减少税收收入，而且在最近几年预算吃紧的情况下，政府官员更倾向于保留现行的、其归宿模糊不清的公司所得税制。如果要减税，政客会选择似乎能给他们带来更多政治实惠的方式，比如儿童看护费税收抵免或教育费用税收抵免。

□ 23.7.2 为什么要征收公司所得税?

公司所得税的一些批评者甚至质疑为什么要征收公司所得税。要是**公司所得税和个人所得税一体化**（integration of corporate and individual income taxes），实际上就等于没有了公司所得税。可是，在没有一体化的情况下，若没有公司所得税，保留在公司内部的资金只要没有被分配就可以避免纳税，而且后代继承公司股份则可以完全避免纳税。实际上，公司内部的资本收益也可以避免纳税。公司所得税是个人所得税制的必要组成部分。正如我们所看到的那样，只要公司所得税与个人所得税的税率相似，那么公司所得税的扭曲效应就可能是有限的。

23.8 复习和练习

□ 23.8.1 小结

1. 公司税通常被视为对公司部门的资本征税。有效税率取决于各种具体规定，包括

① 不过，执行起来存在问题。假设按某一特定日期持有的股份来课征该税，这会产生这样一种激励，即把在该日期前持有的股份卖给免税或低税的个人或机构。

折旧计提和债务融资比例。从长期来看，如果储蓄相当有弹性，或者如果资本在国际上流动，那么税收的大部分负担就落在消费者和工人身上。

2. 如果经济中的资本供给是固定的，且经济是激烈竞争的，那么公司税的作用就是将资本从公司部门转移到非公司部门，因为两部门的税后收益率必须相同。资本的税后收益的降低幅度可能比公司税本身还多。

3. 在美国现行税制下，利息支付是可扣除的。这意味着，如果边际投资可通过债务融资，那么在计提真实经济折旧情况下的公司税不会使公司的投资产生扭曲。在加速折旧情况下，公司部门的投资受到鼓励。公司税最好被看作对信贷约束型企业课征的一种税，其中包括许多新企业。

4. 没有理由认为企业新投资的融资方式与其以前投资的融资方式相同，因此税收对资本的边际成本的影响可能不同于对资本的平均成本的影响。

5. 如果公司部门是非竞争性的，则公司税部分是对垄断利润征税，从这个意义上说它是非扭曲性的。然而，公司税也可能是对公司的资本收益课征的一种税，从这个意义上说它可能会使消费者价格上涨，其上涨幅度超过公司税造成的生产成本的增加幅度。似乎有超过百分之百的转嫁。

6. 在评估公司所得税的影响时，需要同时考虑公司所得税和个人所得税的影响。边际投资的应纳税总额（公司所得税加上个人所得税）取决于投资的融资方式——是通过债务融资还是通过股权融资。税制结构可能会影响公司筹集资金的方式。

7. 当有其他能降低应纳税总额的方式把所得分配给股东时，企业依旧支付股息，这种现象称为股息悖论。这只是企业反常行为的一个例子，在这种情况下，它们似乎并不使其应纳税额最小化。

8. 不同形式的公司投资负担不同程度的公司税，从而使投资决策偏向某些受到优惠的资产或行业。

9. 许多经济学家认为，公司所得税和个人所得税应当一体化。

10. 随着跨国公司的发展，公司所得税的征管问题越来越严重，特别是在确定每个国家应该有多少收入（利润）的问题上很棘手。现有两种方法，即正常（公平交易）转让定价法和统一（税制）法。

□ 23.8.2　重要概念

加速折旧	公司面纱	债务
股息悖论	公司所得税和个人所得税一体化	
管理层企业	税基	税收引起的兼并

□ 23.8.3　练习题

1. 请讨论关于谁承担公司所得税负担的一些争议。这些意见分歧在多大程度上是有关公司税性质的假设差异所致?

2. 公司部门的产品价格上涨幅度是否有可能超过每单位产出的公司税收入? 征收公司所得税之后，公司部门的税后收益率是否会提高? 请给出任何一种情况可能发生的条件。

3. 请讨论公司所得税税率远远超过个人所得税最高税率时出现的问题。

4. 许多企业以股票期权作为其高管的薪酬，这让他们有权以固定价格购买公司的股票。当公司经营较好时，股票的价值就会增加，因此期权的价值就会上升。而且，这样获得的所得也可享受资本利得待遇。股票期权的一些批评者声称，通过将高管薪酬与股票表现挂钩，也可获得类似的激励效应，但一旦把所有税收（包括公司所得税、高管缴纳的税收、股东缴纳的税收）都考虑进来，直接支付高管的薪酬总体上看还是有利的。请对此进行讨论。（当公司直接向高管支付薪酬时，工资可以从公司所得税的应税所得中扣除；股票期权的这种“成本”不可扣除。）

5. 有人建议，应该允许企业把当年亏损的利息结转到下一年。也就是说，如果一家企业今年亏损 10 万美元，利率为 10%，那么明年可以从所得中扣除 11 万美元（假设净所得为正）。这种建议为什么是可取的？这能否完全解决想要解决的问题？

6. 为什么经济学家非常重视平均税率和边际税率之间的差异？在什么情况下这两者会有很大的不同？在什么情况下你可能特别在意平均税率是多少？

7. 如果一个人用 100 万美元投资一台只持续一定时期的机器，得到的毛收益为 120 万美元，请比较他成立公司与不成立公司所缴纳的税收。如果他成立公司，他：(1) 借给公司 100 万美元购买机器；(2) 把这笔钱作为股权投资。此外，如果他成立公司并以股权形式向公司提供资本，他：(1) 以股息形式分配净利润；(2) 设法以获得有利的资本利得待遇的方式分配利润；(3) 下一年去世，利润尚未分配，把公司（现金头寸 20 万美元）留给了他的儿子，他的儿子设法以 20 万美元的价格卖掉公司。假设他可以将全部 100 万美元作为折旧扣减，而且其利息支付是可扣除的。

8. 一个人是一家公司的唯一所有者，该公司有 100 万美元的利润，请比较其在下列两种情况下缴纳的税收的贴现值：(1) 他把这笔利润都分配给自己，然后投资于收益率为 10%的债券，该债券持有 7 年；(2) 他把这笔利润保留在公司内，然后投资于收益率为 10%的资产，7 年后他按其原值卖掉该资产，并将收益分配给自己。（为了简单起见，我们看两种情况：一种情况是他处于 40%的边际税率档次，缴纳 20%的资本利得税；另一种情况是他处于 15%的边际税率档次，缴纳 10%的资本利得税。）

第 24 章

学生的避税指南

重点问题

1. 避税的两大原理是什么？
2. 税收庇护是如何运作的？税收庇护会产生扭曲效应，谁从中受益？谁又从中受损？
3. 最近的税制改革在哪些方面影响了避税机会？

人们普遍认为，富人可以通过利用税法的漏洞避免缴纳大部分税款。尽管税法在变，但政府和税务律师之间的斗争从未间断，税务律师发现新漏洞的速度几乎和政府堵住旧漏洞的速度一样快。

从公共政策的角度来看，必须了解税收漏洞的性质，原因有二。第一，税法的总体影响不仅取决于税法的整体设计，也取决于税法的特殊规定。倘若税法漏洞提供了一种富人可以避免缴纳高税率的方法，那么，即使实行累进税制也可能收效甚微。第二，特殊规定造成的投资和储蓄格局的扭曲，可能比统一资本课税造成的储蓄和投资水平的扭曲更大。

我们这里关注的是**避税**（tax avoidance），而不是**逃税**（tax evasion）。逃税是违法的，而避税需要充分利用税法的规定来减少纳税义务。逃税包括不申报任何收入或全部收入，也就是说在报税时不填写纳税申报表或瞒报收入。避税需要遵守税法，但知道税法对不同形式的收入课征不同的税。税法允许个人“逃避”纳税或减少纳税义务的规定称为**漏洞**（loophole）。但是，对于哪些属于漏洞常常存在分歧。例如，以一项鼓励石油行业扩张的规定为例。批评者，特别是那些认为该规定毫无根据、是特殊利益集团的影响结果的人，会给该规定贴上“漏洞”的标签，因为它减少了石油行业投资者的税收；而倡导者则将此视为税收支出（tax expenditure），反映了政府有意利用税收优惠来促进这个重要行业的发展。这就像“情人眼里出西施”一样。①

1986 年，正值罗纳德·里根执政，美国的税收制度进行了实质性改革，改革的一个明确目标是要使避税更加困难。从那时起，税法的变化就引入了各种新的特殊规定。支持者声称，这些变化将鼓励教育和投资（特别是对创新型小企业的投资）；而批评者声称，这些变化不仅复活了旧的避税机会，还提供了一些新的避税机会。

① 有一些漏洞是因立法起草时出错而无意中写进税法的，其中有些漏洞在每项重要税收法案通过后的一年左右通过“技术性修正案”得到纠正。这类错误常常发生，说明了税制的复杂性——在复杂的经济中难以做出精确的法律定义。

24.1 避税原理

所得税避税有两个基本原理。第一个基本原理是延期纳税。第二个基本原理是利用不同类型所得和不同类型纳税人所得的税率差异，把所得从高税类别转移到低税类别。

□ 24.1.1 延期纳税

今天的1美元比明年的1美元要值钱。因此，如果人们可以选择，那最好推迟纳税（当然，假定税率没有提高）。延期纳税有几种主要方法。

会计技巧 会计手段可以用来推迟所得的确认。例如，推迟缴纳资产销售的资本利得税的一种方法是推迟资产转让的日期。当一个人购买一家企业（或任何其他大型资产）时，卖方通常“借给”买方部分价款，买方在几年内偿还。该资产实际是什么时候出售的，卖方何时必须缴纳资本利得税？是资产的“控制权”转移时，还是买方还清借款时？答案至少在一定程度上取决于是如何“设计”销售的。如果在收到所有资金之前不转让所有权，则后续付款可能被视为支付部分价款，而不是偿还债务。在这种情况下，卖方将能够推迟缴纳资本利得税。（这类交易称为分期付款。）

在建筑工程和国防合同中，合同完成之前的付款有时被看作对承包商的“贷款”，而不是对项目的付款。这使得收款人可以将所得税推迟到项目完成、债务还清后才缴纳。[①]根据《1986年税制改革法案》，在预计增加的公司所得税收入中，几乎有一半是由于会计准则（包括那些与建筑和国防合同有关的准则）的变化。事实上，这些会计上的好处大多都没有实现。

资本利得与延期纳税 正如我们所观察到的那样，资产的资本利得只在实现时（即资产出售时）才征税。如果一个人购买了资本性资产且资产升值了，那么只要不出售资产，他就能延期纳税。如果他想要出售部分资产，以便购买一些消费品，那么他将该资产抵押并借钱可能会更好。这种方法还有一个好处：他如果将资产出售推迟直到去世，就不用（甚至其继承人也不用）缴纳资本利得税。[②] 标准的估计表明，仅就能够推迟缴纳资本利得税而言，就使有效税率降低了25%。

□ 24.1.2 转移与税收套利

避税的第二个原理是基于这样的事实，即不同个人的收入适用不同的税率，或者不同种类的收入适用不同的税率。

收入转移 在边际税率递增的税制下，适用高边际税率的纳税人总想把收入“转移”

---

① 在这种情况下，税收优惠主要与交易双方的税率差异有关。例如，假设一家企业雇用另一家企业完成一项任务，如果第一家企业把付款作为贷款处理，它就不能进行业务扣除，而第二家企业也不能将收到的付款记为收入。如果第一家企业所处的税率档次低于第二家企业，那么通过推迟纳税，这两家企业纳税总额的贴现值就会降低；双方可以共享延期纳税的好处。如果一个人正在购房，那么他向承包商的付款不能扣除，因此延期纳税有明确的好处。这些例子说明了一个普遍原理：在评估任何特定交易安排的税收影响时，必须考虑到交易各方是如何受影响的。

② 有关规定被称为“基准价格提高”（step-up of basis）。资本利得税按资产的销售价格和购置价格（称为基准价格）的差额征税。一个人去世时，他的继承人以其获得资产当日的价格（实际获得该资产时的价格）而非被继承人购置资产时的价格作为基准价格。奇怪的是，如果父母将资产送给（不是通过继承的方式）其子女，那么“基准价格”不会“提高”，仍然是最初购置该资产时的价格。

给适用低税率的纳税人。特别是，父母将能产生收入的资产转移给子女是合算的。《1986年税制改革法案》试图通过对那些14岁以下的子女按其父母所适用的边际税率（如果税率更高）课税来限制这种转移。

关于**收入转移**（income shifting），有几点值得注意。第一，通常收入转移要有资产转让行为，这些资产包括股票、债券、房地产或父母的企业股份等。上班族父母不能要求雇主以自己孩子的名字来领取工资收入。

第二，收入转移之所以发生，只是因为边际税率随着收入的增加而提高。在单一税率税制下，边际税率是固定的（个人就其超过免征额的收入按固定税率纳税），只要家庭的免征额与家庭人数成正比，就不存在收入转移激励。因此，2001年的税法（降低了最高税率）降低了转移收入的激励，而2013年的税法（提高了最高税率）则增加了转移收入的激励。在目前最高税率为39.6%的情况下，将1 000美元从父母那里转移到15岁的孩子那里可节省396美元。①

第三，个人通过收入转移实现的节税有限。以一个个体户家庭为例，这个家庭由两个大人和两个孩子组成，该家庭的应税所得总额是220 000美元。通过将81 000美元转移给15岁的儿子，父母就可以使整个家庭的总税额减少6 679.5美元②，该数额尽管很大，但占家庭纳税总额的比例仍相当低。③

第四，政府试图限制收入转移，但只取得部分成功。我们以离婚带来的问题为例：如何处理前夫给前妻及其子女的收入？根据现行法律，离婚或分居生活费从支付者的收入中扣除，但要包括在接受者的收入中。因此，如果支付者的收入高于接受者，那么把前配偶的支付款定性为离婚或分居生活费（而不是财产分割或子女抚养费）在税收上就可能有显著的好处。

虽然家庭成员之间的收入转移是高收入家庭减少其纳税总额的一种非常明显的方法，但就税收收入流失而言，更重要的是另外两种形式的收入转移：（1）公司之间的收入转移；（2）将收入转变为能获得优惠待遇的资本利得形式。

公司收入转移 公司可以扣除折旧计提额，而且有时还有大量的投资税收抵免。但是，如果企业没有收入，折旧计提就没有任何意义。以一家需要一些汽车或卡车的亏损企业为例。如果这家企业自己购买车辆，那么折旧计提就没有意义，因为它本来就不用纳税。可是，如果另一家企业购买车辆，然后租给这家企业，那么购买车辆的企业就要扣除折旧计提。在出租人（购买车辆的企业）之间存在激烈竞争的情形下，大部分好处则由承租人（使用车辆的企业）获得；也就是说，出租人的车辆出租价格将反映这种税收减免。这个例子再一次说明了税收的一个重要的一般原理：通常很难判断谁真正获得了税收减免的好处。真正的受益者也许并不是享有扣除待遇的人。

资本利得 1997年、2001年和2003年的税法大幅降低了资本利得税的税率：对于高

① 税法中一项怪异的规定是鼓励那些拥有企业的人转移税收，即雇用自己孩子的父母不必为孩子缴纳社会保障税。尽管这项规定是出于对小企业的关注，但税收转移的好处相当大。

② 收入转移直至父母和儿子的边际税率相等为止，这会使总税额降至最低。（一旦边际税率相等，收入从一方转移到另一方就不再有什么好处了；这限制了节税额。）对于合并申报的夫妇而言，年收入超过212 300美元（2011年）时边际税率为33%。在转移给儿子的81 000美元中，8 500美元按10%课税，节省了1 915美元；26 000美元按15%课税，节省了3 380美元；46 500美元按25%课税，节省了1 384.5美元。

③ 在年收入为220 000美元的情况下，纳税总额是50 054.5美元，因此，减税额占该纳税总额的比例仅约为13%。

收入者来说，从1997年以前的28%降低到2011年的15%，而普通收入的最高税率现在是39.6%。2013年，资本利得的最高税率已提高到20%。假设一项价值100万美元的资产，预计会升值10%（不支付股息或其他收益）。在没有税收的情况下如果利率为10%，那么个人恐怕对购买这项资产不感兴趣。然而，如果个人可以借钱购买该资产，利息支付则是可以扣除的；在边际税率为39.6%的情况下，税后利息成本只有6%左右（或略高于60 000美元）。但资本利得的税率仅为20%，因此资本利得的税后值为0.8×100 000美元，即80 000美元，个人税后净赚20 000美元。同样的道理表明，个人现在购买资产是值得的，要是没有税收则个人有可能会亏损。整个利润源于接下来讨论的“税收套利”。

税收套利 套利利用的是同一种商品的价差。如果纽约的黄金价格是每盎司350美元，而苏黎世的黄金价格是每盎司375美元，两地之间的黄金运输成本是20美元，那么某人在纽约购买黄金，运到苏黎世去卖，就可以获得一定的利润。**税收套利**（tax arbitrage）需要利用不同类型的收入或不同的人所适用的不同税率。

严格来讲，“套利”一词指的是肯定有收益的情形，也就是说假设没有什么风险。尽管从理论上说税法为无风险税收套利提供了许多机会，但在实践中，大多数避税活动都会有一些风险。部分原因在于税法中的一般规定，即只为避税而进行的一系列交易不会得到税收优惠待遇。在许多情况下，人们必须证明他们“有风险”才能获得税收优惠待遇，但真正要承担的风险微乎其微。

“套利”一词也适用于不同人面临不同税率的情况，在这种情况下，设计一系列无风险交易，交易双方因其合并纳税额减少而同时受益。

当人们借钱投资于免税债券或将其存入个人退休账户时，产生了另一种形式的套利。如果一个人借钱，表面上是用于买房子，那么利息支付是可扣除的。政府不会问他是否需要借钱，只追踪钱的实际去向。银行账户里有100 000美元的人，为购买房子借100 000美元，并将多出来的钱用于购买免税债券，此人这样做是划算的。如果他购买的免税债券有4%的利息，即使他必须支付6%的利息给抵押贷款公司（如果联邦和州的合并边际税率是50%），他每年也会获得额外的1 000美元：抵押贷款利息的税后净成本只有3%，也就是3 000美元，而他在免税债券上赚取了4 000美元。

税务机关试图通过限制借款购买免税债券或存入个人退休账户来限制税收套利。然而，这种限制难以付诸实施，因为人们不是借钱购买市政债券，而是为买房子多贷些抵押贷款，几个月之后他们便有更多的现金购买免税债券。

避税原理

- 延期纳税——利用货币的时间价值。
- 税收套利——利用税收待遇和税率的差异。

专栏24.1

卖空避税

大多数券商允许客户借入股票。投资者可以在今天卖出借来的股票，然后在市场上买入相同的股票，以便还给券商。卖出借来的股票被称为卖空。如果借来的股票在卖出时与重新买入并返还时之间价格下跌，投资者就可获利。（当然，如果股价上涨，投资者可能会损失惨重。）这种卖空避税计划源于个人将财产留给继承人而享受到优惠的资本利得待遇。

卖空避税的操作原理是：假设一个富人拥有 2 000 股的微软股票，股价为 100 美元。他可以卖出 500 股，得到 50 000 美元现金，但如果买入这些股票时的价格低于目前的价格，他就要缴纳资本利得税。然而，如果他通过向一家证券公司借入 500 股并在市场上完全卖空，同时承诺去世后由其继承人把这 500 股股票还给证券公司（就像华尔街人士所说的，这些股票放在了证券公司的“箱子”里），他同样获得了 50 000 美元，但避开了资本利得税。这个有钱的家伙通过这种方式做到了鱼和熊掌兼得：他毫无风险地得到了现金，但避免纳税，就好像他去世后才卖出股票一样。

这个漏洞在 1997 年被堵上。

专栏 24.2

避税经济学

对于纳税情况复杂的人而言，往往存在灰色地带，比如在适当的税务处理方面就存在着模棱两可的问题。就拿一面墙来说，墙是建筑物结构的一部分，因此需要在建筑物的整个使用年限内折旧（商业建筑物的使用年限假设为 39 年）。但是，活动墙就像设备，通常可以像“设备”而不是建筑物那样折旧，因此可以在 10 年内折旧完毕。一面墙必须具有多大的移动性才能作为“设备”而非“建筑物”?

个人、公司及其会计师要进行风险分析：他们要对因采取“激进性”行为（即他们从自己的角度以最有利的方式解读税法）而被抓的风险与其后果进行权衡。一方面，通常情况下，只要纳税人能对自己的处境做出合理的解释，就不会受处罚，即使美国国内收入署反对纳税人的做法。因此，除了因各种麻烦要付出成本外，企业采取激进性行为是划算的。公司通常有大量的法律人员来处理税务问题；与国内收入署的“斗争”不被认为是麻烦，而被认为是做生意的一部分。

另一方面，国内收入署可以且确实对其认为不合理的行为进行处罚。会计人员在决定要费多大力气来增加客户的税收利益时往往面临微妙的平衡。合理和不合理之间的界限常常是模糊不清的。

24.2 税收庇护

减少纳税义务的投资计划被称为**税收庇护**（tax shelter）。当一种收入来源（例如石油和天然气或房地产）的税收扣除可以冲抵另一种收入来源（例如工资）时，就产生了税收庇护。

税收庇护种类繁多，但石油和天然气开采可能是最著名的。这种税收庇护的形成是因为对石油和天然气行业有许多特殊的税收优惠规定。在第 21 章，我们讨论了折旧计提。机器经过使用会越来越不值钱（机器磨损或变得陈旧），考虑到这个事实，才提供折旧计提。同样，随着石油从油井开采出来，油井就变得越来越不值钱了。作为补偿，政府提供了枯竭计提（depletion allowances）。枯竭计提额与资产价值的变化没有直接关系，而与开采出来的石油的价值有关。枯竭计提额随着时间的推移而变化，曾一度达到石油售价的 27.5%。枯竭计提额与油井价值变化之间的对应关系，甚至比机器的折旧计提额与“真实经济折旧”之间的对应关系还要弱。例如，在油井的整个寿命期内，枯竭计提额可能超过资产的购买价。此外，当出售（或出租）油井时，可以按原始购买价冲抵资本损失，无须考虑油井使用期间的枯竭计提额，仿佛政府允许对资产价值的减少进行两次扣除。

纳税人可以利用这些扣除使其他收入免遭课税。

□ 24.2.1 谁从税收庇护中受益?

以石油行业的税收庇护为例。有5个可能的受益者：“既定的”受益者，即石油行业；石油价格变得更便宜，消费者受益；地下有石油的土地所有者受益；谋划税收庇护计划的华尔街公司受益；或者被过高的交易成本完全抵消。

如果没有交易成本，第18章讲的归宿理论告诉我们，谁受益将取决于需求曲线和供给曲线的弹性。图24.1（A）说明了高弹性供给曲线的情形。这可能更适用于分析对养牛业的补贴。特殊的税收待遇可能会降低生产成本，使供给曲线右移（也就是说，市场愿意提供某一既定产出水平所需的价格下降）。由于供给曲线具有高度弹性，市场价格的下降幅度几乎等于全部补贴额：在这种情况下，主要是消费者而不是生产者从补贴中受益。然而，消费者的境况是改善了，但并不是百分之百地得到了好处。消费者得到的好处要小于补贴额，因为存在无谓损失。由于供给曲线富有弹性，所以存在较大的扭曲效应和无谓损失。

图24.1（B）显示出高度无弹性供给曲线的情形。这可能更适用于分析石油和天然气的特殊税收规定，因为石油和天然气的（长期）供给相对无弹性。消费者支付的价格保持相对不变。乍一看，该行业的境况似乎得到了改善——得到了税收优惠的全部好处。然而，由于生产石油更有吸引力，石油生产者为能租到地下有石油的土地会展开更激烈的竞争。正是这些土地（生产石油所需的无弹性要素）的所有者得到了补贴的好处。（当然，许多石油生产者也是地下有石油的土地的所有者，从这一点来讲，他们是直接受益者。）在无弹性供给曲线情况下，扭曲效应很小，但从社会角度来看，这种补贴是“浪费的”。实行生产者补贴的一般理由是维持或者扩大一个行业的规模；在无弹性供给情况下，没有供给效应，只有再分配效应。

不论在哪种情况下，我们都不会看到受补贴行业的投资收益率（从长期来看）高于正常水平。资本会源源不断流入受补贴行业，直到其收益率（考虑到补贴）与其他行业相同为止。因此，受补贴行业的资本得不到多少好处。有证据支持这些理论预测：像石油和天然气这类得到大量补贴的行业，考虑风险因素后，其收益率并不比其他行业的收益率高。

这种分析忽略了交易成本。税收筹划及其推销需要花钱。如果一些企业有专业人才来做这件事，它们会获得更多的好处，而税法使这种专业技能更富有价值。从短期来看，税收庇护的大部分好处都由这些企业获得，因为总有一些企业能更快地认识到税法所提供的全部机会。然而，从长期来看，“没有不透风的墙”，越来越多的企业学会了如何谋划税收庇护，甚至连华尔街的专业人员也挣不到钱了。实际上，税收庇护的价值被交易成本（包括税收庇护的推销成本）抵销掉了。

□ 24.2.2 中产阶级的税收庇护

虽然税法漏洞和税收庇护通常被认为可减少富人的纳税义务，但事实上，税法中有很多规定减少的是中等收入纳税人的税收。其中，最重要的有雇主提供的医疗福利（2011年估计为1 630亿美元）、抵押贷款利息扣除（2011年估计为720亿美元）以及州和地方所得税与财产税扣除（2011年估计为640亿美元）。在这些规定中，每一项都会造成经济扭曲，比如抵押贷款利息扣除导致住房支出增加，它也使个人偏向买房而不是租房，从而使个人因购房贷款和房屋净值贷款而背负债务。实行这些税收规定的动机总有些含糊不清

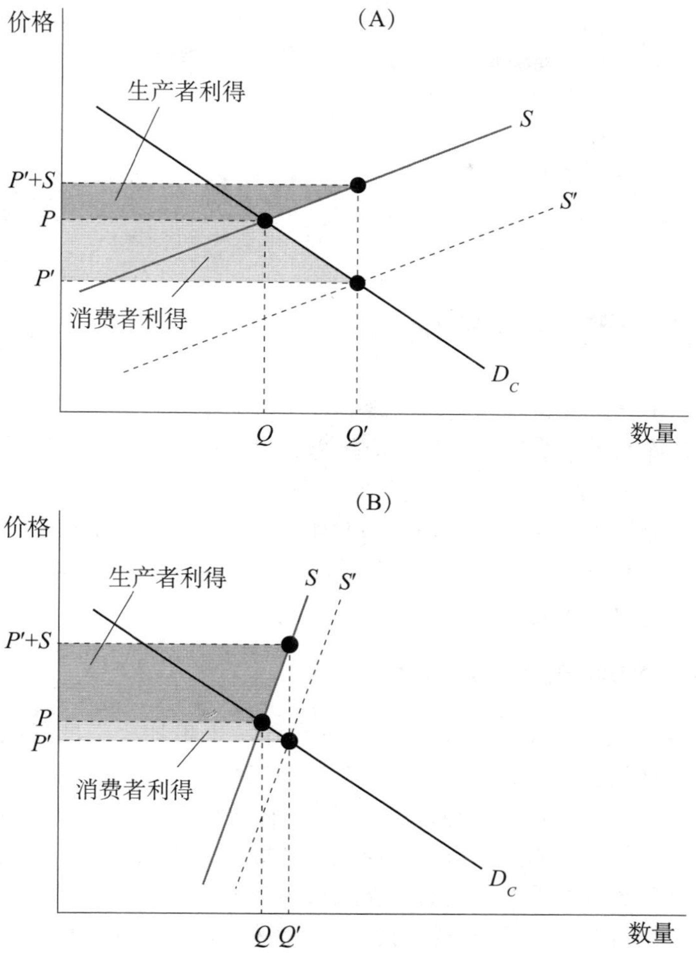

图 24.1 补贴的影响

图（A）：当供给有弹性时，供给曲线的移动（供给者的税收优惠待遇引起的）使均衡价格和均衡数量发生显著变化。该行业能够生产更多，但因价格下降，大部分好处被消费者得到。图（B）：当供给无弹性时，补贴增加导致的均衡数量和均衡价格的变化较小。由于均衡价格不会下降太多，所以，生产者能够获得补贴的大部分好处。

如果补贴的目的是增加产量，那么补贴政策在情况 A 下是成功的；如果补贴的目的是把钱转移给生产者，那么补贴政策在情况 B 下更富有成效。

之处：这些规定是主要迫于房地产行业的压力而提供有益于房地产行业的补贴（不惜牺牲其他经济部门的利益）？是迫于金融机构的压力（从而金融机构可以从出售次级抵押贷款和抵押担保证券中获利，尽管这可能会产生系统性风险）？还是鼓励居者有其屋的社会政策的一部分（相信居者有其屋有助于社会的稳定）？

谁从税收庇护中受益或受损？

当生产者获得税收优惠待遇时，产量增加的程度或价格下降的程度取决于需求曲线和供给曲线的弹性。长期供给弹性可能比短期供给弹性要大。

短期受益者：

- 针对特定行业实施（公布）优惠待遇时的要素所有者。

- 税收庇护的推销者。

长期受益者：

- 消费者（随着行业的扩张，价格下降）。

税收庇护的受损者：

- 纳税人。
- 经济——资源错配。

24.3 税制改革与避税

自 20 世纪 80 年代以来，美国已经出现过 6 次重大税制改革。1981 年的第一次税制改革，开启了各种各样的税法漏洞。市场反应热烈，税收庇护行业蓬勃兴起，也催生了税制改革的需求。虽然 1986 年的税制改革想重磅出击以减少避税，但接下来的 1993 年和 1997 年两次税制改革却提供了新的避税机会，同时明显增加了避税激励。2001 年和 2003 年的税制改革延续了 20 世纪 90 年代的趋势，甚至创造了更多的避税机会，尽管这些改革因普通收入和投资收入的税率大幅下调而降低了避税激励。

24.3.1 1986 年的税制改革

1986 年实行税制改革的主要目标之一就是设计一个更加公平的税收制度。这意味着针对税收庇护行为要采取一些措施。财政部考虑了三种方法。第一种方法是废除导致税收庇护的一些税收规定，比如对资本利得的优惠待遇以及对天然气和石油行业的特殊待遇。第二种方法是限制一种收入的损失可用来冲抵其他类型收入的程度。第三种方法是征收更有效的最低税。财政部在慎重考虑之后，在形成最初的提案时选定了第一种方法——解决问题的根源所在，并明确否定了第二种方法。不幸的是，当提交到国会进行审议时，议员们发现，尽管只要有一项变化，即对资本利得足额征税，就可以降低许多税收庇护的价值，但要直接打击那么多的税收庇护在政治上困难重重。由于国会留下了许多税法漏洞，所以它不得不转向第二种方法和第三种方法来打击税收庇护。

国会对此所采取的最重要的方式是将收入分为三类：普通（劳动）收入、投资收入和消极收入。税收庇护所产生的、个人没有发挥积极作用的收入被归类为消极收入（passive income），大部分房地产收入就是这种收入。一种类型收入的损失不能用来冲抵另一种类型的收入。因此，一项投资的利息费用可用来冲抵另一项投资的收入，但整个投资的净损失不能用来冲抵普通收入。房地产的损失也不能用来冲抵普通收入。

财政部拒绝了这种控制税收庇护的方法，原因有二。第一，税制改革的最初目标之一是简化税法。区分消极收入、投资收入和普通收入需要大量的解释、法规和法院判例，这些都不可避免地会使税法变得更加复杂。第二，人们一直顾虑的是，这些规定的效力极其有限。尽管它们限制了人们利用税法漏洞来规避工资所得课税的程度，但并未有效限制个人（特别是富人）规避资本所得课税的程度；它们增加了避税的交易成本。若产生应税收入的房地产项目与产生应税损失的房地产项目捆绑在一起，仍可以规避对房地产的课税。

24.3.2 个人最低税

1986 年的税法还试图通过征收有些严厉的最低税来减少避税行为。对个人征收的最低税是对定义比较宽的收入征收的；例如，州和地方所得税以及财产税是不能扣除的，折旧计提也不那么慷慨。允许个人处理税收庇护损失的规定甚至比在普通所得税下还要严格。替代性最低税（alternative minimum tax，AMT）的税率在1986年和1993年两度提高。如今，就合并申报的夫妇来说，“替代性最低税应税所得”（根据替代性最低税法规定义的应税所得）为175 000美元或以下的，适用税率为26%，超过这个限额的所得，适用税率为28%。不过，由于替代性最低税并没有与通货膨胀挂钩，许多只利用普通扣除额的人就要缴纳替代性最低税。《2012年美国纳税人减税法案》对替代性最低税的所得限额实行了通货膨胀指数化。

1986年的税法通过缩小正常税率和最低税率之间的差距，降低最高边际税率，限制用一种类型收入的损失去冲抵另一种类型收入的能力，对资本利得按足额税率征税等，大大降低了对税收庇护的需求，减少了避税机会。

□ 24.3.3 后来的税收法案

1993年税法的影响更加模糊。替代性最低税的税率提高了，但正常税率也提高了，对于高收入者而言，这两者之间的绝对差距扩大了；出现了新的避税方式。1997年的税法显然使情况变得更糟：出现更多的避税途径；对于所有纳税人（而不仅仅是高收入者），对资本利得课征的税率与对普通收入课征的税率之间存在差距；对于高收入者，该税率差距加大了。2001年和2003年税法的最终影响尚不清楚。虽然它们提供了更多的避税机会，但资本利得和普通收入之间的税率差距仍然保持不变，因为这两种所得的最高税率都降低了5%。2013年的税法将资本利得和普通收入的（最高）税率分别提高到20%和39.6%。

24.4 公平、效率与税制改革

本章并不想提供一份有关税法漏洞、避税手段和税收庇护的详尽清单。它们的变化太快；在某一时刻，当一些漏洞被堵上，另一些漏洞又出现了。不过，其中的原理仍是一样的。

各行各业都有强烈的动机为自己争取特殊待遇。特殊待遇通常都有些合理性。特殊待遇造成的税法漏洞，通常可以归入本章所描述的某种类型。重要的是要记住，这些税收庇护的好处通常不会落到想获得这种好处的投资者身上。在竞争性市场中，投资者为充分利用特殊的税收优惠而展开激烈竞争，税后收益率（这毕竟是人们真正关心的）被压低到与其他没有优惠的投资的税后收益率一样。

主要受益者是漏洞出现时该行业的资产所有者。税收优惠转化为其资产的价值；也就是说，如果他们出售资产，他们会得到更高的价格；资产的买方将支付足够高的价格，致使其税后收益率与其他任何资产的一样。

就像实施这种税收优惠会导致不公平一样（对当前所有者来说是一笔意外的资本利得），取消这种税收优惠也会导致不公平（对当前所有者来说是一笔意外的资本损失）。如果实施税收优惠和取消税收优惠时资产属于同一个人，则两者就能相互抵消。可是，这种特殊待遇往往在几年后才取消，而且受到取消特殊待遇影响的人通常也不同。堵上漏洞可能是不公平的。这使得消除扭曲性税收优惠的税制改革变得更加困难。

然而，各种税法漏洞和税收庇护造成的无效率和不公平现象很严重，不管这些避税机会从推进（甚至是成功地推进）一些重要的社会目标来看是否合理，税法漏洞和税收庇护都有一个非常负面的后果：它们削弱了人们对税收制度的信任，因为它们给人的印象是税制不公，有些人能够规避他们本应承担的税收负担。这些担忧一直是税制改革的主要动机之一，下一章的主题便是税制改革。

24.5 复习和练习

24.5.1 小结

1. 人们可以合法地减少其纳税义务的大多数手段，其背后不都离不开两大原理：延期纳税和收入（所得）转移——从高税率纳税人和收入类别转移到低税率纳税人和收入类别（税收套利）。

2. 在累进税制下，家庭通过将资产转移给子女而发生的收入转移，减轻了整个家庭的纳税义务。

3. 延期纳税的理念是，今天的 1 美元比明天的 1 美元更值钱，所以将来纳税比今天纳税更合算。

4. 税法漏洞具有扭曲作用，而且其好处通常不属于似乎应该受益的人。行业特定的漏洞（例如与石油和天然气有关的漏洞）的税收好处被该行业无弹性要素（有石油资源的土地）的所有者得到，而弹性要素（劳动和资本）得不到该好处。

5.《1986 年税制改革法案》试图限制税法漏洞，但采取的方式并不是消除税法漏洞，而是通过征收更有效的最低税；把收入分为普通收入、投资收入和消极收入三类，并规定不能用一种类型收入的损失去冲抵另一种类型的收入；资本利得和普通收入都按相同税率征税。1993 年和 1997 年的税法增加了新的税收庇护，增加了避税机会和避税需求；提高了最高边际税率；扩大了普通收入和资本利得的税率差距。这些影响部分被替代性最低税的税率提高所抵消。2001 年和 2003 年税法的最终影响尚不清楚。尽管它们提供了更多的避税机会，但高收入者的资本利得与普通收入的税率差距依然未变。2013 年的税法同时提高了资本利得和普通收入的（最高）税率。

6. 为了限制避税的程度而征收的替代性最低税并没有与通货膨胀挂钩，其结果是许多只利用普通扣除额的人要缴纳替代性最低税。《2012 年美国纳税人减税法案》对替代性最低税的所得限额实行了通货膨胀指数化。

24.5.2 重要概念

收入转移	漏洞	税收套利
避税	逃税	税收庇护

24.5.3 练习题

1. 20 世纪 70 年代末和 80 年代初流行的避税手段是零息债券。这是一种不支付利息的债券。当利率为 7%时，承诺在 1990 年兑付 100 美元的十年期债券在发行时的价格为 50 美元。政府要求个人估算利息收入——假设 1980 年至 1990 年产生的这 50 美元收益每年产生 5 美元；同时，债券的发行者可以估算出支付的利息。如果二者（债券发行者和购买者）处于同一税率档次，那么这些估算的利息支付和利息收入会有怎样的结果？如果二者不在同一税率档次结果会怎样？

2. 1981 年以前另一种常用的避税手段是跨式期权（straddle），即一个人签署一份在将来某个日期购买一种商品（如小麦）的合同，并同时签署另一份比该日期稍早或稍晚出售相同商品的合同。因此，当此人在第一份合同上获得收益时，他通常会在第二份合同上有损失。有得就有失。想想能否用跨式期权来推迟纳税？（提示：想想在 12 月 31 日卖出一种证券、在 1 月 1 日卖出另一种证券的结果。）在 1986 年之前，长期资本利得的税负要比短期资本利得的税负轻得多。你能否想出如何用跨式期权来利用这种差异？

3. 一个处于 28%边际税率档次的人，拥有一家有 10 000 美元“利润”的企业，如果他成立公司，并将企业 50%的股权给了他的子女（14 岁以上），请描述此人的节税情况。假设他的子女没有其他收入，且作为受抚养人，没有个人免税额，只有标准扣除。

4. 监督不同公司纳税情况的公民团体经常抱怨说，一些公司，尤其是有大量租赁业务的公司，其平均税率很低。这种指责是否“公平”？谁能从这种租赁业务中真正受益？

5. 有人认为，税收情况不同的企业之间签订租赁协议可能会提高经济效率。请予以解释。

6. 谁能从免税的州和市政债券中得到好处——是债券的购买者还是发行债券的市政府？（1）假设属于最高收入阶层的人有很多，所有债券都被他们购买了。你的答案是什么？（2）假设政府允许富人借钱购买免税债券。这将如何影响你对谁受益的答案？

7. 请解释在下列情况下一个人如何通过借款来进行税收套利：（1）把钱存入个人退休账户；（2）购买免税债券。

8. 保单通常是储蓄计划和人寿保险的组合体。比如，个人每年向保险公司支付 1 000 美元；其中 100 美元用于投保年内死亡险，其余的则用于储蓄计划。储蓄计划积累的资金收益是免税的，就像个人退休账户一样。请解释如何利用保险作为避税手段。

第 25 章

税制改革

重点问题

1. 过去 30 年多来，税制改革的主要动因是什么？

2.《1986 年税制改革法案》在降低边际税率、提供公平的投资环境、堵住税法漏洞以及简化税法方面取得了多大成功？

3. 1981 年至 2012 年的税制变化使税法的累进程度有怎样的改变？

4. 税制改革设计中有哪些基本的权衡取舍？

5. 未来几十年税制改革的主要方向可能是什么？

过去 30 年，税制改革接连不断。每一次改革都迎来了一个新的时代，都在一定程度上对之前的改革进行了矫正。若上一次改革降低了累进程度，则下一次改革就提高累进程度。若上一次改革提供了较多的投资税收优惠，则下一次改革就设法提供公平的竞争环境，接下来的改革又会设法对前面的改革做微调。每一次改革都以豪言壮语作为开场。例如，里根总统在 1985 年 5 月 29 日向国会提交他的税制改革方案时写道：

> 我们面临着一个历史性的挑战：把我们的现行税制变成公平、简化、高效、富有同情心的典范，消除经济增长的桎梏，开启通向未来的取得前所未有的创新和成就之门。
>
> 长久以来，我们的税法一直是人们嘲讽和怨恨的源头，违背了我们国家最基本的正义和公平竞争原则。大多数美国人的税率过高，抑制了工作积极性，大幅减少了储蓄，而与此同时，许多人却能利用我们的税法所形成的错综复杂的漏洞，规避了他们应有的税负，甚至有时根本就不纳税。

可是，每次改革在国会通过之后，都与最初方案背道而驰。

税制改革经历了翻天覆地的变化。1981 年，为了鼓励特定的投资，美国政府出台了各种特殊规定；1986 年的改革不仅废除了这些规定，还废除了过去多年来形成的其他一些特殊规定。然后在 1993 年又增加了许多新的特殊规定，1997 年增加的甚至更多。2001 年和 2003 年的税制改革延续了这一趋势，同时还大幅降低了普通收入和投资收入的税率。在税制改革期间（比如 1982 年和 1990 年），还有其他的税制变化。尽管每个税收法案都被冠以稍显宏大的名称，比如《1981 年经济复苏税收法案》(Economic Recovery Tax Act of 1981，ERTA)、《1986 年税制改革法案》(Tax Reform Act of 1986，TRA86)、《1993 年综合预算协调法案》(Omnibus Budget Reconciliation Act of 1993，OBRA93)、《1997 年纳税人减税法案》(Taxpayer Relief Act of 1997，TRA97)、《2001 年经济增长与税收减免协调法案》(Economic Growth and Tax Relief Reconciliation Act of 2001，EGTRRA)、

《2003年就业与增长税收减免协调法案》(Jobs and Growth Tax Relief Reconciliation Act of 2003, JGTRRA) 以及《2012年美国纳税人减税法案》(American Taxpayer Relief Act of 2012, ATRA), 但我们只把这些税收法案简单地称为1981年、1986年、1993年、1997年、2001年、2003年和2012年的税收法案或税制改革。

每次改革(即使是那些朝相反方向的改革)的说辞都大同小异:每次改革都承诺制定一部更加公平、更加简化的税法,以促进经济增长和效率。然而,何谓"更加公平",哪些变化最能有效地促进经济增长或公平,还存在着争议。这些问题盘根错节:税法的复杂性给避税提供了机会,而避税被认为是不公平的,并导致了经济扭曲。

有关税制改革的争论不可避免地反映了社会广泛关注的问题:鉴于美国的不平等程度日趋严重,特别是1980年以来,最高1%人口的收入份额翻了一番,最高0.1%人口的收入份额增长了3~4倍,人们越来越关注公平和有助于公平的税法规定,也就不足为奇了;鉴于气候变化的威胁,人们越来越重视旨在遏制温室气体排放的环境税也就可以理解了;鉴于金融业在导致2008年"大衰退"(这是自大萧条以来最严重的经济衰退)过程中所扮演的角色,人们开始更加重视对该行业的征税也就顺理成章了。

技术进步也是推动税制改革的一个因素:随着技术进步,我们有可能降低征管成本和遵从成本。过去可能难以征收的税种现在可能变得比较容易征收。

在本章,我们首先回顾了过去30年来税制改革的主要主题,并就这些主题的每一次重大改革进行评估。本章第二部分讨论21世纪税制改革的可能主题。

美国税制改革的主要推动力

- 增进公平。
- 提高效率。
- 降低复杂程度,减少征管成本和遵从成本。

25.1 公平

我们从第17章所讲的内容可以看到,公平,就像"美丽"一样,"情人眼里出西施"。大多数纳税人都觉得他们的纳税份额高于公平的份额;很少有纳税人认为他们纳税太少。

关于公平的争论围绕着第17章所强调的两个问题,即经济条件相同(纳税能力相同)的人是否缴纳了明显不同的税?——横向公平问题。富人是否缴纳了"公平的份额",或者他们是否设法利用税法漏洞而逃避了征税?——纵向公平问题。

25.1.1 横向公平问题

公平的税收制度对于经济条件相同的人征收相同的税。现行税制的批评者认为,现行税制是不公平的,因为它对不应该区别对待的予以了区别对待,偶尔又对应该区别对待的没有给予区别对待。

在第22章,我们注意到,现行税制存在着各种各样的扣除和抵免,比如针对抵押贷款利息、州和地方所得税以及大学学费的扣除和抵免。结果,相较于租户,业主得到优待[①];

① 正如我们在第21章所看到的那样,这种优惠可能不像乍看起来那么大,因为在竞争激烈的市场中,加速折旧这种税收优惠将导致租金下降。

与以销售税作为筹措收入主要工具的州的居民相比，征收所得税的州的居民得到优待；与没有子女上大学的纳税人相比，有子女上大学的纳税人得到优待。扩大税基的税制改革试图取消这些特殊规定，并以此来增进税制的公平（和效率）。

可是，有一些深层次的哲学问题：应当如何做出区分？一个面临大量医疗费用（比如心脏手术费用）的人与收入相同但没有这种费用的人相比，纳税能力可能不同。有关税收政策的许多争论都是围绕着这些问题展开的。

家庭结构 税收制度是否公平对待具有非传统家庭结构的人，对此有很激烈的争论。随着美国的家庭结构越来越多样化，这些担忧也与日俱增。按照现行税制，正如我们在第17章所看到的那样，当收入相同的两个人结婚时，他们不再面临"婚姻惩罚"，也就是说，他们的税负不会因为他们结婚而增加。可是，当收入不同的两个人结婚时，他们可能得到"婚姻红利"，也就是说，他们的税负只是因为他们结婚而下降了。此外，还有儿童的扣除和抵免。有些人会问，对那些选择有或有幸有孩子的家庭给予优待，而对那些不愿生或不能生孩子的家庭课征高税率，这是否公平？这些扣除和抵免的批评者把生小孩的决定看成一种消费决策，认为与购车和购房决策几乎没有什么两样，因而认为政府应对各种形式的消费一视同仁。然而，另外一些人则认为，多一个孩子的成本远大于税收扣除额和抵免额，因此子女多的人，其纳税能力低，而税法并没有充分反映这种纳税能力的差异。

对于父母双方都工作的家庭，税法是否公平也存在着争论。虽然儿童看护费抵免意识到父母双方都工作时会有额外开支，但这种抵免只是部分反映了这些额外成本。

这些问题，特别是婚姻惩罚或婚姻补贴，引起了税制改革者越来越多的关注，尤其是这些问题在一定程度上反映了税法和美国基本价值观之间的冲突。（税法是否反家庭、反儿童并且反对妇女在劳动市场中发挥积极作用?）

资本课税的公平性 有些人认为，资本课税是不公平的。一生预算约束相同的两个人，一生缴纳的税收会不同：选择在晚年多消费的人缴纳的税收较多，而在年轻时选择挥霍的生活方式的人缴纳的税收较少。而且，大部分资本收益只是反映了通货膨胀，而不是真正的收益。财富实际价值缩水的人为什么要只因名义价值增加而纳税？

此外，公司所得税和个人所得税没有一体化，意味着公司部门的所得可能被"双重课税"：第一次是利润留存在公司内部时被征税，第二次是利润在分配给家庭部门时被征税。

另外，一些人认为，许多特殊规定允许大部分资本所得不纳税是不公平的。批评者称，税收制度在两个方面表现出不公平，一是区别对待不同资产的所有者，二是区别对待资本所得和工资所得。例如，资本利得只有在实现时才征税，而且正如我们已经注意到的那样，这种推迟纳税的价值可能会超过对通货膨胀导致的虚增价值征税的价值。而且，又由于"按赠与人去世时的资产市值计"（见第21章），有很大一部分资本利得完全不用纳税。

鉴于对现行资本所得课税制度的公平性有不同看法，可想而知，关于什么是理想的税制改革也就不可能有一致的观点。有人主张取消对资本所得课征的所有税收，他们认为对资本所得课征的所有税收都是不公平的；另一些人则主张堵上"资本所得漏洞"，特别是对资本利得的优惠待遇，包括"按赠与人去世时的资产市值计"规定。

□ 25.1.2 纵向公平

虽然人们承认富人的纳税额占其收入的比例应该更大，但问题是该比例应该大到什么程度？如图25.1所示，从历史上看，与具有平均收入的人相比，富人的纳税比例的确高得多。然而，有人认为，如果我们看一下过去一个世纪的毛收入分配趋势（见图 25.2），会发现，相较于富人的收入占总收入的比例而言，他们缴纳的税收占联邦所得税的比例仍然不高。

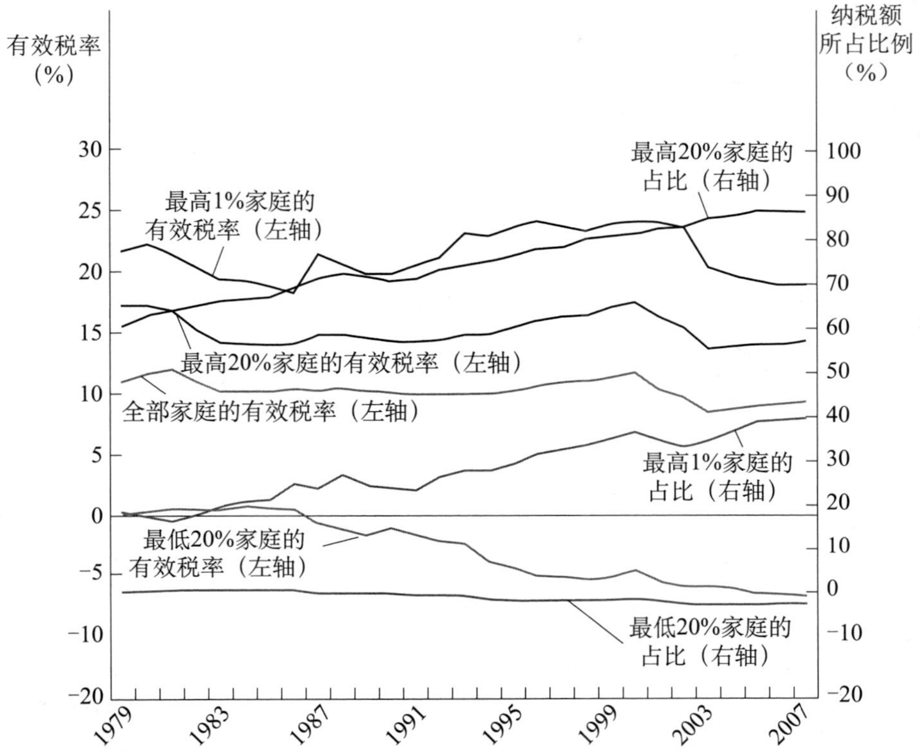

图 25.1 缴纳的联邦所得税的比较

从历史上看，与全部家庭相比，高收入家庭所缴纳的所得税比例，无论是以有效税率还是以占联邦所得税的比例来衡量都高得多。

注：基于家庭综合收入的五等分组。

资料来源：Congressional Budget Office，*Historical Effective Federal Tax Rates*：*1979 to 2007* and *Shares of Federal Tax Liabilities for All Households*，*by Comprehensive Household Income Quintile*，*1979－2007*；www.cbo.gov.

过去 20 年来，不平等程度明显加剧，中位收入基本上停滞不前，而高收入者的收入却在大幅度增加。从 1993 年到 2011 年，1%最高收入阶层（2011 年收入超过 36.7 万美元的家庭）的平均收入增长了 57.5%，而 99%收入阶层的平均收入仅增长了 5.8%（这两个数据均做了通货膨胀调整）。换句话说，1993—2011 年，1%最高收入阶层的平均家庭实际收入增长占到全国平均家庭实际收入增长的 62%。在包括资本利得在内的（报税）总所得当中，1%最高收入阶层的占比从 1993 年的 14.2%上升到 2007 年的 23.5%，而在“大衰退”之后，该比例降至“只有”20%。① 这些日益严重的不平等导致许多人认为，相对于中等收入阶层而言，最高收入阶层的纳税能力提高了，因此，应该缴纳更多的税。

① E. Saez，*Striking It Richer*：*The Evolution of Top Incomes in the United States*（*Updated with 2011 Estimates*），January 23，2013；这篇文章的标题与最初出现在斯坦福大学贫困与不平等研究中心（Stanford Center for the Study of Poverty and Inequality）的文章的标题相同：*Pathways Magazine*（Winter 2008）：6－7。

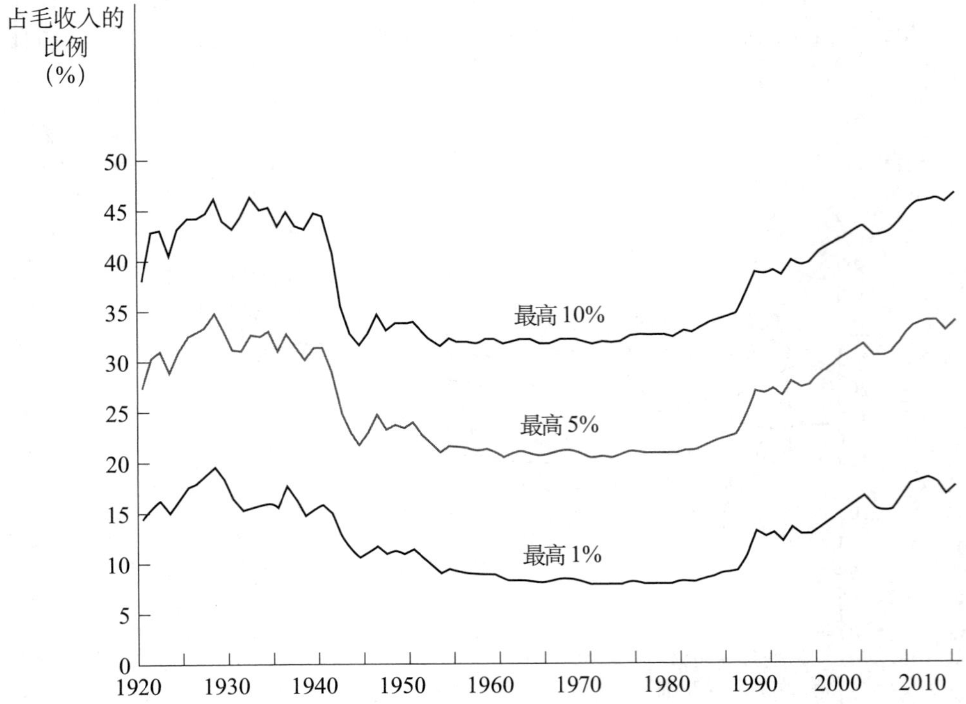

图 25.2　收入分配趋势

自 1980 年以来，美国最富有的人的毛收入占比大幅上升。

注：纳税人按毛收入（不包括资本利得和政府转移收入）排序。

资料来源：T. Piketty and E. Saez，"Income Inequality in the United States，1913－1998，" *Quarterly Journal of Economics* 118，no. 1（February 2003）：1－39；2010 年的数据来自 http://emlab. berkeley. edu/users/saez。

对于这种税收制度的合理性，也许更令人不安的是，在最高收入阶层中，有大量的人设法利用税法的某些规定来规避纳税，比如把资金转移到境外如开曼群岛这样的避税地或者想办法让他们的收入能按税率低得多的资本利得来纳税。这些担忧在 2012 年的选举中得到了体现，其中一位候选人的收入非常高（每年超过 2 000 万美元），但他设法使其纳税额低到仅是申报收入的 14%。

虽然 1986 年的税收法案旨在堵住漏洞和降低税率，但并不打算改变于 1981 年已经明显降低的总体累进程度。1993 年税收法案的一个主要目标是通过提高 2%最高收入家庭的税率，以一种有限和局部的方式来增强累进性。1993 年增加的一定程度的累进性在 1997 年发生了逆转——1997 年降低了资本利得税率，其中大部分好处都被富人得到了。2001 年和 2003 年，累进程度进一步降低，不仅是因为最高边际税率下降（分别从 39.6%、36%、31%和 28%降低到 35%、33%、28%和 25%），而且因为资本利得税率进一步降低以及这些优惠税率的适用范围扩大到股息。这一趋势在 2012 年得到扭转，提高了累进性，因为普通收入和资本利得（股息）的最高边际税率分别提高到 39.6%和 20%。

同样，虽然人们普遍认为穷人缴纳的税收占其收入的比例应当低于普通家庭，但问题是应该低多少？一种观点认为，收入低于贫困线（达到基本生活水平所需的最低收入）的人不应该纳税。这也许是实行个人免税额的初衷，但由于 1985 年以前的相当长的时间里免税额没有实行指数化，因此实际上一直对低于贫困线的人征税。1986 年税制改革使大部分处于贫困线以下的人不用纳税，这也大大节省了征管成本。如今，免征额是贫困线的两倍多（见图 25.3）。

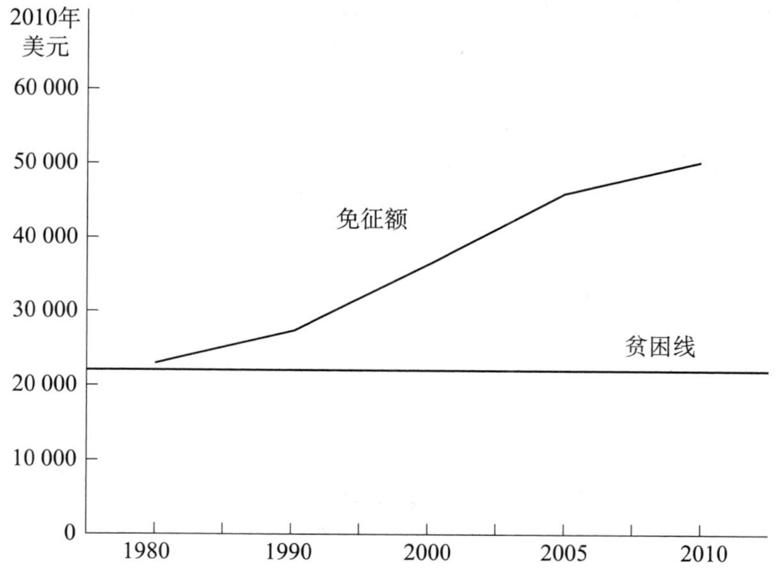

图 25.3　四口之家的贫困线和所得税免征额

该图比较了家庭被认为生活在贫困之中的收入水平与家庭开始缴纳联邦所得税的收入水平。免征额（低于该免征额的家庭不用纳税）取决于个人免税额、标准扣除额、劳动所得税收抵免额和儿童税收抵免额。1980 年免征额等于贫困线，但《1986 年税制改革法案》大幅提高了免征额。现在的免征额是贫困线的两倍多。

注：假设所有收入都是工资收入，儿童有资格获得劳动所得税收抵免和儿童税收抵免，没有儿童看护费用。

资料来源：E. Maag, "Poverty and Income Tax Entry Threshold," Urban-Brookings Tax Policy Center Notes, August 29, 2011; and *Federal Register* 75, no. 148 (August 3, 2010).

1993 年的税收法案更进一步。该法案不仅减少了穷人的税收，而且实际上还增加了对有儿童、有工作的穷人的补贴，这些人虽然全职工作，但仍然处于贫困线之下。因此，这确保了有一名全职工作者的所有家庭几乎都能摆脱贫困。

25.2　效率

公平问题一直争议不断，就像参议员拉塞尔·龙（Russell Long）常说的一句话，“税法漏洞对别人有好处。如果对你有好处，那就是税制改革”。不过，对于何谓效率，人们还是达成了比较多的共识。因此，里根政府并没有以公平为由称富人已经纳税太多了而要降低他们的边际税率。这种理由似乎不能令人信服。相反，从效率角度来立论：高边际税率造成了巨大的经济扭曲，整个国家的劳动供给和储蓄都在下降。力挺 1981 年和 1986 年降低最高边际税率的人甚至认为，降低税率所产生的供给效应，加上减少逃税与避税的激励，足以增加税收收入。

经济学家阿瑟·拉弗（Arthur Laffer）让税率太高以至于降低税率会增加税收收入这种观点流行起来。所谓的拉弗曲线如图 25.4 所示。如果税率设定为 100%，那么人们显然毫无工作动力，所以税收收入将为零。税率多高后税收收入就开始下降，这是一个经验问题，经济学家对此意见不一。但也达成了一点共识，那就是，总体而言，1981 年的税率下调，正如里根政府以外的大多数经济学家所预测的那样，减少了税收收入；而 1986 年的边际税率下调，对储蓄（一直就很低）和劳动供给的影响微不足道。鉴于储蓄还在减少，2001 年和 2003 年又降低了对资本收益（股息或资本利得）的征税。

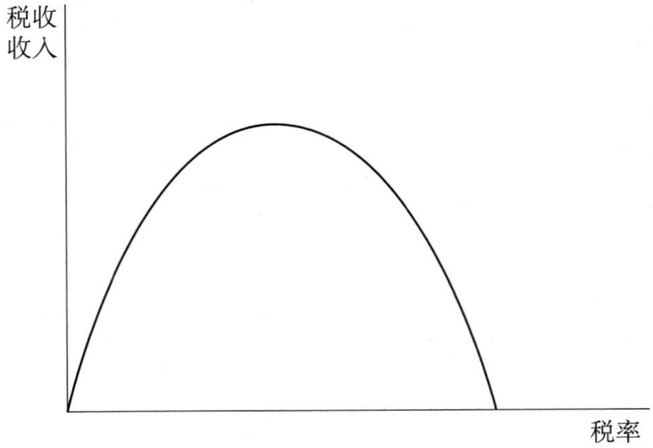

图 25.4　拉弗曲线

税率提高到一定程度后，可能会显著降低激励，从而会减少产出和税收收入。因此，存在一个能使税收收入最大化的税率。

2008 年金融危机之后，美国进入了高失业期，此时许多保守派人士认为，即使对富人来说，增税也将是灾难性的。但最终达成的政治妥协是，废止了针对富人（收入超过 45 万美元的家庭）的“布什减税”，所得税最高边际税率从 35%回调至 39.6%，股息和资本利得的最高税率从 15%上调至 20%。

这场争论受到许多困惑的困扰。首先，虽然取消减税措施可能会抑制总需求（总需求不足是高失业率的原因），但如果收入增加之后支出也增加，那么总产出和就业就会增加。这就是所谓的平衡预算乘数（balanced budget multiplier）。由于最高收入阶层的人的储蓄率非常高，故该乘数可能相当大，也许高于 1。① 此外，如果增加的支出用于具有高生产率的投资，那么未来的经济增长率可能会提高，这可能导致人们当前多消费，进一步刺激当前的总需求。

主张对高收入者课以低税率的人，强调的是税收对劳动供给或储蓄的影响——供给侧效应（supply side effects）。这种供给侧效应的大小是个有争议的问题，即使供给侧效应比较大，若是存在需求不足，劳动供给增加也不会导致更多的就业。

然而，即使在比较正常的时期，就业和税收政策之间的关系在政治争论中也常常被混淆。大多数经济学家认为，从长期来看，如果货币政策管理得当，就能确保充分就业。宽松的货币政策会带来更多的投资和更多的就业机会；负责货币政策的联邦储备委员会（Federal Reserve Board），在不造成引发通货膨胀压力的劳动市场紧缺的情况下，力求将失业率保持在尽可能低的水平上。因此，在正常情况下，税收政策与就业和创造就业机会几乎没有关系。

税收政策可以通过多种方式影响经济增长率和国民收入总水平。它可以鼓励更多的劳动力参加工作，可以鼓励人们工作更长的时间。这些都会提高国民收入水平，而且，在短

① 平衡预算乘数是指当政府同时增加税收和支出时，GDP 总量会增加多少。一些经济学家对平衡预算乘数的大小持怀疑态度。大部分实证结果都是基于经济接近充分就业的时期，而根据定义，此时产出增长的余地不大。在金融危机之后的这段时期，由于资源利用不足，产出增加的空间很大。

期，劳动参与率提高和工作时间增加会提高经济增长率。税收政策可以鼓励更多的储蓄和投资，从而提高生产率。从长期来看，这又会提高国民收入水平；从短期来看，由于生产率提高，经济增长率也将提高。最后，税收政策可能会影响研发投资和生产率增长率，从而会影响长期经济增长率。虽然所有这些影响都有可能发生，但很难确定它们的影响程度。

有证据表明，在 1981 年和 1986 年税制改革之后，来自非常富有的人的税收收入确实增加了，但究其原因，则是见仁见智。[①] 有些人认为，富人意识到这些低税率会好景不长（后来证明是正确的），所以他们就充分利用低税率，比如实现资本利得。因此，现在会增加一些税收收入，但以后收到的税收收入会减少。有些人认为，富人申报的收入之所以增加，不是税法增加了激励措施的结果，而是因为减少了避税机会，堵住了税法漏洞，再加上增加了替代性最低税。在有些人看来，1986 年的税制改革，与其说减少了避税机会，还不如说减少了激励措施（见第 24 章）。

然而，富人收入增加的最重要原因还是与潜在的社会和经济因素有关：这是自 1973 年以来特别是自 1980 年以来美国经济更加不平等趋势的延续（见图 25.2）。富者愈富，穷者愈穷。税法漏洞让许多富人避免了大量本应缴纳的税收，这当然会加剧美国日益严重的不平等现象。

1981 年的税收收入没有增加，这一事实加深了人们对拉弗曲线实用性的怀疑。在最近有关税收改革的讨论中，很少再有人说降低税率会导致税收收入增加。1993 年税收法案的影响对这些问题有所解答。虽然对非常富有的人的征税大幅增加，但他们的收入及其纳税额持续增长，速度甚至超过了整个经济的增长速度。而个人储蓄率在 20 世纪 70 年代在7%和 9%之间波动，在整个 80 年代是下降的，到 1989 年下降为 4.8%；在 1994 年跌至 3.8%的最低点，但后来又反弹至 4.5%～5%，全球金融危机爆发前的几年又跌至接近于零。这些税制改革似乎对这种趋势没有什么影响。[②]

随着美国的不平等现象加剧及其经济表现（反映在经济增长率上）的恶化，一些人认为，对最高收入阶层的低税率（是里根税制改革前的一半）实际上可能是造成这两个问题的一部分原因。如今，最高收入阶层的大部分收入被一些人认为是寻租收入，而寻租活动不是为了增加国民收入，而是为了获得更大的国民收入份额。像掠夺性贷款这样的金融部门活动，企图占穷人的便宜。公司的首席执行官被认为拿走了公司超大份额的收入，但与公司业绩几乎没有关系。在最高收入阶层的税率比较低的情况下，这种寻租活动的回报增加了。有关各国提高最高边际税率的影响的研究表明，最高边际税率提高并不会导致经济增长率下降，这一结果与下列假设一致，即减少工作和储蓄激励所产生的不良影响被减少寻租活动所产生的积极影响抵消了。

---

① 例如，请参阅 B. Bosworth and G. Burtless，“Effects of Tax Reform on Labor Supply，Investment，and Saving，” *Journal of Economic Perspectives* (Winter 1992)：3－25；L. Lindsey，*The Growth Experiment：How the New Tax Policy Is Transforming the U. S. Economy* (New York：Basic Books，1990)；and “Individual Taxpayer Response to Tax Cuts：1982－1984，with Implications for Revenue Maximizing Tax Rate，” *Journal of Public Economics* 33 (1987)：173－206。

② 关于 1986 年税制改革的影响有大量的研究。例如，请参阅 H. J. Aaron，“Lessons for Tax Reform，” in *Do Taxes Matter：The Impact of the Tax Reform Act of 1986*，ed. J. Slemrod (Cambridge，MA：MIT Press，1990)，pp. 321－331。

专栏 25.1

边际税率与1986年的税制改革

1986年的税制改革被宣扬成美国税收制度的一次重大的结构性改革，用里根总统的话来说，这是“第二次美国革命”。事实上，边际税率的变化要小得多，一些纳税人（占4%）的边际税率实际上还提高了10%以上。* 只有11.3%的纳税人的边际税率下降了10%以上（见下图）。边际税率的下降大部分只是扭转了20世纪70年代所发生的通货膨胀造成的税率档次爬升。实际上，对于有两个孩子、收入为40 000美元（1985年实际美元）的夫妇而言，1988年28%的边际税率与1985年的一样，仍然大大高于1970年和1960年的水平。

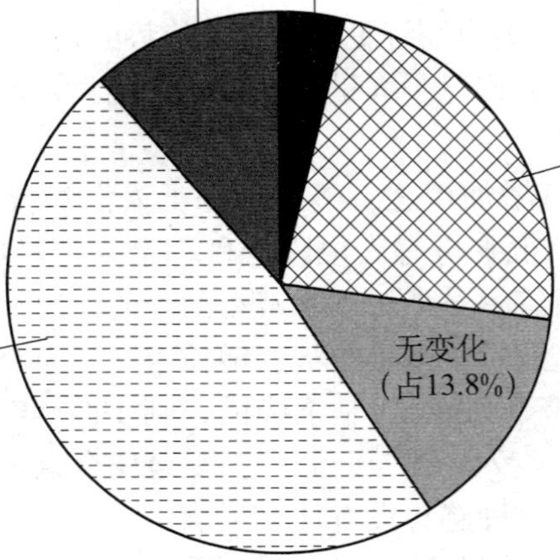

1986年税制改革的边际税率变化

只有约15%的人口的边际税率变化超过10%。

资料来源：J. Hausman and J. Poterba, “Household Behavior and the Tax Reform Act of 1986,” *Journal of Economic Perspectives* (Summer 1987): 101-120.

* 例如，1986年的税制改革取消了夫妻工作一方的收入可扣除10%（最高3 000美元）的规定。

□ 25.2.1 扩大税基

降低边际税率以减少无谓损失和避税激励这一原则是旨在提高效率的税制改革的基本原则之一。

只有两种方法既可以降低边际税率又不损失税收收入：要么降低累进程度，要么扩大税基。前者需要做出权衡取舍：只有降低（纵向）公平才能获得更高的效率。

扩大税基（base broadening）既能提高效率，又能增进公平，特别是能增进横向公平。对特定类别的收入降税或免税的特殊税收规定，会扭曲经济，并有利于某些群体（那些具有可享受优惠的收入的群体）。税基越大，筹措既定收入所需的税率就越低。因此，扩大税基是税制改革的另一个主要原则。

可惜的是，扩大税基原则常常与税收政策的其他目标相冲突，特别是与运用税收政策促进其他想要实现的经济和社会目标相冲突，包括矫正市场失灵和帮助可能需要帮助的特定群体。例如，促进储蓄特别是鼓励个人为退休而攒钱的目标，导致对退休储蓄的特殊税收待遇；鼓励人们拥有住房的目标导致对自有住房的优惠待遇。然而，这些规定的批评者正确地指出，还有比通过税法付出的代价更小的方法来实现这些经济和社会目标。

在近几十年的税制改革中，只有 1986 年的改革致力于扩大税基。其他税制改革实际上缩小了税基，因为这些改革试图追求其他目标，这在 1981 年、1993 年、1997 年和 2001 年的税收法案中体现得最为明显。1981 年法案对厂房和设备给予了非常优惠的折旧率和投资税收抵免，是鼓励“烟囱美国”的一次不成功的尝试。1993 年税收法案同样为新的小型企业投资提供了特殊待遇。1997 年税收法案还进一步推出了鼓励教育和储蓄的特殊规定。2001 年税收法案大幅提高了退休计划的税前缴款限额，并逐步取消遗产税。最重要的是，1997 年、2001 年和 2003 年的法案降低了资本利得税和股息税。

这些特殊规定是否真的提高了整体经济效率，或者是否加剧了扭曲，这仍然是一个有争议的话题。如果市场运行良好，提供优惠待遇只会降低经济效率。1981 年所提供的优惠待遇并不基于任何市场失灵理论。这些优惠待遇所助长的对商业地产的过度投资，无疑验证了优惠待遇会扭曲投资格局的观点。1986 年的税制改革以一句“提供公平的竞争环境”为座右铭，消除了 5 年前税法中存在的扭曲。1993 年法案试图把注意力集中在克林顿政府的经济学家所认为的市场失灵，即小企业难以获得资金。1997 年法案基于这样一种观念，即当今世界，人们需要更高层次的教育：14 年的教育而不是 12 年的教育将成为常态。虽然人们可以借款，但标准贷款合同也会有巨大风险；风险市场的缺陷意味着人们无法摆脱这些风险。然而，批评者认为，这种改革建议可能适得其反，改革的重点应该放在改善贷款计划和多向穷人提供资金上。例如，澳大利亚就有一种非常成功的学生贷款计划，叫作“按收入条件还款型贷款”（income-contingent loans）计划，还款额取决于个人今后的收入。对于穷人这个群体，资金是获得高等教育的最大障碍，但针对中产阶级父母的税制改革对这些穷人来说毫无意义；批评人士称，这笔钱要是花在扩大佩尔助学金（针对穷人的政府计划）上会更好。最后，一些人担心，若通过税制向中产阶级学生提供资金援助，只会鼓励大学增加学费；较高的学费实际上降低了贫困学生的负担能力，因为减税对他们来说意义不大。

1986 年的税制改革尽管充满豪言壮语，但在扩大税基上收效甚微。表 25.1 分析了三种可能的税基扩大。虽然取消了州和地方销售税扣除，但仍然保留了更重要的所得税和财产税的扣除规定，改革只是鼓励各州转向这些税收形式。虽然取消了消费信贷利息支付的扣除，但保留了更重要的抵押贷款利息支付的扣除；鼓励人们进行房屋净值贷款（即以房屋现行市值作为抵押的贷款）。虽然修改了医疗费用扣除（只有超过收入 7.5%的费用是可扣除的），但保留了更重要的雇主缴纳的医疗保险费和医疗费的免税规定。

表 25.1　1986 年税制改革法案保留或取消的税收支出（2005 年不变价美元，10 亿美元）

税收支出	1986 年法案	1986 年预算	2011 年预算
州和地方税扣除			
销售税	取消	−9.1	na
所得税和财产税	保留	46.2	na
销售税和所得税			35.7
财产税			20.1
利息支付扣除			
消费信贷利息	取消	−29.2	na

续前表

税收支出	1986 年法案	1986 年预算	2011 年预算
抵押贷款利息	保留	44.7	62.6
医疗规定			
医疗费用扣除	修改	6.3	7.2
雇主缴纳的医疗保险费和医疗费免税	保留	39.0	141.4

资料来源：OMB Budget FY 2013，*Analytical Perspectives*，Table 17—2，and *Historical Tables*，Table 10－1.

现行所得税产生了两类扭曲。首先，特殊规定以牺牲其他类型活动为代价来鼓励某些类型的活动，虽然某些特殊规定从社会目标或经济目标来看可能是合理的，但许多特殊规定只是特殊利益的结果。虽然自有住房可能是一个社会目标，但没有理由要鼓励富人购买更大的房子或者鼓励人们借钱买房子（这是抵押贷款利息支付可扣除的结果）。虽然鼓励某些形式的投资可能是可取的，但鼓励金融投机或土地投机（这是因为对资本利得有特殊待遇）毫无益处，而且在某些华尔街公司（称为私募股权公司）工作的人比在其他行业工作的人的收入适用的税率低也毫无道理。

其次，所得税造成的更为普遍的扭曲主要与边际税率有关（见表 25.2），但这些影响的大小（在现行税率既定情况下）仍然是一个富有争议的话题。我们已经注意到，降低对资本利得和股息的课税，或者更一般地说降低最高边际税率，并没有导致储蓄增加，而且几乎没有证据表明大多数工人的劳动供给弹性很大。

表 25.2　　过去 50 年来的边际税率

申报状况	调整后毛所得（2001 年美元）	边际税率（%）								
		1960 年	1970 年	1980 年	1985 年	1988 年	1994 年	1998 年	2004 年	2011 年
单身	30 000	22	22	24	20	15	15	15	15	15
已婚合并申报	50 000	22	22	24	22	15	15	15	15	15
已婚合并申报	90 000	26	25	37	33	33	28	28	25	25
已婚合并申报	385 000	59	55	64	50	28	39.6	39.6	35	35

一个值得关注的问题是，累进程度提高（再加上其他税收变化）提高了（特别是中高收入家庭的）次要劳动力的边际税率。还有，在金融危机爆发前，次要劳动力的劳动参与率达到历史最高水平，任何不良影响似乎都是有限的。批评者认为，由于实际工资下降，特别是处于收入分配底部的人的实际工资下降，他们的劳动参与率上升了（向后弯曲的供给曲线），而整个经济的劳动参与率都提高了（大衰退开始之前的确如此），甚至中高收入家庭的劳动参与率也上升了。参与率的提高明显反映了社会趋势（对女性工作以及以单身女性为主的家庭增多的态度）。争论的焦点是，劳动参与率是否会因降低税率而更高。自 2008 年以来，劳动参与率明显下降，这似乎主要是需求侧现象。由于就业机会减少，许多人退出了劳动市场。

□ 25.2.2　公平与效率考量的相互影响

有关税制改革的许多讨论，都涉及公平与效率的权衡取舍、不同的公平观以及对税收扭曲程度的不同判断。强调堵住税法漏洞、提高累进程度、取消资本利得优惠待遇的经济学家，毫无疑问更关心的是不平等、差别征税造成的扭曲以及处于最高收入阶层的人逃避缴纳其“公平份额”。比较保守的经济学家认为，边际税率产生的扭曲更大，因此不太关心公平或差别征税（比如对资本利得和普通收入的差别征税）产生的扭曲。他们通常还认为，如果经济增长速度加快，所有人都将从中受益——这是所谓的涓滴经济学（trickle-down economics）的一种想法，但缺乏足够的证据。事实上，从近几十年的情况来看，尽管最高收入阶层的收入不断增长，但中位收入一直裹足不前。

我们来看一下布什政府初期有关降低股息税的讨论。倡导者认为，存在着“双重征税”，即在公司获得利润时被征一次税，当利润分配后又被征一次税，这是不公平的。此外，他们还认为，税收抑制储蓄和投资，所以降低税率会促进经济增长。批评人士指出，由于众多的公司已经想出了如何避免公司所得税的方法，故双重征税问题并不严重。真正的问题是“零税收”——那些有资本收入的人已经想出办法避免缴纳公平的税收份额。有一种很明显的方式，至少可以部分调和这些观点，即只对公司已缴过税的股息给予优惠待遇。虽然美国两党对此有望达成协议，但在最后一刻，这项特殊规定被取消了。所以现在，股息即使是来自完全避税的公司，仍然得到了优惠待遇。效率效应也没有像倡导者所希望的那样发挥作用：储蓄不仅没有增加，反而下降了。

25.3 简化税法

进行税制改革的第三个主要动因就是税法变得过于复杂。税制的复杂性增加了政府的征管成本和纳税人的遵从成本；即使在税务专业人员的帮助下，税制的复杂性也会使应纳税额的计算产生不确定性；税制的复杂性提供了避税机会，特别是对于富有的纳税人来说更是如此，因此减少了税收收入；税制的复杂性降低了透明度，让人们感觉更加不公平，削弱了自愿遵从的激励。

□ 25.3.1 估税的复杂性

税制的复杂性有许多衡量指标。美国国内收入署有600多种不同的表格。《美国联邦法规》(Code of Federal Regulations) 共有231卷（包括美国现行的一般性法规和永久性法规），而《国内收入法典》(Internal Revenue Code) 就有20卷，其中15卷，长达11 586页，重达28磅，都是有关个人所得税、公司所得税和工薪税的法规。税法不仅非常长，有近400万字，而且还在不断添加内容：在过去的十年里，税法几乎天天在变。税收制度如此复杂，以至于60%的个人纳税人需要借助税务代理人（tax preparers）之手，而这些税务专业人员甚至也经常无法就税收法律法规的解释达成一致。[①]

这种复杂性体现在纳税人、税务代理人甚至国内收入署都难以准确估算应纳税额上，破坏了税收制度的自愿遵从基础。纳税人通过利用目前广泛使用的低成本现成软件来帮助他们填写纳税申报表，从而提高了报税准确性——2011年的纳税申报表中有一半多是通过电子方式申报的。虽然税务软件降低了填表和计算的难度，但并没有减轻记录（保留单据）的负担。鉴于纳税人离不开税务代理人，于是，在2010年，国内收入署启动了一项全面的多年计划，要求所有有偿税务代理人在国内收入署登记注册，要在他们准备的申报表上签字确认，要通过能力考试，要完成有关税法和职业操守的年度继续教育。美国国内

① The National Taxpayer Advocate, “The Most Serious Problems Encountered by Taxpayers,” *2008 Annual Report to Congress*.

收入署试图通过将其服务中心的业务集中起来，解决自身在解答纳税人咨询方面的不准确和不一致问题，以便更专业地为纳税人提供咨询服务。①

□ 25.3.2 提高遵从度

为了征税，联邦政府综合施策，既依赖自愿遵从，又有高额罚款，还要起诉明目张胆的欺诈行为。为了帮助那些道德责任感可能太淡漠而没有申报其全部收入的人，政府要求雇主申报其支付给工人的工资，企业申报其支付给股东和债券持有者的股息和利息。然而，政府核查现金交易的手段极其有限，而使用现金逃税的能力鼓励了被称为**地下经济**(unreported transactions）的未报告交易的增长。虽然很难准确估计地下经济的规模，但一些观察人士认为，这可能涉及高达1/4的劳动力和15%的国民生产总值；其中不仅包括罪犯，还包括一些服务员、保姆、家政人员、木匠、园丁和其他主要从事服务工作的人。②国内收入署估计，有大量信息报告和扣缴的收入，其净漏报率（net misreporting percentage，NMP）仅为1%，而很少或没有信息报告的收入，其净漏报率高达56%。

据估计，未申报收入加上由于高估调整额、扣除额、免税额或不合理的税收抵免额而导致的少报收入和缴税不足收入，致使个人所得税目前每年少收约3 000亿美元（见表25.3)。在这些未报和少报的收入中，除了工资收入之外，还有一些重要收入来源未照章纳税，如小企业和小农场收入以及租金和特许权使用费收入。目前，大约有一半的小企业收入、3/4的小农场收入以及一半的租金和特许权使用费都没有申报。③

表 25.3　　个人所得和公司所得逃税导致的税收缺口净额　　单位：十亿美元

税收缺口构成	2001 纳税年度	2006 纳税年度
应纳税总额估计值	2 112	2 660
及时自愿缴纳的税额	1 767	2 210
税收缺口总额	345	450
自愿遵从率	83.7%	83.1%
滞纳税额	55	65
税收缺口净额	290	385
净遵从率	86.3%	85.5%
未申报缺口	27	28
个人所得税	25	25
遗产税	2	3

---

① *IRS Data Book 2011*，Tables 2 and 4，IRS FS-2012-6，January 2012.

② 就其性质而言，很难准确衡量地下经济。有关文献、各种衡量方法以及一系列估计值的回顾，请参阅 E. Feige and R. Cebula，*America's Unreported Economy*：*Measuring the Size*，*Growth and Determinants of Income Tax Evasion in the U. S.*，MPRA Paper No. 34781，September 2011。

③ 显然，获得现金报酬的人很容易不申报现金收入。其他不遵从问题源于把不属于实际业务的费用作为开支项目申报。目前，股票和债券的销售要向国内收入署报告，但其他资产的销售一般不向国内收入署报告，直到最近，国内收入署也没有收到有关计税依据（购买价格）的独立信息。然而，股票经纪人和共同基金公司要报告2011年购买的大多数股票和2012年及以后购买的所有股票的购买价格。

按照国内收入署的纳税人遵从测度程序（Taxpayer Compliance Measurement Program）对少量的纳税人进行详细和全面的审计，就可以估计不遵从程度。这种审计的成本无论是对政府来说还是对纳税人来说都很高，且由此追缴上来的收入不一定划算。这些审计的目的是向国内收入署提供有关纳税遵从的一般信息。这里引用的数据来自2006年最新进行的“税收缺口”(tax gap）研究。

续前表

税收缺口构成	2001 纳税年度	2006 纳税年度
少报缺口	285	376
个人所得税	197	235
非经营性所得	56	68
经营性所得	109	122
调整、扣除、免税	15	17
抵免	17	28
公司所得税	30	67
小公司（资产价值小于 1 000 万美元）	5	19
大公司（资产价值大于等于 1 000 万美元）	25	48
就业税	54	72
个体户税	39	57
联邦社会保险税和失业税	15	15
遗产税	4	2
缴税不足缺口	33	46
个人所得税	23	36
公司所得税	2	4
就业税	5	4
遗产税	2	2
货物税	0.5	0.1

资料来源：Internal Revenue Service，*Tax Gap for Tax Year 2006*：*Overview*，January 2012，Table 1；and *Tax Gap* “*Map*”：*Tax Year 2006*，December 2011.

未申报的非法收入虽然不像表 25.3 所列的一些逃税来源那么重要，但仍然是逃税的重要来源。① [20 世纪 20 年代的黑帮老大阿尔·卡彭（Al Capone）就是在其他罪名不成立时按他没有申报其非法所得来定罪的。] 国内收入署估计，它所征收的所有税种的“税收缺口”净额（强制执行后还没有征收上来的应纳税额）在 2006 纳税年度为 3 850 亿美元，表明纳税人的净遵从率约为 86%。

近年来，政府的审计减少了，但审计的效率不断提高；在那些被审计的纳税人当中，很大一部分纳税人不得不缴纳更多的税。

□ 25.3.3 减少避税

避税——利用税收制度中的各种漏洞，严重侵蚀了税基。我们在上一章讨论了避税原理以及一些比较重要的税收庇护。20 世纪 80 年代初期，避税行为猖獗，令公众普遍认为税收制度没有发挥作用。这为 1986 年推出的许多改革提供了动力。尽管这些改革设法降低通过税收庇护进行避税的程度，但代价是增加了税法的复杂性。

□ 25.3.4 降低征管成本和遵从成本

我们已经看到，税收制度的复杂性不仅导致了遵从问题和不公平感，也大大增加了征税成本。由于美国的个人所得税和公司所得税采取的是自行申报制度，应对这种复杂性的

① 据估计，美国人在毒品上的花费超过 1 000 亿美元。（资料来源：Executive Office of the President，Office of National Drug Control Policy，*What American Users Spend on Illegal Drugs*，*2012*，Table ES. 3.）

负担主要落在了纳税人身上，造成很高的遵从成本。这种负担不仅包括填写纳税申报表的直接成本，还包括按税法要求保留单据的间接成本，这大概要占纳税人遵从成本的2/3。

2008年，国内收入署估计，家庭和企业按要求申报纳税每年要花费76亿小时。这相当于380万名全职员工一年的工作量，折合成货币的总值为1 930亿美元，相当于2008年个人所得税和公司所得税收入（扣除退税）的14%，这与2008年国内收入署的征收成本仅相当于该收入的0.41%形成了鲜明对比。[①]

国内收入署自身用于征税的资金与所征收的税款同步增长。征收100美元税款的成本，1967年为45美分，1993年为60美分，2010年为53美分。[②]

□ 25.3.5 复杂性的根源

只要政府对不同所得按不同税率征税（或对某些所得不征税，或对某些项目给予纳税扣除或者抵免），纳税人就会千方百计地以能得到优惠待遇的方式取得收入。税收的影响越大——税率越高和税收待遇的差异越大，这种激励就越大。税法要做到区分清楚、界定明确，说起来容易，做起来难。当事关金钱的时候，那些看似只是哲学范畴的问题就变得非常重要，比如什么是家庭？一堵墙何时属于“建筑物”、何时属于“设备”？什么是利息？我们如何区分本金的偿还和利息的偿还？

正如我们之前看到的，扩大税基和追求其他社会经济目标之间存在着权衡取舍，同样，这些其他目标和复杂性之间也存在着权衡取舍。

税法的复杂性大多都是因为想减少避税行为，尤其体现在对资本收益的征税上，但在其他领域亦如此。一个人何时是真正的农民因而损失应该扣除？从事农业活动何时只是一种避税计划？从事农业活动何时是一种“消费”活动因而损失如同衣食支出一样不应扣除？即使纳税人很清楚自己的动机，税务机关也无法知道促使某人购买农场的动机是什么。旨在把真正的农民和那些出于避税目的而声称自己是农民的人区分开来的规章制度，增加了每个当事人的复杂性。

税收制度的复杂性导致了人们对税制和征管部门的国内收入署的不满。许多人深信，有很多人可以利用自己不能利用的税法漏洞——税制基本上是不公平的。表面上的复杂性引起了人们的焦虑，在某些情况下，因害怕国内收入署的严厉执法手段而加剧了这种焦虑。报纸上充斥着令人恐惧的新闻报道——少缴的一点税会因为处罚和罚款而变成巨额应纳税款，国内收入署查封银行账户、扣押房子。在某些情况下，国内收入署似乎被误解了，而且鉴于每年都要审查数以百万计的纳税表格，出错在所难免。纳税人对国内收入署的抱怨日渐加重，致使克林顿政府在1997年进行了重大的征管改革，这让纳税人在与国内收入署的斗争中获得了更多的权利。更多的举证责任（纳税人欠政府钱的证据）由国内收入署承担。此外，为了帮助纳税人解决与国内收入署的纠纷，纳税人维权服务处（Taxpayer Advocate Service）得到了加强。

这些改革的总体目标是使国内收入署更加以服务为导向，把纳税人当作客户而不是罪犯。在这些改革之后，一些批评人士声称，由于改革派过于强调把纳税人当成客户，国内

① The National Taxpayer Advocate, "The Most Serious Problems Encountered by Taxpayers," *2008 Annual Report to Congress*; *IRS Data Book 2008*, Tables 1 and 29; and J. Slemrod, "Old George Orwell Got It Backward: Some Thoughts on Behavioral Tax Economics," CESifo Working Paper No. 2777, September 2009.

② *IRS Data Book 1997*, Table 28; *IRS Data Book 2011*, Table 29; and Office of Management and Budget, *Budget of the United States Government*, *Fiscal Year 2013*, Historical Table 10-1.

收入署的执法能力受到严重损害。与私人机构的客户（如百货商店或发廊的顾客）不同，纳税人是非自愿客户，他们不能拒绝光顾国内收入署。因此，尽管的确应该强调促进纳税人自愿遵从（在执法前纳税），2006 纳税年度达到了 83.1%（见表 25.3），但还有约 17%的税款没有自愿缴纳，因此只要纳税是强制性的，而不是可选的，了解纳税人的构成和行为以及对不遵从行为予以确实有效的制裁，对于有效和公平的税务管理仍然至关重要。

对国内收入署的一些抱怨既基于现实，也因观念在变。举例来说，2012 年，2/3 的纳税人没有选择分项扣除，而是采用了标准扣除额，这大大降低了纳税申报的复杂程度。然而，即使在填写这些简化的申报表的纳税人当中，仍然有大量的且越来越多的人还是求助于职业税务代理人。

更为根本的问题是，国内收入署没有跟上其他经济领域的技术革命。原则上，只要直接向国内收入署提交了 W-2 表和利息股息支付情况说明（以电子方式提交的比例越来越高），国内收入署就应该能够对不采用分项扣除的所有纳税人进行税务核算；这些纳税人需要提供的只是其家庭状况的信息。甚至大多数分项扣除（特别是州和地方所得税以及抵押贷款利息支付）也可以由国内收入署来处理。例如，在一些斯堪的纳维亚国家，所得税主管部门现在利用先进的信息技术自动填写和归档大多数纳税人的纳税申报表，因此不到10%的纳税申报人雇用了税务代理人，而在美国则高达 60%。事实上，美国国内收入署的电脑化计划并不像人们所期待的那样成功。

简化税制

美国的税收制度非常复杂。因此，税制改革的一个主要推动力就是简化税制。

复杂性：

- 产生了较高的遵从成本，特别是保存记录的成本很大。
- 即使在税务专业人士的帮助下，在计算应纳税额时也会产生不确定性。
- 尤其是对富有的纳税人而言，提供了避税机会，减少了税收收入。
- 降低了透明度，更让人感觉不公平，削弱了自愿遵从的激励。
- 部分原因是政府试图减少避税行为，部分原因是试图通过税收制度实现社会目标和经济目标。

□ 25.3.6 1986 年税制改革

1986 年税制改革的主要目标之一是简化税法。在这一点上，大多数人都认为它是失败的。改革的支持者所指的主要简化，即减少了税率档次，其实只是表面文章。无论税率档次有多少，只要计算出某人的应税所得，在税率表中查到应纳税额就是一件很容易的事情。

实际上，税法对各类收入的新区分使得税法变得更加复杂。正如我们在第 24 章所说的，区分消极收入、投资收入和普通收入，需要大量的解释、法规和法院判例。事实上，1986 年的税法甚至没有使纳税申报表有任何简化；一些表格变得更加复杂，而且增加了好几种新表格。

同样，1993 年、1997 年、2001 年、2003 年和 2012 年的税收法案在简化税法上也没有进展。事实上，由于所有这些法案都增加了一些新的重要的税收优惠内容，从而使税收制度进一步复杂化。

25.4 过渡问题与税制改革政治

税法的变化总是带来一些问题；的确，有一句话说得好，“旧税即是良税”。每一部新税法都需要大量的法院判例来决定如何解释新法律的每一个条款。在这些解释清楚之前，存在不确定性，而不确定性也有其自身的经济成本。

最难的问题与资本（投资）有关。正如我们前面所看到的，税收规定在很大程度上被资本化了——反映在资产的价值中。因此，税法的变化会导致资产价值改变。取消商用房地产的特殊规定可能会大大降低对这些房地产的需求。从短期来看，价格会下跌，业主将蒙受资本损失。在价格较低的情况下，建筑工程会停工。从长期来看，随着供给过剩消失，楼宇价格会回升。但是，在此期间，商业地产所有者和建筑公司都将遭受损失。这正是 1986 年税制改革后所发生的事情。

这些变化既引发了根本性的公平问题，也引发了政治问题。改变规则是否不公平？正如我们之前所指出的，投资是在对税收有一定预期的情况下进行的。即使在税收不直接影响投资的情况下，改变税收也会给一些人带来意外收益，而给另一些人造成意外损失。业主自用住房的税收优惠降低了对租赁住房的需求，从而对供多户家庭使用的租赁住房的价格产生了不利影响。

那些买房子的人期望他们可以从所得税中扣除其抵押贷款利息支付和财产税，而如果这些优惠被取消，他们会感到有失公平，甚至可能难以维持生计。这就是为什么新税法出台后经常会有一个缓慢的过渡期；例如，那些有抵押贷款的人可以在 10 年内扣除利息支付。

虽然这些过渡问题令人关切，但它显然不能主宰经济政策的制定，否则，有关特殊利益集团的任何条款不管有多扭曲都不可能被废除。那些因新税法受损的人往往比那些受益的人更加关注不公平；他们会游说国会制定特别的过渡规则。在每一项税收法案通过的最后几天里，一些价值数十亿美元的特殊条款被采纳，使某些公司，特别是使位于法案支持者所在国会选区的公司受益。对于一些人来说，这只是税收政治的一种反映。对于另一些人来说，这只是提高税制改革是帕累托改进的可能性的一种方式——许多特殊规定只不过是补偿受损者所需的附加费而已。对于另外一些人来说，特殊规定标志着税制改革原则的落空。

过渡带来的问题让我们总结出两个一般原则，即尽量少进行税制改革，尽量进行渐进式改革，特别是对资本价值产生不利影响的改革尽量逐步推进。[①] 过去 30 年来，税法的频繁修订就与第一个原则背道而驰。

里根总统在向国会提交他的最初税制改革建议时，他就明确表示，他的目标是改变所得税的结构，而不是税收的规模。因此，他坚持认为这项改革是**收入中性**（revenue-neutral）的，也就是说，改革后的税收收入与按照现行税法筹措的税收收入相同。他甚至坚称，总体累进程度（不同收入阶层的人的纳税比例）没有明显改变。令人担忧的是，要是对所有结构问题都要展开讨论，这种无休止的讨论可能不会有结果。他希望讨论的重点是税法的低效率和不足之处。

税制改革在很大程度上改变了税收负担，有许多输家和赢家。然而，而有太多的输

---

① 对于这些公平效应的担忧往往会导致所谓的“缓冲”（grandfathering）规定，即优惠待遇仍然适用于目前获得这些好处的人，但不适用于其他人。因此，缓冲规定减弱了人们因税收待遇意外变化而产生的不公平感觉，但在得到优惠待遇的人与没有得到优惠待遇的人之间产生了新的不公平。

家，从而使改革变得困难重重。

然而，大多数经济学家认为，重大的税制改革不是“零和”改革，也就是说，这些税制改革不仅仅是再分配收入，或者说不只关系到如何分配经济蛋糕。通过提高经济效率，消除扭曲，税制改革将增大经济蛋糕的规模。但问题在于，那些担心税法改变会使他们受损的人对受损的感受比那些可能获益的人对受益的感受更强烈；改革拥护者声称会获益的那些人，也往往对是否真能获益持怀疑态度。

有关1986年税制改革的讨论认为，要使经济蛋糕的规模变得更大，就要增加公司所得税，从而使个人所得税总体上可以减少。由于大多数人并不知道公司所得税给他们造成的负担，这使得比较多的人认为自己是净赢家。

任何税收法案都被特殊利益集团视为获取优惠待遇的机会。为了减轻这种压力，国会要求任何提出税收减免修正案的国会议员，都必须详细说明如何筹措补偿性额外收入，也就是说，哪些税种要增税，或者要堵上哪些税法漏洞。

过渡问题

过渡带来了公平问题——资产价值改变，有人得到意外收益而有人遭受意外损失。
适应新法律会造成效率损失。

一般原则：

- 尽量避免税法频繁修改。
- 影响资本性资产价值的税法改变要循序渐进。
- 近似正确比完全错误要好——尽量简单而非最优。
- 制定税收政策要考虑税务管理，因为税法的作用在很大程度上取决于税法的执行。

税制改革政治：

- 收入中性税收的赢家和输家一样多。
- 输家对受损的感受往往更强烈。
- 不是零和结果——大多数人的境况会得到改善。
- 为了获得足够的支持常常需要耍些花招。
- 为了减少冲突，改革往往侧重于收入中性和分配中性的税收变化。

25.5 21世纪的税制改革

人们对税收制度依然颇为不满。最近正在讨论两种改革：一种是现行税制的小改，另一种是全新的大改。

25.5.1 现行制度框架内的改革

近来的改革设法在各种相互冲突的目标之间实现平衡。

1. 高边际税率增加了无谓损失，降低了税收遵从，增加了避税激励。低边际税率降低了累进程度。

2. 扩大税基可使税率降低。对某些类别的收入和支出给予优惠待遇，势必造成税法复杂、不公平和避税机会。倘若实行优惠待遇是为了促进公平或推动社会目标的实现，那么取消优惠待遇，也就削弱了税收制度作为实现除筹措收入以外各种目标的手段。

通过税收制度推广价值观 在20世纪90年代，税收政策作为追求经济和社会目标的一种工具越来越受到青睐，只是因为开征新税种和增加直接支出遭到了强烈抵制。与直接支出相比，税收支出似乎是一种在政治上更容易接受的手段，即使它们不那么有针对性，还会产生更多的经济扭曲。1993年和1997年的改革并没有把重点放在扩大税基上，而是利用税收制度来表达价值观，即使这些规定本身对经济的影响很有限。

许多改革强调家庭价值观——鼓励收养、儿童看护费用抵免以及减少婚姻惩罚。一些人希望通过扩大儿童看护费用抵免，鼓励更多的妇女参加工作；另一些人则希望通过减少儿童看护费用抵免，鼓励母亲留在家里照顾自己的孩子。其他改革，比如学费税收抵免，强调的是鼓励教育。

促进储蓄和投资 还有一些改革侧重于鼓励储蓄，特别是过去十年里个人退休账户稳步扩大，以及2001年和2003年的税制改革对资本利得实行优惠待遇。不过，有些改革者希望扩大对储蓄收益的优惠待遇，只对消费或工资收入征税，而另一些改革者则想要取消目前扩大了的优惠待遇。

简化税制 许多改革都涉及简化税制。这是对业主自用住房的资本利得规定高达500 000美元免税额的动因之一。（然而，对于这一规定的政治诉求，美国两党的支持者们了然于心；该规定可能因进一步鼓励住房投资而加剧税收制度的扭曲性，但这并没有引起多少关注。）

减轻纳税人负担的一种方法是，政府负责计算3/4的纳税申报表简单的纳税人的税收，这些人只有工资收入、利息、股息和股票资本利得。许多通过取消特殊规定来扩大税基的改革，也会有助于简化税制。另外，近年来，试图利用税收制度推进社会和经济政策的改革却朝着相反的方向发展。

□ 25.5.2 全新的重大改革

近年来，一直在讨论两套重大的改革方案。其中一套改革方案延续了之前提到的试图利用税收制度矫正经济扭曲和解决重大社会问题的传统，而另一套改革方案则更侧重于减少税收制度本身产生的复杂性和扭曲。

环境税 另一项重大改革是加重社会想抑制的领域的税收负担，减轻社会想鼓励的领域的税收负担。因此，对烟酒征税——有时称为"罪孽税"（sin taxes）、对汽油和污染环境的其他商品征税会增加，而对工作和储蓄的征税会减少。旨在解决外部性（如污染）的税收，被称为矫正税或庇古税，这是以剑桥大学著名经济学家阿瑟·庇古（Arthur Pigou）的名字命名的，他在大约一个世纪前就曾主张征收这类税。这类税不仅能增加收入，还有助于使私人激励与社会收益协调一致，从这个意义上说，它实际上起到了提高整体经济效率的作用。

不可否认，以传统的衡量指标来看，这类税可能会对GDP（国民产出的衡量指标）产生不利影响，因为传统的衡量指标不包括像清洁的空气或水这样的环境效益。但是，人们一致认为，若不再天天是雾霾天，生活水平，特别是健康状况，就会得到改善。

在这类税中，最重要的是那些影响一般能源消耗的税种，特别是影响煤炭和其他碳氢化合物使用的税种。随着有关温室气体导致全球变暖和其他气候变化的科学证据的积累，国际社会正在共同努力，减少温室气体排放。这项工作始于1979年在日内瓦举行的第一次世界气候大会，随后于1988年成立了政府间气候变化专门委员会（Intergovernmental Panel on Climate Change），1992年在里约热内卢召开的地球问题首脑会议（"地球峰会"）通过了《联合国气候变化框架公约》（United Nations Framework Convention on Climate

Change)，1997 年通过了《京都议定书》(Kyoto Protocol)，并寻求《京都议定书》在 2012 年到期后达成一项国际协议。来自煤炭的温室气体排放量（每单位能耗产生的排放量）大于石油，来自石油的温室气体排放量又大于天然气。对温室气体排放征税可以抑制煤炭和石油的使用，从而减少温室气体排放。在实践中，碳排放本身难以直接测量，但根据煤炭、石油和天然气的碳含量（它决定了排放量）来设定税率的**碳税**（carbon tax），将产生同样的效果。在欧洲，碳税得到了相当大的关注，丹麦、芬兰和荷兰已经开征了此税。1993 年，美国政府曾短暂考虑过征收碳税，但遭到了产煤各州的反对，这很快迫使政府考虑另一种能源税，称为**英热单位税**（BTU tax）。英国热量单位（British thermal unit，BTU）是衡量能量的一种标准方法。英热单位税是对能源消耗征税；降低能源消耗会减少温室气体排放，尽管不如直接针对碳排放征税更为有效。克林顿政府于 1993 年 2 月提出的英热单位税，实际上是介于直接的能源税和碳税之间的混合体，即煤炭的税率稍微调高，天然气的税率略微调低。

毫不奇怪，能源生产企业和高能耗企业（如铝冶炼厂）会联合起来进行抵制，这种税最终流产，只是略微扩大了汽油税。尽管这种税对环境有些益处，但远低于原来建议开征的税种。而且，汽油税是一种从量税而不是从价税，所以其实际价值随着时间的推移而急剧下降；其影响也减弱了，因为高油价加上更省油的汽车，导致人们减少了汽油的消费总量。

目前正在讨论的且从长远看有一定可行性的其他类型的环境税，重点是农药使用和回收利用。目前水污染的主要来源是农民使用的农药和化肥（所谓的非点源污染）。与大型工厂形成的污染不同，这些污染很难直接控制。有效控制这类污染的一种方法是通过对污染物征税来增加其使用成本。

资源不能再利用会造成过度浪费。循环利用需要花钱，处理废弃物也需要花钱。人们越来越关注垃圾处理的社会成本。没有人想在自家后院有个垃圾点，部分原因是有毒物质会造成伤害。结果，社区发现很难找到处理垃圾的地方。增加对废弃物处理的收费会鼓励更多的循环利用。不过，也有人担心，监控废弃物处理极其困难，而且随着对废弃物合法处理收费的提高，非法处理手段的使用会越来越多。

增加循环利用的另一种方法是使新材料相对于再生材料的成本增加。例如，对原生纸浆（新砍伐的树木的纸浆）征税将鼓励人们更多地使用再生纸浆造纸。瓶子回收税现在可能是最著名的鼓励回收利用的税收。

目前，美国利用各种各样的规章制度来鼓励节能环保。最引人注目的是汽车制造商必须遵守的企业平均燃油经济性（corporate average fuel economy，CAFE）标准，以提高汽车的能效。通过从管制转向征税，可以实现两大好处：(1) 提高经济效率；(2) 增加税收收入，减轻其他扭曲性税收造成的负担。这种通过环境税实现双重红利（double dividend）的理念，已经引起了经济学家和政策制定者的极大关注。[①]

① 环境税可能导致其他应税商品的支出减少，或降低劳动供给或储蓄，从而抵消了原本可以获得的收入。例如请参阅 L. H. Goulder, "Environmental Taxation and the 'Double Dividend': A Reader's Guide," *International Tax and Public Finance* 2, no. 2 (August 1995): 157-183; W. E. Oates, "Green Taxes: Can We Protect the Environment and Improve the Tax System at the Same Time?" *Southern Economic Journal* 61, no. 4 (April 1995): 915-922; C. Carraro, M. Galeotti, and M. Gallo, "Environmental Taxation and Unemployment: Some Evidence on the 'Double Dividend Hypothesis' in Europe," *Journal of Public Economics* 62, no. 1-2 (October 1996): 141-181; and A. L. Bovenberg and L. H. Goulder, "Optimal Environmental Taxation in the Presence of Other Taxes: General-Equilibrium Analyses," *American Economic Review* 86, no. 4 (September 1996): 985-1000。

金融部门税 2008年的大衰退引起人们对金融部门活动的关注。金融部门应该配置资源（向能够有效利用的人提供信贷），管理风险。可事实上，金融部门严重错配了投资，制造了风险，使全球经济濒临崩溃的边缘。金融部门的大部分活动都没有离开投机，为银行带来了巨额收费，但对实体经济没有任何明显的好处。金融部门已经成长到占GDP的8%、占公司利润40%的地步，成为不公平日益加剧的主要原因。不仅金融活动似乎已经过度，而且一些金融机构，包括一些非常大的银行，已经发展到“大而不能倒”的地步：如果它们的冒险行动失败了，政府会出手救助，因为政府害怕它们的破产会影响到整个经济。这些机构有很多优势：由于那些向其提供资金的人知道，如果它们遇到麻烦，政府会帮助它们摆脱困境，故它们能以比竞争对手更低的利率获得资金，这并不是因为它们更有效率，而是因为有这种隐性补贴。而且，按照批评者的说法，这些“大而不能倒”的银行往往也“大而不能进监狱”（too-big-to-jail）：即使发现了大规模的违法违规行为，政府也不愿意起诉它们。

对此，有一些人建议对金融部门征税，就像环境税一样，既增加了税收收入，又提高了经济的整体效率。奥巴马政府曾经表示要征收一种银行税（bank levy），与银行的规模成正比，这可以部分矫正大银行所拥有的不公平优势。许多欧洲国家都开征了金融交易税（financial transactions tax）。这种税按每笔金融交易额课以很低的税率，抑制了短期投机性交易，但对长期投资没有显著影响。人们越来越担心金融市场会导致过度的短期投资（只关注未来三个月的情况），而可持续增长需要从长远考虑。这种税的倡导者希望它能朝此方向有所推动。

毫不奇怪，这类税遭到了金融部门的强烈反对。或许令人惊讶的是，尽管有这种反对意见，一些欧洲国家还是同意开征这种税。但是，美国和英国一直强烈反对在全球范围内采用这种税，因为这两个国家的金融部门不仅规模庞大，而且具有政治影响力。

目前正在讨论的其他重大改革，体现了简化税制、扩大税基、促进储蓄和投资的主题。

单一税率税 我们曾指出，税制的部分复杂性源于它的累进性，由此有人建议实行统一的单一税率——人们只就其高于一定免征额的收入按给定的百分比纳税。虽然经济学家对这个建议的讨论持续了很长时间，但直到1996年，总统候选人史蒂夫·福布斯（Steve Forbes）在共和党初选中提出时，该建议才登上政治舞台。根据**单一税率税**（flat-rate tax）建议，高收入者的税率要下调，同时需要提高其他收入者的税率（除非人们认为高收入者的税率太高，可以在不减少税收收入的情况下降低其税率）。结果，这样的建议让人很难接受。

单一税率税建议的主要优点之一是易于税收征管。由于每个人都按相同的边际税率纳税，所以这种税不管是在个人（获得收入的人）层面上课征还是在企业层面上（比如在雇主支付工资时）课征都无所谓。鉴于单一税率税建议通常会取消所有特殊规定，因此人们都可以在明信片的背面填写纳税申报表。不过，请注意，这种简化与单一税率无关，而是与取消特殊规定有关。

消费税 许多重大改革都建议只对消费课税。这也适用于刚刚讨论过的单一税率税建议和将在下面讨论的增值税建议。正如我们在第21章和第24章所看到的那样，只对消费课税有充分的理由：税法的复杂性主要来自试图对利息课税；**消费税**（consumption tax）对一生所得相同的人征收相同的税，而所得税则歧视那些愿意在未来消费的人；消费税似乎更适合对人们从社会拿走的（他们的消费）而非对社会的贡献（用他们的收入衡量）进行征税；转向消费税会鼓励储蓄，而美国的储蓄率一直很低。

这些建议的批评者认为，鉴于储蓄对利率不敏感，转向消费税不会促进储蓄。支持者指出，他们关注的是从所得税转向消费税，因而重要的不是储蓄的利率弹性，而是储蓄的补偿性利率弹性——考虑了对利息所得征税的下降，其他税收不得不增加。①

消费税的倡导者认为，消费税易于征管。最简单的做法是对现金流征税：对个人的净现金流（收入）与储蓄净增加额的差额征税：

消费＝所得－储蓄

由于个人的资产（如股票）买卖已经记录在案，故几乎不需要进行额外的工作。批评者担心，还有许多其他资产（比如艺术品）的买卖不容易监控，并且认为人们拥有大量资产会使转变制度变得更加复杂。把出售这些资产得来的钱用于消费可能很难被发现。另一些人则认为，由于用来购买这些资产的收入已被征过一次税，所以对来源于资产出售的消费征税是不公平的。

然而，从政治角度来看，反对采用消费税的主要理由是，若要到达与现行所得税制度一样的累进程度，消费的边际税率必须非常高——许多人将不得不面临50%或者更高的边际税率。预期这么高的边际税率使得这项建议到目前为止都无法得到广泛的关注。

增值税 **增值税**（value-added tax，VAT）是在生产的每一个环节，对企业的销售额扣除其从其他企业的采购额后的差额征税，也就是对企业的增加值征税。税率高达20%的增值税已成为大多数欧洲国家的主要收入来源。

计算一国的产出有几种方法。第一种方法侧重于最终产品的销售；第二种方法将每个生产环节的增加值加总；第三种方法是加总所有人的收入。所有这三种方法都是等价的，都是征税的基础。从这个意义上讲，对最终销售课征的销售税、增值税和所得税都是等价的，尽管不同税种的征管成本可能有明显差异。当以消费为税基时，增值税类似于在每一生产环节（不是完全在最终生产环节）按增量课征的零售税。增值税的好处在于，大部分增值额都是在大公司内部发生的。对最终销售征税会给零售商造成很大的负担，而许多零售商都是小企业。因此，增值税的遵从程度很高（非正规经济中的企业除外）。

增值税的一个主要优点是其相对简单。然而，批评者指出，这是一种比例税，因而没有累进消费税或累进所得税那么公平。尽管通过对不同商品按不同税率征税（例如，食品免税）可以实现一定程度的累进性，但这样做削弱了增值税的简单性且造成扭曲——这就否定了增值税的主要优点。然而，若从一生消费的角度来看，增值税的累进性不如看上去的那么大，因为富人的储蓄在他们年轻时没有被征税，而在他们晚年动用储蓄消费时被征税，但最近的实证研究表明，增值税在许多发展中国家实际上是累进的，因为对低收入家庭消费的必需品不征增值税。② 但是，如果没有有效的遗产和赠与税，累退问题依然存在。

增值税与其他税种相结合 增值税的倡导者大多不主张用增值税来取代所得税——在欧洲，这两种税并用。相反，他们认为，增值税可以用来大幅减少通过所得税征收的税收

---

① 由于收入效应和替代效应会相互抵消，储蓄的非补偿性利率弹性较低；较低的利息所得税意味着个人的境况更好，这会增加他们的消费（减少储蓄）。但是，如果减少利息所得税，同时增加工资税等其他税种，就消除了或至少降低了收入效应，故占主导地位的效应是替代效应。替代效应无疑会增加储蓄。

② 例如参阅 G. Jenkins，H. Jenkins，and C. Y. Kuo，"Is the Value Added Tax Naturally Progressive?" Queen's Economics Department Working Paper No. 1059，April 2006。

收入，从而降低高边际税率；由于许多避税行为与边际税率的水平有关，所以倡导者认为，增值税可以减少税制扭曲，增进税制公平。批评者指出，税制的总扭曲程度与（边际）所得税和增值税的总量有关，除非该总量下降，否则增值税造成的无谓损失不会减少。此外，他们还认为，降低边际税率导致的遵从成本下降，会被征收增值税所增加的征管成本抵消。最后，人们担心，由于增值税的征收方式是零敲碎打，因此人们不知道所纳税款的全部规模，这将导致政客增加整体税收负担。对于那些希望公共部门更大的人来说，这是个优势；但对于希望公共部门更小的人来说，这是个劣势。

增值税与其他税种相结合的倡导者认为，这既可以大幅减少征管成本和遵从成本，又可以保持相当程度的累进性。例如，10%的增值税与标准扣除 100 000 美元、税率根据能产生等量增值税收入而适当下调的所得税相结合，既能产生与现行税制大致相同的税收收入，又能保持相同程度的累进性，但可以免除 96%的美国人填写个人所得税申报表之苦。这还能基本上消除税法的特殊规定造成的扭曲（因为几乎所有纳税人都会利用 100 000 美元的标准扣除），不必为了完全取消这些特殊规定进行政治斗争。[①]

专栏 25.2

普通收入与资本利得

当资本利得的税率低于普通收入时，人们就会千方百计地把收入说成是资本利得而不是普通收入。例如，如果一种债券的发行利率低于现行市场利率，债券就会折价销售。因此，如果市场利率为 10%，那么承诺一年后还本付息的、利率为 5%的 100 美元债券，大约会以 95 美元的价格出售。

这种债券会让其所有者得到 10%的收益率——5%的利息加上 5%的资本利得。5%的资本利得只不过是变相的利息而已。近年来，税法试图通过将原始发行折价（即债券发行时的折扣）纳入普通收入课税，而不按优惠的资本利得税率课税，以阻止这种税收伎俩。

州和地方所得税整合　所有这些改革的批评者指出，除非州和地方所得税进行相应的改革，否则储蓄不会增加。即使未改革的州税造成的扭曲可能很小（因为州税的税率往往较低），但征管成本仍然会很高；填写纳税申报表所用的时间一般不取决于税率，因此除非州税制进行改革，否则家庭和企业将继续耗费大量时间来填写复杂的纳税申报表。传统上，州和地方当局听从联邦政府的领导，但也有一些明显的例外情况。例如，加利福尼亚州有自己的折旧公式，这就需要该州的企业进行两种不同的纳税计算。

此外，如果开征国家增值税，则必须与现行的州和地方销售税制进行整合，因为它们的税基本质上是相同的。这是美国采用增值税的主要障碍之一，因为各级地方政府大多认为，根据联邦制的财政权力自主原则（principle of fiscal subsidiarity），这是对地方政府权利的侵犯。在这种情况下，财政权力自主原则意味着联邦政府只应负责下级政府无法有效管理的税收。

① 根据现行税制，非常穷的人不用纳税，而在增值税的情况下，他们就要纳税。这种影响可以通过扩大劳动所得税收抵免来抵消，但这样做会在一定程度上削弱增值税制的简单性。另外，随着计算机化程度的提高，只要个人提供了必要的家庭数据，并证明非工资收入没有超过规定的水平，国内收入署就可以确定个人的福利资格。

最近的税制改革和改革建议

相互冲突的目标：

- 提高累进性与降低边际税率以减少扭曲。
- 简化税法与利用税法实现广泛的目标。

现行框架下的改革：

- 1986 年的一些扩大税基和简化税制举措被 20 世纪 90 年代和 21 世纪初的改革所废止。
- 税收用来：

  促进家庭价值观；

  促进储蓄和投资；

  促进教育。

重大改革建议：

- 增值税。
- 能源税（对“坏事”征税）。
- 单一税率税。
- 消费税。
- 金融部门税。

专栏 25.3

个人退休账户与国民储蓄

尽管个人退休账户旨在鼓励储蓄，但它是否真的发挥作用了还存在相当大的争议。按照目前的设计，一般设有最高缴款限额，所以对于任何储蓄超过该限额的人来说，边际储蓄收益率不受影响。任何有投资组合资产（如非个人退休账户的储蓄账户）的人，可以简单地将这些资产转入个人退休账户。税收规定鼓励人们转移资产，而不是鼓励更多储蓄。

此外，特殊规定减少了政府的税收收入，从而降低了政府储蓄。除非私人储蓄增加额大于税收损失额，否则国民储蓄实际上会减少。

尽管如此，有一些证据表明，个人退休账户可能会鼓励个人储蓄，这或许是因为银行和共同基金利用个人退休账户的吸引力来宣传储蓄的好处。

25.6 复习和练习

25.6.1 小结

1. 高昂的征管成本和低水平的税收遵从、税法的复杂性、税收制度的不公平以及一些人认为的现行边际税率造成的大量扭曲，都促成了税制改革。

2. 所得税制度的许多问题都源于对它的要求太多。它不仅应该提供经济激励（例如，鼓励投资、储蓄、医疗保险，支持州和地方政府）、再分配收入，还要增加税收收入。

3. 《1986 年税制改革法案》降低了最高边际税率，免除了贫困人口的税收，加大了避税难度。然而，大多数美国人的边际税率并没有大幅下降，而且对于大部分人来说，减税措施只是扭转了 20 世纪 70 年代通货膨胀的影响。

4. 1986 年的税法并没有简化税法（从某种意义上说还大大增加了税制的复杂性），也没有真正减少避税活动（因为它留下了一些重要的税法漏洞），更没有大幅度扩大税基。从为投资提供公平的竞争环境来看，该税法主要是取消了 1981 年推出的特殊的投资激励措施。

5. 1993 年的税收法案通过提高最高收入者的边际税率和大幅增加劳动所得税收抵免额，增强了税制的累进性，从而基本实现了有一名全职工人的家庭摆脱贫困的目标。1997 年、2001 年和 2003 年的税制改革降低了税制的累进性，因为恢复了对资本利得的优惠待遇，而这一举措的主要受益者是非常富有的人。2003 年的税收法案因降低了股息税而进一步降低了累进性。

6. 1993 年和 1997 年的税法出台了对小企业和新企业投资的特殊规定，扩大了个人退休账户，新增了教育税收抵免，提高了儿童看护抵免额。

7. 在目前的政治环境下，税法通过税收支出来鼓励特定的活动（如接受教育），因为增加直接支出很难，并且通过取消婚姻惩罚和鼓励收养来表达价值观（例如鼓励组建家庭）。

8. 现行制度下税制改革的其他主要推动因素有促进储蓄和简化造成税制复杂化的部分条款。

9. 重大改革包括对能源（碳）使用或其他有害于环境的活动征税，以及对金融机构和金融交易征税。其他改革包括单一税率税、增值税以及基于消费而非收入的征税。

□ 25.6.2 重要概念

扩大税基	英热单位税	碳税
消费税	单一税率税	收入中性
地下经济	增值税	

□ 25.6.3 练习题

1. 人们普遍认为消费税会伤害穷人。这是必然的吗？

2. 征收消费税会对某些资产的市场价值产生重大影响。哪些资产的价值可能会减少？哪些资产的价值可能会增加？政府是否应该采取措施来补偿受损者或者对受益者征税？

3. 人们普遍认为适当的税基是个人一生消费（或一生收入）。请讨论提高边际税率但没有关于将低消费年与高消费年加以平均的规定的消费税可能产生的不公平和低效率问题。单一税率消费税是否也会出现这些问题？

4. 我们在第 22 章讨论了选择适当的纳税单位（家庭还是个人）所产生的问题。征收消费税会对这些问题产生怎样的影响？征收单一税率所得税又会对这些问题产生怎样的影响？

5. 许多经济学家和政客认为，从所得税转向消费税将是不公平的，除非同时征收财富税或遗产税。请解释这个争论的正反观点。

6. 请解释为什么取消投资税收抵免可能会增加现有资本品的价值？

7. 假设超过收入 10%的个人退休账户缴款可扣除。利用两期图来显示预算约束线。请解释为什么这种形式的个人退休账户比传统形式的个人退休账户更有可能增加储蓄？

8. 假定石油的供给是无弹性的。所有国家都对石油征税会产生怎样的影响？这能减少石油消费吗？假设只有瑞士对石油征税。世界石油消费情况如何？瑞士的石油消费会发生什么变化？

9. 我们考虑一个两期模型，其中石油（仍然是无弹性供给）或在这一期使用或在下一期使用。在均衡状态下，如果石油所有者不想在这一期卖掉石油，那么下一期的价格必须高于这一期的价格。请解释：为什么如果利率是10%，那么价格必须高出10%？[价格必须按利率上涨的原则被称为霍特林原则，是以哈罗德·霍特林（Harold Hotelling）的名字命名的，他是哥伦比亚大学和北卡罗来纳州立大学的一位杰出的统计学教授，早在75年前他就首先阐明了这一点。] 在这两期对石油征收相同的税率会产生怎样的影响？

10. 请利用第9章的中间选民模型，讨论取消所有州和地方税的扣除规定会对州和地方政府的支出水平产生的影响。中间选民是否选择分项扣除会对你的答案产生怎样的影响？

第7篇　其他问题

美国政府实行联邦制，州和地方政府与联邦政府从事的活动有所不同。第 26 章解释了联邦制的基本原理以及联邦政府与州和地方政府之间一些重要的财政相互影响。本章还探讨了社区间竞争在确保有效生产公共产品的适当水平和种类中的作用。

第 27 章简要介绍了州和地方政府的税收与支出。本章特别关注了资本和劳动力高度流动情况下税收与支出项目的归宿。第 28 章讨论过去 30 年来的一个重大问题，即美国在 20 世纪 80 年代飙升的、到 90 年代末才得到控制但此后又急剧上升的预算赤字。本章分析了赤字、税收和政府支出对经济增长与稳定的影响。

第 26 章

政府间财政关系

重点问题

1. 提供公共产品和服务的责任应如何在联邦政府和州政府之间划分?

2. 责任安排应该遵循怎样的经济原则?何时下放公共服务提供和融资的决策权是有效的?

3. 在将收入从富裕的州再分配给贫穷的州的过程中,联邦政府应该发挥什么作用?联邦政府现在是如何补助各州的?这些补助的效果如何?

美国宪法规定,没有明确授权给联邦政府的权力都属于各州。授权给联邦政府的权力比如有提供国防、印制钞票和设立邮局等。长期以来,人们的普遍看法是,这似乎将提供大部分公共服务(例如,教育、警察和消防、道路和高速公路)的责任都留给了各州。然而,宪法是一份很有灵活性的文件,法院对它的解释基本上能让联邦政府可以自由地提供其他许多服务。

关于**财政联邦制**(fiscal federalism),即联邦政府与州政府和地方政府之间的经济责任划分,一直存在争论。当然,联邦制所涉及的问题超越了经济学的范畴。例如,在 20 世纪 60—80 年代,民权倡导者呼吁联邦政府要发挥更积极的作用,而反对者则强调州的权利。本章着重讨论经济问题,例如,哪些产品和服务应由地方政府提供,哪些应由联邦政府提供。这一问题反复出现;里根总统在 1982 年的国情咨文中呼吁建立一个“新联邦制”,即赋予各州在福利方面更多的权力,联邦政府承担更多的医疗救助费用。批评者认为,新联邦制是削减联邦政府对州和地方补助的一种策略,是缩小联邦政府规模的一种方法。的确,1980—1986 年,联邦补助占 GDP 的比率从 3.3%下降到 2.6%。20 世纪 90 年代中后期,由于共和党在国会中占多数,重新提出了加强州对联邦项目(计划)的控制,从而推动了 1996 年的福利改革。

本章首先简要介绍责任的划分,然后重点讨论财政联邦制中的主要经济问题,最后再简要谈一谈争论中的政治学和哲学基础。

26.1 责任的划分

联邦政府与州和地方政府之间的关系错综复杂,不能只用支出来描述。主要问题有二,即谁对项目做出决策?谁为这些项目掏钱?在有些情况下,联邦政府要为某个项目掏钱,并赋予各州很大的自由裁量权去落实。而在有些情况下,联邦政府基本上规定了所有条款,各州只是简单地管理项目。例如,在补充营养援助计划(食品券计划)中,资格标准和金额由联邦政府决定，各州只是管理该计划。在有些情况下，联邦政府提供**配套拨款**（matching grant），即州政府决定支出水平（在一定限度内），联邦政府支付一部分费用，这可能取决于州的人均收入。在其他情况下，联邦政府提供**分类拨款**（block grant），即拨一笔金额固定的作为一般性支出的资金，州政府承担超过这一金额的全部费用。联邦政府曾一度采取**一般收入分成**（general revenue sharing），即可用于任何目的的分类拨款。（联邦政府与各州分享收入是基于下列假设：联邦政府能更有效地筹措收入，而州政府能更有效地做出某些支出决策。）如今不再采取一般收入分成，而是努力地把用于特定目的（如福利）的配套拨款转变为用于此目的的分类拨款。1996 年，“抚养未成年人家庭援助”计划被一种分类拨款计划——“贫困家庭临时救助”所取代，但食品券计划仍由联邦政府出资，医疗救助计划仍实行配套制度。

图 26.1 显示了联邦政府的各类支出比例。（需要注意的是，支出只是部分说明了各级政府在每种活动中的作用。）一方面，州和地方政府承担教育（小学、中学和公立大学）、公共安全（警察和消防）以及交通（公共道路和公共交通）等大部分责任。另一方面，联邦政府承担社会保障和收入支持、住房和社区服务、医疗以及农业等的主要责任。图 26.2 显示的州和地方政府支出格局略有不同，教育是最大的支出项目，其次是医疗与公共秩序和安全。

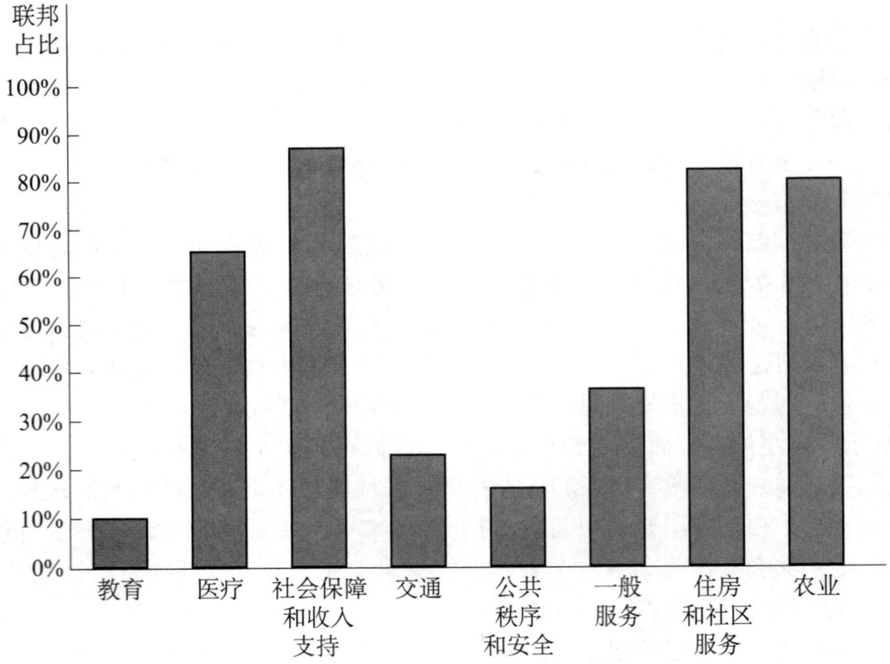

图 26.1　2008 年联邦政府部分支出所占比重

联邦政府的大部分支出都用在了社会保障和收入支持、医疗、住房和社区服务以及农业上，而州和地方政府的大部分支出都用在了教育、医疗、公共秩序和安全上。

资料来源：U. S. Department of Commerce，Bureau of Economic Analysis，*National Income and Product Accounts Tables*，Tables 3. 16 and 3. 17.

就像联邦政府与州和地方政府之间的责任分工一样，州政府和地方政府之间也有责任分工。分工不是一件简单的事，牵涉筹资、管制和管理，其中，比较复杂的是州和地方政府间的转移支付——州政府的补助拨款几乎占地方政府总收入的三分之一。中小学几乎都

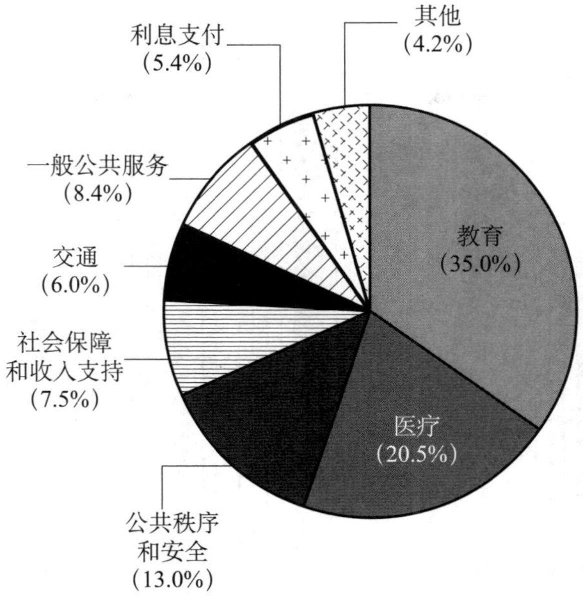

图 26.2　2008 年州和地方政府支出结构（支出总额为 2.02 万亿美元）

教育是州和地方政府最大的支出项目，其次是医疗、公共秩序和安全。

资料来源：U. S. Department of Commerce，*National Income and Product Accounts Tables*，Table 3.16.

是由地方社区举办的，但半数资金来自州政府，州政府同时也实施了各种管制。州政府承担了近 90%的公共福利支出和 60%的公路支出，而地方政府承担了几乎所有的供水和污水处理、固体废物处理、住房和社区发展、消防和警察支出。[①]

从国际比较来看，除了社会保护主要是中央政府的责任之外，包括美国在内的高收入国家不同层级政府之间在大多数职能上的责任分工没有一定之规，责任分工模式明显表现出多样性（见图 26.3）。例如，医疗通常是中央政府的责任，但在瑞典，大部分医疗支出由地方政府承担，而在西班牙，医疗主要是省级政府的责任。同样，在大多数国家，公共安全是中央政府的责任，但在美国和德国，大部分公共安全支出都由州（省）及以下各级政府承担。

□ 26.1.1　联邦政府与州和地方政府之间的其他相互影响

联邦政府除了提供补助之外，还通过其他多种方式影响州和地方政府。联邦政府的管制和联邦税法就像影响私人企业一样，也影响着州和地方政府。

管制　州通过的立法受到宪法的限制。各州不能颁布法律剥夺个人接受审判的权利，无论他犯下了何等十恶不赦的罪行；各州也不能以种族或宗教为由，禁止个人从事某项工作。近年来，最高法院的许多裁决驳回了州的违宪行为。

州和地方机构也要受到与私人企业和个人相同的污染和环境管制。在有些情况下，联邦政府要求州和地方政府提供某些服务（比如残疾人便利设施），但不提供必要的资金。毫不奇怪，州和地方社区都在抱怨说，如果联邦政府认为这些服务很重要，就应该为这些服务提供资金（请参阅专栏 26.1“无资金委托事项”）。

① U. S. Census Bureau，“State and Local Government Finances and Employment，” *2012 Statistical Abstract*，Tables 454 - 456.

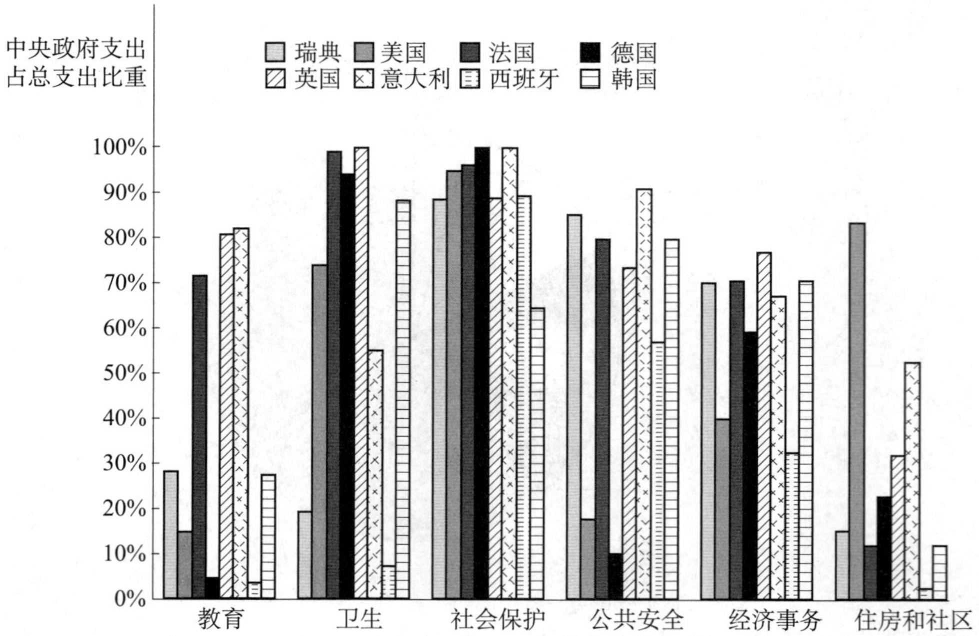

图 26.3　2010 年中央政府部分职能的支出比重国际比较

除了社会保护之外，高收入国家在各级政府间的责任分工上差异很大。

资料来源："Government Expenditure By Function," *OECD. StatExtracts*; and World Bank World Development Indicators.

专栏 26.1

无资金委托事项

到 1994 年，无资金委托事项（unfunded mandates）问题已经持续了很长一段时间。即使是得到广泛支持的立法，也给州和地方政府施加了难以承受的财政负担。例如，《美国残疾人法案》（Americans with Disabilities Act）要求州和地方政府保证残疾人可利用公共建筑和公共交通工具。《清洁水法案》（Clean Water Act）的再授权使问题到了非解决不可的地步。各社区都意识到，它们不得不为新的污水处理设施拿出数百万美元。

无资金委托事项的批评者认为，就像国会承诺如果没有资金来源就不会追加支出，国会也应该承诺如果不提供资金就不会增加州和社区的委托事项。那些想要削减政府活动的人也盯住了无资金委托事项问题。比如，他们把这看作确保没有新的环境立法能通过的一种方式。正因为如此，无资金委托事项问题很是令人担忧。

经济学家指出，某些"委托事项"，比如《清洁水法案》中的一些委托事项，并没有要求地方承担"不公平"的负担，只要求地方不给其他社区造成外部性影响。有些社区可能没有完全解决污水处理问题，从而增加了其他社区的负担。

1995 年国会通过的《无资金委托事项改革法案》（Unfunded Mandates Reform Act，UMRA），采取了一种折中方案，即给社区造成成本的立法必须要同时估计这些成本的大小。国会至少可以判断这些成本是否合理，立法的收益是否与这些成本相称。

《无资金委托事项改革法案》至今仍然有效，国会预算办公室（Congressional Budget Office）自 1996 年 1 月以来提交给国会的 1 万多份政府间委托事项成本估计，使联邦政府委托事项的成本透明化，产生了一定程度的积极影响。

资料来源：Robert Jay Dilger and Richard S. Beth，*Unfunded Mandates Reform Act：History，Impact，and Issues*（Washington，DC：Congressional Research Service，June 2014）.

激励　有时，联邦政府通过设置补助条件向州和地方政府强加自己的意愿。例如，截至 1995 年 12 月，是否给交通资金，取决于是否有城区 55 英里、非城区 65 英里的时速限制；是否给教育经费，取决于是否有适当的平权措施计划。

税收支出　联邦政府影响州和地方支出的一种重要方式是个人所得税和公司所得税的税收支出。据估计，2011 年这些税收支出约为 1 000 亿美元。例如，州和地方政府债券的利息不缴纳联邦税，而且州和地方所得税、财产税皆可从联邦个人所得税中扣除。正如我们将要看到的，这不仅可以视为对州和地方的补贴，还可能激励州和地方政府扩大开支。

□ 26.1.2　财政转移支付的规模

第 2 章强调，政府支出的规模并不能完全反映政府在经济中的作用。同样，联邦政府对州和地方政府的转移支付数额也不能说明州和地方政府支出受联邦政府活动影响的程度。尽管如此，这些转移支付的一些特征还是值得注意的。第一，1929—1970 年，转移支付大幅度增加，1929 年转移支付仅占州和地方政府收入的 1.3%，到 1970 年则达到 1/5。在后来的 30 年里，虽出现了一些波动，但到 2005 年，该比例已上升到了 1/4，而在大衰退（Great Recession）之后，该比例高达 28%。联邦政府对州和地方政府的转移支付拨款占联邦总支出的比例从 1970 年的 12%上升到如今的 17%。第二，联邦政府的补助对州政府似乎比对地方政府更重要，占州政府收入的 25%，占地方政府收入的比例略高于 3%。[①]

不过，这些数字具有欺骗性。拨给州政府的大部分资金最终也都给了地方政府，州政府对地方政府的转移支付拨款约占地方政府收入的 1/3 左右。同样，联邦政府转移给州和地方政府的资金当中，有 64%的资金主要通过医疗救助和收入保障支出转移给了个人。在联邦政府对州的拨款中，医疗救助占比越来越高。1973 年，医疗救助占联邦政府对州和地方政府的转移支付拨款的 11%，到 2011 年，该比例已达到 45%。[②]

这些医疗救助的统计数据甚至也有误导性。各州已经学会了如何利用医疗救助计划作为一般收入分成的一种形式。为了明白这种“骗局”是如何运作的，假设某医院的收费提高了 1 000 美元，州政府支付 500 美元，联邦政府支付 500 美元。然后，医院可能会退还给州政府一定的数额，比如 800 美元。医院的境况更好了（多出 200 美元可用），州政府的境况也改善了（多出 300 美元可用），只有联邦政府的境况变差了。用于穷人的医疗支出增加了，但这并不是因为服务增加了，也不是因为用于穷人的资源更多了。

在发展中国家，财政转移支付也非常重要，平均占省及省以下政府支出的 40%以上，

① Executive Office of the President，Office of Management and Budget，*Budget of the United States Government*，*Fiscal Year 2013*，*Analytical Perspectives*（Washington，DC：Government Printing Office），Table 18 - 2；and U. S. Census Bureau，“State and Local Government Finances and Employment，” *2012 Statistical Abstract*，Tables 452 and 455.

② Executive Office of the President，Office of Management and Budget，*Budget of the United States Government*，*Fiscal Year 2013*，*Analytical Perspectives*（Washington，DC：Government Printing Office），Table 18 - 1；and U. S. Census Bureau，“State and Local Government Finances and Employment，” *2012 Statistical Abstract*，Tables 454 and 455.

在有些国家甚至高达80%。这些转移支付的目的是缩小中央政府分配给各级地方政府的支出责任超过地方政府的财力所造成的财政缺口：在发展中国家，各级地方政府支出占公共部门支出总额的比例平均为1/4左右，而其收入占公共部门收入总额的比例平均只有1/6。中央政府的这些转移支付资金主要用于教育、医疗卫生和一般政府服务等地方政府最重要的责任。[①]

26.2 财政联邦制的原则

我们在上一节描述了各级政府的各种活动——责任划分，而这种责任划分在很大程度上会随着时间的推移而变化。200多年前写就的美国宪法确立了责任划分基本框架，当时现代财政理论尚未形成，甚至还没有公共产品概念。

但是，随着现代财政理论的发展，我们可能会问：应该用什么样的原则指导责任划分？哪种划分可能更有效率？或者哪种划分更能使有关公共产品的生产水平和种类的决策与人们的偏好相符？本节将讨论一些主要原则。

26.2.1 全国公共产品和地方公共产品

就某些物品而言，由联邦政府提供有充分的理由。这些物品都是**全国公共产品**（national public goods），全国人民都能受益。相比之下，**地方公共产品**（local public goods）的好处只能由特定社区的居民享有。国防是全国公共产品，交通信号灯和消防是地方公共产品。

正如联邦政府提供的大多数物品不是纯公共产品一样，地方政府提供的大部分物品也不是纯公共产品。就某些物品来说，比如公共图书馆，虽然排他很容易，但不可取，因为多让一个人利用的成本几乎为零。地方政府提供的某些物品，比如教育和公立医院，本质上属于私人产品，排他很容易，而且多为一个人提供服务的成本很大（见第5章）。同样，某些地方公共产品也不完全是地方性的，其他社区的人有时也能获得一些好处。

如果公共产品的供给是有效率的，那么这些公共产品必须由政府来提供，据此可形成推论，如果全国公共产品的供给是有效率的，那么它们就必须由中央政府来提供。如果由每个社区提供全国公共产品，就会出现搭便车问题，就像如果全国公共产品由家庭和企业提供一样。

26.2.2 地方社区是否能有效提供地方公共产品？

虽然有理由说联邦政府应当提供全国公共产品，但仍然存在一个问题，即地方公共产品就应该由州和地方政府提供吗？

60多年前，华盛顿大学的查尔斯·蒂布特（Charles Tiebout）写下了一篇非凡之作，认为地方社区相互竞争向公民提供公共产品，就像企业相互竞争提供普通私人产品一样，可以使公民有效地得到他们想要的产品数量和形式。[②] 他认为，就像私人企业间的竞争导

---

① A. Shah, "Fiscal Decentralization in Developing and Transition Economies," World Bank Policy Research Working Paper 3282, Washington, DC, April 2004.

② 请参阅 C. Tiebout, "A Pure Theory of Local Expenditure," *Journal of Political Economy* 64 (1956): 416-424。

致私人产品的有效供给一样，地方社区间的竞争也会导致地方公共产品的有效供给。这一假说就是所谓的**蒂布特假说**（Tiebout hypothesis）。下面我们将进一步探讨蒂布特假说及其局限性。

专栏 26.2

国际公共产品

有些公共产品的好处只能由某个特定社区内的居民享有，而有些公共产品的好处可以惠及全世界。如果让地方社区提供全国公共产品，就会出现供给不足；同样，如果让各国政府提供**国际公共产品**（international public goods），也会出现供给不足。

国际公共产品至少有四大类。第一类是全球环境（地球大气层和环绕大陆的海洋），这也许是最明显的国际公共产品。尽管温室气体的增加可能会对不同的国家产生不同的影响，但是温室气体的总体浓度则是所有国家日积月累活动的结果。第二类是国际安全，这可能影响到世界上几乎所有人，比如20世纪的两次世界大战。第三类是知识。世界上任何地方多一个人拥有一些知识的成本是零——不会减少其他人的知识（尽管有可能减少他们可以从知识中获得的经济租金，以及知识传播的边际成本不为零）。此外，至少对于许多知识来说，排他虽然不是不可能，但也是非常困难的。第四类是国际经济稳定。一个国家的经济危机可能会蔓延到其他国家，就像一个人生病时可能传染其他人一样。（实际上，经济学家称这一过程为传染。）因此，维护国际经济稳定，控制危机的影响，被视为至关重要的国际公共产品，国际社会已经建立了危机发生时提供援助的国际金融机构——国际货币基金组织和世界银行。

地方公共产品、全国公共产品和国际公共产品

- 地方公共产品：仅限于当地人受益的公共产品。
- 全国公共产品：全国人民都能受益的公共产品。
- 国际公共产品：全球都受益的公共产品。

□ 26.2.3　蒂布特假说

第3章探讨了政府活动的理论基础。福利经济学的基本定理——亚当·斯密的“看不见的手”，意味着如果不存在市场失灵（诸如公共产品），经济将是帕累托效率的。个人都以自己的利益为出发点，做出导致帕累托效率的决定。生产者之间的竞争导致他们以尽可能低的成本提供人们想要的产品。

类似的论证也适用于州和地方政府提供地方公共产品和服务，但不适用于联邦政府的情形。人们认为，社区间的竞争将导致社区提供人们想要的产品和服务，并以有效的方式生产这些产品。

蒂布特最初关注的是第9章讨论的偏好表露（preference revelation）问题：人们通过购买产品来表露他们对私人产品的偏好，但人们如何表露他们对公共产品的偏好？人们在投票时，他们会选择能反映其整体价值的候选人，但他们不能具体表达对特定支出类别的看法。大多数州很少使用公决。即使要求人们直接对特定项目的支出进行投票，所得到的均衡一般也不会是帕累托效率的。

蒂布特认为，人们可以“用脚投票”。他们对社区的选择表露出了他们对地方提供的公共产品的偏好，就像他们选择的产品反映出他们对私人产品的偏好一样。此外，就像企业有激励找出人们偏好的商品并有效地生产这些商品一样，社区也有激励找出人们偏好的由社区提供的物品并有效地提供这些物品，这在社区开发商身上体现得最为明显。近年来，这些开发商认识到许多人希望有比典型城市更加安全和更多的公共设施（游泳池、网球场），因此开发了提供这些服务的大型项目。由于这些社区更好地满足了人们的需要，所以人们愿意付更高的租金（或花更多的钱购买这些社区的住房）。开发商努力找出人们需要什么并满足这些需要，并得到了相应的回报。

更一般地说，人们愿意迁入有效提供人们所喜欢的服务的社区，迁出没能这样做的社区。这种迁移（随之而来的是对房地产价值的影响）向城市管理者发出了信号，这种信号与市场向企业管理者发出的信号（若企业不能提供人们所喜欢的商品，其销售额就会下降；反之，销售额会增加）实质上是一样的。政客有时迫于选民的压力会对这些信号做出反应，就像企业管理者对市场信号做出反应一样。

这种类比很有意义。在某些假设条件下，每个社区的独立决策将导致帕累托效率配置，如同企业和个人关于私人产品的独立决策会导致帕累托效率一样。

但是，这些假设通常都不成立。即使这些假设成立，社区间的福利分配不平等也可能大到不可接受的地步。

蒂布特假说的条件与我们在第 2 篇讨论的条件非常接近，即市场配置可能不是帕累托效率的，或即使是帕累托效率的，也许也是不可取的。① 两个最基本的限定条件是存在市场失灵和对收入分配的不满。

蒂布特假说

社区之间的竞争确保了地方公共产品的提供效率，如同企业之间的竞争确保私人产品的提供效率一样。

局限性：

● “市场失灵”。

外部性：社区的决定对其他社区有影响。

不完全竞争：社区的数量有限。

● 税收竞争可能只是降低企业的税收。

● 再分配——在有自由迁移和地方竞争的情况下，地方层面不会有再分配，即使有也极其有限。

□ 26.2.4 市场失灵

最重要的“市场失灵”是外部性和不完全竞争。

---

① 自蒂布特以来，已有大量文献评估了使结论成立的条件。请参阅 J. E. Stiglitz, “Public Goods in Open Economies with Heterogeneous Individuals,” in *Locational Analysis of Public Facilities*, ed. J. F. Thisse and H. G. Zoller (New York: Elsevier North Holland, 1983), pp. 55 - 78; J. E. Stiglitz, “Theory of Local Public Goods,” in *The Economics of Public Services*, ed. M. Feldstein and R. Inman (New York: Macmillan, 1977), pp. 274 - 333; T. Bewley, “A Critique of Tiebout's Theory of Local Public Expenditures,” *Econometrica* 49 (1981): 713 - 740; and G. R. Zodrow and P. Mieszkowski, “Pigou, Tiebout, Property Taxation, and the Underprovision of Local Public Goods,” *Journal of Urban Economics* 19 (1986): 356 - 370。

外部性 一个社区的行为可能会对其他社区产生明显的影响。如果一个社区建了一座散发臭味的污水处理厂，或者允许在其边界开发一个工业区，那么，风会将此处的不良气味吹到邻近社区，这就会产生一种重要的外部性。我们有时把这种外部性称为“外溢性”(spillovers)。不是所有的外溢性都是负面的。一些经济学家认为，公民受过良好的教育对大家都有好处，这也是政府提供教育的一个理由。从某种程度上说，这是事实。如果人们从提供免费教育的社区迁出，那么，这个社区的公共教育制度就产生了外溢性。

迁移和选址无效率可能被认为是一种特别重要的外部性。人们迁入某个社区既带来了收益也带来了成本：税基增加了，但公共服务需求也增加了，道路和公园也更加拥挤了。由于在许多情况下迁入的人既没有支付这些成本，也没有因他们带来的好处而获得补偿，这有可能导致选址决策的无效率。许多国家对主要城市（比如伦敦、巴黎、墨西哥城）的人口过度集中的担心与日俱增，制定了人口分散政策，以实现它们认为更有效的选址格局。

竞争和利润最大化 市场经济具有效率的一个核心假设是，有许多利润最大化的企业。蒂布特假说同样假设有众多相互竞争的社区。① 在大多数地区，相互竞争的社区数量是有限的，实际上仅存在有限的竞争。此外，社区不是以简单的利润最大化标准来决定提供哪种物品和服务，而是按照第 9 章所讨论的政治程序来决定。这种方式可能导致的低效率将在下一章描述。这里我们只是指出有限竞争解释了我们为什么应该对蒂布特假说持怀疑态度。

税收竞争 蒂布特模型表明，社区之间的竞争不仅是有益的，而且也是实现帕累托最优的必要条件。然而，还有另一种观点认为，社区之间的竞争更多的是负面的。这种观点认为，不同的社区竞相吸引企业，以增加税基和就业机会。一个社区得益可能在一定程度上使其他社区受损。更一般地说，吸引企业的竞争会导致企业的税收降低，结果企业是最终的受益者。从这个角度来看，社区似乎最好不要竞争。

我们早先曾经指出，地方社区要对不流动的要素征税，因为流动的要素可能会逃避税收。资本（更为普遍的是企业）是流动的，通过税收优惠竞相吸引企业就是一种真实写照。如果社区都同意不利用税收优惠，那么，几乎可以肯定，竞争将会通过其他可能更浪费的形式进行，比如为企业提供更好的公共设施（如道路）。（要是连这种方式都没有，那些税基小而税率高的社区会发现根本无法吸引企业。）从这个角度来看，试图阻止**税收竞争**（tax competition）就像试图阻止经济中的其他竞争一样。这种企图不仅可能无果，而且还可能导致其他问题，包括无效率。

尽管竞争白热化的地方政府间的税收优惠战不断升级，但取代这种具有“避高就低”(race to the bottom) 特征竞争方式的**经济园艺**（economic gardening）越来越流行：培育本地企业，通过投资支持现有企业和新企业。经济园艺的前提是，税收竞争的代价通常太大，而且适得其反——要么不能吸引企业，要么吸引因为市场因素以及地方公共基础设施和服务的质量，即使没有税收优惠也会来的企业。此外，经济园艺的支持者声称，税收优惠剥夺了地方政府服务其辖区内所有企业所需的资源，并预测未来要成功维持这种得到补

---

① 要有许多这样的社区：每个社区的所有居民具有相同的技能，也具有同样的公共产品偏好。另一个条件是(假定选民是理性的)，投票会完全一致。显然，这两个条件都得不到满足。请参阅 R. W. Eberts and T. J. Gronberg, “Jurisdictional Homogeneity and the Tiebout Hypothesis,” *Journal of Urban Economics* 10 (1981): 227 - 239; and H. Pack and J. Pack, “Metropolitan Fragmentation and Local Public Expenditure,” *National Tax Journal* 31 (1978): 349 - 362。

贴的成本优势会越来越难。

在其他领域，要是能做到完全合谋，就会产生实质性影响。同样，如果所有社区都能同意不进行吸引企业的竞争，并且同意比如对企业征收统一税，那么社区得利，企业受损。这种税相当于联邦政府课征的税。[①] 有关税收竞争的争论说明了联邦政府在征税上具有显著优势。

□ 26.2.5 再分配

再分配——蒂布特假说的第二个限定条件，比我们刚刚讨论过的市场失灵更能说明联邦政府的重要作用。人们对个人之间和社区之间的收入分配感到担忧。

个人之间的不平等 再分配程度（福利支出水平）应该由地方还是由国家来决定？“再分配”是一种地方公共产品吗？假定某个社区的人坚定地认为没有人应该住在贫民窟，因而该社区提供了良好的公共住房计划，而其他某个社区的人则有不同的道德观。前一个社区的人是否有理由将其道德观强加于后一个社区，试图将最低住房标准变成一个国家的而不是地方的问题？

答案是肯定的。原因在于，在迁移比较自由的情况下，在地方层面可行的再分配程度相当有限。任何社区只要决定为穷人提供更好的住房或更好的医疗服务，就可能会发现穷人纷至沓来。社区似乎都不想对穷人有吸引力，让穷人到别的社区。例如，有些社区通过要求拥有面积较大地块的分区规划法来达到这一目的[②]，有些社区的做法是，限制某些公共服务（如公共汽车服务）的提供，这些公共服务可能对于穷人特别重要，而对于富人来说则有更好的私人替代品。

如果社区之间是完全竞争的，那么，花纳税人的钱提供地方基本公共服务的种种努力会导致纳税人缴纳的税收正好与其得到的好处相称。没有福利计划且成功地将大部分穷人拒之门外的社区，与有庞大的福利计划（比如公共住房、良好的医疗条件等）和弱势儿童教育计划的社区相比，就能在课征较低税率的情况下提供公共服务（如教育、污水处理、图书馆等）。事实上，竞争往往是有限的，迁移过程是缓慢的，出于政治考虑做出的公共服务决策意味着地方（和州）层面也经常有再分配计划，但很有限。

社区之间的不平等 我们已经注意到，各州之间的人均收入差异很大。对于一个贫穷的社区来说，要提供与富裕的社区相同的服务水平，就需要课征更高的税率。我们看到，美国各地的人均支出和税率的差异的确很大。2008 年，州层面的人均支出差异，从比较低的得克萨斯州（4 079 美元）、内华达州（4 146 美元）、佛罗里达州（4 190 美元），到比较高的阿拉斯加州（14 701 美元）、怀俄明州（9 534 美元）、夏威夷州（8 182 美元），全国平均水平为（5 696 美元）。[③] 2008 年，一个年收入为 75 000 美元的典型四口之家所缴纳的州和地方税总额占其收入的比例，从最高的费城（12.4%）、底特律（11.2%）、纽约市（10.9%），到最低的杰克逊维尔（4.4%）、拉斯维加斯（5.5%）、休斯敦（5.6%）不等。[④]

我们为什么要更加关注地方政府提供的公共产品（和税率）的不平等，而不是一般意

---

① 各国之间还存在着税收竞争问题。

② 法院最近限制利用分区规划作为排他手段。

③ U. S. Census Bureau, “State and Local Government Finances and Employment,” *2012 Statistical Abstract*, Tables T-13 and 454.

④ U. S. Census Bureau, “State and Local Government Finances and Employment,” *2012 Statistical Abstract*, Table 447.

义上的不平等？为什么要有特定的联邦计划来减少这种不平等？如果我们想要更大力度的再分配，为什么不干脆征收一种更加累进的联邦税，让个人选择如何花钱？如果人们想生活在那些在地方公共产品上花钱较多或较少的社区，为什么要拦着他们呢？这些问题与前几章提到的问题类似，即政府是否应该制定具体的政策，以减轻获得特定产品（如药品、食品和住房等）的不平等程度。特定平等主义（specific egalitarianism）概念被引入，即某些商品的消费不应取决于一个人（或其父母）的收入或财富。教育作为最重要的由地方政府提供的公共产品，是最有理由认为人人都应平等得到的一种物品。然而，可以提出若干理由反对旨在减轻地方公共服务提供不平等的计划。

1. 消费者主权。第一个理由是标准的“消费者主权”（consumer sovereignty）论点：人们应该有权选择自己喜欢的产品。联邦政府不应该把其对食品、住房或教育的偏好强加给地方社区。旨在减轻地方公共产品提供不平等的计划（这在一定程度上是有效的）扭曲了消费格局：与向个人提供现金的再分配计划相比，这可能会导致“地方公共产品”的消费增加，私人产品的消费减少。分类补助（在一定程度上也是有效的）会扭曲地方提供的产品组合，比如可能导致更多的教育和城市改造，更少的日常污水收集。只要有这种扭曲，就会有无谓损失。

这种消费者主权论点尽管很重要，但对于某些地方提供的产品来说还不那么强有力。例如，中小学教育的决策不是由个人而是由其父母做出的；地方公共产品的决策是通过政治程序完成的，未必产生有效率的结果，如同我们在第 9 章所看到的。

此外，消费者主权论的大部分论点都是这样的看法，即个人都是见多识广（信息灵通）、理性的，但在许多情况下，这些假设都不成立。家长们都不怎么了解学校的各方面质量，即使他们可以选择，通常也会把孩子送到最近的学校。

2. 针对社区再分配的难点。第二个反对社区间（地方、州）再分配收入的计划的理由是，这些计划缺乏针对性。大多数社区由穷人和富人组成。旨在把资源再分配给一个平均收入低的社区的计划，可能只是使其税率降低，因此，该计划的主要受益者是贫穷社区里的富人。相反，有些计划，诸如学校午餐计划，把收入再分配给儿童，这比旨在再分配家庭间收入的计划可能更有效。

3. 选址无效率。第三个理由是，社区间再分配收入计划会导致选址无效率（location inefficiencies）。这扭曲了人们住在哪里的决策和企业在哪里落户的决策。

美国是一个流动性很强的社会。人们经常搬家，而且常常路途遥远——从南方乡村到北方都市，从冰雪地带到阳光地带。人们搬家的原因很多，但经济原因最为重要，不仅包括个人的就业机会和能得到的工资，还包括税收和公共产品的提供。随着需求变化和技术进步，经济效率要求人们搬到更富有活力的地方。有些地方甚至有些地区确实出现了人口的衰减，而有些地方的人口却在迅速增加。旨在把收入从一个地方再分配到另一个地方的联邦援助，可能会影响劳动和资本的有效配置。一个社区的税收和公共服务水平不能正确反映该社区的经济潜力。从短期来看，这带来的无效率可能会很小，但从长期来看可能会变大。政府鼓励人们留在原地，而不是搬到更富有活力的地方。事实上，用同样的资金补贴人们搬出没有活力的地区可能更好。同样，有了新的高速公路系统，人口大规模聚集在市中心区也许就不再是有效率的。这样，对市中心区的援助可能会使这种无效率的选址格局固化。[①]

① 另外，这种援助可以补偿市中心区产生的正外部性。

需要指出的是，这些无效率源于试图在社区间再分配收入。如果我们主要关心的是个人间的不平等，那么再分配应该针对的是个人而不是地区或地方。

此外，具体的再分配计划如果设计得不好，可能会造成很大的扭曲。旨在通过提供联邦补贴来解决特困户住房短缺的计划，可能会鼓励社区采取措施，加剧这种短缺（例如租金管制）。批评人士担心，一项针对过度借贷且似乎有债务违约风险的城市的纾困计划，可能会鼓励其他社区借更多的债，因为它们知道一旦陷入困境，联邦政府就会伸出援助之手。

然而，几乎没有证据表明这种逆向激励（有时称为道德风险）有多大作用。一些被广泛关注的、陷入财政困境的社区的例子与华尔街的剥削有关，其中包括出售不适当的金融产品。其他则与美国传统制造业衰落（去工业化）有关，特别是对以这些行业为主的社区产生了不利影响。这些财政问题因大都市区的分化而进一步恶化，使得许多市中心区陷入了非常糟糕的财政困境，而周边郊区却繁荣起来。

在确定针对陷入困境城市的适当政策时，一个需要考虑的重要因素是对“无辜”受害者（例如，如果不采取措施为这些城市提供一些援助，儿童就得不到充分的教育）的影响。

□ 26.2.6 地方提供的其他理由

虽然地方公共产品概念为地方提供某些公共产品提供了主要论据，但是还有其他一些理由表明，地方政府在提供集体物品（collective goods）上应该承担更大的责任——即使这些物品不是纯地方公共产品，抑或这样做可能会限制再分配的程度。这些理由在近来美国的政治争论中起了重要作用——通过向地方社区下放更多的责任，能更好地适应所提供物品的受益者的情况和偏好。而且，公民更有可能会积极参与，比如当学校由地方社区负责时；这种参与会导致更高质量的公共服务。

而且，在地方层面，人们更能清楚地看到收益和成本（他们必须缴纳的税收）之间的联系；当人们看清政府福利和税收之间的联系时，他们就不太可能要求那些不值得花钱的福利，而且更有可能要求福利的提供讲求效率。此外，还可以进行更多的尝试，这些尝试提供的信息对于像福利领域（一般都需要重大改进）的项目设计尤其重要。

除了上述这些分析性论点之外，一些人一再要求把更多的责任下放给州和地方政府的原因还在于，他们认为政治程序会做出与国家层面不同的、让他们更喜欢的决策。例如，许多人认为，把有关福利计划的决策责任更多地划分给州和地方能更有效地控制成本。

然而，地方和州政治也可能以其他方式起作用。在许多州，农村地区的政治影响力与其人口规模相比过大。因此，州政治可能比较保守，对城市地区有偏见，不太关心不平等问题。例如，根据平价医疗法案，各州都有权酌情签署扩大医疗救助的条款。这种扩大医保范围的目的是减少无法获得医疗服务的低收入者数量。可是，即使联邦政府支付了几乎所有的费用，医疗保险问题最严重的几个州还是选择退出。显然，它们没有把穷人的利益放在心上。

26.3 生产与财政

地方提供公共产品一般有许多理由：地方社区更能适应那些真正应该获得这些物品的人的需要和偏好；地方社区在提高效率上具有更大的积极性；把责任下放给地方社区提供

了更多的尝试机会。这些都是支持地方控制（地方决策）的主要理由，而不是地方财政的主要理由。不过，人们担心把财政和控制分开也有充分理由。如果全国选民都认为他们交的税应该用于穷人的福利支出，那么他们就想确保他们的钱真的用于这一目的，而不是用于修建位于郊区的游泳池。有些支出控制是必要的。这又涉及程度问题：控制到何种程度？通过施加更多的控制，可能会更好地保证资金按预期方式使用，但也会有成本——更多的官僚作风、不太符合地方情况、缺乏尝试。就 1996 年改革之前的福利计划而言，有一个共识，即需要加大地方自治权，联邦政府准许绝大多数州**豁免适用**（waivers）联邦法规，允许它们进行特定的尝试。目前就国家医疗改革中州应该有多大程度的自由裁量权正在展开一场类似的争论。

当决策责任从联邦政府下放时，存在着一个下放到哪一层级的问题：是下放到州，还是下放到州以下政府（比如市或县），抑或直接下放到个人？关于责任下放的论点表明，层级越低越好。住房计划的责任如果下放给市或社区而不是州政府，那么对当地需求的反应会更灵敏。许多人问道，为何非要经过中间层级的政府？为什么不干脆给穷人住房券（可以在任何地方买房的代金券）来让他们自己决定想要购买的住房类型？

本章前面和前几章已经讨论过了一些不依靠代金券或现金转让的理由。与把钱给家长并指望家长为子女做出最佳决定的方式相比，推动全社会关心儿童并为所有人提供良好的公立学校，可能是确保优质教育和教育机会的一种更有效的方式。我们知道，私人市场往往利用不完善和不完全的信息进行盘剥。由政府提供还有助于解决其他许多市场失灵问题。

当把决策责任划分给地方社区，并不意味着地方社区就必须自己生产。联邦政府既可以直接生产物品和提供服务，也可以向私人企业购买，地方政府同样也可以这样做。一般来说，地方社区生产它们所提供的大部分物品和服务——从警察、消防到学校。但是，在一些领域，最明显的是垃圾收集，许多社区把它们外包给私人供应商。（在有些地方，垃圾收集被视为一种私人产品，社区完全不参与。）关于是由公共生产还是由私人生产，在地方层面上的讨论与在国家层面上的讨论类似（见第 8 章）。最近，州和地方政府一直在探讨外包和完全私有化的新的可能性，包括行政管理服务，出租或出售公共基础设施（特别是建筑物和收费公路），特许大学和特许学校，研发机构，监狱（见专栏 8.3“监狱私有化”），甚至州彩票。

□ 26.3.1 联邦政府对地方社区专项补助的效果

联邦政府对地方社区的专项补助，旨在鼓励地方政府在特定公共服务上的支出。对双语教育、职业教育、学校图书馆的补助，旨在增加这些类别的支出。这种补助的效果如何？联邦资金只是取代了地方资金，还是确实增加了支出？

从理论角度来看，这个问题与我们在第 10 章讨论过的问题完全相同。对个人的专项补助在鼓励个人将其用于比如食品或住房的支出上效果如何？答案取决于是否有替代效应还是只有收入效应。

我们就联邦政府对地方社区三种类型的补助进行比较：不与任何特定用途挂钩的分类拨款（block grant）、与特定用途挂钩的专项补助（categorical aid）以及用于特定目的的配套补助（matching aid）。

图 26.4 给出了社区的预算约束线。（为简化起见，我们假设社区内所有人都是同质的，这样我们就可以忽略偏好差异问题。）社区会选择 E 点，这是代表性个人的预算约束线和无

差异曲线的切点。现在假设联邦政府向社区提供一笔分类拨款。这使得预算约束线外移到$B'B'$线，新的均衡点为E^*点。在该点，地方公共产品的支出水平和私人产品的人均消费水平都提高了。也就是说，联邦补助实际上降低了对个人课征的税率。联邦资金部分取代了地方社区资金；该社区由于境况更好而增加了在公共提供物品和私人提供物品上的花费。

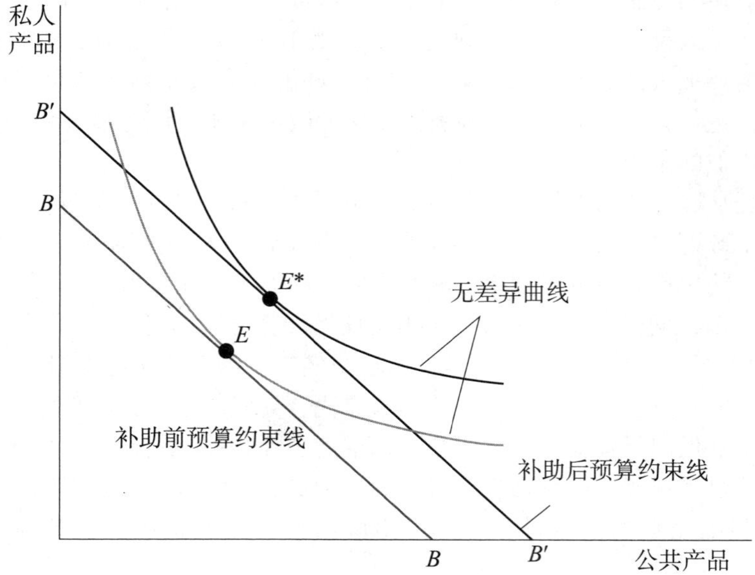

图 26.4　分类拨款的影响

对某个社区的一次性转移支付会导致公共支出增加，但增加额小于转移支付额，地方税收会下降。

现在假设有两种不同的公共提供物品，即垃圾收集和教育，社区把钱花在这两种物品上。我们可以同样用描绘私人提供物品和公共提供物品的配置图来描绘社区在这两种物品之间的配置决策。① 该社区面临预算约束，它需要在这两种物品之间分配总预算，如图 26.5 所示。该社区在这两种物品之间也有无差异曲线。初始均衡如图 26.5 中的E点所示。现在有了联邦补助，预算约束线外移，新均衡点是E^*点。政府把资金配置给这种公共产品还是那种公共产品重要吗？通常不重要。只要用于某种物品的联邦补助额小于社区希望花费在这种物品上的数额，联邦补助就将几乎一对一地取代地方对这种物品的拨款。也就是说，如果该社区把增加的收入部分用于增加某些项目的支出，比如在教育和垃圾收集上分别增加投入5%，那么 100 万美元的联邦补助就会导致教育支出和垃圾收集支出分别增加 50 000 美元。剩下的 900 000 美元将用于降低税率。只要该社区之前在教育上的投入超过 100 万美元，联邦政府是否规定把这笔款项用于教育无关紧要。要是不花这笔钱，那当然会对教育预算产生较大的影响；支出增加额将是联邦补助额大于先前支出额的差额。②

分类拨款专项补助的这些结果需要与某个配套地方支出的政府项目（比如图书馆）加以对比。假设联邦政府按一比一配套地方支出。如果地方社区要买一本价格为 10 美元的书，社区只需支付 5 美元，因为联邦政府提供了 5 美元的配套拨款。这一制度安排显然产

① 这种分析假设我们可以把公共提供物品间的配置决策与私人产品和公共产品间的配置决策区分开来。只有在有关偏好的十分严格的数学条件下（即所谓的可分性）才能进行这种区分，在这种条件下，我们假设公共产品 1 和公共产品 2 之间的边际替代率不取决于其他产品的消费水平。

② 对这个问题的全面分析需要用到三维图形，三个轴分别表示教育、垃圾收集和私人产品。

生了在这些服务上花更多钱的巨大诱惑，如图 26.6 所示。在对地方政府支出有补助的情况下，新的预算约束线会以 B 点为轴心旋转。如果社区决定不花钱，它就得不到联邦补助。社区每放弃 1 美元私人提供物品，就可以得到是以前两倍的公共提供物品，因此预算约束线更平缓。和前文一样，预算约束线的这种外移具有收入效应，但现在多了替代效应。由于公共提供物品更加便宜，社区愿意花更多的钱，均衡点将从 E 点变成 E^* 点。

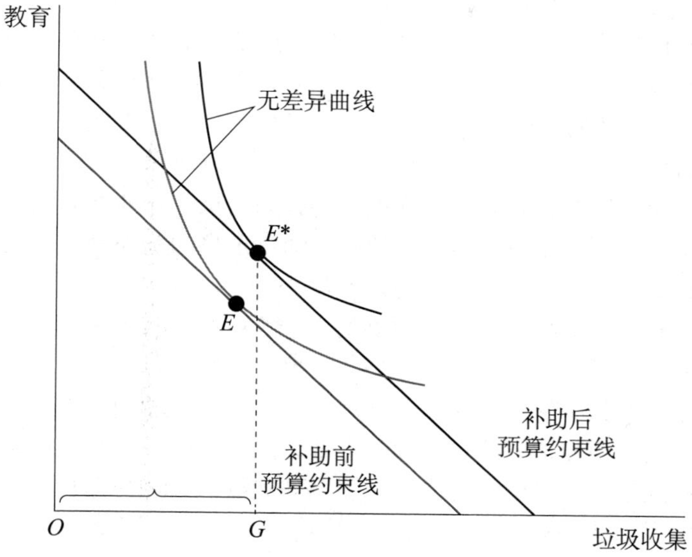

图 26.5　非配套专项补助的影响

只要联邦补助额小于所需的支出总额，联邦政府是否规定这笔款项必须用于垃圾收集或教育并不重要。（如果联邦政府规定这笔款项必须用于垃圾收集，那么只要联邦政府的拨款额小于 OG，这种规定就没有意义。）

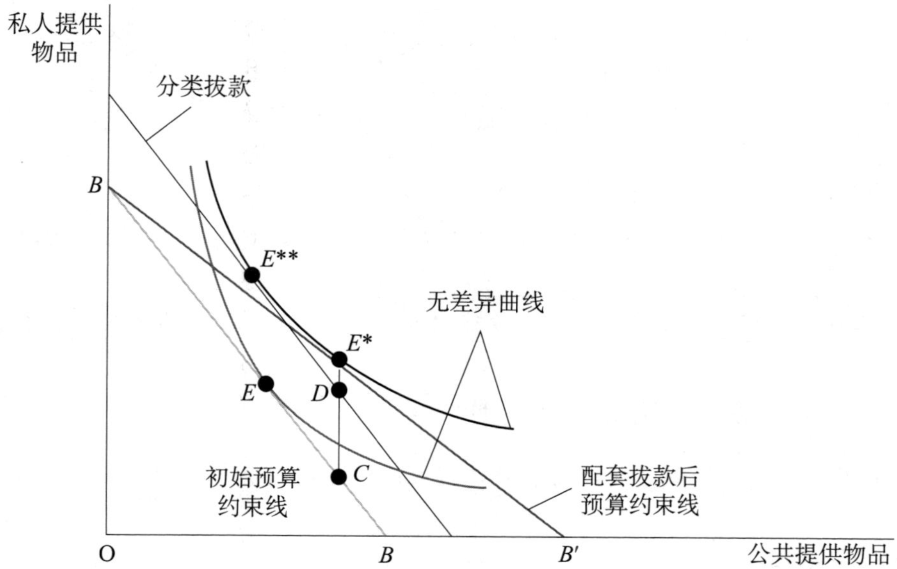

图 26.6　配套拨款的影响

配套拨款实际上会降低地方公共产品的价格，导致地方公共产品的消费水平提高。如果配套拨款的配比为 50%，那么社区只需要放弃 50 美分的私人产品，就可得到 1 美元的公共产品。分类拨款额 CD 与配套拨款额 CE^* 产生的效用水平相同。

图 26.6 还显示出一条有分类拨款时的预算约束线，这笔分类拨款与配套拨款给该社区带来的福利水平相同。（该预算约束线与补助前的预算约束线显然是平行的，新均衡点为 E^{**} 点，与 E^{*} 点在同一条无差异曲线上。）这里需要注意两点：此时公共产品的公共支出均衡水平低于有配套拨款时的均衡支出水平，且联邦政府的成本比较低。配套拨款会产生无谓损失（用私人提供物品来衡量为 DE^{*}）。

如果对特定物品提供配套资金，那么联邦补助就会对社区预算的构成产生显著影响。这会鼓励提供那些价格降低的物品（或许在一定程度上会减少其相对价格被认为较高的其他公共提供物品）。同理，在联邦补助水平既定的情况下，如果联邦政府的目的是鼓励提供特定物品，那么，不管有没有限制条件，配套拨款制度显然要比分类拨款（一次性总额补贴）制度有效得多。

理论与实践 来自现实的政府行为证据支持我们的预测，即配套拨款比分类拨款更能刺激地方政府支出，但不支持我们的下列预测，即特定目的非配套拨款与私人收入的一次性总额增加具有相同的影响。有证据表明，专项补助的确会影响政府预算。① 这被称为**粘蝇纸效应**（flypaper effect）：钱粘在了所在之处。② 对此有好几种解释。第一种观点是，在有非配套拨款的情况下，选民察觉不到公共支出的真实边际价格；边际成本超过平均成本，而选民对平均成本的了解更多。第二种观点是，至少从短期来看，政府官员对预算有相当大的自由裁量权。假如他们获得了额外资金，选民们也不会马上知道；即使选民们知道了，也没有办法强迫官僚们把钱吐回来。第三种观点认为，联邦行政人员可以确保资金循序渐进地支出；假如他们认为联邦资金只是被用来取代州资金，那么他们有权撤回资金。这一观点得到了许多联邦补助计划的“努力保持”要求的支持，即接受补助的州和地方用于受资助活动的本级支出必须不低于补助前水平，这样联邦资金就可以为正常的活动提供补充资金而不是取代原有的支出。

联邦对社区的补助

分类拨款和专项补助：

- 对某些支出类别的固定数额拨款。
- 只要拨款小于没有这项拨款时的支出，其效果就很像一次性总额拨款。

配套拨款：

- 州或地方政府获得的数额取决于支出水平。
- 同时具有替代效应和收入效应，因此很可能比同等规模的分类拨款产生的影响更大。
- 具有扭曲效应——分类拨款可以较低的成本带来同样的社区福利水平。

□ 26.3.2 联邦税制与地方支出

联邦政府不仅通过补助计划直接影响地方支出，还通过联邦税制间接影响地方支出。

---

① 请参阅 E. M. Gramlich, “Intergovernmental Grants: A Review of the Empirical Literature,” in *The Political Economy of Fiscal Federalism*, ed. W. E. Oates (Lexington, MA: Lexington Books, 1977), pp. 219 - 239.

② P. N. Courant, E. M. Gramlich, and D. L. Rubinfeld, “The Stimulative Effect of Intergovernmental Grants: Or Why Money Sticks Where It Hits,” in *Fiscal Federalism and Grants-in-Aid*, ed. P. Mieszkowski and W. Oakland (Washington, DC: Urban Institute, 1979), pp. 5 - 21.

所得税法的两项规定对地方社区有重要影响。第一项规定是，联邦政府对州和地方债券的利息全部免税。这意味着，如果一个人适用35%的边际税率，免税的地方政府债券的收益率为6.5%，这相当于其他任何债券的税前收益率为10%；也就是说，10%的收益率在税后为10%×(1－0.35)＝6.5%。这种对州和地方债券的免税规定明显降低了州和地方政府借债的成本。

第二项规定是，州和地方的所得税和财产税可以从联邦所得税中扣除。也就是说，如果一个人的收入为40 000美元，并缴纳了1 000美元的财产税，他可以从其收入中扣除这1 000美元，只就39 000美元纳税。这意味着，如果此人处于35%的税率档次，那么财产税使其净收入（可用于购买消费品的收入）减少了650美元。在这1 000美元的财产税中，联邦政府实际上支付了超过三分之一。

这些税收优惠提高了地方公共产品的支出水平，鼓励了资本项目的支出，刺激了一些社区通过债务为其投资筹资。

假设有这样一个理想化的社区，其中所有人都处于35%的税率档次。如果该社区在每个家庭的教育支出上增加1 000美元，而且通过增加所得税和财产税为增加的支出筹资，那么，对于个人来说，缴纳联邦所得税后的成本只有650美元。这就好像联邦政府对地方公共产品提供了一笔配套拨款，个人面临的预算约束线与图26.5所示的完全相同。

在大多数州，社区只能通过举债为资本项目筹资。如果这种限制具有很强的约束力（通常如此），那么地方债券利息免税就意味着，相对于当期服务（劳动和原材料）而言，资本的实际成本降低了，这会导致偏向资本项目。

对地方社区的税收优惠无效率　为什么通过联邦所得税制资助地方社区可能是无效率的，其原因有四。我们刚刚讨论了第一个原因：补助大大激励了物品的公共提供，而不管地方社区提供这些物品的效率如何。第二个原因我们在第21章讨论过：利息免税的大部分好处都归富有的纳税人，而不是社区。

免税可能不是补助地方社区的有效方式的第三个原因是，由于社区之间存在竞争，部分好处可能由社区内的企业而非社区本身获得。地方社区可能发行免税债券，为提供基础设施（为了吸引企业而建设）所需的部分资本成本筹资。但是，如果一个社区这样做了，其他社区就会随之而动，要么努力吸引企业到本社区，要么阻止企业离开。最终结果是，为企业提供的公共产品水平可能会高于应有的水平。如果只有一个社区提高了公共产品的供给水平，这会反映在企业愿意为该社区土地支付的价格上。可是，如果所有社区都提高了公共产品的供给水平，那么土地的总需求进而租金水平相对来说也许都不受影响。

在评价联邦税收和利息规定时，需要考虑的第四个问题是，它们在偏好不同、收入不同的个人之间造成了不平等。我们曾指出，这些规定等于对公共提供物品的相当大的补贴。对地方政府提供的物品偏好较强的人会受益于这些措施，但对这些物品偏好较弱的人会受损。

由于公共提供物品的实际成本的降低程度取决于个人的边际税率，因此适用较高税率的人（通常是比较富裕的人）得到的补贴更多，对他们来说，公共提供物品的实际价格的下降幅度更大。(从某种程度上说，“偏好”效应和纯收入效应可以相互抵消。尽管他们在其地方政府的每1美元开支中获得的补贴较大，但有富人的社区实际上至少在某类物品上的支出较少，比如较富的人更有可能把子女送到私立学校就读。)

尽管这些论点在许多经济学家看来很有说服力，但在政治上，对于州和地方所得税及财产税的扣除以及州和地方债券利息的优惠待遇的支持依然很强大，在可以预见的未来，这些扣除不可能有重大变化。

26.4 结束语

我们提到的反对联邦政府援助社区而不是个人的一些论点可能有些言过其实。我们之前曾经指出，联邦政府提供资金时往往会考虑这笔款项的具体用途。关于政府项目能够在全国范围内达成共识的，大部分都集中在某些基本物品和服务的获取上，特别是对于某些人而言，无论他们身在何处，都不应该有孩子挨饿受冻，每个孩子都应该接受教育（“不让一个孩子掉队”），也不应该让老人陷入贫困。尽管各州已设法维护它们管理这些计划的权利，而且在某些情况下，由于它们更熟悉情况，也许能够更好地管理这些计划，但是，联邦政府仍有强烈兴趣确保这些资金按预期的方式使用。这就是为什么没有限制条件的分类拨款是有限的。

同样的推理也解释了为什么钱要给州和地方政府而不是个人。就特定目的而言，比如，为了确保儿童免受贫穷之苦，把钱给社区政府而不是给父母，可能是实现这一目标的更好的方式。另外，尤其对于穷人而言，人们普遍担心能否获得的物品和服务（如教育和医疗），往往都是由地方政府提供的。在有些情况下，像私立的营利性高等教育，若由市场提供，提供者会把功夫下在寻找可以剥削的穷人上而没有下在以低成本提供高质量教育方面。（前面的章节解释了为什么许多这些服务传统上都主要依赖于公共提供。）

此外，对于逆向激励的担忧在很大程度上被严重夸大了。社区通常不会让自己陷入那种需要联邦帮助的可怕困境中。联邦政府通常会规定“努力保持”要求——社区或州只有在保持一定努力以为其居民提供福利的情况下才能获得资助。

在一个充满变数的经济中，一些社区会因其企业的产品需求萎缩或生活方式的变化而每况愈下。但是，像我们对密歇根州的底特律和印第安纳州的加里所做的那样，干脆不管这些社区可能会适得其反。这些社区本身就资源不足，无法自力更生，因而陷入不良循环：随着人们和企业的搬迁，税基缩小；公共服务削减，更多的居民外迁。在这些情况下，联邦政府的援助可能有助于这些社区“重塑自我”。

在地方和州层面上，政治往往不同于国家层面，地方精英的影响力可能非常大。尽管人们常常认为，政府越靠近民众，越能对他们的需求做出更快的反应，但即使在民主国家，似乎也并不总是如此。对“奥巴马医改”（Obamacare）的反应就是一个生动的例子。最穷的州（穷人没有医疗保险的州）决定不接受扩大的医疗救助计划，即使联邦政府支付了90%的费用。其中，有的州即使奴隶解放已长达一个多世纪，还有剥夺公民权的政策，例如以武力阻止非洲裔美国人投票。虽然民权法案使问题得到了改善，但并没有使得洲裔美国人全面参与。显然，决定拒绝联邦政府免费提供的医疗费用并不是出于这些州的大量穷人和无保险人的利益。

总的来说，各州的政治程序赋予了农村地区与其人口比例不相称的更多的政治权力。（举个例子来说，如果州议会两院之一按县分配代表名额，那么城市人口虽然很多，但代表名额会集中在少数县。）由于农村地区往往比城市地区更为保守，政治结果就会反映出这些地区在信仰和利益上的差异。在国家层面，往往是建立在城市联盟基础上的更为活跃的公民社会，也更加自由，从而抵消了州政治的保守倾向。关于分权和权力下放的争论大多反映出这些不同层级的政治权力差异。其他国家也存在类似的问题。

此外，不同层级的行政人员的管理能力往往是不同的。许多有才华的人会寻求更大的舞台，联邦政府更容易招到优秀人才充实公职人员队伍，这些都是在情理之中。这将是一个自我强化的过程，因为有才华的人往往更喜欢和其他有才能的人一起工作。仅因为规模较大，联邦政府就可以进行更多的研究和评估工作，以更科学的方式评估其不同的计划，并不断改进。[这些费用基本上属于固定成本；对于比较大的项目（计划），最好加大投入以确保其质量和成效，并推行循证政策（evidence-based policies）。]

上述这些分析其实都在提醒我们要谨慎看待关于权力下放具有好处的论点，即使在纯地方产品的情况下也是如此。在流动性很高的高度一体化经济中，即使是纯地方公共产品，也会有很大的外部性。受教育程度较低的公民对税收收入总额的贡献可能较少，而对公共资金的需求可能很大，比如失业。各国无论在劳动力素质上还是在所生产的产品上都会展开竞争，而受教育程度较低的劳动力生产的产品质量可能会较差。

总之，无论是从经济学还是从政治学来看，分权都是一个非常复杂的问题。各国都在尝试不同的分权形式和程度，把各种权力下放到低层级行政单位，并赋予不同层级不同程度的政治（选举）控制和不同的财政安排。有些人采用了本章前面提出的简单指导原则，但令人相当失望。

26.5 复习和练习

26.5.1 小结

1. 联邦政府监管州和地方政府并提供补助。联邦政府为实现特定目的而通过配套拨款和分类拨款向州和地方政府提供补助。过去，联邦政府也实行过一般收入分成。在配套拨款制度下，州和地方政府收到的金额取决于它们的支出额。间接补助是通过州和地方债券的利息免税以及州和地方所得税和财产税的扣除来实现的。

2. 支持地方政府而非联邦政府提供公共产品的理由是，地方政府对社区的需求和偏好的反应更加灵敏，并且能更加积极主动地有效提供服务。但是，州和地方政治与国家政治之间的差异为国家提供公共产品提供了一个强有力的论据，特别是在不平等日益加剧的背景下。

3. 地方公共产品是那些只有居住在本地的人才能受益的公共产品。蒂布特假说认为，社区之间的竞争能导致地方公共产品得到有效提供。可能需要联邦政府干预的原因包括市场失灵（外部性特别是选址造成的外部性以及有限的竞争）和再分配（地方政府再分配收入的能力有限）。

4. 各地区之间的人均收入差距和地方公共服务差距都相当明显。关于政府的政策是否应该针对减少社区间的不平等（而不是个人间的不平等）是有争议的。

5. 在鼓励所期望的特定支出上，配套拨款更为有效，但会产生无谓损失。虽然传统的理论观点认为，分类拨款，纵然出于特定目的，也应该同样有收入效应，因此相当于对社区成员的等量直接拨款；经验证据表明，存在一种粘蝇纸效应。

6. 税收补贴，包括地方和州债券的利息免税，导致州和地方政府的公共提供物品的支出和资本投资都有所增加。

7. 州和地方债券的利息免税以及其他形式的税收补贴是补助州和地方政府的一种无效方式。一些好处的获得者是富有的投资者而不是社区，一些好处流向企业而不是社区居民，而且税收补贴有利于高收入者和对公共提供物品有强烈偏好的人。

□ 26.5.2 重要概念

分类拨款	经济园艺	财政联邦制
粘蝇纸效应	一般收入分成	国际公共产品
地方公共产品	全国公共产品	配套拨款
税收竞争	蒂布特假说	豁免适用

□ 26.5.3 练习题

1. 请对比州与国家确定食品券、医疗救助、失业保险、贫困家庭临时救助以及老年遗属保险计划的资格标准和福利金的优缺点。

2. 里根总统在 1982 年的国情咨文中提出与各州做一笔交易：各州承担食品券和抚养未成年人家庭援助的全部费用，作为回报，联邦政府将承担医疗救助责任。此外，他建议逐步取消绝大多数专项拨款项目，代之以增加分类拨款。该提案从未被采纳。请利用本章的分析评估这些建议。

3. 如果教育的需求收入弹性为 1，如果社区目前把全部资金的 5%用于教育，那么 100 000 美元的小额分类拨款对教育支出会产生怎样的影响？

4. 许多配套拨款项目都规定，联邦政府对达到一定最大数额的地方支出提供一比一的配套。请画出其居民都是同质的社区所面临的私人产品和地方公共产品之间的预算约束线。请讨论这种配套项目对没有达到该最大数额的社区的影响。请讨论对超过该最大数额的社区的影响。

5. 如果取消州和地方税的联邦所得税扣除，那么你认为这会对教育支出产生怎样的影响？请画图说明你为什么认为这种变化会提高私立教育的相对重要性。

6. 假设有这样一个社区，该社区的每个人都处于 36%的边际税率档次。如果教育的需求价格弹性为 1，如果取消州税和地方税的扣除规定，教育支出会减少多少？

7. 根据第 6 章和第 10 章的分析，请讨论管制与配套拨款作为引导州和地方政府期望行为的手段的相对优点。

8. 回想一下第 9 章讲的中间选民理论。假设某个州对所有人征收比例所得税，但假设中间选民没有选择分项扣除，所以中间选民的联邦所得税的应纳税额并不受州税收的影响。根据中间选民理论，这个州的支出与平均收入相当但中间选民选择了分项扣除（故增加的州和地方税减少了个人缴纳的联邦纳税额）的州的支出会有何不同？

9. 1986 年的税制改革取消了州销售税的扣除规定，但保留了州所得税的扣除规定。这对各州筹措收入会有什么影响？而现如今，个人所得税和公司所得税占州总收入的比重要低于 1980 年的水平，你对此会做何解释？

10. 对于资金可替代性（即各州没有按照预期的方式使用资金）的担忧，导致国会在某些情况下规定了“努力保持”要求。因此，在 1996 年的福利改革中，为了获得补助资格，各州必须保持支出至少是其以前支出的 75%。[①]（1）请说明这对社区的预算约束的影响。（2）随着时间的推移，收入不断增长，这种限制会有多大效果？（3）州如何通过重新

---

① 如果一个州没能达到所规定的工作参与率，则该支出水平将提高到 80%。（资料来源：House Committee on Ways and Means，*Overview of Entitlement Programs*，*1996 Green Book*，p. 1333.）

对支出进行分类来绕过这一要求？

11. 过去，联邦政府采用一般收入分成。采用一般收入分成的理由是，联邦政府在征收税收收入上更具有优势。然而，各州可以直接基于联邦个人所得税来征税；也就是说，它们可以按联邦应纳税额的（比如）20％来征税。只要联邦政府分享其有关个人的居住地点和已缴纳税额的信息，那么无论是对个人还是州来说，都不会增加多少税务成本。为什么联邦政府在征税上比州政府更有优势？

第 27 章

州和地方的税收与支出

重点问题

1. 州和地方政府征收的各种税的归宿如何?

2. 州和地方政府提供的各种福利的归宿如何?

3. 倘若选民知道地方税收和福利的真实归宿，这种归宿对税收和支出的均衡水平将产生怎样的影响? 中间选民是业主还是租户会对答案产生怎样的影响?

4. 跨辖区税收会产生什么特殊问题?

第 2 章指出了州和地方政府的税收格局正在发生变化：财产税的重要性在下降，而销售税和所得税的重要性在上升。这种筹资格局的变化是改变了州和地方税负担的承担者还是仅仅改变了筹资方式? 本章第一节将考察州和地方税的归宿。相应地，我们接着分析谁是地方政府提供的产品和服务的受益者，即支出归宿问题。在分析了这些归宿之后，最后讨论地方的公共支出水平和结构是如何决定的。

27.1 地方财政的税收归宿

我们在第 18 章阐释了归宿分析的基本原理。我们业已表明，商品税或要素税的归宿取决于这种商品或要素的需求弹性和供给弹性。

极端的情形是供给曲线有无限弹性，即供给曲线是完全水平的。那么，这种税的归宿完全落在了买方身上。买方支付的价格上涨程度完全等于税额，卖方收到的金额不受影响。

我们很容易推导出这对地方税的含义。从长期来看，大多数要素是流动的；也就是说，要素可以很容易地在社区间流动，资本尤其如此。只有当投资者至少能够获得与在其他地方相同的收益率时，他们才会在该社区投资。流动性转化为弹性，结果是，流动要素不承担地方税的负担。

27.1.1 地方资本税

一个增加对资本征税的社区会发现，它吸引的投资者较少。尽管拥有固定资本设备（如钢铁厂）的人不太可能撤资，但如果税前资本收益率不上升，新投资就会减少。这个过程会一直持续下去，直到税后收益率与其他地方相同为止。

因此，从长期来看，资本所有者不会感受到地方资本税的负担，但土地所有者和留下来的劳动力会感受到这种负担。由于资本减少了，土地和劳动的生产率（从而它们的收入）会下降。

假如由于对资本征税，工人的生产率下降了，工资也会下降。但是，从长期来看，工人将搬迁；如果劳动是完全流动的，那么工人的搬迁直到其（税后）收入与其他地方一样时才停止。土地是无法搬迁的唯一要素。随着资本和劳动越来越少，土地的收益率也会越来越低：从长期来看，土地所有者承担全部税收负担。

这里假设劳动是完全流动的。当然，从短期来看，工人不会因工资率的微小变化就立即搬迁。事实上，许多人都有强烈的偏好生活在他们生长的地方或者他们已形成牢固关系的地方。这些劳动力只具有部分流动性。他们将承担一部分资本税的负担。他们的工资会因资本外流而降低。

要是忽视这些考量，可能会导致严重的后果。有时，各州试图对特定行业征收特殊税收。然而，有些行业特别“自由自在”。一旦对这些行业课征较高的税收，它们就会转移，转移到能够提供最好待遇的州和社区。

□ 27.1.2 财产税

虽然从宏观经济角度来看，财产税的规模很小，经合组织国家的财产税占 GDP 的比率平均仅为 2%，但从地方层面来看，它是非常重要的可自由支配收入的来源：在美国，财产税占州和地方自有一般收入的 21%，占地方政府自有一般收入的 45%。在康涅狄格州和新罕布什尔州等一些州，财产税占地方自有一般收入的比重超过 80%。[①]

财产税一般是对土地和资本（建筑物和设备）课征的一种税。两者的税收归宿明显不同。土地是无弹性供给，所以税收归宿落在土地所有者身上；税收完全反映在土地价值的下降上。从长期来看，建筑物的供给是有弹性的：投资者可以决定在哪里投资，而且是在考虑了财产税的税后收益率基础上做出决定的。因此，税前收益率必须增大；财产税扭曲了投资决策。如果对所有形式的资本统一征税，那么只会影响资本相对于其他生产要素（如劳动）的使用。但是在实践中，对不同类型的资本征税不同；有些资本，比如流动资本和企业声誉的价值，基本上是无税的。

在 19 世纪，财产税的征管很随意，而且反复无常，从而声名狼藉。许多类型的财产由于没有发达的市场，交易发生率也不高，因此很难准确地评估财产的现值。县评估员有判断市场价值的任务。过去，企业（以及评估员的其他朋友）常常能成功地说服评估员降低估价。如今，虽然对评估仍然存在着争议，但现有的评估程序（诸如计算机辅助批量评估系统[②]）和纳税人程序（诸如评估申诉和减免请求）似乎都大大减少了不公平现象。评估申诉通常基于对具有类似市场价值的财产的评估比较，这在当前看来是比较容易的，因为无论是政府评估还是财产销售历史的情况公众都可以获得。至于减免请求，纳税人接受纳税评估，但声称没有能力履行纳税义务，这种情况通常被称为“有财产但没钱”。

不能根据经济环境的变化调整财产税，这被认为是造成城市衰败的原因之一。在市中

---

① U. S. Census Bureau，“State and Local Government Finances and Employment，” *2012 Statistical Abstract*，Tables 436 and 455. “自有收入”（own-source revenue）是指州政府或地方政府本级的总收入，而“自有一般收入”（own-source general revenue）则是指州政府或地方政府的税收和收费产生的收入，不包括政府间收入。

② 计算机辅助批量评估（computer-assisted mass appraisal，CAMA）是通过计算机评估模型处理标准化财产数据来评估财产价值的一种方法。计算机辅助批量评估试图利用计算机技术和统计数据来确保大量财产价值确定的一致性和公平性且单位财产的评估成本较低。

心区，许多建筑物被废弃，因为业主声称没有足够的收入来纳税。这意味着财产税超过了资产市场价值的100%，否则该财产不会被废弃。然而，这是一件极不可能发生的事情，因为大多数年度财产税的税率为财产市场价值的1%～2%。一个更重要的因素通常是未偿还的抵押贷款余额大于该财产目前的市场价值。

专栏 27.1

美国财产税抗税运动

在许多州，选民一直对州和地方政府支出的增加感到担忧。他们担心政客有强烈的动机推行新政策（这也是为什么他们当选的原因）。政客因支出增加计划而赢得声望，但纳税人则要承担成本。立法会议员和市政委员会成员的选举过程在这方面并没有予以足够的重视，因为大多数选举还存在许多其他问题，诸如堕胎、死刑等等，常常会使小的预算问题显得无足轻重。因此，有人认为，选民必须提出对税收和支出的直接限制。

这种限制在1978年加利福尼亚州投票通过的通常被称为"第13号提案"（Proposition 13）的《人民限制财产税倡议》（People's Initiative to Limit Property Taxation）中得以实施。这样的公民投票在这种巨大的房地产泡沫时期进行是再好不过的了：许多财产所有者发现，当他们的财产价值随着房地产价格的上涨而迅速上升时，他们的纳税额增加速度远远超过他们的收入增加速度。他们后来就被称为"有住房的穷人"。他们拥有相当可观的财富，却没有足够的收入（现金流）给其房子上税。财产税迫使他们搬家。这似乎是不公平的，尤其是对老年人。在第13号提案获得64%的投票通过之后，它成了加利福尼亚州宪法第13A条，这意味着州议会不能推翻它。第13号提案将财产税限定在市场评估价的1%，按1975年的财产价值评估值，评估值每年最多上涨2%，不能更改基年评估值（除了新建筑或所有权变更）。

加利福尼亚的经验随后被许多其他州效仿，例如1980年马萨诸塞州的第2½号提案；在第13号提案通过的两年时间里，有43个州实施了某种财产税限制或减免。

在第13号提案通过以后的几年里，该提案（以及其他地方类似的公民表决提案）带来的问题变得越来越明显。它虽然解决了一种不公平，但又增加了其他的不公平。现在，住房相同的业主经常支付明显不同的税款：去年出售一套住房的业主所缴纳的税款可能是拥有一套相同的15年来未出售住房的业主所缴纳税款的10倍以上。由于有些人纳税很少，所以对其他人的征税就必须增加。这些不公平现象十分严重，以至于许多人认为这涉及宪法的根本性问题。然而，在阿马多尔谷联合高中等诉加州平税局等案［Amador Valley Joint Union High School et al. v. State Board of Equalization et al.，22 Cal. 3d 208 (1978)］中，加利福尼亚州最高法院支持第13号提案，在诺德林格诉哈恩案［Nordlinger v. Hahn，505 U. S. 1 (1992)］中，美国最高法院宣布第13号提案符合宪法。*

第13号提案也导致了一些重要的经济无效率。它显著增加了搬家成本。住在大房子（超过了家庭所需的规模）里的老年夫妇会决定待在这所房子里；要是搬进较小的房子，他们的纳税额实际上会增加。因此，住房存量的配置是低效率的。

最后，第13号提案导致了加州公共服务的质量明显恶化。从某种意义上说，这正是它的意图：限制公共支出的增长。然而，这是一种不大管用的手段。第13号提案也使出台新的州和地方税来弥补财产税收入的损失变得非常困难，迫使地方政府采取低效率的各种收费来弥补部分亏空——1977年，在加利福尼亚州城市的一般收入中，财产税占24%，各项收费占 21%，而 25 年之后，该比例分别为 17%和 36%。

*1989 年，美国最高法院在阿勒格尼-匹兹堡煤炭公司诉西弗吉尼亚州韦伯斯特县委员会案［*Allegheny-Pittsburgh Coal Co. v. County Commission of Webster County*，*West Virginia*，109 SCt. 633（1989）］的裁决中裁定，对财产的不统一评估违反了第十四修正案的平等保护条款。许多人基于同样的理由怀疑第 13 号提案很脆弱，但它至今仍然有效。

资料来源：J. K. Rosengard，"The Tax Everyone Loves to Hate：Principles of Property Tax Reform，" in *A Primer on the Property Tax*，ed. G. Cornia，W. McCluskey，and L. Walters，（Malden，MA：Wiley Blackwell，2012）；and papers presented at the symposium，"Tax and Expenditure Limitations：A Quarter Century after Proposition 13，" *Public Budgeting & Finance* 24，no. 4（Winter 2004）.

□ 27.1.3 所得税、工资税和销售税

同样的原理适用于对劳动征税。在一个小社区里，如果个人对社区没有特别的依恋，那么长期的劳动供给曲线将是完全有弹性的。对劳动征税只会增加税前工资，使税后工资保持不变。同样，工资税的归宿不是落在工人身上，而是落在了土地所有者身上。这只是对土地征收的一种间接的且没有效率的税。

如同我们在第 18 章指出的那样，对消费品和投资品征收统一销售税，就相当于征收比例所得税，它们与工资税具有类似的效应。[①] 土地（以及流动性有限的工人）负担了这些税收。

□ 27.1.4 扭曲

所有地方税都由相同的、不流动的要素负担，但并不意味着这些税种都具有同样的影响。尽管对土地征收的直接税是非扭曲的，但所有其他收入筹措方式都会造成扭曲。财产税（部分对土地课税，部分对资本课税）增加了社区的资本成本，对资本产生了不利影响。工资税或销售税提高了劳动成本，从而对劳动的利用产生了不利影响；销售税还可能促使人们跨州购物。例如，纽约市的销售税比较高，导致很多人到新泽西州购物；华盛顿哥伦比亚特区的汽油税比邻近的弗吉尼亚州和马里兰州都高，促使司机到城外购买汽油。高昂的州所得税可能导致人们住在一个州而到另一个州工作，以避免其收入被课以高额税收。[②] 例如，由于新罕布什尔州不征收所得税，许多人觉得居住在新罕布什尔州而到有所得税的马萨诸塞州上班是有利的。这种税没有效率，这不仅因为它增加了马萨诸塞州的劳动使用成本，还因为它导致了不必要的通勤费用开支。

□ 27.1.5 有限的收入再分配能力

不流动要素承担税收这一事实意味着，地方层面能做得到的再分配程度非常有限。例如，假设某社区认为医生太富有了。因此，地方政府向医生征收执照税，试图将这个富裕阶层的人的收入再分配给他人。当医生决定在哪里行医时，会考虑他们在不同社区的前景。当他们发现在某个社区的税后收入低于其他社区时，他们就不愿意在该社区行医。假

① 所得税是对工资加上资本收入的征税。地方政府课征这些税收对富人的选址决策具有特殊的扭曲效应：他们可能不会居住和工作在其生产率最高的地方，因为净收益率较低（考虑到他们必须为其资本收入缴纳额外税收）。当然，许多富人都有多套住房，并声称他们的主要居所是在税率最低的州。这对于已退休的人来说尤其重要，因为他们没有可供核对的工作记录。

② 在这种情况下，他们的工资在工作地纳税，但利息所得要在居住地纳税。

如这种税不太高，那么已经开业的医生不会离开，因为搬迁成本超过了因纳税而减少的收入。医生不离开这一事实可能会让社区误以为它已成功地从医生那里获取了一些额外的税收；在短期内，也许如此。然而，随着越来越少的医生迁入本社区，医生的短缺就会逐渐显现出来，他们的工资也将抬高。工资将不断上涨，直到医生的税后工资等于他们在其他地方可获得的工资为止。从长期来看，医生并不承担这种税的负担（尽管他们在短期内可能要承担）。从长远来说，整个社区会承担这种税的负担，表现为医疗服务较少，而医生收取的价格较高。

从长期来看，同样的原理适用于任何流动的要素。许多州都因错误地以为能在不提供更好的公共服务和资本最终不会受到侵蚀的情况下以高于其他地方的税率成功地对资本征税而吃了大亏。有些州试图将在州外（或国外）经营的国际企业的收入纳入它们所征收的公司所得税的税基。如果前面的分析是正确的，那么从长期来看，这些企图是不可能成功的。由于资本并没有立即迁移，故这些社区常常误以为能做到这一点。①

□ 27.1.6 租金控制

同样，许多社区一直以为它们可以降低业主（被认为在剥削比较穷的租户）的收益。它们实行了**租金控制**（rent control）法，其作用是要降低租户支付的租金。从短期来看，这种措施可能确实是成功的。但从长期来看，业主会对增建公寓以及翻修和维护现有公寓做出决定。如果收益率低于他们投资于其他经济部门所能获得的收益率，那么他们就没有理由继续投资于住房。结果，租赁市场会萎缩。从长期来看，租户的境况还不如政府不实行租金控制的情形；一些租户不管出什么价格可能都租不到房子。（毫不奇怪，这将导致依赖租赁市场的人对公共提供住房的需求，迫使社区通过一般收入来补贴租户，而不是让业主承担这个负担。）

州和地方税的归宿

- 不流动要素承担所有地方税。

  资本可能具有非常大的流动性。

  熟练劳动力可能具有相对流动性。

  土地不流动。
- 适用一般原理——供给有弹性的要素不承担多少税收负担；在完全流动的情况下，供给弹性是无限的。
- 地方的收入再分配能力有限。

27.2 资本化

假设有两个社区，它们在其他方面都一样，只是其中一个社区的税收较高（比如是因为提供公共服务的效率较低）。很明显，如果这两个社区的住房价格一样，那么人人都愿

① 另外，并非在均衡状态下所有社区的税后收益率完全相同。报效理念可能导致人们在自己的国家或社区投资，即便他们可以在其他地方获得更高的回报。

信息上的差异也会导致人们更喜欢在自己的国家投资，这会降低资本的流动性。

意住在税率较低的社区。这当然不可能是一种均衡状态。人们关心的是生活在这个社区里的总成本。在均衡状态下，两个社区的生活总成本（税收加上每年的住房成本）必须相同。这意味着税率较高的社区会发现其土地的价格相应降低（回想一下我们的假设，即没有用税收提供额外服务）。我们说，税收已在土地价格中**资本化**（capitalized）。

此处的“资本化”一词指的是这样一个事实，即价格不仅反映了当前的税收，也反映了未来的所有税收。要计算比如每年 1 000 美元固定税收对住房价格的影响，请回想一下，明年的 1 美元不如今年的 1 美元值钱。如果我们今年得到 1 美元，那么我们可以把它投资于货币市场基金或存入银行，并获得比如 10%的回报，所以年底时我们可以得到 1.10 美元。因此，今年得到的 1 美元等于明年的 1.10 美元。更一般地说，今年的 1 美元等于明年的 $1+r$ 美元，其中 r 是利率；换句话说，明年的 1 美元等于今天的 $1/(1+r)$ 美元。[①] 因此，今年、明年、后年等的税收 T 的价值即为：

$$T+\frac{T}{1+r}+\frac{T}{(1+r)^2}+\frac{T}{(1+r)^3}+\cdots$$

这是应纳税额的贴现值。如果住房价格下跌的程度正好等于这些应纳税额的贴现值，我们就说应纳税额完全资本化于住房价值中。倘若两套住房除了应纳税额之外都相同且房价的差异小于应纳税额，那么我们说，税收被**部分资本化**（partially capitalized）于较便宜的住房。

□ 27.2.1　养老金计划的激励

某些财政变量可能没有完全资本化这一事实有一些重要含义。社区可能会积极利用这一点。生活在一个社区里的某个人，如果认为自己很有可能在 10 年左右搬走，他就可能会投票选择一个庞大的非基金制公共雇员养老金计划——也就是说，这种养老金计划没有留出用以支付承诺的养老金所需的资金，而是依赖未来的税收。慷慨的养老金让社区在当前支付较低工资的情况下就能吸引工人。实际上，社区未来的业主将不得不为当前的服务买单。住房的未来购买者被欺骗的方式，与没有充分披露其商品某些重要特征的产品制造商试图欺骗购买者的方式大致相同。住房（或任何一种财产）的一个重要特征是其未来有纳税义务，而要知道这些，就必须知道社区的债务和非基金制的养老金负债。解决这一问题的适当方式，是通过披露法律（每个社区在出售住房之前都要将社区的负债情况告知所有潜在购房者），还是通过限制（不允许非基金制的养老金计划），是一个有争议的问题。

□ 27.2.2　债务融资还是税收融资的选择

更一般地说，资本化程度影响地方公共支出是通过债务还是税收来融资的决策。在完全资本化的情况下，地方债务增加 1 美元直接使社区的净市场价值降低 1 美元。由于购房者可以选择住在本社区，也可以选择住在其他社区，故他们承担社区债务是一种自愿的行为。因此，他们必须通过房价的相应降低来获得补偿，不管未来什么时候偿还债务都是如此，不一定要在下一个业主拥有该住房期间偿还。

例如，假设债务要在 40 年后还清，而每个人在这个房子只住 10 年。考虑到清偿债务

---

① 同理，后年的 1 美元等于 $1/(1+r)$ 美元 $=1/1.10$ 美元 $=$ 明年的 0.91 美元，这意味着，由于明年的 1 美元等于 $1/(1+r)$ 美元 $=$ 今年的 $1/1.10$ 美元，那么后年的 1 美元就等于 $1/(1.10\times1.10)=$ 今年的 0.83 美元，亦即 $1/(1+r)^2$ 美元。请参阅第 11 章对贴现值的更详细的讨论。

所增加的纳税义务，债务清偿时购买房子的人将支付较少的房款。可是，先前的购买者知道他要卖给的那个人会少付，因此他也会少付（少付的金额即应纳税额）。同样，以前的购买者知道他能够出售的价格会因为债务的增加而降低，因此他也会少付，依此类推。

在完全资本化的情况下，现在的业主为当前的服务买单——不论是通过直接方式（税收）还是通过间接方式（预期债务增加导致房价降低）来为公共服务融资。至于这两种方式哪一种更可取，取决于个人的借贷能力以及联邦政府对地方税和地方债务利息的处理，这个问题已在前一章讨论过。①

□ 27.2.3 短期资本化与长期资本化

假设公寓的税收增加了。如果社区提供的服务设施不变，租金也不会变化：个人愿意支付的租金取决于社区和业主提供的服务，而不是这些服务给业主带来的成本。那么，在短期内，公寓的市场价值会下降。然而，这将使在该社区投资于公寓缺乏吸引力；公寓的供给将会下降（因为旧公寓年久失修）或者跟不上人口增长的步伐。这将导致租金上升。最终，租金会上涨到公寓的税后收益与投资者在其他社区的投资所获得的收益相同为止。这样，尽管在法律上是对建筑物征税，但从长期来看，承担税收的是土地和不流动的个人（不得不支付较高的租金）。

□ 27.2.4 谁受益于地方公共产品？资本化假说

基于同样的推理我们可得出如下结论，即任何税收的归宿都会落在土地所有者（或部分不流动的要素）身上，这意味着任何利益的归宿也都落在土地所有者（或部分不流动的要素）身上。任何使社区更适合人们居住的公共产品都会抬高租金，从而提高社区的财产价值。从短期来看，业主能够得到部分利益，但房租的上涨会导致住房投资增加（新建公寓；用较大的公寓取代较小的、陈旧的公寓；等等），这就降低了他们的收益。② 最终，公共产品的价值体现在了土地价格上。

同样，有些公共产品可以使某个社区的工作更有吸引力。这会降低企业招聘员工的工资。尽管如此，最终的受益者还是土地所有者。

要了解个人得到的工资与所提供的公共服务水平之间的联系，我们考虑一下如果一座城市决定在其交响乐团上投入更多以便在夏天提供免费的公园音乐会将会发生什么。这使得该城市成为一个生活和工作更富有吸引力的地方。一个喜欢交响乐、正在考虑位于这个城市的一份工作的工人，相比于其他条件都相同但交响乐团开支水平较低的其他社区，更愿意接受该城市的工资略低的工作。因此，如果该城市的工人（不管他们选择居住何处）很看重该城市提供的这些生活设施，那么该城市的工资会比较低；企业因此而愿意在该城市投资。随着企业纷纷搬到这个城市，地价会被抬高。当土地价格高到足以抵消低工资时，就达到了均衡状态，投资者获得的资本收益率与投资于其他地方的资本收益率相同。提供更好的公共产品的最终受益者不是城市居民，而是土地所有者。

当然，这种分析假设劳动力是高度流动的，所以当城市提供更有吸引力的公共产品

---

① 在有信贷配给（抵押贷款受到限制）的情况下，房价较低可能会提高成交率。社区比个人更容易借债这一事实为社区尽可能地借债提供了理由。

② 目前的业主希望通过分区规划限制进一步投资来维持较高的回报。他们享有的高回报不应被视为资本的回报，而应被视为城市规划委员会创造的产权的回报。

时，就有足够的移民，从而降低了工资，提高了租金。如果劳动力的流动性不是很强（短期内很可能不流动），工资的降低没有完全反映生活设施的增加，则地方公共产品供给增加的一些好处将由目前的居民获得。提请注意的是，部分现有居民可能会因为提供交响乐而受到损害——那些不喜欢交响乐的人可能会发现他们的租金上涨了或者工资下降了。

该城市提供交响乐确实对其他社区产生了重要的溢出效应。特别是，位于郊区的企业会发现，它们也可按比以前低的工资雇用到工人，因为交响乐爱好者发现在靠近城市的社区的工作比在其他同样的但不容易欣赏到交响乐的社区的工作更有吸引力。这也提升了企业的土地价值。城郊居民也会发现他们的住房需求上升了。

□ 27.2.5 绝对资本化与相对资本化

我们曾经讨论过，如果一个社区增加某种公共产品的支出水平，该差额支出将如何反映在社区的土地价格中。然而，单个社区增加其公共产品支出的影响与所有社区增加其公共产品支出的影响大不相同。如果所有社区都增加公共产品支出，那么生活在一个社区与生活在另一个社区之间的相对吸引力当然不会改变。因此，一般来说，租金将保持不变。①

这是我们在前几章中提到的现象的一个例子。一个社区的变化（对某种商品征税的变化）的影响可能与所有社区的变化（对所有商品课征的税率的变化）的影响有很大的不同。

□ 27.2.6 利用地租的变化衡量收益

租金的变化通常被用来衡量某些公共服务的价值。研究 19 世纪美国铁路的经济影响时，衡量收益的一种常用方法是衡量铁路建成之后地租的变化。同样，我们必须小心区分局部均衡效应和一般均衡效应。若使一小块土地更容易抵达，将增加对这块土地的需求，地租的变化提供了到达这块土地的交通成本减少的准确估计。然而，改变大片土地的通达性（就像铁路所能做到的那样）会产生一般均衡效应；地租的变化无法正确评估这种变化的价值。②

土地价值反映了边际个人（那些对选择在这个社区居住还是在其他社区居住无差异的人）的评价。当社区的数量足够多时，这些边际个人的评价才是整个社区评价的一个很好的衡量指标。③

□ 27.2.7 检验资本化假说

公共产品和税收所提供的好处在多大程度上反映在财产价值上这一问题已经得到广泛

---

① 也有例外。如果社区提供了让土地变得更值得拥有的公共产品，那么所有人都会试图租用或购买更多的土地，这会增加土地的价值。如果社区提供的公共产品让土地变得不值得拥有，就会发生相反的情况。因此，由于公园至少在一定程度上是对自家后花园的一种替代，那么可想而知，如果所有社区都在公园上投入更多，租金和土地价格实际上会下降。

② 只有在不存在超边际个人（享有生活在该社区的消费者剩余的人）的情况下，地租才是一个良好的衡量指标。

③ R. Arnott and J. E. Stiglitz, "Aggregate Land Rents, Expenditure on Public Goods and Optimal City Size," *Quarterly Journal of Economics* 93 (1979): 472 - 500; R. Arnott and J. E. Stiglitz, "Aggregate Land Rents and Aggregate Transport Costs," *Economic Journal* 91 (1981): 331 - 347; and D. Starrett, "Principles of Optimal Location in a Large Homogeneous Area," *Journal of Economic Theory* 9 (1974): 418 - 448.

的研究。

如果一些社区提供公共产品的效率高于其他社区，那么它们就能在税收比较低的情况下提供同样水平的公共产品，低税社区的财产价值就应该更高。如果所有社区的效率都一样且都使其财产价值最大化，那么税收的差异将与受益的差异相匹配。在这种情况下，财产价值与财政支出之间不存在系统性关系。这是伊利诺伊大学的简·布吕克纳（Jan Brueckner）基于马萨诸塞州 54 个社区进行的研究所得出的结论。[①]

另外，有证据表明，没有相应税收的生活环境（例如清洁空气）的价值被资本化于财产价值中。

税收和地方公共产品的资本化

未来的好处和税收反映在当前的土地价格中。

- 这意味着非基金制地方公共养老金计划（例如警察的养老金计划）会压低土地价值。
- 这暗含着债务融资和税收融资之间没有区别——当前的业主支付了当前消费支出的成本。
- 投资价值在短期内可能会受到影响，但从长期来看，投资收益率在社区间必定相等。

一个社区对资本征税的影响与所有社区都征税的影响明显不同。

27.3 地方层面的公共选择

我们在第 9 章描述的公共选择原理表明，在多数投票制度下，公共产品的配置反映的是中间投票人的偏好。[②] 中间投票人对增加 1 美元公共产品支出给他带来的成本和收益进行评估。然后，我们评估了多数投票均衡的效率。

地方层面的问题也是一样的；在这两种情况下，我们需要关注支出和税收增加的收益及成本的归宿。我们需要在完全流动性假设和不完全流动性假设条件下（有大量或少量相互竞争的社区）区分对租户和土地所有者的影响。将社区分成两种类型是有用的：一种是每个人都是租户，有一群独立的业主；另一种是人人都是业主。当然，在现实世界中，社区是混合型的；在像纽约这样的少数城市，多数人都是租户，而在美国的大部分地方，多数人都是业主。由于租户和业主受地方税和支出的影响可能相当不同，他们会投票支持十分不同的政策。

我们首先讨论每个人（基本上）都是租户的情况。在完全流动和有大量相互竞争社区的情况下，社区对生活便利设施的任何改善都将充分体现在租金上；因此，边际租户对于所提供的公共服务并不关心。此外，由于租金仅受所提供的公共服务的影响，不受税率影响，故租户可以完全不关心公共服务的提供效率（即成本）。因此，如果存在完全流动性且有大量相互竞争的社区，那么在选民大多是租户的社区，人们不怎么关心效率或社区提

① J. K. Brueckner, "A Test for the Allocative Efficiency in the Local Public Sector," *Journal of Public Economics* 19 (1982): 311 - 331.

② 当然，假设存在多数投票均衡。

供的公共服务。

在这些相同的假设条件下，土地所有者作为一个群体，只要公共服务增加所导致的租金上涨超过税收的增加，他们就希望增加公共服务。因此，在一个由土地所有者控制的社区里，在均衡状态下，公共服务支出增加 1 000 美元应当正好使租金总额增加 1 000 美元。可是，增加的租金代表的是租户对社区提供的公共服务的边际评价。结果，由土地所有者控制的社区将提供有效率的公共服务水平。而且，如果社区能以较低的成本提供同样的公共服务，那么土地所有者的税后收益将会增加，有鉴于此，由土地所有者控制的社区就有确保有效率提供公共服务的激励。因此，如果以财产价值最大化为目标来选择支出水平，而且社区之间存在有效的竞争，那么由此产生的资源配置将是帕累托效率的。

如果相互竞争的社区数量比较少，那么所有这些都会发生变化。假设某个大都市区有 A 和 B 两个社区。A 社区税收高，地方公共产品供给水平高；而 B 社区税收低，公共产品供给水平低。那些对公共产品（相对于私人产品）有强烈偏好的人居住在 A 社区，那些对私人产品有强烈偏好的人居住在 B 社区。对于生活在这两个社区无差异的人，被称为边际个人；生活在 A 社区的这个人得到的额外公共产品正好补偿了他支付的额外税收或租金。其他所有人都被称为**超边际**（inframarginal）个人。例如，对于那些住在 A 社区的人来说，额外的好处超过了他们必须缴纳的额外税收。如果 A 社区在不改变其福利的情况下稍微增加税收，这些人仍然不愿意搬到 B 社区。

假设 A 和 B 两社区人口中各有一半拥有住房。所有住房都被出租。如果 B 社区决定提供较少的公共产品，那么 B 社区的租金将不得不调整，以使得边际个人仍然对生活在 A 社区还是 B 社区无差异。在生活在 B 社区的所有人中，边际个人对公共产品的偏好最为强烈，所以 B 社区的租金将会下降，以补偿公共产品供给水平的降低。要是租金下降到足以使边际个人仍然感到无差异，那么 B 社区的其他人的处境实际上变得更好了。租金下降的幅度超过了使超边际个人（包括中间投票人）得到满足的程度。因此，B 社区的中位租户愿意投票支持非常低的公共产品支出水平，低于帕累托效率支出水平。同样的推理表明，A 社区的中位租户愿意投票支持非常高的公共产品支出水平，高于帕累托效率支出水平。

土地所有者的偏好正好相反。他们只关心支出增加对土地价值（租金）的影响。如果增加的租金超过了增加的支出，他们就觉得值得增加支出。在 A 社区，支出增加所导致的租金增加，反映了边际个人（对公共产品的偏好最弱的人）的评价。因此，其他人（超边际租户）得到的好处超过了边际租户得到的好处，但土地所有者对此并不在意。结果，土地所有者将投票支持过少的公共产品支出。出于同样的理由，在 B 社区，土地所有者将投票支持过多的公共产品支出。

因此，正如我们在第 9 章所看到的那样，在一个孤立的社区，多数投票均衡并没有提供帕累托效率的公共产品支出水平，在只有少量社区的情况下也是如此。在竞争有限的情况下，这种配置格局可能存在系统性偏差，并且租户主导的社区（社区之间的差异可能过大）与土地所有者主导的社区（社区之间的多样化可能不足）之间存在着明显差异。但是，如果社区数量非常大，而且假如所有社区都认识到资本和劳动力（具有不同技能）是完全流动的，那么它们彼此就会展开有效的竞争，就会针对不同社区的个人偏好，以有效的方式提供效率水平的公共产品。在这种情况下，租户对政府的所作所为漠不关心，土地所有者则不会。[1]

地方层面的公共选择

● 租户和土地所有者受到地方税和支出的影响可能会明显不同，这会在他们如何投票上得到反映。

● 在具有完全流动性和许多社区竞争激烈的情况下，租金将反映所提供的服务的价值，税收将由土地所有者（不流动要素）承担。因此，租户对所提供的公共服务的质量和提供效率并不关心。

● 在这种情况下，土地所有者的财产价值将充分反映效率的提高和所提供的服务的增加，因此土地所有者将有动力提供服务的效率水平，并有效地提供这些服务。

● 在社区间不完全竞争的情况下，如果社区是由租户控制的，那么就会存在过度的好处多样化（例如体现在支出水平上），而如果社区是由土地所有者控制的，那么这种多样化就会不足。

27.4 跨辖区税收问题

我们在前一章讨论了财政联邦制问题——联邦政府与州政府的关系问题。还有一个与联邦制有关的问题，即各州之间的关系。

本章和上一章强调的都是政府间关系的一个方面，即竞争。我们看到，尽管蒂布特竞争有助于确保经济效率，但税收竞争有时能使企业逃避大量税收负担。这一问题已成为人们严重关切的问题，因为一些州为在其管辖范围内建立新厂的企业提供了大量税收优惠。由于各州都在争夺工厂，税收优惠变得越来越大。事实上，工厂可能最终还是建在了本来应该建的地方——但无论企业将工厂建在哪里，股东都因缴纳更低的税收而获益，而其他纳税人却不得不承担更大的税收负担。

美国是一个经济一体化的国家，货物和人员在辖区间自由流动，这引发了一系列税务实践问题。如同企业的选址决策部分取决于税收考量一样，个人居所的选择决策也部分基于税收因素。有大量资本所得的退休者或有大量版税收入的作家，可能会选择新罕布什尔州作为“官方”居住地，因为该州没有所得税。例如，如果某个人的收入为500 000美元，并且使加利福尼亚州成为“官方”居住地，那么他每年要交超过50 000美元的费用。税收因素可能也会影响到在纽约市工作的高收入者是选择居住在纽约州、新泽西州还是康涅狄格州。

州销售税显然会导致一些跨州购物和运输，尽管许多州都征收销售税，而且人们要对在其他州购买的商品纳税。

对许多州来说，征收公司税是最大的挑战。征收这种税的一个根本性问题是：确定公司的收入有多少应该归属于所在辖区发生的经济活动。越来越多的州依靠简单的公式，使

[1] 很明显，大多数大都市区都有很多社区。但是，这是否足以确保所产生的均衡“接近”于帕累托效率？经济学家对这一问题没有得出一致的答案。

如果有足够多的社区确保了效率，就会有一些特殊的含义：所有选民就地方政府应该做什么会达成一致，且社区内的所有人（不管是何种技能类型）都是同质的。这些含义背离了我们所观察到的大多数情况，这表明假设有限竞争的模型更靠谱。

用所谓的**统一税制**（unitary tax system）。公司全球收入归属于本州经济活动的比例，取决于该公司在本州的资产、销售和员工的比例。

只要各州之间的征税水平和税种的差异是有限的，那么跨辖区税收问题虽然在概念上很重要，但也不会太严重。不过，一些州仍然试图通过更积极的税收政策，扩大税基，吸引人员和企业。从某种程度上说，最想这样做的是那些更需要财政收入的比较穷的州（例如新罕布什尔州），由此产生的扭曲会被分配收益所抵消。不过，通过更积极的联邦再分配政策，可以更有效地实现同样的分配结果。

27.5 复习和练习

27.5.1 小结

1. 如果资本和劳动是流动的，任何税种的归宿都会落在土地这种不流动的要素上。如果劳动只是部分流动的，那么一些负担就会落在劳动上。

2. 对流动要素课征的地方税——销售税（相当于所得税）、工资税、公司所得税和对建筑物征收的财产税，都会产生扭曲。

3. 政府提供的公共服务的改善反映在人们所付的租金上。在完全竞争的环境中（有为数众多的社区，社区里的人大致相同），改善政府服务的好处都归土地所有者。

4. 未来的好处和税收可能都被资本化于当前的土地价值。

5. 福利增加对地租（土地价值）的影响将取决于是一个社区单独增加福利还是所有社区都增加福利。

6. 如果选择的支出水平是使财产价值最大化，并且社区之间存在有效的竞争，则由此产生的资源配置是帕累托效率的。

7. 然而，如果社区之间的竞争是有限的，那么由此产生的均衡不是帕累托效率的；由不同的土地所有者控制的社区提供的服务多样化十分有限。

8. 相比之下，当租户控制社区时，又会出现过度多样化倾向（在相同条件下）。在公共产品上大量开支的社区支出太多；在公共产品上少量开支的社区支出太少。

9. 此外，租户没有动力去关心政府提供服务的效率。

10. 在一个有多个税收辖区的经济中，还会出现另外两个问题。首先，税收竞争有时导致企业逃避大量税收负担，因为一些州利用税收政策来扩大税基以吸引人员和企业。其次，在决定多少收入应归属于所在辖区发生的经济活动时经常遇到难题；不同辖区之间的税率差异可能会扭曲选址决策。

27.5.2 重要概念

资本化	超边际	部分资本化
租金控制	统一税制	

27.5.3 练习题

1. 请解释为什么财产税可能会导致每单位土地的资本（建筑物）支出减少。

2. 许多公司不止在一个州有员工、工厂和销售。在征收州公司所得税的情况下，各州利用一种规则将企业的总利润划分出属于本州的部分。使用什么规则是否很重要？请讨论各种规则带来的后果。

3. 州和地方税收的许多问题与国际税收中出现的问题类似。例如，许多国家对外国人拥有的资本征税。请讨论这类税收的归宿。补贴由外国人拥有的资本是否值得？

4. 请讨论城市工资税的归宿。

5. 许多城市都通过了租金控制立法。请从短期和长期这两个角度，详细讨论这种立法的利弊。请讨论这种立法的政治经济学。

6. 19 世纪著名的美国经济学家亨利·乔治（Henry George）提出，只对土地（不是建筑物）征税。这对土地所有者是否公平？这会不会扭曲资源配置，使土地相对于建筑更昂贵？

7. 免税产业发展债券（使社区能借到资金并再贷给在本市建设新厂的企业）的主要受益者是谁？(1) 本社区的工人？(2) 本社区的土地所有者？(3) 进入本社区的产业？请给出你的猜想。是只有一个社区发行这种债券还是所有社区都发行这种债券，这有区别吗？

8. 谁会从华盛顿哥伦比亚特区地铁系统的建设中受益？(1) 公布线路时地铁线附近的土地所有者？(2) 地铁完工时地铁线附近的土地所有者？(3) 公布线路时地铁线附近的公寓租户？(4) 地铁建成后地铁线附近的公寓租户？(5) 不靠近地铁线的公寓租户？在每种情况下，请给出你的假设。

9. 1993 年，在加利福尼亚州和英国之间发生了一起重大争端，涉及对英国主要银行之一巴克莱银行（Barclays Bank）的收入征税。加利福尼亚州按巴克莱银行在本州的活动对其收入进行了划分，并相应征税；巴克莱银行表示，所使用的公式导致划分的比例太高。英国政府支持巴克莱银行的立场，并威胁要进行经济报复。美国在多年来的国际谈判中，一直批评其他国家使用所谓的统一税制，在这种制度下，收入是根据一个简单的公式来划分的，正如文中所述。它主张使用转让定价制度，这种制度试图估算在某一国家的公司的工厂所获得的转到该公司在另一国家的机构的货物和服务的价值。（它试图对这些转移进行“定价”。）随着经济生产的全球一体化，这种制度似乎越来越烦琐；在美国没有哪个州试图使用转让定价制度。你认为美国政府在巴克莱银行案中应该怎么做？

第 28 章

财政赤字与政府债务

重点问题

1. 财政赤字的原因是什么？

2. 为什么财政赤字如此难以削减？在关于如何削减赤字的争论中涉及的核心经济问题是什么？

3. 为了确保今后不再出现赤字，美国提出了哪些程序性改革？这些改革有哪些问题？

4. 美国和其他高收入国家面临着许多长期问题，如果这些问题得不到适当解决，即使现在赤字减少了，将来还会出现赤字问题。这些长期问题是什么？

5. 政府赤字持续存在的长期后果是什么？

当联邦政府在任何一年的支出超过税收和其他收入时，就出现了预算赤字，通常称为**财政赤字**（fiscal deficit）。美国财政赤字在 20 世纪 80 年代迅速膨胀，从一个主要被经济学家和政治学者关注的问题变成了全国上下都关注的焦点。在 1992 年的总统大举中，民意调查一直把巨额赤字列为美国面临的核心问题。赤字增加会导致债务持续增加，政府仅在支付债务利息方面的负担就变得越来越沉重。在许多经济学家看来，高赤字会威胁到一国的长期福祉；但无论人们如何看待赤字的经济后果，削减赤字的努力对政府运作的各个方面都有深远影响。联邦雇员人数减至 20 世纪 60 年代初期的水平，占普通就业人员总数（即不含军职人员）的比例相当于 20 世纪 30 年代初期的水平。

1990 年和 1993 年，美国采取了两项主要措施来控制赤字，即控制支出和增加收入。在 1992 年赤字占 GDP 的比率达到 4.7%之后，随后的几年里赤字迅速下降，到 1997 年仅为 GDP 的 0.3%。1997 年 8 月，国会通过且总统签署了五年预算安排，承诺到 2002 年消灭赤字。到 1998 年，经过 1990 年和 1993 年的改革再加上经济的繁荣和强劲增长，赤字变成了 700 亿美元的盈余，甚至更大的盈余即将来临。

然而，尽管许多经济学家担心公民权利性支出特别是老年人的权利性支出不断增加，这几乎肯定会在今后 25 年里导致赤字攀升，但布什总统还是在 2001 年和 2003 年进行了减税，并扩大了医疗保险计划——不仅包括处方药，还附加了联邦政府（作为最大采购者）不能与医药公司进行讨价还价这一代价高昂的条件。美联储主席艾伦·格林斯潘（Alan Greenspan）支持布什总统，认为盈余将使美国能够迅速偿还国债，但如果没有国债，货币政策将难以实施。现在回想起来，这种误判非常严重：减税导致了巨额赤字，其规模的增加达到了 2008 年全球金融危机爆发后才有的程度。

本章在宏观经济学与微观经济学这两个经济学分支之间架起了一座桥梁——宏观经济学关注的是诸如产出、就业和通货膨胀等全国总量，微观经济学关注的是家庭和企业的个体决策。如今，公共部门经济学课程将重点放在了税收和支出如何影响这些决策，从而如何影响经济的结构——生产什么、如何生产、为谁生产，而宏观经济学课程则侧重于政府如何影响经济活动的水平。实际上这两个学科密切相关；赤字既影响宏观经济政策也影响微观经济政策。例如，赤字削弱了政府运用传统财政政策（减少税收或增加支出）刺激经济的能力，限制了政府在基础设施（如道路）、人力资本（如教育）和研究等领域增加公共投资以促进经济增长的能力。

本章回顾了赤字问题的起因、20 世纪 90 年代初期导致短暂预算盈余的解决办法、随后为何又陷入连年赤字以及有关赤字后果的争论。

28.1　20 世纪 80 年代以来的美国赤字问题

美国的赤字问题始于 1981 年左右，当时税收被削减了，但支出没有相应减少。图 28.1 显示了当时所发生的情况。1992 年实际赤字冲顶，高达 3 900 多亿美元。1983 年财政赤字占 GDP 的比率为 6.1%，创造了和平时期的纪录，这 10 年间的大部分时间里该比率在 3%和 5%之间徘徊，并从 1992 年的 4.7%逐渐下降，最终在 1998 年变成盈余。财政赤字从 2002 年开始重现，在大衰退困境中的 2009 年，财政赤字占 GDP 的比率高达 10%。

图 28.2 从国际比较的角度来观察美国的预算表现。在全球经济衰退期间，大多数国家的财政赤字都增加了，而有预算盈余的国家则出现了预算盈余的大幅度缩减。

不过，对于有关这些比较的解释，我们必须小心谨慎。每个国家的情况都不一样。日本多年来一直有巨额赤字，但由于日本政府可以接近于零的利率举债，故财政赤字迄今还没有出现问题。希腊在弥补财政赤字上陷入了困境，即使其国债规模（占 GDP 的比率）小于日本，甚至也小于意大利。此外，美国的财政赤字是解释金融危机过后美国表现较好的一个关键因素。在金融危机爆发后的 6 年里，美国是少数几个劳均实际产出超过危机前水平的国家之一。

28.1.1　财政赤字问题的根源

预算赤字高涨的原因是什么？提出这一问题的一个好方法是问：在 20 世纪 70 年代（以及之前的几十年）和 80 年代（以及随后的几十年）之间发生了什么变化？我们尤其感兴趣的是，美国在短短的几年里怎么从 2001 年的大量盈余就走向了持续的巨额赤字，以及为何一些预测者（如艾伦·格林斯潘）对未来的预测如此糟糕。（其中一些错误显然只是一厢情愿的想法：有人想要减税，而且预测美国看起来好像负担得起。）这个问题有 6 个主要答案。

联邦税收收入减少　在 20 世纪 70 年代，联邦税收收入占 GDP 的比率平均为 18%。1980 年该比率上升到 19%，1981 年又上升到 20%。（要知道 15 万亿美元经济规模的 1% 就是 1 500 亿美元。）里根执政初期推行的减税政策，使得联邦税收收入占 GDP 的比率回落至历史平均水平 18%。1993 年的税收略有增加，使该平均水平提高到 19%，但随后的 2001 年和 2003 年减税使这一平均水平降低到 17%，再加上大衰退的影响，2009 年和 2010 年的联邦税收收入占 GDP 的比率下降到不足 15%，成为自 1950 年以来的最低水平。（在累进税制下，当收入下降时，对收入课征的比例也降低。）

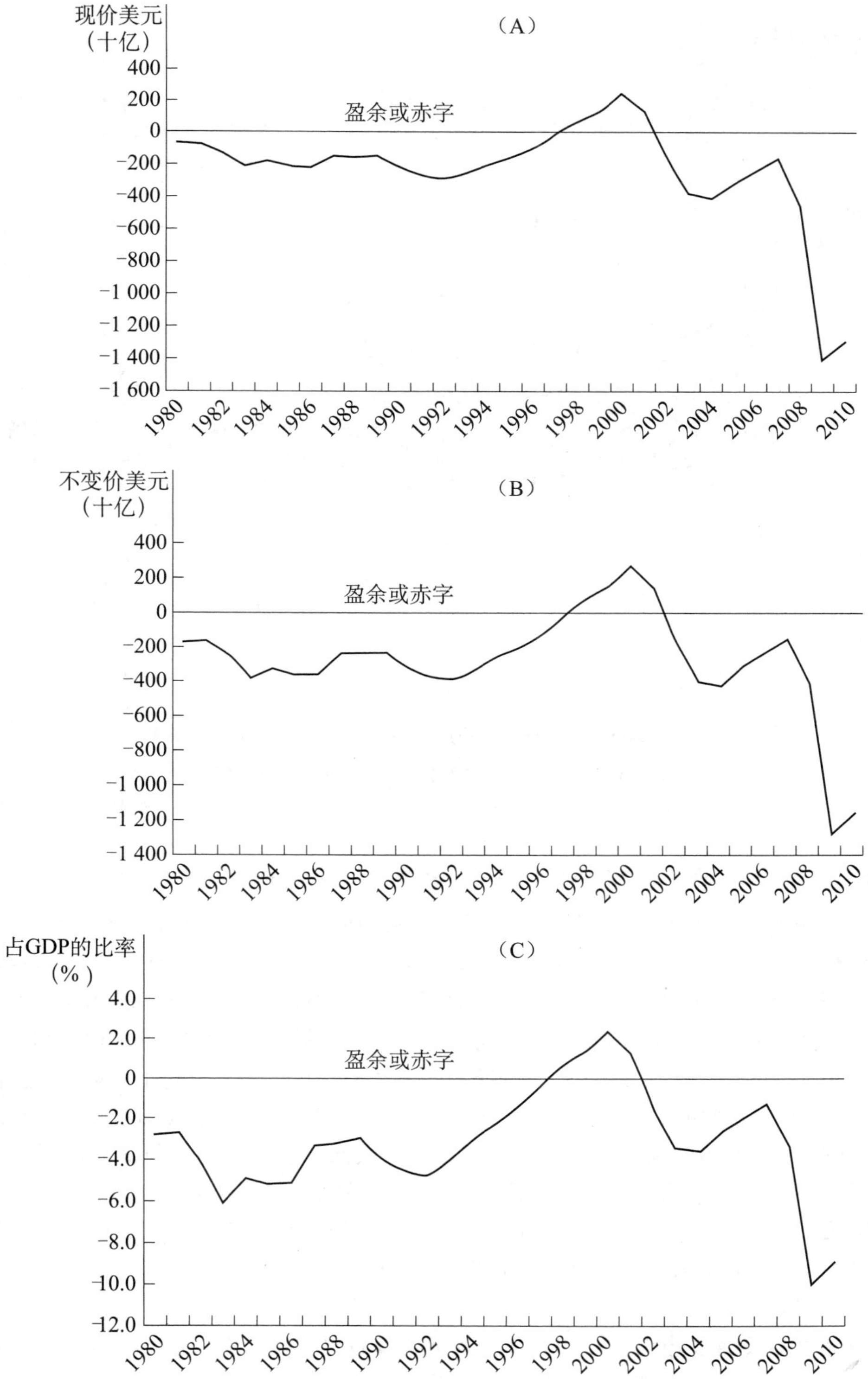

图 28.1　美国的预算赤字（1980—2010 年）

图中用三组数据来描述联邦预算赤字。图（A）是名义赤字，图（B）是以 2005 年美元计算的实际赤字，图（C）是联邦赤字占 GDP 的比率。

资料来源：Executive Office of the President，Office of Management and Budget，*Budget of the United States Government*，*Fiscal Year 2013*，*Historical Tables*，Tables 1.1－1.3.

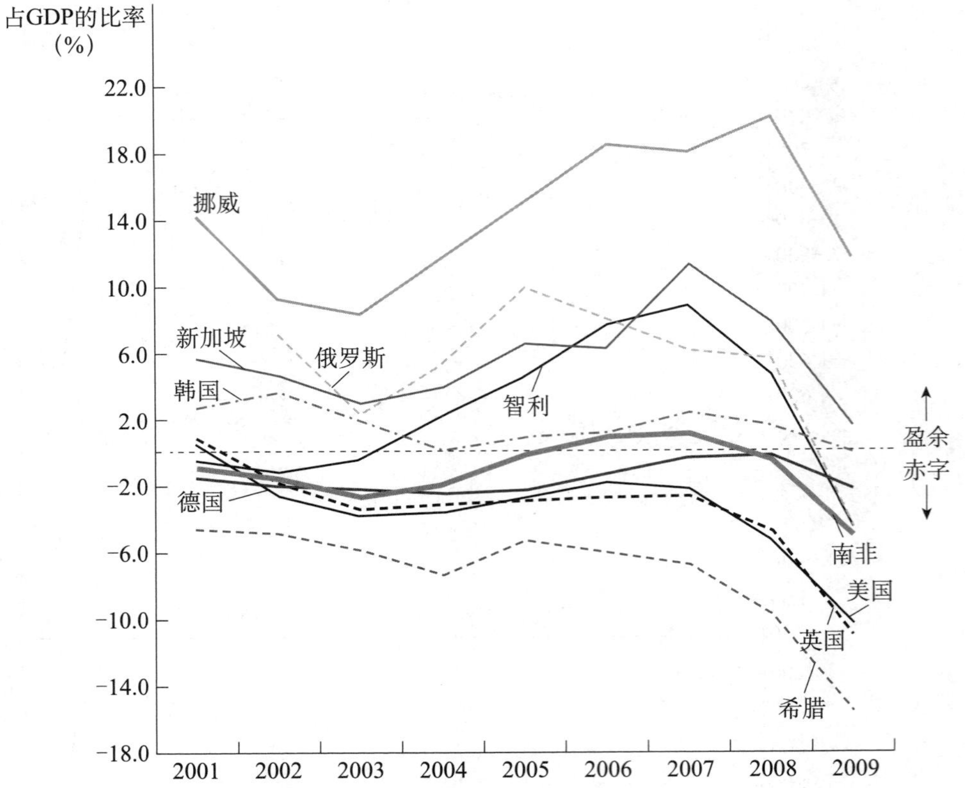

图 28.2 世界各国的预算赤字（2001—2009 年）

尽管在 2009 年美国是高收入国家中预算赤字最大的国家之一，仅次于英国和希腊，但在这次全球经济衰退期间所有国家的财政赤字都在上升（或盈余下降）。

资料来源："Cash Surplus/Deficit（% of GDP），" *World Bank World Development Indicators*.

国防支出增加 20 世纪 70 年代，随着越南战争的结束，联邦国防支出占 GDP 的比率从 1968 年的 9.4%下降至 1978 年的 4.7%，只是 1968 年的一半。然而，在 1979 年，苏联入侵阿富汗，卡特总统号召进行大规模国防建设。罗纳德·里根于 1980 年当选总统后，继续推行这些计划。1983—1988 年，国防支出占 GDP 的比率达到 6%。随着冷战的结束，国防支出逐渐减少，1999—2001 年，国防支出占 GDP 的比率下降到了 3%。虽然世界各地小规模战争的威胁使得"和平红利"比许多人所希望的小，但国防支出占 GDP 的比率下降在 1993 年后的赤字削减中起到了重要作用。然而，事实证明，阿富汗和伊拉克冲突耗资巨大——比布什政府在开战时估计的多得多，最终要付出数万亿美元的代价。[①] 美国国防支出每年达数千亿美元，2010 年国防支出占 GDP 的比率达到 4.8%，远高于 1993 年，与 1979 年冷战高潮时的比率不相上下。美国现在的国防支出占 GDP 的比率与世界其他地区大致相当。

老年人的社会性支出增加 随着美国老年人口的增长——不仅是绝对数增加，而且占人口的比例也在上升，联邦政府在社会保障和医疗保险等计划上的支出大大增加。20 世纪 70 年代这些计划占 GDP 的比率平均为 5%，但到 1980 年上升到超过 6%，到 1982 年已

① 请参阅 L. Bilmes and J. E. Stiglitz，*The Three Trillion Dollar War：The True Costs of the Iraq Conflict*（New York：W. W. Norton & Company，2008）。

接近7%，而现在已经超过了8%，并且预计在未来的几十年里还会大幅度提高。不过，尽管这些计划的支出在过去30年里一直稳步增长，但它们并不是2001年后美国财政状况变化的主要原因。

医疗支出增加 通过医疗保险（向老年人提供医疗的计划）和医疗救助（向穷人提供医疗的计划），政府医疗支出占医疗总支出的比重越来越大，如今仅联邦政府的支出占全部医疗支出的比重就已达到36%。医疗支出本身已经疯狂上升。在20世纪80年代和90年代初，这些支出每年增长近12%，每6年翻一番。布什和克林顿执政时期采取了一系列措施，使医疗支出增长率降至8%～10%，但仍然远远高于收入增长率。到90年代末，医疗费用又开始以更快的速度增长，但有证据表明，自2010年以来，医疗费用的增长率下降了。

医疗支出的增加，一部分反映了人口的老龄化，还有一部分是重要创新的结果——这些创新延长了美国人寿命，提高了生活质量。正如我们在第13章提到的那样，对美国医疗体系的真正担忧在于其效率很低——同其他发达工业化国家相比，美国花的钱多而成效很差。根据一些计算，如果美国的医疗体系与欧洲最好的四五个国家的医疗体系一样有效率，那么美国就不会有赤字。

所有这一切在2001年和2003年减税时都是已知的，所以这并不能完全解释美国财政前景的这种看似出乎意料的变化。然而，政府不能与医药公司讨价还价这一规定（这是批评者所谓的企业福利的一个例子）估计在十年内将使联邦政府损失5 000亿美元。

利息支出增加 像其他借款人一样，联邦政府也要支付利息。20世纪70年代，联邦政府净利息支出占GDP的比率平均为1.5%。但是，1985—1992年，该比率翻了一倍多，超过了3%，主要原因是债务不断增加。如果1995年的债务与1981年里根执政伊始时一样（经通货膨胀调整后），政府的预算将是平衡的，而不是有1 600亿美元的赤字。财政赤字与利息支付相互促进。90年代末的低利率有助于消除赤字。具有讽刺意味的是，尽管联邦政府在大衰退期间举债规模大幅增加，但近乎为零的利率使政府的利息支出占GDP的比率降至70年代的1.5%左右。不过，这还是不能解释自2001年以来的变化。

经济衰退 我们知道，当经济进入衰退时，税收收入（占GDP的比率）会自动下降。与此同时，失业和福利救济（像食品券）甚至社会保险等方面的支出也会增加。找不到工作的老年人开始领取社会保障金。伤残抚恤金也会增加。经济不景气时期的财政赤字，大约有一半是由经济衰退造成的。当然，2001年没有人预料到如此程度的经济衰退。

专栏 28.1

衡量预算赤字：什么是巨额赤字？什么是实际赤字？哪种衡量方法是正确的？

20世纪80年代和90年代初期的财政赤字规模巨大。1992年财政赤字达到2 900亿美元的峰值。但是，绝对数是衡量赤字规模及其重要性的正确方法吗？难道我们不应该考虑通货膨胀的影响和总体经济的增长吗？

西北大学（Northwestern University）已故经济学家罗伯特·艾斯纳（Robert Eisner）认为，要把重点放在实际债务（即根据物价水平变化进行调整的债务）的总体增长上。在未偿债务总额约为3.6万亿美元的情况下，通货膨胀率为3%意味着债务的实际值每年将减少1 080亿美元。按照艾斯纳的观点，未偿债务实际值的减少，应从赤字导致的债务增加中减去。在1996财政年度，经通货膨胀调整后的赤字只有90亿美元，而当年计算出来的赤字为 1 170 亿美元。

按照这一定义，鉴于通货膨胀对债务价值的影响，卡特政府实际上有经通货膨胀调整后的盈余。相比之下，里根和布什执政时期通货膨胀率比较低，不足以抵消支出远远超过收入所形成的巨额赤字。

充分就业赤字（full-employment deficit）或结构性赤字（structural deficit）考虑了经济活动水平，是指如果经济运行已处于充分就业状态还会存在的赤字。例如，1991 年，经济处于衰退时期，官方公布的财政赤字是 2 690 亿美元，是历史上规模最大的赤字，但结构性赤字仅为 1 910 亿美元，虽然不管按什么标准来衡量都很大，但还是比现实赤字少了 780 亿美元。从这个角度来看，里根时代看起来特别糟糕，因为除了战争时期，美国从未出现过如此庞大的结构性赤字。

近年来，美国政府债台高筑，与第一次世界大战和第二次世界大战结束后几年里的情况一样，这种累积债务的利息支付使其难以实现预算平衡。基本赤字（primary deficit）是在没有累积债务的情况下存在的赤字；也就是说，基本赤字等于财政赤字减去利息支付。如果政府有基本盈余（primary surplus），则意味着财政收入大于经常性支出（current expenditure）。自 1970 年以来，政府在大部分时间里都有一些基本赤字，而 1995 年至 2002 年间产生了明显的基本盈余。自此以后，除了 2007 年，政府每年都有基本赤字，而目前的基本赤字已经超过 1 万亿美元（见下图）。

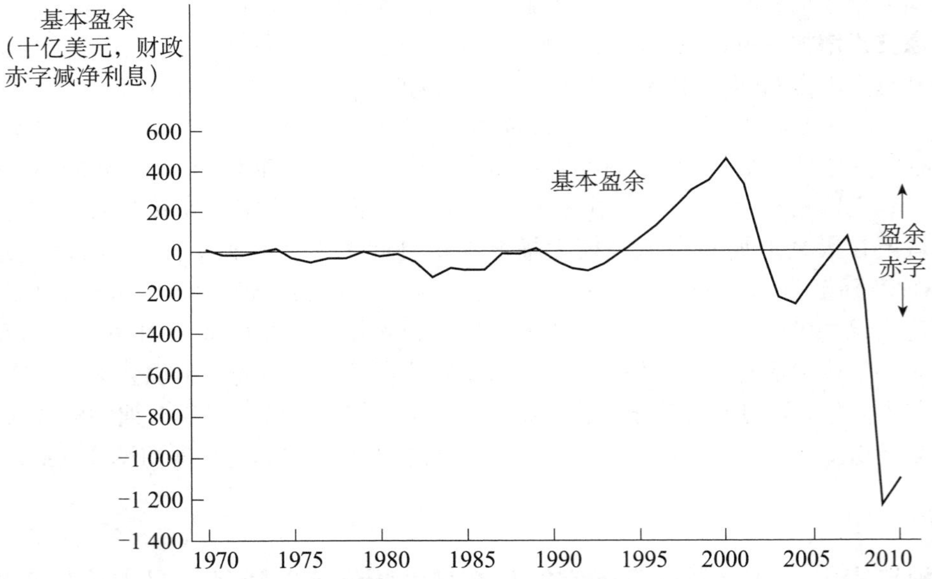

美国政府的基本赤字和基本盈余（1970—2010 年）

资料来源：Executive Office of the President，Office of Management and Budget，*Budget of the United States Government*，*Fiscal Year 2013*，*Historical Tables*，Tables 1. 1 and 3. 1.

□ 28. 1. 2　不是造成赤字问题的因素

从某种意义上说，任何支出都可能被认为是造成赤字问题的因素——在其他条件相同的情况下，削减那种支出就会减少赤字。不过，有些因素不应该被指责是造成赤字问题的原因。例如，民意调查显示，许多美国人认为，福利支出和对外援助对赤字负有责任。不过，一般福利支出占联邦预算的比重还不到 3%，而且在最近几十年里，该比重一直在下降。从1970年到2009年，每个家庭从“抚养未成年人家庭援助”或“贫困家庭临时救助”计划中获得的实际福利金下降了57%。同样，对外援助也是微不足道的，只占联邦预算的1%左右。

□ 28.1.3 控制赤字：20世纪90年代的成功经验

大约从1993年开始，财政赤字得到控制。控制赤字为何如此之难？美国最终又是如何取得成功的？

我们看一下政府支出的构成（见图28.3），就可以回答第一个问题。财政支出一般分为三类，即国防支出、非国防自主性支出和公民权利性支出。**公民权利性计划**（entitlement programs）是诸如社会保障和医疗保险之类的计划，其中政府界定了具体福利待遇（“公民权利”）的资格标准；现实的支出取决于多少人满足这些标准以及这些福利造成的成本。政府每年实际上不能控制该计划的支出；只有改变资格标准或者福利水平，才能改变支出水平。相比之下，对于**自主性计划**（discretionary programs），政府每年可以设定支出水平。

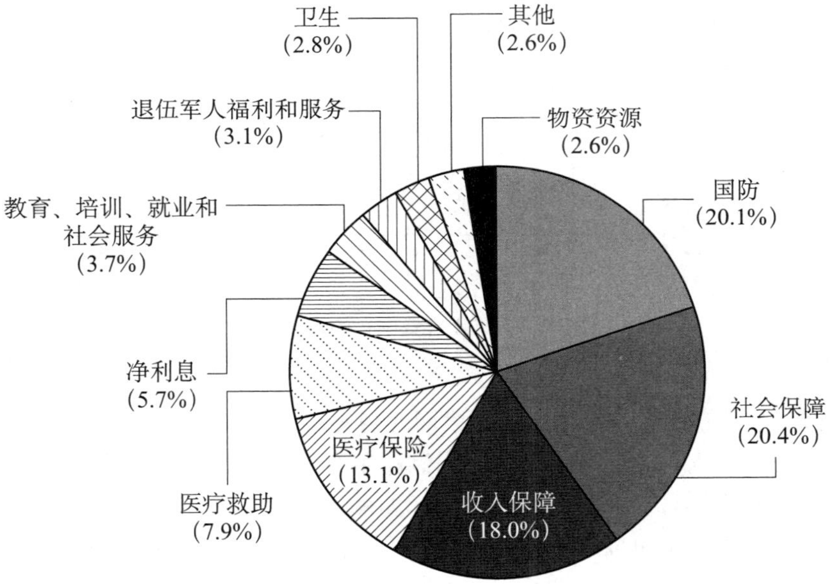

图28.3 削减联邦政府支出的挑战

2010年美国联邦政府支出共计3.46万亿美元。联邦政府的大部分支出用于三个方面：国防、公民权利性计划和利息支付。要想大幅削减联邦政府支出，就必须至少大幅削减其中的某一类支出，因为其他领域的支出不大，对于削减联邦政府支出无足轻重。

资料来源：Executive Office of the President，Office of Management and Budget，*Budget of the United States Government*，*Fiscal Year 2013*，*Historical Tables*，Tables 3.1 and 8.5.

因此，从年度来看，政府不能直接控制三分之二的支出（利息、社会保障、医疗保险、医疗救助和其他公民权利性支出）。在剩余的支出中，又几乎有三分之二的支出用在了国防上。“非国防自主性”支出大约只占预算的12%。鉴于里根总统承诺不增税、增加国防支出、不削减社会保障，因此，想通过削减其他支出来实现预算平衡就没有多大空间了。要想消除赤字，就需要将其他类别的支出削减一半，这似乎超出了可以接受的水平。

在20世纪90年代，有三个因素在最终遏制赤字中起到了作用：增加高收入者的税收、限制支出的增长和实现强劲的经济增长。据估计，这三个因素在削减赤字总量的贡献上大约各占三分之一，但这些因素实际上是交织在一起的。①

当经济处于充分就业状态时，经济增长与财政赤字之间的联系很简单：如果政府要借更多的钱，利率就会上升。图 28.4 说明了资金（资本）的需求和供给。政府举债增加会使需求曲线向右移动，导致利率上升。在利率比较高的情况下，企业不太愿意投资。投资越少，经济增长越慢。于是我们说，政府举债**排挤**（crowded out）了私人投资。然而，当失业率很高时，就像 2008 年全球金融危机之后的那几年一样，情况就不同了，我们下面将会进行分析。

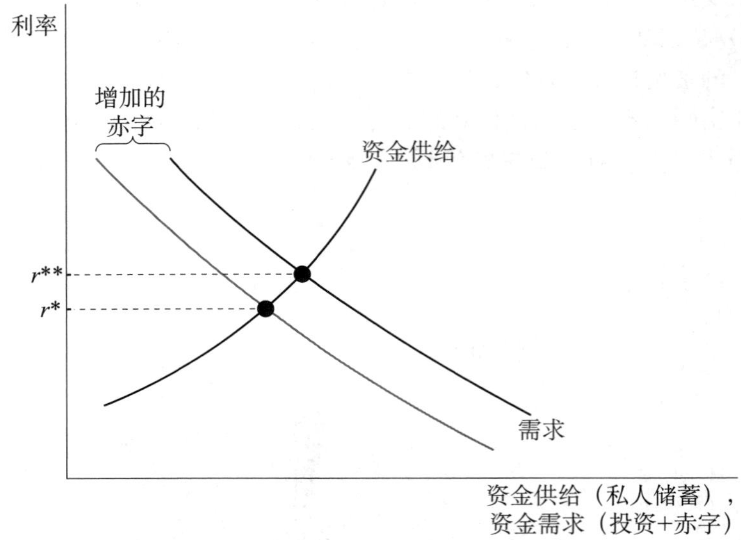

图 28.4　资金（资本）的供求曲线

赤字增加导致资金需求增加，引起利率上扬，投资下降。

20 世纪 90 年代的预算争论因两个因素而变得复杂。1993 年克林顿总统就任时，经济仍处于低迷状态，有人认为立即采取措施遏制赤字会适得其反。这意味着在削减开支的时机选择上必须小心谨慎。另外，还有人担心，如果选错了削减赤字的方式，不仅贫困会增加，而且长期经济增长也可能会受阻，甚至实现不了削减赤字的最终目标。保守派声称，用增税的办法减少赤字会对经济增长更为不利：财政赤字可能不是一件好事，但增税可能更糟。他们认为，对资本利得和利息征税会减少储蓄，储蓄减少会使利率上扬，而利率上升会导致投资减少。然而，正如我们在第 18 章所看到的那样，计量经济证据并没有为这一观点提供多少支持，因为储蓄似乎对利率变化没有多大反应。

另外，有些经济学家认为，减少公共投资会减缓经济增长，尤其是从长期来看。他们认为，公共投资是私人投资的**互补品**（complements），也就是说，它们提高了私人投资的生产率，以至于不管利率如何，私人投资水平都会更高。按照这种观点，比如受教育程度更高的劳动力会使在美国投资更具吸引力；政府支持的研究取得的成果为私人部门提供了

① 经济复苏（失业率从 7.8%下降到 4.9%）本身增加的财政收入相当于 GDP 的 1.2%～1.8%。根据所谓的奥肯定律（Okun's law）——约翰逊总统的经济顾问委员会主席阿瑟·梅尔文·奥肯（Arthur Melvin Okun）首先“发现了”这一经验规律，失业率每下降 1 个百分点，产出就会增长 2%～3%。产出每增加 1 个百分点，税收收入就会增加 GDP 的 0.2%左右。

营利性创新的基础。虽然那些认为政府作用有限的人对此也无异议，但他们认为，削减支出的空间很大，例如削减公民权利性计划支出，这不会对投资产生不利影响，而且许多公共投资的生产率非常低下，削减它们对经济增长没有多大影响。作为证据，他们引用了一些研究成果，这些成果显示许多职业培训项目的收益率很低。

克林顿政府的预算宗旨是想把更多的公共支出用于投资，通过把更多的钱花在那些收益率高的项目上来提高公共支出的成效。到 1993 年，人们对经济基础设施（如道路和机场）十分担忧。在这之前的 12 年里，公共基础设施支出占 GDP 的比率已经下降到 20 世纪 60 年代的一半。1965—1988 年，公共资本-私人资本比几乎下降了三分之一。到 1993 年，美国交通运输部估计，全国几乎有 20%的公路、20%的桥梁都存在着年久失修问题。联邦政府用于各类公共投资（包括研究和教育）的预算比例从 1963 年的 35%下降到 1992 年的 17%。

克林顿政府只在一个领域——教育的公共投资增加上取得了重大进展。由于担心赤字规模、不愿意增加税收以及无力或不愿意削减诸如公民权利性计划等主要领域的非投资性支出(尽管医疗保险和医疗救助的支出增长率降低了)，因此增加投资的余地很小。为了实现削减财政赤字的目标，政府决定略微增加甚至维持教育支出，但实际上削减了其他非国防、非公民权利性领域的支出，包括投资。那些认为美国经济长期增长的前景取决于创新，而创新又必须建立在强大的科学和工程基础之上的人，对于提议把研究资助削减 20%～30%深感不安。他们认为，这些支出的边际收益率不仅很高，而且高于许多其他形式投资（包括一些教育和培训项目）的边际收益率。

在研究预算中，也存在争议。大多数科学家对太空高额投资的回报提出了质疑——他们认为，把花在太空站上的钱用于别处可能会更好。美国宇航局（National Aeronautics and Space Administration，NASA）为了确保其计划得到强有力的政治支持，做了大量出色的工作（比如确保承包商和分包商位于众多的国会选区），比基础研究团体所做的工作好得多，尽管两党都一致认为应该支持基础研究。基础研究就像一种公共产品——多一个人享受知识的好处的边际成本很低，而排他成本往往很高。但克林顿政府认为，政府也应该支持新技术的开发。许多新技术存在着大量的外溢效应，发明者并没有得到相应的好处，激光和晶体管就是例证，这两项创新给经济带来了巨大的好处，远远超出了人们最初的想象。保守派认为，这些领域应该留给私人部门；政府不应该涉足决定鼓励哪些行业，甚至都不应该通过支持研究来鼓励某一行业。他们声称，政府在挑选赢家方面具有不良记录，而且这种支持很容易受到特殊利益集团的影响。

现实可能介于两种极端的立场之间：虽然关于政府的研究计划弄巧成拙的例子有许多，但政府长期以来在推动技术方面发挥了核心作用，并取得了成功。1842 年，巴尔的摩和华盛顿之间的第一条电报线路是由联邦政府出资的，互联网也是如此。19 世纪和 20 世纪农业生产率的快速提高是因为政府出资开展研究并建立农业推广站，从而使新发现的知识得到了广泛传播。不管怎么说，许多现代技术通常作为国防成果的一部分，都得到了政府的支持。20 世纪 90 年代，随着国防支出的缓慢减少，政策制定者面临的关键问题是：政府是否需要对技术予以更加明确的支持来保持美国的技术领先地位？此外，是否有办法，诸如让私人企业更多地参与政府支持的技术研究计划，以提高由政府支持的项目的成功率？在预算拮据的情况下，扩大对新技术的投资（这是一项重大举措）被搁浅了，好在对这些项目的支持并没有被削减到使这些项目被废止的程度。

如今，这场争论又复活了。观点与 20 世纪 90 年代类似，而且也没有达成共识。例如，奥巴马总统试图将大部分经济刺激性支出用于国家的物质基础设施和人力资源的投资上，以使美国更具竞争力，就像本次经济刺激计划的名称所反映的那样——《2009 年美国复苏与再投资法案》。奥巴马政府认为，从长期回报来看，这种短期成本是值得付出的——长期回报强调的是增加国内生产总值，通过产生更多的经济活动增加税收，使美国摆脱赤字和债务危机。随着伊拉克和阿富汗战争的结束，国防支出预计会削减，再加上《2010 年患者保护与平价医疗法案》实施后医疗支出的效率提高，为这种做法提供了有力的支撑。

在失业率居高不下且失业期较长的情况下，政府支出实际上可能会**拉动**（crowd in）或者说增加私人支出。我们先前曾指出，政府举债排挤私人投资的原因在于这会迫使利率上升。然而，至少从短期来看，美联储设定了利率，而且在经济严重衰退的情况下，美联储之所以不会加息，就是因为它也想把经济恢复到充分就业状态。就 2008 年危机之后的几年来看，无论政府的赤字水平如何，美联储都将利率维持在接近于零的水平。

的确，随着刺激措施的实施，产出将增加，有可能诱使企业增加投资。倘若公共投资和私人投资是互补品，也就是说如果公共投资提高了私人投资的收益率，那就更是如此。20 世纪 30 年代政府的道路投资就提高了铁路投资的收益率，因为这意味着通过全国铁路直接或间接容易到达的地区大大增加。近年来，政府的科技投资推动了互联网的大量投资，同样，政府的研究投资也导致了医学上的突破。

如果家庭看到经济开始复苏，也可能会诱使家庭成员花更多的钱——他们将不必像过去那样存那么多钱。

2009 年经济刺激计划的批评者认为，该计划并没有奏效，因为尽管有这些刺激措施，失业率还是高达 10%。然而，经济学家提出了一个所谓的反事实问题：倘若没有这些刺激措施，情况会怎样？大多数经济学家认为，失业率可能会高达 12%～13%。

当然，某项计划刺激经济的程度取决于它的设计。国防部门花费在位于阿富汗的外国承包商身上的钱并不能刺激美国经济——远远不如花费在比如美国教师身上的钱。同样，减税，尤其是对高收入美国人的减税，不如向长期失业者提供失业救济金对经济的刺激力度大。重要的是花出去多少钱以及在美国境内花多少钱。奥巴马政府犯了一个严重的错误：低估了经济下滑的严重程度，因而对由此可能导致的失业状况过于乐观。所采取的经济刺激计划规模太小，实施的时间太短，而且所设计的措施主要是减税，没能很好地刺激经济。

重要的是要迅速获得资金并将其投入经济体系中，这正是为什么经济刺激计划要将重点放在“准备就绪”的投资项目上。或者，也可以向州和地方政府提供更多的资金，使它们不至于被迫削减对教师和大学的开支。

提供失业保险与弥补州和地方政府因经济下滑导致的收入不足还有另外一个好处，那就是它们是**自动稳定器**（automatic stabilizers），也就是说，它们只是在需要的范围内提供资金来刺激经济。如果经济复苏，州和地方政府的收入就会恢复，失业率会下降，这种刺激措施将自动停止。

克林顿政府试图做办不到的事——想在短期内刺激经济而承诺在长期削减赤字（以履行承诺）。然而，如今做出这种可信的承诺很困难，比 20 年前还要困难，因为当时削减自主性政府支出的空间还比较大。20 年过去了，除军事开支外，该削减的都削减了。于是，重点集中在了受到选民强烈支持的公民权利性支出上。问题最严重的是医疗支出，但若削减政府支出而不解决医疗部门的根本问题，只会迫使家庭支付更多的费用和（或）导致事实上的医疗配给。

还有一种方法，政府可以在不增加赤字的情况下刺激经济，这就是利用所谓的**平衡预算乘数**（balanced budget multiplier）原理，即如果政府同时等量增加税收和支出，也可刺激经济。税收增加的紧缩效应实际上小于支出增加的扩张效应。如果税收和支出的变化设计得很好，尤其如此，比如增加高收入美国人（他们的支出占其收入的比例要比低收入阶层低得多）的税收，增加与私人投资互补的投资支出，就会拉动私人支出。遗憾的是，美国的政治争论大多都走向了相反的方向——不仅不是同时削减税收和支出，反而要更多地削减赤字。这些变化削弱了宏观经济的表现。

28.2 政府赤字的后果

政府出现赤字时，就必须通过举债来弥补收支之间的差额。当政府年复一年地出现赤字时，它就必须年复一年地借债。这些借款的累积价值就是政府所欠下的联邦债务。图28.5显示了过去70年来公众持有的实际联邦债务，2010年共计约8万亿美元，相当于GDP的63%。联邦债务不断增加的直接后果就是，政府要支付越来越多的利息（除非利率下降）——我们之前说过，利息支付本身就是造成赤字的一个因素。2010年，净利息支出总额占联邦政府支出总额的5.7%（见图28.3）。

传统上，经济学家认为，政府借债就像私人借债一样，从资金使用的目的来看，可能是合理的。借钱买房，你可以住好多年；买车，你可以开好几年，无可厚非。这样，你就可以边用边付钱。借钱攻读能使你在将来获得高薪工作的学位，在经济上很划算。不过，要是今年你在为两年前的度假付款，也许你应该折断你的信用卡！公司的资产负债表显示了公司的整体财务状况。资产负债表的一方是资产（公司拥有的资产），另一方是负债（所欠的债务）。如果公司借钱购买一项很有价值的资产，其财务状况会改善，因为资产的价值比负债的价值增加得多。

就国家而言，情况也差不多。借债为可使用多年的道路、学校或产业项目筹资可能相当合适。同样，国家的资产负债表也得到了改善：尽管其负债更多，但其资产（基础设施、人力资本）的价值增加了。然而，如果借钱来支付那些从未完成（或者甚至从来没有开始）的项目，或者借钱来支付本年的政府雇员工资，那问题可就严重了。许多政府借钱太多，超过了它们的偿还能力，迫使它们大幅度提高税收，降低了人们的生活水平。有些政府干脆就无法偿债，使其丧失了在未来举债的能力，尽管这种风险往往被夸大。

图28.6显示了自2003年以来世界各国的中央政府债务。在高收入国家中，日本的债务占GDP的比率最高，几乎是GDP两倍——近年来，日本年度预算的资金来源几乎有一半靠举借新债。其他具有高负债的高收入国家包括希腊、意大利、葡萄牙和英国，2010年这些国家的债务占GDP的比率从86%到148%不等。尽管目前批评声音不绝于耳，但与其他高收入国家相比，美国的债务占GDP的比率还是相对较小。

政府通过举债而非增税为其支出融资，在短期内会导致消费水平上升（因为可支配收入增加）。当经济处于充分就业状态时，消费增加意味着留给投资的空间变小。为了在不引起通货膨胀的情况下保持经济处于充分就业状态，联邦储备委员会必须提高利率。赤字融资会导致投资下降，故从长期来看这会降低产出和消费。

减少赤字则具有相反的效果：减少赤字会使利率下降，刺激投资，从而促进经济增长，提高人们未来的生活水平。

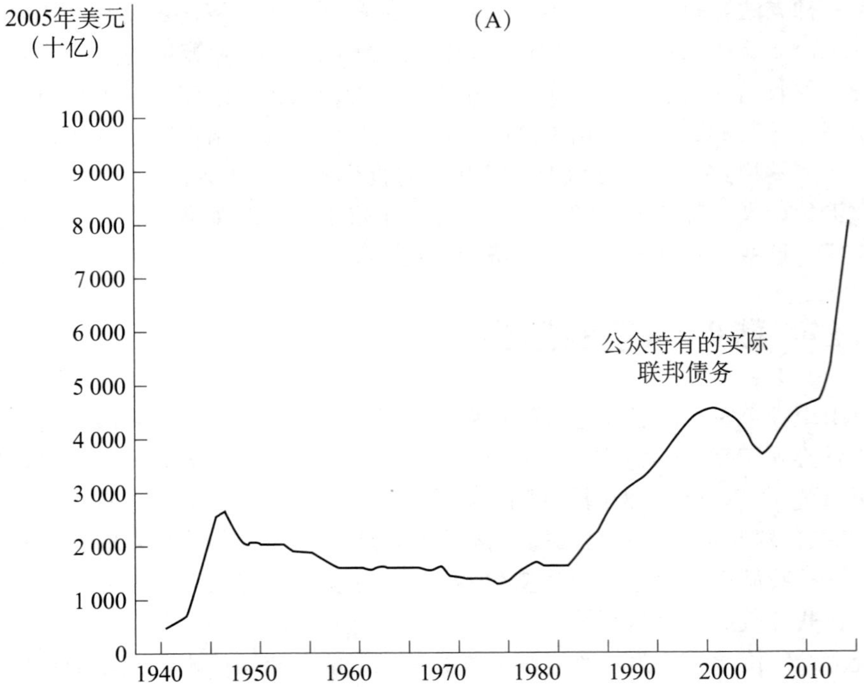

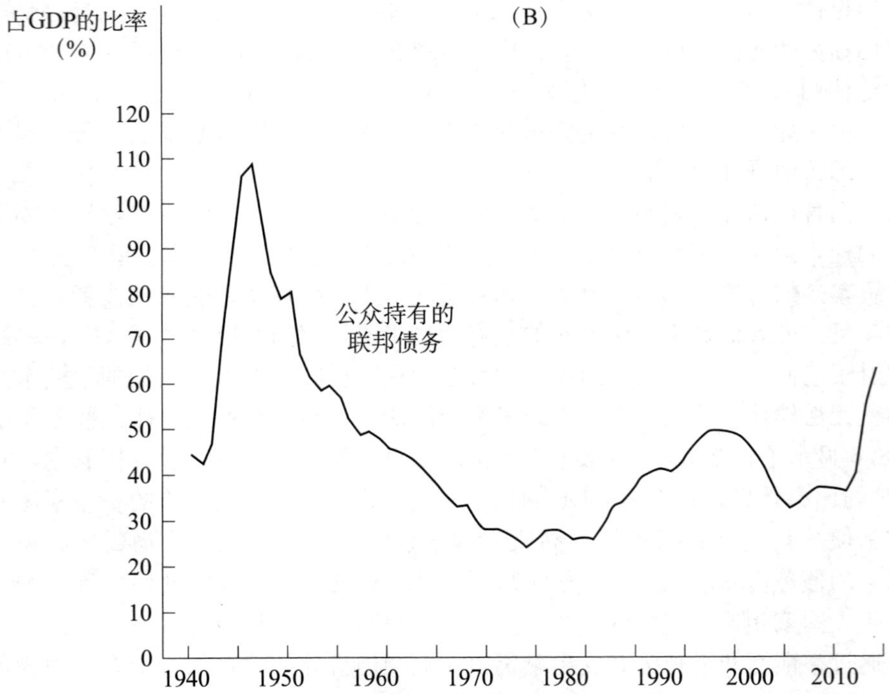

图 28.5 联邦债务

债务代表了以前赤字的累积。图（A）显示出 20 世纪 80 年代以来联邦债务（以实际美元计）急剧上升，到 20 世纪 90 年代初，已远远超出第二次世界大战时期的记录。图（B）显示的是债务占 GDP 的比率。尽管实际债务额不断增加，但它占 GDP 的比率终于开始稳定下来，直到 2008 年又再度大幅回升。

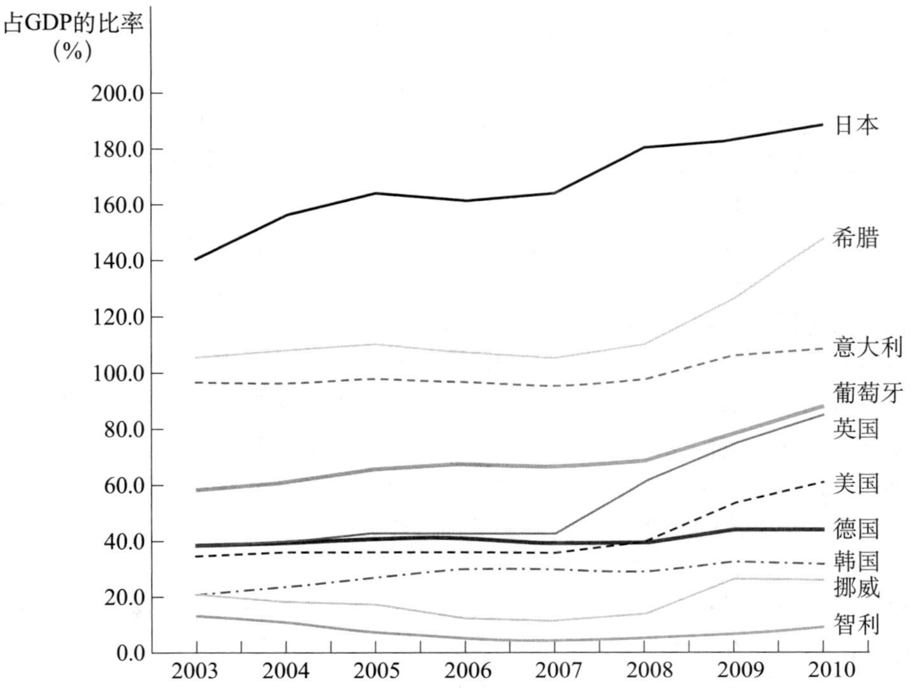

图 28.6　世界各国的中央政府债务（2003—2010 年）

尽管在过去几年里美国联邦政府债务大幅上涨，但与其他高收入国家的中央政府债务相比，仍然相对较小。

资料来源："Central Government Debt," *OECD National Accounts Statistics*, www.oecd-ilibrary.org/content/data/data-00033-en.

然而，在经济不景气的情况下，上述推论则完全颠倒过来。当前更多的支出会导致更高的产出水平。必须量入为出的家庭与像美国这样的政府有着根本性区别。若美国政府花钱多（从而借债多），创造的就业岗位多，国民收入就会增加。这将导致更多的投资，特别是如果政府把钱花在预期会推动未来经济增长的投资上且该投资是对私人投资的补充，就更是如此。因此，与前面讲的抵消关系不同，增加政府支出可以导致现在和未来的国民收入增加。

□ 28.2.1　当经济处于充分就业状态时财政赤字对后代人产生的影响

当然，如果经济处于充分就业状态，情况会截然不同。政府举债通过两种方式把消费减少的负担放在了后代人身上。如前所述，由于投资减少，未来的产出会下降。除此之外，当期支出的一部分负担也会落在后代人身上。为了弄清这一点，我们看一下第二次世界大战的资金筹措情形：其中一部分资金是通过借债而非增税来筹措的。假设政府发行的债券是由 40 岁的工人购买的。30 年之后，这些工人退休了，政府通过增加对当时属于劳动力的那些人的征税来偿债。实际上，政府把钱从这些年轻工人那里转移给在战争时是工人而现在已 70 岁且退休了的那些人。这样，这场战争的一部分成本就由战后成为劳动力的一代人承担。战争期间 40 岁的人的一生消费受到他们在战争期间缴纳的税收的影响。但是，这场战争由债务融资的那部分成本被转嫁了。他们本可以用其储蓄来购买企业发行的股票或债券；这场战争（假如用举债来融资）只是影响了他们的储蓄形式，并不影响他们一生花费的总量。

□ 28.2.2 债务负担的其他视角

到目前为止的讨论代表了当前的主流观点。有些经济学家认为，即使经济处于充分就业状态，这些观点也夸大了债务负担，下面给出了四种不同的原因。

“债务无关紧要，因为这只是我们欠我们自己的”说法 在美国，过去有人认为，财政赤字并不重要，因为我们只是欠我们自己的钱。预算赤字被比作兄弟间的借债对家庭总福利的影响。一个家庭成员的境况可能变好，而另一个家庭成员的境况可能变差，但这种负债对整个家庭来说并不重要。有人认为，政府通过债务为支出融资，可能导致资源的代际转移，但这种转移仍将使美国公民的所有购买力保持不变。

我们现在认识到，这种观点是错误的，表现在三个方面。第一，即使是我们欠自己的钱，但如前所述，债务会影响投资，进而影响未来的工资和生产率。第二，如今我们实际上不是欠自己的钱。美国向国外举债，欠外国人钱。国家入不敷出与家庭入不敷出的后果没什么两样：最终都要为过度消费付出代价。要是国家过度消费，后代人将不得不为此付出代价。第三，只为支付债务利息就需要增加税收，而税收会对经济造成扭曲，抑制工作和储蓄。(经济学家对这些影响的程度存在一些分歧。)

开放经济：避免排挤 然而，今天的美国是全球经济的一部分，这降低了财政赤字排挤私人投资的程度。在资本自由流动的世界中，对于一个小型开放经济体来说，其企业必须支付的利率是由国际市场决定的，几乎不会受到其赤字规模的影响。因此，投资水平从而其 GDP（即国内生产的产出）的增长率可能不会受到赤字的不利影响。然而，为了给投资提供资金加上弥补增加的赤字，同赤字规模比较小的情况相比，该国将不得不借更多的外债。该国公民将不得不向外国人支付这些债务的利息，从而其公民的净收入［在用了外国人的资本而向他们付费之后所能支配的，即国民生产总值（GNP)］会降低。从这个意义上讲，该国的境况会变差，即使现实产出水平未受影响。

美国是一个庞大的经济体；当它借入更多的资金时，就会对国际利率产生影响。据估计，如果美国的赤字增加 1 000 亿美元，其中略高于三分之一的部分由增加的外债来融资，略低于三分之一的部分由增加的国内储蓄（利率上升所致）来融资，剩下的部分则使投资减少——这正是赤字部分排挤了私人投资。

李嘉图等价：遗产抵消债务 另一种观点认为，面对赤字增加，个人会储蓄更多。哈佛大学的罗伯特·巴罗（Robert Barro）发展了 19 世纪最伟大的经济学家之一大卫·李嘉图（David Ricardo）提出（后来又放弃）的一个观点，认为人们对其子女的关心是如此之大，以至于当他们看到政府赤字因增加未来负债而威胁到他们的后代时，他们会增加留给孩子的遗产。① 为了能留下更多的遗产，他们增加其家庭储蓄，其数量正好是赤字的增加额——国民储蓄不变。增加的政府负储蓄被完全抵消了。这种观点被称为**李嘉图等价**(Ricardian equivalence)，因为它意味着，作为支出融资的手段，税收和赤字是一样的。

证据不支持巴罗的理论主张。政府赤字增加可能会导致家庭储蓄略有增加，但远不能完全抵消赤字的增加。20 世纪 80 年代末和 90 年代初，财政赤字占 GDP 的比率超过 5%，

---

① R. Barro，“Are Government Bonds Net Wealth?” *Journal of Political Economy* 82 (1974)：1095 - 1117. 随后的研究既推广了他的结果，又证明了他的假设是多么的严格。例如，请参阅 J. E. Stiglitz，“On the Relevance or Irrelevance of Public Financial Policy，” in *The Economics of Public Debt*，ed. K. J. Arrow and M. J. Boskin (New York：Macmillan Press，1988)，pp. 41 - 76；and O. Rön，“New Evidence on the Private Saving Offset and Ricardian Equivalence，” OECD Economics Department Working Papers，OECD Publishing 762，Paris，2010。

而家庭储蓄率只有3%～4%。如果巴罗的理论是正确的，那么在没有政府赤字的情况下，家庭储蓄率将会在−2%和−1%之间，这令人难以置信。2001年和2003年的减税之后发生的事情更能说明问题：家庭储蓄不仅没有增加，反而急剧下降到接近于零的水平。

来自不同国家的统计证据证实了美国的经验，即私人储蓄不能完全抵消政府借债。这并不令人感到奇怪：人们并不像巴罗所假设的那么理性（在当前做决策时充分到考虑公共债务），也不是利他主义的（每当公共债务增加1美元，就为自己的后代多留出1美元的遗产）。在许多情况下，他们面临借债约束；他们喜欢消费更多，但无法为额外消费融资。如果政府通过降低税收来增加他们的可支配收入，他们就会把大部分增加的收入花掉，即便政府同时增加了公共债务。[①]

资源未被充分利用：赤字实际上可能会有所帮助 这是对赤字导致经济增长下滑这种观点的最重要的警告，也是随着2008年危机之后赤字飙升而发生的争论所关注的一个最重要的问题。如果经济在不充分就业状态下运行，那么根据传统的宏观经济理论，财政赤字（不管是政府支出增加导致的还是税收减少导致的）会刺激经济。利率可能不会上升，或者不会大幅度上升，因而投资（从而经济增长）不会受到不利影响。实际上，当经济未能充分利用其资源时，当前的产出和未来的产出都可能会增加。正如我们所看到的那样，如果赤字增加是由政府投资支出增加所致，产出无疑会增加。

正如赤字支出的支持者所强调的那样，赤字不会导致经济下滑，反而在很大程度上会促进经济增长。削减赤字的最好办法是"让国家恢复工作"，而实现这一目标的最好方法（考虑到货币政策的效力有限，尤其是在利率已经接近零的情况下）就是提供财政刺激。那些尝试过相反策略的国家，比如20世纪90年代末东亚危机中的东亚国家、21世纪初的阿根廷或者最近首先削减支出的欧洲国家，大失所望。它们不仅陷入经济衰退或萧条，而且从债务占GDP的比率来看财政状况更加恶化。（请参阅专栏28.2"经济衰退中的财政缩减：扩张还是紧缩?"。）

政府赤字的后果

1. 当期支出的部分负担直接转移给后代人。
2. 发行债券可能会减少投资，从而间接造成后代人的境况变差。
3. 外债可能增加，降低未来的生活水平。
4. 政府的负储蓄没有被私人储蓄所抵消。

专栏 28.2

经济衰退中的财政缩减：扩张还是紧缩?

如今，人们普遍认为，在失业率高企、利率极低的情况下，政府削减支出会进一步削弱经济。

欧洲采取了**财政缩减**（fiscal austerity）或**财政整顿**（fiscal consolidation）措施，可预见（和已经预测到）的结果是，许多国家的经济再次陷入衰退；在经济衰退已历经5年、经济复苏依旧乏力的2012年，欧洲的国民收入仍然低于经济衰退之前的水平。就希腊和西班牙的情况来看，人们普遍认为，财政缩减政策导致了经济萧条，青年失业率超过50%。

① 有关进一步的讨论，请参阅 the Symposium in the *Journal of Economic Perspectives* 3, no. 2 (Spring 1989)。

从历史上看，能使一个国家恢复经济增长的财政缩减实例凤毛麟角；即使有那么几个虽然实施了缩减措施经济增长却得以恢复的案例，那也是因为出口的增加取代了政府开支的减少。国际货币基金组织考察了过去30年中173个财政政策变化案例，其中17个发达经济体采取了财政缩减计划，得到的结论是这些政策是紧缩性的，而不是扩张性的——它们降低了国民收入，提高了失业率：占GDP 1%的财政缩减计划，在两年内使经通胀调整后的国民收入减少了0.6%左右，使失业率提高了近0.5%。家庭和企业的支出也下降了。

批评者认为，增加支出的代价是削弱了人们对经济的信心，因为产生了巨额预算赤字，这反过来又抑制了私人部门的投资，阻碍了就业机会的创造。尽管很少有经验证据支持这一假设，而且有相当多的证据支持相反的结果（即支出削减导致系统地降低GDP），但这种理念一直存在。

资料来源：J. Guajardo，D. Leigh，and A. Pescatori，"Expansionary Austerity：New International Evidence，" IMF Working Paper 11/158，Washington，DC，2011.

28.3 改进预算程序

财政赤字的持续存在使得许多人认为应当改变预算方法。我们在本节将主要考察两种变化。一种是已经实施了的方法，另一种是仍然处于讨论之中的方法。

□ 28.3.1 预算执行法案与打分制

1990年，美国国会通过了《预算执行法案》(Budget Enforcement Act，BEA)，旨在降低赤字失控的可能性。根据《预算执行法案》，国会只要通过一项新计划，就必须通过征收新税来筹资或削减其他支出，这就是通常所谓的"收支平衡"(pay-as-you-go，PAY-GO）原则。国会预算办公室——表面上是一个无党派的专业团队，要对计划"打分"，亦即计算该计划要花多少钱。毫无疑问，这会涉及判断问题。因此，在20世纪90年代末的医疗改革争论中，国会预算办公室认为，从短期来看，管理型医疗（managed care）只会导致有限的储蓄。如果国会预算办公室对管理型医疗打分的结果是能产生大量储蓄，那么推进医疗改革可能会容易得多。《预算执行法案》被延期了好几次，但最终在2002年到期。此后，《预算执行法案》的温和版本得以通过，即《2010年法定收支平衡法案》(Statutory Pay-As-You-Go Act of 2010)。①

布什政府通过补充预算为阿富汗和伊拉克战争提供资金的做法进一步破坏了财政纪律。这造成战争的花费总额和财政赤字的规模很难确定。

□ 28.3.2 资本预算

企业强调购买机器的支出（资本支出）与其他支出的区别。投资可以提高企业未来的生产能力。我们之前曾说过，借钱投资和借钱度假有明显区别。与企业不同，政府会计制度对此并没有做区分。企业不仅在年度报告中区分各种支出，而且在其资本账户中显示出资产（包括机器）和负债。

有人认为，政府应当有资本预算，以便明确投资支出。虽然有些国家这样做了，但美

① 与《预算执行法案》一样，《2010年法定收支平衡法案》包含了公民权利性支出增加和税收减少的"收支平衡"原则，但与《预算执行法案》不同的是，它没有自主性支出上限，故在控制自主性支出方面效果较差。

国还没有这样做，部分原因是界定投资会面临政治问题。大多数资本预算只包括道路等实物投资，而支持教育的人则担心，这种资本预算会把资源从教育和研究等人力资本形成中分流出去。同样，支持医疗保健的人认为，为儿童提供良好的医疗保健是对他们未来的一种投资，既可以提高他们的生产率，又可以降低未来的医疗支出。

□ 28.3.3 其他策略

关于改善预算程序的另外两个建议得到了广泛讨论。第一个建议是**单项否决权**（line item veto），即总统有权否决预算案中的特定支出。倘若没有单项否决权，总统就只能接受或拒绝整个预算案。总统并不愿意只因为有一点有益于某些国会议员所代表的选民的浪费性支出就否决一项大宗预算（如国防预算）。《1996 年单项否决权法案》（Line Item Veto Act of 1996）就赋予了克林顿总统这项权力，但在克林顿诉纽约市［Clinton v. City of New York，524 U. S. 417（1998）］案中，最高法院裁定这项法律违反了美国宪法的“总统签署条款”（Presentment clause）——描述国会提出来的法案变成联邦法律所经过的立法程序的条款。自这一裁定以来，虽然几经努力，但国会还是未能通过各种单项否决权方案。

第二个建议是宪法修正案，称为**平衡预算修正案**（balanced budget amendment），要求国会坚持平衡预算。这种修正案有几次只获得几票赞成。支持者表示，（顾名思义）这会强化财政责任；政府必须设法实现预算平衡。批评者指出了严重的实施问题：如果国会不遵守规定，比如遇到经济衰退导致收入减少，情况会怎样？根据预期的支出和收入来平衡预算需要有人做出估计。应该由谁来估计？如何保证不带政治倾向地进行估计？许多经济学家批评平衡预算修正案，因为它使一种经济稳定的主要工具无法发挥作用，几乎把所有责任都推给了货币政策，使经济保持充分就业状态变得更加困难。2008 年的危机充分显示出货币政策的局限性——即使将利率定在了接近于零的水平，也不足以使经济恢复到充分就业状态。有些提案包括了针对发生经济衰退情况的例外条款（escape clauses），尽管不是那些接近被国会通过的条款。

28.4 长期问题：公民权利与老年人

即使美国在世纪之交能消除赤字，这一成就也只是昙花一现。扭转主要导致 2001—2010 年美国财政状况急转直下（从大量盈余转为庞大赤字）的那些措施对于消除赤字会大有帮助：（1）使美国经济恢复到充分就业状态；（2）抑制国防预算；（3）扭转税收收入减少；以及（4）减少医药公司获得的特殊利益。

除此之外还有一些“简单”的措施：（1）征收环境税（第 6 章讨论过），这可以在遏制污染和其他形式的环境退化的同时，增加非常可观的收入；（2）对于国有自然资源（如矿产等）的使用收取市场价格，而不是以大大低于竞争水平的价格卖掉——等于向受益公司赠送数十亿美元；（3）采用竞争更激烈的采购程序，不仅仅是药品采购，尤其是国防采购；（4）减少或消除企业福利，尤其是隐藏在税法里的特殊规定，这些特殊规定不仅使政府每年损失数百亿美元，同时还扭曲了经济；（5）构建一个“公平”的税收制度，按普通收入的税率对资本利得和股息征税。[①] 经济一旦恢复到充分就业状态，这些措施将不仅仅

① 的确，国会预算办公室的一项研究显示，从 2014 年开始的 10 年内，取消资本利得和股息的优惠待遇（其好处几乎全归最高收入者）将产生近 2 万亿美元的财政收入。

是消除赤字。

然而，展望未来，一个长期的问题依然存在：未来几十年，双重原因造成医疗保险和社会保障等公民权利性支出还会增加。第一，美国老年人口数量急剧增加，符合“社会保障”和“医疗保险”条件的人数猛增。第二，老年人的医疗费用可能会继续增加，但增加的速度要缓慢得多。第 12 章和第 16 章描述了这两种趋势，并概括了可能解决这些趋势的一些政策。在这两个问题中，医疗保险的问题要严重得多；社会保障计划稍作调整——略微增加税收、提高社会保障缴费的收入上限、生活费用调整稍变以及退休年龄微调，就将使其恢复平衡。如第 13 章所述，医疗成本曲线似乎已经向下弯曲；如果这种情况持续下去，将会减轻医疗保险面临的财政压力。如果医疗成本再次上升，我们将面临一个严峻的挑战：在不解决美国医疗体系中的根本问题的情况下改进医疗保险制度。正如我们已经指出的那样，这将是极其困难的。

问题的根本在于，政治程序往往关注的是迫在眉睫的问题，而不是可能发生或将来可能会发生的问题。医疗费用的低增长率有可能持续下去，或者生产率的提高可能比预期的更快，从而在不提高税率的情况下增加税收收入。不过，也有这样的可能性，医疗费用的上升可能比目前预期的更快，或者生产率的提高可能比预期的更慢。因此，大多数经济学家认为，我们当前的行动应以最可靠的信息为基础。

政府如何应对这一挑战、如何使公民权利性计划得到控制以及如果这些计划不发生重大变化将会对其他计划产生怎样的影响等等，将是未来几十年公共部门经济学面临的一些最重要的问题。

28.5 复习和练习

28.5.1 小结

1. 20 世纪 80 年代初，联邦预算赤字大幅增加。

2. 21 世纪的头十年，美国的财政状况明显恶化，主要由四个变化所致：特别是针对高收入美国人的大规模减税；两次代价巨大的战争，国防支出大幅增加；医疗保险制度的新药福利，还附加了一项规定，即政府不能与医药公司讨价还价；2008 年开始的深度经济衰退。

3. 20 世纪 90 年代末，通过增加税收，减少支出（特别是国防支出），再加上经济增长强劲，赤字终于得到了控制。

4. 除了上述各项措施之外，还可以通过其他各种方式来控制财政赤字，其中包括征收环境税、按普通收入的税率对资本利得和股息征税、让获得公共资源的人（如石油和矿业公司）支付这些资源的市场价格、减少企业福利尤其是减少税法中导致企业的有效税率远低于法定税率的特殊规定。

5. 人口老龄化意味着越来越多的政府支出以公民权利性支出花费在老年人身上，这种趋势可能会持续下去。这些都属于长期计划，很难预测未来几年的情况，更别提预测未来几十年的情况了。根据目前的预测，社会保障计划可以通过微调来平衡。医疗保险计划带来的问题的严重程度取决于医疗费用的增长率。近年来该增长速度急剧放缓，意味着小规模的改革即使不能消除也可大大减少联邦预算的流失。如果医疗费用的膨胀回到以前那种很高的水平，那么只有通过国家医疗体系的进一步改革才能实现财政收支平衡。

6. 政府举债会通过多种方式给后代人造成经济负担。第一，后代人可能不得不承担偿债的负担；这是从一代人向后一代人的转移。第二，政府举债可能排挤投资，这会减少未来的产出和工资。第三，当向外国投资者借钱时，美国人以利息的形式每年必须向外国人支付一部分国民收入，导致生活水平降低。

7. 政府的负储蓄（赤字）并不像李嘉图等价所暗含的那样被私人储蓄所抵消，且"债务无关紧要，因为这只是我们欠我们自己的钱"这一说法不正确。

8. 如何减少赤字可能会对经济增长产生重要影响。一些经济学家担心，通过增加税收来减少赤字会减少储蓄，但大多数计量经济证据表明这种影响很小。其他经济学家担心，通过减少公共投资来减少赤字会损害经济增长，这是因为这种投资的回报较高，而且还能导致私人投资增加。

9. 当经济处于深度衰退时，无论是从短期来看还是从长期来看，政府支出增加（即使可能导致短期内赤字增加）都可能会导致产出增加。政府在基础设施、教育、技术等领域的投资支出增加会改善整个国家的财政状况，因为政府的资产比负债增加得更多。

10. 政府可以通过平衡预算乘数（增加税收的同时增加支出）来刺激经济。

□ 28.5.2 重要概念

自动稳定器	平衡预算修正案	平衡预算乘数
互补品	拉动	排挤
自主性计划	公民权利性计划	财政整顿
财政缩减	单项否决权	李嘉图等价

□ 28.5.3 练习题

1. 请判断对错：政府举债可将资源从后代转移到现在，但不会影响该国的总体财富。请讨论。

2. 在开放经济中，投资的资金来源有三种：私人储蓄（S_p）、政府储蓄（政府收入与支出的差额，S_g）以及外债 B：

$$I = S_p + S_g + B$$

（1）假设一个国家的私人储蓄占 GDP 的比率为 6%，外债占 GDP 的比率为 1%，预算是平衡的。该国的投资水平是多少？（2）现假设政府的财政赤字占 GDP 的比率为 3%，投资和私人储蓄保持不变。外债要怎么变？（3）现假设政府的财政赤字占 GDP 的比率为 3%，且这将提高利率。如果利率上扬使私人储蓄占 GDP 的比率上升到 7%、投资占 GDP 的比率从 7%下降到 6%，那么外债会发生什么变化？

3. 在封闭经济中，私人储蓄加上政府储蓄必须等于投资：

$$I = S_p + S_g$$

（1）画一幅储蓄-投资图来说明预算赤字增加的影响。（2）假设政府赤字增加是政府投资增加所致，且政府投资提高了私人投资的回报，所以在任何一种利率水平下，私人投资都会增加。请说明现在财政赤字对投资和利率的影响。（3）假设李嘉图等价成立。当政府增加赤字时，国民储蓄会发生什么变化？私人储蓄会发生什么变化？（4）李嘉图等价强调的是财政赤字增加所导致的未来纳税义务对私人储蓄的影响。按照李嘉图等价的逻辑，公共投资增加会产生怎样的影响？特别是，增加的财政赤字为回报非常高（但只能在下一代人的生活中实现）的公共投资融资会对私人储蓄产生怎样的影响？

4. 考虑一个小型开放经济体，在利率为 r^* 的情况下（该利率低于没有举债时的利率），储蓄的供给具有完全弹性，其投资曲线是正常的。在市场均衡状态下（包括外债规模）：(1) 请说明预算赤字增加的影响，(2) 请说明公共投资增加所导致的预算赤字增加的影响（其中公共投资是私人投资的互补品）。

5. 1995 年的实际债务额（按 1995 年美元计）为 3.6 万亿美元，1980 年为 1.3 万亿美元。假设该债务增加额的 50%用于投资，所以 1995 年的资本存量增加了 1.15 万亿美元。假设 1995 年的资本存量为 15 万亿美元。如果资本存量增加 1%导致 GDP 增加 0.2%，那么 1995 年投资流失导致 GDP 下降了多少？

6. 遏制财政赤字的一项提案是宪法平衡预算修正案，要求政府每年保持预算平衡。(1) 请解释如果经济陷入衰退，为什么还要迫使政府增加税收或减少支出？(2) 在这种情况下，增加税收或减少支出会有什么后果？(3) 你要如何设计一个平衡预算修正案，在经济衰退时不会迫使政府削减支出或增加税收？(4) 请解释为什么如果利率上扬抑制了经济增长，平衡预算修正案可能会迫使政府削减其他支出（或增加税收）。更一般地说，请解释平衡预算修正案下的货币政策和财政政策之间的相互作用。

7. 儿童医疗保健支出是否应被视为资本预算中的“投资”？还有哪些其他支出可以合理地归类为“投资”？

8. 假设政府出售一些目前出租的用于放牧的土地。这笔卖地收入可否冲减赤字？这笔交易在资本预算中如何处理？

9. 为什么政府削减赤字的方式会对经济增长产生影响？(1) 假设政府增加对利息收入的征税，这对国民储蓄的总体影响是什么（考虑到赤字减少和私人储蓄的变化）？对投资会产生怎样的影响？（提示：你的答案如何取决于储蓄的利息弹性？）(2) 假设政府增加对工资收入的征税，这在短期内会对 GDP 产生怎样的影响？（提示：你的答案如何取决于劳动供给弹性？）对赤字和投资有什么影响？(3) 假设政府减少技术和教育领域的投资支出，这类投资的收益率为 15%，而私人投资的边际收益率为 7%。这会对经济增长产生怎样的影响？

10. 我们在本章重点分析了不同的政府措施如何影响不同的群体。(1) 假设政府正在考虑是通过举债还是通过税收为战争筹资。请解释这两种筹资方式对不同群体会产生怎样的影响。(2) 假设政府正在考虑是通过增加资本利得税还是通过增加工薪税来减少赤字。请解释这两种方法对不同群体会产生怎样的影响。

参考文献

Aaron, H. J., "Lessons for Tax Reform," in J. Slemrod (ed.), *Do Taxes Matter: The Impact of the Tax Reform Act of 1986* (Cambridge, MA: MIT Press, 1990), pp. 321 - 331.

Aber, L., and Rawlings, B., "North-South Knowledge Sharing on Incentive-Based Conditional Cash Transfer Programs," Special Protection & Labor Discussion Paper No. 1101, Washington, DC, World Bank, January 2011.

Adema, W., Fron, P., and Ladaique, M., "Is the European Welfare State Really More Expensive? Indicators on Social Spending, 1980 - 2012," OECD Social Employment and Migration Working Paper, France, November 2011.

Afonso, A., Schuknecht, L., and Tanzi, V., "Public Sector Efficiency: An International Comparison," European Central Bank Working Paper No. 242, Frankfurt am Main, 2003.

Akerhielm, K., "Does Class Size Matter?" *Economics of Education Review* 13, no. 3 (September 1995): 229 - 241.

Akerlof, G., "The Market for Lemons: Qualitative Uncertainty and the Market Mechanism," *Quarterly Journal of Economics* 84 (1970): 488 - 500.

Akerlof, G., Yellen, J., and Katz, M., "An Analysis of Out-of-Wedlock Childbearing in the United States," *Quarterly Journal of Economics* 111, no. 2 (May 1996): 277 - 317.

Allen, F., "Optimal Linear Income Taxation with General Equilibrium Effects on Wages," *Journal of Public Economics* 17 (1982): 135 - 143.

Allen, J. E., and Simms, M. C., "Is a New Yardstick Needed to Measure Poverty?" *Focus* (February 1990): 6 - 8.

American Civil Liberties Union, "Banking on Bondage: Private Prisons and Mass Incarceration," November 2, 2011.

Arnott, R., and Stiglitz, J. E., "Aggregate Land Rents, Expenditure on Public Goods and Optimal City Size," *Quarterly Journal of Economics* 93 (1979): 472 - 500.

Arnott, R. and Stiglitz, J. E., "Aggregate Land Rents and Aggregate Transport Costs," *Economic Journal* 91 (1981): 331 - 347.

Arriagada, R., and Perrings, C., "Paying for International Environmental Public Goods," Ecosystem Services Economics Working Paper No. 17, United Nations Environment Program, October 2011.

Arrow, K. J., *Social Choice and Individual Values* (New York: Wiley, 1963).

Arrow, K. J., "Uncertainty and Welfare Economics of Medical Care," *American Economic Review* 53 (1963): 941 - 973.

Arrow, K. J., "Higher Education as a Filter," *Journal of Public Economics* 2 (1973): 193 - 216.

Arrow, K. J., et al., "Is There a Role for Benefit-Cost Analysis in Environmental, Health, and Safety Regulation?" *Environment and Development Economics* 2, no. 2 (May 1997): 196 - 201.

Arrow, K. J., et al., "How Should Benefits and Costs Be Discounted in an Intergenerational Context? The Views of an Expert Panel," Resources for the Future Discussion Paper No. 12 - 53, December 2012.

Ashenfelter, O., "Measuring the Value of a Statistical Life: Problems and Prospects," Institute for the Study of Labor (IZA) Discussion Paper No. 1911, January 2006.

Asquith, P., and Mullins, D., "Equity Issues and Offering Dilution," *Journal of Financial Economics*, 15, no. 1 - 2 (January-February 1986): 61 - 89.

Atkinson, A. B., and Stiglitz, J. E., "The Structure of Indirect Taxation and Economic Efficiency," *Journal of Public Economics* (1972): 97 - 119.

Atkinson, A. B., and Stiglitz, J. E., "The Design of Tax Structure: Direct versus Indirect Taxation," *Journal of Public Economics* 6 (1976): 55 - 75.

Atkinson, A. B., and Stiglitz, J. E., *Lectures in Public Economics* (New York: McGraw-Hill, 1980).

Auerbach, A. J., "Wealth Maximization and the Cost of Capital," *Quarterly Journal of Economics* (August 1979): 433 - 466.

Auerbach, A. J., "The Theory of Excess Burden and Optimal Taxation," in Alan J. Auerbach and Martin Feldstein (eds.), *Handbook of Public Economics*, vol. 1 (New York: Elsevier, 1987), pp. 100 - 101.

Auten, G. E., Cilke, J. M., and Randolph, W. C., "The Effects of Tax Reform on Charitable Contributions," *National Tax Journal* 45, no. 3 (September 1992): 267 - 290.

Bagwell, L. S., and Shoven, J. B., "Cash Distributions to Shareholders," *Journal of Economic Perspectives* (Summer 1989): 129 - 140.

Baicker, K., and Chandra, A., "Defensive Medicine and Disappearing Doctors," *Regulation* (Fall 2005).

Baker, L., "HMOs and Fee-for-Service Health Care Expenditures: Evidence from Medicare," NBER Working Paper 5360, November 1995, p. 27.

Barr, N., Diamond, P., and Engel, E., "Reforming Pensions: Lessons from Economic Theory and Some Policy Directions, with Comment," *Economia* 11 (Fall 2010): 1 - 23.

Barro, R., "Are Government Bonds Net Wealth?" *Journal of Political Economy* 82 (1974): 1095 - 1117.

Barro, R. J., *The Impact of Social Security on Private Savings* (Washington, DC: American Enterprise Institute, 1978).

Baumol, W. J., "Contestable Markets: An Uprising in the Theory of Industry Structure," *American Economic Review* 72 (1982): 1 - 15.

Baumol, W. J., Panzar, J., and Willig, R., *Contestable Markets and the Theory of Industrial Organization* (New York: Harcourt Brace Jovanovich, 1982).

Becker, G., *Human Capital: A Theoretical and Empirical Analysis with Special References to Education* (New York: National Bureau of Economic Research; Columbia University Press, 2d ed., 1975).

Behn, R. D., "Designing PerformanceStat," *Public Performance and Management Review* 32, no. 2 (December 2008): 206 - 235.

Belfield, C. R., and Levin, H. M. (eds.), *The Price We Pay: Economic and Social Consequences of Inadequate Education* (Washington, DC: Brookings Institution, 2007).

Berends, M., and Walberg, H., *Charter School Outcomes* (Hillsdale, NJ: Lawrence Erlbaum Associates, 2008).

Bewley, T., "A Critique of Tiebout's Theory of Local Public Expenditures," *Econometrica* 49 (1981): 713 - 740.

Blackorby, C., and Donaldson, D., "Cash versus In-Kind, Self-Selection and Efficient Transfers," *American Economic Review* (September 1988): 691 - 700.

Blank, R. M., "When Can Public Policy Makers Rely on Private Markets? The Effective Provision of Social Services," *The Economic Journal* 110 (2000): 34 - 49.

Blouin, J., Raedy, J., and Shackelford, D., "Did Firms Substitute Dividends for Share Repurchases after the 2003 Reductions in Shareholder Tax Rates?" National Bureau of Economic Research Working Paper 13601, November 2007.

Blumenthal, M., and Slemrod, J., "The Compliance Cost of the U. S. Individual Income Tax System: A Second Look after Tax Reform," *National Tax Journal* 45, no. 2 (June 1992): 185 - 202.

Bondonio, D., and Greenbaum, R. T., "Do Local Tax Incentives Affect Economic Growth? What Mean Impacts Miss in the Analysis of Enterprise Zone Policies," *Regional Science and Urban Economics* 37 (2007): 121 - 136.

Borzutzky, S., "Reforming the Reform: Attempting Social Solidarity and Equity in Chile's Privatized Social Security System," *Journal of Policy Practice* 11 (2012): 77 - 91.

Bosworth, B., and Burtless, G., "Effects of Tax Reform on Labor Supply, Investment, and Saving," *Journal of Economic Perspectives* (Winter 1992): 3 - 25.

Boteux, M., "On the Management of Public Monopolies Subject to Budgetary Constraints," *Journal of Economic Theory* 3 (1971): 219 - 240.

Bovenberg, A. L., and Goulder, L. H., "Optimal Environmental Taxation in the Presence of Other Taxes: General-Equilibrium Analyses," *American Economic Review* 86, no. 4 (September 1996): 985 - 1000.

Boyle, M. H., Torrance, G. W., Sinclair, J. C., and Horwood, S. P., "Economic Evaluation of Neonatal Intensive Care of Very-Low-Birth-Weight Infants," *New England Journal of Medicine* 308 (1983): 1330 - 1337.

Bradford, D., "The Incidence and Allocation Effect of a Tax on Corporate Distributions," *Journal of Public Economics* 15 (1981): 1 - 22.

Break, G., "Income Taxes and Incentives to Work: An Empirical Study," *American Economic Review* 47 (1957): 529 - 549.

Brenzel, L., "Brazil—Bolsa Familia Project: Results-Based Financing (RBF) for Health—Country Snapshot," Washington, DC, World Bank, November 2009.

Breyer, S. G., *Breaking the Vicious Circle: Toward Effective Risk Regulation* (Cambridge, MA: Harvard University Press, 1993), p. 12.

Bridge, G., "Citizen Choice in Public Services: Voucher System," in E. S. Savas (ed.), *Alternatives for Delivering Public Services* (Boulder, CO: Westview Press, 1977).

Brito, D. L., et al., "Randomization in Optimal Tax Schedules," *Journal of Public Economics* 56, no. 2 (February 1995): 189 - 223.

Bruce, J., Hoesung, L., and Haites, E. (eds.), *Climate Change, 1995: Economic and Social Dimensions of Climate Change*, Contribution of Working Group Ⅲ to the Second Assessment Report of the Intergovernmental Panel on Climate Change (Cambridge, UK, and New York: Cambridge University Press, 1996).

Brueckner, J. K., "A Test for the Allocative Efficiency in the Local Public Sector," *Journal of Public Economics* 19 (1982): 311 - 331.

Buchanan, J. M., "Tax Reform as Political Choice," *Journal of Economic Perspectives* 1 (Summer 1987): 29 - 35.

Burch, P., "After the Fall: Educational Contracting in the USA and the Global Financial Crisis," *Journal of Education Policy* 25 (November 2010): 757 - 766.

Burman, L., and Randolph, W., "Measuring Permanent Responses to Capital Gains Tax Changes in Panel Data," *American Economic Review* 84, no. 1 (September 1994): 794 - 809.

Busso, M., and Kline, P., "Do Local Economic Development Programs Work? Evidence from the Federal Empowerment Zone Program," Cowles Foundation Discussion Paper No. 1638, February 2008.

Card, D., and Krueger, A., "Does School Quality Matter? Returns to Education and the Characteristics of Public School in the United States," *Journal of Political Economy* 100 (February 1992): 1 - 40.

Card, D., and Krueger, A., "Labor Market Effects of School Quality: Theory and Evidence," in Gary Burtless (ed.), *Does Money Matter: The Effect of School Resource on Student Achievement and Adult Success* (Washington, DC: Brookings Institution, 1996), pp. 97 - 140.

Card, D., and Krueger, A., "School Resources and Student Outcomes," *Annals of the American Academy of Political and Social Science* 559 (September 1998): 39 - 53.

Card, D., and Krueger, A. B., *Wages, School Quality, and Employment Demand* (New York: Oxford University Press, 2011).

Carraro, C., Galeotti, M., and Gallo, M., "Environmental Taxation and Unemployment: Some Evidence on the 'Double Dividend Hypothesis' in Europe," *Journal of Public Economics* 62, no. 1 - 2 (October 1996): 141 - 181.

Carson, R., "Contingent Valuation: A Practical Alternative When Prices Aren't Available," *Journal of Economic Perspectives* 26 (Fall 2012): 3 - 56.

Chaikind, H., Copeland, C. W., Redhead, C. S., and Staman, J., *PPACA: A Brief Overview of the Law, Implementation, and Legal Challenges*, Congressional Research Service, March 2011.

Chapman, B., "Income Contingent Loans for Higher Education: International Reforms," Chapter 25 in E. Hanushek and F. Welch (eds.), *Handbook of the Economics of Education*, vol. 2 (Amsterdam: Elsevier, 2006), pp. 1435 - 1503.

Chetty, R., and Saez, E., "Dividend and Corporate Taxation in an Agency Model of the Firm," *American Economic Journal: Economic Policy* (August 2010): 1 - 31.

Choe, Y. S., and Jeong, J., "Charitable Contributions by Low-and Middle-Income Taxpayers: Further Evidence with a New Method," *National Tax Journal* 46, no. 1 (March 1993): 33 - 39.

Cliff, S., "Our Health Care Spending, in One Map," *Washington Post Wonkblog*, December 8, 2011.

Clotfelter, C. T., and Schmalbeck, R. L., "The Impact of Fundamental Tax Reform on Nonprofit Organizations," in Henry J. Aaron and William G. Gale (eds.), *Economic Effects of Fundamental Tax Reform* (Washington, DC: Brookings Institution Press, 1996), pp. 211 - 243.

Coase, R. H., "The Problem of Social Cost," *Journal of Law and Economics* 3 (1960): 1 - 44.

Cohen, T. H., and Hughes, K. A., *Medical Malpractice Insurance Claims in Seven States, 2000 - 2004*, NCJ Report 216339, Bureau of Justice Statistics, Department of Justice, March 2007.

Coleman, J., et al., *Equality of Educational Opportunity* (Washington, DC: Department of Health, Education, and Welfare, 1966).

Coleman, J., Hoffer, T., and Kilgore, S., *Public and Private Schools: An Analysis of High School and Beyond* (Washington, DC: U. S. Department of Education, National Center for Educational Statistics, November 1981).

Common, M., Reid, I., and Blaney, R., "Do Existence Values for Cost-Benefit Analysis Exist?" *Journal of Environmental and Resource Economics* 9, no. 2 (1997): 225 - 238.

Corlett, W. J., and Hague, D. C., "Complementarity and the Excess Burden of Taxation," *Review of Economic Studies* 21 (1953): 21 - 30.

Courant, P. N., Gramlich, E. M., and Rubinfeld, D. L., "The Stimulative Effect of Intergovernmental Grants: Or Why Money Sticks Where It Hits," in P. Mieszkowski and W. Oakland (eds.), *Fiscal*

Federalism and Grants-in-Aid (Washington, DC: Urban Institute, 1979), pp. 5 - 21.

Cropper, M. L., and Oates, W. E., "Environmental Economics: A Survey," *Journal of Economic Literature* 3 (June 1992): 675 - 740.

Cummings, S. R., et al., "The Cost-Effectiveness of Counseling Smokers to Quit," *Journal of the American Medical Association* 261 (1989): 75 - 79.

Currie, J., "Welfare and the Well-Being of Children: The Relative Effectiveness of Cash and In-Kind Transfers," in James M. Poterba (ed.), *Tax Policy and the Economy*, vol. 8 (Cambridge, MA: MIT Press for the National Bureau of Economic Research, 1994), pp. 1 - 43.

Cutler, D., "A Guide to Health Care Reform," *Journal of Economic Perspectives* 8, no. 3 (Summer 1994): 13 - 29.

Danzinger, S., Haveman, R., and Plotnick, R., "How Income Transfers Affect Work, Savings, and Income Distribution," *Journal of Economic Literature* (September 1981).

Dasgupta, P., and Stiglitz, J. E., "Differential Taxation, Public Goods and Economics Efficiency," *Review of Economics Studies* 39 (1971): 151 - 174.

Dasgupta, P., and Stiglitz, J. E., "Benefit-Cost Analysis and Trade Policies," *Journal of Political Economy* 82 (January-February 1974): 1 - 33.

Daves, D. W., and Christensen, L. R., "The Relative Efficiency of Public and Private Firms in a Competitive Environment: The Case of Canadian Railroads," *Journal of Political Economy* 88 (1980): 958 - 976.

Dávila, J., Eeckhout, J., and Martinelli, C., "Bargaining over Public Goods," *Journal of Public Economic Theory* 11 (December 2009): 927 - 945.

Deaton, A., and Muellbauer, J., *Economics and Consumer Behavior* (London: Cambridge University Press, 1980), pp. 37 - 41.

de Brauw, A., et al., "The Impact of Bolsa Família on Education and Health Outcomes in Brazil," paper by the International Food Policy Research Institute presented at the Second Generation of CCTs Evaluations Conference, World Bank, October 2011.

DeBrock, L., and Arnold, R. J., "Utilization Control in HMOs," *Quarterly Review of Economics and Finance* 32, no. 3 (Autumn 1992).

Dee, T., and Jacob, B., "The Impact of No Child Left Behind on Student Achievement," National Bureau of Economic Research Working Paper 15531, November 2009.

De Neve, J. E., "The Median Voter Data Set: Voter Preferences across 50 Democracies," *Electoral Studies* 30 (December 2011): 865 - 887.

Devaney, B., and Fraker, T., "The Effect of Food Stamps on Food Expenditures," *American Journal of Agricultural Economics* (February 1989): 99 - 104.

Diamond, P., "A Many-Person Ramsey Tax Rule," *Journal of Public Economics* 4 (1975): 335 - 342.

Diamond, P., and Mirrlees, J., "Optimal Taxation and Public Production," *American Economic Review* 61 (1971): 261 - 278.

Diamond, P., and Saez, E., "The Case for a Progressive Tax: From Basic Research to Policy Recommendations," *Journal of Economic Perspectives* 25 (Fall 2011): 165 - 190.

Dilger, R. J., and Beth, R. S., *Unfunded Mandates Reform Act: History, Impact, and Issues* (Washington, DC: Congressional Research Service, June 2014).

Domar, E. D., and Musgrave, R. A., "Proportional Income Taxation and Risk-Taking," *Quarterly Journal of Economics* 58 (1944): 388 - 422.

Dorman, P., *Markets and Mortality: Economics, Dangerous Work, and the Value of Human Life* (Cambridge, UK: Cambridge University Press, 1996).

Duffield, J., "Nonmarket Valuation and the Courts: The Case of Exxon *Valdez*," *Contemporary Economic Policy* 15, no. 4 (October 1997): 98 - 110.

Dumez, H., and Jeunemaitre, A., "Privatization in France: 1983 - 1993," in Vincent Wright (ed.), *Industrial Privatization in Western Europe: Pressures, Problems, and Paradoxes* (London and New York: Pinter Publishers, 1994), pp. 83 - 105, 194.

Eberts, R. W., and Gronberg, T. J., "Jurisdictional Homogeneity and the Tiebout Hypothesis," *Journal of Urban Economics* 10 (1981): 227 - 239.

"Economic Valuation of the Environment: A Special Issue," *Environmental Science & Technology* 34, no. 8 (April 2000): 1381 - 1461.

Eddy, D. M., "Screening for Breast Cancer," *Annals of Internal Medicine* 111 (1989): 389 - 399.

Eddy, D. M., "Screening for Cervical Cancer," *Annals of Internal Medicine* 113 (1990): 214 - 226.

Edwards, J., et al. (eds.), *Recent Developments in Corporate Finance* (New York and Melbourne: Cambridge University Press, 1986).

Eissa, N., "Labor Supply and the Economic Recovery Tax Act of 1981" in Martin Feldstein and James Poterba (eds.), *Empirical Foundations of Household Taxation* (Chicago and London: University of Chicago Press, 1996), pp. 5 - 32.

Eissa, N., and Liebman, J., "Labor Supply Responses to the Earned Income Tax Credit," *Quarterly Journal of Economics* 111, no. 2 (May 1996): 603 - 637.

Eissa, N., and Hoynes, H. W., "Behavioral Responses to Taxes: Lessons from the EITC and Labor Supply," in J. M. Poterba (ed.), *Tax Policy and the Economy*, vol. 20 (Cambridge, MA: MIT Press, 2006), pp. 73 - 110.

Ellwood, D., and Summers, L., "Poverty in America: Is Welfare the Answer or the Problem?" in S. Danziger and D. Weinberg (eds.), *Fighting Poverty: What Works and What Doesn't* (Cambridge, MA: Harvard University Press, 1986), pp. 78 - 105.

Elvery, J. A., "The Impact of Enterprise Zones on Resident Employment," *Economic Development Quarterly* 23 (February 2009): 44 - 59.

Erard, B., "Taxation with Representation: An Analysis of the Role of Tax Practitioners in Tax Compliance," *Journal of Public Economics* 52, no. 2 (September 1993): 163 - 197.

Estrin, S., Hanousek, J., Kocenda, E., and Svejnar, J., "The Effects of Privatization and Ownership in Transition Economies," *Journal of Economic Literature* 47 (2009): 699 - 728.

Fazzari, S., Hubbard, G., and Peterson, B., "Investment Financing Decisions and Tax Policy," *American Economic Review* 78, no. 2 (May 1988): 200 - 205.

Feenberg, D. R., and Rosen, H. S., "Recent Developments in the Marriage Tax," National Bureau of Economic Research Working Paper 4705, April 1994.

Feige, E., and Cebula, R., *America's Unreported Economy: Measuring the Size, Growth and Determinants of Income Tax Evasion in the U. S.*, MPRA Paper No. 34781, September 2011.

Feldstein, M., "Distributional Equity and the Optimal Structure of Public Prices," *American Economic Review* 62 (1973): 32 - 36.

Feldstein, M., "On the Optimal Progressivity of the Income Tax," *Journal of Public Economics* 2 (1973): 357 - 376.

Feldstein, M., "Social Security, Induced Retirement, and Aggregate Capital Accumulation," *Journal of Political Economy* 82, no. 5 (1974): 905 - 926.

Feldstein, M., "The Effect of Marginal Tax Rates on Table Income: A Panel Study of the 1986 Tax Reform Act," *Journal of Political Economy* 1 - 3, no. 3 (1995): 551 - 572.

Feldstein, M., "Social Security and Saving: New Time Series Evidence," *National Tax Journal* 49, no. 2 (June 1996): 151 - 164.

Feldstein, M., Slemrod, J., and Yitzhake, S., "The Effects of Taxing on Selling and Switching of Common Stock and the Realization of Capital Gains," *Quarterly Journal of Economics* 94 (1980): 777 - 791.

Fisher, E., et al., "Slowing the Growth of Health Care Costs—Lessons from Regional Variation," *New England Journal of Medicine* 360 (February 2009): 849 - 852.

Fisher, G. M., "The Development and History of the U. S. Poverty Thresholds—A Brief Overview," *GSS/ SSS Newsletter* (Winter 1997): 6 - 7.

Foley, D. K., "Resource Allocation and the Public Sector," *Yale Economic Essays* 7 (1967): 45 - 98.

Fox, M. K., Hamilton, W., and Lin, B. (eds.), "Literature Review," in *Effects of Food Assistance and Nutrition Programs on Nutrition and Health*, vol. 3 (Washington, DC: U. S. Department of Agriculture, Economic Research Service, Food Assistance and Nutrition Research Program, 2004).

Fraker, T., *The Effects of Food Stamps on Food Consumption: A Review of the Literature* (Alexandria, VA: U. S. Department of Agriculture, Food and Nutrition Center, Office of Analysis and Evaluation, 1990).

Fraker, T., Martini, A., and Ols, J., "The Effect of Food Stamp Cashout on Food Expenditures: An Assessment of the Findings from Four Demonstrations," *Journal of Human Resources* 30, no. 4 (Fall 1995): 633 - 649.

Friedman, M., *Capitalism and Freedom* (Chicago: University of Chicago Press, 1962).

Frydman, R., Gray, C., Hessel, M., and Rapaczynski, A., "When Does Privatization Work? The Impact of Private Ownership on Corporate Performance in the Transitional Economies," *The Quarterly Journal of Economics* 114 (1999): 1153 - 1191.

Fuchs, V., *Who Shall Live? Health Economics and Social Choice* (New York: Basic Books, 1975).

Fuchs, V., "The Supply of Surgeons and the Demand for Operations," in V. Fuchs (ed.), *The Health Economy* (London and Cambridge: Harvard University Press, 1986), pp. 126 - 147.

Fullerton, D., and Henderson, Y. K., "Incentive Effects of Taxes on Income from Capital: Alternative Policies in the 1980s," in C. R. Hulten and I. V. Sawhill (eds.), *The Legacy of Reaganomics: Prospects for Long-Term Growth* (Washington, DC: The Urban Institute Press, 1984).

Garber, A. M., and Phelps, C. E., "Economic Foundations of Cost-Effectiveness Analysis," *Journal of Health Economics* 16, no. 1 (1997): 1 - 31.

Garber, A. M., and Phelps, C. E., "Future Costs and the Future of Cost-Effectiveness Analysis," *Journal of Health Economics* 27, no. 4 (2008): 819 - 821.

Gaynor, M., and Town, R., "Competition in Health Care Markets," Chapter 9 in M. Pauly, T. McGuire, and P. Barros (eds.), *Handbook of Health Economics*, vol. 2 (Waltham, MA: North Holland, 2012), pp. 499 - 638.

Glaeser, E. L., and Gottlieb, J. D., "The Economics of Place-Making Policies," *Brookings Papers on Economic Activity* (2008): 155 - 239.

Glass, G. V., *School Class Size: Research and Policy* (Beverly Hills, CA: Sage Publications, 1982), p. 47.

Glaze, L. E., "Correctional Populations in the United States, 2009," *Bureau of Justice Statistics Bulletin* (December 2010).

Goldman, L., et al., "Cost-Effectiveness of HMG-CoA Reductase Inhibition for Primary and Secondary Prevention of Coronary Heart Disease," *Journal of the American Medical Association* 265 (1991): 1145 - 1151.

Gomez-Ibanez, J. A., "Alternatives to Infrastructure Privatization Revisited: Public Enterprise Reform from the 1960s to the 1980s," Policy Research Working Paper 4391, Washington, DC, World Bank, 1997.

Goodsell, C. T., *The Case for Bureaucracy* (Chatham, NJ: Chatham House Publishers, 1983).

Goulder, L. H., "Environmental Taxation and the Double Dividend: A Reader's Guide," *International Tax and Public Finance* 2 (August 1995): 157 - 183.

Gramlich, E. M., "Intergovernmental Grants: A Review of the Empirical Literature," in W. E. Oates (ed.), *The Political Economy of Fiscal Federalism* (Lexington, MA: Lexington Books, 1977).

Gravelle, J., *The Economic Effects of Taxing Capital Income* (Cambridge and London: MIT Press, 1994).

Gravelle, J. G., "International Corporate Tax Rate Comparisons and Policy Implications," Congressional Research Service Report R41743, December 28, 2012.

Greenberg, D., and Halsey, H., "Systematic Misreporting and Effects of Income Maintenance Experiments on Work Effort: Evidence from the Seattle-Denver Experiments," *Journal of Labor Economics* 1, no. 4 (October 1983): 380 - 407.

Greene, J., et al., *Expanding Choice in Elementary and Secondary Education: A Report on Rethinking the Federal Role in Education* (Washington, DC: Brown Center on Education Policy at Brookings, February 2010).

Greenfield, H. I., *Invisible, Outlawed and Untaxed: America's Underground Economy* (Westport, CT: Praeger, 1993).

Greenwald, B., and Stiglitz, J. E., "Externalities in Economies with Imperfect Information and Incomplete Markets," *Quarterly Journal of Economics* (May 1986): 229 - 264.

Greenwald, B., Stiglitz, J. E., and Weiss, A., "Informational Imperfections in the Capital Market and Macroeconomic Fluctuations," *American Economic Review* 74, no. 2: 194 - 199.

Grimmett, R. F., "Conventional Arms Transfers to Developing Nations, 2003 - 2010," Congressional Research Service, September 2011, Table 31.

Grimsey, D., and Lewis, M. K., *Public Private Partnerships: The Worldwide Revolution in Infrastructure Provision and Project Finance* (Cheltenham, UK: Edward Elgar, 2004).

Grinols, E. L., "The Link between Domestic Investment and Domestic Savings in Open Economies: Evidence from Balanced Stochastic Growth," *Review of International Economics* 4, no. 2 (June 1996): 119 - 140.

Grossman, S. J., and Stiglitz, J. E., "On the Impossibility of Informationally Efficient Markets," *The American Economic Review* 70, no. 3 (June 1980): 393 - 408.

Gruber, J., "The Tax Exclusion for Employer-Sponsored Health Insurance," National Bureau of Economic Research Working Paper 15766, February 2010.

Guajardo, J., Leigh, D., and Pescatori, A., "Expansionary Austerity: New International Evidence," IMF Working Paper 11/158, Washington, DC, 2011.

Guislain, P. *The Privatization Challenge: A Strategic, Legal, and Institutional Analysis of International Experience* (Washington, DC: World Bank, 1997).

Hannaway, J., and Carnoy, M. (eds.), *Decentralization and School Improvement* (San Francisco: Jossey-Bass, 1993).

Hanushek, E. A., "The Economics of Schooling: Production and Efficiency in Public Schools," *Journal of Economic Literature* 24, no. 3 (September 1986): 1141 - 1177.

Hanushek, E. A., "School Resources and Student Performance," in Gary Burtless (ed.), *Does Money Matter: The Effect of School Resource on Student Achievement and Adult Success* (Washington, DC: Brookings Institution, 1996), pp. 43 - 73.

Hanushek, E., and Jorgenson, D. (eds.), *Improving America's Schools: The Role of Incentives*

(Washington, DC: National Research Council, 1996).

Hanushek, E., and Woessmann, L., "Symposium on Performance Pay for Teachers," *Economics of Education Review* 30 (2011).

Harberger, A., "Taxation, Resource Allocation and Welfare," in J. Due (ed.), *The Role of Direct and Indirect Taxes in the Federal Revenue System* (Princeton, NJ: Princeton University Press, 1964); reprinted in A. Harberger, *Taxation and Welfare* (Chicago: University of Chicago Press, 1974).

Hausman, J., "Labor Supply," in H. Aaron and J. Pechman (eds.), *How Taxes Affect Economic Behavior* (Washington, DC: Brookings Institution, 1981), pp. 27 - 72.

Hausman, J., "Exact Consumer's Surplus and Deadweight Loss," *American Economic Review* 77 (1981): 662 - 676.

Hausman, J., and Poterba, J., "Household Behavior and the Tax Reform Act of 1986," *Journal of Economic Perspectives* (Summer 1987): 101 - 120.

Hausman, J., "Contingent Valuation: From Dubious to Hopeless," *Journal of Economic Perspectives* 26 (Fall 2012): 3 - 56.

Hayward, N., and Kuper, G., "The National Economy and Productivity in Government," *Public Administration Review* 38 (1978).

Heckman, J. J., "What Has Been Learned about Labor Supply in the Past Twenty Years?" *American Economic Association Papers and Proceedings* (May 1993): 116 - 121.

Heckman, J. J., "Comment on Labour Supply and the Economic Recovery Tax Act of 1981," in M. Feldstein and J. Poterba (eds.), *Empirical Foundations of Household Taxation* (Chicago and London: University of Chicago Press, 1996), pp. 32 - 38.

Hellman, T., and Stiglitz, J. E., "A Unifying Theory of Credit and Equity Rationing in Markets with Adverse Selection," *European Economic Review* 44, no. 2 (February 2000): 281 - 304.

Hill, P., Pierce, L., and Guthrie, J., *Reinventing Public Education: How Contracting Can Transform America's Schools* (Chicago: University of Chicago Press, 1997).

Hirschman, A. O., *Shifting Involvements: Private Interest and Public Action* (Princeton, NJ: Princeton University Press, 1982).

Hitch, C. J., *Decision Making for Defense* (Berkeley: University of California Press, 1966), pp. 50 - 51.

Hodge, G., and Greve, C., "PPPs: The Passage of Time Permits a Sober Reflection," *Economic Affairs* 29 (2009): 33 - 39.

Holland, D. M., "The Effect of Taxation on Effort: Some Results for Business Executives," National Tax Association Proceedings of the Sixty-Second Annual Conference, 1969.

Hotelling, H., "Stability in Competition," *Economic Journal* 39 (March 1929): 41 - 57.

Hubbard, G. (ed.), *Asymmetric Information, Corporate Finance, and Investment: A National Bureau of Economic Research Project Report* (Chicago and London: University of Chicago Press, 1990).

Imberman, S., "Achievement and Behavior in Charter Schools: Drawing a More Complete Picture," *The Review of Economics and Statistics* 93 (May 2011): 416 - 435.

Institute of Medicine, *To Err Is Human: Building a Safer Health System* (November 1999).

Jencks, C., *Rethinking Social Policy* (Cambridge, MA: Harvard University Press, 1992).

Jenkins, G., Jenkins, H., and Kuo, C. Y., "Is the Value Added Tax Naturally Progressive?" Queen's Economics Department Working Paper No. 1059, April 2006.

Jensen, M., "Takeovers: Their Causes and Consequences," *Journal of Economic Perspectives* 2, no. 1 (Winter 1988): 21 - 48.

Kessler, D., and McClellan, M., "Do Doctors Practice Defensive Medicine?" *Quarterly Journal of Economics* 111, no. 2 (1996).

King, J., Mullainathan, S., and Congdon, W., *Policy and Choice: Public Finance through the Lens of Behavioral Economics* (Washington, DC: Brookings Institution Press, 2011).

King, M., *Public Policy and the Corporation* (London: Chapman and Hall, 1977).

King, M., and Fullerton, D., *The Taxation of Income from Capital* (Chicago: University of Chicago Press, 1984).

Kling, C., et al., "From Exxon to BP: Has Some Number Become Better than No Number?" *Journal of Economic Perspectives* 26 (Fall 2012): 3-56.

Koplow, D., "Subsidies to Uranium Enrichment," in *Nuclear Power: Still Not Viable without Subsidies* (Cambridge, MA: Union of Concerned Scientists, February 2011), pp. 62-72.

Kotlikoff, L. J., and Summers, L. H., "Tax Incidence," Chapter 16 in A. J. Auerbach and M. Feldstein (eds.), *The Handbook of Public Economics*, vol. 2 (New York: Else vier, 1987), pp. 1043-1092.

Kramer, G., "On a Class of Equilibrium Conditions for Majority Rule," *Econometrica* 41 (1973): 285-297.

Kritzer, B. E., "Note: Chile's Next Generation Pension Reform," *Social Security Bulletin* 68 (2008): 1-22.

Krueger, A. B., "Experimental Estimates of Educational Production Functions," *Quarterly Journal of Economics* 63 (May 1999).

Lau, L. J., Sheshinski, E., and Stiglitz, J. E., "Efficiency in the Optimum Supply of Public Goods," *Econometrica* 46 (1978): 269-284.

Levy, F., and Michel, R., "Work for Welfare: How Much Good Will It Do?" *American Economic Review* 76 (May 1986): 399-404.

Liebman, J., "The Optimal Design of the Earned Income Tax Credit," in B. D. Meyer and D. Holtz-Eakin (eds.), *Making Work Pay: The Earned Income Tax Credit and Its Impact on American Families* (New York: Russell Sage Foundation, 2002), pp. 196-234.

Lindahl, E., "*Positive Lösung, Die Gerechtigkeit der Besteuerung*," translated as "Just Taxation—A Positive Solution," in R. A. Musgrave and A. T. Peacock (eds.), *Classics in the Theory of Public Finance* (New York: St. Martin's Press, 1958).

Lindsey, L., "Individual Taxpayer Response to Tax Cuts: 1982-1984, With Implications for Revenue Maximizing Tax Rate," *Journal of Public Economics* 33 (1987): 173-206.

Lindsey, L., *The Growth Experiment: How the New Tax Policy Is Transforming the U. S. Economy* (New York: Basic Books, 1990).

Lipsey, R. G., and Lancaster, K., "The General Theory of Second Best," *Review of Economic Studies* 24 (1956-1957): 11-32.

Littenberg, B., et al., "Screening for Hypertension," *Annals of Internal Medicine* 112 (1990): 192-202.

Maag, E., "Poverty and Income Tax Entry Threshold," Urban Brookings Tax Policy Center Notes, August 29, 2011.

MaCurdy, T., "Work Disincentive Effects of Taxes: A Reexamination of Some Evidence," *American Economic Association Papers and Proceedings* (May 1992): 243-249.

Management & Training Corporation, *Privatization in Corrections: Increased Performance and Accountability Is Leading to Expansion*," (MTC Institute, December 2009).

McClure, W., "Buying Right: The Consequences of Glut," *Business and Health* (September 1985): 43-46.

McIntyre, R. S., Garner, M., and Phillips, R., *The Sorry State of Corporate Taxes: What Fortune 500 Firms Pay (or Don't Pay) in the USA and What They Pay Abroad—2008 to 2012* (Washington,

DC: Citizens for Tax Justice and Institute on Taxation and Economic Policy, February 2014).

Meade, J., *Trade and Welfare: Mathematical Supplement* (Oxford: Oxford University Press, 1955).

Megginson, W. L., et al., "The Financial and Operating Performance of Newly Privatized Firms: An International Empirical Analysis," *Journal of Finance* 49, no. 2 (1994).

Megginson, W., and Netter, J., "From State to Market: A Survey of Empirical Studies on Privatization," *Journal of Economic Literature* 39 (2001): 321 - 389.

Mintz, J. A., " 'Treading Water': A Preliminary Assessment of EPA Enforcement during the Bush Ⅱ Administrations," *Environmental Law Institute News & Analysis* 34 (October 2004): 10933 - 10953.

Modigliani, F., and Miller, M. H., "The Cost of Capital, Corporation Finance, and the Theory of Investment," *American Economic Review* 48 (1958): 261 - 297.

Moffit, R., "Incentive Effects of the U. S. Welfare System: A Review," *Journal of Economic Literature* (March 1992): 1 - 61.

Moffit, R., and Rangarajan, A., "The Work Incentives of AFDC Tax Rates: Reconciling Different Estimates," *Journal of Human Resources* (Winter 1991): 165 - 179.

Moore, A., Nolan, J., and Segal, G. F., "Putting Out the Trash: Measuring Municipal Service Efficiency in U. S. Cities," *Urban Affairs Review* 41, no. 2 (2005): 237 - 259.

Morley, E., Bryant, S. P., and Hatry, H. P., *Comparative Performance Measurement* (Washington, DC: The Urban Institute Press, 2001).

Morrall Ⅲ, J. R., "Exposure to Occupational Noise," in James C. Miller Ⅲ and Bruce Yandle (eds.), *Benefit-Cost Analyses of Social Regulation* (Washington, DC: American Enterprise Institute for Public Policy Research, 1979).

Mroz, T. A., "The Sensitivity of an Empirical Model of Married Women's Hours of Work to Economic and Statistical Assumptions" *Econometrica* (July 1987): 765 - 799.

Myers, S. C., and Majluf, N. S., "Corporate Financing and Investment Decisions When Firms Have Information that Investors Do Not Have," *Journal of Financial Economics* 13, no. 2 (June 1984): 187 - 221.

National Public Radio, *A Century of U. S. Campaign Finance Law*, www. npr. org.

National Research Council, *Measuring Poverty: A New Approach* (Washington, DC: National Academy of Sciences, 1996).

National Science Foundation, *Science and Engineering Indicators, 2012*, Table 4 - 20.

Neal, D., "The Design of Performance Pay in Education," Chapter 6 in E. Hanushek, S. Machin, and L. Woessmann (eds.), *Handbook of the Economics of Education*, vol. 4 (Waltham, MA: North-Holland, 2011).

Newhouse, J. P., *Free for All? Lessons from the RAND Health Insurance Experiment* (Cambridge and London: Harvard University Press, 1993), p. 120.

Nordhaus, W., "Some Foundational and Transformative Grand Challenges for the Social and Behavioral Sciences: The Problem of Global Public Goods," National Science Foundation SBE 2020, September 2010.

Nozick, R., *Anarchy, State, and Utopia* (Oxford: Basil Blackwell, 1974).

Oates, W. A., "Green Taxes: Can We Protect the Environment and Improve the Tax System at the Same Time?" *Southern Economic Journal* 61, no. 4 (April 1995): 915 - 922.

Oates, W. E., and Schwab, R. M., "The Impact of Urban Land Taxation: The Pittsburgh Experience," *National Tax Journal* 50, no. 1 (March 1997): 1 - 21.

Pack, H., and Pack, J., "Metropolitan Fragmentation and Local Public Expenditure," *National Tax Journal* 31 (1978): 349 - 362.

Pauly, M., McGuire, T., and Barros, P. (eds.), *Handbook of Health Economics*, vol. 2 (Waltham, MA: North-Holland, 2012).

Pechman, J., *Federal Tax Policy*, 5th ed. (Washington, DC: Brookings Institution, 1987).

Peltzman, S., "Pricing in Public and Private Enterprises: Electric Utilities in the United States," *Journal of Law and Economics* 14, no. 1 (April 1971): 109 - 147.

Peterson, Peter G., *Will America Grow Up before It Grows Old?* (New York: Random House, 1996).

Phelps, C. E., and Parente, S. T., "Priority Setting for Medical Technology and Medical Practice Assessment," *Medical Care* 28, no. 8 (August 1990): 702 - 723.

Pigou, A. C., *The Economics of Welfare* (London: Macmillan, 1918).

Pigou, A. C., *A Study in Public Finance*, 3rd ed. (London: Macmillan, 1947).

Piketty, T., Saez, E., and Stantcheva, S., "Taxing the 1%: Why the Top Tax Rate Could Be Over 80%," *Vox* 8 (December 2011), http://www.voxeu.org/article/taxing-1-why-top-tax-rate-could-be-over-80.

Portney, P. R., "The Contingent Valuation Debate: Why Economists Should Care," *Journal of Economic Perspectives* 8, no. 4 (Fall 1994): 3 - 17.

Poterba, J., and Summers, L. H., "Dividend Taxes, Corporate Investment and 'Q'," *Journal of Public Economics* (1983): 135 - 167.

Pradhan, S., "Evaluating Public Spending: A Framework for Public Expenditure Reviews," World Bank Discussion Paper 323, Washington, DC, 1996.

Ramsey, F., "A Contribution of the Theory of Taxation," *Economic Journal* 37 (1927): 47 - 61.

Rizzuto, R., and Wachtel, P., "Further Evidence on the Returns to School Quality," *Journal of Human Resources* (Spring 1980): 240 - 254.

Robins, P. K., "A Comparison of the Labor Supply Findings from the Four Negative Income Tax Experiments," *Journal of Human Resources* 20, no. 4 (Fall 1985): 567 - 582.

Robinson, L., "How US Government Agencies Value Mortality Risk Reductions," *Review of Environmental Economics and Policy* 1 (Summer 2007): 283 - 299.

Röhn, O., "New Evidence on the Private Saving Off Set and Ricardian Equivalence," OECD Economics Department Working Papers 762, Paris, 2010.

Romer, T., "Individual Welfare, Majority Voting, and the Properties of a Linear Income Tax," *Journal of Public Economies* 4 (1975): 163 - 185.

Rosengard, J. K., "The Tax Everyone Loves to Hate: Principles of Property Tax Reform," in G. Cornia, W. McCluskey, and L. Walters (eds.), *A Primer on the Property Tax* (Malden, MA: Wiley Blackwell, 2012).

Rothschild, M., and Stiglitz, J. E., "Equilibrium in Competitive Insurance Markets: An Essay on the Economics of Imperfect Information," *Quarterly Journal of Economics* 90 (1976): 629 - 650.

Rouse, C. E., "Private School Vouchers and Student Achievement: An Evaluation of the Milwaukee Parental Choice Program," *Quarterly Journal of Economics* 113, no. 2 (May 1998): 553 - 602.

Rudman, W. J., et al., "Healthcare Fraud and Abuse," *Perspectives in Health Information Management* 6 (Fall 2009).

Saez, E., *Striking It Richer: The Evolution of Top Incomes in the United States (Updated with 2011 Estimates)*, UC Berkeley, January 23, 2013.

Salop, S., "Information and Monopolistic Competition," *American Economic Review* (May 1976): 240 - 245.

Sandmo, A., "The Effects of Taxation on Savings and Risk-Taking," in A. J. Auer bach and M. Feldstein (eds.), *Handbook of Public Economics*, vol. 1 (New York: Elsevier, 1987), pp. 293 - 309.

Schelling, T., "The Life You Save May Be Your Own," reprinted in T. Schelling, *Choices and Consequences* (Cambridge, MA: Harvard University Press, 1984).

Scholz, J., "Tax Policy and the Working Poor: The Earned Income Tax Credit," *Focus* (Winter 1993 - 1994): 1 - 12.

Shah, A., "Fiscal Decentralization in Developing and Transition Economies," World Bank Policy Research Working Paper 3282, Washington, DC, April 2004.

Shoepfle, G. K., Perez-Lopez, J. F., and Griego, E., "The Underground Economy in the United States," U. S. Department of Labor Occasional Paper on the Informal Sector, no. 2, September 1992.

Short, K., "The Research Supplemental Poverty Measure: 2011," *Current Population Reports*, P60 - 244 (U. S. Census Bureau, November 2012).

Shoven, J., ' 'New Developments in Corporate Finance and Tax Avoidance: Some Evidence," in L. Summers (ed.), *Tax Policy and the Economy* (National Bureau of Economic Research, 1987).

Shoven, J., "The Tax Consequences of Share Repurchases and Other Non-Dividend Cash Payments to Equity Owners," in L. Summers (ed.), *Tax Policy and the Economy* (Cambridge and London: MIT Press, 1987): pp. 29 - 54.

Showalter, M. H., and Thurston, N. K., "Taxes and Labor Supply of High-Income Physicians," *Journal of Public Economics* 66 (1997): 73 - 97.

Silliman, B. R., "College Tuition Tax Credits: An Examination of the Impact of the American Opportunity, HOPE, and Lifetime Learning Tax Credits since 1998," *Proceedings of ASBBS* 18, no. 1 (February 2011): 279 - 288.

Silverman, E., "CompStat's Innovation," in D. Weisburd and A. Braga (eds.), *Police Innovation: Contrasting Perspectives* (Cambridge, UK: Cambridge University Press, 2006).

Sinclair, U., *The Jungle*, (New York: Doubleday, Page & Company, 1906).

Skinner, R. R., "The No Child Left Behind Act: An Overview of Reauthorization Issues for the 111th Congress," Congressional Research Service Report RL33749, May 2009.

Skoufias, E., Unar, M., and Gonzalez-Cossio, T., "The Impacts of Cash and In-Kind Transfers on Consumption and Labor Supply: Experimental Evidence from Rural Mexico," Policy Research Working Paper No. 4778, Washington, DC, World Bank, 2008.

Slavin, R., "School and Classroom Organization in Beginning Reading," in R. Slavin et al. (eds.), *Preventing Early School Failure: Research, Policy, and Practice* (Boston: Allyn and Bacon, 1994), pp. 122 - 130.

Slemrod, J., "Old George Orwell Got It Backward: Some Thoughts on Behavioral Tax Economics," CESifo Working Paper No. 2777, September 2009.

Slutsky, S., "A Voting Model for the Allocation of Public Goods: Existence of an Equilibrium," *Journal of Economic Theory* 11 (1975): 292 - 304.

Smith, A., *The Wealth of Nations* (New York: Modern Library, 1937).

Sox Jr., H. C., et al., "The Role of Exercise Testing in Screening for Coronary Artery Disease," *Annals of Internal Medicine* 110 (1989): 456 - 469.

Sparrow, M. K., "Testimony at Criminal Prosecution as Deterrent to Health Care Fraud," before Senate Committee on Judiciary, Subcommittee on Crime and Drugs, May 20, 2009.

Spence, A. M., "Job Market Signaling," *Quarterly Journal of Economics* 87 (1973): 355 - 374.

Spiegelman, R. G., and Yaeger, K. E., "The Seattle and Denver Income Maintenance Experiments: Overview," *Journal of Human Resources* 15, no. 4 (Fall 1980): 463 - 479.

Springer, M., et al., *Teacher Pay for Performance: Experimental Evidence from the Project on Incentives in Teaching (POINT)* (Evanston, IL: Society for Research on Educational Effectiveness, 2011).

Squires, D., "The U. S. Health System in Perspective: A Comparison of Twelve Industrialized Nations," The Commonwealth Fund Pub. 1532, *Issues in International Health Policy* 16 (July 2011).

Starrett, D., "Principles of Optimal Location in a Large Homogeneous Area," *Journal of Economic Theory* 9 (1974): 418 - 448.

Stern, N. H., "On the Specification of Models of Optimum Income Taxation," *Journal of Public Economics* 6 (1976): 123 - 162.

Stern, N. H., "Optimum Taxation with Errors in Administration," *Journal of Public Economics* 17 (1982): 181 - 211.

Steuerle, C. E., and Bakija, J. M., *Retooling Social Security for the 21st Century: Right and Wrong Approaches to Reform* (Washington, DC: The Urban Institute Press, 1994), pp. 41, 43, 109, 287.

Steuerle, E., "Is Income from Capital Subject to Individual Income Taxation?" *Public Finance Quarterly* (July 1982): 283 - 303.

Stigler, G. J., "The Theory of Economic Regulation," *Bell Journal Economics and Management Science* 2 (Spring 1971): 3 - 21.

Stigler, G. J., "Free Riders and Collective Action: An Appendix to Theories of Economic Regulation," *Bell Journal Economics and Management Science* 5 (Autumn 1974): 359 - 365.

Stiglitz, J. E., "The Effects of Income, Wealth and Capital Gains Taxation on Risk Taking," *Quarterly Journal of Economics* 83 (1969): 262 - 283.

Stiglitz, J. E., "Taxation, Corporate Financial Policy, and the Cost of Capital," *Journal of Public Economics* (February 1973): 1 - 34.

Stiglitz, J. E., "On the Irrelevance of Corporation Financial Policy," *American Economic Review* 64 (1974): 851 - 866.

Stiglitz, J. E., "The Theory of Screening Education and the Distribution of Income," *American Economic Review* 65 (1975): 283 - 300.

Stiglitz, J. E., "The Corporation Income Tax," *Journal of Public Economics* (April-May 1976): 303 - 311.

Stiglitz, J. E., "Theory of Local Public Goods," in M. Feldstein and R. Inman (eds.), *The Economics of Public Services* (New York: Macmillan, 1977), pp. 274 - 333.

Stiglitz, J. E., "Self-Selection and Pareto-Efficient Taxation," *Journal of Public Economics* 17 (1982): 213 - 240.

Stiglitz, J. E., "Utilitarianism and Horizontal Equity: The Case for Random Taxation," *Journal of Public Economics* 21 (1982): 257 - 294.

Stiglitz, J. E., "Public Goods in Open Economies with Heterogeneous Individuals," in J. F. Thisse and H. G. Zoller (eds.), *Locational Analysis of Public Facilities* (New York: North-Holland, 1983).

Stiglitz, J. E., "Pareto Efficient and Optimal Taxation and the New Welfare Economics," in Alan J. Auerbach and Martin Feldstein (eds.), *Handbook of Public Economics* (New York: Elsevier, 1987), pp. 991 - 1042.

Stiglitz, J. E., "On the Relevance or Irrelevance of Public Financial Policy," in K. J. Arrow and M. J. Boskin (eds.), *The Economics of Public Debt* (New York: Macmillan Press, 1988), pp. 41 - 76.

Stiglitz, J. E., and Weiss, A., "Credit Rationing in Markets with Imperfect Information," *American Economic Review* 71, no. 3 (June 1981): 393 - 410.

Stiglitz, J. E., "The Theory of International Public Goods and the Architecture of International Organizations," Background Paper No. 7, Third Meeting, High Level Group on Development Strategy and Management of the Market Economy, UNU/WIDER, Helsinki, Finland, July 8 - 10, 1995.

Stiglitz, J. E., "Unfair Trade Laws and Other Mischief," in *Globalization and Its Discontents* (New

York: W. W. Norton & Company, 2002), pp. 166 - 179.

Stiglitz, J. E., and Bilmes, J., *The Trillion Dollar War: The True Cost of the Iraq Conflict* (New York: W. W. Norton & Company, 2008).

Stiglitz, J. E., *The Price of Inequality: How Today's Divided Society Endangers Our Future*, (New York: W. W. Norton & Company, 2012).

Symposium on Contingent Valuation, *Journal of Economic Perspectives* 8, no. 4 (Fall 1994).

Synder, T. D., and Dillow, S. A., *Digest of Education Statistics 2010* (Washington, DC: U. S. Department of Education, Institute of Education Sciences, April 2011), Table 391.

Szymendera, S., "Social Security Administration (SSA): Budget Issues," Congressional Research Service Report R41716, August 2011.

Thomas, C., Bolinger, D., and Badalamenti, J., "Private Adult Correctional Facility Census," Private Corrections Project, Center for Studies of Criminology and Law, University of Florida, March 1997, p. iv.

Tiebout, C., "A Pure Theory of Local Expenditure," *Journal of Political Economy* 64 (1956): 416-424.

Tobin, J., "On Limiting the Domain of Inequality," *Journal of Law and Economics* 13 (1970): 263-277.

Triest, R. K, "The Effect of Income Taxation on Labor Supply in the United States," *Journal of Human Resources* (Summer 1990): 491 - 516.

van den Houweland, A., and Wooders, M., "Share Equilibrium in Local Public God Economics," *Journal of Mathematical Economics 47* (May 2011): 376 - 381.

Varian, H., *Microeconomic Analysis*, 3rd ed. (New York: W. W. Norton & Company, 1982), pp. 106 - 107.

Veras Soares, F., Perez Ribas, R., and Guerreiro Osório, R., "Evaluating the Impact of Brazil's Bolsa Família: Cash Transfer Programs in Comparative Perspective," *Latin American Research Review* 45 (2010): 173 - 190.

Viscusi, W. K., *Risk by Choice: Regulating Health and Safety in the Workplace* (Cambridge, MA: Harvard University Press, 1983).

Viscusi, W. K., "The Value of Life: Estimates with Risks by Occupation and Industry," *Economic Inquiry* 42, no. 1 (January 2004): 29 - 48.

Wainger, L., and Mazzotta, M., "Realizing the Potential of Ecosystem Services: A Framework for Relating Ecological Changes to Economic Benefits," *Environmental Management* 48 (October 2011): 710 - 733.

Wallin, B. A., "Symposium Tax and Expenditure Limitations: A Quarter Century after Proposition 13," *Public Budgeting & Finance* 24, no. 4 (Winter 2004).

Weinstein, M. C., "Economic Assessment of Medical Practices and Technologies," *Medical Decision Making* 1 (1981): 309 - 330.

Weiss, A., "Human Capital versus Signaling Explanations of Wages," *Journal of Economics Perspectives* 9, no. 4 (Fall 1995): 133 - 154.

Wenglinsky, H., *When Money Matters: How Educational Expenditures Improve Student Performance and How They Don't* (Princeton, NJ: Educational Testing Service, Policy Information Center, April 1997).

Wennberg, J., and Gittelsohn, A., "Small Are Variations in Health Care Delivery," *Science* 182 (1973): 1102 - 1108.

Whitehurst, G. J., and Chingos, M. M., *Class Size: What Research Says and What It Means for State Policy* (Washington, DC: Brookings Institution, May 2011).

Wilensky, G. , "Government and the Financing of Health Care," *American Economic Review* 72, no. 2 (May 1982): 205.

Willig, R. , "Consumer's Surplus without Apology," *American Economic Review* 66 (1976): 589 - 597.

Windham, D. , "Economic Analysis and the Public Support of Higher Education: The Divergence of Theory and Policy," in *Economic Dimensions of Education: A Report of a Committee of the National Academy of Education* (May 1979).

Wolfe, B. L. , "Incentives, Challenges, and Dilemmas of TANF," Institute for Research on Poverty Discussion Paper No. 1209 - 00, University of Wisconsin-Madison, May 2000.

Wolff, E. N. , Baumol, W. , and Saini, A. N. , "A Comparative Analysis of Education Costs and Outcomes: The United States vs. Other OECD Countries," June 26, 2013, http: //ssm. com/abstract=2285597.

Word, E. , et al. , *Student/Teacher Achievement Ratio (STAR)-Tennessee's K-3 Class Size Study* (Tennessee Department of Education, 1994).

Zimmer, R. , et al. , *Charter Schools in Eight States: Effects on Achievement, Attainment, Integration, and Competition* (Santa Monica, CA: Rand Corporation, 2009).

Zodrow, G. R. , and Mieszkowski, P. , "Pigou, Tiebout, Property Taxation, and the Underprovision of Local Public Goods," *Journal of Urban Economics* 19 (1986): 356 - 370.

经济科学译丛						
序号	书名	作者	Author	单价	出版年份	ISBN
1	公共部门经济学(第四版)	约瑟夫·E. 斯蒂格利茨等	Joseph E. Stiglitz	96.00	2020	978-7-300-28218-3
2	递归宏观经济理论(第三版)	拉尔斯·扬奎斯特等	Lars Ljungqvist	128.00	2020	978-7-300-28058-5
3	策略博弈(第四版)	阿维纳什·迪克西特等	Avinash Dixit	85.00	2020	978-7-300-28005-9
4	劳动关系(第10版)	小威廉·H. 霍利等	William H. Holley, Jr.	83.00	2020	978-7-300-25582-8
5	微观经济学(第九版)	罗伯特·S. 平狄克等	Robert S. Pindyck	93.00	2020	978-7-300-26640-4
6	宏观经济学(第十版)	N. 格里高利·曼昆	N. Gregory Mankiw	79.00	2020	978-7-300-27631-1
7	宏观经济学(第九版)	安德鲁·B. 亚伯等	Andrew B. Abel	95.00	2020	978-7-300-27382-2
8	商务经济学(第二版)	克里斯·马尔赫恩等	Chris Mulhearn	56.00	2019	978-7-300-24491-4
9	管理经济学:基于战略的视角(第二版)	蒂莫西·费希尔等	Timothy Fisher	58.00	2019	978-7-300-23886-9
10	投入产出分析:基础与扩展(第二版)	罗纳德·E. 米勒等	Ronald E. Miller	98.00	2019	978-7-300-26845-3
11	宏观经济学:政策与实践(第二版)	弗雷德里克·S. 米什金	Frederic S. Mishkin	89.00	2019	978-7-300-26809-5
12	国际商务:亚洲视角	查尔斯·W. L. 希尔等	Charles W. L. Hill	108.00	2019	978-7-300-26791-3
13	统计学:在经济和管理中的应用(第10版)	杰拉德·凯勒	Gerald Keller	158.00	2019	978-7-300-26771-5
14	经济学精要(第五版)	R. 格伦·哈伯德等	R. Glenn Hubbard	99.00	2019	978-7-300-26561-2
15	环境经济学(第七版)	埃班·古德斯坦等	Eban Goodstein	78.00	2019	978-7-300-23867-8
16	管理者微观经济学	戴维·M. 克雷普斯	David M. Kreps	88.00	2019	978-7-300-22914-0
17	税收与企业经营战略:筹划方法(第五版)	迈伦·S. 斯科尔斯等	Myron S. Scholes	78.00	2018	978-7-300-25999-4
18	美国经济史(第12版)	加里·M. 沃尔顿等	Gary M. Walton	98.00	2018	978-7-300-26473-8
19	组织经济学:经济学分析方法在组织管理上的应用(第五版)	塞特斯·杜玛等	Sytse Douma	62.00	2018	978-7-300-25545-3
20	经济理论的回顾(第五版)	马克·布劳格	Mark Blaug	88.00	2018	978-7-300-26252-9
21	实地实验:设计、分析与解释	艾伦·伯格等	Alan S. Gerber	69.80	2018	978-7-300-26319-9
22	金融学(第二版)	兹维·博迪等	Zvi Bodie	75.00	2018	978-7-300-26134-8
23	空间数据分析:模型、方法与技术	曼弗雷德·M. 费希尔等	Manfred M. Fischer	36.00	2018	978-7-300-25304-6
24	《宏观经济学》(第十二版)学习指导书	鲁迪格·多恩布什等	Rudiger Dornbusch	38.00	2018	978-7-300-26063-1
25	宏观经济学(第四版)	保罗·克鲁格曼等	Paul Krugman	68.00	2018	978-7-300-26068-6
26	计量经济学导论:现代观点(第六版)	杰弗里·M. 伍德里奇	Jeffrey M. Wooldridge	109.00	2018	978-7-300-25914-7
27	经济思想史:伦敦经济学院讲演录	莱昂内尔·罗宾斯	Lionel Robbins	59.80	2018	978-7-300-25258-2
28	空间计量经济学入门——在R中的应用	朱塞佩·阿尔比亚	Giuseppe Arbia	45.00	2018	978-7-300-25458-6
29	克鲁格曼经济学原理(第四版)	保罗·克鲁格曼等	Paul Krugman	88.00	2018	978-7-300-25639-9
30	发展经济学(第七版)	德怀特·H. 波金斯等	Dwight H. Perkins	98.00	2018	978-7-300-25506-4
31	线性与非线性规划(第四版)	戴维·G. 卢恩伯格等	David G. Luenberger	79.80	2018	978-7-300-25391-6
32	产业组织理论	让·梯若尔	Jean Tirole	110.00	2018	978-7-300-25170-7
33	经济学精要(第六版)	巴德,帕金	Bade, Parkin	89.00	2018	978-7-300-24749-6
34	空间计量经济学——空间数据的分位数回归	丹尼尔·P. 麦克米伦	Daniel P. McMillen	30.00	2018	978-7-300-23949-1
35	高级宏观经济学基础(第二版)	本·J. 海德拉	Ben J. Heijdra	88.00	2018	978-7-300-25147-9
36	税收经济学(第二版)	伯纳德·萨拉尼耶	Bernard Salanié	42.00	2018	978-7-300-23866-1
37	国际贸易(第三版)	罗伯特·C. 芬斯特拉	Robert C. Feenstra	73.00	2017	978-7-300-25327-5
38	国际宏观经济学(第三版)	罗伯特·C. 芬斯特拉	Robert C. Feenstra	79.00	2017	978-7-300-25326-8
39	公司治理(第五版)	罗伯特·A. G. 蒙克斯	Robert A. G. Monks	69.80	2017	978-7-300-24972-8
40	国际经济学(第15版)	罗伯特·J. 凯伯	Robert J. Carbaugh	78.00	2017	978-7-300-24844-8
41	经济理论和方法史(第五版)	小罗伯特·B. 埃克伦德等	Robert B. Ekelund. Jr.	88.00	2017	978-7-300-22497-8
42	经济地理学	威廉·P. 安德森	William P. Anderson	59.80	2017	978-7-300-24544-7
43	博弈与信息:博弈论概论(第四版)	艾里克·拉斯穆森	Eric Rasmusen	79.80	2017	978-7-300-24546-1
44	MBA宏观经济学	莫里斯·A. 戴维斯	Morris A. Davis	38.00	2017	978-7-300-24268-2
45	经济学基础(第十六版)	弗兰克·V. 马斯切纳	Frank V. Mastrianna	42.00	2017	978-7-300-22607-1
46	高级微观经济学:选择与竞争性市场	戴维·M. 克雷普斯	David M. Kreps	79.80	2017	978-7-300-23674-2
47	博弈论与机制设计	Y. 内拉哈里	Y. Narahari	69.80	2017	978-7-300-24209-5
48	宏观经济学精要:理解新闻中的经济学(第三版)	彼得·肯尼迪	Peter Kennedy	45.00	2017	978-7-300-21617-1
49	宏观经济学(第十二版)	鲁迪格·多恩布什等	Rudiger Dornbusch	69.00	2017	978-7-300-23772-5
50	国际金融与开放宏观经济学:理论、历史与政策	亨德里克·范登伯格	Hendrik Van den Berg	68.00	2016	978-7-300-23380-2
51	经济学(微观部分)	达龙·阿西莫格鲁等	Daron Acemoglu	59.00	2016	978-7-300-21786-4
52	经济学(宏观部分)	达龙·阿西莫格鲁等	Daron Acemoglu	45.00	2016	978-7-300-21886-1
53	发展经济学	热若尔·罗兰	Gérard Roland	79.00	2016	978-7-300-23379-6
54	中级微观经济学——直觉思维与数理方法(上下册)	托马斯·J·内契巴	Thomas J. Nechyba	128.00	2016	978-7-300-22363-6
55	环境与自然资源经济学(第十版)	汤姆·蒂坦伯格等	Tom Tietenberg	72.00	2016	978-7-300-22900-3
56	劳动经济学基础(第二版)	托马斯·海克拉克等	Thomas Hyclak	65.00	2016	978-7-300-23146-4
57	货币金融学(第十一版)	弗雷德里克·S·米什金	Frederic S. Mishkin	85.00	2016	978-7-300-23001-6

经济科学译丛						
序号	书名	作者	Author	单价	出版年份	ISBN
58	动态优化——经济学和管理学中的变分法和最优控制(第二版)	莫顿·I·凯曼等	Morton I. Kamien	48.00	2016	978-7-300-23167-9
59	用Excel学习中级微观经济学	温贝托·巴雷托	Humberto Barreto	65.00	2016	978-7-300-21628-7
60	国际经济学:理论与政策(第十版)	保罗·R·克鲁格曼等	Paul R. Krugman	89.00	2016	978-7-300-22710-8
61	国际金融(第十版)	保罗·R·克鲁格曼等	Paul R. Krugman	55.00	2016	978-7-300-22089-5
62	国际贸易(第十版)	保罗·R·克鲁格曼等	Paul R. Krugman	42.00	2016	978-7-300-22088-8
63	经济学精要(第3版)	斯坦利·L·布鲁伊等	Stanley L. Brue	58.00	2016	978-7-300-22301-8
64	经济分析史(第七版)	英格里德·H·里马	Ingrid H. Rima	72.00	2016	978-7-300-22294-3
65	投资学精要(第九版)	兹维·博迪等	Zvi Bodie	108.00	2016	978-7-300-22236-3
66	环境经济学(第二版)	查尔斯·D·科尔斯塔德	Charles D. Kolstad	68.00	2016	978-7-300-22255-4
67	MWG《微观经济理论》习题解答	原千晶等	Chiaki Hara	75.00	2016	978-7-300-22306-3
68	现代战略分析(第七版)	罗伯特·M·格兰特	Robert M. Grant	68.00	2016	978-7-300-17123-4
69	横截面与面板数据的计量经济分析(第二版)	杰弗里·M·伍德里奇	Jeffrey M. Wooldridge	128.00	2016	978-7-300-21938-7
70	宏观经济学(第十二版)	罗伯特·J·戈登	Robert J. Gordon	75.00	2016	978-7-300-21978-3
71	动态最优化基础	蒋中一	Alpha C. Chiang	42.00	2015	978-7-300-22068-0
72	城市经济学	布伦丹·奥弗莱厄蒂	Brendan O'Flaherty	69.80	2015	978-7-300-22067-3
73	管理经济学:理论、应用与案例(第八版)	布鲁斯·艾伦等	Bruce Allen	79.80	2015	978-7-300-21991-2
74	经济政策:理论与实践	阿格尼丝·贝纳西-奎里等	Agnès Bénassy-Quéré	79.80	2015	978-7-300-21921-9
75	微观经济分析(第三版)	哈尔·R·范里安	Hal R. Varian	68.00	2015	978-7-300-21536-5
76	财政学(第十版)	哈维·S·罗森等	Harvey S. Rosen	68.00	2015	978-7-300-21754-3
77	经济数学(第三版)	迈克尔·霍伊等	Michael Hoy	88.00	2015	978-7-300-21674-4
78	发展经济学(第九版)	A.P.瑟尔沃	A.P. Thirlwall	69.80	2015	978-7-300-21193-0
79	宏观经济学(第五版)	斯蒂芬·D·威廉森	Stephen D. Williamson	69.00	2015	978-7-300-21169-5
80	资源经济学(第三版)	约翰·C·伯格斯特罗姆等	John C. Bergstrom	58.00	2015	978-7-300-20742-1
81	应用中级宏观经济学	凯文·D·胡佛	Kevin D. Hoover	78.00	2015	978-7-300-21000-1
82	现代时间序列分析导论(第二版)	约根·沃特斯等	Jürgen Wolters	39.80	2015	978-7-300-20625-7
83	空间计量经济学——从横截面数据到空间面板	J·保罗·埃尔霍斯特	J. Paul Elhorst	32.00	2015	978-7-300-21024-7
84	国际经济学原理	肯尼思·A·赖纳特	Kenneth A. Reinert	58.00	2015	978-7-300-20830-5
85	经济写作(第二版)	迪尔德丽·N·麦克洛斯基	Deirdre N. McCloskey	39.80	2015	978-7-300-20914-2
86	计量经济学方法与应用(第五版)	巴蒂·H·巴尔塔基	Badi H. Baltagi	58.00	2015	978-7-300-20584-7
87	战略经济学(第五版)	戴维·贝赞可等	David Besanko	78.00	2015	978-7-300-20679-0
88	博弈论导论	史蒂文·泰迪里斯	Steven Tadelis	58.00	2015	978-7-300-19993-1
89	社会问题经济学(第二十版)	安塞尔·M·夏普等	Ansel M. Sharp	49.00	2015	978-7-300-20279-2
90	博弈论:矛盾冲突分析	罗杰·B·迈尔森	Roger B. Myerson	58.00	2015	978-7-300-20212-9
91	时间序列分析	詹姆斯·D·汉密尔顿	James D. Hamilton	118.00	2015	978-7-300-20213-6
92	经济问题与政策(第五版)	杰奎琳·默里·布鲁克斯	Jacqueline Murray Brux	58.00	2014	978-7-300-17799-1
93	微观经济理论	安德鲁·马斯-克莱尔等	Andreu Mas-Collel	148.00	2014	978-7-300-19986-3
94	产业组织:理论与实践(第四版)	唐·E·瓦尔德曼等	Don E. Waldman	75.00	2014	978-7-300-19722-7
95	公司金融理论	让·梯若尔	Jean Tirole	128.00	2014	978-7-300-20178-8
96	公共部门经济学	理查德·W·特里西	Richard W. Tresch	49.00	2014	978-7-300-18442-5
97	计量经济学原理(第六版)	彼得·肯尼迪	Peter Kennedy	69.80	2014	978-7-300-19342-7
98	统计学:在经济中的应用	玛格丽特·刘易斯	Margaret Lewis	45.00	2014	978-7-300-19082-2
99	产业组织:现代理论与实践(第四版)	林恩·佩波尔等	Lynne Pepall	88.00	2014	978-7-300-19166-9
100	计量经济学导论(第三版)	詹姆斯·H·斯托克等	James H. Stock	69.00	2014	978-7-300-18467-8
101	发展经济学导论(第四版)	秋山裕	秋山裕	39.80	2014	978-7-300-19127-0
102	中级微观经济学(第六版)	杰弗里·M·佩罗夫	Jeffrey M. Perloff	89.00	2014	978-7-300-18441-8
103	平狄克《微观经济学》(第八版)学习指导	乔纳森·汉密尔顿等	Jonathan Hamilton	32.00	2014	978-7-300-18970-3
104	微观银行经济学(第二版)	哈维尔·弗雷克斯等	Xavier Freixas	48.00	2014	978-7-300-18940-6
105	施米托夫论出口贸易——国际贸易法律与实务(第11版)	克利夫·M·施米托夫等	Clive M. Schmitthoff	168.00	2014	978-7-300-18425-8
106	微观经济学思维	玛莎·L·奥尔尼	Martha L. Olney	29.80	2013	978-7-300-17280-4
107	宏观经济学思维	玛莎·L·奥尔尼	Martha L. Olney	39.80	2013	978-7-300-17279-8
108	计量经济学原理与实践	达摩达尔·N·古扎拉蒂	Damodar N. Gujarati	49.80	2013	978-7-300-18169-1
109	现代战略分析案例集	罗伯特·M·格兰特	Robert M. Grant	48.00	2013	978-7-300-16038-2
110	高级国际贸易:理论与实证	罗伯特·C·芬斯特拉	Robert C. Feenstra	59.00	2013	978-7-300-17157-9
111	经济学简史——处理沉闷科学的巧妙方法(第二版)	E·雷·坎特伯里	E. Ray Canterbery	58.00	2013	978-7-300-17571-3

经济科学译丛

序号	书名	作者	Author	单价	出版年份	ISBN
112	微观经济学原理(第五版)	巴德、帕金	Bade, Parkin	65.00	2013	978-7-300-16930-9
113	宏观经济学原理(第五版)	巴德、帕金	Bade, Parkin	63.00	2013	978-7-300-16929-3
114	环境经济学	彼得·伯克等	Peter Berck	55.00	2013	978-7-300-16538-7
115	高级微观经济理论	杰弗里·杰里	Geoffrey A. Jehle	69.00	2012	978-7-300-16613-1
116	高级宏观经济学导论:增长与经济周期(第二版)	彼得·伯奇·索伦森等	Peter Birch Sørensen	95.00	2012	978-7-300-15871-6
117	微观经济学(第二版)	保罗·克鲁格曼	Paul Krugman	69.80	2012	978-7-300-14835-9
118	克鲁格曼《微观经济学(第二版)》学习手册	伊丽莎白·索耶·凯利	Elizabeth Sawyer Kelly	58.00	2013	978-7-300-17002-2
119	克鲁格曼《宏观经济学(第二版)》学习手册	伊丽莎白·索耶·凯利	Elizabeth Sawyer Kelly	36.00	2013	978-7-300-17024-4
120	微观经济学(第十一版)	埃德温·曼斯费尔德	Edwin Mansfield	88.00	2012	978-7-300-15050-5
121	卫生经济学(第六版)	舍曼·富兰德等	Sherman Folland	79.00	2011	978-7-300-14645-4
122	现代劳动经济学:理论与公共政策(第十版)	罗纳德·G·伊兰伯格等	Ronald G. Ehrenberg	69.00	2011	978-7-300-14482-5
123	宏观经济学:理论与政策(第九版)	理查德·T·弗罗恩	Richard T. Froyen	55.00	2011	978-7-300-14108-4
124	经济学原理(第四版)	威廉·博伊斯等	William Boyes	59.00	2011	978-7-300-13518-2
125	计量经济学基础(第五版)(上下册)	达摩达尔·N·古扎拉蒂	Damodar N. Gujarati	99.00	2011	978-7-300-13693-6
126	《计量经济学基础》(第五版)学生习题解答手册	达摩达尔·N·古扎拉蒂等	Damodar N. Gujarati	23.00	2012	978-7-300-15080-8
127	计量经济分析(第六版)(上下册)	威廉·H·格林	William H. Greene	128.00	2011	978-7-300-12779-8

金融学译丛

序号	书名	作者	Author	单价	出版年份	ISBN
1	银行学(第二版)	芭芭拉·卡苏等	Barbara Casu	99.00	2020	978-7-300-28034-9
2	金融衍生工具与风险管理(第十版)	唐·M. 钱斯	Don M. Chance	98.00	2020	978-7-300-27651-9
3	投资学导论(第十二版)	赫伯特·B. 梅奥	Herbert B. Mayo	89.00	2020	978-7-300-27653-3
4	金融几何学	阿尔文·库鲁克	Alvin Kuruc	58.00	2020	978-7-300-14104-6
5	银行风险管理(第四版)	若埃尔·贝西	Joël Bessis	56.00	2019	978-7-300-26496-7
6	金融学原理(第八版)	阿瑟·J. 基翁等	Arthur J. Keown	79.00	2018	978-7-300-25638-2
7	财务管理基础(第七版)	劳伦斯·J. 吉特曼等	Lawrence J. Gitman	89.00	2018	978-7-300-25339-8
8	利率互换及其他衍生品	霍华德·科伯	Howard Corb	69.00	2018	978-7-300-25294-0
9	固定收益证券手册(第八版)	弗兰克·J. 法博齐	Frank J. Fabozzi	228.00	2017	978-7-300-24227-9
10	金融市场与金融机构(第8版)	弗雷德里克·S. 米什金等	Frederic S. Mishkin	86.00	2017	978-7-300-24731-1
11	兼并、收购和公司重组(第六版)	帕特里克·A. 高根	Patrick A. Gaughan	89.00	2017	978-7-300-24231-6
12	债券市场:分析与策略(第九版)	弗兰克·J·法博齐	Frank J. Fabozzi	98.00	2016	978-7-300-23495-3
13	财务报表分析(第四版)	马丁·弗里德森	Martin Fridson	46.00	2016	978-7-300-23037-5
14	国际金融学	约瑟夫·P·丹尼尔斯等	Joseph P. Daniels	65.00	2016	978-7-300-23037-1
15	国际金融	阿德里安·巴克利	Adrian Buckley	88.00	2016	978-7-300-22668-2
16	个人理财(第六版)	阿瑟·J·基翁	Arthur J. Keown	85.00	2016	978-7-300-22711-5
17	投资学基础(第三版)	戈登·J·亚历山大等	Gordon J. Alexander	79.00	2015	978-7-300-20274-7
18	金融风险管理(第二版)	彼德·F·克里斯托弗森	Peter F. Christoffersen	46.00	2015	978-7-300-21210-4
19	风险管理与保险管理(第十二版)	乔治·E·瑞达等	George E. Rejda	95.00	2015	978-7-300-21486-3
20	个人理财(第五版)	杰夫·马杜拉	Jeff Madura	69.00	2015	978-7-300-20583-0
21	企业价值评估	罗伯特·A·G·蒙克斯等	Robert A. G. Monks	58.00	2015	978-7-300-20582-3
22	基于Excel的金融学原理(第二版)	西蒙·本尼卡	Simon Benninga	79.00	2014	978-7-300-18899-7
23	金融工程学原理(第二版)	萨利赫·N·内夫特奇	Salih N. Neftci	88.00	2014	978-7-300-19348-9
24	投资学导论(第十版)	赫伯特·B·梅奥	Herbert B. Mayo	69.00	2014	978-7-300-18971-0
25	国际金融市场导论(第六版)	斯蒂芬·瓦尔德斯等	Stephen Valdez	59.80	2014	978-7-300-18896-6
26	金融数学:金融工程引论(第二版)	马雷克·凯宾斯基等	Marek Capinski	42.00	2014	978-7-300-17650-5
27	财务管理(第二版)	雷蒙德·布鲁克斯	Raymond Brooks	69.00	2014	978-7-300-19085-3
28	期货与期权市场导论(第七版)	约翰·C·赫尔	John C. Hull	69.00	2014	978-7-300-18994-2
29	国际金融:理论与实务	皮特·塞尔居	Piet Sercu	88.00	2014	978-7-300-18413-5
30	货币、银行和金融体系	R·格伦·哈伯德等	R. Glenn Hubbard	75.00	2013	978-7-300-17856-1
31	并购创造价值(第二版)	萨德·苏达斯纳	Sudi Sudarsanam	89.00	2013	978-7-300-17473-0
32	个人理财——理财技能培养方法(第三版)	杰克·R·卡普尔等	Jack R. Kapoor	66.00	2013	978-7-300-16687-2
33	国际财务管理	吉尔特·贝克特	Geert Bekaert	95.00	2012	978-7-300-16031-3
34	应用公司财务(第三版)	阿斯沃思·达摩达兰	Aswath Damodaran	88.00	2012	978-7-300-16034-4
35	资本市场:机构与工具(第四版)	弗兰克·J·法博齐	Frank J. Fabozzi	85.00	2011	978-7-300-13828-2
36	衍生品市场(第二版)	罗伯特·L·麦克唐纳	Robert L. McDonald	98.00	2011	978-7-300-13130-6

图书在版编目(CIP)数据

公共部门经济学:第四版/(　)约瑟夫·E. 斯蒂格利茨,(　)杰伊·K. 罗森加德著;郭庆旺译. —北京:中国人民大学出版社,2020.7
(经济科学译丛)
ISBN 978-7-300-28218-3

Ⅰ.①公… Ⅱ.①约… ②杰… ③郭… Ⅲ.①公共经济学 Ⅳ.①F062.6

中国版本图书馆CIP数据核字(2020)第100593号

"十三五"国家重点出版物出版规划项目
经济科学译丛
公共部门经济学(第四版)
约瑟夫·E. 斯蒂格利茨
杰伊·K. 罗森加德　著
郭庆旺　译
Gonggong Bumen Jingjixue

出版发行	中国人民大学出版社		
社　　址	北京中关村大街31号	**邮政编码**	100080
电　　话	010－62511242(总编室)		010－62511770(质管部)
	010－82501766(邮购部)		010－62514148(门市部)
	010－62515195(发行公司)		010－62515275(盗版举报)
网　　址	http://www.crup.com.cn		
经　　销	新华书店		
印　　刷	涿州市星河印刷有限公司		
规　　格	185 mm×260 mm　16开本	**版　　次**	2020年7月第1版
印　　张	40.5 插页2	**印　　次**	2020年7月第1次印刷
字　　数	1 016 000	**定　　价**	96.00元
